AF565222

René Krooß, Jürgen Wolf

C von A bis Z

Das umfassende Handbuch

Liebe Leserin, lieber Leser,

C, die Programmiersprache, die einst im Verbund mit Unix Geschichte schrieb, ist immer noch aktuell. Das gilt nicht nur für System- und Echtzeitprogrammierung: Vom Raspberry Pi bis zur Fertigungsstraße verlassen sich Maker wie Ingenieure in vielen Bereichen auf C.

Die Lernkurve dafür kann sich allerdings sehen lassen. Und so liegt uns daran, Sie so gut wie möglich zu unterstützen. Wir haben dieses seit langer Zeit beliebte Handbuch gerne neu aufgelegt.

Umfassend und auf lockere, praxisbezogene Art stellen Jürgen Wolf und René Krooß die Sprache C im Detail für Sie dar. Immer unterstützt durch viele Beispiele und mit Tipps zu Fallstricken und Besonderheiten verschiedener Plattformen. Mikrocontroller-Fans führt ein eigenes Kapitel in C auf dem Raspberry Pi ein.

Egal, ob Sie gerade mit C anfangen oder schon länger damit programmieren: Hier werden Ihre Fragen beantwortet. Und sollte doch einmal eine offen sein, helfen die Autoren Ihnen gerne weiter.

Falls trotz aller Sorgfalt einmal etwas nicht funktionieren sollte oder Sie einen Fehler entdeckt haben, freue ich mich über eine Rückmeldung und Ihre konstruktive Kritik. Schreiben Sie mich gern direkt an.

Viel Spaß beim Lesen und viel Erfolg mit der C-Programmierung!

Ihre Almut Poll
Lektorat Rheinwerk Computing

almut.poll@rheinwerk-verlag.de
www.rheinwerk-verlag.de
Rheinwerk Verlag · Rheinwerkallee 4 · 53227 Bonn

Auf einen Blick

Wir hoffen, dass Sie Freude an diesem Buch haben und sich Ihre Erwartungen erfüllen. Ihre Anregungen und Kommentare sind uns jederzeit willkommen. Bitte bewerten Sie doch das Buch auf unserer Website unter **www.rheinwerk-verlag.de/feedback**.

An diesem Buch haben viele mitgewirkt, insbesondere:

Lektorat Almut Poll
Korrektorat Petra Biedermann, Reken
Herstellung Nadine Preyl
Typografie und Layout Vera Brauner
Einbandgestaltung Silke Braun
Coverbild Shutterstock: 1075951766 © Kirill Savenko
Satz III-Satz, Kiel
Druck Beltz Grafische Betriebe, Bad Langensalza

Dieses Buch wurde gesetzt aus der TheAntiquaB (9,35/13,7 pt) in FrameMaker.

Gedruckt wurde es mit mineralölfreien Farben auf chlorfrei gebleichtem, FSC®-zertifiziertem Offsetpapier (70 g/m²).

Hergestellt in Deutschland.

Bibliografische Information der Deutschen Nationalbibliothek:
Die Deutsche Nationalbibliothek verzeichnet diese Publikation in der Deutschen Nationalbibliografie; detaillierte bibliografische Daten sind im Internet über *http://dnb.dnb.de* abrufbar.

ISBN 978-3-8362-9504-8

5., aktualisierte Auflage 2023

Informationen zu unserem Verlag und Kontaktmöglichkeiten finden Sie auf unserer Verlagswebsite **www.rheinwerk-verlag.de**. Dort können Sie sich auch umfassend über unser aktuelles Programm informieren und unsere Bücher und E-Books bestellen.

Inhalt

5 Basisdatentypen 91

8 Typumwandlung 179

9 Kontrollstrukturen 187

10 Funktionen 233

11 Präprozessor-Direktiven 281

12 Arrays 307

18 Attribute von Dateien und das Arbeiten mit Verzeichnissen (nicht ANSI C) 673

19 Arbeiten mit variabel langen Argumentlisten – <stdarg.h> 705

20 Zeitroutinen 721

21 Weitere Headerdateien und ihre Funktionen (ANSI C) 737

22 Dynamische Datenstrukturen 797

23 Algorithmen 881

24 MySQL und C 1027

25 Netzwerkprogrammierung und Cross-Plattform-Entwicklung 1107

27 Sicheres Programmieren 1193

28 Wie geht's jetzt weiter? 1219

Vorwort

Ob Sie Anfänger sind, Fortgeschrittene oder Umsteiger: Wir haben uns bemüht, dieses Buch so zu schreiben, dass es auf jeden Fall für Sie hilfreich ist. Fortgeschrittene Leser und Leserinnen können hier ihr Wissen vertiefen und eventuell sogar die ersten Kapitel überspringen. Wir empfehlen dieses Buch also jedem, der sich intensiv mit C befassen will oder muss.

Als Überarbeiter habe ich vieles beibehalten, vor allem die Basis, die ein gutes C-Buch eben behandeln sollte: Variablen, Funktionen, Schleifen, Ein- und Ausgaberoutinen, Dateizugriffe und Zeiger. In den »höheren« Kapiteln habe ich einiges geändert. Z. B. erkläre ich nun in Kapitel 23 (Algorithmen) kryptografische Verfahren wie AES und RSA, dafür wurde die Programmierung von GUI-Anwendungen mit Visual Studio ausgespart. Einige Leser haben sich nämlich die Kryprografie explizit gewünscht.

Besonders danke ich allen, die sich die Mühe gemacht haben, mir E-Mails mit teils sehr langen Fehlerbeschreibungen zu schicken. Auch wenn die Bearbeitung für mich nicht immer einfach war, wird dadurch doch jede neue Auflage immer wieder ein Stückchen besser.

Die meisten Kapitel sind ähnlich gegliedert. Zuerst erläutern wir kurz, worum es geht, und dann schließt sich, falls erforderlich, eine Beschreibung der relevanten C-Funktionen inklusive Syntaxbeschreibung an. Jedes Kapitel enthält viele ausführbare Listings, die wir bei Bedarf anschließend erklären.

Tipps und Hinweise (in grauen Kästen mit der Überschrift »Hinweis«) sollen Ihnen das Leben erleichtern. Sie dürfen Sie ignorieren, aber ... sagen wir's mit einem Zitat der CBC-Fernsehreporter Dan Rather:

> *Irren ist menschlich. Aber wenn man richtig Mist bauen will, braucht man einen Computer.*

In den ersten 20 Kapiteln des Buchs lernen Sie die Grundlagen kennen. Umsteiger werden viele Elemente, wie z. B. Variablen oder Schleifen wiedererkennen und können die ersten 10 Kapitel durchaus überfliegen. Ab Kapitel 21 folgen die fortgeschrittenen Themen. Dort geht es um wichtige Bibliotheksfunktionen und Headerdateien (Kapitel 21), dynamische Datenstrukturen, wie z. B. verkettete Listen (Kapitel 22), und verschiedene wichtige Algorithmen (Kapitel 23) inklusive der kryptografischen. Es wurden im Bereich Kryptografie zahlreiche neue Verfahren aufgenommen, darunter historische Verfahren (z.B. gibt es eine Enigma-Simulation), aber auch die immer noch verwendete AES-Blockchiffre, sowie Public-Key-Verfahren wie RSA oder der sichere Schlüsselaustausch per Diffie-Hellmann. Ein weiteres interessantes Thema ist die Programmierung eigener Datenbank-Clients mit der C-API von MySQL (Kapitel 24). Kapitel 25 ist der Netzwerkprogrammierung gewidmet. Neu in der vierten

Auflage ist neben der grundlegenden Überarbeitung von Kapitel 26 (Thread-Programmierung) und Kapitel 27 (sichere Programmierung) eine Einführung in die Grafikprogrammierung unter Windows und Linux.

Codebeispiele und Installationsanleitungen zum Herunterladen

Alle Quellcodes zum Buch finden Sie auf der Webseite zum Buch zum Herunterladen unter (*http://www.rheinwerk-verlag.de/5701*).

Außerdem finden Sie dort Installationsanleitungen für verschiedene Compiler.

Zur 5. Auflage

Mit neuen Verfahren der Grafikprogrammierung für die Konsole ist ein Thema (Kapitel 28) hinzugekommen, aber das Hauptaugenmerk lag bei dieser Überarbeitung darauf, wichtige kryprografische Algorithmen mit aufzunehmen. Fast alle Programmbeispiele laufen auch auf dem Raspberry Pi.

Sämtliche Listings wurde nochmals einem umfangreichen Code-Review unterzogen, und einige bis jetzt unentdeckte Fehler wurden entfernt. Natürlich können immer noch welche durch das Review gerutscht sein. Manche meinen dazu: »Wer einen Fehler findet, darf ihn behalten.« Ich meine: Wer einen Fehler oder sogar einen ernsten Bug findet, sollte ihn mir per Mail schicken (am besten mit einem guten Kommentar in sachlicher Sprache, sehr gern mit einem kommentierten Listing im Anhang, an *renekrooss@gmx.de*). Das gilt auch, falls beim Lesen Unklarheiten oder Fragen aufkommen sollten.

Nun wünsche ich Ihnen viel Spaß mit diesem Buch.

René Krooß

Kapitel 1
Einstieg in C

Um zu verstehen, warum in C ein Standard eingeführt wurde, erfahren Sie zuerst etwas zur Geschichte dieser Sprache.

Mit C lernen Sie eine Programmiersprache, die auf fast allen Betriebssystemen zur Verfügung steht. Dank der plattformübergreifend einheitlichen Implementierung, der genormten Standardbibliothek und der sehr guten Geschwindigkeit der damit erstellten Programme ist C immer noch eine beliebte Sprache – und das sowohl im kommerziellen als auch im Open-Source-Bereich. C beschränkt sich nicht auf PCs, sondern wird auch für die Programmierung von Mikrocontrollern verwendet. Moderne Heizungssteuerungen werden z. B. in C programmiert, genauso wie viele Smart-Home-Komponenten. Und nicht nur das: Inzwischen sind sogar für den Modellbaubereich Mikrocontroller verfügbar, mit denen Automodelle und Drohnen gesteuert werden können – und die Fahr- und Flugregler-Software wird in C programmiert. C ist also nicht tot, sondern aktueller denn je.

1.1 Übersicht zu C

C wird manchmal liebevoll als »High-Level-Assembler« bezeichnet. Dies resultiert daraus, dass der *Betriebssystemkern* (besser bekannt als *Kernel*) aller gängigen Betriebssysteme in C (natürlich gemischt mit Assembler) geschrieben wurde – weshalb sich C hervorragend für die Systemprogrammierung eignet.

Dank einer einfachen Struktur und des geringen Umfangs der Sprache selbst gestaltet sich die Portierung eines *C-Compilers* auf andere neue Prozessorplattformen im Vergleich mit anderen Sprachen weniger aufwendig, weshalb sich der Aufwand vom kleinsten Mikrocontroller bis zum High-End-Rechner immer lohnt. Auf *Compiler* werde ich später noch detaillierter eingehen. Sie können sich jedoch sicher sein, dass Sie, egal, für welche Plattform Sie programmieren, immer einen C-Compiler dafür bekommen, und somit bleibt Ihnen auch eine prozessorspezifische Programmierung in Assembler erspart. Meistens können Sie Ihre Anwendung, die Sie für ein bestimmtes System geschrieben haben, mit kleineren Änderungen auf eine andere Plattform übernehmen.

[»]

Hinweis

Um keine Missverständnisse aufkommen zu lassen: Mit »auf andere Plattformen übernehmen« ist der *Quellcode*, also das C-Programm selbst, gemeint. Wenn bei Programmiersprachen die Rede von *portabel* ist, bezieht sich dies in der Regel auf den Quelltext. Die ausführbaren Dateien sind nicht mehr so einfach auf andere Systeme portierbar – dafür müssten Sie einen Emulator für das betreffende System installieren. Sie müssen also den *Quelltext* (so wird der Quellcode auch oft genannt) auf der anderen Plattform erneut übersetzen. Eine Ausnahme ist Java, für das eine sogenannte *virtuelle Maschine* (VM) zum Einsatz kommt. Java-Bytecode läuft unverändert auf sämtlichen Betriebssystemen, die eine eigene Java-VM zur Verfügung stellen. Wie schnell diese VM läuft, hängt vor allem von dem Betriebssystem ab, das die VM ausführt.

Dass die Programme, die in C geschrieben sind, dann auch noch einen verhältnismäßig geringen Umfang haben (nur Assembler-Programme sind kleiner), macht C zu einer sehr interessanten Sprache in den Bereichen *Embedded Systems* und Mikrocontroller-Programmierung, wo Speicherplatz sehr kostbar ist.

Ein *Mikrocontroller* ist einfach ein *Prozessor* (also der Teil eines Computers, der die Programme ausführt). Im Gegensatz zum PC-Prozessor enthält ein Mikrocontroller jedoch zusätzlich noch Speicher und eine Ein-/Ausgabe-Logik, die direkt integriert ist. Ein Mikrocontroller ist also ein vollständiges Computersystem, das in einen einzigen Chip verpackt wurde. Auch solch ein System lässt sich in C programmieren.

Trotzdem hat C seine Grenzen. C zu beherrschen und zu verwenden hat in vielen Bereichen erhebliche Vorteile gegenüber anderen Sprachen – Sie lernen also hier in keiner Weise etwas Überflüssiges –, aber sofern Sie sich intensiver mit der Anwendungsentwicklung auseinandersetzen wollen oder. müssen, werden Sie über kurz oder lang nicht um eine objektorientierte Programmiersprache wie C++, Java oder C# herumkommen.

Der Vorteil von objektorientiertem Code besteht in einer besseren Wartbarkeit, einer Entwurfsunterstützung und einem besseren Abstraktionsniveau. Objektorientierung ist also inzwischen essenziell für jede Art von Teamarbeit. Allerdings sollte der Umstieg von C auf C++ (oder auch Java) keine allzu große Hürde sein, da die Sprache C++ aus C hervorgegangen ist und um die Möglichkeiten der objektorientierten und generischen Programmierung erweitert wurde. Auch Java ist stark an C++ angelehnt; wenn Sie also C und später C++ lernen, dann werden Sie auch mit Java gut zurechtkommen. Allerdings ist Java am Anfang etwas gewöhnungsbedürftig, denn es gibt sehr viele verschiedene Klassen und Bibliotheken, deren Funktion Sie sich einfach merken müssen. Dies ist nicht immer intuitiv und erinnert manchmal in der Tat an ein Medizinstudium, in dem man viele Begriffe einfach pauken muss.

Zum Schluss muss ich noch erklären, wie ein C-Programm ausgeführt wird: Ein C-Programm wird mithilfe eines Compilers aus einer oder mehreren Textdateien in Maschinensprache übersetzt. Maschinensprache, oft auch als *Assembler* bezeichnet, ist die Sprache, die der Prozessor direkt versteht. Das englische Wort dafür ist nicht etwa »translate«, sondern »compile«, deshalb spricht man auch im Deutschen von »Compiler«. Der *Compiler* ist also ein Übersetzungsprogramm von einer Sprache (nämlich C) in eine andere (nämlich Assembler-Code, also Maschinensprache). Da sowohl C als auch Assembler streng formale Sprachen sind, ist die Übersetzung von C in Assembler immer eindeutig. Aus einem C-Programm entsteht also immer auch ein eindeutiges Maschinenprogramm für einen bestimmten, eindeutig definierten Prozessor. Ein C-Compiler erstellt aus einer oder mehreren Textdateien, die ein oder mehrere C-Programm-Teile enthalten, eine oder mehrere Dateien, die Daten enthalten, die der Prozessor direkt verstehen kann. Diese Dateien werden *Objektcode-Dateien* genannt. Die Objektcode-Dateien wiederum werden anschließend von einem *Linker* (auch *Binder* genannt) zu einer direkt ausführbaren Datei gebunden.

An dieser Stelle müssen Sie sich klarmachen, dass eigentlich das Betriebssystem die Datei ausführt. Das bedeutet unter anderem Folgendes: Die ausführbaren *ELF-Dateien* von Linux sind z. B. nicht kompatibel mit den *EXE-Dateien* von Windows. Das heißt, Windows versteht nur EXE-Dateien, Linux nur ELF-Dateien. Woher weiß aber das Betriebssystem, von wo aus es das C-Programm starten soll? Die Antwort ist, dass jede ausführbare Datei einen *Startpunkt* besitzt, und dieser Startpunkt steht in jeder ausführbaren Datei in einem *Dateiheader*, den der C-Compiler erstellt. Der Startpunkt ist bei C die Hauptfunktion, von der es genau eine gibt (und meistens auch nur genau eine geben darf). In C wird die Hauptfunktion `main()` genannt. Natürlich können Sie zusätzlich eigene Funktionen und sogar Bibliotheken (das sind Funktionssammlungen) erstellen und sie in einem Archiv zusammenfassen. Die Bibliotheken wiederum können Sie zu einem späteren Bindevorgang des Linkers wiederverwenden. Sie müssen in C also nicht jedes Mal das Rad neu erfinden und z. B. nur, weil Sie immer wieder Kreise zeichnen müssen, die entsprechenden Formeln auch immer wieder neu programmieren. Sie könnten eine Bibliothek zum Zeichen von Kreisen erstellen und quasi wiederverwendbar machen.

1.2 Der ANSI-C-Standard

Woher kommen nun die Programmierregeln für C? C wurde 1972 von Dennis Ritchie und Ken Thompson erfunden, wobei »erfunden« nicht ganz der richtige Ausdruck ist. C wurde aufgrund einiger Einschränkungen der Vorgängersprache B implementiert und hauptsächlich für das Betriebssystem UNIX entwickelt. Denn vorher war UNIX vollständig in Assembler programmiert, und deshalb war der Quellcode für das Betriebssystem (der sogenannte Kernel-Code) nur schwer lesbar.

Als die ersten frei erhältlichen Compiler für C erschienen, war der Siegeszug nicht mehr aufzuhalten. C wurde im Zusammenhang mit UNIX zur erfolgreichsten Sprache überhaupt, denn nun wurde der Kernel zu 80 Prozent in C programmiert (und dies ist bis heute der Fall).

C wurde aber nicht nur entwickelt, um Software zu schreiben, sondern auch für Programmierer, die selbst Compiler entwickelten. Und genau da lag das Problem: Jeder Compiler-Hersteller kochte (wie es auch schon bei dem betagten BASIC der Fall war) sein eigenes Süppchen, erweiterte die Programmiersprache um einige Funktionen oder ließ die eine oder andere bestehende Funktion wegfallen.

Mit der Zeit entstanden immer mehr unterschiedliche C-Dialekte, und eine Portierung von einem zum anderen System kam dem Neuschreiben des entsprechenden Programms gleich. Am Anfang war also C in Bezug auf die Portierbarkeit nicht besser als BASIC, sondern nur schneller.

Schließlich fand sich eine Gruppe von Compiler-, Hardware- und Softwareentwicklern zusammen, mit der Absicht, das Problem der Vielfalt der Sprachdialekte zu beheben. Das *American National Standard Institute* (kurz ANSI) rief 1983 ein Komitee namens X3J11 ins Leben, das die Aufgabe bekam, die Sprache C zu standardisieren.

ANSI-Standards

Das ANSI hat natürlich nicht nur den C-Standard geschaffen, sondern ist auch für unzählige weitere Standards weltweit verantwortlich (siehe *http://www.ansi.org/*).

Das Komitee entwickelte einen Entwurf für einen gemeinsamen Standard und dessen Einhaltung. 1989 war es dann endlich so weit: Der Entwurf wurde vorgelegt und auch von der *International Standards Organization* (ISO) übernommen. In der Kurzform hieß er *C89-Standard* (ANSI-Standard X3.159–1989). Teil des ANSI-C-Standards sind die sogenannten Softwarebibliotheken (besser bekannt unter dem Begriff *ANSI C standard library*). Die *Standard-Softwarebibliotheken* sind Funktionssammlungen mit oft benötigten Dingen, wie z. B. die Ausgabe von Text mit `printf()`, das Einlesen von Daten mit `scanf()` oder auch das Öffnen und Lesen von Dateien. Bibliotheken werden benutzt, indem man mit dem Kommando `#include` sogenannte *Headerdateien* (Endung *.h*) einbindet. Bei späteren Revisionen des C-Standards wurden immer wieder neue Headerdateien hinzugefügt. 1995 wurden beispielsweise die Headerdateien *<iso646.h>*, *<wchar.h>* und *<wctype.h>* mit aufgenommen, die als *Normative Amendment 1* bezeichnet wurden (kurz NA1).

Vier Jahre später, 1999, kamen die Headerdateien *<complex.h>*, *<fenv.h>*, *<inttypes.h>*, *<stdbool.h>*, *<stdint.h>* und *<tgmath.h>* hinzu. Diese Revision wurde als *C99-Standard* bekannt.

Natürlich wurden nicht immer nur neue Funktionen hinzugefügt, sondern auch die wesentlichen Schwächen von C verbessert. Dies muss an dieser Stelle erwähnt werden, da häufig auf Titeln von Büchern zu lesen ist: »Entspricht dem neuen C99-Standard.« Häufig bezieht sich diese Aussage auf die wesentlichen Verbesserungen von C und nicht auf neue Funktionen.

Der C99-Standard (ISO/IEC 9899:1999) ist mittlerweile bei allen Compiler-Herstellern Pflicht und so mindestens implementiert. Aktuell ist zurzeit jedoch schon *C18* (C-Standard von 2018), und dieser Standard wird im Jahr 2023 voraussichtlich von *C23* abgelöst. An dieser Stelle entsteht ein kleines Problem, denn ich versuche in dieser Auflage, schon möglichst C23-konform zu sein, damit Sie auch in den nächsten Jahren noch etwas von diesem Buch haben. Einige wenige Dinge, z. B. die Unterstützung von sehr langen Zahlen, sind noch nicht 100-prozentig entschieden und könnten punktuell anders ausfallen, als ich es jetzt annehme. Der Grund: Die Finalisierung des Standards wurde um ein Jahr auf Ende 2023 verschoben, vor allem, weil wichtige Kongresse wegen der Corona-Pandemie verschoben werden mussten.

Sofern Sie nun den Standard lesen wollen, müssen Sie ihn leider käuflich erwerben, da es immer noch keine Onlineversion davon gibt und auch nicht geben darf. Der ISO-Standard wird in Genf unter folgender Adresse vertrieben:

ISO Distribution
Case Postale 56
CH-1211 Genève 20
Suisse

Auf *C99* folgte der Standard *C11* (oder auch C1x), der neue Funktionen bereitstellte, die z. B. die Thread-Programmierung und Mehrprozessorsysteme betrafen. Andere Themen der Erweiterung waren: Funktionen für eingebettete Systeme, verschiedene Zeichensätze (Unicode-Unterstützung), Funktionen für eine dynamische Speicherreservierung und Überprüfung von Speicher- bzw. Pufferüberläufen. Wegen der rasanten Verbreitung des Internets reichten irgendwann die Standard-Sicherheitsfunktionen nicht mehr aus, und so musste nachgebessert werden, vor allem im Bereich Netzwerksicherheit. Die neuste Version des C-Standards ist wie gesagt C18, die im Jahr 2023 durch C23 abgelöst wird.

1.2.1 Welcher C-Standard wird in diesem Buch verwendet?

Da C23 gewissermaßen schon fertig ist und wohl hoffentlich Ende Dezember 2023 verabschiedet wird, verwendet auch dieses Buch nun C23. Zugleich beschreibt dieses Buch auch den C18-Standard (also den letzten Standard von 2018/2019). Manche Compiler-Hersteller (darunter auch Microsoft) werden es nicht schaffen, den C23-Standard vor 2024 komplett zu implementieren, da er inzwischen mehrere tausend

Seiten umfasst. Ich werde Sie jeweils darauf hinweisen, dass dies oder jenes dem C23-Standard entspricht und somit auch nur bei Compilern funktioniert, die diesen Standard implementiert haben. Besonders hervorzuheben bezüglich der Unterstützung des etwas älteren C18-Standards sind die Compiler *GCC*, *Open Watcom C Compiler* und Intels eigener *C/C++*-Compiler. Auch Microsoft macht mit dem Visual-Studio-eigenen *Visual C/C++* inzwischen eine gute Figur. Der einzige Compiler, der schon jetzt versucht, sogar C23 komplett umzusetzen, ist der Compiler GCC unter Linux.

1.2.2 Der Vorteil des ANSI-C-Standards

Der Hauptvorteil des ANSI-C-Standards ist die Portabilität von C-Programmen. Das bedeutet: Wenn Sie ein Programm auf Plattform A geschrieben haben und übersetzen, lässt sich dieses Programm auch auf Plattform B übersetzen. Natürlich ist damit eine Neuübersetzung des Quellcodes gemeint und nicht das ausführbare Programm. ANSI-C-Compiler gibt es für über 40 Systeme, vom kleinsten 8-Bit-Computer bis hin zum Superrechner (selbst für C64 gibt es den C-Compiler *cc65*).

Nicht portabel hingegen sind hardwarenahe bzw. betriebssystemspezifische Operationen, die auch immer Assembler-Code enthalten. Assembler-Code ist sehr stark an eine bestimmte Prozessorarchitektur angelehnt und daher eben nicht portabel. Wenn Sie zum Beispiel ein Programm für Linux schreiben, das die Grafikkarte anspricht, wird das Programm beispielsweise auf Windows nicht ausgeführt. Auch Code, den Sie für einen speziellen Grafikprozessor schreiben (z. B. für ATI), wird auf einem anderen Grafikprozessor (z. B. Nvidia) nicht ausgeführt.

Es gibt natürlich noch eine Reihe von weiteren Standards, die aber in diesem Buch nicht behandelt werden.

1.3 Der POSIX-Standard

Der *POSIX-Standard* ist mittlerweile viel zu mächtig, um ihn zu ignorieren. Zwar werden Sie in diesem Buch damit kaum in Berührung kommen, aber in Anbetracht der Tatsache, dass viele Leserinnen und Leser auch unter Linux arbeiten und daher zwangsläufig früher oder später (meistens früher) mit POSIX in Kontakt kommen, sollten hier ein paar Zeilen darüber verloren werden.

POSIX (*Portable Operating System Interface for UniX*) ist ein von der IEEE entwickeltes standardisiertes Applikationsebeneninterface, das die Schnittstelle zwischen einer Anwendung (man spricht auch von einer *Applikation*) und dem Betriebssystem UNIX darstellt. Sämtliche UNIX-Derivate halten sich mehr oder weniger an die in IEEE1003.1 (1990) und IEEE1003.2 (1992) festgelegten Standards, die heute die globale Industrienorm DIN/EN/ISO/IEC 9945 bilden.

Der POSIX-Standard P1003.1 enthielt Standardkomponenten wie den Betriebssystemkern und C-Bibliotheken. Heute halten sich mehr oder weniger alle Linux-Varianten an den POSIX-Standard. Selbst Microsoft Windows bietet eine POSIX-konforme Schnittstelle an, da vor allem in den USA POSIX eine wesentliche Voraussetzung in IT-Ausschreibungen im militärischen und öffentlichen Bereich ist. Natürlich existiert nicht nur ein POSIX-Standard für den Betriebssystemkern und die C-Bibliotheken. Weitere Standardkomponenten sind in Tabelle 1.1 aufgelistet.

Bezeichnung	Bedeutung
P1003.1	Betriebssystemkern und C-Bibliotheken
P1003.2	Shell und Kommandos
P1003.3	POSIX–Test-Suite
P1003.4	Realzeiterweiterungen
P1003.5	Sprachanbindung an ADA
P1003.6	Systemsicherheit
P1003.7	Systemadministration

Tabelle 1.1 POSIX-Standardkomponenten

1.4 Vor- und Nachteile der Programmiersprache C

Auch wenn inzwischen die objektorientierte Programmierung (vor allem in Teams) die Methode der Wahl ist, gibt es noch eine Menge guter Gründe dafür, Standard-C zu lernen. Hier sind einige davon:

- Wenn Sie unter Linux programmieren wollen oder müssen, kommen Sie nicht um C herum. Das Betriebssystem ist zum größten Teil in C implementiert.
- C bietet die Konstrukte höherer Programmiersprachen. Beherrschen Sie C, dann ist es nicht mehr schwer, andere Programmiersprachen wie z. B. C++, C# oder Java zu erlernen. (Übrigens: »C#« wird »C sharp« ausgesprochen.)
- Hardwarenahe Programmierung wird zumeist in C ausgeführt, meist gepaart mit Assembler für die Low-Level-Funktionen. Dabei kann der Assembler-Code sogar direkt im C-Programm stehen (*Inline-Assembler* genannt).
- In C geschriebene Programme können einfach auf andere Systeme portiert werden. Hierbei gibt es natürlich Einschränkungen, z. B. bei der Portierung von Code für grafische Oberflächen.
- C++ ist die Erweiterung zu C. Somit können Sie fast alles hier Gelernte später in C++ wiederverwenden.

- In C lassen sich Programme schreiben, die schnell in der Ausführung sind und wenig Ressourcen benötigen.
- Der Sprachumfang ist sehr klein: Der kleinste bekannte C-Compiler, *Tiny C*, besteht aus 3742 Byte C-Code und kann sich selbst kompilieren. Natürlich gilt dies nicht nur für C. BASIC-Interpreter benötigen sogar noch weniger Platz, dafür sind sie aber relativ langsam.
- Es gibt einen Präprozessor zur Spracherweiterung und bedingten Übersetzung.

Natürlich gibt es auch einige Nachteile der Programmiersprache C:

- Eine allzu große Freiheit beim Kodieren kann dazu führen, dass schwer lesbarer Code geschrieben wird.
- Als Anfänger haben Sie bereits direkten Zugriff auf das System und können somit vieles durcheinanderbringen, wenn Sie nicht wissen, was Sie genau tun. Darum sollten Sie auch nur dann als Administrator arbeiten, wenn es sich nicht vermeiden lässt.
- Fehler, die bei anderen Sprachen beim Compiler-Lauf abgefangen werden, werden unter Umständen nicht gefunden. Meist treten solche Fehler erst dann auf, wenn das Programm bereits als ausführbare Datei erstellt wurde. Auch einen automatischen Programmabbruch z. B. mit »ILLEGAL QUANTITY ERROR« gibt es in C nicht, und das Programm läuft weiter, auch wenn Sie ungültige Werte benutzen.

Noch nicht genannt habe ich die größte Stärke von C, die gleichzeitig bei unbedachtem Einsatz die größte Schwäche ist: die uneingeschränkte Freiheit, beim Programmieren mit Zeigern und Speicherstrukturen zu arbeiten.

Es soll an dieser Stelle nicht unerwähnt bleiben, dass immer noch die meisten Programme in C geschrieben sind. Wenn solche Programme den Bedürfnissen einer Anwendergruppe angepasst oder allgemein verbessert werden müssen, sind gute C-Kenntnisse von Vorteil. Es stellt sich doch immer wieder heraus, dass viele Programmierer hauptsächlich damit beschäftigt sind, Fehler (Speicherlecks, Pufferüberläufe usw.) auszubügeln. Diese Fehler kann man nicht vollständig vermeiden, aber durch eine gute und vor allem sauber strukturierte Programmiertechnik minimieren. Wie so oft gilt auch im Falle von C die Feststellung, dass Ordnung das halbe Leben ist.

1.5 C in diesem Buch

Im Rahmen dieses Buchs werde wir uns nicht ausschließlich mit ANSI C befassen. In manchen Kapiteln ist das einfach nicht möglich. Aber ich werde die Programme – sofern das möglich ist – so schreiben, dass Sie sie unter Windows auf einer Windows-Konsole (besser bekannt als Eingabeaufforderung) oder auf Linux-artigen Systemen ausführen können. Dies gilt auch für den Raspberry Pi, auf dem ein spezielles Linux läuft. Ich werde dafür sorgen, dass die Beispiele in diesem Buch auch auf dem Pi funktionieren, und gegebenenfalls Hinweise und spezielle Screenshots einfügen, falls Sie beim Pi etwas Besonderes beachten müssen. Der Raspberry Pi ist inzwischen als günstige Programmierplattform sehr verbreitet. Im zweiten Kapitel werde ich in die Arbeit damit einführen, mit einer aktualisierten Installationsanleitung und Hinweisen, wie man ihn konfiguriert. Falls ein Kapitel nicht dem ANSI-C-Standard entspricht oder wenn Sie auf dem Pi oder unter Linux etwas Besonderes beachten müssen, weise ich am Anfang gesondert darauf hin.

1.6 Was benötigen Sie für C?

Aller Anfang ist schwer und erfordert Geduld. Dies ist vor allem auf modernen Computersystemen der Fall. Bis Sie anfangen können, C zu lernen, brauchen Sie noch ein paar Programme. Im Normalfall kosten diese aber kein Geld, und wenn Sie einige grundlegende Hinweise in diesem Buch beachten, können Sie frustrierende Erlebnisse zwar nicht immer vermeiden, aber doch sehr stark minimieren.

1.6.1 Texteditor

Zuerst benötigen Sie zumindest einen *ASCII-Texteditor*. Editoren gibt es wie Sand am Meer, und die Auswahl fällt am Anfang schwer. Ob Sie *Emacs* für Linux oder den »Windows-Dinosaurier« *Edit* verwenden, bleibt Ihnen überlassen. Ich empfehle Ihnen jedoch, einen Editor zu nutzen, der in der Lage ist, die Syntax von C farbig hervorzuheben. Dies erhöht die Übersichtlichkeit des Programms enorm. Unter Linux besitzt z. B. der *Nano* dieses *Syntax Highlighting* genannte Feature; unter Windows leistet dies etwa der kostenlose, aber leider schon betagte Editor *SciTE*. »Betagt« heißt hier, dass Sie zwar beispielsweise ausführbare Dateien einfach per Funktionstaste erstellen können, die Konfiguration aber durchaus anspruchsvoll ist und viele zusätzliche Downloads nötig macht. Wenn Sie bereits *Visual Studio* besitzen und auch schon Erfahrung damit haben, verwenden Sie am besten dieses. Visual Studio integriert Compiler, Editor und Debugger in einer Anwendung, und alle Beispiele in diesem Buch wurden zumindest mit Visual Studio getestet.

1.6.2 Compiler

Wenn Sie den C-Code mit einem Texteditor geschrieben und abgespeichert haben, benötigen Sie als Nächstes einen *Compiler*. Dieser macht aus den zum Projekt gehörenden Quelldateien eine ausführbare Datei in Maschinensprache. Auf die genauen Arbeitsschritte eines Compilers (und des meist integrierten Linkers) gehe ich noch im Verlauf des Buches ein (über die Arbeitsweise von Compiler, Debugger und Linker könnte man ein separates Buch schreiben).

Mittlerweile sind eine Menge Compiler kostenlos verfügbar. Viele davon lassen sich aus dem Internet herunterladen – und das für alle gängigen Betriebssysteme. Im Unterschied zu Microsoft-Betriebssystemen wird bei der Installation von Linux der GNU-GCC-Compiler normalerweise standardmäßig mitinstalliert. Auch auf dem Pi ist das so.

Auswahl des Compilers

Damit Sie sich nicht mit der Installation und Ausführung eines Compilers herumärgern müssen, gibt es für die Leser dieses Buches eine eigene Dokumentation. Darin finden Sie Informationen zu vielen gängigen Compilern und Entwicklungsumgebungen auf den verschiedensten Systemen, die Sie benötigen, um mit dem Programmieren anzufangen. Diese Dokumentation sollten Sie am besten schon direkt nach dem ersten Kapitel lesen und erst dann mit dem Buch fortfahren. Sie können sich diese Anleitungen von der Webseite des Verlags unter *http://www.rheinwerk-verlag.de/5701* herunterladen.

1.6.3 All in one – die Entwicklungsumgebung

Die sogenannten *Entwicklungsumgebungen* werden immer beliebter. Eine hiervon ist das schon erwähnte Visual Studio von Microsoft. Wie die Bezeichnung »all in one« schon sagt, befindet sich alles, was Sie zum Programmieren benötigen, in einer einzigen Umgebung, also einem Fenster oder einer Arbeitsoberfläche. Sie müssen in diesem Fall nicht mehr mühevoll von einem zum anderen Fenster klicken (z. B. vom Editor in die Kommandozeile), und Sie verlieren bei umfangreicheren Projekten nicht so schnell die Übersicht. Zumindest nicht, wenn Sie sich mit den manchmal durchaus komplexen Arbeitsoberflächen vertraut gemacht haben. Natürlich befindet sich in einer Entwicklungsumgebung mehr als nur der Compiler und ein ASCII-Texteditor. Weitere Hilfsprogramme, die Sie in einer solchen Umgebung typischerweise finden, sind:

- Projektverwaltung
- Debugger
- Profiler
- Versionskontrolle

Solche Programmpakete haben aber meistens auch ihren Preis. Produkte von Borland und Microsoft kosten zwischen 100 Euro in der Standardversion für Privatanwender bis zu ein paar Tausend Euro für kleine Firmen. Wenn Sie noch Anfänger sind, reicht es völlig aus, sich zunächst einen Überblick über die kostenlos erhältlichen Compiler zu verschaffen.

Natürlich ist anzumerken, dass es mittlerweile auch einige kostenlose Varianten von Entwicklungsumgebungen gibt. Besonders zu erwähnen ist dabei die *Code::Blocks*-Entwicklungsumgebung, die für Microsoft-Systeme erhältlich ist. Ebenfalls hat sich *Pelles C* (siehe Abschnitt 1.9) von einem einfachen Hobbyprojekt zu einer brauchbaren Entwicklungsumgebung gemausert, deshalb wird es auch immer öfter eingesetzt. Ebenfalls sehr beliebt ist die kostenlose Version von Visual Studio, *Visual Studio Code*. Diese ist aber nicht gerade einfach zu installieren und erfordert das Studieren einiger Internet-Howtos. Für Linux existieren noch viel mehr gute Möglichkeiten, die keinen Eurocent kosten. Mehr zu den Bezugsquellen aller hier genannten und nicht genannten Compiler oder Entwicklungsumgebungen finden Sie auf der Webseite *http://www.rheinwerk-verlag.de/5701*. Dies gilt auch für Käufer des E-Books.

[«]

Hinweis

Wenn Sie ein einfaches C-Programm mit solchen riesigen Entwicklungsumgebungen wie beispielsweise *Visual Studio* übersetzen wollen, gleicht dies etwa dem Prinzip »mit Kanonen auf Spatzen schießen«. Immer noch sind viele Anfänger verwundert, wenn sie hören, dass sie theoretisch alles ohne eine solche Entwicklungsumgebung programmieren können. Lassen Sie sich nichts vormachen, wenn Ihnen jemand sagen will, Sie benötigen diese oder jene Entwicklungsumgebung, um Programme zu erstellen. Entwicklungsumgebungen können einem das Leben erheblich erleichtern, aber einem Anfänger kann solch eine Software schnell das Leben vermiesen. Es sei denn natürlich, Sie wollen dieses Buch explizit z. B. mit dem Einstieg in Visual Studio verbinden oder kennen sich bereits damit aus. Dann spricht nichts dagegen, dass Sie es auch verwenden.

1.7 Welcher Compiler und welches Betriebssystem?

Wie bereits erwähnt, behandelt dieses Buch vorwiegend den ANSI-C-Standard und ist somit nicht von einem Compiler bzw. von dem Betriebssystem abhängig. Alle Listings in diesem Buch wurden auf mehreren gängigen Systemen und Compilern getestet und laufen sowohl unter Windows als auch unter Linux. Natürlich ist dennoch nicht auszuschließen, dass es in Einzelfällen zu Fehlermeldungen kommt. In solch einem Fall würde ich mich über eine Mail von Ihnen freuen, damit ich dieses Problem bei der nächsten Auflage des Buchs beseitigen kann.

Trotzdem ist es ratsam, nicht in sämtlichen Problemfällen sofort eine E-Mail zu schreiben oder in einem Forum zu fragen, sondern erst einmal etwas »herumzubasteln«. Ich selbst habe die Erfahrung gemacht, dass man dadurch am meisten lernt, auch, wenn man manchmal Frust ertragen oder ein Programm mehrmals neu schreiben muss. Vielleicht ist auch bei der Programmiersprache C der beste Spruch »keep it simple«, zumindest am Anfang.

[»]

Hinweis zu bereits gefundenen Fehlern

Ob bereits Fehler bemerkt wurden oder einige zusätzliche Anmerkungen zu dem einem oder anderen Kapitel gemacht wurden, können Sie ebenfalls unter *http://www.rheinwerk-verlag.de/5701* nachlesen. Dies gilt auch für Käufer des E-Books.

1.8 Unterschiede zwischen Windows und Linux

Im Gegensatz zu Linux ist unter Windows kein Compiler vorinstalliert. Während die gängigsten Linux-Distributionen grundsätzlich den GNU C Compiler (GCC) standardmäßig mit einrichten, muss für Windows ein Compiler extra erworben oder heruntergeladen werden. Die letzten Aussagen gelten auch – wie Sie noch im nächsten Kapitel sehen werden – für den Raspberry Pi (falls Sie diesen für den Einstieg in C verwenden möchten), auf dem normalerweise ein Linux mit vorinstallierten Programmierwerkzeugen installiert wird. Windows hingegen liefert nur einen rudimentären Texteditor mit und bietet sonst von Haus aus keine direkte Unterstützung für Programmierer. Dafür ist das Angebot an freien Compilern und Entwicklungsumgebungen für Windows inzwischen unüberschaubar; Sie können sich also Ihre ganz speziellen, den eigenen Wünschen entsprechenden Tools aus dem Internet besorgen, aber für Einsteiger empfehle ich, mit einer gängigen Umgebung loszulegen. Als Beispiel für Windows werde ich die Entwicklungsumgebung Pelles C vorstellen, unter Linux werde ich als Beispiel den GNU C Compiler und den Editor Nano verwenden. Alle Programme in diesem Buch laufen in der Konsole, also entweder in der Windows-Eingabeaufforderung oder in einem Linux-Terminal. Ausnahme sind einige Programme im letzten Kapitel, die direkt auf die Grafikhardware zugreifen, und einige Beispiele, die auf dem Pi die Maus oder den Joystick abfragen.

1.9 Eine Programmierumgebung einrichten am Beispiel von Pelles C 8.00 für Windows

Pelles C ist eine freie Entwicklungsumgebung für Windows. Sie können sich einfach eine Installationsdatei aus dem Internet herunterladen, sie ausführen und haben dann eine grafische Oberfläche zur Verfügung, die alles enthält, was man für die C-Programmierung benötigt. Ein paar Dinge gibt es allerdings zu beachten. Zum Beispiel gibt es für viele Software-Downloads inzwischen zahlreiche Quellen. Viele dieser Quellen (wie z. B. Softradar oder Softsonic) sind inzwischen nicht mehr zu empfehlen und werden auch von Computermagazinen wie der c't als unsicher bezeichnet. Das liegt nicht unbedingt daran, dass diese Quellen Viren und Spyware verbreiten, sondern eher daran, dass die Downloads inzwischen über Download-Assistenten ablaufen, die sich vorher selbstständig auf dem PC installieren. Oft verbreiten diese Assistenten Werbung oder blenden beim Download Werbung ein. Manche gehen sogar so weit, die Konfiguration des Browsers zu ändern, sodass manche Banner durch den Spamfilter rutschen.

1.9.1 Pelles C installieren

Die *IDE* (IDE ist die Abkürzung von Integrated Development Environment) können Sie wie gesagt von unterschiedlichen Quellen herunterladen. Am zuverlässigsten hat sich bei mir der entsprechende Download-Bereich des PC-Magazins c't erwiesen, das von Heise Medien herausgegeben wird. In der c't werden nicht nur Entwicklungsumgebungen, sondern auch Tools für die Programmierung vorgestellt. Um auf die Download-Seite für Pelles C zu gelangen, öffnen Sie in Ihrem Browser folgenden Link und klicken ZUM DOWNLOAD:

https://www.heise.de/download/product/pelles-c-31327

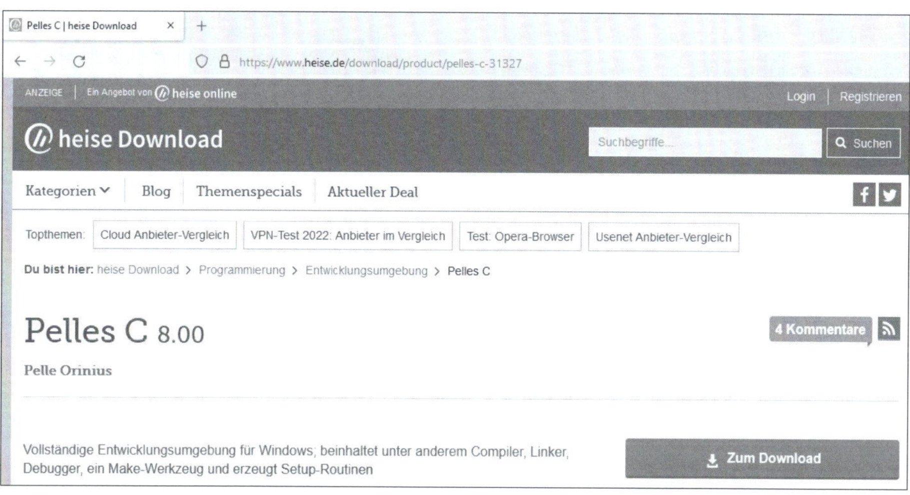

Abbildung 1.1 Heise-Download-Seite für Pelles C

Nun sind Sie im eigentlichen Programm-Download-Bereich. Achten Sie allerdings unbedingt darauf, anschließend die richtige Version herunterzuladen. Es gibt von Pelles C nämlich eine Version für 32-Bit-Windows und eine Version für 64-Bit-Windows. Wenn Sie einen 64-Bit-Prozessor haben (ab Windows 8 ist dies wahrscheinlich stets der Fall), dann laden Sie die 64-Bit-Version herunter, ansonsten (wenn Sie unsicher sind oder die letzte 64-Bit-Version bei Ihnen auf Windows 10/11 Probleme gemacht hat) die 32-Bit-Version. Die heruntergeladene Datei sollte eine EXE-Datei sein, die normalerweise im Download-Ordner von Windows erscheint und schlicht durch einen Mausklick ausgeführt werden kann. Dies gilt auch für Windows 10 und 11, denn obwohl Windows 10 und 11 nicht in den Systemvoraussetzungen erscheinen, läuft Pelles C auch auf diesen beiden Systemen.

[»]

Hinweis: Unterschiede zwischen 32 und 64 Bit

Für dieses Buch ist es unerheblich, ob Sie einen 32-Bit-Compiler oder einen 64-Bit-Compiler benutzen. 64-Bit-Compiler sind nur bei einigen Operationen schneller als ein 32-Bit-Compiler, vor allem bei der grafischen Bildverarbeitung oder beim Berechnen sehr großer Zahlen.

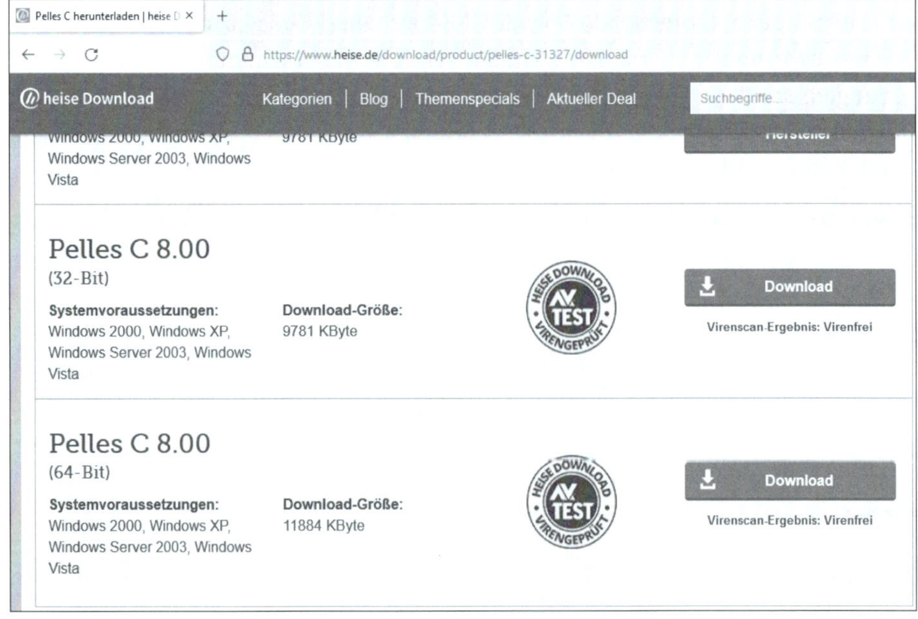

Abbildung 1.2 Von Pelles C gibt es eine 32- und eine 64-Bit-Version.

Wenn Sie das Setup-Programm von Pelles C starten, dann ruft der Windows-Installationsassistent die Installationsroutine automatisch auf. Eventuell müssen Sie, wenn Sie nicht als Administrator arbeiten, die Installation vorher noch bestätigen. Anschließend erscheint der Startbildschirm des Installationsprogramms. Dort müssen Sie zunächst die Softwarelizenz (License Agreement) zu Pelles C bestätigen. Das *License Agreement* ist eine Lizenzvereinbarung, die im Fall von Pelles C Folgendes besagt: Sie dürfen den freien Quellcode für Pelles C (der mit dem Programm zusammen verfügbar ist) verändern und problemlos für eigene Projekte verwenden. Ebenfalls dürfen Sie Pelles C verteilen und als Download anbieten. Allerdings darf Pelles C, da es Freeware ist, nicht verkauft oder für kommerzielle Zwecke benutzt werden. Auch haftet der Urheber des freien Programms nicht für Schäden, die eventuell durch die Benutzung entstehen (z. B. Datenverluste oder finanzielle Schäden). Nur, wenn Sie das Häkchen vor I ACCEPT THE TERMS IN THE LICENSE AGREEMENT mit der Maus setzen, können Sie Pelles C durch einen Klick auf NEXT installieren.

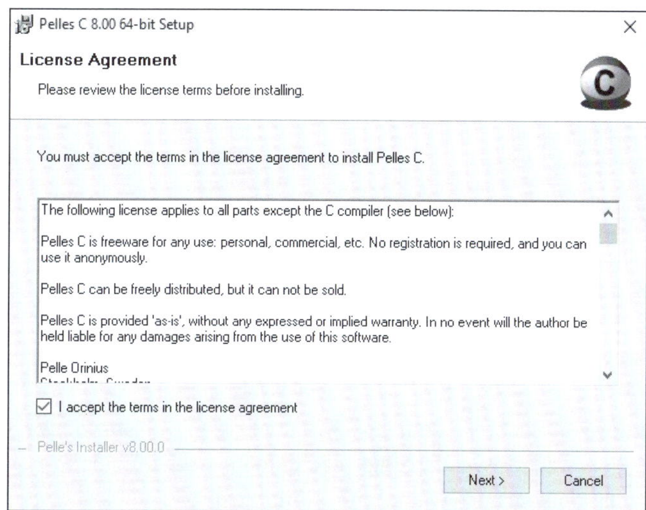

Abbildung 1.3 Freeware-Lizenz-Bildschirm von Pelles C

Nun startet der eigentliche Setup-Vorgang mit einem Informationsbildschirm zu der Version, die Sie gerade installieren. Normalerweise steht dort einfach die Windows-Version, die das Installationsprogramm unterstützt. Erschrecken Sie nicht, wenn dort Windows 10/11 fehlen – Pelles C läuft trotzdem auf Windows 10 oder sogar 11. Den Informationsbildschirm können Sie also problemlos durch NEXT überspringen. Das nächste Fenster ist schon wichtiger, denn dort wählen Sie aus, was alles installiert werden soll. Am einfachsten ist es, aus der Auswahlliste SELECT THE TYPE OF INSTALL den Eintrag FULL auszuwählen. Nach dieser Auswahl sollten anschließend sämtliche Häkchen vor den zu installierenden Paketen gesetzt sein. Durch die Auswahl von NEXT übernehmen Sie Ihre Auswahl und starten den Installationsvorgang.

Der Installationsvorgang kann schon ein paar Minuten dauern, je nach verwendetem Prozessor. Es ist also nichts schiefgelaufen, wenn Sie etwas warten müssen. Dies liegt daran, dass z. B. der Compiler eine zusätzliche Komponente ist (in diesem Fall ist es der auf Windows portierte GCC-Compiler), die erst einmal eingerichtet werden muss. Dies geschieht aber immer automatisch, und Sie müssen nichts tun außer warten. Wenn also eine Fehlermeldung erscheint, die beispielsweise besagt, dass wichtige Pakete fehlen, dann ist etwas beim Download schiefgelaufen. In diesem Fall sollten Sie einfach Pelles C erneut (zur Not von einer alternativen Quelle) runterladen.

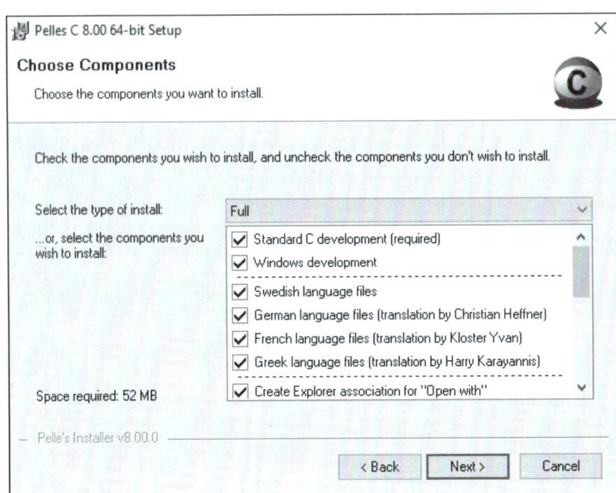

Abbildung 1.4 Am einfachsten ist es, die Installationsoption »Full« zu wählen.

Hinweis zu Code::Blocks

In der letzten Auflage wurde an dieser Stelle Code::Blocks installiert. Es ist nichts dagegen einzuwenden, Code::Blocks zu verwenden (ggf. nach einem Update). Alle Programme in diesem Buch funktionieren auch weiterhin zusammen mit Code::Blocks.

Weil die Installation von Code::Blocks Einsteigern oft Schwierigkeiten gemacht hat, empfehle ich an dieser Stelle nun Pelles C – auch wenn einige Funktionen der C-Standards C18 und C23 noch nicht implementiert wurden.

Falls Sie Pelles C zum ersten Mal einrichten, müssen Sie vor der eigentlichen Installation noch einen Installationsordner angeben. Wenn Sie Pelles C nicht auf einer separaten Festplatte installieren und auch nicht von einem USB-Stick starten wollen, dann können Sie den Zielordner unverändert lassen. Ansonsten können Sie den Zielordner mit BROWSE per Hand auswählen.

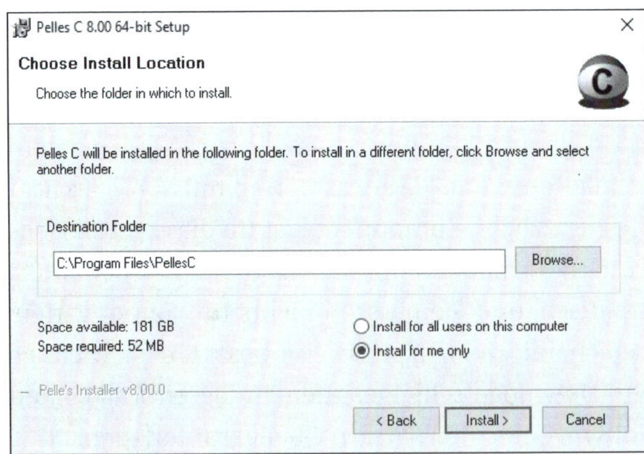

Abbildung 1.5 Auswahl des Installationsordners von Pelles C

1.9.2 Ein einfaches C-Projekt mit Pelles C anlegen

Nach der Installation ist Pelles C sofort einsatzbereit. Aber wie starten Sie nun die IDE? Leider kann sich dies von Fall zu Fall unterscheiden, je nachdem, welche Windows-Version Sie benutzen. Unter Windows 7 öffnen Sie die IDE (also die Entwicklungsumgebung, mit der Sie C-Projekte anlegen können) einfach, indem Sie auf das entsprechende Desktop-Icon klicken (dieses müsste automatisch angelegt worden sein). Nun öffnet sich das Fenster der Entwicklungsumgebung, und Sie können neue Projekte anlegen.

Ab Windows 8 wurde jedoch die GUI (also die grafische Bedienoberfläche) umstrukturiert, deshalb erscheinen hier die meisten neuen Programmsymbole im Startmenü an der unteren linken Ecke des Bildschirms, das Sie durch einen Mausklick separat öffnen müssen. Pelles C erscheint als Symbol im Startmenü direkt nach der Installation in der Rubrik ZULETZT HINZUGEFÜGT. Sie können dieses Symbol danach per Drag and Drop auf den Desktop ziehen, allerdings funktioniert dies nur, wenn Sie auch Administratorrechte oder zumindest die Rechte zum Verändern des Desktop-Bereichs besitzen. Dies ist z. B. auf einem Arbeitsplatzrechner nicht immer der Fall, und es ist Sache Ihres Arbeitgebers oder Ihres Administrators, ob dieser Ihnen die Rechte einräumt, Desktop-Symbole anzulegen.

Starten Sie nun Pelles C. Wenn Sie Pelles C zum ersten Mal ausführen, kann es sein, dass Sie zunächst die Installation des Moduls zur Codevervollständigung bestätigen müssen. Ich empfehle Ihnen, dieses Modul zu installieren, denn dadurch wird Ihr Code schon bei der Eingabe auf Fehler untersucht. Ebenfalls erhalten Sie hierdurch wertvolle Tipps für Einsteiger.

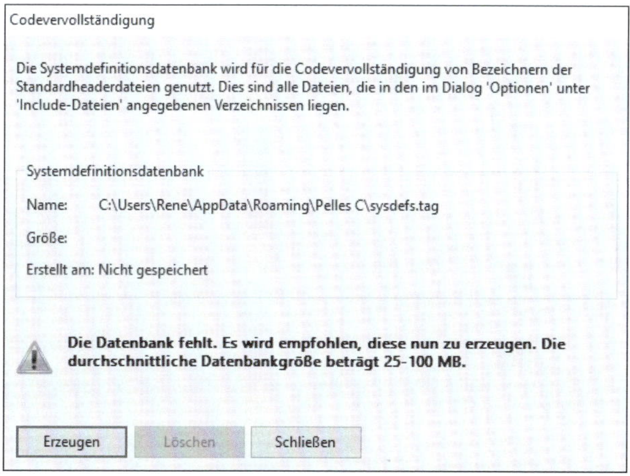

Abbildung 1.6 Das Modul zur Codevervollständigung sollten Sie stets installieren.

Wenn die Codevervollständigung bereits installiert wurde oder Sie ein Update auf eine neuere Version gemacht haben, dann können Sie sofort mit dem Programmieren beginnen. Dies ist ganz einfach: Klicken Sie auf den Text NEUES PROJEKT BEGINNEN, um ein leeres Projekt anzulegen. Alle C-Dateien (inklusive eigener Headerdateien), die zu einem bestimmten Programm gehören, nennt man *Projekt*, die C-Dateien selbst nennt man *Quellcode*. Das Projekt ist meist ein Ordner, in dem alle zu einer bestimmten Anwendung gehörenden Dateien abgelegt werden.

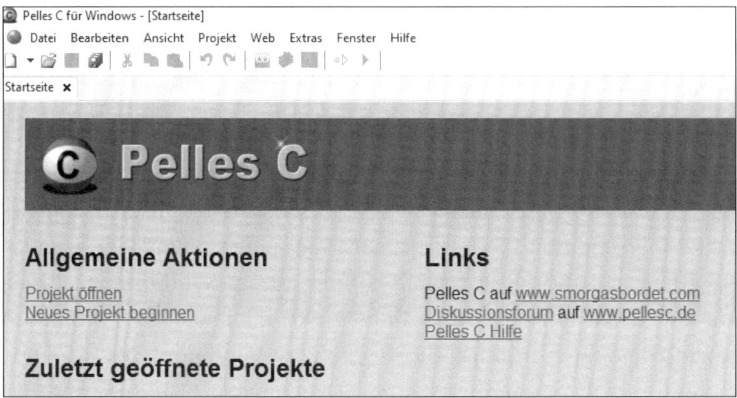

Abbildung 1.7 Startbildschirm für die Projektverwaltung

Unter Pelles C gibt es mehrere Möglichkeiten, Projekte zu erzeugen. In diesem Buch wählen Sie stets die Projektart »Konsolenanwendung« aus. Dies geschieht, indem Sie auf dem Startbildschirm erst NEUES PROJEKT ERSTELLEN mit der Maus anklicken und in dem darauf sich öffnenden Fenster WIN 32 KONSOLENANWENDUNG auswählen.

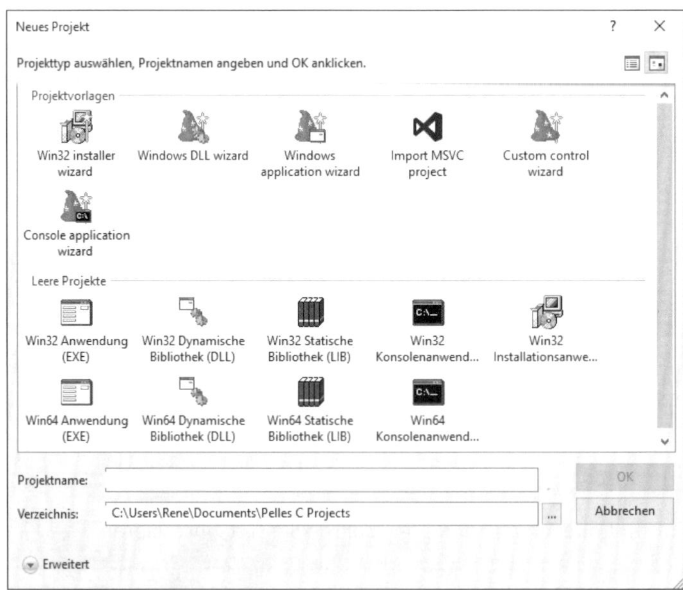

Abbildung 1.8 Projektvorlagen, die auch Konsolenanwendungen enthalten

In dem Fenster mit den Projektvorlagen können Sie für das Einführungsbeispiel die Einstellungen für die verwendeten Ordner einfach mit OK übernehmen. In diesem Fall wird in dem Ordner *Pelles C Projects* (der ein Unterordner des *Dokumente*-Ordners ist) ein weiterer Unterordner angelegt, der dem Projektnamen entspricht. Ich empfehle Ihnen jedoch, anders vorzugehen und beim Projektnamen aussagekräftige Namen zu verwenden. Auch für die Projekte, die zu diesem Buch gehören, sollten Sie einen separaten Ordner erstellen, am besten auf einem externen Datenträger. Nur auf diese Weise behalten Sie den Überblick und können sich auch noch nach Wochen der Programmierabstinenz schnell wieder in das letzte Projekt hineinfinden.

Wenn Sie nun die Einstellungen zum Projekttyp mit OK übernehmen, wird ein leeres Projekt angelegt, das noch keine Datei enthält. Deshalb muss im nächsten Schritt eine Quellcode-Datei hinzugefügt werden, die zumindest ein rudimentäres C-Programm enthält. Dies ist jedoch ganz einfach: Klicken Sie auf den nach unten zeigenden Pfeil am oberen linken Rand des Bildschirms, und öffnen Sie dadurch das entsprechende Menü.

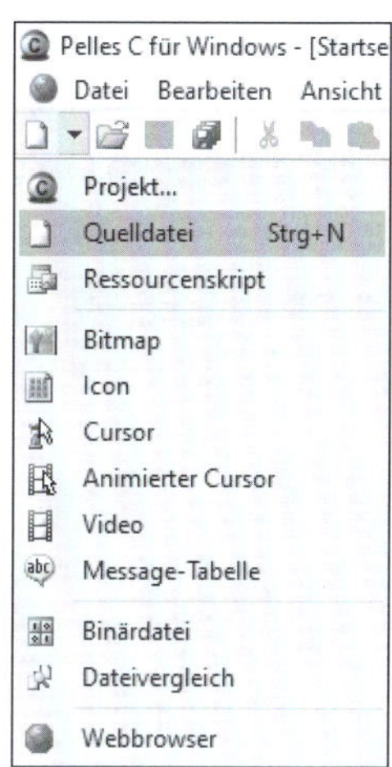

Abbildung 1.9 Auswahlmenü zum Einfügen einer Quellcode-Datei

Wählen Sie nun einfach den Eintrag QUELLDATEI aus. Diese Auswahl öffnet ein Standard-Dialogfenster zur Eingabe des Namens einer Datei, die anschließend in dem Projektordner angelegt wird. Dieser Dateiname kann beliebig sein, aber auch hier empfehle ich, einen aussagekräftigen Namen zu wählen. Aussagekräftig bedeutet hier, dass Sie entweder schlicht *main.c* wählen (da *main.c* das Hauptprogramm enthält) oder aber einfach den Projektnamen, gefolgt von der Dateiendung *.c* (diese Datei enthält dann stets den Startpunkt für Ihr Programm). Wenn Sie den Datei-Dialog durch Klicken auf OK schließen, erscheint eventuell eine Art Sicherheitsabfrage, bei der Sie noch einmal bestätigen müssen, dass die neue Quellcode-Datei wirklich zum Projekt hinzugefügt werden soll.

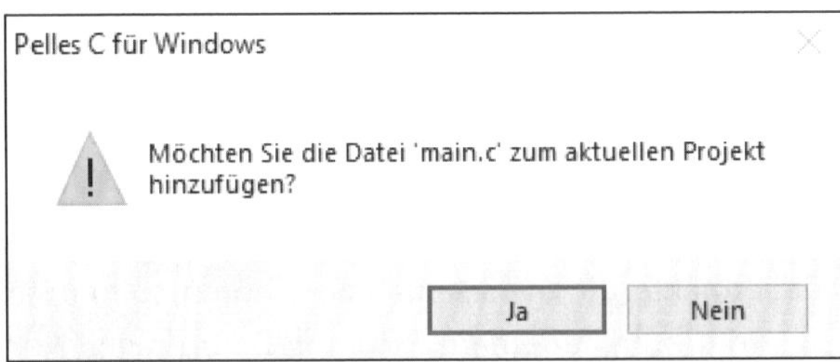

Abbildung 1.10 Eventuell müssen Sie das Hinzufügen von Dateien zum Projekt bestätigen.

Ob dieser Dialog erscheint, hängt davon ab, mit welchen Rechten Sie unter Windows arbeiten. Wenn Sie z. B. nicht als Administrator arbeiten, dann müssen Sie das Anlegen neuer Dateien oder Ordner bestätigen. Wenn Sie jedoch ein Benutzerkonto mit einem separaten Projektverzeichnis haben, dann kann es sein, dass Sie (da Sie ja sämtliche Zugriffsrechte auf Ihren privaten Ordner haben) überhaupt nichts bestätigen müssen.

Nach dem Anlegen einer neuen Quellcode-Datei erscheint der entsprechende Dateiname auf der linken Seite. Auf der rechten Seite sehen Sie nun eine leere Eingabefläche, in der Sie Ihr Programm eintippen können. Tippen Sie den folgenden Text ein:

```
#include<stdio.h>

int main() {
    printf("Hallo Welt!\n");
    return 0;
}
```

Sie haben nunmehr Ihr erstes C-Programm geschrieben. Damit Sie ein Ergebnis sehen können, müssen Sie als Nächstes den Compiler aufrufen. Sie wissen ja bereits: C-Programme müssen kompiliert werden, damit sie ausgeführt werden können. Bei Pelles C ist dies ganz einfach: Zunächst speichern Sie die zuletzt gemachten Änderungen, indem Sie auf das zweite Diskettensymbol von links aus klicken (»alles speichern«). Anschließend klicken Sie auf den grünen Pfeil (»ausführen«). Wenn Sie keinen Fehler gemacht haben, erscheint anschließend ein Konsolenfenster mit dem Text »Hallo Welt!«

Sie haben nun mit Pelles C eine relativ einfach zu bedienende Entwicklungsumgebung kennengelernt und mit ihr Ihr erstes C-Programm geschrieben. In diesem Buch kann ich natürlich weder Pelles C noch Visual Studio noch Code::Blocks noch irgendeine andere Entwicklungsumgebung ausführlich behandeln. Ich kann Ihnen nur den

Einstieg erleichtern. Deshalb mein Tipp: Suchen Sie nach Foren und Howtos zu Pelles C bzw. Code::Blocks im Internet – dort finden Sie viel mehr, als ich Ihnen in diesem Rahmen erklären kann.

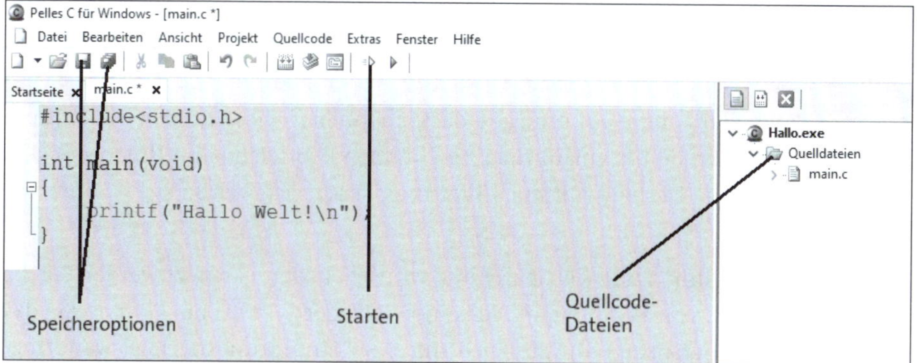

Abbildung 1.11 Das Haupt-Projektfenster von Pelles C mit den wichtigsten Funktionen

1.10 Eine Programmierumgebung einrichten – Nano/GCC für Linux

Unter Linux ist es viel einfacher, den *GCC* zu installieren, falls er aus irgendeinem Grund noch nicht installiert ist. Da es sehr viele Linux-Varianten gibt, muss ich mich natürlich auf eine bestimmte Variante festlegen. Für dieses Buch habe ich Debian verwendet, da dies auch die Linux-Variante ist, die auf dem Raspberry Pi standardmäßig installiert wird. Um unter Debian Programme zu installieren, verwendet man das Tool *Aptitude*, das sich durch das Kommando `apt` starten lässt.

Wenn Sie den GCC und den Editor *Nano* noch nicht installiert haben, öffnen Sie jetzt bitte ein Terminal Ihrer Wahl (z. B. »Xterm«) bzw. wechseln mit `Strg`+`F2` auf die Text-Konsole und loggen sich ein. Um den GCC zu installieren, geben Sie das folgende Kommando ein:

```
sudo apt-get install gcc
```

Eventuell müssen Sie an dieser Stelle Ihr Administrator-Passwort eingeben. Möglicherweise »meckert« das System auch und sagt Ihnen, dass die Repository-Quellen nicht aktuell sind, oder die Installation schlägt fehl. In diesem Fall müssen Sie zunächst ein Update durchführen, das etwas dauern kann:

```
sudo apt-get update
sudo apt-get dist-upgrade
```

Gegebenenfalls müssen Sie an dieser Stelle wieder Ihr Administrator-Passwort eingeben. Nachdem Sie ein Update gemacht und den GCC installiert haben, benötigen Sie noch einen Editor Ihrer Wahl. Falls Sie einen Desktop installiert haben, haben Sie meist mehrere Editoren (wie z. B. *Kate*) zur Auswahl und können den nächsten Schritt überspringen. Andernfalls installieren Sie den sehr einfach zu bedienenden *Nano*, zu dem es überdies im Internet sehr viele Hilfen und Foren gibt:

```
sudo apt-get install nano
```

Eventuell müssen Sie an dieser Stelle wieder Ihr Administrator-Passwort eingeben.

Auch für Nano oder andere Editoren gilt, dass ich Ihnen in diesem Buch weder Nano noch einen anderen Editor ausführlich beschreiben kann. Ich kann Ihnen nur den Einstieg erleichtern. Deshalb gilt auch hier mein Tipp, sich bei Bedarf im Internet umzusehen.

Und nun kann ich Ihnen nur viel Spaß mit C wünschen, denn ab jetzt werden Sie die ersten Programme schreiben. Wenn Sie keinen Raspberry Pi haben, können Sie das nächste Kapitel überspringen und gleich mit dem Einführungsbeispiel weitermachen.

Kapitel 2

Eine günstige Programmierplattform – der Raspberry Pi

Um mit C anzufangen, genügt auch kleine Hardware: Es gibt für unter 50 EUR eine günstige Programmierplattform, auf der quasi alles vorinstalliert ist: den Raspberry Pi. In diesem Kapitel lernen Sie, wie Sie den Raspberry Pi einrichten.

Als die vorige Auflage dieses Buches erschien, gab es bereits die ersten Einplatinencomputer im Scheckkartenformat, die man sich ohne Weiteres leisten konnte. Einer davon ist der *Raspberry Pi*. Der Raspberry Pi wurde entwickelt, um Schülern und Studierenden einen Einstieg in die Programmierung zu ermöglichen. In der Version 4 kostet der Kleincomputer nicht mehr als 100 € inklusive SD-Karte für das Betriebssystem. Bei modernen Computern wie PCs ist natürlich mit dem Kauf des reinen Mainboards noch nicht viel gewonnen, weil Sie z. B. zusätzlich das Betriebssystem Windows erwerben müssen. Damit das Betriebssystem beim Raspberry Pi nichts kostet, wurde die Linux-Variante *Debian* auf den Raspberry Pi portiert. Zuerst für die einfache Programmierung in Python entwickelt, bringt der Raspberry Pi inzwischen unter anderem eine vollständige Entwicklungsumgebung für eine ganze Reihe von Sprachen mit. Da auf dem Raspberry Pi Linux läuft, gibt es einen C-Compiler in Form des GCC quasi frei Haus. Auch integrierte Entwicklungsumgebungen für C-Compiler gibt es mittlerweile wie Sand am Meer.

Wer also zurzeit keinen PC besitzt, aber nicht viel Geld ausgeben möchte, um in C einzusteigen, für den ist der Raspberry Pi eine gute Option. Natürlich ist er kein Gaming-Bolide, dafür benötigt man nach wie vor einen leistungsstarken PC oder eine Konsole. Aber alles, was in diesem Buch behandelt wird, können Sie mit dem Raspberry Pi machen. Ein Raspberry Pi lässt sich mit einem Seat vergleichen: Er fährt gut, und man kann alle Ziele mit wenig Benzinkosten in einer vernünftigen Zeit erreichen. Ein Gaming-PC dagegen ist wie eine aufgemotzte 800-PS-Karre, mit der man auch Rennen gewinnen kann.

Der Raspberry Pi kommt daher häufig als Zweitrechner zum Einsatz, der immer dann verwendet wird, wenn man nicht viel Leistung oder 3D-Grafikpower braucht – für die Arbeit mit diesem Buch reicht er aus.

2.1 Was genau ist der Raspberry Pi?

Der *Raspberry Pi* ist eine günstige Programmierplattform auch für C. Sie können mit dem Pi sämtliche Programme aus diesem Buch ausführen. Ferner stehen Ihnen zahlreiche universelle Ein-/Ausgabe-Pins zu Verfügung, die z. B. das Ansteuern von LEDs oder auch anderer Geräte ermöglichen. Durch die einfach zu erlernende Programmiersprache Python und einen einfach zu bedienenden Linux-Desktop ist die Hemmschwelle, ihn zu nutzen, sehr niedrig. Da sich Python und C-Programme kombinieren lassen, ist sogar ein späterer Einstieg in die Programmierung von Smart-Home-Komponenten relativ einfach. (Die Steuerungen von Smart-Home-Komponenten nutzen oft Python-Skripte, um z. B. die Ein-/Ausgabe-Pins des Raspberry Pi anzusprechen.)

Die Rechnung der Pi-Entwickler ging also auf. Zahlreiche Informatik- und Physiklehrer verwenden den Raspberry Pi im Unterricht. Am Anfang benötigte man natürlich noch einen Namen, und da man den eben entwickelten Kleincomputer seit jeher mit Python programmiert, nannte man ihn »Pi« (Python Interpreter). Die Himbeere (Raspberry) ist nur ein Marketing-Gag, weil sich auf Englisch der Himbeerkuchen (*raspberry pie*) so ähnlich anhört.

Entwickelt wird die Platine von der britischen *Raspberry Pi Foundation*, produziert wird sie von der chinesischen Firma Foxconn zusammen mit Broadcom (Broadcom entwickelt den Chipsatz des Raspberry Pi). Der Raspberry Pi ist dadurch weltweit bei verschiedenen Elektronik-Versandhändlern verfügbar, darunter sind inzwischen sogar Großanbieter wie Conrad oder Völkner. Aktuell ist der Raspberry Pi 4 der neuste Pi. Zur Zeit (Anfang 2023) gibt es zwar Lieferengpässe beim Pi 4, aber zum Glück sind die Vorgängerversion (Pi 3 oder 3B+) nach wie vor zu bekommen, mit denen Sie ebenfalls problemlos anfangen können, C zu lernen. Der Pi 3 oder 3B+ hat also genug Power, um die Programme in diesem Buch auszuführen. Da auf dem Raspberry Pi das freie Betriebssystem Linux läuft, ist dort ein C-Compiler gleich von Anfang an vorhanden. Sie können also auf dem Raspberry Pi nach der Ersteinrichtung direkt mit der Programmierung loslegen.

2.1.1 Die Hardware des Raspberry Pi

Der Raspberry Pi besitzt einen *ARM-Prozessor*. Eigentlich ist ARM kein spezieller Prozessor, sondern eine Lizenz, die man erwerben kann, um zusammen mit den entsprechenden Spezifikationen einen eigenen Prozessor herzustellen. Die ursprünglichen ARM-Spezifikationen wurden von der Mathematikerin und Programmiererin Sophie Wilson entwickelt und von ihr vollständig veröffentlicht. Die Firma Broadcom hat nun ARM-Lizenzen erworben, um den Chipsatz des Raspberry Pi zu entwickeln. In diesen Chipsatz hat Broadcom dann neben anderen Komponenten auch einen ARM-Prozessor integriert. Neben dem Prozessor enthält der Chipsatz zusätzlich folgende Komponenten:

- den Videocore-Videoprozessor (Aktuell ist Version 6.)
- einen USB-Stack
- einen Netzwerkstack
- ein WLAN-Modul (ab Version 2B)
- eine Kameraschnittstelle (Sie benötigen hierfür aber zusätzlich eine spezielle Kamera mit speziellen Kabeln.)
- einen SD-Karten-Slot (Der Raspberry Pi startet in der Grundkonfiguration von einer Mikro-SD-Karte, kann aber auch nach Wahl von einer USB-Festplatte starten.)
- eine Steuereinheit für die universellen Ein-/Ausgabe-Pins (GPIO)
- einen analogen Audio- und Videoausgang (nur bis Version 3)

Der *Chipsatz* ist beim Pi in etwa mit dem BIOS eines PC vergleichbar. Er steuert die Hardware und den Startvorgang des Prozessors. Ohne den Chipsatz hängt das System quasi in der Luft.

Der Raspberry Pi ist leider etwas speziell, was den Bootvorgang und die Verarbeitung von Grafik angeht. Wenn man dies nicht verstanden hat, bevor man sich an das Programmieren oder das Installieren von Software heranwagt, hat man es später schwerer. Es ist nämlich so, dass der Raspberry Pi von der Grafikhardware aus startet und nicht vom ARM-Hauptprozessor aus. Das heißt, dass auch der Bootprozess auf dem Grafikprozessor (dem *Videocore*) läuft. Der Bootvorgang läuft in mehreren Schritten ab:

- Der Chipsatz lädt die Firmware-Datei *start.elf* aus dem internen Flash-ROM des Raspberry Pi und vergleicht sie mit der *start.elf* auf der SD-Karte, die im Raspberry Pi steckt. (Und nein, dies hat nichts mit der »Startelf« im Fußball zu tun, *ELF* ist einfach das Format der ausführbaren Dateien unter Linux.)
- Ist die Datei *start.elf* auf der SD-Karte aktueller als die *start.elf* im Flash-ROM des Raspberry Pi, so wird das Flash-ROM des Raspberry Pi aktualisiert.
- Anschließend startet der Videocore die Datei *start.elf* und initialisiert auf diese Weise z. B. den HDMI-Port und den Broadcom-Chipsatz. (Dies ist auch auf dem Pi 4 noch so.)
- Ferner werden über das sogenannte *Mailbox-Interface* (das übrigens nichts mit E-Mails zu tun hat) einige grundlegende Funktionen bereitgestellt, um z. B. den Grafikspeicher zu initialisieren. Der Speicherbereich, in dem die Bilddaten abgelegt werden, wird auch als *Framebuffer* bezeichnet. Der Framebuffer ist das Herzstück der Grafikhardware, denn in ihm werden die Daten der Bildpunkte abgelegt. Die Grafikhardware (also der Videocore) liest den Speicherbereich des Framebuffers 60-mal in der Sekunde aus und stellt die Daten auf dem Bildschirm dar.
- Der Videocore lädt dann auch die Datei *kernel.img* in den Speicher, und diese Datei wird nun auf dem ARM-Hauptprozessor ausgeführt.

Normalerweise enthält *kernel.img* einen Debian-Linux-Kernel, der speziell für den Raspberry Pi geschrieben wurde. Wichtig ist, dass Sie verstehen, dass im Hintergrund zwei Betriebssysteme laufen, nämlich zum einen das Grafiksystem, das in der Datei *start.elf* steckt, und zum anderen der auf dem Hauptprozessor laufende Linux-Kernel, der in der Datei *kernel.img* steckt. Es ist dann auch so, dass das ARM-Linux die Datei *config.txt* auswertet und daraufhin den Bildschirm entsprechend initialisiert. Die Datei *config.txt* hat also nichts mit dem Grafiksystem des Videocore zu tun und wird auch nicht direkt von diesem verwendet! Man könnte also *config.txt* durchaus auch ignorieren und die Bildschirmauflösung anders festlegen (z. B. durch den Desktop oder mit dem Zusatzprogramm *fbset*). Dass man dies nicht tut, hat mehr mit der Philosophie von Linux zu tun als mit dem Videocore, auch wenn dies im Internet immer wieder falsch dargestellt wird!

Hinweis: Veröffentlichung des Videocore-Bootcodes

Von Anfang an war die Datei *start.elf* Closed Source, das heißt ein von Broadcom frei zur Verfügung gestelltes *Blob* (*binary large object file*), von dem es aber keinen Quellcode gibt. Allerdings hat Broadcom Stück für Stück die Videocore-Spezifikationen offengelegt, sodass es inzwischen auch möglich ist, alternativen Bootcode zu benutzen. Dieser ersetzt nun Stück für Stück den Original-Bootcode, und so können inzwischen mit dem Pi auch hardwarebeschleunigte Funktionen (z. B. Videoplayer) ausgeführt werden.

2.1.2 Welche Betriebssysteme gibt es für den Raspberry Pi?

Ein Betriebssystem für den Raspberry Pi erhält man vor allem als Image, also als 1:1-Abbild eines Datenträgers. Dieses Image müssen Sie aus dem Internet herunterladen und anschließend auf eine freie SD-Karte aufspielen, z. B. mit dem Windows-Programm *USB Image Tool* oder unter Linux mit dem frei verfügbaren Programm *SD Copier*. Wenn das Image kopiert worden ist, stecken Sie die SD-Karte in den Raspberry Pi und starten diesen. Nun gibt es drei verschiedene Image-Typen, die Sie herunterladen können:

- **Typ 1**: Das gesamte Betriebssystem befindet sich in dem heruntergeladenen *Image*. (Das ist eine große Datei mit der Endung *.IMG*.) Das Standardbetriebssystem *Raspberry Pi OS* (früherer Name: Raspbian bzw. Debian Buster), das Sie als etwa 4 GB große Zip-Datei herunterladen können, ist so ein Image vom Typ 1. Raspberry Pi OS ist ein Debian-Linux, das für den Raspberry Pi angepasst wurde und auch am häufigsten verwendet wird. Aktuell wird die Version 11 von Debian verwendet, ein Update auf 12 kommt jedoch wahrscheinlich schon Mitte 2023. Wenn Sie Raspberry Pi OS zum ersten Mal starten, wird einfach das Konfigurationsprogramm `raspi-config` gestartet, das es Ihnen gestattet, Schritt für Schritt Maus, Tastatur, Sound,

Internet und Bildschirm einzurichten. Das Konfigurationsprogramm wird dauernd weiterentwickelt und enthält immer wieder neue Funktionen.

- **Typ 2**: Das Image enthält den Webinstaller *NOOBS*, der ein Auswahlmenü mitbringt, mit dem Sie ein Betriebssystem auswählen und anschließend herunterladen können. Neben Raspberry Pi OS gibt es eine Alternative, nämlich *RISC OS*. RISC OS ist ein für ARM-Prozessoren optimiertes Betriebssystem, das zum Ziel hat, diese Architektur optimal auszunutzen. Mit NOOBS können Sie also entweder ein normales Raspbian herunterladen oder aus dem Installationsmenü RISC OS als Alternative auswählen. RISC OS wird vor allem von Entwicklern und Programmierern verwendet, die die ARM-Architektur optimal ausnutzen wollen.
- **Typ 3**: Der Download enthält eine Setup-Datei. Diese Datei ist eine Windows-App, die nach dem Öffnen auf einem PC installiert wird. Diese App installiert anschließend mittels Internet-Download das aktuellste Raspberry Pi OS auf einer feien SD-Karte. Im Endeffekt ist die Installations-App aber nur eine Zusammenfassung der Schritte, die ich Ihnen im Folgenden für ein separat heruntergeladenes Image erklären werde (den Weg, den ich auch selbst nach wie vor gehe). Wenn Sie nun das PC-Installationstool für Raspberry Pi OS ausprobieren wollen, weil Sie z. B. das USB Image Tool nicht verwenden wollen oder können, dann benutzen Sie am besten den Link *https://www.raspberrypi.com/software/* und wählen die entsprechende Version des Raspberry Pi Imagers für Ihr PC-Betriebssystem aus.

Vielleicht fragen Sie sich an dieser Stelle, ob es noch alternative Betriebssysteme für den Pi gibt. Leider gibt es neben RISC OS und Linux in den Varianten *Arch*, *Gentoo* und *Debian* zurzeit nicht viele Alternativen für den Raspberry Pi, die denselben Funktionsumfang haben. Es gibt aber inzwischen einige Homebrew-Systeme (das ist der englische Begriff für zu Hause gebrautes Bier, der einfach auf Software übertragen wurde), die spezielle Hardware ansteuern, z. B. Smart-Home-Komponenten. Diese könnten in Zukunft, wenn sie ausgereifter werden, durchaus in den NOOBS-Webinstaller integriert werden. Deshalb kann es durchaus sinnvoll sein (z. B. wenn Sie Smart-Home-Komponenten steuern wollen), sich mit Webinstallern wie NOOBS zu befassen.

Inzwischen gibt es auch viele sogenannte *Bare-Metal-Systeme*, die zum Ziel haben, auf der blanken Hardware zu laufen und auch den gesamten Bootcode offenzulegen (inklusive Videocore-Code). Diese Systeme sind aber keine Linux-Systeme, sondern wurden von Hobby-Entwicklern programmiert, um die Funktionsweise des Pi zu verstehen. Obwohl die Bare-Metal-Systeme inzwischen fast alle zuverlässig laufen (und es sogar Apps hierfür gibt), sind sie doch nicht dafür geeignet, die Beispiele in diesem Buch auszuführen. Die C-Compiler für Bare-Metal-Systeme setzen einfach noch nicht den vollständigen C-Standard um.

2.2 Installation eines Linux-Betriebssystems am Beispiel von Raspberry Pi OS

Debian in Form vom *Raspberry Pi OS* ist das am häufigsten verwendete Linux auf dem Raspberry Pi. *Debian* gibt es auch für den PC und den Mac. Neue Debian-Versionen kommen etwa alle zwei Jahre heraus, auch für den Raspberry Pi. Da die Installation bei den neuen Versionen nicht wesentlich anders verläuft als bei den alten Versionen, genügt es, sich exemplarisch immer mit der letzten aktuellen Version auseinanderzusetzen.

Übrigens ist *Linux* eine freie UNIX-Variante, die der finnische Programmierer Linus Torvalds erfunden hat, und da »Linus-UNIX« so schwer auszusprechen ist, heißt es einfach »Linux«.

2.2.1 Was genau ist Raspberry Pi OS, und was genau ist Debian?

Debian ist die Linux-Variante, die für die Verwendung auf dem Raspberry Pi gewählt wurde. Die aktuelle Version des Raspberry Pi OS basiert auf der Version 11 mit dem Namen *Debian Bullseye*.

Versionsbezeichnungen und »Raspbian«

Für die Bezeichnung der einzelnen Debian-Versionen wurden eine Zeit lang Charaktere aus dem Film *Toy Story* gewählt, zum Beispiel *Stretch* und *Buster*. *Bullseye* – der Name der aktuellen Version – bezeichnet allerdings die Mitte einer Dartscheibe.

Natürlich erscheinen auch von Debian für den Raspberry Pi immer neue Versionen. Die Raspberry Pi Foundation macht bei den Debian-Versionsnamen nicht mehr mit und hat beschlossen, dass das Betriebssystem für den Pi einfach *Raspberry Pi OS* heißt, und zwar unabhängig davon, welche Debian-Version sich dahinter verbirgt. *OS* steht für *Operating System*, also Betriebssystem.

Zuvor hieß das Betriebssystem Raspbian, was für »Debian Linux for the Raspberry Pi« steht, und die Versionsnamen wurden mitgeführt, zum Beispiel *Raspbian Buster*.

Debian ist übrigens auch eine sogenannte *Linux-Distribution*. Eine *Distribution* ist ein bereits fertig installiertes laufendes System im Paket mit Anwendungen, die von vielen Benutzern benötigt werden. Dazu gehören z. B. ein Desktop, ein Office-Paket, eine vorkonfigurierte Internetunterstützung, ein E-Mail-Programm, ein Browser und verschiedene Konfigurationsprogramme. Distributionen werden als Datenträger-Images über das Internet verteilt. Ein *Image* ist ein vollständiges Abbild eines Datenträgers (beispielsweise einer SD-Karte) in Form einer einzigen Datei. Image-Dateien haben oft die Endung *.IMG* und enthalten einfach eine Kopie sämtlicher Blöcke des entsprechenden Datenträgers – samt Partitionstabellen und Verzeichnissen. Auch im Fall von Debian ist dies so. Das heißt: Die Installation ist relativ einfach, denn Sie müssen nur das Image herunterladen, auf eine SD-Karte zurückspielen und von ihr den Raspberry Pi starten.

Für die Installation von Linux (und das gilt auch für den Raspberry Pi) kann man wieder zwei Wege gehen. Der erste (und schwierigste) besteht darin, sich das Betriebssystem (den sogenannten *Kernel*) aus den C-Quellcodes selbst zu erstellen und anschließend sämtliche benötigten Anwendungen per Hand einzuspielen. Meistens werden dafür dann auch die Anwendungen aus den C-Quellcodes (die frei im Internet verfügbar sind) erstellt. Diesen unter Umständen sehr langwierigen Prozess bezeichnet man als *bauen*. Der Vorteil des Bauens ist, dass man das gesamte System von Grund auf optimieren und vollständig selbstständig konfigurieren kann. Deshalb gehen vor allem Profis diesen Weg. In diesem Buch laden Sie natürlich eine fertige Distribution herunter und bauen sich keinen eigenen Kernel. Dies können Sie auch später noch tun, wenn Sie sich mit der Linux-Programmierung befassen möchten (wozu Sie dann ein separates Buch brauchen). Es ist nämlich so, dass ein laufendes Linux sich selbst erstellen kann, deshalb können Sie den einfachen und den komplizierten Weg auch separat beschreiten.

Der zweite Weg (der hier verwendet werden soll) ist das Herunterladen eines Datenträger-Abbildes. Im Folgenden beschreibe ich im Detail die einzelnen Schritte, um das aktuelle Raspberry Pi OS erfolgreich zu installieren.

[«]

Hinweis: Verwendung von Image-Dateien

Auch für Debian auf dem Notebook oder PC gibt es Image-Dateien, nämlich ISO-Dateien (Endung *.ISO*). Image-Dateien für den Raspberry Pi und den PC sind aber zwei verschiedene Paar Schuhe. ISO-Dateien sind nämlich für Brennprogramme konzipiert und besitzen z. B. einen erweiterten Datei-Header und verschiedene zusätzliche Informationsblöcke, um daraus eine Installations-DVD für den PC zu erstellen. Diese DVDs lassen sich vom PC booten und enthalten deshalb Code für x86/x64-Prozessoren, den ein Raspberry Pi nicht ausführen kann. ISO-Dateien für Brennprogramme sind deshalb zum Raspberry Pi inkompatibel, auch wenn man sie auf eine SD-Karte aufspielen kann.

2.2.2 Raspberry Pi OS aus dem Internet herunterladen

Ich zeige Ihnen hier nur das Vorgehen unter Windows, weil das Vorgehen unter Linux oder auf dem Mac ähnlich ist: Sie verwenden das freie Programm *USB Image Tool* oder eine gleichwertige Lösung mit grafischer Oberfläche, die z. B. als *SD Copier* im KDE oder Gnome integriert ist. Wer sich besser mit der Linux-Kommandozeile auskennt, verwendet wahrscheinlich das Kommando `dd`, das die gleiche Arbeit leistet wie die grafischen Oberflächen (Hilfe zu diesem Kommando können Sie mit `man dd` abrufen).

Bevor Sie Raspberry Pi OS herunterladen, müssen Sie aber trotzdem noch eine Sache wissen: Es gibt zwei Versionen, nämlich *normal* und *lite*. Der Grund ist, dass der Betriebssystemkern (der sogenannte *Kernel*) auch auf dem Raspberry Pi inzwischen relativ stabil läuft und dass deshalb kaum noch gravierende Änderungen an ihm vorgenommen werden müssen. (Natürlich gibt es laufend Änderungen, aber diese werfen nicht mehr Ihre gesamten Projekte über den Haufen.)

Ferner benötigt man z. B. für Server- oder Smart-Home-Anwendungen nicht unbedingt eine grafische Oberfläche. Deshalb gibt es inzwischen viele Benutzer, die einfach nur ein Minimalsystem mit vorinstalliertem Kernel und ein paar Programmierwerkzeugen (z. B. Python, Java oder dem GCC) haben wollen. Auch die Installation eines Desktops (z. B. des sehr beliebten *Ice WM*) ist inzwischen für fortgeschrittene Benutzer oder Programmierer kein Problem mehr.

Die Grundversion *lite* ist die Minimalinstallation ohne Desktop. Daneben gibt es eine zweite Version mit Desktop, und dies ist auch die Standardversion, die Sie als Einsteiger installieren sollten. In dieser Version ist das meiste schon vorkonfiguriert (z. B. Libre Office, ein E-Mail-Client und ein grafisches Terminal), und Sie können sofort anfangen zu arbeiten.

In diesem Beispiel wird die Version mit dem Desktop verwendet. Die entsprechenden Dateien finden Sie unter folgendem Link:

https://www.raspberrypi.com/software/operating-systems/

Wichtig ist, dass Sie zunächst entscheiden, ob Sie ein 32- oder ein 64-Bit-System installieren wollen. Für ein reines 32-Bit-System genügt es, einfach den ersten Link mit dem Namen RASPBERRY PI OS auszuwählen. Für ein 64-Bit-System verwenden Sie den Link RASPBERRY PI OS (64 BIT). Die Legacy-Versionen sollten Sie nur dann verwenden, wenn Sie einen Raspberry Pi Zero oder ein altes Board der Version 1 benutzen müssen. Ich rate Ihnen, sich möglichst die 64-Bit-Version herunterzuladen.

Von der 64-Bit-Version laden Sie sich anschließend am besten die Version herunter, die mit Desktop angeboten wird, und nicht die Lite-Version (es sei denn, Sie wollen Ihren Desktop später per Hand nachinstallieren). Wählen Sie unbedingt den Button DOWNLOAD, und nicht TORRENT oder ARCHIVE. Das Programm Bit Torrent wird unter Windows nicht mehr oft verwendet, und ARCHIVE führt Sie auf einen FTP-Server, von dem Sie sich vor allem den Quellcode herunterladen können. Wenn Sie nun DOWNLOAD ausgewählt haben, lädt Ihr Browser erst einmal eine Zip-Datei herunter, die das Image enthält. Die Zip-Datei muss also noch entpackt werden. Dies geht aber sehr einfach mit freien Programmen wie *WinZip* (alt und kompatibel mit Windows XP) oder *7Zip* (neu und kompatibel mit Windows 7,8 und 10).

[«]

Hinweis für Nutzer von Windows XP oder noch älteren Versionen

Wenn Sie noch das ältere Windows XP verwenden sollten (das auch 2023 immer noch verwendet wird), müssen Sie aufpassen, denn das bordeigene Zip-Tool hat Probleme mit Archiven, die Dateien enthalten, die größer als 4 GB sind. In diesem Fall sollten Sie das freie Tool *WinZip* verwenden. Dieses ist aber alt und lässt sich nur noch auf Windows XP installieren. Für Windows 7, 8 und 10 können Sie *7Zip* benutzen, aber auch den bordeigenen Explorer.

Für Windows-Versionen vor XP gibt es keine einfache Lösung, denn das dort verwendete FAT32-Dateisystem kann keine Dateien verwalten, die größer als 4 GB sind.

Unter Windows ab Vista gelten die Beschränkungen für Zip-Archive nicht mehr, und große Zip-Dateien werden normalerweise automatisch geöffnet.

Bei der Verwendung von macOS haben sämtliche Versionen vor 9.3 Probleme mit der Verwendung von großen Dateien in Zip-Archiven. Hier ist aber die Verwendung von *7-Zip für macOS* möglich. Am Ende müsste eine Datei auf der Festplatte sein, die das aktuelle Raspberry-Pi-OS als Image enthält.

[!]

Warnung vor dem Raspberry Pi 1

Der Raspberry Pi der ersten Generation (Raspberry Pi 1) ist inzwischen stark veraltet. Wenn Sie flüssig arbeiten wollen, ist diese Version nicht mehr zu empfehlen. Es gibt natürlich Programme, die nur auf einem Raspberry Pi 1 laufen, aber diese Programme stellen Ausnahmen dar und betreffen auch nicht die Beispiele, die in diesem Buch verwendet werden. Wenn Sie sich also einen neuwertigen Raspberry Pi anschaffen wollen, dann sollten Sie mindestens den Raspberry Pi 3, für ein schnelles WLAN sogar die Version 3B+ oder 4 erwerben.

Daneben gibt es die Version *Raspberry Pi Zero*; sie ist aber leistungsschwächer. Sie eignet sich sehr gut für sogenannte *Embedded Systems*, wie z. B. Roboter, Smart-Home-Komponenten oder Modellfahrzeuge. Bei Modellfahrzeugen gibt es aber Beschränkungen, und ich möchte Sie explizit warnen: Versuchen Sie z. B. niemals, einen Verbrenner mit einem Raspberry Pi zu steuern (wie ich dies in der Tat schon in Internetvideos gesehen habe), denn dies ist echt gefährlich. Verwenden Sie hierfür ausschließlich professionelle Fernsteuerungen mit *Failsafe-Funktion*, und steuern Sie leistungsfähige Servos niemals direkt mit dem Pi an. Dies gilt auch für sämtliche professionellen Empfänger – diese dürfen Sie niemals direkt an den Pi anschließen.

2.2.3 Das Raspberry Pi OS installieren

Um das Betriebssystem zu installieren, brauchen Sie als Erstes einen SD-Kartenleser, am besten als externes USB-Gerät. Es empfiehlt sich, einen möglichst aktuellen Kartenleser zu erwerben, denn viele ältere Geräte können keine modernen Datenträger mehr lesen, die die Bezeichnung *SDHC* tragen. Nein, *HC* ist in diesem Zusammenhang keine Musikrichtung und bedeutet nicht »Hardcore«. *HC* steht für *High Capacity* und trägt der Tatsache Rechnung, dass LBA (lineare Blockadressierung) auch für SD-Karten unterstützt wird, die größer als 4 GB sind.

Dies ist sehr wichtig, denn der Raspberry Pi beherrscht außer LBA keine andere Adressierungsart. Deshalb sind die Blöcke in den Images auch linear abgelegt, und dies muss natürlich beim Rücksichern beachtet werden. Windows (und auch macOS) erkennt normalerweise automatisch, welche Art von SD-Karte eingesteckt wurde, und wählt dann die korrekte Adressierungsart automatisch aus.

Zusätzlich zu einem modernen SD-Kartenleser benötigen Sie noch ein Programm, um das Image zurückzusichern. Die *c't* und andere Computermagazine empfehlen hierfür das *USB Image Tool*, das es z. B. unter diesem Link gibt:

https://www.heise.de/download/product/usb-image-tool-83646

Ich empfehle Ihnen das USB Image Tool deshalb, weil es auch für Anfänger sehr einfach zu bedienen ist. Achten Sie aber auf Ihre Windows-Version:

- Unter Windows 7, 8 und 10 müssen Sie nichts weiter beachten und nur das entsprechende Zip-Archiv in einen Ordner Ihrer Wahl entpacken.
- Unter Windows Vista ist dagegen ein Update auf die neuste Version nötig, die das *.NET-Framework 4.0* enthält, ansonsten wird kein SDHC unterstützt.
- Bei Windows XP müssen Sie das .NET-Framework 4.0 stets von Hand einspielen. Dazu suchen Sie auf *http://www.microsoft.de/* nach »Net Framework 4.0 Windows XP« und befolgen die entsprechenden Anweisungen auf der Website. Die Installation von .NET unter Windows XP kann etwas Zeit in Anspruch nehmen, unter Umständen bis zu einer oder zwei Stunden. Beachten Sie auch, dass die Installation von .NET unter Windows XP ohne vorher installiertes *Service Pack 3* fehlschlägt.

Das Zip-Archiv für das USB Image Tool enthält übrigens keine Setup-Datei, sondern nur die Datei *USB Image Tool.EXE* sowie ein paar DLL-Treiberdateien, die sich im gleichen Verzeichnis befinden (müssen). Es reicht also aus, das USB Image Tool durch die Ausführung der entsprechenden EXE-Datei zu starten. Dies trägt der Tatsache Rechnung, dass das Tool portabel sein soll und z. B. auch für die Datenrettung im Notfall verwendet werden kann.

Beachten Sie allerdings, dass das USB Image Tool mit Administratorrechten laufen muss, um Zugriff auf sämtliche Laufwerke zu bekommen (siehe Abbildung 2.1). Ist dies nicht der Fall, können keine Blöcke auf SD-Karten geschrieben werden.

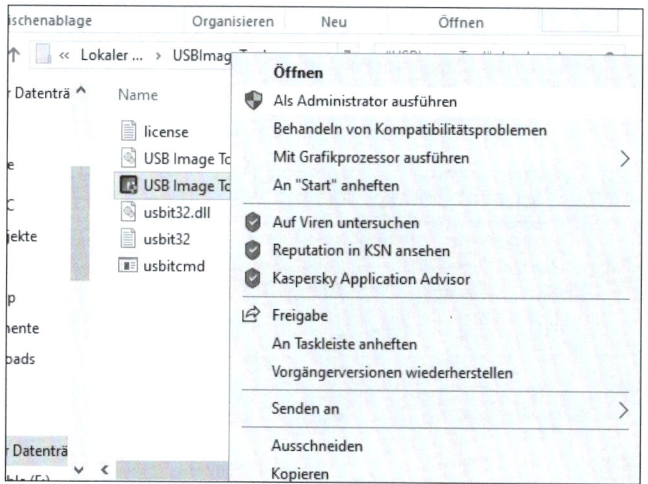

Abbildung 2.1 Starten des USB Image Tools mit Administratorrechen

Die Verwendung des USB Image Tools unter Windows ist vergleichsweise einfach. Auf der linken Seite des Fensters erscheinen sämtliche USB-Laufwerke, darunter auch der entsprechende Kartenleser. Für das Aufspielen des Images reicht ein Klick auf den entsprechenden Kartenleser und anschließend ein Klick auf RESTORE (siehe Abbildung 2.2). Anschließend können Sie in einem entsprechenden Auswahldialog die Datei wählen, die Sie zuvor heruntergeladen haben.

Es ist übrigens kein Fehler, wenn manche Notebook-Kartenleser als generisches SCSI-Gerät erscheinen. Meistens verwenden mobile Notebook-Datenträger ein proprietäres SCSI-Protokoll, das dann in USB-Pakete verpackt und anschließend über den Bus geschickt wird. Es ist auch kein Fehler, wenn sich manche Notebook-Kartenleser nicht als USB-Gerät, sondern als PCI-Gerät anmelden. Diese funktionieren trotzdem.

[!]

Warnung

Das USB Image Tool muss immer mit Administratorrechten gestartet werden, damit es Zugriff auf sämtliche USB-Laufwerke bekommt. Dateisysteme auf separaten externen Laufwerken, die z. B. wichtige Dateien enthalten, werden bei einer falschen Auswahl des Ziellaufwerks unwiederbringlich zerstört! Prüfen Sie deshalb mehrmals, ob Sie das richtige Ziellaufwerk und die richtige Option ausgewählt haben!

Das Aufspielen des heruntergeladenen Images kann etwas dauern, vor allem bei kostengünstigen *All-in-one*-Kartenlesern oder kostengünstigen SD-Karten. Wenn also der Vorgang erst nach einer Stunde abgeschlossen ist, ist dies noch kein Grund zur Sorge.

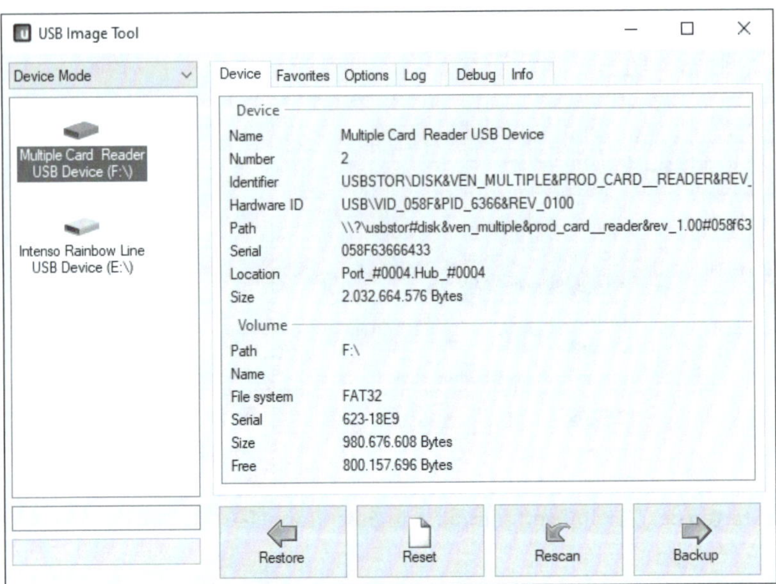

Abbildung 2.2 Aufspielen des Raspberry-Pi-OS-Images mit der »Restore«-Funktion

2.2.4 Den Pi mit der Grundkonfiguration starten

Wenn sich nach der Verwendung des USB Image Tools nur wenige Dateien auf der SD-Karte befinden, ist dies kein Fehler, sondern ein Beweis dafür, dass alles korrekt verlaufen ist. Vor allem unter macOS ab 10.1 wird neben der FAT32-Bootpartition auch die zweite ext4-Partition erkannt, auf der sich das Linux befindet. Unter Windows dagegen wird nur die FAT32-Bootpartition erkannt, weil Windows keine Linux-Partitionen lesen kann.

Wenn Sie jetzt die eben erstellte SD-Karte in den Raspberry Pi stecken, startet dieser das frisch installierte Linux. Am Anfang wird immer zuerst automatisch das Konfigurationsprogramm *raspi-config* aufgerufen, mit dem man z. B. Tastatur, Maus, Bildschirm und den Sound einstellen kann. Meistens muss man nur das Tastaturlayout auf Deutsch einstellen und eventuell das Dateisystem so vergrößern, dass die gesamte SD-Karte verwendet wird. Der Rest (z. B. das Internet oder der Ton) funktioniert meist auf Anhieb und muss nur im Problemfall separat konfiguriert werden.

Wenn Sie den Pi erfolgreich mit dem zurzeit noch textbasierten Tool `raspi-config` eingerichtet haben, sollte bei einem Neustart der Desktop erscheinen (siehe Abbildung 2.3).

Leider hat der Raspberry Pi zusätzlich zum mehrstufigen Bootprozess noch eine Eigenheit, die vor allem bei der Verwendung von Videoplayern Probleme bereiten kann: Da die Firmware-Datei *start.elf* auf dem Videocore-Grafikprozessor läuft, ist eine direkte Kommunikation zwischen Videocore und CPU standardmäßig nur über eine *Mailbox* genannte Struktur möglich. Leider ist diese Struktur sehr proprietär, und der Prozessor kann die Funktionen der Grafikbeschleunigung nicht direkt nutzen. Deshalb laufen viele freie Videoplayer sehr unsauber. Sehr viel besser verhält es sich mit dem *VLC Videoplayer*, den es auch unter Windows gibt. Der VLC kann jetzt die meisten Funktionen der Grafikbeschleunigung direkt benutzen und spielt zumindest YouTube-Videos flüssig ab. Auch bei Browsern hat sich die Situation sehr entspannt, und mit dem Google-Browser *Chromium*, einer Raspberry-Pi-Variante von Chrome, lassen sich die meisten Internetvideos flüssig abspielen. Das neue Raspberry Pi OS verwendet überdies eine modifizierte Version der Datei *start.elf*, die unabhängig vom Broadcom-Blob entwickelt wird. Deshalb werden Funktionen der Grafikbeschleunigung mittlerweile auch in viele Desktop-Varianten wie KDE und Gnome integriert. Allerdings benötigen Sie hierfür unbedingt einen Pi 4, und da dieses Modell leider nicht immer zu bekommen ist, kann es bei älteren Boards durchaus noch zu Problemen mit ruckelnden Videos kommen.

Abbildung 2.3 Der Standard-Desktop auf dem Pi

2.2.5 Wie oft benötigen Sie Updates, und wie gehen Sie vor?

Bevor Sie neue Programme installieren, wird immer empfohlen, vorher ein System-Upgrade zu machen. Beim Betriebssystem selbst heißen die Updates *Upgrades*, bei Softwaretools *Updates*.

Das System-Upgrade ist nötig, weil sich von Zeit zu Zeit der Ort der Installationsquellen für einige Programme ändert. Vor allem für Gerätetreiber gibt es immer wieder neue Communities, und deren Server müssen von Zeit zu Zeit neu in die sogenannten *Repository-Quellen* aufgenommen werden. Ein Upgrade liest immer zuerst die aktuellen Online-Repository-Quellen und gleicht diese mit den lokal vorhandenen Quellen ab. Im Endeffekt kann man sich ein *Repository* wie eine Sammlung vorstellen, die Programme und auch Quellcode zu einem bestimmten Thema enthält (z. B. zu Videos). Ein Upgrade gleicht dann die Aktualität der lokalen Dateien mit den im Internet bereitgestellten Repositories ab.

Die Verwaltung von Software übernimmt bei Debian das `apt`-Kommando. Mit zusätzlichen Parametern bestimmen Sie, was installiert werden soll. Beispielsweise löst `apt-get update` eine Suche nach System-Updates aus. Weil das `apt`- Kommando Administratorrechte verlangt, muss unter Umständen ein `sudo` vorangestellt werden. Um ein System-Update durchzuführen, öffnen Sie das Terminal (dies ist das vierte Symbol von links auf der oberen Desktop-Leiste) und geben folgende Kommandos ein:

```
sudo apt-get update
sudo apt-get dist-upgrade
```

Eventuell wird zwischenzeitlich das Administrator-Passwort abgefragt. Ein Administrator-Passwort ist direkt nach der Einrichtung nicht vergeben, und das Passwort für den Benutzer `pi` (der aber nicht alle Rechte besitzt) lautet schlicht »raspberry«. Es wird aber empfohlen, dies später durch das folgende Kommando zu ändern:

`sudo passwd root` (der Administrator heißt unter Linux »root«)

[»]

Hinweis

Auf dem Raspberry Pi gilt wie auf allen Computersystemen die Faustregel, jeden Monat mindestens einmal ein Upgrade durchzuführen und bei dieser Gelegenheit gleich ein Backup aller wichtigen Daten vorwegzuschicken. Alle wichtigen Dateien befinden sich normalerweise im Verzeichnis */home/pi*, und es reicht oft aus, dieses Verzeichnis auf einen USB-Stick zu kopieren.

Ich persönlich halte diese Regel jedoch für untertrieben, denn sehr wichtige Dateien sollten Sie sowieso jedes Mal sichern, wenn Sie diese verändert haben. Denn auch für den Raspberry Pi gilt Murphys Gesetz, nach dem immer alles schiefgeht, was auch schiefgehen kann. Ich empfehle Ihnen daher, das gesamte System einmal im Monat vollständig als Image zu übertragen, z. B. mit dem *USB Image Tool* auf ein separates Windows-Notebook. Dafür reicht es aus, das USB Image Tool zu starten und für die entsprechende SD-Karte statt der Option RESTORE die Option BACKUP auszuwählen.

Dieses Buch ist natürlich kein Buch über den Raspberry Pi, sondern ein Buch über C-Programmierung. Deshalb behandle ich hier nur das Standardtool `raspi-config` im Detail, nicht aber sämtliche Möglichkeiten, jeden Raspberry Pi optimal einzurichten. Zum Raspberry Pi gibt es inzwischen sehr viele gute Bücher, z. B. über Linux auf diesem Gerät, auch vom Rheinwerk-Verlag. Es gibt natürlich auch sehr umfassende Werke, in denen wirklich alles steht. Wenn Sie es an dieser Stelle »wirklich wissen« und ein Pi-Profi werden wollen (inklusive Elektronikwissen), dann sollten Sie sich zusätzlich zu diesem Buch das Werk »Die elektronische Welt mit Raspberry Pi entdecken« von Erik Bartmann zulegen. Vor diesem Buch sei aber an dieser Stelle auch »gewarnt«: Es enthält wirklich alles, und ohne Grundwissen in Elektrotechnik und einen gewissen Hang zum Basteln und Löten kommen Sie mit ihm nicht weit. Wenn Sie an dieser Stelle nicht wissen, was Sie tun, werden Sie unter Umständen Ihren Pi in die ewigen Jagdgründe befördern.

2.3 Die Konfiguration des Raspberry Pi im Detail

Die wichtigste Datei, um den Raspberry Pi zu konfigurieren, ist die Datei *config.txt*, die sich auf der SD-Karte in der Startpartition befindet. (Unter Linux wird diese Partition in das Verzeichnis */boot* eingehängt.)

Mit *config.txt* kann man quasi sämtliche Details der Konfiguration per Hand festlegen, inklusive Grafikauflösung, Größe des Framebuffers oder der Eigenschaften des Audioausgangs. Da *config.txt* noch vor dem Kernel geladen wird, kann man die Konfiguration des Raspberry Pi sogar von Windows aus vornehmen (z. B., wenn der Raspberry Pi nicht mehr startet). Die Datei *config.txt* enthält also quasi ein komplexes Konfigurationsskript.

Natürlich könnte man allein über die Datei *config.txt* ein weiteres Buch schreiben. Aber es geht auch einfacher über folgenden Internet-Link, der quasi alles erklärt, was Sie mit der Datei *config.txt* machen können:

https://www.raspberrypi.org/documentation/configuration/config-txt/

2.4 Das Tool raspi-config

Die Konfiguration des Raspberry Pi geht aber auch einfacher, nämlich über `raspi-config`. Das Tool `raspi-config` wird normalerweise automatisch beim ersten Start aufgerufen. Sie können es jedoch auch mit folgendem Kommando von der Kommandozeile aus aufrufen:

```
sudo raspi-config
```

`raspi-config` läuft ganz ohne Desktop in der Textkonsole, man kann also auch ein Minimalsystem mit diesem Tool konfigurieren. Normalerweise braucht man nach dem ersten Start nicht viel einzustellen, außer der Tastatur und den sogenannten *Locales* (LOCALISATION OPTIONS), wo Sie natürlich die deutsche Sprache einstellen sollten. Internet, Grafik und Ton funktionieren inzwischen meist auf Anhieb. Im nächsten Abschnitt erläutere ich das Tool `raspi-config` noch detaillierter, allerdings erwähne ich nur die wichtigsten Einstellungen.

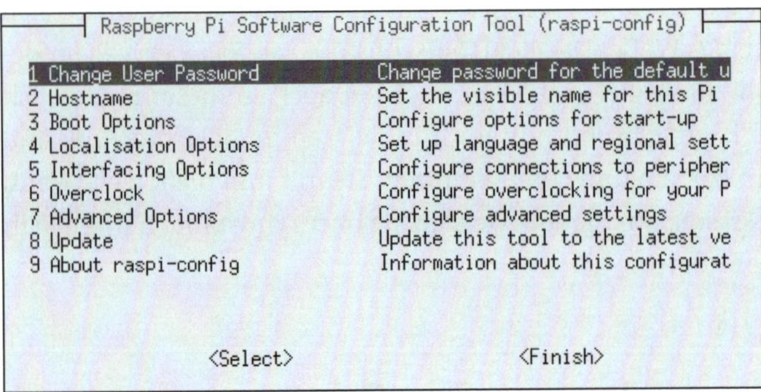

Abbildung 2.4 Das Startfenster von »raspi-config«

2.4.1 Das Tool raspi-config im Detail

Wie gesagt erläutere ich hier nur die wichtigsten Einstellungen, nicht aber z. B. die Datei *config.txt* im Verzeichnis */boot*. In Abbildung 2.4 sehen Sie das Startfenster von `raspi-config`.

Mit den Cursortasten [↑], [↓] können Sie jetzt einen Menüpunkt aus dem Hauptmenü auswählen. Mit [↵] rufen Sie entsprechende Unterpunkte auf. Zuerst sollten Sie immer den ersten Eintrag auswählen, um ein Passwort für den Standardbenutzer `pi` einzurichten. Vor der Passwortvergabe erscheint ein Info-Fenster (siehe Abbildung 2.5), das besagt, dass nun das Passwort des Standardbenutzers geändert wird.

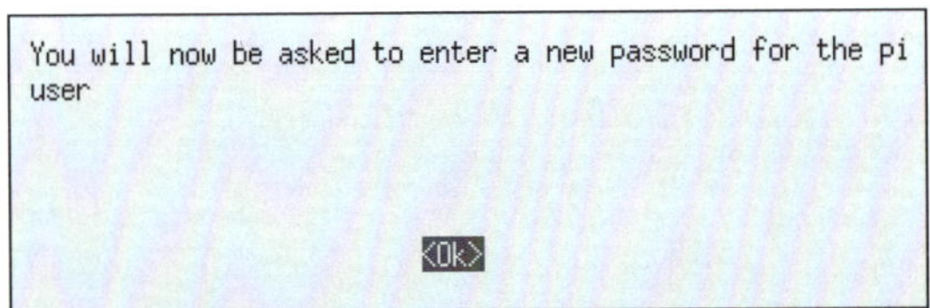

Abbildung 2.5 Info-Bildschirm für die Passwort-Vergabe

Falls OK nicht ausgewählt ist, müssen Sie unter Umständen so lange die [⇆]-Taste drücken, bis OK rot hinterlegt ist. Anschließend drücken Sie die [↵]-Taste. Danach wird die Konsole angezeigt, und Sie müssen das neue Passwort zweimal eingeben und jeweils mit der [↵]-Taste abschließen. Hier erscheinen aus Sicherheitsgründen nicht die Zeichen, die Sie auf der Tastatur eintippen.

Der nächste wichtige Menüpunkt im Hauptmenü ist HOSTNAME. Hiermit legen Sie den Namen Ihres Raspberry Pi im Netzwerk fest. Der Hostname hat nichts mit dem Benutzernamen und dem entsprechenden Passwort zu tun, sondern ist der Name, unter dem der Raspberry Pi im Netzwerk zu sehen ist. Dieser Name erscheint später auch beim Login, zusätzlich zum Benutzernamen. Bei mir ist der Hostname z. B. *pinguin* und der Benutzername ist *rene*, deshalb erscheint in der Kommandozeile nach dem Einloggen:

```
rene@pinguin:/home/rene#
```

Wenn Sie keinen aussagekräftigen und eindeutigen Hostnamen vergeben, kann dies in Spiele-Netzwerken (z. B. bei *RetroPie*) Probleme verursachen, weil dann alle Spieler schlicht »raspberry« heißen. Auch vor der Vergabe des Hostnamens erscheint erst ein Info-Bildschirm (siehe Abbildung 2.6).

```
Please note: RFCs mandate that a hostname's labels may contain
only the ASCII letters 'a' through 'z' (case-insensitive),
the digits '0' through '9', and the hyphen.
Hostname labels cannot begin or end with a hyphen.
No other symbols, punctuation characters, or blank spaces are
permitted.

                         <Ok>
```

Abbildung 2.6 Info-Bildschirm für die Vergabe des Hostnamens

Der Info-Bildschirm besagt, dass Sie bestimmte Zeichen nicht im Hostnamen verwenden sollten, weil Sie sonst eventuell Probleme bekommen. Am besten schreiben Sie alle Zeichen klein (siehe Abbildung 2.7) und verwenden zusätzlich höchstens Zahlen oder den Unterstrich »_«. Auch nicht erlaubt sind der Punkt und das Leerzeichen.

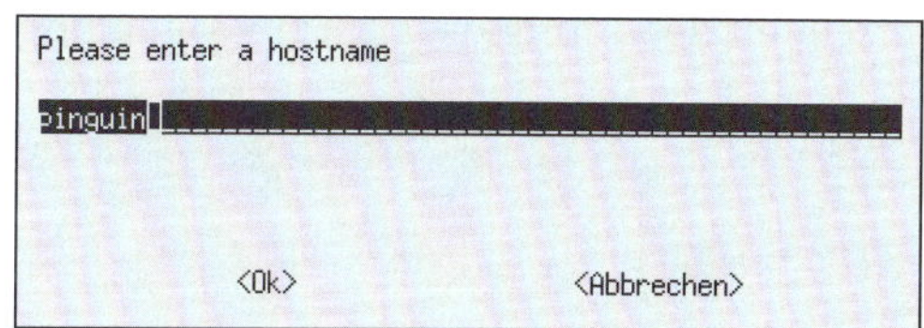

Abbildung 2.7 Vergabe des Hostnamens im (Spiele-)Netzwerk

Inzwischen ist die Linux-Distribution *RetroPie* sehr beliebt, mit der man mithilfe von Emulatoren alte Spiele aus den 1980er-Jahren spielen kann. Diese Spiele kann man dann sogar gegeneinander im Netzwerk spielen, so als hätte man z. B. zwei Amigas durch ein Nullmodemkabel miteinander verbunden. Auch hier würden Leerzeichen im Hostnamen zu Problemen führen, weshalb es eben nicht erlaubt ist, sie zu verwenden. Der nächste wichtige Punkt im Hauptmenü kann der Punkt Boot Options sein (vergleiche Abbildung 2.8). Vielleicht haben Sie ja vor, zunächst ein Minimalsystem im Textmodus zu verwenden, um dann später einmal einen Desktop zu installieren. Mit dem Punkt Boot Options machen Sie einen zusätzlich installierten Desktop, z. B. *IceWM*, startfähig. Hierzu wählen Sie Boot Options und anschließend Desktop/CLI aus (siehe Abbildung 2.8). Beantworten Sie die Frage, ob Sie den Pi in den Desktop booten wollen, mit Yes.

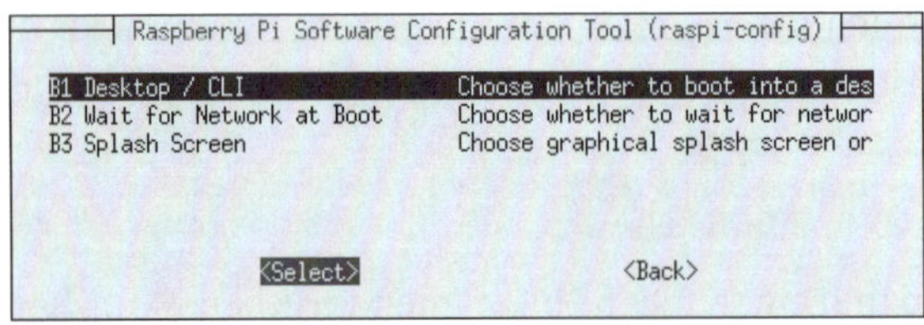

Abbildung 2.8 »raspi-config« bietet zahlreiche Bootoptionen an. Leider wird in diesem Fenster manchmal der Text abgeschnitten.

Sehr wichtig ist der Punkt LOCALISATION OPTIONS im Hauptmenü. Hier stellen Sie Sprache und Tastaturbelegung ein. Dies geschieht durch den ersten Punkt im Untermenü, nämlich CHANGE LOCALE (siehe Abbildung 2.9). An dieser können Sie eventuell nicht den ganzen Text sehen, je nachdem, welche Bildschirmauflösung Sie eingestellt haben.

```
Raspberry Pi Software Configuration Tool (raspi-config)

I1 Change Locale             Set up language and regional sett
I2 Change Timezone           Set up timezone to match your loc
I3 Change Keyboard Layout    Set the keyboard layout to match
I4 Change Wi-fi Country      Set the legal channels used in yo

           <Select>                    <Back>
```

Abbildung 2.9 Änderung der »Locales«

Nach der Auswahl von CHANGE LOCALE erscheint der Info-Bildschirm aus Abbildung 2.10, den Sie mit OK schließen müssen.

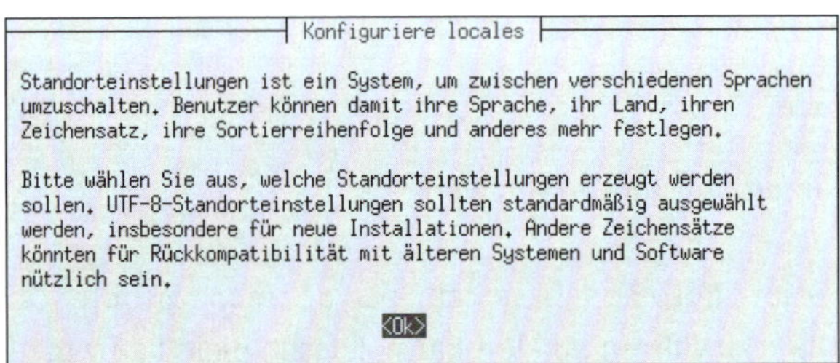

Abbildung 2.10 Info-Bildschirm zur Änderung der »Locales«

Die *Locales* sind ein Paket, das viele Anwendungen verwenden, um Meldungen in einer bestimmten Landessprache auszugeben. Wichtig ist nicht nur die Sprache, sondern auch der verwendete Zeichensatz. So sollten Sie aus der Auswahlliste mindestens den Zeichensatz DE_DE@EURO ISO-8859-15 auswählen (siehe Abbildung 2.11), um auch das Euro-Symbol benutzen zu können. Andernfalls erscheint anstatt des Euro-Symbols schlicht das Zeichen Ç. Eine Alternative ist der Zeichensatz UTF-8, der alle modernen Zeichen enthält, aber leider nicht mit allen Programmen problemlos funktioniert. Auch die Einstellungen zu den Locales übernehmen Sie mit OK.

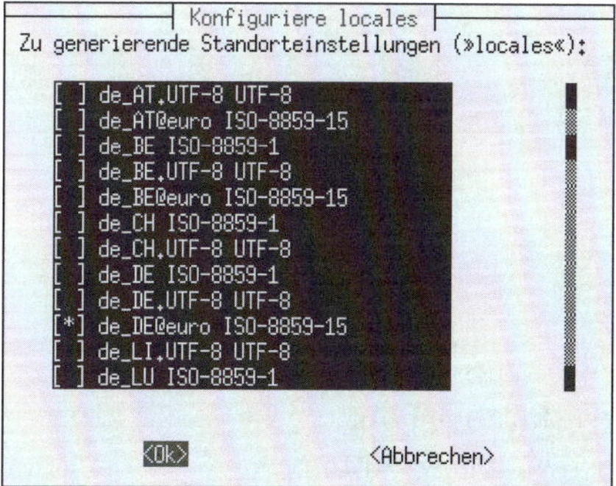

Abbildung 2.11 Die Standorteinstellungen sollten mindestens »de_euro ISO-8859-15« verwenden, möglichst aber »UTF-8«.

Im nächsten Fenster (siehe Abbildung 2.12) sollten Sie DE_DE@EURO einstellen.

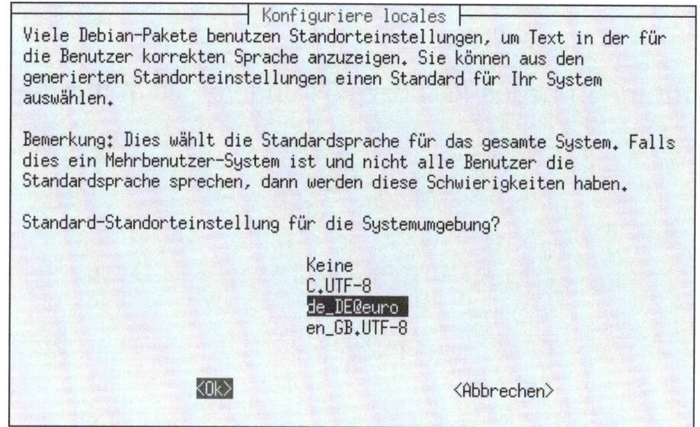

Abbildung 2.12 Die Standorteinstellung beim Einstellen der »Locale«

Der letzte wichtige Menüpunkt im Hauptmenü ist ADVANCED OPTIONS. Diesen müssen Sie zuerst auswählen, wenn Sie den Raspberry Pi frisch aufgesetzt haben und noch eine etwas ältere Version wie z. B. Jessy verwenden. Das Image für das Betriebssystem ist nämlich nur 7 GB groß, mit Zip komprimiert nur 2 GB. Dies verkürzt die Download-Zeit enorm; die Komprimierung führt aber dazu, dass nach der Installation von Raspbian auch nur maximal 7 GB der SD-Karte verwendet werden – der Rest des Speichers liegt brach. Sie müssen das Dateisystem also unter Umständen expandieren, und zwar im Menüpunkt ADVANCED OPTIONS des Hauptmenüs.

Wählen Sie nun diesen Eintrag mit der [↵]-Taste aus, und rufen Sie anschließend EXPAND FILESYSTEM auf (siehe Abbildung 2.13). Sie werden nun gefragt, ob Sie diesen Vorgang auch wirklich durchführen wollen. Antworten Sie mit YES bzw. OK.

Sie werden sich vielleicht wundern, warum einige Meldungen in Deutsch und einige Meldungen in Englisch erscheinen. Die schlichte Antwort ist, dass `raspi-config` voraussichtlich erst Ende 2023 komplett fertig gestellt wird.

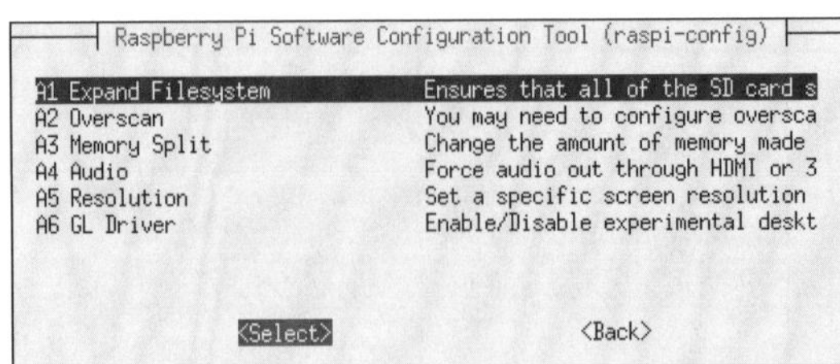

Abbildung 2.13 Eine Erweiterung des Dateisystems zur Ausnutzung der gesamten SD-Karte ist manchmal direkt nach der Installation nötig. Leider wird auch in diesem Fenster manchmal der Text abgeschnitten.

An dieser Stelle dürften Sie zumindest so weit sein, dass Sie die C-Programme in diesem Buch kompilieren und ausführen können, denn der GCC-Compiler und einige Editoren sind stets schon vorinstalliert. Sie werden in den folgenden Einführungskapiteln noch viel mehr über die verschiedenen Editoren und den GCC erfahren und lernen, wie Sie mit ihm C-Programme übersetzen.

Ich wünsche Ihnen viel Spaß mit Ihrem neuen Raspberry Pi und vor allem mit diesem Buch.

Kapitel 3
Das erste Programm

Das Ziel von Kapitel 3 ist es, Ihnen einen ersten Überblick über den Aufbau eines Programms zu verschaffen. Außerdem zeige ich Ihnen, wie Sie das Programm ausführbar machen, also übersetzen. Voraussetzung für dieses Kapitel ist, dass Sie bereits einen Compiler installiert haben, z. B. Pelles C unter Windows oder unter Linux den GCC.

Vielleicht haben Sie schon ein wenig in diesem Buch geblättert und sich die hinteren Kapitel angesehen. Wenn Sie gerade dabei sind, C zu lernen, und gerade dann, wenn C Ihre erste Programmiersprache ist, dürfte vieles auf den hinteren Seiten ein wenig kryptisch auf Sie wirken. Als Vergleich könnte ich eine beliebige Fremdsprache nehmen, die Sie gerade lernen wollen. Wenn Sie dabei die Kapitel gegen Ende Ihres Lehrbuchs ansehen, wird es Ihnen genauso gehen wie mit diesem Buch: Sie werden mit den Fremdwörtern noch nichts anfangen können.

Den besten Lernerfolg erzielen Sie also, indem Sie dieses Buch von vorn nach hinten durcharbeiten. Von dieser Regel gibt es natürlich Ausnahmen, nämlich immer dann, wenn Sie während des Lesens eine eigene, gute Idee haben. In diesem Fall sollten Sie das Buch weglegen, die Idee umsetzen und erst dann weiterlesen. Auch wenn viele Anfänger es nicht glauben wollen, Programmieren ist eigentlich eine Tätigkeit, die Kreativität verlangt. Und kreativ wird man ausschließlich, indem man selbstständig Dinge ausprobiert. Dieses Buch also wie ein Schulbuch »durchzuackern«, ist schlicht der falsche Weg – vor allem, weil diese Methode nur sehr wenig Spaß macht. Am besten ist es sowieso, wenn Sie sich ein paar »Programmierkumpels« suchen – am besten solche, die schon etwas C können. Der Mensch ist ein soziales Wesen, und am besten lernt er deshalb von anderen Menschen. Aber: Suchen Sie sich vor allem im Internet Ihre Community, der Sie beitreten, gut aus. Sonst kann es vorkommen, dass Sie sich zwischen zahlreichen Trolls wiederfinden, und von diesen lernen Sie bestimmt gar nichts.

Wer C wirklich lernen will, sollte darüber hinaus die Programme auch in der Praxis ausführen. Ideal wäre es, wenn Sie die Beispiele abtippen und ein wenig damit experimentieren, eventuell sogar mit Absicht Fehler einbauen und sich die Meldungen des Compilers ansehen, mit dem Ziel, möglichst viel daraus zu lernen. Wenn Sie einen Debugger haben, sollten Sie auf jeden Fall damit herumexperimentieren. Falls Sie allerdings hoffen, dieses Buch in wenigen Tagen oder Wochen durchgearbeitet zu haben und dann ein Profi zu sein, muss ich Sie enttäuschen: Programmieren zu lernen dauert ein wenig länger, nämlich ein paar Jahre. Wenn Sie aber Geduld haben und am Ball bleiben, ist der Grundstein einer Programmierkarriere gelegt. Das Programmierenlernen beruht wie vieles im Leben auf dem Prinzip »Versuch und Irrtum«. Auf den nächsten Seiten werde ich Ihnen nun die Dinge vorstellen, die essenziell für die Programmierung in C sind, nämlich den Editor, den Compiler und die sogenannten Include-Dateien, die Ihnen das Leben sehr erleichtern können.

3.1 Was leistet der Editor?

Der *Editor* ist neben dem Compiler das wichtigste Werkzeug, das Sie für C benötigen. Sie haben ja in Kapitel 1 schon gesehen, dass Sie mit dem Editor Ihr C-Programm in Textform eingeben – am besten so, dass die C-Syntax farbig hervorgehoben wird. Viele Editoren und Entwicklungsumgebungen machen dies automatisch.

Welcher Editor der beste ist, ist Anschauungssache. Besonders unter Linux gibt es ganze Philosophien über Editoren (und sogar ganze Bücher). Von manchem »Hardcore-Linuxer« bekommen Sie vielleicht zu hören, dass der *Emacs* oder der *vi* der beste Editor der Welt sei und dass man genau diesen unbedingt verwenden müsse. Ich muss sagen: Einer Community, die so festgelegt über Tools redet, würde ich schleunigst wieder verlassen. Wenn Sie als Einsteiger den eher kryptischen vi verwenden, können Sie darüber auch schnell zum C-Aussteiger werden. Ähnlich ist es mit Emacs: Bis Sie seine vielen Funktionen begriffen haben, kann schon mal ein Jahr ins Land gehen. Genau deswegen habe ich Ihnen in Kapitel 1 *Pelles C* für Windows und den *Nano* für Linux vorgestellt. Diese beiden Programme sind relativ gut zu handhaben. Wenn Sie jetzt sagen, dass es Ihnen ausreicht, das bordeigene Windows-Programm *Edit* oder den betagten Editor *SciTE* zu verwenden, ist dies auch in Ordnung: Alle Programme aus diesem Buch lassen sich damit lesen und bearbeiten.

3.2 Was leistet der Compiler?

In Kapitel 1 haben Sie ja schon gesehen, dass der *Compiler* ein separates Programm ist, das den C-Quellcode in Maschinensprache übersetzt. Genau diesen Vorgang nennt man *kompilieren* – ja, es stimmt: Das Wort »Compiler« wird mit »C« und nicht mit »K« geschrieben. Den Kompilierungsvorgang (dummerweise mit »k« geschrieben) kann man, wie Sie noch sehen werden, auf verschiedene Weise auslösen, z. B. durch Eingabe eines bestimmten Kommandos in der Eingabeaufforderung.

Auch Compiler gibt es wie Sand am Meer, und auch in diesem Bereich gibt es wieder viele selbst ernannte Experten, die Ihnen einen bestimmten Compiler als weltbeste Software »verkaufen« wollen. Auch diese Aussage ist schlicht falsch, denn im Endeffekt funktionieren alle C-Compiler auf ähnliche Weise. Das heißt: Wenn Sie bereits eine Entwicklungsumgebung (z. B. Visual Studio) haben und sich mit ihr auskennen, verwenden Sie am besten diese. So ersparen Sie sich viel Einarbeitungszeit. Wenn Sie hingegen Linux haben, verwenden Sie am besten den GCC-Compiler und den Editor Nano, denn diese beiden Programme sind dort meistens schon vorinstalliert. Die »beste Lösung« gibt es schlicht nicht.

3.3 Was sind Include-Dateien, und wozu benötigt man sie?

Vielleicht haben Sie schon ein wenig in diesem Buch geblättert und die vielen Funktionen gesehen, die es in C gibt. Vielleicht fragen Sie sich, wo diese herkommen. Ist C wirklich so »aufgeblasen«, dass es sämtliche Dinge, die möglich sind, in riesigen Dateien unterbringt? Die Programmdateien wären dann natürlich entsprechend groß. Die Antwort ist, dass C diese Probleme durch die sogenannten *Softwarebibliotheken* (also Funktionssammlungen zu verschiedenen Themen) löst, die Sie bei Bedarf von Hand einbinden können.

Um eine bestimmte Bibliothek benutzen zu können, muss man entsprechende Dateien in das C-Programm einbinden. Diese speziellen Dateien nennt man *Include-Dateien*. Wir werden uns noch ausgiebig mit Include-Dateien beschäftigen, denn diese sind quasi das Rückgrat der modernen C-Programmierung. Ohne Include-Dateien müssten Sie quasi das Rad immer wieder neu erfinden, wenn Sie z. B. einen Text in der Konsole ausgeben wollen. Dies wäre sehr umständlich und in einem größeren Softwareprojekt auch kaum machbar.

3.4 Das erste Programm – die Ausgabe eines Textes in der Konsole

Fast schon obligatorisch ist es, mit dem berühmten »Hallo Welt«-Programm in C zu beginnen. Eigentlich ist dieses abgedroschene Beispiel nicht besonders gut, weil es schlicht einen Text auf dem Bildschirm ausgibt (der auch nicht sehr originell ist). Außerdem beinhaltet das »Hallo Welt«-Programm keine Tastatureingaben. Viel geeigneter war in BASIC-Zeiten folgendes Einführungsbeispiel: Der Benutzer sollte seinen Namen per Tastatur eingeben (z. B. »Heinz«), und anschließend wurde der Begrüßungstext »Hallo Heinz, willkommen zur ersten BASIC-Lektion« ausgegeben.

Der Nachteil von C ist jedoch, dass das Einlesen eines Textes von der Tastatur (z. B. mit `scanf()`) nicht gerade trivial ist und z. B. voraussetzt, dass man weiß, was ein Zeiger oder eine Speicheradresse ist. Eine Funktion zum Einlesen von Tastatureingaben, wie z. B. `INPUT NAME$`, gibt es in ANSI-C genau so wenig wie einen vordefinierten Stringtyp. Deshalb muss man mit etwas Einfacherem anfangen, und genau dies ist das »Hallo Welt«-Programm. Das Ziel dieses Programms ist es, schlicht die Textfolge

»Hallo Welt« auf dem Bildschirm auszugeben. Wenn Sie wollen, können Sie natürlich auch für »Hallo Welt« etwas Originelleres einsetzen. Tippen Sie im Texteditor (bzw. in der Entwicklungsumgebung Pelles C) folgendes Programm ein:

```
/* hallo.c */
#include <stdio.h>

int main (void) {
   printf("Hallo Welt\n"); // oder setzen Sie hier ein, was Sie wollen
   return 0;
}
```

Zunächst wird das Programm in einem Verzeichnis, wo auch immer das Programm zur Ausführung gebracht werden soll, mit der Endung (Extension) **.c* abgespeichert (wobei das Sternchen für einen beliebigen Namen des Programms steht). Wie Sie *hallo.c* in Ihr Projekt einbinden, ist von der verwendeten Entwicklungsumgebung abhängig.

3.5 Das Hallo-Welt-Programm im Detail

Jetzt werden wir das erste Programm in seine einzelnen Bestandteile zerlegen und es uns Schritt für Schritt ansehen.

```
#include <stdio.h>
```

`#include` ist kein direkter Bestandteil der Sprache C, sondern ein Befehl des Präprozessors und wird deshalb mit einem Nummernzeichen (#) eingeleitet. Der *Präprozessor* ist ein Teil des Compilers, der nicht das Programm übersetzt, sondern kontrollierend in den Übersetzungsablauf eingreift. So kann zum Beispiel eine Headerdatei in den Quelltext eingefügt werden, ohne dass der gesamte Code der Headerdatei sichtbar wird (was sehr stören würde).

Präprozessorbefehle erkennen Sie stets an einem vorangestellten #-Zeichen. Kompilieren Sie das Programm noch einmal ohne `#include <stdio.h>`, sollte eine Fehlermeldung erscheinen, wie z. B. die folgende:

```
Error. function 'printf' should have a prototype.
```

`printf()` kommt doch aber im Programm vor? Richtig. `printf()` ist eine Standardfunktion, die in `<stdio.h>` deklariert ist. Include-Dateien nennt man auch *Headerdateien*. Suchen Sie das Verzeichnis *INCLUDE* auf Ihrem System (unter Linux ist das typischerweise */usr/include* oder */usr/bin/include* und unter Windows z. B. *C:\Name_des_Compilers\include*), und Sie werden viele andere Headerdateien darin entdecken, die später noch Verwendung finden.

Die Abkürzung stdio steht für **St**andar**d**-**I**nput/**O**utput, also Standard-Ein-/Ausgabe. Ich werde noch auf die Headerdateien eingehen, die ohnehin in jedem Programm benötigt werden. Später werden Sie auch eigene Headerdateien entwerfen und im Programm einbinden. Sehen wir uns nun weiter die Programmausführung an:

```
int main(void)
```

Hier beginnt das Hauptprogramm. Eine main()-Funktion wird immer benötigt, damit der Compiler weiß, wo das Programm beginnen muss. Sie erinnern sich an das erste Kapitel und die Sache mit dem Einstiegspunkt? Dieser ist bei C die Hauptfunktion, von der es wie gesagt oft nur eine einzige geben darf (es gibt Ausnahmen, aber diese werden an dieser Stelle nicht behandelt). Auch wenn später mehrere Module, also mehrere Quellcode-Dateien, zusammen kompiliert werden (d. h. zu einer ausführbaren Datei gebunden werden), benötigen Sie immer eine main()-Funktion. main() heißt auf Deutsch so viel wie »Hauptfunktion«. Das void in der main()-Funktion steht für einen »leeren« Datentyp (mehr dazu später). void könnten Sie hier auch ganz weglassen – allerdings soll hier nicht unerwähnt bleiben, dass () und (void) in C++ manchmal nicht dasselbe sind, je nachdem, welchen Compiler Sie verwenden. Sofern Sie also Ihre Programme erweitern wollen, sollten Sie also void gleich mit angeben.

int steht für eine Ganzzahl. Im Fall einer Funktion bedeutet dies, dass sie einen Rückgabewert hat, der vom Typ int ist. Dies ist eine Zahl, die 16 Bit umfasst und im Fehlerfall nicht 0 ist. In diesem Programm bekommt die main()-Funktion den Rückgabewert 0 durch folgenden Aufruf:

```
return 0;
```

Das bedeutet: Das Programm wurde ordnungsgemäß beendet. Es wird also mit return hier der Funktion main() der Wert 0 zurückgegeben, um z. B. der Bash anzuzeigen, dass sich das Programm korrekt beendet hat und auch keine Reste von ihm mehr im Speicher liegen. Genaueres dazu (zur main()-Funktion und zu ihren Rückgabewerten) erfahren Sie in Kapitel 10, in dem es um Funktionen geht.

Wir machen zunächst mit folgenden Zeilen weiter:

```
{
   printf(".....");
}
```

Zwischen den geschweiften Klammern steht der Anweisungsblock für die Hauptfunktion. Das heißt, in diesem Block befinden sich alle Anweisungen, die die Funktion int main() auszuführen hat. Natürlich können innerhalb eines Anweisungsblocks weitere Anweisungsblöcke verwendet werden. Diese sogenannte *Schachtelung* hört sich komplizierter an, als sie ist. Darauf gehe ich später noch ein.

Merke

Geschweifte Klammern fassen Anweisungen zu einem Block zusammen. Ein Block muss immer geöffnet und geschlossen werden, also darf man keine der beiden Klammern weglassen.

Und was geschieht in diesem Anweisungsblock?

```
printf("Hallo Welt\n");
```

`printf()` ist eine Funktion, die in der Headerdatei `stdio.h` deklariert ist, wie bereits erwähnt wurde. Deswegen kann der Compiler, wenn Sie diese Headerdatei nicht im Programm angegeben haben, nichts mit `printf()` anfangen. Mit der Funktion `printf()` kann eine beliebige Stringkonstante formatiert auf dem Bildschirm ausgegeben werden. Ein *String* ist schlicht eine Zeichenkette, die in C durch ein Null-Zeichen (also ein Byte mit dem Wert 0) abgeschlossen wird. Ich nenne den String hier deshalb eine *Konstante*, weil sie in diesem Programm eine feste Länge hat. Die Stringkonstante (in diesem Fall »Hallo Welt«), die ausgegeben wird, steht immer zwischen zwei Anführungszeichen (`"Stringkonstante"`). Es ist nicht erlaubt, eine Stringkonstante über das Zeilenende fortzusetzen, wie etwa im folgenden Beispiel:

```
printf("Dies ist in C
nicht erlaubt");
```

Es gibt aber eine Ausnahme von dieser Regel, wenn Sie einen \ (Backslash) setzen. Hierzu ein Beispiel:

```
printf("Hier ist die Ausnahme von der Regel \
dies hier ist erlaubt, dank Backslash");
```

Sie sollten aber dabei beachten, dass alle Leerzeichen nach dem Backslash in der nächsten Zeile ebenfalls bei der Ausgabe berücksichtigt werden. Das Zeichen `'\n'` in der Funktion von `printf()` ist ein Steuerzeichen. Es bedeutet *newline* und erzeugt auf dem Bildschirm einen Zeilenvorschub, wie er mit der Tastatur durch die Taste [↵] ausgelöst wird. Unter Linux ist dies das Zeichen mit dem Wert 10 (LF), unter Windows ist dies 13,10 (CR/LF).

Kommen wir jetzt zum Semikolon (;): Es wird hauptsächlich dazu verwendet, das Ende einer Anweisung anzuzeigen. Der Compiler weiß dann, dass hier das Ende der Anweisung von `printf()` ist, und fährt nach der Abarbeitung der Anweisung mit der nächsten Zeile bzw. Anweisung fort. Natürlich hat das Semikolon keine Wirkung, wenn es innerhalb einer Stringkonstanten verwendet wird:

```
printf("Hallo; Welt\n");
```

Ausgabe:

```
Hallo; Welt
```

Merke

Anweisungen, denen kein Anweisungsblock folgt, werden mit einem Semikolon abgeschlossen.

3.6 Wie kompiliert man ein Programm und führt es anschließend aus?

Ihr C-Programm läuft natürlich jetzt noch nicht, denn Sie haben bis jetzt nur den Quellcode erstellt. Sie müssen das Programm noch übersetzen (kompilieren). Dieser Vorgang kann von Compiler zu Compiler verschieden ablaufen. Bei einer Entwicklungsumgebung muss dabei häufig nur der Button COMPILE oder KOMPILIEREN angeklickt werden oder – wie bei Pelles C – ein Pfeilsymbol oder Ähnliches. In einer Linux-Konsole wird das Programm mit der Kommandozeile übersetzt. Auch auf dem Raspberry Pi ist dies so.

[«]

Hinweis zum Kompilieren

Anleitungen, wie Sie ein Listing mit einem bestimmten Compiler übersetzen können, finden Sie auf der Verlagswebsite unter *http://www.rheinwerk-verlag.de/5701*.

»Aber was zum Teufel ist eine Kommandozeile?«, werden Sie vielleicht jetzt fragen. Wer mit diesem Begriff zum ersten Mal in Berührung kommt, denkt entweder an DOS bzw. Linux oder ist sogar vollständig verwirrt. Eine *Kommandozeile* ist schlicht ein Befehlsinterpreter, der Text entgegennimmt, diesen Text in Befehle verwandelt und diese Befehle dann ausführt. In Zeiten der ersten Heimcomputer, z. B. des C64, gab es schlicht nichts anderes, nämlich einen Bildschirm, auf dem man BASIC-Kommandos eintippen musste. Unter Windows ist dies die *Eingabeaufforderung*, unter Linux ist es meistens die *Bash* (das ist die Abkürzung für *Bourne Again Shell*). Im Englischen nennt man die Kommandozeile also *Shell*. Wenn Sie sich jetzt gerade unter Linux auf der Bash befinden bzw. gerade auf Ihrem Desktop *xterm* geöffnet haben, dann müssen Sie das Hallo-Programm durch die folgenden speziellen Kommandos übersetzen:

```
cd [Pfad, in dem Ihr C-Programm steht]
```

```
cc hallo.c -o hallo
```

Als Ergebnis findet sich im Verzeichnis ein ausführbares Programm namens *hallo* unter Linux bzw. *hallo.exe* unter Windows (sollten Sie das Programm *hallo.c* genannt haben). Diese Datei kann jetzt wie jede andere ausführbare Datei in der Kommandozeile gestartet werden. Das funktioniert übrigens auch unter Windows, Sie müssen dort nur »hallo.exe« in der Eingabeaufforderung eingeben, nachdem Sie in das entsprechende Verzeichnis gewechselt sind (siehe Abbildung 3.1).

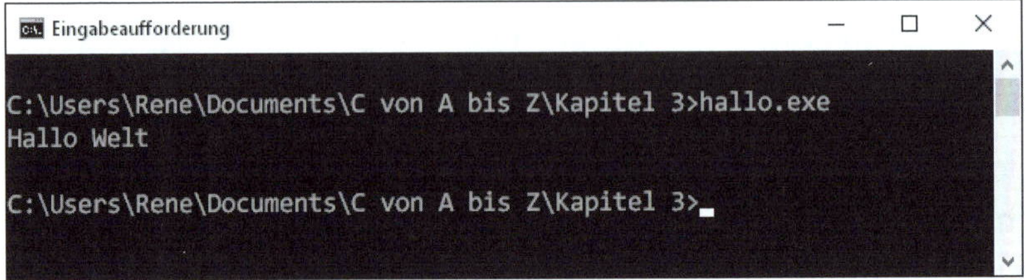

Abbildung 3.1 »Hallo Welt« in der Windows-Eingabeaufforderung

Bei All-in-one-Entwicklungsumgebungen reicht meistens ein Klick auf AUSFÜHREN oder RUN bzw. die Auswahl eines entsprechenden Menüeintrags oder Symbols aus. Wenn die Zeichenfolge »Hallo Welt« auf dem Bildschirm ausgegeben wird, ist es geschafft; Sie haben das erste Programm geschrieben! In den nächsten Kapiteln erfahren Sie erst einmal mehr über Zeichenketten, Bits und Bytes, ehe Sie richtig »loslegen«.

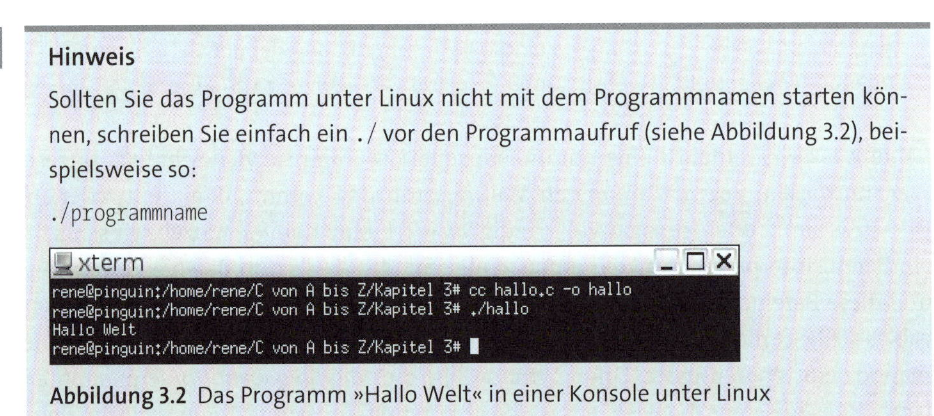

Hinweis

Sollten Sie das Programm unter Linux nicht mit dem Programmnamen starten können, schreiben Sie einfach ein `./` vor den Programmaufruf (siehe Abbildung 3.2), beispielsweise so:

```
./programmname
```


Abbildung 3.2 Das Programm »Hallo Welt« in einer Konsole unter Linux

Kapitel 4

Grundlagen

In (ANSI) C werden zwei Zeichensätze unterschieden: zum einen der Zeichensatz, der bei Quelldateien verwendet werden darf, und zum anderen ein Ausführungszeichensatz, der beim Ausführen des Programms verwendet wird.

Wie in jeder Programmiersprache gibt es in C Zeichensätze. In C gibt es hiervon sogar mehrere. Zum Beispiel unterscheidet man zwischen dem Zeichensatz, den man im Editor verwendet und dem Ausführungszeichensatz, mit dem man z. B. Texte in der Konsole ausgibt. Daneben gibt es in C spezielle Symbole. Was Symbole und Zeichensätze sind und wie man sie in C verwendet, erkläre ich in den nächsten Abschnitten.

4.1 Symbole

Wie in jeder anderen Sprache auch, gibt es in C einige *Symbole*, die Sie kennen sollten. Diese Symbole werde ich jetzt näher erläutern.

4.1.1 Bezeichner

Der erste Symboltyp ist der Bezeichner. Den Begriff *Bezeichner* verwendet man für Namen von Objekten im Programm. Objekte sind z. B. Variablen, Konstanten und Funktionen. Ein Bezeichner ist quasi ein Name, mit dem man z. B. auf eine Variable zugreifen kann.

Ein gültiger Bezeichner darf aus beliebigen Buchstaben, Ziffern und dem Zeichen _ (Unterstrich) bestehen. Allerdings darf das erste Zeichen niemals eine Ziffer sein. Beachten Sie außerdem, dass C zwischen Groß- und Kleinbuchstaben unterscheidet (engl. *case sensitive*). Somit sind »Hallo«, »hallo« und »HALLO« drei verschiedene Bezeichner.

Regeln für Bezeichner

Für einen gültigen Bezeichner gibt es somit folgende Regeln:

- Namen bestehen aus Buchstaben, Ziffern und Unterstrichen.
- Das erste Zeichen eines Bezeichners muss ein Buchstabe oder Unterstrich sein.

- Bezeichner sollten nicht mit einem Unterstrich beginnen, da solche Bezeichner gewöhnlich für das System reserviert sind. Dies ist aber wohl eher eine Frage des Stils als eine Regel.
- Es wird zwischen Groß- und Kleinbuchstaben unterschieden.
- Schlüsselwörter von C (siehe Abschnitt A.3) dürfen nicht als Bezeichner verwendet werden und sind auch nicht überschreibbar.

4.1.2 Schlüsselwörter

Schlüsselwörter sind Bezeichner mit einer vorgegebenen Bedeutung in C. Sie dürfen nicht anderweitig verwendet werden und können auch nicht durch ein Programm überschrieben werden. In manchen Compilern (z. B. im GCC) werden Schlüsselwörter auch als *Tokens* bezeichnet. So dürfen Sie beispielsweise keine Variable mit dem Bezeichner `for` verwenden, da dies ein C-Schlüsselwort ist. Der Compiler würde sich ohnehin darüber beschweren. Eine Liste der Schlüsselwörter in C finden Sie in Abschnitt A.3.

4.1.3 Literale

Als *Literale* werden Zahlen, Zeichenketten und Wahrheitswerte im Quelltext bezeichnet, die ebenfalls nach einem bestimmten Muster aufgebaut sein müssen. Man kann auch sagen: Literale sind von einer Programmiersprache definierte Zeichenfolgen zur Darstellung der Werte von *Basistypen*. Die Basistypen werden in Kapitel 5 ausführlich behandelt.

Ganzzahlen

Man unterscheidet bei Ganzzahlen zwischen Dezimal-, Oktal- und Hexadezimalzahlen, für die folgende Regeln gelten:

- *Dezimalzahlen* (Basis 10): Eine Dezimalzahl besteht aus einer beliebig langen Ziffernreihe aus den Zeichen 0 bis 9. Die erste Ziffer darf allerdings keine 0 sein.
- *Oktalzahlen* (Basis 8): Eine Oktalzahl hingegen beginnt immer mit einer 0, gefolgt von einer Reihe von Oktalzahlen (0–7).
- *Hexadezimalzahlen* (Basis 16): Eine Hexadezimalzahl beginnt immer mit der Sequenz 0x bzw. 0X, gefolgt von einer Reihe von Hexadezimalzahlen (0–F = 0 1 2 3 4 5 6 7 8 9 A B C D E F bzw. Kleinbuchstaben a b c d e f).

Man kann an die Dezimal-, Oktal- und Hexadezimalzahlen noch ein Suffix anhängen, um den Wertebereich einer Zahl genauer zu spezifizieren. Das Suffix `u` bzw. `U` deutet beispielsweise an, dass es sich um eine vorzeichenlose (`unsigned`) Zahl handelt. `l` bzw.

L gibt an, dass es sich um eine long-Zahl handelt. In Tabelle 4.1 sehen Sie einige Beispiele, wobei die Zahlen in einer Reihe immer gleichwertig sind.

Dezimalzahl	Oktalzahl	Hexadezimalzahl
123	0173	0x7B
1234567L	04553207L	0X12D687L
66u	0102U	0x42u

Tabelle 4.1 Beispiele für gültige Ganzzahlen

Fließkommazahlen

Wie eine korrekte *Fließkommazahl* dargestellt wird, wird in Abschnitt 5.11 genauer beschrieben, wenn es um die Basistypen von Fließkommazahlen geht. Wie bei den Ganzzahlen können Sie den Fließkommazahlen ebenfalls ein Suffix hinzufügen. Mit dem Suffix f oder F kennzeichnen Sie eine Fließkommazahl mit einer einfachen Genauigkeit. Das Suffix l oder L hingegen deutet auf eine Fließkommazahl mit erhöhter Genauigkeit hin.

Einzelne Zeichen

Ein *Zeichenliteral* wird in einfache hochgestellte Anführungszeichen (*Single Quotes*) eingeschlossen ('A', 'B', 'C', ... '$', '&' usw.). Wenn Sie nichtdruckbare Zeichen wie beispielsweise einen *Tabulator* oder *Zeilenvorschub* darstellen wollen, müssen Sie eine *Escape-Sequenz* (auch *Steuerzeichen* genannt) verwenden. Escape-Sequenzen werden mit einem Backslash (\) eingeleitet (z. B. ein Tabulator mit '\t' oder ein Zeilenvorschub mit '\n').

Zeichenketten

Eine *Zeichenkette* (häufig auch *String* genannt) ist eine Sequenz von Zeichen, die zwischen doppelte Anführungszeichen (*Double Quotes*) gestellt werden (beispielsweise "Ich bin eine Zeichenkette"). Es ist im Zusammenhang mit einer Zeichenkette sehr wichtig zu wissen, dass jede dieser Ketten um ein Zeichen länger ist, als sichtbar dargestellt. Gewöhnlich werden Zeichenketten durch das Zeichen mit dem ASCII-Wert 0 (nicht mit der dezimalen Null) abgeschlossen (0x00 oder als einzelnes Zeichen '\0'). Diese ASCII-0 kennzeichnet immer das Ende einer Zeichenkette. Somit enthält beispielsweise die Zeichenkette "C++" vier Zeichen, weil am Ende auch das Zeichen 0x00 (oder auch '\0') abgelegt ist. Leider gibt es in C keinen Basistyp »String«, wie es z. B. in Java der Fall ist, und eine Zeichenkette ist immer ein sogenannter *Zeiger* auf eine Speicheradresse. Der Umgang mit Strings ist also nicht trivial. Deshalb gehe ich in Abschnitt 4.3 noch ausführlicher auf Strings ein.

4.1.4 Einfache Begrenzer

Um die Symbole voneinander zu trennen, benötigt man in C *Begrenzer*. In diesem Abschnitt wird nur auf einfache Begrenzer hingewiesen. Weitere Begrenzer werden Sie im Verlauf des Buches näher kennenlernen.

Das Semikolon (;)

Der wichtigste Begrenzer dürfte das *Semikolon* ; (Plural: Semikola und Semikolons) sein, das auch Strichpunkt genannt wird. Es dient als Abschluss einer Anweisung. Jeder Ausdruck, der mit einem solchen Semikolon endet, wird als Anweisung behandelt. Der Compiler weiß dann, dass hier das Ende der Anweisung ist, und fährt nach der Abarbeitung der Anweisung (oft auch als *Befehl* bezeichnet) mit der nächsten Zeile bzw. Anweisung fort. Natürlich hat das Semikolon keine Wirkung, wenn es innerhalb einer Stringkonstante verwendet wird:

```
"Hallo; Welt"
```

Komma

Mit dem *Komma* trennt man gewöhnlich die Argumente einer Funktionsparameterliste oder bei der Deklaration mehrere Variablen desselben Typs. Was ein Parameter ist, wird noch ausführlicher in Kapitel 10, »Funktionen«, erklärt.

Geschweifte Klammern

In *geschweiften Klammern* (amerikanisches Englisch: *braces*, britisches Englisch: *curly brackets*) wird ein Anweisungsblock zusammengefasst. In diesem Block befinden sich alle Anweisungen (abgeschlossen mit einem Semikolon), die in einer Funktion ausgeführt werden sollen. Beispielsweise sind beim Listing *hallo.c* alle Anweisungen der `main`-Funktion in den geschweiften Klammern zusammengefasst:

```
int main(void) {
    printf("Hallo Welt!");
    return 0;
}
```

Hier wird die Textfolge »Hallo Welt!« auf dem Bildschirm ausgegeben und mit `return` der Wert `0` an den aufrufenden Prozess zurückgegeben. Mehr zur `main`-Funktion und ihren Rückgabewert erfahren Sie in Abschnitt 10.16 und in Abschnitt 10.17.

Das Gleichheitszeichen (=)

Mit dem *Gleichheitszeichen* trennt man die Variablendeklaration von den Initialisierungslisten:

```
Typ bezeichner = wert;
```

Hinweis: Korrekte Initialisierung und Benutzung von Variablen

Wenn Sie eine Variable initialisieren, so ist dies noch lange keine Zuweisung. Ist das nicht ein und dasselbe? Nicht ganz. Zwar erfolgen die Zuweisung und die Initialisierung mit dem Gleichheitszeichen, aber zum einen handelt es sich hier um den Begrenzer = und zum zweiten um den Operator =, also um zwei verschiedene Dinge, die mit ein und demselben Zeichen dargestellt werden. Eine Initialisierung erfolgt immer beim Anlegen einer Variablen, während eine Zuweisung lediglich auf ein bereits existierendes Objekt ausgeführt werden kann. Probieren Sie es ruhig einmal aus, und versuchen Sie, direkt nach `int i` die Variable `i` mit `printf()` auszugeben. Was Sie sehen, ist irgendeine Zahl. Das ist sozusagen der »Müll«, der noch im Speicher steht, bevor zum ersten Mal ein Wert zugewiesen wird.

Hinweis: der Unterschied zwischen »=« und »==«

Wenn Sie in einem Programm auf zwei aufeinanderfolgende == stoßen, so handelt es sich hierbei nicht mehr um eine Zuweisung, sondern um einen *Vergleich*.

4.1.5 Kommentare

Kommentare sind Textteile in einem C-Quelltext, die vom Compiler ignoriert werden. Kommentare können an einer beliebigen Stelle im Quelltext stehen. Kommentare können auf eine Programmzeile beschränkt sein oder sich über mehrere Zeilen erstrecken.

Hinweis: Verwendung von Kommentaren

Die Verwendung von Kommentaren beeinflusst weder die Laufzeit des übersetzten Programms noch dessen Größe, weil Kommentare bei der Übersetzung in Maschinencode entfernt werden. Also kommentieren Sie Ihre Programme ausreichend, damit Sie (bzw. Ihre Teamkollegen) den Code auch in mehreren Wochen noch lesen können.

In den weiteren Programmen, die jetzt folgen, wird es häufiger vorkommen, dass der Quellcode dokumentiert ist, genauer gesagt, dass ich Kommentare eingefügt habe. Diese Kommentare sollen Ihnen das Verständnis erleichtern. Wie Sie selbst Ihren Quellcode dokumentieren, bleibt letztlich Ihnen überlassen. Sie können beliebig viel, alles oder auch gar nichts dokumentieren. Ich empfehle Ihnen eine gesunde Mischung zwischen »jede Zeile« und »gar nichts«. Dinge, die also von vornherein klar sind (z. B., dass mit `i++` die Variable `i` um 1 erhöht wird), müssen Sie nicht unbedingt kommentieren.

Wann sind Kommentare sinnvoll?

Wie oben schon angedeutet, sind Kommentare eigentlich immer sinnvoll. Wenn Sie ein größeres Projekt verwirklichen, kann sich dies über mehrere Monate hinziehen. Um das Stückchen Quellcode, das Sie vor einem Monat geschrieben haben, nicht immer wieder von Neuem verstehen zu müssen, können Sie ein paar Kommentare mit Erklärungen einfügen. In einer Gruppe ist es ohnehin unerlässlich, mit Kommentaren zu arbeiten, damit jeder den Code des anderen besser versteht und nachvollziehen kann. Meistens gibt es auch von der Projektleitung Vorgaben (sogenannte *Style Guides*), wie was zu kommentieren ist und wie ein Programm optisch aussehen sollte. Style Guides gibt es natürlich auch für grafische Oberflächen. Wenn Sie der Projektleiter sind, sollten Sie selbst einen solchen Style Guide erstellen.

Hierzu ein Beispiel:

```
/* kommentare.c */
#include <stdio.h>

int main (void) {          //Beginn des Hauptprogramms
   int i = 10;             //Variable int mit dem Namen i und dem Wert 10
   printf("%d",i);         //Gibt die Zahl 10 aus.
   printf("\n");           //Springt eine Zeile weiter.
   printf("10");           //Gibt den String "10" aus.
   return 0;

/*  Hier sehen Sie noch eine 2. Möglichkeit, Kommentare
    einzufügen. Dieser Kommentar wird mit einem Slash-
    Sternchen eröffnet und mit einem Sternchen-Slash
    wieder beendet. Alles dazwischen wird vom Compiler
    ignoriert.  */
}
```

Kommentare sind nicht schwer zu verstehen. Sie werden einfach hinter zwei // oder zwischen `/* Hier steht der Kommentar */` geschrieben.

Häufig werden Kommentare vor Funktionen geschrieben. Ein guter Stil könnte so aussehen:

```
/******************************
 *                            *
 * Beschreibung der Funktion  *
 * Parameter1   : ...         *
 * Parameter2   : ...         *
 * Rückgabewert : ...         *
 *                            *
 ******************************/
```

In den Kommentaren können Sie beliebige Zeichen verwenden, also auch deutsche Umlaute oder das Dollarzeichen.

Tipp: Kommentieren Sie nicht zu viel

Auch wenn in Internetforen immer wieder empfohlen wird, jede Zeile zu kommentieren, sollten Sie nicht den Fehler machen, diesem Ratschlag zu folgen. Auch ich empfehle Ihnen dies nicht. Bei Code, der ohnehin klar ist, sollten Sie auf Kommentare verzichten, denn sonst schießen Sie mit Kanonen auf Spatzen: Ihr Code wird sogar schwerer verständlich. Wenn Sie versuchen, schwer verständlichen Code zu kommentieren, sollten Sie sich vielleicht überlegen, ob Sie nicht den Code vereinfachen oder eine extra Dokumentation erstellen können. Dies müssen Sie in größeren Projekten ohnehin tun.

Welche Kommentar-Schreibweise? – // oder /* */

Da Sie zwei Möglichkeiten haben, Kommentare zum Programm hinzuzufügen, stellt sich die Frage, welche Methode die bessere ist. Die folgende Schreibweise wurde erst im Oktober 1999 zum C99-Standard hinzugefügt:

```
// Kommentar
```

Hinweis: // Kommentare und ältere Compiler

Dieser Stil war zuvor nur für C++ erlaubt und im C89-Standard nicht zugelassen. Problematisch könnte dies werden, wenn Sie einen älteren Compiler verwenden. Er würde einen solchen Kommentar als Fehler bemängeln und sich weigern, das Programm zu übersetzen.

Hinweis

Bei DOS- oder Linux-Compilern sollten recht selten Probleme auftreten. Der CC unter IRIX z. B. verhält sich da schon ganz anders als ein üblicher GCC.

Etwas müssen Sie außerdem beachten, wenn Sie die Schreibweise // verwenden. Sehen Sie sich dazu folgendes Listing an:

```
/* kommentare_fehler.c */
#include <stdio.h>

int main(void) {
   //das Programm befindet sich im Pfad C:\programme\
   printf("Hallo Welt\n");
   return 0;
}
```

»Hallo Welt« wird niemals ausgegeben. Der Grund dafür ist, dass die Zeile mit dem Kommentar mit einem Backslash endet. Achten Sie also darauf, dies zu vermeiden, denn die Suche nach diesem Fehler könnte unnötig Zeit kosten. Wenn Sie außerdem eine etwas höhere Warnstufe des Compilers (beispielsweise das Flag `-Wall` beim GCC) verwenden, wird dieser Sie auch darauf hinweisen, dass der Kommentar nicht in Ordnung ist (beispielsweise mit `warning: multi-line comment`).

4.2 Zeichensätze

In C wird zwischen dem *Basis-Zeichensatz*, dem *Ausführungszeichensatz* und den *Trigraph-Zeichen* unterschieden. Der Basis-Zeichensatz enthält Zeichen, die beim Schreiben von Quellcode verwendet werden können. Dies sind alle Zeichen des ursprünglichen ASCII-Zeichensatzes mit den Werten 0 bis 127. Der Ausführungszeichensatz hingegen enthält Zeichen, die erst bei der Ausführung des Programms interpretiert werden. Häufig sind beide Zeichensätze identisch, sie müssen dies aber nicht sein. Manche Compiler unter macOS fügen zur Laufzeit Tokens ein, die beim Beenden des Programms wieder entfernt werden. Diese Tokens haben Werte ≥128 und sind dadurch gekennzeichnet, dass das oberste Bit auf 1 gesetzt ist.

[»]

Hinweis: Verwendung des erweiterten Zeichensatzes

Neben dem Basis-Zeichensatz sind häufig auch noch erweiterte Zeichen vorhanden, die zusammen auch *erweiterter Zeichensatz* (beispielsweise Unicode-Zeichensätze wie UTF-16 oder UTF-32) genannt werden. Die Menge und Art dieser Zeichen ist allerdings von der Implementierung und der lokalen Sprache abhängig und wird nicht vom Standard vorgeschrieben. Beispielsweise verwendet Windows ab Version 7 stets UTF-16 und macOS ab Version 9.x stets UTF-32. Unter Linux muss man den sogenannten *Console Font* mit einem entsprechenden Konfigurationstool einstellen. Beim Raspberry Pi erledigt dies das Tool *raspi-config*, bei SuSE Linux z. B. der YaST. Auf anderen PC-Linuxen gibt es hierfür spezielle Konfigurationskommandos.

4.2.1 Basis-Zeichensatz

Folgende Zeichen stehen Ihnen zum Programmieren in der Sprache C zur Verfügung (dies gilt auch für den Ausführungszeichensatz):

- die zehn Dezimalziffern: `1 2 3 4 5 6 7 8 9 0`
- die Buchstaben des englischen Alphabets:

  `A B C D E F G H I J K L M N O P Q R S T U V W X Y Z`

  `a b c d e f g h i j k l m n o p q r s t u v w x y z`

- die folgenden Grafiksymbole:

  ! " % & / ( ) [ ] { } \ ? =

  ' # + * ~ - _ . : ; , | < > ^
- die Whitespace-Zeichen: Leerzeichen, Tabulatorzeichen, neue Zeile, neue Seite

Auf manchen PCs (aber nicht bei ANSI C) kann auch das Dollarzeichen ($) verwendet werden. Dies sollten Sie aber vermeiden, um die Programme möglichst portabel zu machen.

4.2.2 Ausführungszeichensatz (Steuerzeichen)

Beim *Ausführungszeichensatz* kommen zu den oben aufgeführten Zeichen noch weitere hinzu, die in diesem Abschnitt beschrieben werden.

Zuvor soll ein Programm vorgestellt werden, das Steuerzeichen verwendet. Dazu gehen Sie genauso vor wie schon in Kapitel 3: Tippen Sie das Listing in einem Texteditor ab, speichern Sie es ab, und übersetzen Sie es anschließend mit dem Compiler.

Hier das Programmbeispiel zur Demonstration:

```
/* steuerzeichen.c */
#include <stdio.h>

int main(void) {
   printf("Ein akustisches Signal mit : (\\a)\a");
   printf("\nEin Backspace mit : (\\b) | \bx\n");
   printf("Ein Zeilenvorschub mit : (\\t) |\tx");
   printf("\n\tC\n\ti\n\ts\n\tt\n\ttoll\n");
   printf("\t   u\n\t   n\n\t   d\n");
   printf("\t   macht Spaß\n");
   return 0;
}
```

Nach dem Übersetzen und Starten des Programms sieht die Ausgabe so aus wie in Abbildung 4.1. Sie sehen die Auswirkungen von *Steuerzeichen*, die auch *Escape-Sequenzen* (dt. »Flucht-Sequenzen«) genannt werden. Diese Zeichen sind nicht druckbare Zeichen in sogenannten `char`-Konstanten (*Characters*). Auf Characters gehe ich in Kapitel 5 noch ausführlicher ein. Wie der Name »Steuerzeichen« besagt und das Programm soeben gezeigt hat, können Sie mit diesen Zeichen die Ausgabe auf dem Bildschirm beeinflussen. Diese Zeichen gehören zum Ausführungszeichensatz, weil sie von den Ausgabefunktionen erst zur Laufzeit des Programms ausgewertet werden. Steuerzeichen beginnen immer mit einem Backslash (\), auf den eine Konstante oder ein spezielles weiteres Zeichen folgt.

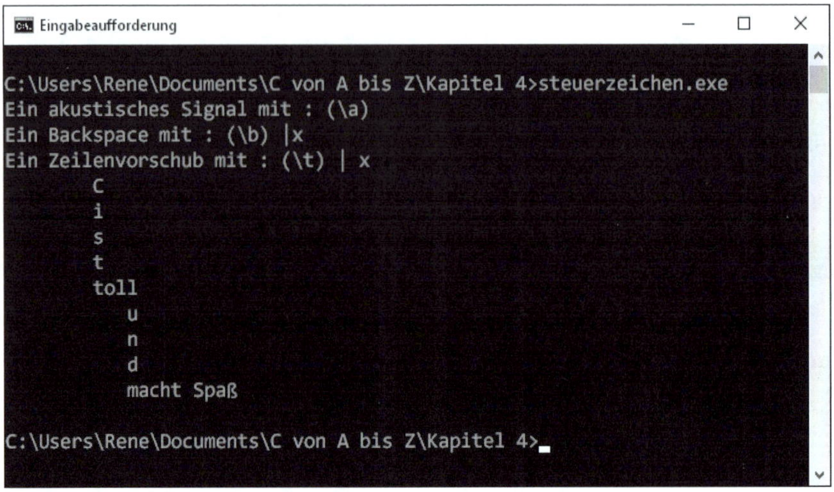

```
Eingabeaufforderung
C:\Users\Rene\Documents\C von A bis Z\Kapitel 4>steuerzeichen.exe
Ein akustisches Signal mit : (\a)
Ein Backspace mit : (\b) |x
Ein Zeilenvorschub mit : (\t) | x
        C
        i
        s
        t
        toll
           u
           n
           d
           macht Spaß

C:\Users\Rene\Documents\C von A bis Z\Kapitel 4>_
```

Abbildung 4.1 Steuerzeichen im Einsatz unter Windows 10

Der Compiler behandelt die Escape-Steuerzeichen wie ein einziges Zeichen. Tabelle 4.2 führt die möglichen Steuerzeichen und ihre Bedeutung auf.

Steuerzeichen	Bedeutung
\a	BEL (*bell*) – akustisches Warnsignal
\b	BS (*backspace*) – setzt den Cursor um eine Position nach links.
\f	FF (*formfeed*) – ein Seitenvorschub wird ausgelöst. Wird hauptsächlich bei Programmen verwendet, mit denen Sie etwas ausdrucken können.
\n	NL (*newline*) – der Cursor geht zum Anfang der nächsten Zeile.
\r	CR (*carriage return*) – der Cursor springt zum Anfang der aktuellen Zeile.
\t	HT (*horizontal tab*) – Zeilenvorschub zur nächsten horizontalen Tabulatorposition (meistens acht Leerzeichen weiter)
\v	VT (*vertical tab*) – der Cursor springt zur nächsten vertikalen Tabulatorposition.
\"	" wird ausgegeben.
\'	' wird ausgegeben.
\?	? wird ausgegeben.

Tabelle 4.2 Steuerzeichen (Escape-Sequenzen) in Zeichenkonstanten

Steuerzeichen	Bedeutung
\\	\ wird ausgegeben.
\0	Das ist die Endmarkierung eines Strings.
\nnn	Ausgabe eines Oktalwerts (z. B. \033 = ESCAPE-Zeichen)
\xhh	Ausgabe eines Hexadezimalwerts

Tabelle 4.2 Steuerzeichen (Escape-Sequenzen) in Zeichenkonstanten (Forts.)

Das folgende Listing zeigt, wie Sie außer mit dem Newline-Zeichen (\n) noch einen zusätzlichen Zeilenvorschub auslösen könnten:

```
/* newline.c */
#include <stdio.h>
int main(void) {
   printf("Darstellung von Newline \\n \n");
   printf("Mögliche Ausführung von Newline\n");
   printf("Mit hexadezimaler Angabe : \\xa \xa");
   printf("Mit oktaler Wertangabe   : \\012 \012");
   printf("Mit dezimaler Angabe     : 10%c",10);
   printf("Hallo\0Ich bin nicht mehr lesbar\n");
   return 0;
}
```

Dass auch ein Zeilenvorschub bei \xa , \012 und 10 vorgenommen wurde, liegt daran, dass alle diese Zeichen intern den Wert 10 darstellen. Wenn Sie sich die ASCII-Code-Tabelle in Abschnitt A.2 ansehen, können Sie erkennen, dass alle diese Werte in derselben Zeile stehen und das Newline-Zeichen darstellen. Dass bei der letzten printf()-Anweisung der Text nur bis »Hallo« ausgegeben wird, liegt am Steuerzeichen '\0', mit dem eine Stringkonstante terminiert (abgeschlossen) wird. Wird das Beispiel mit einer höheren Warnstufe übersetzt (beispielsweise mit dem Flag -Wall beim GCC), wird der Compiler über diese Zeile sowieso »meckern«, weil es einfach keinen Sinn macht, hier das Zeichen '\0' einzubetten. Dazu später mehr.

[+]

Tipp: Compiler-Warnstufen

Jeder Compiler hat einen Schalter, mit dem Sie beim Übersetzen mehr Warnungen als üblich ausgeben lassen können. Beim GCC-Compiler ist dies beispielsweise der Schalter -W. Beim Intel-Compiler lautet dieser -W4, und beim MS Visual-C++-Compiler (integriert in Visual Studio) ist es \W4.

4.2.3 Trigraph-Zeichen

Als *Trigraph* (oder *Triplett*) bezeichnet man in der Linguistik eine Kombination aus drei Schriftzeichen, die als Einheit behandelt werden, z. B. unser »sch«. (Achtung: Ein Trigraph ist kein Token, auch wenn es in Foren immer wieder fälschlicherweise so dargestellt wird!)

Im ANSI-C-Standard wurden neun solcher Drei-Zeichen-Sequenzen definiert, die alle mit ?? beginnen. Trigraph-Zeichen wurden eingeführt, um in C-Quelltexten bestimmte Sonderzeichen zu ersetzen, die auf manchen Tastaturen nicht vorhanden sind.

Anmerkung: Verwendung von Trigraph-Zeichen

Die Trigraph-Zeichen werden heute nicht mehr oft benötigt, aber sie sollen dennoch erwähnt werden, weil sie zum Standard gehören. Auf älteren Systemen, wie z. B. dem Amiga, waren nicht alle Tasten auf der Tastatur verfügbar, vor allem in den amerikanischen Versionen. Da es auf dem Amiga auch schon C-Compiler gab, verwendete man für die Programmierung internationaler Spiele Trigraph-Zeichen (wobei der Amiga weit mehr als 9 davon besaß). Ein populäres Beispiel aus dieser Zeit ist das bekannte Adventure *Zak McKracken*. Die Engine für Lucas Arts Adventures ist vollständig in C programmiert, und inzwischen ist der Quellcode unter dem Namen *ScummVM* frei verfügbar. Wenn Sie diesen Quellcode verstehen oder sogar verbessern wollen, benötigen Sie z. B. Kenntnisse von Trigraph-Zeichen.

Heute besteht kaum noch eine Notwendigkeit zur Verwendung von Trigraph-Zeichen in C, da auf aktuellen Computersystemen der komplette ASCII-Zeichensatz verfügbar ist. In Tabelle 4.3 finden Sie die verfügbaren Trigraph-Zeichenketten und die Erklärung, für welches Zeichen diese stehen.

Trigraph-Zeichen	Zeichen
??=	#
??(	[
??)	]
??/	\
??'	^
??!	|
??<	{

Tabelle 4.3 Trigraph-Zeichen in ANSI C

Trigraph-Zeichen	Zeichen
??>	}
??-	~

Tabelle 4.3 Trigraph-Zeichen in ANSI C (Forts.)

Somit würde beispielsweise das »Hallo Welt«-Programm mit Trigraph-Zeichen folgendermaßen aussehen:

```
// halloTrigraph.c
??=include <stdio.h>

int main( void )
??<
      printf("Hallo Welt");
      return 0;
??>
```

Einige Compiler verarbeiten Trigraph-Zeichen nicht direkt, weil auf dem Rechner, auf dem der Compiler ausgeführt wird, die Eingabe aller Zeichen des C-Zeichensatzes erlaubt ist. Solchen Compilern (beispielsweise bei Borland-Compilern) liegen dann entweder spezielle Hilfsprogramme (z. B. *TRIGRAPH.EXE*) bei, oder Sie müssen ein bestimmtes Compiler-Flag (z. B. `-trigraphs`) verwenden. Beim GNU-GCC müssen Sie das Beispiel zudem im C99-Standard (mit der Compiler-Option `-std=c99`) übersetzen.

Hinweis

Bei der Entwicklung neuer Software sollten Sie, wenn möglich, auf den Einsatz von Trigraph-Zeichen komplett verzichten, vor allem, weil Sie mit dem Flag `-std=c99` nicht alle Funktionen des aktuellen C23-Standards benutzen können.

4.3 Strings

Strings gibt es nicht nur in C, sondern auch in anderen Sprachen. Ein String ist schlicht eine Zeichenkette, die in C durch ein Zeichen mit dem Wert 0 abgeschlossen wird. Da das sogenannte *Nullzeichen* keinem druckbaren Zeichen entspricht, wird es einfach als Marker für das Ende einer Zeichenkette verwendet. In anderen Programmiersprachen werden Strings leider sehr unterschiedlich behandelt. In Pascal enthalten z. B. die ersten 4 Byte einer Zeichenkette die Länge als 4-Byte-Zahl. Der Vorteil ist, dass auch das Nullzeichen innerhalb eines Strings vorkommen kann und dass man die Länge sehr einfach bestimmen kann. Java löst die ganzen Probleme, die beim Umgang mit Zeichenketten entstehen können, durch eine sogenannte *Stringklasse*; leider bläht sich hierdurch der Quellcode auf. C dagegen macht die Sache einfacher. Dafür ist der Umgang mit Zeichenketten in C nicht trivial.

Strings werden im Laufe dieses Buches noch sehr ausführlich behandelt. Es schadet aber an dieser Stelle nicht, schon mal etwas vorzugreifen und das Einführungsbeispiel mit Strings zu programmieren.

4.4 Das Einführungsbeispiel mit Strings

Zeichen sind im Endeffekt nur Bytes mit einem bestimmten Wert, die mithilfe einer Tabelle (das ist der *ASCII-Code*) in einen druckbaren Text umgewandelt werden. Ich werde noch ausführlicher darauf eingehen. Jedenfalls können Sie der `printf()`-Anweisung einen Text auch als String übergeben. Diesen String legen Sie z. B. mit folgender Anweisung an:

```
char HalloText[13]="Hallo Welt\n";
```

In diesem Fall werden 12 Byte reserviert, nämlich 10 Byte für den Hallo-Welt-Text, ein Byte für das Zeile-Ende-Zeichen (ASCII-Wert 10) und ein Byte für das String-Ende-Zeichen. Bei der Definition einer Zeichenkette mithilfe von Anführungszeichen wird das String-Ende-Zeichen mit dem Wert 0 automatisch generiert. Sehen wir uns dazu das nächste Beispiel an:

```
// HalloStrings.c
#include <stdio.h>

int main(void) {
   char HalloText[13]="Hallo Welt\n"; // Speicher für 13 Byte Text
   printf("%s",HalloText); // Ausgabe eines String mit "%s"
   return 0;
}
```

Sie werden die Funktion `printf()` noch sehr genau kennenlernen. An dieser Stelle sei nur angemerkt, dass man mit `"%s"` (dies müssen Sie wirklich in Anführungszeichen schreiben, gefolgt von einem Komma) Zeichenketten an `printf()` übergeben kann. In der Ausgabe unterscheidet sich das letzte Beispiel in nichts von dem Einführungsbeispiel, und »Hallo Welt« wird korrekt ausgegeben.

Kapitel 5
Basisdatentypen

In diesem Kapitel erfahren Sie alles zu den einzelnen Datentypen in C, ohne die sich wohl kaum ein Programm realisieren lassen würde.

Zu den Grundlagen der C-Programmierung gehört die Kenntnis der einzelnen Datentypen. Datentypen sind, wie der Name schon vermuten lässt, Arten von Variablen, in denen Sie Daten speichern können, um zu einem späteren Zeitpunkt wieder darauf zurückzugreifen. Variablen bestehen immer aus zwei Teilen: dem *Datentyp*, der eine bestimmte Menge Arbeitsspeicher zugewiesen bekommt, und dem *Namen der Variablen*, mit dem dieser Datentyp im Programm angesprochen werden kann.

Als *Basisdatentypen* werden einfache vordefinierte Datentypen bezeichnet, die quasi in C »fest verdrahtet« sind. Dies umfasst in der Regel Zahlen (`int`, `short int`, `long int`, `float`, `double` und `long double`), Zeichen (`char`, `wchar_t`) und den (Nichts-)Typ (`void`).

Aber woher kommen all diese Variablentypen? Warum gibt es nicht – wie z. B. in BASIC – schlicht nur Zahlen und Strings? Dies hat vor allem historische Gründe, denn man musste C immer wieder an neue Anforderungen anpassen (z. B. an moderne Fließkommazahlenprozessoren). Und so führte man immer mehr Basistypen ein. Leider hat man hierbei »vergessen«, den String zum Basisdatentyp zu machen, und dies ist ja das, was uns bei der Tastatureingabe manchmal ärgert. Dafür hat C jedoch den Vorteil, sehr flexibel im Umgang mit Variablen zu sein, und wenn Sie die Basistypen einmal begriffen haben, ist der Rest auch gar nicht mehr so schwer.

5.1 Was ist ein Byte, und wie werden Zahlen in C gespeichert?

In einem Programmierpraktikum für angehende Ingenieure fragte ich die Studierenden in der ersten Stunde einmal, was ein Byte ist. Irgendwie wussten es alle, aber es dauerte eine Weile, bis die Antwort kam, dass ein *Byte* einfach *8 Bit* sind. Dass die Bezeichnung »Byte« historische Gründe hat, weiß aber heute fast niemand mehr. Dabei ist die Sache mit den Bits und den Bytes ziemlich einfach. In den 1950er-Jahren wurde nämlich eine elektronische Schaltung erfunden, die so funktioniert: Gibt man oben einen niedrigen 0-Volt-Pegel (= *Low*) hinein, kommt unten auch ein Low-Pegel heraus. Gibt man einen 5-Volt-Pegel (= *High*) hinein, kommt unten auch ein High-

Pegel heraus. Dieser Schalter funktioniert aber so, dass man den Zustand der Schaltung nur umschalten kann, wenn eine Steuerleitung auf *High* liegt. Ansonsten wird der Pegel ausgegeben, der beim letzten Mal gesetzt wurde, als die Steuerleitung aktiv war. Diese *Flip-Flop* genannte Schaltung »behält« quasi einen gewissen Zustand und kann immer wieder ausgelesen werden. Nichts anderes ist ein *Bit*, also eine *Binärziffer*. Hierbei ist Low = 0 V = 0 und 5 V = 1 = High (natürlich kann der High-Pegel variieren). Das englische Wort für eine Binärziffer ist *Binary Digit* oder kurz *Bit*. Natürlich kann man mit einem einzigen Flip-Flop nicht viel anfangen, deshalb werden mehrere Flip-Flops zu Blöcken zusammengefasst. Mit diesen Blöcken (in den Anfangszeiten der Heimcomputer waren dies Blöcke mit 8 Bit) kann man dann auch größere Zahlen speichern. Man fasst also quasi mehrere Bits zusammen.

Ein *Prozessor* enthält nun verschiedene Flip-Flop-Blöcke, und diese Blöcke nennt man *Register*. Es gibt meistens mehrere Register mit speziellen Aufgaben. So gibt es immer zumindest ein Register, das ganze Zahlen speichern kann und mit dem man dann auch rechnen kann. Da früher sämtliche Heimcomputer 8-Bit-Register besaßen, waren dann auch Zahlen mit einem Wert zwischen 0 und 255 die Grundlage. Auch der ASCII-Standard, der durch eine *Zeichentabelle* (engl. *Character Map*) Zahlen in Zeichen umwandelt, benutzt diese 8 Bit und nennt diese 8 Bit dann ein *Byte*.

Bis heute ist das Byte die Grundlage für die Speicherung von Zahlen auch unterschiedlicher Länge. Die Bitanzahl von sämtlichen Datentypen ist also immer ein Vielfaches eines Bytes. Der Prozessor speichert diese Zahlen in seinen Registern. Aber auch der Speicher wird in Bytes eingeteilt; bis heute ist dies so. Die Byte-Position einer Zahl im Speicher nennt man *Speicheradresse*. Um den Inhalt einer Speicheradresse in ein Register einzulesen oder den Inhalt eines Registers im Speicher abzulegen, gibt es spezielle Prozessorbefehle. Der Speicherbereich, in dem die Variablen abgelegt werden, die der C-Compiler anlegt, nennt man *Variablentabelle*. In dieser Tabelle stehen nicht nur die »nackten« Zahlen, sondern auch die Datentypen der Variablen. In den folgenden Abschnitten werde ich die Datentypen, die es in C »von Haus aus« gibt, näher erläutern.

5.2 Was ist eine Variable, und was ist ein Variablentyp?

Eine *Variable* ist ein Platzhalter für eine Zahl. Wie auch in der Mathematik, kann man in C z. B. »x=5« schreiben. Die Variable x hat dann den Wert 5 und 2*x ergibt dann den Wert 10. Ein *Variablentyp* besagt nun, wie die Bits einer Variablen strukturiert sind. So kann in unserem Beispiel x eine ganze Zahl oder eine Kommazahl sein. Genau dies ist der Variablentyp, der zusätzlich zu den »nackten« Bits in der Variablentabelle steht.

5.3 Was ist ein Operand?

Wenn man mit Variablen rechnet, dann nennt man sie *Operanden*, und die Rechenoperationen selbst nennt man *Operatoren*. Ich werde diese Dinge in Kapitel 7 noch ausführlicher erklären. An dieser Stelle müssen Sie nur verstehen, dass es einen Unterschied zwischen *Operanden*, *Operatoren* und *Parametern* gibt.

5.4 Was ist ein Parameter?

In C können Sie neben Variablen auch Funktionen definieren. (Funktionen werden in Kapitel 10 noch sehr ausführlich behandelt.) Eine Funktion kann einen Rückgabewert haben, aber Sie können der Funktion auch Variablen und Zahlen übergeben, mit denen die Funktion den Rückgabewert berechnen kann. Diese Variablen und Zahlen (im Endeffekt sind dies Platzhalter für Zahlenwerte, die einer Funktion übergeben werden) nennt man *Parameter*.

5.5 Wie speichert ein Prozessor Variablen, Parameter und Operanden?

Wie wir schon gesehen haben, gibt es Prozessorregister und einen Speicherbereich, in dem Variablen abgelegt werden. Diese Variablen werden normalerweise in die Prozessorregister eingelesen, und anschließend wird eine Operation mit diesen Registern ausgeführt. Nennen wir die Rechenregister z. B. einfach A und B. Nun soll zu dem Wert 4 der Wert 5 addiert werden und das Ergebnis soll in der Variablen x abgelegt werden. Die Speicheradresse von x sei 4711. Ein einfacher Prozessor würde dann z. B. folgendes kleine Programm ausführen:

```
LDA #4 // Lade die Zahl 4 in Register A
LDB #5 // Lade die Zahl 5 in Register B
ADD A,B // addiere Register A und B und speichere das Ergebnis in A
STA 4711 // Speichere den Inhalt von A in Adresse 4711 (=Variable x)
```

Natürlich funktioniert jeder Prozessor anders. Dieses Beispiel soll auch nur zeigen, dass Variablen in der Variablentabelle gespeichert werden und dass die Operanden einfach nur Prozessoroperationen sind, die der C-Compiler erzeugt. Um diese Arbeit zu leisten, benötigt der Compiler die Datentypen.

5.6 Was sind Speicheradressen, und warum sind sie wichtig für C?

Wir haben schon gesehen, dass die *Speicheradresse* einfach die Byte-Position einer Variablen im Speicher ist. (Bei modernen Prozessoren verhält sich die Sache komplizierter, aber dies ist hier nicht wichtig.) In unserem Beispiel im vorigen Abschnitt war die Adresse für die Variable x die Adresse 4711. Das heißt, dass das erste wichtige Bit der Variablen x ab dem 4712. Byte im Speicher beginnt (Speicheradressen fangen bei 0 an). In C können Sie nicht nur Variablen als Parameter benutzen, sondern auch deren Adressen. Sie können also z. B. von einer Zeichenkette nur die Anfangsadresse an eine Ausgabefunktion übergeben, und diese gibt dann die gesamte Zeichenkette korrekt aus, sofern Sie diese mit einem Null-Byte abschließen. In C gibt es sogar einen speziellen Datentyp für Speicheradressen, der sehr wichtig ist. Mehr dazu erfahren Sie in Kapitel 13, »Zeiger (Pointer)«.

5.7 Deklaration und Definition von Variablen

Beginnen wir jetzt mit einem etwas unbequemeren Abschnitt. Unbequem ist dieser Abschnitt deshalb, weil die Begriffe *Deklaration* und *Definition* oft durcheinandergebracht oder auch als ein und dasselbe verwendet werden. Mit einer Deklaration machen Sie den Compiler mit einem Namen (Bezeichner) bekannt und verknüpfen diesen Namen mit einem Typ. Der Typ wiederum enthält die Informationen über die Art der Bezeichner und bestimmt somit implizit die Aktionen, die mit der Variablen zulässig sind. Bei einer Ganzzahl z. B. sind +, -, *, /, % als Aktionen zulässig. Eine solche Aktion nennt man auch *Operation*. Sie werden im weiteren Verlauf noch mehr zu Operationen und Operanden erfahren. An dieser Stelle ist es erst einmal wichtig, Ihnen etwas Basiswissen zu vermitteln.

Die Syntax einer einfachen Deklaration sieht in C immer wie folgt aus:

```
Typ name;
bzw. Typ name1, name2, name3;
```

Mit *Typ* geben Sie immer den Datentyp an, und *name* ist immer der Bezeichner. Natürlich können Sie, wie Sie im zweiten Beispiel sehen, auch mehrere Bezeichner eines Typs durch Kommata voneinander trennen.

Mit einer *Deklaration* geben Sie dem Compiler nur Informationen zum Typ bekannt. Bis dahin wurde noch keine Zeile ausführbarer Programmcode erzeugt, sondern es wurden nur Informationen für die Variablentabelle gesammelt.

Für die korrekte Benutzung der Variable (also des Speicherobjekts) im Programm wird durch die *Definition* gesorgt. Somit ist jede Definition gleichzeitig auch eine Deklaration. Das Gleiche gilt häufig umgekehrt, beispielsweise gibt die Deklaration einer Variablen vom Datentyp `int` in der folgenden Art

```
int i;
```

den Namen des Speicherobjekts bekannt und vereinbart somit auch den Speicherplatz für das Objekt. Ebenso kann der Name einer Variablen mit dem Speicherklassenattribut `extern` (zumindest bis zum C-Standard C18) vereinbart werden, ohne dass ein Objekt erzeugt wird. Damit kann es für jedes Objekt im Programm zwar beliebig viele Deklarationen geben, aber nur eine einzige Definition. Aber halt! Wie war das noch einmal mit der Zuweisung von Werten? Gibt nicht die obige Deklaration »Müll« aus, wenn Sie versuchen, die Variable `i` mit `printf()` anzuzeigen? Ja, genau so ist es! Darum sollten Sie sich schon an dieser Stelle angewöhnen, den Variablen gleich bei der Deklaration einen Wert zuzuweisen. So sparen Sie sich viel Frust bei der Fehlersuche, weil nun jede Variable immer einen konkreten Wert hat, wenn Sie diesen gleich bei der Deklaration zuweisen. Schreiben Sie also ab jetzt bitte immer z. B.:

```
int i=0;
```

Leider gibt es manche Compiler (vor allem die älteren C++-Compiler von Borland), die »meckern«, wenn Sie die oben genannte Definition verwenden, und eine Warnung der Art VARIABLE I IS NEVER USED ausgeben (selbst, wenn Sie `i` später doch noch verwenden). Dies ist ein Problem, denn manche Compiler brechen die Kompilation bei zu vielen Warnungen ab, und Sie müssen dann stets Deklaration und Definition in separaten Programmzeilen erledigen. Mein Tipp: Lassen Sie möglichst die Finger von älteren Compilern, die nicht mindestens den C11-Standard unterstützen!

Hinweis

Seit dem C99-Standard können in C (wie in C++) Deklarationen überall im Quelltext vorgenommen werden – worauf Sie allerdings möglichst verzichten sollten, damit Ihr Code besser lesbar bleibt. Setzen Sie die Deklarationen noch vor die »arbeitenden« Anweisungen!

Eine Variable ist, wie Sie schon in den vorigen Punkten gesehen haben, eine Adresse im Hauptspeicher, an der Sie einen Wert ablegen können, um gegebenenfalls später wieder darauf zurückzugreifen. Neben einer Adresse hat eine Variable auch einen Namen, genauer gesagt einen *Bezeichner*, mit dem man auf diesen Wert namentlich zugreifen kann. Und natürlich belegt eine Variable auch eine gewisse Größe des Hauptspeichers, was man dem Compiler mit dem Typ der Variablen mitteilt. Rein syntaktisch kann man das z. B. wie folgt ausdrücken:

```
long lvar;
```

Hier haben Sie eine Variable mit dem Namen (Bezeichner) `lvar` vom Typ `long`, der üblicherweise vier Byte auf 32-Bit-Systemen und acht Byte auf 64-Bit-Systemen im Hauptspeicher (RAM) belegt. Wo (d. h. an welcher Speicheradresse) im Arbeitsspeicher Speicherplatz für diese Variable reserviert wird – hier vier oder acht Byte –, können Sie nicht beeinflussen, denn die Variablentabelle, die die Informationen enthält, wo was steht, wird vom Compiler automatisch erzeugt. Und die kleinstmögliche Einheit, in der Variablen im Speicher abgelegt werden können, ist eben das Byte. Sämtliche Variablengrößen sind also ein Vielfaches eines Bytes. Deshalb wird in diesem Buch ab jetzt der Speicher, den eine Variable eines bestimmten Typs belegt, in Byte angegeben.

5.8 Array-Datentypen (Datenfelder)

Arrays werde ich in Kapitel 12 noch sehr ausführlich behandeln. Da *Arrays* aber so wichtig sind, greife ich schon einmal etwas vor. So verstehen Sie eventuell auch die einzelnen Basis-Datentypen besser. *Arrays* nennt man auch *Datenfelder*, weil sie mehrere Variablen vom gleichen Typ aufnehmen können. *Datenfelder* gibt es nicht nur in C. Vielleicht kennen Sie schon (bzw. noch) die BASIC-Anweisung `DIM`. Genau zu dieser Anweisung gibt es C-Pendants, auch für mehrere Dimensionen. Wenn Sie z. B. 100 Ganzzahlen speichern wollen, dann heißt z. B. das C-Pendant zu `DIM A(100)`:

```
int A[100];
```

Mit dieser C-Programmzeile haben Sie ein *Array* angelegt. Im Unterschied zu BASIC legt aber der Compiler das Datenfeld so an, dass es schon zur Laufzeit zur Verfügung steht, und die Größe wird in eckigen Klammern angegeben. Aber Vorsicht: Im Gegensatz zu BASIC gibt es in C keine `REDIM`-Anweisung.

Vielleicht kennen Sie auch (noch) die BASIC-Strings, die z. B. so definiert werden:

```
A$="Ich bin ein BASIC-String"
```

In C sind auch Zeichenketten *Datenfelder*, also *Arrays*. Einen String mit einer maximalen Länge von 100 legt man also in C so an:

```
char A[100]="Ich bin ein C-String";
```

Dies führt leider zu einigen Einschränkungen. Wenn Sie aber im späteren Verlauf die Stringfunktionen von C besser kennenlernen, dann werden Sie die BASIC-Strings nicht mehr vermissen.

5.9 Standard-Datentypen

Die Standard-Datentypen sind sehr wichtig in C, da Sie durch Datentypen festlegen, wie viel Speicher eine bestimmte Variable benutzt. Nur auf diese Weise ist eine korrekte Speicherverwaltung möglich, die Ihnen gewährleistet, dass Sie auf die Variablen und auf deren Wert korrekt zugreifen können.

5.9.1 Der Datentyp »int« (Integer), Standardgröße 2 Byte

Der Datentyp `int` muss, gemäß ANSI C, mindestens eine Größe von zwei Byte aufweisen. Mit diesen zwei Byte lässt sich ein Zahlenraum von –32.768 bis +32.767 beschreiben. Mit dem Datentyp `int` lassen sich nur Ganzzahlen darstellen. Die Abkürzung `int` steht für *Integer*.

Hier kommen Sie auch gleich mit betriebssystemspezifischen Eigenheiten in Berührung. Auf 16-Bit-Systemen mag das eben Gesagte zutreffen. Dort ist ein Integer (`int`) auch wirklich zwei Byte groß. Manch einer wird nun sagen: »16-Bit-Systeme sind doch Schnee von gestern und eigentlich nur noch für MS-DOS- und Windows-3.1-Compiler relevant.« Denken Sie aber daran, dass es noch andere Programmierplattformen neben Linux und Windows gibt, auf denen C seine Stärken ausspielen kann! (Besonders wären die *Embedded Systems* und Mikrocontroller hervorzuheben.)

Linux, Windows (ab Windows 95) und macOS sind alle schon Betriebssysteme auf 32-Bit-Basis. 32 Bit entsprechen 4 Byte. Somit erstreckt sich der Zahlenraum auf 32-Bit-Systemen von –2.147.483.648 bis +2.147.483.647. Genau deswegen spreche ich in der Überschrift auch von einer »Standardgröße von 2 Byte«, die sich eben noch auf 16-Bit-Systeme bezieht.

Was bedeutet dies aber? Ein `int` hat laut Standard die natürliche Größe, die von der *Ausführumgebung* vorgeschlagen wird, und ist meistens genau so breit, wie es das Betriebssystem mit der »Wortbreite« des Prozessors vorgibt. Das wären z. B. auf einer PDP10-Maschine 36 Bit, auf einem Pentium 4 32 Bit und auf einem beliebigen 64-Bit-Prozessor-System 64 Bit.

Tabelle 5.1 gibt einen kurzen Überblick über den Datentyp `int` und seinen möglichen Wertebereich auf den verschiedenen Systemen.

System	Name	Größe	Wertebereich	Formatzeichen
ANSI C	`int`	2 Byte	–32.768 +32.767	%d oder %i
IBM PC MS-DOS und Windows 3.1	`int`	2 Byte	–32.768 +32.767	%d oder %i
Macintosh Metrowerks CW	`int`	4 Byte	–2.147.483.648 +2.147.483.647	%d oder %i
Windows 7/811/12	`int`	4Byte	–2.147.483.648 +2.147.483.647	%d oder %i
Linux	`int`	4 Byte	–2.147.483.648 +2.147.483.647	%d oder %i

Tabelle 5.1 Der Datentyp »int« auf verschiedenen Plattformen

[»]

Hinweis zu 64-Bit-Architekturen

Sicherlich stellen Sie sich jetzt die Frage: »Was ist dann mit der neuen 64-Bit-Architektur?« Theoretisch hätte hier ein `int` ja eine Wortbreite von 64 Bit. Auch die Zeiger (siehe Kapitel 13) hängen entscheidend von der Wortbreite ab. Daher hat man beim Übergang von der 32-Bit- zur 64-Bit-Architektur Zeiger und den Typ `long` auf 64 Bit verbreitert und `int` weiterhin auf 32 Bit belassen. Dies wird auch mit *LP64* abgekürzt. Eine Ausnahme stellt der Raspberry Pi dar, den es als 32- und 64-Bit-Variante gibt. Hier ist aus Kompatibilitätsgründen nur `long long int` 64 Bit breit.

Allerdings werden sich die Dinge wahrscheinlich mit dem neuen C23-Standard ändern, denn dort werden voraussichtlich (Mitte 2023) die Datentypen `long long int` (64 Bit), `int_64`/`uint_64` (64 Bit), `int_128`/`uint_128` (128 Bit), `long double` (80 Bit) und `long long double` (128 Bit) zu den Standard-Datentypen hinzugefügt. Der Datentyp `int` wäre dann wieder 32 Bit breit, und wenn Sie mehr Bits verwenden wollen, müssen Sie einen der neuen Datentypen benutzen.

Wenn Sie prüfen wollen, welchen Wertebereich der Datentyp `int` auf Ihrem System hat, so können Sie ihn mit folgendem Listing herausfinden:

```
/* sizeof_int.c */
#include<stdio.h>
#include<limits.h>    /* INT_MIN und INT_MAX */

int main(void) {
   printf("int Größe : %d Byte\n", sizeof( int ) );
   printf("Wertebereich von %d bis %d\n", INT_MIN, INT_MAX);
   return 0;
}
```

Die Konstanten `INT_MIN` und `INT_MAX` sind in der Headerdatei *<limits.h>* mit den Werten deklariert, die der Datentyp `int` auf Ihrem System besitzt. Dies wird auch bei C23 noch der Fall sein.

5.9.2 Verwendung des Datentyps »int«

Im nächsten Beispiel wird die Verwendung des Datentyps `int` erläutert. Wie Sie Datentypen in der Praxis verwenden, also deklarieren und mit Werten initialisieren können, soll ab jetzt grundsätzlich anhand des Datentyps `int` erläutert werden. Für andere Datentypen, die noch behandelt werden, gelten die gleichen Regeln. Sehen wir uns dazu ein Listing an:

```
/* deklarationen.c */
#include<stdio.h>

int main(void) {
   int a;    // Deklaration
   int b;
   int c;
   a = 5;    // Initialisieren
   b = 100;
   c = 12345;
   printf("Wert von int a=%d ,b=%d, c=%d\n", a, b, c);
   return 0;
}
```

Hier werden drei `int`-Variablen mit den Bezeichnern `a`, `b` und `c` deklariert. Die Auswahl der Bezeichner bleibt dabei Ihnen überlassen. In kleinen Programmbeispielen ist die Verwendung sogenannter sprechender Namen für Bezeichner nicht unbedingt erforderlich. Dennoch ist es viel besser, aussagekräftige Namen (z. B. `ZufallsZahl` statt einfach nur `z`) zu verwenden. Für Zählvariablen verwendet man dagegen oft nur `i`, `j`, `k`, `l` ... Wenn Sie also aussagekräftige Namen verwenden, behalten Sie vor allem bei größeren Projekten den Überblick.

In dem obigen Beispiel bekommt `a` den Wert `5`, `b` den Wert `100` und `c` den Wert `12345` zugewiesen. Die Zuweisung eines Werts wird als *Initialisieren einer Variablen* bezeichnet. Den Wert einer Variablen übergibt man mit dem `=`-Operator (er wird auch *Zuweisungsoperator* genannt).

Folgende Schreibweisen sind dabei erlaubt:

```
int wert  = 5;                 // wert=5
int wert1 = 10, wert2 = 20;    // wert1=10 ,wert2=20

// wert1=nicht initialisiert, wert2=33
int wert1, wert2 = 33;

int wert1;
int wert2 = wert1 = 10;        // wert1=10, wert2=10
```

Jetzt folgt die Beschreibung der Ausgabe mit `printf()` (siehe Abbildung 5.1).

Sicherlich ist Ihnen im vorletzten Beispiel `%d` im Formatstring aufgefallen. Das Prozentzeichen ist ein Formatzeichen, das bei der Ausgabe durch `printf()` ausgewertet wird. Im Beispiel ist es das `d` (für dezimal). Sie können auch das Formatzeichen `%i` anstelle von `%d` benutzen. Für einige Beispiele ist das leichter zu verstehen, da das `%i` für Integer steht. Mit `%d` bzw. `%i` wird also eine Ganzzahl (`int`) ausgegeben.

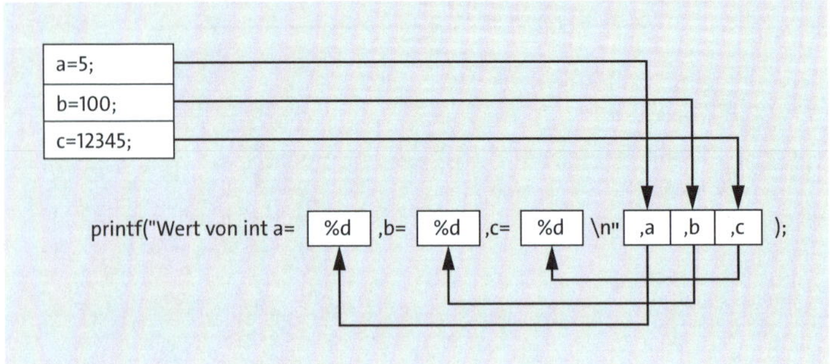

Abbildung 5.1 Der Ablauf der Funktion »printf()«

Hinter dem Ende der Anführungszeichen befindet sich jetzt der Variablenname a. Damit wird der Wert von int a an der Position ausgegeben, an der sich das Formatzeichen %d befindet. Das Gleiche geschieht mit den anderen beiden int-Werten für b und c.

Die Initialisierung dieser Werte können Sie aber auch anders bewerkstelligen:

```
/* initialisierungen.c */
#include<stdio.h>

int main(void) {
   int a=5;
   int b=100, c=12345;
   printf("Wert von int a=%d ,b=%d, c=%d\n", a, b, c);
   return 0;
}
```

Wie Sie sehen, kann die Wertzuweisung schon während der Deklaration erfolgen. Es können auch alle Werte auf einmal zugewiesen werden, wie es bei int b und int c geschehen ist. Die Werte müssen mit einem Komma getrennt werden.

Wenn eine Variable nicht mit einem Wert initialisiert wurde und Sie sie dennoch ausgeben, ist die Ausgabe des Werts undefiniert. Das heißt, es ist nicht vorhersehbar, welcher Wert ausgegeben wird.

Erlaubte Bezeichner

Im Folgenden gehe ich nochmals detaillierter auf die erlaubten Bezeichner ein. Mit dem Begriff *Bezeichner* werden Namen für Variablen, Funktionen, Datentypen und Makros zusammengefasst. Damit Sie bei der Namensvergabe von Variablen oder (später) Funktionen keine Probleme bekommen, müssen Sie bei deren Angabe folgende Regeln beachten:

- Ein Bezeichner darf aus einer Folge von Buchstaben, Dezimalziffern und Unterstrichen bestehen. Einige Beispiele:

  var8, _var, _666, var_fuer_100tmp, VAR, Var

- C unterscheidet zwischen Groß- und Kleinbuchstaben.

  `Var, VAr, VAR, vAR, vaR, var`

  Hierbei handelt es sich jeweils um verschiedene Bezeichner.
- Das erste Zeichen darf keine Dezimalzahl sein.
- Die Länge des Bezeichners ist beliebig. Nach ANSI-C-Standard sind aber nur die ersten 31 Zeichen von Bedeutung. Allerdings können viele Compiler auch zwischen mehr Zeichen unterscheiden. Dies können Sie auch manchmal einstellen und z. B. auf Mikrocontrollern Speicherplatz einsparen, indem Sie weniger Zeichen in Variablennamen verwenden.

Die reservierten Schlüsselwörter in C dürfen logischerweise auch nicht als Bezeichner verwendet werden. Folgende Schlüsselwörter sind in C reserviert:

```
auto break case char complex  const continue default
do double else enum extern float for goto
if imaginary inline  int long register restrict  return
short signed sizeof static struct switch typedef
union unsigned void volatile while
```

Die Schlüsselwörter, die hier nicht fett dargestellt wurden, sind erst bei den neueren Compilern vorhanden.

5.9.3 Der Datentyp »long«, Standardgröße 4 Byte

Der Datentyp `long` entspricht, wie auch der Datentyp `int`, einer Ganzzahlvariablen. Bei 16-Bit-Systemen hat dieser Typ einen größeren Zahlenbereich und verbraucht somit auch mehr Speicherplatz als der Datentyp `int`. Tabelle 5.2 ermöglicht Ihnen einen Vergleich mit dem Datentyp `int` auf einem 16-Bit-System.

Name	Größe	Wertebereich	Formatzeichen
`int`	2 Byte	–32.768 +32.767	`%d` oder `%i`
`long`	4 Byte	–2.147.483.648 +2.147.483.647	`%ld` oder `%li`

Tabelle 5.2 Der Datentyp »long« im Vergleich mit »int« (auf 16-Bit-Systemen)

Den Datentyp `long` können Sie benutzen, wenn Berechnungen mit größeren Zahlen durchführt werden. Das Formatzeichen ist `%ld` oder `%li`, von *long decimal* bzw. *long integer*. `long` ist also nichts anderes als ein größeres `int`, und genauso kann es auch benutzt werden. Mit dem Datentyp `long` kann der Datentyp `int` auf 16-Bit-Systemen modifiziert werden, sodass der Wertebereich von `int` vergrößert wird:

```
long int a;
```

Jetzt stellt sich die Frage, welche Daseinsberechtigung der Datentyp long dann eigentlich noch auf 32-Bit-Systemen hat. long hat ja auf diesen Systemen dieselbe Größe und denselben Wertebereich wie der Datentyp int.

Die Antwort könnte lauten: Es gibt ihn aus Kompatibilitätsgründen, damit alte Programme, die für 16-Bit-Rechner geschrieben wurden, auch noch auf einem 32-Bit-Rechner laufen bzw. übersetzt werden können. Das gilt auch für den umgekehrten Fall. Dies sollten Sie beachten, wenn Sie ein Programm für ein 32-Bit-System geschrieben haben und es dann auf ein 16-Bit-System portieren wollen. In diesem Fall ist es empfehlenswert, den Datentyp long zu verwenden. Sollte bei einem Programm auf dem 16-Bit-Rechner eine Zahl wie 1.000.000 vorkommen und wurde der Datentyp int verwendet, wird das Programm mit falschen Werten rechnen und möglicherweise völlig unvorhergesehene Reaktionen zeigen. Das heißt: Programme, die portabel sein sollen, verwenden am besten immer die lange Variante einer Ganzzahl, und zur Not muss dann der entsprechende C-Compiler die korrekte Anzahl Bytes reservieren.

[»]

Hinweis: long auf 64-Bit-Systemen

Wie bereits zuvor beim Datentyp int erwähnt wurde, hat long bei der 64-Bit-Architektur auch tatsächlich 64 Bit, während man den Datentyp int vorerst weiterhin auf 32 Bit belassen hat. Den Wertebereich eines long auf einem 64-Bit-System entnehmen Sie bitte dem nächsten Abschnitt, »Der Datentyp ›long long‹«.

5.9.4 Der Datentyp »long long«, Standardgröße 8 Byte

Neu mit dem C99-Standard eingeführt wurde der erweiterte long-Datentyp. long long ist ein 64 Bit (8 Byte) breiter Datentyp, der einen Wertebereich von –9.223.372.036.854.755.808 bis +9.223.372.036.854.755.807 darstellen kann (siehe Tabelle 5.3).

Name	Größe	Wertebereich	Formatzeichen
unsigned long long	8 Byte	0 ... 18.446.744.073.709.551.615	%llu
long long	8 Byte	–9.223.372.036.854.755.808 +9.223.372.036.854.755.807	%lld oder %lli

Tabelle 5.3 Der Datentyp »long long« und sein »unsigned«-Gegenstück

5.9.5 Der Datentyp »short«, Größe 2 Byte

Nach der Betrachtung der Typen int und long stellt sich die Frage: Was ist, wenn Sie gar keine so große Ganzzahl benötigen und wirklich nur 16 Bit (also 2 Byte) benutzen wollen? Beziehungsweise, was ist, wenn das Programm nicht so viel Speicherplatz verbrauchen darf, weil es z. B. auf einem Arduino Uno läuft, der nur 32 kB Hauptspeicher besitzt? In diesem Fall wäre es doch wünschenswert, explizit Speicher sparen zu können? Und genau dies geht, denn dafür gibt es den Datentyp `short`, der genauso verwendet wird wie schon `int` und `long`. Tabelle 5.4 zeigt die Angaben zu `short`.

Name	Größe	Wertebereich	Formatzeichen
`short`	2 Byte	–32.768 +32.767	`%d` oder `%i`

Tabelle 5.4 Der Datentyp »short«

[!]

Achtung

Wollen Sie Programme schreiben, die auf 16-Bit- und 32-Bit-Systemen richtig laufen sollen, verwenden Sie für Ganzzahltypen die Typen `long` und `short` und verzichten Sie dabei ganz auf den Datentyp `int`, da dieser, wie oben gezeigt wurde, unterschiedliche Zahlenräume auf verschiedenen Systemen abdeckt. C erlaubt es, das »int« wegzulassen und setzt dann die entsprechende »Wortbreite« automatisch ein.

[«]

Hinweis

Um das gleich richtigzustellen: Die korrekten Typnamen heißen eigentlich `short int`, `long int` und `long long int`. In der Praxis wird üblicherweise `short`, `long` und `long long` verwendet, aber nicht immer.

5.10 Ganzzahlige Typen mit vorgegebener Breite – <stdint.h>

Ab dem C99-Standard finden sich in der Headerdatei *<stdint.h>* weitere Ganzzahldatentypen, die mit vorgegebener Breite verwendet werden. Mit *vorgegebener Breite* ist die Anzahl der Bits zur Darstellung des Werts gemeint, die dieser Typ verwenden darf. Tabelle 5.5 zeigt die Typen im Überblick.

[«]

Hinweis: C23 und <stdint.h>

Die Headerdatei *<stdint.h>* enthält noch die Datentypen `int_32`, `unit_32`, `int_64`, `uint_64`, `int_128` und `uint_128`, die ab 2023 zu den Standard-Datentypen gehören werden. Sie werden deshalb in Zukunft *<stdint.h>* nur noch selten benötigen. Wenn Sie sich nicht sicher sind, dann binden Sie *<stdint.h>* einfach ein, denn das Schlimmste, was Ihnen an dieser Stelle passieren kann, ist einfach, dass es *<stdint.h>* nach einem Update plötzlich nicht mehr gibt. Dann können Sie den Fehler einfach beheben, indem Sie `#include <stdint.h>` entfernen.

Typ	Bedeutung
intN_t uintN_t	Ein int-Wert mit einer Breite von *exakt* N Bit. Dieser Typ ist optional und wird nicht vom C99-Standard gefordert. Damit wäre es beispielsweise möglich, eigene erweiterte Ganzzahltypen wie beispielsweise int22_t oder uint34_t zu definieren und zu verwenden.
int_leastN_t uint_leastN_t	ein int-Wert mit einer Breite von *mindestens* N Bit (erlaubte Werte für N: 8, 16, 32, 64)
int_fastN_t uint_fastN_t	der schnellste int-Typ mit mindestens einer Breite von N Bit (erlaubte Werte für N: 8, 16, 32, 64)
intmax_t uintmax_t	größtmöglicher ganzzahliger Typ (Sein Wert ist in der Konstante INT64_MAX bzw. UINT64_MAX deklariert.)
intptr_t uintptr_t	maximale Breite, um den Wert eines Zeigers zu speichern

Tabelle 5.5 Neue ganzzahlige Typen vorgegebener Breite

Typen, die mit u (*unsigned*) beginnen, sind vorzeichenlos. Von den in der Tabelle aufgelisteten Typen wiederum werden ab dem C99-Standard nur int_leastN_t, int_fastN_t und intmax_t und deren unsigned-Gegenstücke gefordert. Die anderen beiden Typen sind optional und müssen zumindest vor C23 nicht implementiert sein. Die maximalen und minimalen Limits dieser Ganzzahltypen sind ebenfalls in der Headerdatei *<stdint.h>* deklariert. Bei den Namen der Limits brauchen Sie nur den Typnamen großzuschreiben und das Suffix _t gegen _MIN bzw. _MAX auszutauschen. So lautet beispielsweise der Makroname für den minimalen bzw. maximalen int_least32_t-Wert INT_LEAST32_MIN bzw. INT_LEAST32_MAX. Betrachten wir ein einfaches Listing als Beispiel:

```
/* stdint.c */
#include<stdio.h>
#include<stdlib.h>
#include<stdint.h>

int main(void) {
   int_least8_t i8;
   int_least32_t i32;
   int_least64_t i64;
   // beispielsweise Linux: -128 und 127
   printf("int_least8_t/Max. : %d; Min : %d\n",
```

```
       INT_LEAST8_MAX, INT_LEAST8_MIN );
   // beispielsweise Linux: -2147483648 und 2147483647
   printf("int_least32_t/Max.: %d; Min : %d\n",
      INT_LEAST32_MAX, INT_LEAST32_MIN );
   // beispielsweise Linux: -9223372036854775808 und
   // 9223372036854775807
   printf("int_least64_t/Max.: %lld; Min: %lld\n",
      INT_LEAST64_MAX, INT_LEAST64_MIN );
   return 0;
}
```

Listing 5.1 »stdint.c« gibt die Bereichsgrenzen einiger wichtiger Integer-Datentypen aus.

Hinweis für ältere Compiler

Um diese Typen verwenden zu können, muss Ihr Compiler dem C99-Standard entsprechen. Probleme gibt es z. B. bei Borland C++ unter Version 6.0.

Hinweis

Spezielle Konvertierungspezifizierer, die im Formatstring von `printf()` bzw. `scanf()` verwendet werden, gibt es in *<stdint.h>* nicht. Aber in der Headerdatei *<inttypes.h>* sind für Makros spezielle Stringliterale definiert.

Im Grunde sind diese erweiterten Typen in der Headerdatei *<stdint.h>* nur Synonyme für Standardtypen. So sind dort z. B. folgende Zeilen enthalten:

```
// ...
typedef signed char   int_least8_t;
typedef short int     int_least16_t;
typedef int           int_least32_t;
// ...
```

Abhängig von der Wortgröße ist dann beispielsweise `int_least64_t` als `long int` oder `long long int` implementiert.

5.10.1 <inttypes.h> (ab C99)

Auch der Header *<inttypes.h>* inkludiert die Headerdatei *<stdint.h>* und verwendet die ganzzahligen Datentypen mit einer bestimmten Breite – ganz besonders die Typen `intmax_t` und `uintmax_t`, womit die größtmöglichen Typen dargestellt werden.

Neben einigen Funktionen enthält diese Headerdatei auch Makros, die als Konvertierungsspezifizierer im Formatstring von `printf()` und `scanf()` verwendet werden können. Für jeden in *<stdint.h>* definierten Typ bestimmter Breite gibt es ein entsprechendes Makro mit dem Präfix `PRI` (für `printf()`) oder `SCN` (für `scanf()`), gefolgt vom Konvertierungspezifizierer `d`, `i`, `o` oder `x` und dem Typnamen. Im Falle von beispielsweise `int_least8_t` sehen die Konvertierungsspezifizierer für `printf()` und `scanf()` wie folgt aus:

```
SCNdLEAST8   // für scanf()
PRIdLEAST8   // für printf()
```

Oder für den Typ `int_fast32_t`:

```
SCNdFAST32   // für scanf()
PRIdFAST32   // für printf()
```

In der Praxis sieht die Verwendung der Konvertierungsspezifizierer für Typen einer bestimmten Breite, die in der Headerdatei *<inttypes.h>* als Makro definiert sind, so wie in Listing 5.2 aus:

```
/* inttypes.c */
#include<stdio.h>
#include<stdlib.h>
#include<stdint.h>
#include<inttypes.h>

int main(void) {
   int_least8_t i8;
   int_least32_t i32;

   printf("Wert für int_least8_t eingeben : ");
   scanf("%" SCNdLEAST8 , &i8 );
   printf("Wert für int_least32_t eingeben: ");
   scanf("%" SCNdLEAST32 , &i32 );

   printf("i8  : " "%10" PRIdLEAST8 "\n", i8 );
   printf("i32 : " "%10" PRIdLEAST32 "\n", i32 );

   return 0;
}
```

Listing 5.2 »inttypes.c« demonstriert einige Konvertierungsspezifizierer in <inttypes.h>.

Die Konvertierung funktioniert mit einer Verkettung der Stringliterale `"%"` und dem entsprechenden Konvertierungsspezifizierer.

5.11 Die Gleitpunkttypen »float« und »double«

Jetzt kommen wir zu den Gleitpunkttypen (*floating point*). Sie ermöglichen genauere Berechnungen mit Nachkommastellen. Beim Datentyp `float` kann die Bitbreite nicht beeinflusst werden, wohl aber beim Datentyp `double`. Tabelle 5.6 bietet zuerst eine kleine Übersicht.

Name	Größe	Wertebereich	Genauigkeit	Formatzeichen
`float`	4 Byte	1.2E–38 3.4E+38	6-stellig	`%f`
`double`	8 Byte	2.3E–308 1.7E+308	15-stellig	`%lf`
`long double`	10 Byte	3.4E–4932 1.1E+4932	19-stellig	`%Lf`
`long long double`	16 Byte	je nach Prozessor	je nach Prozessor	`%LLf`

Tabelle 5.6 Datentypen zur Darstellung von Gleitpunktzahlen

Beachten Sie, dass die Größenangaben und Wertebereiche dieser Typen komplett implementierungsabhängig sind. Es ist lediglich gewährleistet, dass bei `float`, `double`, `long double` und `long long double` (von links nach rechts) jeder Typ den Wert des vorherigen aufnehmen kann. Beachten Sie aber, dass der Typ `long long double` (128-Bit-Fließkommazahl), der vor allem auf Grafikprozessoren für Spielekonsolen benutzt wird, Probleme machen kann. Beispielsweise kann die Größe der Mantisse und des Exponenten variiert werden, was leider eventuell zu Inkompatibilitäten bei der Wandlung beispielsweise von `double` in `long long double` führt. Die Entwickler des C23-Standards haben sich bisher nicht dazu geäußert, wie sie das Problem mit dem Typ `long long double` lösen wollen und ob sie `long long double` überhaupt zu den Standard-Datentypen zählen wollen. Da Sie aber wahrscheinlich in absehbarer Zeit keine 3D-Spiele für Konsolen programmieren wollen, werden Sie wahrscheinlich mit dem Datentyp `long long double` erst einmal nicht in Berührung kommen.

Angewendet werden die Gleitkomma-Datentypen genauso wie `int` und alle anderen Datentypen, die Sie bereits kennen.

Natürlich fehlt noch eine kurze Erklärung, warum es Gleit*punkt*typ und nicht Gleit*komma*typ heißt. Dies liegt daran, dass die Programmiersprache C in den USA entwickelt wurde. Und dort wird anstatt eines Kommas, das den gebrochenen Anteil abtrennt, ein Punkt verwendet (man spricht dort von *floating point variables*):

```
float a=1,5;    /* FALSCH  */
float b=1.5;    /* RICHTIG */
```

Das Komma verwenden die US-Amerikaner wiederum so wie Europäer den Punkt bei größeren Zahlen, um die Dezimalstellen hervorzuheben. Das folgende Beispiel schreiben wir (Europäer) so:

```
1.234.567
```

Und die US-Amerikaner schreiben dies wiederum so:

```
1,234,567
```

Dazu ein Beispiel. Mit Listing 5.3 wird ein Programm geschrieben, das die Fläche eines Rechtecks berechnet.

```
/* rechteck.c */
#include<stdio.h>

int main(void) {
   /* Deklaration */
   float flaeche, l, b; // Keine Umlaute in Variablennamen!

   printf("Berechnung der Fläche eines Rechtecks\n");
   /* Werte einlesen */
   printf("Länge des Rechtecks: ");
   scanf("%f",&l);
   printf("Breite des Rechtecks: ");
   scanf("%f",&b);
   /* Fläche berechnen */
   flaeche = l * b;
   printf("Fläche des Rechtecks betraegt : %f\n",flaeche);
   return 0;
}
```

Listing 5.3 »rechteck.c« berechnet die Fläche eines Rechtecks mit »float«-Variablen.

Bei diesem Listing wird der Anwender nach der Länge und der Breite einer rechteckigen Fläche gefragt. Diese Gleitpunktzahl wird mithilfe von `scanf()` eingelesen und an die Adressen der Variablen `l` und `b` übergeben. (Sie erinnern sich, dass man hier den Adressoperator benutzt?) Anschließend wird dieser Wert zur Berechnung verwendet. Das Ergebnis wird am Schluss des Programms auf dem Bildschirm ausgegeben.

Beachten Sie im Zusammenhang mit Gleitpunktzahlen auch Folgendes: Wenn Sie zwei verschiedene Variablen (z. B. `int` und `float`) miteinander durch Operatoren verknüpfen, erhalten Sie das Ergebnis vom genaueren Datentyp dieser beiden Variablen zurück. Ein Beispiel:

```
/* division.c */
#include<stdio.h>

int main(void) {
   float f = 5.0;
   int i = 2;
   printf("%f\n",f/i); // Ergebnis = 2.500000
   return 0;
}
```

Die Ausgabe des Programms ist `2.500000`, weil der genauere der beiden Datentypen vom Typ `float` ist.

5.11.1 Gleitpunkttypen im Detail

Bei Gleitpunkttypen wird auch von *Zahlen mit gebrochenem Anteil* (reellen Zahlen) gesprochen. Der C-Standard schreibt nicht vor, wie die interne Darstellung von reellen Gleitpunktzahlen erfolgen muss. Dies hängt von den Entwicklern der Compiler ab. Meistens wird aber der IEEE-Standard 754 verwendet (IEEE – *Institute of Electrical and Electronics Engineers*). Gleitpunktzahlen nach IEEE 754 wurden zum ersten Mal auf dem Amiga 500 auf Heimcomputern eingeführt (mit der Bibliothek *mathieeedoubbas*) und sind seitdem dort Standard. Moderne Heimcomputer haben hierfür inzwischen auch spezielle Prozessoren, sogenannte *FPUs* (Floating Point Units). In der Regel kann es dem Programmierer egal sein, wie Gleitpunktzahlen auf seinem System dargestellt werden. Trotzdem folgt für den interessierten Programmierer eine kurze Erklärung der internen Darstellung von Gleitpunktzahlen, ohne dass wir uns zu sehr in den Details verlieren wollen.

Gleitpunktzahlen werden halb logarithmisch dargestellt. Das heißt, die Darstellung einer reellen Gleitpunktzahl basiert auf einer Zerlegung in ein Vorzeichen, eine Mantisse und einen Exponenten zur Basis 2. Für echte Mathematiker sei gesagt, dass der Begriff *Mantisse* hier nichts mit einer Mantisse eines Logarithmus gemeinsam hat.

Die Genauigkeit nach dem Komma der Gleitpunktzahl hängt von der Anzahl der Bits ab, die der entsprechende reelle Datentyp in seiner Mantisse speichern kann. Der Wertebereich hingegen wird durch die Anzahl der Bits für den Exponenten festgelegt.

In den folgenden Abschnitten erläutere ich die Speicherbelegungen der einzelnen reellen Gleitpunktzahlen im IEEE-Format.

5.11.2 »float« im Detail

`float` ist eine 32-Bit-Zahl. Diese 32 Bit teilen sich so auf, wie Sie es in Abbildung 5.2 sehen:

- *Vorzeichen-(Vz-)Bit* (1 Bit): In Bit 31 wird das Vorzeichen der Zahl gespeichert. Ist dieses 0, dann ist die Zahl positiv; bei 1 ist sie negativ.
- *Exponent* (8 Bit): In Bit 23 bis 30 wird der Exponent mit einer Verschiebung (*Bias*) der Zahl gespeichert. (Der Bias bei `float` ist 127.)
- *Mantisse* (23 Bit): In Bit 0 bis 22 wird der Bruchteil der Mantisse gespeichert. Das erste Bit der Mantisse ist immer 1 und wird nicht gespeichert.

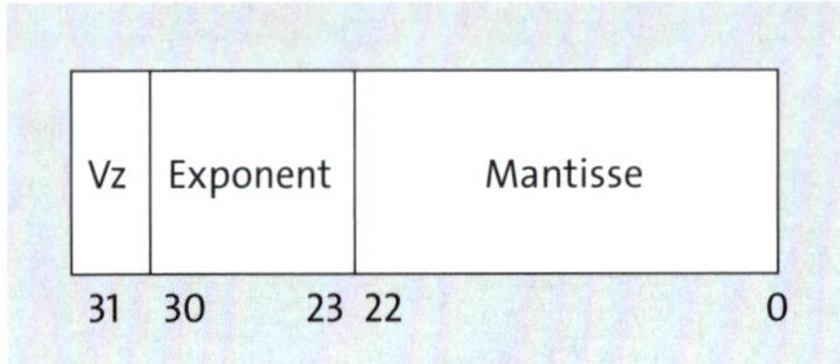

Abbildung 5.2 »float« im Detail

5.11.3 »double« im Detail

Beim Datentyp `double` ist es ähnlich wie bei `float`. `double` ist eine 64-Bit-Zahl mit doppelter Genauigkeit. `double` ist so wie in Abbildung 5.3 aufgeteilt:

- *Vorzeichen-Bit* (1 Bit): In Bit 63 wird das Vorzeichen der Zahl gespeichert. Ist dieses 0, dann ist die Zahl positiv; bei 1 ist sie negativ.
- *Exponent* (11 Bit): In Bit 52 bis 62 wird der Exponent mit einer Verschiebung (*Bias*) der Zahl gespeichert. (Der Bias bei `double` ist 1023.)
- *Mantisse* (52 Bit): In Bit 0 bis 51 wird der Bruchteil der Mantisse gespeichert. Das erste Bit der Mantisse ist immer 1 und wird nicht gespeichert.

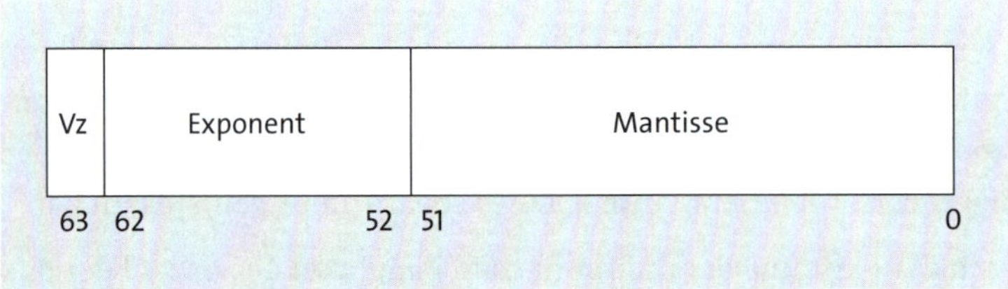

Abbildung 5.3 »double« im Detail

5.11.4 »long double«

Wird dem Datentyp `double` das Schlüsselwort `long` vorangestellt, erhalten Sie eine 80-Bit-Zahl mit einer noch höheren Genauigkeit.

Wenn Sie den Typ `long double` mit dem `sizeof`-Operator auf seine Speichergröße in Byte überprüft haben, dürften Sie sicherlich verwundert sein, dass er auf 32-Bit-Systemen 12 Byte beansprucht. Auf einem 32-Bit-System werden dazu einfach zwei Füllbytes angefügt. Auf 16-Bit-Systemen beansprucht `long double` weiterhin 10 Byte Speicher. Auf einer HP-UX-Maschine hingegen benötigt `long double` sogar 16 Byte an Speicher. Dabei werden aber alle 128 Bit genutzt, und somit lässt sich eine Genauigkeit von 33 Stellen anzeigen.

5.11.5 long long double

Wird dem Datentyp `long long double` vorangestellt, erhalten Sie eine 128-Bit-Zahl mit einer supergroßen Genauigkeit (es wird in der Tat manchmal von *Super Size Floats* gesprochen).

Wenn Sie den Typ `long long double` mit dem `sizeof`-Operator auf seine Speichergröße in Byte überprüft haben, dürften Sie sicherlich verwundert sein, dass er nun stets 16 Byte beansprucht (falls es ihn gibt). Das liegt daran, dass sämtliche modernen 3D-Grafikprozessoren mit 128 Bit arbeiten und deshalb der Datentyp `long long double` genau hierfür benutzt wird. Leider ist die Größe der Mantisse und des Exponenten sowohl vom Hersteller also auch von der Grafik-Engine abhängig, die auf dem jeweiligen Grafikprozessor läuft.

Internes

Falls Sie jetzt denken, mit `long double` erhielten Sie eine größere Genauigkeit, kann der Schein trügen. Intern (in der FPU) werden sowieso alle Werte, ob `float` oder `double`, erst nach `long double` konvertiert – und dann entsprechend zurück. Daher sollten Sie sich erst noch zwei Fälle durch den Kopf gehen lassen:

- Fall 1: Man braucht wirklich nie eine so hohe Genauigkeit wie `long double`; es reicht `double` aus.
- Fall 2: Man braucht viel Genauigkeit. In diesem Fall bietet sich eher die Benutzung von speziellen Bibliotheken an, die extra dafür konzipiert worden sind und Genauigkeit bis ins Unendliche erlauben (z. B. bei Perl, *Math::BigInt/BigFloat* oder bei C die GMP-Bibliothek).

5.11.6 Einiges zu n-stelliger Genauigkeit

Eine Fließkommazahl mit 6-stelliger Genauigkeit wie `float` kann sechs Dezimalstellen nicht immer korrekt unterscheiden. Wenn beispielsweise die Zahl vor dem Komma (z. B. 1234,1234) bereits vier Stellen besitzt, so kann sie nach dem Komma nur noch zwei Stellen unterscheiden. Somit wären die Gleitpunktzahlen 1234,12345 und 1234,123999 als `float`-Zahlen für den Computer nicht voneinander zu unterscheiden. Mit 6-stelliger Genauigkeit sind die signifikanten Stellen von links nach rechts gemeint. Der Typ `float` ist also ungeeignet für kaufmännische und genaue wissenschaftliche Berechnungen. Betrachten wir dazu folgendes Beispiel:

```
/* floats.c */
#include <stdio.h>

int main(void) {
   float x=1.1234;
   float dollar=100000.12;
   float end_float;

   double y=1.1234;
   double DOLLAR=100000.12;
   double end_double;

   printf("%f Euro mit float\n",end_float=dollar*x);
   printf("%f Euro mit double\n",end_double=DOLLAR*y);
   return 0;
}
```

Es werden zwei verschiedene Ergebnisse zurückgegeben (Abbildung 5.4). Die Differenz mag minimal sein, doch bei Börsenberechnungen könnte eine solche Ungenauigkeit durchaus Millionen von Euro kosten. Genau deshalb verwenden Finanzprogramme auch oft nur Ganzzahlen oder aber spezielle Bibliotheken.

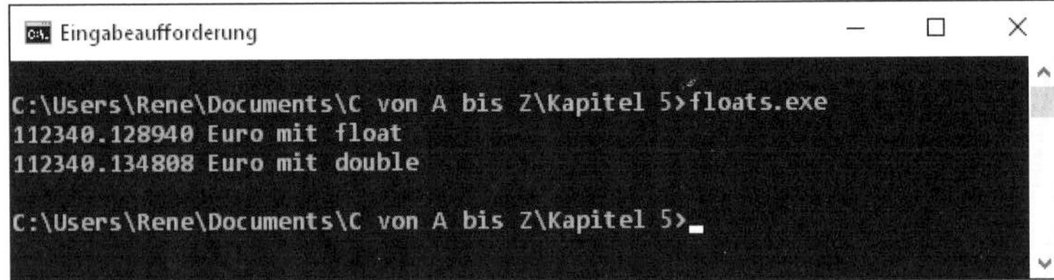

Abbildung 5.4 Darstellung von Fließkommazahlen mit »double« und »float«

`float` wird nach sechs Dezimalstellen ungenau. Mit `double` haben Sie dagegen die Möglichkeit, eine auf 15 Stellen genaue Zahl zu erhalten, und mit `long double` können Sie eine 19-stellige Zahl noch korrekt darstellen.

Was ist aber zu tun, wenn auch diese Genauigkeit nicht ausreichen sollte? In diesem Fall müssen Sie sich nach sogenannten Festkomma-Algorithmen umsehen. Denn Festkomma-Darstellungen wie die BCD-Arithmetik gibt es in C nicht standardmäßig.

BCD-Arithmetik

BCD steht für *Binary Coded Decimals* und bedeutet, dass die Zahlen nicht binär, sondern als Zeichen gespeichert werden. Beispielsweise wird der Wert 56 nicht wie gewöhnlich als Bitfolge 00111000 gespeichert, sondern als die Werte der Ziffern im jeweiligen Zeichensatz. In unserem Fall wäre das der ASCII-Code-Zeichensatz (wobei es auch BCD-Kodierungen gibt, die der Ziffer 0 wirklich den Wert 0 zuordnen). Dabei hat also das Zeichen »5« den Wert 53 und das Zeichen »6« den Wert 54. Somit ergibt sich dadurch folgende Bitstellung: 00110101 (53) 00110110 (54). Damit benötigt der Wert 53 allerdings 16 anstatt der möglichen 8 Bit. Für die Zahl 12.345 hingegen benötigen Sie schon 40 Bit. Es wird zwar erheblich mehr Speicherplatz verwendet, doch wenn Sie nur die Grundrechenarten für eine Ziffer implementieren, können Sie mit dieser Methode im Prinzip unendlich lange Zahlen bearbeiten. Es gibt keinen Genauigkeitsverlust. Natürlich ist BCD nichts Neues: Schon der 6510-Prozessor des C64 beherrschte diese Rechenmethode.

[«]

Hinweis zum letzten Beispiel

Bei dem Listing oben wurde bei der formatierten Ausgabe für den Datentyp `double` `%f` verwendet, was übrigens bei der Ausgabe mit `printf()` nicht falsch ist. Verwenden Sie hingegen `scanf()`, kommt es zu Problemen. `scanf()` benötigt für `double` nämlich `%lf`. Dies liegt daran, dass Argumente in variablen Argumentlisten in C der *Default Promotion* unterliegen. Das heißt in diesem Fall, dass der Compiler versucht, einen Ausdruck vom Typ `float` in einen Ausdruck vom Typ `double` zu konvertieren.

5.11.7 Numerische Gleitpunktprobleme

Vorsicht ist geboten vor Ungenauigkeiten durch die binäre Darstellung von Gleitpunktzahlen. Reelle Zahlen können im Gleitpunktformat nicht immer exakt dargestellt werden. Das liegt daran, dass die Gleitpunktsemantik so implementiert ist, wie der Prozessor sie verlangt. Würde man dafür eine extra Funktion für den Compiler schreiben, wäre die Berechnungsdauer systemabhängig. Würde die Berechnung beispielsweise bei einem Pentium-Prozessor optimal ablaufen, könnte sie bei einem Athlon wiederum katastrophale Laufzeiten haben. Dadurch kann es bei der Berechnung von arithmetischen Ausdrücken zu Ungenauigkeiten kommen (wie weiter oben schon gezeigt wurde).

[!]

Achtung

Zahlen im Gleitpunktformat sollten nie auf Gleichheit überprüft werden!

Folgendes Programm wird in eine Endlosschleife laufen, da die Zahl `0.1` nie exakt dargestellt werden kann:

```
/* endlosschleife.c */
#include<stdio.h>

int main(void) {
```

```
    float i=0.0;
    for (i=0.0; i != 1.0; i += 0.1)
        printf("%f",i);
    return 0;
}
```

Sicherer ist es, wenn Sie dieses Beispiel abwandeln:

```
/* sicherer_vergleich.c */
#include<stdio.h>

int main(void) {
    float i=0.0;
    for (i=0.0; i < 0.9999 || i > 1.0001; i += 0.1)
        printf("%f",i);
    return 0;
}
```

[»]

Hinweis

Für Vergleiche von reellen Gleitpunktzahlen stehen auch Makros zur Verfügung. Mehr dazu können Sie in Abschnitt 21.3.6, »Makro zum Vergleichen von reellen Zahlen«, nachlesen.

[»]

Hinweis

Für den Fall, dass Sie sich näher mit der Gleitpunktdarstellung auf verschiedenen Systemen auseinandersetzen wollen (oder müssen), ist hier ein Link dazu: *https://de.wikipedia.org/wiki/IEEE_754*

Statt jetzt einfach zu schreiben, dass Sie sich in Acht nehmen sollen, wenn Sie Gleitpunktzahlen für Ihre Berechnungen verwenden, möchte ich Ihnen eine der Informatik angemessene Erklärung anbieten und dafür als Erstes das Gleitpunktformat beschreiben, das aus einem Vorzeichen, einem Dezimalbruch und einem Exponenten besteht:

$$+-f.fff \times 10^{+-e}$$

Zunächst finden Sie mit +– das Vorzeichen, gefolgt vom Dezimalbruch mit den vier Stellen *f.fff* und am Ende den Exponenten mit einer Stelle ($^{+-e}$). Die Zahlen werden gewöhnlich im E-Format (+–f.fffE^{+-e}) geschrieben. Zwar hat das IEEE das Gleitpunktformat standardisiert, aber leider halten sich nicht alle Computer daran. So wird beispielsweise die Zahl 1.0 wie im E-Format mit +1.000E+0 beschrieben oder –0.006321 mit –6.321E–3 und die 0.0 mit +0.000E+0.

So weit, so gut. Wenn Sie beispielsweise ${}^{2}/_{6} + {}^{2}/_{6}$ rechnen, kommen Sie wohl auf das Ergebnis ${}^{4}/_{6}$. Richtig für Sie, aber hier geht das Dilemma mit den Gleitpunktzahlen und dem Rundungsfehler schon los. ${}^{2}/_{6}$ ist im E-Format gleich +3.333E–1. Addieren Sie nun +3.333E–1 mit +3.333E–1, erhalten Sie als Ergebnis +6.666E–1 (bzw. 0.6666). Gut, aber leider falsch, denn ${}^{4}/_{6}$ sind im E-Format +6.667E–1, aber nicht wie berechnet +6.666E–1. Mit derartigen Rundungsfehlern haben viele Computer ihre Probleme.

Daher mein erster Ratschlag: Sollten Sie eine Software entwickeln, mit der Geld verwaltet wird, und wollen bzw. können Sie dabei auf keine anderen Bibliotheken bzw. BCD-Arithmetiken zurückgreifen, dann sollten Sie die Beträge niemals im Gleitpunktformat verwenden (hierzulande also niemals mit Euro und Cent wie 1,99 €). Es empfiehlt sich, zur Berechnung die Geldbeträge in Cent als Integerzahl zu verwenden, da sonst bei immer intensiveren Berechnungen Rundungsfehler gemacht werden und somit eine falsche Berechnung garantiert ist.

Man kann nicht mal ganz genau sagen, wie genau eine solche gebrochene Zahl ist, weil dies von der Art der Berechnung abhängt. Beispielsweise führen Subtraktionen mehrerer ähnlicher Zahlen zu einem ungenaueren Ergebnis.

Hinweis

Um sich also mit den Problemen der Gleitpunktzahlen auseinanderzusetzen, müssen Sie sich mit Themen wie numerischer Analyse oder BCD-Arithmetik befassen. Allerdings sind dies Themen, die weit über dieses Buch hinausgehen würden.

5.12 Komplexe Gleitpunkttypen – <complex.h>

Mit dem C99-Standard wurden auch komplexe Gleitpunkttypen eingeführt. Diese Typen sind in der Headerdatei *<complex.h>* definiert.

Hinweis für C++-Programmierer

C++-Entwickler sollten die Headerdatei *<complex.h>* nicht mit dem C++-Standard-Header `<complex>` gleichsetzen.

Eine komplexe Zahl ist eigentlich ein Vektor, also ein zweidimensionales mathematisches Gebilde, das auf zwei Achsen abgebildet wird. Die X-Achse ist hierbei der normale Zahlenstrahl, den man aus der Schule kennt. Die zusätzliche imaginäre Achse wird auf die Y-Achse abgebildet und ist laut Definition so beschaffen, dass die Wurzel aus der negativen Zahl –1 den Wert 1 auf der imaginären Y-Achse darstellt. (Man sagt hier auch, dass die Wurzel aus –1 = i ist.) Das heißt, mit komplexen Zahlen kann man negative

Wurzeln berechnen. Eine ausführliche Darstellung von komplexen Zahlen würde den Rahmen dieses Buches sprengen. Deshalb sollten Sie zu einem guten Mathematiklehrbuch greifen, wenn Sie mehr über komplexe Zahlen erfahren möchten.

Eine komplexe Zahl wird auch in C als Paar aus Real- und Imaginärteil dargestellt, die auch mit den Funktionen `creal()` und `cimag()` ausgegeben werden können. Beide Teile der komplexen Zahl bestehen entweder aus den Typen `float`, `double` oder `long double`. Daher gibt es wie auch bei den reellen Gleitpunktzahlen folgende drei komplexe Gleitpunkttypen:

```
float _Complex
double _Complex
long double _Complex
```

Da komplexe Zahlen einen Real- und einen Imaginärteil haben, beträgt die Größe des Datentyps in der Regel das Doppelte wie bei den grundlegenden Datentypen. Ein `float _Complex` benötigt somit 8 Byte, weil im Grunde zwei `float`-Elemente benötigt werden. Listing 5.4 soll das verdeutlichen:

```
/* complex.c */
#include<stdio.h>
#include<stdlib.h>
#include<complex.h>

int main(void) {
   float f1 = 1.0;
   float complex fc = 2.0 + 3.0*I;
   // 4 Byte
   printf("sizeof(float)         : %d\n", sizeof(float));
   // 8 Byte (realer und imaginärer Teil)
   printf("sizeof(float complex) : %d\n",
      sizeof(float complex));
   // Ausgabe vom Real- und Imaginärteil
   printf("%f + %fi\n", creal(fc), cimag(fc));
   return 0;
}
```

Listing 5.4 »complex.c« demonstriert das Rechnen mit komplexen Zahlen.

Um nicht die umständliche Schreibweise mit dem Unterstrich `_Complex` verwenden zu müssen, ist in der Headerdatei *<complex.h>* das Makro `complex` definiert, mit dem Sie anstelle des Schlüsselworts `_Complex` auch `complex` verwenden können:

```
float complex         // gleich wie float _Complex
double complex        // gleich wie double _Complex
long double complex   // gleich wie long double _Complex
```

Des Weiteren ist in der Headerdatei das Makro `I` definiert, das die imaginäre Einheit mit dem Typ `const float complex` darstellt.

Hierzu möchte ich eine kurze Hintergrundinformation zu komplexen Gleitpunktzahlen einschieben. Eine komplexe Zahl `zVal` wird beispielsweise folgendermaßen in einem kartesischen Koordinatensystem dargestellt:

`zVal = xVal + yVal * I`

`xVal` und `yVal` sind hierbei reelle Zahlen, und `I` ist der imaginäre Teil. Die Zahl `xVal` wird hierbei als realer Teil betrachtet, und `yVal` ist der imaginäre Teil von `zVal`.

Kartesisches Koordinatensystem

Das *kartesische Koordinatensystem* ist ein häufig verwendetes Koordinatensystem im zwei- und dreidimensionalen Raum, mit dem sich viele geometrische Sachverhalte einfacher beschreiben lassen.

Noch mehr zu den komplexen Gleitpunkttypen und ihren mathematischen Funktionen erfahren Sie in Abschnitt 21.3.

5.13 Der Datentyp »char«, Standardgröße 1 Byte

Der Datentyp `char` kann auf zwei logisch völlig unterschiedliche Arten verwendet werden. Zum einen dient er zur Darstellung von einzelnen Zeichen wie `'a'`, `'A'`, `'b'`, `'B'`, `'5'`, `'7'`, `'§'` usw. für die Tastatureingabe und Bildschirmausgabe. Zum anderen kann `char` genutzt werden, um kleine Ganzzahlen zu verarbeiten, wobei gesagt werden muss, dass dafür der Wertebereich relativ klein ist. Tabelle 5.7 liefert die Übersicht dazu.

Name	Größe	Wertebereich	Formatzeichen
`char`, `unsigned char`	1 Byte	–128 ... +127 bzw. 0 ... 255 bei `unsigned char`	`%c`

Tabelle 5.7 Der Datentyp »char«

[»]

Hinweis: Verschiedene Byte-Längen auf verschiedenen Systemen

Ein Byte besteht nicht zwangsläufig aus 8 Bit. Es gab früher auch Maschinen, die z. B. 9 Bit als kleinsten adressierbaren Block hatten. Dies war z. B. beim C64 der Fall, bei dem das Additionsübertrags-Bit (das Carry-Bit) mit zum Prozessorregister A gehörte. Bei Bit-Rotationsbefehlen (z. B. ROL und ROR) musste man dies beachten. Des Weiteren gibt es z. B. DSPs, bei denen ein Byte 32 Bit groß ist. Damit kann ein char auch von $2^{31} \ldots 2^{31-1}$ gehen. Der ANSI-C-Standard schreibt nämlich nur Folgendes vor:

»Alle Speicherobjekte in C müssen durch eine gleichmäßige Sequenz von Bytes mit mindestens 8 Bit Breite darstellbar sein. Ein char, egal ob jetzt signed oder unsigned, belegt exakt ein Byte.«

Dies kann beispielsweise bei einer 36-Bit-Maschine bedeuten, dass ein Byte mit 9, 12, 18 oder 36 Bit definiert ist, da all diese Nummern den gleichen Teiler haben und nicht weniger als 8 Bit breit sind – und somit beide Bedingungen des ANSI-C-Standards einhalten. In diesem Buch wird davon ausgegangen, dass ein Byte 8 Bit umfasst, und die »Exoten« werden bewusst ausgespart. Mehr zu einem Byte finden Sie hier: *http://www.fact-index.com/b/by/byte.html*

[»]

Hinweis: Unterschiedliche Byte-Längen für char

Wie viele Bit ein char auf Ihrem System nun hat, ist im Makro CHAR_BIT (*limits.h*) definiert. Aber egal, wie viele Bit ein char hat, ein sizeof(char) muss immer eins (ein Byte) ergeben!

An dieser Stelle will ich zum besseren Verständnis etwas weiter ausholen. Der Computer ist eigentlich dumm. Er kennt nichts anderes als die Zustände 0 für »aus« und 1 für »an«. Dies entspricht etwa einem Lichtschalter, den Sie ein- oder ausschalten können. Im Fall von char wären dies acht Lichtschalter. Sehen wir uns dazu zuerst die mögliche Größe der Datentypen an (siehe auch Abbildung 5.5):

```
Größe von char              1 Byte  =  8 Bit
Größe von short             2 Byte  = 16 Bit
Größe von int        2 oder 4 Byte  = 16 Bit oder 32 Bit
Größe von long              4 Byte  = 32 Bit
Größe von float             4 Byte  = 32 Bit
Größe von double            8 Byte  = 64 Bit
Größe von long double      10 Byte  = 80 Bit
```

Betrachten Sie den Datentyp char, der ja meistens aus acht einzelnen Bits besteht. Diese acht Bits sollen nun ein Byte darstellen, wie dies am häufigsten anzutreffen ist (siehe Abbildung 5.6).

char

short (16 Bit int)

long (32 Bit int)

float

double

long double (kann auf manchen Systemen auch 128 Bit sein)

Abbildung 5.5 Einzelne Bits der Datentypen im Überblick

1 Byte							
Bit 7	Bit 6	Bit 5	Bit 4	Bit 3	Bit 2	Bit 1	Bit 0

Abbildung 5.6 Ein Byte (Datentyp »char«)

Jedes dieser acht Bits kann einen bestimmten Wert darstellen (siehe Abbildung 5.7).

1 Byte							
Bit 7	Bit 6	Bit 5	Bit 4	Bit 3	Bit 2	Bit 1	Bit 0
128	64	32	16	8	4	2	1

Abbildung 5.7 Diese Zahlen ergeben sich durch die Potenzen von 2.

Der PC kann doch nur zwei Zahlen darstellen. Woher kommen dann diese Werte? Sie werden aus der Potenz von 2 berechnet ($2^7 + 2^6 + 2^5 + 2^4 + 2^3 + 2^2 + 2^1 + 2^0$). Würden Sie Bit 0 und Bit 1 auf 1 setzen, also »Licht an«, würde der Wert 3 dargestellt. Dieser errechnet sich ebenfalls wieder aus den Potenzen:

$$0 * 2^7 + 0 * 2^6 + 0 * 2^5 + 0 * 2^4 + 0 * 2^3 + 0 * 2^2 + 1 * 2^1 + 1 * 2^0 = 3$$

Ein Beispiel:

Der Dezimalwert dieser Zusammensetzung der einzelnen Bits beträgt 66 ($0*2^7+\mathbf{1*2^6}+0*2^5+0*2^4+0*2^3+0*2^2+\mathbf{1*2^1}+0*2^0 = 66$). Es müssen nur die einzelnen Bits zusammengezählt werden, die gesetzt (also 1) sind. In Abbildung 5.8 sehen Sie das schematisch illustriert. Wenn Sie jetzt die ASCII-Code-Tabelle in Abschnitt A.2 betrachten und unter dem dezimalen Wert 66 nachsehen, stellen Sie fest, dass 66 für das große `'B'` steht. Es geht nämlich bei `char` nicht um den `int`-Wert, sondern um das Zeichen, das diesem dezimalen Wert in der ASCII-Tabelle entspricht.

Die ASCII-Code-Tabelle ist eine Tabelle, an die sich alle Programmierer der Welt halten müssen. Sie enthält alle Zeichen, die der Computer darstellen kann.

1 Byte							
Bit 7	Bit 6	Bit 5	Bit 4	Bit 3	Bit 2	Bit 1	Bit 0
128	64	32	16	8	4	2	1
0	1	0	0	0	0	1	0

Abbildung 5.8 Dualdarstellung des dezimalen Werts 66

Kommen wir nun nach diesem kleinen Ausflug ins Dualsystem zurück zum Thema dieses Kapitels, dem Datentyp `char` (siehe Listing 5.5):

```
/* playing_char.c */
#include<stdio.h>

int main(void) {
   char a = 'A';
   char b = 65;
   int c  = 65;
   int d;

   printf("a = %c\n",a);
   printf("b = %c\n",b);      // Überrascht?
   printf("c = %c\n",c);      // Nochmals :)

   d = a + b + c;             // Rechenbeispiel
   printf("d = %d\n",d);
```

```
    d = 'a' + 'A';
    printf("d = %d\n",d);

    printf("char a = %c und %d\n",a,a);
    printf("char b = %c und %d\n",b,b);
    printf("int c = %c und %d\n",c,c);
    return 0;
}
```

Listing 5.5 »playing_char.c« demonstriert verschiedene Operationen mit Zeichen.

Der Programmablauf sieht etwa wie in Abbildung 5.9 aus.

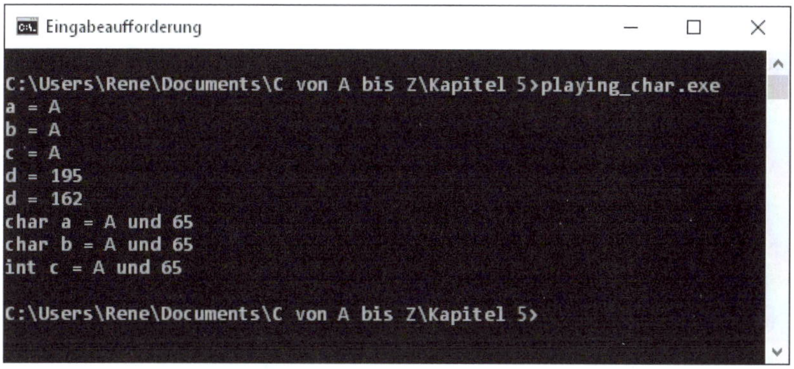

```
Eingabeaufforderung

C:\Users\Rene\Documents\C von A bis Z\Kapitel 5>playing_char.exe
a = A
b = A
c = A
d = 195
d = 162
char a = A und 65
char b = A und 65
int c = A und 65

C:\Users\Rene\Documents\C von A bis Z\Kapitel 5>
```

Abbildung 5.9 Das Programm bei der Ausführung

Kommen wir jetzt zur Zeile:

```
char a = 'A';
```

Wenn Sie char ein Zeichen zuweisen wollen, muss es zwischen zwei einzelnen Hochkommata stehen ('A'). Folgende Varianten sind nicht möglich bzw. falsch:

```
// falsch, in doppelte Hochkommata == String
char a = "A";

// falsch, Variablenzuweisung
char a = A;

/*   schlechter Stil, da nicht gleich durchschaubar ist, ob der
 *   Programmierer hier den ASCII-Buchstaben oder den
 *   dezimalen Wert verwenden will
 */
char b = 65;
```

In diesem Beispiel sehen Sie auch gleich die andere Möglichkeit, char einen Wert zuzuweisen. Für den PC sind der Wert 65 und das Zeichen 'A' identisch. Beide haben dieselbe Bitdarstellung (siehe Abbildung 5.10).

Dies bestätigt auch die Ausgabe im Programm:

```
printf("a = %c\n", a);
printf("b = %c\n", b);
```

Auch wenn es hier so aussieht: In C gibt es keinen Datentyp, mit dem Sie echte Zeichen wie 'A', 'B' oder 'C' speichern können. Daher stehen diese Zeichen auch zwischen einzelnen Anführungszeichen. Sie geben zwar Folgendes an:

```
char a = 'A';
```

Aber nach der Übersetzung des Compilers sieht dies so aus:

```
char a = 65;
```

1 Byte							
Bit 7	Bit 6	Bit 5	Bit 4	Bit 3	Bit 2	Bit 1	Bit 0
128	64	32	16	8	4	2	1
0	1	0	0	0	0	0	1

Abbildung 5.10 Bitdarstellung des Dezimalwerts 65 und des Zeichens »A«

Verwenden Sie jetzt im Programm das Formatierungszeichen %c, wird der Wert 65 anhand der ASCII-Code-Tabelle kodiert. Wird hierbei das Formatierungszeichen %d verwendet, würde dieser Wert nicht kodiert und in seiner tatsächlichen Form ausgegeben, wobei »tatsächliche Form« natürlich rein optisch gemeint ist. In Wirklichkeit wäre die tatsächliche Form eine Zahlenkolonne von Einsen und Nullen. Für den PC gelten weiterhin nur Bits und Bytes. Und wie Sie gesehen haben, funktioniert das analog auch mit dem Datentyp int.

[!]

Achtung: Rechnen mit »char«

Auch wenn Sie char oder unsigned char für kleine Ganzzahlwerte verwenden könnten, ist von dieser Möglichkeit abzuraten, es sein denn, es geht nicht anders (z. B. beim Abfragen der Mauskoordinaten oder bei bestimmten kryptografischen Algorithmen). Dies gilt vor allem, weil in C nicht festgelegt ist, ob dieser Datentyp mit oder ohne Vorzeichen interpretiert wird. Es könnte ähnlich wie bei `int` auf verschiedenen Systemen zu unterschiedlichem Verhalten oder gar zu Fehlern führen (siehe Abschnitt 8.1 zu `int`). Im Zweifelsfall definieren Sie Zeichen – falls Sie wirklich mit den Werten rechnen müssen – stets explizit als `signed char` bzw. `unsigned char`, dann sind Sie auf der sicheren Seite.

Hinweis zu vorzeichenbehafteten und vorzeichenlosen Zeichen

Den Zeichentyp `char` kann man zwar auch mit `signed` oder `unsigned` spezifizieren, beachten Sie aber, dass `char`, `unsigned char` und `signed char` drei verschiedene Typen sind! Des Weiteren hängt es von der Compiler-Implementierung ab, ob `char` auch negative Zahlen aufnehmen kann. Sie sind wieder auf der sicheren Seite, wenn Sie den neusten C-Standard benutzen, denn dort sind Zeichen, die nicht explizit mit `unsigned` deklariert werden, immer `signed`.

5.14 Nationale contra internationale Zeichensätze

Der ASCII-Zeichensatz (*American Standard Code for Information Interchange*) wurde von US-amerikanischen Ingenieuren entwickelt, um über die ersten damals verfügbaren Netzwerke Texte in einer einheitlichen Form zu übertragen. Meistens nutzten diese Netze serielle Schnittstellen, die nur 8 Bit am Stück übertragen konnten. Zur Fehlerprüfung wurde das 8. Bit (also Bit Nr. 7) zum Paritätsbit erklärt: Wenn die Anzahl der gesetzten Bits gerade war, wurde Bit 7 auf 1 gesetzt, ansonsten auf 0. Damit standen nur noch 7 Bit für die Zeichen zur Verfügung. Also gab es Platz für 128 Zeichen und Sonderzeichen.

Nun fehlte der Platz für westeuropäische und slawische Zeichen (von der japanischen Schrift mit über 40.000 Zeichen und der kyrillischen Schrift ganz zu schweigen). Man beschränkte sich also auf die Zeichen, die im Englischen benötigt wurden.

Als die Europäer mit ihren landestypischen Zeichen ebenfalls in die ASCII-Tabelle aufgenommen werden wollten, war es schon zu spät. Wie Sie an der ASCII-Code-Tabelle sehen können, befinden sich unter den 128 Zeichen, die in 7 Bit Platz haben, keine Umlaute wie zum Beispiel »äöüßÄÖÜ« oder landestypische Zeichen anderer europäischer Länder wie etwa französische Zeichen.

Jetzt war die ISO (*International Organization for Standardization*) gefragt. Der ASCII-Zeichensatz wurde auf 8 Bit und die Übertragungsbreite der seriellen Schnittstellen auf 9 Bit (8, N, 1 = 8 Data Bits, No Parity Bits, 1 Stopbit) bzw. 10 Bit (8, E, 1 = 8 Data Bit, Parity Even Bit, 1 Stopbit) erweitert und unter der Bezeichnung *ISO-8859-1*, *ISO-8859-2* usw. etabliert. Der westeuropäische Standard ist in der ISO-8859-1 erfasst. Damit lassen sich folgende Zeichen darstellen:

```
/* iso_ascii.c */
#include<stdio.h>

int main(void) {
   int i;
   for(i=0; i < 254; i++) {
         if(i==27)   // ESC-Zeichen ignorieren
            continue;
         printf(" |%d : %c| ",i,i);
   }
   return 0;
}
```

Die deutschen Sonderzeichen in oktaler Form können auch folgendermaßen ausgegeben werden (in einer Windows-Konsole):

```
/* umlaute.c */
#include <stdio.h>

int main(void) {

   printf("R\204tsel, \231l, \232berfall\n");
   printf("Umlaute oktal : \204\216\224\231\201\232\341\n");
   return 0;
}
```

Das Problem mit den deutschen Sonderzeichen in der Windows-Konsole ist leider, dass diese nicht den gewöhnlichen Windows-Zeichensatz verwendet, sondern einen OEM-Zeichensatz. Deshalb müssen Sie in diesem Fall einen Umweg gehen, z. B. über die Systemsteuerung (DARSTELLUNG UND ANPASSUNG • SCHRIFTARTENEINSTELLUNGEN). Unter Linux haben Sie dieses Problem nicht, denn dort können Sie den sogenannten *Console Font* beliebig konfigurieren.

Um in diesem Zusammenhang nochmals auf `char` zurückzukommen: Der Wertebereich von `char` ist außerdem abhängig von dem Zeichensatz, der von dem eingesetzten Rechner und dessen Betriebssystem verwendet wird. Verbreitet sind die Zeichensätze (Codes) aus Tabelle 5.8 (ohne zu sehr ins Detail zu gehen).

Die Zeichensätze mit einem Speicherbedarf von maximal 8 Bit pro Zeichen werden in C gewöhnlich mit dem Datentyp `char` dargestellt. Für den Unicode-Zeichensatz wird der Datentyp `wchar_t` verwendet.

Zeichensatz	Ordinalwert	Speicherbedarf	Bemerkung
ASCII	0 ... 127	7 Bit	
OEM	0 ... 255	8 Bit	mit ASCII-Code
ANSI	0 ... 255	8 Bit	mit ASCII-Code
ISO-Latin-1	0 ... 255	8 Bit	mit ASCII-Code
Unicode	0 ... 65.535	16 Bit	mit ASCII-Code
EBCDIC	0 ... 255	8 Bit	

Tabelle 5.8 Verbreitete Zeichensätze

Im Zusammenhang mit den verschiedenen Zeichensätzen sind folgende Probleme zu beachten:

- Die Ordnung der Zeichen kann sich in den verschiedenen Zeichensätzen unterscheiden.
- Einem Ordinalwert können in unterschiedlichen Zeichensätzen verschiedene Zeichen entsprechen.
- Der ASCII-Standard ist nur eine Empfehlung, und es gibt im Endeffekt hunderte verschiedene Zeichensätze, vor allem bei Spielekonsolen (auch diese werden oft in C programmiert).

5.14.1 Der Breitzeichen-Typ »wchar_t«, Größe 2 Byte

Ganz klar: Für die Zeichensätze mancher Sprachen wie beispielsweise der chinesischen mit über tausend Zeichen ist der Datentyp `char` zu klein. Für die Darstellung beliebiger landesspezifischer Zeichensätze kann daher der Breitzeichen-Typ `wchar_t` (*wide char* = breite Zeichen) aus der Headerdatei *<stddef.h>* verwendet werden. Der Datentyp `wchar_t` ist wie `char` und `int` ein integraler Datentyp und hat eine Größe von 2 Byte (ist aber zunehmend auch mit 4 Byte zu finden), womit natürlich erheblich mehr Zeichen aufgenommen werden können. Bei der Deklaration eines solchen Zeichens muss vor den einzelnen Anführungszeichen noch das Präfix `L` gestellt werden:

```
wchar_t ch = L'Z';
```

Entsprechend wird auch beim *Formatzeichen* für die Ausgabe oder Eingabe eines `wchar_t` ein `l` vor dem `c` verwendet (`%lc`):

```
print("%lc", ch);
```

Das Beispiel aus Listing 5.6 soll Ihnen zeigen, wie Sie `wchar_t` in der Praxis verwenden können:

```
/* widechars.c */
#include<stdio.h>
#include<stddef.h>

int main(void) {
   wchar_t ch1=L'Z';
   wchar_t ch2;
   printf("Bitte ein Zeichen eingeben: ");
   scanf("%lc", &ch2);
   printf("%lc %lc\n", ch1, ch2);
   printf("wchar_t: %d Byte\n", sizeof(wchar_t));
   return 0;
}
```

Listing 5.6 »widechars.c« demonstriert den Umgang mit Breitzeichen vom Typ »wchar_t«.

Die Größe von `wchar_t` lässt sich nicht exakt beschreiben (meistens 2 oder 4 Byte). Es lässt sich lediglich mit Sicherheit sagen, dass `wchar_t` mindestens so groß wie `char` und höchstens so groß wie `long` ist. `wchar_t` muss auf jeden Fall mindestens so groß sein, um alle Werte des größten unterstützten Zeichensatzes aufnehmen zu können.

5.14.2 Multibyte-Zeichen, Größe 2, 4 oder 8 Byte

Neben den Breitzeichen unterstützt der C-Standard mit den Multibyte-Zeichen noch eine zweite Möglichkeit, Zeichen zu repräsentieren, die nicht mehr in einem Byte darstellbar sind.

Hinweis zu Multibyte-Zeichen

Der C-Standard spezifiziert außer dem Basis-Zeichensatz und den Ausführungszeichensätzen keine bestimmte Zeichenkodierung und auch keinen bestimmten Zeichensatz. Daher hängt es von der Implementierung ab, welche Zeichen zu den erweiterten Zeichen gehören und wie diese als Multibyte-Zeichen und Breitzeichen kodiert sind.

Im Gegensatz zu den Breitzeichen, die immer die gleiche Anzahl Bits verwenden, können Multibyte-Zeichen unterschiedlich lang sein. Wenn Sie beispielsweise bei einem Breitzeichen-Typ ein Zeichen vom Basis-Zeichensatz verwenden, hat das Breitzeichen immer eine feste Breite (abhängig von der Implementierung sind dies meistens 2 oder 4 Byte). Bei einem Multibyte-Zeichen hingegen haben Zeichen vom Basis-Zeichensatz tatsächlich nur ein Byte.

Der Vorteil von Multibyte-Zeichen gegenüber Breitzeichen besteht darin, dass sie keinen Speicherplatz verschenken. Es macht beispielsweise keinen Sinn, wenn Sie mit einem erweiterten Zeichensatz für jedes Zeichen 4 Byte verschwenden, wenn Sie vorwiegend nur Zeichen aus dem Basis-Zeichensatz verwenden, die ja eigentlich in einem Byte darstellbar sind. In Multibyte-Zeichen sind somit beispielsweise die ASCII-Zeichen in nur einem Byte gespeichert, und wenn Sie andere Zeichen benötigen, dann haben diese eben auch nur so viel Speicherplatz, wie diese wirklich benötigen.

Der Nachteil daran ist, dass bei den Multibyte-Zeichen die Anzahl der Bytes je nach benötigtem Zeichen variieren kann, was natürlich auch die Arbeit damit erheblich schwieriger macht.

5.15 Boolesche Werte – <stdbool.h>

Im C99-Standard wurde mit `_Bool` ein boolescher Wert eingeführt. Glücklicherweise existiert für den Typ `_Bool` in der Headerdatei *<stdbool.h>* das Makro `bool`, sodass Sie den Bezeichner `bool` wie in C++ verwenden können. Allerdings müssen Sie hierfür extra die Headerdatei *<stdbool.h>* inkludieren. Bei vielen C-Compilern wird ein Wert vom Typ `bool` als Aufzählung abgebildet und benötigt so den Speicherplatz einer Integerzahl. Die entsprechende Definition kann man also auch ohne *<stdbool.h>* selbst vornehmen, was auch oft getan wird:

```
typedef enum {false,true} bool;
```

Die Aufzählung `enum` bewirkt, dass der Compiler für `false` `0` und für `true` `1` einsetzt und die so definierten Werte nun Elemente einer korrekten booleschen Algebra sind. Dieses Wertepaar hängt von der Anwendung ab und lautet entweder *falsch/wahr, false/true* oder eben *0/1*. In C/C++ kann hierfür das Wertepaar `false` (für falsch) `true` (für wahr) verwendet werden, die beide in der Headerdatei *<stdbool.h>* mit der Konstante `0` und `1` definiert sind. Natürlich können Sie auch das Paar `0` und `1` als Dezimalwert benutzen:

```
#include <stdbool.h>
// ...
// Schalter auf wahr setzen
Bool b1 = 1;
// Schalter auf unwahr setzen
_Bool b2 = 2;
// benötigt <stdbool.h>
bool b3 = true;     // wahr
// benötigt <stdbool.h>
bool b4 = false;    // unwahr
```

An dieser Stelle sei auf etwas sehr wichtiges hingewiesen: Es gibt viele Programme (vor allem im Internet), die boolesche Werte falsch definieren, z. B. als *typedef enum {true,false} bool*. Dies entspricht nicht der booleschen Algebra, denn dort ist 0 immer »falsch« und 1 (bzw. alles, was nicht 0 ist) immer »wahr«. Etwas anderes ist schlicht Unsinn und führt vor allem bei logischen Operationen und `if`-Abfragen zu sehr schwer auffindbaren Fehlern!

Ob die Wahrheitswerte `true` oder `false` in *<stdbool.h>* überhaupt vorhanden sind, lässt sich mit dem Makro `__bool_true_false_are_defined` überprüfen. Gibt dieses Makro 1 zurück, stehen Ihnen `true` und `false` zur Verfügung:

```
if( __bool_true_false_are_defined )
   print("true/false sind vorhanden\n");
```

[»]

Hinweis zu »bool«

Um hier kein Durcheinander zu verursachen, muss noch erwähnt werden, dass ab dem C99-Standard den Typ `_Bool` als echten Datentyp implementiert hat. Das Makro `bool` und die beiden Wertepaare `true` bzw. `false` können Sie nur verwenden, wenn Sie die Headerdatei *<stdbool.h>* inkludieren.

5.16 Der Unterschied zwischen vorzeichenlosen und vorzeichenbehafteten Zahlen

Mit dem Schlüsselwort `unsigned` weisen Sie den Compiler an, einen Datentyp als vorzeichenlos zu behandeln. Dadurch erhöht sich auch der Wertebereich der positiven Zahlen. Mit dem Schlüsselwort `signed` bewirken Sie genau das Gegenteil. `signed` ist bei allen Datentypen voreingestellt. Das bedeutet, dass folgende Schreibweisen die gleiche Bedeutung haben:

```
int a;
signed int a;
// Auch möglich, weil signed ein Synonym von signed int ist
signed a;
```

Es gibt außerdem die Regel, dass zu jedem `signed`-Typ ein `unsigned`-Gegenstück existiert. Natürlich haben sowohl `signed`- als auch `unsigned`-Werte dieselbe Ausrichtung und auch dieselbe Größe. Bei beiden Typen gilt zusätzlich, dass sie nicht überlaufen können. Wird jeweils ein Wert aufgenommen, der um 1 größer als der maximale Wert ist, wird der Wert um den jeweiligen Typ reduziert. Bei einem `signed short` mit dem Wert +32.768 bedeutet dies, dass er wieder mit dem Wert –32.768 anfangen würde. Dasselbe gilt natürlich beim `unsigned`-Gegenstück, nur dass hierbei beispielsweise der Wert 65.536 wieder mit dem Wertebereich 0 anfangen würde. Natürlich bedeutet dies umgekehrt, dass vorzeichenbehaftete Zahlen überlaufen können und unter Umständen schwer auffindbare Fehler die Folge sind!

Am besten sehen Sie sich dazu Tabelle 5.9 an, in der sich alle Datentypen befinden, die Sie bisher kennengelernt haben.

Name	Größe	Wertebereich
`char`	1 Byte = 8 Bit	wie `signed char` oder `unsigned char`
`signed char`	1 Byte = 8 Bit	–128 ... +127
`unsigned char`	1 Byte = 8 Bit	0 ... 255
`short, signed short`	2 Byte = 16 Bit	–32.768 ... +32.767
`unsigned short`	2 Byte = 16 Bit	0 ... 65.535
`int, signed int`	4 Byte = 32 Bit	–2.147.483.648 ... +2.147.483.648
`unsigned int`	4 Byte = 32 Bit	0 ... 4.294.967.295
`long, signed long`	4 Byte = 32 Bit	–2.147.483.648 ... +2.147.483.648
`unsigned long`	4 Byte = 32 Bit	0 ... 4.294.967.295
`long long, signed long long`	8 Byte = 64 Bit	–9.223.372.036.854.775.808 ... +9.223.372.036.854.775.807
`unsigned long long`	8 Byte = 64 Bit	0 ... 18.446.744.073.709.551.615
`float`	4 Byte = 32 Bit	$3.4*10^{-38}$ ... $3.4*10^{38}$
`double`	8 Byte = 64 Bit	$1.7*10^{-308}$ ... $1.7*10^{308}$
`long double`	10 Byte = 80 Bit	$3.4*10^{-4932}$ ... $3.4*10^{4932}$

Tabelle 5.9 Übersicht aller Standard-Datentypen in C

[«]

Hinweis

Diese Tabelle stellt nur einen Überblick über die gängigen Größen der Standard-Datentypen dar. Sie sollten keinesfalls den Eindruck bekommen, dass die dort angegebenen Größen allgemeingültig sind.

Betrachten wir dazu nochmals `char` als Beispiel. Manch einer wird sich vorhin gedacht haben: »Warum kann ich mit `char` nur Werte zwischen –128 und 127 darstellen?« Denn wenn alle Bits gesetzt sind und Sie nachrechnen, ist das Ergebnis der Summe 255. Doch es müssen ja auch negative Werte dargestellt werden, etwa –100.

Wenn das Schlüsselwort unsigned vor einen Datentyp gestellt wird, sind keine negativen Zahlen mehr möglich. Somit verdoppelt sich aber der positive Wert der Zahl. Sollten Sie z. B. zwei Zahlen subtrahieren und es kommt ein negatives Ergebnis heraus und es wurde vor dem Datentyp des Ergebnisses das Schlüsselwort unsigned gesetzt, so wird das Minus der negativen Zahl ignoriert und es wird eine positive Zahl daraus.

»Und was ist mit wchar_t?«, werden sich einige fragen. Hierzu müssen Sie wissen, dass es bei wchar_t kein explizites signed oder unsigned gibt. Abhängig vom zugrunde liegenden Typ ist wchar_t entweder signed oder unsigned.

5.17 Limits für Ganzzahl- und Gleitpunktdatentypen

Jetzt haben Sie eine Menge über Datentypen und ihre Eigenschaften erfahren. Häufig heißt es jedoch, auf bestimmten Systemen hat Datentyp x die Größe y. Wenn Sie jetzt erfahren wollen, welchen maximalen oder minimalen Wert der Datentyp int z. B. auf Ihrem System besitzt, können Sie die Konstanten in den Standard-Headerdateien *<limits.h>* und *<float.h>* abfragen bzw. ausgeben. Mit folgendem Listing ist es möglich, alle Limits des Datentyps int auf Ihrem System abzufragen:

```
/* int_limits.c */
#include<stdio.h>
#include<limits.h>

int main(void) {
   printf("int-Wert mindestens : %d\n", INT_MIN);
   printf("int-Wert maximal    : %d\n", INT_MAX);
   printf("unsigned int max.   : %u\n", UINT_MAX);
   printf("int benötigt %d Byte (%d Bit) Speicher\n",
      sizeof(int), sizeof(int) * CHAR_BIT);
   return 0;
}
```

Genauso wie in diesem Beispiel können Sie auch die anderen Limit-Eigenschaften der Datentypen abfragen – vorausgesetzt, Sie binden die Headerdatei *<limits.h>* mit ein. Tabelle 5.10 führt die Limits für ganzzahlige Datentypen in der Headerdatei *<limits.h>* auf.

Konstante	Mindestwert	Erklärung
CHAR_BIT[1)]	8	Bitzahl für ein Byte
SCHAR_MIN	–127	min. signed char

Tabelle 5.10 Limit-Konstanten für ganzzahlige Datentypen in <limits.h>

Konstante	Mindestwert	Erklärung
SCHAR_MAX	+127	max. signed char
UCHAR_MAX	255	max. unsigned char
CHAR_MIN	SCHAR_MIN oder 0	min. char
CHAR_MAX	SCHAR_MAX oder UCHAR_MAX	max. char
WCHAR_MIN	implementierungsabhängig	min. wchar_t
WCHAR_MAX	implementierungsabhängig	max. wchar_t
MB_LEN_MAX[2)]	1	max. Byte für ein Multibyte-Zeichen
SHRT_MIN	–32.767	min. short int
SHRT_MAX	+32.767	max. short int
USHRT_MAX	65.535	max. unsigned short
INT_MIN	–32.767 (32 Bit: –2.147.483.647)	min. int
INT_MAX	+32.767 (32 Bit: +2.147.483.647)	max. int
UINT_MAX	65.535 (32 Bit: 4.294.967.295)	max. unsigned int
LONG_MIN	–2.147.483.647	min. long int
LONG_MAX	+2.147.483.647	max. long int
ULONG_MAX	4.294.967.295	max. unsigned long int
LLONG_MIN	–9.223.372.036.854.775.808	min. long long
LLONG_MAX	+9.223.372.036.854.775.807	max. long long
ULLONG_MAX	+18.446.744.073.709.551.615	max. unsigned long long

[1)] Bei vielen DSPs (digitalen Signalprozessoren) ist CHAR_BIT gleich 16 oder mehr.

[2)] Wird Unicode verwendet, ist MB_LEN_MAX auf 4 oder mehr gesetzt.

Tabelle 5.10 Limit-Konstanten für ganzzahlige Datentypen in <limits.h> (Forts.)

Benötigen Sie hingegen Limit-Werte für Gleitpunktzahlen, gibt die Headerdatei *<float.h>* Auskunft. Darin finden Sie unter anderem Konstanten mit allen Limits und

Eigenschaften, die für Gleitpunktdatentypen entscheidend sind. Listing 5.7 gibt alle Limits und Eigenschaften für den Datentyp `float` auf Ihrem System aus:

```
/* float_limits.c */
#include<stdio.h>
#include<float.h>
#include<limits.h> //für CHAR_BIT

int main(void) {
   printf("Limits und Eigenschaften von float\n");
   printf("----------------------------------\n");
   printf("Byte: %d\n", sizeof(float));
   printf("Bit  : %d\n", sizeof(float) * CHAR_BIT );
   printf("Basis-Exponenten-Darstellung: %d\n", FLT_RADIX);
   printf("Anzahl Mantissenstellen    : %d\n", FLT_MANT_DIG);
   printf("Anzahl   Dezimalziffern     : %d\n", FLT_DIG);
   printf("Kl. neg. FLT_RADIX-Exponent: %d\n", FLT_MIN_EXP);
   printf("Kl. neg. Zehnerexponent : %d\n", FLT_MIN_10_EXP);
   printf("Größter FLT_RADIX-Exponent : %d\n", FLT_MAX_EXP);
   printf("Größter Zehnerexponent  : %d\n", FLT_MAX_10_EXP);
   printf("Größter endl. float-Wert    : %f\n", FLT_MAX);
   printf("Kleinster endl. float-Wert : %f\n", FLT_MIN);
   return 0;
}
```

Listing 5.7 »float_limits.c« listet einige wichtige Bereichsgrenzen von »float«-Variablen auf.

Tabelle 5.11 zeigt die Limits und Eigenschaften von Gleitpunktdatentypen, die in der Headerdatei *<float.h>* deklariert sind.

Konstante	Bedeutung
FLT_RADIX	Basis für Exponentendarstellung
FLT_MANT_DIG	Anzahl der Mantissenstellen (float)
DBL_MANT_DIG	Anzahl der Mantissenstellen (double)
LDBL_MANT_DIG	Anzahl der Mantissenstellen (long double)
FLT_DIG	Genauigkeit in Dezimalziffern (float)
DBL_DIG	Genauigkeit in Dezimalziffern (double)

Tabelle 5.11 Limit-Konstanten für Gleitpunkt-Datentypen in <float.h>

Konstante	Bedeutung
LDBL_DIG	Genauigkeit in Dezimalziffern (long double)
FLT_MIN_EXP	minimaler negativer FLT_RADIX-Exponent (float)
DBL_MIN_EXP	minimaler negativer FLT_RADIX-Exponent (double)
LDBL_MIN_EXP	minimaler negativer FLT_RADIX-Exponent (long double)
FLT_MIN_10_EXP	minimaler negativer Zehnerexponent (float)
DBL_MIN_10_EXP	minimaler negativer Zehnerexponent (double)
LDBL_MIN_10_EXP	minimaler negativer Zehnerexponent (long double)
FLT_MAX_EXP	maximaler FLT_RADIX-Exponent (float)
DBL_MAX_EXP	maximaler FLT_RADIX-Exponent (double)
LDBL_MAX_EXP	maximaler FLT_RADIX-Exponent (long double)
FLT_MAX_10_EXP	maximaler Zehnerexponent (float)
DBL_MAX_10_EXP	maximaler Zehnerexponent (double)
LDBL_MAX_10_EXP	maximaler Zehnerexponent (long double)
FLT_MAX	maximaler Gleitpunktwert (float)
DBL_MAX	maximaler Gleitpunktwert (double)
LDBL_MAX	maximaler Gleitpunktwert (long double)
FLT_EPSILON	kleinster float-Wert x, für den 1.0 + x ungleich 1.0 gilt
DBL_EPSILON	kleinster double-Wert x, für den 1.0 + x ungleich 1.0 gilt
LDBL_EPSILON	kleinster long double-Wert x, für den 1.0 + x ungleich 1.0 gilt
FLT_MIN	minimaler normalisierter Gleitpunktwert (float)
DBL_MIN	minimaler normalisierter Gleitpunktwert (double)
LDBL_MIN	minimaler normalisierter Gleitpunktwert (long double)

Tabelle 5.11 Limit-Konstanten für Gleitpunkt-Datentypen in <float.h> (Forts.)

Natürlich gilt auch bei der Verwendung der Konstanten, die sich in der Headerdatei *<float.h>* befinden, dass die entsprechende Headerdatei mit eingebunden wird.

5.18 Der Typ »void«

Der Typ void ist eigentlich kein echter Datentyp und wird überall dort verwendet, wo kein Wert benötigt wird oder vorhanden ist. Bei Funktionen (mehr dazu finden Sie in Kapitel 10) wird void verwendet, wenn eine Funktion keinen Wert zurückgibt oder die Funktion keinen Parameter hat, beispielsweise so:

```
// Funktion ohne Rückgabewert
void func1( const char *str ) {  /* ... */  }
// Funktion ohne Parameter
int func2( void ) {  /* ... */  }
```

Das andere Anwendungsgebiet von void sind typenlose Zeiger bzw. genauer gesagt void-Zeiger (void *). Solche Zeiger werden häufig bei der Deklaration von Funktionen verwendet, die mit unterschiedlichen Typen von Zeigern aufgerufen werden und auch wieder unterschiedliche Typen zurückgeben können. Mehr zu Zeigern (das sind Verweise auf Speicherstellen, in denen Werte abgelegt sind) finden Sie in Kapitel 13. In Abschnitt 13.12 finden Sie mehr Informationen zum »void«-Zeiger.

5.19 Numerische Konstanten

Eine Konstante ist entweder eine ganzzahlige Konstante, eine Gleitpunktkonstante, eine Zeichenkonstante oder ein Stringliteral. Jede Konstante besteht aus einem Typ, der sich aus dem Wert und seiner Schreibweise ergibt.

5.19.1 Ganzzahlkonstanten

Ganzzahlige Konstanten können als Dezimalzahl, als Oktalzahl oder als Hexadezimalzahl dargestellt werden. Die dezimale Konstante kann durch folgende Datentypen dargestellt werden:

```
int, unsigned long, long, long long
```

Oktale und hexadezimale Konstanten lassen sich mit folgenden Datentypen darstellen:

```
int, unsigned int, long, unsigned long, unsigned long long
```

Der Typ der Konstante lässt sich übrigens auch mit dem Suffix L oder l für long, ll oder LL für long long und u oder U für unsigned-Konstanten beschreiben.

Tabelle 5.12 enthält einige Beispiele ganzzahliger Konstanten.

Dezimal	Hexadezimal	Oktal	Typ
30	0x1e	036	`int`
30U	0x1eu	036U	`unsigned int`
30L	0x1eL	036l	`long`
30ul	0x1EUL	036UL	`unsigned long`
30ll	0x1ell	036ll	`long long`
30ull	0x1eull	036ull	`unsigned long long`

Tabelle 5.12 Beispiele ganzzahliger Konstanten

5.19.2 Gleitpunktkonstanten

Eine Gleitpunktkonstante ist eine Folge von Dezimalziffern mit einem Gleitpunkt. Gleitpunktkonstanten müssen stets mit einem Gleitpunkt oder der Angabe von `e` oder `E` gekennzeichnet werden. Wird kein Suffix angegeben, ist die Konstante vom Typ `double`. Mit dem Suffix `f` oder `F` ist der Typ der Konstante `float`, und mit dem Suffix `l` oder `L` wird daraus ein `long double`.

Tabelle 5.13 liefert auch hierzu einige Beispiele.

11.	.11e2	11e0	11.0
0.007	0.7e–2	.7E–2	7E–3

Tabelle 5.13 Beispiele für Gleitpunktkonstanten

5.19.3 Zeichenkonstanten

Zeichenkonstanten bestehen aus einem Zeichen, das zwischen zwei einfache Hochkommata eingeschlossen wird. Zeichenkonstanten sind intern vom Typ `int` und werden durch den entsprechenden Zeichencode (ASCII-Code) dargestellt. Einige Beispiele für Zeichenkonstanten sind:

```
'a', 'b', '\t', '\n', 'x'
```

Wollen Sie eine Zeichenkonstante vom Typ `wchar_t` verwenden, müssen Sie das Präfix `L` voranstellen:

```
L'a', L'b', L'\t', L'\n', L'x'
```

5.19.4 Stringliterale (Stringkonstanten)

Ein Stringliteral ist ein `char`-Array, das mit dem schließenden String-Ende-Zeichen `\0` gespeichert wird. Außerdem werden Stringliterale zwischen zwei Anführungszeichen gestellt (mehr zu Arrays erfahren Sie in Kapitel 12).

Nun folgen einige Beispiele:

```
"Hallo Welt", "Hallo\nWelt\n"
```

Sofern Sie auch hierbei sogenannte *Wide-String-Literale* definieren wollen, müssen Sie ebenfalls das Präfix `L` voranstellen:

```
L"Hallo Welt", L"Hallo\nWelt\n"
```

Mehr zu Strings im Allgemeinen erfahren Sie auch in Kapitel 12.

5.20 Umwandlungsvorgaben für formatierte Ein-/Ausgabe

Sie haben weiter oben für Datentypen auch die Umwandlungsvorgaben, also Formatzeichen kennengelernt. Es lässt sich damit aber noch eine Menge mehr machen. Die Formatierungszeichen (oder auch Formatierungsanweisung genannt) beginnen immer – wie schon bei `scanf()` und `printf()` – mit dem Zeichen `%` und beziehen sich dann auch auf das oder die nachfolgenden Argumente. Mit

```
scanf("%d",&a);
```

wird beispielsweise auf die Eingabe eines Integerwerts gewartet. Dies erkennen Sie am Formatierungszeichen `%d`. Folglich wird durch

```
%c
```

ein `char`-Zeichen anhand der ASCII-Code-Tabelle in einen Buchstaben umgewandelt. Aber außer den bereits erwähnten Umwandlungszeichen können noch weitere Umwandlungsvorgaben festgelegt werden.

Bei der formatierten Ausgabe mit Funktionen, z. B. mit `printf()`, `fprintf()`, `vprintf()` und `sprintf()`, haben Sie noch folgende Möglichkeiten:

```
%FWGLU
```

Die Bedeutung der einzelnen Buchstaben ist:

- `F` = [Formatierungszeichen]
- `W` = [Weite]
- `G` = [Genauigkeit]

- L = [Längenangabe]
- U = [Umwandlungszeichen]

Die Formatierungszeichen sind die Zeichen eines bestimmten Typs, die Sie ausgeben können. In Tabelle 5.14 sehen Sie die Liste. Einige Zeichen wurden bereits verwendet.

Formatierungszeichen	Ausgegeben wird (eine)
%d, %i	vorzeichenbehaftete ganze Dezimalzahl
%lld, %lli	vorzeichenbehaftete ganze Dezimalzahl (long long)
%o	vorzeichenlose ganze Oktalzahl
%u	vorzeichenlose ganze Dezimalzahl
%llu	vorzeichenlose ganze Dezimalzahl (unsigned long long)
%x, %X	vorzeichenlose ganze Hexzahl (a,b,c,d,e,f) bei x; (A,B,C,D,E,F) bei X
%llx, %llX	vorzeichenlose ganze Hexzahl (a,b,c,d,e,f) bei x; (A,B,C,D,E,F) bei X (unsigned long long)
%f	Gleitpunktzahl in Form von ddd.dddddd
%e, %E	Gleitpunktzahl in Form von d.ddde+-dd bzw. d.dddE+-dd. Der Exponent enthält mindestens 2 Ziffern.
%a	wie %f (neu ab C99)
%g, %G	float ohne Ausgabe der nachfolgenden Nullen
%c	Form von einem Zeichen (unsigned char)
%lc	Form von einem breiten Zeichen (wchar_t)
%s	Form einer Zeichenkette
%p	ein Zeigerwert
%n	Keine Ausgabe: Dieses Argument ist ein Zeiger auf eine Ganzzahl.
%%	das Zeichen %

Tabelle 5.14 Typenbezeichner von Umwandlungszeichen

Beim Einlesen eines Zeichens, eines numerischen Werts oder einer Zeichenkette gelten bei der formatierten Eingabe mit Funktionen wie etwa `scanf()`, `sscanf()`, `fscanf()` dieselben Umwandlungszeichen wie bei `printf()`. Hierbei können Sie aber auch noch eine Suchmengenkonvertierung verwenden (siehe Tabelle 5.15).

Umwandlungszeichen	Es wird eingelesen,
`%[bezeichner]`	bis ein Zeichen eingegeben wurde, das nicht in der Liste `bezeichner` vorkommt.
`%[^bezeichner]`	bis ein Zeichen eingegeben wurde, das in der Liste `bezeichner` vorkommt.

Tabelle 5.15 Suchmengenkonvertierung mit »scanf()«

Diese Suchmengenkonvertierung kann durch Zeichen des Formatierungstyps `s` (String, Zeichenkette) ersetzt werden. Dabei wird die Menge von Zeichen eingeschlossen, die sich zwischen den Klammern befindet. Beispiel:

```
/* suchmenge_1.c */
#include <stdio.h>

int main(void) {
   char str[20];
   printf("Bitte geben Sie nur Zahlen ein: ");
   scanf("%[0-9]", str);
   printf("%s\n",str);
   return 0;
}
```

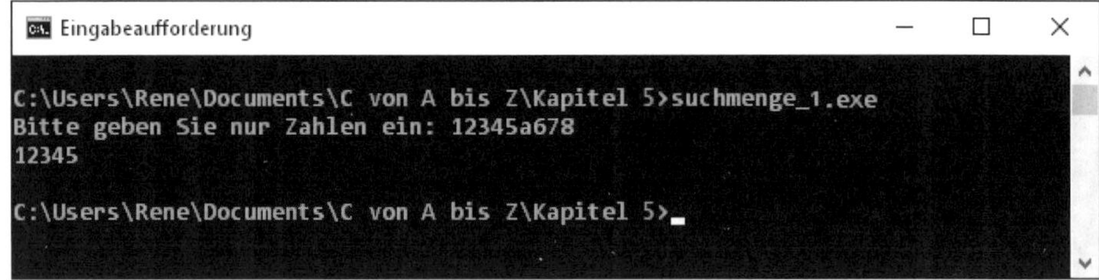

Abbildung 5.11 Suchmengenkonvertierung mit »scanf()«

In diesem Beispiel werden Sie aufgefordert, nur Zahlen einzugeben (siehe auch Abbildung 5.11). `scanf()` liest so lange Zahlen ein, bis das erste Zeichen nicht zwischen 0 bis 9 ist. Beachten Sie bitte, dass es sich hierbei um keine reellen Zahlen handelt, sondern um einen String mit einer maximalen Länge von 20 Zeichen. Zu dieser Art Variable sagt man auch *Array*, weil hier mit `char str[20]` ein Datenfeld angelegt wird, dessen Anfangsadresse dann `scanf` und `printf` übergeben wird. Arrays und Zeiger werden noch ausführlicher besprochen; es schadet an dieser Stelle jedoch nicht, schon einmal Arrays zu sehen. Mehr zu diesem Thema folgt in Kapitel 12.

Nun zurück zu unserem Programm, das die Tastatureingaben zeichenzeise in die Variable `str` einliest und als Suchmenge nur die Zeichen `0` bis `9` zulässt. Ist das erste Zeichen in der Suchmengendefinition dagegen ein Caret (`^`), wird die Suchmenge invertiert, sodass alle ASCII-Zeichen zulässig sind, außer denen, die in den Klammern angegeben sind. Auch hierzu ein Beispiel:

```
/* suchmenge_2.c */
#include <stdio.h>

int main(void) {
   char str[20];
   printf("Eingabe (keine Buchstaben wie x,y und z): ");
   scanf("%19[^xyz]", str);
   printf("%s\n",str);
   return 0;
}
```

`scanf()` liest so lange ein, bis es auf das Zeichen `'x'`, `'y'` oder `'z'` trifft. Zusätzlich wurde festgelegt, dass `scanf()` nach mehr als 19 Zeichen ebenfalls abbricht (aus Sicherheitsgründen sollten Sie `scanf()` in der Praxis immer mit einer Längenangabe verwenden). Weitere Beispiele:

```
%[A-Z]     //alle Großbuchstaben von A bis Z
%[a-z]     //alle Kleinbuchstaben von a bis z
%[a-fA-F] //Alle Groß- und Kleinbuchstaben von A bis F (Hexadezimalzahlen)
```

Wenn Sie wie in diesen Beispielen den Bindestrich verwenden, müssen Sie folgende Regeln beachten:

- Das Zeichen vor dem Bindestrich muss lexikalisch vor dem darauf folgenden Zeichen liegen. Es ist also nicht möglich, `[C-A]` anzugeben.
- Der Bindestrich darf nicht das letzte oder erste Zeichen sein (es sei denn, es wird nach dem ASCII-Zeichen des Bindestrichs gesucht).

Formatierungszeichen sind ausschließlich für die formatierte Ausgabe gedacht, wie mit `printf()`, `fprintf()`, `sprintf()` und `vprintf()`. Tabelle 5.16 zeigt die Flags, die dafür zur Verfügung stehen.

Flag	Bedeutung
-	Linksbündig justieren
+	Ausgabe des Vorzeichens + oder -
Leerzeichen	Ist ein Argument kein Vorzeichen, wird ein Leerzeichen mit ausgegeben.
0	Bei numerischer Ausgabe wird mit Nullen bis zur angegebenen Weite aufgefüllt.
#	Bei o bzw. x oder X (bspw. %#X) wird der Wert im Formatstring mit vorangestellter 0 bzw. 0x ausgegeben. Bei e, E oder f wird der Wert mit einem Dezimalpunkt ausgegeben, auch wenn keine Nachkommastelle existiert.

Tabelle 5.16 Flags für die Formatanweisung

Die Flags müssen nach dem %-Zeichen stehen, und falls es sinnvoll ist, können mehrere Flags gleichzeitig verwendet werden.

Als Nächstes (siehe Tabelle 5.17) betrachten wir die Ausgabe der Weite. Folgende zwei Angaben lassen sich dazu verwenden.

Angaben	Bedeutung
n	Es werden mindestens n Stellen ausgegeben, auch wenn der Wert weniger als n Stellen besitzt.
*	Der Wert des nächsten Arguments (ganzzahlig) legt die Weite fest. Bei negativem Wert wird linksbündig justiert.

Tabelle 5.17 Formatangaben zur Ausgabe der Weite

Das folgende Programm demonstriert die Ausgabe der Weite:

```
/* weite.c */
#include <stdio.h>

int main(void) {
   int i=10;
   printf("%5d\n",i);
   printf("%*d\n",i,i);
   return 0;
}
```

Falls Sie eine nicht vorhandene oder zu kleine Weitenangabe vornehmen, bewirkt dies nicht, dass die Zahlen beschnitten werden bzw. mehr Zeichen enthalten. Ein Beispiel:

```
printf("%2d\n",100); // Ausgabe: 100
printf("%4d\n",100); // Ausgabe: 100
```

In beiden Fällen wird die Zahl 100 ausgegeben, egal welche Längenangabe erfolgt. Beim formatierten Einlesen gilt Folgendes als Weitenangabe:

```
scanf("%2d\n",&zahl);
```

Falls Sie jetzt nach dieser `scanf()`-Eingabe-Aufforderung mehr als zwei Ziffern eingeben, z. B. `100`, so wird in diesem Fall die letzte Null nicht mit eingelesen, und der Wert der Variable `zahl` ist `10`.

Kommen wir jetzt zur Genauigkeitsangabe der formatierten Ausgabe. Der genauen Schreibweise geht ein Punkt voran:

```
printf("%.2f\n",3.143234); // Ausgabe 3.14
```

Hiermit wird die Gleitpunktzahl `3.143234` als `3.14` ausgegeben. Das heißt aber nicht, dass sich der Wert der Zahl verändert hat, sondern dies bezieht sich nur auf die formatierte Ausgabe. Die Zahl wird also nicht auf- oder abgerundet. So bewirkt z. B. die Ausgabe von

```
printf("%.2d\n",1000); // Ausgabe 1000
```

nicht, dass `10` ausgegeben wird. In diesem Fall wird dennoch die Zahl `1000` ausgegeben. Hingegen wird bei Strings dieser Bereich wiederum beschnitten. Zur Verdeutlichung zeigt Listing 5.8 ein weiteres Beispiel (siehe auch Abbildung 5.12):

```
/* formatierte_ausgabe.c */
#include<stdio.h>

int main (void) {
   char text[]="Tiefstand";
   printf("|01234567890123456789|\n");
   printf("|%s|\n",text);
   printf("|%20s|\n",text);
   printf("|%-20s|\n",text);
   printf("|%20s|\n",text+4);
   printf("|%20.4s|\n",text);
   printf("|%-20.4s|\n",text);
```

```
    printf("|%-20s|\n",text+4);
    return 0;
}
```

Listing 5.8 »formatierte_ausgabe.c« zeigt, wie Sie mit »printf()« Text an einer speziellen Position ausgeben können.

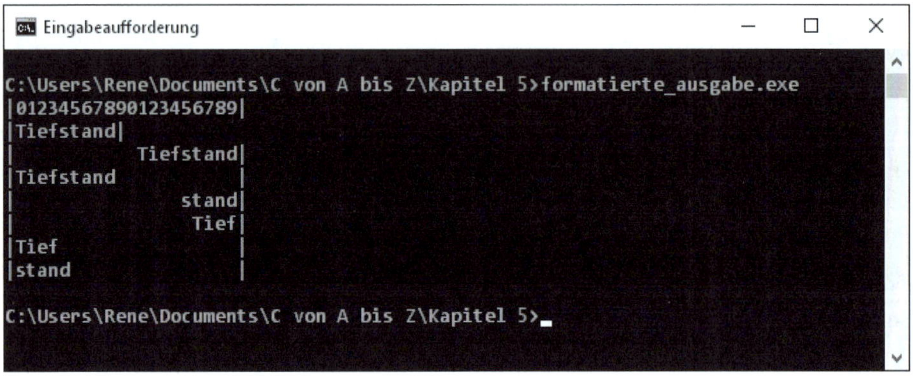

```
Eingabeaufforderung
C:\Users\Rene\Documents\C von A bis Z\Kapitel 5>formatierte_ausgabe.exe
|01234567890123456789|
|Tiefstand|
|           Tiefstand|
|Tiefstand           |
|               stand|
|                Tief|
|Tief                |
|stand               |

C:\Users\Rene\Documents\C von A bis Z\Kapitel 5>_
```

Abbildung 5.12 Formatierte Ausgabe mit Angabe der Weite

Zum Schluss sind jetzt noch die einzelnen Längenangaben und ihre jeweiligen Auswirkungen vorzustellen. Im Fachjargon spricht man auch von einer Argumenttyp-Modifikation (siehe Tabelle 5.18).

Modifikation	Auswirkung
h	Die Umwandlungszeichen d, i, o, u, x, X werden als short int-bzw. unsigned short int-Wert behandelt.
l	Die Umwandlungszeichen d, i, o, u, x, X werden als long int- bzw. unsigned long int-Wert behandelt. Wird hingegen e, f oder g verwendet, werden die Umwandlungszeichen als double-Wert behandelt.
L	Die Umwandlungszeichen e, E, f, g, G werden als long double-Wert behandelt. Die Umwandlungszeichen d, i, o, u, x, X hingegen werden als long long-Wert behandelt.
hh	Wie h, nur dass die Umwandlungszeichen d, i, o, u, x, X als signed char- bzw. unsigned char-Wert behandelt werden.
j	Die Umwandlungszeichen d, i, o, u, x, X werden als intmax_t- bzw. uintmax_t-Wert behandelt (neu ab C99).

Tabelle 5.18 Argumenttyp-Modifikationen

Modifikation	Auswirkung
t	Die Umwandlungszeichen d, i, o, u, x, X werden als ptrdiff_t-Wert behandelt (neu ab C99).
z	Die Umwandlungszeichen d, i, o, u, x, X werden als size_t-Wert behandelt (neu ab C99).

Tabelle 5.18 Argumenttyp-Modifikationen (Forts.)

Das einfache Listing 5.9 demonstriert einige dieser Argumenttyp-Modifikationen in der Praxis:

```
/* typmodifikationen.c */
#include<stdio.h>

int main (void) {
   short sval;
   double dval;
   long long llval;
   signed char cval;
   printf("Ein short-Wert     : ");
   scanf("%hd", &sval);
   printf("Ein double-Wert    : ");
   scanf("%lf", &dval);
   printf("Ein long long-Wert : ");
   scanf("%Ld", &llval);
   printf("Ein char-Wert : ");
   scanf("%hhd", &cval);
   printf("Der short-Wert ist  %hd\n", sval);
   printf("Der double-Wert ist %lf\n", dval);
   printf("Der long long-Wert ist %Ld\n", llval);
   printf("Der char-Wert ist %hhd\n", cval);
   return 0;
}
```

Listing 5.9 »typmodifikationen.c« demonstriert, wie Sie mit »printf()« Variablen unterschiedlicher Datentypen ausgeben können.

Kapitel 6
Formatierte Ein-/Ausgabe mit »scanf()« und »printf()«

Um auf den nächsten Seiten etwas mehr mit den Programmen machen zu können, benötigen Sie Kenntnisse in der einfacheren (hier formatierten) Ein- und Ausgabe. Die Funktionen »printf()« und »scanf()« sind recht gut für diesen Einstieg geeignet, stellen allerdings keinesfalls das Nonplusultra in C dar. Ganz im Gegenteil: Sie sind eher als sicherheitskritisch zu betrachten und in der Praxis mit Vorsicht zu genießen. Erst der neue C23-Standard schreibt vor, »printf()« und »scanf()« gegen Angriffe (sogenannte Exploits) zu schützen.

6.1 Formatierte Eingabe mit »scanf()«

[«]

Hinweis für C-Einsteiger

Zuerst noch ein Hinweis für die absoluten Anfänger in der Programmiersprache C. Einiges wird Ihnen in diesem Kapitel ein wenig unklar sein, aber wenn Sie das Buch durchlesen, wird sich vieles von selbst klären. Wie Sie schon im Einführungsbeispiel gesehen haben, ist besonders die Tastatureingabe in C nicht ganz trivial. Sie benötigen leider etwas Geduld, bis sich die Sache mit den *Zeigern* aufgeklärt hat.

Betrachten wir zunächst die Syntax dieser Funktion:

```
//benötigter include für diesen Befehl
#include<stdio.h>

int scanf(const char * restric format, ...);
```

Mit der Funktion `scanf()` können Sie Werte unterschiedlicher Datentypen formatiert einlesen. Eingelesen wird dabei von der Standardeingabe (`stdin`). Mit *Standardeingabe* ist normalerweise die Tastatur gemeint. Man kann aber die Standardeingabe auch umleiten, und auf dem Raspberry Pi wird das auch oft gemacht, wenn dieser ohne Monitor (*headless*) betrieben wird. Dann wird zum Beispiel ein PC per Telnet oder der seriellen Schnittstelle mit dem Raspberry Pi verbunden, und in `stdin` erscheinen auf dem Raspberry Pi die Zeichen, die der PC sendet.

Das nächste einfache Beispiel mit der Funktion `scanf()` liest die Daten über die Tastatur ein:

```
/* scanf_1.c */
#include<stdio.h>

int main (void) {
   int i;              /* ein ganzzahliger Datentyp */
   printf("Bitte geben Sie eine Zahl ein : ");
   scanf("%d",&i);     /* i einlesen (bitte das & nicht vergessen!) */
   printf("Die Zahl, die Sie eingegeben haben, war %d\n",i);
   return 0;
}
```

Wenn das Programm korrekt abläuft, werden Sie nach einer Zahl gefragt. Jetzt geben Sie eine Zahl ein und drücken [↵]. Anschließend gibt das Programm die Zahl, die Sie eingegeben haben, auf dem Bildschirm aus (siehe Abbildung 6.1) und wird beendet.

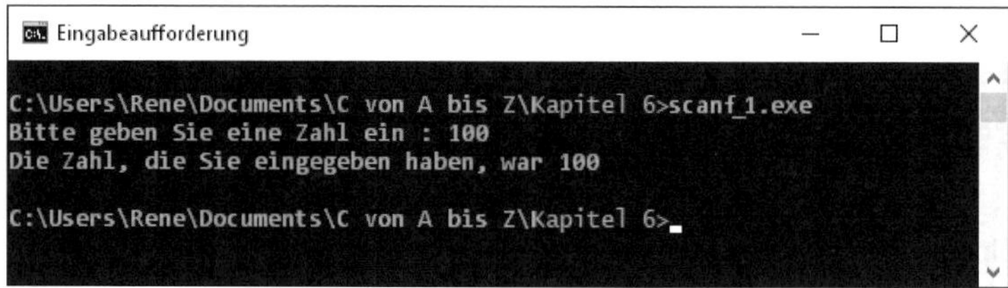

Abbildung 6.1 Eine einfache Zahleneingabe mit »scanf()« unter Windows

Bildlich können Sie sich diesen Vorgang so vorstellen wie in Abbildung 6.2 skizziert.

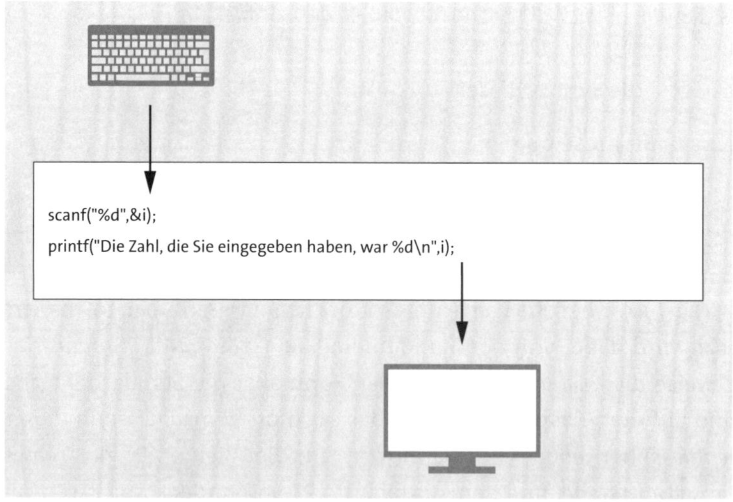

Abbildung 6.2 Programm-Ein-/Ausgabe mit »scanf()« und »printf()«

`scanf()` ist ähnlich aufgebaut wie `printf()`. Wie bei `printf()` werden zwei Klammern und zwei Anführungszeichen verwendet. `scanf()` liest die Tastatureingaben also formatiert ein. Das Formatzeichen `%d` steht für die formatierte Eingabe einer dezimalen Ganzzahl mit 16 Bit. Es ist sehr wichtig, dass Sie das Zeichen `&` nicht vergessen. Aber was bedeutet dieses `&` und warum gibt das Programm direkt nach der Eingabe `segmentation fault` aus, wenn wir es vergessen?

6.1.1 Der Adressoperator »&«

Den *Adressoperator* `&` jetzt schon besser zu verstehen, kann nicht schaden. Später, wenn es um das Thema *Zeiger* (auch *Pointer*; siehe Kapitel 13) geht, kann dieses Vorverständnis von Nutzen sein. Sollte dieser Abschnitt Ihnen ein wenig fremd vorkommen, ist das kein Grund zur Sorge, denn von Speicherverwaltung und Adressen wird noch häufiger die Rede sein.

Eine Variable kann in die vier folgenden Einzelteile zerlegt werden:

- *Datentyp*
- *Name* der Variablen
- *Speicheradresse* der Variablen
- *Wert* der Variablen

C verwaltet intern eine Variablentabelle, und in dieser Tabelle steht neben dem Datentyp und dem Namen auch die *Speicheradresse* der Variablen. In dieser Speicheradresse steht der Wert der Variablen. Eine Speicheradresse ist eine Logik im Prozessor. Damit der Prozessor weiß, wo sich etwas befindet, wird der Speicher in einzelne Bytes eingeteilt. Ein Byte umfasst 8 Bit, und die Speicheradresse ist die Position eines Bytes im Speicher. Wenn man also ein `A` in die Speicheradresse 1024 schreibt, dann steht an der 1025. Byte-Position im Speicher ein `A`. (Es ist deshalb die 1025. Position, weil die Speicheradressen bei 0 anfangen.)

Speicheradressen werden oft in der hexadezimalen Schreibweise angegeben, deshalb würde die Adresse 1024 z. B. als `400h` (`h` = hexadezimal) bzw. `0x400` geschrieben. Der Prozessor hat spezielle Befehle, um Werte in bestimmten Speicheradressen abzulegen und Werte aus diesen auszulesen. Sie müssen diese Befehle an dieser Stelle nicht kennen, sondern nur wissen, dass es sie gibt und dass der Speicher in einzelne Bytes eingeteilt wird. Im Programmbeispiel von oben heißt das konkret: Der Datentyp ist `int`, der Name ist `i`, und die Adresse wird vom Compiler automatisch zugewiesen (darauf haben Sie also keinen Einfluss). Die Speicheradresse sei in Abbildung 6.3 z. B. `0x123A`. Der Wert ist der, den Sie mit `scanf()` eingelesen haben. Wurde z. B. `5` eingegeben, ist dieser Speicherplatz wie folgt belegt:

Datentyp	Name	Speicher-adresse	Wert
int	i	0000:123A	5

Abbildung 6.3 Eine Variable im Speicher (vereinfacht dargestellt)

Das &-Zeichen ist nichts anderes als der *Adressoperator*. Dies bedeutet, dass der Variablen `i` vom Typ `int` mit der Speicheradresse `0x123A` der Wert `5` zugewiesen wird. Oder einfacher: An der 4667. Position im Speicher steht der Wert `5`. 4667 deshalb, weil der Hexadezimalwert 0x123A die Dezimalzahl 4666 darstellt und die Speicheradressen bei 0 anfangen.

[»]

Hinweis zu Variablenattributen

Die Attribute einer Variablen wurden hier nur vereinfacht dargestellt. Neben den erwähnten Attributen gibt es das *Zugriffsrecht*, den *Gültigkeitsbereich* und die *Lebensdauer* einer Variablen. Darauf gehe ich in Kapitel 10 ein, wenn es um Funktionen geht.

[!]

Achtung: Vergessen Sie nicht den Adress-of-Operator!

Ein Fehler, den Anfänger häufig machen, ist das Weglassen des Adressoperators &. Dies führt dazu, dass das Programm auf eine ungültige Adresse zugreift und sich mit der Meldung `segmentation fault` (Linux) oder `allgemeine Schutzverletzung` (Windows) verabschiedet.

Was beim Einlesen einer Zeichenkette richtig ist, das ist bei anderen Datentypen wie Ganz- oder Gleitpunktzahlen wieder falsch:

```
/* FALSCH, da Adressoperator & fehlt */
scanf("%d", zahl);
/* Richtig, denn eine Zeichenkette benötigt keinen Adressoperator. */
scanf("%s", string);
```

Auch wenn `scanf()` das Gegenstück zu `printf()` ist und sich beide in ihrer Schreibweise ähneln, sollten Sie nicht auf die Idee kommen, Folgendes zu schreiben:

```
/* FALSCH */
scanf("Bitte geben Sie eine Zahl ein: %d\n", &zahl);
```

Das funktioniert deshalb nicht, weil `scanf()` für die Standard*ein*gabe programmiert ist und `printf()` für die Standard*aus*gabe. Das heißt, dass das Newline-Zeichen nur für die Standardausgabe gütig ist, beim Einlesen von der Tastatur jedoch Probleme macht.

6.1.2 Probleme und ihre Behandlung mit »scanf()«

Ein häufiges Problem, das auftritt, wenn Sie `scanf()` für die Eingabe verwenden, ist die *Pufferung*. Pufferung bedeutet, dass die eingegebenen Zeichen zwischengespeichert werden. Der Puffer ist je nach System und Anwendung zeilen- oder vollgepuffert. Dies gilt wiederum nicht für die Standardfehlerausgabe (`stderr`), die laut ANSI C niemals vollgepuffert sein darf. Bevor ich dies weiter erkläre, sollten Sie folgendes Programm testen:

```
/* scanf_2.c */
#include<stdio.h>

int main(void) {
   char a,b,c;
   printf("1. Buchstabe : ");
   scanf("%c",&a);
   printf("2. Buchstabe : ");
   scanf("%c",&b);
   printf("3. Buchstabe : ");
   scanf("%c",&c);
   printf("Sie gaben ein : %c %c %c ",a,b,c);
   return 0;
}
```

Listing 6.1 »scanf_2.c« demonstriert das Einlesen von Buchstaben mit »scanf()«.

Die Ausgabe könnte aussehen wie in Abbildung 6.4:

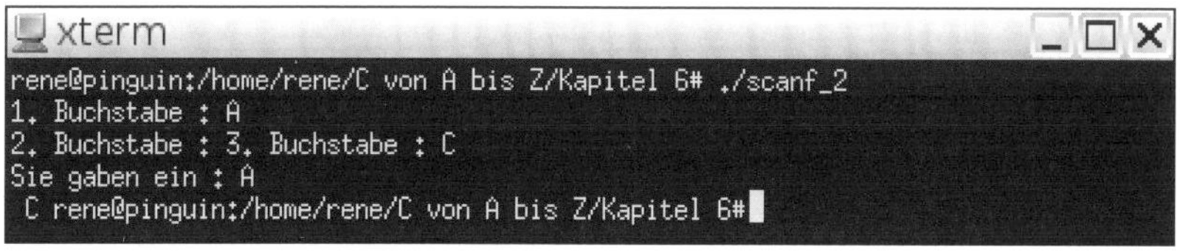

```
xterm
rene@pinguin:/home/rene/C von A bis Z/Kapitel 6# ./scanf_2
1. Buchstabe : A
2. Buchstabe : 3. Buchstabe : C
Sie gaben ein : A
 C rene@pinguin:/home/rene/C von A bis Z/Kapitel 6#
```

Abbildung 6.4 Ein mögliches Problem mit »scanf()« unter Linux

Was ist passiert? Warum wird der zweite Buchstabe immer übersprungen? Wie gesagt, das Problem ist hier die Pufferung, und in C gibt es keine einfache Möglichkeit (wie etwa `chomp` bei Perl), um das letzte Zeichen zu entfernen.

In diesem Beispiel wurde als erster Buchstabe »A« eingegeben und [↵] gedrückt. Dieses [↵] (ASCII-Code = 10 = \n = *newline*) befindet sich immer noch im Puffer der Standardeingabe und wird automatisch für das zweite Zeichen verwendet. Was können Sie dagegen tun? Ich will Ihnen an dieser Stelle ein paar Möglichkeiten zeigen, die allerdings auch systemabhängig sein können.

Möglichkeit 1

Sie benutzen die Funktion `fflush()` zum Entleeren des Tastaturpuffers. Möglicherweise gelingt dies nicht auf jedem Betriebssystem (speziell nicht unter Linux, wenn man die Konsole nicht entsprechend konfiguriert):

```
/* scanf_3.c */
#include<stdio.h>

int main(void) {
   char a,b,c;
   printf("1. Buchstabe : ");
   scanf("%c",&a);
   fflush(stdin);
   printf("2. Buchstabe : ");
   scanf("%c",&b);
   fflush(stdin);
   printf("3. Buchstabe : ");
   scanf("%c",&c);
   printf("Sie gaben ein : %c %c %c ",a,b,c);
   return 0;
}
```

Listing 6.2 »scanf_3.c« behebt die Probleme bei »scanf_2.c« durch die Verwendung von »fflush()«.

Möglichkeit 2

Sie benutzen eine `do while`-Schleife und *ziehen* das Newline-Zeichen aus dem Puffer heraus, was aber nur etwas für fortgeschrittene Programmierer ist:

```
/* scanf_4.c */
#include<stdio.h>

int main(void) {
   char a, b, c;
   printf("1. Buchstabe : ");
   do {scanf("%c",&a);} while ( getchar() != '\n' );
   printf("2. Buchstabe : ");
```

```
   do {scanf("%c",&b);} while ( getchar() != '\n' );
   printf("3. Buchstabe : ");
   do {scanf("%c",&c);} while ( getchar() != '\n' );
   printf("Sie gaben ein : %c %c %c\n", a, b, c);
   return 0;
}
```

Listing 6.3 »scanf_4.c« behebt die Probleme bei »scanf_2.c« durch die Verwendung einer Schleife, die den Tastaturpuffer nach jeder Eingabe leert.

Ein Nachteil dieses Beispiels ist, dass es zu Problemen kommt, wenn Sie mehr als ein Zeichen auf einmal, also z. B. »xy« eingeben. Mehr zur `do while`-Schleife finden Sie in Abschnitt 9.9.

Möglichkeit 3

Sie verwenden `scanf()` erst gar nicht (wie dies in der Praxis aus Sicherheitsgründen zu empfehlen ist) und greifen auf eine der vielen anderen Standardeingabe-Funktionen zurück. Ideal wäre es beispielsweise, die Funktion `fgets()` zum Einlesen zu verwenden und diese Eingabe mit der Funktion `sscanf()` in ein entsprechendes Format zu konvertieren (siehe auch Abschnitt 17.5.7). Ein entsprechendes Beispiel könnte so aussehen:

```
/* scanf_5.c */
#include<stdio.h>

int main(void) {
   char ch;
   char buf[2];

   printf("Ein Zeichen bitte : ");
   fgets(buf, 2, stdin);
   sscanf(buf, "%c", &ch);
   printf("Das Zeichen : %c\n",ch);
   return 0;
}
```

Listing 6.4 »scanf_5.c demonstriert« eine Alternative zu »scanf«: die Funktion »fgets()«.

> **Hinweis zu »scanf()«**
>
> In diesem Buch wird noch des Öfteren die Funktion `scanf()` verwendet. Falls etwas nicht so funktioniert, wie es sollte, verwenden Sie besser eine der drei in diesem Kapitel gezeigten Möglichkeiten.

[!]

Achtung: Sicherheitskritische Funktionen »scanf()« und »printf()«

Die Funktion `scanf()` ist normalerweise nicht gegen einen Pufferüberlauf (*Buffer Overflow*) geschützt und somit unsicher. Das heißt, sie könnte für einen Hack des Programms durch eine andere Person missbraucht werden.

Damit ist gemeint, dass die Funktion gemeinhin nicht die Anzahl der eingegebenen Zeichen überprüft, wodurch es zu Fehlern kommen bzw. ein Fehlverhalten von außen provoziert werden kann. Abgesehen davon ist `scanf()` (und auch `printf()`) ein guter Kandidat für *Format String Exploits*. Viele Compiler monieren `scanf()` auch als unsichere Funktion. Der Compiler von Microsoft, Visual C++, rät z. B., stattdessen die Funktion `scanf_s()` zu verwenden (`_s` bedeutet *secure*). Beachten Sie allerdings, dass `scanf_s()` keine Standard-C-Funktion und somit auch nicht portabel ist. Wenn Sie ausschließlich unter Windows programmieren möchten, ist dies aber kein Problem. Besser wird es voraussichtlich erst mit dem C23-Standard, der vorschreibt, dass `printf()` und `scanf()` stets gegen Buffer Overflows abzusichern sind.

6.1.3 Überprüfen auf das richtige Format

Um sicherzugehen, dass der Benutzer auch das Richtige eingegeben hat, können (müssen) Sie den Rückgabewert von `scanf()` überprüfen:

```
/* scanf_6.c */
#include<stdio.h>

int main(void) {
   char a;
   int b, check;

   printf("Bitte Eingabe machen (Zeichen/Zahl): ");
   check = scanf("%c %d",&a, &b);
   printf("check = %d \n",check);
   return 0;
}
```

Der Rückgabewert von `scanf()` ist dabei immer die Anzahl der erfolgreich gelesenen Werte. Der Wert `0` hingegen wird zurückgegeben, wenn es zu keiner Übereinstimmung mit dem geforderten Formatzeichen gekommen ist. In diesem Beispiel erwartet `scanf()` die Eingabe eines Zeichens (`%c`) und einer Dezimalzahl (`%d`). Wenn beide Eingaben richtig gemacht wurden, sollte die folgende `printf()`-Anweisung den Wert `2` ausgeben.

Mit einer kleinen Überprüfung können Sie das Programm verbessern, um ein undefiniertes Verhalten für die Weiterarbeit zu verhindern:

```
/* scanf_7.c */
#include<stdio.h>

int main(void) {
   int a, b, check;

   printf("Bitte zwei Zahlen eingeben: ");
   check = scanf("%d %d",&a ,&b);
   fflush(stdin);  /* unter Linux entfernen */
   //getchar();    /* für Linux             */
   /* Ist check gleich 2, war die Eingabe richtig. */
   if(check == 2)
      printf("Beide Zahlen richtig %d und %d\n",a ,b);
   /* ... nicht richtig, also war die 2. Zahl falsch. */
   else if(check == 1) {
         printf("Die 2.Zahl hat das falsche Format!!\n");
         printf("Bitte Eingabe wiederholen: ");
         /* noch ein Versuch */
         check = scanf("%d",&b);
         fflush(stdin);
         if(check)
            printf("Eingabe Ok. Ihre Zahlen %d %d\n",a,b);
         else
            printf("Leider nochmals falsch\n");
      }
   else
      printf("Die erste oder beide Eingaben waren falsch!\n" );
   return 0;
}
```

Listing 6.5 »scanf_7.c« demonstriert, wie Sie die Eingaben mittels »scanf()« auf Fehler überprüfen können.

Bei fehlerfreier Ausführung liefert die scanf()-Funktion die Anzahl der Zeichen zurück, die erfolgreich gelesen, konvertiert und gespeichert wurden.

Wenn die erste Eingabe von scanf() im Beispiel schon fehlerhaft ist, wird die zweite Eingabe gar nicht mehr beachtet. Daher gibt scanf() dann 0 zurück, da gar keine Zeichen gespeichert werden konnten. Abbildung 6.5 zeigt nun das letzte Listing bei der Ausführung.

```
Eingabeaufforderung

C:\Users\Rene\Documents\C von A bis Z\Kapitel 6>scanf_7.exe
Bitte zwei Zahlen eingeben: 10 30
Beide Zahlen richtig 10 und 30

C:\Users\Rene\Documents\C von A bis Z\Kapitel 6>scanf_7.exe
Bitte zwei Zahlen eingeben: 10 a
Die 2.Zahl hat das falsche Format!!
Bitte Eingabe wiederholen: 10 20
Eingabe Ok. Ihre Zahlen 10 10

C:\Users\Rene\Documents\C von A bis Z\Kapitel 6>scanf_7.exe
Bitte zwei Zahlen eingeben: a 10
Die erste oder beide Eingaben waren falsch!

C:\Users\Rene\Documents\C von A bis Z\Kapitel 6>_
```

Abbildung 6.5 Die Überprüfung des Rückgabewertes von »scanf()«

6.1.4 Zusammenfassung zu »scanf()«

Die Funktion `scanf()` liest zeichenweise eine Folge von Eingabefeldern ein. Für jedes Eingabefeld muss eine Adresse vorhanden sein, wobei das Eingabefeld mit dem Datentyp der Adresse übereinstimmen muss. Bei Erfolg liefert `scanf()` die Anzahl der erfolgreich eingelesenen Felder zurück. Konnten keine Felder korrekt eingelesen werden, gibt `scanf()` als Rückgabewert `0` zurück. Für den Fall, dass bei der Eingabe schon ein Fehler auftrat, bevor die Daten überhaupt gelesen werden konnten, wird `EOF` zurückgegeben. Leider ist der Wert des EOF-Zeichens systemabhängig – er kann sowohl 0 als auch 255 betragen.

Folgende Zeichen werden bei `scanf()` als Eingabefelder akzeptiert:

- alle Zeichen bis zum nächsten Whitespace
- alle Zeichen bis zu einer bestimmten Feldbreite von *n*
- alle Zeichen bis zu dem ersten Zeichen, das nicht mehr in ein entsprechendes Format konvertiert werden konnte

Hinweis zu Whitespaces

Ein *Whitespace* ist ein Leerzeichen, ein Tabulator oder ein Zeilenumbruch (also das `\n`).

Anmerkung für C-Anfänger

Nochmals eine Anmerkung für die absoluten Neulinge in C: Sie wurden in diesem Kapitel teilweise mit Begriffen wie *Variablen*, *Datentypen*, *Format*, *Formatanweisungen* und *Feldbreite* konfrontiert, mit denen Sie zum größten Teil noch nichts anfangen können. Den Großteil dieser Begriffe werden Sie aber auf den nächsten Seiten noch genauer kennenlernen. Wenn Sie dieses Buch durchgearbeitet haben, werden

Sie kein Anfänger mehr sein und hin und wieder das eine oder andere Thema nachschlagen wollen. Dann wird es Ihnen leichter fallen, Informationen zur Funktion scanf() kompakt in ein oder zwei Kapiteln zu finden, anstatt im ganzen Buch verstreut danach suchen zu müssen.

6.2 Formatierte Ausgabe mit »printf()«

Die Syntax von printf() sieht so aus:

```
#include <stdio.h>

int printf(const char * restrict format, ...);
```

Der Rückgabewert von printf() ist die Anzahl der Zeichen, die ausgegeben werden (ohne das Terminierungszeichen '\0'), oder im Fehlerfall EOF. Folgendes Beispiel demonstriert dies:

```
/* printf_1.c */
#include<stdio.h>

int main(void) {
   int zeichen;
   zeichen = printf("Hallo Welt");
   printf(" enthaelt %d Zeichen\n", zeichen);  // 10 Zeichen
   return 0;
}
```

printf() bekommt mindestens einen Parameter übergeben, nämlich den Formatstring. Dieser Formatstring besteht wiederum aus einem Ausgabetext (Stringkonstante), der nullterminiert ist (das heißt, mit dem Zeichen \0 abgeschlossen wird) und/oder aus einer Formatanweisung (siehe Abbildung 6.6).

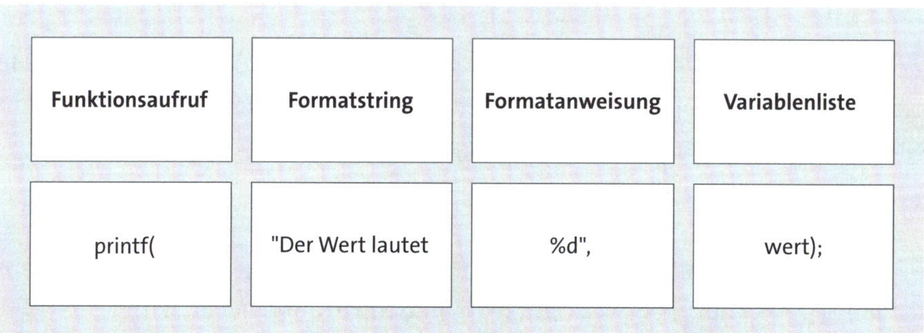

Abbildung 6.6 »printf()«, in seine einzelnen Bestandteile zergliedert

Bei dem Formatstring handelt es sich um eine Zeichenkette beliebiger Länge. Zum Beispiel:

```
printf("Ich bin der Formatstring in der printf-Anweisung");
```

[!]

Achtung: Begrenzte Ausgabelängen

Das mit der »beliebigen Länge« stimmt nicht ganz. Auch mit `printf()` kann es einen Pufferüberlauf geben, sollte der Text länger sein als erlaubt. Ein Pufferüberlauf (*Buffer Overflow*) wird in Hacker-Kreisen gern verwendet, um an Root-Rechte (Rechte des Systemadministrators) zu kommen. Bei mehr als 4096 Zeichen würde `printf()` laut C99-Standard Probleme bekommen. (Bei dem C89-Standard wird es schon ab 512 Zeichen gefährlich.) Microsoft Visual C++ verweigert außerdem bei mehr als 65.535 Zeichen die Übersetzung.

Die Funktion `printf()` wird bei der Ausführung von links nach rechts abgearbeitet. Dabei sucht die Funktion nach einem Ausgabetext (Stringkonstante) und Formatanweisungen.

Diese Formatanweisung wird von `printf()` dann mit entsprechenden Parametern der variablen Liste ausgegeben. Formatanweisungen beginnen alle mit einem %-Zeichen. Dahinter folgt ein Buchstabe, der den Datentyp des Formats angibt. `%d` steht z. B. für eine dezimale Ganzzahl. Die Formatanweisung lässt sich natürlich noch erweitert formatieren.

Die Ausgabe von `printf()` muss übrigens nicht ausschließlich auf dem Bildschirm erfolgen. Sie können die Standardausgabe (`stdout`) auch in eine Datei umleiten:

```
/* printf_2.c */
#include<stdio.h>

int main(void) {
   printf("Diese Ausgabe soll in einer Textdatei stehen\n");
   return 0;
}
```

Dieses Beispiel verwendet die Bash von Linux. Übersetzen Sie dieses Programm wie gewohnt (also mit der Option `-o`), und starten Sie es, indem Sie in der Konsole Folgendes eingeben (als Programmname sei *out* gegeben):

```
$ out > test.txt
```

Jetzt befindet sich im aktuellen Verzeichnis eine Datei namens *test.txt* mit dem Inhalt, den `printf()` normalerweise auf dem Bildschirm ausgegeben hätte.

Anmerkung

Sicherlich stellt sich der eine oder andere die Frage, warum ich schon zu Beginn des Kapitels auf die Schwachstellen von `printf()` und `scanf()` hinweise und sie dann dennoch verwende. Dies ist schlicht der einfachste Einstieg für Anfänger. Zwar richtet sich dieses Buch nicht nur an Anfänger, aber würde ich gleich die sicheren Alternativen behandeln, so würde dies einem absoluten Einsteiger zu viel abverlangen. Außerdem wird auch die C-Standard-Bibliothek stetig verbessert, deshalb kann es ja auch sein, dass mit dem C23-Standard `printf()` und `scanf()` (wieder) sicher werden. Nicht zuletzt kommt man auch sehr oft in die Lage, ältere (unsichere) Programme portieren zu müssen. Dies geschieht sogar öfters, als einem lieb ist. Natürlich gilt diese Aussage nicht, wenn Sie z. B. sehr alte BASIC-Programme portieren wollen, denn dies käme einer vollständigen Neuentwicklung gleich. Aber wenn Sie von C einer älteren C-Version auf eine neuere C-Version umsteigen, dann müssen Sie oft gar nicht mal nicht so viel Code umstellen, sondern eher das alte Programm gegen moderne Angriffe absichern.

Kapitel 7
Operatoren

Zum Berechnen und Weiterverarbeiten von Variableninhalten gibt es viele Operatoren in C. Im Folgenden wird die Verwendung solcher Operatoren besprochen.

Operatoren und Operanden gibt es in jeder Programmiersprache, nicht nur in C. Da diese beiden Begriffe oft durcheinandergeworfen werden, möchte ich Ihnen zuerst den Unterschied zwischen Operanden und Operatoren erklären. Auf diese Weise sind Sie quasi »immun« gegen oft falsche Aussagen in Internetforen.

7.1 Was sind Operatoren, und wozu benötigt man sie in C?

Variablen und Zahlen nennt man auch *Operanden*. Mit den Operanden kann man operieren, also bestimmte, vordefinierte Dinge tun. *Operieren* heißt, dass man mit den Operanden eine Rechenoperation ausführt, z. B. eine Addition. In C ist eine Addition ein sogenannter Operator. Ein *Operator* ist eine fest eingebaute Rechenoperation, die keine Funktion ist. Im Falle der Addition kann man deshalb einfach `a=b+c` schreiben, anstatt z. B. die Funktion `a=add(b,c)` benutzen zu müssen. Im Falle der Addition sagt man auch, dass die Addition zwei Operanden hat. Im Gegensatz dazu ist z. B. der Sinus kein Operator und wird deshalb als Funktion im Format `x=sin(y)` aufgerufen.

Neben Operanden und Operatoren gibt es noch Tokens. Ein *Token* ist ein *C-Schlüsselwort*, wie z. B. `if` oder `while`, das nicht extra eingebunden werden muss und vom Programmierer auch nicht geändert werden kann. Ich erwähne die Tokens deshalb, weil dieser Begriff manchmal in den Fehlermeldungen des GCC-Compilers auftaucht. Damit auch Nicht-Mathematiker oder Hobby-Programmierer verstehen, wie sich Operatoren unterscheiden, beginnen wir mit einem kleinen Exkurs. Operatoren werden zunächst einmal hinsichtlich der Zahl ihrer Operanden unterschieden:

- *unär* – der Operator hat einen Operanden.
- *binär* – der Operator hat zwei Operanden.
- *ternär* – der Operator hat drei Operanden.

In C werden Sie vorwiegend mit unären und binären Operatoren arbeiten. Es gibt aber auch einen ternären Operator. Des Weiteren müssen Sie unterscheiden, welche Position der Operator einnimmt:

- *Infix* – der Operator steht zwischen den Operanden.
- *Präfix* – der Operator steht vor den Operanden.
- *Postfix* – der Operator steht hinter den Operanden.

Vorwiegend werden Sie es mit der Infix-Schreibweise zu tun haben. Einige unäre Operatoren können sowohl in der Präfix- als auch in der Postfix-Schreibweise verwendet werden. Und schließlich werden die Operatoren noch hinsichtlich der Assoziativität differenziert. Als *Assoziativität* wird die Auswertungsreihenfolge bezeichnet, in der Operanden in einem Ausdruck ausgewertet werden. Dabei gibt es folgende Assoziativitäten der Operatoren:

- *Linksassoziativität*
- *Rechtsassoziativität*

Der Großteil der Operatoren in C ist linksassoziativ. Das bedeutet, dass bei dem Ausdruck

```
var1 + var2 - var3;
```

zuerst `var1` mit `var2` addiert wird. Anschließend wird `var3` von der Summe subtrahiert. Wären die Operatoren rechtsassoziativ, würde zuerst `var3` von `var2` abgezogen und danach das Ergebnis mit `var1` addiert. Ist dies erwünscht, müssen Klammern gesetzt werden:

```
var1 + (var2 - var3);
```

Nachdem diese sprachlichen Stolpersteine beseitigt sind, können wir uns mit den einzelnen Operatoren in der Programmiersprache C befassen.

7.2 Arithmetische Operatoren

Für arithmetische Operationen gibt es für ganze Zahlen die arithmetischen Operatoren, die in Tabelle 7.1 aufgelistet sind.

Operator	Bedeutung
+	Addiert zwei Werte.
-	Subtrahiert zwei Werte.

Tabelle 7.1 Darstellung arithmetischer Operatoren in C

Operator	Bedeutung
*	Multipliziert zwei Werte.
/	Dividiert zwei Werte.
%	Modulo (Rest einer Division)

Tabelle 7.1 Darstellung arithmetischer Operatoren in C (Forts.)

Für arithmetische Operatoren gelten folgende Regeln:

- Die Punkt-vor-Strich-Regelung: * und / binden also stärker als + und -. In der Praxis heißt dies: 5 + 5 * 5 ergibt 30 und nicht, wie eventuell erwartet, 50. Wenn zuerst 5 + 5 berechnet werden soll, verwenden Sie Klammern. Diese binden noch stärker als die Rechenzeichen und werden stets ganz zum Schluss ausgewertet; also (5 + 5) * 5 = 50. Allerdings müssen Sie stets runde Klammern benutzen, da eckige Klammern, wie sie in der Mathematik manchmal aus Gründen der Übersichtlichkeit benutzt werden, in C eine andere Bedeutung haben.
- Arithmetische Operatoren sind binäre Operatoren. Binäre Operatoren arbeiten immer mit zwei Operanden, also `<Operand1><Operator><Operand2>`.

Ein Programmbeispiel verdeutlicht den Sachverhalt:

```
/* arithmetik_1.c */
#include<stdio.h>

int main(void) {
   int zahl1,zahl2,zahl3;
   int ergeb;

   zahl1=10;
   zahl2=20;
   zahl3=30;

   printf("Zahl 1= %d\n",zahl1);
   printf("Zahl 2= %d\n",zahl2);
   printf("Zahl 3= %d\n",zahl3);

   // Möglichkeit 1: zuerst Berechnung, dann Ausgabe
   ergeb=zahl1+zahl2+zahl3;
   printf("Summe aller Zahlen:%d\n",ergeb);

   // Möglichkeit 2: wie oben, nur mit Ausgabe in einem Schritt
   ergeb=zahl3-zahl2;
```

```
   printf("%d - %d = %d\n",zahl3,zahl2,ergeb);

   /* Möglichkeit 3: mit Anzeige
    * und Berechnung am Ende der
    * 'printf'-Anweisung */
   printf("%d * %d = %d\n",zahl1,zahl1,zahl1*zahl1);

   // Möglichkeit 4: weitere 'printf'-Berechnung
   printf("Zahl 3 / Zahl 1 =%d\n",zahl3/zahl1);

   // Möglichkeit 5: wieder eine mit 'printf'
   printf("Zahl 1 + x-beliebige Zahl =%d\n",zahl1+11);

   // Ein Klammerbeispiel
   ergeb=(zahl1+zahl2)/zahl3;
   printf("(%d + %d)/%d = %d\n",zahl1,zahl2,zahl3,ergeb);
   return 0;
}
```

Listing 7.1 »arithmetik_1.c« demonstriert den Umgang mit Operatoren – sowohl bei direkten Berechnungen als auch innerhalb von Funktionen wie »printf()«.

Wie Sie in diesem Beispiel sehen, kann die Berechnung auch innerhalb der `printf()`-Anweisung ausgeführt werden. Natürlich wird in diesem Fall kein Ergebnis an eine Variable zurückgegeben.

7.2.1 Dividieren von Ganzzahlen

Wenn Sie zwei Ganzzahlen, z. B. `4` und `3` dividieren, bekommen Sie als Ergebnis `1` zurück. Der Grund ist ganz einfach, dass der Datentyp `int` einer Ganzzahlvariablen entspricht und daher der nicht ganzzahlige Rest einfach abgeschnitten (nicht gerundet!) wird. Wird explizit der Rest benötigt, können Sie den Modulo-Operator verwenden. Der Modulo-Operator hat `%` als Zeichen. Das ist doch das Formatierungszeichen der Funktionen `printf()` und `scanf()`? Nein, denn das eine hat mit dem anderen nichts zu tun. Das Formatierungszeichen von `printf()` und `scanf()` wird immer zwischen zwei Anführungszeichen geschrieben (`"%d"`). Der Modulo-Operator `%` ist ein Rechenoperator, genau genommen ein integraler Rechenoperator, der zwischen zwei Operanden steht. Hier sehen Sie ein kleines Programmbeispiel:

```
/* modulo_1.c */
#include <stdio.h>

int main(void) {
```

```
   int x=5;
   int y=2;
   x=x%y;
   printf("Der Rest von 5/2=%d\n",x); /* Rest=1 */
   return 0;
}
```


Eventuell ist der Nutzen dieses Operators nicht sofort ersichtlich. Seine Verwendung wird aber in späteren Beispielen noch deutlicher gemacht. Vor allem, wenn es in Kapitel 23 um kryptografische Algorithmen geht, werden Sie sehen, wie wichtig die Modulo-Operation ist. Zunächst betrachten wir noch ein weiteres (einfaches) Beispiel für den Modulo-Operator:

```
/* modulo_2.c */
#include <stdio.h>

int main(void) {
   int sekunden,minuten;

   printf("Bitte geben Sie die Zeit in Sekunden ein :");
   scanf("%d",&sekunden);
   minuten=sekunden/60;
   sekunden=sekunden%60;
   printf("genauer = %d min. %d sek.\n", minuten, sekunden);
   return 0;
}
```

Zuerst werden die eingegebenen Sekunden durch 60 dividiert, womit Sie die Minuten erhalten. Anschließend wird der Modulo-Operator benutzt, um den Divisionsrest zu berechnen – in diesem Beispiel also die restlichen Sekunden (siehe Abbildung 7.1).

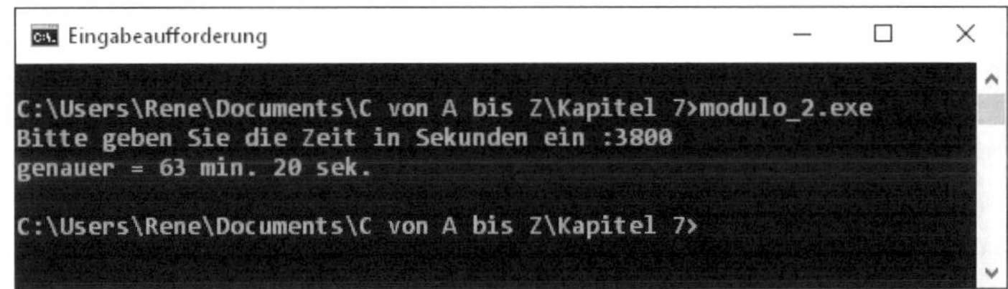

Abbildung 7.1 Rechenbeispiel mit dem Modulo-Operator

Hinweis

Bitte beachten Sie, dass Sie bei einer Division und bei der Verwendung des Modulo-Operators nicht durch 0 teilen dürfen. Nicht erlaubt ist z. B. a%0. Wie der Compiler darauf reagiert, ist verschieden. Entweder erhalten Sie einen Laufzeitfehler, mit dem das Programm dann auch beendet wird, oder Ihr Ergebnis ist z. B. +/-INF (*infinity*) für +/– unendlich. Auch der Wert NAN (*not a number*) kann auftauchen, z. B. wenn Sie 0%0 berechnen wollen.

7.3 Erweiterte Darstellung arithmetischer Operatoren

Die arithmetischen Operatoren, die im vorangegangenen Abschnitt verwendet wurden, lassen sich auch noch in anderer Form darstellen, und zwar in einer kürzeren Schreibweise (siehe Tabelle 7.2).

Erweiterte Darstellung	Bedeutung
+=	a+=b ist gleichwertig zu a=a+b
-=	a-=b ist gleichwertig zu a=a-b
*=	a*=b ist gleichwertig zu a=a*b
/=	a/=b ist gleichwertig zu a=a/b
%=	a%=b ist gleichwertig zu a=a%b

Tabelle 7.2 Erweiterte Darstellung arithmetischer Operatoren

Das Rechenzeichen und das darauffolgende = verkörpern eigentlich nur eine verkürzte Schreibweise von:

```
Zahl = Zahl <operand> Zahl
```

Es wird dabei auch von einem *Zuweisungsoperator* gesprochen. Somit sind die folgenden Schreibweisen gleichwertig:

```
printf("Die Fläche beträgt : %d\n", x *= x);
printf("Die Fläche beträgt : %d\n", x = x * x);
```

Listing 7.2 dient zur Verdeutlichung:

```
/* arithmetik_2.c */
#include<stdio.h>

int main(void) {
   int x=2, y=4, z=6;
```

```
    printf("x=%d\n",x);
    printf("y=%d\n",y);
    printf("z=%d\n",z);

    printf("%d\n",x+=y);
    printf("%d\n",z+=y);
    printf("%d\n",z+=x);

    printf("x=%d\n",x);     // x wurde verändert.
    printf("y=%d\n",y);     // y bleibt gleich.
    printf("z=%d\n",z);     // z wurde verändert.
    return 0;
}
```

Listing 7.2 »arithmetik_2.c« demonstriert den Zuweisungsoperator.

7.4 Inkrement- und Dekrement-Operatoren

Mit einem Inkrement- oder Dekrement-Operator können Sie den Wert einer Variablen um 1 erhöhen bzw. verringern. Diese Operatoren werden in C folgendermaßen geschrieben (siehe Tabelle 7.3).

Operator	Bedeutung
++	Inkrement (Variable um 1 erhöhen)
--	Dekrement (Variable um 1 verringern)

Tabelle 7.3 Inkrement- und Dekrementoperator

Dabei gibt es für diese Operatoren jeweils zwei Möglichkeiten (siehe Tabelle 7.4).

Verwendung	Bezeichnung
var++	Postfix-Schreibweise
++var	Präfix-Schreibweise
var--	Postfix-Schreibweise
--var	Präfix-Schreibweise

Tabelle 7.4 Postfix- und Präfix-Schreibweisen

Folgende Unterschiede gibt es zwischen der Postfix- und der Präfix-Schreibweise:

- Die Postfix-Schreibweise erhöht bzw. verringert den Wert von `var`, gibt aber noch den alten Wert an den aktuellen Ausdruck weiter.
- Die Präfix-Schreibweise erhöht bzw. verringert den Wert von `var` und gibt diesen Wert sofort an den aktuellen Ausdruck weiter.

Listing 7.3 und Abbildung 7.2 zeigen ein Beispiel:

```
/* inkrement_beispiel.c */
#include<stdio.h>

int main(void) {
   int i=1;

   printf("i=%d\n",i);          // i=1
   i++;
   printf("i=%d\n",i);          // i=2
   printf("i=%d\n",i++);        // i=2
   printf("i=%d\n",i);          // i=3
   printf("i=%d\n",++i);        // i=4
   return 0;
}
```

Listing 7.3 »inkrement_beispiel.c« demonstriert die Verwendung des Inkrement-Operators.

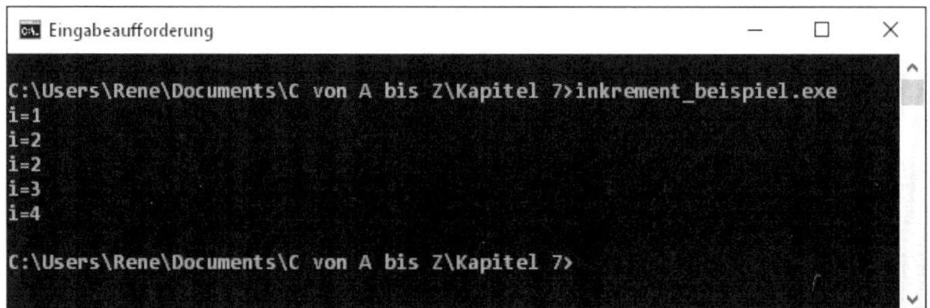

Abbildung 7.2 Verwendung des Inkrement-Operators

Analog verhält es sich mit dem Dekrement-Operator (`--`).

Der Inkrement- und der Dekrement-Operator werden vorwiegend bei Schleifen benutzt. Beide Operatoren sind unärer Natur. Aber halt: Warum schreibt man nicht einfach `i=i+1`? Die Antwort ist, dass fast alle Prozessoren Inkrement- und Dekrement-Operationen fest eingebaut haben. Das heißt, es gibt für `i=i+1` Prozessorfunktionen. Besser noch: Diese Prozessoroperationen sind unter Umständen um das Zehnfache schneller als das Pendant `i=i+1`.

7.5 Bit-Operatoren

Mithilfe von Bit-Operatoren können Sie direkt auf die binäre Darstellung der Zahlen zurückgreifen und diese sogar abändern.

Tabelle 7.5 liefert zunächst eine kurze Übersicht, welche Bit-Operatoren es gibt.

Bit-Operator	Bedeutung
&, &=	Bitweise AND-Verknüpfung
|, |=	Bitweise OR-Verknüpfung
^, ^=	Bitweises XOR
~	Bitweises Komplement (NOT)
>>, >>=	Rechtsverschiebung
<<, <<=	Linksverschiebung
>>>, >>>=	Linksrotation (C23 oder spezielle Krypto-Libraries)
<<<, <<<=	Rechtsrotation (C23 oder spezielle Krypto-Libraries)

Tabelle 7.5 Übersicht über die bitweisen Operatoren

Wie schon bei den arithmetischen Operatoren steht Ihnen auch bei den bitweisen Operatoren die erweiterte Zuweisungsschreibweise zur Verfügung.

Hinweis: »float« und »double« bei Bit-Operatoren

Es ist nicht zulässig, als Operanden bei Bit-Operatoren `float` bzw. `double` zu verwenden. Die Operanden müssen bei der Verwendung von Bit-Operatoren immer ein ganzzahliger Datentyp sein. Sie können diesen Mechanismus natürlich mittels Typecasting austricksen, aber dann müssen Sie genau wissen, was Sie tun.

7.5.1 Bitweises UND

Steht der &-Operator zwischen zwei Operanden, so handelt es sich um den bitweisen UND-Operator. Dieser ist leicht mit dem unären Adressoperator (siehe `scanf()`) zu verwechseln. Der UND-Operator wird hauptsächlich dafür verwendet, einzelne Bits gezielt zu löschen. Folgendes Programmbeispiel soll dies demonstrieren:

```
/* and_beispiel.c */
#include<stdio.h>
```

```
int main(void) {
   int x=55;
   printf("x=%d\n",x);
   x= x&7;
   printf("x=%d\n",x);  /* x=7 */
   return 0;
}
```

Listing 7.4 »and_beispiel.c« demonstriert die Verknüpfung von Bits durch den »&«-Operator.

Nach der Ausführung des Programms werden Sie sich fragen, warum die Verknüpfung mit dem UND-Operator zum Ergebnis 7 führt. Die Antwort ist, dass bei der Verknüpfung der Zahl 55 mit der UND-Maske 7 (in der Binärdarstellung ist dies 00000111) alle Bits der Zahl 55 gelöscht werden, an denen in der UND-Maske keine 1 steht. Sehen Sie sich dies in Abbildung 7.3 wieder in der Bitdarstellung an (unter Verwendung der ersten 8 Bit).

	Bit 7	Bit 6	Bit 5	Bit 4	Bit 3	Bit 2	Bit 1	Bit 0
	128	64	32	16	8	4	2	1
55	0	0	1	1	0	1	1	1
&7	0	0	0	0	0	1	1	1
7	0	0	0	0	0	1	1	1

Abbildung 7.3 Verwendung des bitweisen UND-Operators

Dabei gelten per Definition folgende Regeln für den bitweisen UND-Operator (siehe Tabelle 7.6).

Bit A	Bit B	Bit A&Bit B
0	0	0
0	1	0
1	0	0
1	1	1

Tabelle 7.6 Regeln einer bitweisen UND-Verknüpfung

Mit dem bitweisen UND-Operator lässt sich sehr gut testen, ob eine Zahl gerade oder ungerade ist. Es muss nur Bit 0 daraufhin überprüft werden, ob es gesetzt (ungerade, also = 1) oder nicht gesetzt (gerade, also = 0) ist. Folgendes Beispiel demonstriert dies:

```
/* gerade_zahlen.c */
#include<stdio.h>

int main(void) {
   int x;

   printf("Bitte geben Sie eine Zahl ein: ");
   scanf("%d",&x);
   if(x&1)  // Ist das erste Bit gesetzt?
      printf("Dies war eine ungerade Zahl\n");
   else     // Nein, es ist nicht gesetzt.
      printf("Dies war eine gerade Zahl\n");
   return 0;
}
```

Listing 7.5 »gerade_zahlen.c« zeigt, wie Sie mit dem niedrigsten Bit einer Zahl feststellen können, ob diese gerade ist.

7.5.2 Bitweises ODER

Mit dem bitweisen ODER-Operator können Sie gezielt zusätzliche Bits setzen. Verknüpft man nämlich eine Zahl mit einer ODER-Maske, dann werden bei der Zahl alle Bits an der Stelle auf 1 gesetzt, an der auch in der ODER-Maske eine 1 steht. Verwendet wird die ODER-Verknüpfung wie schon zuvor der bitweise UND-Operator:

```
char x = 1; x = x|126; // x=127
```

Abbildung 7.4 zeigt auch hierzu die Bitdarstellung.

	Bit 7	Bit 6	Bit 5	Bit 4	Bit 3	Bit 2	Bit 1	Bit 0
	128	64	32	16	8	4	2	1
1	0	0	0	0	0	0	0	1
|126	0	1	1	1	1	1	1	0
127	0	1	1	1	1	1	1	1

Abbildung 7.4 Verwendung des bitweisen ODER-Operators

Für den ODER-Operator gilt folgende Verknüpfungstabelle (siehe Tabelle 7.7).

Bit A	Bit B	(Bit A|Bit B)
0	0	0
0	1	1
1	0	1
1	1	1

Tabelle 7.7 Regeln einer bitweisen ODER-Verknüpfung

7.5.3 Bitweises XOR

Der exklusive ODER-Operator XOR liefert nur dann eine 1 zurück, wenn beide Bits unterschiedlich sind. Das heißt, XOR funktioniert wie ODER, mit der Ausnahme, dass XOR 0 ist, wenn beide Bits 1 sind. XOR ist sehr gut geeignet, um Bits umzuschalten. Man spricht auch von *toggeln*. Alle gesetzten Bits werden also gelöscht und alle gelöschten Bits gesetzt. Hier sehen Sie ein Beispiel:

```
char x=20;
x = x^55;      // x=35
```

In binärer Darstellung ergibt sich aus dieser Operation das Bild aus Abbildung 7.5.

	Bit 7	Bit 6	Bit 5	Bit 4	Bit 3	Bit 2	Bit 1	Bit 0
	128	64	32	16	8	4	2	1
20	0	0	0	1	0	1	0	0
^55	0	0	1	1	0	1	1	1
35	0	0	1	0	0	0	1	1

Abbildung 7.5 Verwendung des exklusiven ODER-Operators »XOR«

Für XOR-Verknüpfungen gilt folgende Verknüpfungstabelle (siehe Tabelle 7.8).

Bit A	Bit B	Bit A^Bit B
0	0	0

Tabelle 7.8 Regeln einer bitweisen XOR-Verknüpfung

Bit A	Bit B	Bit A^Bit B
0	1	1
1	0	1
1	1	0

Tabelle 7.8 Regeln einer bitweisen XOR-Verknüpfung (Forts.)

Die XOR-Verknüpfung hat noch eine sehr interessante Eigenschaft: Wenn Sie auf eine Zahl (z. B. 55) dieselbe XOR-Operation zweimal anwenden (also z. B. 55 XOR 12 XOR 12 berechnen), dann kommt wieder die Ursprungszahl heraus (also 55). Außerdem ist es nicht so ohne Weiteres möglich, durch einfaches Nachdenken die Ursprungszahl herauszubekommen, wenn man nicht weiß, dass z. B. 55 XOR 12 gerechnet wurde. Diese Aussage gilt vor allem für sehr lange Zahlen (oder auch Texte). Aus diesem Grund ist XOR Basisbestandteil vieler Verschlüsselungsverfahren. Allerdings ist XOR alleine nicht vollständig sicher, deshalb verenden moderne Kryptografieverfahren zusätzliche Mechanismen, z. B. komplexe Vertauschungen, die man ohne Kenntnis des Schlüssels nicht ohne Weiteres rückgängig machen kann.

7.5.4 Bitweises Komplement

Der NOT-Operator (~) wirkt sich auf Zahlen so aus, dass er jedes einzelne Bit invertiert. Bei vorzeichenbehafteten Datentypen entspricht das einer Negation mit anschließender Subtraktion von 1:

```
char x=20;
x=~x;  /* x= -21 */
```

Für den NOT-Operator gilt folgende Verknüpfungstabelle (siehe Tabelle 7.9).

BitA	~BitA
0	1
1	0

Tabelle 7.9 Regeln einer bitweisen NOT-Verknüpfung

7.5.5 Linksverschiebung

Mit einer Linksverschiebung (<<) werden alle Bits einer Zahl um *n* Stellen nach links gerückt. Die rechts entstehenden Leerstellen werden mit 0 aufgefüllt. Es gibt allerdings auch Compiler, die die nach links herausgeschobenen Bits rechts wieder hineinschieben. Dies entspricht aber nicht dem ANSI-C-Standard.

[!]

Achtung

Achtung bei Vorzeichen! Ist der Datentyp signed, ändert sich das Vorzeichen, wenn eine 1 in die Bitstelle des Vorzeichens gerückt wird. Falls der linke Operand aber einen negativen Wert hat, so ist das Ergebnis Compiler-spezifisch.

Listing 7.6 zeigt ein Beispiel für eine Linksverschiebung:

```
/* shift_left.c */
#include <stdio.h>

int main(void) {
   char x=8;

   printf("x=%d\n",x);
   x<<=1;          // Alle Bits um 1 Stelle nach links
   printf("x=%d\n",x);
   return 0;
}
```

Listing 7.6 »shift_left.c« demonstriert die Bitverschiebung nach links mit dem <<-Operator.

Warum aus dem Wert 8 eine 16 wurde, wird aus der Bitdarstellung in Abbildung 7.6 ersichtlich.

	Bit 7	Bit 6	Bit 5	Bit 4	Bit 3	Bit 2	Bit 1	Bit 0
	128	64	32	16	8	4	2	1
8	0	0	0	0	1	0	0	0
<<1	0	0	0	1	0	0	0	0

Abbildung 7.6 Bitverschiebung nach links

Sie werden es bemerkt haben: Es wurde eine Multiplikation durchgeführt. Auf diese Weise können Zahlen sehr gut potenziert werden. Die Bitstelle um eine Position nach links zu rücken, bedeutet mathematisch eine Multiplikation mit 2. Bei Einrückung um zwei Stellen nach links wird mit 4 multipliziert, bei drei Stellen mit 8, bei vier Stellen mit 16 usw.

Solche Bitverschiebungen können – abhängig vom System – bis zu 40(!)-mal schneller ablaufen als normale arithmetische Berechnungen im Stil von 4*x. Dies ist so, weil der Prozessor schnelle Bitverschiebungen direkt unterstützt.

Aber Achtung: Es gibt Prozessoren (z. B. die von Motorola), auf denen sich die Sache umgekehrt verhält und eine Bitverschiebung nach links eine Division durch 2 darstellt!

7.5.6 Rechtsverschiebung

Die Rechtsverschiebung mit dem >>-Operator ist das Gegenstück zur Linksverschiebung (<<). Damit können Sie statt einer Multiplikation mit 2 eine Division durch 2 bewirken. Ansonsten gilt das Gleiche wie für die Linksverschiebung.

Aber auch hier müssen Sie aufpassen: Es gibt Prozessoren, auf denen sich die Sache umgekehrt verhält und eine Bitverschiebung nach rechts eine Multiplikation mit 2 darstellt. Der populärste Computer mit Motorola-Prozessor war der Amiga, aber es gibt auch viele moderne Handys, die noch Motorola-Chips enthalten.

7.5.7 Linksrotation (erst ab C23)

Mit einer Linksrotation (<<<) werden alle Bits einer Zahl um *n* Stellen nach links gerückt. Die Bits, die links herausgeschoben werden, werden rechts wieder hineingeschoben. Rotationsbefehle sind sehr wichtig für kryptografische Algorithmen, weil sie reversible Operationen sind. Ob Bitrotationen im C23-Standard zu den Basisoperatoren zählen werden, ist bis jetzt noch unklar, dies ist aber sehr wahrscheinlich – kryptografische Algorithmen werden immer wichtiger, da die meisten Anwendungen inzwischen mit dem Internet verbunden sind.

7.5.8 Rechtsrotation (erst ab C23)

Mit einer Rechtsrotation (>>>) werden alle Bits einer Zahl um *n* Stellen nach rechts gerückt. Die Bits, die rechts herausgeschoben werden, werden links wieder hineingeschoben. Auch die Rechtsrotation wird wahrscheinlich im C23-Standard zu den Basisoperatoren zählen, da auch diese Rotation wichtig für kryptografische Algorithmen ist.

7.5.9 Rezept für Fortgeschrittene

Oft wünscht man sich eine Funktion, mit der eine Zahl daraufhin getestet wird, ob ein bestimmtes Bit gesetzt ist, oder mit der sich gezielt einzelne Bits setzen oder löschen lassen. Listing 7.7 enthält die entsprechenden Funktionen:

```
/* bitmanipulationen.c */
#include<stdio.h>

typedef unsigned char BYTE; // Typedefs werden noch ausführlicher behandelt

/* Funktion : Bit_Test()
 * val   : der Wert, den es zu testen gilt
 * bit   : Bitnummer, die abgefragt wird, ob gesetzt (0-7)
 * Rückgabewert :  (1)=Bit gesetzt; (0)=Bit nicht gesetzt
 */

int Bit_Test(BYTE val, BYTE bit) {
   BYTE test_val = 0x01;    /* dezimal 1 / binär 0000 0001 */
   /* Bit an entsprechende Pos. schieben */
   test_val = (test_val << bit);
   /* 0=Bit nicht gesetzt; 1=Bit gesetzt */
   if ((val & test_val) == 0)
      return 0;      /* nicht gesetzt */
   else
      return 1;      /* gesetzt */
}

/* Funktion :  Bit_Set()
 * val   : Wert, bei dem das Bit gesetzt werden soll
 * bit   : Bitnummer, die gesetzt werden soll (0-7)
 * Rückgabewert : keiner
 */

void Bit_Set(BYTE *val, BYTE bit) {
   BYTE test_val = 0x01;      /* dezimal 1 / binär 0000 0001 */
   /* Bit an entsprechende Pos. schieben */
   test_val = (test_val << bit);
   *val = (*val | test_val);     /* Bit an Pos. bit setzen */
}

/* Funktion : Bit_Clear()
 * val   : Wert, bei dem das Bit gelöscht werden soll
 * bit   : Bitnummer, die gelöscht werden soll (0-7)
 * Rückgabewert :  keiner
 */

void Bit_Clear(BYTE *val, BYTE bit) {
   BYTE test_val = 0x01;        /* dezimal 1 / binär 0000 0001 */
```

```
   /* Bit an entsprechende Pos. schieben */
   test_val = (test_val << bit);
   *val = (*val & (~test_val));    /* Bit an Pos. bit löschen*/
}

int main(void) {
   BYTE wert = 0;
   /* Test, ob Bit 0 gesetzt ist */
   printf("%s\n",Bit_Test(wert, 0)?"gesetzt":"nicht gesetzt");
   Bit_Set(&wert, 0);      /* Bit 0 setzen */
   /* Wieder testen, ob Bit 0 gesetzt ist */
   printf("%s\n",Bit_Test(wert, 0)?"gesetzt":"nicht gesetzt");
   Bit_Clear(&wert, 0);  /* Bit 0 wieder löschen */
   /* Wieder testen, ob Bit 0 gesetzt ist */
   printf("%s\n",Bit_Test(wert, 0)?"gesetzt":"nicht gesetzt");
   return 0;
}
```

Listing 7.7 »bitmanipulationen.c« zeigt, wie Sie bei einer Zahl testen können, ob ein bestimmtes Bit gesetzt ist, oder wie Sie bei einer Zahl Bits gezielt setzen und löschen können.

Die Funktionen können Sie natürlich Ihren eigenen Bedürfnissen entsprechend anpassen. Sie dienen nur als Anregung für weitere Spielereien mit Bits und Bytes.

7.6 Makros für logische Operatoren und Bit-Operatoren – <iso646.h>

In der Headerdatei *<iso646.h>* finden Sie einige Makros, die Sie als alternative Schreibweise für logische Operatoren und Bit-Operatoren nutzen können. In Tabelle 7.10 finden Sie einen Überblick zu den Makros. Ob C23 die Datei *<iso646.h>* noch vorschreiben wird und ob die Makros aus Tabelle 7.10 zu den Standardoperatoren zählen werden, ist bis jetzt nicht entschieden. Wenn Sie unsicher sind, binden Sie deshalb *<iso646.h>* ein;schaden kann das auf keinen Fall.

Konstante in <iso646.h>	Operator
and	&& (logisches UND)
or	|| (logisches ODER)
not	! (logisches NICHT)

Tabelle 7.10 Alternative symbolische Konstanten für Operatoren

Konstante in <iso646.h>	Operator
bitand	& (bitweises UND)
bitor	| (bitweises ODER)
xor	^ (bitweises Exklusiv-ODER)
compl	~ (bitweises NICHT)
and_eq	&= (bitweises UND mit Zuweisung)
or_eq	|= (bitweises ODER mit Zuweisung)
xor_eq	^= (bitweises Exklusiv-ODER mit Zuweisung)
not_eq	!= (logisches NICHT mit Zuweisung)

Tabelle 7.10 Alternative symbolische Konstanten für Operatoren (Forts.)

Das bitweise XOR (exklusiver ODER-Operator, wie in Abschnitt 7.5.3) können Sie beispielsweise mit dem Makro xor wie folgt verwenden:

```
#include <iso646.h>
...
char x = 20;
x = x xor 55;    // Alternative zu:  x = x^55
```

7.7 Der »sizeof«-Operator

Der Operator sizeof gibt Auskunft über die Größe eines Datentyps in Byte. Denken Sie immer daran, dass es Byte sind! Wenn wir später Datenfelder behandeln, dann ist dies von großer Bedeutung, weil der sizeof-Operator nicht die Anzahl der Elemente zurückliefert! sizeof wird später noch häufiger zur dynamischen Speicherreservierung verwendet. Zur Erklärung des sizeof-Operators folgt in Listing 7.8 ein Programmbeispiel, und Abbildung 7.7 zeigt die Ausgabe:

```
/* sizeof_beispiel.c */
#include<stdio.h>

int main(void) {
   printf("char     : %d Byte\n" , sizeof(char));
   printf("int      : %d Byte\n", sizeof(int));
   printf("long     : %d Byte\n", sizeof(long int));
   printf("float    : %d Byte\n", sizeof(float));
   printf("double   : %d Byte\n", sizeof(double));
```

```
   printf("66       : %d Byte\n", sizeof(66));
   printf("Hallo    : %d Byte\n", sizeof("Hallo"));
   printf("A        : %d Byte\n", sizeof((char)'A'));
   printf("34343434 : %d Byte\n", sizeof(34343434));
   return 0;
}
```

Listing 7.8 »sizeof_beispiel.c« demonstriert die Verwendung des »sizeof«-Operators.

```
Eingabeaufforderung
C:\Users\Rene\Documents\C von A bis Z\Kapitel 7>sizeof_beispiel.exe
char     : 1 Byte
int      : 4 Bytes
long     : 4 Bytes
float    : 4 Bytes
double   : 8 Bytes
66       : 4 Bytes
Hallo    : 6 Bytes
A        : 1 Bytes
34343434 : 4 Bytes

C:\Users\Rene\Documents\C von A bis Z\Kapitel 7>
```

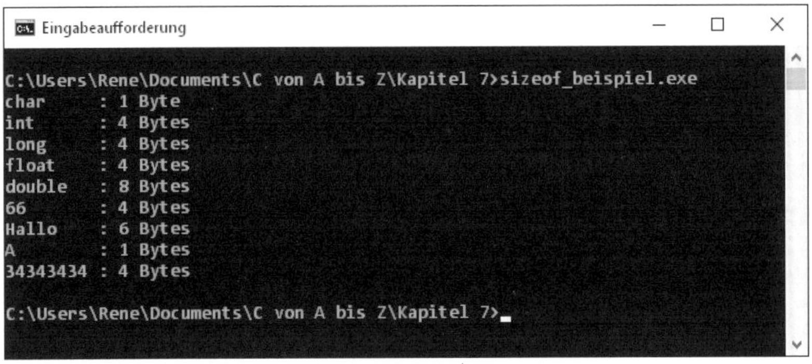

Abbildung 7.7 Verwendung des »sizeof«-Operators (32-Bit-Programm)

Das Programm macht nichts anderes, als Ihnen die Größe, die die aufgelisteten Datentypen belegen, in Byte auszugeben. Zum Beispiel: `'A'` benötigt ein Byte Speicherplatz, da `'A'` vom Typ `char` ist. Bei `sizeof("Hello")` sollten Sie sich jetzt noch keine Gedanken darüber machen, warum dieses Wort sechs Byte Speicher benötigt, obwohl es nur aus fünf Zeichen besteht. Das sechste Byte wird für das String-Ende-Zeichen verwendet. Es geht im Augenblick lediglich um den `sizeof`-Operator.

Jetzt fällt es sicher nicht mehr schwer, zu verstehen, wie Sie mit dem `sizeof`-Operator Speicherplatz reservieren können. Sie müssen dazu lediglich abfragen, wie viel Speicherplatz ein Datentyp benötigt, und den ermittelten Wert dann einer anderen Variablen (genauer: einem Zeiger) übergeben. Des Weiteren wird der `sizeof`-Operator zur Portierbarkeit von Programmen auf verschiedenen Systemen verwendet. Wie Sie bereits erfahren haben, gibt es Systeme, auf denen ein `int`-Wert eine Speichergröße von 2 Byte hat. Auf anderen Systemen beträgt die Größe von `int` wiederum 4 Byte. Als Beispiel dient folgender Pseudocode:

```
BRAUCHE_SPEICHERPLATZ = (Datentyp)sizeof(4);
```

Der Datentyp `BRAUCHE_SPEICHERPLATZ` benötigt Speicherplatz in der Größe eines `int`-Werts, in diesem Fall 4 Byte. Wenn das Programm jetzt beispielsweise auf ein anderes System portiert werden soll, auf dem der Datentyp `int` eine Größe von 2 Byte hat, dann könnte dies zu Problemen führen. Deshalb ist es besser, dem Compiler zur Übersetzungszeit diese Aufgabe zu überlassen. Dies geschieht folgendermaßen:

```
BRAUCHE_SPEICHERPLATZ = (Datentyp)sizeof(int);
```

Somit können Sie sicher sein, dass das Programm auf jedem System läuft und die richtige Menge an Speicherplatz reserviert.

Hinweis zur Verwendung von »sizeof«

Der sizeof-Operator ist keine Funktion, obwohl das oft behauptet wird. Der sizeof-Operator holt sich nur die Größe eines Datentyps während der Kompilierzeit aus der Variablentabelle. Er ist somit tatsächlich ein echter Operator. Sie sehen also, dass in C nicht jeder Operator genau ein Zeichen umfassen muss.

7.7.1 C versus C++

Im Programmbeispiel des sizeof-Operators dürfte Ihnen folgende Zeile aufgefallen sein:

```
printf("A : %d Byte\n", sizeof((char)'A'));
```

Da in C ein Zeichenliteral vom Typ int ist, musste ich eine Typumwandlung nach char vornehmen. In C++ würde folgende Zeile auch 1 Byte ausgeben:

```
printf("A : %d Byte\n", sizeof('A'));
```

Im nächsten Kapitel werden wir uns die Typumwandlung genauer ansehen.

Kapitel 8
Typumwandlung

In diesem Kapitel erfahren Sie, wie in C bestimmte Datentypen in andere konvertiert werden und wie Sie dies selbst beeinflussen können.

Wenn Sie in C einen Datentyp in einen anderen konvertieren (umwandeln), vollziehen Sie ein *Typecasting*. Dieser englische Begriff wird im weiteren Verlauf noch öfter auftauchen. Es gibt zwei Möglichkeiten, den Datentyp zu ändern:

- Der Compiler nimmt eine automatische Konvertierung von einem in den anderen Datentyp vor. Dies geschieht, wenn Sie z. B. einem `int`-Wert einen `float`-Wert zuweisen. Man spricht dabei von einer *impliziten Datentypumwandlung*.
- Der Programmierer kann die Konvertierung des Datentyps durch eine *explizite Typumwandlung* erzwingen.

Bei beiden Vorgehensweisen wird vorausgesetzt, dass der Compiler eine Typumwandlung auch wirklich unterstützt. Dies ist aber außer bei Compilern auf älteren Systemen fast immer der Fall.

Aber wozu muss man überhaupt Typen ineinander umwandeln? Kann man nicht die Variablen so deklarieren, dass man von Anfang an den richtigen Typ angibt? Die Antwort ist, dass dies nicht immer möglich ist. In C gibt es deshalb zwei Arten von Typecasting, nämlich die implizite und die explizite Umwandlung. Diese zwei Arten werden im Folgenden beschrieben.

8.1 Automatische implizite Datentypumwandlung durch den C-Compiler

Wenn man in Ausdrücken Operanden unterschiedlicher Datentypen miteinander über Operatoren verknüpft, sind implizite Datentypumwandlungen nötig. Wie diese implizite (automatische) Umwandlung vor sich geht und worauf Sie gegebenenfalls achten müssen, soll in den folgenden Abschnitten näher erläutert werden.

8.1.1 Implizites »char« nach »int«

Ein char wird bei Bewertungen und Berechnungen immer in ein int umgewandelt. In C wird mit nichts Kleinerem gerechnet als mit int. Nehmen wir beispielsweise folgende Berechnung (val ist übrigens oft die Abkürzung für das englische Wort *value*):

```
char val1 = 10, val2 = 20, val3;
val3 = val1 + val2;
```

Zwar haben Sie hier char-Datentypen verwendet, aber der Compiler führt trotzdem eine implizite Datentypumwandlung nach int durch. Daraus könnte man doch ableiten, dass int und char beliebig mischbar sind, oder? Aber Vorsicht! Für 8-Bit-Mikrocontroller, die einen 7-Bit-Zeichensatz verwenden, trifft dies manchmal nicht zu, wohl aber für PCs und den Raspberry Pi. Diese »char nach int«-Umwandlung ist ferner von Bedeutung beim Einlesen einzelner Zeichen aus einer Datei und beim Überprüfen auf EOF (EOF = *End Of File*). Dieses »EOF«-Zeichen für das Dateiende ist systemabhängig, was man oft vergisst.

[»]

Hinweis für den Umgang mit Zeichen auf verschiedenen Systemen

Die »char nach int«-Umwandlung ist deswegen rechnerabhängig, weil char mit dem Zahlenwert –128 bis +127 oder 0 bis +255 abgebildet sein kann. Ob char vorzeichenbehaftet ist oder nicht, wird vom ANSI-C-Standard nicht vorgeschrieben. Auch die Breite eines Bytes ist nicht immer 8 Bit, sondern kann auch z. B. 16 Bit betragen. Es gibt z. B. Prozessoren, wie den Motorola 68000, die nur auf Adressen zugreifen können, die durch 2 teilbar sind. Deshalb definieren z. B. einige ältere C-Compiler für den Amiga oder auch für Motorola-basierte Handys ein char als »Wort«, und dieses ist 16 Bit breit.

Das Gleiche wie für »char nach int« gilt analog für »short nach int«.

8.1.2 Implizites »float« nach »double«

Dasselbe, was schon zuvor über »char nach int« gesagt wurde, gilt für implizite Umwandlungen von float nach double. Auch hierbei wird bei Berechnungen ein float automatisch in ein double konvertiert. Daher erfolgen alle Berechnungen immer mit derselben Genauigkeit. Diese Aussage gilt natürlich wieder nicht für manche Mikrocontroller, die nur wenig Speicher oder keinen Fließkommaprozessor enthalten und deshalb z. B. nur maximal mit 32-Bit-Fließkommazahlen rechnen.

8.1.3 Implizite Umwandlung in einen komplexen Gleitpunkttyp

Bei einer Umwandlung einer reellen Gleitpunktzahl oder einer ganzen Zahl in einen komplexen Gleitpunkttyp erhält der Realteil den Wert der reellen Gleitpunktzahl bzw. ganzen Zahl. Der Imaginärteil hingegen ist 0. Bei der Umwandlung von komplexen Gleitpunkttypen in einen anderen komplexen Typ wird der Typ wie bei den reellen Gegenstücken umgewandelt.

8.1.4 Übliche arithmetische Datentypumwandlung

Die Operanden eines binären Operators dürfen in C einen unterschiedlichen Datentyp besitzen. Durch die übliche arithmetische Datentypumwandlung wird dabei implizit ein gemeinsamer Datentyp gebildet. Dazu wird die sogenannte *ganzzahlige Erweiterung* ausgeführt. Treten danach noch Operanden mit verschieden Typen auf, wird in den Typ desjenigen Operanden umgewandelt, der in der nebenstehenden Hierarchie am weitesten oben steht (die Hierarchie der Datentypen ist vom C-Standard fest vorgegeben und soll im Folgenden behandelt werden). Das Ergebnis ist ebenfalls von diesem Typ, der natürlich eventuell noch in den Zieldatentyp umgewandelt wird (falls dies nötig sein sollte). All diese Umwandlungszwischenschritte erledigt der Compiler automatisch.

Für die Hierarchie von ganzzahligen Typen gelten folgende Regeln:

- Bei ganzzahligen Standardtypen gilt folgende Rangfolge:

  `char < short < int < long < long long`

- Die Rangfolge bei ganzzahligen Typen ist unabhängig vom Vorzeichen. Der Typ `int` hat beispielsweise denselben Rang wie `signed int` und `unsigned int`, weil er die gleiche Bitbreite besitzt.
- Der Rang eines Standardtyps ist immer größer als der Rang eines erweiterten ganzzahligen Typs in *<stdint.h>* mit gleicher Bitbreite. So ist der Rang von `int` höher als der von `int_least32_t`, obwohl beide die gleiche Breite besitzen.

Bei der Hierarchie von Gleitpunkttypen gelten folgende Regeln:

- Die Rangfolge der Gleitpunkttypen sieht folgendermaßen aus:

  `float < double < long double < long long double`

  bzw. für die komplexen Gegenstücke:

  `float _Complex < double _Complex < long double _Complex`

- Gleitpunkttypen haben immer einen höheren Rang als ganzzahlige Typen.

Bei der Zuweisung wird der rechte Operand immer in den Typ des linken Operanden umgewandelt. Dabei werden überzählige (Nachkomma-)Stellen oder höherwertige Bits, die nicht mehr Platz haben, einfach abgeschnitten und es wird nicht gerundet! Wenn der Originalwert im neuen Typ nicht mehr darstellbar ist, findet ein Überlauf statt, und das Ergebnis hat, wenn Sie Pech haben, mit dem Originalwert meist nicht mehr viel gemein. Und meistens ist dies auch so, denn es gilt bekanntlich Murphys

Gesetz, und es geht immer alles schief, was auch schiefgehen kann. Und dann wundern Sie sich, dass es im Wohnzimmer plötzlich 384,34 Grad heiß ist, obwohl Sie doch den ADC richtig ausgelesen haben. Genau in solchen Fällen ist es ratsam, das automatische Typecasting noch einmal zu prüfen und zur Not ein explizites Typecasting zu verwenden (oder aber mehr Bits zu reservieren und doch lieber `double` statt `float` zu verwenden).

Hinweis: Logische Operatoren und Typecasting

Die automatische Typumwandlung (implizit) funktioniert nicht bei den Zuweisungsoperatoren und den logischen Operatoren `&&` und `||`. Manchmal erhalten Sie einfach falsche Ergebnisse, oft aber »meckert« der Compiler.

Bezogen auf diese Aussage, finden Sie in Tabelle 8.1 eine Zusammenfassung, was passiert, wenn Sie einem Datentyp (linker Operand) einen anderen Datentyp (rechter Operand) zuweisen (Operator).

Typ	Operand	Typ	Umwandlung
`int`	`=`	`float`	Der Nachkommateil wird weggelassen.
`int`	`=`	`double`	
`int`	`=`	`long`	Die höherwertigen Bits werden weggelassen.
`char`	`=`	`int`	
`char`	`=`	`short`	
`float`	`=`	`double`	Der Wert wird entweder gerundet oder abgeschnitten. (Was konkret passiert, hängt von der Implementierung ab).
`float`	`=`	`long, int, short, char`	Sollte keine genaue Darstellung möglich sein, wird der Wert entweder gerundet oder abgeschnitten (ebenfalls abhängig von der Implementierung).
`double`	`=`		

Tabelle 8.1 Übliche arithmetische Typumwandlungen

Bei der üblichen arithmetischen Datentypumwandlung gibt es folgende Punkte, die Sie unbedingt beachten sollten:

- Bei der Umwandlung von höherwertigen Datentypen in niederwertigere Datentypen kann es zu Informationsverlust kommen (zuvor gesetzte Bits werden abgeschnitten). Bei der Wandlung von `long double` in `long long double` kann es sogar völlig unvorhergesehene Ergebnisse geben, denn bei 128-Bit-Fließkommazahlen ist die Breite der Mantisse nicht immer fest vorgegeben. Ich hoffe, dass der C23-

Standard in dieser Hinsicht vor allem für Grafikprozessoren einheitliche Vorgaben machen wird. Dies ist aber sehr unwahrscheinlich; insbesondere Hersteller für Spielekonsolen verwenden oft ihren eigenen Standard.

- Der Vergleich von `signed`- und `unsigned`-Typen kann falsch sein. So kann beispielsweise `-1 > 1U` wahr sein. Dies ist so, weil das höchste Bit bei vorzeichenbehafteten Ganzzahlen das Vorzeichenbit ist, und wenn es gesetzt ist, dann wird die Zahl als negativ betrachtet.
- Die Division zweiter `int`-Werte gibt immer nur einen Ganzzahlanteil zurück. Es findet keine automatische Konvertierung in eine Gleitpunktzahl statt.
- Die Umwandlung eines negativen Wertes in einen Typ ohne Vorzeichen kann Probleme verursachen. Zum Beispiel hat eine vorzeichenbehaftete 16-Bit-Zahl den Wert –1, wenn alle Bits gesetzt sind; die vorzeichenlose Zahl aber hat den Wert 65535 (0xffff).
- Bei der Umwandlung von ganz großen Zahlen (beispielsweise `long long`) in einen Gleitpunkttyp kann es passieren, dass die Genauigkeit nicht mehr ausreicht, um die Zahl genau darzustellen.

Hierzu sehen Sie noch ein einfaches Listing mit solchen üblichen arithmetischen Datentypumwandlungen:

```
/* implizite_umwandlung.c */
#include<stdio.h>

int main(void) {
   // Nachkommateil wird weggelassen.
   int float2int = 3.8;
   // Höherwertige Bits werden abgeschnitten.
   char int2char = 1000;
   float char2float = 'A';
   float long2float = 444444444;

   printf("float2int : %d\n", float2int );
   printf("int2char  : %c\n", int2char );
   printf("char2float: %f\n", char2float );
   printf("long2float: %f\n", long2float );
   return 0;
}
```

Listing 8.1 »implizite_umwandlung.c« demonstriert einige automatische Typumwandlungen durch den C-Compiler.

Unter Windows 10 (64 Bit) gibt das Programm Folgendes aus (die Ausgabe ist also vom Betriebssystem und vom Prozessor abhängig):

```
float2int : 3
int2char  : Þ
char2float: 65.000000
long2float: 444444448.000000
```

8.2 Wozu benötigt man das benutzerdefinierte explizite Typecasting?

Da die implizite Typumwandlung nicht sämtliche Bereiche abdeckt, benötigt man noch eine explizite Typumwandlung, die im nächsten Abschnitt noch ausführlicher beschrieben wird. Vor allem, wenn Sie fortgeschritten in der C-Programmierung sind, werden Sie unter Umständen Mikrocontroller programmieren wollen. Diese besitzen meistens sogenannte *AD-Wandler*, die Spannungen in Zahlen umwandeln können. AD-Wandler können aber meistens keine negativen Zahlen darstellen. Diese Probleme werden dadurch gelöst, dass AD-Wandler ihren Nullpunkt in den positiven Bereich verschieben (das ist der sogenannte *Offset*). Leider variieren elektronische Bauteile leicht aufgrund von Fertigungstoleranzen.

Stellen Sie sich vor, Sie haben z. B. einen 16-Bit-Temperatur-Wandler, der seinen Nullpunkt bei der positiven Zahl 14.000 hat. In diesem Szenario greift keine automatische Typumwandlung von C und Sie müssen die sogenannte *explizite Typumwandlung* verwenden. Auch z. B. bei Standardhardware wie Mäusen ist dies so. Die AD-Wandler einer Maus liefern für die relativen Koordinaten nur positive Zahlen im Bereich zwischen 0 und 255; der Nullpunkt liegt bei 128. Die Bildschirmkoordinaten sind allerdings 32-Bit-Ganzzahlen und die Y-Koordinaten werden von 0 an nach unten gezählt. Auch dies ist ein Szenario, das ohne explizite Typumwandlung nur sehr schwer zu handhaben ist.

8.3 Explizite Datentypumwandlung mit Typecasting an Beispielen

Da die implizite Datentypumwandlung, wie Sie im letzten Abschnitt gesehen haben, häufig zu Fehlern bzw. unerwünschten Ergebnissen führen kann, gibt es noch die *explizite Datentypumwandlung*, womit der Variablentyp mit dem `cast`-Operator angegeben werden kann. Oft ist ein explizites Casten auch die einzige Möglichkeit, Werte richtig zuzuweisen. Dieses explizite Casten des Datentyps wird quasi entgegen den Compiler-Regeln erzwungen. Der `cast`-Operator besteht aus einem in runden Klammern eingeschlossenen gültigen Datentyp.

Die Syntax einer expliziten Typumwandlung sieht folgendermaßen aus:

```
(Typ) Ausdruck;
```

Dabei wird zuerst Ausdruck ausgewertet, und anschließend wird dieser Wert in den Datentyp Typ umgewandelt, der in den runden Klammern steht. Listing 8.2 zeigt das implizite und das explizite Typecasting im Vergleich:

```
/* casting_vergleich.c */
#include<stdio.h>

int main(void) {
   int x = 5, y = 2;
   float z;
   // Implizite Datentypumwandlung
   z = x / y;
   printf("%f\n", z);              // = 2.000000
   // Explizite Datentypumwandlung
   z = (float) x / (float) y;
   printf("%f\n", z);              // = 2.500000
   return 0;
}
```

Listing 8.2 »casting_vergleich.c« demonstriert den Unterschied zwischen automatischer (impliziter) und expliziter Typumwandlung.

Die erste Berechnung

```
z = x / y;
```

gibt das Ergebnis 2.000000 aus. Das ist leicht nachvollziehbar, denn es werden zwei int-Werte dividiert. int-Werte können keinen Wert nach dem Komma darstellen. Dass das Ergebnis dennoch vom Typ float ist, verdanken Sie dem impliziten Typecasting des Compilers.

Die Berechnung

```
z = (float) x / (float) y;
```

konvertiert die beiden Datentypen int explizit in float-Typen. Deshalb erhalten Sie als Ergebnis 2.500000 zurück.

Wichtig ist dabei, dass x und y im Programm weiterhin vom Datentyp int sind. Das »Casten« des Datentyps ist nur während dieser einen Ausführung gültig, und der Compiler legt die Zwischenergebnisse temporär auf dem Stack ab. Der Stack wird später noch ausführlicher behandelt, wenn es in Kapitel 10 um Funktionen geht.

Es hätte auch gereicht, nur einen dieser beiden Typen zu casten, denn wenn Sie zwei verschiedene Variablen miteinander durch Operatoren verknüpfen, bekommen Sie das Ergebnis des genaueren Typs dieser beiden Variablen zurück:

```
z = (float) x / y; /* Ergebnis = 2.50000 */
```

Aber Achtung, falls Sie vorhaben, Gleitpunktzahlen in Ganzzahlen umzuwandeln, etwa folgendermaßen:

```
long x;
float z = 5.5;
x = (long) z;
```

Hier wird der Wert nach dem Komma abgeschnitten! Falls Sie einen Wert umwandeln wollen, der größer als seine Zielgruppe ist, liegt ein undefiniertes Verhalten vor. Wird z. B. ein `float`-Wert in einen `short`-Wert konvertiert, könnte das zu Problemen führen, denn der `float`-Wert hat eine Größe von 4 Byte und der `short`-Wert eine von 2 Byte. Mit niedrigeren Werten mag dies zufällig funktionieren:

```
short x;
float z = 25.0;
x = (short) z;
```

Sollte der Wert von `float z` aber mehr als `65565` betragen (z. B. `1000000.0`), wird dies nicht mehr gelingen, denn der Wert `1000000` ist nicht mehr mit 16 Bit (= 2 Byte) darstellbar. Das Gleiche gilt auch für Casts von `double` nach `float` oder von `long double` nach `double`.

Das heißt: Beim Casten müssen Sie aufpassen! Viele sehr schwer auffindbare Fehler entstehen dadurch, dass man beim Umwandeln von einem Typ in den anderen Bits »verliert«. Ein anderer, sehr häufiger Fehler ist, dass man beim »Kürzen« einer Zahl (z. B. von 32 auf 16 Bit) versehentlich Vorzeichenbits setzt und die betreffende »gekürzte« Zahl dann plötzlich negativ wird, obwohl man dies nicht beabsichtigt hat. Aber auch beim »Erweitern« einer Zahl können plötzlich Vorzeichenbits, die vorher welche waren, am Ende keine mehr sein, weil z. B. fehlende Bits mit Nullen aufgefüllt werden. Verwenden Sie explizites Casting also nur, wenn es sich nicht vermeiden lässt. Leider lässt es sich oft nicht vermeiden, deshalb gibt es das Typecasting ja.

Kapitel 9
Kontrollstrukturen

Mit dem bisherigen Wissen können Sie die Programme immer nur sequenziell ablaufen lassen. Sie laufen also immer Zeile für Zeile ab. In diesem Kapitel wird nun der sequenzielle Programmfluss gebrochen.

Die allerersten Computer, die gebaut wurden (z. B. die Z1 von Konrad Zuse) waren sehr beschränkt in ihren Möglichkeiten. Sie waren vor allem deshalb beschränkt, weil sie nur streng sequenziell arbeiteten. Sequenziell heißt, dass die Programme (die meistens auf Lochkarten gestanzt wurden) stur von vorne nach hinten abgearbeitet wurden und dass man die einzelnen Schritte nicht in trivialer Weise wiederholen konnte (z. B. durch die Anweisung, zu einem bestimmten Schritt zurückzuspringen). Später wurden diese Mängel dann behoben, indem man die bedingten Sprünge einführte. Das heißt, es gibt im Prozessor bestimmte Vergleichsoperationen, die z. B. feststellen können, ob A größer als B ist. Ist dies der Fall, kann man davon abhängig (also immer dann, wenn A größer als B ist) an eine bestimmte Speicheradresse springen. Da alle Programme im Speicher stehen, ist es also durchaus möglich, ein Programm an einer beliebigen anderen Adresse fortzusetzen, je nachdem welche Bedingungen gerade auftreten. Hieraus ergeben sich sogenannte *Kontrollflüsse* innerhalb des Programms, die man auch auf einer höheren Sprachebene wie C abbilden kann. Die Kontrollstrukturen, die C verwendet, um den Programmfluss zu steuern, werden im Folgenden erläutert.

Sie haben folgende drei Möglichkeiten, den sequenziellen Programmfluss bewusst zu unterbrechen:

- *Verzweigungen*: Im Programm wird eine Bedingung definiert, die entscheidet, an welcher Stelle das Programm fortgesetzt werden soll.
- *Schleifen (Iteration)*: Ein Anweisungsblock wird so oft wiederholt, bis eine bestimmte Abbruchbedingung erfüllt wird.
- *Sprünge*: Die Programmausführung wird mithilfe von Sprungmarken an einer anderen Position fortgesetzt. Sprünge in einem Programm gelten mittlerweile als schlechter Stil und werden wahrscheinlich im nächsten C-Standard entfernt. Sie sind auch nicht notwendig. Mit dem gerade Gesagten meine ich *direkte Sprünge*. Mit Schlüsselwörtern wie `return`, `break`, `continue`, `exit` und der Funktion `abort()` können jedoch nach wie vor kontrollierte Sprünge ausgeführt werden.

9.1 Verzweigungen mit der »if«-Bedingung

Die `if`-Bedingung (engl. *wenn/falls*) hat folgende Syntax:

```
if(BEDINGUNG == wahr) {
   Anweisung1;
}
Anweisung2;
```

Wenn die Bedingung zwischen den Klammern des `if`-Schlüsselwortes wahr (*true*) ist, wird `Anweisung1` im Anweisungsblock ausgeführt. Anschließend wird das Programm bei `Anweisung2`, also nach dem Anweisungsblock, fortgesetzt. Ist die Bedingung unwahr (*false*), wird `Anweisung1` nicht ausgeführt, und das Programm fährt sofort mit `Anweisung2` fort. Die geschweiften Klammern kann man nicht weglassen, es sei denn, `Anweisung1` befindet sich in derselben Zeile wie das `if` und die Zeile schließt mit einem Semikolon ab. Es ist aber trotzdem ratsam, die geschweiften Klammern immer zu setzen, denn das erhöht die Lesbarkeit des Codes. Auch ist es ratsam, die Anweisungen, die sich innerhalb des `if`-Blocks befinden, mit der Tabulatortaste einzurücken. Auch dies erhöht die Lesbarkeit des Codes.

9.1.1 Anweisungsblöcke

In einem Anweisungsblock werden Anweisungen (mindestens eine) zusammengefasst. Als Anweisungsblock gelten alle Anweisungen, die zwischen geschweiften Klammern (`{}`) stehen. Anweisungsblöcke lassen sich auch ineinander verschachteln. Ich empfehle Ihnen, beim Erstellen eines Programms auf eine saubere Strukturierung (d. h. entsprechendes Einrücken bei den Anweisungen eines Blocks) zu achten, um den Überblick zu wahren.

Den Programmablauf der `if`-Bedingung können Sie sich schematisch so vorstellen wie in Abbildung 9.1. Diese Darstellung wird auch als *Programmablaufplan* (kurz: PAP) bezeichnet. Es gibt für jedes Betriebssystem freie Tools, mit denen man solche Diagramme erzeugen kann.

Sehen Sie sich dazu das folgende Programmbeispiel an:

```
/* if_1.c */
#include<stdio.h>

int main(void) {
   unsigned int alter;

   printf("Wie alt sind Sie: ");
   scanf("%u", &alter);
```

```
   /* ... noch jünger als 18? */
   if(alter < 18) {
      printf("Sie sind noch nicht volljährig\n");
   }
   printf("Bye\n");
   return 0;
}
```

Listing 9.1 »if_1.c« demonstriert eine Altersabfrage mit der »if«-Anweisung.

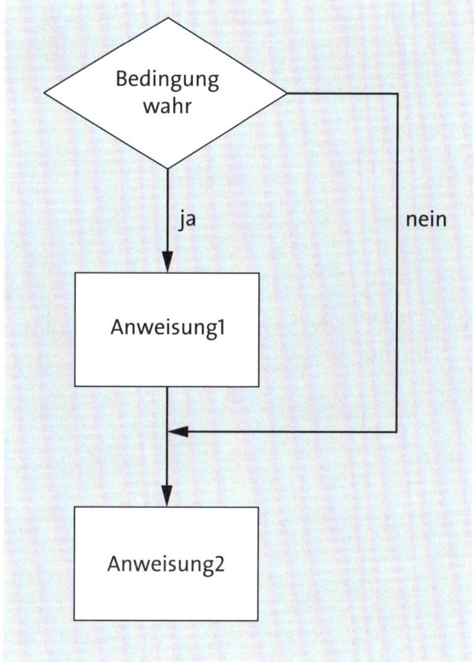

Abbildung 9.1 Programmablaufplan zur »if«-Anweisung

Das Programm fordert Sie auf, Ihr Alter einzugeben. In der Bedingung `if(zahl < 18)` wird überprüft, ob Sie jünger als 18 Jahre sind. Sind Sie jünger, wird die `printf()`-Anweisung im Anweisungsblock mit entsprechender Ausgabe bearbeitet. Wurde aber ein Wert eingegeben, der größer oder gleich 18 ist, wird nur die `printf()`-Anweisung hinter dem Anweisungsblock ausgeführt, die »Bye« ausgibt. Abbildung 9.2 zeigt den Programmablaufplan zu diesem Beispiel:

Jetzt soll das Programm um einige `if`-Bedingungen erweitert werden:

```
/* if_2.c */
#include<stdio.h>
```

```
int main(void) {
  unsigned int alter;

  printf("Wie alt sind Sie: ");
  scanf("%u", &alter);

  if(alter < 18)  {
    printf("Sie sind noch nicht volljährig\n");
  }
  if(alter > 18)  {
    printf("Sie sind volljährig\n");
  }
  if(alter == 18) {
    printf("Den Führerschein schon bestanden?\n");
  }
  printf("Bye\n");
  return 0;
}
```

Listing 9.2 »if_2.c« erweitert die Altersabfrage durch eine zweite »if«-Abfrage, um zu ermitteln, ob man den Führerschein mit 18 schon bestanden hat.

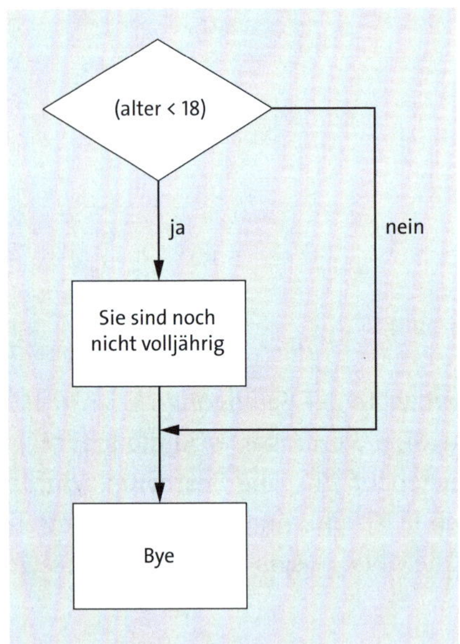

Abbildung 9.2 Programmablaufplan zum Listing

Es ist offensichtlich, wie das Programm vorgeht: Sie geben das Alter ein, und mithilfe der einzelnen `if`-Bedingungen testet es, ob die eingegebene Zahl größer, kleiner oder gleich 18 ist. Bevor das Programm etwas genauer analysiert wird, sollten Sie sich Tabelle 9.1 mit den bisher verwendeten Vergleichsoperatoren und ihrer jeweiligen Bedeutung ansehen.

Vergleichsoperator	Bedeutung
a < b	wahr, wenn a kleiner als b
a <= b	wahr, wenn a kleiner oder gleich b
a > b	wahr, wenn a größer als b
a >= b	wahr, wenn a größer oder gleich b
a == b	wahr, wenn a gleich b
a != b	wahr, wenn a ungleich b

Tabelle 9.1 Übersicht zu Vergleichsoperatoren (relationale Operatoren)

Zurück zum Programm. Die erste Anweisung

```
if(alter < 18)
```

testet, ob die Zahl, die Sie eingegeben haben, kleiner als 18 ist. Ist die Bedingung wahr, springt das Programm unmittelbar in den für diese Bedingung geschriebenen Anweisungsblock, der in den geschweiften Klammern steht. Falls also die eingegebene Zahl kleiner als 18 ist, wird der Anweisungsblock

```
{
   printf("Sie sind noch nicht volljährig\n");
}
```

ausgeführt. Besteht der Anweisungsblock hinter der Kontrollstruktur lediglich aus einer einzigen Anweisung, so können die geschweiften Klammern auch weggelassen werden:

```
if(alter < 18)
   printf("Sie sind noch nicht volljährig\n");
```

Diese Schreibweise ist korrekt und wird auch häufig verwendet. Sie sollten sich jedoch klarmachen, dass sie sehr leicht zur Fehlerquelle werden kann – nämlich dann, wenn Sie eine weitere Anweisung hinzufügen wollen, die auch nur in dem Fall ausgeführt werden soll, wenn die if-Bedingung wahr ist, wie etwa im folgenden Beispiel:

```
if(alter < 18)
   printf("Sie sind noch nicht volljährig\n");
   printf("Sollte nur erscheinen, wenn (alter < 18)!\n");
```

Wenn – wie hier – die geschweiften Klammern vergessen werden, wird die zweite printf()-Anweisung immer ausgeführt, da die if-Bedingung im Wahr-Fall wirklich nur eine weitere Anweisung ausführt.

Korrekt müsste es folgendermaßen aussehen:

```
if(alter < 18) {
   printf("Sie sind noch nicht volljährig\n");
   printf("Sollte nur erscheinen, wenn (alter < 18)!\n");
}
```

Jetzt wird auch die zweite Anweisung nur ausgeführt, wenn die if-Bedingung wahr ist.

Die nächsten beiden if-Bedingungen im Programmbeispiel verhalten sich analog. Hiermit wird getestet, ob die eingegebene Zahl für das Alter kleiner bzw. gleich 18 ist. Sollte sich einer dieser Fälle als wahr herausstellen, so wird ebenfalls der jeweils zugehörige Anweisungsblock ausgeführt.

[!]

Achtung bei Vergleichen

Ein häufig gemachter Fehler ist if(alter=18): Der Variablen alter wurde der Wert 18 zugewiesen, und der Anweisungsblock wird ausgeführt. Dabei ist es jedoch egal, ob der Wert gleich 18 ist, denn alter wird jetzt der Wert 18 zugewiesen. Diese if-Abfrage ist also immer wahr. Der Fehler ist zudem schwer auffindbar, da die Syntax absolut korrekt ist, der Compiler also keine Fehlermeldung anzeigt.

Eine oft verwendete und empfohlene Maßnahme ist es, die Überprüfung umzustellen: if (18 == alter) ist syntaktisch korrekt und bewirkt das Gleiche. Hiermit würde der Compiler sofort eine Fehlermeldung anzeigen, falls Sie versehentlich if (18 = alter) schreiben, da sich einer Zahl keine Variable zuordnen lässt. Diese Umstellungsmethode funktioniert nur bei ==-Vergleichen, nicht bei den anderen Operatoren, und es ist außerdem Geschmackssache, ob Sie diese Methode verwenden.

9.2 Die Verzweigung mit »else if«

Was ist, wenn die erste Bedingung im Listing zuvor wahr ist, d. h. die Zahl größer als 18 ist? Dann nimmt das Programm als nächsten Schritt dennoch die Überprüfung vor, ob die Zahl kleiner als 18 und gleich 18 ist. Das ist eigentlich nicht mehr notwendig. Sie können dies mit else if verbessern:

```
else if(alter > 18)  {
   printf("Sie sind volljährig\n");
}
```

```
   else if(alter == 18) {
      printf("Den Führerschein schon bestanden?\n");
   }
```

Hier sehen Sie die Syntax dazu:

```
if(BEDINGUNG1 == wahr) {
    Anweisung1;
}
else if(BEDINGUNG2 == wahr) {
    Anweisung2;
}
Anweisung3;
```


Ist die `Bedingung1` wahr, wird die `Anweisung1` im Anweisungsblock ausgeführt und die Kontrollstruktur ist fertig. Ist `Bedingung1` nicht wahr, wird die `Bedingung2` überprüft. Ist `Bedingung2` wahr, wird `Anweisung2` ausgeführt und das Programm endet. Ist aber auch `Bedingung 2` nicht wahr, wird die `Anweisung 3` ausgeführt.

Das Programmbeispiel sieht in der neuen Fassung so aus:

```
/* if_3.c */
#include<stdio.h>

int main(void) {
   unsigned int alter;

   printf("Wie alt sind Sie: ");
   scanf("%u", &alter);

   if(alter < 18) {
      printf("Sie sind noch nicht volljährig\n");
   }
   else if(alter > 18)  {
      printf("Sie sind volljährig\n");
   }
   else if(alter == 18) {
      printf("Den Führerschein schon bestanden?\n");
   }
   printf("Bye\n");
   return 0;
}
```

Listing 9.3 »if_3.c« erweitert »if_2.c« durch einige »else«-Abfragen.

Abbildung 9.3 zeigt den Programmablaufplan dazu.

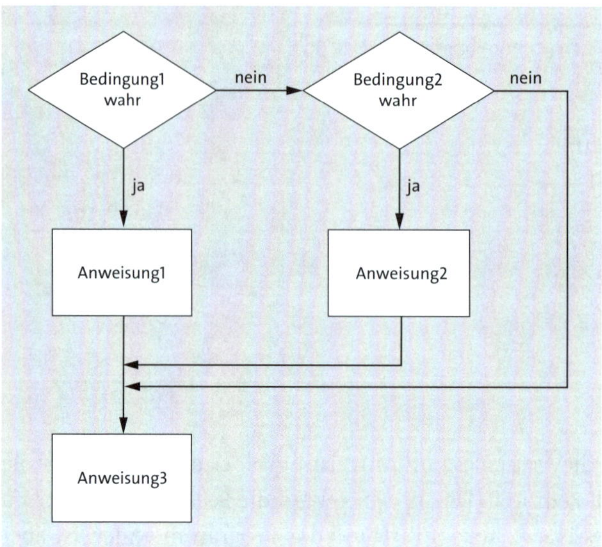

Abbildung 9.3 Programmablaufplan mit »if else if«

9.3 Die Verzweigung mit »else«

Eigentlich hätten Sie sich im vorangegangenen Programmbeispiel folgende Bedingung sparen können:

```
else if(alter == 18)
```

Denn wenn die Variable `alter` nicht größer als 18 und auch nicht kleiner als 18 ist, kann diese nur noch gleich 18 sein. Um sich eine solche Bedingung zu ersparen, gibt es die `else`-Verzweigung, was so viel heißt wie *Ansonsten nimm mich* oder *Andernfalls tue das Folgende.*

Sie könnten also die Zeile `else if(alter == 18)` ersetzen durch:

```
else {
   printf("Den Führerschein schon bestanden?\n");
}
```

Die Syntax der `else`-Verzweigung sieht folgendermaßen aus:

```
if(BEDINGUNG == wahr) {
   Anweisung1;
}
else {
   Anweisung2;
}
```

Sehen Sie sich hierzu auch den Programmablaufplan in Abbildung 9.4 an.

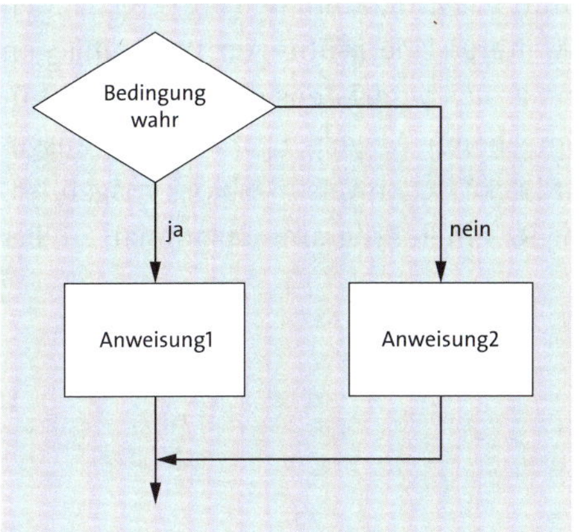

Abbildung 9.4 Programmablaufplan mit »else«

Merke

else folgt immer einem vorausgehenden if oder else if.

Umgeschrieben sieht das Listing jetzt wie folgt aus:

```
/* if_4.c */
#include<stdio.h>

int main(void) {
   unsigned int alter;

   printf("Wie alt sind Sie: ");
   scanf("%u", &alter);

   if(alter < 18) {
      printf("Sie sind noch nicht volljährig\n");
   }
   else if(alter > 18) {
      printf("Sie sind volljährig\n");
   }
   else {
      printf("Den Führerschein schon bestanden?\n");
   }
   printf("Bye\n");
   return 0;
}
```

Listing 9.4 »if_4.c« zeigt die »optimierte« Version von »if_3.c«.

Jetzt haben Sie die einzelnen Bedingungen im Programm optimal positioniert. Wird z. B. für das Alter der Wert 16 eingegeben, führt das Programm den entsprechenden Anweisungsblock aus. Danach folgen keine weiteren Überprüfungen. Wird hingegen für das Alter der Wert 20 genannt, ersparen Sie sich wenigstens die letzte Überprüfung, ob das Alter gleich 18 ist, und der entsprechende Anweisungsblock wird ausgeführt. Trifft keine dieser Bedingungen zu, wird der else-Anweisungsblock ausgeführt. Für das bessere Verständnis zeigt Abbildung 9.5 einen Programmablaufplan zu diesem Listing.

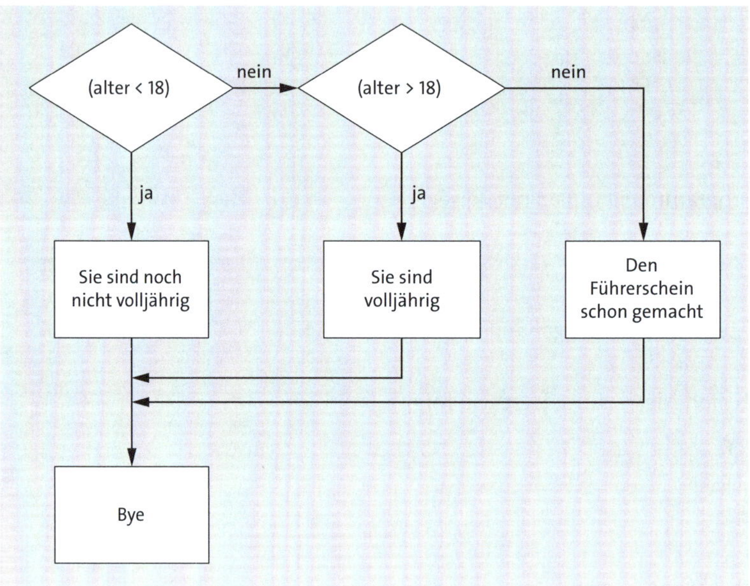

Abbildung 9.5 Programmablaufplan zu Listing 9.4

Häufig wird der Fehler gemacht, hinter eine Bedingungsanweisung ein Semikolon zu setzen:

```
else if(alter > 18);   //Fehler (das Semikolon ist fehl am Platz)
   {
      printf("Sie sind volljährig\n");
   }
```

Der Compiler wird Ihnen in solchen Fällen die Fehlermeldung ausgeben, dass else hier fehl am Platze ist, denn einer else-Verzweigung muss immer ein if bzw. else if vorausgehen. Sie können probeweise im Listing hinter der else-Verzweigung ein Semikolon setzen. Das Programm wird dann immer ausgeben, dass die Variable gleich 18 ist. Dies wird zusätzlich ausgegeben, auch wenn eine der vorangegangenen Bedingungen bereits wahr gewesen ist.

Es ist auch möglich, mehrere Anweisungen bzw. Anweisungsblöcke ineinander zu verschachteln. Das heißt, eine Anweisung mit Anweisungsblock steht innerhalb einer anderen Anweisung mit Anweisungsblock. Listing 9.5 enthält eine solche Verschachtelung:

```
/* if_5.c */
#include<stdio.h>

int main(void) {
   unsigned int alter;

   printf("Wie alt sind Sie: ");
   scanf("%u", &alter);

   if(alter <= 18) {
      if(alter == 18) {
         printf("Den Führerschein schon bestanden?\n");
      }
      else {
         printf("Sie sind noch nicht volljährig\n");
      }
   }
   else {
      printf("Sie sind volljährig\n");
   }
   printf("Bye\n");
   return 0;
}
```

Listing 9.5 »if_5.c« demonstriert, wie Sie Anweisungen ineinander verschachteln können.

Das Listing bewirkt das Gleiche wie schon das Beispiel zuvor. Mit der Anweisung

```
if(alter <= 18)
```

wird überprüft, ob `alter` kleiner oder gleich `18` ist. Sollte das der Fall sein, verzweigt das Programm weiter in den Anweisungsblock mit der Abfrage, ob `alter` gleich `18` ist. Wenn nicht, ist `alter` kleiner als `18`. Sollte die Zahl aber größer als `18` sein, geht es gleich zur `else`-Verzweigung weiter.

Wie Sie die Anweisungsblöcke anordnen, bleibt Ihnen letztlich selbst überlassen. Sehen Sie sich dennoch einmal folgendes Negativ-Beispiel an:

```
/* if_6.c */
#include<stdio.h>

int main(void) {
   unsigned int alter;
   printf("Wie alt sind Sie: ");
   scanf("%u", &alter);

   if(alter <= 18){
   if(alter == 18){
   printf("Den Führerschein schon bestanden?\n");}
   else{
        printf("Sie sind noch nicht volljährig\n");
       }}
   else{printf("Sie sind volljährig\n");}
   printf("Bye\n");
   return 0;
}
```

Das Programm ist zwar nicht falsch, aber dennoch etwas unübersichtlich.

9.4 Der !-Operator (logischer NOT-Operator)

Den logischen !-Operator (NOT-Operator) haben Sie eben schon kennengelernt. Dieser Operator wird oft falsch verstanden, weswegen ihm ein eigener Abschnitt gewidmet ist. Der !-Operator ist ein unärer Operator und kann eine Bedingung negieren. Dies bedeutet, er kann aus »wahr« »falsch« machen und umgekehrt. Dazu ein Programmbeispiel:

```
/* logik_not_1.c */
#include<stdio.h>

int main(void) {
   int checknummer;

   printf("Bitte geben Sie Ihren Codeschlüssel ein: ");
   scanf("%d", &checknummer);

   if( ! (checknummer == 4711) ) {
      printf("Error - Falscher Codeschlüssel \n");
   }
```

```
   else {
      printf("Success -  Login erfolgreich \n");
    }
   return 0;
}
```

Listing 9.6 »logik_1.c« demonstriert die Verwendung des logischen »!«-Operators.

Zur Erklärung der `if`-Bedingung im Programm:

```
if( !(checknummer == 4711) )
```

Hier wird der Ausdruck zwischen den Klammern geprüft. Das bedeutet, der `!`-Operator überprüft den Wert in der Klammer und gibt `1` (wahr) zurück, falls der Wert in der Klammer NICHT `4711` ist. Das NICHT ist sehr wichtig, denn genau dies erreicht der `!`-Operator. Ist der Wert aber gleich `4711`, dann wird `0` (falsch) zurückgegeben. Das Programm fährt daraufhin mit der `else`-Verzweigung fort und gibt aus, dass Sie die richtige Zahl eingegeben haben.

Tabelle 9.2 zeigt die verschiedenen Verwendungsmöglichkeiten.

Anweisung	==	Anweisung
`if(a != 0)`	gleich	`if(a)`
`if(a == 0)`	gleich	`if(!a)`
`if(a > b)`	gleich	`if(! (a <= b) )`
`if( (a-b) == 0)`	gleich	`if(! (a-b) )`

Tabelle 9.2 Darstellung von Wahrheitswerten

Ein weiteres Programmbeispiel verdeutlicht dies:

```
/* logik_not_2.c */
#include<stdio.h>

int main(void) {
   int zahl1, zahl2;

   printf("Bitte Zahl 1 eingeben: ");
   scanf("%d", &zahl1);
   printf("Bitte Zahl 2 eingeben: ");
   scanf("%d", &zahl2);
```

```
   if(!zahl1)
      printf("Error: Der Wert ist gleich 0!! \n");
   else if(!zahl2)
      printf("Error: Der Wert ist gleich 0!! \n");
   else
      printf("%d/%d = %f \n", zahl1, zahl2, (float) zahl1/zahl2);
   return 0;
}
```

Sie vermeiden mit diesem Programm eine Division durch 0. Sollte also keine der beiden Zahlen dem Wert 0 entsprechen, wird mit `(float) zahl1/zahl2` eine Division durchgeführt. Sie verwenden hier ein explizites Typecasting, damit der Wert nach dem Komma nicht einfach abgeschnitten wird.

[+]

Tipp: »not«

Als alternative Schreibweise für den logischen `!`-Operator können Sie auch das Makro `not` verwenden, das in der Headerdatei *<iso646.h>* definiert ist. Die Schreibweise `if( !a )` entspricht somit exakt `if(` **not** `a )`.

9.5 Logisches UND (&&) – logisches ODER (||)

Sie haben sicher schon bemerkt, dass es in C viele Operatoren gibt. So ist die Sprache zwar unter Umständen schwerer lesbar, aber Sie können mit ihr auch schneller, vielseitiger und effektiver programmieren. Sobald Sie die logischen Operatoren kennengelernt haben, werden Sie diese sehr zu schätzen wissen.

Mit dem logischen ODER-Operator (`||`) werden Operanden so miteinander verknüpft, dass der Ausdruck »wahr« zurückliefert, wenn mindestens einer der Operanden wahr ist. Dabei können die Operanden auch durchaus mathematisch komplexe Ausdrücke sein, die wiederum Operanden enthalten. C löst auch komplexe Ausdrücke automatisch auf, ohne dass Sie sich darum kümmern müssen. Die Überprüfung ist rein logischer Art und es werden im Gegensatz zu dem einfachen `&` und `|` keine Bits geändert! Genau deshalb (weil eben nur Aussagen auf ihren Wahrheitsgehalt überprüft werden) spricht man von *logischen Operatoren*. Ein kleines Beispiel dazu:

```
if( (Bedingung1) || (Bedingung2) )
   /* mindestens eine der Bedingungen ist wahr */
else
   /* keine Bedingung ist wahr */
```

Sehen Sie sich dazu in Abbildung 9.6 den Programmablaufplan des logischen ODER-Operators an.

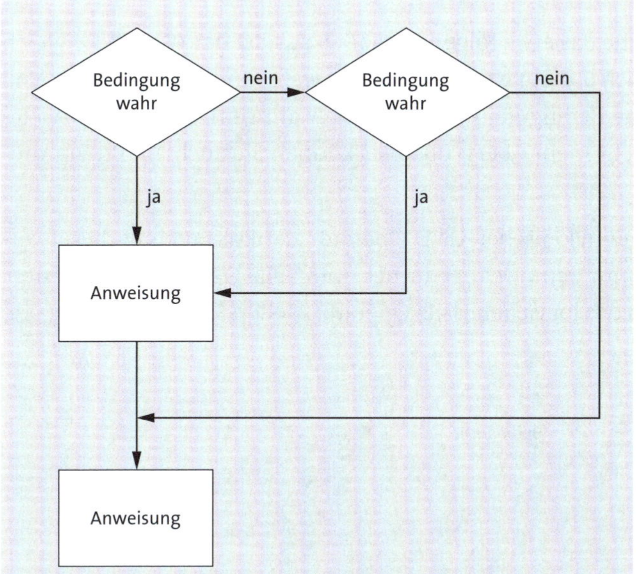

Abbildung 9.6 Der Programmablaufplan des logischen ODER-Operators

Jetzt wird der Operator in dem Programm eingesetzt, das Sie beim logischen NICHT-Operator zuvor verwendet haben:

```
/* logik_or.c */
#include<stdio.h>

int main(void) {
   int zahl1, zahl2;
   printf("Bitte Zahl 1 eingeben: ");
   scanf("%d", &zahl1);
   printf("Bitte Zahl 2 eingeben: ");
   scanf("%d", &zahl2);

   if( (!zahl1) || (!zahl2) )
      printf("Error: Einer der Werte ist gleich 0!!! \n");
   else
      printf("%d/%d = %f \n", zahl1, zahl2, (float)zahl1/zahl2);
   return 0;
}
```

Listing 9.7 »logik_or.c« demonstriert die Verwendung des logischen »||«-Operators.

Die `if`-Konstruktion des Programms sieht so aus:

```
if( (!zahl1) || (!zahl2) )
```

In Worten ausgedrückt, sähe das etwa folgendermaßen aus: Ist der Wert `zahl1` gleich `0` ODER der Wert `zahl2` gleich `0`, dann ist die Bedingung wahr, und Sie haben eine Null eingegeben. Sollte die erste Bedingung (`!zahl1`) schon wahr sein, so wird die zweite Bedingung (`!zahl2`) gar nicht mehr überprüft: Dies können Sie auch am Programmablaufplan erkennen.

Analog verhält es sich mit dem logischen UND-Operator (`&&`). Das Ergebnis dieser verknüpften Operanden gibt nur dann »wahr« zurück, wenn alle Operanden wahr sind. Den Programmablaufplan des logischen UND-Operators sehen Sie in Abbildung 9.7.

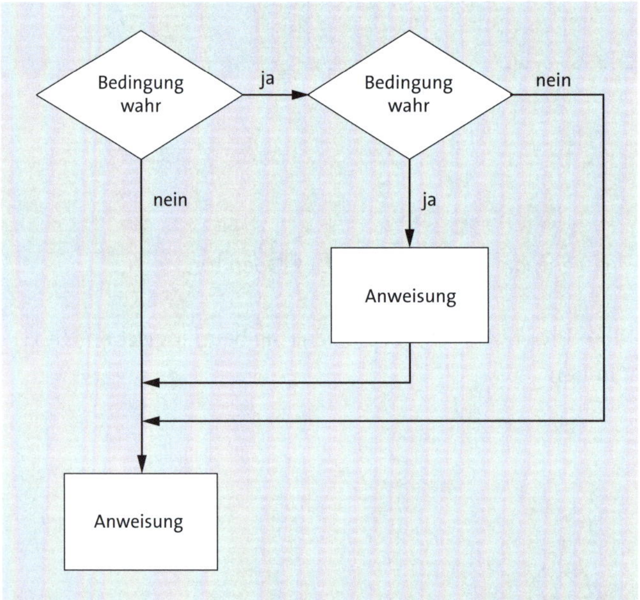

Abbildung 9.7 Programmablaufplan des logischen UND-Operators

Wiederum folgt zur Verdeutlichung ein Programmbeispiel:

```
/* logik_and.c */
#include<stdio.h>

int main(void) {
   int zahl;
   printf("Geben Sie einen Wert zwischen 10 und 20 ein: ");
   scanf("%d", &zahl);
```

```
  if( (zahl >= 10) && (zahl <= 20) )
    printf("Danke für die Eingabe! \n");
  else
    printf("Falsche Eingabe! \n");
  return 0;
}
```

Listing 9.8 »logik_and.c« demonstriert die Verwendung des logischen »&&«-Operators.

In der Zeile

```
if( (zahl >= 10) && (zahl <= 20) )
```

prüfen Sie, ob die eingegebene Zahl einen Wert zwischen 10 und 20 besitzt. In Worten: Ist es wahr, dass die Zahl größer oder gleich 10 ist UND die Zahl auch kleiner gleich 20 ist, dann ist die Bedingung wahr.

Natürlich können Sie mit dem `&&`-Operator und dem `||`-Operator weitere Bedingungen miteinander verknüpfen. Allerdings sollten Sie dabei die Lesbarkeit eines solchen Konstrukts im Auge behalten und über folgende Frage nachdenken: Was ist lesbarer, eine verschachtelte `if`- Abfrage oder doch eine verkettete und eventuell mit einigen Klammern versehene logische Auswertung? Meistens ist eine logische Auswertung besser verständlich als verschachtelte Blöcke, aber eben nur meistens.

Tipp: »and« und »or«

Als alternative Schreibweise für die logischen Operatoren `&&` und `||` können Sie seit dem C99-Standard auch die Makros `and` und `or` verwenden, die beide in der Headerdatei *<iso646.h>* definiert sind.

9.6 Der Bedingungsoperator »?:«

Der Bedingungsoperator `?:` ist der einzige ternäre Operator in ANSI C. Im Prinzip repräsentiert dieser Operator nichts anderes als eine Kurzform der `if else`-Anweisung. Seine Syntax sieht so aus:

```
<BEDINGUNG> ? <ANWEISUNG
              1> : <ANWEISUNG
              2>
```

Wenn die `BEDINGUNG` wahr ist, wird die `ANWEISUNG1` ausgeführt. Ansonsten wird `ANWEISUNG2` ausgeführt. Der Programmablaufplan ist identisch mit dem der `if else`-Anweisung. Sie benötigen beispielsweise von zwei Zahlen den höheren Wert? Mit dem Bedingungsoperator ?: könnten Sie folgendermaßen arbeiten:

```
max = (a>b) ?a :b;
```

Diese Schreibweise ist äquivalent zu der folgenden:

```
if(a > b)
   max=a;
else
   max=b;
```

Ein Listing soll das Prinzip verdeutlichen:

```
/* max_val_1.c */
#include<stdio.h>

int main(void) {
   int a=5,b=10;
   int max;
   max = (a > b) ? a : b;
   printf("Der größte Wert ist %d \n", max);
   return 0;
}
```

Natürlich ist es auch hier möglich, die einzelnen Ausdrücke ineinander zu verschachteln:

```
/* max_val_2.c */
#include<stdio.h>

int main(void) {
   int a=8, b=3, c=76, big;
   printf("Die größte Zahl ist....");
   big = (a>b) ? ((a>c) ?a :c) : ((b>c) ?b :c);
   printf("..%d\n", big);
   return 0;
}
```

Auch hier kann bei mehrfacher Verschachtelung die Übersichtlichkeit und Nachvollziehbarkeit des Programms leiden; `if else`-Anweisungen wären besser geeignet. Sehen Sie sich folgende Codezeile näher an:

```
big = (a>b) ? ((a>c) ?a :c) : ((b>c) ?b :c);
```

Bevor die Variable big einen Wert zugewiesen bekommt, werden zuerst folgende Bedingungen überprüft: Ist der Wert von a größer als der von b, wird überprüft, ob der Wert von a auch größer als der von c ist. Ist das der Fall, so ist a der größte Wert. Ist dies nicht der Fall, ist c der größte Wert. Sollte aber in der ersten Bedingung a nicht größer als b sein, so wird überprüft, ob b größer als c ist. Ist b größer als c, haben Sie den größten Wert gefunden. Ist b nicht größer als c, bleibt nur noch c als größte Zahl übrig.

Häufig wird der Bedingungsoperator auch wie folgt verwendet:

```
printf("Bitte geben Sie eine Zahl ein: ");
scanf("%d",&zahl);
printf("Die Zahl, die Sie eingegeben haben, ist ");
(zahl%2) ? printf("ungerade \n") : printf("gerade \n");
```


9.7 Fallunterscheidung: die »switch«-Verzweigung

Was ist zu tun, wenn unterschiedliche Bedingungen mehrere verschiedene Zahlen beachten sollen? Sie könnten entsprechend viele if-Anweisungen verwenden. Aber warum so umständlich, wenn es auch einfacher geht? Für solche Aufgaben gibt es die Fallunterscheidung mit switch, was auf Deutsch so viel wie »Schalter« heißt. Die Syntax von switch sieht so aus:

```
switch(AUSDRUCK) {
     AUSDRUCK_1 : anweisung_1; break;
     AUSDRUCK_2 : anweisung_2; break;
     AUSDRUCK_3 : anweisung_3; break;
     ...
     AUSDRUCK_n : anweisung_n; break;
     default: anweisung;
  }
```

Der AUSDRUCK in den Klammern nach switch wird in dem hierauf folgenden Anweisungsblock ausgewertet. Sollte der AUSDRUCK==AUSDRUCK_1 sein, so wird anweisung_1 ausgeführt, die mit break endet. Sollte aber AUSDRUCK==AUSDRUCK_2 sein, so wird anweisung_2 ausgeführt, die mit break endet, usw.

break darf nicht fehlen, weil es auch Anweisungsblöcke mit mehreren Anweisungen hinter case geben kann, und dieser Block muss eben durch break beendet werden (und nicht durch eine geschweifte Klammer!).

Jetzt kann es natürlich auch vorkommen, dass keine einzige Bedingung erfüllt ist, die durch case definiert wurde. In diesem Fall wird mit den Anweisungen weitergemacht, die hinter default stehen (hierzu gleich mehr). Ich zeige Ihnen erst einmal ein einfaches Programm, das Sie nach den Zahlen 1 bis 5 fragt:

```
/* switch_1.c */
#include<stdio.h>

int main(void) {
   int a;
   printf("Bitte eine Zahl von 1-5 eingeben: ");
   scanf("%d", &a);

   switch(a) {
      case 1: printf("Das war eins \n");
              break;
      case 2: printf("Das war zwei \n");
              break;
      case 3: printf("Das war drei \n");
              break;
      case 4: printf("Das war vier \n");
              break;
      case 5: printf("Das war fünf \n");
              break;
      }      /* Ende switch */
   return 0;
}
```

Listing 9.9 »switch_1.c« zeigt Ihnen, wie Sie eine einfache Fallunterscheidung mit »switch« realisieren können.

Nach der Eingabe einer Zahl wird diese im »Schalter« ausgewertet mit:

```
switch(a)
```

Die Auswertung steht wieder in einem Anweisungsblock in geschweiften Klammern. Zuerst wird

```
case 1: printf("Das war eins \n");
```

ausgewertet. case heißt auf Deutsch »falls«, und um dies von »if« zu unterscheiden, musste ein anderer Ausdruck her. Zuerst wird geprüft, ob der Fall, der in switch(a) steht, zutrifft (also hier, ob a==1). Wenn ja, wird das Programm den entsprechenden Text ausgeben.

```
break;
```

Die break-Anweisung am Ende eines jeden Falls bedeutet: Ab hier springt das Programm aus dem Anweisungsblock heraus und setzt seine Ausführung nach dem switch-Anweisungsblock fort. Dies ist sehr wichtig, denn sonst würde unser Programm einfach das nächste case auswerten, was falsch wäre. In unserem Fall (wenn die eingegebene Zahl 1 ist) endet das Programm bereits. Wenn break also nicht nach jedem Fall angegeben wird, wird der nächste Fall auch mit ausgegeben, und das wollen wir ja nicht! Sehen Sie sich einen Programmablaufplan dazu an (siehe Abbildung 9.8).

Das Weglassen von break kann aber durchaus gewollt sein. Dies hat den Vorteil, dass Sie in gewisser Weise auf mehrere Fälle gleichartig reagieren können. Dazu wird das obige Programm leicht abgewandelt:

```
/* switch_2.c */
#include<stdio.h>

int main(void) {
   int a;
   printf("Bitte eine Zahl von 1-5 eingeben: ");
   scanf("%d", &a);

   switch(a) {
      case 1: printf("Das war eins oder...");
      case 2: printf("...zwei \n");
              break;
      case 3: printf("Das war drei \n");
              break;
      case 4: printf("Das war vier...");
      case 5: printf("...oder fünf \n");
              break;
   }      /* Ende switch */
   return 0;
}
```

Listing 9.10 »switch_2.c« demonstriert, wie Sie mit »switch« auf mehrere Fälle gleichzeitig reagieren können.

Geben Sie in diesem Programm beispielsweise den Wert 4 für die Variable a ein, so trifft sowohl der Fall case 4 als auch case 5 zu, weil bei der Fallunterscheidung case 4 das break nach der printf()-Ausgabe weggelassen wurde. Ebenso würde sich das Programm verhalten, wenn Sie den Wert 1 eingegeben hätten.

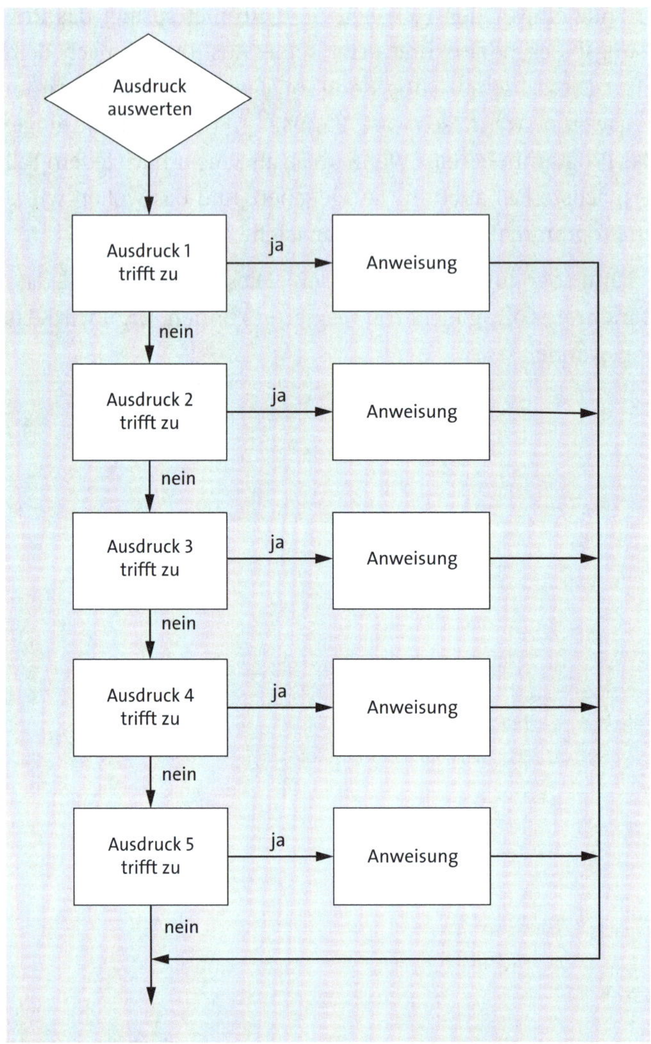

Abbildung 9.8 Programmablaufplan zur »switch«-Fallunterscheidung

9.7.1 default

Jetzt stellt sich aber nach wie vor die Frage, was geschieht, wenn Sie einen anderen Wert als 1 bis 5 eingeben. Das Programm einfach ohne eine Meldung zu beenden, ist unschön, denn auch bei falschen Werten sollte eine Reaktion erfolgen. Dafür gibt es das Schlüsselwort `default`, das so viel wie »Standardverhalten« heißt. Testen Sie es am besten gleich in einem Programm:

```
/* switch_3.c */
#include<stdio.h>
```

```
int main(void) {
   int a,b;
   char opera;
   printf("Grundrechenarten \n");
   printf(" (zahl)(Operator)(zahl) ohne Leerzeichen \n");

   printf("Rechnung bitte eingeben : ");
   scanf("%d%c%d", &a, &opera, &b); /* Bsp.: 10+12 */

   switch(opera) {
      case '+': printf("%d + %d = %d \n",a ,b ,a+b);
                break;
      case '-': printf("%d - %d = %d \n", a, b, a-b);
                break;
      case '*': printf("%d * %d = %d \n", a, b, a*b);
                break;
      case '/': printf("%d / %d = %d \n", a, b, a/b);
                break;
      default: printf("%c? kein Rechenoperator \n", opera);
      }      /* Ende switch */
 return 0;
}
```

Listing 9.11 »switch_3.c« zeigt die Verwendung einer »default«-Option bei »switch«.

Jetzt haben Sie auch gesehen, wie es möglich ist, jedes beliebige darstellbare ASCII-Zeichen mit case zu überprüfen. Einzelne Zeichen werden – wie beim Programm mit den Operatoren eben verwendet – zwischen einzelne Hochkommata gestellt.

Natürlich wäre es auch denkbar, statt

```
case '+': printf("%d + %d = %d \n", a, b, a+b);
```

eben

```
case 43 : printf("%d + %d = %d \n", a, b, a+b);
```

zu verwenden, da das Zeichen '+' den dezimalen Wert 43 hat (siehe ASCII-Tabelle im Anhang). Der ASCII-Code ordnet den einzelnen Zeichen also Zahlen zu, und diese Zahlen werden anschließend anhand einer Zeichentabelle in ein druckbares Muster verwandelt und auf dem Bildschirm dargestellt. damit Sie könnten auch die Oktalzahl 053 oder die Hexzahl 2B verwenden. Hier ist die Schreibweise für die Hexzahl von '+':

```
case 0x2B: printf("%d + %d = %d \n", a, b, a+b);
```

Im Programm haben Sie gesehen, wie `default` verwendet wurde:

```
default: printf("'%c' ist kein Rechenoperator \n", opera);
```

Falls Sie keine gültigen Rechenoperatoren eingegeben haben, bekommen Sie eine entsprechende Meldung.

`default` bedeutet hier: *Falls eine passende* `case`*-Verzweigung fehlt, nimm immer das Folgende.* Wenn also keine `case`-Anweisung greift, dann wird der Codeblock nach `default` ausgeführt. (Man spricht oft vom sogenannten *Default-Verhalten*, wenn der `default`-Block ausgeführt wird.) Sie werden in Abschnitt 9.9 noch sehen, dass sich die `switch`-Verzweigung hervorragend für den Aufbau eines einfachen Menüs in einer Konsolenanwendung eignet.

9.8 Die »while«-Schleife

Mit Schleifen können Sie Anweisungsblöcke mehrfach hintereinander ausführen lassen. Eine von vielen möglichen Arten, dies zu realisieren, ist »while«, was so viel bedeutet wie »solange«. Das Grundgerüst der Schleifenbedingung `while` sieht folgendermaßen aus:

```
while(Bedingung == wahr) {
   /* Abarbeiten von Befehlen, bis Bedingung ungleich wahr */}
```

Ist die Bedingung, die in den Klammern nach `while` folgt, wahr, so wird der Anweisungsblock in den geschweiften Klammern ausgeführt. Die Anweisungen werden so oft ausgeführt, bis die Bedingung in den Klammern falsch, also unwahr ist. Den zugehörigen Programmablaufplan sehen Sie in Abbildung 9.9.

Üblicherweise läuft die `while`-Schleife in drei Schritten ab:

- *Initialisierung* – Die Schleifenvariable bekommt einen Wert.
- *Bedingung* – Die Schleifenvariable wird daraufhin überprüft, ob eine bestimmte Bedingung bereits erfüllt ist.
- *Reinitialisieren* – Die Schleifenvariable erhält einen anderen Wert.

In der Praxis sieht dies etwa so aus:

```
int var=0;            // Initialisieren (wichtig!)
while(var < 10) {     // Solange var kleiner als 10 - Bedingung
      // weitere Anweisungen
      var++;          // Reinitialisieren
   }
```

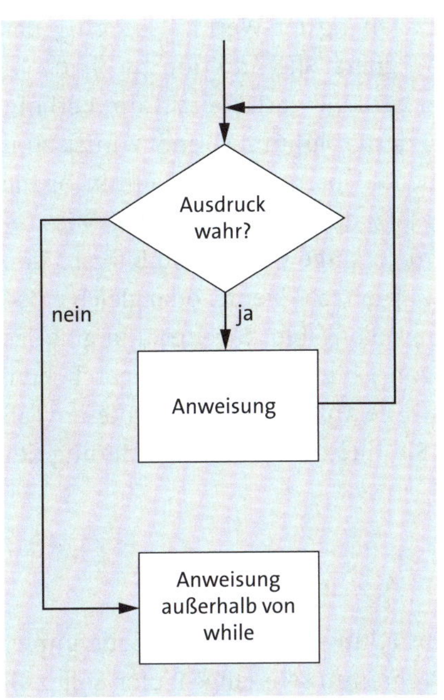

Abbildung 9.9 Programmablaufplan der »while«-Schleife

Jetzt folgt ein Listing mit einer `while`-Schleife:

```
/* while_1.c */
#include<stdio.h>

int main(void) {
   int zahl=1, tmp=0;

   while(zahl <= 10) {
      tmp=tmp+zahl;
      printf("%d+",zahl++);      /* Zahl + 1 */
   }
   printf("\b = %d\n",tmp);
   return 0;
}
```

Listing 9.12 »while_1.c« demonstriert eine Schleife mit »while«.

Das Programm führt die `while`-Schleife so lange aus, bis die Variable `zahl` kleiner oder gleich `10` ist. Hier ein kurzer Durchgang des Programms Schritt für Schritt:

```
while(zahl<=10)
```

Ist die Zahl kleiner oder gleich 10? Die Zahl hat am Anfang den Wert 1, also springt das Programm in den Anweisungsblock. Dann wird zuerst die Addition `tmp=tmp+zahl` durchgeführt. Somit ist der Wert von `tmp` 1. Jetzt wird die Variable `zahl` um 1 erhöht (`zahl++`). Der `while`-Anweisungsblock endet, und das Programm springt zurück zum Anfang der `while`-Anweisung. Es erfolgt eine erneute Überprüfung daraufhin, ob die Zahl immer noch kleiner oder gleich 10 ist. Da sie jetzt den Wert 2 hat, geht es wie vorher schon im Anweisungsblock weiter. Das wird so lange wiederholt, bis `zahl` den Wert 11 erreicht hat. In diesem Fall ist die Bedingung, ob `zahl` kleiner oder gleich 10 ist, falsch. Das Programm läuft nach dem `while`-Anweisungsblock weiter und gibt das Ergebnis `55` aus, also die Summe aller Zahlen von 1 bis 10. Was würde geschehen, wenn man am Anfang die Initialisierung vergisst? Die Antwort ist, dass in diesem Fall das Verhalten undefiniert ist. Deshalb sollten Sie nicht auf die Initialisierung der Variablen `zahl` verzichten.

9.8.1 Endlosschleifen mit »while«

Die `while`-Schleife wird manchmal absichtlich in Form einer Endlosschleife implementiert. Dies ist z. B. dann der Fall, wenn ein Programm sehr lange laufen soll (z. B. in Form einer Steuerung auf einem Mikrocontroller, die sich nur dann abschaltet, wenn ein ernster Fehler auftritt). Für das Beenden einer Endlosschleife sorgt dann nicht die Schleifenbedingung, sondern das Schlüsselwort `break`. Mit der `break`-Anweisung können Sie eine Schleife jederzeit verlassen, z. B. wenn ein Fehler auftritt. Hier sehen Sie ein Beispiel für eine Endlosschleife:

```
/* while_2.c */
#include<stdio.h>

int main(void) {
   int zahl, summe=0;
   printf("Summenberechnung\nBeenden der Eingabe mit 0 \n");

   while(1) {    /* Endlosschleife, denn: 1 ist immer wahr */
      printf("Bitte Wert eingeben > ");
      scanf("%d", &zahl);
      if(zahl == 0)     /*  Haben wir 0 eingegeben ...?   */
         break;         /* ... dann raus aus der Schleife */
      else
         summe+=zahl;
   }
   printf("Die Summe aller Werte beträgt: %d\n", summe);
   return 0;
}
```

Listing 9.13 »while_2.c« demonstriert eine Endlosschleife mit »while«.

Die Zeile

```
while(1)
```

verkörpert die Endlosschleife. Der Inhalt dieser Schleife ist immer wahr, da Sie hier den Wert 1 haben. Sie könnten dort jede beliebige Zahl außer 0 hinschreiben. Sie haben in den vorangegangenen Kapiteln gesehen, dass 1 (und alle anderen Werte ungleich 0) für »wahr« (*true*) und 0 für »unwahr« (*false*) steht.

Nun zurück zu dem Programm. Sie werden so lange aufgefordert, eine Zahl einzugeben, bis Sie den Wert »0« eingeben:

```
if(zahl == 0)    /*  Falls 0 eingegeben wurde ... */
   break;        /*  ... dann Schleife verlassen  */
```

Hat die Variable zahl den Wert 0, wird mit der Anweisung break aus dem Anweisungsblock herausgesprungen.

9.8.2 Fehlervermeidung bei »while«-Schleifen

Natürlich können Sie mit Schleifen auch diverse Fehler machen. Im Folgenden sollen daher einige häufig auftretende Fehler angesprochen werden.

- **Schließen Sie eine Schleife niemals mit einem Semikolon ab.** Folgendes Beispiel erzeugt ungewollt eine Endlosschleife:

  ```
  int x=0;
  while(x > 10); /* Fehler durch Semikolon am Ende */
     {
        printf("Der Wert von x beträgt %d\n", x);
        x++;
     }
  ```

  Die Variable x wird niemals im Anweisungsblock inkrementiert werden, da die while-Schleife nichts anderes tut, als ständig die Bedingung zu prüfen, ob x größer als 10 ist, was niemals der Fall sein wird!

- **Vermeiden Sie** außerdem – wenn möglich – **Überprüfungen auf Gleichheit** in den Schleifen:

  ```
  int x=2;
  while(x == 10) {
     printf("Der Wert von x beträgt %d \n", x);
     x*=x;
  }
  ```

Die Bedingung der `while`-Schleife wird nie erfüllt. Verwenden Sie in einem solchen Fall besser die Überprüfung auf kleiner oder gleich, etwa wie folgt:

```
while(x <= 10)
```

- Eine weitere **Fehlerquelle** können die **logischen Operatoren** in der `while`-Schleife darstellen, wie das folgende Programmbeispiel verdeutlicht:

```
/* while_3.c */
#include<stdio.h>

int main(void) {
   int zahl1=0, zahl2=0;
   while((zahl1++ < 5) || (zahl2++ < 5) )
      printf("Wert von zahl1: %d zahl2: %d \n ", zahl1, zahl2);
   return 0;
}
```

Da der erste Ausdruck fünfmal wahr ist, wird wegen des logischen ODER-Operators der zweite Ausdruck nicht ausgewertet. Erst dann, wenn der erste Ausdruck unwahr, also `5` ist, wird der zweite Ausdruck fünfmal durchlaufen. Als Nebeneffekt wird aber gleichzeitig der erste Ausdruck bei jedem Schleifendurchlauf inkrementiert. Und so kommt es, dass die Variable `zahl1` am Ende den Wert `10` hat, statt `5` wie ursprünglich beabsichtigt.

9.9 Die »do while«-Schleife

Die Schleife `do while` verhält sich wie die `while`-Schleife, nur dass die Bedingung am Ende des Anweisungsblocks überprüft wird. Hier die Syntax:

```
do {
       /* Anweisungen */
} while(BEDINGUNG == wahr);
```

Der Anweisungsblock wird mit dem Schlüsselwort `do` eingeleitet. Im Block werden dann die entsprechenden Anweisungen ausgeführt. Am Ende des Anweisungsblocks steht der bereits bekannte Ausdruck `while`, bei dem überprüft wird, ob die angegebene Bedingung wahr ist. Ist die Bedingung wahr, wird der Anweisungsblock erneut ausgeführt, und das Programm beginnt wieder bei `do`. Wenn die Bedingung unwahr ist, geht es hinter der `while`-Bedingung weiter.

Achten Sie auch darauf, dass Sie die `do while`-Schleife am Ende von `while` mit einem Semikolon abschließen. Das Semikolon zu vergessen, ist ein häufig gemachter Fehler. Abbildung 9.10 zeigt den Programmablaufplan zur `do while`-Schleife.

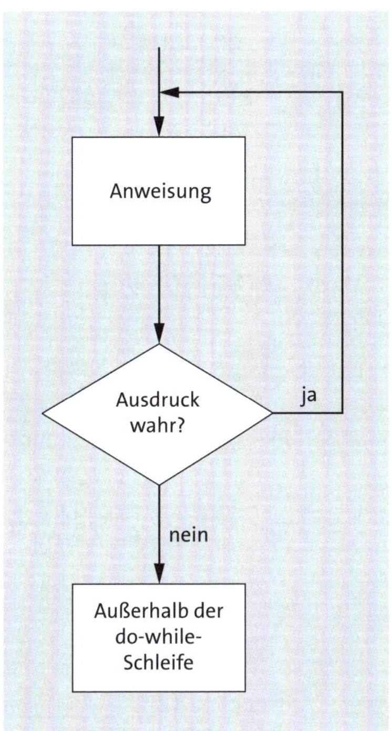

Abbildung 9.10 Programmablaufplan der »do while«-Schleife

Zur Veranschaulichung sehen Sie in Listing 9.14 ein Ratespiel:

```
/* do_while_1.c */
#include<stdio.h>
#include<stdlib.h>  /* für die Bibliotheksfunktion rand() */

int main(void) {
   int ratezahl, count=0, erraten=0;
   int zufall = (rand()%10)+1; /* Pseudo-Zufallszahl von 1-10 */

   do {
      printf("Zahleingabe bitte (1-10): ");
      scanf("%d", &ratezahl);
      if(ratezahl==zufall) {  /* Zahl richtig geraten ... ? */
         erraten=1;           /* Ja, die Zahl ist richtig   */
         count++;
      }
      else {
         (ratezahl > zufall) ?
            printf("kleiner\n") : printf("grösser\n");
         count++;
```

```
      }
   } while( (erraten != 1) && (count != 3) );

   if(erraten == 0) {
      printf("Sie haben 3 Chancen vertan ;) \n");
      printf("Die Zahl wäre %d gewesen: \n", zufall);
   }
   else
      printf("Mit %d Versuchen erraten!\n",count);
   return 0;
}
```

Listing 9.14 Ein kleines Zahlenratespiel soll Ihnen den Unterschied zwischen »while« und »do...while« veranschaulichen.

In diesem Programm wird die Headerdatei

```
#include<stdlib.h>
```

für die Funktion

```
(rand()%10)+1;
```

verwendet, womit eine *Pseudo-Zufallszahl* zwischen 1 und 10 erzeugt wird, deren Wert Sie an die Variable `zufall` übergeben. Aber was heißt »Pseudo-Zufallszahl«? Dies bedeutet, dass ein Computer keine echten Zufallszahlen erzeugen kann, sondern anhand einer mathematischen Formel nur Zahlen ausgeben kann, die so aussehen, als wären sie zufällig. Der Trick dabei ist, dass der Computer eine Zahlenreihe berechnet, bei der die folgenden Ziffern nicht vorhersehbar sind, wenn man den Anfangswert nicht kennt. Dieser Anfangswert (der sogenannte *seed*) ist aber leider immer 0, wenn das Programm startet, und dieser Wert ändert sich immer nur dann, wenn Sie `rand()` aufrufen. Probieren Sie es ruhig aus, und lassen sich mit `rand()` 100 Zahlen in einer Schleife ausgeben. Sie werden erstaunt darüber sein, dass immer dieselben Zahlen erscheinen und vielleicht auch darüber, dass in dem obigen Beispielprogramm die zu ratende Zahl immer dieselbe ist. Dies können Sie beheben, indem Sie am Anfang des Programms *<time.h>* einbinden und in der ersten Zeile des Hauptprogramms folgende Anweisung einfügen:

```
int main(void) {
   srand(clock()); // Nimmt die Systemuhr als seed für srand
```

Nach diesem kleinen Ausflug in die Welt der Zufallszahlen kehren wir zu unserem Programm zurück. Die `do while`-Schleife wird so lange wiederholt, bis die beiden Ausdrücke in `while` wahr sind:

```
while( (erraten != 1) && (count != 3) );
```

Die Bedingung für das Spiel lautet also: Sie haben maximal drei Versuche (`count != 3`), in denen Sie die Zahl erraten müssen. Solange Sie die Variable von `erraten` auf dem Wert `0` UND den Zähler für die Versuche `count` noch nicht auf `3` stehen haben, beginnt der Anweisungsblock wieder von Neuem. Ist eine dieser Bedingungen unwahr, haben Sie entweder die Zahl erraten oder mehr als drei Versuche benötigt. Dies wird anschließend nach dem Anweisungsblock ausgewertet.

Aber warum lassen Sie nicht den Computer eine Zahl raten, die Sie sich ausgedacht haben? »Künstliche Intelligenz« und »zu kompliziert«, denken Sie? Solch ein Spiel lässt sich einfacher realisieren, als Sie glauben. Hier ist das Spiel umgekehrt:


```
/* do_while_2.c */
#include <stdio.h>

int main(void) {
   char response;

   printf("Denk Dir eine Nummer zwischen 1 und 100 aus.\n");
   printf("Das errate ich in 7 oder weniger Versuchen \n\n");
   do {
      int lo = 1, hi = 100;
      int guess;
      while (lo <= hi) {
         guess = (lo + hi) / 2;
         printf("Ist es %d ",guess);
         printf(" ((h)oeher/(n)iedriger/(j)a): ");
         fflush(stdout);
         scanf("%c%*c",&response);

         if (response == 'h')
            lo = guess + 1;
         else if (response == 'n')
            hi = guess - 1;
         else if (response != 'j')
            printf("Erraten ... :-)");
         else
            break;
      }
      /* Resultat ausgeben */
      if (lo > hi)
         printf("Du schummelst!\n");
      else
```

```
        printf("Deine Nummer lautet: %d\n",guess);
      printf("Noch ein Spiel (j)a/nein : ");
      fflush(stdout);
      scanf("%c%*c",&response);
   } while( response == 'j' );
   return 0;
}
```

Listing 9.15 In »do_while_2.c« lassen Sie den Computer eine von Ihnen eingegebene Zahl raten.

Der Computer errät dabei Ihre Zahl immer in maximal sieben Versuchen. Verwendet wird dabei ein sogenanntes »Teile und herrsche«-Prinzip. Die Variable guess erhält durch die Berechnung (lo+hi)/2 zuerst den Wert 50. Ist die von Ihnen gesuchte Zahl jetzt höher, erhält die Variable lo einen neuen Wert mit guess+1, also 51. Somit beginnt das Teilen und Herrschen von Neuem mit (lo+hi)/2, in Zahlen: (51+100)/2, also 75. Ist jetzt die gesuchte Zahl niedriger, bekommt hi einen neuen Wert mit guess-1. Es ergibt sich beim nächsten Schleifendurchlauf (lo+hi)/2, in Zahlen: (51+74)/2, also 62. Dies geht so weiter, bis die Zahl erraten wurde. Auf dieses »Teile und herrsche«-Prinzip werden Sie noch einige Male in diesem Buch stoßen.

Ein weiteres praktisches Anwendungsbeispiel der do while-Schleife in Kombination mit switch ist ein Benutzermenü für die Konsole:

```
/* do_while_3.c */
#include<stdio.h>

int main(void) {
   int auswahl;

   do {
      printf("-1- Auswahl1\n");
      printf("-2- Auswahl2\n");
      printf("-3- Auswahl3\n");
      printf("-4- Programmende \n\n");
      printf("\n\n Ihre Auswahl: ");
      scanf("%d", &auswahl);
      switch(auswahl) {
         case 1  : printf("\n Das war Auswahl 1 \n"); break;
         case 2  : printf("\n Das war Auswahl 2 \n"); break;
         case 3  : printf("\n Das war Auswahl 3 \n"); break;
         case 4  : printf("\n Programmende \n");      break;
         default : printf("\n Unbekannte Auswahl \n");
      }
```

```
    } while(auswahl!=4);
    return 0;
}
```

Listing 9.16 »do_while_3.c« zeigt, wie Sie »switch ... case« und »do ... while« für die Realisierung eines Benutzermenüs auf der Konsole kombinieren können.

Meist stellt sich nach einem solchen Menübeispiel die Frage, wie der Bildschirm gelöscht werden kann. In ANSI C ist aber keine Funktion dafür vorgesehen. Das bedeutet, dass es von Compiler und Betriebssystem abhängt, ob eine (nicht standardisierte) Funktion hierfür existiert. Wenn Sie eine solche verwenden wollen, halten Sie Ausschau nach Funktionen wie `clrscr()` für Windows oder nach der Bibliothek *<ncurses.h>* für Linux. Aber auch auf der direkten Systemebene sind Ihre Programme, die den Bildschirm löschen, nicht portabel, weil die Systemfunktion für das Löschen der Konsole z. B. unter Windows `System("cls")` und unter Linux `system("clear")` heißt. Aber auch auf den Grafikspeicher können Sie unter Umständen nicht direkt zugreifen, zumindest nicht unter Windows.

9

9.10 Die »for«-Schleife

Mit der `for`-Schleife können Sie – wie schon mit der `while`-Schleife – Anweisungsblöcke mehrfach hintereinander ausführen. Der Unterschied ist jedoch, dass bei der `for`-Schleife die Initialisierung, die Bedingung und die Reinitialisierung der Schleifenvariable schon in der `for`-Anweisung erfolgen. Die Syntax zur `for`-Schleife ist:

```
for(Initialisierung; Bedingung; Reinitialisierung) {
    /* Anweisungen */
}
```

bzw. (in anderen Büchern auch auf die folgende Weise dargestellt):

```
for([Variable]=[Start];[Variable]<=[Ende]; [Variable]+=[Schrittweite]) {
    /* Anweisungen */
}
```

Beim Ablauf der `for`-Schleife wird in der Regel zuerst die *Schleifenvariable* (man spricht auch von einem *Schleifenzähler*) mit einem konkreten Wert initialisiert, oft ist dies einfach `0` oder `1`. Dies geschieht aber nur einmal, unabhängig davon, wie oft die Schleife wiederholt wird. Danach findet typischerweise eine Bedingungsüberprüfung statt, die oft einfach `[Variable]<=[Endwert]` ist, aber durchaus auch komplexer sein kann. Ergibt diese Bedingung »wahr«, geht die Ausführung im Anweisungsblock mit weiteren Anweisungen weiter.

Hat der Anweisungsblock alle Anweisungen ausgeführt, wird die *Reinitialisierung* der Schleifenvariable ausgeführt, die oft einfach die Startvariable um einen bestimmten Wert erhöht. Danach wird erneut die Schleifen-Bedingung überprüft, und alles beginnt von vorn. Die for-Schleife wird beendet, wenn die Schleifenbedingung nicht mehr wahr ist.

Die Arbeitsweise einer for-Schleife lässt sich gut anhand des folgenden Beispiels demonstrieren:

```
/* for_1.c */
#include<stdio.h>

int main(void) {
   int i;
   for(i=1; i <= 5; i++)
      printf("for(i=1; %d <= 5; %d++) \n", i, i);
   return 0;
}
```

Das Programm zeigt jeweils den aktuellen Variableninhalt von i in der for-Schleife. Wie Sie in diesem Beispiel gesehen haben, kann auch bei den Schleifen der Anweisungsblock mit den geschweiften Klammern weggelassen werden, wenn er nur aus einer Anweisung besteht. Der Programmablaufplan der for-Schleife ist in Abbildung 9.11 dargestellt.

Mit for-Schleifen lassen sich aber nicht nur Schleifen zum Dekrementieren (--) bzw. Inkrementieren (++) realisieren. Sie können in der for-Schleife auch weitere Rechenoperationen vornehmen. Im folgenden Listing sehen Sie ein Programm, das immer die letzte Dezimalstelle eines Werts abschneidet. Die Ergebniszahl soll danach spiegelverkehrt ausgegeben werden:

```
/* for_2.c */
#include<stdio.h>

int main(void) {
   int zahl;

   for(zahl=1234; zahl >= 1; zahl/=10)
      printf("%d", zahl%10);
   printf("\n");
   return 0;
}
```

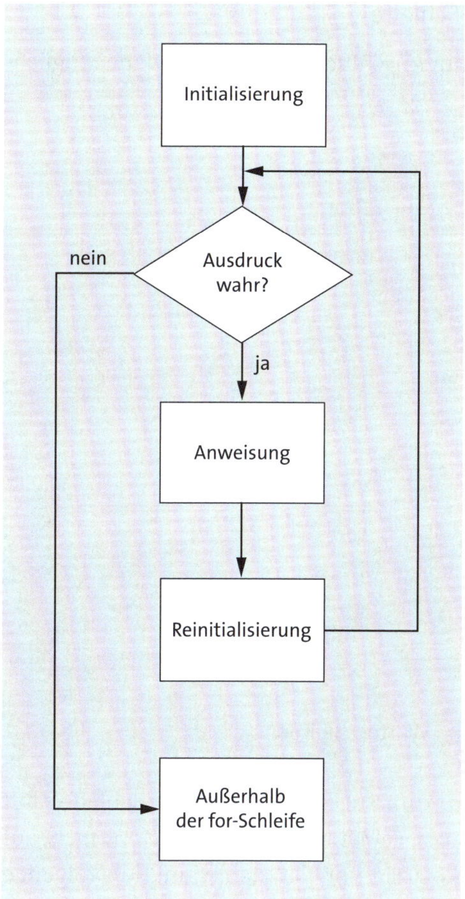

Abbildung 9.11 Programmablaufplan der »for«-Schleife

Typische Fehler bei der Verwendung einer »for«-Schleife

- Ein häufiger Fehler ist, das Semikolon zwischen der Initialisierung, der Bedingung und der Reinitialisierung der Schleifenvariable zu vergessen:

```
for(i=1 i<=5 i++)   /* korrekt-> */      for(i=1; i<=5; i++)
```

- Natürlich sollten Sie auch nicht den Fehler machen, am Ende der Schleife ein Semikolon zu setzen; außer es ist gewollt.

```
for(i=1; i<=5; i++);  /* korrekt-> */  for(i=1; i<=5; i++){  }
```

- Und das Wichtigste ist, für die richtige Abbruchbedingung zu sorgen, da sonst das Programm die `for`-Schleife nicht mehr verlässt. Man spricht dann von einer Endlosschleife.

```
for(i=2; i!=5; i+=2)   /* korrekt-> */   for(i=2; i<=5; i+=2)
```

9.10.1 Einsatzmöglichkeiten der »for«-Schleife

Als Anregung und Übung zeige ich Ihnen im Anschluss zehn verschiedene Möglichkeiten zur Verwendung einer for-Schleife.

1. Möglichkeit

```
/* for_3.c */
#include<stdio.h>
#include<time.h>

int main(void) {
   int sek;
   for(sek = 5; sek > 0; sek--)
   {
      printf("%d Sekunden!\n", sek);
      delay(1000); // Hier eine Sekunde warten
   }
   printf("Die Zeit ist abgelaufen! \n");
   return 0;
}
```

Listing 9.17 Erste Einsatzmöglichkeit von »for«: Warteschleifen

Hier benutzen Sie den Dekrement-Operator zum Rückwärtszählen. Die Schleife zählt so lange rückwärts, bis der Wert sek gleich 0 ist. Leider ist die Funktion delay nicht auf allen Systemen verfügbar. Fehlt sie, müssen Sie vor der Hauptfunktion folgende Funktion einfügen:

```
void delay(long int Millis) {
    long int Now=clock(); // Now=Zeit in Millisekunden beim Aufruf der
                             Schleife (für Windows)
    // Millis*=1000; Auf dem Raspberry Pi ist die Zeit in Mikrosekunden,
       hier bitte diese Zeile einfügen
    while ((clock()-Now)<Millis) { }
}
```

2. Möglichkeit

```
/* for_4.c */
#include <stdio.h>

int main(void) {
   int n;
   for(n = 0; n <= 60; n = n + 10)
```

```
      printf("%d\n",n);
   return 0;
}
```

Listing 9.18 Zweite Einsatzmöglichkeit von »for«: Zählschleife mit größeren Schritten als 1

Sie können innerhalb der Schleife nicht nur inkrementieren und dekrementieren, sondern auch rechnen. In diesem Fall werden die Zahlen in 10er-Schritten ausgegeben: von 0 bis 60.

3. Möglichkeit


```
/* for_5.c */
#include<stdio.h>

int main(void) {
   char ch;

   for(ch = 'A'; ch <= 'Z'; ch++)
      printf("%c, ", ch);
   printf("\n");
   return 0;
}
```

Listing 9.19 Dritte Einsatzmöglichkeit von »for«: Ausgabe von Zeichen, z. B. aller Zeichen von »A« bis »Z«

Diese Möglichkeit funktioniert auch sehr gut mit dem Datentyp char. Dann wird das Alphabet in Großbuchstaben ausgegeben.

4. Möglichkeit

```
/* for_6.c */
#include<stdio.h>

int main(void) {
   int cube;

   for(cube = 1; cube * cube * cube <= 216; cube++)
      printf("n=%d Volumen : %d \n", cube, cube*cube*cube);
   return 0;
}
```

Listing 9.20 Vierte Einsatzmöglichkeit von »for«: Mehrmaliges Ausführen einer Rechenvorschrift

Als Abbruchbedingung können Sie ebenso eine Berechnung verwenden. In diesem Fall soll das Volumen eines Würfels bis zur Größe von maximal 216 berechnet werden. Die Abbruchbedingung ist also erreicht, wenn cube bis 7 hochgezählt wurde, da 7 * 7 * 7 größer ist als 216.

5. Möglichkeit

```
/* for_7.c */
#include<stdio.h>

int main(void) {
   double zs;
   for(zs = 100.0; zs < 150.0; zs = zs * 1.1)
      printf("%.2f\n", zs);
   return 0;
}
```

Listing 9.21 Fünfte Einsatzmöglichkeit von »for«: Berechnung von Zins und Zinseszins

Bei dieser Möglichkeit werden immer 10 % vom jeweiligen Gesamtwert berechnet. Sie haben zum Beispiel 100 EUR auf der Bank und bekommen darauf 10 % Zinsen im Jahr. Sie wollen wissen, nach wie vielen Jahren der Betrag in die Nähe von 150 EUR kommt.

6. Möglichkeit

```
/* for_8.c */
#include<stdio.h>

int main(void) {
   int x,y=50;
   for(x = 0; y <= 75; y = (++x*5) + 50)
      printf("%d\n", y);
   return 0;
}
```

Listing 9.22 Sechste Einsatzmöglichkeit von »for«: Ausgabe von Werten von Reihen und Folgen

Diese etwas komplex anmutende Schleife tut nichts anderes, als einen Wert in 5er-Schritten von 50 bis 75 auszugeben. Zuerst wird in den Klammern (x*5) berechnet und anschließend 50 addiert. Da x sich bei jedem Durchlauf um den Wert 1 erhöht und mit 5 multipliziert wird, ergeben sich Werte in 5er-Sprüngen.

7. Möglichkeit

```
/* for_9.c */
#include<stdio.h>

int main(void) {
   int x = 2, y;

   for(y=2; x<20;) {
         x = x * y;
         printf("%d\n", x++);
   }
   return 0;
}
```

Listing 9.23 Siebte Einsatzmöglichkeit von »for«: Wiederholte Ausführung einer (komplexen) Berechnung abhängig von einer Bedingung

Sie sehen, dass nicht unbedingt alle Variablen einer `for`-Schleife deklariert werden müssen. Lediglich die beiden Semikolons müssen immer in der `for`-Schleife stehen.

8. Möglichkeit

```
/* for_10.c */
#include<stdio.h>

int main(void) {
   for(;;)
      printf("Endlosschleife!!\n");
   return 0;
}
```

Listing 9.24 Achte Einsatzmöglichkeit von »for«: Endlosschleifen

Listing 9.24 zeigt ein Beispiel, bei dem überhaupt nichts in der `for`-Schleife steht. Wenn Sie dieses Programm ausführen, wird so lange der String `Endlosschleife` auf dem Bildschirm ausgegeben, bis Sie das Programm selbst *gewaltsam* abbrechen. Die Schreibweise `for(;;)` ist gleichwertig mit `while(1)`. Beides sind Formen von Endlosschleifen!

9. Möglichkeit

```
/* for_11.c */
#include<stdio.h>
```

```
int main(void) {
   int n;

   for( printf("Bitte eine Zahl eingeben: "); n!=5; )
      scanf("%d", &n);
   printf("Diese Zahl wollte ich\n");
   return 0;
}
```

Listing 9.25 Neunte Einsatzmöglichkeit von »for«: Negativbeispiel für die Abfrage auf eine Zahl (hier 5 zum Beenden des Programms)

Im Beispiel benutzen Sie die `for`-Schleife zur Abfrage einer Zahl. Die Schleife wird beendet, wenn Sie die Zahl 5 eingeben. Leider ist hier die Verwendung von `for` ein sehr schlechter Programmierstil, und Sie sollten `while n!=5` einem `for` vorziehen. Außerdem wird der Text `Bitte eine Zahl eingeben` nur ein einziges Mal ausgegeben. Deshalb sollte man ja auch möglichst immer die Anweisungsblöcke in geschweifte Klammern schreiben. Ich habe dieses schlechte Beispiel trotzdem angeführt, weil es eben viele Programme gibt, die solchen fehlerhaften Code enthalten. Und Sie sollten auch fremden Code lesen (und gegebenenfalls korrigieren) können, weil Teamarbeit eben sehr verbreitet ist.

10. Möglichkeit

```
/* for_12.c */
#include<stdio.h>

int main(void) {
   int n1, n2;

   for(n1 = 1, n2 = 2; n1 <= 10; n1++)
      printf("%d\n",n1*n2);
   return 0;
}
```

Listing 9.26 Zehnte Einsatzmöglichkeit von »for«: Initialisieren von Werten

Es ist auch möglich, mehrere Werte innerhalb einer `for`-Schleife zu initialisieren. Auch dies sollten Sie möglichst vermeiden, weil es einerseits die Lesbarkeit Ihrer Programme stark mindert und andererseits wieder dazu führt, dass die Variablen am Anfang keinen eindeutigen Wert haben. Auch dieses Beispiel habe ich deshalb angeführt, weil es immer wieder vorkommt und Sie leicht in die Lage kommen können, Programme lesen zu müssen, die diese »Unart« enthalten.

Natürlich war dies nur eine Auswahl von Verwendungsmöglichkeiten einer for-Schleife. Der Abschnitt sollte jedoch zeigen, wie flexibel sich for-Schleifen verwenden lassen.

9.11 Kontrollierter Ausstieg aus Schleifen mit »break«

Es gibt vier Möglichkeiten, eine Ablaufstruktur (wie etwa Schleifen, Funktionen, Bedingungen oder gar das Programm) unmittelbar zu verlassen. Über sie kann aber nicht in eine bestimmte Anweisung verzweigt werden, sondern lediglich zur nächsten Ablaufstruktur. An dieser Stelle muss ich eine Warnung einfügen: Vermeiden Sie es möglichst, break und continue zu verwenden! Meist haben Sie einen ernsten Bug im Programm, wenn Sie eine Schleife frühzeitig verlassen müssen. Wozu behandeln wir aber dann solche »gefährlichen« Befehle? Die Antwort ist, dass break in manchen Situationen sehr nützlich ist, z. B. wenn Sie eventuelle Fehler abfangen möchten, die nicht immer vorhersehbar sind. Genau für diesen Fall eines unvorhersehbaren Fehlers gibt es folgende »Therapiemöglichkeiten«:

- continue – beendet bei Schleifen nur den aktuellen Schleifendurchlauf.
- break – beendet die Schleife oder eine Fallunterscheidung. Befindet sich break in mehreren geschachtelten Schleifen, wird nur die innerste Schleife verlassen.
- exit – beendet das komplette Programm.
- return – beendet die Iteration und die Funktion, in der return aufgerufen wird. Im Fall der main()-Funktion würde dies das Ende des Programms bedeuten.

Es sei angemerkt, dass exit und return keine schleifentypischen Anweisungen sind – im Gegensatz zu break und continue. Auf continue und break gehe ich jetzt noch etwas genauer ein.

9.11.1 continue

Die continue-Anweisung beendet nur die aktuelle Schleifenausführung. Das bedeutet, dass ab dem Aufruf von continue im Anweisungsblock der Schleife alle anderen Anweisungen übersprungen werden und die Programmausführung zur Schleife mit der nächsten Ausführung zurückspringt:

```
/* continue_1.c */
#include<stdio.h>

int main(void) {
   int i;
```

```
   for(i = 1; i <= 20; i++) {
      if(i % 2)            /* Rest bedeutet ungerade Zahl. */
         continue;         /* printf überspringen          */
      printf("%d ", i);
   }
   printf("\n");
   return 0;
}
```

Bei diesem Beispiel überprüfen Sie, ob es sich bei der Variablen `i` um eine ungerade Zahl handelt. In diesem Fall wird die `continue`-Anweisung ausgeführt. Die `printf`-Anweisung wird dabei übersprungen, und es geht zurück zum nächsten Schleifendurchlauf. Die Ausgabe des Programms bestätigt Ihnen, dass nur die geraden Zahlen »durchkommen«. So konnten Sie sich mit `continue` praktisch eine `else`-Anweisung sparen.

Bitte achten Sie bei `continue` auf die folgenden eventuell ungünstigen Seiteneffekte:

```
/* continue_2.c */
#include<stdio.h>

int main(void) {
   int i=2;
   while(i <= 10) {
      if(i % 2)            /* Rest bedeutet ungerade Zahl. */
         continue;         /* printf überspringen          */
      printf("%d ", i);
      i++;
   }
   return 0;
}
```

Dieses Programm hätte dasselbe ausführen sollen wie schon das Programmbeispiel zuvor – mit dem Unterschied, dass es sich hier um eine Endlosschleife handelt. Denn sobald

```
if(i % 2)
```

wahr ist, also der Wert ungerade ist, springt das Programm wieder zum Schleifenanfang. Die Iteration (`i++`) wird danach nie mehr ausgeführt, da sich der Wert der Variablen `i` nicht mehr ändern kann und somit immer ungerade bleibt. Das Programm stürzt ab und kann nur noch durch `kill` beendet werden.

9.11.2 break

Bisher haben Sie die break-Anweisung nur bei der switch ... case-Verzweigung verwendet. Mit break können aber auch Schleifen vorzeitig beendet werden. Allerdings sollte dies nur ausnahmsweise erfolgen. Denn im Regelfall sollten Sie eine Schleife immer mit einer Bedingung beenden.

[!]

Achtung: »break« in verschachtelten Schleifen

Häufig wird der Fehler gemacht, break in einer verschachtelten Schleife zu setzen. Wenn break in der innersten Schleife verwendet wird, wird auch nur diese Schleife abgebrochen.

9.12 Direkte Sprünge mit »goto«

Ich habe mir gut überlegt, ob ich goto überhaupt noch erwähnen soll, und diesen Befehl nun endgültig gestrichen, da der nächste C-Standard goto wahrscheinlich entfernen wird. Die Anweisung ist ein Relikt aus alten Zeiten und funktioniert wie das alte GOTO in BASIC: Es springt direkt zu einer Zeile, die Sie zuvor mit einem Label eindeutig definiert haben. Da aber das Portieren alter »Retro«-Programme auf einen modernen C-Compiler quasi einer Neuentwicklung gleichkommt, ist selbst dieser Anwendungsfall kein Grund dafür, goto zu verwenden.

9.13 Einige Anmerkungen zum Notationsstil, ehe Sie weiterlesen

Ich möchte noch ein paar Sätze zur Notationsform von strukturierten Anweisungen sagen. Als Beispiel soll die for-Schleife verwendet werden. Folgende Stile finden Sie häufiger vor:

K&R-Stil

```
for(i=0; i < 10; i++){
        /* Anweisungen */
   }
```

Whitesmith-Stil

```
for(i=0; i < 10; i++)
           {
             /* Anweisungen */
           }
```

Allman-Stil

```
for(i=0; i < 10; i++)
{
          /* Anweisungen */
}
```

GNU EMACS-Stil

```
for(i=0; i < 10; i++)
          {
                   /* Anweisungen */
          }
```

Der Stil des Autors (K&R-like)

```
for(i=0; i < 10; i++) {
   /* Anweisungen */
}
```

Welchen Notationsstil Sie letztendlich verwenden, ist wohl eine Frage des eigenen Geschmacks. Arbeiten Sie allerdings an einem größeren Projekt mit mehreren Personen, so sollte der Stil vorher abgesprochen werden, um eine Vermischung zu vermeiden. Auch erstellt die Projektleitung (dies kann sogar ein eigenes Team sein) gewöhnlich einen Style Guide, und wenn Sie selbst das Projekt leiten, sollten Sie auf jeden Fall einen solchen erstellen.

[+]

Tipp für sauberes Programmieren

Verwenden Sie möglichst immer nur eine Anweisung pro Zeile. Sollte Ihr Code einen Fehler enthalten, ist es bei dieser Schreibweise viel einfacher, den Fehler zu finden. Es gibt natürlich Ausnahmen, z. B. wenn Sie viele `if`s programmiert haben, die Sie untereinander in jeweils eine Zeile schreiben möchten und die Sie nicht in einem `switch ... case` unterbekommen (aus welchen Gründen auch immer). Aber wie so oft im Leben gibt es von jeder Regel Ausnahmen, und ein zu starres Festhalten an Regeln behindert oft mehr, als dass es nützt.

9.14 Einige Anmerkungen zu einem guten Programmierstil

Auch auf guten Programmierstil möchte ich noch eingehen. Natürlich gibt es nicht »den« guten Programmierstil, aber wenn Sie einige Grundlagen beachten, dann können auch andere, z. B. Teammitglieder, Ihre Programme gut lesen. Lassen Sie also Ihre Kollegen nicht verzweifeln und beherzigen die folgenden Ratschläge:

Vor allem sollten Sie »sprechende« Namen verwenden. Schreiben Sie also lieber `PunkteZaehler` oder `Timer1`, `Timer2`, `Timer3` ... statt `a`, `b`, `c`, `d` .... Vielleicht könnten Sie sogar die einzelnen Zeitgeber präzisieren und z. B. `TimeGameRunning` oder `OutOfFuelTimer` schreiben.

Ferner sollten Sie Ihre Zeilen nicht unnötig »vollpacken«. Vermeiden Sie deshalb möglichst, mehr als 4 bis 5 Anweisungen ein eine Zeile zu quetschen (es sei denn, es geht nicht anders).

Ich empfehle Ihnen auch, Schleifen immer mit Klammern zu versehen, auch wenn sie nur in einer einzigen Zeile untergebracht sind und man deswegen keine Klammern benötigt. Auch dies erhöht die Lesbarkeit. Schreiben Sie also z. B.


```
while (Str[Pos]!=0) { Pos++; }
```

anstatt:

```
while (Str[Pos]!=0) Pos++;
```

Beide Anweisungen sind richtig, aber ich empfehle Ihnen die erste Variante, weil dort viel klarer zum Ausdruck kommt, wo die Schleife anfängt und endet. Außerdem »meckert« der Compiler bei der ersten Version, wenn Sie die Schleife nicht wieder korrekt durch eine Klammer schließen. Sie vermeiden dadurch sehr viele Fehler.

Im nächsten Kapitel erfahren Sie, was Funktionen sind. Auch mit dieser Programmiertechnik können Sie Ihr Programm sehr übersichtlich strukturieren.

Kapitel 10
Funktionen

Funktionen werden nicht nur in C, sondern auch in vielen anderen Programmiersprachen verwendet. Wenn Sie von einer anderen Sprache zu C gewechselt sind, kennen Sie Funktionen möglicherweise auch unter den Namen »Subroutinen«, »Unterprogramme« oder »Subfunktionen«.

Funktionen sind sogenannte *Unterprogramme* und werden oft auch als *Subroutinen* bezeichnet. Das heißt, Sie können Ihr Programm in mehrere Teile aufteilen, was die Übersichtlichkeit stark erhöht. Mit Funktionen können Sie aber noch viel mehr machen, z. B. können Sie innerhalb einer Funktion komplexe Berechnungen ausführen und die Endergebnisse an die aufrufende Funktion zurückgeben – erneut vollständig ohne `goto`, `gosub` und `return`. Dadurch müssen Sie nicht sämtliche Dinge in der `main()`-Funktion unterbringen, sondern können sie in andere Bereiche Ihres Programms auslagern. Sie können sogar eigene Funktionssammlungen erstellen, die häufig benutzte Programmsequenzen wiederverwendbar machen. Wie dies geht, erkläre ich Ihnen in diesem Kapitel.

10.1 Was sind Funktionen?

Funktionen sind also kleine Unterprogramme, mit denen Sie Teilprobleme einer größeren Aufgabe lösen. In der Praxis können Sie sich das so vorstellen: Eine Funktion führt eine komplizierte Berechnung aus, eine andere Funktion schreibt das Ergebnis der Berechnung in eine Datei, und wieder eine andere Funktion überprüft das Ergebnis auf Fehler. Die parallele Ausführung von Funktionen ist in ANSI C allerdings nicht möglich. Funktionen werden also in der Regel wie normale Anweisungen auch nur sequenziell, das heißt nacheinander, ausgeführt.

Hintergrundwissen: Parallele Ausführung

Genau genommen ist dies eine vereinfachte Darstellung, denn moderne Prozessoren und Compiler sortieren den Code normalerweise so um, dass eine optimale Ausführungsgeschwindigkeit erreicht wird. Diese Mechanismen sollen hier aber nicht weiter erklärt werden. Wenn Sie es »wirklich wissen« wollen, dann besorgen Sie sich am besten das Buch »Moderne Betriebssysteme« von Andrew S. Tanenbaum. Vor diesem Buch sei aber insofern gewarnt, als es wirklich nichts für Einsteiger ist.

10.2 Wozu dienen Funktionen?

Funktionen haben eine Menge Vorteile. Einige der wichtigsten sind:

- Mit Funktionen lässt sich der Quellcode besser lesen.
- Der Code kann durch Erstellen einer Funktionsbibliothek wiederverwertet werden.
- Ständig sich wiederholende Routinen können in eine Funktion gekapselt werden und müssen nicht immer wieder neu geschrieben werden.
- Fehler und Veränderungen lassen sich schneller finden bzw. ausbessern, da der Code nur an einer Stelle bearbeitet werden muss.

Im Laufe dieses Kapitels gehe ich noch ein wenig genauer auf die Vorteile ein.

10.3 Definition von Funktionen

Die allgemeine Syntax für Funktionen sieht folgendermaßen aus:

```
[Spezifizierer] Rückgabetyp Funktionsname(Parameter) {
   /* Anweisungsblock mit Anweisungen */
}
```

Wenn Sie sich die Syntax ansehen, erkennen Sie darin vielleicht auch die Hauptfunktion `main()`:

```
int main(void)
```

Eine Funktionsdefinition wird in folgende Bestandteile gegliedert:

- *Rückgabetyp*: Hier legen Sie den Datentyp des Rückgabewerts fest. Dabei dürfen Sie alle Datentypen verwenden, die Sie bisher kennengelernt haben. Eine Funktion ohne Rückgabewert wird als `void` deklariert. Sollten Sie einmal keinen Rückgabetyp angeben, so wird automatisch eine Funktion mit einem Rückgabewert vom Datentyp `int` erzeugt.
- *Funktionsname*: Dies ist ein eindeutiger Funktionsname, mit dem Sie die Funktion von einer anderen Stelle aus im Programmcode aufrufen können. Für den Funktionsnamen selbst gelten dieselben Regeln wie für Variablen. Außerdem sollten Sie keine Funktionsnamen der Laufzeitbibliothek verwenden, wie z. B. `printf()`. Einige Compiler überschreiben in diesem Fall die Standardfunktionen!
- *Parameter*: Die Parameter einer Funktion sind optional. Sie werden durch einen Datentyp und einen Namen spezifiziert und durch Kommata getrennt. Wird kein Parameter verwendet, können Sie zwischen die Klammern entweder `void` schreiben oder gar nichts.

- *Anweisungsblock*: Der Anweisungsblock behält dieselbe Funktion wie immer (in der `main()`-Funktion). In ihm werden also wie gehabt Deklarationen und Anweisungen ausgeführt.
- *Spezifizierer*: Außerdem lassen sich bei Funktionen sogenannte Speicherklassen-Spezifizierer verwenden. Mehr hierzu finden Sie in Abschnitt 10.9 dieses Kapitels.

10.4 Funktionsaufruf

Bevor Sie anfangen, Daten an eine Funktion zu übergeben, muss die Sache mit den Parametern noch genauer geklärt werden. Was genau ist ein Parameter, und was unterscheidet ihn von einer normalen Variablen? Ein *Parameter* ist ein Platzhalter für Werte eines bestimmten Typs, die an eine Funktion innerhalb von Funktionsklammern übergeben werden. Wenn Sie z. B. einer Funktion zum Setzen eines Bildpunktes x und y als Anteile einer Bildschirmkoordinate übergeben, dann besitzt diese Funktion zwei Parameter. Diese Parameter werden dann von der Funktion (z. B. der Funktion `PSet(x,y)`) entgegengenommen und in den Parameter-Variablen (z. B. `x` und `y`) gespeichert. Die Parameter-Variablen gelten normalerweise nur innerhalb der Funktion. Man sagt auch, sie sind nach außen hin nicht sichtbar bzw. *lokal*.

Nach so viel Theorie wird es Zeit für die Praxis. Zunächst erstellen wir eine einfache Funktion, die nur einen Text auf dem Bildschirm ausgibt:

```
void hilfe(void) {
   printf("Ich bin die Hilfsfunktion\n");
}
```

Diese Funktion hat keinen Rückgabetyp und keine(n) Parameter. (Sie erinnern sich sicherlich an den Operator `void`.) Aufgerufen wird sie zum Beispiel mit

```
hilfe();
```

innerhalb der `main()`-Funktion. Sehen Sie sich nun den Quellcode dazu an:

```
/* func_1.c */
#include<stdio.h>

void hilfe(void) {
   printf("Ich bin die Hilfsfunktion\n");
}

int main(void) {
   hilfe();
   return 0;
}
```

Durch den Aufruf von `hilfe()` in der `main()`-Funktion wird die Funktion `hilfe` ausgeführt und gibt einen Text auf dem Bildschirm aus.

Merke

Ein C-Programm beginnt immer mit der `main()`-Funktion. Ohne die `main()`-Funktion wäre ein Programm nicht lauffähig. Der Compiler gibt in diesem Fall auch eine entsprechende Fehlermeldung aus. Manche Entwicklungsumgebungen, z. B. Microsoft Visual Studio, erlauben es, die Startfunktion zu ändern. Allerdings leidet in diesem Fall die Portabilität, z. B. von Windows nach Linux. Der neue C23-Standard verlangt explizit, dass `main()` immer einen Wert vom Typ `int` zurückgibt; was aber geschehen soll, wenn Sie die Startfunktion ändern, kann natürlich nicht definiert werden. Im Zweifelsfall sollten Sie deshalb keine Compiler-Einstellungen ändern und die Startfunktion als `int main(void)` deklarieren.

Abbildung 10.1 verdeutlicht den Ablauf eines Funktionsaufrufs.

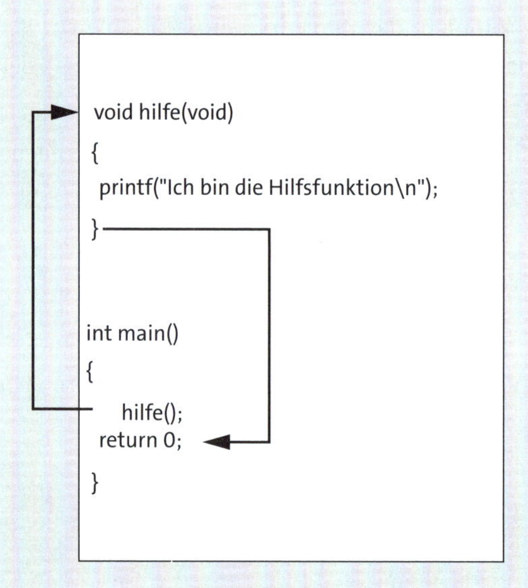

Abbildung 10.1 Der Ablauf bei einem Funktionsaufruf

Sie können sich den Ablauf etwa so vorstellen: Durch den Funktionsaufruf springt das Programm zuerst zur ersten Anweisung der Funktion. Nach der letzten Anweisung in der Funktion können Sie sich einen Rücksprungbefehl hinzudenken. Mit diesem Rücksprungbefehl springt das Programm zur nächsten Anweisung nach dem Funktionsaufruf zurück. Rücksprungbefehle sind ein Teil des Prozessor-Befehlssatzes und werden vom C-Compiler automatisch an der richtigen Stelle eingesetzt.

10.5 Funktionsdeklaration

Damit der Compiler überhaupt von einer Funktion Kenntnis nimmt, muss diese vor ihrem Aufruf deklariert werden. Im vorangegangenen Beispiel ist dies automatisch geschehen. Zuerst wurde die Funktion `hilfe()` und anschließend die `main()`-Funktion definiert.

Sie können aber auch Funktionen schreiben, die hinter der `main()`-Funktion stehen:

```
/* func_2.c */
#include<stdio.h>

void hilfe(void); // Vorwärtsdeklarationen sind in C erlaubt

int main(void) {
   hilfe();
   return 0;
}

void hilfe(void) {
   printf("Ich bin die Hilfsfunktion\n");
}
```


Da die Funktion `hilfe()` erst hinter der `main()`-Funktion geschrieben wurde, müssen Sie den Compiler zur Übersetzungszeit mit dieser Funktion bekannt machen. Sonst kann der Compiler in der `main()`-Funktion mit `hilfe()` nichts anfangen. Und genau dies stellen Sie mit einer sogenannten *Vorwärtsdeklaration* sicher:

```
void hilfe(void); // Ein Semikolon muss hier gesetzt werden
```

Die Vorwärtsdeklaration wird im Gegensatz zur »klassischen« Funktionsdefinition (die immer vor dem ersten Aufruf im Programm stehen muss) mit einem Semikolon abgeschlossen. Auf diese Weise durchbrechen Sie die »klassische« Funktionsdefinition und können Ihre Funktionen auch nach dem Hauptprogramm definieren, also nachdem diese zum ersten Mal aufgerufen werden. Vorwärtsdeklarationen sollten aber nicht nur dann vorgenommen werden, wenn die Funktionen hinter die `main()`-Funktion geschrieben werden. Es ist ja auch möglich, dass eine ältere Funktion neuere Funktionen aufruft, die Sie später an Ihr Projekt eingefügt haben. Sehen Sie sich an einem Beispiel an, was hiermit gemeint ist:

```
/* func_3.c */
#include<stdio.h>

void func1(void);
void func2(void);
void func3(void);
```

```
void func1(void) {
   printf("Ich bin func1 \n");
   func3();
}

void func2(void) {
   printf("Ich bin func2 \n");
}

void func3(void) {
   printf("Ich bin func3 \n");
   func2();
}

int main(void) {
   func1();
   return 0;
}
```

Listing 10.1 »func_3.c« demonstriert den korrekten Umgang mit Vorwärtsdeklarationen.

Hätten Sie keine Vorwärtsdeklaration mit

```
void func1(void);
void func2(void);
void func3(void);
```

vorgenommen, hätte der Compiler beim Übersetzen (Kompilieren) Probleme mit der Funktion `func1()` gehabt. Denn in `func1()` steht der Funktionsaufruf `func3()`. Dem Compiler ist bis dahin eine solche Funktion noch unbekannt, da diese erst weiter unten im Quellcode implementiert wird. Vorwärtsdeklarationen sind also vor allem in Projekten wichtig, die im Team durchgeführt werden, denn hier werden oft Funktionen angehängt und dann in älteren Funktionen aufgerufen. Manchmal gibt es sogar leere Funktionshüllen, die erst einmal nur zu Testzwecken existieren und später (wenn das Grundgerüst dann läuft) mit Leben gefüllt werden.

Ein weiterer Grund für die Erstellung einer Vorwärtsdeklaration ist der Austausch von Funktionen über Dateigrenzen hinweg. Dazu lesen Sie später mehr in Abschnitt 10.19, »Getrenntes Kompilieren von Quelldateien«. Stellen Sie sich an dieser Stelle einfach ein Programmierteam vor, in dem jeder seinen speziellen Teil programmiert. Oft muss etwas umgestellt, verschoben oder ganz gelöscht werden. Ohne Vorwärtsdeklarationen (die meistens in Headerdateien ausgelagert werden) könnte man ein größeres Projekt einfach nicht zu einer Einheit zusammenführen, da eben oft alles mit allem zusammenhängt.

10.6 Lokale Variablen

Ich habe ja schon angedeutet, dass sämtliche übergebenen Parameter und sämtliche innerhalb einer Funktion deklarierten Variablen lokal sind. Das heißt, sie sind für andere Funktionen nicht sichtbar, es sei denn, Sie wollen es explizit anders, indem Sie z. B. Call-by-Reference verwenden. Wir werden diese Dinge noch ausführlicher in Kapitel 13 besprechen, wenn es um Zeiger geht. Die »lokalste« Variable ist immer die Variable im Anweisungsblock. Sehen Sie sich dazu kurz ein Beispiel an:

```
/* lokal_var_1.c */
#include<stdio.h>

int main(void) {
   int i = 333;

   if(i == 333) {
     int i = 111;
     printf("%d\n",i);  /* 111 */
   }
   printf("%d\n",i);    /* 333 */
   return 0;
}
```


Listing 10.2 »lokal_var_1.c« demonstriert den Geltungsbereich für lokale Variablen in unterschiedlichen Anweisungsblöcken.

Zunächst übergeben Sie am Anfang des Programms der Variablen `i` den Wert `333`. In der `if`-Bedingung wird der Wert auf `333` überprüft. Anschließend wird erneut eine Variable `i` erstellt, der Sie jetzt den Wert `111` übergeben. Die Ausgabe im Anweisungsblock von `if` ist somit `111`. Die Ausgabe außerhalb des Anweisungsblocks `if` ist aber wieder `333`.

Aber ganz so einfach will ich es Ihnen nicht machen. Schreiben Sie das Programm noch mal neu:

```
/* lokal_var_2.c */
#include<stdio.h>

int main(void) {
   int i = 333;

   if(i == 333) {
      i = 111;
      printf("%d\n",i);  /* 111 */
```

```
   }
   printf("%d\n",i);        /* 111 */
   return 0;
}
```

Listing 10.3 Das letzte Beispiel noch einmal ohne Neudefinition von »i« im innersten Anweisungsblock (das vorige Beispiel funktioniert nicht mit allen Compilern)

Sie haben hier im Gegensatz zum vorherigen Beispiel den Wert der Variablen `i` im `if`-Anweisungsblock auf `111` gesetzt, aber keine neue lokale Variable `i` definiert.

> **Merke**
> Für lokale Variablen gilt Folgendes: Bei gleichnamigen Variablen ist immer die lokalste Variable gültig, also die, die dem Anweisungsblock am nächsten steht. Das heißt natürlich auch, dass innerhalb von Funktionen globale Variablen von lokalen Variablen »maskiert« werden können. Deshalb sollten globale Variablen (falls sie überhaupt verwendet werden müssen) immer eindeutige und einmalige Namen haben und nicht z. B. `i`, `j`, oder `k` heißen.

Es folgt nochmals ein Beispiel, das aber keine Schule machen sollte:

```
/* lokal_var_3.c */
#include<stdio.h>

int main(void) {
   int i=333;

   if(i == 333) {
      int i = 666;
      {
         i = 111;
         printf("%d\n",i);   /* 111 */
      }
      printf("%d\n",i);      /* 111 */
   }
   printf("%d\n",i);         /* 333 */
   return 0;
}
```

Lokale Variablen, die in einem Anweisungsblock definiert wurden, sind außerhalb dieses Anweisungsblocks nicht gültig.

Funktionen sind im Prinzip nichts anderes als Anweisungsblöcke. Sehen Sie sich dazu folgendes Beispiel an:

```
/* func_4.c */
#include<stdio.h>

void aendern(void) {
   int i = 111;
   printf("In der Funktion aendern: %d\n",i);
}

int main(void) {
   int i=333;

   printf("%d\n",i);
   aendern();
   printf("%d\n",i);
   return 0;
}
```

Listing 10.4 »func_4.c« zeigt, dass die Variable »i« innerhalb einer Funktion eine ganz andere Variable ist als im Hauptprogramm.

Es gilt dasselbe wie schon im vorherigen Beispiel. Die neu definierte Variable `i` in der Funktion `aendern()` hat keinen Einfluss auf die gleichnamige Variable `i` in der `main()`-Funktion. Wenn Sie zum Beispiel die Funktion in die folgende Form bringen, würde sich das Programm nicht übersetzen lassen, da die Variable `i` noch nicht deklariert wurde:

```
void aendern(void) {
   i = 111;
   printf("In der Funktion aendern: %d\n",i);
}
```

In einer Funktion müssen Sie eine Variable vor ihrer Verwendung zuerst deklarieren. Aber es gibt eine Möglichkeit, dem Compiler mitzuteilen, dass eine Variable für alle Funktionen gültig ist.

10.7 Globale Variablen

Globale Variablen können Sie sich als Vorwärtsdeklarationen vorstellen. Und wie der Name schon sagt, sind globale Variablen für alle Funktionen gültig. Hier ein Beispiel:

```
/* func_5.c */
#include<stdio.h>

int i=333; /* globale Variable */
```

```
void aendern(void) {
   i = 111;
   printf("In der Funktion aendern: %d\n",i); /* 111 */
}

int main(void) {
   printf("%d\n",i);  /* 333 */
   aendern();
   printf("%d\n",i);  /* 111 */
   return 0;
}
```

Listing 10.5 »func_5.c« zeigt, dass globale Variablen in sämtlichen Funktionen gültig sind.

Natürlich gilt auch hier die Regel, dass bei gleichnamigen Variablen die lokalste Variable bevorzugt wird. Dazu ein Beispiel:

```
/* func_6.c */
#include<stdio.h>

int i=333;  /* globale Variable i */

void aendern(void) {
   i = 111;    /* Ändert die globale Variable. */
   printf("In der Funktion aendern: %d\n",i);  /* 111 */
}

int main(void) {
   int i = 444;

   printf("%d\n",i);  /* 444 */
   aendern();
   printf("%d\n",i);  /* 444 */
   return 0;
}
```

Listing 10.6 In »func_6.c« wird für »i« immer die lokalste Variable bevorzugt. Sie ist im Hauptprogramm »444« und nicht »111«.

In diesem Beispiel nimmt die `main()`-Funktion wieder keine Notiz von der globalen Variablen `i`, da eine lokalere Variable mit demselben Namen vorhanden ist. Dabei können auch unangenehme Fehler auftreten, wenn Sie bei längeren Programmen zwei Variablen – eine globale und ein lokale – mit demselben Namen haben. Deshalb sollten Sie sich folgenden Satz zu Herzen nehmen:

Merke

Für das Anlegen von Variablen gilt: »So lokal wie möglich und so global wie nötig.« Natürlich gibt es auch von dieser Regel Ausnahmen, z. B. bei der Programmierung von Steuerungen für Mikrocontroller mit wenig Stackspeicher.

Tipp für die Definition von Variablen

Am besten fassen Sie die Definitionen von globalen Variablen in einer zentralen C-Datei zusammen (relativ zum Programm oder Modul) und verwenden externe Deklarationen in Headerdateien, die dann mit `#include` eingebunden werden, wo immer Sie die Deklarationen benötigen. Mehr dazu finden Sie in Kapitel 11, »Präprozessor-Direktiven«.

10.8 Statische Variablen

Bevor ich Ihnen die statischen Variablen erkläre, sollten Sie sich zunächst folgendes Programmbeispiel ansehen:

```
/* func_7.c */
#include<stdio.h>

void inkrement(void) {
   int i = 1;
   printf("Wert von i: %d\n",i);
   i++;
}

int main(void) {
   inkrement();
   inkrement();
   inkrement();
   return 0;
}
```

Wenn Sie das Programm ausführen, wird dreimal ausgegeben, dass der Wert von `i` = 1 ist. Allerdings muss man hier davon ausgehen, dass der Programmierer andere Absichten hatte, da er den Wert der Variablen `i` am Ende der Funktion inkrementiert. Dass dies nicht funktioniert, hat mit der Speicherverwaltung des sogenannten Stacks zu tun. Mehr zu diesem Thema finden Sie in Abschnitt 10.20.1, »Exkurs: Stack«.

Jetzt können Sie bei diesem Programm vor die Variable das Schlüsselwort `static` schreiben. Ändern Sie also diese Funktion:

```
void inkrement(void) {
   static int i = 1;
   printf("Wert von i : %d\n",i);
   i++;
}
```

Damit werden für die Variable `i` tatsächlich die Werte `1`, `2` und `3` ausgegeben. Dies haben Sie dem Schlüsselwort `static` zu verdanken, denn *statische Variablen* verlieren bei Beendigung ihres Bezugsrahmens (also bei Beendigung der Funktion) nicht ihren Wert, sondern behalten diesen bei. Dass dies gelingt, liegt daran, dass statische Variablen nicht im Stacksegment, sondern im Datensegment gespeichert werden (mehr über den Stack folgt gleich in Abschnitt 10.20.1). Aber Achtung: Statische Variablen müssen schon bei ihrer Deklaration initialisiert werden!

10.9 Schlüsselwörter für Variablen – Speicherklassen

Es gibt noch weitere Schlüsselwörter in C für Variablen außer `static`, sogenannte Speicherklassen, die hier in Kurzform erwähnt werden sollen. Das Thema Speicherklassen gehört eigentlich in das Kapitel über Variablen, hätte einen Anfänger zu Beginn aber nur verwirrt. Mit den *Speicherklassen* legen Sie den Geltungsbereich in einer Datei, die Lebensdauer und die Bindung einer Variablen fest. Für Variablen gibt es zwei Möglichkeiten der Lebensdauer:

- Die *statische Lebensdauer* – die Variable wird zu Programmbeginn einmal deklariert und initialisiert und existiert während der gesamten Programmausführung.
- Die *automatische Lebensdauer* – die Variable wird beim Eintritt in den Anweisungsblock, in dem sie definiert ist, neu erzeugt und beim Verlassen des Anweisungsblocks wieder gelöscht.

Jetzt folgt ein Überblick über die zusätzlichen Speicherklassen-Spezifizierer (einschließlich `static`).

10.9.1 auto

Der Name kommt daher, dass durch das Voranstellen des Schlüsselworts `auto` die Variable automatisch angelegt und auch automatisch wieder gelöscht wird, ohne dass sich der Programmierer darum kümmern muss. Der Bezugsrahmen von `auto` ist derselbe wie bei lokalen Variablen. So ist zum Beispiel

```
int zahl = 5;
```

dasselbe wie:

```
auto int zahl = 5;
```

Folglich ist das Schlüsselwort auto überflüssig.

10.9.2 extern

Befindet sich die Variable in einer anderen Datei, wird das Schlüsselwort extern vor sie gesetzt. Diese Speicherklasse wird für Variablen verwendet, die im gesamten Programm verwendet werden können. Allerdings ist nicht klar, ob es diese Speicherklasse noch über C23 hinaus geben wird, da sie nicht mehr oft benutzt wird.

10.9.3 register

Das Schlüsselwort register wird heute eigentlich überhaupt nicht mehr benutzt. Der Bezugsrahmen ist derselbe wie bei auto und lokalen Variablen. Durch Voransetzen des Schlüsselworts register weisen Sie den Compiler an, eine Variable so lange wie möglich im Prozessorregister zu halten, um dann ohne Verzögerung darauf zugreifen zu können. Prozessorregister arbeiten wesentlich schneller als der Arbeitsspeicher. Allgemein wird vom Gebrauch von register abgeraten, denn ob und welche Variable der Compiler in dem schnellen Prozessorregister hält, entscheidet er letztlich selbst. Somit ist das Schlüsselwort eigentlich nicht erforderlich und wird wahrscheinlich von C23 auch abgeschafft.

10.9.4 static

Das Schlüsselwort static wird vor immerwährenden Variablen mit einem beschränkten Geltungsbereich gesetzt. Allerdings ist static mit Vorsicht zu genießen, denn oft kann der Geltungsbereich einer Variablen gar nicht im Vorhinein festgestellt werden, oder eine Variable ist nur innerhalb einer bestimmten Funktion gültig, und dann ist static überflüssig. Ob Sie static benutzen oder nicht, ist im Endeffekt Geschmackssache, und es gibt ganze Philosophien für oder gegen die Verwendung von static.

10.10 Typ-Qualifizierer

Außer der Speicherklasse, die Sie für eine Variable festlegen können, können Sie auch den Typ eines Objekts näher spezifizieren.

10.10.1 volatile

Mit dem Schlüsselwort volatile modifizieren Sie eine Variable so, dass der Wert dieser Variablen vor jedem Zugriff neu aus dem Hauptspeicher eingelesen werden muss.

Meistens wird volatile bei der Treiberprogrammierung eingesetzt. Hier sehen Sie ein Beispiel, bei dem ein Programm diejenigen Ergebnisse in einer Schleife überprüft, die ins Register der CPU abgelegt wurden:

```
do {
   printf("Gerät X wird überprüft ...\n");
} while(reg & (STATUS_A|STATUS_B) == 0);
printf("Gerät X Status ...  [OK]\n");
```

Manche Compiler erkennen jetzt an der while-Schleife, dass hier immer die gleiche Adresse überprüft wird, und optimieren die do while-Schleife einfach weg. Dieser Vorgang wird dann nur einmal durchgeführt, da die Schleife verschwunden ist. Wird dabei die Hardware nicht erkannt, entsteht ein Problem. Somit gilt für Variablen, die mit volatile deklariert sind, dass sie ohne jede Optimierung neu aus dem Hauptspeicher geladen werden und neue Werte auch sofort wieder dort abgelegt werden.

10.10.2 const

Mit dem Typ-Qualifizierer const definieren Sie eine Konstante. Dies ist eine Variable, deren Wert im Laufe der Programmausführung nicht mehr geändert werden darf.

```
const int wert = 10;
wert += 5;     /* Fehler */
```

Allerdings können Konstanten auch mit #define definiert werden. Wie Sie vorgehen, ist auch hier Geschmacksache und hängt nicht selten davon ab, was genau Sie programmieren wollen.

10.11 Geltungsbereich von Variablen

Die Lebensdauer und der Geltungsbereich von Variablen hängen somit von zwei Punkten ab:

- von der Position der Deklaration einer Variablen
- vom Speicherklassen-Spezifizierer, der vor einer Variablen steht

Je nachdem, an welcher Stelle eine Variable in einer Quelldatei deklariert wurde, gibt es die Geltungsbereiche aus Abbildung 10.2:

- *Block* (*block scope*): Wird eine Variable in einem Anweisungsblock ({}) deklariert, reichen der Geltungsbereich und die Lebensdauer dieser Variablen vom Anfang des Anweisungsblocks bis zu seinem Ende.
- *Funktion* (*local scope*): Wird eine Variable in einer Funktion deklariert, reichen der Geltungsbereich und die Lebensdauer vom Anfang des Funktionsblocks bis zu seinem Ende – es sei denn, in der Funktion wird eine Variable innerhalb eines Blocks deklariert. Dann gilt diese Variable nur noch in diesem Block.
- *Datei* (*file scope*): Wird eine Variable außerhalb von Funktionen und Anweisungsblöcken deklariert, reichen Geltungsbereich und Lebensdauer vom Punkt der Deklaration bis zum Dateiende.

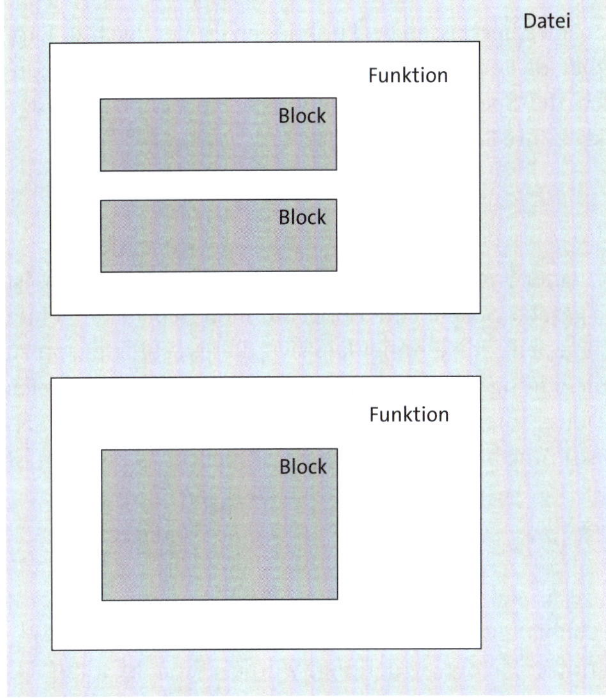

Abbildung 10.2 Geltungsbereiche von Variablen

Wie Sie im Abschnitt über lokale Variablen erfahren haben, gilt außerdem, dass die äußere Deklaration nicht mehr sichtbar ist, wenn eine Variable mit demselben Namen in einem inneren Block deklariert wird. Beim Verlassen des inneren Blocks ist die äußere Variable wieder sichtbar, und die innere Variable gibt es nicht mehr.

Der Geltungsbereich und die Lebensdauer von Variablen können noch auf eine andere Weise verändert werden, nämlich mithilfe des Speicherklassen-Spezifizierers (siehe Tabelle 10.1).

Position	Speicherklasse	Lebensdauer	Geltungsbereich
In einer Funktion	keine, auto, register	automatisch	Block
In einer Funktion	extern, static	statisch	Block
Außerhalb der Funktion	keine, extern, static	statisch	Datei

Tabelle 10.1 Lebensdauer und Geltungsbereich von Variablen mithilfe eines Speicherklassen-Spezifizierers

10.12 Speicherklassen-Spezifizierer für Funktionen

Natürlich sind die zusätzlichen Speicherklassen bei Funktionen im Vergleich zu Variablen nur beschränkt einsetzbar, da Funktionen ja nur global definiert werden können. Im Folgenden stelle ich die Speicherklassen vor, die Sie den Funktionen voranstellen können, und erkläre ihre Bedeutung.

10.12.1 extern

Wenn Sie bei der Deklaration einer Funktion die Speicherklasse nicht angeben, ist diese automatisch mit `extern` gesetzt. Solche Funktionen können sich auch in einer anderen Quelldatei befinden. Speziell dann empfiehlt es sich, dieses Schlüsselwort zu verwenden (auch wenn dies nicht nötig wäre). Dieser Hinweis kann nämlich hilfreich für den Programmierer sein, weil er sofort weiß, worum es sich handelt. `extern` zu setzen dient also nicht zur Verbesserung bzw. Optimierung des Quellcodes, sondern ist ein Hinweis für dessen Leser.

10.12.2 static

Wenn Sie einer Funktion das Schlüsselwort `static` zuweisen, können Sie diese Funktion nur innerhalb der Datei nutzen, in der sie definiert wurde. `static` ist somit das Gegenteil des Schlüsselworts `extern`. Da aber moderne Softwareprojekte mit der Zeit immer größer werden, ist es oft von Nachteil, dass eine Funktion nur innerhalb einer bestimmten Datei benutzt werden kann – stattdessen gibt es immer größere Funktionssammlungen innerhalb eines Projektes, die alle Teammitglieder benutzen (müssen). `static` ist damit also ein veraltetes Konstrukt (dies gilt natürlich nicht für andere Programmiersprachen, wie z. B. Java).

10.12.3 volatile

`volatile` ist zwar keine Speicherklasse, sollte aber trotzdem erwähnt werden. Mit `volatile` verhindern Sie (analog zu Variablen), dass der Compiler den Quellcode optimiert und die Funktion (oder besser gesagt: die Sprungadresse zu der Funktion) immer wieder neu aus dem Hauptspeicher gelesen werden muss.

Nach diesen etwas theoretischen, aber wichtigen Themen geht es wieder zurück zum eigentlichen Thema des Kapitels: den Funktionen.

10.13 Datenaustausch zwischen Funktionen

Für den Austausch von Daten kennen Sie bisher nur die Möglichkeit, globale Variablen zu verwenden. Eine globale Variable ist jeweils eine gemeinsame Variable für alle Funktionen:

```
/* func_8.c */
#include<stdio.h>

static int zahl;
void verdoppeln(void);
void halbieren(void);

void verdoppeln(void) {
   zahl *= 2;
   printf("Verdoppelt: %d\n", zahl);
}

void halbieren(void) {
   zahl /= 2;
   printf("Halbiert: %d\n", zahl);
}

int main(void) {
   int wahl;

   printf("Bitte geben Sie eine Zahl ein: ");
   scanf("%d",&zahl);
   printf("Wollen Sie diese Zahl\n");
   printf("\t1.)verdoppeln\n\t2.)halbieren\n\nIhre Wahl: ");
   scanf("%d",&wahl);

   switch(wahl) {

      case 1  : verdoppeln();
                break;
      case 2  : halbieren();
```

```
                break;
        default : printf("Unbekannte Eingabe\n");
    }
    return 0;
}
```

Listing 10.7 »func_8.c« demonstriert den Datenaustausch über globale statische Variablen.

Dieses Programm weist keinerlei Fehler auf. Nur wirkt es etwas störend, dass eine globale Variable für alle Funktionen verwendet wurde. Zum einen wissen Sie, dass es besser wäre, die Variable lokal zu halten. Zum anderen kann das Programm auf diese Art schnell unübersichtlich werden. Als Beispiel dient ein Programm, das sich über mehrere Dateien verteilt und bei dem Sie auf folgende Funktion stoßen:

```
void berechnung(void) {
   V = l * b * h / 4;
   x = V * V;
}
```

Es erscheint alles eindeutig zu sein, nicht wahr? Natürlich ist es das nicht, denn es lässt sich anhand dieser Berechnung überhaupt nicht erkennen, um welchen Datentyp es sich handelt. Um also den Datentyp zu ermitteln, müssen Sie nach seiner Deklaration suchen.

Einfach ausgedrückt heißt das, dass Sie eine Funktion so programmieren müssen, dass sie auch für eine allgemeine Verwendung ausgelegt ist. Dafür gibt es in der Regel zwei Möglichkeiten, die Sie am besten auch beide nutzen:

- Funktionen mit Wertübergabe (Parameter)
- Funktionen mit Wertrückgabe

Mit der Wertübergabe durch Parameter übergeben Sie einer Funktion Daten (Datenfluss in die Funktion hinein), und mit der Wertrückgabe geben Sie Daten aus einer Funktion heraus (Datenfluss aus der Funktion heraus). Die Funktion arbeitet somit als eine Art Schnittstelle.

10.14 Wertübergabe an Funktionen (Call-by-Value)

Es folgt ein Beispiel, das zeigt, wie Sie einer Funktion Daten übergeben können:

```
/* func_9.c */
#include<stdio.h>
void verdoppeln(int);
void halbieren(int);
```

```
void halbieren(int zahl) {
   zahl /= 2;
   printf("Halbiert : %d\n", zahl);
}

void verdoppeln(int zahl) {
   zahl *= 2;

   printf("Verdoppelt : %d\n", zahl);
}

int main(void) {
   int wahl, z;

   printf("Bitte geben Sie eine Zahl ein : ");
   scanf("%d",&z);
   printf("Wollen Sie diese Zahl\n");
   printf("\t1.)verdoppeln\n\t2.)halbieren\n\nIhre Wahl : ");
   scanf("%d",&wahl);

   switch(wahl) {
      case 1  : verdoppeln(z);
                break;
      case 2  : halbieren(z);
                break;
      default : printf("Unbekannte Eingabe\n");
    }
   return 0;
}
```

Listing 10.8 »func_9.c« demonstriert die Werteübergabe an Funktionen durch Call-by-Value.

An der Deklaration der Funktion können Sie schon erkennen, dass die Funktion einen Parameter vom Datentyp `int` verwendet. Der Parameter ist hier also ein Platzhalter für eine Zahl und versteckt sich in der Variablen mit dem Namen `zahl`. In der Funktion hat dann die Variable `zahl` den Wert, den Sie beim Aufruf der Funktion übergeben. Natürlich fällt auf, dass die globale Variable verschwunden ist und in der `main()`-Funktion wieder auftaucht. Werfen Sie einmal einen Blick auf eine Funktion:

```
void halbieren(int zahl) {
   zahl /= 2;
   printf("Halbiert : %d\n",zahl);
}
```

Es handelt sich also um eine Funktion, die als Parameter einen `int`-Wert übernimmt und diesen in der lokalen Variablen `zahl` ablegt. Das bedeutet, dass Sie die Funktion `halbieren()` nur mit einem Argument vom Typ `int` aufrufen können. Andernfalls meldet der Compiler einen Fehler.

Aufgerufen wird diese Funktion (von einer anderen Funktion aus) mit einem *Argument*, das auch *formaler Parameter* genannt wird. Im gezeigten Beispiel sieht der Funktionsaufruf mit Argument folgendermaßen aus:

```
halbieren(zahl);
```

Aber halt! Wie schafft es C, dass die Variable `zahl` im Hauptprogramm einen anderen Wert hat als in der Funktion `halbiere`? Die Antwort ist, dass sich C nicht darum kümmern muss, weil dies der Prozessor tut. An dieser Stelle schadet es nicht, etwas Prozessorarchitektur einzuschieben, weil dies das spätere Verständnis enorm erleichtert.

Ein Prozessor kann nämlich nicht sehr gut direkt mit Werten rechnen, die im Speicher stehen, weil dies viel zu langsam ist. Stattdessen besitzt ein Prozessor *Register* (dies sind interne Speicherstellen, die Werte zwischenspeichern können) und Befehle, um Werte aus dem Speicher in ein Register zu laden oder Werte aus einem Register im Speicher abzulegen. Natürlich werden auch die Rechenoperationen mit speziellen Registern durchgeführt. Dies ist aber nicht alles, denn auch die Adresse des Befehls, der als nächster ausgeführt werden soll, steht in einem speziellen Register, das meist als *Program Counter* (PC) oder *Instruction Pointer* (IP) bezeichnet wird. Bei einem Sprungbefehl muss daher nur der Programmzähler so aktualisiert werden, dass dieser auf die richtige Sprungadresse zeigt. Ein weiteres Register ist der Stapelzeiger, der auch als *Stack Pointer* (SP) bezeichnet wird. Der Trick ist, dass man auf dem Stapel (allgemein auch als *Stack* bezeichnet) Werte aus Registern zwischenspeichern kann. Dies leisten ebenfalls spezielle Prozessorbefehle. Wenn man z. B. den Wert aus einem 32-Bit-Register auf den Stack schiebt, dann wird SP anschließend um 4 heruntergesetzt; wenn man den Wert dann wieder vom Stack zieht, wird SP wieder um 4 erhöht und der Stack ist wieder leer. Der Stack beginnt an der Adresse, auf die der Stack Pointer am Programmanfang zeigt, und wächst meist nach unten.

An dieser Stelle dürfte Ihnen jetzt klar sein, wie C die lokalen Funktionsparameter übergibt, nämlich indem die Parameter auf den Stack geschoben werden. Man sagt auch: Es wird für die aufrufende Funktion ein *Stack Frame* angelegt, der bei der Rückkehr wieder entfernt wird. Auf manchen Prozessoren gibt es sogar spezielle Befehle für den Stack Frame, bei Intel sind dies z. B. `enter` und `leave`. Im Stack Frame wird also der Speicher für diejenigen Parameter reserviert, die die Funktion enthält. Die Parameter, die Sie der Funktion übergeben haben, werden auch gleich initialisiert, und genau dies ist der Trick beim Stack. Damit steht der Funktion im letzten Beispiel das Argument `z` auch mit dem gleichen Wert für die Funktion `halbieren()` (nur mit dem

Namen zahl) als Kopie zur Verfügung. Die Funktion kann nun mit den Parametern ganz normal arbeiten. Die Parameter einer Funktion sind bei der sogenannten *Call-by-Value*-Übergabe, die hier verwendet wurde, eine Kopie der Werte, mit deren Argumenten Sie die Funktion aufgerufen haben.

Fassen wir die vier Schritte zusammen, wie der Datenfluss bei der Übergabe von Argumenten abläuft:

1. Bei der Funktionsdefinition wird die Parameterliste festgelegt (formale Parameterliste).
2. Die Funktion wird von einer anderen Funktion mit dem Argument aufgerufen. (Sie muss mit dem Typ des formalen Parameters übereinstimmen.)
3. Für die Funktion wird ein dynamischer Speicherbereich (der Stack Frame) angelegt.
4. Jetzt kann die Funktion mit den Parametern arbeiten.

Neben *Call-by-Value* existiert auch *Call-by-Reference*, womit statt einem Wert eine Adresse übergeben wird. Diese Art des Aufrufs wird im Zusammenhang mit Zeigern näher besprochen (siehe Kapitel 13).

Natürlich können Sie auch mehrere Parameter in einer Funktion verwenden. Als Anwendungsbeispiel soll im Folgenden der gregorianische Kalender in den julianischen umgerechnet werden. Dieses Verfahren wird vorwiegend in der Astronomie und Raumfahrt genutzt.

Der julianische Kalender beginnt mit der ägyptischen Berechnung seit dem 1. Januar 4713 vor Christus. Mit dem julianischen Datum lassen sich sehr gut Sonnen- bzw. Mondfinsternisse berechnen:

```
/* greg2jul.c */
#include<stdio.h>

/* Umrechnung vom gregorianischen ins julianische Datum */
void greg2jul(long int tag, long int monat, long int jahr) {
   long int k, l, jd;
   k = (monat - 14) / 12;
   l = jahr + k + 4800;
   jd = tag - 32075 + 1461 *l / 4 + 367 *
      ((monat-2-12*k) / 12) - 3 * ((l+100) / 100) / 4;
   printf(" sind %ld Tage vergangen\n",jd);
}

int main(void) {
   long int tag,monat,jahr; // long int!
```

```
   printf("Eingabe (Tag)  : ");
   scanf("%ld",&tag); // scanf() mit %ld ausführen
   printf("Eingabe (Monat): ");
   scanf("%ld",&monat); // scanf() mit %ld ausführen
   printf("Eingabe (Jahr) : ");
   scanf("%ld",&jahr); // scanf() mit %ld ausführen

   printf("Seit dem 1.1.4713 v.Chr. bis %2ld.%2ld.%4ld",
      tag,monat,jahr);
   greg2jul(tag, monat, jahr);
   return 0;
}
```

Listing 10.9 »greg2jul.c« demonstriert anhand der Umrechnung des gregorianischen in den julianischen Kalender die Verwendung mehrerer Funktionsparameter.

Wichtig ist, dass Sie darauf achten, die Argumente beim Funktionsaufruf in der richtigen Reihenfolge anzugeben, und dass alle Parameter positiv und vom Typ `long int` sind. Sonst kann es passieren, dass das Ergebnis (also die Anzahl vergangener Tage) negativ wird, weil die Funktionsparameter z. B. bei `int` nur 16 Bit breit sind (dies hängt allerdings vom Compiler ab). Vertauschte Werte führen ebenfalls zu falschen Berechnungen. Die Parameter könnten auch von unterschiedlichen Datentypen sein, was der Compiler im Fall der Vertauschung in den meisten Fällen aber moniert.

```
/* func_10.c */
#include<stdio.h>

void mixed(int x, char y, float z) {
   printf("Stückzahl : %d ",x);
   printf("Klasse    : %c ",y);
   printf("Preis     : %.2f Euro\n",z);
}

int main(void) {
   mixed(6, 'A', 5.5f);
   mixed(9, 'B', 4.3f);
   return 0;
}
```

10.15 Der Rückgabewert von Funktionen

Bisher haben Sie gesehen, wie es möglich ist, Daten an eine Funktion zu übergeben. Nun wollen Sie wahrscheinlich noch wissen, wie eine Funktion so geschrieben wird, dass sie Daten an den Aufrufer zurückgibt.

Zunächst benötigen Sie eine Funktionsdefinition mit einem Rückgabewert. Als Rückgabewert können Sie jeden beliebigen Datentyp verwenden, zum Beispiel:

```
int bignum(int a, int b) {
   if(a > b)
      return a;
   else if(a < b)
      return b;
   else
      return 0;   /* Beide Zahlen gleich groß. */
}
```

Sie erkennen an dieser Funktion durch das Voranstellen des Datentyps, dass der Rückgabewert ein Integer ist. Und in der Funktion selbst wird mit der Anweisung


```
return WERT;
```

ein Wert an die aufrufende Funktion zurückgeliefert. Diese `return`-Anweisung dient aber nicht nur dazu, der aufrufenden Funktion einen Wert zurückzuliefern, sondern setzt zugleich das Ende einer Funktion fest. Bei `return` wird also die Kontrolle an die aufrufende Funktion zurückgegeben. Dabei kann ein Wert zurückgegeben werden. Jetzt wird noch der Aufrufer selbst mit seinen Argumenten benötigt:

```
int big;
...
big = bignum(wert1, wert2);
```

Damit wird der Variablen `big`, die zwingend vom Datentyp `int` sein muss, der Rückgabewert der Funktion `bignum()` zugewiesen. Das vollständige Programm sähe dann folgendermaßen aus:

```
/* bignum.c */
#include <stdio.h>

int bignum(int a, int b) {
   if(a > b)
      return a;
   else if(a < b)
      return b;
   else
      return 0; /* Beide Zahlen sind gleich groß. */
}

int main(void) {
   int wert1, wert2, big;
```

```
    printf("Bitte einen Wert eingeben: ");
    scanf("%d",&wert1);
    printf("Bitte noch einen Wert eingeben: ");
    scanf("%d",&wert2);

    big = bignum(wert1, wert2);
    if(big != 0)
       printf("%d ist die größere der beiden Zahlen\n",big);
    else
       printf("Beide Zahlen haben denselben Wert\n");
    return 0;
}
```

Listing 10.10 »bignum.c« zeigt Ihnen anhand des Vergleichs zweier Zahlen, wie Funktionen Werte zurückgeben.

Im weiteren Verlauf werden Sie einige Möglichkeiten von Funktionen mit verschiedensten Rückgabewerten kennenlernen.

10.16 Die Hauptfunktion »main()«

Gemäß dem ANSI-C-Standard muss mindestens eine Funktion in einem Programm den Namen `main()` besitzen. Meist gibt es auch nur diese eine Hauptfunktion und keine zweite! Diese Funktion ist auch die erste, die beim Programmstart ausgeführt wird. Manche Compiler ermöglichen es Ihnen, eine andere Startfunktion festzulegen. Dies sollten Sie aber möglichst vermeiden – es sei denn, Sie schreiben GUI-Anwendungen unter Windows.

Geben Sie der `main()`-Funktion einen anderen Rückgabewert als `int`, könnte ein C99-Standard-konformer Compiler ein undefiniertes Verhalten zeigen. In alten Büchern könnten Sie für die `main()`-Funktion folgende – ehemals richtige – Schreibweise finden:

```
void main(void) {
}
```

Ein Compiler, der nach dem C99-Standard läuft, wird dazu eine Warnung ausgegeben, dass die `main()`-Funktion einen Rückgabewert erwartet. Mit dem Standard C23 wird dies sogar zur Pflicht, und die Warnung wird dann zu einem echten Compiler-Fehler.

Die `main()`-Funktion lautet also richtig:

```
int main(void) {
   return 0;  // Wenn dies fehlt, wird 0 zurückgegeben
}
```

Weiterhin ist auch eine Variante mit zwei Parametern erlaubt:

```
int main(int argc, char *argv[]) {
   return 0;  // Wenn dies fehlt, wird 0 zurückgegeben
}
```

Hinweis: Rückgabewerte von main()

Die Funktion `main()` braucht – in Standards vor C 23 – nicht mit `return` beendet werden. Aber besser tun Sie dies trotzdem, um sicherzugehen, dass Ihre Programme C23-kompatibel sind, denn mit dem Standard C23 wird es zur Pflicht, einen Wert zurückzugeben. Am besten ist es, wenn `main()` den Wert `0` zurückgibt, denn dies bedeutet bei sämtlichen Betriebssystemen, dass ein Programm ordnungsgemäß beendet wurde.

Näheres zu der letztgenannten Schreibweise erfahren Sie später in Kapitel 14, »Kommandozeilenargumente«.

Der Rückgabewert, der der `main()`-Funktion zugewiesen wird, dient dazu, dass der Startup-Code dem Betriebssystem und der Umgebung mitteilt, ob das Programm ordnungsgemäß beendet wurde oder nicht (abhängig vom Rückgabewert). Vergessen Sie niemals, dass der Fehlercode, der in einem Rückgabewert steckt, von Betriebssystem abhängig ist. Windows, Linux und macOS verwenden alle den POSIX-Standard; es gibt aber noch einige andere Standards, und diese sind nicht kompatibel miteinander. Beim Amiga führte die Rückgabe eines anderen Wert als `0` sogar zu einer GURU MEDITATION, sprich einem schwerwiegenden Fehler. Alle weiteren Beispiele in diesem Buch beziehen sich auf den POSIX-Standard.

In folgenden Fällen liegt ferner ein undefiniertes Verhalten beim Beenden der `main()`-Funktion vor:

- kein Rückgabewert bei Verwendung von `void main()`
- Verwendung von `_exit()` im Programm

Wichtig ist in diesem Zusammenhang die Bedeutung des Begriffs *Startup-Code*, der auch in anderen in C-Büchern immer wieder auftaucht und deshalb einer Erklärung bedarf. Der Startup-Code wird beim Anlegen eines Prozesses erzeugt (meist ist dieser Code in Assembler programmiert) und führt z. B. die Initialisierung der Code- und Datensegmente durch. Beim Beenden der `main()`-Funktion wird wieder zum Startup-Code zurückgesprungen. Er ruft dann die `exit()`-Funktion auf. Die `exit()`-Funktion führt dann noch einige Aufräumarbeiten aus (z. B. Freigabe des Speicherplatzes von benutzten Variablen des Programms). Zuletzt wird der Prozess mit der Funktion `_exit()` endgültig beendet. Abbildung 10.3 zeigt den Programmablauf bei Beendigung des Programms. Vor allem unter Linux sollte man verstehen, wie ein Programm gestartet und beendet wird.

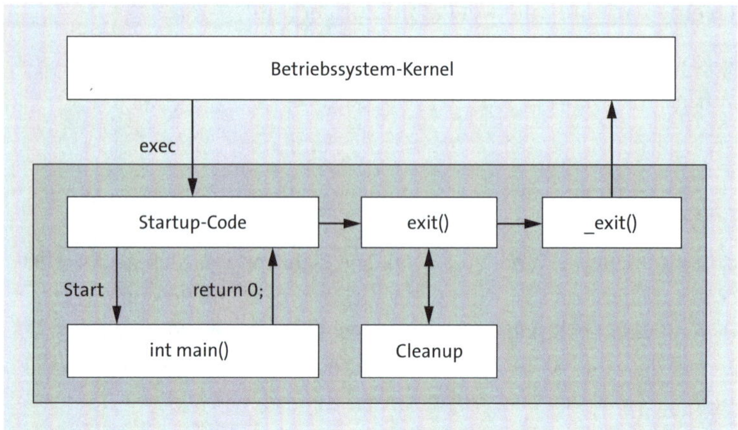

Abbildung 10.3 Vom Start bis zum Ende eines Programms

[»]

Hinweis zum Begriff »Prozess«

Ein *Prozess* ist ein Programm während seiner Ausführung. Ein Prozess ist eine eigene Instanz, die in einem gekapselten Speicherbereich läuft, unabhängig von den anderen Prozessen. Ein Prozess kann normalerweise auch von außen durch das Kommando `kill` beendet werden oder unter Windows durch Öffnen des Task Managers.

10.17 Was bedeutet der Rückgabewert beim Beenden eines Programms?

Über dieses Thema wurden bereits ganze Threads in diversen Foren gefüllt. Unter Linux beispielsweise bedeutet ein Rückgabewert von `0`, dass ein Programm erfolgreich beendet wurde, und alles andere bedeutet eben, dass irgendetwas schiefgelaufen ist.

Andere Betriebssysteme wiederum können allerdings auch einen anderen Rückgabewert als erfolgreiche Beendigung erwarten – was bedeutet, dass es hierbei keinen portablen Standard gibt.

Dennoch gibt es mit den Makros `EXIT_SUCCESS` und `EXIT_FAILURE` einen recht zuverlässigen Weg, um ein Programm zu beenden. Beide Makros sind in der Headerdatei *<stdlib.h>* definiert und schon seit dem C89-Standard vorhanden. Damit müssen Sie sich nicht mehr darum kümmern, welchen Wert auf welchem System Sie denn nun zurückgeben müssen, um zu melden, ob sich eine Anwendung erfolgreich oder eben nicht erfolgreich beendet hat. Bei einem erfolgreichen Ende geben Sie einfach `EXIT_SUCCESS` zurück und bei einem Fehler `EXIT_FAILURE`. Natürlich müssen Sie dazu auch die Headerdatei *<stdlib.h>* mit einbinden. Ab jetzt wird im weiteren Verlauf immer so vorgegangen, und `return 0` wird durch `EXIT_SUCCESS` bzw. `EXIT_FAILURE` ersetzt.

Hier sehen Sie ein Beispiel dafür, wie Sie diese beiden Makros sinnvoll einsetzen können:

```
/* exit_code.c */
#include<stdio.h>
#include<stdlib.h>

int main(void) {
   int val, ret;

   printf("Bitte Eingabe machen : ");
   ret = scanf("%d", &val);

   if(ret != 1) {
      printf("Fehler bei scanf()-Eingabe\n");
      return EXIT_FAILURE;
   }

   if(val < 0) {
      printf("Fehler - Negative Zahl\n");
      return EXIT_FAILURE;
   }
   return EXIT_SUCCESS;
}
```

Listing 10.11 »exit_code.c« demonstriert das korrekte Beenden eines Programms und das Beenden eines Programms im Fehlerfall.

Hinweis

Von nun an sollen also in den folgenden Listings die entsprechenden EXIT_-Makros verwendet werden, wie es ja schon angedeutet wurde. Dabei geht es darum, möglichst portable Programme zu schreiben.

10.17.1 Programmende auswerten

Recht bekannt ist, dass ein Programm bei erfolgreicher Beendigung 0 und bei einem Fehler etwas ungleich 0 zurückgeben soll. Aber wie man dies anschließend auswerten kann, erfährt man eher selten. Ich will Ihnen jeweils einen Weg für Windows und einen für Linux zeigen, wie Sie das Programmende auswerten können. Als Beispiel dient das Listing *exit_code.c* aus dem vorherigen Abschnitt.

Windows

Unter Windows kommt man mit der Batch-Programmierung recht weit. Eine Batch-Datei hat die Endung **.bat* und ist in Windows standardmäßig integriert. Zum Erstellen von Batch-Dateien ist ein gewöhnlicher ASCII-Editor (wie beispielsweise *Notepad*) ausreichend. Die Befehle einer solchen Datei werden zeilenweise abgearbeitet.

Viele Windows-Programme liefern beim Beenden einen sogenannten *Errorlevel*. Dieser kann die Werte 0 bis 255 annehmen. Auch hier bedeutet gewöhnlich ein Errorlevel ungleich 0, dass ein Fehler aufgetreten ist. In unserem Fall bedeutet dies: Gibt unser Programm `0` zurück, ist der Errorlevel auch 0. Geben wir aus unserem Programm `1` zurück, dann ist der Errorlevel ebenfalls 1 usw.

Einen solchen Errorlevel können Sie mit einer üblichen `if`-Bedingung im Batch-Skript abfragen, zum Beispiel so:

```
if errorlevel 1 goto eins
```

Ist der Rückgabewert des Programms `1`, dann wird zum Label `eins` gesprungen. Ein solches Label wird folgendermaßen angegeben:

```
:eins
```

Hinter diesem Label können Sie jetzt entsprechend auf den Errorlevel reagieren. Ich zeige Ihnen nun ein Batch-Skript, das den Rückgabewert von unserem Programm *exit_code.exe* auswertet (Kommentare werden mit den Zeichen `::` eingeleitet):

```
:: Programmname: check.bat
:: keine Anzeige der Eingabe (auch nicht von echo)
@echo off

:: Programm starten
exit_code.exe

:: Errorlevel auswerten
if errorlevel 1 goto eins
if errorlevel 0 goto null

:: Errorlevel 1
:eins
 echo Fehler: Ende-Status ist 1
 goto ende
:null
 echo Alles Ok: Ende-Status ist 0
 goto ende
:ende
 PAUSE
```

Durch die Verwendung von PAUSE am Ende können Sie die Batch-Datei *check.bat* auch per Mausklick starten, vorausgesetzt, das Programm *exit_code.exe* und das Batch-Skript befinden sich im selben Verzeichnis. Hier sehen Sie das Batch-Skript (per Mausklick) bei der Ausführung:

```
Bitte Eingabe machen : x
Fehler bei scanf()-Eingabe
Fehler: Ende-Status ist 1
Drücken Sie eine beliebige Taste . . .

Bitte Eingabe machen : 5
Alles Ok: Ende-Status ist 0
Drücken Sie eine beliebige Taste . . .
```


Linux

Bei Linux gibt es für die Beendigung eines Shellskripts oder Programms, das zuletzt ausgeführt wurde, die automatische Shellvariable $?. Die Bedeutung dieser Variablen ist im Grunde dieselbe, wie eben schon beim Errorlevel unter Windows erwähnt wurde. Selbst die Erstellung des Shellskripts dafür gestaltet sich recht ähnlich – nur dass die Linux-Shell um einiges mächtiger ist. (Mehr über Shell-Programmierung unter Linux erfahren Sie in Simmer/Kania/Wolf, »Shell-Programmierung«, Rheinwerk 2022.)

Das Shellskript sieht wie folgt aus:

```
# Rückgabewert überprüfen
# Name: check.sh

# Programm starten
./exit_code

# Rückgabewert in ret
ret=$?

# Rückgabewert: 0
if [ ret -eq 0 ]
then
 echo "Alles Ok: Rückgabewert war 0"
fi

# Rückgabewert: 1
if [ ret -eq 1 ]
then
 echo "Fehler: Rückgabewert war 1"
fi
```

Dieses Shellskript muss nur noch ausführbar gemacht werden. Das Programm sieht bei der Ausführung so aus (ich gehe davon aus, dass sich das Shellskript check.sh im selben Verzeichnis wie das auszuführende Programm befindet):

```
$ chmod u+x check.sh
$ ./check.sh
Bitte Eingabe machen : x
Fehler bei scanf()-Eingabe
Fehler: Rückgabewert war 1
$ ./check.sh
Bitte Eingabe machen : 5
Alles Ok: Rückgabewert war 0
```

10.18 Funktionen der Laufzeitbibliothek

Funktionen wie printf() oder scanf() sind solche Funktionen, wie Sie sie in den Kapiteln zuvor schon gesehen und verwendet haben. Dies sind zum Beispiel Funktionen der Laufzeitbibliothek *<stdio.h>*, die jedem Compiler beigefügt ist. Diese Funktionen werden bereits als Objektcode mit Ihrem Compiler mitgeliefert. Sie müssen dem Compiler jedoch trotzdem bekannt gemacht werden, und zwar mit den Headerdateien der Funktionen:

```
#include <stdio.h>
```

Natürlich gibt es außer den Funktionen printf() und scanf() noch eine Menge mehr Funktionen in der Headerdatei *<stdio.h>*. Alle können in einem Programm verwendet werden, sobald die entsprechende Headerdatei eingebunden wurde. Es ist gängige Praxis, nachzusehen, welche nützlichen Funktionen einer Headerdatei in einem Programm verwendet werden können, bevor Funktionen selbst neu programmiert werden. Sehen Sie sich die *<stdio.h>* ruhig einmal näher mit einem Editor an. Sie ist unter Linux für gewöhnlich im Verzeichnis */usr/include* und unter Windows oft im Verzeichnis *C:\Pfad_zum_Compiler\include* zu finden. Auch gibt es bei ANSI-C-Compilern noch eine Menge mehr Headerdateien, die wiederum fertige Funktionen enthalten. Den entsprechenden Objektcode zu den Headerdateien der Laufzeitbibliothek finden Sie im *LIB*-Verzeichnis des Compilers.

Wenn Sie die Headerdatei *<stdio.h>* mit einem Texteditor ansehen, werden Sie darin die Funktionsdefinitionen von z. B. printf() finden:

```
int printf(const char *format, ...);
```

Der dem Compiler nachgeschaltete Linker sorgt dafür, dass diese Funktionen automatisch in das Programm mit eingebunden werden.

10.19 Getrenntes Kompilieren von Quelldateien

Für kleinere Programme, deren kompletter Quelltext in einer Datei geschrieben wurde, können Sie beim Kompilieren weiterhin wie bisher verfahren. Bei zunehmend größeren Programmen könnten jedoch folgende Probleme auftreten:

- Das Editieren und das Kompilieren dauern länger.
- Der Quelltext wird unübersichtlich und schwieriger zu verstehen.
- Teamarbeit wird erschwert.

Sie müssen also bei größeren Projekten Ihre Funktionsdefinitionen eventuell in mehrere Dateien aufteilen, um nicht die Übersicht zu verlieren. Ich werde dieses Beispiel anhand des GNU-Compilers GCC demonstrieren. Mit anderen Compilern dürfte dieser Vorgang ähnlich ablaufen. Bei Entwicklungsumgebungen müssen Sie dabei ein neues Projekt anlegen und die einzelnen Quelldateien zum Projekt hinzufügen. Im Folgenden sehen Sie ein Beispiel zum getrennten Kompilieren mit drei Programm-Modulen, die zu Demonstrationszwecken sehr kurzgehalten sind:

```
/*main.c*/
#include <stdio.h>
#include <stdlib.h>

extern void modul1(void); // Alt!
extern void modul2(void); // Alt!

int main(void) {
   modul1();
   modul2();
   return EXIT_SUCCESS;
}

/*modul1.c*/
void modul1(void) {
   printf("Ich bin das Modul 1\n");
}

/*modul2.c*/
void modul2(void) {
   printf("Ich bin Modul 2\n");
}
```

Listing 10.12 »main.c« zeigt, wie Sie ein Programm mit unterschiedlichen Modulen erstellen.

Jetzt haben Sie drei Dateien, die zusammen kompiliert und gelinkt werden müssen. Zuerst wird dazu der Schalter `-c` verwendet. Das bewirkt, dass die einzelnen Dateien zwar übersetzt werden, der Linkerlauf dabei aber nicht gestartet wird:

```
gcc -c main.c
gcc -c modul1.c
gcc -c modul2.c
```

Nun befinden sich drei Objektdateien (*.obj oder *.o) in dem Verzeichnis, in dem kompiliert wurde. Diese drei Objektdateien können Sie mit folgender Anweisung zu einer ausführbaren Datei linken:

```
gcc main.o modul1.o modul2.o
```

Jetzt befindet sich im Verzeichnis die Datei *a.out*. Dies ist die ausführbare Datei, das fertige Programm. Der Name *a.out* wird standardmäßig vom Compiler verwendet. Mit dem Schalter -o können Sie auch einen eigenen Namen vorgeben:

```
gcc -o myapp main.o modul1.o modul2.o
```

Sollten Sie den GCC unter Windows verwenden, fügen Sie beim Programmnamen myapp die Extension *.exe hinzu (*myapp.exe*). Wenn Sie jetzt die Datei *main.c* ändern müssen, brauchen Sie nur diese wie folgt neu zu übersetzen:

```
gcc -c main.c
```

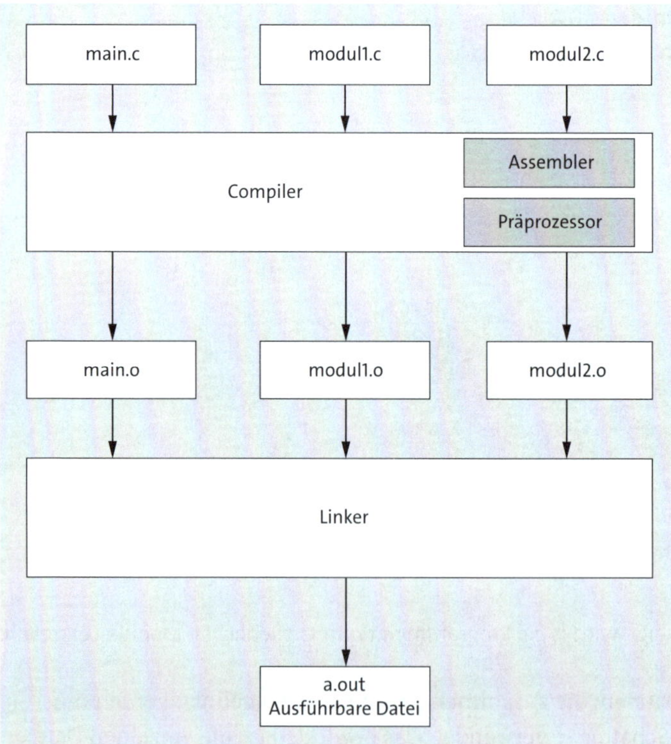

Abbildung 10.4 Das Übersetzen mehrerer Quelldateien

Anschließend können Sie die einzelnen Dateien wieder zusammenlinken:

```
gcc main.o modul1.o modul2.o
```

Das nochmalige Kompilieren der anderen Dateien entfällt, da deren Code nicht geändert wurde und deshalb die unveränderten `*.o`-Dateien neu verlinkt werden können. Bei großen und sehr großen Projekten führt dieses Vorgehen zu deutlich kürzeren Kompilierzeiten.

Natürlich versteht es sich von selbst, dass sich in einer der Dateien die `main()`-Funktion befinden muss. Abbildung 10.4 zeigt den ganzen Vorgang noch einmal grafisch.

Sie haben sicherlich schon gemerkt, dass ich hinter das Schlüsselwort `extern` den Kommentar `// Alt!` gesetzt habe. Dies bedeutet, dass es auch alternative Vorgehensweisen gibt, die das Schlüsselwort `extern` nicht mehr benutzen und auch im nächsten C23-Standard zum Standard werden (`extern` wird also voraussichtlich entfernt). Diese Vorgehensweisen sind leider insofern komplizierter, als für jedes Modul eine gesonderte Headerdatei (*.h*) existieren muss, die nur die Funktionsnamen definiert, und eine Programmdatei (*.c*), die den eigentlichen Code enthält. Meistens werden die einzelnen Module auch durch das Tool `make` übersetzt und nicht durch das Kommando `cc`.

Hinweis: Verwendung von Makefiles

In der Praxis wird gewöhnlich dieser Vorgang komfortabel in ein *Makefile* verpackt und mit `make` übersetzt (*gebaut*). Makefiles sind sehr komplexe Dateien. Um sie vollständig zu verstehen, benötigen Sie separate Literatur.

10.20 Rekursive Funktionen (Rekursion)

Kurz gesagt ist eine Rekursion eine Funktion, die sich selbst aufruft und sich selbst immer wieder neu definiert. Damit sich aber eine Rekursion nicht unendlich oft selbst aufruft, sondern irgendwann auch zu einem Ergebnis kommt, benötigen Sie unbedingt eine sogenannte *Abbruchbedingung*. Sonst kann es irgendwann passieren, dass Ihr Computer abstürzt, da eine Funktion, die sich immer wieder selbst aufruft, eine Rücksprungadresse, den Wert der Variablen und – falls noch nicht freigegeben – den Rückgabewert speichert. Der dafür zur Verfügung stehende Speicher (Stack) wird so aber unweigerlich irgendwann voll sein beziehungsweise überlaufen (*Stacküberlauf* oder *Stack Overflow*).

10.20.1 Exkurs: Stack

Den Stack habe ich bereits erwähnt, und wir werden ihn im Folgenden noch detaillierter betrachten. Der Stack dient, wie schon gezeigt, dazu, den Speicherbereich für

Funktionsaufrufe zu verwalten. Dieser Speicherbereich wird auch als *dynamisch* bezeichnet, was bedeutet, dass der Speicher bei Bedarf automatisch anwächst und wieder schrumpft. Der Compiler, der den Stack verwaltet, legt hier alle Daten ab, die er für Funktionsaufrufe benötigt. Auch die Größe des Stacks wird automatisch verwaltet. Zugegeben, dies ist nicht ganz korrekt, weil im Endeffekt der Prozessor den Stack verwaltet und der Compiler nur den Maschinencode erzeugt, der dafür nötig ist. Aber diese »Spitzfindigkeit« ist hier nicht so wichtig (es sei denn, Sie schreiben mir eine E-Mail mit der Bitte, in der nächsten Auflage doch etwas spitzfindiger zu sein, dann korrigiere ich diese Stelle selbstverständlich).

Wenn eine Funktion aufgerufen wird, werden aber nicht nur die Parameter auf dem Stack abgelegt. Auch die Rücksprungadresse zur aufrufenden Funktion wird hier abgelegt. Und genau dieser Datenblock (also der Block, der sowohl die Parameter als auch die Rücksprungadresse enthält) wird als *Stack Frame* oder *Stackrahmen* bezeichnet.

Der Stack-Frame-Datenblock bleibt so lange bestehen, bis eine Funktion wieder endet. Wird in ihm aber eine weitere Funktion aufgerufen, wird ein weiterer Datenblock zum dem aktuellen »dazugepackt«. Der Stack wächst entweder nach unten oder nach oben, je nach Prozessortyp. Auf Intel-Prozessoren wächst der Stack nach unten, und genau diese Darstellung wird im Folgenden verwendet. Am Anfang des Stacks befindet sich der *Startup-Code*, der die `main()`-Funktion aufruft, die eine Position unter dem Startup-Code liegt. An unterster Stelle befindet sich immer die aktuelle Funktion, die gerade ausgeführt wird. Eine Position – oder besser gesagt: einen Datenblock – darüber liegt die aufrufende Funktion in der Wartestellung. Sie wartet auf die Beendigung der nächsten aufgerufenen Funktion. Mit diesem Wissen über den Stack können Sie sich jetzt den Rekursionen widmen. (Besser gesagt: Ohne Verständnis des Stacks ist das Verständnis von Rekursionen schwerer.)

10.20.2 Rekursionen und der Stack

Mit *Rekursionen* haben Sie die Möglichkeit, den Computer zu etwas zu bewegen, was ihn intelligenter erscheinen lässt. Ein Beispiel wäre etwa Schach. Wenn Sie einen Zug machen, gehen Sie zuerst alle Möglichkeiten durch, um den Gegner in Bedrängnis bzw. den gegnerischen König in Gefahr zu bringen oder gar schachmatt zu setzen. Das ist eine logische Denkweise des Menschen. Mit einer Rekursion ist es ebenfalls möglich, den Computer eine Situation so oft durchgehen zu lassen, bis er auf eine Lösung kommt – oder auch nicht. Man spricht dabei vom *Trial and Error*-Verfahren (Versuch und Irrtum). Ein Beispiel: Sie bedrohen den König des Computers. Der Computer geht dann alle Züge durch, um den König aus dieser Bedrohung zu befreien, und dann, in einem zweiten Schritt, geht er nochmals alle Züge durch, die Sie als

Nächstes theoretisch machen könnten. Wie viele Züge er untersucht, richtet sich danach, wie tief die Rekursion gehen soll. Zum besseren Verständnis folgt ein konkretes Beispiel.

Eine Funktion soll zwei Zahlen dividieren. Der ganzzahlige Rest der Division soll angegeben werden. Zum Beispiel: 10 / 2 = 5 oder 10 / 3 = 3 Rest 1. Das Programm darf aber nicht die Operatoren / und % verwenden. Die Lösung soll die Form einer rekursiven Funktion haben:

```
int divide(int x, int y) {
   if(x >= y)
      return (1 + divide(x - y, y));
   if(x)
      printf("Zahl nicht teilbar -> Rest: %d -> ", x);
   return 0;
}
```


Hier sehen Sie einen Fall, in dem der Funktion beispielsweise die Werte `x=8` und `y=2` übergeben werden:

```
/* Funktionsaufruf */
printf("8/2 = Ergebnis : %d\n", divide(8, 2));
```

Innerhalb der Funktion wird zunächst die Abbruchbedingung überprüft:

```
if(x >= y)
```

Da die Bedingung für `x=8` und `y=2` wahr ist, wird die nächste Anweisung ausgeführt:

```
return 1 + divide(x - y, y);
```

Die Funktion gibt mit `return` die Summe `1+divide(x-y,x)` zurück. Damit wird, bevor das Ergebnis endgültig zurückgegeben wird, die Funktion `divide` erneut aufgerufen. Die Funktion ruft sich also selbst auf. Hiermit beginnt die Rekursion. Aber was passiert jetzt mit dem Rückgabewert 1? Sehen Sie sich das Beispiel zum besseren Verständnis in Abbildung 10.5 an.

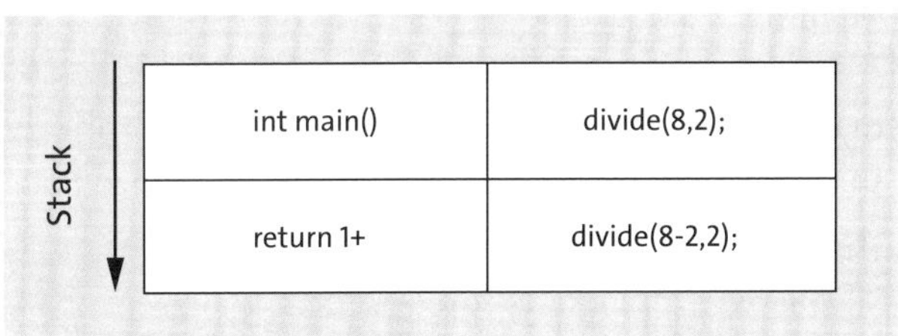

Abbildung 10.5 Erster rekursiver Aufruf

Auf den Stack wurde zuerst die `main()`-Funktion gelegt, da diese zuerst die Funktion `divide()` aufgerufen hat. Hier ist quasi gespeichert, wie Ihr Programm wieder zur `main()`-Funktion zurückkommt. Sie können sich das in etwa so vorstellen: Bei jedem Funktionsaufruf in einem Programm – unabhängig davon, ob rekursiv oder nicht – wird der aktuelle Zustand der `main()`-Funktion *eingefroren* und auf dem Stack abgelegt. Damit das Programm weiß, wo die Adresse der `main()`-Funktion ist, wird auf dem Stack eine Rücksprungadresse mit abgelegt. Der Prozessor hat stets Befehle, wie z. B. `RET` oder `RTS`, um zur aufrufenden Funktion zurückzuspringen.

Kommen wir zurück zur Programmausführung des konkreten Beispiels. Die Funktion hat sich also selbst mit der Anweisung

```
return 1 + divide(x - y, y);
```

aufgerufen; in Zahlen also: `divide(8-2,2)`, mit den Werten `x=8` und `y=2`. Im abermaligen Funktionsaufruf wird erneut überprüft:

```
if(x >= y)
```

Da `x=6` und `y=2` und somit die `if`-Abfrage wieder wahr ist, geht die Programmausführung wieder in der nächsten Zeile weiter. Es folgt ein erneuter Selbstaufruf der Funktion `divide()`:

```
return 1 + divide(x - y, y);
```

Also wird Folgendes auf dem Stack abgelegt (siehe Abbildung 10.6).

Stack ↓

int main()	divide(8,2);
return 1+	divide(8-2,2);
return 1+	divide(6-2,2);

Abbildung 10.6 Zweiter rekursiver Aufruf

Nun liegt auf dem Stack zweimal der Rückgabewert `1`, inklusive der Rücksprungadressen (diese sind hier nicht mit abgebildet). Jetzt wiederholt sich das ganze Spiel noch zweimal, bis es auf dem Stack so aussieht wie in Abbildung 10.7 gezeigt.

Stack

int main()	divide(8,2);
return 1+	divide(8-2,2);
return 1+	divide(6-2,2);
return 1+	divide(4-2,2);
return 1+	divide(2-2,2);

Abbildung 10.7 Der Stack nach vier rekursiven Aufrufen

Der Funktionswert für `x` im Aufruf der Funktion ist mittlerweile auf `2` reduziert worden. Danach wird erneut die Funktion `divide()` aufgerufen, und zwar mit den Werten:

```
divide(2-2,2)
```

Jetzt wird die Abbruchbedingung aktiv:

```
if(x >= y)
```

Denn jetzt ist `x=0` und `y=2`, und somit wird die Programmausführung nicht mehr in der nächsten Zeile fortgesetzt. Die nächste Abfrage

```
if(x)
```

dient dazu, den Rest auszugeben, falls `x` ungleich 0 sein sollte. In unserem Beispiel gibt es keinen Rest. Es wird also der Wert `0` (`return 0`) zurückgegeben. Das Programm muss nun zur nächsten Rücksprungadresse gehen, da sich die Funktion ja beendet hat. Sehen Sie sich anhand von Abbildung 10.8 nochmals den Stack an.

Der Rückgabewert `0` wurde von dem Funktionsaufruf `divide(2-2,2)` erzeugt. Dorthin führt auch die Rücksprungadresse, also `return 0+1`. Die nächste Rücksprungadresse wurde von `divide(4-2,2)` erzeugt, also folgt `return 0+1+1`; anschließend folgt `return 0+1+1+1` und zuletzt `return 0+1+1+1+1` (siehe Abbildung 10.9). Die `main`-Funktion bekommt dann den Rückgabewert `0+1+1+1+1`, also `4`, und das ist auch korrekt, denn 8/2 ist 4.

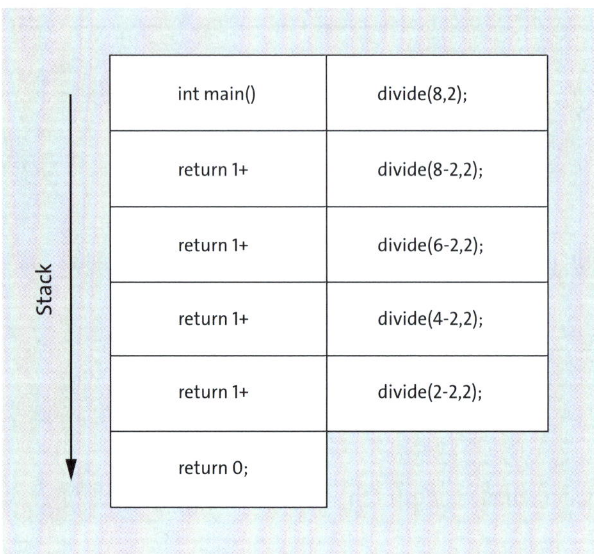

Abbildung 10.8 Die Abbruchbedingung greift jetzt ein.

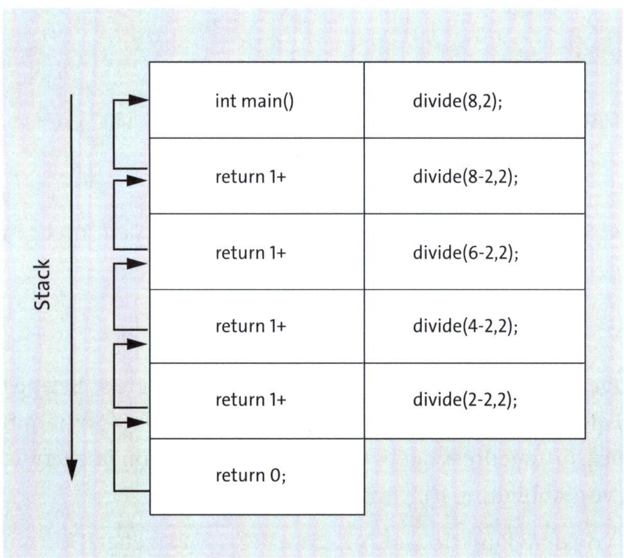

Abbildung 10.9 Addieren der einzelnen Rückgabewerte auf dem Stack

Sie werden sich möglicherweise fragen, welche Vorteile ein solches Programm gegenüber einem Programm in der folgenden Form hat:

```
/* divide.c */
#include <stdio.h>
#include <stdlib.h>
```

```
int main(void) {
   int x = 8, y = 2;
   printf("%d ", x/y);
   if(x % y)
      printf("Rest = %d\n",x%y);
   return EXIT_SUCCESS;
}
```

Dieses Programm erfüllt doch denselben Zweck und ist einfacher! Sie haben recht: Das rekursive Programm ist zum einen schwieriger und zum anderen langsamer, da ständig etwas auf den Stack geschoben und wieder von ihm heruntergezogen werden muss.

Kurz gesagt: Die rekursive Lösung ist die schlechtere in diesem Beispiel. Schlimmer noch, die rekursive Lösung verbraucht viel Speicherplatz zum Anlegen von Parametern, lokalen Variablen, Rückgabewerten und Rücksprungadressen. Ein Beispiel: Sie wollen die Zahl 1.000.000 durch 2 teilen. Für die zwei Parameter `x` und `y` benötigen Sie schon 8 Byte pro Aufruf. Für den Rückgabewert (`return 1`) werden weitere 4 Byte benötigt, genauso wie für die Rücksprungadresse (bei 64-Bit-Systemen werden sogar 8 Byte benötigt). Das heißt, Sie verwenden für eine einzige Ablage auf dem Stack 16 Byte. Wenn Sie die Zahl 1.000.000 durch 2 teilen, bedeutet dies, dass auf dem Stack 500.000 Werte zu je 16 Byte liegen. Das sind ca. 7,6 Megabyte Arbeitsspeicher, die Sie durch eine rekursive Lösung eines solch einfachen Problems verschwenden. Da C meist nicht standardmäßig so viel Stackspeicher reserviert, wird es hier sicherlich zum Stapelüberlauf (Stack Overflow) kommen.

Warum also Rekursionen anwenden, wenn die *direkte* Lösung oftmals die bessere ist? In späteren Programmen werden Sie einige Beispiele kennenlernen (sogenannte *binäre Bäume*), die ohne Rekursion nicht so einfach realisierbar wären.

[+]

Tipp: Verwenden von Rekursionen

Verwenden Sie Rekursionen möglichst nur, wenn es sich nicht mit einem überschaubaren Aufwand vermeiden lässt, wie z. B. bei Suchalgorithmen, Sortierverfahren oder KI-Algorithmen. Bevorzugen Sie bei gleicher Geschwindigkeit und Komplexität zweier Algorithmen möglichst immer die nicht rekursive Variante.

Rekursion ist also nicht ganz unwichtig. Deshalb möchte ich sie Ihnen anhand von einigen Beispielen noch näher erläutern. Die verwendeten Programme sollen nur die Rekursion verdeutlichen. Es ist einleuchtend, dass die hier gezeigten Aufgaben ansonsten auch einfacher und meistens besser lösbar sind. Es sind typische, klassische Beispiele, die auch in anderen Lehrbüchern häufiger auftauchen.

10.20.3 Fakultät

In diesem Beispiel soll eine Funktion geschrieben werden, die die Fakultät der Zahl *n* berechnet. Die Fakultät der Zahl 6 ist zum Beispiel: 1*2*3*4*5*6=720. Die Fakultät von 10 ist 1*2*3*4*5*6*7*8*9*10=3.628.800.

Wie schreiben Sie die Funktion am besten? Zuerst benötigen Sie eine Abbruchbedingung. Es muss lediglich überprüft werden, ob die Zahl, von der Sie die Fakultät berechnen wollen, ungleich 0 ist:

```
/* fakul.c */
#include<stdio.h>
#include<stdlib.h>

long fakul(long n) {
   if(n)
      return n * fakul(n-1);
   return 1;
}

int main(void) {
   printf("Fakultät von 5 = %ld\n",fakul(5));
   printf("Fakultät von 9 = %ld\n",fakul(9));
   return EXIT_SUCCESS;
}
```

Listing 10.13 »fakul1.c« berechnet die Fakultät rekursiv.

Die Funktion rechnet so lange n*n-1, bis n den Wert 0 hat. Denn n*0 würde sonst das Ergebnis 0 ergeben. Bei fakul(5) wären dies dann 5*4*3*2*1=120, wobei n*1 eigentlich auch eingespart werden kann, denn mit n*1 wird sich der Wert nicht ändern. Natürlich will ich Ihnen die alternative direkte Lösung des Problems nicht vorenthalten:

```
long fakul(int n) {
   int x = n;
   while(--x)
      n *= x;
   return n;
}
```

10.20.4 Fibonacci-Zahlen

Die Fibonacci-Zahlen sollen rekursiv berechnet werden. Fibonacci-Zahlen sind z. B. 1, 2, 3, 5, 8, 13, 21 ...

Errechnet werden können sie mittels `1+2=3`, `2+3=5`, `3+5=8`, `5+8=13`. Die Formel lautet also:

$$F(n + 2)=F(n + 1) +F(n)$$

Der Code dazu sieht so aus:

```
/* fibonacci.c */
#include<stdio.h>
#include<stdlib.h>

long fibo(long n) {
   if(n)
      return (n <= 2) ? n : fibo(n-2) + fibo(n-1);
   return 0;
}
int main(void) {
   long f;
   long i=0;

   printf("Wie viele Fibonacci-Zahlen wollen Sie ausgeben:");
   scanf("%ld",&f);
   while(i++ < f)
      printf("F(%ld) = %ld\n", i, fibo(i));
   return EXIT_SUCCESS;
}
```

Listing 10.14 »fibonacci.c« berechnet rekursiv Fibonacci-Folgen. Diese spielen unter anderem in der Statistik und der Kryptografie eine Rolle.

10.20.5 Größter gemeinsamer Teiler (ggT)

Nun folgt ein Listing zum Ermitteln des größten gemeinsamen Teilers zweier Zahlen nach dem *euklidischen Algorithmus*. Natürlich wird dafür der rekursive Weg eingeschlagen, weil der nicht rekursive Weg (die sogenannte *iterative Methode*) viel schwerer zu programmieren ist. Auch hier muss zuerst eine Abbruchbedingung gefunden werden. Sie haben drei Möglichkeiten zum Errechnen des ggT zweier Zahlen:

```
ist Zahl1 == Zahl2, dann ist Ergebnis = Zahl1
ist Zahl1 > Zahl2, dann ist Ergebnis = ggT(Zahl1-Zahl2, Zahl2)
ist Zahl1 < Zahl2, dann ist Ergebnis = ggT(Zahl1, Zahl2-Zahl1)
```

Das Programm sieht folgendermaßen aus:

```
/* ggt_1.c */
#include<stdio.h>
#include<stdlib.h>

unsigned long ggt(unsigned long a, unsigned long b) {
   if(a==b)
      return a;
   else if(a < b)
      return ggt(a, b-a);
   else
      return ggt(a-b, b);
}

int main(void) {
   unsigned long a, b;

   printf("ggt = größter gemeinsamer Teiler\n");
   printf("Zahl 1: ");
   scanf("%lu",&a);
   printf("Zahl 2: ");
   scanf("%lu",&b);
   printf("Der ggT von %lu und %lu ist %lu\n", a, b, ggt(a,b));
   return EXIT_SUCCESS;
}
```

Listing 10.15 »ggt_1.c« berechnet den ggT rekursiv mit dem euklidischen Algorithmus.

Beispiel: Sie geben für a=10 und für b=3 ein. Abbildung 10.10 zeigt, welche Wertepaare auf den Stack gelegt werden, bis das Programm den ggT von 1 zurückgibt.

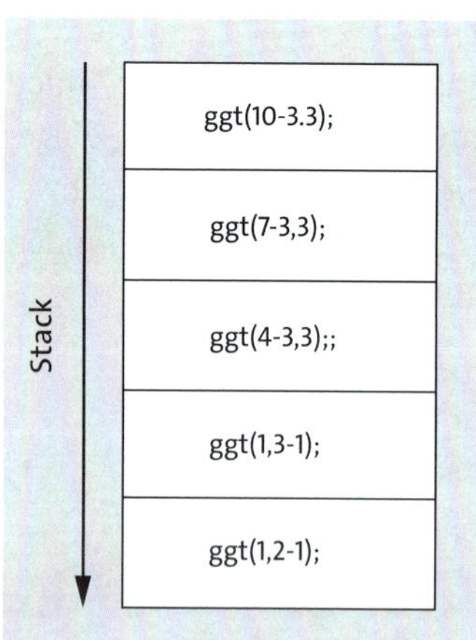

Abbildung 10.10 Rekursive Ermittlung des größten gemeinsamen Teilers

Eine alternative direkte (iterative) Lösung wäre gewesen:

```
/* ggt_2.c */
#include<stdio.h>
#include<stdlib.h>

unsigned long ggt(unsigned long a, unsigned long b) {
   unsigned long count;

   if(a==b)
      return a;
   else if( (a % b) == 0)
      return b;
   else
      for(count = b; count > 0; count--) {
         if( ( (a % count) + (b % count) ) == 0)
            return count;
      }
   return 0;
}

int main(void) {
   unsigned long a, b, c;
   printf("ggt = größter gemeinsamer Teiler\n");
   printf("Zahl 1: ");
   scanf("%lu",&a);
   printf("Zahl 2: ");
   scanf("%lu",&b);
   if(a<b) { /* a und b vertauschen */
      c=a; a=b; b=c;
   }
   printf("Der ggT von %lu und %lu ist %lu\n", a, b, ggt(a,b));
   return EXIT_SUCCESS;
}
```

Listing 10.16 »ggt_2.c« berechnet den ggT iterativ.

Nun soll der größte gemeinsame Teiler von beliebig vielen Zahlen ermittelt werden. Die Schwierigkeit besteht bei diesem Beispiel aber nicht in der rekursiven Funktion, sondern in der main()-Funktion. Sie könnten die Funktion ggt, wie sie eben geschrieben wurde, benutzen, ohne sie zu verändern. Zuvor möchte ich Ihnen aber noch eine zweite Möglichkeit demonstrieren, den GGT zu errechnen. Hier ist die Funktion dazu:

```
unsigned long ggt(unsigned long a, unsigned long b) {
   if(b==0)
      return a;
   return ggt(b, a % b);
}
```

Jetzt lassen sich womöglich die Vorteile einer Rekursion erkennen. Die rekursive Funktion erfüllt den gleichen Zweck wie die beiden Funktionen `ggt` zuvor. Mit `return ggt(b, a%b)` rufen Sie die Funktion erneut auf. Wenn `a%b==0` ergibt, haben Sie ja den ggT durch `b` an `a` übergeben. Hier sehen Sie die `main()`-Funktion zum Ermitteln des ggT mehrerer Zahlen:

```
/* ggt_3.c */
#include<stdio.h>
#include<stdlib.h>

unsigned long ggt(unsigned long a, unsigned long b) {
   if(b == 0)
      return a;
   return ggt(b, a % b);
}
int main(void) {
   unsigned long a, b;

   printf("ggt = größter gemeinsamer Teiler(mit 0 beenden)\n");
   printf("Zahl> ");
   scanf("%lu", &a);
   printf("Zahl> ");
   scanf("%lu", &b);
   a=ggt(a, b);

   while(1) {
      printf("Zahl> ");
      scanf("%lu", &b);
      if(b==0)
         break;
      a=ggt(a, b);
   }
   printf("-------->ggt = %lu\n", a);
   return EXIT_SUCCESS;
}
```

An dem Programm wurde nicht viel verändert. Es kam lediglich die `while`-Schleife hinzu, die Sie mit der Eingabe `0` beenden können.

Wichtig ist, dass Sie bei jedem Schleifendurchlauf den größten gemeinsamen Teiler an a und die neue Zahl an b übergeben. Somit wird immer der ggT aller Zahlen aktualisiert.

Als letztes Beispiel will ich Ihnen zeigen, wie Sie eine rekursive Funktion zum Umwandeln von Dezimalzahlen in Dualzahlen verwenden können. Um beispielsweise aus der Zahl 10 die entsprechende Dualzahl 1010 zu machen, ist folgender Vorgang nötig:

```
-> Solange die Zahl ungleich null ->
-> Zahl % 2 = kein Rest dann 0 oder = Rest dann 1 ->
-> Zahl = Zahl / 2
```

Auf die Zahl 10 angewendet, sieht dieser Vorgang wie folgt aus:

```
10/2 = 5 kein Rest -> 0
5/2 = 2 Rest 1 -> 1
2/2 = 1 kein Rest -> 0
1/2 = 0 Rest 1 -> 1
```

Damit liegen auf dem Stack (umgekehrte Reihenfolge):

```
1
0
1
0
```

Hier sehen Sie das Listing dazu:

```
/* dez2bin.c */
#include<stdio.h>
#include<stdlib.h>

typedef unsigned long int ulong;

void dez2bin(ulong dez) {
   if(dez) {
      dez2bin(dez / 2);
      printf("%lu", dez % 2);
   }
}

int main(void) {
   ulong dezimal;

   printf("Dezimalzahl in Dualzahl konvertieren\n");
```

```
    printf("Welche Zahl : ");
    scanf("%lu",&dezimal);
    printf("Dezimal = %lu Dual = ",dezimal);
    dez2bin(dezimal);
    printf("\n");
    return EXIT_SUCCESS;
}
```

Das obige Programm ist natürlich nur ein Beispiel, um zu zeigen, wie man mit Rekursionen Zahlen in einer anderen Darstellung ausgeben kann. Denn Sie können die Ausgabe einer Zahl als Binärzahl auch in drei Zeilen erledigen:

```
char Puffer[100]; // Textpuffer für die Ausgabe
ltoa(dezimalzahl,Puffer,2); // Basis für die Ausgabe ist 2 (binär)
printf("%s\n",Puffer); // %s=Ausgabe eines Strings
```

Dies genügt nun zum Thema Funktionen. In Kapitel 19, »Arbeiten mit variabel langen Argumentlisten – <stdarg.h>«, wird dieses Thema wieder aufgegriffen, wenn es darum geht, Funktionen mit beliebig vielen Parametern zu erstellen. Dafür müssen wir jedoch zuerst die Zeiger besprechen.

10.21 »inline«-Funktionen

`inline`-Funktionen sind dem C++-Programmierer bereits wohlbekannt und stehen mit dem C99-Standard auch dem C-Programmierer zur Verfügung. Um eine Funktion als `inline`-Funktion zu präsentieren, muss nur das Schlüsselwort `inline` vorangestellt werden:

```
/* inline_1.c */
#include<stdio.h>
#include<stdlib.h>

static inline void xchange(int *z1, int *z2) {
    int tmp;
    tmp  = *z2;
    *z2  = *z1;
    *z1  = tmp;
}

static inline void print(int *z1, int *z2) {
    printf("%d :: %d\n", *z1, *z2);
}
```

```
int main(void) {
   int zahl1 = 123, zahl2 = 321;
   print(&zahl1, &zahl2);
   xchange(&zahl1, &zahl2);
   print(&zahl1, &zahl2);
   return EXIT_SUCCESS;
}
```

Listing 10.17 »inline_1.c« zeigt Ihnen, wie Sie »inline«-Funktionen verwenden.

`inline`-Funktionen stellen eine sinnvolle Alternative zu parametrisierten `define`-Makros dar. Der Code einer `inline`-Funktion wird vom Compiler direkt an der Stelle eingefügt, wo der Aufruf stattfindet. Damit entfällt der Sprung in ein Unterprogramm. Das heißt, die Sicherung der Rücksprungadresse, der Sprung zur Funktion und nach der Ausführung der Sprung zurück zur gespeicherten Rücksprungadresse entfallen. Dadurch ist die Ausführung einer `inline`-Funktion genauso schnell, als würde der Code direkt an der Stelle eingefügt.

Zumindest war dies früher so, als C anfing, den Kinderschuhen zu entwachsen, es aber noch keine modernen Prozessoren gab, die eine Sprungvorhersage (Branch Prediction) durchführen konnten. *Branch Prediction* bedeutet Folgendes: Der Prozessor kann vorhersehen, ob Sie mit den nächsten 2–3 Befehlen springen werden, und vorher schon einmal die erforderlichen Daten vorladen. Wenn Sie dann wirklich springen, dauert der gesamte Sprung im Idealfall nur einen einzigen Taktzyklus. Auch der Zugriff auf den Stack wurde inzwischen so stark optimiert, dass er kaum noch Zeit benötigt. Die Verzögerung ist so minimal, dass es quasi keine Rolle mehr spielt, ob eine Funktion als inline definiert wurde oder nicht (weshalb es auch sein kann, dass kommende C-Standards `inline`-Funktionen nicht mehr unterstützen).

Die `inline`-Funktionen sollten aber trotz Branch Prediction und moderner Stackverwaltung möglichst klein gehalten werden. Werden zu viele Anweisungen verwendet, kann der Compiler das Schlüsselwort `inline` auch ignorieren und die Funktion als eine normale Funktion behandeln. Das Schlüsselwort `inline` ist nämlich für den Compiler nur ein Hinweis und kein Befehl. Wann der Compiler eine Funktion als `inline` behandelt und verwendet, entscheidet er selbst (und besonders neuere Compiler entscheiden sich auch immer öfter dafür, `inline` zu ignorieren).

Dass in Listing 10.17 die `inline`-Funktion mit dem Spezifizierer `static` deklariert wurde, liegt daran, dass die Definition einer `inline`-Funktion in der Übersetzungseinheit vorhanden sein muss, in der diese verwendet wird. Der Nachteil an der `inline`-Funktion, die mit `static` deklariert ist, besteht darin, dass Sie hierbei keine veränderbaren Speicherobjekte mit statischer Lebensdauer verwenden können.

In der Praxis wird daher die Deklaration (!) einer inline-Funktion in eine externe Headerdatei ohne inline geschrieben und zusätzlich mit dem Schlüsselwort extern versehen, um so der kompletten Übersetzungseinheit zur Verfügung zu stehen, die diese Headerdatei inkludiert.

```
/* inline_2.h */
#ifndef INLINE_H
#define INLINE_H
extern void xchange(int *z1, int *z2);
extern void print(int *z1, int *z2);
#endif
```

Jetzt können Sie auch die inline-Funktionen wie gewöhnliche Funktionen verwenden:

```
/* inline2.c */
#include<stdio.h>
#include<stdlib.h>
#include"inline2.h"

inline void xchange(int *z1, int *z2) {
   int tmp;
   tmp  = *z2;
   *z2  = *z1;
   *z1  = tmp;
}

inline void print(int *z1, int *z2) {
   printf("%d :: %d\n", *z1, *z2);
}

int main(void) {
   int zahl1 = 123, zahl2 = 321;
   print(&zahl1, &zahl2);
   xchange(&zahl1, &zahl2);
   print(&zahl1, &zahl2);
   return EXIT_SUCCESS;
}
```

Listing 10.18 »inline2.c« zeigt die Verwendung einer Include-Datei für die »inline«-Funktionen.

Im nächsten Kapitel erfahren Sie etwas über Präprozessor-Direktiven. Mit diesen Befehlen, die noch vor der eigentlichen Übersetzung ausgeführt werden, können Sie z. B. Konstanten und Makros definieren.

Kapitel 11
Präprozessor-Direktiven

In diesem Kapitel erfahren Sie einiges zum Präprozessor. Der Präprozessor ist ein Teil des Compilers, der noch vor der Übersetzung einige Änderungen am Quelltext vornimmt und/oder Quellcode einfügt.

Wenn in der Sprache C ein Programm übersetzt (d. h. kompiliert und gelinkt) werden soll, dann wird, bevor der Compiler den Quelltext verarbeitet, von einem besonderen Teil des Compilers – dem Präprozessor – ein zusätzlicher Übersetzungslauf durchgeführt. Man nennt dies im Englischen auch *pass 1* (erster Durchlauf), und das *prä* in dem Begriff *Präprozessor* kommt vom lateinischen *pre* (dt. *vor*). Bei Präprozessor-Direktiven steht immer das Zeichen # am Anfang der Zeile. Außerdem darf pro Zeile nur eine Direktive eingesetzt werden. Folgendes ist also nicht erlaubt:


```
#include<stdio.h>  #include<stdlib.h>
```

Kommentare hingegen dürfen sehr wohl hinter einer Direktive stehen:

```
#include<stdio.h>  /* Headerdatei für Standardfunktionen */
```

Die folgenden Arbeiten fallen für den Präprozessor neben der Quelltextersetzung ebenfalls an:

- Stringliterale werden zusammengefasst (*konkateniert*).
- Zeilenumbrüche mit einem Backslash am Anfang werden entfernt.
- Kommentare werden entfernt und durch Leerzeichen ersetzt.
- Whitespace-Zeichen zwischen Tokens werden gelöscht.

Des Weiteren gibt es Aufgaben für den Präprozessor, die vom Programmierer gesteuert werden können:

- Header- und Quelldateien in den Quelltext kopieren (`#include`)
- symbolische Konstanten einbinden (`#define`)
- bedingte Kompilierung (`#ifdef`, `#elseif`, ...)

Auf die Präprozessor-Direktiven, die Sie als Programmierer selbst steuern können, gehe ich auf den folgenden Seiten ein.

11.1 Mit »#include« Dateien einbinden

Die Direktive `#include` kopiert andere, benannte (Include-)Dateien in das Programm ein. Meistens handelt es sich dabei um Headerdateien mit der Dateierweiterung **.h* oder **.hpp*. Hier sehen Sie die Syntax der Präprozessor-Direktive `include`:

```
#include<header> // Header ist im Include-Verzeichnis des Compilers
#include"header" // Header ist im Programmverzeichnis
```

Beachten Sie, dass es manche (ältere) C-Compiler nicht erlauben, zwischen `#include` und dem Dateinamen ein Leerzeichen zu lassen. Deshalb wurde auch hier kein Leerzeichen gesetzt (auch wenn es so nicht gerade toll aussieht). Wenn Sie also ein vermeintlich korrektes Programm haben, das aber Ihre Include-Dateien nicht mehr findet, kann es vielleicht daran liegen, dass Sie zwischen `#include` und dem Dateinamen ein Leerzeichen gesetzt und später den Compiler gewechselt haben. Der Präprozessor entfernt später die `include`-Zeile und ersetzt sie durch den Quelltext der Include-Datei. Der Compiler erhält anschließend einen modifizierten Text zur Übersetzung.

Natürlich können Sie somit eigene Headerdateien schreiben und sie einbinden lassen. Nehmen wir an, Sie haben eine Headerdatei geschrieben und sie im Verzeichnis */home/myownheaders* unter dem Namen *meinheader.h* gespeichert. Dann müssen Sie diese Headerdatei am Anfang des Quelltextes mit

```
#include"/home/myownheaders/meinheader.h"
```

einbinden Dabei müssen Sie dasjenige Verzeichnis angeben, in dem die Headerdatei gespeichert wurde. Steht die Headerdatei hingegen zwischen eckigen Klammern (wie dies bei Standard-Bibliotheken meistens der Fall ist), also etwa bei

```
#include<datei.h>
```

so wird die Headerdatei *datei.h* im implementierungsdefinierten Pfad gesucht. Dieser Pfad befindet sich in dem Pfad, in dem die Headerdateien Ihres Compilers liegen. Unter Windows ist dies meistens das *Include*-Verzeichnis des Compilers, unter Linux ist dies */usr/include* oder einfach nur */include*.

Steht die Headerdatei zwischen zwei doppelten Anführungszeichen, also etwa bei

```
#include"datei.h"
```

so wird sie im aktuellen Arbeitsverzeichnis oder in dem Verzeichnis gesucht, das mit dem Compiler-Aufruf `-I` angegeben wurde – vorausgesetzt, Sie übersetzen das Programm in der Kommandozeile. Sollte diese Suche erfolglos sein, so wird in denselben Pfaden gesucht, als wäre `#include<datei.h>` angegeben.

Abbildung 11.1 zeigt die einzelnen Schritte, durch die aus dem Quellcode eine ausführbare Datei wird (von oben nach unten).

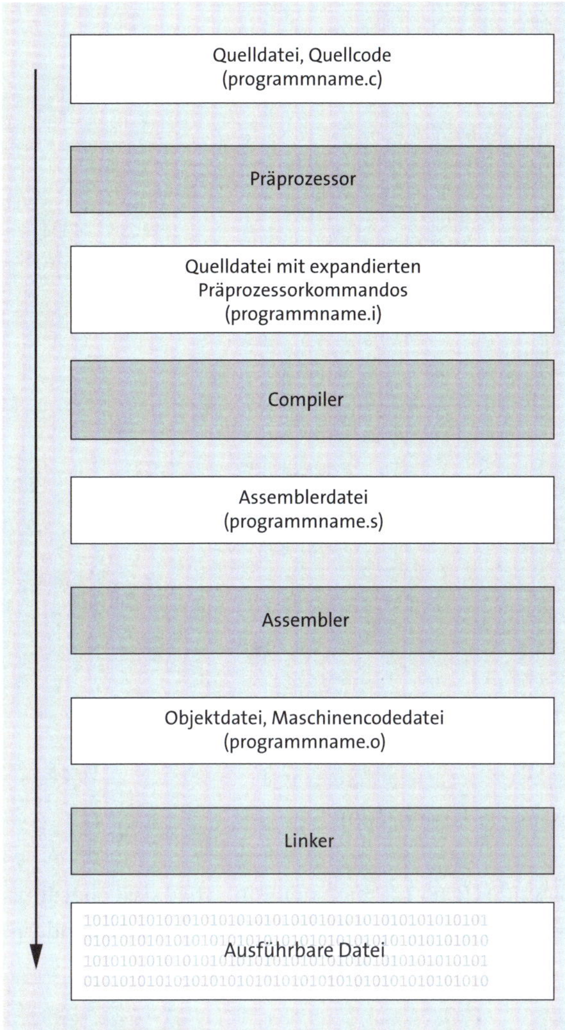

Abbildung 11.1 Von der Quelldatei zur ausführbaren Datei

11.2 Wichtige vordefinierte Headerdateien für C

In diesem Abschnitt möchte ich Ihnen einige wichtige Headerdateien vorstellen, die in C immer vorhanden sind (und es bei C23 auch noch sein werden). Sie müssen also viele Funktionen nicht selbst schreiben, und ich rate Ihnen auch dazu, das Rad nicht neu zu erfinden. Tabelle 11.1 enthält eine Übersicht der Standard-Headerdateien, die von ANSI C vorgeschrieben sind und die es auf jeder Plattform gibt.

Headerdatei	Bedeutung
assert.h	Fehlersuche und Debugging
ctype.h	Zeichentest und Konvertierung
errno.h	Fehlercodes
float.h	Limits/Eigenschaften für Gleitpunkttypen
limits.h	Implementierungskonstanten
locale.h	länderspezifische Eigenschaften
math.h	mathematische Funktionen
setjmp.h	unbedingte Sprünge
signal.h	Signale
stdarg.h	variable Parameterübergabe
stddef.h	Standard-Datentyp
stdio.h	Standard-I/O
stdlib.h	nützliche Funktionen
string.h	Zeichenkettenoperationen
time.h	Datum und Uhrzeit

Tabelle 11.1 Übersicht der Standard-Headerdateien (C89)

Mit dem C99-Standard kamen folgende Headerdateien neu hinzu (sie sind allerdings nicht in allen Compilern vorhanden und können sich auch immer wieder ändern; siehe Tabelle 11.2).

Headerdatei	Bedeutung
complex.h	komplexe Arithmetik (Trigonometrie etc.), früher (vor C95) in math.h oder aber nicht vorhanden
Fenv.h	Kontrolle der Gleitpunktzahlen-Umgebung
inttypes.h	für genauere Integertypen
iso646.h	alternative Schreibweisen für logische Operatoren; zur Verwendung von Zeichensätzen im ISO-646-Format (seit C95 vorhanden)

Tabelle 11.2 Standard-Headerdateien

Headerdatei	Bedeutung
stdbool.h	boolesche Datentypen
stdint.h	ganzzahlige Typen mit vorgegebener Breite
tgmath.h	typengenerische Mathematik-Funktionen
wchar.h	Umwandlung von Strings in Zahlenwerte für den erweiterten Zeichensatz; String- und Speicherbearbeitung für den erweiterten Zeichensatz; Ein- und Ausgabe für den erweiterten Zeichensatz (seit C95 vorhanden)
wctype.h	Zeichenuntersuchung für den erweiterten Zeichensatz (seit C95 vorhanden)

Tabelle 11.2 Standard-Headerdateien (Forts.)

11.3 Makros und Konstanten – »#define«

Mit #define ist es möglich, Zeichenketten anzugeben, die vor der Übersetzung des Programms gegen eine andere Zeichenkette oder eine Konstante ausgetauscht werden. Sie erinnern sich sicherlich aus dem vorangegangenen Kapitel daran, wie ein Programm übersetzt wird. Auch hier bewirkt das Zeichen #, dass der Präprozessor zuerst seine Arbeit verrichtet, bevor das werdende Programm vom Compiler in Assembler und dann in Maschinensprache übersetzt wird. Die Syntax der define-Direktive sieht so aus:

```
#define Bezeichner    Konstante
#define Bezeichner(Bezeichner_Liste)    Ersatzbezeichner
```

Bei der ersten Syntaxbeschreibung wird eine symbolische Konstante und im zweiten Fall ein Makro definiert.

11.3.1 Symbolische Konstanten mit »#define«

Hier sehen Sie ein erstes Programmbeispiel, das eine symbolische Konstante definiert:

```
/* define_1.c */
#include<stdio.h>
#include<stdlib.h>
#define EINS 1

int main(void) {
```

```
   printf("%d\n",EINS);
   return EXIT_SUCCESS;
}
```

Im Programm wird jede symbolische Konstante EINS mit dem Wert 1 definiert. Wenn Sie das Programm übersetzen, werden vor der Kompilierung alle Namen mit EINS im Quelltext vom Präprozessor durch den Wert 1 ersetzt. Die Konstante EINS müssen Sie nicht wie im Beispiel ausdrücklich in großen Buchstaben schreiben. Dies dient nur der besseren Übersicht. Aber Achtung, Folgendes funktioniert nicht:

```
printf("EINS");
```

In diesem Fall wird tatsächlich der String "EINS" auf dem Bildschirm ausgegeben und nicht der Wert 1. Das bedeutet, die Konstante EINS wird nicht durch 1 ersetzt, da sie Teil eines Stringliterals ist.

Merke

Beachten Sie, dass #define-Makros Konstanten sind. Einmal festgelegte Konstanten können zur Laufzeit des Programms nicht mehr geändert werden.

Welchen Vorteil haben aber jetzt solche Defines? Warum kann man den Wert 1 nicht direkt angeben? Das soll das folgende Programm demonstrieren:

```
/* kreisberechnung.c */
#include<stdio.h>
#include<stdlib.h>

/*  Bei Linux muss für math.h das Compiler-Flag -lm
 *  mit angegeben werden:
 *  gcc -o kreisberechnung.c -lm -o kreisberechnung
 */

#include <math.h>
#define PI 3.1415926f

/*  Programm zur Berechnung von Kreisfläche(A), Durchmesser(d)
 *  und Umfang(U) und Durchmesser aus Umfang */

void kreisflaeche(void) {
   float A,d;

   printf("Durchmesser des Kreises eingeben: ");
   scanf("%f", &d);
```

```
   A = d*d*PI / 4;
   printf("Die Kreisfläche beträgt  %f\n", A);
}

void durchmesser(void) {
   float A, d;

   printf("Kreisfläche des Kreises eingeben: ");
   scanf("%f", &A);
   d =(float) sqrt((double)4*A/PI);
   printf("Der Durchmesser des Kreises ist %f\n", d);
}

void kreisumfang(void) {
   float U, d;

   printf("Durchmesser des Kreises eingeben: ");
   scanf("%f", &d);
   U = d * PI;
   printf("Der Umfang des Kreises beträgt %f\n", U);
}

void d2umfang(void) {
   float U,d;

   printf("Umfang des Kreises eingeben: ");
   scanf("%f",&U);
   d = U/PI;
   printf("Der Durchmesser des Kreises beträgt %f\n", d);
}

int main(void) {
   kreisflaeche();
   durchmesser();
   kreisumfang();
   d2umfang();
   return EXIT_SUCCESS;
}
```

Listing 11.1 »kreisberechnung.c« demonstriert einige Berechnungen an Kreisen unter Verwendung einer festen Konstante für die Zahl Pi.

In diesem Programm werden einfache Berechnungen von kreisförmigen Flächen durchgeführt. Anstatt PI an jeder Stelle im Programm erneut festzulegen, ist hier die textliche Ersetzung mittels #define besser geeignet. Dadurch wird auch garantiert, dass stets der gleiche Wert überall im Programm verwendet wird. Sollten Sie z. B. eine genauere Angabe von PI benötigen, so müssen Sie nur die symbolische Konstante ändern.

Einen weiteren Vorteil bietet z. B. die Verwendung bestimmter Konstanten, etwa einer Landeswährung. Falls eine Änderung erforderlich wird, kann diese ohne viel Aufwand für das gesamte Programm an einer zentralen Stelle vorgenommen werden. Sie können bei Makrodefinitionen auch auf früher definierte Namen zurückgreifen, wie im folgenden Beispiel:

```
#define PI 3.141592653
#define PI_2 PI*2
```

Zuerst wird PI definiert und in der nächsten Zeile der Wert von PI*2, der textlich durch PI_2 ersetzt wird.

[+]

Tipp

Verzichten Sie bei textlichen Ersetzungen auf überflüssige Berechnungen. So führt zum Beispiel ein define der Art #define PI acos(-1) dazu, dass dieser Wert im Programm jedes Mal erneut berechnet wird. Verwenden Sie für solche Fälle besser eine const-Variable wie zum Beispiel:

```
const double PI = acos(-1);
```

Mit der #define-Direktive können nicht nur Zahlen als symbolische Konstanten festgelegt werden, sondern auch Strings. Beispiel:

```
#include <stdio.h>
#define GANZZAHL     int
#define SCHREIB      printf(
#define END          );
#define EINGABE      scanf(
#define ENDESTART    return 0;
#define NEUEZEILE    printf("\n");
#define START        int main()

#define BLOCKANFANG  {
#define BLOCKENDE    }
```

Mit diesen Festlegungen wurde mit minimalem Aufwand eine eigene kleine Programmiersprache erzeugt. Ein Programm in der neuen Sprache könnte zum Beispiel so aussehen:

```
START
 BLOCKANFANG
 GANZZAHL zahl;
 SCHREIB "Hallo Welt" END
 NEUEZEILE
 SCHREIB "Zahleingabe: " END
 EINGABE "%d", &zahl END
 SCHREIB "Die Zahl war %d", zahl END
 ENDESTART
BLOCKENDE
```

Hier wurde aber natürlich nicht wirklich eine neue Programmiersprache erzeugt. Statt `int main()` wird in dem Programm einfach `START` geschrieben, oder statt `return 0` wird `ENDESTART` geschrieben. Der Präprozessor ersetzt vor der Übersetzung des Compilers die Pseudo-Sprache wieder nach C.

Diese Pseudo-Sprache soll jetzt in eine eigene Headerdatei gepackt werden. Legen Sie dazu eine neue Quelldatei mit folgendem Inhalt an:

```
/* mysyntax.h */
#ifndef MYSYNTAX_H
#define MYSYNTAX_H

#include<stdio.h>
#include<stdlib.h>

#define GANZZAHL       int
#define SCHREIB        printf(
#define END            );
#define EINGABE        scanf(
#define ENDESTART      return EXIT_SUCCESS;
#define NEUEZEILE      printf("\n");
#define START          int main()
#define BLOCKANFANG    {

#define BLOCKENDE      }

#endif /*MYSYNTAX_H*/
```

Listing 11.2 In diesem Beispiel definieren Sie eine eigene Sprachsyntax.

Speichern Sie diese Codezeilen unter dem Namen *mysyntax.h*. Jetzt folgt noch das Hauptprogramm inklusive der neuen Headerdatei:

```
/* mein_C.c */
#include "mysyntax.h"

START
 BLOCKANFANG
     GANZZAHL zahl;
     SCHREIB "Hallo Welt" END
     NEUEZEILE
     SCHREIB "Zahleingabe: " END
     EINGABE "%d", &zahl END

     SCHREIB "Die Zahl war %d", zahl END
     NEUEZEILE
   ENDESTART
 BLOCKENDE
```

Listing 11.3 »mein_C.c« verwendet die Definitionen aus dem letzten Beispiel für ein Programm, das einige C-Konstrukte durch deutsche Begriffe ersetzt.

Speichern Sie das Hauptprogramm im selben Verzeichnis, in dem sich auch *mysyntax.h* befindet. Den Namen für das Hauptprogramm können Sie frei wählen, zum Beispiel *mein_C.c*. Übersetzen Sie dieses Programm. Befindet sich die Headerdatei *mysyntax.h* in einem anderen Verzeichnis als das Hauptprogramm, muss dies dem Compiler mitgeteilt werden. Befindet sich die Headerdatei z. B. in */home/myhome/myheader*, wird dies dem Präprozessor wie folgt mitgeteilt:

```
#include"/home/myhome/myheader/mysyntax.h"
```

Auf Windows-Systemen muss das so aussehen (*C:* sei Ihr Arbeitslaufwerk):

```
#include"c:\Programme\mysyntax.h"
```

11.3.2 Makros mit »#define«

Außerdem haben Sie die Möglichkeit, mit der `define`-Direktive parametrisierte Makros zu schreiben. Ein Beispiel:

```
/* define_2.c */
#include<stdio.h>
#include<stdlib.h>
#define KLEINER_100(x) ((x) < 100)

void klHundert(int zahl) {
   if(KLEINER_100(zahl))
```

```
      printf("Ja! Die Zahl ist kleiner als 100!\n");
   else
      printf("Die Zahl ist größer als 100!\n");
}

int main(void) {
   int b = 99;

   klHundert(b);
   return EXIT_SUCCESS;
}
```

Listing 11.4 »define_2.c« demonstriert die Verwendung von parametrisierten Makros.

Ein parametrisiertes Makro erkennen Sie daran, dass unmittelbar nach dem Makronamen eine Klammer folgt:

```
#define KLEINER_100(x)  ((x) < 100)
```

Ein Makro ist also im Endeffekt ein kleines Programm, das immer dann in den Quelltext eingebunden wird, wenn der entsprechende Ersatzbezeichner auftaucht. In dem hier besprochenen Beispiel ist dies der Ausdruck `KLEINER_100(x)`, der durch `((x)<100)` ersetzt wird. Alleinstehende Makros benötigen bei Verwendung im Programm kein Semikolon am Ende der Zeile. Daran lassen sich Makros auch oft erkennen. Es wird zwar nicht vom Compiler moniert, wenn Sie dennoch ein Semikolon setzen; es ist aber nicht erforderlich.

Im betrachteten Fall haben Sie den formalen Parameter `x`. Dieser kann auf der rechten Seite des Makros beliebig oft verwendet werden. Dabei müssen Sie beachten, dass dieser formale Parameter ebenfalls auf der rechten Seite in Klammern stehen muss. Die Definition

```
#define KLEINER_100(x)  (x < 100)
```

wäre falsch, da sich der Parameter `x` nicht zwischen Klammern befindet. Die Zeile

```
if(KLEINER_100(zahl))
```

sieht nach dem Präprozessorlauf, also vor der eigentlichen Kompilierung, so aus:

```
if((zahl) < 100)
```

Eine weitere, häufig eingesetzte Variante dieser Art ist:

```
#define MAX(x,y) ( (x)<=(y) ?(y) :(x) )
```

Es werden gleich zwei Argumente als Parameter verwendet. Beide Parameter werden durch ein Komma voneinander getrennt. Bei diesem Makro wird die größere der beiden Dezimalzahlen ermittelt. Ein weiteres Beispiel:

```
#define TAUSCHE(x,y)   { \
   int j; \
   j=x; x=y; y=j; \
  }
```

Mit diesem Makro werden zwei Integerwerte vertauscht. Wie sich ein Makro mit mehreren Statements über mehrere Zeilen erstrecken kann, lässt sich an diesem Beispiel ebenfalls erkennen. Bei der Makrodefinition muss an jedem Zeilenende ein Backslash geschrieben werden.

Lange Makros, auf die häufig zugegriffen wird, können allerdings den Code unnötig aufblähen. In solch einem Fall sind Funktionen besser geeignet. Der folgende Code ist ein Negativbeispiel:

```
/* bad_defines_1.c */
#include <stdio.h>
#include <stdlib.h>
#define VIEL_TEXT "TextTextTextTextTextTextTextTextTextText"\
                  "TextTextTextTextTextTextTextTextTextText"\
                  "TextTextTextTextTextTextTextTextTextText"\
                  "TextTextTextTextTextTextTextTextTextText\n"

int main(void) {
   printf(VIEL_TEXT);
   printf(VIEL_TEXT);
   printf(VIEL_TEXT);
   return EXIT_SUCCESS;
}
```

Dieses Programm würde nach dem Präprozessorlauf und vor dem Compilerlauf folgendermaßen aussehen:

```
/* bad_defines_2.c */
#include <stdio.h>
#include <stdlib.h>

int main(void) {
   printf("TextTextTextTextTextTextTextTextTextText"\
          "TextTextTextTextTextTextTextTextTextText"\
          "TextTextTextTextTextTextTextTextTextText"\
          "TextTextTextTextTextTextTextTextTextText\n");
```

```
   printf("TextTextTextTextTextTextTextTextTextText"\
          "TextTextTextTextTextTextTextTextTextText"\
          "TextTextTextTextTextTextTextTextTextText"\
          "TextTextTextTextTextTextTextTextTextText\n");
   printf("TextTextTextTextTextTextTextTextTextText"\
          "TextTextTextTextTextTextTextTextTextText"\
          "TextTextTextTextTextTextTextTextTextText"\
          "TextTextTextTextTextTextTextTextTextText\n");
   return EXIT_SUCCESS;
}
```

Jetzt sehen Sie dasselbe Beispiel mit einer Funktion, die in diesem Fall die effizientere Methode darstellt:

```
/* without_defines.c */
#include<stdio.h>
#include<stdlib.h>

void viel_text(void) {
   printf("TextTextTextTextTextTextTextTextTextText"\
          "TextTextTextTextTextTextTextTextTextText"\
          "TextTextTextTextTextTextTextTextTextText"\
          "TextTextTextTextTextTextTextTextTextText\n");
}

int main(void) {
   viel_text();
   viel_text();
   viel_text();
   return EXIT_SUCCESS;
}
```

Die define-Direktive ist ursprünglich eine rein für die Programmiersprache C gedachte Direktive. Ein älterer C++-Compiler wird define deshalb nicht kennen. Die meisten modernen Compiler kennen aber sowohl C als auch C++, und deshalb kann man dort auch define verwenden.

In der Regel sollten also keine Probleme beim Kompilieren auftreten. Dies nur ergänzend zum Thema, falls Sie die Grundlagen in C kennenlernen wollen, um anschließend mit C++ fortzufahren. Unter C++ und dem ANSI-C99-Standard können kleinere Funktionsmakros außerdem durch inline-Funktionen ersetzt werden. Allerdings gilt diese Aussage nur noch bis zum Erscheinen von C23, denn dort ist inline nur noch optional. Dies liegt daran, dass moderne Compiler den Maschinencode sowieso stark optimieren und kurze Funktionen automatisch zu inline-Funktionen machen.

[»]

Hinweis: Geltungsbereiche bei #define

Der Geltungsbereich von symbolischen Konstanten bzw. Makros reicht vom Punkt der Deklaration mit #define bis zur Aufhebung mit #undef. Die Aufhebung mittels #undef ist aber optional. Wird #undef nicht verwendet, reicht der Geltungsbereich bis zum Dateiende. Das heißt natürlich auch, dass Sie bei #define aufpassen müssen, wenn Ihr Projekt mehrere Dateien benutzt: Der Gültigkeitsbereich von #define entspricht eben nicht vollständig dem von globalen Variablen. Ich schiebe diesen Hinweis deshalb ein, weil manche Leserinnen und Leser dachten, #define sei projektglobal, und mir zahlreiche Errata geschickt haben, die gar keine waren.

11.4 Bedingte Kompilierung mit »#ifdef«

Zu diesem Abschnitt muss erwähnt werden, dass viele der beschriebenen Vorgehensweisen nicht dem ANSI-C-Standard entsprechen. Da aber Programmierer oft ihre Programme auch auf andere Systeme portieren wollen, gehe ich hier dennoch näher auf die Thematik ein. Betrachten wir die Syntax zur bedingten Übersetzung:

```
#ifdef   symbol
#ifdef ( symbol )

#elif   symbol
#elif ( symbol )

#else

#endif
```

Diese Direktiven werden eingesetzt, um zu überprüfen, ob ein Symbol zuvor schon mit #define definiert wurde. Ist symbol definiert, liefern diese Direktiven 1 zurück, ansonsten 0. Abgeschlossen wird eine bedingte Übersetzung mit der Direktive #endif.

Sie haben im vorangegangenen Kapitel (bei der selbst geschriebenen Headerdatei) schon einen kurzen Einblick in die bedingte Kompilierung erhalten. Listing 11.5 zeigt ein einfaches Beispiel:

```
/* clrscr.c */
#include<stdio.h>
#include<stdlib.h>
#ifdef __unix__
   #define clrscr() printf("\x1B[2J")
#elif __BORLANDC__ && __MSDOS__
   #include <conio.h>
```

```
#elif __WIN32__ || _MSC_VER
   #define clrscr() system("cls")
#else
   #define clrscr() printf("clrscr() - Fehler!!\n")
#endif

int main(void) {
   /* universale Routine zum Löschen des Bildschirms */
   clrscr();
   return EXIT_SUCCESS;
}
```

Listing 11.5 »clrscr.c« implementiert den Befehl »clrscr()« sowohl für Windows als auch für Linux und verwendet hierfür die bedingte Kompilierung.

Hier wird vor der Übersetzung festgelegt, welche Routine zum Löschen des Bildschirms benutzt werden soll. Mit

```
#ifdef __unix__
```

überprüft der Präprozessor, ob das Programm auf einem UNIX-artigen System läuft. Wenn das der Fall ist, dann wird mit

```
#define clrscr() printf("\x1B[2J")
```

die Routine zum Löschen des Bildschirms definiert, da diese eben nur unter UNIX/Linux funktioniert. Falls es sich nicht um ein solches System handelt, wird mit

```
#elif __BORLANDC__ && __MSDOS__
```

überprüft, ob das Programm mit einem Borland-Compiler und unter MS-DOS übersetzt wird. Ist das der Fall, dann wird das Löschen des Bildschirms durch eine in der Headerdatei `#include <conio.h>` definierte Funktion mit demselben Namen vorgenommen. Anschließend wird überprüft, ob das Programm in einem Win32-Fenster läuft oder mit dem Visual C++-Compiler übersetzt wird.

```
#elif __WIN32__ || _MSC_VER
   #define clrscr() system("cls")
```

Trifft keiner der geprüften Fälle zu, wird eine entsprechende Ausgabe erzeugt:

```
#else
   #define clrscr() printf("clrscr()-Fehler!!\n")
```

Abgeschlossen wird diese bedingte Kompilierung mit:

```
#endif
```

Durch die bedingte Kompilierung besteht die Möglichkeit, Programme einfacher auf andere Systeme zu portieren. Die bedingte Kompilierung lässt sich auch anders verwenden:

```
/* t_system.c */
#include<stdio.h>
#include<stdlib.h>

#ifdef __MSDOS__
int main(void) {
   printf("Das Programm läuft unter MSDOS \n");
   return EXIT_SUCCESS;
}

#elif __WIN32__ || _MSC_VER
int main(void) {
   printf("Das Programm läuft unter Win32\n");
   return EXIT_SUCCESS;
}

#elif __unix__ || __linux__
int main(void) {
   printf("Das Programm läuft unter UNIX/LINUX\n");
   return EXIT_SUCCESS;
}

#else
int main(void) {
   printf("Unbekanntes Betriebssystem!!\n");
   return EXIT_SUCCESS;
}
#endif
```

Listing 11.6 »t_system.c« kann feststellen, ob ein Programm unter Windows oder Linux läuft.

Es wurden mehrere `main()`-Funktionen verwendet. Auf dem System, für das die bedingte Kompilierung gilt, wird die entsprechende `main`-Funktion auch ausgeführt (siehe Abbildung 11.2 und Abbildung 11.3).

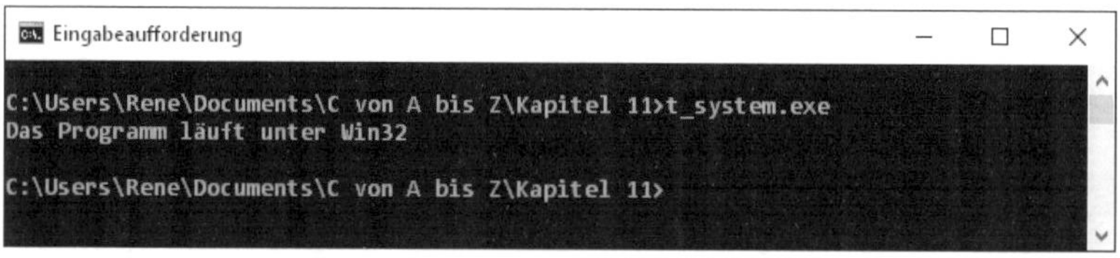

```
Eingabeaufforderung
C:\Users\Rene\Documents\C von A bis Z\Kapitel 11>t_system.exe
Das Programm läuft unter Win32

C:\Users\Rene\Documents\C von A bis Z\Kapitel 11>
```

Abbildung 11.2 Bedingte Kompilierung – das Programm läuft unter Win32.

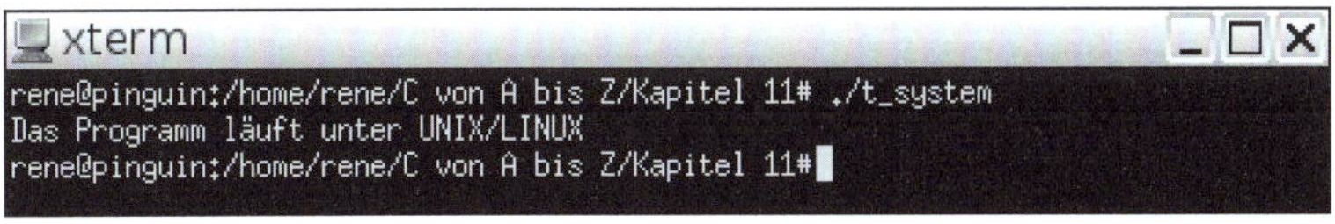

```
rene@pinguin:/home/rene/C von A bis Z/Kapitel 11# ./t_system
Das Programm läuft unter UNIX/LINUX
rene@pinguin:/home/rene/C von A bis Z/Kapitel 11#
```

Abbildung 11.3 Bedingte Kompilierung – das Programm läuft unter Linux/UNIX.

Sie können die bedingte Kompilierung mit `if else`-Abfragen vergleichen. Um Compiler-spezifische Abfragen zu tätigen, gibt es die Konstanten aus Tabelle 11.3.

Konstante	Compiler
`_MSC_VER`	Microsoft C ab Version 6.0
`_QC`	Microsoft Quick C ab Version 2.51
`_TURBOC_`	Borland Turbo C, Turbo C++ und BC++
`_BORLANDC_`	Borland C++
`_ZTC_`	Zortech C und C++
`_SC_`	Symantec C++
`_WATCOMC_`	WATCOM C
`_GNUC_`	GNU C
`_EMX_`	EMX GNU C

Tabelle 11.3 Konstanten für bestimmte Compiler

Denken Sie daran, dass diese Konstanten nicht vom ANSI-C-Gremium vorgeschrieben sind! Für die bedingte Kompilierung mit Betriebssystemen finden sich folgende Konstanten (siehe Tabelle 11.4).

Konstante	Betriebssystem
`__unix__` oder `__unix`	UNIX-System
`__MS_DOS__`	MS-DOS
`__WIN32__`	Windows ab 95
`__OS2__`	OS2
`_Windows`	Zielsystem Windows
`__NT__`	Windows NT

Tabelle 11.4 Konstanten für bestimmte Betriebssysteme

Konstante	Betriebssystem
`__linux__`	Linux
`__FreeBSD__`	FreeBSD
`OpenBSD`	OpenBSD
`_SGI_SOURCE`	SGI-IRIX mit Extension `*.sgi`
`_MIPS_ISA`	SGI-IRIX
`_hpux`	HP-UX

Tabelle 11.4 Konstanten für bestimmte Betriebssysteme (Forts.)

Es gibt sicherlich noch weitere Konstanten. Die hier genannten zählen zu den gängigsten. Sehen Sie sich ein anderes Programmbeispiel dazu an:

```
/* sektorsize.c */
#include<stdio.h>
#include<stdlib.h>
#ifdef __unix__ || linux
   #define SEKTORSIZE 4096
#elif __MSDOS__ || __WIN32__ || _MSC_VER
   #define SEKTORSIZE 512
#else
#define SEKTORSIZE 0
#endif

void sect(long size) {
   long kb,s=SEKTORSIZE;

   if(s == 0)
      printf("Unbekanntes System\n");
   else if(s==4096)
      printf("UNIXsystem : ");
   else
     printf("DOS/Win32 : ");
   kb = size * s;
   printf("%ld Sektoren = %ld B\n", size, kb);
}

int main(void) {
   long sector;
```

```
   printf("Wie viele Sektoren: ");
   scanf("%ld",&sector);
   sect(sector);
   return EXIT_SUCCESS;
}
```

Listing 11.7 »sektorsize.c« gibt die Größe eines Sektors des aktuellen Datenträgers aus – unter Windows und DOS wird der Sektor auch »Cluster« oder »Zugriffseinheit« genannt.

Listing 11.7 ist ein Beispiel zum Thema Portabilität. Auf MS-DOS/Win32 beträgt die Größe eines Sektors auf der Festplatte 512 KB. Auf UNIX-Systemen hingegen beträgt sie meist 4096 KB (unter BSD für gewöhnlich 1024 KB) pro Sektor. Sie müssen nur am Anfang des Programms dem Präprozessor die Anweisung geben, für welches System er die Größe einer bestimmten Anzahl von Sektoren ausgeben soll. Hierbei kann es leider einiges an Verwirrung geben, weil einige Begriffe oft durcheinandergeworfen werden. Eigentlich ist ein *Sektor* eine physikalische Größe und gibt die kleinstmögliche Zugriffseinheit auf einer Diskette oder Festplatte an, und Standard sind seit Urzeiten 512 Byte. Ausnahmen stellen z. B. sehr große Festplatten dar, die eine Blockgröße von 4 KB (4096 Byte) haben. Linux definiert dagegen rein virtuelle Zugriffseinheiten, die sich aus mehreren Blöcken zusammensetzen und dummerweise oft auch *sector* genannt werden. DOS/Windows macht es richtig und nennt die rein virtuellen Sektoren *Cluster*. Die obigen Defines stellen also gewissermaßen den kleinsten gemeinsamen Nenner für möglichst viele Betriebssysteme dar. Eine Ausnahme sind hier sehr alte Systeme, wie z. B. der Amiga, der mit »trackdisk« ausschließlich auf ganze Spuren zugreifen kann und der diese dann auch als Blockgröße angibt. Nach diesem kleinen Ausflug kehren wir jetzt aber zu den Defines zurück.

Folgende Schreibweisen sind identisch:

```
#ifdef MAKRO
/* ist identisch mit */
#if defined MAKRO
```

Des Weiteren gibt es eine Direktive, die es Ihnen ermöglicht, zu überprüfen, ob etwas nicht definiert wurde:

```
#ifndef __STDIO_H
   #define __STDIO_H
#endif
```

Hier überprüft der Präprozessor, ob er die Headerdatei *<stdio.h>* noch nicht eingebunden hat.

Das ist zum Beispiel erforderlich, wenn mehrere Headerdateien und Module benutzt werden, die *<stdio.h>* benötigen. Somit würden alle Makros in der Headerdatei

<stdio.h> mehrmals definiert werden, was im schlimmsten Fall sogar einen Fehler auslösen kann. Mit der eben geschriebenen Struktur wird dies vermieden.

Auch zu dieser Direktive gibt es eine alternative Schreibweise:

```
#ifndef MAKRO
/* ist dasselbe wie */
#if !defined MAKRO
```

11.5 Vordefinierte Präprozessor-Direktiven (ANSI C)

Folgende vordefinierten Makros werden von ANSI C vorgeschrieben (siehe Tabelle 11.5).

Makroname	Bedeutung
`__LINE__`	die Zeilennummer der aktuellen Zeile in der Programmdatei
`__FILE__`	der Name der Programmdatei
`__DATE__`	das Übersetzungsdatum der Programmdatei
`__TIME__`	die Übersetzungszeit der Programmdatei
`__STDC__`	das Erkennungsmerkmal eines ANSI-C-Compilers. Ist die ganzzahlige Konstante auf den Wert 1 gesetzt, handelt es sich um einen ANSI-C-konformen Compiler.
`__cplusplus__`	C++-Code

Tabelle 11.5 Vordefinierte Standardmakros

In Listing 11.8 sehen Sie ein Beispiel zur Verwendung dieser vordefinierten Makros:

```
/* direktiven.c */
#include<stdio.h>
#include<stdlib.h>

#if defined __STDC__
   #define isstd_c() printf("ANSI-C-Compiler\n")
#else
   #define isstd_c() printf("Kein ANSI-C-Compiler\n")
#endif

int main(void) {
   printf("Zeile %d in Datei %s\n",__LINE__,__FILE__);
   printf("Übersetzt am %s um %s\n",__DATE__,__TIME__);
```

```
   #line 999 "asdf.c"
   printf("Zeile %d in Datei %s\n",__LINE__,__FILE__);

   isstd_c();  /* Ist es ein ANSI-C-Compiler ? */
   return EXIT_SUCCESS;
}
```

Listing 11.8 »direktiven.c« zeigt die Verwendung einiger vordefinierter Makros in C.

Im Programm wurde gleich eine weitere neue Präprozessor-Direktive eingesetzt:

```
#line Zeilennummer dateinamen.c
```

Damit wird bewirkt, dass die nächste Zeile der Datei `dateiname.c` mit der Zeile `Zeilennummer` (also 999) beginnt. Diese Präprozessor-Direktive beeinflusst das Programm selbst nicht, sondern nur die Nummerierung der einzelnen Zeilen. Sie wird verwendet, um einem Programm Zeilennummern für Querverweise oder Fehlermeldungen zu übergeben. Diese Direktive wird z. B. von Programmen wie *lex* oder *yacc* verwendet, die C-Quelltexte für Compiler erzeugen (also für C-Programme, die andere Sprachen außer C übersetzen). An dieser Stelle sehen Sie, dass man mit Compilern wie C auch andere Compiler (z. B. für Pascal) programmieren kann.

Außer den vordefinierten Makros (wie `__LINE__`, `__FILE__`, `__DATE__`, `__TIME__` und `__STDC__`) sind im C99-Standard die drei Makros aus Tabelle 11.6 hinzugekommen.

Makro	Bedeutung
`__func__`	Gibt den Namen der Funktion aus, in der dieses Makro verwendet wird.
`__STD_HOSTED__`	Wenn es sich um eine Hosted-Implementierung der Standard-Bibliothek handelt, ist diese Konstante `1`, ansonsten `0`.
`__STD_VERSION__`	Wenn der ANSI-C99-Standard unterstützt wird, ist diese Konstante `199901L` (1999 Januar).

Tabelle 11.6 Neue vordefinierte Standardmakros

Einen Präprozessortest auf C99-Kompatibilität können Sie somit wie folgt durchführen:

```
#if defined(__STDC_VERSION__) && __STDC_VERSION__ >= 199901L
 // C99-kompatibler Quellcode
#else
 // nicht C99-kompatibler Quellcode
#endif
```

Hier sehen Sie ein weiteres Beispiel mit dem Makro `__func__`, das sich sehr gut zum Debuggen von Programmen (also zum Auffinden von Fehlern) unter Linux eignet:

```
/* debugging.c */
#include<stdio.h>
#include<stdlib.h>

void eine_funktion(void) {
   printf("Name der Funktion: %s\n",__func__);
}

int main(void) {
   eine_funktion();
   return EXIT_SUCCESS;
}
```

11.6 Einen Makroparameter durch einen String ersetzen

Ist in einem Ersetzungstext vor dem Parameter das Zeichen # gesetzt, werden beim Aufruf des Makros das # und der Parameter durch den entsprechenden String ersetzt:

```
#define ausgabe(variable) printf(#variable"=%d\n",variable)
```

Hier wird der Variablen `zahl` der Wert 10 (`int Zahl=10;`) übergeben. Steht im Programm beispielsweise

```
ausgabe(Zahl);
```

dann wandelt dies der Präprozessor zunächst um in:

```
printf("Zahl"" = %d\n", Zahl);
```

Tatsächlich verhält sich der Ausdruck so, als würde Folgendes in der Zeile stehen:

```
printf("Zahl = %d\n", Zahl);
```

Listing 11.9 zeigt ein kleines Programmbeispiel, in dem diese Technik verwendet wird:

```
/* ersetzungsmakros.c */
#include<stdio.h>
#include<stdlib.h>
/* Bei Linux muss für math.h das Compiler-Flag -lm
 * mit angegeben werden:
```

```
 * gcc ersetzungsmakros.c -lm -o ersetzungsmakros
 */
#include<math.h>

#define wurzel(zahl)\
   printf(#zahl" von %f = %f\n",zahl,sqrt(zahl))
#define summe(zahl1,zahl2)\
   printf(#zahl1 "+" #zahl2 " = %d\n",zahl1+zahl2)
#define gibaus(string)\
   printf(#string"\n")
#define wertvon(zahl,format)\
   printf(#zahl" = "format"\n",zahl)

int main(void) {
   float Wurzel;
   int Wert1 = 100, Wert2 = 150, integer = 20;
   char character = 's';
   float floating = 5.550f;

   printf("Zahl eingeben : ");
   scanf("%f",&Wurzel);
   wurzel(Wurzel);
   summe(Wert1,Wert2);
   gibaus(Hallo Welt);
   wertvon(character,"%c");
   wertvon(integer,"%d");
   wertvon(floating,"%f");
   return EXIT_SUCCESS;
}
```

Listing 11.9 »ersetzungsmakros.c« demonstriert das Verwenden von Ersetzungsmakros.

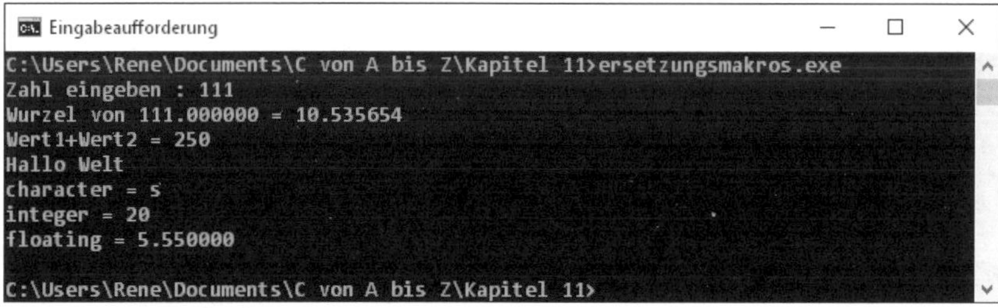

Abbildung 11.4 Ersetzung eines Makroparameters durch einen String

11.7 »#undef« – Makronamen wieder aufheben

Um ein Makro bzw. eine symbolische Konstante, die mit #define definiert wurde, wieder aufzuheben, müssen Sie im Programm nur

```
#undef makroname
```

schreiben. Eine Makrodefinition gilt von deren Festlegung (#define) bis zum Programmende oder bis zur nächsten #undef-Direktive. Listing 11.10 zeigt ein Beispiel:

```
/* undef.c */
#include<stdio.h>
#include<stdlib.h>
#define NUM 10

int main(void) {
   printf("Wert für symb. Konstante NUM: %d\n",NUM); /* 10 */

#ifdef NUM
   #undef NUM    /* symb. Konstante aufheben */
#endif

#define NUM 100 /* symb. Konstante wieder neu definieren */

   printf("Wert für symb. Konstante NUM: %d\n",NUM); /* 100 */
   return EXIT_SUCCESS;
}
```

Listing 11.10 »undef.c« demonstriert, wie Sie Makros definieren und die Definition später wieder aufheben können.

Hätten Sie die symbolische Konstante NUM vor der Neudefinition nicht mit undef aufgehoben, hätte dies eine Warnung des Compilers zur Folge.

11.8 Fehlermeldungen ausgeben mit »#error«

Mit

```
#error "Fehlermeldung"
```

wird eine Stringkonstante Fehlermeldung in der entsprechenden Zeile ausgegeben, zum Beispiel so:

```
/* fehlermeldung.c */
#include<stdio.h>
#include<stdlib.h>
```

```
#define FERTIG

int main(void) {
   printf("Programmstart!\n");

#ifdef FERTIG
   #error "Das Programm ist noch nicht fertiggestellt!\n"
#endif
   printf("Programmende");
   return EXIT_SUCCESS;
}
```

Wenn Sie versuchen, das Programm zu kompilieren, wird folgende Fehlermeldung des Compilers ausgegeben:

```
Das Programm ist noch nicht fertiggestellt!
```


Das Programm lässt sich somit auch nicht kompilieren. Damit kann z. B. vermieden werden, dass ein noch nicht ganz fertiggestellter bzw. nicht fehlerfreier Codeabschnitt verwendet wird. Das kann bei einem Projekt, an dem mehrere Leute arbeiten, praktisch sein. Aber es lassen sich damit auch Fehlermeldungen ausgeben, die im Zusammenhang mit der Expansion von Makros festgestellt wurden. Listing 11.11 liefert dazu ein Beispiel:

```
/* nicht_gerade.c */
#include <stdio.h>
#include <stdlib.h>
#define MAX 101

int main(void) {
   printf("Programmstart\n");

#if (MAX % 2) == 1
   #error "symb. Konstante MAX muss eine gerade Zahl sein!\n"
#endif

   printf("Programmende\n");
   return EXIT_SUCCESS;
}
```

Listing 11.11 Das letzte Listing überprüft eine Konstantendefinition auf Fehler. (Hier: Die Konstante muss gerade sein.)

Dieses Programm lässt sich erst übersetzen, wenn Sie der symbolischen Konstante `MAX` einen geraden Wert übergeben.

11.9 »#pragma« (gilt nur für Windows)

`#pragma`-Direktiven sind Compiler-spezifisch, also von Compiler zu Compiler verschieden. Wenn ein Compiler eine bestimmte `#pragma`-Direktive nicht kennt, wird diese ignoriert. Mithilfe dieser Pragmas können Compiler-Optionen definiert werden, ohne mit anderen Compilern in Konflikt zu geraten. Da das Verhalten von `#pragma`-Anweisungen stark systemabhängig ist, werde ich hier nicht näher darauf eingehen.

Im nächsten Kapitel werde ich, bevor ich in Kapitel 13 endgültig auf Zeiger eingehe, noch die Datenfelder (*Arrays*) behandeln. Dadurch werden Sie anschließend die Zeiger viel besser verstehen.

Kapitel 12
Arrays

Bisher habe ich mich bei den speicherorientierten Strukturelementen auf einfache Datentypen beschränkt. Bei den Aufgaben wurden lediglich ganze Zahlen (»char«, »short«, »int«, »long«) bzw. Fließkommazahlen (»float«, »double«, »long double«) besprochen. In diesem Kapitel erfahren Sie nun etwas über zusammengesetzte Datenstrukturen, kurz Arrays.

Mit *Arrays* haben Sie die Möglichkeit, mehr als einen Wert eines bestimmten Typs abzuspeichern und zu bearbeiten. Arrays werden auch als *Felder* bezeichnet, in der Mathematik würde man von *Matrizen* sprechen. Da aber nicht jeder in der linearen Algebra bewandert ist, werde ich Arrays mit Tabellen vergleichen, wobei die Tabellen durchaus auch mehr als zwei Dimensionen haben können.

Zweidimensionale Arrays werden in Zeilen und Spalten eingeteilt, in denen die einzelnen Werte stehen können. Stellen Sie sich z. B. eine Excel-Tabelle vor, in die Sie Ihre Monatsausgaben in mehrere Spalten eingetragen haben, um nun die Summe für jeden Monat zu berechnen. Ihre Tabelle hat jetzt zwei Dimensionen und *n* Zeilen und *m* Spalten. In C würde man nun diese Excel-Tabelle als Array abbilden, in das Zahlen vom Typ `double` eingetragen werden.

Verwechseln Sie Arrays jedoch niemals mit Vektoren oder Zahlenfolgen, denn dies ist mathematisch nicht dasselbe! *Vektoren* haben nämlich nur eine einzige Spalte, *Zahlenfolgen* nur eine einzige Zeile. Ferner kann man Spaltenvektoren transponieren, sodass sie zu einer Zahlenfolge bzw. einem Vektor mit nur einer Zeile werden. Außerdem kann man Arrays als Matrizen betrachten und sogar mit einem Vektor oder einer anderen Matrize multiplizieren. Hierbei unterscheidet sich das Multiplikationsverfahren zwischen Matrize und Vektor grundlegend von der Multiplikation zweier Matrizen. Zudem gibt es für Matrizen viele weitere Multiplikationsverfahren, wie z. B. das Kreuzprodukt. Eine oft benutzte Programmiersprache, mit der man Matrizenoperationen ausführen kann, ist beispielsweise MATLAB.

12.1 Arrays deklarieren

Ich beginne mit einem einfachen Beispiel und definiere ein Array mit nur einer Zeile. Dieses (und nur dieses) Array könnte man als Zahlenfolge betrachten. Die Syntax zur Deklaration eines solchen Arrays sieht wie folgt aus:

```
Datentyp Arrayname[Anzahl_der_Elemente];
```

Unter `Datentyp` geben Sie an, von welchem Datentyp die Elemente des Arrays sein sollen. Der `Arrayname` ist frei wählbar, mit denselben Einschränkungen für Bezeichner wie bei Variablen. Mit `Anzahl_der_Elemente` wird die Anzahl der Elemente angegeben, die im Array gespeichert werden können. Man spricht dabei auch von dem maximalen Indexwert. Ein Array, das aus Elementen unterschiedlicher Datentypen besteht, gibt es in C nicht.

Aber halt: Heißt es jetzt nicht »der Array«? Ja, in der Tat steht dies in vielen Büchern, und dies ist genauso richtig wie »das Array«. In alten Büchern aus den 1980er-Jahren finden Sie noch oft die Bezeichnung »der Array«, später wurde dies geändert. Ich sage »das Array«, weil es ja auch »das Datenfeld« heißt.

Angesprochen wird das gesamte Array mit allen Komponenten über den Array-Namen. Die einzelnen Elemente eines Arrays werden durch den Array-Namen und einen Indexwert (in eckigen Klammern) verwendet. Der Indexwert selbst wird über eine Ordinalzahl (Ganzzahl) angegeben und fängt bei null an zu zählen. Anhand der folgenden Zeile werden wir ein Array jetzt näher untersuchen:

```
int i[5];
```

Durch diese Deklaration wird Platz für `5` Variablen im Array `i` vom Datentyp `int` im Speicher reserviert. In diesem Array können somit fünf Integerwerte gespeichert werden (siehe Abbildung 12.1).

Wie Sie in der Abbildung sehen, wurde ein Array vom Typ `int` deklariert. Mit dieser Deklaration wurde automatisch auch Speicherplatz für fünf `int`-Werte reserviert. Bei 4 Byte für eine `int`-Variable (je nach System) würden 20 Byte im Arbeitsspeicher des Rechners belegt werden. Demnach benötigt ein Array wie z. B. `double abc[2000]` 16.000 Byte. Alte DOS-Compiler hatten bei großen Arrays Probleme mit der Speicherverwaltung, da der Heap auf 64 KB beschränkt war. Es gab natürlich Tricks, um diese Schwierigkeiten zu umgehen, darauf soll hier aber nicht näher eingegangen werden. Bei modernen 64-Bit-Compilern dürften Sie in der Praxis wohl nie an irgendwelche Grenzen stoßen, zumindest nicht, solange Sie keine komplexen 3D-Spiele programmieren.

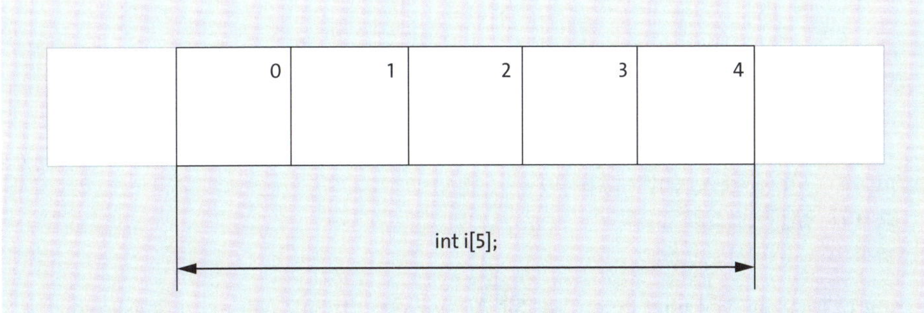

Abbildung 12.1 Anordnung eines Arrays mit fünf Werten

Merke: Arrays haben normalerweise eine fest definierte Größe

Die Größe eines Arrays muss zum Zeitpunkt der Übersetzung in der Regel bekannt sein. In C gibt es keine wachsenden Arrays, wie z. B. in BASIC, wo Sie hierfür die `REDIM`-Funktion verwenden können. Natürlich gibt es auch wieder Ausnahmen von der Regel. Näheres zu den Ausnahmen werde ich Ihnen im Laufe der weiteren Kapitel noch erklären, z. B. in den Erklärungen zu der dynamischen Speicherverwaltung mit `malloc()`.

12

12.2 Initialisierung und Zugriff auf Arrays

Listing 12.1 zeigt, wie Sie ein Array mit Werten initialisieren und wie Sie darauf zugreifen können:

```
/* arrays_1.c */
#include<stdio.h>
#include<stdlib.h>

int main(void) {
   int i[5];      /* Array mit 5 int-Elementen */

   /* Wertzuweisungen des Arrays */
   i[0] = 5;
   i[1] = 100;
   i[2] = 66;
   i[3] = 77;
   i[4] = 1500;
```

```
    /*Ausgabe der einzelnen Array-Elemente*/
    printf("Array-Element i[0]= %d\n", i[0]);
    printf("Array-Element i[1]= %d\n", i[1]);
    printf("Array-Element i[2]= %d\n", i[2]);
    printf("Array-Element i[3]= %d\n", i[3]);
    printf("Array-Element i[4]= %d\n", i[4]);
    return EXIT_SUCCESS;
}
```

Listing 12.1 »array_1.c« zeigt Ihnen, wie Sie Array-Elemente mit Werten initialisieren.

In diesem Beispiel wurde an alle fünf Feldelemente ein Wert mithilfe des Indizierungsoperators [] übergeben. Wie der Name des Operators schon sagt, dient er zum indizierten Zugriff auf Datentypen, die typischerweise hintereinander im Speicher abgelegt sind.

Warum lautet der Index des letzten Elements [4] und nicht [5]? Für den Computer ist die Zahl 0 auch ein Wert, und somit fängt er stets bei 0 an zu zählen, wie Sie in Abbildung 12.2 sehen.

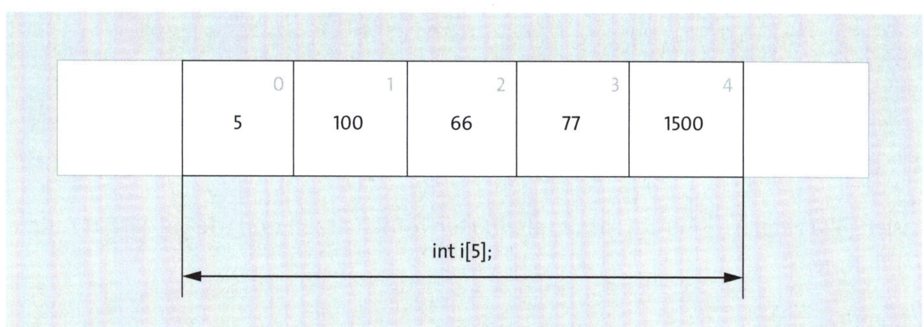

Abbildung 12.2 Ein Array mit Werten initialisieren

Nehmen wir nun ein Array, das mit 5 Werten initialisiert wurde, nämlich mit 0, 1, 2, 3 und 4. Befände sich im Programm die Zeile

```
i[5] = 111;
printf("i[5] = %d\n",i[5]);
```

würde versucht, auf einen nicht reservierten Speicher zuzugreifen. Es wurde ja nur Speicher für fünf Adressen vom Datentyp `int` reserviert. Noch gefährlicher kann das werden, wenn dies in einer `for`-Schleife geschieht. Wird der Indexbereich überschritten, kann es passieren, dass mit falschen Werten weitergearbeitet wird. Oder schlimmer: Ein Absturz ist die Folge, zumindest unter Systemen wie DOS. Listing 12.2 liefert ein Beispiel für einen Fehler, der leider oft gemacht wird:

```
/* arrays_2.c */
#include<stdio.h>
#include<stdlib.h>

int main(void) {
   int test[10];
   int i;

   for(i = 0; i <= 10; i++)  /*  !!Bereichsüberschreitung!! */
      test[i] = i;
   for(i = 0; i <= 10; i++)
      printf("%d, ", test[i]);
   printf("\n");
   return EXIT_SUCCESS;
}
```


Listing 12.2 Ein häufiger Fehler: die Überschreitung von Array-Grenzen durch fehlerhafte Zählschleifen

Das Programm macht nichts anderes, als das Array `test[10]` mit 11 (!) Werten zu initialisieren, und anschließend werden diese Werte auf dem Bildschirm ausgegeben. Haben Sie den Fehler schon gefunden? Der Fehler liegt in der `for`-Schleife:

```
for(i = 0; i <= 10; i++)
```

Die `for`-Schleife wird insgesamt elfmal durchlaufen: 0, 1, 2, 3, 4, 5, 6, 7, 8, 9, 10. Es ist bei diesem Programm möglich (oder, besser gesagt, es wird sehr wahrscheinlich), dass `test[10]` tatsächlich den Wert `10` enthält.

Sobald aber irgendwo im Programm diese Speicheradresse für eine andere Variable benötigt wird, wird der aktuelle Wert von `test[10]` überschrieben. Es kann also nicht garantiert werden, dass der Wert von `test[10]` erhalten bleibt, was zwangsläufig zu ungewollten Effekten und schwer aufzuspürenden Fehlern im Programm führt. Das Verhalten hängt natürlich auch vom verwendeten Compiler ab, denn einige Compiler geben schon bei der Programmerstellung einen Fehler aus, wenn auf ungültige Array-Elemente zugegriffen wird. Andere Compiler, z. B. der GCC für Linux, erstellen das Programm klaglos, dieses wird aber dann beim Zugriff auf das 11. Element von `test` mit einem `segmentation fault` beendet. Ältere Systeme, wie DOS, können durchaus auch abstürzen und z. B. »einfrieren«.

Wenn Sie das Programm gegenwärtig ausführen wollen, ohne dass solch ein Fehler auftritt, brauchen Sie nur das Gleichheitszeichen aus den beiden `for`-Schleifen zu entfernen:

```
for(i = 0; i < 10; i++)  /* ohne '='-Zeichen richtig */
```

Nun wird eben nicht mehr auf das elfte Element zugegriffen, weil der Schleifenzähler nicht mehr bis dort hinkommt. In dem Programm haben Sie gesehen, wie auf ein Array zugegriffen werden kann, um es mit Werten zu initialisieren:

```
for(i = 0; i < 10; i++)
   test[i] = i;
```

Damit wird die Schleife abgebrochen, sobald `i` den Wert `10` erreicht. Generell ist also bei der Verwendung von Arrays im Zusammenhang mit Schleifen Vorsicht geboten, und Sie müssen genau darauf achten, dass der Wertebereich des Feldes nicht unter- bzw. überschritten wird. Solche Unter- oder Überschreitungen werden vom Compiler (normalerweise) nicht überprüft oder moniert.

[»]

Hinweis: Range-Checking bei Arrays

Auf manchen Systemen gibt es eine Compiler-Option (*range-checking*), mit der ein solcher Über- bzw. Unterlauf eines Arrays zur Laufzeit des Programms geprüft wird. Das fertige Programm sollte allerdings nicht mehr mit dieser Option übersetzt werden, da dies zu einem schlechten Laufzeitverhalten führt.

Statt einer konstanten Ganzzahl wurde die Variable `i` verwendet. Das funktioniert deshalb, weil diese Variable vom Datentyp `int` ist und somit auch einer Ordinalzahl entspricht. Die Variable wird von der `for`-Schleife bei jedem Durchlauf um den Wert 1 erhöht (inkrementiert). Daraus ergibt sich, dass als Index nur Ganzzahlwerte erlaubt sind. Oftmals wird zur Bezeichnung des Index auch eine `define`-Konstante verwendet, wie das folgende Beispiel demonstriert:

```
/* arrays_3.c */
#include<stdio.h>
#include<stdlib.h>
#define SIZE 10

int main(void) {
   int zahlen[SIZE] = { 0 };

   printf("Anz. Elemente : %d\n", sizeof(zahlen) / sizeof(int));
   return EXIT_SUCCESS;
}
```

Solche Konstanten können die Lesbarkeit bei längeren Programmen erheblich verbessern und tragen dazu bei, Fehler zu vermeiden. Ein weiterer Vorteil entsteht, wenn Sie die Anzahl der Elemente des Arrays erhöhen wollen. Sie müssen nur den Wert der `define`-Konstante ändern und nicht mühsam im Programm danach suchen.

Arrays lassen sich auch anders initialisieren, nämlich direkt bei der Deklaration. Die Werte müssen dabei zwischen geschweiften Klammern stehen:

```
int numbers[] = { 1, 2, 4, 5, 9 };
```

Wenn Sie das Array so initialisieren, können Sie die Größe auch weglassen. C kümmert sich darum, dass genügend Speicher zur Verfügung steht. Die einzelnen *Initializer* genannten Werte werden immer durch ein Komma voneinander getrennt und stehen in geschweiften Klammern. Hier wird das Feld wie folgt mit Werten belegt:

```
numbers[0] = 1;
numbers[1] = 2;
numbers[2] = 4;
numbers[3] = 5;
numbers[4] = 9;
```


Natürlich können und sollten Sie trotzdem die Größe des Arrays angeben. Bei einem größeren Array hat diese Initialisierung den Vorteil, dass Sie alle anderen Werte gleich mit 0 vorbelegen können. Anstatt eine for-Schleife zu schreiben, wie etwa

```
int bigarray[1000];

for(i = 0; i < 1000; i++)
   bigarray[i] = 0;
```

lässt sich das auch einfacher formulieren:

```
int bigarray[1000] = { 0 };
```

Hier wurde nur das Array mit dem Index [0], also bigarray[0], mit dem Wert 0 initialisiert. Die restlichen 999, die nicht ausdrücklich initialisiert wurden, werden jedoch automatisch ebenfalls mit dem Wert 0 besetzt.

Dies kann aber noch ganz anders gelöst werden, und zwar unter Verwendung der folgenden Funktion:

```
/* Beschreibung der Funktion siehe Abschnitt 21.8.5  */
#include <string.h>

void *memset(void *adres, int zeichen, size_t n);
```

Mit der Funktion memset() wird der Wert von zeichen in jedes der ersten n Zeichen des Speicherbereichs mit der Adresse adres geschrieben. Das sieht dann wie folgt aus:

```
int bigarray[1000];
memset(bigarray, 0, sizeof(bigarray));
```

Wenn Sie das jetzt noch nicht so gut nachvollziehen können, macht dies an dieser Stelle nichts. Nur so viel vorweg: Die Funktion memset() verwendet zum Zugriff auf die Speicheradresse, an der das Array steht, einen sogenannten *typenlosen Zeiger* (void *). Wie void * und Zeiger genau funktionieren, erfahren Sie bereits im nächsten Kapitel.

Hier sehen Sie ein weiteres Beispiel zur Initialisierung von Arrays:

```
double inhalt[1000] = { 2.4, 2.8, 9.45, 10.99 };
```

Damit wurden folgende Werte initialisiert:

```
inhalt[0] = 2.4
inhalt[1] = 2.8
inhalt[2] = 9.45
inhalt[3] = 10.99
inhalt[4] = 0.0
inhalt[5] = 0.0
...
inhalt[997] = 0.0
inhalt[998] = 0.0
inhalt[999] = 0.0
```

Ab inhalt[4] bis inhalt[999] werden alle Werte automatisch mit 0.0 initialisiert. Leider ist es an dieser Stelle mit memset() nicht möglich, den Inhalt des Arrays mit mehreren verschiedenen Werten zu initialisieren.

[»]

Hinweis: Verwendung von großen lokalen Arrays

Manche Systeme vertragen keine lokalen, übergroß dimensionierten Arrays. Dies ist sehr oft bei Mikrocontrollern, z. B. dem Arduino Uno, der Fall. Sollte das Programm bei Ihnen gleich nach dem Start abstürzen und verwenden Sie ein recht großes lokales Array, dann könnte ein global definiertes Array Abhilfe schaffen. Unter Umständen müssen Sie dann den Befehl malloc() verwenden, um Speicher dynamisch zuzuweisen. In Kapitel 13, »Zeiger (Pointer)«, erfahren Sie mehr darüber.

Internes zum memset()

memset() kann unter Umständen schneller sein als eine for-Schleife, da memset() viel näher an der Hardware operiert und eventuell deren Funktionalität ausbeuten kann (z. B. ist es viel sinnvoller, einen char[512] mit 128 0-longs zu belegen, anstatt 512-mal eine 0 zu speichern). memset() funktioniert außerdem bei multidimensionalen Arrays ohne Pointer, z. B.:

```
char m_ar[10][10];
memset(m_ar, 0, 100);
```

12.2.1 Gültigkeitsbereich von Arrays

Der Gültigkeitsbereich von Arrays richtet sich danach, ob es sich dabei um ein statisches, globales oder ein normales (lokales) Array handelt. Betrachten Sie zur Verdeutlichung ein kleines Beispielprogramm:

```
/* arrays_4.c */
#include<stdio.h>
#include<stdlib.h>

int wert_global[5];

int main(void) {
   static int wert_static[5];
   int wert_auto[5];
   int i;

   for(i = 0; i < 5; i++)
      printf("%d:\t%10d\t%10d\t%10d\n",
         i, wert_global[i], wert_static[i], wert_auto[i]);
   return EXIT_SUCCESS;
}
```


Abbildung 12.3 zeigt die Ausgabe des Programms am Bildschirm.

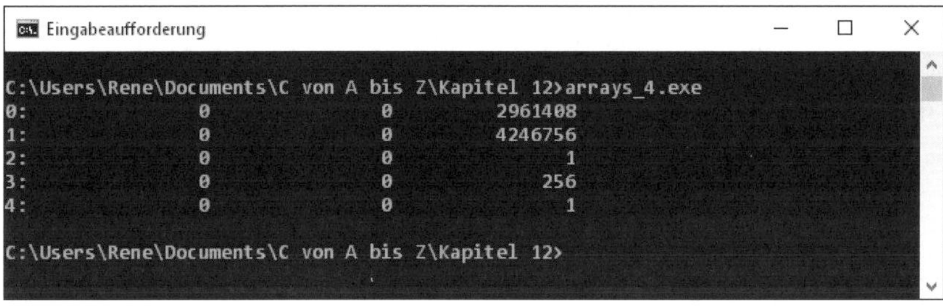

Abbildung 12.3 Gültigkeitsbereich von Variablen

Das Programm gibt für das globale und für das mit dem Schlüsselwort `static` deklarierte Array jeweils für alle Elemente des Arrays den Wert `0` aus. Das automatische Array `wert_auto` hingegen enthält undefinierte Werte. Daraus lässt sich schließen, dass bei globalen und mit `static` deklarierten Arrays automatisch alle Elemente mit 0 initialisiert werden. Das Verhalten des Programms ändert sich, wenn die Automatic-Variable (`wert_auto`) mit mindestens einem Wert initialisiert wird:

```
/* arrays_5.c */
#include<stdio.h>
#include<stdlib.h>
```

```
int wert_global[5];

int main(void) {
   static int wert_static[5];
   int wert_auto[5] = { 0 };  /* Array mit 0 initialisiert */
   int i;

   for(i = 0; i < 5; i++)
      printf("%d:\t%10d\t%10d\t%10d\n",
         i, wert_global[i], wert_static[i], wert_auto[i]);
  return EXIT_SUCCESS;
}
```

Es wurde nur die Zeile

```
int wert_auto[5] = { 0 };
```

verändert und `wert_auto[0]` mit dem Wert `0` initialisiert. Die Ausgabe des Programms in Abbildung 12.4 zeigt jetzt (erwartungsgemäß) die initialisierten Werte.

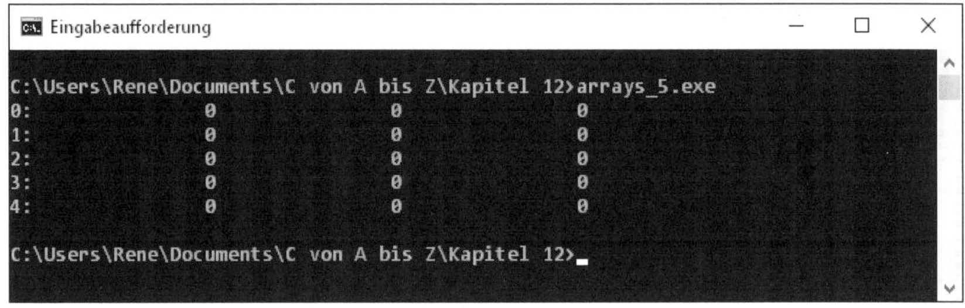

Abbildung 12.4 Gültigkeitsbereich von Variablen

12.3 Arrays vergleichen

Mithilfe des Indizierungsoperators `[]` können Sie zwei `int`-Arrays auf Gleichheit überprüfen:

```
/* arrays_6.c */
#include<stdio.h>
#include<stdlib.h>
#define MAX 10

int main(void) {
   int i;
   int array1[MAX], array2[MAX];
```

```
   for(i = 0; i < MAX; i++) {
         array1[i] = i;
         array2[i] = i;
   }
   array2[5] = 100; /* array2 an Pos. 5 verändern */

   for(i = 0; i < MAX; i++) {
      if( array1[i] == array2[i] )
         continue;
      else {
         printf("Unterschied an Position %d\n",i);
         break;
      }
   }
   return EXIT_SUCCESS;
}
```


Listing 12.3 »arrays_6.c« zeigt, wie Sie Arrays miteinander vergleichen.

Mit der Zeile

```
if( array1[i] == array2[i] )
```

werden die einzelnen Werte `array1[i]` und `array2[i]` miteinander verglichen. Es werden also alle Elemente der Arrays durchlaufen und verglichen. Folgendes funktioniert allerdings nicht:

```
if( array1 == array2 )
```

Ganze Arrays lassen sich nicht so einfach miteinander vergleichen. In dem letzten Fall werden lediglich zwei Speicheradressen miteinander verglichen, da Arrays als Zeiger abgelegt werden (mehr dazu erfahren Sie im nächsten Kapitel). Für den Vergleich vollständiger bzw. kompletter Arrays (also für den Vergleich der einzelnen Array-Elemente) gibt es die folgende Funktion:

```
#include <string.h>

int memcmp(const void *adr1, const void *adr2, size_t n);
```

Diese Funktion vergleicht `n` Zeichen aus Adresse `adr1` und Adresse `adr2`. Sind beide Speicherbereiche gleich, liefert die Funktion den Wert `0` zurück. (Zur weiteren Beschreibung dieser Funktion siehe Abschnitt 21.8, »Die ›mem…‹-Funktionen zur Speichermanipulation – <string.h>«. Listing 12.4 zeigt ein Beispiel mit der Funktion `memcmp()`:

```
/* arrays_7.c */
#include<stdio.h>
#include<stdlib.h>
#include<string.h>
#define MAX 10

int main(void) {
   int i;
   int array1[MAX];
   int array2[MAX];

   for(i = 0; i < MAX; i++) {
         array1[i] = i;
         array2[i] = i;
   }
   array2[5] = 100; /* Verändert array2 an Pos. 5. */

   if(memcmp(array1, array2, sizeof(array1)) == 0 )
      printf("Beide Arrays haben den gleichen Inhalt\n");
   else
      printf("Die Arrays sind unterschiedlich\n");
   return EXIT_SUCCESS;
}
```

Listing 12.4 »arrays_7.c« zeigt den Vergleich von Arrays mit »memcmp()«.

Internes zu memcmp()

Natürlich gilt bei `memcmp()` im Vergleich zur `for`-Schleife dasselbe wie schon bei `memset()`. Unter Umständen ist die Funktion `memcmp()` um einiges schneller als der Vergleich mit einer `for`-Schleife, da `memcmp()` ebenfalls näher an der Hardware operiert.

12.4 Anzahl der Elemente eines Arrays ermitteln

Wie lässt sich die Anzahl der Elemente eines Arrays schnell ermitteln? Dies kann mit dem `sizeof`-Operator realisiert werden, den Sie bereits kennengelernt haben. Natürlich müssen Sie hier aufpassen, denn mit `sizeof` lässt sich die Größe einer Datenstruktur nur in Byte ermitteln, und Sie erhalten niemals die Anzahl der Elemente im Array! Sie müssen also in jedem Fall den Datentyp der Array-Elemente beachten! Folgendes Array soll als Beispiel dienen:

```
int zahlen[] = { 3,6,3,5,6,3,8,9,4,2,7,8,9,1,2,4,5 };
```

Jetzt soll der sizeof-Operator auf dieses Array angewendet werden:

```
/* arrays_8.c */
#include<stdio.h>
#include<stdlib.h>

int main(void) {
   int zahlen[] = {3,6,3,5,6,3,8,9,4,2,7,8,9,1,2,4,5};

   printf("Anzahl der Elemente: %d\n", sizeof(zahlen));
   return EXIT_SUCCESS;
}
```

Bei der Ausführung des Programms erhalten Sie auf einem 16-Bit-System als Ergebnis den Wert 34 und auf einem 32-Bit-System den Wert 68. Dass dieser Wert nicht der Anzahl der Elemente entspricht, ist natürlich leicht nachvollziehbar. Der Wert 34 bzw. 68 stellt in diesem Beispiel zunächst nur die Größe des Arrays in Byte dar, deshalb mein Hinweis am Anfang. Damit die Anzahl der Elemente bestimmt werden kann, muss dieser Wert durch die Größe des Array-Datentyps geteilt werden, der hier von Anfang an bekannt sein muss:


```
/* arrays_9.c */
#include<stdio.h>
#include<stdlib.h>

int main(void) {
   int zahlen[] = {3,6,3,5,6,3,8,9,4,2,7,8,9,1,2,4,5};

   printf("Anz. Elemente : %d\n", sizeof(zahlen) / sizeof(int));
   return EXIT_SUCCESS;
}
```

Damit haben Sie die richtige Anzahl der Elemente (17) ermittelt.

12.5 Übergabe von Arrays an Funktionen

Um Arrays an Funktionen zu übergeben, gehen Sie ähnlich wie bei Variablen vor. Die Funktionsdeklaration sieht folgendermaßen aus:

```
void function(int feld[], int n_Anzahl)
```

Auffällig ist, dass der Indexwert für die Größe des Arrays nicht angegeben wird. Das liegt daran, dass der Funktion nicht bekannt ist, wie viele Elemente das Array besitzt.

Daher ist es empfehlenswert, der Funktion die Anzahl der Elemente als Argument mitzugeben, wie auch im Beispiel oben bei der Deklaration der Variablen `n_Anzahl` zu sehen ist.

Hierbei kommen Sie zum ersten Mal mit Zeigern in Berührung. Arrays werden bei einer Funktion nicht wie Variablen (*Call-by-Value*) kopiert, sondern als Zeiger übergeben (*Call-by-Reference*, siehe Kapitel 13, »Zeiger (Pointer)«). Somit muss die Funktion nicht notwendigerweise eine Kopie für das übergebene Array anlegen, sondern arbeitet lediglich mit der Anfangsadresse des ersten Elements im Array. Es ist also nicht zwingend erforderlich, die Größe des Arrays als Parameter an eine Funktion zu übergeben, da auf diese Weise von der Anfangsadresse eines Arrays aus sequenziell alle Elemente des Arrays erreicht werden können. Dieser enge Zusammenhang zwischen Arrays und Zeigern wird in Kapitel 13, »Zeiger (Pointer)«, und teilweise auch in Kapitel 15, »Dynamische Speicherverwaltung«, noch sehr ausführlich erklärt.

Aufgerufen wird die Funktion mit folgenden Argumenten:

```
#define MAX 100
...
function(feld, MAX);
```

Damit bekommt die Funktion `function()` die Anfangsadresse des Arrays `feld` übergeben. Listing 12.5 zeigt ein Beispiel dazu:

```
/* arrays_10.c */
#include<stdio.h>
#include<stdlib.h>
#define MAX 10

void function(int feld[], int n_anzahl) {
   int i;

   for(i = 0; i < n_anzahl; i++)
      printf("%d; ", feld[i]);
   printf("\n");
}

int main(void) {
   int val[MAX];
   int i;

   for(i = 0; i < MAX; i++)
      val[i] = i+1;
```

```
   function(val, MAX);
   return EXIT_SUCCESS;
}
```

Listing 12.5 »arrays_10.c« zeigt Ihnen, wie Sie ein Array an eine Funktion übergeben.

Es wäre auch folgender Funktionsaufruf möglich:

```
function(&feld[0], MAX);
```

Auch hiermit würde der Funktion die Anfangsadresse übergeben, also die Adresse des ersten Elements des Arrays.

So weit, so gut. Wenn Sie jetzt aber bereits ein wenig Erfahrung mit C haben bzw. wenn Ihnen das Thema Zeiger nicht ganz fremd ist, werden Sie sich wohl fragen, warum Arrays und Adressen als Funktionsparameter einfach so gegeneinander austauschbar sind. Dies hat den einfachen Grund, dass Arrays sofort in Zeiger umgewandelt werden und somit nie wirklich ein ganzes Array an eine Funktion übergeben wird (das würde auch viel zu lange dauern und eine Unmenge Speicher verbrauchen). Besonders Anfänger verwirrt dieser Umstand recht häufig, aber diese Umwandlung gilt wirklich *nur* für die formalen Parameter einer Funktion!

Sie haben oben erfahren, dass ein Array an eine Funktion als *Referenz* (also als Verweis auf eine Speicheradresse) übergeben wird. Wie aber ist vorzugehen, wenn ein Array unbedingt als Kopie übergeben werden muss, z. B. für die explizite Übertragung in einen Puffer? In diesem Fall müssen Sie das Array in eine Struktur verpacken und dann an die Funktion übergeben. In diesem Fall erzwingen Sie in gewisser Weise die langsame Variante. Näheres zu Strukturen erfahren Sie weiter unten und detaillierter in Kapitel 16. Für den Fall der Fälle folgt hier das Beispiel dazu:

```
/* arrays_11.c */
#include<stdio.h>
#include<stdlib.h>

typedef struct { int wert[3]; } array; // Diese Typdefinition
                                       // reserviert den Speicher
void output_array(array z) {
   int i;

   for(i = 0; i < sizeof(array) / sizeof(int); i++)
      printf("%d\t", z.wert[i]);
   printf("\n");
}

int main(void) {
   array new_array;
```

```
    new_array.wert[0] = 10;
    new_array.wert[1] = 20;
    new_array.wert[2] = 30;

    /* call-by-value */
    output_array(new_array);
    return EXIT_SUCCESS;
}
```

Listing 12.6 »arrays_11.c« erzwingt die Übergabe eines Arrays über den Stack per »typedef«.

12.6 Arrays aus Funktionen zurückgeben

Arrays können nicht als Rückgabetyp von Funktionen definiert werden. Dies hat den einfachen Grund, dass bei Arrays nur die Anfangsadresse des ersten Elements in der Variablentabelle gespeichert wird. Wenn wir Arrays trotzdem aus einer Funktion zurückgeben wollen, bedienen wir uns des bekannten Tricks, Arrays in eine Struktur zu verpacken. Listing 12.7 demonstriert, wie das geht:

```
/* arrays_12.c */
#include<stdio.h>
#include<stdlib.h>

typedef struct { int wert[3]; } array;

array init_array(void) {
    int i;
    array z;

    for(i = 0; i < sizeof(array) / sizeof(int); i++) {
        printf("Wert %d eingeben: ",i);
        scanf("%d",&z.wert[i]);
    }
    return z;
}

void output_array(array z) {
    int i;

    for(i = 0; i < sizeof(array) / sizeof(int); i++)
        printf("%d\t", z.wert[i]);
    printf("\n");
}
```

```
int main(void) {
   array new_array;

   /* Array als Rückgabewert in einer Struktur verschachtelt */
   new_array=init_array();
   /* Call-by-Value */
   output_array(new_array);
   return EXIT_SUCCESS;
}
```

Listing 12.7 »arrays_12.c« zeigt, wie Sie Arrays als Rückgabeparameter von Funktionen verwenden.

Die letzten beiden Listings dürften einen Programmierneuling ein wenig verwirrt haben, da zur Demonstration Strukturen verwendet wurden, die erst in Kapitel 16 behandelt werden. Aber keine Angst, es wird sich alles aufklären.

12.7 Programmbeispiel zu Arrays

Das folgende, etwas umfangreichere Beispiel zeigt, welche Möglichkeiten die Verwendung von Arrays bietet. Das Beispielprogramm wertet eine Statistik für zwei Fußballmannschaften aus, und zwar das Tore- und Punkteverhältnis der letzten fünf Spiele, die beide Mannschaften gegeneinander ausgetragen haben:

```
/* arrays_13.c */
#include<stdio.h>
#include<stdlib.h>

/* Bilanz aus 5 Spielen */
#define SPIELE 5
#define WIN    3
#define LOSE   0
#define REMIS  1

/* Alle Elemente mit 0 initialisieren */
int Bayern[SPIELE]   = { 0 };
int Borussia[SPIELE] = { 0 };

/* Funktion zum Zählen der Punkte */
void punkte(int bm[], int bd[], int count) {
   if(bm[count] > bd[count]) {
```

```
      bm[count] = WIN;  /* 3 Punkte für Bayern */
      bd[count] = LOSE;
   }
   else if(bm[count] < bd[count]) {
      bm[count] = LOSE;
      bd[count] = WIN;  /* 3 Punkte für Borussia */
   }
   else if(bm[count] == bd[count]) {
      bm[count] = REMIS; /* 1 Punkt für jeden - unentschieden */
      bd[count] = REMIS;
   }
}

int main(void) {
   unsigned int tor1, tor2;
   unsigned int tmptor1 = 0, tmptor2 = 0;
   unsigned int punkte_bay = 0, punkte_bor = 0;
   unsigned int count = 0;         /* Indexzaehler */

   /* Eingabe des Anwenders */
   printf("Eingabe der letzten %d Spiele\n", SPIELE);

   while(count != SPIELE) {
         printf("%d. Spiel : Bayern - Borussia\n", count+1);
         printf("Tor(e) Bayern   : ");
         scanf("%2u", &tor1);
         Bayern[count] = tor1;
         printf("Tor(e) Borussia : ");
         scanf("%2u", &tor2);
         Borussia[count] = tor2;

         tmptor1 += tor1;         /* Tore zaehlen Bayern */
         tmptor2 += tor2;         /* Tore zaehlen Borussia */
         /* Werte an Funktion punkte() uebergeben */
         punkte(Bayern, Borussia, count);

         /* Punkte zaehlen */
         punkte_bay += Bayern[count];
         punkte_bor += Borussia[count];
         /* Nächstes Spiel */
         count++;
   }
```

```
    /* Ausgabe der Statistik */
    printf("\n\nStatistik der letzten %d Spiele\n\n", SPIELE);

    printf("Bayern - Borussia\n");
    printf("Punkte : %2d : %2d\n", punkte_bay, punkte_bor);
    printf("Tore   : %2d : %2d\n", tmptor1, tmptor2);
    return EXIT_SUCCESS;
}
```

Listing 12.8 »arrays_13.c« erstellt eine Fußballstatistik und verwendet dafür Arrays.

Die Bildschirmausgabe des Programms könnte (abhängig von den Eingabewerten) z. B. so aussehen wie in Abbildung 12.5.

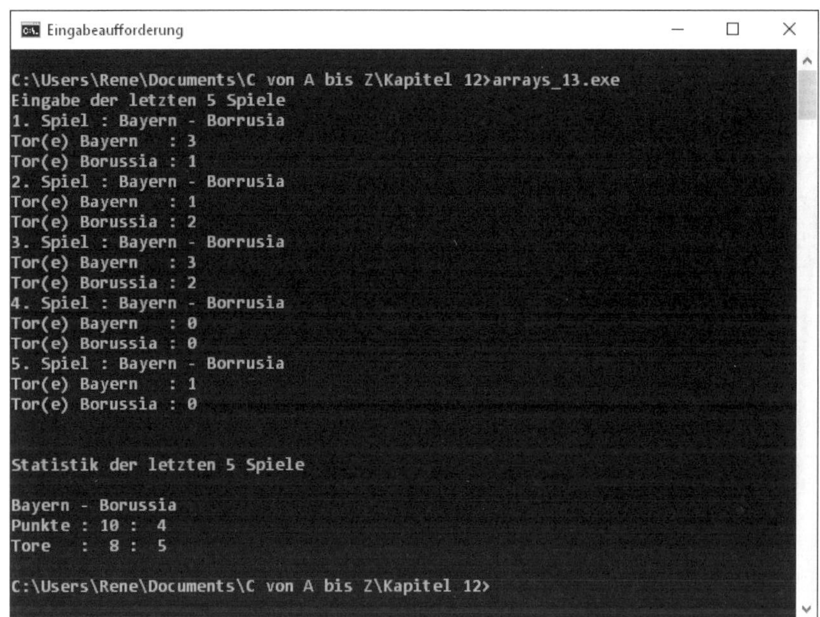

Abbildung 12.5 Ausgabe des Programmbeispiels

Das Programm soll nun Schritt für Schritt erläutert werden.

```
int Bayern[SPIELE]  = { 0 };
int Borussia[SPIELE]= { 0 };
```

Es wird jeweils ein Array mit dem Wert 0 initialisiert. Sehr wichtig im Programm ist folgende Variable:

```
unsigned int count = 0;
```

Mit ihr wird die Anzahl der gespielten Spiele gezählt.

In der while-Schleife der Hauptfunktion werden Sie aufgefordert, das Endergebnis jedes einzelnen Spiels einzugeben. Der Wert wird an die Arrays mit

```
Bayern[count] = tor1;
...
Borussia[count] = tor2;
```

übergeben. War das erste Ergebnis beispielsweise 2:1 für Bayern, dann bekommen die Elemente mit dem Index 0 folgende Werte:

```
Bayern[0] = 2;
...
Borussia[0] = 1;
```

Diese beiden Werte werden danach mit der Anzahl absolvierter Spiele an die Funktion void punkte(...) übergeben:

```
punkte(Bayern, Borussia, count);
```

Tatsächlich werden die Anfangsadressen der Arrays an die Funktion punkte() übergeben. Dort wird mit einer if else-Anweisungen überprüft, welcher der beiden Werte höher ist. Dabei ist das aktuelle Ergebnis von Interesse, das mit dem Index [count] angegeben ist. Im konkreten Beispiel (2:1) wäre folgende Bedingung wahr:

```
if(bm[count] > bd[count]) {
      bm[count] = WIN;   /* 3 Punkte für Bayern */
      bd[count] = LOSE;
   }
```

Somit werden den Elementen der Arrays folgende Werte zugewiesen:

```
bm[0] = 3    /* Punkte für Bayern */
bd[0] = 0    /* Punkte für Borussia */
```

Wenn Borussia siegen sollte, überprüft die Funktion punkte() die nächste Bedingung. Die letzte else-if-Anweisung steht für ein Unentschieden beider Mannschaften, und jeder bekommt einen Punkt. Danach fährt das Programm mit der while-Schleife der Hauptfunktion fort. Dort wird mit

```
count++;
```

der Indexzähler um 1 erhöht, und es kommt die nächste Abfrage der Werte für:

```
Bayern[1]=... und Borussia[1]=...
```

Es werden so lange Werte eingegeben, bis

```
while(count != SPIELE)
```

abbricht, weil die überprüfte Bedingung falsch ist. Das ist der Fall, sobald `count == SPIELE` wird, also 5 Spiele gespielt wurden. Anschließend wird die Gesamtpunktzahl von jedem Team auf dem Bildschirm ausgegeben. Zur Vergabe von Punkten wurden hier symbolische Konstanten verwendet, falls sich im Reglement einmal etwas in der Punktevergabe ändert. Aber genau dies ist ja der Vorteil von Defines: Wenn sich grundlegend etwas ändert, dann muss man eine Änderung nur einmal vornehmen, und diese ist dann auch im weiteren Verlauf gültig.

12.8 Array-Werte über die Tastatur einlesen

Einlesen können Sie die vom Benutzer eingegebenen Werte für ein Array beispielsweise mit `scanf()`, z. B. folgendermaßen:


```
/* arrays_14.c */
#include<stdio.h>
#include<stdlib.h>
#define MAX 5

int main(void) {
   int i;
   int array[MAX];

   for(i = 0; i < MAX; i++) {
      printf("%d. Zahl > ", i+1);
      scanf("%d", &array[i]);
   }
   printf("Sie haben eingegeben: ");
   for(i = 0; i < MAX; i++)
      printf("%d ", array[i]);
   printf("\n");
   return EXIT_SUCCESS;
}
```

Listing 12.9 »array_14.c« zeigt, wie Sie Array-Elemente über die Tastatur einlesen.

Sie müssen lediglich mithilfe des Indizierungsoperators das Indexfeld verwenden, das Sie mit einem Wert versehen wollen. Wie bei der Ausgabe auch, können Sie ein Array nicht »am Stück« einlesen und müssen eine Schleife verwenden, die den Wert für jedes Element einzeln zuweist.

12.9 Mehrdimensionale Arrays

Eindimensionale Arrays, wie sie bisher besprochen wurden, können Sie sich als einen Strang von hintereinander aufgereihten Zahlen vorstellen. Man spricht dann von *Folgen*. Im Endeffekt sind auch Strings eindimensionale *arrays of characters*, bei denen das letzte Element ein NULL-Zeichen ist. Es ist aber auch möglich, Arrays mit mehr als nur einer Dimension zu verwenden und z. B. eine Tabelle anzulegen. In der Mathematik nennt man dies eine *Matrix*. (Dies ist die englische Entsprechung von »Matrize« und hat nichts mit dem gleichnamigen dreiteiligen Kinofilm zu tun.) Eine solche Matrix soll im nächsten Beispiel angelegt werden:

```
int Matrix[4][5];      /* Zweidimensional - 4 Zeilen x 5 Spalten */
```

Ein zweidimensionales Array mit dem Namen `Matrix` wurde definiert. In C werden (wie auch in der Mathematik) immer erst die Zeilen und dann die Spalten angegeben, auch beim späteren Zugriff auf die einzelnen Elemente. Sie können sich das in diesem Beispiel angelegte Feld wie bei einer Tabellenkalkulation vorstellen (siehe Abbildung 12.6).

[0][0]	[0][1]	[0][2]	[0][3]	[0][4]
[1][0]	[1][1]	[1][2]	[1][3]	[1][4]
[2][0]	[2][1]	[2][2]	[2][3]	[2][4]
[3][0]	[3][1]	[3][2]	[3][3]	[3][4]

Abbildung 12.6 Ein zweidimensionales Array (4 Zeilen × 5 Spalten)

12.9.1 Mehrdimensionale Arrays initialisieren

Werte bei mehrdimensionalen Arrays werden ähnlich übergeben wie bei einem eindimensionalen Array. Hier sehen Sie zum Beispiel eine Deklaration mit sofortiger Initialisierung von Werten:

```
/* 4 Zeilen 5 Spalten */
int Matrix[4][5] = { {10,20,30,40,50},
                     {15,25,35,45,55},
                     {20,30,40,50,60},
                     {25,35,45,55,65}};
```

Dadurch ergibt sich die Belegung des Feldes, die Sie in Abbildung 12.7 sehen.

Wie bei den normalen Arrays lassen sich die einzelnen Elemente mithilfe des Feldindex initialisieren. Wollen Sie beispielsweise das Element mit dem Wert `60` in `100` ändern, dann geht das wie folgt:

```
Matrix[2][4] = 100;
```

Hier wurde zum Beispiel der Inhalt von `Matrix[2][4]` verändert. Wollen Sie das Element mit dem Wert `65` in `66` umändern, dann wird folgender Feldindex verwendet:


```
Matrix[3][4] = 66;
```

Eine weitere Möglichkeit zur Initialisierung von mehrdimensionalen Arrays ist folgende:

```
int Matrix[4][4] = { {0},
                     {1},
                     {0,1},
                     {0,0,1} };
```

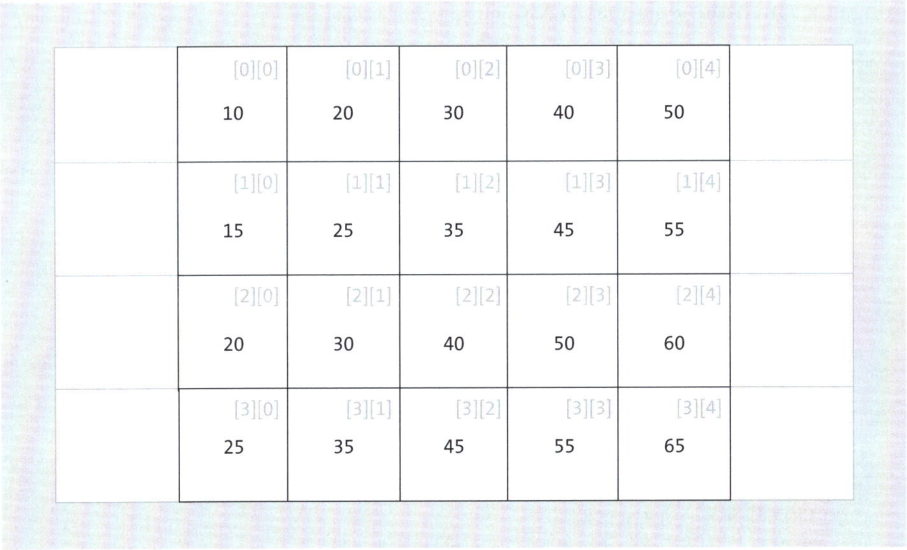

[0][0] 10	[0][1] 20	[0][2] 30	[0][3] 40	[0][4] 50
[1][0] 15	[1][1] 25	[1][2] 35	[1][3] 45	[1][4] 55
[2][0] 20	[2][1] 30	[2][2] 40	[2][3] 50	[2][4] 60
[3][0] 25	[3][1] 35	[3][2] 45	[3][3] 55	[3][4] 65

Abbildung 12.7 Ein zweidimensionales Array, mit Werten initialisiert

Hiermit besitzen alle Feldelemente, die nicht ausdrücklich initialisiert wurden, automatisch den Wert 0. Die Belegung des Feldes sieht also so aus wie in Abbildung 12.8.

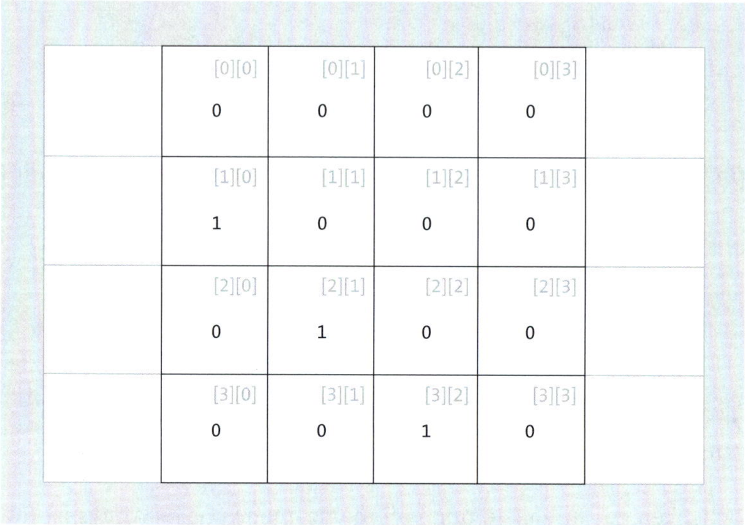

[0][0] 0	[0][1] 0	[0][2] 0	[0][3] 0
[1][0] 1	[1][1] 0	[1][2] 0	[1][3] 0
[2][0] 0	[2][1] 1	[2][2] 0	[2][3] 0
[3][0] 0	[3][1] 0	[3][2] 1	[3][3] 0

Abbildung 12.8 Ein zweidimensionales Array (4 × 4)

In der Praxis werden mehrdimensionale Arrays bei verschiedensten Arten von Berechnungen benötigt oder auch bei 3D-Darstellungen von Grafiken. Meist nimmt solche 3D-Berechnungen aber die Grafikkarte vor, und es gibt dafür auch spezielle Bibliotheken, wie z. B. DirectX. Das folgende Programm demonstriert die Anwendung eines mehrdimensionalen Arrays:

```
/* md_array_1.c */
#include<stdio.h>
#include<stdlib.h>

#define VOL1 3   /* Anzahl Felder erste Dimension - Zeilen   */
#define VOL2 4   /* Anzahl Felder zweite Dimension - Spalten */

int main(void) {
   int i,j;
   int myarray[VOL1][VOL2];       /* [3][4] */

   /* Eingabe der Array-Elemente */
   for(i=0; i < VOL1; i++) {
      for(j=0; j < VOL2; j++) {
         printf("Wert für myarray[%d][%d]:", i, j);
         scanf("%d", &myarray[i][j]);
      }
```

```
   }
   printf("\nAusgabe von myarray[%d][%d]...\n\n", VOL1, VOL2);
   for(i=0; i < VOL1; i++) {
      for(j=0; j < VOL2; j++) {
         printf("\t%4d ",myarray[i][j]);
      }
      printf("\n\n");
   }
   return EXIT_SUCCESS;
}
```

Listing 12.10 »md_array_1.c« zeigt, wie Sie mehrdimensionale Arrays einlesen und wieder ausgeben können, und verwendet hierfür verschachtelte »for«-Schleifen.

Das Programm tut nichts anderes, als den Anwender nach Ganzzahlen zu fragen, um diese Werte in einem zweidimensionalen Array zu speichern und wieder auszugeben. Um dies zu realisieren, wird eine äußere und eine innere `for`-Schleife verwendet. Die äußere `for`-Schleife dient dabei zur Inkrementierung der Variablen im linken Indizierungsoperator (oder, aus der Sicht einer Tabellenkalkulation, in der Zeile). Die innere `for`-Schleife inkrementiert den Wert im rechten Indizierungsoperator (und somit in der Spalte).

Im nächsten Beispielprogramm soll ein kleines Zeitkonto für einen Arbeitgeber verwaltet werden. Damit sollen einige Arbeitszeitberechnungen durchgeführt werden.

```
/* md_array_2.c */
#include<stdio.h>
#include<stdlib.h>

#define ARBEITER 3
#define TAGE     5

int zeitkonto[ARBEITER][TAGE];

/* Fehlerausgabe */
void error(int n) {
   printf("%d (?) Falsche Eingabe!!\n",n);
}

/* -1- Ausgabe der Wochenarbeitszeit je Arbeiter */
void ArbeiterWochenStunden(void) {
   int i,j,tmp;

   for(i = 0; i < ARBEITER; i++) {
```

```
      tmp = 0;
      printf("Wochenarbeitszeit von Arbeiter Nr. %d\n", i+1);
      printf("-------------------------------------\n");
      for(j = 0; j < TAGE; j++) {
         printf("|%d Std.", zeitkonto[i][j]);
         tmp += zeitkonto[i][j];
      }
      printf("| = Ges. %d Std.\n\n",tmp);
   }
}

/* -2- Durchschnittszeiten pro Tag in der Woche je Arbeiter */
void ArbeiterTagesDurchschnitt(void) {
   int i,j,tmp;

   for(i = 0; i < ARBEITER; i++) {
      tmp = 0;
      printf("Durchschn. pro Tag/Woche Arbeiter: %d\n",i+1);
      printf("-------------------------------------------\n");
      for(j = 0; j < TAGE; j++) {
         tmp += zeitkonto[i][j];
      }
      printf("Durchschn. v. Arbeiter %d p. Tag: %.1f "
             "Std/Tag\n\n" , i+1, (float)tmp / TAGE);
   }
}

/* -3- Durchschnittszeit aller Arbeiter pro Tag */
void TeamTagesDurchschnitt(void) {
   int i,j,tmp;

   for(i=0; i < TAGE; i++) {
      tmp=0;
      printf("Durchschn. Arbeitszeit aller Mitarbeiter pro "
             "Tag %d = ", i+1);
      for(j=0; j < ARBEITER; j++) {
         tmp += zeitkonto[j][i];
      }
      printf("%.1f Std.\n\n",(float)tmp/ARBEITER);
   }
}

/* -4- Gesamtstunden aller Arbeiter in der Woche */
```

```
void TeamWochenStunden(void) {
   int i, j, tmp = 0;

   printf("Gesamtstunden aller Arbeiter in der Woche\n");
   printf("-----------------------------------------\n");
   for(i=0; i < ARBEITER; i++) {
      for(j=0; j < TAGE; j++) {
         tmp+=zeitkonto[i][j];
      }
   }
   printf("Gesamtstunden aller Arbeiter in der Woche: "
          " %d Std.\n" , tmp);
}

/* Stundenübersicht eines einzelnen Arbeiters */
void ArbeiterStundenUebersicht(void) {
   int arb,tag;

   printf("Welcher Arbeiter: ");
   scanf("%d", &arb);
   printf("Welcher Tag: ");
   scanf("%d", &tag);
   if(arb > ARBEITER) {
      printf("Die Firma hat nur %d Arbeiter\n", ARBEITER);
      return;
   }
   else if(tag > TAGE) {
      printf("Es werden nur %d Tage gespeichert\n", TAGE);
      return;
   }
   printf("Arbeiter Nr.%d hat am Tag %d : ", arb, tag);
   printf("%d Stunden gearbeitet!\n\n", zeitkonto[arb-1][tag-1]);
}

int main(void) {
   int abfrage, i, j;

   for(i=0; i < TAGE; i++) {
      printf("\n\tTag %d in der Woche\n",i+1);
      printf("\t-------------------\n\n");
      for(j=0; j < ARBEITER; j++) {
         printf("Arbeiter Nr.%d in Std.: ",j+1);
         scanf("%d",&zeitkonto[j][i]);
```

12

```
            if(zeitkonto[j][i] > 24)
               printf("Ein Tag hat nur 24 Stunden?\n");
         }
      }
      do {
         printf("\n\n");
         printf("\t-1- Stundenwoche\n");
         printf("\t-2- Durchschnitt/Tag\n");
         printf("\t-3- Durchschnitt aller Arbeiter/Tag\n");
         printf("\t-4- Stunden aller Arbeiter/Woche\n");
         printf("\t-5- Einzelauswahl eines Arbeiters\n");
         printf("\t-6- ENDE\n");
         printf("\n\tIhre Wahl : ");
         scanf("%1d",&abfrage);
         printf("\n");

         switch(abfrage) {
            case 1  : ArbeiterWochenStunden();
                      break;
            case 2  : ArbeiterTagesDurchschnitt();
                      break;
            case 3  : TeamTagesDurchschnitt();
                      break;
            case 4  : TeamWochenStunden();
                      break;
            case 5  : ArbeiterStundenUebersicht();
                      break;
            case 6  : break;
            default : error(abfrage);
         }
      } while(abfrage != 6);
      return EXIT_SUCCESS;
   }
```

Listing 12.11 »md_array_2.c« erstellt ein Zeitkonto für einen Arbeitgeber und verwendet dabei alles, was Sie bis jetzt über Arrays wissen.

Die Bildschirmausgabe des Programms könnte zum Beispiel so aussehen wie in Abbildung 12.9.

Es fällt auf, dass die Funktionen immer in etwa gleich aufgebaut sind. Auf eine entsprechende korrekte Feldindexierung muss natürlich geachtet werden. In der Funktion `ArbeiterStundenUebersicht()` wird demonstriert, wie gezielt auf ein Element eines Arrays zugegriffen werden kann. Das Programm ist natürlich noch verbesserungswürdig. Warnungen, dass ein Arbeiter zu viel oder zu wenig arbeitet, die Information, ob ein Arbeiter krank war, oder die Anweisung, dass Stunden als Gleitpunktzahlen angegeben werden sollen, sind nur einige Vorschläge dazu.

```
Eingabeaufforderung - md_array_2.exe

Wochenarbeitszeit von Arbeiter Nr. 1
-------------------------------------
|15 Std.|16 Std.|13 Std.|18 Std.|17 Std.| = Ges. 79 Std.

Wochenarbeitszeit von Arbeiter Nr. 2
-------------------------------------
|16 Std.|15 Std.|16 Std.|17 Std.|18 Std.| = Ges. 82 Std.

Wochenarbeitszeit von Arbeiter Nr. 3
-------------------------------------
|14 Std.|14 Std.|17 Std.|16 Std.|16 Std.| = Ges. 77 Std.



        -1- Stundenwoche
        -2- Durchschnitt/Tag
        -3- Durchschnitt aller Arbeiter/Tag
        -4- Stunden aller Arbeiter/Woche
        -5- Einzelauswahl eines Arbeiters
        -6- ENDE

        Ihre Wahl :
```

Abbildung 12.9 Die Stundenverwaltung des Personals in Aktion

Tatsächlich sind Arrays zwar sehr komfortabel in der Anwendung, sie sind jedoch sehr unflexibel, was die Anzahl der Elemente angeht. Die Anzahl der Elemente muss zum Zeitpunkt der Implementierung schon festgelegt werden, da sich ein Feld nicht ohne Mehraufwand dynamisch zur Laufzeit des Programms vergrößern oder verkleinern lässt. Mehraufwand heißt hier, dass die durchaus in ANSI-C vorhandenen Funktionen für die dynamische Vergrößerung eines Arrays zur Laufzeit sehr langsam sind.

Das bedeutet, dass die Menge der im Array zu speichernden Daten möglichst schon vor Ablauf des Programms bekannt sein oder zumindest überdimensioniert werden muss.

Wenn das Array im vorgestellten Beispiel für 1000 Mitarbeiter dimensioniert würde, wäre das Programm nicht mehr benutzbar, sobald mehr als 1000 Mitarbeiter verwaltet werden sollen.

Eine Lösungsmöglichkeit besteht darin, das Array sehr groß zu dimensionieren, um von vornherein sehr große Grenzen vorzugeben, etwa `MitarbeiterArray[100000]`.

Dieser Ansatz kostet aber sehr viel (möglicherweise ungenutzten) Arbeitsspeicher, der das Programm unter Umständen stark verlangsamt.

Da aus Performance-Gründen generell stets möglichst wenig Arbeitsspeicher von Programmen belegt werden sollte, gelten Arrays bei großen Datenmengen oder bei stark wechselnder Anzahl von Datensätzen als nicht so effizient wie etwa verkettete Listen. In Kapitel 22, »Dynamische Datenstrukturen«, gehe ich auf die Datenverwaltung mit verketteten Listen näher ein.

Tic Tac Toe

Ein weiteres interessantes Beispiel zur Demonstration von zweidimensionalen Arrays ist das wohl allseits bekannte Spiel *Tic Tac Toe*. Sie benötigen dabei lediglich ein Kästchen von 3 × 3 Feldern. Dies lässt sich sehr gut mit einem zweidimensionalen Array darstellen: Sie verwenden eine Dimension für die Reihe und eine weitere für die Spalte.

```
char TicTacToe[3][3] = { {' ',' ',' '},
                         {' ',' ',' '},
                         {' ',' ',' '} };
```

Tic Tac Toe kennt wohl jeder: Ein Spieler hat das Zeichen X und ein anderer das Zeichen O. Nach einem Zug ist der andere Spieler an der Reihe. Gewonnen hat der Spieler, der zuerst drei gleiche Zeichen (X oder O) in der Waagerechten, in der Senkrechten oder in der Diagonalen hat. Es gibt insgesamt acht Stellungsmöglichkeiten, um das Spiel zu gewinnen. Diese gilt es zu überprüfen. Es gibt außerdem eine neunte Möglichkeit, nämlich die, dass alle Felder besetzt sind, aber keiner der beiden Spieler gewonnen hat. Hier ist der vollständige Quellcode dazu für Windows und Linux:

```
/* tictactoe.c */
#include<stdio.h>
#include<stdlib.h>
#ifdef __unix__
   #define clrscr() printf("\x1B[2J")
#elif __BORLANDC__ && __MSDOS__
   #include <conio.h>
#elif __WIN32__ || _MSC_VER
   #define clrscr() system("cls")
#else
   #define clrscr() printf("clrscr() - Fehler!!\n")
#endif

#define X 'X'
#define O 'O'
#define LEER ' '
#define GAME_OVER 0
#define A_WINNER 1
#define CONTINUE 2
```

```
/* Inhalt des 3 x 3 großen Felds */
char TicTacToe[3][3] = { {' ',' ',' '},
                         {' ',' ',' '},
                         {' ',' ',' '} };
/* Spieler1 hat das Zeichen 'X'. */
char Spieler1 = X;
/* Spieler2 hat das Zeichen 'O'. */
char Spieler2 = O;
/* Anzahl der Felder, die besetzt werden können */
unsigned int felder = 9;

/* Funktionsprototypen */
void print_spielfeld(void);
char neuer_zug(char);
int if_win(void);

/* Gibt den aktuellen Zustand des Spielfelds aus. */
void print_spielfeld(void) {
   int i;

   clrscr();
   printf("       1   2   3  \n     +---+---+---+\n");
   for(i = 0; i < 3; i++) {
      printf("  %d  | ",i+1);
      printf("%c",TicTacToe[i][0]);
      printf(" | ");
      printf("%c",TicTacToe[i][1]);
      printf(" | ");
      printf("%c",TicTacToe[i][2]);
      printf(" | \n");
      if(i != 2) {
         printf("     +---+---+---+\n");
      }
      else {
         printf("     +---+---+---+\n");
      }
   }
}
/* Führt einen neuen Zug aus.
 * char ch: Zeichen des Spielers, der an der Reihe ist, 'X'
 * oder 'O'
 * Rückgabewert: Zeichen des Spielers, der eben an der Reihe war.
 * Falls ein Feld besetzt ist, wird der Rückgabewert vertauscht,
 * damit der aktuelle Spieler nochmals seinen Zug machen kann.
```

```
 * Hat ein Spieler gewonnen, gibt die Funktion die
 * symbolische Konstante GAME_OVER zurück.
 */
char neuer_zug(char ch) {
   unsigned int row, colum;

   printf("\nSpieler \"%c\" ist an der Reihe\n\n",ch);
   printf("Zeile  (1-3): ");
   scanf("%u",&row);
   printf("Spalte (1-3): ");
   scanf("%u",&colum);

   if(TicTacToe[row-1][colum-1] == LEER) {
      /* Zeichen in das mehrdimensionale Array */
      TicTacToe[row-1][colum-1] = ch;
      print_spielfeld();
      /* Haben wir schon einen Gewinner? */
      if(if_win() == A_WINNER)
         return GAME_OVER;
   }
   else { /* Ein bereits besetztes Feld */
      print_spielfeld();
      printf("\n!!! Feld ist bereits besetzt !!!\n");
      return (ch == X) ?O :X;
   }
   /* Sind bereits alle Felder besetzt? */
   if(--felder > 0)
      return ch;
   else {
      printf("\nAlle Felder sind besetzt - Unentschieden\n");
      return GAME_OVER;
   }
}

/* Auswertung aller Möglichkeiten, einen Gewinner zu ermitteln.
 * Rückgabewert: symb. Konstante A_WINNER, falls ein Gewinner
 * ermittelt wurde, oder die symbolische Konstante CONTINUE zum
 * Weiterspielen
 */
int if_win(void) {
  /* Zuerst Spieler1 'X' */
  if(TicTacToe[0][0] == Spieler1 &&
     TicTacToe[0][1] == Spieler1 &&
     TicTacToe[0][2] == Spieler1 ||
```

```
      TicTacToe[1][0] == Spieler1 &&
      TicTacToe[1][1] == Spieler1 &&
      TicTacToe[1][2] == Spieler1 ||
      TicTacToe[2][0] == Spieler1 &&
      TicTacToe[2][1] == Spieler1 &&
      TicTacToe[2][2] == Spieler1 ||
      TicTacToe[0][0] == Spieler1 &&
      TicTacToe[1][0] == Spieler1 &&
      TicTacToe[2][0] == Spieler1 ||
      TicTacToe[0][1] == Spieler1 &&
      TicTacToe[1][1] == Spieler1 &&
      TicTacToe[2][1] == Spieler1 ||
      TicTacToe[0][2] == Spieler1 &&
      TicTacToe[1][2] == Spieler1 &&
      TicTacToe[2][2] == Spieler1 ||
      TicTacToe[0][0] == Spieler1 &&
      TicTacToe[1][1] == Spieler1 &&
      TicTacToe[2][2] == Spieler1 ||
      TicTacToe[0][2] == Spieler1 &&
      TicTacToe[1][1] == Spieler1 &&
      TicTacToe[2][0] == Spieler1) {
         printf("Spieler1 hat gewonnen\n");
         return A_WINNER;
   }

   /* Jetzt Spieler2 'O' */
   else if( TicTacToe[0][0] == Spieler2 &&
            TicTacToe[0][1] == Spieler2 &&
            TicTacToe[0][2] == Spieler2 ||
            TicTacToe[1][0] == Spieler2 &&
            TicTacToe[1][1] == Spieler2 &&
            TicTacToe[1][2] == Spieler2 ||
            TicTacToe[2][0] == Spieler2 &&
            TicTacToe[2][1] == Spieler2 &&
            TicTacToe[2][2] == Spieler2 ||
            TicTacToe[0][0] == Spieler2 &&
            TicTacToe[1][0] == Spieler2 &&
            TicTacToe[2][0] == Spieler2 ||
            TicTacToe[0][1] == Spieler2 &&
            TicTacToe[1][1] == Spieler2 &&
            TicTacToe[2][1] == Spieler2 ||
            TicTacToe[0][2] == Spieler2 &&
            TicTacToe[1][2] == Spieler2 &&
            TicTacToe[2][2] == Spieler2 ||
```

```
            TicTacToe[0][0] == Spieler2 &&
            TicTacToe[1][1] == Spieler2 &&
            TicTacToe[2][2] == Spieler2 ||
            TicTacToe[0][2] == Spieler2 &&
            TicTacToe[1][1] == Spieler2 &&
            TicTacToe[2][0] == Spieler2)  {
               printf("Spieler2 hat gewonnen\n");
               return A_WINNER;
   }
   return CONTINUE;
}

int main(void) {
   char check = X;

   /* Leeres Spielfeld ausgeben */
   print_spielfeld();

   do { /* War Spieler mit dem Zeichen 'X' gerade dran, ... */
      /* ... dann ist jetzt Spieler mit dem Zeichen 'O' dran ...*/
      if(check==X) {
            check=neuer_zug(O);
      }
      else { /* ... ansonsten der Spieler mit dem Zeichen 'X'. */
        check=neuer_zug(X);
      }
   } while( check != GAME_OVER );
   return EXIT_SUCCESS;
}
```

Listing 12.12 Mit »tictactoe.c« können zwei Spieler Tic Tac Toe spielen. In Spielen werden sehr oft mehrdimensionale Arrays verwendet.

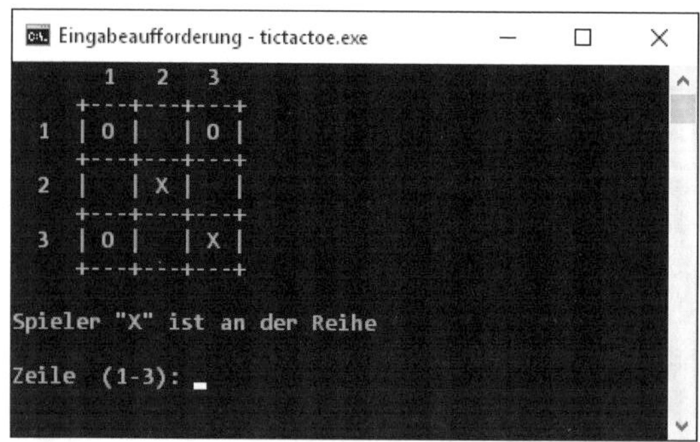

Abbildung 12.10 Das Spiel »Tic Tac Toe« für die Konsole

Wenn Sie jetzt noch Lust und viel Zeit haben, können Sie sich ja hinsetzen und eine Funktion programmieren, um gegen den Computer antreten zu können, also eine eigene »KI« programmieren. Dabei können Sie so ähnlich vorgehen wie bei der Funktion `if_win()`.

Anmerkung zum Begriff »Künstliche Intelligenz«

Das Kürzel *KI* steht für *künstliche Intelligenz*. Gemeint ist damit die Möglichkeit einer Maschine, Funktionen des Gehirns, wie bestimmte Denkmuster oder Bewegungsabläufe, mithilfe von Programmen zu simulieren. KI ist natürlich viel mehr, als dem Computer mithilfe von C *Tic Tac Toe* beizubringen, sondern bezieht sich mittlerweile vor allem auf neuronale Netze.

Dreidimensionale Arrays

Zur Veranschaulichung folgt hier ein Beispiel dafür, wie ein dreidimensionales Array direkt mit Werten initialisiert werden kann:

```
int dreid[2][3][4]={{{6,7,4,3},{6,4,6,9},{3,4,6,7}},
                    {{7,8,6,4},{5,99,3,5},{4,6,7,8}}};
```

Es ist eine geschweifte Klammer hinzugekommen:

```
int dreid[][][]= {1.Feldindex{2.Feldindex{3.Feldindex}}};
```

Wenn zum Beispiel auf die erste Zahl zugegriffen werden soll, geschieht das folgendermaßen:

```
dreid[0][0][0]    /* erste Zahl 6 */
```

Auf die Zahl 99 greifen Sie so zu:

```
dreid[1][1][1]    /* die Zahl 99 */
```

Ein Beispiel können wir uns hier sparen, da Sie in der Regel selten mit einem solchen Array zu tun haben. Außerdem lässt sich ein mehrdimensionales Array nur recht schwer vorstellen. Ein dreidimensionales Array können Sie sich noch als Würfel vorstellen, aber wie sehen vier oder fünf Dimensionen aus? Ferner ist nicht genormt, wie Sie die einzelnen Dimensionen bezeichnen.

12.9.2 Übergabe von zwei- bzw. mehrdimensionalen Arrays an Funktionen

Unschön an den vorangegangenen Beispielen mit den zweidimensionalen Arrays war, dass der Speicher immer global definiert wurde. Allerdings ist es auch immer ein wenig verwirrend, wenn man ein zweidimensionales Array an eine Funktion übergeben will – da ein zweidimensionales Array in einen Zeiger auf Arrays zerfällt – und nicht, wie man vielleicht vermuten würde, in einen Zeiger auf einem Zeiger!

Wollen Sie also ein zweidimensionales Array wie folgt an eine Funktion übergeben

```
int val[ZEILE][SPALTE];
function(val);
```

dann sollte die Funktion so aussehen:

```
/*  1. Möglichkeit :
 *     automatische Umsetzung, wird vom Compiler vorgenommen
 */
void function( int feld[][SPALTE] ) {
   ...
}

// ODER :

/*  2. Möglichkeit:
 *     explizite Umsetzung
 */
void function( int (*ptr)[SPALTE] ) {
   /* ptr ist ein Zeiger auf das Array der Länge SPALTE */
   ...
}
```

Da eine aufgerufene Funktion keinen Speicher für ein Array bereitstellt, muss die gesamte Größe des Arrays (erste Dimension) nicht angegeben werden – weshalb hier die (zweite Dimension) Zeile weggefallen ist. Allerdings müssen die weiteren Dimensionen (zweite, dritte etc.), wie im Beispiel mit SPALTE, immer mit angegeben werden.

Ich zeige noch ein einfaches Beispiel, das demonstriert, wie Sie ein zweidimensionales Array an eine Funktion übergeben können:

```
/* md_arrays_3.c */
#include<stdio.h>
#include<stdlib.h>
#define DIM1 5
#define DIM2 5

void function(int feld[][DIM2], int dim1) {
   int i, j;
```

```
   for(i = 0; i < dim1; i++) {
      for(j = 0; j < DIM2; j++) {
         printf("%d; ", feld[i][j]);
      }
      printf("\n");
   }
   printf("\n");
}

int main(void) {
   int val[DIM1][DIM2];
   int i, j;

   for(i = 0; i < DIM1; i++)
      for(j = 0; j < DIM2; j++)
         val[i][j] = i+j;

   function(val, DIM1);
   return EXIT_SUCCESS;
}
```

Listing 12.13 »md_arrays_3.c« demonstriert die Übergabe eines mehrdimensionalen Arrays an eine Funktion.

12

12.10 Arrays in eine Tabellenkalkulation einlesen (CSV-Dateien)

Kommaseparierte Werte (CSV, engl. *Comma-Separated Values*) lassen sich sehr gut mithilfe von Arrays erstellen. Ich möchte Ihnen ein kurzes Beispiel dafür zeigen, wie mehrdimensionale Arrays in eine Tabellenkalkulation wie Excel (Microsoft Office) oder Calc (Apache Open Office) übernommen werden können. Betrachten wir zuerst ein kleines Programm, das einen beliebigen Aktienstand der letzten vier Wochen bereitstellt:

```
/* md_arrays_4.c */
#include<stdio.h>
#include<stdlib.h>
#define WOCHEN  4
#define TAGE    7

float stand[WOCHEN][TAGE] = {
   { 12.3f,13.8f,14.1f,12.2f,15.4f,16.5f,14.3f },
```

```
    { 15.4f,13.6f,13.6f,14.6f,15.6f,16.3f,19.5f },
    { 20.5f,20.4f,21.5f,23.4f,21.4f,23.5f,25.7f },
    { 25.5f,26.6f,24.3f,26.5f,26.9f,23.6f,25.4f }
};

int main(void) {
    int i, j;

    printf("Tag;Montag;Dienstag;Mittwoch;Donnerstag; "
           "Freitag;Samstag;Sonntag");
    for(i=0; i < WOCHEN; i++) {
        printf("\nWoche%d;",i);
        for(j=0;j < TAGE; j++) {
            printf("%.2f;",stand[i][j]); // %.2f gibt zwei Nachkommastellen aus
        }
    }
    return EXIT_SUCCESS;
}
```

Listing 12.14 Mithilfe von »md_arrays_4.c« können Sie den Inhalt eines C-Arrays an eine Tabellenkalkulation weiterreichen.

Die Kommata zwischen den einzelnen Elementen des Feldes `stand` sind wichtig für CSV-Dateien. Kompilieren Sie das Programm, und starten Sie es in der Kommandozeile mit:

```
programmname > november.csv
```

Damit wird die Ausgabe des Programms *programmname* in eine Datei namens *november.csv* umgeleitet, die auch gleich neu erstellt wird. Diese Datei hat folgenden Inhalt:

```
Tag;Montag;Dienstag;Mittwoch;Donnerstag;Freitag;Samstag;Sonntag
Woche0;12.30;13.80;14.10;12.20;15.40;16.50;14.30;
Woche1;15.40;13.60;13.60;14.60;15.60;16.30;19.50;
Woche2;20.50;20.40;21.50;23.40;21.40;23.50;25.70;
Woche3;25.50;26.60;24.30;26.50;26.90;23.60;25.40;
```

Starten Sie ein Tabellenkalkulationsprogramm wie Excel oder Calc, und öffnen Sie die CSV-Datei damit. Die eingelesenen Werte sehen in Excel beispielsweise so aus wie in Abbildung 12.11.

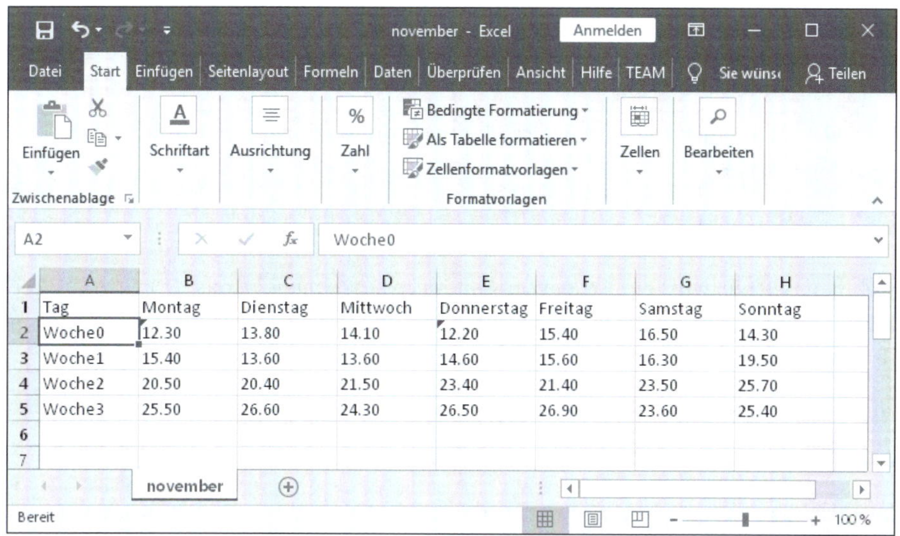

	A	B	C	D	E	F	G	H
1	Tag	Montag	Dienstag	Mittwoch	Donnerstag	Freitag	Samstag	Sonntag
2	Woche0	12.30	13.80	14.10	12.20	15.40	16.50	14.30
3	Woche1	15.40	13.60	13.60	14.60	15.60	16.30	19.50
4	Woche2	20.50	20.40	21.50	23.40	21.40	23.50	25.70
5	Woche3	25.50	26.60	24.30	26.50	26.90	23.60	25.40
6								
7								

Abbildung 12.11 Eine CSV-Datei, mit Excel geöffnet

Dieses Thema wird nochmals ausführlicher in Kapitel 17, »Ein-/Ausgabe-Funktionen«, behandelt.

12.11 Strings/Zeichenketten (»char«-Array)

Arrays vom Datentyp `char` werden, wie vorher schon angedeutet wurde, oft *Strings* genannt. Dies ist auch bei anderen Programmiersprachen, z. B. Java, der Fall. Ein String ist in C eine Kette von einzelnen `char`-Zeichen mit einer abschließenden 0 (dies ist in der Tat ein Byte mit dem Wert 0 und nicht das Zeichen `'0'`). `char`-Arrays sind typischerweise eindimensional und können deshalb durchaus als Zahlenfolgen betrachtet werden (was zahlreiche Kryptografieverfahren auch tun).

Viele Programmierer, die sich zum ersten Mal mit C beschäftigen, sind verwundert, dass es keinen eigenen Datentyp für einen String gibt. Vor allem, wenn Sie vorher BASIC programmiert haben, werden Sie dies als starke Einschränkung sehen. Diese scheinbare Unflexibilität kann aber, wenn sie effektiv eingesetzt wird, sehr ressourcensparend und schnell sein.

Mit einem `char`-Array können also Zeichenfolgen dargestellt und verarbeitet werden. Damit können Sie Benutzerschnittstellen und Textdateien verarbeiten und erstellen.

Eine Form der Stringkonstante wurde schon öfter in diesem Buch verwendet:

```
printf("Ich bin eine Stringkonstante");
```

Generell lässt sich Folgendes sagen: Alles, was sich zwischen zwei Anführungszeichen befindet, gilt als *Stringkonstante*, also als Array mit einer nach der Deklaration nicht mehr änderbaren Länge.

Die Deklaration eines char-Arrays ist identisch mit der bisher bekannten Form der Array-Deklaration:

```
char string_array[100];
```

Im obigen Beispiel wird ein Array vom Datentyp char angelegt, das 100 einzelne Zeichen speichern kann. Dabei muss die Größe des Array-Feldes nicht ausdrücklich mit angegeben werden:

```
const char hallo[] = { 'H', 'a', 'l', 'l', 'o', ' ',
                       'W', 'e', 'l', 't', '\n', '\0' };
```

Diese Schreibweise ist absolut korrekt, aber sehr umständlich. Daher können Sie ein char-Array auch anders, nämlich als einen String (dt. *Zeichenkette*), deklarieren:

```
const char hallo[] = "Hallo Welt\n";
```

Beide Varianten sind absolut gleichwertig, weil bei der Deklaration einer Stringkonstanten das abschließende 0-Byte automatisch erzeugt und auch im Speicher abgelegt wird. Abbildung 12.12 zeigt die rechnerinterne Darstellung des Strings »Hallo Welt« samt Zeilenumbruch und 0-Byte:

H	a	l	l	o		W	e	l	t	\n	\0

Abbildung 12.12 Der String »Hallo Welt« ist ein einfaches »char«-Array.

Diese Zeichenkette enthält zwölf Elemente. Wenn Sie aber die Deklaration zu hallo[] genauer betrachten, werden Sie feststellen, dass hierfür eigentlich nur elf Zeichen erforderlich wären. Welche Bedeutung hat das zwölfte Zeichen? Bei einem String benötigen Sie immer ein String-Ende-Zeichen, das das Ende eines Strings anzeigt. Das ist die Bedeutung des Zeichens '\0'. Ein versehentliches Überschreiben des String-Ende-Zeichens ist eine häufige Fehlerquelle, die zu »unsinnigen« Ausgaben führt. Generell muss also bei einem Bedarf von n Zeichen immer für n+1 Zeichen Platz im Array reserviert werden. Hierzu ein kurzes Listing:

```
/* strings_1.c */
#include<stdio.h>
#include<stdlib.h>
```

```
char hello1[] = { "Hallo Welt\n" };
char output[] = { "Ich bin lesbar \0 Ich nicht mehr" };
char deznu[]  = { "Mich siehst du 0 Mich und die Null auch" };

int main(void) {
   printf("%s",hello1);
   printf("%s\n",output);
   printf("%s\n",deznu);
   return EXIT_SUCCESS;
}
```

Dieses Beispiel zeigt auch, wie Sie für die formatierte Ausgabe von Zeichenketten die Formatangabe %s verwenden können (s = String). Daher benötigt ein String ein Ende-Kennungszeichen. Bei dem String

```
char output[] = {"Ich bin lesbar \0 Ich nicht mehr"};
```


werden nur die Zeichen bis '\0' angezeigt. Der hintere Teil des Strings existiert nur im Arbeitsspeicher. Da zuvor das Zeichen für das Ende des Strings '\0' steht, wird dieser Teil nie auf dem Bildschirm ausgegeben. Im nächsten Beispiel

```
char deznu[] = {"Mich siehst du 0 Mich und die Null auch"};
```

wird der ganze String ausgegeben, weil das Zeichen '0' nicht gleichzusetzen ist mit dem Zeichen '\0'.

Es wurde bereits erwähnt, dass es auch möglich ist, auf die einzelnen Zeichen eines Strings zuzugreifen. Wenn Sie einen String beispielsweise mithilfe einer for-Schleife auf seine Länge hin überprüfen wollen, prüfen Sie lediglich auf das Zeichen '\0'. Hier sehen Sie ein Beispiel dazu:

```
/* strings_2.c */
#include<stdio.h>
#include<stdlib.h>

char hello1[] = { "Hallo Welt" };
char output[] = { "Ich bin lesbar \0 Ich nicht mehr" };
char deznu[]  = { "Mich siehst du 0 Mich und die Null auch" };

int main(void) {
   int i;

   printf("%c", output[0]);      /* Gibt das Zeichen 'I' aus */
   printf("%c'", hello1[9]);     /* t */
   printf("%c ", deznu[5]);      /* s */
```

```
    printf("%c", hello1[7]);        /* e */
    printf("%c", output[12]);       /* a */
    printf("%c", deznu[5]);         /* s */
    deznu[1] = 'y';                 /* aus 'i' wird 'y' */
    printf("%c\n", deznu[1]);       /* y */

    for(i=0; hello1[i] != '\0'; i++);
    printf("Länge von '%s' = %d Zeichen\n", hello1, i);

    for(i=0; output[i] != '\0'; i++);
    printf("Länge von '%s' = %d Zeichen\n", output, i);

    for(i=0; deznu[i] != '\0'; i++);
    printf("Länge von '%s' = %d Zeichen\n", deznu, i);
    return EXIT_SUCCESS;
}
```

Listing 12.15 In »strings_2.c« wird auf die einzelnen Zeichen von Strings zugegriffen, was teilweise unerwünschte Wirkungen hervorrufen kann.

Mit dem Feldindex werden einzelne Zeichen ausgegeben, genau wie bei den Arrays mit Zahlen. In diesem Fall wird der Text `Its easy` ausgegeben. Es ist natürlich auch möglich, den Inhalt zu verändern, etwa so wie in der Zeile

```
deznu[1] = 'y';
```

Anschließend wird mit

```
for(i=0; hello1[i] != '\0'; i++);
```

die Anzahl der Zeichen hochgezählt, die sich im String `hello1[]` ohne `\0` befinden. Die Abbruchbedingung

```
hello1[i] != '\0';
```

ist so lange wahr, bis der Inhalt von `hello1[i] == '\0'` ist. In diesem Beispiel wäre das bei `hello1[10]` der Fall, da sich hier das Zeichen `'\0'` befindet. Beachten Sie, dass hinter der `for`-Schleife ein Semikolon steht. Es gibt in diesem Fall keinen Anweisungsblock zur `for`-Schleife. Die Variable `i` wird so lange von `0` an hochgezählt, bis das String-Ende-Zeichen `'\0'` erreicht wird. Das Gleiche gilt für die anderen beiden Strings. Alternativ können Sie in diesem Beispiel auch `#include<string.h>` verwenden und die Länge mit der Funktion `Len=strlen(String)` ermitteln.

12.11.1 Vom String zur Binärzahl

Oben habe ich behauptet, dass es in C keine Datentypen gibt, die Zeichen darstellen können. Die Zeichen wurden mithilfe der ASCII-Code-Tabelle kodiert. Wie verhält sich dies jetzt mit der folgenden Stringkonstante?

```
char str[] = { "Hallo!\n" };
```

Wird dieser String in seine einzelnen Zeichen zerlegt, ergibt sich die Zeile:

```
/* gleichwertig zu "Hallo!\n" */
char str[] = { 'H', 'a', 'l', 'l', 'o', '!', '\n', '\0' };
```

Werden die einzelnen Zeichen jetzt anhand der ASCII-Code-Tabelle dekodiert, sieht der String schon anders aus:

```
char str[] = { 72, 97, 108, 108, 111, 33, 10, 0 };
```


Theoretisch könnten Sie den String auch so angeben und ausgeben lassen, wie das folgende Listing demonstriert:

```
/* strings_3.c */
#include<stdio.h>
#include<stdlib.h>

int main(void) {
   /* Hallo!\n ... */
   char str[] = { 72, 97, 108, 108, 111, 33, 10, 0 };
   printf("%s\n",str);
   return EXIT_SUCCESS;
}
```

Wenn Sie jetzt noch die einzelnen Werte in Binärzahlen umrechnen, können Sie den String aus der Sicht des Computers betrachten:

0100100001100001011011000110110001101111001000010000101000000000

Diese Erklärung soll Ihnen nur zeigen, dass Zeichenketten nicht magischer sind als ganz normale Zahlen-Arrays und in gewisser Hinsicht auch solche sind. Sie wollen einen Beweis? Hier ist er (und dies ist keine Esoterik):

```
/* strings_4.c */
#include<stdio.h>
#include<stdlib.h>

int main(void) {
   int i;
```

```
   int str[] = { 72, 97, 108, 108, 111, 33, 10, 0 };

   for(i = 0; i < sizeof(str) / sizeof(int); i++)
      printf("%c", str[i]);
   return EXIT_SUCCESS;
}
```

Ein kleines Programm demonstriert im Folgenden den Umgang mit Strings. Das Programm durchläuft eine Zeichenkette und wandelt alle Stringfolgen "und" in Großbuchstaben um:

```
/* strings_5.c */
#include<stdio.h>
#include<stdlib.h>

char undbig[] = {
   "Hund und Katze sind nicht ohne "
   "Grund des Menschen beste Freunde\n"
};

int main(void) {
  int i;

  for(i=0; undbig[i] != '\0'; i++) {
     if(undbig[i-1]==' ' && (undbig[i]== 'u' || undbig[i]=='U')) {
        if(undbig[i+1]=='n' && undbig[i+2]=='d' && undbig[i+3]==' '){
           undbig[i] = 'U';
           /* n in Großbuchstaben konvertieren (N) */
           undbig[i+1] -= 32;
           /* d in Großbuchstaben konvertieren  (D) */
           undbig[i+2] -= 32;
        }
     }
   }
   printf("%s", undbig);
   return EXIT_SUCCESS;
}
```

Listing 12.16 »strings_5.c« demonstriert das Suchen und Ersetzen von Mustern in Strings.

Zu Beginn des Programms sehen Sie, wie Sie eine Stringkonstante über mehrere Zeilen schreiben können:

```
char array[] = {
   "Eine Zeichenkette über"
   "2 Zeilen\n"
};

/* Alternative */
char array[] = {
   "Eine Zeichenkette über \
2 Zeilen"};
```

Beide Schreibweisen erfüllen den gleichen Zweck. Fahren wir mit der ersten for-Schleife des Programms fort:

```
for(i=0; undbig[i] != '\0'; i++)
```

Der String wird zeichenweise durchlaufen, bis das String-Ende-Zeichen '\0' gefunden wird. Bei der nächsten Anweisung


```
if(undbig[i-1] == ' ' && (undbig[i] == 'u' || undbig[i]=='U'))
```

wird überprüft, ob das Zeichen, bei dem sich der Feldindex gerade befindet, ein kleines 'u' oder ein großes 'U' und das Zeichen davor ein Whitespace-Zeichen (Leerzeichen) ist. Falls nicht, wird i in der for-Schleife um den Wert 1 inkrementiert. Wird ein 'u' oder 'U' gefunden, folgt mit

```
if(undbig[i+1]=='n' && undbig[i+2]=='d' && undbig[i+3]==' ')
```

die Überprüfung daraufhin, ob die nächsten beiden Zeichen 'n' und 'd' sind und ob sich dahinter ebenfalls ein Whitespace-Zeichen befindet. Falls dies ebenso zutrifft, wurde eine Zeichenfolge "und" gefunden. Dann werden die einzelnen Zeichen geändert:

```
undbig[i] = 'U';
undbig[i+1] -= 32;  /* 'n' - 32 */
undbig[i+2] -= 32;  /* 'd' - 32 */
```

Sehen Sie sich zum besseren Verständnis auch die ASCII-Tabelle in Abschnitt A.2 an. Sie werden sehen, dass die Großbuchstaben 32 Positionen vor den Kleinbuchstaben liegen. Sehen Sie auch nach, welche Dezimalwerte die Zeichen 'n' und 'd' haben. In Dezimalwerten würden die Subtraktionen der Werte so aussehen:

```
110-32=78 und 100-32=68
```

In der ASCII-Tabelle sind 'N' = 78 und 'D' = 68.

12.12 Einlesen von Strings

Die Verarbeitung von Strings ist nicht so leicht, wie Sie vielleicht zunächst vermuten würden. Sehen Sie sich zur Veranschaulichung folgendes Programm an:

```
/* strings_6.c */
#include<stdio.h>
#include<stdlib.h>

int main(void) {
   char string[100];

   printf("Geben Sie ein paar Wörter ein: ");
   scanf("%99s", &string[0]);

   printf("Ihre Eingabe: %s\n",string);
   return EXIT_SUCCESS;
}
```

Listing 12.17 »strings_6.c« zeigt, wie Sie Strings über die Tastatur einlesen können.

Nehmen wir an, dass folgende Eingabe vorgenommen wurde:

```
Programmieren in C macht Spass
```

Folgende Ausgabe bekommen Sie dabei wie in Abbildung 12.13 auf dem Bildschirm zu sehen.

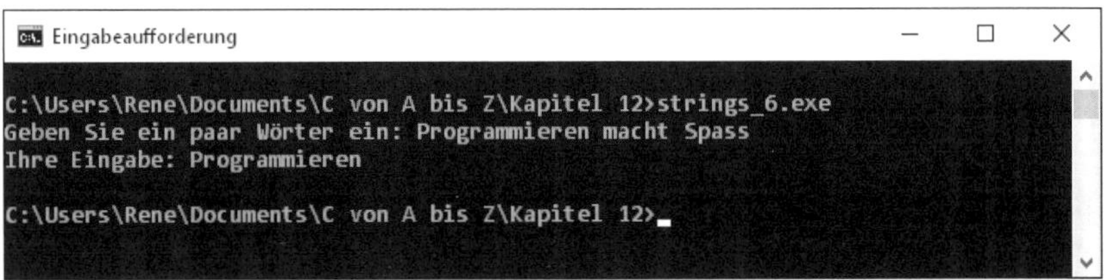

Abbildung 12.13 Probleme beim Einlesen von Strings mit »scanf«

Wo sind die restlichen Zeichen nach dem Leerzeichen? Das Problem wird hier von der Funktion scanf() verursacht, denn scanf() liest lediglich bis zum ersten Leerzeichen ein. Also wird eine andere Funktion zum (sicheren) Einlesen von Zeichenketten benötigt.

Gut geeignet wäre die Funktion fgets(), die in Abschnitt 17.4.8 noch genauer erklärt wird. Kurz zur Syntax von fgets():

```
#include<stdio.h>

char *fgets(char *string,int anzahl_zeichen,FILE *stream);
```

Diese Funktion scanf() soll jetzt gegen die Funktion fgets() im Programmbeispiel ausgetauscht werden:

```
/* strings_7.c */
#include<stdio.h>
#include<stdlib.h>

int main(void) {
   char str[100];

   printf("Geben Sie ein paar Wörter ein : ");
   fgets(str, 100, stdin);
   printf("Ihre Eingabe: %s\n",str);
   return EXIT_SUCCESS;
}
```


Vielleicht wundern Sie sich jetzt über das char * in der Funktion fgets() oder sind sogar irritiert, weil ja bis jetzt über Arrays gesprochen wurde. Mit dem Sternchen deklarieren Sie einen Zeiger, der in dem letzten Beispiel auf das erste Zeichen in einem char-Array zeigt, beispielsweise auf das erste Zeichen des Parameters string. Dabei bedeutet »auf etwas zeigen«, dass die Speicheradresse des ersten Zeichens übergeben wird, damit scanf() damit arbeiten und die eingegebenen Zeichen an die richtige Position schreiben kann. Fast alle Ein-/Ausgabe-Funktionen in *stdio.h* oder auch die Funktionen in *string.h* verwenden das Konstrukt char *, weshalb es an dieser Stelle erwähnt werden muss und nicht später behandelt werden kann. In Kapitel 13, »Zeiger (Pointer)«, werden sich zum Glück all diese Unklarheiten auflösen.

Im letzten Stringbeispiel (siehe Listing 12.18) werden mit fgets() vom Stream stdin maximal 100 Zeichen in das char-Array str eingelesen, beginnend mit der Anfangsadresse von str. Der Vorteil von fgets() ist dabei, dass mit dieser Funktion keine gefährlichen sogenannten *Pufferüberläufe* (*Buffer Overflows*) passieren können. Sollten Sie in diesem Beispiel 120 Zeichen eingegeben haben, liest fgets() davon 98 sichtbare Zeichen plus Newline-Zeichen (\n) plus String-Ende-Zeichen (\0) ein. fgets() hängt nämlich am Ende des Strings immer ein \n-Zeichen an. Der Nachteil ist, dass Sie erst wissen müssen, was ein Stream ist, um fgets() vollständig zu verstehen, und dies kommt in diesem Buch erst viel später vor, nämlich in Kapitel 17, wenn es um Ein/Ausgabe-Funktionen geht.

Am anschaulichsten werden wahrscheinlich Beispiele sein, z. B. folgendes:

```
/* strings_8.c */
#include<stdio.h>
#include<stdlib.h>

/*Passwort*/
const char p[] =  { "123xyz456" };

int check_passwort(char passw[]) {
   int i, n = sizeof(p) / sizeof(char);

   for(i=0; i < n; i++)
      if(passw[i] != p[i])
         return 0; /* Falsches Passwort */
   return 1;   /* Richtiges Passwort */
}

int main(void) {
   char Name[20], passwort[10];

   printf("Login-Name : ");
   fgets(Name, 20, stdin);
   printf("Passwort   : ");
   fgets(passwort, 10, stdin);

   if( check_passwort(passwort) == 1)
      printf("Willkommen im System %s\n",Name);
   else
      printf("Falsches Passwort! Systemzugriff verweigert.\n");
   return EXIT_SUCCESS;
}
```

Listing 12.18 »strings_8.c« zeigt Ihnen, wie Sie mit einer einfachen eigenen Funktion Strings miteinander vergleichen können.

Die Funktion `check_passwort` für die Passwort-Abfrage durchläuft `n` Zeichen. Stimmen alle eingegebenen Zeichen überein, gibt die Funktion `1` zurück. Stimmt ein Zeichen nicht überein, beendet sich die Funktion mit dem Rückgabewert `0`. Dies ist nur ein Beispiel! Auch in kompliziertem C-Code versteckt dürfen Passwörter natürlich nicht im Klartext abgelegt werden. Sichere Algorithmen sind auch dann sicher, wenn sämtliche Details zu ihrer Arbeitsweise offenliegen (das besagt die sogenannte *kerckhoffsche Regel*).

In Kapitel 13, »Zeiger (Pointer)«, werden Sie noch mehr über Strings erfahren.

12.13 Die Standard-Bibliothek <string.h>

Im weiteren Verlauf dieses Buchs werden Sie ab jetzt noch öfter Funktionen der Headerdatei *<string.h>* verwenden. Darin sind viele nützliche Funktionen enthalten, die die Arbeit mit Strings vereinfachen. Die Headerdatei *<string.h>* entspricht dem ANSI-C-Standard und dürfte somit im Lieferumfang der meisten Compiler vorhanden sein, sofern sie ANSI-C-kompatibel sind. Dies wird sich auch bei C23 nicht ändern (das wäre auch fatal).

Hinweis: Verwendung von Zeigern bei Strings

Bei den Stringverarbeitungsfunktionen in der Headerdatei *<string.h>* werden `char`-Zeiger verwendet, die auf den Anfang des Strings, genauer gesagt auf das erste Zeichen, verweisen. Aufgrund der Zeiger kann es auch sein, dass speziell Anfänger ihre Probleme mit diesem Abschnitt haben werden (besonders mit der Syntax-Beschreibung). Über Zeiger erfahren Sie mehr im nächsten Kapitel.

12.13.1 »strcat()« – Strings aneinanderhängen

Um einen String an einen anderen zu hängen, können Sie die Funktion `strcat()` (*string concatenation*) verwenden:

```
char *strcat(char *s1, const char *s2);
```

Damit wird `s2` an das Ende von `s1` angehängt, wobei (logischerweise) das String-Ende-Zeichen `'\0'` am Ende von String `s1` überschrieben wird. Voraussetzung ist auch, dass der String `s2` Platz in `s1` hat, inklusive String-Ende-Zeichen. Der String `s2` wird also in den Speicherbereich von `s1` kopiert, und zwar an die Stelle, an der bei `s1` das String-Ende-Zeichen steht. Abbildung 12.14 zeigt, wie Strings aneinandergehängt werden (und auch, dass es sich hier in der Tat um ein schlichtes Kopieren von Bytes handelt).

Hier sehen Sie ein Beispiel zu `strcat()`:

```
/* strcat_beispiel.c */
#include<stdio.h>
#include<stdlib.h>
#include<string.h>

int main(void) {
   char ziel[30] = "Hallo "; // hier passt auch der Name noch rein
   char name[20];

   printf("Wie heissen Sie: ");
   fgets(name, 20, stdin); // max. 20 Zeichen, also passt in ziel
```

```
    strcat(ziel, name);
    printf("%s",ziel);
    return EXIT_SUCCESS;
}
```

Listing 12.19 »strcat_beispiel.c« demonstriert das Aneinanderhängen von Strings mit »strcat()«.

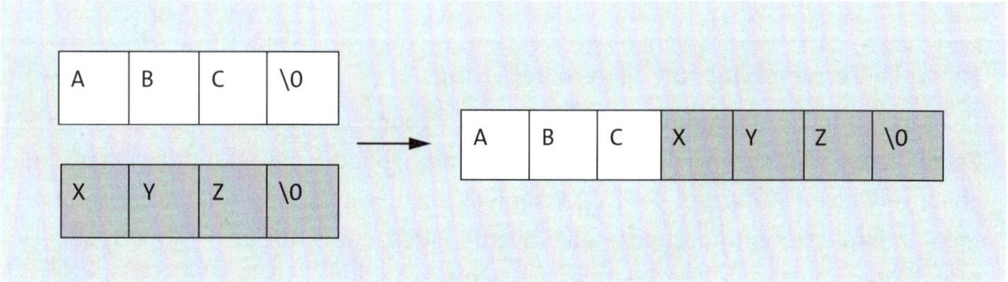

Abbildung 12.14 »strcat()« – zwei Strings aneinanderhängen

[»]

Hinweis zu strcat()

Bitte beachten Sie, dass `strcat()` eine unsichere Funktion ist, weil die Länge des Quellstrings nicht überprüft oder angegeben werden kann. Somit kann mit `strcat()` über den offiziellen Speicherbereich hinaus geschrieben werden. Hierzu würde es in dem letzten Beispiel schon genügen, `ziel[20]` statt `ziel[30]` zu verwenden und einen Namen einzugeben, der mehr als 13 Zeichen lang ist. Es wird deshalb empfohlen, `strncat()` zu verwenden. Mehr dazu folgt in Abschnitt 27.1, »Buffer Overflow (Speicherüberlauf)«.

12.13.2 »strchr()« – ein Zeichen im String suchen

Wollen Sie in einem String nach einem bestimmten Zeichen suchen, eignet sich die Funktion `strchr()` (*string char*). Hier ist ihre Syntax:

```
char *strchr(const char *s, int ch);
```

Diese Funktion gibt die Position im String `s` beim ersten Auftreten von `ch` zurück. Tritt das Zeichen `ch` nicht auf, wird `NULL` zurückgegeben. Ein Beispiel:

```
/* strchr_beispiel.c */
#include<stdio.h>
#include<stdlib.h>
#include<string.h>
```

```
int main(void) {
   char str[] = "Ein String mit Worten";

   printf("%s\n",strchr(str, (int)'W')); // Ergibt 15
   return EXIT_SUCCESS;
}
```

Listing 12.20 »strchr_beispiel.c« zeigt, wie Sie »strchr()« verwenden können, um ein bestimmtes Zeichen in einem String zu suchen.

Hiermit wird ab dem Auftreten des Buchstabens `'W'` der komplette String ausgegeben. C ist hier also in der Lage, die Speicheradressen automatisch korrekt aufzulösen und sogar den Wert, den die Funktion `strchr()` zurückgibt, automatisch zur Anfangsadresse des Strings hinzuzuzählen und außerdem korrekt an die Funktion `printf()` weiterzureichen.

12

12.13.3 »strcmp()« – Strings vergleichen

Für das lexikografische Vergleichen zweier Strings kann die Funktion `strcmp()` (*string compare*) verwendet werden. Die Syntax lautet:

```
int strcmp(const char *s1, const char *s2);
```

Sind beide Strings identisch, gibt diese Funktion `0` zurück. Ist der String `s1` kleiner als `s2`, ist der Rückgabewert kleiner als 0; und ist `s1` größer als `s2`, dann ist der Rückgabewert größer als 0. Hier werden stets die ASCII-Werte der Zeichen verglichen. Das heißt, eine Zahl (`'0'` = ASCII-Wert 48) ist kleiner als ein Buchstabe und ein `'A'` (ASCII-Wert 65) ist kleiner als ein `'a'` (ASCII-Wert 97). Erst nach den Buchstaben folgen die Umlaute, denn die Sonderzeichen haben immer Bit 7 auf 1 gesetzt (fangen also erst ab dem Byte-Wert 128 an). Das folgende Beispiel zeigt, wie das Vergleichen von Strings funktioniert:

```
/* strcmp_beispiel.c */
#include<stdio.h>
#include<stdlib.h>
#include<string.h>

void String_Vergleich(char s1[], char s2[]) {
   int ret = strcmp (s1, s2);
   if(ret == 0)
      printf("%s == %s\n", s1, s2);
   else
      printf("%s %c %s\n",s1,( (ret < 0) ?'<' :'>'), s2);
}
```

```
int main(void) {
   char str1[] = "aaa";
   char str2[] = "aab";
   char str3[] = "abb";

   String_Vergleich(str1, str2);
   String_Vergleich(str1, str3);
   String_Vergleich(str3, str2);
   String_Vergleich(str1, str1);
   return EXIT_SUCCESS;
}
```

Listing 12.21 »strcmp_beispiel.c« verwendet die Funktion »strcmp()« aus <string.h>, um Strings zu vergleichen.

12.13.4 »strcpy()« – einen String kopieren

Wollen Sie einen String in einen anderen String kopieren, können Sie die Funktion `strcpy()` (*string copy*) nutzen. Diese Funktion funktioniert auch mit `const char*`, deshalb ist z. B. `strcpy(TextString,"Hallo Welt")` erlaubt (und wird auch oft so verwendet). Die vollständige Syntax lautet:

```
char *strcpy(char *s1, const char *s2);
```

Dass der String `s1` groß genug sein muss, versteht sich von selbst. Bitte beachten Sie auch hier, dass das Ende-Zeichen `'\0'` auch Platz in `s1` benötigt (es sei denn, Sie lieben Segmentation Faults und suchen gerne Bugs). Auch hierzu wieder ein Beispiel:

```
/* strcpy_beispiel.c */
#include<stdio.h>
#include<stdlib.h>
#include<string.h>

int main(void) {
   char ziel_str[50];
   char str1[] = "Das ist ";
   char str2[] = "ein ";
   char str3[] = "Teststring";

   strcpy(ziel_str, str1);
   /* Ein umständliches Negativbeispiel */
   strcpy(&ziel_str[8], str2);
   /* So ist es einfacher und sicherer */
   strcat(ziel_str, str3);
```

```
    printf("%s\n",ziel_str);
    return EXIT_SUCCESS;
}
```

Listing 12.22 »strcpy_beispiel.c« verwendet die Funktion »strcpy()«, um Strings zu »duplizieren«.

In diesem Beispiel haben Sie gesehen, dass es auch möglich ist, mit `strcpy()` Strings aneinanderzuhängen:

```
strcpy(&ziel_str[8], str2);
```

Sie werden sich vielleicht fragen, warum ich Ihnen diesen Weg zeige, wo es doch die Funktion `strcat()` gibt. Die Antwort ist, dass es vor allem in Internetforen viele Programmierer gibt, die so vorgehen. Wenn Sie also später fremden Code vor sich haben, werden Sie nicht überrascht sein, wenn statt `strcat()` `strcpy()` verwendet wird. Beim Betrachten der Funktion `strcpy()` fällt Ihnen wahrscheinlich auf, dass hierbei ebenfalls (was auch bei `strcat()` der Fall ist) nicht überprüft wird, wie viele Zeichen in den Zielstring kopiert werden, mit denen wieder auf einen undefinierten Speicherbereich zugegriffen werden kann. Daher ist auch die Funktion `strcpy()` eine gefährliche Funktion, wenn diese falsch eingesetzt wird. Hierzu sei wieder auf Abschnitt 27.1, »Buffer Overflow (Speicherüberlauf)«, verwiesen. Zurzeit genügt der Hinweis, dass es unter Visual Studio sichere Varianten für gefährliche Stringfunktionen gibt und dass diese mit einem `_s` enden. Benutzen Sie also unter Visual Studio `strcpy_s()`. Unter Linux können Sie für den GCC-Compiler das Range-Checking-Flag `-cr` (*check range*) benutzen. Leider werden dadurch die Programme langsamer.

12.13.5 »strcspn()« – einen Teilstring ermitteln

Wollen Sie die Länge eines Teilstrings `s1` bis zum Auftreten eines bestimmten Zeichens ermitteln, eignet sich die Funktion `strcspn()` (*string character span*). Die Syntax lautet:

```
int strcspn(const char *s1, const char *s2);
```

Wenn ein Zeichen, das in `s2` vorkommt, auch in String `s1` vorhanden ist, liefert diese Funktion die Position zurück, an der dieses Zeichen zum ersten Mal auftritt. Für die einzelnen Zeichen in `s2` gilt: Sobald das erste Zeichen in `s2` gefunden wird, wird nicht mehr nach dem zweiten Zeichen in `s2` gesucht. Listing 12.23 zeigt ein Beispiel.

```
/* strcspn_beispiel.c */
#include<stdio.h>
#include<stdlib.h>
#include<string.h>
```

```
int main(void) {
   char string[] = "Das ist ein Teststring";
   int  pos;

   pos = strcspn( string, "Ttg" );
   printf("Erstes Auftreten von T, t oder g an Pos.: %d\n",pos);
   return EXIT_SUCCESS;
}
```

Listing 12.23 »strcspn_beispiel.c« zeigt Ihnen, wie Sie mit »strcspn()« die Position bestimmter (auch mehrerer) Zeichen in einem String finden können.

12.13.6 »strlen()« – Länge eines Strings ermitteln

Um die Länge eines Strings zu ermitteln, kann die Funktion `strlen()` (*string length*) eingesetzt werden. Die Längenangabe erfolgt in Zeichen, nicht in Byte. So liefert die Länge eines ASCII-Strings den gleichen Wert wie die Länge des Unicode-Pendants. Die Syntax lautet:

```
size_t strlen(const char *s1);
```

Damit wird die Länge des adressierten Strings `s1` ohne das abschließende String-Ende-Zeichen zurückgegeben. Hier sehen Sie das Beispiel zu `strlen()`:

```
/* strlen_beispiel.c */
#include<stdio.h>
#include<stdlib.h>
#include<string.h>

int main(void) {
   char string[] = "Das ist ein Teststring";
   size_t laenge;

   laenge = strlen(string);
   printf("Der String \"%s\" hat %d Zeichen\n",string, laenge);
   return EXIT_SUCCESS;
}
```

[»]

Hinweis zu strlen()

Dass die Funktion `strlen()` das String-Ende-Zeichen `'\0'` nicht mitzählt, ist eine häufige Fehlerquelle, wenn es darum geht, dynamisch Speicher für einen String zu reservieren. Denken Sie daran, dass Sie immer Platz für ein Zeichen mehr bereithalten.

12.13.7 »strncat()« – String mit n Zeichen aneinanderhängen

strncat() ist die gleiche Funktion wie strcat(), nur dass mit ihr n Zeichen angehängt werden. Die Syntax lautet:

```
char *strncat(char *s1, const char *s2, size_t n);
```

Diese Funktion ist aus Sicherheitsgründen der Funktion strcat() vorzuziehen. Ein Beispiel:

```
/* strncat_beispiel.c */
#include<stdio.h>
#include<stdlib.h>
#include<string.h>
#define MAX 15

int main(void) {
   char string[MAX] = "Hallo ";
   char puffer[20];
   /* Vorhandenen Platz in string ermitteln */
   size_t len = MAX - strlen(string)+1; // Platz für 0-Zeichen mitreservieren

   printf("Ihr Name: ");
   fgets(puffer, 20, stdin);
   strncat(string, puffer, len);
   printf("%s",string);
   return EXIT_SUCCESS;
}
```

Listing 12.24 »strncat()« ist die sichere Alternative zu »strcat()« und sollte der unsicheren Variante vorgezogen werden.

Damit ist sichergestellt, dass nicht mehr in einen undefinierten Speicherbereich geschrieben wird.

> **Hinweis zu size_t**
>
> size_t ist ein primitiver Datentyp, der meistens als unsigned int oder unsigned long deklariert ist.

12.13.8 »strncmp()« – n Zeichen von zwei Strings miteinander vergleichen

Diese Funktion arbeitet genauso wie die Funktion strcmp(), nur mit dem Unterschied, dass n Zeichen miteinander verglichen werden. Die Syntax lautet:

```
int strncmp(const char *s1, const char *s2, size_t n);
```

Es werden also die ersten n Zeichen von s1 und die ersten n Zeichen von s2 lexikografisch miteinander verglichen. Der Rückgabewert ist dabei derselbe wie schon bei strcmp(). Ein Beispiel:

```
/* strncmp_beispiel.c */
#include<stdio.h>
#include<stdlib.h>
#include<string.h>

int main(void) {
   char str1[] = "aaaa";
   char str2[] = "aabb";
   int i;

   for(i = strlen(str1); i > 0; i--) {
      if(strncmp( str1, str2, i) != 0)
         printf("Die ersten %d Zeichen der Strings "
                "sind nicht gleich\n",i);
         else {
            printf("Bis Zeichen %d sind "
                   "beide Strings gleich\n",i);
            /* Weitere Vergleiche sind nicht mehr nötig */
            break;
         }
   }
   return EXIT_SUCCESS;
}
```

Listing 12.25 »strncmp()« ist die sichere Variante zu »strcmp()« und sollte der unsicheren Variante vorgezogen werden.

12.13.9 »strncpy()« – String mit n Zeichen kopieren

Eine sicherere Alternative zur Funktion strcpy() ist strncpy(), die n Zeichen kopiert. Der Ablauf der Funktion ist hingegen wieder derselbe wie bei strcpy(). Die Syntax lautet:

```
char *strncpy(char *s1, const char *s2, size_t n);
```

n Zeichen werden aus dem String s2 in den String s1 kopiert – ohne das '\0'-Zeichen. Listing 12.26 zeigt ein Beispiel:

```
/* strncpy_beispiel.c */
#include<stdio.h>
#include<stdlib.h>
```

```
#include<string.h>
#define MAX 20

int main(void) {
   char str1[MAX];
   char str2[] = "Ein Teststring, der laenger"
                 " als 20 Zeichen ist";

   /* MAX-Zeichen in str1 kopieren */
   strncpy(str1, str2, MAX-1);
   /* String terminieren, das macht dieses Beispiel hier nicht automatisch */
   str1[MAX-1] = '\0';
   printf("%s\n",str1);
   return EXIT_SUCCESS;
}
```


Listing 12.26 »strncpy_beispiel.c« verwendet die sichere Funktion »strncpy()« zum Kopieren von Teilstrings.

12.13.10 »strpbrk()« – nach dem Auftreten bestimmter Zeichen suchen

Die Funktion `strpbrk()` (*string pointer break*) arbeitet ähnlich wie `strcspn()`, nur dass nicht die Länge eines Teilstrings ermittelt wird, sondern das erste Auftreten eines Zeichens in einem String, das im Suchstring enthalten ist. Die Syntax lautet:

```
char *strpbrk( const char *s1, const char *s2);
```

Ein Beispiel dazu:

```
/* strpbrk_beispiel.c */
#include<stdio.h>
#include<stdlib.h>
#include<string.h>

int main(void) {
   char str1[]="Das ist ein Teststring";
   char str2[]="ie";

   printf("%s\n",strpbrk(str1, str2));
   return EXIT_SUCCESS;
}
```

Listing 12.27 »strpbrk()« stellt das erste Auftreten eines Zeichens in einem Suchstring fest.

12.13.11 »strrchr()« – das letzte Auftreten eines bestimmten Zeichens im String suchen

Die Funktion strrchr() ähnelt der Funktion strchr(), nur dass das erste Auftreten des Zeichens von hinten – also genauer gesagt des letzten Zeichens – ermittelt wird. Die Syntax lautet:

```
char *strrchr(const char *s, int ch);
```

Die Funktion fgets() hängt beim Einlesen eines Strings immer das Newline-Zeichen am Ende an. Manchmal ist das nicht erwünscht. Wir suchen mit strrchr() danach und überschreiben diese Position mit dem '\0'-Zeichen:

```
/* strrchr_beispiel.c */
#include<stdio.h>
#include<stdlib.h>
#include<string.h>

int main(void) {
   char string[20];
   char *ptr;

   printf("Eingabe machen: ");
   fgets(string, 20 , stdin);
   /* Zeiger auf die Adresse des Zeichens \n */
   ptr = strrchr(string, '\n');
   /* Zeichen mit \0 überschreiben */
   *ptr = '\0';
   printf("%s",string);
   return EXIT_SUCCESS;
}
```

Listing 12.28 »strrchr()« ermittelt das letzte Auftreten eines Suchzeichens in einem String.

12.13.12 »strspn()« – das erste Auftreten eines Zeichens, das nicht vorkommt

Die Funktion strspn() gibt die Position des ersten Auftretens eines Zeichens an, das nicht in einer gegebenen Suchmenge vorkommt. Die Suchmenge wird als zusätzlicher Parameter angegeben. Die Syntax von strspn() lautet:

```
int strspn(const char *s1, const char *s2);
```

Ein Beispiel dazu:

```
/* strspn_beispiel.c */
#include<stdio.h>
```

```
#include<stdlib.h>
#include<string.h>

int main(void) {
   char string[] = "75301234-2123";
   int pos = strspn(string, "0123456789");

   printf("Position, welche keine Ziffer ist:");
   printf(" %d\n",pos); /* 8 */
   return EXIT_SUCCESS;
}
```

Listing 12.29 »strspn()« ermittelt das erste Auftreten eines Zeichens, das nicht in einer bestimmten Suchmenge vorkommt.

Dieses Beispiel liefert Ihnen die Position des Zeichens zurück, das keine Ziffer ist.

12.13.13 »strstr()« – einen String nach dem Auftreten eines Teilstrings durchsuchen

Mit der Funktion `strstr()` können Sie einen String daraufhin untersuchen, ob ein bestimmter Teilstring auftritt. Die Syntax ist:

```
char *strstr(const char *s1, const char *s2);
```

Damit wird der String `s1` nach einem String mit der Teilfolge `s2` ohne `'\0'` durchsucht. Ein Beispiel:

```
/* strstr_beispiel.c */
#include<stdio.h>
#include<stdlib.h>
#include<string.h>

int main(void) {
   char string[] = "Das ist ein Teststring";
   char suchstring[] = "ein";

   if( strstr(string, suchstring) != NULL)
      printf("Suchstring \"%s\" gefunden\n", suchstring);
   return EXIT_SUCCESS;
}
```

12.13.14 »strtok()« – einen String anhand bestimmter Zeichen zerlegen

Mit der Funktion strtok() (*string tokenize*) können Sie einen String anhand von Tokens in einzelne Teilstrings zerlegen. Die Syntax sieht so aus:

```
char *strtok(char *s1, const char *s2);
```

Damit wird der String s1 durch das Token getrennt, das sich in s2 befindet. Es wird also ein String gebildet, der keine Zeichen aus s2 enthält, und er wird als Pointer zurückgegeben. Sie erinnern sich noch daran, was ein Token ist? Ein Token ist ein bestimmtes Wort mit einer speziellen Bedeutung, das wir diesem in unserer Sprache zuordnen (z. B. »Haus« oder »Fisch«). Ein Beispiel macht die Sache klarer:

```
/* strtok_beispiel.c */
#include<stdio.h>
#include<stdlib.h>
#include<string.h>

int main(void) {
   char string[] = "Ein Teststring mit mehreren Woertern\n"
                   "und mehreren Zeilen.\t Ende\n";
   int i=1;
   char *ptr;
   ptr = strtok(string, "\n\t ");
   while(ptr != NULL) {
      printf("%d. Wort: %s\n",i++,ptr);
      ptr = strtok(NULL, "\n\t ");
   }
   return EXIT_SUCCESS;
}
```

Listing 12.30 »strtok_beispiel.c« zeigt Ihnen, wie Sie mit »strtok()« einen String in zwei Hälften trennen, die durch ein bestimmtes Schlüsselwort (Token) getrennt sind.

Mit der Zeile

```
ptr = strtok(string, "\n\t ");
```

würde nur das erste Wort anhand eines der Whitespace-Zeichen Newline, Tabulator oder Space getrennt werden. Der String wird jetzt von der Funktion strtok() zwischengespeichert. Wollen Sie dann den String mit weiteren Aufrufen zerlegen, müssen Sie NULL verwenden:

```
ptr = strtok(NULL, "\n\t ");
```

Dabei gibt jeder Aufruf das Token zurück. Das jeweilige Trennzeichen wird dabei mit `'\0'` überschrieben. In diesem Beispiel ist die Schleife zu Ende, wenn `strtok()` den `NULL`-Zeiger zurückliefert. `NULL` ist eigentlich ein Zeiger, der auf keine bestimmte Adresse zeigt, manche Funktionen wie `strtok()` benutzen `NULL` aber, um der Funktion anzuzeigen, dass sie mit den vorigen Einstellungen bzw. mit Standardwerten arbeiten soll.

Allmählich ist es an der Zeit, dass Sie lernen, mit Zeigern zu arbeiten. Lesen Sie dazu in Kapitel 13 weiter.

Hinweis: Verwendung von Breitzeichen in Zeichenketten

Zu den in der Headerdatei *<string.h>* deklarierten Funktionen für die Verarbeitung von Strings vom Typ `char` gibt es in der Headerdatei `<wchar.h>` die entsprechenden Funktionen für Breitzeichen mit dem Typ `wchar_t`. Die Verwendung der Funktionen für Breitzeichen-Strings unterscheidet sich nicht von der Verwendung der Funktionen für normale Bytestrings. Nur der Funktionsname lautet immer ein wenig anders. Eine Übersicht über die Stringfunktionen für Breitzeichen in *<wchar.h>* finden Sie in den Materialien zum Buch in der Übersicht »Die C-Standard-Bibliothek« unter *https://www.rheinwerk-verlag.de/5701*.

12

Kapitel 13
Zeiger (Pointer)

In diesem Kapitel geht es um das vielleicht wichtigste und vielseitigste Thema in der Programmiersprache C: die Zeiger. Dabei handelt es sich allerdings um ein Thema, das oft nicht auf Anhieb verstanden wird. Aber ist die Zeigerarithmetik erst einmal klar, erscheinen die Hürden der fortgeschrittenen Kapitel nicht mehr so hoch. Also: Ist das Thema Zeiger kein Problem mehr, ist es auch die Programmiersprache C nicht mehr.

Im Grunde sind Zeiger gar nicht so kompliziert, wie sie oft dargestellt werden. Wenn ich Ihnen nämlich ein klein wenig die Art und Weise erkläre, wie Ihr Prozessor Daten aus dem Speicher liest oder Daten in diesem ablegt, sollte dieses Thema seinen Schrecken verlieren.

13.1 Der Unterschied zwischen einer normalen Variablen und einem Zeiger

Variablen kennen Sie ja schon. Dies sind Werte, die der Compiler in einer Variablentabelle ablegt. Diese Tabelle steht irgendwo im Speicher, und Sie haben keinen Einfluss darauf, wie und wo diese Tabelle abgelegt wird. Der Unterschied zwischen Variablen und Zeigern ist aber gar nicht so groß, denn *Zeiger* (auch oft mit dem englischen Begriff *Pointer* bezeichnet) sind im Prinzip nichts anderes als ganz normale Variablen, die statt Datenobjekten wie Zahlen, Zeichen oder Strukturen eben *Speicheradressen* eines bestimmten Speicherbereichs enthalten. Aber wie kann das sein? Dies müsste ja bedeuten, dass beim Zugriff auf einen Zeiger zweimal auf den Speicher zugegriffen wird, nämlich einmal, um die Adresse zu holen, auf die der Zeiger zeigt, und einmal, um die entsprechenden Werte auszulesen. Und genauso funktioniert es auch: Ein Prozessor kann neben *direkten Adressen* auch *indirekte Adressen* benutzen, und diese Adressierungsart wird auch bei Zeigern benutzt. Die *indirekte Adressierung* besagt quasi: »Lade in das Register A den Wert, der in der Adresse steht, die in Register B steht« bzw. »Lade in Register A den Wert, der in der Adresse steht, die in einer bestimmten anderen Adresse steht (z. B. in der Variablentabelle an Position 42)«. Diese Art der Adressierung würde man *doppelt indirekte Adressierung* nennen. Was können Sie aber jetzt mit Zeigern anfangen? Hierzu ein kleiner Überblick über die Anwendungsgebiete von Zeigern:

- Speicherbereiche können dynamisch reserviert, verwaltet und wieder gelöscht werden.
- Mit Zeigern können Sie Datenobjekte direkt (*Call-by-Reference*) an Funktionen übergeben.
- Mit Zeigern lassen sich Funktionen als Argumente an andere Funktionen übergeben.
- Rekursive Datenstrukturen wie Listen und Bäume lassen sich fast nur mit Zeigern erstellen.
- Es lässt sich ein typenloser Zeiger (`void *`) definieren, womit Datenobjekte beliebigen Typs verarbeitet werden können.

Auf den nächsten Seiten erläutere ich erst einmal die Grundlagen der Zeiger. Im Laufe des übrigen Buchs werden dann die zuvor genannten Punkte besprochen. Ich empfehle Ihnen, sich für dieses Kapitel viel Zeit zu nehmen. Es stellt auf jeden Fall die Grundlage für alles, was noch folgt, und für Ihre Karriere als C-Programmierer dar.

13.2 Zeiger deklarieren

Die Deklaration eines Zeigers hat die folgende Syntax:

```
Datentyp *zeigervariable;
```

Der `Datentyp` des Zeigers muss vom selben Datentyp wie der sein, auf den er zeigt (referenziert), sonst »meckert« der Compiler.

[»]

Hinweis zum Begriff »referenzieren«

Wenn ich im Weiteren von »auf etwas zeigen« spreche, ist damit natürlich gemeint, dass auf einen bestimmten Speicherbereich (eine Adresse im Arbeitsspeicher) *referenziert* wird. Das Wort »referenzieren« kommt von dem lateinischen Wort »referre« und bedeutet »auf etwas verweisen«.

Das Sternchen vor `zeigervariable` kennzeichnet den Datentyp als Zeiger. Im Fachjargon heißt dieser Operator *Indirektionsoperator*. Sie sehen also, dass damit genau das ausgedrückt wird, was in der Einleitung bereits angedeutet wurde: die indirekte Adressierung! Die Position für das Sternchen befindet sich zwischen dem Datentyp und dem Zeigernamen. Beispiel:

```
int *zeiger1;
int* zeiger2;
```

```
char *zeiger3;
char* zeiger4;
float *zeiger5;
```

Hier sehen Sie zwei verschiedene Schreibweisen, wobei beide richtig sind. Es hat sich aber folgende eingebürgert:

```
int *zeiger1;
int *zeiger2;
int *zeiger3;
```

Mit dieser Schreibweise wird der folgende Fehler deutlicher:

```
int *zeiger1 ,zeiger2;
```

Hier wurde nur ein einziger Zeiger deklariert, was auch recht schnell zu sehen ist. Bei der folgenden Schreibweise ist dieser Fehler nicht mehr so eindeutig zu erkennen:

```
int* zeiger1 ,zeiger2;
```


Man könnte fälschlicherweise annehmen, es seien zwei Zeiger deklariert worden, was nicht so ist, weil das Sternchen vor jeder Variablen stehen muss. Der Prozessor muss ja genau wissen, wo er indirekt adressieren soll. Am besten verwenden Sie also die übliche Schreibweise. Damit können Sie sich einige Probleme ersparen. Noch besser ist, Sie vermischen Zeilen, in denen normale Variablen deklariert werden, erst gar nicht mit Zeilen, in denen Zeiger deklariert werden.

13.3 Zeiger initialisieren

Im Endeffekt ist der Zugriff auf einen Zeiger eine gefährliche Operation, da hier direkt mit Speicheradressen gearbeitet wird. Wird im Programm ein Zeiger verwendet, der zuvor nicht initialisiert wurde, kann dies zu schwerwiegenden Fehlern führen – sogar bis zum Absturz eines Betriebssystems (bei 16-Bit-Systemen wie DOS ist dies sogar die Regel). Die Gefahr ist, dass bei einem Zeiger, der nicht mit einer gültigen Adresse initialisiert wurde und auf den jetzt zurückgegriffen werden soll, stattdessen einfach auf irgendeine Adresse im Arbeitsspeicher zurückgegriffen wird. Wenn sich in diesem Speicherbereich wichtige Daten oder Programme während der Ausführung befinden, kommt es logischerweise zu Problemen.

Um das Prinzip der Zeiger zu verstehen, müssen Sie nochmals zurück zu den normalen Datentypen springen, beispielsweise zu folgender Initialisierung:

```
int x = 5;
```

Durch diese Initialisierung ergibt sich im Arbeitsspeicher z. B. die Situation aus Abbildung 13.1.

Adresse: 0022FF7C	Name: x	Wert: 5

Abbildung 13.1 Darstellung einer Variablen im Arbeitsspeicher

Die Adresse ist hier eine erfundene Adresse im Arbeitsspeicher, auf die Sie keinen Einfluss haben. Diese wird vom System beim Start des Programms vergeben. Damit der Prozessor weiß, von wo er den Wert einer Variablen auslesen soll, wird stets eine Adresse benötigt. Dies ist nicht nur bei Zeigern so, sondern auch bei normalen Variablen. Ebenso sieht es mit der Initialisierung einer Variablen aus, falls dieser ein Wert zugewiesen wird. Der Name einer Variablen ist der Name, den Sie bei der Deklaration selbst festgelegt haben. Der Wert 5 in Abbildung 13.1 wurde zu Beginn des Programms definiert. Dieser Block hat eine Speichergröße von 4 Byte (`int` = 4 Byte oder auf 16-Bit-Systemen 2 Byte).

Hundertprozentig stimmt diese Analyse eines Datentyps natürlich noch nicht. Es gibt noch einige weitere Attribute, die ein Datentyp besitzt, und zwar folgende:

- Wann bekommt die Variable ihren Speicherplatz zugeordnet? (Das ist abhängig vom Schlüsselwort `static` oder `auto`.)
- Wie lange bleibt der Speicherort dieser Variablen gültig?
- Wer kann diesen Wert ändern bzw. abrufen? (Das ist abhängig vom Gültigkeitsbereich und von der Sichtbarkeit der Variablen: global, lokal, Schlüsselwort `const`.)
- Wann wird die Variable gespeichert? (Das ist abhängig vom Schlüsselwort `volatile`.)

Dies dient allerdings nur zur Information, denn ich möchte die Dinge nicht komplizierter machen, als sie sind. Benötigen Sie die Adresse einer Variablen im Arbeitsspeicher, dann kann diese mit dem Formatzeichen `%p` und dem Adressoperator `&` abgefragt und ausgegeben werden:

```
/* ptr_1.c */
#include<stdio.h>
#include<stdlib.h>
```

```
int main(void) {
   int x = 5;

   printf("Die Adresse von x ist %p \n",&x);
   return EXIT_SUCCESS;
}
```

In diesem Beispiel wurde mithilfe des Adressoperators und des Formatzeichens %p die aktuelle Speicheradresse der Variablen x ausgegeben. Bei mir auf dem PC ist die Adresse von x beispielsweise der Hex-Wert 0x0019FF38, aber bei Ihnen wird dies bestimmt anders sein, je nachdem, was bei Ihnen sonst noch läuft. Auf meinem Raspberry Pi ist die Adresse von x 0x8070FF3A, weil dort sämtliche Programme die *Grundadresse* 0x80000000 haben (dort fängt eben das Codesegment von ARM-Prozessoren an, und bei einem Offset von 0x007000000 beginnen die Daten). Sie sehen also an dieser Stelle ganz deutlich, dass Sie auf die Adressvergabe von Variablen wirklich keinen Einfluss haben. Jetzt ist natürlich auch klar, warum scanf() sich unberechenbar verhält, wenn kein Adressoperator mit angegeben wird:

```
scanf("%d",x);  /* Wohin damit ...??? */
```

Das wäre dasselbe, als wenn der Postbote einen Brief zustellen soll, auf dem sich keine Anschrift befindet. Der Brief wird niemals sein Ziel erreichen. Genauso läuft es in Ihrem PC ab, egal ob Sie jetzt ein Computerspiel spielen oder ein Textverarbeitungsprogramm verwenden. Jedes Speicherobjekt, das Sie definieren, hat eine Adresse, einen Namen und eine bestimmte Speichergröße (je nach Datentyp). Der Wert ist die einzige dieser vier Angaben, die zur Laufzeit festgelegt oder verändert werden kann.

Wie kann jetzt einem Zeiger die Adresse einer Variablen übergeben werden? Dies soll das folgende Beispiel demonstrieren:

```
/* ptr_2.c */
#include<stdio.h>
#include<stdlib.h>

int main(void) {
   int abfrage;
   int Kapitel1 = 5;
   int Kapitel2 = 60;
   int Kapitel3 = 166;
   int Nachtrag = 233;
   int *Verzeichnis;    /* Zeiger */
   do {
      printf("\tINDEXREGISTER VOM BUCH\n");
```

```
      printf("\t********************************\n\n");
      printf("\t-1- Kapitel 1\n");
      printf("\t-2- Kapitel 2\n");
      printf("\t-3- Kapitel 3\n");
      printf("\t-4- Nachtrag\n");
      printf("\t-5- Ende\n");
      printf("\n");
      printf("\tAuswahl : ");
      scanf("%d",&abfrage);
      printf("\tKapitel %d finden Sie auf ",abfrage);
      switch(abfrage) {
         case 1  :  Verzeichnis = &Kapitel1;
                    printf("Seite %d\n", *Verzeichnis);
                    break;
         case 2  :  Verzeichnis =& Kapitel2;
                    printf("Seite %d\n", *Verzeichnis);
                    break;
         case 3  :  Verzeichnis =& Kapitel3;
                    printf("Seite %d\n", *Verzeichnis);
                    break;
         case 4  :  Verzeichnis =& Nachtrag;
                    printf("Seite %d\n", *Verzeichnis);
                    break;
         default :  printf("Seite ???\n");
                    break;
      }
   } while(abfrage < 5);
   return EXIT_SUCCESS;
}
```

Listing 13.1 »ptr_2.c« erstellt ein Inhaltsverzeichnis eines Buches auf der Basis von Zeigern.

Der Zeiger des Programms ist:

```
int *Verzeichnis;
```

Hiermit wurde ein Zeiger mit dem Namen `Verzeichnis` deklariert. Bis zur `switch`-Verzweigung geschieht so weit nichts Neues. Aber dann finden Sie in der ersten `case`-Anweisung:

```
Verzeichnis =& Kapitel1;
```

Damit wird dem Zeiger `Verzeichnis` die Adresse der Variablen `Kapitel1` übergeben (siehe auch Abbildung 13.2Dies erkennen Sie am Adressoperator `&`, der sich vor der Variablen `Kapitel1` befindet. Falls Sie den Adressoperator vor der Variablen `Kapitel1` vergessen, wird der Compiler das Programm nicht übersetzen, da ein Zeiger eine Adresse und nicht den Wert einer Variablen haben will. Es kommt natürlich auch darauf an, wie Sie den Compiler einstellen. Wenn Sie z. B. sämtliche Typ-Prüfungen abschalten, können Sie den Adressoperator getrost weglassen. Dann zeigen einfach `Verzeichnis` und `Kapitel` auf dieselbe Adresse. Ich würde Ihnen aber nicht dazu raten, einfach Dinge abzuschalten, die es aus gutem Grund gibt (nämlich, um den Programmierer vor Folgen der eigenen Unachtsamkeit zu schützen).

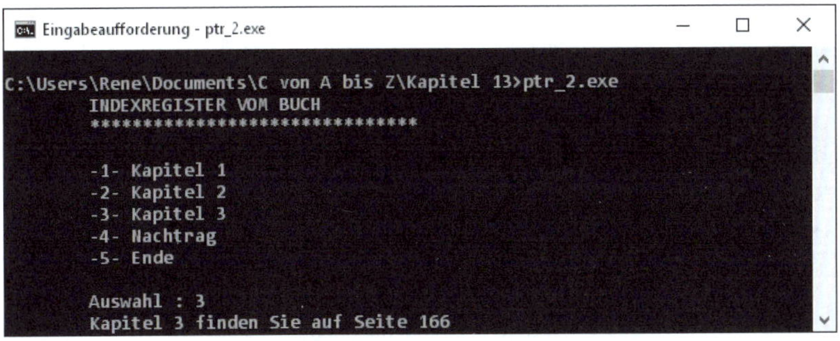

```
Eingabeaufforderung - ptr_2.exe

C:\Users\Rene\Documents\C von A bis Z\Kapitel 13>ptr_2.exe
        INDEXREGISTER VOM BUCH
        ********************************

        -1- Kapitel 1
        -2- Kapitel 2
        -3- Kapitel 3
        -4- Nachtrag
        -5- Ende

        Auswahl : 3
        Kapitel 3 finden Sie auf Seite 166
```

Abbildung 13.2 Programm zur Verwendung der Zeiger in Aktion

Zu diesem Beispiel folgt ein kleiner Ausschnitt, der verdeutlicht, was im Speicher geschieht, wenn Sie Zeiger benutzen (siehe auch Abbildung 13.3):

```
int Kapitel1 = 5;
int Kapitel2 = 60;
int Kapitel3 = 166;
int Nachtrag = 233;
int *Verzeichnis;
```

Adresse: 00000005	Name: Kapitel1	Wert: 5
Adresse: 0000003C	Name: Kapitel2	Wert: 60
Adresse: 000000A6	Name: Kapitel3	Wert: 166
Adresse: 000000E9	Name: Nachtrag	Wert: 233
Adresse: 00402000	Name: Verzeichnis	Adresse: --------

Abbildung 13.3 Darstellung von Zeigern im Arbeitsspeicher

Zunächst erfolgt beispielsweise die Adressübergabe der Variablen Kapitel1 an den Zeiger Verzeichnis mit dem Adressoperator:

```
Verzeichnis =& Kapitel1;
```

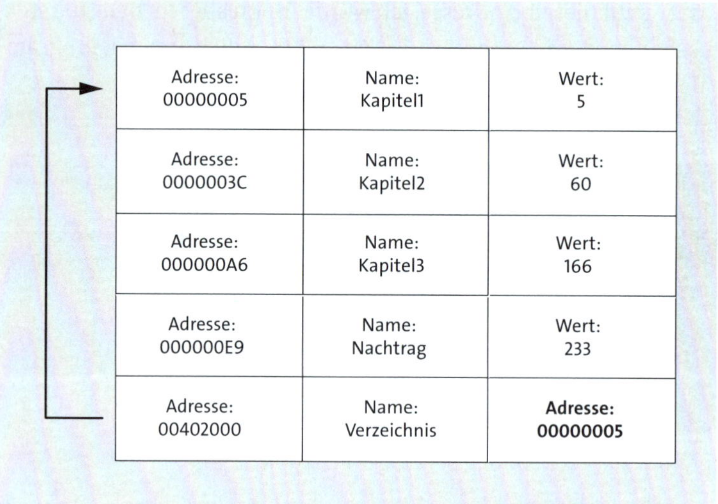

Abbildung 13.4 Der Zeiger verweist hier auf die Adresse der Variablen »Kapitel1«.

An Abbildung 13.4 lässt sich erkennen, wie der Zeiger Verzeichnis die Adresse der Variablen Kapitel1 enthält. Ein wenig anders sieht es dann hiermit aus:

```
printf("Seite %d\n", *Verzeichnis);
```

Zum ersten Mal kommt der Indirektionsoperator (*) ins Spiel. Er dereferenziert den Wert der Adresse, mit der der Zeiger zuvor mit

```
Verzeichnis =& Kapitel1;
```

initialisiert wurde. Lassen Sie bei der Ausgabe einfach einmal den Indirektionsoperator weg:

```
printf("Seite %d\n", Verzeichnis);    /* ohne '*' */
```

Übersetzen Sie dieses Programm erneut, und lassen Sie sich das Verzeichnis von Kapitel1 ausgeben. Es wird irgendeine Zahl ausgegeben, nur nicht die Zahl 5. Warum? Eine Umänderung der Zeile

```
printf("Seite %d\n", *Verzeichnis);
```

in

```
printf("Adressen %p %p\n", *Verzeichnis, Kapitel1);
```

zeigt mehr.

Hier soll also wieder das erste Kapitel (also die Variable `Kapitel1`) bei der Ausgabe mit `printf()` verwendet werden. In diesem Fall werden beide Male dieselben Adressen ausgegeben, denn mit `Verzeichnis =& Kapitel1` wird nur die Adresse des Zeigers `Verzeichnis` auf die Adresse des Zeigers `Kapitel1` gesetzt. Ohne den Indirektionsoperator ist ein Zeiger also nutzlos, und nur mit dem Indirektionsoperator können Sie direkt auf den Inhalt einer Variablen zugreifen.

Wenn Sie nun den Zeiger auf `Kapitel3` (`Verzeichnis =& Kapitel3`) verweisen lassen, ergibt sich der Stand im Arbeitsspeicher, den Sie in Abbildung 13.5 sehen.

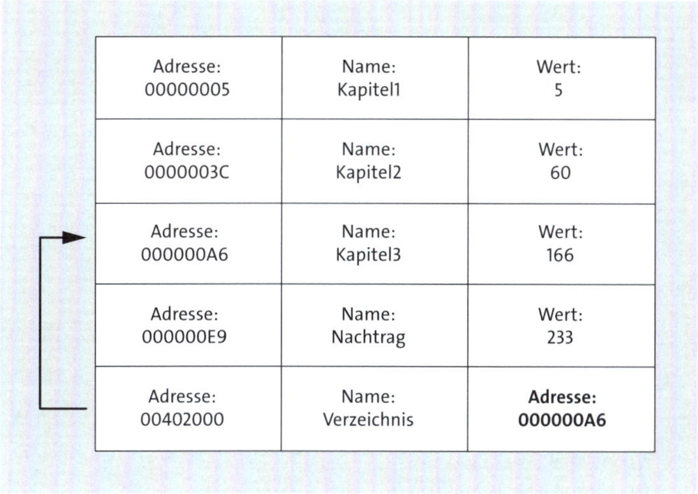

Adresse: 00000005	Name: Kapitel1	Wert: 5
Adresse: 0000003C	Name: Kapitel2	Wert: 60
Adresse: 000000A6	Name: Kapitel3	Wert: 166
Adresse: 000000E9	Name: Nachtrag	Wert: 233
Adresse: 00402000	Name: Verzeichnis	**Adresse: 000000A6**

Abbildung 13.5 Der Zeiger verweist jetzt auf die Adresse von »Kapitel3«.

Merke

Wird der Indirektionsoperator (*) vorangestellt, erkennen Sie, dass nicht auf den Zeiger zurückgegriffen werden soll, sondern auf das Datenobjekt, dessen Anfangsadresse sich im Zeiger befindet. Dies muss so gemacht werden, weil der Compiler wissen muss, wo er die Maschinenbefehle für die indirekte Adressierung erzeugen soll und wo nicht.

Zum besseren Verständnis folgt dazu ein weiteres Programm, das die Verwendung von Zeigern detaillierter darstellen soll. Es ist ein lehrreiches Beispiel, und es lohnt sich, es zu studieren:

```
/* ptr_3.c */
#include<stdio.h>
#include<stdlib.h>

int main(void) {
```

```
    int x=5;
    int *y;

    printf("Adresse x=%p, Wert x=%d\n", &x, x);

    /*  Führt bei manchen Systemen zum Programmabsturz,
     *  ggf. auskommentieren. */
    printf("Adresse *y=%p, Wert *y=%d(unsinn)\n", &y, *y);
    printf("\ny=&x;\n\n");

    /* y hat jetzt die Adresse von x. */
    y =& x;
    printf("Adresse  x=%p, Wert x=%d\n", &x, x);
    printf("Adresse *y=%p, Wert *y=%d\n", &y, *y);
    printf("\nAdresse, auf die y zeigt, ist %p\n", y);
    printf("und das ist die Adresse von x = %p\n", &x);

    printf("\nACHTUNG!!!\n\n");
    *y = 10;
    printf("*y=10\n\n");
    printf("Adresse  x=%p, Wert  x=%d\n", &x, x);
    printf("Adresse *y=%p, Wert *y=%d\n", &y, *y);
    printf("\nAdresse, auf die y zeigt, ist %p\n", y);
    printf("weiterhin die Adresse von x (%p)\n", &x);
    return EXIT_SUCCESS;
}
```

Listing 13.2 »ptr_3.c« zeigt, dass Sie bei der Verwendung von Zeigern aufpassen müssen.

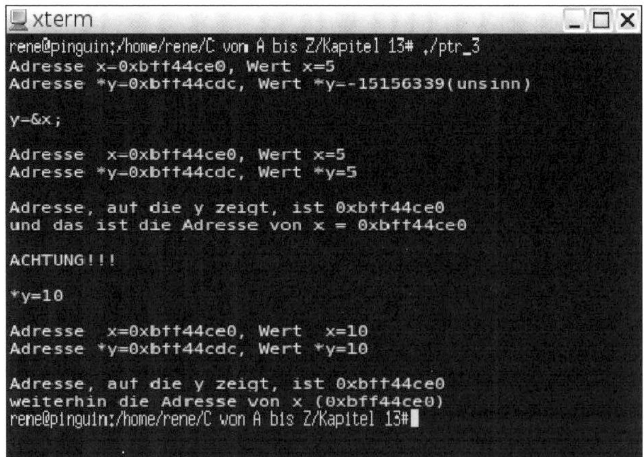

Abbildung 13.6 Die Ausgabe des Programms unter Linux

Folgende Zeile dürfte Ihnen bei diesem Programm aufgefallen sein:

```
*y = 10;
```

Der Wert der Variablen x wird dereferenziert. Mit dieser Dereferenzierung kann jederzeit auf den Wert der Variablen x zugegriffen werden. Dadurch kann mithilfe eines Zeigers der Inhalt der Variablen verändert werden, und zwar so, als würden Sie direkt darauf zugreifen. Abbildung 13.7 bis Abbildung 13.9 verdeutlichen den Verlauf.

```
int x = 5;
int *y;
```

Adresse: 000000FF	Name: x	Wert: 5
Adresse: 0000003C	Name: y	Adresse: NULL

Abbildung 13.7 Speicheradressierung der Variablen »x« und des Zeigers »y«

```
y =& x;
```

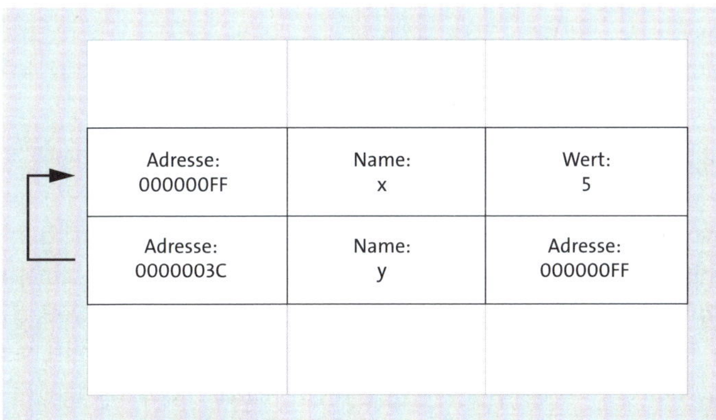

Abbildung 13.8 Der Zeiger »y« verweist jetzt auf die Adresse der Variablen »x«.

```
*y = 10;
```

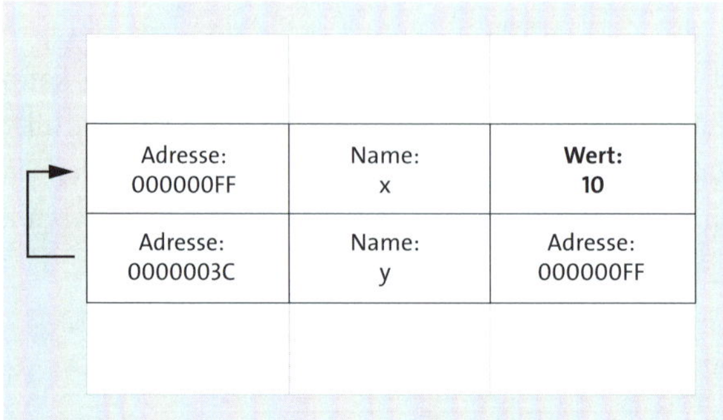

Abbildung 13.9 Dereferenzierung der Variablen »x«

Somit gilt: Wenn Sie mit dem Indirektionsoperator den Wert einer Variablen auslesen können, dann kann damit auch die Variable verändert werden. Das Wichtigste ist, dass Sie verstehen, dass einem Zeiger kein Wert übergeben wird, sondern eine Adresse (ich wiederhole mich), um anschließend mit dem Wert dieser Adresse zu arbeiten. Aber Achtung, das folgende Programm könnte böse Folgen haben:

```
/* ptr_4.c */
#include<stdio.h>
#include<stdlib.h>

int main(void) {
   int *y;
   *y=10;

   printf("Der Wert von *y ist %d\n", *y);
   return EXIT_SUCCESS;
}
```

Listing 13.3 »ptr_4.c« zeigt, dass Sie Zeigern immer gültige Adressen zuweisen sollten.

Dem Zeiger `y` wurde zuvor keine gültige Adresse zugewiesen. Dies bedeutet, dass dem Zeiger `y` beim Start des Programms eine Adresse zur Verfügung steht, die durch ein zufälliges Bitmuster vom Linker erzeugt wurde. Das Programm kann theoretisch sogar korrekt ablaufen. Irgendwann kann (wird) es jedoch ein vollkommen falsches Ergebnis zurückliefern. Auch könnte es sein, dass auf einen Speicherbereich zugegriffen wird, der bereits Daten enthält. Dies könnte zu erheblichen Problemen bei der Programmausführung bis hin zum Absturz führen.

Solche Fehler können Sie vermeiden, indem Sie einen nicht verwendeten Zeiger mit `NULL` initialisieren und vor der Verwendung des Zeigers eine Überprüfung auf `NULL` durchführen. Der Wert oder genauer der Zeiger `NULL` ist meistens eine Konstante, die mit dem Wert `0` definiert ist:

```
#define NULL (void *)0
```

Einfach ausgedrückt, handelt es sich bei diesem `NULL`-Zeiger um einen *Ich-zeige-auf-keine-gültige-Adresse*-Wert.

[«]

Hinweis zum NULL-Zeiger

Auf `NULL` gehe ich in Abschnitt 15.3, »Das NULL-Mysterium«, etwas genauer ein. Allerdings empfehle ich Ihnen, auch die deutsche FAQ der *de.comp.lang.c* (*http://www.dclc-faq.de/inhalt.htm*) zu lesen. Dort wurde dem Thema `NULL`-Zeiger ein ganzes Unterkapitel gewidmet, da besonders Anfänger hiermit oft Probleme haben. Theoretisch muss ein `NULL`-Zeiger nämlich kein Zeiger auf `NULL` sein, sondern kann auch eben nur als `0` definiert werden.

Hier sehen Sie das Erwähnte in der Praxis:

```
/* ptr_5.c */
#include<stdio.h>
#include<stdlib.h>

int main(void) {
   int *y=NULL;     /* Zeiger mit NULL initialisieren */

   if(y == NULL) {
      printf("Der Zeiger besitzt keine gültige Adresse\n");
      return EXIT_FAILURE;
   }
   else
      *y = 10;
   return EXIT_SUCCESS;
}
```

Listing 13.4 »ptr_5.c« zeigt Ihnen, dass jedem Zeiger der Wert NULL zugewiesen werden kann, auch im laufenden Betrieb.

Ein Tipp zu einer sichereren Überprüfung von:

```
if(y == NULL)
```

Es kann dabei schnell passieren, dass Sie statt einer Überprüfung auf `NULL` den Zeiger mit `NULL` initialisieren:

```
if(y = NULL)  /* Fehler */
```

Mit folgender Überprüfung kann Ihnen dieser Fehler nicht mehr unterlaufen:

```
if(NULL == y)
```

Denn sollten Sie NULL den Zeiger y zuweisen wollen, wird der Compiler das Programm nicht übersetzen, da dies rein syntaktisch falsch ist.

Natürlich geht dies auch umgekehrt. Sie können einer normalen Variablen auch den Wert eines Zeigers übergeben, auf den dieser zeigt. Beispiel:

```
/* ptr_6.c */
#include<stdio.h>
#include<stdlib.h>

int main(void) {
   int *ptr;
   int var=10, tmp;

   /* ptr zeigt auf Adresse von var. */
   ptr =& var;
   /* Variable tmp bekommt den Wert, den ptr dereferenziert. */
   tmp = *ptr;        /* tmp=10 */
   *ptr = 100;        /* Inhalt von var wird verändert var=100. */
   if(var > 50)       /* Ist var größer als 50 ... ? */
      var = tmp;        /* ... wieder den alten Wert */
   printf("var=%d\t*ptr=%d\n",var, *ptr); /* var=10   *ptr=10 */
   return EXIT_SUCCESS;
}
```

Listing 13.5 »ptr_6.c« demonstriert das Zuweisen von Zahlenwerten an Zeiger, was auch möglich ist.

Wichtig ist allerdings dabei, dass Sie den Indirektionsoperator verwenden. Denn dieser dereferenziert den Wert, auf den der Zeiger zeigt:

```
tmp = *ptr;  /* tmp=10 */
```

Sollten Sie den Indirektionsoperator vergessen, lässt sich das Programm ohnehin nicht übersetzen, denn es würde ja versucht werden, der Variablen tmp eine Adresse zu übergeben.

Hier ist ein schneller Überblick zum Zugriff und zur Dereferenzierung von Zeigern:

```
// Deklaration
int *ptr;
int var, var2;
```

```
// Initialisieren: ptr bekommt die Adresse von var.
ptr =& var;

// Dereferenzierung : var bekommt den Wert 100 zugewiesen.
*ptr = 100;

// var2 mit demselben Wert wie var initialisieren
var2 = *ptr;

*ptr+=100;      // Dereferenzierung: var wird um 100 erhöht.
(*ptr)++;       // Dereferenzierung: var hat jetzt den Wert 201.
(*ptr)--;       // var hat wieder den Wert 200.
ptr=&var2;      // ptr zeigt auf var2.

printf("%d", *ptr);     // Gibt Wert von var2 aus.
printf("%p", &ptr);     // Gibt Adresse von ptr aus.
printf("%p", ptr);      // Gibt Adresse von var2 aus.
```


Sicherlich sind Ihnen im Beispiel auch die Klammern bei den Zeilen

```
(*ptr)++;       // Dereferenzierung: var hat jetzt den Wert 201.
(*ptr)--;       // var hat wieder den Wert 200.
```

aufgefallen. Diese waren nötig, da die Operatoren ++ und -- einen höheren Rang haben als der Indirektionsoperator (*) (siehe Abschnitt A.1, »Rangfolge der Operatoren«). Wenn Sie diese Klammerung vergessen, kann das zu schwer auffindbaren Fehlern führen.

13.3.1 Speichergröße von Zeigern

Ich komme bei der dynamischen Speicherverwaltung in Kapitel 15 zwar nochmals genauer auf dieses Thema zurück, aber es soll schon einmal kurz erwähnt werden. Die Größe eines Zeigers hängt nicht von dem Datentyp ab, auf den dieser verweist. Das ist schließlich nicht notwendig, denn Zeiger sollen ja keine Werte, sondern Adressen speichern. Und zur Speicherung von Adressen werden in der Regel zwei, vier oder acht Byte benötigt, je nach Prozessortyp. Den Beweis liefert folgendes Listing:

```
/* ptr_7.c */
#include<stdio.h>
#include<stdlib.h>

int main(void) {
   char   *v;
```

```
   int    *w;
   float  *x;
   double *y;
   void   *z;

   printf("%d\t %d\t %d\t %d\t %d \n",
      sizeof(v),sizeof(w), sizeof(x), sizeof(y), sizeof(z));
   return EXIT_SUCCESS;
}
```

Hinweis: Zeiger auf 64-Bit-Architekturen

Auf 64-Bit-Architekturen mit einem 64-Bit-Betriebssystem und dem LP64-Typenmodell ist ein Zeiger (wie auch der Datentyp `long`) üblicherweise 64 Bit breit und umfasst somit 8 Byte. Ganz richtig ist dies jedoch nicht, da moderne PC-Prozessoren trotz sehr breiter *Adressbusse* nicht über 48-Bit-Adressen hinauskommen. In C/C++ auf PCs sind deshalb die Bits 48 bis 63 der Adresszeiger ausmaskiert (also immer 0). Ferner gibt es noch immer sehr viele Probleme mit der 64-Bit-Architektur, vor allem, wenn mehr als 8 GB RAM (auf Windows 11 32 GB) verwendet wird. Wenn Sie solche Probleme in Ihrem Programm vermuten, sollten Sie testweise eine 32-Bit-Anwendung erstellen und schauen, ob das entsprechende »komische Verhalten« dann immer noch auftritt.

Sicherlich stellt sich jetzt die Frage, warum man Zeiger dann überhaupt typisieren sollte, wenn der Speicherverbrauch immer gleich ist. Die Typisierung ist aber ziemlich wichtig in C. Nur dadurch lässt sich die Zeigerarithmetik korrekt realisieren: Die indirekte Adressierung sagt ja nichts darüber aus, wie groß eine bestimmte Datenstruktur ist, sondern bestimmt nur die Anfangsadresse. Nur durch das Wissen um die Speichergröße des assoziierten Typs kann deshalb die Adresse des Vorgänger- oder Nachfolgeelements berechnet werden. Darüber hinaus ermöglicht die Typisierung von Zeigern dem Compiler, Verletzungen der Typkompatibilität zu erkennen.

Hinweis: »void«-Zeiger

Es gibt in der Tat Zeiger, die keinem Typ zugeordnet sind (sogenannte `void`-Zeiger; siehe Abschnitt 13.12, »void-Zeiger«). Diese Zeiger können allerdings nicht dereferenziert, inkrementiert oder dekrementiert werden. In diesem Fall »meckert« der Compiler.

13.4 Zeigerarithmetik

Folgende Rechenoperationen können mit einem Zeiger und auf dessen Adresse verwendet werden:

- Ganzzahlwerte erhöhen
- Ganzzahlwerte verringern
- inkrementieren
- dekrementieren

Wenn Sie Folgendes eingeben würden:

```
int *ptr;
int wert;

ptr =& wert;
ptr += 10;
```

Auf welche Adresse zeigt dann der Zeiger `ptr`? 10 Byte von der Variablen `wert` entfernt? Nein, ein Zeiger wird immer um ein Vielfaches des Werts der Größe des Datentyps erhöht bzw. heruntergezählt. Auf einem 32-Bit-System würde der Zeiger `ptr` auf eine Stelle verweisen, die 40 Byte von der Anfangsadresse der Variablen `wert` entfernt ist (es sei denn, Sie stellen das sogenannte *Alignment* des Compilers auf Bytes ein). Man sagt auch, dass in C die Adressen in *Wörtern* gezählt werden, und dies sind auf 32-Bit-Systemen 4 Byte. Warum dies so ist, hat damit zu tun, dass der Zugriff auf Wörter schneller ist als auf Bytes. Ein Wort ist quasi die maximale Anzahl Bits, die in ein Prozessorregister passen, und der Zugriff hierauf ist eben sehr effizient. Das heißt natürlich auch, dass Ihr Programm sehr langsam wird, wenn Sie das Alignment per Hand ändern.

Die Adresse eines Zeigers zu erhöhen ist aber ohnehin sehr gefährlich, da der Zeiger danach höchstwahrscheinlich nicht mehr auf einen reservierten Speicherbereich zeigt. Die Konsequenz ist meist eine allgemeine Schutzverletzung, mit der sich das Programm beendet.

Des Weiteren sind bei Verwendung eines Zeigers natürlich auch die Vergleichsoperatoren `<`, `>`, `!=`, `==`, `<=` und `=>` erlaubt. Die Verwendung ist aber nur sinnvoll, wenn die Zeiger auf Elemente eines Arrays zeigen (denn dann macht das automatische Alignment wirklich Sinn).

13.5 Zeiger, die auf andere Zeiger verweisen

Zeiger können letztendlich auch auf andere Zeiger verweisen:

```
int *ptr1;
int *ptr2;

ptr1 = ptr2;
```

In diesem Fall zeigen beide Zeiger auf dieselbe Adresse. Dies ist ein wenig verwirrend, daher zeigt Listing 13.6 ein kleines Beispiel dazu:

```
/* ptr_8.c */
#include<stdio.h>
#include<stdlib.h>

int main(void) {
   int wert=10;
   int *ptr1;
   int *ptr2;

   ptr1 = &wert;
   ptr2 = ptr1;

   printf("ptr1 verweist auf %p\n", ptr1);
   printf("Wert in %p ist %d\n\n", ptr1, *ptr1);

   printf("ptr2 verweist auf %p\n", ptr2);
   printf("Wert in %p ist %d\n\n", ptr2, *ptr2);

   printf("Adresse von ptr1 : %p\n", &ptr1);
   printf("Adresse von ptr2 : %p\n", &ptr2);
   printf("Adresse von wert : %p\n\n", &wert);

   printf("ptr1 [%p] -> [%p] = [%d]\n", &ptr1, ptr1, *ptr1);
   printf("ptr2 [%p] -> [%p] = [%d]\n", &ptr2, ptr2, *ptr2);
   return EXIT_SUCCESS;
}
```

Listing 13.6 »ptr_8.c« zeigt, dass zwei Zeiger auf dieselbe Adresse zeigen können.

Bei diesem Programm verweisen beide Zeiger auf denselben Wert (genauer gesagt auf dieselbe Adresse), nämlich auf die Adresse der Variablen `wert`. Mit `ptr2 = ptr1` bekommt `ptr2` dieselbe Adresse zugewiesen, auf die schon `ptr1` zeigt. Auffällig ist auch, dass kein Adressoperator verwendet wird. Dieser wird nicht benötigt, da der Wert eines Zeigers schon eine Adresse ist und ein Zeiger auch einen Wert als Adresse erwartet. Würde jetzt

```
*ptr1 = 11;
```

im Programm eingefügt, würde der Wert der Variablen `wert` in `11` geändert, und somit wäre die Ausgabe des Programms immer `11`. Falls Sie

```
wert = 20;
```

schreiben, werden auch die beiden Zeiger (mit Verwendung des Dereferenzierungsoperators) 20 ausgeben, da die Zeiger ja weiterhin auf die Speicheradresse der Variablen `wert` zeigen.

Adresse: 00000005	Name: wert	Wert: 10
Adresse: 000000FF	Name: ptr1	**Adresse: 0000005**
Adresse: 0000003C	Name: ptr2	**Adresse: 00000005**

Abbildung 13.10 Ein Zeiger bekommt die Adresse eines anderen Zeigers.

13.5.1 Subtraktion zweier Zeiger

In der Standard-Headerdatei *<stddef.h>* befindet sich ein primitiver Datentyp `ptrdiff_t`, der meist mit `int` deklariert ist. Dieser wird verwendet, um das Ergebnis aus der Subtraktion zweier Zeiger zurückzugeben. Diese Subtraktion wird verwendet, um zu berechnen, wie weit zwei Zeiger zum Beispiel in einem Array voneinander entfernt sind, und nur diese Funktion gibt wirklich korrekte Werte zurück. Näheres über den Zusammenhang von Arrays bzw. Strings und Zeigern können Sie in Abschnitt 13.7 lesen. Hier sehen Sie ein einfaches Listing:

```
/* ptr_9.c */
#include<stdio.h>
#include<stddef.h>  /* für ptrdiff_t */
#include<stdlib.h>

int main(void) {
   char *ptr1, *ptr2;
   ptrdiff_t diff; /* Primitiver Datentyp */
   char string[] = { "Hallo Welt\n" };

   /* ptr2 auf Anfangsadresse von string */
   ptr2 = string; // & nicht nötig, weil Arrays Zeiger sind
   /* ptr1 6 Byte weiter von der Adresse ptr2 platzieren */
   ptr1 = ptr2 + 6;
```

```
   /* Wie weit liegen beide Zeiger voneinander entfernt? */
   diff = ptr1-ptr2;
   // Nach dem C99-Standard können Sie die formatierte
   // Ausgabe auch mit dem Argumenttyp-Modifikator t für
   // ptrdiff_t verwenden, also %td anstatt %d.
   printf("Differenz der beiden Zeiger : %d Byte\n",diff);
   printf("%s",ptr1);  /* Welt */
   printf("%s",ptr2);  /* Hallo Welt */
   return EXIT_SUCCESS;
}
```

Listing 13.7 »ptr_9.c« zeigt Ihnen, wie Sie die Subtraktion verwenden können, um den Abstand zwischen zwei Zeigern im Speicher festzustellen.

Mit der Zeile

```
ptr1 = ptr2 + 6;
```

lassen Sie den Zeiger `ptr1` auf die Adresse `string[6]` zeigen. `ptr2` zeigt hingegen weiterhin auf die Anfangsadresse des Strings (`string[0]`). Die Differenz dieser beiden Zeiger beträgt 6 Byte, da diese so weit voneinander entfernt sind. Hier wird nicht in Prozessorwörtern gerechnet, weil beide Strings Bytes enthalten und C in diesem Fall ein automatisches Alignment auf Bytes durchführt. Das heißt natürlich auch, dass das letzte Beispiel nicht funktioniert, wenn Sie Unicode-Zeichen verwenden, denn diese sind 2 Byte groß!

13.6 Typensicherung bei der Dereferenzierung

Zeiger sind in C streng typisiert. Sie können einen Zeiger vom Datentyp `int` nicht auf die Adresse eines `double`-Werts zeigen lassen, wie im folgenden Beispiel zu sehen ist:

```
/* ptr_10.c */
#include<stdio.h>
#include<stdlib.h>

int main(void) {
   int *int_ptr;
   double double_wert=999.999;

   int_ptr=&double_wert;
   printf("*int_ptr=%d double=%f\n", *int_ptr, double_wert);
   return EXIT_SUCCESS;
}
```

Listing 13.8 »ptr_10.c« zeigt, dass in C Zeiger streng typisiert sind.

Die Ausgabe des Zeigers wird irgendwelchen Unsinn ergeben und C++ wird die Zeile

```
int_ptr=&double_wert;
```

sogar »anmeckern« und die Meldung `Cannot convert double * to int *` ausgeben. Es ist aber auch möglich, die Typensicherung durch explizite Typumwandlung oder über einen `void`-Zeiger zu umgehen. Aber dazu später mehr.

13.7 Zeiger als Funktionsparameter (Call-by-Reference)

Funktionen, die mit einem oder mehreren Parametern definiert werden und mit `return` einen Rückgabewert zurückliefern, haben wir bereits verwendet (*Call-by-Value*). Der Nachteil dieser Methode ist, dass bei jedem Aufruf erst einmal alle Parameter kopiert werden müssen, sodass diese Variablen der Funktion anschließend als lokale Variablen zur Verfügung stehen. Betrachten Sie beispielsweise folgendes Programm:


```
/* ptr_11.c */
#include<stdio.h>
#include<stdlib.h>
#define PI 3.141592f

float kreisflaeche(float wert) {
   return (wert = wert * wert * PI);
}

int main(void) {
   float radius, flaeche;

   printf("Berechnung einer Kreisfläche!!\n\n");
   printf("Bitte den Radius eingeben : ");
   scanf("%f", &radius);
   flaeche = kreisflaeche(radius);
   printf("\nDie Kreisfläche beträgt : %f\n", flaeche);
   return EXIT_SUCCESS;
}
```

Das nächste Beispiel übergibt nun statt der Variablen `radius` einfach nur die Adresse der Variablen als Argument und gibt das Ergebnis (also die Kreisfläche) gleich an `radius` zurück. Die Übergabe von Adressen als Argument einer Funktion wird *Call-by-Reference* genannt. Das Prinzip sehen Sie im abgeänderten Programmbeispiel:

```
/* ptr_12.c */
#include<stdio.h>
#include<stdlib.h>
#define PI 3.141592f

void kreisflaeche(float *wert) {
   *wert = ( (*wert) * (*wert) * PI );
}

int main(void) {
   float radius;

   printf("Berechnung einer Kreisfläche!!\n\n");
   printf("Bitte den Radius eingeben : ");
   scanf("%f", &radius);
   /* Adresse von radius als Argument an kreisflaeche() */
   kreisflaeche(&radius);
   printf("\nDie Kreisfläche beträgt : %f\n", radius);
   return EXIT_SUCCESS;
}
```

Listing 13.9 »ptr_12.c« demonstriert die Parameterübergabe durch Call-By-Reference.

Statt einer Variablen als Argument wurde in diesem Beispiel einfach die Adresse der Variablen radius übergeben. Bildlich können Sie sich das Prinzip so vorstellen wie in Abbildung 13.11 bis Abbildung 13.13 illustriert.

```
float radius; /* Wir geben einfach mal 5.5 ein */
```

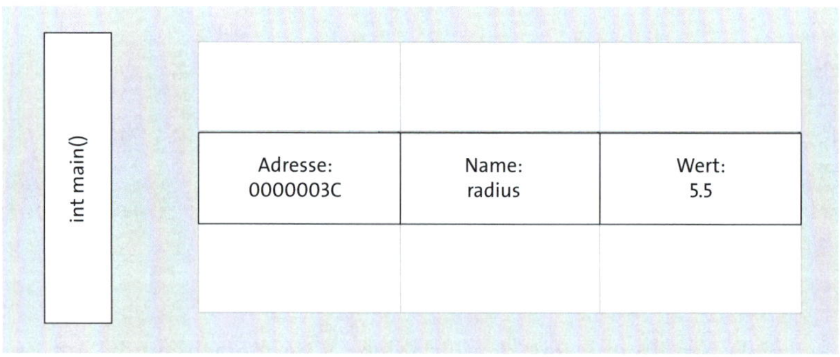

Abbildung 13.11 Die Variable »radius« bekommt den Wert 5.5.

```
kreisflaeche(&radius);
```

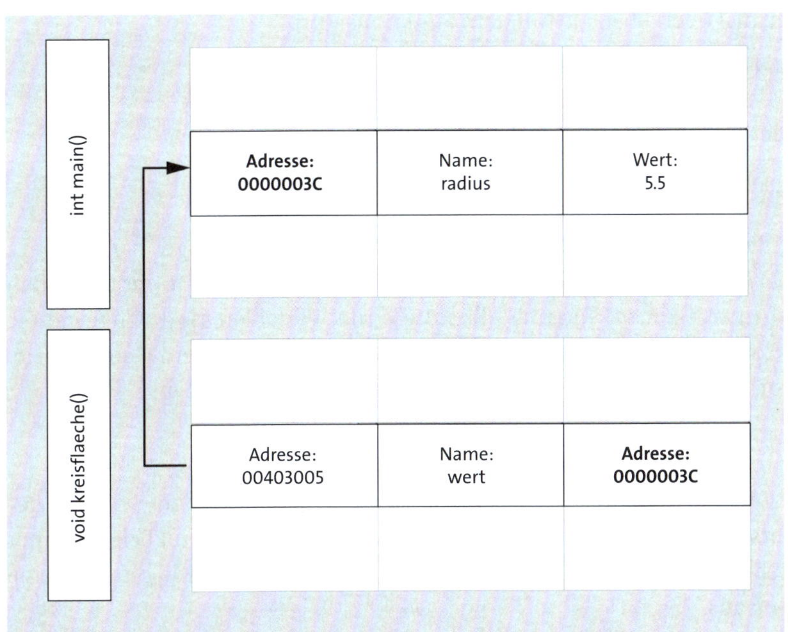

Abbildung 13.12 Adresse als Funktionsparameter (Call-by-Reference)

```
*wert = (*wert) * (*wert) * PI;
```

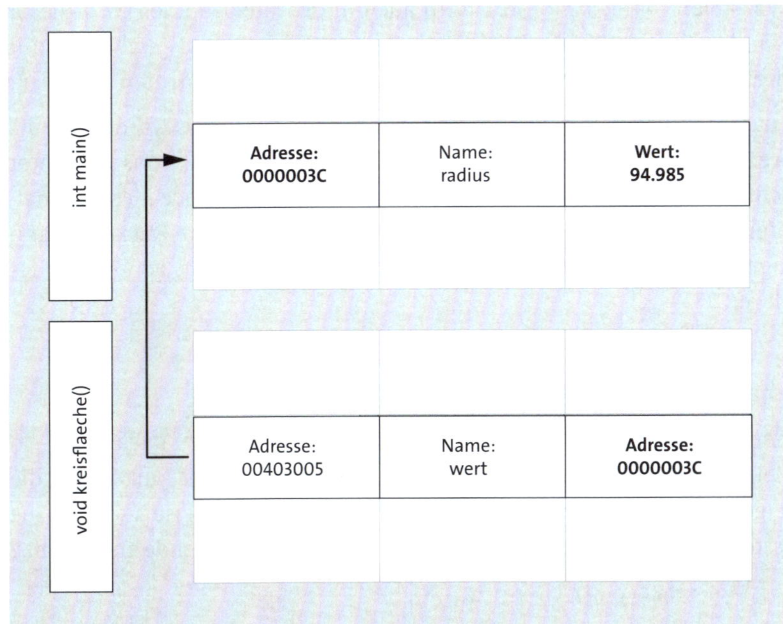

Abbildung 13.13 In der Funktion wird mit der Referenz gerechnet.

In diesem Beispiel übergeben Sie mit dem Funktionsaufruf

```
kreisflaeche(&radius);
```

die Adresse der Variablen `radius` als Referenz an die Funktion:

```
void kreisflaeche(float *wert)
```

In der Funktion `kreisflaeche()` befindet sich als Parameter ein Zeiger namens `wert` vom Typ `float`. Der Zeiger `wert` in der Funktion `kreisflaeche()` bekommt durch den Funktionsaufruf `kreisflache(&radius)` die Adresse der Variablen `radius` zugewiesen. Jetzt, da der Zeiger in der Funktion die Adresse kennt, kann mit dem Dereferenzierungsoperator, der ja auf den Wert von `radius` zeigt, gerechnet werden:

```
*wert= (*wert) * (*wert) * PI;
```

Die Klammerung bei der Berechnung kann auch weggelassen werden. Sie dient der besseren Übersicht. Ohne den Dereferenzierungsoperator würde lediglich mit einer Adresse gerechnet werden. Die meisten Compiler geben in diesem Fall ohnehin eine Fehlermeldung aus.

Es wird Ihnen sicherlich aufgefallen sein, dass bei der Funktion keine Rückgabe mehr mit `return` erfolgt und der Rückgabetyp `void` ist. Das liegt daran, dass bei jeder Neuübersetzung des Programms jeder Variablen eine Adresse zugewiesen wird, die sich während der Laufzeit des Programms nicht mehr ändern lässt. Da die Funktion die Adresse der Variablen `radius` bekommt, wird auch in der Funktion der Wert dieser Variablen verändert. Weil hierbei mit der Variablen `radius` und dem Zeiger `wert` mit derselben Adresse gearbeitet wird, entfällt eine Rückgabe an den Aufrufer.

Natürlich ist das letzte Programm nur ein Beispiel, denn in der Praxis würde man die Variante `A=kreisflaeche(radius)` bevorzugen und übergebene Funktionsparameter möglichst nicht verändern. Szenarien, in denen sich Call-by-Reference nicht vermeiden lässt, treten also meistens dort auf, wo man eigentlich mehrere Rückgabeparameter benötigen würde. Und genau dies unterstützt ANSI-C nicht, genau wie der neue C-Standard C23.

13.7.1 Zeiger als Rückgabewert

Es ist auch möglich, einen Zeiger als Rückgabewert einer Funktion zu deklarieren, so wie das bei vielen Funktionen der Standard-Bibliothek gemacht wird. Funktionen, die mit einem Zeiger als Rückgabetyp deklariert sind, geben logischerweise auch nur die Anfangsadresse des Rückgabetyps zurück. Die Syntax dazu sieht folgendermaßen aus:

```
Zeiger_Rückgabetyp *Funktionsname(Parameter)
```

Das Verfahren mit Zeigern als Rückgabewert von Funktionen wird häufig bei Strings oder Strukturen verwendet und ist eine effiziente Methode, Datenobjekte aus einer

Funktion zurückzugeben. Speziell bei Strings ist dies die einzige Möglichkeit, eine ganze Zeichenkette aus einer Funktion zurückzugeben. Tatsächlich wird natürlich nur die Anfangsadresse, also das erste Zeichen, an den Aufrufer zurückgegeben. Es folgt ein recht einfaches Beispiel:

```
/* ptr_13.c */
#include<stdio.h>
#include<stdlib.h>
#include<string.h>
#define MAX 255

char *eingabe(char *str) {
   char input[MAX];

   printf("Bitte \"%s\" eingeben: ",str);
   fgets(input, MAX, stdin);
   return strtok(input, "\n");
}

int main(void) {
   char *ptr;

   ptr = eingabe("Vorname");
   printf("Hallo %s\n", ptr);
   ptr = eingabe("Nachname");
   printf("%s, interssanter Nachname\n", ptr);
   return EXIT_SUCCESS;
}
```

Listing 13.10 »ptr_13.c« zeigt Ihnen, wie Sie einen Zeiger als Rückgabewert verwenden.

Der Funktion `eingabe()` wird als Argument die Adresse eines Strings übergeben. Dieser String kann durchaus eine konstante Zeichenkette sein, die vom Compiler auch immer automatisch richtig im Speicher abgelegt wird. In der Funktion `eingabe()` werden Sie aufgefordert, einen Namen einzugeben. Die Anfangsadresse des eingegebenen Strings geben Sie mit folgender Zeile zurück:

```
return strtok(input, "\n");
```

Die Funktion `strtok()` liefert als Rückgabewert einen `char`-Zeiger zurück. Da die Funktion `fgets()` beim Einlesen von der Standardeingabe das Newline-Zeichen mit einliest, haben Sie gleich zwei Fliegen mit einer Klappe geschlagen: Das Newline-Zeichen wird mit `strtok()` entfernt, und die Funktion liefert auch gleich die Anfangsadresse des Strings `input` als Rückgabewert zurück, den Sie direkt mit `return` weiterverwenden. Doch Vorsicht, Folgendes funktioniert nicht:

```
char *eingabe(char *str) {
   char input[MAX];

   printf("Bitte \"%s\" eingeben: ", str);
   fgets(input, MAX, stdin);
   return input;
}
```

Normalerweise sollte hier der Compiler schon melden, dass etwas nicht stimmt. Spätestens aber dann, wenn Sie das Beispiel ausführen, werden Sie feststellen, dass anstatt des Strings, den Sie in der Funktion eingabe() eingegeben haben, nur Datenmüll ausgegeben wird.

Wenn Sie die Geschichte mit den Funktionen und dem Stack (in Abschnitt 10.20.1, »Exkurs: Stack«) gelesen haben, dann wissen Sie, dass beim Aufruf einer Funktion der Stack verwendet wird, auf dem alle benötigten Daten einer Funktion (die Parameter, die lokalen Variablen und die Rücksprungadresse) angelegt werden (Sie erinnern sich sicherlich an den *Stack Frame*). Dieser Stack Frame bleibt nun so lange bestehen, bis sich die Funktion wieder beendet.

Die Funktion eingabe() gibt eben einen solchen Speicherbereich (lokales Feld) zurück, der sich ebenfalls auf diesem Stack Frame befindet bzw. befand – und somit bei Beendigung der Funktion nicht mehr vorhanden ist. Wollen Sie also einen Zeiger auf einen Speicherbereich zurückgeben, haben Sie folgende Möglichkeiten. Sie verwenden

- einen statischen Puffer (static),
- einen beim Aufruf der Funktion als Argument übergebenen Puffer oder
- einen mittels malloc() reservierten Speicher (siehe Kapitel 15, »Dynamische Speicherverwaltung«), was die sicherste Alternative ist.

Das folgende Beispiel soll alle drei Möglichkeiten demonstrieren:

```
/* ptr_14.c */
#include<stdio.h>
#include<stdlib.h>
#include<string.h>

/* Fehler: Funktion gibt die Adresse
 * einer lokalen Variablen zurück. */
char *test1(void){
   char buffer[10];
   strcpy(buffer, "testwert");
   return buffer;
}
```

```
/* Möglichkeit1: Statische Variable */
char *test2(void){
   static char buffer[10];
   strcpy(buffer, "testwert");
   return buffer;
}

/* Möglichkeit2: Speicher vom Heap verwenden */
char *test3(void){
   char *buffer = (char *) malloc(10);
   strcpy(buffer, "testwert");
   return buffer;
}

/* Möglichkeit3: Einen Zeiger als Argument übergeben */
char *test4(char *ptr){
   char buffer[10];
   ptr = buffer;
   strcpy(buffer, "testwert");
   return ptr;
}

int main(void) {
   char *ptr;

   ptr = test1();
   printf("test1: %s\n", ptr); // meistens Datenmüll
   ptr = test2();
   printf("test2: %s\n", ptr);
   ptr = test3();
   printf("test3: %s\n", ptr);
   test4(ptr);
   printf("test4: %s\n", ptr);
   return EXIT_SUCCESS;
}
```

Listing 13.11 »ptr_14.c« demonstriert die drei wichtigsten Strategien, um Zeiger als Rückgabeparameter einer Funktion zu verwenden.

Wichtiger Hinweis zu »static«

Bitte beachten Sie außerdem, dass die Verwendung eines statischen Puffers (`static`) nicht mehr funktioniert, wenn eine Funktion rekursiv aufgerufen wird!

13.8 Array und Zeiger

Um Irrtümer gleich zu vermeiden: Arrays und Zeiger sind nicht das Gleiche, auch wenn dies im Verlauf dieses Kapitels vielleicht den Anschein hat. Ein Zeiger ist schlicht eine Speicheradresse, in der eine Variable eines bestimmten Typs abgelegt ist, während ein Array-Name nur eine Anfangsadresse eines Datenfeldes darstellt. Dieser Irrtum, dass Arrays und Zeiger dasselbe sind, beruht häufig darauf, dass Array- und Zeigerdeklarationen als formale Parameter einer Funktion austauschbar sind, weil hierbei (und nur hierbei) ein Array in einen Zeiger umgewandelt werden muss. Diese automatische »Vereinfachung« erschwert jedoch einem Anfänger das Verständnis. Weiterhin verstärkt wird dieses Missverständnis, wenn ein Zeiger auf einem Speicherblock, der mit `malloc()` dynamisch Speicher reserviert, wie ein Array verwendet wird (da der Speicherblock auch mit [ ] verwendet werden kann).

Internes zur Array-Verwaltung

Ein Array belegt zum Programmstart automatisch einen Speicherbereich, der nicht mehr verschoben oder in der Größe verändert werden kann. Einem Zeiger hingegen muss man einen Wert zuweisen, damit dieser auch auf einen belegten Speicher zeigt. Außerdem kann der »Wert« eines Zeigers später nach Belieben einem anderen »Wert« (man spricht auch von einem *Speicherobjekt*) zugewiesen werden. Ein Zeiger muss außerdem nicht nur auf den Anfang eines Speicherblocks zeigen.

Zuerst zeige ich an einem Beispiel, wie Sie mit Zeigern auf ein Array zugreifen können:

```
/* array_ptr_1.c */
#include<stdio.h>
#include<stdlib.h>

int main(void) {
   int element[8]= { 1, 2, 4, 8, 16, 32, 64, 128 };
   int *ptr;
   int i;

   ptr = element;
   printf("Der Wert, auf den *ptr zeigt, ist %d\n", *ptr);
   printf("Durch *ptr+1 zeigt er jetzt auf %d\n", *(ptr+1));
   printf("*(ptr+3) = %d\n", *(ptr+3));
   printf("\nJetzt alle zusammen : \n");
   for(i=0; i<8; i++)
      printf("element[%d]=%d \n", i, *(ptr+i));
   return EXIT_SUCCESS;
}
```

Durch die Anweisung

```
ptr = element;
```

wird dem Zeiger `ptr` die Adresse des Arrays `element` übergeben. Dies funktioniert ohne den Adressoperator, da laut ANSI-C-Standard der Array-Name immer als Zeiger auf das erste Array-Element angesehen wird. Hier sind der Beweis und das Beispiel dazu:

```
/* array_ptr_2.c */
#include<stdio.h>
#include<stdlib.h>

int main(void) {
   int element[8] = { 1, 2, 4, 8, 16, 32, 64, 128 };
   int i;

   printf("*element      = %d\n", *element);
   printf("*(element+1) = %d\n", *(element+1));
   printf("*(element+3) = %d\n", *(element+3));

   printf("\nJetzt alle zusammen : \n");
   for(i=0; i<8; i++)
      printf("*(element+%d) = %d \n", i, *(element+i));
   return EXIT_SUCCESS;
}
```

Leider sind es aber exakt solche Programmbeispiele, durch die der Eindruck entsteht, Arrays und Zeiger seien gleichwertig. Warum dies nicht so ist, habe ich bereits am Anfang erklärt. Wenn Sie in dem eben gezeigten Beispiel unbedingt einen Adressoperator verwenden wollen, können Sie dies auch so schreiben:

```
ptr =& element[0]; /* identisch zu ptr=element */
```

Es ist wirklich empfehlenswert, dies so zu schreiben, denn dann sieht man schon am Quellcode, dass wirklich Adressen benutzt werden und keine Variablenwerte. Auf beide Arten wird dem Zeiger die Anfangsadresse des ersten Elements vom Array mit dem Index `[0]` übergeben. Der Verlauf des Programms soll jetzt genauer analysiert werden.

```
*(ptr+1);
```

Mit dieser Anweisung wird aus dem Array `element` der Wert 2 ausgegeben, also `element[1]`. Wieso dies so ist, möchte ich Ihnen wieder anhand einiger Grafiken veranschaulichen.

```
int *ptr;
...
int element[8] = { 1, 2, 4, 8, 16, 32, 64, 128 };
```

Das Array hat in dem Beispiel aus Abbildung 13.14 die Speicheradresse 0x0022FF60 bis 0x0022FF7C und eine Gesamtgröße von 32 Byte (auf 16-Bit-Systemen: 16 Byte). Ein Element hat hier die Größe von 4 Byte, da `int` 4 Byte groß ist (auf 32-Bit-Rechnern). Daher erfolgt auch die Adressierung der einzelnen Array-Indizes immer in Vier-Byte-Schritten. Durch die Anweisung

```
ptr = element /* oder */ ptr =& element[0]
```

sieht es im Speicher dann so aus wie in Abbildung 13.15.

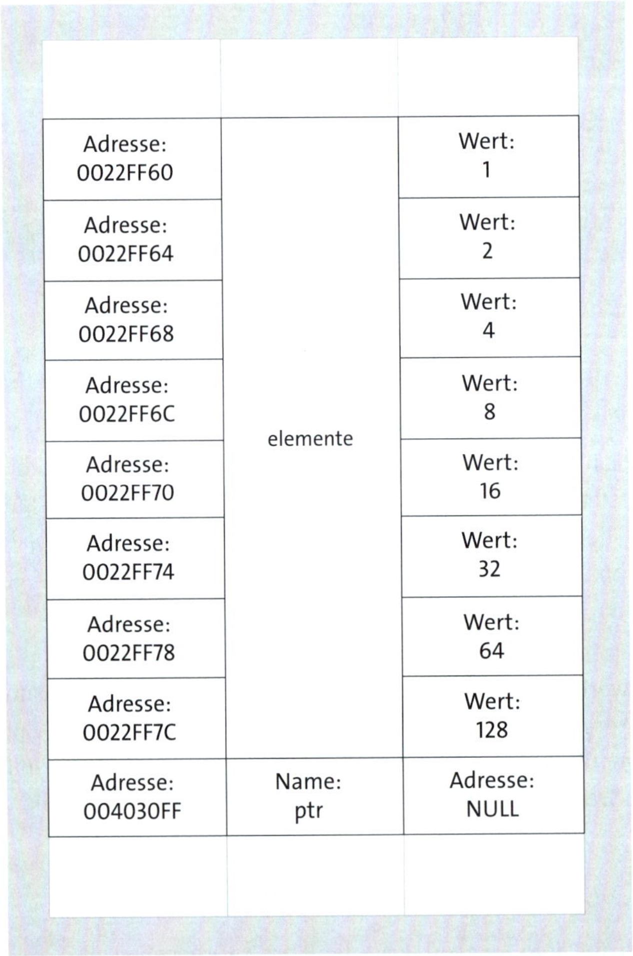

Adresse: 0022FF60		Wert: 1
Adresse: 0022FF64		Wert: 2
Adresse: 0022FF68		Wert: 4
Adresse: 0022FF6C		Wert: 8
Adresse: 0022FF70	elemente	Wert: 16
Adresse: 0022FF74		Wert: 32
Adresse: 0022FF78		Wert: 64
Adresse: 0022FF7C		Wert: 128
Adresse: 004030FF	Name: ptr	Adresse: NULL

Abbildung 13.14 Visuelle Darstellung des Zeigers und des Arrays im Speicher. Die Variable »ptr« ist hier noch nicht initialisiert.

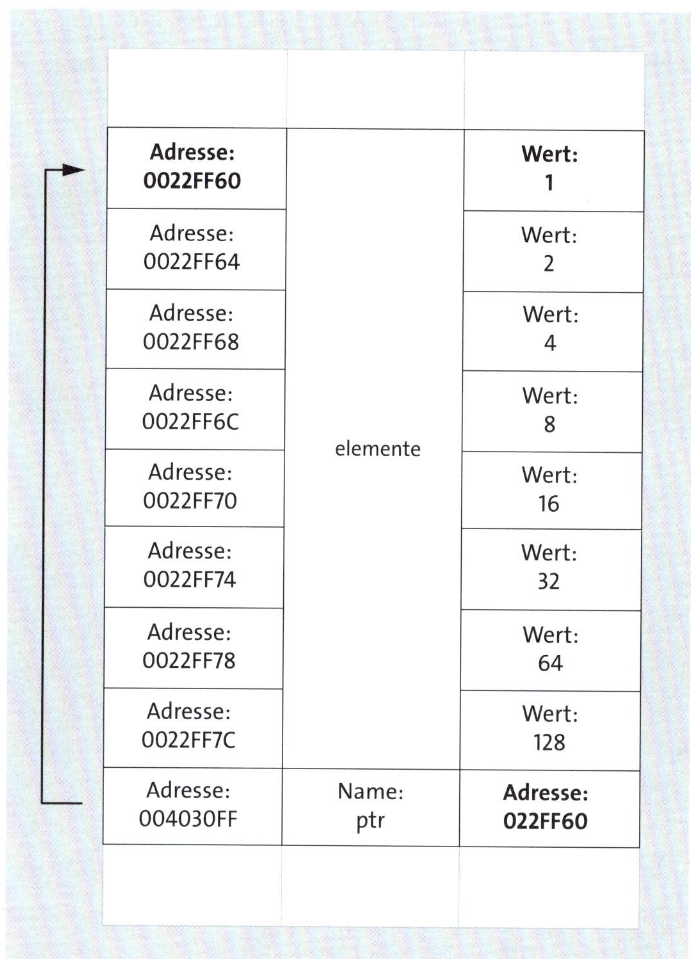

Abbildung 13.15 Der Zeiger »ptr« verweist auf das erste Array-Element.

Damit verweist der Zeiger auf das erste Element im Array (oder genauer: auf die Speicheradresse des ersten Elements). Danach wird mit

```
*(ptr+1);
```

die Adresse 0x0022FF60 um 4 Byte erhöht. Genauso läuft dies auch mit den Arrays intern ab, wenn der Indexzähler erhöht wird.

Damit der Zeiger tatsächlich auf die nächste Adresse zeigt, muss `ptr+1` zwischen Klammern stehen, weil Klammern eine höhere Bindungskraft als der Dereferenzierungsoperator haben und somit zuerst ausgewertet werden. Sollten Sie die Klammern vergessen, würde nicht auf die nächste Adresse verwiesen, sondern auf den

Wert, auf den der Zeiger ptr zeigt, und dieser wird um eins erhöht. Jetzt zeigt der Zeiger ptr durch *(ptr+1) auf die Adresse 0x0022FF64 (siehe Abbildung 13.16).

Adresse: 0022FF60	elemente	Wert: 1
Adresse: 0022FF64		**Wert: 2**
Adresse: 0022FF68		Wert: 4
Adresse: 0022FF6C		Wert: 8
Adresse: 0022FF70		Wert: 16
Adresse: 0022FF74		Wert: 32
Adresse: 0022FF78		Wert: 64
Adresse: 0022FF7C		Wert: 128
Adresse: 004030FF	Name: ptr	**Adresse: 022FF64**

Abbildung 13.16 Die Adresse des Zeigers wurde erhöht.

Somit wäre die Ausgabe 2. Kommen wir jetzt zur nächsten Anweisung:

```
*(ptr+3);
```

Der Wert der Adresse wird auf 0x0022FF6C erhöht (siehe Abbildung 13.17). Deshalb wird auch der Wert 8 ausgegeben.

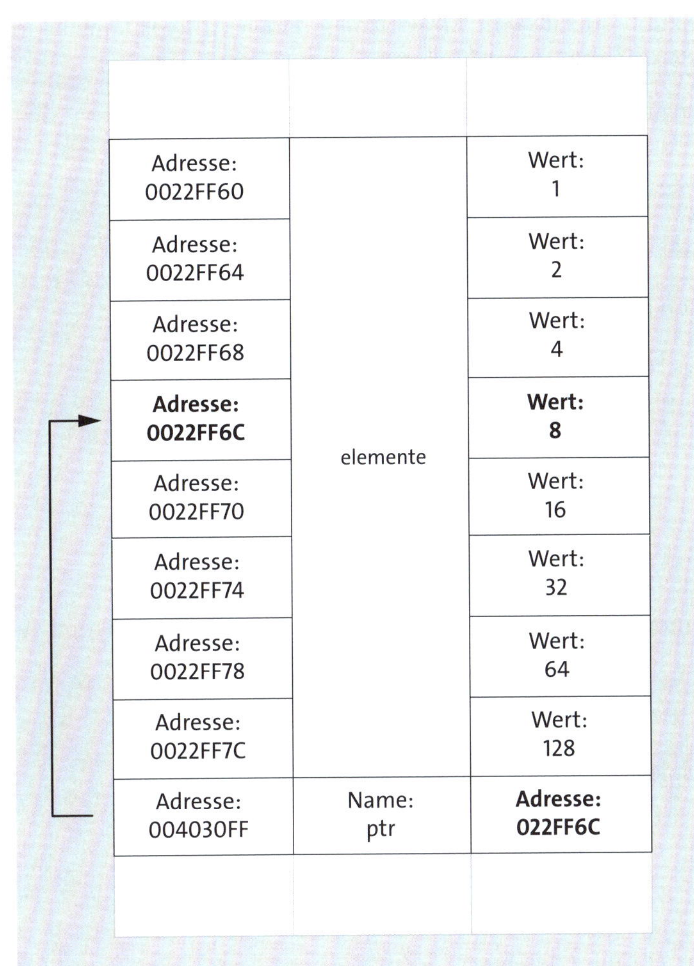

Abbildung 13.17 Nach einer weiteren Erhöhung der Adresse des Zeigers

Um also auf das n-te Element eines Arrays zuzugreifen, haben Sie die folgenden Möglichkeiten:

```
int array[10];           // Deklaration
int *pointer1, *pointer2;
pointer1 = array;        // pointer1 auf Anfangsadresse von array
pointer2 = array + 3;    // pointer2 auf 4. Element von array

array[0]      = 99;     // array[0]
pointer1[1]   = 88;     // array[1], pointer hier auch als Array betrachten
*(pointer1+2) = 77;     // array[2]
*pointer2     = 66;     // array[3]
```

Dasselbe gilt für Funktionsaufrufe von Array-Namen. Einen Array-Parameter in Funktionen können Sie auf zwei Arten deklarieren:

```
int funktion(int elemente[])

// Gleichwertig mit ...

int funktion(int *elemente)
```

Also kann eine Funktion mit folgenden Argumenten aufgerufen werden:

```
int werte[] = { 1, 2, 3, 5, 8 };
int *pointer;
pointer = werte;

funktion(werte);          // 1. Möglichkeit
funktion(&werte[0]);      // 2. Möglichkeit
funktion(pointer);        // 3. Möglichkeit
```

Natürlich ist es auch möglich, die Adresse des n-ten Elements an eine Funktion zu übergeben:

```
funktion(&werte[2]);      // Adresse vom 3. Element an funktion
```

Hierzu ein kleines Beispiel:

```
/* array_ptr_3.c */
#include<stdio.h>
#include<stdlib.h>

void funktion(int *array, int n_array) {
   int i;

   for(i=0; i < n_array; i++)
      printf("%d ",array[i]);
   printf("\n");
}

int main(void) {
   int werte[] = { 1, 2, 3, 5, 8, 13, 21 };

   funktion(werte, sizeof(werte) / sizeof(int));
   return EXIT_SUCCESS;
}
```

Listing 13.12 »array_ptr_3.c« zeigt, wie Sie die Größe eines Arrays (in Elementen) durch den »sizeof«-Operator übergeben können.

Wie sieht es aber mit dem Laufzeitverhalten aus? Was passiert, wenn die Funktion mit Feldindex verwendet wird?

```
void funktion(int array[], int n_array)
```

Compiler optimieren den Code bei der Übersetzung in der Regel selbst. Die Umwandlung eines Feldindex in einen Zeiger bereitet dem Compiler heutzutage keine Probleme mehr. Somit dürfte es keine bemerkbaren Laufzeitverluste bei der Verwendung des Indizierungsoperators geben.

13.9 Zeiger auf Strings

Alles, was bisher zu den Zeigern auf Arrays gesagt wurde, gilt auch für Zeiger auf Strings. Häufig wird dabei irrtümlicherweise von einem Zeiger gesprochen, der auf einen String »verweist«. Dieses Missverständnis entsteht durch folgende Deklaration:


```
char *string = "Hallo Welt";
```

Dies ist eine Stringkonstante, auf die ein Zeiger zeigt. Genauer gesagt: Der Zeiger zeigt auf die Anfangsadresse dieser Konstanten, den Buchstaben `'H'` – noch genauer gesagt, auf die Adresse des Buchstabens `'H'`. Hierzu ein Beispiel:

```
/* string_ptr_1.c */
#include<stdio.h>
#include<stdlib.h>

void funktion(char *str) {
   printf("%s\n",str);
}

int main(void) {
   char *string = "Hallo Welt";

   funktion(string);
   printf("Anfangsadresse, auf die *string zeigt = %p\n",string);
   printf("Der Inhalt dieser Anfangsadresse     = %c\n",*string);
   return EXIT_SUCCESS;
}
```

Listing 13.13 »string_ptr_1.c« zeigt, wie Sie die Anfangsadresse eines Strings ausgeben

Wie die Benutzerfunktion `funktion()` in diesem Beispiel werden übrigens alle ANSI-C-Funktionen deklariert, die Zeichenketten verarbeiten. All diese Funktionen, z. B.

printf(), bekommen als Argument nur die Anfangsadresse einer Zeichenkette übergeben (als char *). Anschließend liest z. B. printf() Zeichen für Zeichen aus der entsprechenden Zeichenkette aus, bis es auf das String-Ende-Zeichen '\0' trifft. Dabei dürfte Ihnen bei einem genaueren Blick auffallen, dass bei vielen Funktionen die Variablen-Parameter mit dem Schlüsselwort const deklariert sind. Dies ist quasi ein Schutz davor, dass z. B. printf() versehentlich Zeichen des übergebenen Strings überschreiben kann. Ansonsten (also ohne const) hätten Sie im Fall von printf() einen unbegrenzten Zugriff auf die Speicherinhalte der übergebenen Strings und könnten diese auch (absichtlich oder unabsichtlich) zerstören. Mit const hingegen beschwert sich meist schon der Compiler, wenn Sie einen schreibenden Zugriff auch nur versuchen.

Allerdings ist die letzte Aussage nicht ganz richtig, denn Hacker haben trotz const Möglichkeiten gefunden, Funktionen wie printf() und scanf() oder auch die Funktionen in *<string.h>* so auszutricksen, dass sie trotzdem Angriffe (sogenannte *Speicher-Exploits*) ausführen können. Mit solchen Angriffen kann man z. B. Tastatureingaben abfangen oder im Speicher vorhandene Passwörter abgreifen. Der nächste C-Standard, C23, wird vorschreiben, dass printf(), scanf() und sämtliche Funktionen in *<string.h>* mit modernen Methoden abgesichert werden müssen. Dies könnte dann auch const überflüssig machen.

13.9.1 Zeiger auf konstante Objekte (Read-only-Zeiger)

Zeiger, die als Zusatz das Schlüsselwort const enthalten, sind sogenannte *Read-only-Zeiger*. Das bedeutet, dass auf diese Zeiger nur lesend zugegriffen werden kann. Die Syntax von printf() ist in der Headerdatei *<stdio.h>* folgendermaßen deklariert:

```
int printf (const char*, ...);
```

Mit dieser Angabe kann aus dem Parameter der Funktion printf() nur gelesen werden. Es ist also nicht bzw. nicht mit einfachen Mitteln möglich, diesen Inhalt irgendwie mit einem anderen Zeiger zu manipulieren. Hierzu ein Beispiel:

```
/* const_ptr.c */
#include<stdio.h>
#include<stdlib.h>

void funktion1(char *str) {
   char *ptr;

   ptr = str+5;
   *ptr = '-';
}
```

```
int main(void) {
   char string1[] = "Hallo Welt\n";

   funktion1(string1);
   printf("%s\n",string1);
   return EXIT_SUCCESS;
}
```

Listing 13.14 »const_ptr.c« zeigt den Unterschied zwischen »char *« und »const char *«.

Die Zeichenfolge `Hallo Welt` wird in der Funktion manipuliert. Zwischen `Hallo` und `Welt` wird in der Funktion ein Bindestrich eingefügt. Wollen Sie dies vermeiden, müssen Sie nur die Funktionsdeklaration ändern:

```
void funktion1(const char *str)
```

Sie können jetzt zwar die einzelnen Inhalte der Zeichenkette lesen, aber nicht mehr in der Funktion ändern. Wenn Sie trotzdem versuchen, die einzelnen Zeichen in `str` zu ändern, beschwert sich Ihr Compiler. Außerhalb der Funktion ist der Schreibschutz natürlich wieder aufgehoben (und genau dies ist das Problem bei manchen Exploits). Aber warum muss man `printf()` überhaupt verbieten, schreibend auf die übergebenen Strings zuzugreifen, wo diese Funktion das doch sowieso niemals tut? Compiler werden eben dauernd geändert und an neue Anforderungen und Betriebssysteme angepasst. Und C und die Funktion `printf()` bilden da keine Ausnahme. Wenn man also an `printf()` etwas ändert, dann ist man mit Nur-Lese-Zeigern sozusagen auf der sicheren Seite. Na ja, auch diese Aussage ist nicht ganz richtig, denn Hacker können `printf()` ja trotzdem austricksen (siehe oben). Aber zumindest gegen unachtsame Programmierer (also ironisch gesprochen eher gegen Dummheit als gegen Böswilligkeit) kann `const` helfen.

13.10 Zeiger auf Zeiger und Stringtabellen

»Zeiger auf Zeiger« sind ein recht schwieriges Thema, aber es zu verstehen lohnt sich. Die Syntax von Zeigern auf Zeiger sieht so aus:

```
datentyp **bezeichner;
```

Was heißt jetzt »Zeiger auf Zeiger« genau? Sie haben einen Zeiger, der auf einen Zeiger zeigt, der auf eine Variable zeigt und auf diese Variable zurückgreifen kann. Im Fachjargon wird dabei von einer *mehrfachen Indirektion* oder der *dreifach (oder n-fach) indirekten Adressierung* gesprochen. Theoretisch ist es auch möglich, Zeiger auf Zeiger auf Zeiger usw. zu verwenden. In der Praxis machen allerdings solche mehrfachen

Indirektionen kaum noch Sinn. Meistens verwenden Sie Zeiger auf Zeiger (also zwei Dimensionen) und bei Bäumen auch drei Dimensionen.

Das Haupteinsatzgebiet von Zeigern auf Zeiger ist die dynamische Erzeugung von mehrdimensionalen Arrays wie beispielsweise Matrizenberechnungen. Aber darauf gehe ich in Kapitel 15, »Dynamische Speicherverwaltung«, ein.

Sehen wir uns zuerst ein Beispiel zu diesem komplexen Thema an:

```
/* ptr_ptr_1.c */
#include<stdio.h>
#include<stdlib.h>

int main(void) {
   int wert = 10;
   /* ptr ist ein Zeiger auf int wert. */
   int *ptr = &wert;
   /* ptr_ptr ist ein Zeiger auf den Zeiger int *ptr. */
   int **ptr_ptr =& ptr;

   printf("*ptr      : %d\n",*ptr);
   printf("**ptr_ptr : %d\n", **ptr_ptr);

   /* Verändert den Wert, auf den int *ptr zeigt. */
   **ptr_ptr = 100;
   printf("*ptr      : %d\n",*ptr);
   printf("**ptr_ptr : %d\n", **ptr_ptr);

   /* Verändert nochmals den Wert. */
   *ptr = 200;
   printf("*ptr      : %d\n",*ptr);
   printf("**ptr_ptr : %d\n", **ptr_ptr);
   return EXIT_SUCCESS;
}
```

Listing 13.15 »ptr_ptr_1.c« zeigt, dass Sie auch Zeiger auf Zeiger zeigen lassen können, was einer doppelt indirekten Adressierung entspräche.

Wichtig in diesem Beispiel ist, dass Sie bei der Veränderung der Variablen den doppelten Indirektionsoperator (**) einsetzen, genauso wie bei der Deklaration des Zeigers auf einen Zeiger (siehe Abbildung 13.18). Hätten Sie nämlich anstatt

```
**ptr_ptr = 100;
```

Folgendes geschrieben:

```
*ptr_ptr = 100;
```

würde der Zeiger ptr_ptr auf die Speicheradresse 100 verweisen. Und dies ist zumeist irgendwo im Nirwana des Speichers. Wie gesagt, in Kapitel 15 wird dieses Thema nochmals aufgegriffen und es wird Ihnen dort einiges sinnvoller erscheinen.

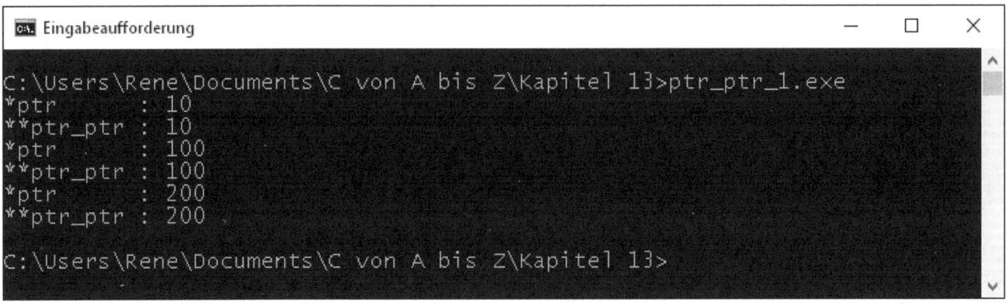

```
Eingabeaufforderung
C:\Users\Rene\Documents\C von A bis Z\Kapitel 13>ptr_ptr_1.exe
*ptr      : 10
**ptr_ptr : 10
*ptr      : 100
**ptr_ptr : 100
*ptr      : 200
**ptr_ptr : 200

C:\Users\Rene\Documents\C von A bis Z\Kapitel 13>
```

Abbildung 13.18 Verwendung von Zeigern auf Zeiger im Beispiel »ptr_ptr_1.c«

13.10.1 Stringtabellen

Um es jetzt noch komplizierter zu machen, will ich gleich noch die Stringtabellen hinzunehmen, die den Zeigern auf Zeiger nicht unähnlich, aber dennoch nicht dasselbe sind. Aber keine Angst: So kompliziert wird es dann auch wieder nicht.

Ein Beispiel: Folgende Stringkonstanten sollen nach Alphabet sortiert werden (ohne Verwendung der Headerdatei *<string.h>*):

```
"Zeppelin", "Auto", "Amerika", "Programmieren"
```

Sie wissen ja noch, dass *ptr dieselbe Anfangsadresse wie ptr[0] repräsentiert. Und das Gleiche gilt jetzt auch für:

```
**ptrptr und *ptrptr[0]
```

Damit haben Sie ein Array von Zeigern. Und so würde dies im Beispiel aussehen:

```
char *sort[] = {
   "Zeppelin", "Auto", "Amerika", "Programmieren"
};
```

Hier haben Sie eine sogenannte *Stringtabelle*. Wie kann aber auf die einzelnen Strings einer Stringtabelle zugegriffen werden? Dazu ein kleines Beispiel:

```
/* ptr_ptr_2.c */
#include<stdio.h>
#include<stdlib.h>
```

```
int main(void) {
   char *sort[] = {
      "Zeppelin", "Auto", "Amerika", "Programmieren"
    };

   printf("%s\n", sort[1]);                     /* Auto       */
   printf("%s ", (sort[2]+2));                  /* erika      */
   printf("%s %s\n", (sort[0]+6), sort[2]); /* in Amerika */
   printf("%.5s\n", (sort[3]+5-2));             /* gramm      */
   return EXIT_SUCCESS;
}
```

Der Zugriff auf die Stringtabelle erfolgt ähnlich wie bei den mehrdimensionalen Arrays. Die erste Ausgabe

```
printf("%s\n", sort[1]);
```

gibt das Wort »Auto« auf dem Bildschirm aus. Daher kann davon ausgegangen werden, dass bei

```
sort[0] = "Zeppelin"
sort[1] = "Auto"
sort[2] = "Amerika"
sort[3] = "Programmieren"
```

mithilfe des Indizierungsoperators auf die Anfangsadressen der einzelnen Zeichenketten verwiesen wird. Mit der zweiten Anweisung

```
printf("%s ", (sort[2] + 2));
```

wird der Name `erika` ausgegeben. Das lässt sich so erklären: `sort[2]` repräsentiert die Anfangsadresse von `Amerika`, also `A`. Danach kommt `+2` hinter dem Feldindex hinzu. Der Zeiger, der ohne `+2` weiterhin auch auf den Anfang von `Amerika` gezeigt hätte, zeigt jetzt auf den dritten Buchstaben des Wortes, also auf `e` – oder genauer gesagt: auf die Adresse von `e`. Mit dem Formatzeichen `%s` wird anschließend veranlasst, dass der String von dieser Adresse an auf dem Bildschirm ausgegeben wird. Genauso verläuft dies bei der nächsten Ausgabe. Die Schreibweise

```
printf("%s %s\n", (sort[0]+6), sort[2]);
```

dient nur der Demonstration, dass es so auch geht. Natürlich lässt sich das leichter lesen mit:

```
printf("%.5s\n", (sort[3]+5-2));
```

Das Programm soll nochmals anhand von Adressen demonstriert werden:

```
/* ptr_ptr_3.c */
#include<stdio.h>
#include<stdlib.h>

int main(void) {
   char *sort[] = {
      "Zeppelin", "Auto", "Amerika", "Programmieren"
    };
   printf("%p = %c\n", **sort, **sort);

   printf("%p = %c\n", *sort[0], *sort[0]);
   printf("%p = %c\n", *(sort[0]+0), *(sort[0]+0));
   printf("%p = %s\n", sort[0], sort[0]);
   printf("%p = %s\n", *sort, *sort);

   printf("%p = %s\n", (sort[0]+1), (sort[0]+1));
   printf("%p = %s\n", (sort[0]+2), (sort[0]+2));

   printf("*sort = %p, **sort = %p\n", *sort, **sort);
   return EXIT_SUCCESS;
}
```


Listing 13.16 »ptr_ptr_3.c« zeigt die Verwendung von Stringtabellen.

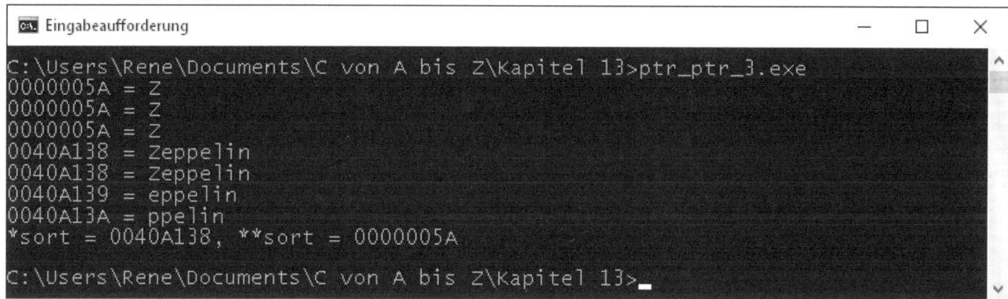

Abbildung 13.19 Ausgabe der Adressen einer Stringtabelle

Bei den ersten drei Ausgaben (siehe auch Abbildung 13.19)

```
printf("%p = %c\n", **sort, **sort);
printf("%p = %c\n", *sort[0], *sort[0]);
printf("%p = %c\n", *(sort[0]+0), *(sort[0]+0));
```

wurden immer die (Anfangs-)Adressen und Inhalte verwendet, auf die der zweite Zeiger zeigt – was die Ausgabe auch bestätigt. Anschließend wird nur die Adresse des ersten Zeigers benutzt:

```
printf("%p = %s\n", sort[0], sort[0]);
printf("%p = %s\n", *sort, *sort);
```

Der Inhalt ist bei Benutzung von einem Zeiger natürlich derselbe wie bei der Benutzung von zwei Zeigern. Aber bei der Übersetzung des Programms haben beide Zeiger eine andere Adresse. Die Ausgabe von

```
printf("*sort = %p, **sort = %p\n", *sort, **sort);
```

bestätigt all dies erneut. Jeder einzelne Zeiger benötigt also seinen Speicherplatz und somit auch eine eigene Adresse.

Ich versuche, es noch einmal anders zu erklären:

```
*(* (Variable + x) +y)
```

Es wird auf das y-te Zeichen im x-ten String gezeigt. Bei dem Programm sieht dies so aus:

```
*(* (sort + 1) +2)
```

oder auch – wie schon bekannt – so:

```
*( (sort[1]) +2)
```

Hiermit würde auf das 3-te Zeichen im 2-ten String verwiesen, was dem Zeichen `t` im String `Auto` entspricht.

Jetzt soll diese Stringtabelle nach Alphabet sortiert werden. Dabei wird nicht die ganze Textzeile verlagert und unnötig hin und her kopiert, sondern es müssen lediglich die Zeiger in die richtige Reihenfolge gebracht werden. Und dies lässt C ohne Weiteres zu, wie folgendes Beispiel beweist:

```
/* ptr_ptr_4.c */
#include<stdio.h>
#include<stdlib.h>
#include<string.h>

int main(void) {
   char *sort[] = {
      "Zeppelin", "Auto", "Amerika", "Programmieren"
    };
   int i,j;
   char *temp;

   for(i = 0; i < 4; i++) {
      for(j = i + 1; j < 4; j++) {
```

```
         if( (strcmp(sort[i],sort[j]) > 0) ) {
            temp = sort[i];
            sort[i] = sort[j];
            sort[j] = temp;
         }
      }
   }
   for(i = 0; i < 4; i++)
      printf("%s\n", sort[i]);
   return EXIT_SUCCESS;
}
```

Listing 13.17 »ptr_ptr_4.c« sortiert eine Stringtabelle nach Alphabet.

Bei diesem Sortieralgorithmus handelt es sich um *Selection Sort* (manchmal auch als *Min-Max Sort* bezeichnet). Die folgenden Zeilen sortieren die Felder mit Zeigern:

```
   for(i = 0; i < 4; i++) {
      for(j = i + 1; j < 4; j++) {
         if( (strcmp(sort[i],sort[j]) > 0) ) {
            temp = sort[i];
            sort[i] = sort[j];
            sort[j] = temp;
         }
      }
   }
```

Zuerst wird das erste Element in der Stringtabelle mit allen anderen verglichen. So wird das kleinste Element gefunden, das an den Anfang gestellt wird. Danach wird das zweite Element mit allen vor ihm liegenden verglichen. Dies geht so weiter bis zum letzten Element in der Stringtabelle. Mehr zu Algorithmen im Allgemeinen und den wichtigsten Sortieralgorithmen finden Sie in Kapitel 23.

Das Wichtigste – wie bereits mehrmals erwähnt– ist, dass Zeiger für Adressen da sind und sonst nichts. Beispielsweise bedeutet

```
char *text[500];
```

nichts anderes als ein `char`-Array mit 500 `char`-Zeigern (und natürlich dürfen Sie diese Deklaration niemals mit `char Text[500]` verwechseln). Genauer gesagt kann jeder dieser 500 Zeiger z. B. auf einen String (`char`-Array) zeigen. Einen Beweis dafür liefert das nächste Beispiel:

```
/* ptr_ptr_5.c */
#include<stdio.h>
#include<stdlib.h>
```

```
int main(void) {
   char *text[500];
   char str1[] = "Text1";
   char str2[] = "Text2";
   char str3[] = "Text3";

   text[0] = str1;
   text[1] = str2;
   text[2] = str3;

   printf("%s %s %s\n", text[0], text[1], text[2]);
   return EXIT_SUCCESS;
}
```

Listing 13.18 »ptr_ptr_5.c« demonstriert die Verwendung von String-Arrays.

In diesem Beispiel wurde den ersten drei Zeigern jeweils die Anfangsadresse einer Stringkonstante übergeben. Mit einfachen Arrays war dies nicht ausführbar. Natürlich ist es jetzt noch nicht möglich, die Anfangsadresse eines zur Laufzeit erstellten Textes so zuzuweisen. Dazu brauchen Sie Kenntnisse in der dynamischen Speicherverwaltung.

Wenn es darum geht, Strings zu sortieren, kann mithilfe der Zeiger auf die Anfangsadresse der Strings wesentlich schneller zugegriffen werden, als dies mit dem ganzen String möglich wäre. Dies rührt daher, dass ja nur Adressen auf einem String benutzt werden.

Anstatt

```
char *sort1 = "Zeppelin";
char *sort2 = "Auto" ;
char *sort3 = "Amerika";
char *sort4 = "Programmieren";
```

zu schreiben, ist die Schreibweise

```
char *sort[] = {
   "Zeppelin", "Auto", "Amerika", "Programmieren"
 };
```

viel effektiver und kürzer. Hier sind es vier Zeiger auf ein `char`-Array, die auf die Anfangsadresse eines jeden einzelnen Wortes zeigen.

Folgende Vorteile ergeben sich für Sie, wenn Sie Stringtabellen verwenden:

- Mit Stringtabellen wird das Programm übersichtlicher.
- Es wird Speicherplatz gespart.

- Die Verwaltung von Stringtabellen ist einfacher und effizienter.
- Sollte ein Programm in mehreren Sprachen geschrieben werden, können Stringtabellen leichter lokalisiert werden.

Listing 13.19 zeigt, wie Sie Stringtabellen effektiv einsetzen können:

```
/* ptr_ptr_6.c */
#include<stdio.h>
#include<stdlib.h>
#define ASK    0
#define WORDS  1
#define START  2

#define ENGLISH 1

#ifdef GERMAN
const char *language[] = {
   "Du sprichst Deutsch?", "Einige Worte: ",
   "Feuer", "Erde", "Wasser", "Luft", "Leben", NULL
 };
#elif ENGLISH
const char *language[] = {
   "Do you speak English?", "Some words: ",
   "Fire", "earth", "water", "air", "life", NULL
 };
#else /* FRENCH */
const char *language[] = {
   "Parles-tu Francais?", "quelques mots: ",
   "Le feu", "La terre", "L'eau", "L'air", "La vie", NULL
 };
#endif

int main(void) {
   int i;

   printf("%s\n", language[ASK]);
   printf("%s\n",language[WORDS]);

   for(i = START; language[i] != NULL; i++)
      printf("\t%s,\n", language[i]);
   return EXIT_SUCCESS;
}
```

Listing 13.19 »ptr_ptr_6.c« verwendet Stringtabellen und bedingte Kompilierung, um Textausgaben in verschiedenen Sprachen anzuzeigen.

Es handelt sich um ein einfaches Listing, das mit bedingter Kompilierung ein Programm in entsprechender Sprache übersetzt. In diesem Beispiel wurde mit

```
#define ENGLISH 1
```

die Sprache auf Englisch eingestellt. Bei der Ausgabe des Programms wird dies auch bestätigt. Müssen Sie jetzt eine Version für Ihren spanischen Kollegen schreiben, müssen Sie nur nach der Stringtabelle suchen und entsprechende Einträge übersetzen und hinzufügen. So entsteht ohne allzu großen Aufwand ein internationales Programm:

```
#ifdef GERMAN
const char *language[] = {
   "Du sprichst Deutsch?", "Einige Worte: ",
   "Feuer", "Erde", "Wasser", "Luft", "Leben", NULL
 };
#elif ENGLISH
const char *language[] = {
   "Do you speak English?", "Some words: ",
   "Fire", "earth", "water", "air", "life", NULL
 };
#elif FRENCH
const char *language[] = {
   "Tu parle Francais?", "quelques mots: ",
   "Le feu", "La terre", "L'eau", "L'air", "La vie", NULL
 };
#else /* ESPANOL */
const char *language[] = {
   "Habla Usted Espanol", "algunas palabras: ",
   "Fuego", "tierra", "agua", "aire", "vida", NULL
 };
#endif
```

Mit Stringtabellen lassen sich auch komfortabel Fehlermeldungen auf dem Bildschirm ausgeben:

```
char *fehlermeldung[] = {
   "Mangel an Speicherplatz",
   "Speicherbereichsüberschreitung",
   "Wertbereichsüberschreitung",
   "Die Syntax scheint falsch",

   "Zugriff verweigert - keine Rechte",
   "Zugriff verweigert - falsches Passwort",
   "Unbekannter Fehler trat auf"
 };
```

Zugegriffen wird auf die einzelnen Fehlermeldungen mit dem Feldindex von Nr. [0]-[6]. "Zugriff verweigert - keine Rechte" beispielsweise ist somit fehlermeldung[4].

Nach diesem Abschnitt über Zeiger auf Zeiger und die Stringtabellen kommen sicherlich jetzt die einen oder anderen Fragen auf. Vor allem wurden die Beispiele immer nur mit konstanten Werten gezeigt Um sich also wirklich effektiv und sinnvoll mit dem Thema auseinanderzusetzen, müssen Sie sich noch ein wenig gedulden, bis Sie zur (ich wiederhole mich) dynamischen Speicherverwaltung gelangen (Kapitel 15).

13.11 Zeiger auf Funktionen

Mit Zeigern können Sie auch auf Maschinencode von anderen Funktionen zeigen, die schließlich ebenfalls eine Anfangsadresse im Speicher besitzen. Jeder Prozessor besitzt *Jump-Befehle* (also Sprunganweisungen), mit denen zu einer beliebigen Adresse (oft sogar indirekt bzw. abhängig von bestimmten Bedingungen) verzweigt werden kann. C verwendet natürlich keine Assembler-Anweisungen (und erst recht kein goto), sondern Zeiger. Ein einfaches Beispiel dazu ist das folgende:


```
/* ptr_func_1.c */
#include<stdio.h>
#include<stdlib.h>
int main(void) {
   int (*ptr) (const char*, ...);
   ptr=printf;
   (*ptr)("Hallo Welt\n");
   return EXIT_SUCCESS;
}
```

Lassen Sie mich folgende Schreibweise erklären:

```
int (*ptr)(const char*, ...);
```

Dies ist ein Zeiger auf eine Funktion, die einen variablen, langen String erhält und einen int-Wert zurückgibt. Die Funktion printf() zum Beispiel ist eine solche Funktion:

```
int printf (const char*, ...);
```

Daher bekommt der Zeiger die Adresse dieser Funktion mit folgender Anweisung:

```
ptr = printf;
```

Jetzt können Sie die Funktion printf() mit dem Zeiger aufrufen:

```
(*ptr)("Hallo Welt\n");
```

Die erste Klammerung des Zeigers ptr ist wichtig. Würden Sie diese weglassen, dann würden Sie ptr als eine Funktion deklarieren, die einen int-Zeiger zurückgibt. Sie können den (Funktions-)Zeiger auch auf eine andere Funktion zeigen lassen, mit demselben Rückgabewert und dem- bzw. denselben Argument(en). Hier sehen Sie das Listing von eben mit weiteren Adressierungen:

```
/* ptr_func_2.c */
#include<stdio.h>
#include<stdlib.h>

int main(void) {
   int (*ptr)(const char*, ...);
   int zahl;

   ptr=printf;
   (*ptr)("Bitte eine Zahl eingeben: ");
   ptr=scanf;
   (*ptr)("%d",&zahl);
   ptr=printf;
   (*ptr)("Die Zahl lautet %d\n",zahl);
   return EXIT_SUCCESS;
}
```

Dieses Beispiel sollte natürlich keine Schule machen und Ihnen nur zeigen, wie Sie mit Zeigern auf Funktionen zeigen können.

Zeiger auf Funktionen können ganz nützlich sein. Sie können die Zeiger in einem Feld speichern und eine Sprungtabelle daraus machen. Damit ist gemeint, dass die einzelnen Funktionen mit einem Feldindex angesprochen werden können, ähnlich wie bei den Stringtabellen – also ein Array von Funktionen, wenn Sie so wollen. Dazu soll das Listing von eben wieder herhalten:

```
/* ptr_func_3.c */
#include<stdio.h>
#include<stdlib.h>
#define INPUT  0
#define OUTPUT 1

int main(void) {
   int (*ptr[])(const char *, ...) = { scanf, printf };
   int zahl;

   (*ptr[OUTPUT])("Bitte eine Zahl eingeben: ");
   (*ptr[INPUT])("%d",&zahl);
```

```
   (*ptr[OUTPUT])("Die Zahl lautet %d\n",zahl);
   return EXIT_SUCCESS;
}
```

Viel verändert hat sich nicht. Statt

```
int (*ptr)(const char*, ...);
```

wurde einfach noch ein Indizierungsoperator hinzugefügt. Am Ende befinden sich zwischen den geschweiften Klammern noch die einzelnen Funktionen, auf die Sie im Programm mithilfe des Indizierungsoperators und des entsprechenden Index zurückgreifen können:

```
int (*ptr[])(const char *, ...) = { scanf, printf };
```

Hier zeigt `(*ptr[0])` auf die Adresse der Funktion `scanf()`, und `(*ptr[1])` zeigt auf die Funktion `printf()`. Im Programm wurden symbolische Konstanten verwendet, um diese beiden Funktionen besser auseinanderzuhalten.

Voraussetzung dafür, dass diese Zeiger auf Funktionen auch funktionieren, ist immer, dass der Rückgabewert (hier vom Typ `int`) und der/die Parameter der Funktion (hier `(const char *, ...)`) übereinstimmen. Sie können nicht einfach zusätzlich z. B. die Funktion `fgets()` zum Einlesen von Strings anhängen:

```
/* falsch */
int (*ptr[])(const char *, ...) = { scanf, printf, fgets };
```

Die Funktion `fgets()` erwartet andere Argumente, hier `(const char *, ...)`.

Wenn es möglich ist, mit Zeigern auf Funktionen der Standard-Bibliothek zu zeigen, dann ist es selbstverständlich auch möglich, mit Zeigern auf selbst geschriebene Funktionen zu zeigen.

```
/* calc.c */
#include<stdio.h>
#include<stdlib.h>
/* Bei Linux für math.h das Compiler-Flag -lm mit angeben:
 *     gcc -o programm programm.c -lm
 */
#include <math.h>     /* sqrt() */

int addition(int zahl) {
   int y;

   printf("%d+>", zahl);
   scanf("%d", &y);
```

```
   fflush(stdin);
   return zahl += y;
}

int subtraktion(int zahl) {
   int y;

   printf("%d->", zahl);
   scanf("%d", &y);
   fflush(stdin);
   return zahl -= y;
}

int division(int zahl) {
   int y;

   printf("%d/>",zahl);
   scanf("%d", &y);
   fflush(stdin);
   return zahl /= y;
}

int multiplikation(int zahl) {
   int y;

   printf("%d*>",zahl);
   scanf("%d", &y);
   fflush(stdin);
   return zahl *= y;
}

int sqrtw(int zahl) {
   double x=sqrt((double)zahl);

   printf("(sqrt)%f>", x);
   return (int)x;
}

int (*rechenfunk[]) (int) = {
   addition, subtraktion, division, multiplikation, sqrtw
};
```

```
int main(void) {
   char op;
   static int zahl;

   printf("no.>");
   scanf("%d",&zahl);
   do {
      printf(" op>");
      scanf("%c",&op);
      fflush(stdin);
      switch(op) {
         case '+': printf("%d", zahl = (*rechenfunk[0])(zahl));
                   break;
         case '-': printf("%d", zahl = (*rechenfunk[1])(zahl));
                   break;
         case '/': printf("%d", zahl = (*rechenfunk[2])(zahl));
                   break;
         case '*': printf("%d", zahl = (*rechenfunk[3])(zahl));
                   break;
         case 'q': printf("%d", zahl = (*rechenfunk[4])(zahl));
                   break;
         default : printf("op '=','+','-','/','*','q'\n");
      }
   } while(op != '=');
   printf("Gesamtergebnis=%d\n",zahl);
   return EXIT_SUCCESS;
}
```


Listing 13.20 »calc.c« implementiert einen einfachen Taschenrechner und verwendet dabei ein Array mit Zeigern auf die einzelnen Rechenfunktionen.

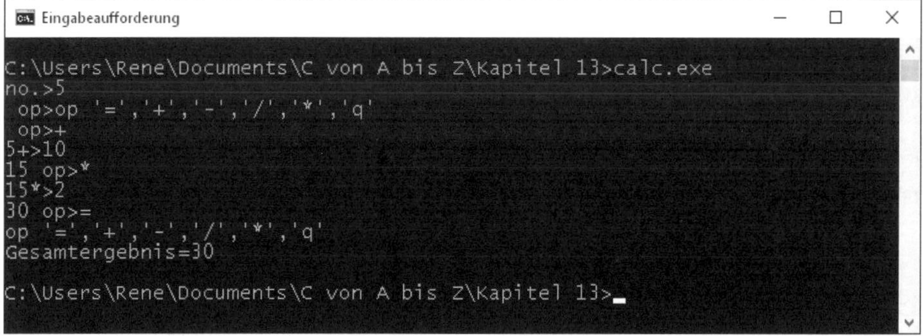

Abbildung 13.20 Zeiger auf selbst geschriebene Funktionen

Dieses Programm stellt einen kleinen Taschenrechner dar, der allerdings stark verbesserungswürdig ist (siehe Abbildung 13.20). Es können fünf Rechenoperationen wie Addition, Subtraktion, Multiplikation, Division und die Quadratwurzel verwendet werden. Es wird so lange gerechnet, bis das =-Zeichen eingegeben wurde. Hierzu folgt ein kurzer Trocken-Durchlauf. Nachdem das Programm gestartet wurde, sollte auf dem Bildschirm Folgendes erscheinen:

```
no.>
```

Sie geben die erste Zahl ein und drücken [↵], beispielsweise die Zahl 8. Anschließend geht es in der do while-Schleife weiter. Jetzt erscheint auf dem Bildschirm:

```
op>
```

Der Rechenoperator muss eingegeben werden: +, -, *, / oder q. In diesem Beispiel soll es eine Addition sein, also geben Sie das +-Zeichen ein und drücken [↵]. Danach wird das Zeichen im switch-Schalter darauf geprüft, ob es sich dabei um ein gültiges Zeichen handelt. In diesem Fall wäre das:

```
case '+': printf("%d", zahl = (*rechenfunk[0])(zahl));
```

Die Rechenfunktion wird mit dem Index [0] aufgerufen. Dieser Funktion wird als Parameter der Wert der Variablen zahl übergeben. Sehen Sie sich dazu die Funktionstabelle an:

```
int (*rechenfunk[]) (int) = {
   addition, subtraktion, division, multiplikation, sqrtw
};
```

Die Rechenfunktion mit dem Index [0] ist die Funktion addition, subtraktion hat den Index [1], division den Index [2] usw.

In der Funktion addition() geben Sie dann eine Zahl ein, mit der der übergebene Wert addiert werden soll, beispielsweise die Zahl 2, und anschließend drücken Sie wieder [↵]:

```
10 op>
```

Jetzt kann ein weiterer Operator verwendet oder mit dem =-Zeichen das Programm beendet werden.

13.12 void-Zeiger

Ein Zeiger auf void ist ein typenloser und vielseitiger Zeiger. Wenn der Datentyp des Zeigers noch nicht feststeht, wird der void-Zeiger verwendet. void-Zeiger haben den

Vorteil, dass Sie ihnen eine beliebige Adresse zuweisen können. Außerdem kann ein void-Zeiger durch eine explizite Typumwandlung in jeden anderen beliebigen Datentyp umgewandelt werden. Dies verdeutlicht das nächste Beispiel:

```
/* void_ptr_1.c */
#include<stdio.h>
#include<stdlib.h>

int main(void) {
   int a = 10;
   char *string = "void-Zeiger";
   void *ptr;

   /* void-Zeiger auf Variable int a */
   ptr = (int *)&a;
   printf("ptr = %p a=%p\n",ptr,&a);
   /* void-Zeiger auf string */

   ptr = (char *)string;
   printf("ptr = %p string = %p\n",ptr,string);
   return EXIT_SUCCESS;
}
```

Natürlich sollten Sie darauf achten, dass Sie für das Casting einen Zeiger angeben und nicht etwa einen Datentyp:

```
/* Richtig */
ptr=(typ *)&ptr2;

/* Falsch: typ ist kein Zeiger, sondern eine Variable. */
ptr=(typ)&ptr2;
```

Zwar wurde im Beispiel ein Cast von void * nach datentyp * gemacht, aber dies ist in C nicht unbedingt nötig – C++ allerdings macht hier sehr wohl einen Unterschied und braucht einen Cast von void * nach datentyp *.

Würden Sie im Beispiel oben die Casts entfernen und das Beispiel als C++-Projekt übersetzen (was bei vielen Compilern unter Windows häufig voreingestellt ist), würde der Compiler eine Warnung ausgeben, beispielsweise:

```
[Warning]:
In function int main : invalid conversion from `void*' to ` int*`
```

Und genau diese Warnmeldung lässt viele Programmierer vermuten, dass etwas am Listing falsch sei und man den void-Pointer immer casten müsste. Sofern Sie Ihren

Compiler nicht davon überzeugen können, dass Sie gern ein C-Projekt schreiben würden, sollten Sie meiner Meinung nach dem sanften Druck des Compilers nachgeben (auch wenn das Programm tut, was es tun soll und ohne Problem ausgeführt werden kann) und ihm sein Cast geben – da dies ja auch nicht unbedingt »falsch« ist. Schließlich zählt zu einem der obersten Gebote eines Programmierers, dass man niemals die Warnmeldungen eines Compilers ignorieren sollte.

Vorwiegend findet ein `void`-Zeiger Anwendung in Funktionen, die mit unterschiedlichen Zeigern aufgerufen werden können. Beispielsweise ist die Funktion `memcmp()` in der Headerdatei *<string.h>* folgendermaßen angegeben:

```
int memcmp (const void*, const void*, size_t);
```

Somit kann diese Funktion mit unterschiedlichen Zeigertypen verwendet werden, wie das folgende Beispiel zeigt:

```
/* void_ptr_2.c */
#include<stdio.h>
#include<stdlib.h>
#include<string.h>

int main(void) {
   char str1[]="Hallo";
   char str2[]="Hallo";
   int num1[] = { 1,2,3,4,5,6 };
   int num2[] = { 1,3,5,7,9,1 };
   int cmp;
   /* Casts sind nicht unbedingt nötig. */
   cmp=memcmp( (char *)str1, (char *)str2, sizeof(str1));
   if(cmp ==0)
      printf("Beide Strings sind gleich\n");
   else
      printf("Die Strings sind nicht gleich\n");
   /* Casts sind nicht unbedingt nötig. */
   cmp=memcmp((int *)num1,(int *)num2, sizeof(num1)/sizeof(int));
   if(cmp == 0)
      printf("Der Inhalt der beiden Zahlen-Arrays ist gleich\n");
   else
      printf("Die Zahlen-Arrays sind unterschiedlich\n");
   return EXIT_SUCCESS;
}
```

Listing 13.21 »void_ptr_2.c« zeigt, dass Funktionen der Standard-Bibliothek, z. B. »memcmp()«, oft »void«-Zeiger verwenden.

Die Umwandlung in einen entsprechenden Zeigertyp findet mit einem einfachen Typecasting statt – was auch hier nicht unbedingt nötig gewesen wäre (siehe den Abschnitt vor dem Listing).

Für einige ist es verwirrend, wie ein leerer Zeiger (void, dt. *leer*) einfach so in irgendeinen Datentyp gecastet werden kann, weil sie gelernt haben, dass int 4 Byte Speicher benötigt, double 8 Byte Speicher und void eben keinen. Dabei ist void eigentlich nicht wirklich leer. Wenn Sie mit void den sizeof-Operator verwenden, erfahren Sie, dass void 1 Byte an Speicher benötigt. (Wie dieses Byte belegt ist, hängt allerdings vom System ab.)

Aber erinnern Sie sich vielleicht nochmals an den Anfang des Kapitels, bei dem Sie den sizeof-Operator auf alle Typen von Zeigern angewendet haben? Da habe ich gesagt, dass alle Zeiger, egal welchen Typs, einen Speicherbedarf von 4 Byte (32 Bit) bzw. 8 Byte (64 Bit) haben. Mehr ist auch nicht erforderlich, um eine Speicheradresse zu speichern. Ebenso sieht es mit dem void-Zeiger aus. Dieser benötigt wie alle anderen Zeiger 4 bzw. 8 Byte (auf 64-Bit-Systemen) Speicherplatz.


```
/* void_ptr_3.c */
#include<stdio.h>
#include<stdlib.h>

int main(void) {
   void *void_ptr;

   printf("%d Byte\n", sizeof(void_ptr));
   return EXIT_SUCCESS;
}
```

Wollen Sie den Typ, auf den der void-Zeiger verweist, dereferenzieren, wird die Sache ein wenig komplizierter. Dafür benötigen Sie einen weiteren Zeiger:

```
/* void_ptr_4.c */
#include<stdio.h>
#include<stdlib.h>

int main(void) {
   void *void_ptr;
   int wert = 10;

   void_ptr = (int *)&wert;
   *(int *)void_ptr = 100;
   printf("%d\n",wert);    /* 100 */
   return EXIT_SUCCESS;
}
```

Da der gecastete void-Zeiger allein noch nicht dereferenziert werden kann, wird ein weiterer Zeiger verwendet (bzw. muss hier verwendet werden):

```
*(int *)void_ptr = 100;
```

Denken Sie jetzt darüber nach, welchen Vorteil eigentlich ein void-Zeiger hat? Bei dem Beispiel in Listing 13.21, in dem die Funktion memcmp() verwendet wurde, ist der Vorteil eigentlich schon klar: Anstatt für jeden Datentyp eine eigene Funktion zu schreiben, wird einfach der void-Zeiger verwendet, und der Funktion kann es egal sein, mit welchem Datentyp sie verwendet wird. Wichtig ist dabei nur, dass die Funktion (logischerweise) entsprechend universell geschrieben wurde. Sie können nicht einfach einer Funktion, die mit der Funktion strcmp() einzelne Strings vergleicht, als Argument die Anfangsadresse eines int-Arrays übergeben.

13.13 Äquivalenz zwischen Zeigern und Arrays

Es wurde ja bereits erwähnt, dass Zeiger und Arrays zwar eine gewisse Ähnlichkeit in ihrer Anwendung aufweisen, aber deswegen noch lange nicht gleich – geschweige denn untereinander austauschbar – sind. Dennoch wird häufig beides in einen Topf geworfen. Dazu ein Beispiel:

```
/* ptr_versus_array_1.c */
#include<stdio.h>
#include<stdlib.h>

int main(void) {
   int var[] = { 123, 456, 789 };

   printf("*var : %d; var[0] : %d\n", *var, var[0]);
   return EXIT_SUCCESS;
}
```

Wenn Sie dieses Beispiel übersetzen, verstehen Sie, worauf ich hinauswill. Die Angaben von var[0] und *var repräsentieren dieselbe Adresse. Somit stehen Ihnen also zwei Möglichkeiten zur Verfügung. Damit Sie bei diesem Wirrwarr noch die Übersicht behalten können, verdeutlicht Tabelle 13.1 die Verwandtschaft zwischen den Zeigern und den Arrays. Falls Sie einmal einen Quellcode finden, bei dem Sie nicht wissen, was das Programm tun soll, blättern Sie einfach zurück zu dieser und den folgenden Tabellen. Für die erste Tabelle sollen folgende Werte verwendet werden:

```
int n=3;
int array[5]={ 0 };  /* eindimensionales Array mit Platz für 5 Werte */
int *ptr = array;    /* int-Zeiger verweist jetzt auf array[0] */
```

Folgendes ist jetzt gleichwertig in Bezug auf den Zugriff von Werten. Betrachten wir zuerst die Möglichkeiten des Zugriffs auf das erste Element (siehe Tabelle 13.1).

Zeiger-Variante	Array-Variante
*ptr	ptr[0]
*array	array[0]

Tabelle 13.1 Äquivalenz beim Zugriff auf das erste Element

In Tabelle 13.2 folgt die Möglichkeit des Zugriffs auf das n-te Element.

Zeiger-Variante	Array-Variante
*(ptr+n)	ptr[n]
*(array+n)	array[n]

Tabelle 13.2 Äquivalenz beim Zugriff auf das n-te Element

Tabelle 13.3 zeigt alle möglichen Zugriffe auf die Anfangsadresse.

Ohne Adressoperator	Mit Adressoperator
ptr	&ptr[0]
array	&array[0]

Tabelle 13.3 Äquivalenz beim Zugriff auf die Anfangsadresse

Tabelle 13.4 zeigt schließlich den Zugriff auf die Speicheradresse des n-ten Elements.

Ohne Adressoperator	Mit Adressoperator
ptr+n	&ptr[n]
array+n	&array[n]

Tabelle 13.4 Äquivalenz beim Zugriff auf die Adresse des n-ten Elements

Listing 13.22 demonstriert all diese Punkte nochmals:

```
/* ptr_versus_array_2.c */
#include <stdio.h>
#include <stdlib.h>

int main(void) {
```

```
   int n=3;
   /* eindim. Array mit Platz für 5 Werte */
   int array[5]={ 1,2,3,4,5 };
   /* int-Zeiger verweist jetzt auf array[0] */
   int *ptr = array;

   /* 4 Möglichkeiten, um auf das erste Element zuzugreifen */
   printf("%d ", *ptr);
   printf("%d ", ptr[0]);
   printf("%d ", *array);
   printf("%d\n", array[0]);
   /* 4 Möglichkeiten, um auf das n-te Element zuzugreifen */
   printf("%d ", *(ptr+n));
   printf("%d ", ptr[n]);
   printf("%d ", *(array+n));
   printf("%d\n", array[n]);
   /* 4 Möglichkeiten, um auf die Anfangsadresse zuzugreifen */
   printf("%p ", ptr);
   printf("%p ", &ptr[0]);
   printf("%p ", array);
   printf("%p\n", &array[0]);
   /* 4 Möglichkeiten, um auf die Adresse des n-ten Elements
      zuzugreifen */
   printf("%p " , ptr+n);
   printf("%p ", &ptr[n]);
   printf("%p ", array+n);
   printf("%p\n", &array[n]);
   return EXIT_SUCCESS;
}
```

Listing 13.22 »ptr_versus_array_2.c« demonstriert sämtliche Ihnen bis jetzt bekannten Methoden, um mit Zeigern auf Array-Elemente zuzugreifen.

13.14 Der »restrict«-Zeiger

Mit dem C99-Standard wurde der Typqualifizierer `restrict` neu eingeführt. Mit diesem Schlüsselwort können Sie Zeiger qualifizieren und dadurch sogenannte `restrict`-Zeiger benutzen. Der `restrict`-Zeiger hat eine enge Beziehung zu dem Speicherobjekt, auf das er verweist. Mit diesem Qualifizierer geben Sie quasi vor, dass während der Lebensdauer des Zeigers das Speicherobjekt, auf das dieser verweist, nicht verändert werden kann und der Zugriff nur über diesen `restrict`-Zeiger erfolgen darf. Ein einfaches Beispiel wäre:

```
int * restrict iRptr = malloc (sizeof (int) );
```

Damit geben Sie praktisch vor, dass Sie den von malloc() zurückgegebenen reservierten Speicher nur mit dem Zeiger iRptr verwenden. Wohlgemerkt: Mit dem Qualifizierer restrict geben Sie nur dem Compiler das Versprechen, dass Sie auf das Speicherobjekt ausschließlich mit diesem Zeiger zurückgreifen. Jede Manipulation außerhalb des restrict-Zeigers, und sei es nur lesend, ist unzulässig.

Zu überprüfen, ob der restrict-Zeiger richtig verwendet wird, ob Sie also nur über diesen Zeiger auf ein Speicherobjekt zugreifen, ist Ihre Aufgabe. Der Compiler kann nicht überprüfen, ob Sie Ihr »*Versprechen*« eingehalten haben und die restrict-Zeiger wirklich so verwenden, wie Sie es tun sollen. Falls Sie die Regeln nicht einhalten, gibt es zwar keine Fehlermeldung des Compilers und häufig auch keine Probleme bei der Ausführung des Programms, aber dennoch ist das Verhalten laut Standard undefiniert. Abgesehen davon: Mit oder ohne den restrict-Zeiger bleibt die Ausführung des Programms dieselbe.

Der Vorteil des restrict-Zeigers besteht darin, dass Sie es dem Compiler ermöglichen, Optimierungen des Maschinencodes durchzuführen, die sonst bei Zeigern zu Problemen führen können. Allerdings muss der Compiler auch diesem Hinweis nicht nachkommen und kann den Qualifizierer restrict auch ignorieren.

Der restrict-Zeiger kann auch sehr gut bei Funktionen verwendet werden, um anzuzeigen, dass sich zwei Zeiger in der Parameterliste nicht überlappen dürfen, sprich, dasselbe Speicherobjekt verwenden. Beispielsweise ist bei

```
int flaeche( int * w, int * b ) {
   /* ... * /
}
```

nicht klar angegeben, ob sich die beiden Speicherobjekte, auf die die Zeiger w und h verweisen, überlappen dürfen oder nicht. Mit dem neuen Qualifizierer restrict ist dies jetzt sofort erkennbar:

```
int flaeche( int * restrict w, int * restrict b ) {
   /* ... * /
}
```

Wird trotzdem versucht, die Funktion mit sich überlappenden Speicherobjekten aufzurufen, ist das weitere Verhalten undefiniert. Ein ungültiger Aufruf kann beispielsweise wie folgt aussehen:

```
int val, x=20, y=10;
// Unzulässig, wegen den restrict-Zeigern,
// zwei gleiche Speicherobjekte werden verwendet,
// die sich somit überlappen
```

```
val = flaeche( &x, &x );
// OK, zwei verschiedene Speicherobjekte
val = flaeche( &x, &y );
```

Vom restrict-Zeiger wird mittlerweile auch rege in der Standard-Bibliothek Gebrauch gemacht. Beispielsweise sieht die Syntax der Funktion strncpy() wie folgt aus:

```
#include <string.h>

char *strncpy( char * restrict s1,
               const char * restrict s2,
               size_t n );
```

Die Funktion kopiert n Byte vom Quell-Array s2 in das Ziel-Array s1. Dadurch, dass die beiden Zeiger als restrict deklariert sind, müssen Sie beim Aufruf der Funktion beachten, dass die Zeiger nicht auf dieselben Speicherobjekte verweisen, sprich, sich nicht überlappen. Betrachten Sie dazu folgendes Beispiel:

```
char arr1[20];
char arr2[] = { "Hallo Welt" };
// Ok, 10 Zeichen von arr2 nach arr1 kopieren
strncpy( arr1, arr2, 10 );
arr1[10] = '\0'
// Unzulässig, Speicherbereiche überlappen sich,
// das gibt nur Datensalat.
strncpy( arr1, arr1, 5 );
```

Ein weiteres klassisches Beispiel von Funktionen der Standard-Bibliothek sind die Funktionen memcyp() und memmove() in der Headerdatei *<string.h>*. Die Syntax der Funktionen lautet:

```
#include <string.h>

void *memcpy( void * restrict s1,
              const void * restrict s2,
              size_t n );

void *memmove( void *s1,
               const void *s2,
               size_t n);
```

Bei diesen beiden Funktionen kann man sehr schön sehen, dass sich bei memcpy() der Quell- und der Zielbereich nicht überlappen dürfen, weil sonst die restrict-Regel verletzt würde. Bei der anderen Standardfunktion memmove() hingegen dürfen sich der Quell- und der Zielbereich überlappen.

Kapitel 14

Kommandozeilenargumente

In der heutigen »Look & Feel«-Zeit scheinen Kommandozeilenprogramme schon ein wenig veraltet zu sein. Die nächste Generation von Programmierern wird mit Begriffen wie »Kommandozeile« oder »Konsole« wohl nichts mehr anzufangen wissen, oder? Diese Aussage ist alles andere als sicher, wie Sie gleich erfahren werden.

Wenn z. B. ältere Programme überholt werden müssen, wird der Umgang mit der Kommandozeile wieder wichtig. Bei Betriebssystemen wie Linux, UNIX oder FreeBSD ist es nach wie vor üblich (und teilweise sogar unerlässlich), sehr viel mit einer Kommandozeile zu arbeiten. Und: Die modernen grafischen Oberflächen werden niemals die Kommandozeile vollständig ersetzen. Dafür sind Kommandozeilen viel zu mächtige Werkzeuge, die es schon gab, bevor die ersten grafischen Oberflächen auch nur erfunden wurden. Ferner bekommen immer mehr Benutzer Probleme mit modernen grafischen Oberflächen. Der Begriff *Mausarm* ist schon in den ICD (die internationale Klassifikation der menschlichen Krankheiten) eingegangen.

Auch beim Schreiben eines Konsolenprogramms für Linux oder Windows sind Kommandozeilenparameter immer noch eines der wichtigsten Konzepte. Da Konsolenprogramme keine grafische Oberfläche besitzen, stellt die Kommandozeile die wichtigste Schnittstelle zwischen dem Anwender und dem Programm dar.

Hinweis: Kommandozeilen für Windows und Linux

Dem Programm werden durch die Kommandozeile Argumente beim Aufruf übergeben. Unter Windows können Sie hierfür die ältere Eingabeaufforderung *cmd.exe* oder das neue *Terminal* verwenden. Unter Linux genügt eine einfache Shell wie z. B. die Bash. Viele Entwicklungsumgebungen bieten im Menü AUSFÜHREN noch ein Untermenü PARAMETER oder Ähnliches (abhängig von der IDE), um die Argumente noch vor dem Programmstart festzulegen. Mehr dazu finden Sie in den Materialien zum Buch auf *http://www.rheinwerk-verlag.de/5701*.

14.1 Argumente an die Hauptfunktion übergeben

Um einem Programm beim Start Argumente zu übergeben, wird eine parametrisierte Hauptfunktion benötigt. Ihre Syntax sieht wie folgt aus:

```
int main(int argc, char *argv[]) { /* ... */ }
```

Diese Hauptfunktion `main()` besitzt zwei Parameter mit den Namen `argc` und `argv`. Die Namen dieser Parameter sind so nicht vorgeschrieben. Sie können genauso gut Folgendes schreiben:

```
int main(int argumenten_zaehler, char *argumenten_vektor[]) {
   /* ... */
}
```

Der erste Parameter enthält die Anzahl von Argumenten, die dem Programm beim Start übergeben wurden. Dabei handelt es sich um einen Integerwert. Im zweiten Parameter stehen die einzelnen Argumente. Diese werden als Strings in einer *Stringtabelle* gespeichert. (Jetzt leuchtet Ihnen wahrscheinlich auch ein, warum dieses Thema im letzten Kapitel so ausführlich behandelt wurde.) Folgendes Beispiel demonstriert dies:

```
/* argument.c */
#include<stdio.h>
#include<stdlib.h>

int main(int argc, char *argv[]) {
   int i;

   for( i= 0; i < argc; i++) {
      printf("argv[%d] = %s ", i, argv[i]);
      printf("\n");
   }
   return EXIT_SUCCESS;
}
```

Das Listing wird z. B. unter dem Namen *argument.c* gespeichert und anschließend übersetzt. Wenn Sie das Programm starten, wird auf dem Bildschirm der Programmname ausgegeben:

```
argv[0] = argument
```

Starten Sie das Programm jetzt nochmals mit folgender Eingabe (`argument` sei wieder der Programmname):

```
argument 1 2 3
```

Abbildung 14.1 zeigt die Ausgabe.

```
xterm
rene@pinguin:/home/rene/C von A bis Z/Kapitel 14# ./argument 1 2 3
argv[0] = ./argument
argv[1] = 1
argv[2] = 2
argv[3] = 3
rene@pinguin:/home/rene/C von A bis Z/Kapitel 14#
```

Abbildung 14.1 Argumente aus der Kommandozeile auswerten

In argv[0] befindet sich meistens der Programmname, das muss aber nicht so sein. Ein Beispiel:

```
char *argv_for_new_app[] = {"ganzAndererName", ....argumente};
char *application = "/bin/bash";

execve(application, argv_for_new_app, envp);
```

Somit ist in argv[0] der *Bash* nun eben ganzAndererName zu lesen. Das ist unter anderem ein effektiver Workaround für DOS/Windows-Plattformen, die keine sogenannten symbolischen Links haben (d. h., manche Programme erkennen ihre Funktion an argv[0]).

Die einzelnen Argumente, die dem Programm übergeben werden, müssen immer durch mindestens ein Leerzeichen (nicht durch Kommata!) getrennt sein. Wenn Sie zum Beispiel

argument HalloWelt bzw.

argument Hallo,Welt

schreiben, wäre die Ausgabe stattdessen:

```
argv[0] = argument
argv[1] = HalloWelt (bzw. argv[1] = Hallo,Welt)
```

Der Parameter int argc zählt die Anzahl der Strings, die dem Programm beim Aufruf mitgegeben wurden. Die einzelnen Parameter befinden sich in der Stringtabelle argv, die die einzelnen Zeiger auf die Parameter-Zeichenketten enthält. Sie müssen also die übergebenen Parameter doppelt indirekt adressieren und erst den entsprechenden Array-Index auswählen und anschließend die Adresse des Parameterstrings selbst auflösen. Da der Compiler die doppelt indirekte Adressierung nicht automatisch erzeugt, werden vor argv bei der Übergabe an die main()-Funktion zwei Sternchen geschrieben. Das folgende Beispiel erklärt die Parameterübernahme von der Kommandozeile in der main()-Funktion:

```
/* arg_counter.c */
#include<stdio.h>
#include<stdlib.h>

int main(int argc, char **argv) { // hier argv doppelt indirekt adressieren!
   printf("Insgesamt %d Argumente\n", argc-1);
   printf("Letztes Argument: %s\n", argv[argc-1]);
   return EXIT_SUCCESS;
}
```

Bei diesem Beispiel werden die Anzahl der Argumente und das letzte Argument ausgegeben. Als Programmaufruf dient etwa:

```
argument abc xyz
```

In der Stringtabelle `char **argv` befinden sich die Strings, die Sie in Abbildung 14.2 sehen.

*argv	argv[0]	argument
	argv[1]	abc
	argv[2]	xyz

Abbildung 14.2 Inhalt der Stringtabelle »argv«

Falls dezimale Werte anstelle von Strings als Argumente übergeben werden, handelt es sich dabei weiterhin um Strings. Wird der dezimale Wert benötigt, so muss der String erst in einen solchen Wert konvertiert werden. Hier sehen Sie ein Beispiel einer solchen Konvertierung:

```
/* calc.c */
#include<stdio.h>
#include<stdlib.h>
#include<string.h>

int main(int argc, char *argv[]) {
   int i, j ;
   long y, erg;

   if(argc < 4) {
      printf("Benötige mindestens 4 Argumente!\n");
```

```
      printf("Aufruf: %s <zahl><op><zahl> ...\n", *argv);
      return EXIT_FAILURE;
   }
   /* 1.Zahl in einen Integer konvertieren*/
   erg = strtol(argv[1], NULL, 10);
   if(erg == 0) {
      printf("Keine gültige Ganzzahl ... \n");
      return EXIT_FAILURE;
   }

   for(i = 1; i < argc-1; i += 2) {
      for(j = i+1; j < i+2; j++) {
         y = strtol(argv[i+2], NULL, 10);
         if( y == 0 ) {
            printf("Keine gültige Ganzzahl ... \n");
            printf("argc: %d (%s)?!\n", i+2, argv[i+2]);
            return EXIT_FAILURE;
         }
         if(strcmp(argv[j],"+") == 0)
            erg += y;
         else if(strcmp(argv[j],"-") == 0)
            erg -= y;
          else if(strcmp(argv[j], "x") == 0)
             erg *= y;
          else if(strcmp(argv[j],"/") == 0)
             erg/=y;
          else {
             printf("Ungültiger Operand: %s\n", argv[j]);
             return EXIT_FAILURE;
          }
      }
   }
   printf("%ld\n",erg);
   return EXIT_SUCCESS;
}
```

Listing 14.1 »calc.c« implementiert einen einfachen Taschenrechner und verwendet hierfür Eingaben von der Kommandozeile.

Damit lassen sich einfache Rechenoperationen ausführen, ohne dass aber die »Punktrechnung vor Strichrechnung«-Regel beachtet wird. Im Folgenden soll eine solche Eingabe demonstriert werden (der Programmname sei *calc*):

```
calc 5 + 5 - 9 x 10 / 2
```

Intern sieht diese Eingabe so aus wie in Abbildung 14.3.

*argv	argv[0]	calc
	argv[1]	5
	argv[2]	+
	argv[3]	5
	argv[4]	-
	argv[5]	9
	argv[6]	x
	argv[7]	10
	argv[8]	/
	argv[9]	2

Abbildung 14.3 Einzelne Argumente für Rechenoperationen auswerten

Es wurden zehn Argumente eingegeben, wobei jedes dieser zehn Argumente ein String-Ende-Zeichen (`\0`) besitzt. Somit besitzt der Parameter `int argc` in der Funktion `main()` den Wert 9. Beachten Sie bei der Eingabe, dass nach jedem Zeichen ein Leerzeichen folgt. Folgendes würde nicht funktionieren:

```
calc 5+5-9}10/2   /* falsch, nur ein Argument*/
```

Mit

```
if(argc < 4) {
   printf("Benötige mindestens 4 Argumente!\n");
   printf("Aufruf: %s <zahl><op><zahl> ...\n", *argv);
   return EXIT_FAILURE;
}
```

wird getestet, ob weniger als vier Argumente eingegeben wurden. Falls dies zutrifft, wird eine entsprechende Fehlermeldung auf dem Bildschirm ausgegeben und das Programm beendet.

Wenn die Mindestanzahl von Argumenten gegeben ist, folgt als Nächstes die Konvertierung der Argumente:

```
erg = strtol(argv[1], NULL, 10);
```

Mit der Funktion strtol wird der String in argv[1] in eine dezimale Zahl konvertiert. Im ersten Fall wird der String "5" in den Integerwert 5 umgewandelt. Die Funktion strtol() ist in der Headerdatei *<stdlib.h>* deklariert. Mehr zu strtol() und weiteren ähnlichen Funktionen erwartet Sie in Kapitel 21, »Weitere Headerdateien und ihre Funktionen (ANSI C)«.

Weiter geht es mit dem Programmablauf bei den for-Schleifen:

```
  for(i = 1; i < argc-1; i += 2) {
     for(j=i+1; j < i+2; j++) {
        y = strtol(argv[i+2], NULL, 10);
```

Die erste for-Schleife durchläuft die ungeraden Zahlen des Feldindex, in dem sich (bei richtiger Anwendung des Programms) dezimale Zahlen befinden: [1]="5", [3]= "5", [5]="9", [7]="10", [9]="2". Die zweite for-Schleife durchläuft die geraden Zahlen und dient den Operatoren +, -, * und / ([2]="+", [4]="-", [6]="*", [8]="/"). Danach bekommt die Variable y den dezimalen Wert der Zeichenkette argv[3], der wiederum mit strtol() konvertiert wird.

14

Jetzt erfolgt die Auswertung des Operators:

```
        if(strcmp(argv[j],"+") == 0)
           erg += y;
```

Entspricht argv[2] dem Additionszeichen "+"? In dem Fall ist das zweite Argument tatsächlich das Zeichen "+". Daher kann jetzt der erste Wert (zweites Argument) mit dem zweiten Wert (viertes Argument) addiert (drittes Argument) werden. Der Wert wird in der Variablen erg zwischengespeichert. Genauso läuft dies mit den nächsten Zahlen und Operatoren ab, bis keine Argumente (Zahlen oder Operatoren) mehr vorhanden sind.

14.2 Argumente aus der Kommandozeile auswerten

Der Taschenrechner, wie Sie ihn eben programmiert haben, macht in der heutigen Zeit wenig Sinn. Sinnvoller und (immer noch) sehr häufig verwendet werden Kommandozeilenargumente, um Schalter auszuwerten, etwa so:

```
rm --help
```

Damit wird eine kurze Hilfsanleitung des Programms `rm` angezeigt. Meistens handelt es sich dabei um eine kurze Beschreibung, mit welchen Optionen (Schaltern) das Programm aufgerufen werden kann und was diese bewirken. Das Programm `rm` ist in der Linux-Welt beheimatet und dient zum Löschen von Dateien und Verzeichnissen. Beispielsweise wird mit den Schaltern `-rf`

```
rm -rf verzeichnis
```

ein ganzes Verzeichnis rekursiv ohne Nachfrage gelöscht. Dazu folgt jetzt ein Beispiel. Auf (fast) jedem System gibt es das Programm `echo`, mit dem Sie einen Text auf die Standardausgabe schicken können. Beispielsweise wird mit

```
echo Hallo Welt
```

`Hallo Welt` auf dem Bildschirm ausgegeben. Das folgende Programm ist ein eigenes Echo, `myecho`, mit dem der Text mithilfe von Schaltern spiegelverkehrt, in Groß- oder Kleinbuchstaben ausgegeben werden kann. Folgende Schalter werden verwendet:

```
void show_help(void) {
   printf("\nProgrammaufruf: myecho [OPTION] STRING\n"\
          "Programm gibt den Text in gewünschter Form auf"\
          "dem Bildschirm aus\n\n\nFolgende Optionen stehen"\
          "Ihnen zur Verfügung:\n\n"\
          "\t-r  Text wird spiegelverkehrt ausgegeben\n"\
          "\t-g  Text wird in Grossbuchstaben ausgegeben\n"\
          "\t-s  Text wird in Kleinbuchstaben ausgegeben\n "\

          "\t-h  Dieser Text\n"
          "\t-v  Versionsnummer\n\n");
}
```

Hier sehen Sie den vollständigen Quellcode:

```
/* myecho.c */
#include<stdio.h>
#include<string.h>
#include<ctype.h> /* tolower(), toupper(), isalpha() */
#include<stdlib.h>
#define FALSE 0
#define TRUE  1
#define BUF 4096

void show_help(void) {
   printf("\nProgrammaufruf: myecho [OPTION] STRING\n"\
          "Programm gibt den Text in gewünschter Form auf"\
```

```
          "dem Bildschirm aus\n\nFolgende Optionen stehen"\
          "Ihnen zur Verfügung:\n\n"\
          "\t-r  Text wird spiegelverkehrt ausgegeben\n"\
          "\t-g  Text wird in Grossbuchstaben ausgegeben\n"\
          "\t-s  Text wird in Kleinbuchstaben ausgegeben\n "\
          "\t-h  Dieser Text\n"
          "\t-v  Versionsnummer\n\n");
}

int getopt(char *argument, char *option) {
   if( argument[0]=='-' && argument[1]==option[0] )
      return TRUE;
   return FALSE;
}

void spiegeln(char *string) {
   char *reverse = string;
   while(*reverse++);
   while(reverse-- != string)
      printf("%c",*reverse);
   printf("\n");
}

void larger(char *string) {
   char *large=string;

   while(*large)
      printf("%c",(isalpha(*large))?toupper(*large++):*large++);
   printf("\n");
}

void smaller(char *string) {
   char *small=string;

   while(*small)
      printf("%c",(isalpha(*small))?tolower(*small++):*small++);
   printf("\n");
}

int main(int argc, char *argv[]) {
   int counter=3;
   char buffer[BUF];
   size_t len=0;
```

```
   if(argc == 1 || getopt(argv[1],"h") == TRUE ) {
      show_help();
      return EXIT_FAILURE;
   }
   else if(getopt(argv[1],"v") == TRUE) {
      printf("Version 1.0\n");
      return EXIT_SUCCESS;
   }
   else if(argc < 3) {
      show_help();
      return EXIT_FAILURE;
   }
   len=strlen(argv[2])+1;
   /* ab argv[2] bis argv[n] alle Elemente in buffer */
   if(len > BUF) {
      printf("Der String enthält zu viele Zeichen\n");
      return EXIT_FAILURE;
   }
   strcpy(buffer,argv[2]);
   while(argv[counter] != NULL) {
      len += strlen(argv[counter])+2;
      if(len > BUF) {
         printf("Der Puffer ist bereits voll\n");
         break;
      }
      strcat(buffer, " ");
      strcat(buffer, argv[counter++]);
   }
   if(getopt(argv[1],"r") == TRUE)
      spiegeln(buffer);
   else if(getopt(argv[1],"g") == TRUE)
      larger(buffer);
   else if(getopt(argv[1],"s") == TRUE)
      smaller(buffer);
   else
      show_help();
   return EXIT_SUCCESS;
}
```

Listing 14.2 »myecho.c« gibt einen vorher übergebenen Text verändert zurück und verwendet hierfür Kommandozeilenparameter.

Als Kernstück in diesem Programm dient die Funktion getopt():

```
int getopt(char *argument, char *option) {
   if( argument[0]=='-' && argument[1]==option[0] )
      return TRUE;
   return FALSE;
}
```

Damit wird überprüft, ob der String mit dem Schalterzeichen (-) beginnt und ob für option eine Option vorhanden ist:

```
if(getopt(argv[1],"s") == TRUE)
```

Hier wird beispielsweise überprüft, ob der Schalter s verwendet wurde. Falls dies zutrifft, wird TRUE zurückgegeben, andernfalls FALSE. Alle anderen Funktionen dienen nur zur Verzierung des Programms, das Sie natürlich weiter ausbauen können.

Außerdem wurden Funktionen der Standard-Headerdatei *<ctype.h>* verwendet, die zur Überprüfung und Konvertierung von einzelnen Zeichen dienen. Die Funktion isalpha() überprüft, ob es sich um ein Zeichen des Alphabets handelt. Ist dies der Fall, liefert diese Funktion 1 zurück. Die Funktion tolower() macht aus einem großen Buchstaben einen kleinen, und toupper() macht aus einem kleinen Buchstaben wieder einen großen. Mehr zu dieser Headerdatei und den darin enthaltenen Funktionen erfahren Sie später.

Hinweis zu »getopt()«

Damit nicht jeder sein eigenes getopt() baut, möchte ich noch auf die echten Funktionen getopt(), getopt_long() bzw. auf die *POPT*-Bibliothek hinweisen, die auf vielen Systemen vorhanden sind und Ihnen die ganze Arbeit recht komfortabel abnehmen.

Kapitel 15
Dynamische Speicherverwaltung

Bisher haben Sie Daten wie Arrays in einem statischen Speichersegment im Programm abgelegt. Wenn sich allerdings die Anzahl der Elemente zur Laufzeit verändert oder ein Speicher nicht dauerhaft benötigt wird, ist ein solcher statischer Speicher nicht geeignet. In diesem Kapitel erfahren Sie daher, wie Sie Speicherblöcke mit variabler Größe zur Laufzeit des Programms verwalten können.

Bisher wurde die Speicherverwaltung in Variablendefinitionen versteckt. Sie mussten sich so zwar keine Gedanken über die Verwaltung machen, aber spätestens dann, wenn Sie neuen Speicher für weitere Daten benötigten, musste der Code umgeschrieben werden. Darüber hinaus kann es auch Probleme mit der Gültigkeit einer Variablen geben. Eine Variable existiert nur in dem Anweisungsblock, in dem sie deklariert wurde. Die Gültigkeit des Speicherbereichs dieser Variablen verfällt, sobald dieser Anweisungsblock verlassen wird. Ausnahmen stellen globale und als `static` deklarierte Variablen dar. Aber zu viele globale Variablen sind im Allgemeinen kein guter Programmierstil, weil Sie dann die Übersicht über die zahlreichen Variablennamen verlieren, die Sie ja bei globalen Variablen nur einmal im Programm verwenden dürfen.

Bei der *dynamischen Speicherverwaltung* gibt es diese Probleme nicht mehr, denn »dynamisch« bedeutet, dass Sie zur Laufzeit Speicher anfordern oder freigeben können. Zur dynamischen Speicherverwaltung wird ein Zeiger an die Funktion `malloc()` übergeben, der später die Anfangsadresse der dynamischen Datenstruktur enthalten soll. Mit `malloc()` geben Sie außerdem an, wie viel Speicherplatz reserviert werden soll. Der Zeiger verweist also bei erfolgreicher Reservierung auf die Anfangsadresse des reservierten Speicherblocks. Die Aufgabe des Programmierers ist es, dafür zu sorgen, dass es immer einen Zeiger gibt, der auf diese Anfangsadresse verweist. Der so reservierte Speicher bleibt so lange erhalten, bis er entweder explizit mit der Funktion `free()` freigegeben wird oder bis das Programm sich beendet.

Sie müssen natürlich einen gewissen Aufwand betreiben, um die dynamische Speicherverwaltung zu realisieren. Wenn Sie dabei unvorsichtig vorgehen, haben Sie schnell eine sogenannte *Zugriffsverletzung* verursacht, unter Linux auch als *Segmentation Fault* bezeichnet. In diesem Fall wird das Programm mit einer entsprechenden System-Meldung beendet, die besagt, dass auf einen ungültigen Speicherbereich zugegriffen wurde. Zu Problemen kann es auch kommen, wenn Sie bei einem Programm immer wieder Speicher reservieren und dieser niemals mehr freigegeben wird. Man spricht dabei von *Speicherlecks* (engl. *Memory Leaks*). Wie diese und andere Probleme vermieden werden, erfahren Sie in den folgenden Abschnitten.

15.1 Das Speicherkonzept

Bevor gezeigt wird, wie Speicher dynamisch reserviert werden kann, folgt ein Exkurs über das Speicherkonzept von laufenden Programmen. Wenn Ihnen dieser sehr hardwarelastige Exkurs mit verschiedenen Spezialbegriffen aus der Prozessorarchitektur zurzeit zu schwierig ist, können Sie diesen Abschnitt getrost überspringen. Wenn Sie jedoch schon fortgeschrittener sind und sozusagen nur auf C »umsatteln«, dann bietet Ihnen dieser Abschnitt einige nützliche Informationen.

Ein Programm besteht aus den vier Speicherbereichen, die in Tabelle 15.1 aufgeführt sind. Dies sind rein abstrakte Begriffe – das wird oft vergessen! Jeder Prozessor verwaltet den Speicher anders, aber auf irgendeinen Standard bei den Begriffen musste man sich ja schließlich einigen. Auf Intel-Maschinen gibt es z. B. wirklich Segmente für Code, Daten, Stack und Heap, weil es hierfür extra Register gibt. Auf sogenannten RISC-Maschinen dagegen (der Raspberry Pi ist z. B. eine solche) wird der Speicher oft linear adressiert und der entsprechende C-Compiler und das Betriebssystem müssen diese Dinge entsprechend dem Standard abbilden.

Speicherbereich	Verwendung
Code	Maschinencode des Programms
Daten	statische und globale Variablen
Stack	Funktionsaufrufe und lokale Variablen
Heap	dynamisch reservierter Speicher

Tabelle 15.1 Verschiedene Speicherbereiche in einem Programm

15.1.1 Codespeicher

Hier steht der auszuführende *Programmcode*, also die sogenannten *OP-Codes*, die der Prozessor direkt ausführen kann. Um den Prozessor an die gewünschte Stelle – also z. B. zu `main()` – springen zu lassen, gibt es spezielle Prozessorbefehle (wie z. B. `JMP`), und der *Programmlader* des Betriebssystems ist dafür zuständig, die Sprungbefehle korrekt auszuführen. Der Prozessor besitzt außerdem ein spezielles Register, das auf die Adresse des Befehls zeigt, der als nächster ausgeführt werden soll. Dieses Register wird als *Programm-Counter* (PC) bzw. *Instruction Pointer* (IP) bezeichnet. Das heißt, ein versehentliches Überschreiben des Codesegments führt zu einem unvorhersehbaren Verhalten. Natürlich gibt es auch Exploits (das sind spezielle Hacker-Angriffe), die solche Dinge bewusst erzeugen und z. B. an der Stelle des gerade laufenden Programms ein Virus einschleusen.

15.1.2 Daten-Speicher

Im *Datensegment* befinden sich alle statischen Daten, die bis zum Programmende verfügbar sind (globale und statische Variablen). Auch hier ist die Organisation des Speichers vom Prozessor abhängig. Zwei oft verwendete Verfahren sind: Entweder es wird wirklich ein zusätzlicher Zeiger verwendet, der auf ein Extrasegment zeigt (Intel), oder aber das Datensegment wird beim Einstieg in das Programm durch JMP übersprungen, und das Datensegment befindet sich stets am Anfang des Programms (Motorola, ARM). Im zweiten Fall wird das Datensegment manchmal *indiziert adressiert*, das heißt durch eine Basisadresse und einen *Offset* (Versatz).

15.1.3 Stack-Speicher

Im *Stacksegment* werden die Funktionsaufrufe mit ihren lokalen Variablen verwaltet und auch Rücksprungadressen gespeichert. In Abschnitt 10.20.1, »Exkurs: Stack«, bin ich schon näher auf den Stack eingegangen, aber einiges bleibt noch zu erläutern. Der Prozessor besitzt nämlich (wie in Kapitel 10, »Funktionen«, in Bezug auf den Stack schon kurz erwähnt) ein spezielles Register, den *Stack Pointer* (SP). Wie viele Stack Pointer und damit Stacks es gibt, ist vom Prozessor abhängig; normalerweise gibt es genau einen. Natürlich wird in diesem Fall auf dem Stack alles abgelegt, auch Rücksprungadressen zu aufrufenden Funktionen. Ferner gibt es Prozessorbefehle zum Zwischenspeichern von Registerinhalten (man kann also Zugriffe auf den Stack explizit auslösen). Was passiert also, wenn der Stack aus irgendeinem Grund durcheinanderkommt? Der Prozessor findet beim Verlassen einer Funktion nicht mehr zurück, er hat quasi die Orientierung verloren. Nun kann alles passieren, nur nicht das, was man erwartet!

15.1.4 Heap-Speicher

Dem *Heap-Speicher* gebührt in diesem Kapitel das Hauptinteresse. Über ihn wird nämlich die dynamische Speicherreservierung mit Funktionen wie `malloc()` realisiert. Der Heap funktioniert ähnlich wie der Stack. Bei einer Speicheranforderung erhöht sich der Heap-Speicher, und bei einer Freigabe wird er wieder verringert. Auch hier ist die Speicherorganisation vom Prozessor abhängig. Der Heap-Speicher kann also direkt nach dem Datensegment liegen (in diesem Fall kann auch manchmal die Größe des maximalen Heap-Speichers als Parameter an den Compiler übergeben werden) oder auch direkt nach dem Codesegment folgen. In den meisten Fällen wird aber der Heap-Speicher vom Betriebssystem verwaltet. Wenn ein Speicherblock angefordert wurde, sieht das Betriebssystem nach, ob sich im Heap noch genügend zusammenhängender freier Speicher dieser Größe befindet. Bei Erfolg wird die Anfangsadresse des passenden Speicherblocks zurückgegeben. Für den Heap ist allerdings (im Gegensatz zum Stack) eben sehr oft das Betriebssystem verantwortlich, weil es für den Heap normalerweise kein gesondertes Prozessorregister gibt. Darum ist der Zugriff auf den Heap langsamer als der Zugriff auf den Stack. Ausnahmen gibt es natürlich, z. B. für sehr alte Systeme oder für Mikrocontroller (hier verwaltet oft das Programm selbst den Speicher).

15.2 Speicherallokation mit »malloc()«

Ich habe bereits kurz erwähnt, mit welcher Funktion Speicher dynamisch reserviert werden kann. Es wird dabei auch von einer *Speicherallokation* (*allocate*, dt. *zuweisen*) gesprochen. Die Syntax dieser Funktion sieht so aus:

```
#include <stdlib.h> // Diese Bibliothek benötigt man für malloc()
void *malloc(size_t size); // Dies sind Byte!
```

Bei erfolgreichem Aufruf liefert die Funktion `malloc()` die Anfangsadresse mit der Größe `size` Byte vom Heap zurück. Da die Funktion einen `void`-Zeiger zurückliefert, hängt sie nicht von einem Datentyp ab. Hierzu ein Beispiel:

```
/* malloc_1.c */
#include <stdio.h>
#include <stdlib.h>

int main(void) {
   int *p;
   p = malloc(sizeof(int));
   if(p != NULL) {
      *p=99;
      printf("Allokation erfolgreich ... \n");
   }
   else {
      printf("Kein virtueller RAM mehr verfügbar ...\n");
      return EXIT_FAILURE;
   }
   return EXIT_SUCCESS;
}
```

Nach der Deklaration eines int-Zeigers wurde diesem mit

```
p = malloc(sizeof(int));
```

eine Anfangsadresse eines Speicherbereichs der Größe int zugewiesen. Bei Erfolg zeigt der Zeiger p auf den Anfang des reservierten Speicherbereichs. Ist dabei etwas schiefgegangen, zeigt der Zeiger auf NULL, und es wird ausgegeben, dass kein Speicherplatz reserviert werden konnte. Es ist in diesem Fall dann auch sinnvoll, einen Zeiger vor Verwendung im Programm vorher stets auf NULL abzufragen. Abbildung 15.1 verdeutlicht den Programmablauf anhand einer Grafik.

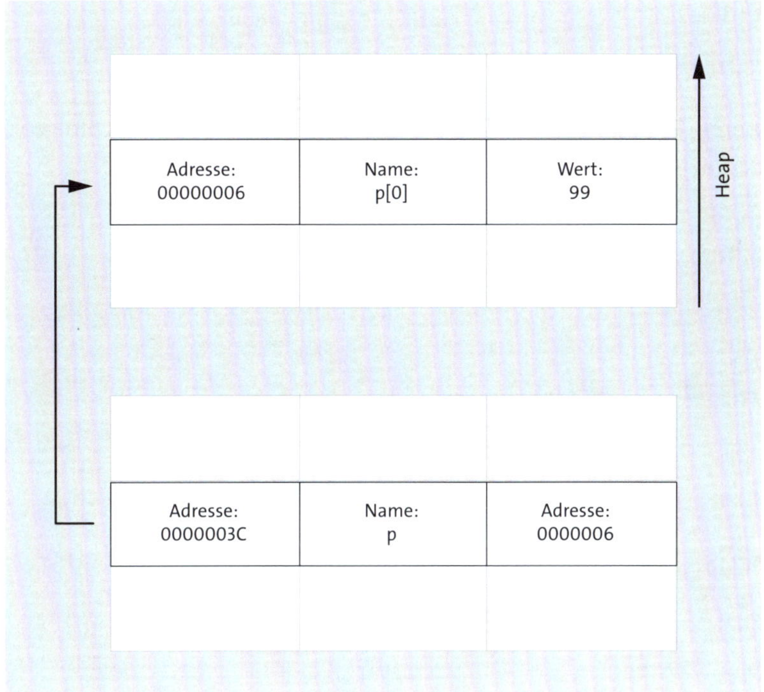

Abbildung 15.1 Dynamisch reservierter Speicher vom Heap

Hinweis: Typecasting bei »malloc()«

Ein Typecasting der Funktion malloc() ist in C nicht notwendig. ANSI C++ schreibt allerdings ein Casten des Typs void * vor (im Beispiel wäre dies C++-konform: p=**(int *)** malloc(sizeof(int));). Falls Sie also eine Fehlermeldung wie 'void *' kann nicht in 'int *' konvertiert werden erhalten, dann haben Sie einen C++-Compiler vor sich bzw. einen Compiler, der im C++-Modus läuft. Häufig ist es aber problemlos möglich, den Compiler im C-Modus zu betreiben. Bei Visual C++ (beispielsweise die Version 2022) z. B. brauchen Sie nur die Eigenschaftsseite mit [Alt]+[F7] aufzurufen und über Konfigurationseigenschaften • C/C++ • Erweitert die Option Kompilie-

RUNGSART auf ALS C-CODE KOMPILIEREN einstellen. Bei anderen Compilern ist dies häufig einfacher, weil man gleich ein reines C-Projekt erstellen kann. Beim GCC gibt es für C++ einen extra Compiler, den man z. B. wie folgt aufrufen kann:

```
C++ malloc_1.cpp -o malloc_1
```

»Na gut«, werden Sie vielleicht denken, »das hätte man ja auch mit einer globalen Variablen machen können.« Zur Laufzeit eines Programms Speicherplatz für einen int-Wert reservieren mit solch einem Aufwand? Lohnt sich wirklich die Verwendung einer separaten Funktion? Gut, dann reservieren Sie eben mehr Speicherplatz für mehrere int-Werte:

```
p = malloc(2 * sizeof(int));
```

Hiermit reservieren Sie Speicherplatz für zwei int-Werte vom Heap. Nachfolgend sehen Sie das Beispiel als Listing:

```
/* malloc_2.c */
#include<stdio.h>
#include<stdlib.h>

int main(void) {
   int *p = malloc(2 * sizeof(int));

   if(p != NULL) {
      *p=99;          /* alternativ auch p[0] = 99  */
      *(p+1) = 100;   /* alternativ auch p[1] = 100 */
      printf("Allokation erfolgreich ... \n");
   }
   else {
      printf("Kein virtueller RAM mehr verfügbar ...\n");
      return EXIT_FAILURE;
   }
   printf("%d %d\n", p[0], p[1]);
   /* Sie können die Werte auch so ausgeben lassen. */
   printf("%d %d\n", *p, *(p+1));
   return EXIT_SUCCESS;
}
```

Abbildung 15.2 soll den Sachverhalt veranschaulichen.

Der Sachverhalt, warum *p und p[0] oder *(p+1) und p[1] auf dasselbe Element zugreifen, wurde in Kapitel 13, »Zeiger (Pointer)«, geklärt. Blättern Sie notfalls einfach zu den Tabellen am Ende von Kapitel 13 zurück. Sie sehen vielleicht an dieser Stelle, dass in Tabelle 13.2 der Heap nach oben wächst, im Gegensatz zum Stack, der nach unten wächst. Das liegt daran, dass auf den meisten Prozessoren der Stack Pointer dekrementiert (also vermindert) wird, nachdem ein Wert auf dem Stack abgelegt wurde. Auf dieses sogenannte *Post-Dekrement*-Verfahren hat das Betriebssystem keinen Einfluss, wohl aber auf die Verwaltung des Heaps. Was ist aber jetzt der Vorteil an einem solchen Speicherverwaltungsverfahren? Der Vorteil ist, dass Sie stets Speicher zur Laufzeit nachreservieren können, ohne dass sich Stack und Heap jemals in die Quere kommen.

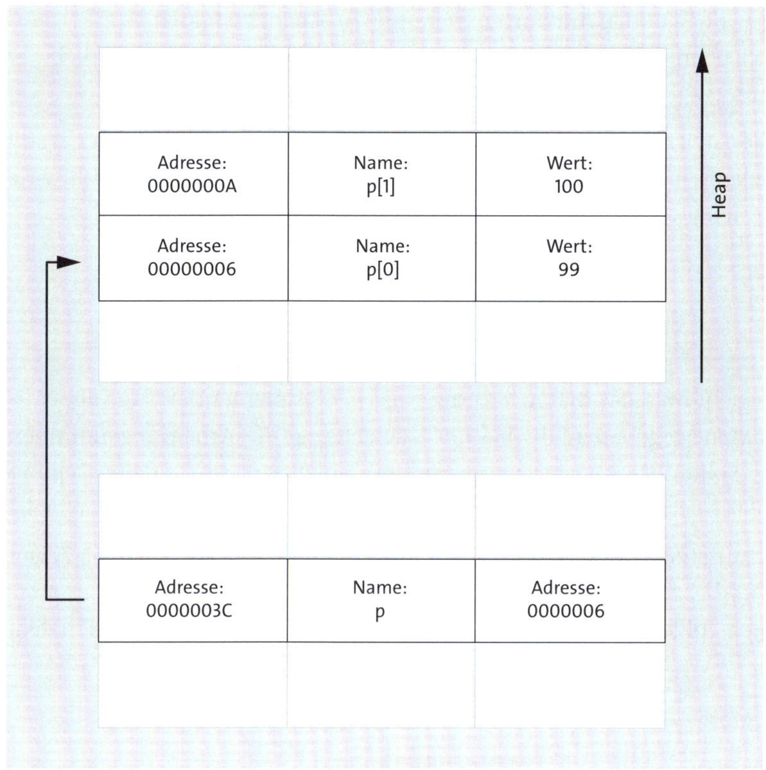

Abbildung 15.2 Speicher für mehrere Elemente dynamisch anfordern

15.3 Das NULL-Mysterium

Ein `NULL`-Zeiger wird zurückgeliefert, wenn `malloc()` nicht mehr genügend zusammenhängenden Speicher finden kann. Der `NULL`-Zeiger ist ein vordefinierter Zeiger, dessen Wert sich von einem regulären Zeiger unterscheidet. Er wird vorwiegend bei Funktionen zur Anzeige und Überprüfung von Fehlern genutzt, die einen Zeiger als Rückgabewert zurückgeben.

15.3.1 NULL für Fortgeschrittene

Sicherlich haben Sie sich schon einmal gefragt, was es mit `NULL` auf sich hat. Wenn Sie dann in einem Forum nachgefragt haben, könnten Sie beispielsweise dreierlei Antworten zurückbekommen haben:

- `NULL` ist ein Zeiger auf (die Adresse) 0.
- `NULL` ist ein typenloser Zeiger auf 0.
- Es gibt keinen `NULL`-Zeiger, sondern nur `NULL`, und das ist eben 0.

Sicherlich gibt es noch einige Antworten mehr hierzu. Aber es ist doch ziemlich verwirrend, ob `NULL` eben 0 ist oder ein Zeiger auf 0 – und wo ist dabei eigentlich der Unterschied?

Ein integraler konstanter Ausdruck mit dem Wert 0 wird zu einem `NULL`-Zeiger, wenn dieser einem Zeiger zugewiesen oder auf Gleichheit mit einem Zeiger geprüft wird. Damit ergeben sich die folgenden möglichen `define`-Anweisungen für `NULL`:

```
#define NULL 0
#define NULL 0L
#define NULL (void *) 0
```

Am häufigsten sieht man das Makro `NULL` als `(void *) 0` implementiert, was den Vorteil hat, dass einem gegebenenfalls bei der Übersetzung die Arbeit abgenommen wird. Allerdings sollten Sie – egal wie `NULL` nun implementiert ist – auf eine Typumwandlung von `NULL` verzichten, denn schließlich kann `NULL` ja auch nur `0` oder `0L` sein.

Der Compiler muss zur Übersetzungszeit selbst feststellen, wann ein `NULL`-Zeiger benötigt wird, und eben den entsprechenden Typ dafür eintragen. Somit ist es ohne Weiteres möglich, folgende Vergleiche zu verwenden (beide Versionen erfüllen denselben Zweck):

```
/* null_ptr_1.c */
#include<stdio.h>
#include<stdlib.h>

int main(void) {
   char *ptr1 = NULL;
   char *ptr2 = 0;

   if(ptr1 == NULL){
      printf("ptr1 ist ein Nullzeiger.\n");
   }
   if(ptr2 == 0) {
      printf("ptr2 ist ein Nullzeiger.\n");
```

```
    }
    return EXIT_SUCCESS;
}
```

Listing 15.1 »null_ptr_1.c« demonstriert die Verwendung des NULL-Zeigers.

Bei einem Funktionsargument allerdings ist ein solcher Zeiger-Kontext nicht unbedingt feststellbar. Ein Compiler kann eventuell nicht feststellen, ob der Programmierer 0 (als Zahl) oder den `NULL`-Zeiger meint. Das folgende Beispiel zeigt, worauf ich hinauswill:

```
execl ("/bin/sh", "sh", "-c", "ls", 0);
```

Der (UNIX-)Systemaufruf `execl()` erwartet eine Liste variabler Länge mit Zeigern auf `char`, die mit einem `NULL`-Zeiger abgeschlossen werden. Der Compiler kann hier allerdings wiederum nicht feststellen, ob der Programmierer mit `0` den `NULL`-Zeiger meint; daher wird sich der Compiler in diesem Fall für die Zahl 0 entscheiden. In diesem Fall müssen Sie unbedingt eine Typumwandlung nach `char*` durchführen – oder eben den `NULL`-Zeiger verwenden:

```
execl ("/bin/sh", "sh", "-c", "ls", (char *)0);
// ... oder ...
execl ("/bin/sh", "sh", "-c", "ls", NULL);
```

15

Dieser Fall ist besonders bei einer variablen Argumentliste (wie sie hier mit `execl()` vorliegt) wichtig. Denn hier funktioniert alles (auch ohne ein Type-Casting) bis zum Ende der explizit festgelegten Parameter. Alles, was danach folgt, wird nach den Regeln für die Typenerweiterung behandelt, und es wird eine ausdrückliche Typumwandlung erforderlich. Da es sowieso kein Fehler ist, den `NULL`-Zeiger als Funktionsargument einer expliziten Typumwandlung zu unterziehen, ist man bei regelmäßiger Verwendung (eines expliziten Casts) immer auf der sicheren Seite, wenn dann mal Funktionen mit einer variablen Argument-Anzahl verwendet werden.

Bei einem »normalen« Funktionsprototyp hingegen werden die Argumente weiterhin anhand ihrer zugehörigen Parameter im Prototyp umgewandelt. Verwenden Sie hingegen keinen Funktionsprototyp im selben Gültigkeitsbereich, wird auch hier eine explizite Umwandlung benötigt. Das ist jetzt vielleicht etwas verwirrend, aber im weiteren Verlauf wird vieles, was jetzt unklar erscheint, noch geklärt. Sie haben ja die Hälfte noch vor sich.

15.3.2 Was jetzt – NULL, 0 oder \0 ...?

Ob Sie jetzt `NULL` oder `0` verwenden, ist eine Frage des Stils und des Programmierers. Viele Programmierer halten `NULL` für eine sinnlose Neuerung, auf die man gern verzichten kann (wozu soll man eine 0 hinter `NULL` verstecken). Andere wiederum entgegnen, dass man mit `NULL` besser unterscheiden kann, ob denn nun ein Zeiger gemeint ist oder nicht. Denn Folgendes wird der Compiler bemängeln, wenn `NULL` als `(void *)0` implementiert ist:

```
/* null_ptr_2.c */
#include<stdio.h>
#include<stdlib.h>

int main(void) {
   int *ptr = NULL;
   int i = NULL; // falsch, hier erscheint eine Fehlermeldung
   return EXIT_SUCCESS;
}
```

Intern nach dem Präprozessorlauf würde aus der Zeile

```
int i = NULL;
```

Folgendes gemacht:

```
int i = (void *) 0;
```

Dies ist ein klarer Regelverstoß und somit unzulässig. Leider gilt diese Aussage nicht für C++, denn hier ist NULL schlicht 0 (weil es mit `#define NULL 0L` definiert wird), und im oberen Beispiel würde auch der Variablen `i` der Wert `0` zugewiesen.

Zusätzlich bringen Anfänger auch noch das Terminierungszeichen `\0` (NUL) und `NULL` durcheinander. Es wird also oft das ASCII-Zeichen NUL mit `NULL` verwechselt. Allerdings kann man `\0` nicht mit `NULL` vergleichen. `\0` garantiert beispielsweise laut Standard, dass alle Bits auf 0 gesetzt sind; `NULL` tut das nicht.

15.3.3 Zusammengefasst

Aufgrund der häufigen Nachfragen zu `NULL` habe ich mich entschieden, das Thema etwas breiter aufzurollen. Vielleicht ist der eine oder andere jetzt verwirrt. Daher folgen hier zwei Regeln zum Umgang mit `NULL`, die Sie einhalten sollten, damit Sie auf der sicheren Seite sind:

- Wollen Sie im Quelltext einen `NULL`-Zeiger verwenden, dann können Sie entweder eben diesen Null-Zeiger mit der Konstante `0` oder eben das Makro `NULL` verwenden.
- Verwenden Sie hingegen `0` oder `NULL` als Argument eines Funktionsaufrufs, wenden Sie am besten die von der Funktion erwartete explizite Typumwandlung an.

15.4 Speicherreservierung und ihre Probleme

Bei einem Aufruf der Funktion malloc() muss die Größe des zu reservierenden Speichers in Byte angegeben werden. Damit ist die Größe des Speicherobjekts gemeint, das durch einen Zeiger referenziert werden soll. Für die dynamische Speicherzuweisung haben Sie folgende drei Möglichkeiten:

- Angabe des Datentyps mithilfe des sizeof-Operators:

  ```
  p = malloc(sizeof(int));
  ```

  Diese Möglichkeit hat einen Nachteil. Was ist, wenn Sie statt int-Werten auf einmal double-Werte benötigen? Dann müssen Sie mühsam alle Speicherzuweisungen ändern in:

  ```
  p = malloc(sizeof(double));
  ```

- als numerische Konstante:

  ```
  p = malloc(sizeof(2));
  ```

  Hiermit werden 4 Byte (!) reserviert, auf deren Anfangsadresse der Zeiger p verweist. Es werden nicht – wie vielleicht irrtümlicherweise angenommen – 2 Byte reserviert, sondern es wird eben so viel Speicher reserviert, wie es dem Datentyp im sizeof-Operator auf dem jeweiligen System entspricht. Der Wert 2 entspricht gewöhnlich auf 32-Bit-Rechnern 4 Byte (int). Somit kann die Verwendung einer numerischen Konstante sehr verwirrend sein.

- Sie können auch den dereferenzierten Zeiger selbst für den sizeof-Operator verwenden:

  ```
  p = malloc(sizeof(*p));
  ```

  Aber Achtung: Wenn Sie den Dereferenzierungsoperator (*) vergessen, wie im folgenden Listing, dann geht dies garantiert schief:

  ```
  /* malloc_3.c */
  #include<stdio.h>
  #include<stdlib.h>

  int main(void) {
     double *p1,*p2;

     p1 = malloc(sizeof(p1)); // Fehler
     p2 = malloc(sizeof(p2)); // Fehler

     if(p1 != NULL && p2 != NULL) {
          *p1 = 5.15;
  ```

15

```
        printf("p1 = %f\n",*p1);
        *p2 = 10.99;
        printf("p2 = %f\n",*p2);
    }
    return EXIT_SUCCESS;
}
```

Wenn Sie »Glück« haben, stürzt das Programm ab. Im schlimmsten Fall funktioniert das Programm aber und gibt die richtigen Zahlen aus. Das wäre jedoch purer Zufall, denn ohne den Dereferenzierungsoperator wird nicht ein double-Wert an malloc() übergeben, sondern die Größe des Zeigers. Und diese beträgt immer vier (bei 32-Bit-Rechnern) statt der erforderlichen 8 Byte. Wenn jetzt ein anderer Wert an diese Adresse gelangt, ist der weitere Verlauf des Programms nicht absehbar. Es kommt zu einer sogenannten *Überlappung der Speicherbereiche*, und diese ist unsicher.

15.5 »free()« – Speicher wieder freigeben

Wenn Sie Speicher vom Heap angefordert haben, sollten Sie ihn auch wieder zurückgeben. Der allozierte Speicher wird mit folgender Funktion freigegeben:

```
#include <stdlib.h> // Für free muss zusätzlich stdlib.h eingebunden werden.
void free (void *p)
```

Der Speicher wird übrigens auch ohne einen Aufruf von free() freigegeben, wenn sich das Programm beendet. Leider gilt dies nicht für ältere Systeme.

[»]

Hinweis: Speicherfreigabe bei Beendigung eines Programms

Zwar wird generell behauptet (und es ist auch meistens der Fall), dass bei der Beendigung eines Programms das Betriebssystem den reservierten und nicht mehr freigegebenen Speicher selbst organisiert und somit auch wieder freigibt, aber dies wird nicht vom ANSI/ISO-Standard gefordert.

Somit hängt dieses Verhalten also von der Implementierung der Speicherverwaltung des Betriebssystems ab. Unter Windows-Versionen vor XP wurden z. B. Speicherinhalte von Grafikkontexten (HDCs) beim Beenden von GUI-Anwendungen nicht automatisch wieder freigegeben. Auf der sicheren Seite sind Sie also, wenn Sie den benutzten Speicher vor dem Beenden des Programms stets wieder freigeben.

Hier sehen Sie ein Beispiel zu free():

```
/* free_1.c */
#include<stdio.h>
#include<stdlib.h>
```

```
int main(void) {
   int *p = malloc(sizeof(int));

   if(p != NULL) {
      *p=99;
      printf("Allokation erfolgreich ... \n");
      }
   else {
      printf("Kein virtueller RAM mehr verfügbar ... \n");
      return EXIT_FAILURE;
   }
   if(p != NULL) {
      printf("Speicher wurde wieder freigegeben.\n");
      free(p);

 }
 return EXIT_SUCCESS;
}
```

Listing 15.2 »free_1.c« zeigt Ihnen, wie Sie mit »malloc()« reservierten Speicher wieder freigeben.

Es wird auch überprüft, dass nur wirklich reservierter Speicherplatz wieder freigegeben wird. Der mit `free()` freigegebene Speicherplatz wird danach zwar als frei markiert, aber `p` zeigt immer noch auf die ursprüngliche Speicherstelle. Das folgende Beispiel zeigt, dass dies wirklich so ist:

```
/* free_2.c */
#include<stdio.h>
#include<stdlib.h>

int main(void) {
   int *p = malloc(sizeof(int));

   if(p != NULL) {
         *p=99;
         printf("Allokation erfolgreich ... \n");
   }
   else {
      printf("Kein virtueller RAM mehr verfügbar ... \n");
      return EXIT_FAILURE;
   }
   printf("vor free() *p = %d\n", *p); // 99
   if(p != NULL)
```

```
    free(p);
  printf("nach free() *p = %d\n", *p); // evtl. Unsinn
  return EXIT_SUCCESS;
}
```

Listing 15.3 »free_2.c« zeigt, dass mit »free()« freigegebener Speicher nicht die Inhalte löscht.

[»]

Hinweis: Zugriffe auf zuvor freigegebene Speicherinhalte

Da der Heap üblicherweise aus Performance-Gründen nicht wieder reduziert wird, konnten Sie wie im Beispiel eventuell auf den freigegebenen Speicherplatz und dessen Inhalt wieder zugreifen. Vielleicht hat das Programm sogar zweimal 99 ausgegeben – oder auch nicht. Dieses Verhalten ist leider nicht portabel und wird auch nicht vom ANSI-C-Standard gefordert. Sie haben ja oben schon gesehen, dass die Verwaltung des Heaps vom Betriebssystem abhängig ist. Sofern Sie also vorhaben, so etwas absichtlich in der Praxis auszuführen (warum auch immer), ist das Verhalten undefiniert. Es gibt natürlich auch Hacks, die auf dem Heap Schadcode ablegen und ausführen. Dabei werden sogenannte *Memory Leaks* ausgenutzt. Mehr Informationen dazu gibt es später in Kapitel 27, »Sicheres Programmieren«.

Wenn Sie absolut sicher sein wollen, dass der Zeiger nichts mehr zurückgibt, dann übergeben Sie dem Zeiger nach der Freigabe von Speicher einfach den `NULL`-Zeiger:

```
free(p);
p = NULL;
```

Dies können Sie wie folgt in ein Makro verpacken:

```
#define my_free(x)  free(x); x = NULL
```

Internes zur Speicherverwaltung

Die Speicherverwaltung merkt sich die Größe eines jeden Speicherblocks, der von Ihnen angefordert wurde. Deswegen ist es auch nicht nötig, die Größe des Blocks (als echte Byte-Größe) anzugeben, um den Speicher mit `free()` wieder freizugeben. Leider gibt es daher jedoch keinen portablen Weg, um zu erfahren, wie groß dieser Speicherblock denn tatsächlich ist. Unter Windows können Sie hierfür die Windows-API benutzen. Allerdings laufen Ihre Programme dann nicht unter Linux.

Was `malloc()` und die weiteren Speicherallokationsfunktionen so bedeutend und wichtig macht, ist die Möglichkeit, von jedem beliebigen Datentyp Speicher anfordern zu können – sind es nun einfache Datentypen wie Strings, Arrays oder komplexe Strukturen.

Natürlich können Sie auch Speicherplatz für ein char-Array zur Laufzeit anfordern. Das folgende Beispiel demonstriert dies:

```
/* malloc_4.c */
#include<stdio.h>
#include<string.h>
#include<stdlib.h>
#define BUF 80

int main(void) {
   char puffer[BUF];
   char *dyn_string;

   printf("Ein Text mit max. 80 Zeichen: ");
   fgets(puffer, BUF, stdin);

   dyn_string = malloc(strlen(puffer) + 1);
   if(dyn_string != NULL)
      strncpy(dyn_string, puffer, strlen(puffer) + 1);
   else {
      printf("Konnte keinen Speicherplatz reservieren\n");
      return EXIT_FAILURE;
   }
   printf("%s",dyn_string);
   free(dyn_string);
   return EXIT_SUCCESS;
}
```

Listing 15.4 »malloc_4.c« demonstriert, wie ein String dynamisch zur Laufzeit erzeugt werden kann.

Es muss jedoch erwähnt werden, dass diese Art, dynamisch Speicher für einen Text zu reservieren, noch recht unflexibel ist. Mit

```
dyn_string = malloc(strlen(puffer) + 1);
```

wird exakt so viel Speicher angefordert, wie zuvor mit fgets() in den String puffer eingelesen wurde. Im Verlauf des Buches werden Sie erfahren, wie Sie viel effektiver dynamischen Speicher für Text anfordern. Denn bei diesem Beispiel hätten Sie es ja auch gleich beim char-Array puffer belassen können. Aber auch in anderen Situationen ist nicht immer klar, wie viel Speicher man benötigen wird, z. B. in einem Online-Computerspiel mit mehreren Spielern, bei dem nicht von Anfang an klar ist, wie viele Personen mitspielen. Eine effektive Möglichkeit, dynamisch Speicher für mehrere Spieler anzulegen, sind z. B. die verketteten Listen. Auch diese werden später noch ausführlich besprochen.

15.5.1 Einige ergänzende Punkte zur Freispeicherverwaltung

Ohne mich zu sehr in die Details der Freispeicherverwaltung verstricken zu wollen, soll dieses Thema kurz behandelt werden, denn einige der folgenden Begriffe können immer wieder in Internetforen oder ergänzender Literatur auftauchen. Sie können diesen Unterpunkt auch gerne überspringen, denn für die Benutzung von `malloc()` ist es nicht unbedingt nötig, noch mehr über Prozessorarchitektur und Register zu erfahren. Allerdings wird vieles einfacher, wenn man weiß, welche unterschiedlichen Möglichkeiten es gibt, Daten abzuspeichern. Als Anfänger kann es Ihnen im Prinzip egal sein, wie ein Betriebssystem seinen Speicher reserviert, aber wenn Sie irgendwann professionelle Programme schreiben, die häufig Speicher vom Heap anfordern (dies ist z. B. bei GUI-Anwendungen der Fall), wäre manches Mal ein wenig Hintergrundwissen wünschenswert.

Außer dem Hauptspeicher und dem Festplattenspeicher gibt es noch weitere Möglichkeiten, Daten zu speichern und zu verarbeiten. Dabei wird von einer *Speicherhierarchie* gesprochen (oder manchmal auch von *Levels*), die sich in die folgenden sechs Schichten aufteilt:

- Prozessor-Register (Dies sind die schnellsten Zugriffseinheiten.)
- *First Level Cache* der CPU (On-Chip-Cache, 8–512 KB)
- *Second Level Cache* der CPU (128–4096 KB)
- Hauptspeicher (RAM, beispielsweise 8 GB, bei Gaming-PCs 8–64 GB, bei Servern mehrere Terabyte)
- Sekundärspeicher (Festplatte, vielleicht 1000 GB, bei Servern und Gaming-PCs auch mehr)
- Tertiärspeicher (Magnetband, ca. 20–160 GB, kaum noch verwendet)

Als C-Programmierer nutzen Sie allerdings vorwiegend den Hauptspeicher und die Prozessorregister. Moderne Betriebssysteme verwenden dabei das sogenannte *Paging* zur Verwaltung des Speichers. Als *Paging* wird die Unterteilung des Speichers in Seiten (*Pages*) einer festen Größe bezeichnet. Die Logik zur Verwaltung von Speicherseiten steckt als *MMU* (Memory Management Unit) im Prozessor und ist inzwischen so komplex, dass man für die Erklärung der Mechanismen ein weiteres Buch benötigt, z. B. »Moderne Betriebssysteme« von Andrew S. Tanenbaum.

Die Größe einer Seite beträgt bei den gängigen Betriebssystemen 512 KB oder 1024 KB, kann aber bei älteren UNIX-Systemen auch 1024 Byte oder 4 KB betragen. Die *MMU* kann auch sogenannte *virtuelle Adressen* bilden, die sich nicht einmal im Hauptspeicher befinden müssen. Ein virtuelles Speichersystem ist erforderlich, damit auch mehrere Programme laufen können, die nicht alle in den physischen Speicher (d. h. in den tatsächlich vorhandenen Speicher, also das RAM) passen würden. Dafür stellt Ihnen das Betriebssystem sogenannten *Swapspace* (also Speicher, der auf die Festplatte ausgelagert werden kann) zur Verfügung sowie einen Mechanismus, mit dem aus einer virtuellen Adresse wieder eine physische Adresse gemacht werden kann (denn mit virtuellen Adressen allein könnte kein Programm laufen). Sie sehen also, dass das Thema »Speicherverwaltung« inzwischen sehr komplex ist und in diesem Buch nicht ausführlich behandelt werden kann.

Hinweis: Adressraum von Prozessen

Jedem Prozess steht ein eigener virtueller Adressraum und darin eine eigene Speicherverwaltung zur Verfügung. Meistens wird zusätzlich das Swapping benutzt. Dabei wird ein Prozess in den Hauptspeicher geladen und läuft eine gewisse Zeit, bis er anschließend auf die Festplatte ausgelagert wird. Dieses Swapping findet z. B. statt, wenn nicht mehr genügend Speicherplatz vorhanden ist, um einen Prozess ausführen zu können. Leider kann man das Swapping nicht wirklich steuern, sondern man kann nur die Größe der Swap-Partition ändern (Linux) oder sich in die Tiefen der Systemsteuerung einarbeiten (Windows). Meistens müssen Sie das Swapping aber auch nicht direkt steuern, denn in 95 Prozent der Fälle erledigt das Betriebssystem diese Aufgabe perfekt. Eine Faustregelt gilt aber dennoch: Je mehr RAM Sie haben, desto weniger oft werden Speicherinhalte auf die Festplatte ausgelagert; deshalb laufen PCs mit mehr RAM als nötig flüssiger als PCs mit knapp bemessenem RAM. Da RAM relativ billig ist, ist es immer besser, nicht mit Speicherriegeln zu geizen.

In Abschnitt 15.1.4 haben Sie bereits etwas über den Heap erfahren. Sie wissen, dass der Heap ein zusammenhängender Speicherplatz im Arbeitsspeicher ist, von dem Sie als Programmierer Speicher anfordern (allozieren) können. Das Betriebssystem verwaltet diesen Speicherbereich als eine Kette von freien Speicherblöcken, die nach aufsteigenden Speicheradressen sortiert ist. Jeder dieser Blöcke enthält Informationen wie die Gesamtlänge oder den nächsten freien Block. Benötigen Sie jetzt Speicherplatz, durchläuft das Betriebssystem diesen Speicherblock nach verschiedenen Verfahren. Dabei wird von einer *prozessinternen Freispeicherverwaltung* gesprochen.

15.5.2 Prozessinterne Freispeicherverwaltung

Durch einen Aufruf von `malloc()` sucht das Betriebssystem einen zusammenhängenden Speicherblock, der den Anforderungen entspricht. Auf der Suche nach diesem Speicherplatz gibt es verschiedene Strategien bzw. Algorithmen, die im Betriebssystem (genauer: im Kernel) implementiert sind.

Als sehr einfaches Beispiel dienen freie Speicherbereiche (Größen in Byte), die so im System angeordnet sind, wie Sie es in Abbildung 15.3 sehen.

10	4	20	18	7	9	12	15

Abbildung 15.3 Freie Speicherbereiche im System

Sie fordern jetzt von diesen freien Speicherbereichen mit der Funktion `malloc()` folgende Speicherblöcke an:

```
ptr1 = malloc(10);
ptr2 = malloc(12);
ptr3 = malloc(9);
```

Anhand des freien Speicherbereichs (siehe Abbildung 15.4) und den drei hier gezeigten Speicheranforderungen will ich Ihnen im Folgenden die einzelnen Verfahren erklären.

First-Fit-Verfahren

Das First-Fit-Verfahren ist die einfachste Variante, die auch schon unter DOS oder auf noch älteren Systemen wie dem Amiga eingesetzt wurde. Beim First-Fit-Verfahren durchläuft die Speicherverwaltung die Liste der Reihe nach und alloziert den erstbesten freien Bereich, der groß genug ist. Somit sieht die Speicherbelegung im First-Fit-Verfahren so aus wie in Abbildung 15.4 gezeigt (die dunklen Bereiche sind die neu hinzugekommenen Speicherblöcke).

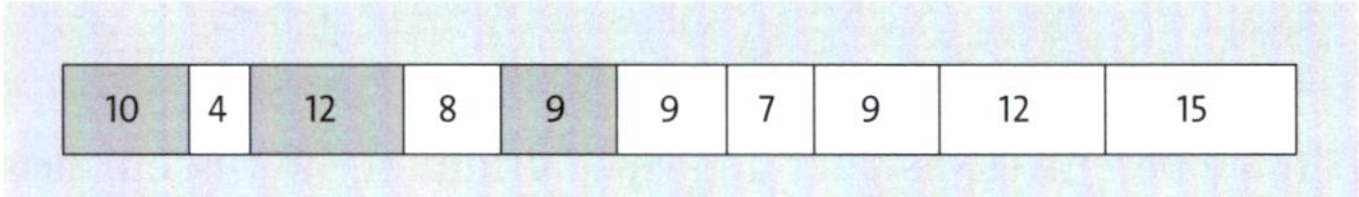

Abbildung 15.4 First-Fit-Verfahren

Next-Fit-Verfahren

Das Next-Fit-Verfahren funktioniert wie First-Fit, nur merkt sich das Next-Fit-Verfahren die aktuelle Position und fährt bei der nächsten Suche nach freiem Speicher von dieser Position aus fort. Es gibt zahlreiche Dateisysteme, die dieses Verfahren benutzen, um freie Festplattenblöcke anzufordern. Leider entstehen hierdurch viele ungenutzte Lücken und ursprünglich zusammenhängende Daten zerfallen unter Umständen in mehrere Teile. Bei Dateisystemen sagt man, das Dateisystem ist fragmentiert.

Best-Fit-Verfahren

Beim Best-Fit-Verfahren wird die gesamte Speicherliste durchsucht, bis ein kleinstmögliches Loch gefunden wird (siehe Abbildung 15.5). Mit diesem leider langsamen Verfahren wird eine optimale Speicherausnutzung garantiert.

Abbildung 15.5 Best-Fit-Verfahren

Worst-Fit-Verfahren

Das Worst-Fit-Verfahren ist das Gegenteil von Best-Fit. Dabei wird in der Liste nach dem größten verfügbaren freien Bereich gesucht (siehe Abbildung 15.6).

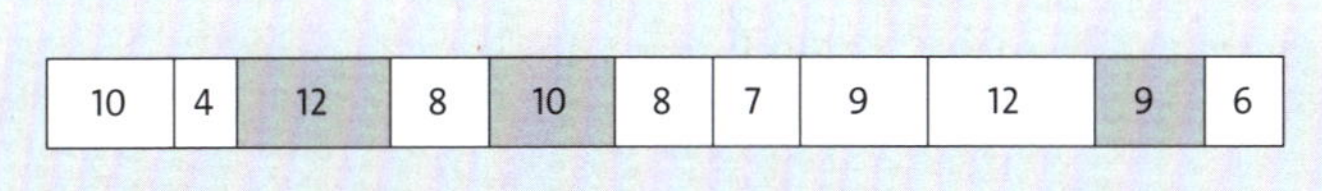

Abbildung 15.6 Worst-Fit-Verfahren

Quick-Fit-Verfahren

Das Quick-Fit-Verfahren unterhält getrennte Listen für freie Bereiche gebräuchlicher Größe. Viele Dateisysteme verwenden auch zusätzlich dieses Verfahren, aber dadurch wird die Blockverwaltung komplexer und anfälliger für Fehler.

Buddy-Verfahren

Das Buddy-Verfahren verwendet für jede Speichergröße eine eigene Liste. Die Zeiger auf die Listenköpfe werden dabei in einem Array zusammengefasst. Bei diesem Verfahren werden nur Blöcke von Zweierpotenzen verwendet (1 Byte, 2 Byte, 4 Byte, 8 Byte, 16 Byte, 32 Byte, 64 Byte, ... , 512 Byte, 1 KB, ..., 512 KB, 1 MB ...). Wird Speicher angefordert, der nicht exakt einem dieser Blockgrößen entspricht, wird ein Block mit der nächsthöheren Zweierpotenz verwendet. Die Blöcke werden außerdem markiert, um anzuzeigen, ob sie zur Anwendung frei sind. Ist bei Speicheranforderung kein gewünschter Block frei, wird ein Block in zwei gleich große Blöcke aufgeteilt. Leider wird hierdurch die Blockverwaltung komplexer und fehleranfälliger.

Hinweis: Unterschiedliche Strategien der Speicherverwaltung

Jede dieser vorgestellten Strategien der Freispeicherverwaltung hat natürlich ihren Sinn, und meistens wird eine Mischung mehrerer Verfahren verwendet. Vorwiegend dienen solche Verfahren dazu, einen Verschnitt des Speichers zu vermeiden. Das bedeutet, dass der Speicher schlecht ausgenutzt wird, wenn sehr viele unterschiedliche Stücke verwaltet werden müssen. So kann es passieren, dass einzelne Fragmente des Speichers wahrscheinlich nicht mehr verwendet werden können, obwohl sie mit `free()` freigegeben wurden.

Ein zweiter Grund für die verschiedenen Strategien der Freispeicherverwaltung ist natürlich die Geschwindigkeit. Je schneller wieder auf einen Speicherblock zurückgegriffen werden kann, umso besser ist es.

Freigabe von Speicher

Der Speicherplatz, der wieder freigegeben wird, wird meist nicht direkt an das Betriebssystem zurückgegeben, sondern in die Freispeicherliste eingehängt. Irgendwann kommt dann der *Garbage Collector* (also die Müllabfuhr) vorbei und räumt die Liste auf. Auch auf diesen Vorgang hat man keinen Einfluss, weil er unter anderem vom Betriebssystem abhängig ist. Manche Programmiersprachen (z. B. Java) haben auch ihren eigenen Garbage Collector. Nach diesem Ausflug, der schon mehr in Richtung Programmierung von Betriebssystemen ging, kehren wir nun wieder zur Praxis zurück.

15.6 Dynamische Arrays

Wenn mit der Funktion `malloc()` ein zusammenhängender Speicherbereich reserviert werden kann, dann muss es auch möglich sein, Speicher für ein Array während der Laufzeit zu reservieren. Bei einem zusammenhängenden Speicher können Sie davon ausgehen, dass dieser in einem Block (d. h. lückenlos) zur Verfügung gestellt wird. In dem folgenden Beispiel wird ein solches dynamisches Array erzeugt:

```
/* dyn_array_1.c */
#include<stdio.h>
#include<stdlib.h>
#include<string.h>

int main(void) {
   int *value;
   int size, i = 0;

   printf("Wie viele Werte benötigen Sie : ");
   scanf("%d", &size);
   value = malloc(size*sizeof(int));
   if( NULL == value ) {
      printf("Fehler bei malloc....\n");
      return EXIT_FAILURE;
   }
   while( i < size ) {
      printf("Wert für value[%d] eingeben : ", i);
      scanf("%d", &value[i]);
      i++;
   }
   printf("Hier Ihre Werte\n");
   for(i=0; i < size; i++)
      printf("value[%d] = %d\n", i, value[i]);
   return EXIT_SUCCESS;
}
```

Listing 15.5 »dyn_array_1.c« reserviert zur Laufzeit Speicherplatz für ein Array

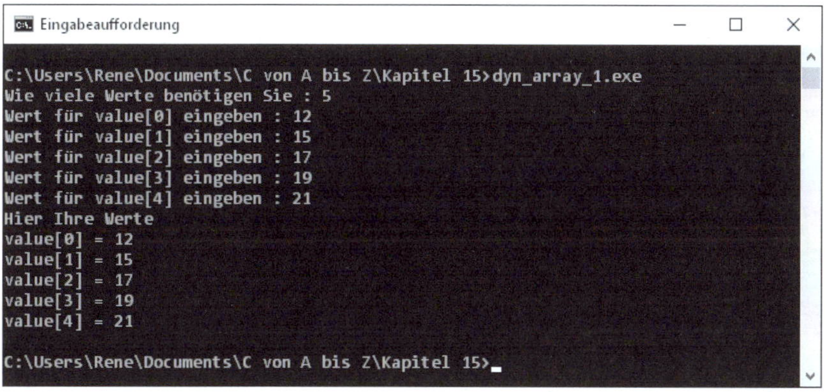

```
Eingabeaufforderung

C:\Users\Rene\Documents\C von A bis Z\Kapitel 15>dyn_array_1.exe
Wie viele Werte benötigen Sie : 5
Wert für value[0] eingeben : 12
Wert für value[1] eingeben : 15
Wert für value[2] eingeben : 17
Wert für value[3] eingeben : 19
Wert für value[4] eingeben : 21
Hier Ihre Werte
value[0] = 12
value[1] = 15
value[2] = 17
value[3] = 19
value[4] = 21

C:\Users\Rene\Documents\C von A bis Z\Kapitel 15>
```

Abbildung 15.7 Dynamisch erzeugtes Array

Mit

```
value = malloc(size*sizeof(int));
```

wird ein zusammenhängender Speicherbereich mit `size` `int`-Werten reserviert. Danach werden mit

```
while(i < size) {
   printf("Wert für value[%d] eingeben : ", i);
   scanf("%d", &value[i]);
   i++;
}
```

diesem Speicherbereich Werte zugewiesen. Zum besseren Verständnis zeige ich hier dasselbe Programm nochmals, aber statt mit Arrays nun mit Zeigern:

```
/* dyn_array_2.c */
#include<stdio.h>
#include<stdlib.h>
#include<string.h>

int main(void) {
   int *value;
   int size, i=0;

   printf("Wie viele Werte benötigen Sie : ");
   scanf("%d", &size);

   value = malloc(size*sizeof(int));
   if(NULL == value) {
      printf("Fehler bei malloc...!!\n");
      return EXIT_FAILURE;
```

```
   }
   while(i < size) {
      printf("Wert für value[%d] eingeben : ",i);
      scanf("%d",(value+i));
      i++;
   }
   printf("Hier Ihre Werte\n");
   for(i=0; i<size; i++)
      printf("value[%d] = %d\n", i, *(value+i));
   return EXIT_SUCCESS;
}
```

Listing 15.6 »dyn_array_2.c« erzeugt ein dynamisches Array mithilfe von Zeigern.

Da `*value`, `value[0]` und `*(value+1)`, `value[1]` immer auf dieselbe Speicheradresse verweisen, ist es egal, wie darauf zugegriffen wird.

Das Programm ist jetzt etwas unflexibel. Was ist, wenn Sie für fünf weitere Elemente Speicherplatz benötigen? Mit der Funktion `realloc()` wäre dies recht einfach zu realisieren. Aber diese Funktion steht jetzt noch nicht zur Debatte. Die Speicherzuweisung ist auch mit `malloc()` möglich, wenn auch etwas umständlicher, beispielsweise wie folgt:

```
/* dyn_array_3.c */
#include<stdio.h>
#include<string.h>
#include<stdlib.h>

int main(void) {
   int *value,*temp;
   int i=0, more;
   int size, merker = 0;

   printf("Wie viele Werte benötigen Sie : ");
   scanf("%d", &size);
   value = malloc(size*sizeof(int));
   if(NULL == value) {
      printf("Fehler bei malloc...!! n");
      return EXIT_FAILURE;
   }
   do {
      while(merker < size) {
         printf("Wert für value[%d] eingeben : ",merker);
         scanf("%d",&value[merker]);
         merker++;
      }
```

```
      printf("Neuen Platz reservieren (0=Ende) : ");
      scanf("%d",&more);
      temp = malloc(size*sizeof(int));
      if(NULL == temp) {
         printf("Kann keinen Speicher mehr reservieren!\n");
         return EXIT_FAILURE;
      }
      for(i=0; i<size; i++)
         temp[i]=value[i];
      size+=more;
      value = malloc(size * sizeof(int));
      if(NULL == value) {
         printf("Kann keinen Speicher mehr reservieren!\n");
         return EXIT_SUCCESS;
      }
      for(i=0; i<size; i++)
         value[i]=temp[i];
   }while(more!=0);
   printf("Hier Ihre Werte\n");
   for(i=0; i<size; i++)
      printf("value[%d] = %d\n" ,i ,value[i]);
   return EXIT_SUCCESS;
}
```

Listing 15.7 »dyn_array_3.c« zeigt Ihnen, wie Sie ein dynamisches Array zur Laufzeit vergrößern können.

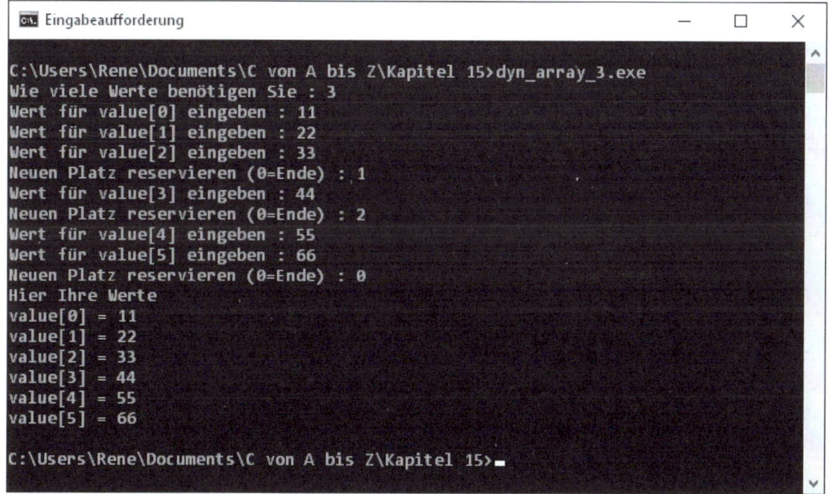

Abbildung 15.8 Ein dynamisch reserviertes Array dynamisch erweitern

Bevor Sie für das bereits dynamisch reservierte Array erneut Speicherplatz reservieren können, müssen Sie die bereits eingegebenen Werte erst einmal in ein temporär alloziertes Array zwischenspeichern. Danach kann neuer Speicherplatz für das Array reserviert werden, in den anschließend die Werte aus dem temporären Array zurückkopiert werden. Das alles ist ziemlich aufwendig., wir ersparen es uns zunächst, das anhand eines `char`-Arrays (Strings) zu demonstrieren.

15.7 Speicher dynamisch reservieren mit »realloc()« und »calloc()«

In der Headerdatei *<stdlib.h>* sind noch zwei weitere Funktionen zum dynamischen Reservieren von Speicher deklariert. Hier sehen Sie die Syntax zu diesen Funktionen:

```
void *calloc(size_t anzahl, size_t groesse);
void *realloc(void *zgr, size_t neuegroesse);
```

Die Funktion `calloc()` ist der Funktion `malloc()` sehr ähnlich, nur dass es bei der Funktion `calloc()` nicht einen, sondern zwei Parameter gibt. Im Gegensatz zu `malloc()` können Sie mit `calloc()` noch die `anzahl` von Speicherobjekten angeben, die reserviert werden soll. Wird z. B. für 100 Objekte vom Typ `int` Speicherplatz benötigt, so erledigen Sie dies mit `calloc()` folgendermaßen:

```
int *zahlen;

zahlen = calloc(100,sizeof(int));
```

Außerdem werden mit der Funktion `calloc()` alle Werte des allozierten Speicherbereichs automatisch mit dem Wert `0` initialisiert. Bei `malloc()` hat der reservierte Speicherplatz zu Beginn einen undefinierten Wert. Allerdings können Gleitpunkt- und Zeiger-Nullen auch ganz anders dargestellt werden, weshalb man sich auf solchen Feldern nicht auf die Nullen verlassen kann. Gleichwertig zu `calloc()` verhält sich außerdem folgendes Codekonstrukt mit `malloc()`:

```
ptr = calloc(100, sizeof(int));

// Alternative dafür mit malloc(); erfüllt denselben Zweck
ptr = malloc(100 * sizeof(int));
memset(ptr, 0, 100 * sizeof(int));
```

Da `calloc()` außer den beiden eben genannten Unterschieden genauso funktioniert wie die Funktion `malloc()`, gehe ich nicht mehr näher darauf ein.

Interessanter ist dagegen die dynamische Speicherreservierung mit der Funktion `realloc()`. Mit dieser Funktion ist es möglich, während des laufenden Programms so viel Speicher zu reservieren, wie Sie benötigen. Des Weiteren können Sie sich darauf verlassen, dass ein neuer Pool mit malloc() erstellt wird und die ganzen Ergebnisse herüberkopiert werden, wenn im aktuellen Speicherblock nicht mehr genügend freier Speicher vorhanden ist.

Mit realloc() ist es noch einfacher, z. B. dynamische Arrays zu programmieren. Die Anfangsadresse des dynamischen Arrays ist diejenige, auf die der Zeiger (zgr) zeigt. Der Parameter neuegroesse dient dazu, einen bereits zuvor allozierten Speicherplatz auf neuegroesse Byte zu vergrößern. Die Funktion realloc() ermöglicht es auch, den Speicherplatz zu verkleinern. Dazu wird einfach der hintere Teil des Speicherblocks freigegeben, während der vordere Teil unverändert bleibt. Bei einer Vergrößerung des Speicherplatzes mit realloc() behält der vordere Teil auf jeden Fall seine Werte, und der neue Teil wird einfach hinten angehängt. Dieser angehängte Teil ist aber wie bei malloc() undefiniert. Hier sehen Sie ein kleines Beispiel dafür, wie ein Array mit der Funktion realloc() dynamisch erstellt wird:

```
/* realloc_1.c */
#include<stdio.h>
#include<stdlib.h>

int main(void) {
   int n=0, max=10, z,i;
   int *zahlen=NULL;

   /* Wir reservieren Speicher für 10 int-Werte mit calloc. */
   zahlen = calloc(max, sizeof(int));
   if(NULL == zahlen) {
      printf("Kein virtueller RAM mehr vorhanden ... !");
      return EXIT_FAILURE;
   }
   printf("Zahlen eingeben --- Beenden mit 0\n");
   /* Endlossschleife */
   while(1) {
      printf("Zahl (%d) eingeben : ", n+1);
      scanf("%d", &z);
      if(z==0)
         break;
      /* Reservierung von Speicher während der Laufzeit
       * des Programms mit realloc */
       if(n >= max) {
          max += max;
          zahlen = realloc(zahlen,max*sizeof(int));
          if(NULL == zahlen) {
             printf("Kein virtueller RAM mehr vorhanden ... !");
```

```
            return EXIT_FAILURE;
         }
         printf("Speicherplatz reserviert "
                " (%d Byte)\n", sizeof(int) * max);
      }
      zahlen[n++] = z;
   }
   printf("Folgende Zahlen wurden eingegeben ->\n\n");
   for(i = 0; i < n; i++)
      printf("%d ", zahlen[i]);
   printf("\n");
   free(zahlen);
   return EXIT_SUCCESS;
}
```

Listing 15.8 »realloc_1.c« verwendet die Funktion »realloc()«, um ein dynamisches Array zur Laufzeit zu vergrößern.

Den benötigten Speicherbedarf könnten Sie in diesem Beispiel auch einzeln allozieren. Die einfache Anwendung dieser Funktion soll nicht darüber hinwegtäuschen, dass auch hier erst der alte Speicherbereich temporär zwischengespeichert werden muss, so wie bei der Funktion `malloc()`. In diesem Fall ist es aber einfacher, da Sie sich nicht mehr selbst darum kümmern müssen.

Im Beispiel wurde der Speicherplatz nach jedem erneuten Allozieren mit `calloc()` gleich verdoppelt (`max += max`). Dies ist nicht optimal. Benötigt ein Programm z. B. täglich 500 `double`-Werte, wäre es am sinnvollsten, erst nach 500 `double`-Werten neuen Speicher zu allozieren. Somit müsste das Programm nur einmal am Tag neuen Speicher bereitstellen.

Dasselbe Beispiel lässt sich recht ähnlich und einfach auch für `char`-Arrays umschreiben. Das folgende Listing demonstriert die dynamische Erweiterung eines Strings:

```
/* dyn_strings_1.c */
#include <stdio.h>
#include <string.h>
#include <stdlib.h>
#define BUF 255

int main(void) {
   size_t len;
   char *str = NULL;
   char puffer[BUF];
```

```
   printf("Ein dynamisches char-Array für Strings\n");
   printf("Eingabe machen : ");
   fgets(puffer, BUF, stdin);
   str = malloc(strlen(puffer)+1);
   if(NULL == str) {
      printf("Kein virtueller RAM mehr vorhanden ... !");
      return EXIT_FAILURE;
   }
   strcpy(str, puffer);
   printf("Weitere Eingabe oder beenden mit \"END\"\n>");
   /* Endlossschleife */
   while(1) {
      fgets(puffer, BUF, stdin);
      /* Abbruchbedingung */
      if(strcmp(puffer,"end\n")==0 || strcmp(puffer,"END\n")==0)
         break;
       /* aktuelle Länge von str zählen für realloc */
       len = strlen(str);
       /* neuen Speicher für str anfordern */
       str = realloc(str,strlen(puffer)+len+1);
       if(NULL == str) {
          printf("Kein virtueller RAM mehr vorhanden ... !");
          return EXIT_FAILURE;
       }
       /* Hinten anhängen */
       strcat(str, puffer);
   }
   printf("Ihre Eingabe lautete: \n");
   printf("%s", str);
   free(str);
   return EXIT_SUCCESS;
}
```

Listing 15.9 »dyn_strings_1.c« demonstriert die dynamische Erweiterung von Strings zur Laufzeit.

Beim `char`-Array läuft es so ähnlich ab wie schon im Beispiel mit den `int`-Werten zuvor. Sie müssen allerdings immer darauf achten, dass bei erneuter Speicheranforderung mit `realloc()` das String-Ende-Zeichen berücksichtigt wird (+1). Ansonsten ist der Vorgang recht simpel: String einlesen, Zeichen zählen, erneut Speicher reservieren und hinten anhängen.

15.8 Speicher vom Stack anfordern mit »alloca()« (nicht ANSI C)

Die Funktion alloca() ist nicht vom ANSI-C-Standard vorgeschrieben und wird mit dem C23-Standard verschwinden. Deshalb bespreche ich sie hier nur kurz. Die Syntax zu alloca() lautet:

```
void *alloca(size_t size);
```

Bei Linux befindet sich alloca() in der Headerdatei *<stdlib.h>*, und unter Windows sollte sich diese Funktion in der Headerdatei *<malloc.h>* befinden.

alloca() kann bezüglich der Verwendung mit malloc() verglichen werden, aber mit dem Unterschied, dass alloca() den Speicherplatz nicht vom Heap, sondern vom Stack anfordert. Die Funktion alloca() vergrößert den Stack-Bereich (Stack Frame) der aktuellen Funktion.

alloca() hat außerdem den Vorteil, dass der Speicherplatz nicht extra mit free() freigegeben werden muss, da er automatisch beim Verlassen der Funktion freigegeben wird. Ganz im Gegenteil, es darf hierbei nicht einmal free() benutzt werden, da der alloca()-Block nicht von dem malloc()-Pool kommt, sondern eben vom Stack. Ein free() hätte dabei böse Folgen. Die Funktion alloca() wird ansonsten genauso verwendet wie die Funktion malloc().

Ich rate Ihnen, alloca() in neuen Projekten nicht mehr zu verwenden, da sie eben ab C23 nicht mehr Teil des Standards sein wird. Außerdem kann alloca() sowohl gut angegriffen als auch für Angriffe benutzt werden, die bewusst Stack Overflows auslösen. Auf diese Weise kann z. B. eine Anwendung dazu gezwungen werden, fremden Code auszuführen. Die Sache ist wirklich ganz einfach: Der Angreifer muss dem Prozessor nur direkt vor der Rückkehr aus einer Funktion eine andere Rücksprungadresse auf dem Stack unterjubeln. Wenn dann dort plötzlich Schadcode steht, merkt der Prozessor nicht einmal, dass er übers Ohr gehauen wurde.

15.9 Ergänzende Anmerkungen zu »free()«

Wie Sie bereits wissen, lautet die Syntax der Funktion zur Freigabe von Speicher wie folgt:

```
#include <stdlib.h>

void free(void *zeiger);
```

free() wurde bereits des Öfteren verwendet. Diese Funktion dient zur Freigabe von Speicher, der zuvor mit Funktionen wie malloc(), calloc() oder realloc() angefordert wurde. Folgendes sollten Sie bei dieser Funktion aber noch beachten:

- Falls ein Speicherbereich freigegeben wird, der nicht zuvor mit `malloc()`, `calloc()` oder `realloc()` alloziert wurde, kann dies unvorhersehbare Folgen haben. Die ganze Speicherverwaltung kann so aus dem Tritt gebracht werden, zumindest unter Systemen wie DOS, das den Speicher nicht schützt. Daher sollten Sie darauf achten, dass wirklich nur Speicherplatz freigegeben wird, der auch alloziert wurde.
- Speicher, den Sie mit `free()` freigeben, wird während der Laufzeit des Prozesses nicht wirklich an den Kern zurückgegeben, sondern in einem sogenannten `malloc()`-Pool gehalten, um bei Bedarf während des laufenden Prozesses wieder darauf zurückgreifen zu können. Erst dann, wenn der Prozess beendet wurde, geht der Speicher wieder zurück an den Kern.

Beim Allozieren des Speichers mit `malloc()` wird der Aspekt, den Speicher wieder freizugeben, häufig vernachlässigt. In den Beispielen dieses Buchs dürfte ein vergessenes `free()` nicht allzu tragisch sein, da ein Programm, das sich beendet, seinen Speicherplatz gewöhnlich automatisch wieder freigibt (bei einem gut programmierten Betriebssystem). Schlimmer dürfte der Fall aber bei sogenannten *Server-Programmen* sein, die oft wochen- bzw. jahrelang laufen müssen. Das Programm wird zwangsweise immer langsamer. Man spricht dabei von *Memory Leaks* (Speicherlecks). Das passiert aber doch sicherlich nur Anfängern? Das ist leider nicht so, denn viele professionelle Angriffe auf Server nutzen Memory Leaks aus. Nicht umsonst verdienen sich viele Softwarehersteller wie z. B. *Kaspersky Labs* eine goldene Nase mit Programmen, die solche und andere Programmierfehler entdecken.

Memory Leaks gehören neben Buffer Overflows zu den Fehlern, die C-Programmierer am häufigsten machen, und dies sind nicht nur Anfänger. Sie können dies im Endeffekt mit dem Autofahren vergleichen: Bei einem Unfall sind es auch immer wieder dieselben Fahrfehler, die zu einem Unfall führen, aber nicht immer sind nur Anfänger an den Unfällen beteiligt. Mehr zu Memory Leaks finden Sie im gleichnamigen Abschnitt 27.3. Was können Sie aber an dieser Stelle konkret tun? Achten Sie erstens darauf, dass Sie sämtlichen nicht mehr benötigten Speicher direkt wieder freigeben, und initialisieren Sie zweitens jeden Zeiger gleich von Anfang an mit `NULL`.

15.10 Zweidimensionale dynamische Arrays

In Abschnitt 13.10 haben Sie gelesen, dass das Anwendungsgebiet von Zeigern auf Zeiger unter anderem das dynamische Erstellen von Matrizen ist. Ich will Sie jetzt nicht quälen und als Thema die Matrizenberechnung nehmen, sondern ich werde nur einfache Speicherreservierungen mit Zeilen und Spalten vornehmen:

```
int matrix[zeile][spalte];
```

Um also für ein zweidimensionales Array mit beliebig vielen Zeilen und Spalten Speicher zu reservieren, benötigen Sie zuerst Platz für die Zeile. Und zu jeder dieser Zeilen wird nochmals Platz für die Spalte benötigt. Beim Freigeben des Speichers muss dies in umgekehrter Reihenfolge geschehen.

Hier folgt das vollständige Listing dazu:

```
/* 2D_dyn_array.c */
#include<stdio.h>
#include<stdlib.h>
#define BUF 255

int main(void) {
   int i, j, zeile, spalte;
   /* Matrix ist Zeiger auf int-Zeiger. */
   int ** matrix;

   printf("Wie viele Zeilen : ");
   scanf("%d", &zeile);
   printf("Wie viele Spalten: ");
   scanf("%d", &spalte);

   /* Speicher reservieren für die int-Zeiger (=zeile) */
   matrix = malloc(zeile * sizeof(int *));
   if(NULL == matrix) {
      printf("Kein virtueller RAM mehr vorhanden ... !");
      return EXIT_FAILURE;
   }
   /* jetzt noch Speicher reservieren für die einzelnen Spalten
    * der i-ten Zeile */
   for(i = 0; i < zeile; i++) {
      matrix[i] = malloc(spalte * sizeof(int));
         if(NULL == matrix[i]) {
            printf("Kein Speicher mehr fuer Zeile %d\n",i);
            return EXIT_FAILURE;
         }
   }
   /* mit beliebigen Werten initialisieren */
   for (i = 0; i < zeile; i++)
      for (j = 0; j < spalte; j++)
         matrix[i][j] = i + j;      /* matrix[zeile][spalte] */

   /* Inhalt der Matrix entsprechend ausgeben */
   for (i = 0; i < zeile; i++) {
      for (j = 0; j < spalte; j++)
         printf("%d ",matrix[i][j]);
```

```
      printf("\n");
   }

   /* Speicherplatz wieder freigeben.
    * Wichtig! In umgekehrter Reihenfolge. */

   /* Spalten der i-ten Zeile freigeben */
   for(i = 0; i < zeile; i++)
      free(matrix[i]);
   /* Jetzt können die leeren Zeilen freigegeben werden. */
   free(matrix);
   return EXIT_SUCCESS;
}
```

Listing 15.10 »2D_dyn_array.c« zeigt Ihnen, wie Sie ein zweidimensionales dynamisches Array realisieren.

Zugegeben, das Listing hat es in sich. Einigen dürfte es etwas undurchsichtig erscheinen, wie aus `**matrix` nun `matrix[zeile][spalte]` wird. Am besten sehen Sie sich einfach mal an, was bei der folgenden Speicherreservierung geschehen ist:

15

```
matrix = malloc(zeile * sizeof(int));
```

Als Beispiel soll eine 4×3-Matrix erstellt werden, also vier Zeilen und drei Spalten.

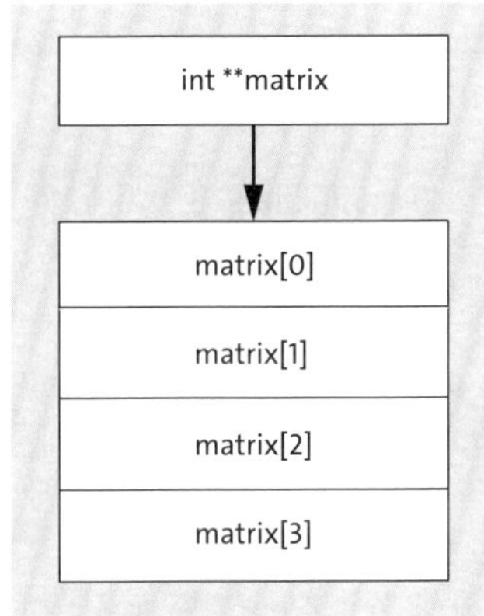

Abbildung 15.9 Reservierung des Speichers für eine Zeile (erste Dimension)

Nachdem Sie den Speicher für die einzelnen Zeilen reserviert haben wie in Abbildung 15.9, können Sie als Nächstes Speicher für die einzelnen Spalten reservieren:

```
   for(i = 0; i < zeile; i++) {
      matrix[i] = malloc(spalte * sizeof(int));
         if(NULL == matrix[i]) {
```

```
            printf("Kein Speicher mehr fuer Zeile %d\n",i);
            return EXIT_FAILURE;
        }
    }
```

Somit ergibt sich im Speicher dann das finale Bild aus Abbildung 15.10.

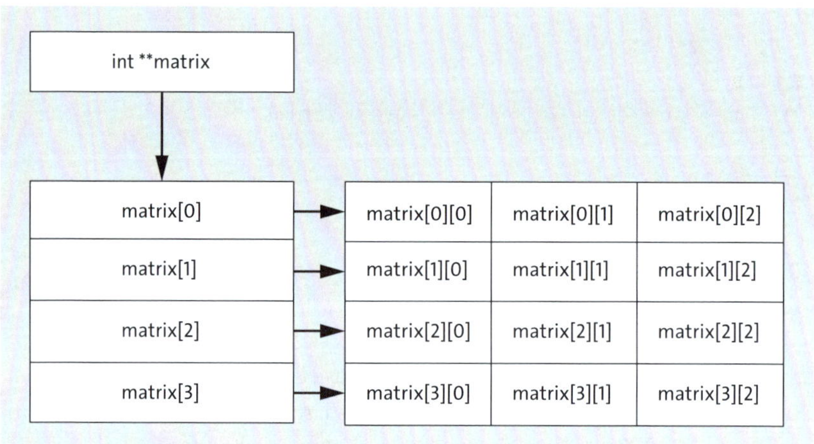

Abbildung 15.10 Nach der Reservierung des Speichers für die Spalte

Sicherlich erinnern Sie sich noch an die Demonstration des gleichwertigen Zugriffs auf ein Speicherobjekt mithilfe eines Zeigers und eines Arrays in Kapitel 13, »Zeiger (Pointer)«. Auch bei den Zeigern auf Zeiger und den zweidimensionalen Arrays gibt es einige äquivalente Fälle. Sie finden sie in Tabelle 15.2 aufgelistet.

Zugriff auf ...	Möglichkeit 1	Möglichkeit 2	Möglichkeit 3
1. Zeile, 1. Spalte	`**matrix`	`*matrix[0]`	`matrix[0][0]`
i. Zeile, 1. Spalte	`**(matrix+i)`	`*matrix[i]`	`matrix[i][0]`
1. Zeile, i. Spalte	`*(*matrix+i)`	`*(matrix[0]+i)`	`matrix[0][i]`
i. Zeile, j. Spalte	`*(*(matrix+i)+j)`	`*(matrix[i]+j)`	`matrix[i][j]`

Tabelle 15.2 Äquivalenz zwischen Zeigern auf Zeiger und mehrdimensionalen Arrays

15.11 Was muss man tun, wenn die Speicherallokation fehlschlägt?

In den vergangenen Abschnitten wurde die Speicherallokation folgendermaßen verwendet:

```
/* no_memory_1.c */
#include<stdio.h>
#include<stdlib.h>

int main(void) {
   int *ptr;
   ptr = malloc(100);

   if(NULL == ptr) {
      printf("Kein virtueller RAM mehr vorhanden ... !");
      return EXIT_FAILURE;
   }
   return EXIT_SUCCESS;
}
```

Listing 15.11 »no_memory_1.c« behandelt den Fall, dass kein Speicher mehr frei ist.

Auf den ersten Blick scheint dieser Code in Ordnung zu sein. Es wird überprüft, ob die Funktion `malloc()` erfolgreich Speicher allozieren konnte, und wenn dies nicht der Fall ist, dann ist der zurückgegebene Zeiger `NULL`.

Stellen Sie sich jetzt vor, Sie arbeiten an einem Textverarbeitungsprogramm und haben ein paar Seiten Text zusammengestellt, den es jetzt abzuspeichern gilt. Das Programm alloziert zusätzlich Speicherplatz für den gesamten Text, bevor dieser in eine Datei abgespeichert werden kann. Jetzt, in diesem Moment, ist der Heap-Speicher aufgebraucht und das Programm schreibt eine Fehlerausgabe auf den Bildschirm und beendet sich. Der Text wird nicht abgespeichert, weil das Programm ja gar nicht mehr bis zu diesem Punkt kommt!

Es ist also kein guter Stil, ein Programm einfach zu beenden, wenn die Speicherallokation fehlschlägt. Daher folgen jetzt einige Tipps dazu, was Sie tun können, wenn eine Speicheranforderung nicht erfüllt werden konnte.

15.11.1 Speicheranforderung reduzieren

Kann kein Speicherblock einer bestimmten Größe mehr angefordert werden, sollten Sie die Speicheranforderung ein wenig reduzieren. Vielleicht kann das System einfach keinen großen zusammenhängenden Block finden. Wie Sie die erneute Speicheranforderung reduzieren, bleibt Ihnen selbst überlassen. Eine Möglichkeit wäre es, den angeforderten Speicher durch zwei zu teilen. Ein Beispiel dazu:

```
/* reduced_memory_allocation.c */
#include<stdio.h>
#include<stdlib.h>
#define MIN_LEN 256
```

```
int main(void) {
   int *ptr;
   char jn;
   static size_t len = 8192;  /* Speicheranforderung */

   do {
      ptr = malloc(len);
      /* Speicher konnte nicht alloziert werden. */
      if(ptr == NULL) {
         len /= 2;  /* Versuchen wir es mit der Hälfte. */
         ptr = malloc(len);
         if(ptr == NULL) {
            printf("Konnte keinen Speicher allozieren. "
                   " Weiter versuchen? (j/n): ");
            scanf("%c", &jn);
            fflush(stdin);
         }
      }
      else
         /* Erfolg. Speicherreservierung - Schleifenende */
         break;
   /* so lange weiterprobieren, bis 'n' gedrückt wurde oder
    * len weniger als MIN_LEN beträgt */
   } while(jn != 'n' && len > MIN_LEN);

   if(len <= MIN_LEN)
      printf("Speicheranforderung abgebrochen!!\n");
   return EXIT_SUCCESS;
}
```

Listing 15.12 »reduced_memory_allocation.c« demonstriert eine oft verwendete Methode, um bei Speichermangel die Speicheranforderung zu reduzieren.

Gelingt die Speicheranforderung nicht, wird der angeforderte Speicher um die Hälfte reduziert. Bei einem erneuten Versuch und eventuellem Scheitern wird der angeforderte Speicher wieder um die Hälfte reduziert. Dies setzt sich so lange fort, bis `MIN_LEN` Speicherplatzanforderung unterschritten wird oder der Anwender zuvor mit dem Buchstaben `'n'` abbrechen will. Dies ist natürlich nur eine von vielen Strategien, die Sie anwenden können.

15.11.2 Speicheranforderungen aufteilen

So einfach wie im letzten Beispiel werden Sie es aber höchstwahrscheinlich nicht haben. Was ist, wenn die Länge eines Strings oder die Größe einer Struktur bereits feststeht? Sie können nicht für einen String der Länge *n* einfach *n/2* Byte Speicherplatz anfordern. Schließlich soll ja nicht nur der halbe Text gespeichert werden. Wenn es Ihnen dabei nicht allzu sehr auf die Geschwindigkeit ankommt, könnten Sie die Funktion `realloc()` verwenden (Sie erinnern sich sicherlich daran, dass diese Funktion Speicherblöcke automatisch aufteilen kann):

```
/* more_memory.c */
#include<stdio.h>
#include<stdlib.h>
#include<string.h>
#define BUF 8192
int main(void) {
   char *buffer;
   int reserviert=0;
   int i;
   static size_t len = BUF; /* Speicheranforderung */

   buffer = malloc(sizeof("Hallo Welt"));
   strcpy(buffer, "Hallo Welt");

   while(reserviert != BUF && len != 0) {
      buffer = realloc(buffer, len);
      /* Speicher konnte nicht alloziert werden. */
      if(buffer == NULL) {
         len /= 2;  /* Versuchen wir es mit der Hälfte. */
      }
      else {
         reserviert += len;
      }
   }

   for(i = 0; i < reserviert; i++)
      buffer[i] = 'x';
   buffer[i]='\0';
   printf("\n%s\n",buffer);
   return EXIT_FAILURE;
}
```

Listing 15.13 »more_memory.c« zeigt die Reduzierung der Speicheranforderung mit »realloc()«.

Dieses Listing erweist sich als ein hartnäckiger Fall der Speicherallokation. Im String `buffer` soll zusätzlicher Speicherplatz von 8192 Byte reserviert werden. Gelingt dies nicht, teilt das Programm diesen Happen in zwei Teile auf und versucht es erneut.

Diese Aufteilung geht so weit, dass eventuell byteweise Speicherplatz reserviert wird. Damit Sie auch eine Abbruchbedingung im Programm haben, wird die Anzahl des erfolgreich reservierten Speichers mitgezählt. Die Funktion `realloc()` wird dazu verwendet, dass der neu allozierte Speicher jeweils hinten angefügt wird.

15.11.3 Einen Puffer konstanter Größe verwenden

Das Problem hat vielleicht nichts mit der dynamischen Speicherallokation zu tun, aber manches Mal ist die dynamische Speicherreservierung fehl am Platze. Überdenken Sie das Programm dahingehend, ob es nicht sinnvoller wäre, ein `char`-Array konstanter Größe zu verwenden. Dies könnte sinnvoll sein, wenn Sie z. B. einen Audiopuffer fester Größe reservieren müssen oder Bilddaten einer vorher festgelegten Auflösung schnell in den Framebuffer zurückschreiben wollen. Hier kommt es einfach nicht darauf an, ob ein Programm beim Start vorher eventuell einige Megabyte mit Nullen beschreiben muss. Begehen Sie aber auf keinen Fall den Fehler, riesige Datenmengen global zu reservieren, wie ich es z. B. bei dem folgenden »Loader« für 3DS-Max-Dateien gesehen habe:

```
float WorldData[0x10000000]; // Dies geht meistens schief!
```

15.11.4 Vor der Allokation auf eine Festplatte zwischenspeichern

Wenn möglich, sollten Sie vor zeitkritischen oder umfangreichen Speicherallokationen Daten auf die Festplatte zwischenspeichern. In den nächsten Kapiteln werden Sie noch genau sehen, wie Sie mit Dateien arbeiten. Sie könnten zum Beispiel sehr viel früher im Programm Speicher dafür allozieren. Bevor eine umfangreiche Allokation für kritische Daten erfolgt, können Sie diesen Speicher verwenden, um Daten darin zwischenzuspeichern und auf die Festplatte zu schreiben. Im Allgemeinen gilt es, nur so viele Daten im virtuellen Speicher (RAM) zu beherbergen, wie auch wirklich nötig sind. Eine weitere Strategie ist es, vor einer Speicherallokation einen bereits reservierten Speicherbereich auf die Festplatte zu schreiben (temporäre Datei) und diesen Speicherblock für die nachfolgende Allokation freizugeben. Womit wir auch gleich beim nächsten Punkt wären.

15.11.5 Nur so viel Speicher anfordern wie nötig

Um eine optimale Speicherausnutzung zu erhalten, sollten Sie mit dem Speicher so geizen wie Dagobert Duck mit seinen Talern. Denn irgendwie ist es doch so: Trotz schneller Gaming-PCs mit 16 GB RAM hat man doch immer zu wenig Speicher – genauso, wie Dagobert Duck eigentlich niemals genug Geld hat. Es ist schon verhext! Wenn also immer nur der benötigte Speicher oder möglichst kleine Speicherblöcke angefordert werden, erreichen Sie die beste Performance.

Speicher sparen können Sie schon bei der Auswahl des Datentyps während der Entwicklung des Programms. Benötigen Sie z. B. unbedingt einen `double`-Wert im Programm? Reicht ein `float` nicht aus? Bei umfangreichen Strukturen sollten Sie sich fragen, ob alle Strukturelemente wirklich erforderlich sind. Müssen Berechnungen zwischengespeichert werden? Ein Beispiel ist der Matrixzugriff von `matrix[x][y]`. Das Ergebnis müsste dabei nicht gespeichert werden. Sie können auch einen Funktionsaufruf vornehmen, der Ihnen das berechnet (`matrix(x, y)`).

»Okay«, werden Sie jetzt denken, »dann baue ich eben noch 16 GB RAM ein, ist doch gar nicht so teuer.« Aber irgendwann werden Sie vielleicht in die Verlegenheit kommen, Mikrocontroller programmieren zu müssen, die nur 16 KB RAM haben. Und dann werden Sie froh sein, dass Sie sich diesen Abschnitt zu Herzen genommen haben.

Kapitel 16
Strukturen

Bisher wurden mit den Arrays Datenstrukturen desselben Typs verwendet. In diesem Kapitel werden jetzt unterschiedliche Datentypen zu einer Struktur zusammengefasst. Anschließend können Sie auf diese Struktur zugreifen wie auf einfache Variablen.

Wozu soll man unterschiedliche Datentypen zu einem Block zusammenfassen? Ist es nicht besser, immer z. B. Arrays vom gleichen Typ zu verwenden? So hat man doch stets die Übersicht und vermeidet viele Fehler! In diesem Kapitel will ich Ihnen zeigen, dass Strukturen ein unverzichtbares Hilfsmittel in C sind und dass viele unnötig komplizierte Programme durch Strukturen sogar vermieden werden. Außerdem zeige ich Ihnen ein paar wichtige »Spezialkonstruktionen«, wie Unions und Bitfelder.

16.1 Benutzerdefinierte Typendefinitionen mit »typedef«

In C lassen sich, wie wir es ja schon angedeutet haben, mit `typedef` beliebige neue Variablentypen aus vorhandenen Datentypen ableiten. Ein einfaches Beispiel war ja folgende Definition:

```
typedef unsigned char byte;
```

Im Verlauf dieses Kapitel werde ich Ihnen zeigen, dass man mit `typedef` noch viel mehr machen kann und dass diese Anweisung wahrscheinlich die mächtigste Anweisung ist, die es in C gibt. Man kann mit `typedef` nämlich Strukturen (auch strukturierte Datentypen genannt) deklarieren. *Strukturen* sind quasi Datenblöcke, in denen man Variablen unterschiedlichen Typs kapseln kann. Vor allem bei der Verwaltung von Dateisystemen, aber auch bei der Netzwerkprogrammierung (die in Kapitel 25 noch ausführlicher behandelt wird), kommt man um Strukturen nicht herum.

16.2 Was ist ein strukturierter Datentyp, und wozu benötigt man ihn in C?

Als Beispiel dafür, was ein *strukturierter Datentyp* ist, möchte ich Ihnen ein einfaches Einführungsbeispiel vorstellen, nämlich einen Punkt. Ein Punkt besitzt eine X-Koordinate und eine Y-Koordinate. Sie können jetzt natürlich ein zweidimensionales Array verwenden und in diesem die X- und Y-Koordinaten jedes einzelnen Punktes getrennt speichern. Aber was ist, wenn Sie wirklich ein Array aus Punkten verwenden wollen, z. B. für eine Zeichenfunktion? In diesem Fall können Sie einen strukturierten Datentyp verwenden, der folgende Elemente unter dem neuen Datentyp *Point* zusammenfasst.

Der Datentyp »Point« enthält folgende Elemente:

```
   unsigned long int X;
   unsigned long int Y;
```

oder in C:

```
typedef struct
{
   unsigned long int X;
   unsigned long int Y;
} Point;
```

In den folgenden Beispielen geht es um solche strukturierten Datentypen, oder kurz Structs.

16.3 Strukturen mit »typedef struct« deklarieren

Als nächstes Beispiel dient ein Programm zur Verwaltung von Adressdaten mit folgenden Variablen:

```
char vname[20];
char nname[20];
long PLZ;
char ort[20];
int geburtsjahr;
```

Ohne strukturierte Datentypen müsste auch in diesem Beispiel jeder einzelne Parameter extra bearbeitet werden – sei es das Einlesen, das Bearbeiten oder das Ausgeben von Daten. Die Lösung für dieses Dilemma kennen Sie aber jetzt: Es ist wieder die Anweisung `typedef struct`. Bei den Adressdaten sieht die Typendefinition jetzt so aus:

```
typedef struct {
   char vname[20];
   char nname[20];
   long PLZ;
```

```
    char ort[20];
    int geburtsjahr;
} adresse;
```

Alle Daten werden in einer Struktur (Struct) namens adresse zusammengefasst. Die Sichtbarkeit und die Lebensdauer von Strukturen entsprechen exakt der Sichtbarkeit und Lebensdauer von einfachen Variablen. Der Inhalt der Struktur adresse wird in geschweiften Klammern zusammengefasst. Nach den geschweiften Klammern steht der Bezeichner adresse als neuer Variablentyp. Abgeschlossen wird die Typendefinition mit einem Semikolon.

Zur Deklaration einer Struktur in C dient allgemein folgende Syntax:

```
typedef struct {
    Datentyp1;
    Datentyp2;
    .........
    /* Liste der Strukturelemente */
    Datentyp_n;
} Typ_Bezeichner;
```

Strukturelemente sind also im Prinzip nichts anderes als normale Variablen, die als Teil einer Struktur definiert werden. Als Datentypen kommen alle bekannten Typen infrage – natürlich und vor allem auch Zeiger und Strukturen selbst. 16

Folgende Struktur können Sie sich im Speicher so vorstellen wie in Abbildung 16.1:

```
typedef struct {
    int seite;
    char titel[30];
} index;
```

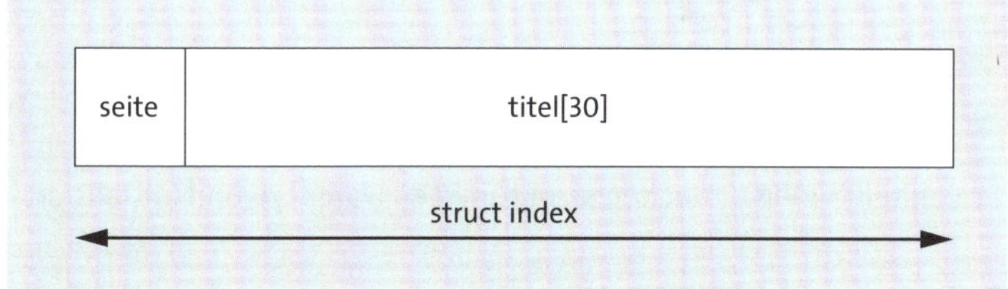

Abbildung 16.1 Strukturelemente der Struktur »index«

In diesem Beispiel wurde eine Struktur vom Typ index deklariert. Diese Struktur kann einen int-Wert und einen String von 30 Zeichen Länge aufnehmen. Folglich wäre die Gesamtgröße der Struktur 34 Byte (auf 16-Bit-Systemen entsprechend 32 Byte).

[»]

Hinweis: Der Operator »sizeof« bei Strukturen

Vielleicht haben Sie schon mit dem `sizeof`-Operator die wirkliche Größe dieser Struktur getestet. Auf 32-Bit-Systemen dürften dies 36 Byte sein. Dies liegt wieder an der Speicherverwaltung des Betriebssystems. Meistens werden die Daten im sogenannten Vier-Byte-Alignment gespeichert. Das kommt daher, dass ein Prozessorregister oft 4 Byte am Stück aufnimmt und C die Zugriffe so optimiert, dass möglichst der gesamte Speicherbus ausgelastet wird. Mehr dazu erfahren Sie in Abschnitt 16.11, »Attribute von Strukturen verändern«.

16.4 Initialisierung und Zugriff auf Strukturen

Als Erstes definieren Sie die Struktur, anschließend definieren Sie (z. B. im Hauptprogramm) eine Variable dieses Typs. Danach können Sie auf die einzelnen Elemente einer Struktur mithilfe des Punktoperators (`.`) zugreifen. Die Initialisierung und den Zugriff auf eine Struktur zeigt das folgende Beispiel (siehe auch Abbildung 16.2):

```
/* structs_1.c */
#include<stdio.h>
#include<stdlib.h>
#include<string.h>

typedef struct {
   int seite;
   char titel[30];
} index;
int main(void) {
   index lib; // Hier benutzen wir den neu definierten Variablentyp "index"
   lib.seite = 23;
   strcpy(lib.titel, "C-Programmieren");
   printf("%d, %s\n",lib.seite, lib.titel);
   return EXIT_SUCCESS;
}
```

Listing 16.1 »structs_1.c« erstellt einen einfachen strukturierten Datentyp und initialisiert diesen mit Werten.

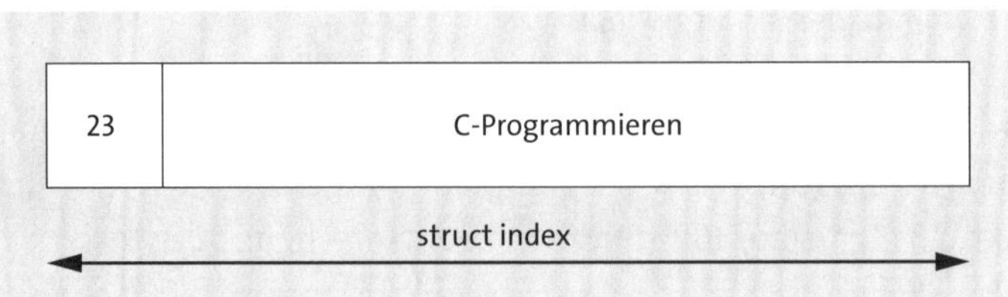

Abbildung 16.2 Strukturelemente wurden mit Werten initialisiert.

Mit

```
index lib;
```

wird also eine neue Struktur mit der Bezeichnung `lib` vom Typ `index` deklariert. Dieses Vorgehen bei der Deklaration wurde vorher mit folgender Typendefinition festgelegt:

```
typedef struct {
   int seite;
   char titel[30];
} index;
```

Wenn Sie den Typnamen dieser Struktur nicht explizit benötigen, können Sie sie auch ohne `typedef` deklarieren:

```
struct {
   int seite;
   char titel[30];
} lib;
```

Es spricht auch nichts dagegen, mehrere Typen auf einmal zu deklarieren:


```
struct index {
   int seite;
   char titel[30];
} lib1, lib2, lib3;
```

Hiermit wurden drei Variablen vom Typ `index` deklariert. Strukturen können natürlich ebenso wie normale Datentypen direkt bei der Deklaration mit Werten initialisiert werden:

```
struct index {
   int seite;
   char titel[30];
} lib = { 308, "Strukturen" };
```

Oder auch bei der Deklaration in der `main()`-Funktion:

```
struct index lib = { 55, "Einführung in C" };
```

Ich ziehe jedoch die Verwendung von `typedef struct` vor, denn dies ist die Variante, die alle Compiler verstehen, nicht nur Borland C/C++, sondern auch der GCC oder Visual C/C++. Die zuletzt genannten Compiler erlauben nämlich in der Grundeinstellung (C89) nur `typedef struct`, und wenn das `typedef` fehlt, dann wird eine Fehlermeldung ausgegeben (es sei denn, Sie ändern wie gesagt die Compiler-Flags, was aber sehr kompliziert ist). Ab dem neuen C23-Standard ist `typedef` bei Structs nur noch optional; in Zukunft kann es also sein, dass `typedef` bei der Definition von Strukturen einfach ignoriert wird. Wenn Sie den C23-Standard explizit benutzen wollen, dann können Sie beim GCC (Version 11.x aus dem Jahr 2022) das Flag `-std=c23` benutzen. Im Endeffekt verhalten sich mit diesem Flag sämtliche Variablendefinitionen analog zu der Sprache C++.

Wenn Sie jedoch portable Programme schreiben wollen, dann müssen Sie `typedef struct` verwenden und es auch vermeiden, Strukturen direkt bei der Deklaration mit Werten zu initialisieren. Letzteres führt einfach zu schwer lesbarem Code, der auf manchen Plattformen, wie z. B. dem Raspberry Pi, nicht »aus dem Stand« läuft.

Natürlich muss ich die Alternativen ohne `typedef struct` auch beschreiben, denn Sie werden wahrscheinlich irgendwann einmal z. B. alten C++-Code lesen müssen, und dort benötigt man einfach kein `typedef` vor `struct`.

Zur weiteren Demonstration, wie Strukturen arbeiten, zeigt Listing 16.2, wie Sie auf den Inhalt einer Struktur zugreifen können (siehe auch Abbildung 16.3):

```
/* structs_2.c */
#include<stdio.h>
#include<stdlib.h>
#define MAX 30

typedef struct {
   char vname[MAX];
   char nname[MAX];
   long PLZ;
   char ort[MAX];
   int geburtsjahr;
} adresse_t;

/* Funktion zur Ausgabe des Satzes */
void ausgabe(adresse_t adresse) {
   printf("\n\nSie gaben ein:\n\n");
   printf("Vorname.........:%s",   adresse.vname);
   printf("Nachname........:%s",   adresse.nname);
   printf("Postleitzahl....:%ld\n",adresse.PLZ);
   printf("Ort.............:%s",   adresse.ort);
   printf("Geburtsjahr.....:%d\n", adresse.geburtsjahr);
}

int main(void) {
   adresse_t adresse;
```

```
   printf("Vorname      : ");
   fgets(adresse.vname, MAX, stdin);
   printf("Nachname     : ");
   fgets(adresse.nname, MAX, stdin);
   printf("Postleitzahl : ");
   do {
      scanf("%5ld",&adresse.PLZ);
   } while(getchar()!= '\n');
   printf("Wohnort      : ");
   fgets(adresse.ort, MAX, stdin);
   printf("Geburtsjahr  : ");
   do {
      scanf("%4d",&adresse.geburtsjahr);
   } while(getchar()!='\n' );

   ausgabe(adresse);
   return EXIT_SUCCESS;
}
```

Listing 16.2 »structs_2.c« implementiert eine einfache Adressverwaltung und verwendet hierfür strukturierte Datentypen.

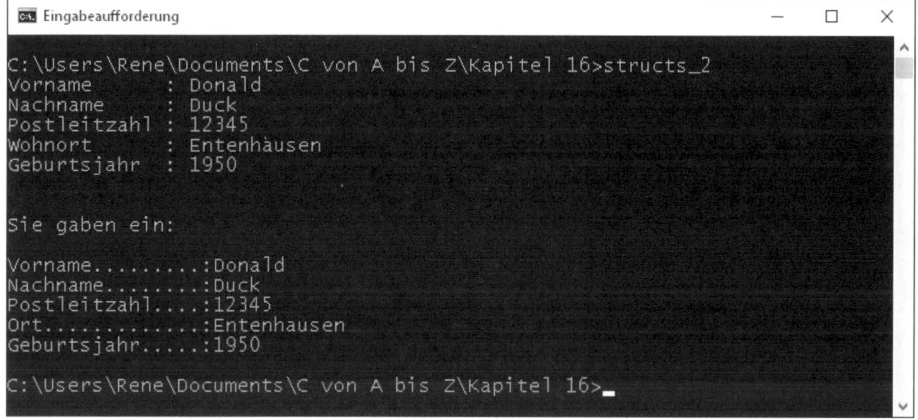

Abbildung 16.3 Einlesen und Ausgeben von Strukturen

In diesem Beispiel habe ich bewusst eine Maßnahme eingeführt, die sehr oft verwendet wird: Ich deklariere die Struktur mit den Adressdaten als `adresse_t`, und das `_t` gibt an, dass es sich um einen eigenen Typ handelt. Dies musste ich deshalb tun, weil im Hauptprogramm mit einer Variablen gearbeitet wird, die `adresse` heißt, und genau so heißt ja der Datentyp! Da dies nicht geht, endet der Name für den neuen Datentyp eben mit `_t`.

Die ersten Zeilen bis zur Eingabe in der main()-Funktion lauten also:

```
adresse_t adresse;
printf("Vorname      : ");
fgets(adresse.vname, MAX, stdin);
```

Damit wird der Vorname eingelesen. Der Zugriff erfolgt über den Namen der Strukturvariablen, gefolgt vom Punktoperator. Dahinter folgt das entsprechende Strukturelement, das diese Daten erhalten soll. Dies funktioniert genauso, wenn Sie einen String direkt mit der Funktion strcpy() in ein Strukturelement einkopieren wollen:

```
strcpy(adresse.vname , "Donald");
```

Die direkte Initialisierung numerischer Werte an Strukturelementen lässt sich ebenfalls variablentypisch durchführen:

```
adresse.PLZ = 12345;
```

Wenn Sie alle Strukturelemente eingegeben haben, wird die Funktion ausgabe() aufgerufen:

```
ausgabe(adresse_t adresse);
```

Als Argument erhält diese Funktion die Struktur adresse_t und der Variablenname der lokalen Variablen ist adresse. Danach werden die einzelnen Elemente der Struktur auf dem Bildschirm ausgegeben.

Eine weitere Möglichkeit, die Struktur im Listing sofort mit einem Inhalt zu initialisieren, ist z. B. diese:

```
stuct adresse_t {
   char vname[20];
   char nname[20];
   long PLZ;
   char ort[20];
   int geburtsjahr;
} = {"Donald", "Duck" ,12345, "Entenhausen" ,1950};
```

Leider funktioniert dies wieder nicht mit jedem Compiler. Folgende Wertzuweisung von Strukturen sollten Sie allerdings bei jedem Compiler vermeiden:

```
struct {
   int a1;
   int a2;
   int a3;
} werte1, werte2;
```

```
werte1.a1 = 8;
werte1.a2 = 16;
werte1.a3 = 32;

werte2 = werte1;     // Bitte vermeiden Sie solche Zuweisungen.
```

Das ist in C zwar erlaubt, kann aber zu Fehlern führen, wenn ein Compiler dies nicht unterstützt oder einfach nur die Adressen der Variablen `wert1` und `wert2` auf den gleichen Wert setzt. Sicherer wäre die folgende Möglichkeit:

```
memcpy(&werte2, &wert1, sizeof(werte1));
```

Dies soll nur ein Hinweis sein und keine Vorschrift! Am besten, Sie schauen immer in die Manpages zu Ihrem Compiler, bevor Sie Strukturen verwenden.

Hier noch ein Tipp, wie Sie sich die Strukturen vielleicht noch besser vorstellen können. Als Vergleich dienen dazu die Variablen `int x` und `char c` (siehe Tabelle 16.1).

Typ	Name
`int`	`x`
`char`	`c`
`struct adresse_t`	`adresse`

Tabelle 16.1 Strukturen im Vergleich mit Standard-Datentypen

Wird die Variable `x` mit einem Wert initialisiert, gehen Sie bekannterweise so vor:

```
x = 1999;
```

Bei einer Struktur kommt noch ein kleiner Zusatz hinzu:

```
adresse.geburtsjahr = 1999;
```

16.4.1 Bestimmte Elemente initialisieren

Ab dem C99-Standard ist es auch möglich, nur bestimmte Elemente einer Struktur zu initialisieren. Als Initialisierer wird hierbei ein sogenannter Elementbezeichner verwendet. Verwenden wir beispielsweise nochmals folgende Struktur:

```
stuct adresse {
   char vname[20];
   char nname[20];
   long PLZ;
```

```
   char ort[20];
   int geburtsjahr;
};
```

Sind Ihnen in diesem Fall z. B. nur die Angaben zum Nachnamen und Ort bekannt, können Sie folgendermaßen die Elemente nname und ort initialisieren:

```
struct adresse adressen = {
   .nname = "Wolf",
   .ort   = "Mering"
};
```

Um also bestimmte Elemente in einer Struktur zu initialisieren, sieht der Elementbezeichner für ein Strukturelement immer folgendermaßen aus:

```
.strukturelement = wert   // Elementbezeichner
```

Selbst auf die Reihenfolge müssen Sie hierbei nicht achten. Sie können also auch folgendermaßen bestimmte Elemente der Struktur mit dem Elementbezeichner initialisieren:

```
struct adresse adressen = {
   .ort   = "Mering",
   .PLZ   = 12345,
   .nname = "Wolf",
};
```

Geben Sie die Elemente in der vorgegebenen Reihenfolge an, können Sie natürlich wieder auf den Elementbezeichner verzichten. Kennen Sie beispielsweise in unserer Beispielstruktur den Vornamen, den Nachnamen und den Wohnort, dann können Sie auf die Angaben von .vname und .nname verzichten, weil diese jeweils das erste und zweite Element in der Struktur sind. Erst für .ort benötigen Sie wieder einen Elementbezeichner. Hier sehen Sie das Beispiel dazu:

```
struct adresse adressen = {
   "Jürgen",          // geht automatisch an vname
   "Wolf",            // geht automatisch an nname
   .ort = "Mering"    // nötig, weil das 3. Element PLZ ist
};
```

Das funktioniert natürlich auch anders. Kennen Sie beispielsweise nur die Postleitzahlen, den Ort und das Geburtsjahr, brauchen Sie nur den Elementbezeichner von .PLZ zu verwenden. Die restlichen beiden Angaben können Sie, in der richtigen Reihenfolge gesetzt, wieder ohne Elementbezeichner verwenden:

```
struct adresse adressen = {
   .PLZ    =  12345,
   "Mering",            // geht automatisch an ort
   1974                 // geht automatisch an geburtsjahr
};
```

Die letzten fünf Beispiele funktionieren leider nicht immer, z. B. nicht zusammen mit dem neuesten GCC, wo standardmäßig immer explizit ein `typedef struct` erwartet wird. Dort müssen Sie dann leider sämtliche Strukturelemente explizit per Hand initialisieren oder sich mit Compiler-Flags herumärgern. Damit es im weiteren Verlauf nicht zu Reibereien mit dem Raspberry Pi oder mit Visual Studio kommt, verwende ich ab jetzt immer `typedef struct`.

Zum Schluss stellt sich noch die Frage, was mit den Strukturelementen passiert, die nicht initialisiert wurden. Alle diese Elemente ohne einen Initialisierer bekommen automatisch den Wert 0 zugewiesen, wobei man sich aber hierauf nicht verlassen sollte. Unter Umständen hilft das Manual für den von Ihnen verwendeten Compiler weiter.

Mit Listing 16.3 folgt noch ein einfaches Beispiel, das die Möglichkeit demonstrieren soll, bestimmte Elemente einer Struktur zu initialisieren:

```
/* struct_init_c99.c */
#include<stdio.h>
#include<stdlib.h>
#include<string.h>

#define MAX 30

typedef struct { // Ab jetzt benutzen wir immer "typedef struct"
   char vname[MAX];
   char nname[MAX];
   long PLZ;
   char ort[MAX];
   int geburtsjahr;
} adresse; // Oder noch besser: adresse_t

/*Funktion zur Ausgabe des Satzes*/
void ausgabe(adresse a) {
   printf("\n\nSie gaben ein:\n\n");
   printf("Vorname.........:%s\n",   a.vname);
   printf("Nachname........:%s\n",   a.nname);
   printf("Postleitzahl....:%ld\n",a.PLZ);
   printf("Ort.............:%s\n",   a.ort);
   printf("Geburtsjahr.....:%d\n", a.geburtsjahr);
}
```

```
int main(void) {
   adresse adressen1 = { // Ist OK, da sämtliche Elemente angegeben werden
      "Donald",
      "Duck",
       12345,
      "Entenhausen",
      1950
   };

   adresse adressen2; // Diese Struktur wird nicht vollständig initialisiert
   // Vorname und Geburtsjahr enthalten Unsinn!
   strcpy(adressen2.ort,"Entenhausen");
   adressen2.PLZ=12345;
   strcpy(adressen2.nname,"Duck");

   adresse adressen3 = { // OK, denn durch das vorige "typedef" wird hier
                         // der nötige Speicher reserviert
       "", // OK, Vorname spärter noch änderbar
       "", // OK, Nachname später noch änderbar
      12345,
      "Entenhausen",
       1950
   };

   ausgabe(adressen1);
   ausgabe(adressen2);
   ausgabe(adressen3);
   return EXIT_SUCCESS;
}
```

Listing 16.3 »struct_init_c99.c« initialisiert »structs« nach dem C99-Standard und läuft auf sämtlichen Plattformen, inklusive dem Raspberry Pi.

[»]

Hinweis: Structs auf unterschiedlichen Compilern

Beim Testen des letzten Beispiels werden Sie unter Umständen feststellen, dass einige Compiler-Hersteller sich nur bedingt an den C99-Standard halten. Dies betrifft vor allem ältere Compiler, die immer dann »meckern«, wenn das `typedef` vor `struct` fehlt. Ich habe überlegt, ob ich in dieser Auflage im Jahr 2023 diesen Hinweiskasten überhaupt noch setzen soll, aber als ich dann sah, wie viele Programmierer noch alte Projekte pflegen müssen, habe ich es doch getan.

Wenn Sie natürlich den neusten GNU-GCC-Compiler oder die neuste Variante von Visual Studio haben, dann können Sie den zu verwendenden C-Standard mit Flags einstellen (wie, das müssen Sie den entsprechenden Howtos entnehmen). In diesem Fall ist für Sie dieser Hinweiskasten irrelevant.

16.5 Strukturen als Wertübergabe an eine Funktion benutzen

Anhand des Funktionsaufrufs vom Beispiel zuvor haben Sie gesehen, dass Strukturen genauso wie jeder andere Datentyp per Call-by-Value an Funktionen übergeben werden können. Die Funktion bekommt dabei eine Kopie der vollständigen Struktur übergeben, und zwar über den Stack! Das Anlegen einer Kopie kann bei häufigen Funktionsaufrufen mit umfangreichen Strukturen also die Laufzeit des Programms erheblich beeinträchtigen. Um diesen Mehraufwand zu sparen, empfehle ich Ihnen, Zeiger auf Strukturen als Parameter zu verwenden. Sie erinnern sich sicherlich daran, dass so nur die Anfangsadresse der Struktur übergeben wird. Listing 16.4 soll dies demonstrieren:

```
/* structs_3.c */
#include<stdio.h>
#include<stdlib.h>
#define MAX 30

typedef struct {
   char vname[MAX];
   char nname[MAX];
   long PLZ;
   char ort[MAX];
   int geburtsjahr;
} adresse_t;

/* Funktion zur Ausgabe des Satzes */
void ausgabe(adresse_t *struct_ptr) {
   printf("\n\nSie gaben ein:\n\n");
   printf("Vorname.........:%s",struct_ptr->vname);
   printf("Nachname........:%s",struct_ptr->nname);
   printf("Postleitzahl....:%ld\n",struct_ptr->PLZ);
   printf("Ort.............:%s",struct_ptr->ort);
   printf("Geburtsjahr.....:%d\n",struct_ptr->geburtsjahr);
}

int main(void) {
   adresse_t adresse;
   printf("Vorname      : ");
   fgets(adresse.vname, MAX, stdin);
   printf("Nachname     : ");
   fgets(adresse.nname, MAX, stdin);
   printf("Postleitzahl : ");
   do {
```

16

```
      scanf("%5ld",&adresse.PLZ);
   } while(getchar()!= '\n');
   printf("Wohnort       : ");
   fgets(adresse.ort, MAX, stdin);
   printf("Geburtsjahr  : ");
   do {
      scanf("%4d",&adresse.geburtsjahr);
   } while(getchar()!='\n' );

   ausgabe(&adresse); // Hier muss der Address-of-Operator stehen!
   return EXIT_SUCCESS;
}
```

Listing 16.4 »structs_3.c« zeigt Ihnen, wie Sie Strukturelemente an Funktionen übergeben.

Dies ist dasselbe Listing wie oben, nur wird dieses Mal das Argument der Funktion ausgabe() mit Call-by-Reference übergeben:

```
ausgabe(&adressen);
```

Die Funktion ausgabe() selbst musste dabei auch ein wenig verändert werden:

```
void ausgabe(adresse_t *struct_ptr) {
   printf("\n\nSie gaben ein:\n\n");
   printf("Vorname.........:%s",struct_ptr->vname);
   printf("Nachname........:%s",struct_ptr->nname);
   printf("Postleitzahl....:%ld\n",struct_ptr->PLZ);
   printf("Ort.............:%s",struct_ptr->ort);
   printf("Geburtsjahr.....:%d\n",struct_ptr->geburtsjahr);
}
```

Außer dem Zeiger struct_ptr als Parameter, der auf eine Struktur vom Typ adresse_t verweist, musste auch der Zugriff auf die Strukturelemente geändert werden. Dass Sie bei Call-by-Reference-Variablen mit einer Dereferenzierung arbeiten müssen, ist Ihnen wahrscheinlich bereits bekannt. Da aber der Punktoperator bei einer indirekten Adressierung nicht funktioniert, muss eine andere Schreibweise gewählt werden. Für Zeiger auf Strukturen wird deshalb der alte Punktoperator ».« durch den Dereferenzierungsoperator -> ersetzt:

```
printf("Vorname.........:%s",struct_ptr->vname);
```

Die Erfinder von C haben also gemerkt, dass eine solche Schreibweise – speziell dann, wenn mehrere Referenzen folgen – einfacher lesbar ist als z. B. das folgende Typecasting, das genauso gut funktioniert:

```
printf("Vorname.........:%s",(adresse_t*)(struct_ptr.vname);
```

Den Operator -> werden Sie noch häufiger in diesem Buch benötigen – speziell dann, wenn es um die dynamischen Datenstrukturen geht (siehe das gleichnamige Kapitel 22).

16.6 Strukturen als Rückgabewert einer Funktion benutzen

Wie bei der Werteübergabe von Strukturen sollten Sie auch bei der *Werterückgabe* von Strukturen Zeiger verwenden. Dafür soll wieder das eben geschriebene Listing verwendet werden. Ihm fehlt nämlich noch eine Funktion zur Eingabe der einzelnen Strukturelemente. Hier sehen Sie das Listing mit der Funktion eingabe(), die die Anfangsadresse der Struktur zurückgibt:

```
/* structs_4.c */
#include<stdio.h>
#include<stdlib.h>
#define MAX 30

typedef struct {
   char vname[MAX];
   char nname[MAX];
   long PLZ;
   char ort[MAX];
   int geburtsjahr;
} adresse_t;

/* Funktion zur Ausgabe des Satzes */
void ausgabe(adresse_t *struct_ptr) {
   printf("\n\nSie gaben ein:\n\n");
   printf("Vorname.........:%s",struct_ptr->vname);
   printf("Nachname........:%s",struct_ptr->nname);
   printf("Postleitzahl....:%ld\n",struct_ptr->PLZ);
   printf("Ort.............:%s",struct_ptr->ort);
   printf("Geburtsjahr.....:%d\n",struct_ptr->geburtsjahr);
}

adresse_t *eingabe(void) {
   adresse_t *adresse; // Dies ist quasi die "leere Hülle" von "adresse"
   adresse = (adresse_t*)malloc(sizeof(adresse_t)); // Typecasting nötig!
   printf("Vorname : ");
   fgets(adresse->vname, MAX, stdin);
   printf("Nachname : ");
   fgets(adresse->nname, MAX, stdin);
   printf("Postleitzahl : ");
```

```
   do {scanf("%ld",&adresse->PLZ);} while(getchar()!= '\n');
   printf("Wohnort : ");
   fgets(adresse->ort, MAX, stdin);
   printf("Geburtsjahr : ");
   do {
      scanf("%d",&adresse->geburtsjahr);
   }while(getchar()!='\n' );
   return adresse; // Der Rückgabetyp ist hier ein neuer Zeiger!
}

int main(void) {
   adresse_t *adresse1, *adresse2; // Hier darf das "*" nicht fehlen!
   adresse1=eingabe();
   adresse2=eingabe();
   ausgabe(adresse1);
   ausgabe(adresse2);
   return EXIT_SUCCESS;
}
```

Listing 16.5 Die Adressverwaltung in »structs_4.c« benutzt für die Eingabe der Daten Strukturen als Rückgabeparameter von Funktionen.

Bei diesem Listing verwenden Sie bereits nur noch Zeiger und kommen zum ersten Mal mit den dynamischen Datenstrukturen in Berührung. Aufgerufen wird diese Funktion zur Eingabe von Strukturelementen mit:

```
adresse1 = eingabe();
```

Einen Adressoperator benötigen Sie hier nicht, da Sie ja bereits einen Zeiger verwenden. Und da Sie einen Zeiger benutzen, benötigen Sie in der Funktion erst einmal Speicherplatz für eine Struktur. Dieser wird mit der Funktion `malloc()` angefordert:

```
adresse_t *adresse;
adresse = (adresse_t *)malloc(sizeof(adresse_t));
```

Vor `malloc()` müssen Sie also per Typecasting angeben, dass der Rückgabewert vom Typ `adresse_t*` ist. Wenn Sie das nicht tun, gibt der Compiler eine Fehlermeldung aus, die besagt, dass die Größe des von `malloc()` zurückgegebenen Datentyps nicht bekannt ist. Das ist aber auch kein Wunder, denn eine Speicheradresse ist ja immer gleich breit, egal wie groß die Struktur ist, die Sie im Speicher anlegen wollen. Deshalb muss `malloc()` sowohl die Größe des freizugebenden Speichers als auch den Typ der zurückgegebenen Variablen wissen. Die Tatsache, dass Zeiger in C grundsätzlich typisiert sind, spielt hier keine Rolle, denn `malloc()` bekommt ja grundsätzlich `void`-Zeiger übergeben.

Jetzt können Sie mithilfe des Elementkennzeichnungsoperators die Daten der einzelnen Strukturelemente einlesen. Am Ende der Funktion wird die Adresse dieser reservierten und mit neuem Inhalt versehenen Struktur mit `return` an den Aufrufer zurückgegeben. In der `main()`-Funktion zeigt jetzt der Zeiger `adresse1` auf diesen Speicherbereich.

[«]

Hinweis für Anfänger

In den letzten beiden Kapiteln ist der Schwierigkeitsgrad enorm gestiegen. Dies ist kein Wunder, weil `typedef` und `struct` allgemein die schwierigsten Kapitel für Anfänger sind. Falls Sie hier an einigen Stellen »nur Bahnhof verstanden« haben, machen Sie sich keine Sorgen: Im weiteren Verlauf dieses Buches fügen sich auch für Sie die einzelnen Puzzleteile zu einem Ganzen zusammen. Es ist also nicht verkehrt, wenn Sie das Kapitel über die Strukturen mehrmals lesen. Vielleicht ist es auch ratsam, die Programme mit einem Debugger schrittweise auszuführen und sich klarzumachen, was an den einzelnen Stellen im Speicher geschieht.

Und bedenken Sie stets, dass noch kein Meister vom Himmel gefallen ist und dass man C nur durch eine Sache lernt: durch Übung. C ist eine Fremdsprache, und diese Fremdsprache lernt man nur, indem man sie regelmäßig spricht (sprich: regelmäßig programmiert). Andernfalls vergisst man die Vokabeln und die Grammatik und muss gegebenenfalls von vorne beginnen. Genau deswegen sollten Sie Ihre Programme auch ausreichend kommentieren, damit Sie auch nach mehreren Wochen »C-Abstinenz« sich schnell wieder in die Themen einfinden.

Natürlich lässt sich eine Funktion mit Strukturen als Rückgabewert auch einfacher deklarieren:

```
struct typNAME Funktionsname()
```

16.7 Strukturen miteinander vergleichen

Es gibt leider keinen portablen oder sinnvollen Weg, um zwei Strukturen direkt miteinander zu vergleichen. Das Problem besteht darin, dass ein Compiler aus Optimierungsgründen Lücken zwischen den einzelnen Elementen lassen kann, aber dies auch nicht tun muss. Mehr zu diesem sogenannten *Padding* erfahren Sie in Abschnitt 16.11, »Attribute von Strukturen verändern«.

Es bleibt Ihnen also letztendlich nichts anderes übrig, als für den Vergleich zweier Strukturen eine eigene Funktion zu schreiben. Das folgende Beispiel zeigt, wie Sie vorgehen können:

```
/* structs_5.c */
#include<stdio.h>
#include<string.h>
```

```
#include<stdlib.h>
#define MAX 30

typedef struct {
   char vname[MAX];
   char nname[MAX];
   long PLZ;
   char ort[MAX];
   int geburtsjahr;
} adresse_t;

int cmp_structs(adresse_t *str1, adresse_t *str2) {
   /* Vorname gleich und */
   if(strcmp(str1->vname, str2->vname) == 0 &&
      /* Nachname gleich und */
      strcmp(str1->nname, str2->nname) == 0 &&
      /* Postleitzahl gleich und */
      (str1->PLZ-str2->PLZ) == 0 &&
      /* Wohnort gleich und */
      strcmp(str1->ort, str2->ort) == 0 &&
      /* geburtsjahr gleich */
      (str1->geburtsjahr-str2->geburtsjahr) == 0)
         return 0;    /* Beide Strukturen gleich */
   else
      return 1;       /* Strukturen nicht gleich */
}

int main(void) {
   // Die nächsten zwei Zeilen funktionieren leider nicht überall
   adresse_t adresse1={"John","Leroy",1234,"New York",1980 };
   adresse_t adresse2={"John","Leroy",1234,"New York",1980 };

   if(cmp_structs(&adresse1, &adresse2) == 0)
      printf("Beide Strukturen sind gleich.\n");
   else
      printf("Die Strukturen weisen Unterschiede auf.\n");
   return EXIT_SUCCESS;
}
```

Listing 16.6 »structs_5.c« zeigt, dass man Strukturen nur miteinander vergleichen kann, indem man die einzelnen Elemente miteinander vergleicht.

16.8 Arrays von Strukturen erstellen

Bei Arrays von Strukturen gilt dasselbe Prinzip, das ich im Abschnitt zuvor beschrieben habe. Die Wertzuweisung funktioniert ebenfalls wie bei den normalen Arrays, nämlich mithilfe des Indizierungsoperators ([ ]). Hierzu ein Beispiel:

```
/* struct_arrays_1.c */
#include<stdio.h>
#include<stdlib.h>
#include<string.h>

typedef struct {
   int seite;
   char titel[30];
} index;

int main(void) {
   int i;
   index lib[3];

   lib[0].seite=312;
   strcpy(lib[0].titel, "Arrays von Strukturen");
   lib[1].seite=320;
   strcpy(lib[1].titel, "Strukturen in Strukturen");
   lib[2].seite=900;
   strcpy(lib[2].titel, "Anhang");

   for(i=0; i<3; i++)
      printf("Seite %3d\t %-30s\n", lib[i].seite, lib[i].titel);
   return EXIT_SUCCESS;
}
```

Listing 16.7 »struct_arrays_1.c« erstellt ein Array aus Strukturen.

Abbildung 16.4 verdeutlicht dies nochmals. Auch hierbei erfolgt die Initialisierung der einzelnen Werte über den Punktoperator. Ein Fehler, der dabei oft gemacht wird, ist folgende falsche Wertübergabe:

```
// falsche Position des Feldindex
strcpy(lib.titel[1], "Hallo");         //falsch

strcpy(lib[1].titel, "Hallo");         //richtig
```

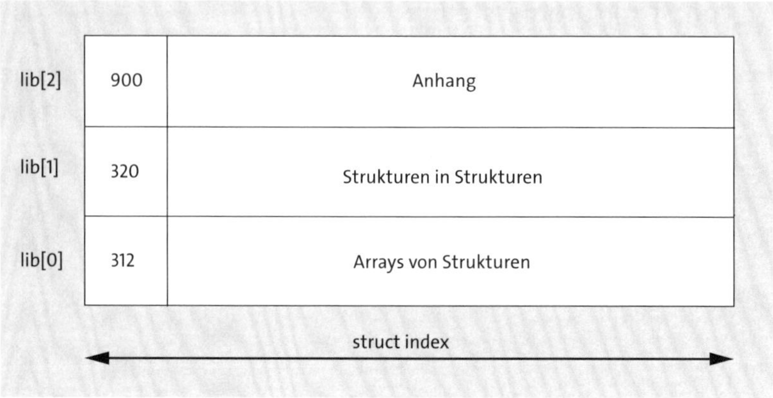

lib[2]	900	Anhang
lib[1]	320	Strukturen in Strukturen
lib[0]	312	Arrays von Strukturen

struct index

Abbildung 16.4 Array von Strukturen

Der Variablenname der Struktur lautet schließlich `lib` und nicht `titel`.

Jetzt soll das Listing zur Adressverwaltung erweitert werden. Diesmal wird das Programm so umgeschrieben, dass es mit Arrays von Strukturen ausgeführt wird:

```
typedef struct{
   /*Variablen*/
} adresse_t;
adresse_t adressen[100];
```

An dieser Stelle sehen Sie auch den Vorteil von `typedef struct`: Mit dem selbst definierten Datentyp `adresse_t` lässt sich ein globales Array mit dem Namen `adressen` so anlegen, dass der Speicher hierfür schon vor dem Programmstart reserviert wird. Ebenfalls möglich wäre auch die Verwendung einer dynamischen Speicherverwaltung mit `malloc()`. In dem nächsten Programmbeispiel lassen sich aber nur genau 100 Adressen speichern. Hier sehen Sie das vollständige Listing:

```
/* adressenverwaltung.c */
#include<stdio.h>
#include<string.h>
#include<stdlib.h>
#define MAX 30

static int x = 0;

typedef struct {
   char vname[MAX];
   char nname[MAX];
   long PLZ;
   char ort[MAX];
```

```
   int geburtsjahr;
} adresse_t;
adresse_t adressen[100];

void Eingabe(int nr, adresse_t neu[]) {
   printf("Vorname : ");
   fgets(neu[nr].vname, MAX, stdin);
   printf("Nachname : ");
   fgets(neu[nr].nname, MAX, stdin);
   printf("Postleitzahl: ");
   do {
      scanf("%5ld",&neu[nr].PLZ);
   } while(getchar()!= '\n');
   printf("Wohnort : ");
   fgets(neu[nr].ort, MAX, stdin);
   printf("Geburtsjahr : ");
   do {
      scanf("%4d",&neu[nr].geburtsjahr);
   }while(getchar()!= '\n');
}

void Suche(adresse_t search[], char buchstabe, int nr) {
   int i;

   for(i = 0; i <= nr; i++) {
      if(search[i].nname[0] == buchstabe) {
         printf("\n\nGefunden unter Buchstabe "
                ":\"%c\"\n\n", buchstabe);
         printf("Vorname......:%s",search[i].vname);
         printf("Nachname.....:%s",search[i].nname);
         printf("Postleitzahl.:%ld\n",search[i].PLZ);
         printf("Ort..........:%s",search[i].ort);
         printf("Geburtsjahr..:%d\n", search[i].geburtsjahr);
         printf("\n\tWeiter mit <ENTER>\n");
         getchar();
      }
   }
}

void Ausgabe(adresse_t all[],int nr) {
   int i;

   for(i = 0; i < nr; i++) {
```

16

```
      printf("Vorname.........:%s",all[i].vname);
      printf("Nachname........:%s",all[i].nname);
      printf("Postleitzahl....:%ld\n",all[i].PLZ);
      printf("Ort.............:%s",all[i].ort);
      printf("Geburtsjahr.....:%d\n\n",all[i].geburtsjahr);

      if((!(i%2))&& i!=0) {
         printf("\n\tWeiter mit <Enter>\n\n");
         getchar();
      }
   }
}

void Sort(adresse_t sort[], int nr) {
   int i,j;
   adresse_t *temp;

   temp = (adresse_t*)malloc(sizeof(struct adres *));
   if(NULL == temp) {
      printf("Konnte keinen Speicher reservieren...\n");
      return;
   }
   for(i = 0; i < nr; i++) {
      for(j=i+1;j<nr;j++) {
         if(strcmp(sort[i].nname, sort[j].nname) > 0) {
            *temp=sort[j];
            sort[j]=sort[i];
            sort[i]=*temp;
         }
      }
   }
   printf(".....Sortiert!!\n\n");
}

int main(void) {
   int auswahl;
   char c;

   do {
      printf("-1- Neue Adresse eingeben\n");
      printf("-2- Bestimmte Adresse ausgeben\n");
      printf("-3- Alle Adressen ausgeben\n");
      printf("-4- Adressen sortieren\n");
```

```
      printf("-5- Programm beenden\n");
      printf("\nIhre Auswahl : ");
      scanf("%d",&auswahl);
      getchar();

      switch(auswahl) {
         case 1 : Eingabe(x++,adressen);
                  break;
         case 2 : printf("Anfangsbuchstabe des Nachnamens :");
                  do {
                     scanf("%c",&c);
                  } while(getchar()!= '\n');
                  Suche(adressen,c,x);
                  break;
         case 3 : Ausgabe(adressen,x);
                  break;
         case 4 : Sort(adressen,x);
                  break;
         case 5 : printf("Ende....\n");
                  break;
         default: printf("Falsche Eingabe\n");
      }
   }while(auswahl <5);
   return EXIT_SUCCESS;
}
```


Listing 16.8 »adressverwaltung.c« implementiert eine Adressverwaltung für 100 Adressen und verwendet hierfür Struktur-Arrays.

Der erste Funktionsaufruf des Programms lautet:

```
Eingabe(x++, adressen);
```

Damit wird die Funktion `Eingabe()` zur Eingabe eines Adresssatzes aufgerufen. Als Argument werden dieser Funktion die globale Variable `x` und das Struktur-Array `adressen` vom Typ `struct adresse_t` übergeben. Die globale Variable `x` dient als Zähler und Indexfeld und gibt an, wie viele und welche Strukturen gespeichert wurden. Der Funktionskopf sieht so aus:

```
void Eingabe(int nr, adresse_t neu[])
```

Wenn Sie das Buch genau durchgelesen haben, wissen Sie, dass Sie auch folgende Schreibweise hätten verwenden können:

```
void Eingabe(int nr, adresse_t *neu)
```

Ein Array wird nämlich an eine Funktion als Pointer übergeben, und deshalb sind in diesem Beispiel adresse_t neu[ ] und adresse_t *neu identisch.

Jetzt werden die ersten Daten in die Struktur eingegeben:

```
printf("Vorname : ");
fgets(neu[nr].vname, MAX, stdin);
```

fgets() liest den Vornamen des ersten Adresssatzes ein. Der Vorteil gegenüber scanf() ist, dass auch Leerzeichen mit eingelesen werden. Genauso werden auch die nächsten Daten an die einzelnen Strukturelemente übergeben. Danach können Sie einen zweiten Adresssatz eingeben.

Benötigen Sie z. B. den Nachnamen des 20. Adresssatzes (falls vorhanden), können Sie diesen wie folgt ausgeben lassen:

```
printf("%s", adressen[19].nname); // adressen[0] ist Datensatz Nr. 1
```

Die zweite Funktion des Programms lautet:

```
Suche(adressen, c, x);
```

Sie stellt eine primitive Suchfunktion nach dem Anfangsbuchstaben des Nachnamens dar. Die Funktion erhält als Argument die Anfangsadresse des ersten Struktur-Arrays, den Anfangsbuchstaben des Nachnamens (c) und den Indexzähler für die Anzahl der vorhandenen Strukturen (x).

```
void Suche(adresse_t search[], char buchstabe, int nr)
```

Die Suche selbst ist relativ einfach aufgebaut:

```
for(i = 0; i <= nr; i++) {
      if(search[i].nname[0] == buchstabe)
```

In der for-Schleife wird die Anzahl der vorhandenen Adressen hochgezählt, um jeden Adresssatz mit dem eingegebenen Anfangsbuchstaben des Nachnamens zu vergleichen. Als Beispiel sei der Buchstabe M gegeben. Der Programmablauf sieht damit folgendermaßen aus:

```
for...i=0
if(search[0].nname[0] == 'M')
falls ja, werden dessen Daten ausgegeben
for..i++ ..i<=nr
if(search[1].nname[0] == 'M')
falls ja, werden dessen Daten ausgegeben
for..i++..i<=nr
if(search[2].nname[0] == 'M')
usw.
```

Diese Suchfunktion sucht nur anhand des ersten Buchstabens des Nachnamens. Bei der Suche nach ganzen Namen ist die Implementierung nicht viel komplizierter. Dazu verwenden Sie am besten die Funktion `strcmp(const char *A, const char *B)` aus der Headerdatei *<string.h>*, die immer dann den Wert `0` zurückgibt, wenn die zu vergleichenden Strings gleich sind. Die Funktion `Ausgabe()` ist die einfachste von allen. Hiermit wird lediglich der Indexzähler hochgezählt, um alle vorhandenen Adressen auf dem Bildschirm auszugeben. Als etwas schwieriger dürfte sich die Sortierfunktion erweisen:

```
void Sort(adresse_t sort[], int nr)
```

Am Anfang wird ein Zeiger `temp` vom Typ `struct adresse_t *` definiert:

```
adresse_t *temp;
temp = (adresse_t*)malloc(sizeof(adresse_t));
```

Dieser dient als temporärer Zwischenspeicher zum Austausch zweier Strukturen. Damit dieser Zwischenspeicher auch verwendet werden kann, muss Speicherplatz von der Größe der Struktur reserviert werden. Danach wird die Struktur mit dem Algorithmus *Selection Sort* nach dem Anfangsbuchstaben des Nachnamens sortiert:

```
for(i = 0; i < nr; i++) {
   for(j=i+1;j<nr;j++) {
      if(strcmp(sort[i].nname, sort[j].nname) > 0) {
         *temp=sort[j];
         sort[j]=sort[i];
         sort[i]=*temp;
      }
   }
}
```

16

Bei den Strukturen von Arrays tritt irgendwann das gleiche Problem wie bei den Arrays auf. Nach 100 Adressen ist bei diesem Programmbeispiel Schluss. Dann müssen Sie sich Gedanken über neuen Speicherplatz machen. Vom Aufwand einmal abgesehen, sind Struktur-Arrays eine erhebliche Bremse für ein Programm. Nehmen wir das Sortieren als Beispiel: Alle Elemente einer Struktur müssen erst in einen temporären, extra reservierten Speicher kopiert werden. Danach müsste Speicherplatz für neue Elemente der Struktur reserviert werden.

Jetzt können Sie die Daten aus dem temporären Speicher wieder zurückkopieren, und zwar in den neu angelegten Speicher für Strukturen von Arrays – von dem Fall, dass ein Element mitten in der Liste gelöscht werden soll, ganz zu schweigen. Schließlich müssen Sie diese Lücke auch wieder füllen. Somit müssten Sie z. B. alle Daten hinter dem gelöschten Element eine Position nach vorn setzen. Wenn dies bei einer

Datenbank mit mehreren Tausend Adressen geschähe, dann könnte man diese schlicht nicht gebrauchen. Wie Sie diesen Aufwand umgehen und sich das Leben einfacher machen können, erfahren Sie in Kapitel 22, »Dynamische Datenstrukturen«, im Abschnitt 22.1 zu den linearen Listen.

16.9 Strukturen in Strukturen (Nested Structures)

Außer der Kombination von Arrays und Strukturen können auch Strukturen innerhalb von Strukturen verwendet werden. Ein einfaches Beispiel sind Uhrzeit und Datum:

```
typedef struct {
   unsigned int stunde;
   unsigned int minute;
   unsigned int sekunde;
} uhrzeit;

typedef struct {
   unsigned int tag;
   unsigned int monat;
   int jahr;
} datum;

typedef struct {
   datum d;
   uhrzeit z;
} termin;
```

Anhand von Abbildung 16.5 lässt sich deutlich erkennen, was »Strukturen in Strukturen« bedeutet. Dabei wird auch von *Nested Structures* gesprochen.

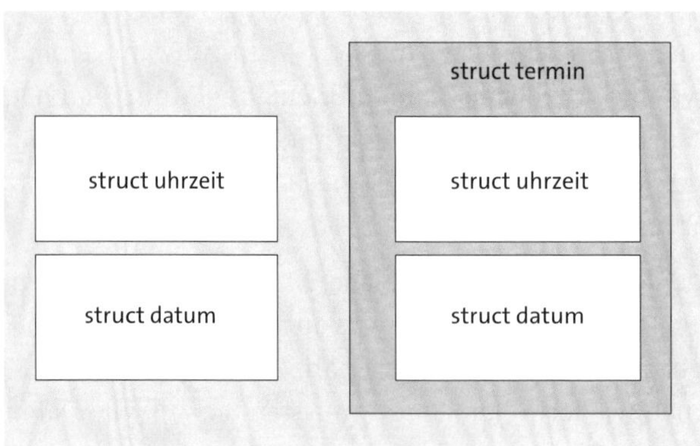

Abbildung 16.5 Strukturen in Strukturen

Der Zugriff auf die einzelnen Strukturelemente ist ein wenig aufwendiger. Hier sehen Sie ein Programmbeispiel, wie auf die einzelnen Elemente und die gesamte Struktur zugegriffen werden kann:

```
/* nested_structs_1.c */
#include<stdio.h>
#include<stdlib.h>

typedef struct {
   unsigned int stunde;
   unsigned int minute;
   unsigned int sekunde;
} uhrzeit;

typedef struct {
   unsigned int tag;
   unsigned int monat;
   int jahr;
} datum;

typedef struct {
   datum d;
   uhrzeit z;
} termin_t;

int main(void) {
   termin_t t = { {19, 12, 2004}, {20, 15, 0} };
   printf("Termin am ");
   printf("%u.%u.%d um ", t.d.tag, t.d.monat, t.d.jahr);
   printf("%u.%u.%u0 Uhr \n\n", t.z.stunde, t.z.minute, t.z.sekunde);
   printf("Neuen Termin eingeben !!\n\n");
   printf("Tag.............: ");
   scanf("%u",&t.d.tag);
   printf("Monat...........: ");
   scanf("%u",&t.d.monat);
   printf("Jahr............: ");
   scanf("%d",&t.d.jahr);
   printf("\n");
   printf("Stunde..........: ");
   scanf("%u",&t.z.stunde);
   printf("Minuten.........: ");
   scanf("%u",&t.z.minute);
   printf("Sekunden........: ");
   scanf("%u",&t.z.sekunde);
```

16

```
   printf("\n");
   printf("Neuer Termin am ");
   printf("%02u.%02u.%04d um ",t.d.tag, t.d.monat, t.d.jahr);
   printf("%02u.%02u.%02u Uhr \n",
      t.z.stunde, t.z.minute, t.z.sekunde);
   return EXIT_SUCCESS;
}
```

Listing 16.9 Die Terminverwaltung in »nested_structs_1.c« verwendet Strukturen in Strukturen.

Dieser geringe Mehraufwand stellt eher eine Erleichterung dar. Zuerst werden in diesem Programm zur Demonstration die Werte direkt übergeben:

```
termin_t t = {{19,12,2019},{20,15,0}};
```

Danach werden die Werte über die Tastatur eingelesen, z. B. die Minuten:

```
scanf("%u", &t.z.minute);
```

Das Listing wird kaum jemanden überfordern. Daher soll das Programm zur Adressverwaltung mit dem eben gezeigten Programm verbunden werden. Damit hätte die Struktur `termin` folgendes Aussehen (siehe auch Abbildung 16.6):

```
typedef struct {
   datum d;
   uhrzeit z;
   adressen a;
} termin_t;
termin_t termine[100];
```

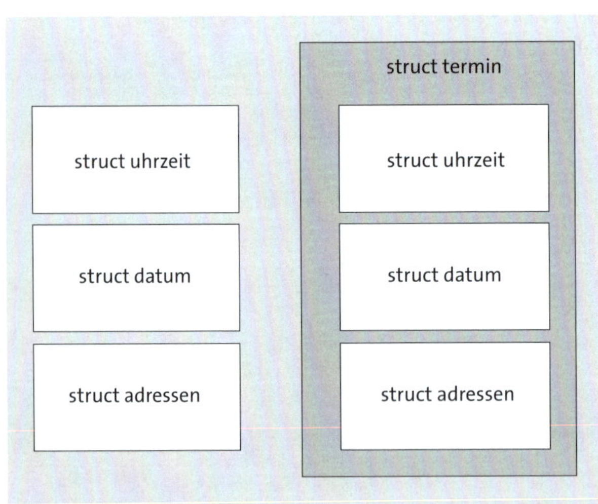

Abbildung 16.6 Eine weitere Struktur wurde zur Struktur hinzugefügt.

So können Sie 100 Termine mit Datum, Uhrzeit und der Adresse verwalten. Es folgt das vollständige Listing:

```
/* adressverwaltung_2.c */
#include<stdio.h>
#include<string.h>
#include<stdlib.h>
#define MAX 30

/* Zähler Termine */
static int dates = 0;
/* Zähler Adressen */
static int nr = 0;

typedef struct {
    unsigned int stunde;
    unsigned int minute;
    unsigned int sekunde;
} uhrzeit;

typedef struct {
   unsigned int tag;
   unsigned int monat;
   int jahr;
} datum;

typedef struct {
   char vname[MAX];
   char nname[MAX];
   long PLZ;
   char ort[MAX];
   int geburtsjahr;
} adresse_t;
adresse_t adressen[100];

typedef struct {
   datum d;
   uhrzeit z;
   adresse_t a;
} termin_t;
termin_t termine[100];

/* Funktionsprototypen */
```

```
void newdate(termin_t *t);
int suche(char *);
void listdate(termin_t *list,int);
void replacedate(termin_t *aendern,int);
void sortdate(termin_t *sort,int);
void Eingabe(adresse_t *neu);
void Ausgabe(adresse_t *adressen);
void Sortadress(adresse_t *adressen);

void newdate(termin_t *t) {
   int auswahl,ret;
   char such_name[MAX];

   printf("Tag.......: ");
   scanf("%u",&t[dates].d.tag);
   printf("Monat.....: ");
   scanf("%u",&t[dates].d.monat);
   printf("Jahr......: ");
   scanf("%d",&t[dates].d.jahr);
   printf("---------------------\n");
   printf("Stunde....: ");
   scanf("%u",&t[dates].z.stunde);
   printf("Minute(n).: ");
   scanf("%u",&t[dates].z.minute);
   printf("---------------------\n");

   printf("\nTermin mit :\n -1- Neuer Adresse\n");
   printf(" -2- Vorhandener Adresse\n");
   printf("Ihre Auswahl : ");
   do {
      scanf("%d",&auswahl);
   } while(getchar()!= '\n');

   if(auswahl == 1) {
      printf("Vorname.....: ");
      fgets(t[dates].a.vname, MAX, stdin);
      printf("Nachname....: ");
      fgets(t[dates].a.nname, MAX, stdin);
      printf("Postleitzahl: ");
      do {
         scanf("%ld",&t[dates].a.PLZ);
      } while(getchar()!= '\n');
      printf("ORT.........: ");
```

```
      fgets(t[dates].a.ort, MAX, stdin);
      printf("Geburtsjahr..: ");
      do {
         scanf("%d",&t[dates].a.geburtsjahr);
      } while(getchar()!= '\n');

      /* Neue Adresse kommt auch zum neuen Adresssatz. */
      strcpy(adressen[nr].vname, strtok(t[dates].a.vname, "\n"));
      strcpy(adressen[nr].nname, strtok(t[dates].a.nname, "\n"));
      adressen[nr].PLZ = t[dates].a.PLZ;
      strcpy(adressen[nr].ort, t[dates].a.ort);
      adressen[nr].geburtsjahr=t[dates].a.geburtsjahr;
      dates++;
      nr++;
   }
   else {
      printf("Bitte geben Sie den Nachnamen ein : ");
      fgets(such_name, MAX, stdin);
      ret = suche(strtok(such_name,"\n"));
      if( ret == -1 ) {
         printf("Kein Eintrag vorhanden : %s ???", such_name);
         return;
      }
      strcpy(t[dates].a.vname,adressen[ret].vname);
      strcpy(t[dates].a.nname,adressen[ret].nname);
      t[dates].a.PLZ=adressen[ret].PLZ;
      strcpy(t[dates].a.ort,adressen[ret].ort);
      t[dates].a.geburtsjahr=adressen[ret].geburtsjahr;
      dates++;
   }
}

int suche(char *suchname) {
   int pos, found = 0;

   for(pos = 0; pos <= nr; pos++) {
      if(strcmp(adressen[pos].nname,suchname) == 0) {
         found = 1;
         break;
      }
   }
   if(found)
      return pos;
```

```
  else
    return -1;
}

void listdate(termin_t *list, int dates) {
  int i;

  for(i = 0; i < dates; i++) {
    printf("Nr. %d: ", i+1);
    printf("Termin am %02u.%02u.%04d ",
      list[i].d.tag, list[i].d.monat, list[i].d.jahr);
    printf("um %02u.%02u Uhr\n",
      list[i].z.stunde, list[i].z.minute);
    printf("mit %s %s\n\n", list[i].a.vname, list[i].a.nname);
    }
}

void replacedate(termin_t *aendern, int nt) {
   if(nt <= dates && nt < 20) {
       printf("Bitte neue Terminzeit eingeben!!\n");
       printf("Tag.........: ");
       scanf("%u",&aendern[nt].d.tag);
       printf("Monat.......: ");
       scanf("%u",&aendern[nt].d.monat);
       printf("Jahr........: ");
       scanf("%d",&aendern[nt].d.jahr);
       printf("-----------------------\n");
       printf("Stunden......: ");
       scanf("%u",&aendern[nt].z.stunde);
       printf("Minuten......: ");
       scanf("%u",&aendern[nt].z.minute);
    }
   else
      printf("Falsche Eingabe : %d\n", nt);

}

void sortdate(termin_t *sort, int dates) {
  termin_t *temp;
  int i,j;

  temp = (termin_t*)malloc(sizeof(termin_t));
  if(NULL == temp) {
```

```
      printf("Konnte keinen Speicher reservieren ...\n");
      return;
   }
   for(i = 0; i < dates; i++) {
      for(j = i + 1; j < dates; j++) {
         if(sort[i].d.jahr > sort[j].d.jahr) {
            *temp=sort[j];
            sort[j]=sort[i];
            sort[i]=*temp;
         }
      }
   }
   printf("... sortiert!!\n");
}

void Eingabe(adresse_t *neu) {
   unsigned int size;

   printf("Vorname : ");
   fgets(neu[nr].vname, MAX, stdin);
   /* newline-Zeichen entfernen */
   size = strlen(neu[nr].vname);
   neu[nr].vname[size-1] = '\0';

   printf("Nachname : ");
   fgets(neu[nr].nname, MAX, stdin);
   /* newline-Zeichen entfernen */
   size = strlen(neu[nr].nname);
   neu[nr].nname[size-1] = '\0';

   printf("Postleitzahl: ");
   do {
      scanf("%ld",&neu[nr].PLZ);
   } while(getchar()!= '\n');
   printf("Wohnort : ");
   fgets(neu[nr].ort, MAX, stdin);
   printf("Geburtsjahr : ");
   do {
      scanf("%d",&neu[nr].geburtsjahr);
   } while(getchar()!= '\n');
   nr++;
}
```

16

```
void Ausgabe(adresse_t *all) {
   int i;

   for(i = 0; i < nr; i++) {
      printf("Vorname.........:%s\n", all[i].vname);
      printf("Nachname........:%s\n", all[i].nname);
      printf("Postleitzahl....:%ld\n", all[i].PLZ);
      printf("Ort.............:%s", all[i].ort);
      printf("Geburtsjahr.....:%d\n\n", all[i].geburtsjahr);
      if( (!(i%2)) && i!=0) {
         // fflush(stdin);
         printf("\n\tWeiter mit <Enter>\n\n");
         getchar();
      }
   }
}

void Sortadress(adresse_t *sort) {
   adresse_t *temp;
   int i,j;

   temp = (adresse_t*)malloc(sizeof(adresse_t));
   if(NULL == temp) {
      printf("Konnte keinen Speicher reservieren ...\n");
      return;
   }
   for(i = 0; i < nr; i++) {
      for(j = i + 1; j < nr; j++) {
         if(strcmp(sort[i].nname, sort[j].nname)>0) {
            *temp=sort[j];
            sort[j]=sort[i];
            sort[i]=*temp;
         }
      }
   }
   printf("... sortiert!!\n");
}

int main(void) {
   int eingabe,aendern;

   do {
      printf("\tTerminverwaltung\n");
```

```
      printf("\t----------------\n\n");
      printf("\t-1- Neuer Termin\n");
      printf("\t-2- Termine auflisten\n");
      printf("\t-3- Termin ändern\n");
      printf("\t-4- Termine sortieren\n");
      printf("\t-5- Neue Adresse eingeben\n");
      printf("\t-6- Adressen ausgeben\n");
      printf("\t-7- Adressen sortieren\n");
      printf("\t-8- Programm beenden\n");
      printf("\n\tIhre Auswahl : ");
      scanf("%d",&eingabe);
      /* fflush(stdin); */
      getchar();
      switch(eingabe) {
         case 1  : newdate(termine);              break;
         case 2  : listdate(termine,dates);       break;
         case 3  : listdate(termine,dates);
                   printf("Welchen Termin ändern(Nr.?):");
                   scanf("%d",&aendern);
                   replacedate(termine,--aendern);
                   break;
         case 4  : sortdate(termine,dates);       break;
         case 5  : Eingabe(adressen);            break;
         case 6  : Ausgabe(adressen);            break;
         case 7  : Sortadress(adressen);         break;
         default : break;
      }
   } while(eingabe < 8);
   printf("Bye\n");
   return EXIT_SUCCESS;
}
```

Listing 16.10 »adressverwaltung_2.c« ergänzt die Adressverwaltung um eine Terminverwaltung und eine Sortierfunktion.

Eine kurze Erklärung: Bei der ersten Funktion `newdate()` wird zuerst der neue Termin eingegeben. Anschließend wird erfragt, ob ein neuer Adresseintrag für den Termin vorgenommen werden soll oder ob ein bereits vorhandener Adresssatz verwendet wird. Die nächste Funktion, `listdate()`, listet die Termine auf. Mit der Funktion `replacedate()` kann ein Termin verschoben werden. Die Funktion `sortdate()` wurde ebenfalls schon ähnlich verwendet. Es wurde nur nach Jahresdatum sortiert. Als Übung können Sie dies ja bis auf die Minute genau umschreiben. Der Rest des Programms wurde zum Teil schon bei der Adressverwaltung erklärt. Die Suchfunktion

16

wurde dabei verändert. Diese sucht jetzt nach einem ganzen Nachnamen, nicht mehr nur nach dem Anfangsbuchstaben. Dem Programm fehlen noch eine Menge Fehlerüberprüfungen bei der Eingabe. Auf diese wurde aus Gründen der Übersichtlichkeit jedoch verzichtet (Sie können sie zur Übung ja selbst schreiben).

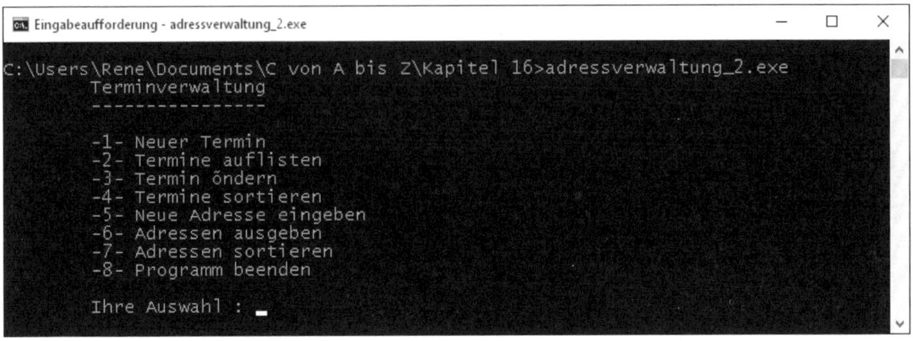

```
Eingabeaufforderung - adressverwaltung_2.exe

C:\Users\Rene\Documents\C von A bis Z\Kapitel 16>adressverwaltung_2.exe
        Terminverwaltung
        ----------------

        -1- Neuer Termin
        -2- Termine auflisten
        -3- Termin öndern
        -4- Termine sortieren
        -5- Neue Adresse eingeben
        -6- Adressen ausgeben
        -7- Adressen sortieren
        -8- Programm beenden

        Ihre Auswahl : _
```

Abbildung 16.7 Das Adress- und Terminverwaltungsprogramm

16.10 Weitere spezielle Datentypen

Da das Kapitel über Strukturen recht umfangreich ist, fasse ich nochmals einige Punkte zusammen und stelle Ihnen anschließend noch einige weitere »Spezialkonstruktionen« vor, die Sie vielleicht einmal benötigen werden. Vor allem Unions kommen, aufgrund ihrer kompakten Bitbelegung, oft im Bereich Mikrocontroller vor, deshalb will ich Ihnen diese nicht vorenthalten.

Der Datensatz einer Struktur, z. B. der Struktur daten, wird folgendermaßen zusammengefasst:

```
typedef struct {
   int var1;
   char var2[100];
} daten;
daten var1,var2;
```

Hiermit haben Sie eine Struktur mit dem Namen daten mit zwei Elementen (var1, var2) deklariert, die Sie als Variablentyp verwenden können. Eine neue Variable dieses Strukturtyps können Sie also folgendermaßen deklarieren:

```
// Variable vom Typ struct daten
daten d1;
// ein Zeiger auf eine Struktur vom Typ struct daten
daten *d2;
// Struktur-Array mit 10 Elementen vom Typ struct daten
daten d3[10];
```

Weiterhin können Sie mehrere Variablen vom Typ `struct daten` auch so deklarieren, wenn der Compiler dies erlaubt:

```
struct daten {
   int var1;
   char var2[100];
} d1, *d2, d3[10];
```

Die Initialisierung einer Strukturvariablen kann über eine Initialisierungsliste erfolgen, die für jedes Element einen Anfangswert enthält:

```
daten d1 = { 111, "Test" };
```

Nach dem C99-Standard können bestimmte Elemente der Struktur mit dem Elementbezeichner in der Form `.strukturelement` initialisiert werden. Alle anderen Elemente ohne Initialisierer haben normalerweise automatisch den Wert 0:

```
// var1 hat automatisch den Wert 0.
struct daten d1 { .var2 = "Test" }
```

Aber am besten verlassen Sie sich auf die letzte Definition nicht, auch wenn sie immer wieder in Foren auftaucht. Auf ein einzelnes Strukturelement greifen Sie mit dem Punktoperator zu:


```
daten d1;
d1.var1 = 111;
stcpy(d1.var2, "Test");
// Array von Strukturen
d3[2].var1 = 123;  // 3. Element des Struktur-Arrays
stcpy(d3[2].var2, "Test");
```

Wenn Sie Zeiger auf Strukturen nutzen, greifen Sie auf die einzelnen Elemente mithilfe des Pfeiloperators zu:

```
daten *d2;
...
d2->var1 = 111;
stcpy(d2->var2, "Test");
```

16.10.1 Unions

Eine weitere Möglichkeit, Daten zu strukturieren, sind *Unions* (auch *Varianten* genannt). Abgesehen von einem anderen Schlüsselwort, bestehen zwischen Unions und Strukturen keine syntaktischen Unterschiede. Der Unterschied liegt in der Art und Weise, wie mit dem Speicherplatz der Daten umgegangen wird. Hier und in Abbildung 16.8 sehen Sie ein Beispiel für die Speicherplatzbelegung einer Struktur:

```
typedef struct {
   char a;
   int b;
   double c;
} test;
```

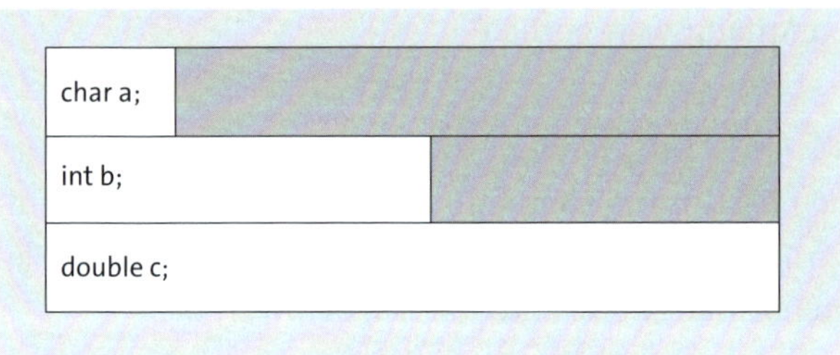

Abbildung 16.8 Speicherbelegung bei einer Struktur

Diese Struktur benötigt 16 Byte Speicher. Jetzt folgt das gleiche Beispiel mit dem Schlüsselwort `union`:

```
typedef union {
   char a;
   int b;
   double c;
} test2;
```

Intern sieht dies mit `union` so aus wie in Abbildung 16.9.

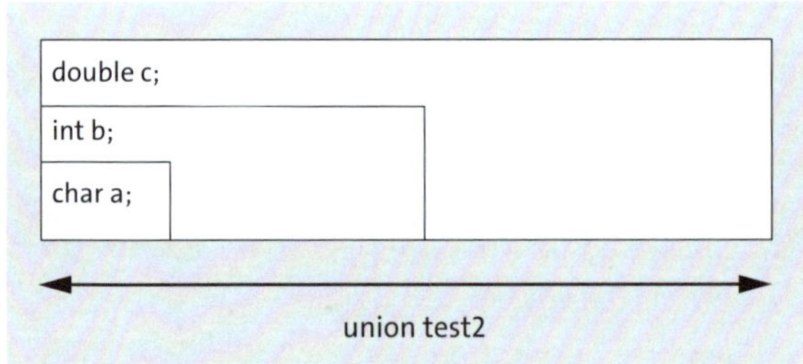

Abbildung 16.9 Speicherbelegung einer Struktur mit dem Schlüsselwort »union«

Listing 16.11 demonstriert den Unterschied:

```
/* unions_1.c */
#include<stdio.h>
#include<stdlib.h>
```

```
typedef struct {
   char a;
   int b;
   double c;
} test1;

typedef union {
   char a;
   int b;
   double c;
} test2;

int main(void) {
   printf("struct benötigt %d Bytes\n", sizeof(test1));
   printf("union benötigt %d Bytes\n", sizeof(test2));
   return EXIT_SUCCESS;
}
```

Listing 16.11 »unions_1.c« demonstriert die Verwendung und Initialisierung von Unions.

Sie sehen richtig: Die Struktur mit dem Schlüsselwort `union` besitzt jetzt nur noch 8 Byte. Dies verursachen das Schlüsselwort `union` und das größte Element in der Struktur, `double`. Dieser gesparte Speicherplatz wird allerdings mit dem Nachteil erkauft, dass immer nur ein Element in dieser Struktur verwendet werden kann. Beispielsweise wird dem Strukturelement `int b` der Wert 100 übergeben:

```
text.b = 100;
```

Somit beträgt die Speichergröße der Struktur trotzdem 8 Byte für einen Integer, da der größte Datentyp in der `union` nämlich `double` lautet. Übergeben Sie jetzt an `double c` den Wert `10.55`:

```
text.c = 10.55;
```

Jetzt können Sie auf den Wert von `int b` nicht mehr zugreifen, da dieser von `double c` überlappt wurde. Zwar kann es immer noch sein, dass `int b` weiterhin den Wert 100 ausgibt, aber dies wäre Zufall, denn der Speicherbereich wurde überdeckt. Das Verhalten ist in diesem Fall undefiniert.

Welchen Vorteil hat es aber, wenn immer nur auf ein Element einer Struktur zugegriffen werden kann? Der wesentliche Vorteil von `union` besteht darin, dass Sie mit `union` bei der Verarbeitung großer Strukturen Speicherplatz sparen. Ein Beispiel wäre ein Computerspiel, in dem immer einer gegen einen anderen Spieler kämpft. In dem folgenden Codeabschnitt wurde eine Struktur mit vier verschiedenen Gegnercharakteren erstellt:

```
typedef struct {
   typedef union { // das typedef gehört hier zu union
      struct { // kein typedef
         char name[20];
         int kraft;
         unsigned char leben;
         unsigned int geschwindigkeit;
      } fighter1;

      struct { // kein typedef
         char name[20];
         int kraft;
         unsigned char leben;
         unsigned int geschwindigkeit;
      } fighter2;

      struct { // kein typedef
         char name[20];
         int kraft;
         unsigned char leben;
         unsigned int geschwindigkeit;
      } fighter3;

      struct { // kein typedef
         char name[20];
         int kraft;
         unsigned char leben;
         unsigned int geschwindigkeit;
      } fighter4;
   };
} spieler_t;
```

Listing 16.12 So kombinieren Sie Structs mit Unions.

Damit wird immer nur auf eine Struktur zugegriffen, was in diesem Beispiel ausreichend ist, denn es sollten immer nur die Daten eines Gegners im Speicher sein – eben die, die im Augenblick nötig sind. So könnten Sie z. B. den `fighter4` mit folgenden Werten initialisieren:

```
spieler_t s;
strcpy(s.fighter4.name, "Superman");
s.fighter4.kraft = 5;
s.fighter4.leben = 1;
s.fighter4.geschwindigkeit = 2;
```

Der Zugriff auf die einzelnen Elemente erfolgt wie bei den normalen Strukturen.

Kommen wir zum Programm der Adressverwaltung zurück, denn dieses eignet sich auch gut für die Anwendung von Unions:

```
typedef struct {
   typedef union {
      struct {
         char vname[20];
         char nname[20];
         long PLZ;
         char ort[20];
         int geburtsjahr;
      } privat;

      struct {
         char vname[20];
         char nname[20];
         long PLZ;
         char ort[20];
         char sternzeichen[20];
         int geburtsjahr;
      } geschaeftlich;
   };
} adresse_t;
adresse_t adressen[100];
```

Hiermit können 100 Adressen gespeichert werden. Mithilfe dieser Union wird das Private vom Geschäftlichen getrennt.

Natürlich können Sie mit dem Schlüsselwort `union` auch ein Array von Unions realisieren. Der Zugriff und die Initialisierung erfolgen genauso, wie ich es bei den Strukturen bereits beschrieben habe. Hierzu ein Beispiel:

```
/* unions_2.c */
#include<stdio.h>
#include<stdlib.h>

typedef union {
   float x;
   int y;
} number;

int main(void) {
   number mixed[3];
```

```
    mixed[0].x = 1.123;
    mixed[1].y = 123;
    mixed[2].x = 2.345;
    printf("%.2f\t%d\t%.2f\n",
       mixed[0].x, mixed[1].y, mixed[2].x);
    return EXIT_SUCCESS;
}
```

Listing 16.13 »unions_2.c« erstellt ein Array von Unions.

Wenn Sie eine Union initialisieren, erlaubt ANSI C nur einen Initialisierer. Standardmäßig bedeutet dies, dass immer das erste Element der Union initialisiert wird:

```
typedef union {
   int x;
   int y;
} 2_D;
// coordinate.x bekommt den Wert 123
2_D coordinate = { 123 };
```

Haben Sie eine Union bereits initialisiert und weisen Sie einem anderen Union-Element einen Wert zu, wird der Wert des anderen Union-Elements überschrieben:

```
typedef union {
   int x;
   int y;
} 2_D;
...
2_D coordinate;
coordinate.x = 20;
...
coordinate.y = 40;  // Element x wird hier überschrieben.
```

Laut dem C99-Standard können Sie auch bei den Unions (wie bei den Strukturen) den Elementbezeichner verwenden, um festzulegen, welches Element in der Union initialisiert werden soll:

```
typedef union {
   int x;
   int y;
} 2_D;
...
2_D coordinate = { .y = 99 }; // funktioniert nicht mit jedem Compiler
```

Beim Zuweisen eines vorhandenen und initialisierten Union-Objekts an ein anderes wird das neue Union-Objekt mit demselben Typ initialisiert:

```
// wird mit dem vorhandenen Objekt desselben
// Typs initialisiert
2_D coordinate2 = coordinate;
```

[!]

Achtung: Unions sind nicht immer portabel!

Sollten Sie vorhaben, Ihre Programme auf andere Systeme zu portieren, so müssen Sie sich hundertprozentig mit dem Alignment diverser Systeme auskennen, sofern Sie Unions einsetzen wollen. Ansonsten dürften Sie Probleme mit der Portierung bekommen.

16.10.2 Der Aufzählungstyp »enum«

Eine Typdefinition mit `typedef` kann auch zusammen mit dem Schlüsselwort `enum` zur Aufzählung von Konstanten verwendet werden. Um dieses Konstrukt besser zu verstehen, folgt nun ein einfaches Beispiel:

```
/* enum_1.c */
#include<stdio.h>
#include<stdlib.h>

typedef enum { Null, Eins, Zwei, Drei, Vier} zahl;

int main(void) {
   zahl x;
   x=Null;
   printf("%d\n",x);

   x=Eins;
   printf("%d\n",x);

   x=Zwei;
   printf("%d\n",x);

   x=Drei;
   printf("%d\n",x);

   x=Vier;
   printf("%d\n",x);
   return EXIT_SUCCESS;
}
```

Listing 16.14 »enum_1.c« erstellt eine einfache Aufzählungsfolge mit »enum«.

Bei der Ausführung des Programms werden die Zahlen von Null bis Vier auf dem Bildschirm ausgegeben. Die Definition der Aufzählung lautet:

```
typedef enum { Null, Eins, Zwei, Drei, Vier } zahl;
```

In der Regel erzeugt der Aufzählungstyp eine Integerzahl und beginnt mit 0, sofern nicht anders angegeben; also `Null=0`. Das nächste Feld hat, wenn nichts anderes angegeben wird, den Wert 1. Somit ist `Eins` auch 1. Gleichbedeutend hätte man dies auch so schreiben können:

```
typedef enum { Null=0, Eins=1 ,Zwei=2 ,Drei=3 ,Vier=4 } zahl;
```

Wird `enum` hingegen so benutzt:

```
typedef enum { rot, gelb=6, blau, gruen } farben;
```

würden folgende Konstanten definiert werden:

```
farben { 0, 6, 7, 8 };
```

Die Farbe `gelb` wurde mit dem Wert 6 initialisiert. Die Steigerung des Werts zur nächsten Konstante beträgt bei `enum` immer +1. Somit hat die Konstante `blau` den Wert 7 und `gruen` den Wert 8.

Häufig wird `enum` zur Nachbildung der booleschen Variablen verwendet. Hier sehen Sie das Beispiel dazu:

```
/* enum_2.c */
#include<stdio.h>
#include<stdlib.h>

typedef enum {false,true} bool; // funktioniert so nicht in C++!

int main(void) {
   int zahl;
   printf("Gib mir eine Zahl (0-9): ");

   if( (scanf("%d",&zahl)) == false )
      printf("Das war keine Zahl!\n");
   else
      printf("Vielen Dank!\n");

   if( (zahl==7) == true)
      printf("Wow, die 7, meine Lieblingszahl\n");
   return EXIT_SUCCESS;
}
```

Der Aufzählungstyp enum dient der besseren Lesbarkeit eines Programms. bool (in C++ gibt es diesen Datentyp wirklich) könnten Sie aber auch als Makro implementieren:

```
#define bool int
#define false 0
#define true 1
```

Es gibt also viele Wege, die ans Ziel führen. Die zwölf Monate eines Jahres könnten Sie mit enum beispielsweise so realisieren:

```
typedef enum {
   JAN=1, FEB, MAR, APR, MAI, JUN, JUL, AUG, SEP, OKT, NOV, DEC
 } Monate;
```

Oder mit #define so:

```
#define JAN  1
#define FEB  2
#define MAR  3
#define APR  4
#define MAI  5
...
```


Bei beiden Beispielen wurden die einzelnen Monate als Konstanten definiert.

Worin besteht dann der Unterschied zwischen enum und einer Reihe von Präprozessor-Defines? Ironischerweise besteht kaum ein Unterschied. Geplant war (laut ANSI-C-Standard) enum, um ohne Casts verschiedene integrale Typen vermischen zu können, was ja sonst in der Regel einen Compiler-Fehler zur Folge hat. So hätten eine Menge Programmierfehler aufgefangen werden können.

Aber enum hat auch Vorteile:

- Zahlenwerte werden automatisch zugewiesen.
- Debugger-Werte von enum-Variablen können symbolisch dargestellt werden.
- enum unterliegt auch der Sichtbarkeitsregel von C.

16.10.3 Weitere Typdefinitionen mit »typedef«

Mit dem Schlüsselwort typedef können nicht nur Strukturen und Aufzählungen definiert werden, sondern beliebige andere Kombinationen auch primitiver Variablentypen. Ich habe ja schon angedeutet, wie man sich z. B. einen Byte-Datentyp selbst erstellen kann. Das Schlüsselwort typedef kann aber noch mehr, deshalb werde ich Ihnen noch einige weitere Konstruktionen vorstellen, die beim Programmieren sehr oft verwendet werden. Wenn Sie dann in fremden Programmen eine solche Konstruktion sehen, sind Sie nicht mehr sehr überrascht. Das Schlüsselwort `typedef` wird nämlich oft dazu benutzt, sogenannte primitive Datentypen zu erzeugen.

»Wozu soll das aber gut sein?«, werden Sie sich vielleicht fragen. Nehmen wir als Beispiel den primitiven Datentyp `uclock_t` (auch primitive Datentypen enden oft mit `_t`). Dieser ist in der Headerdatei *time.h* definiert mit:

```
typedef long uclock_t;
```

Auf einem anderen System sieht diese Definition vielleicht so aus:

```
typedef unsigned int uclock_t;
```

Die primitiven Datentypen machen ein Programm portabler. Dadurch müssen Sie sich nicht mit den Datentypen bei der Portierung auf andere Systeme auseinandersetzen. Wenn Sie ein Programm beispielsweise auf einem 32-Bit-System programmiert haben und es anschließend auf einem 16-Bit-System getestet wird, kann die Suche nach dem Grund einer falschen Werteausgabe frustrierend sein.

Wie schon mit `enum` oder `define` wird mit `typedef` das Programm nicht etwa besser oder schneller, sondern es dient auch hier lediglich dazu, dass sich Ihr Programm besser lesen, schreiben und auf andere Systeme portieren lässt. Folgende weitere `typedef`-Anweisungen werden sehr oft benutzt:

```
typedef unsigned char byte;
typedef unsigned char uchar;
typedef unsigned short int wchar;
typedef unsigned short int uint_16;
typedef unsigned long int uint_32;
typedef unsigned long int DWORD;
typedef unsigned long long int QWODRD;
```

16.11 Attribute von Strukturen verändern

Die Beispiele in diesem Abschnitt laufen nicht auf allen Compilern, aber ich möchte diese Technik trotzdem vorstellen, weil man sie in fremden Programmen oft antrifft. Ich möchte also auch hier wieder nicht, dass Sie sich wundern, wenn Sie auf Code treffen, der nicht dem ANSI-Standard entspricht.

Wenn Sie einen C++-Compiler haben, dann verwenden Sie für diesen Abschnitt am besten diesen Compiler, denn dann bekommen Sie die wenigsten Probleme.

Wenn Sie einen Raspberry Pi haben, dann verwenden Sie in diesem Abschnitt am besten folgende Kommandozeile, um ein Programm zu kompilieren:

```
C++ [Programmname].c -o [Programmname]
```

Der Speicherplatz für eine Struktur wird – wie schon bei den Arrays – lückenlos im Hauptspeicher abgelegt. Damit das System schneller auf diese Daten zurückgreifen kann, werden sie in Adressen angeordnet, die sich durch 2 oder durch 4 teilen lassen. Dies hängt vom Betriebssystem ab – und natürlich davon, wie Sie Ihren Compiler einstellen. Normalerweise ist das Alignment eingeschaltet, und es wird dabei einiges an Speicherplatz verschwendet. Zur Demonstration dient das folgende Programm:

```
/* alignment_1.c */
#include<stdio.h>
#include<stdlib.h>

typedef struct {
   char x;
   int z;
} speicher;

int main(void) {
   speicher test;

   printf("%u Bytes\n",sizeof(test));
   return EXIT_SUCCESS;
}
```

Listing 16.15 »alignment_1.c« zeigt, wie sich die Strukturen im Speicher an den Wortgrößen des Prozessors ausrichten.

Auf 32-Bit-Systemen dürfte diese Struktur 8 Byte benötigen – und dies, obwohl es eigentlich 5 Byte sein sollten (`char` + `int` = 5 Byte).

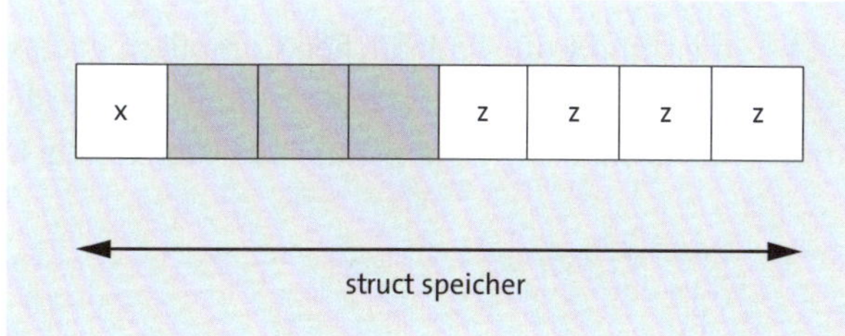

Abbildung 16.10 Speicherabbild mit einer Struktur mit unbenannten Lücken

Abbildung 16.10 stellt ein 4-Byte-Alignment dar, wie es bei den meisten Systemen vorliegt. Dabei entsteht eine Lücke von 3 Byte (grau gefärbt), die ungenutzt bleibt. Es wird auch vom *Padding* (dt. *Auffüllen, Polsterung*) des Speichers gesprochen.

[»]

Hinweis: Direkter Vergleich von Strukturen

Das Padding ist übrigens auch der Grund, warum Sie Strukturen nicht direkt miteinander vergleichen können. Auch ein Low-Level-Vergleich, Byte für Byte, kann da nicht viel helfen, da er durch zufällig gesetzte Bits in den Löchern verfälscht sein könnte. In solch einem Fall müssen Sie sich mit einer eigenen Funktion behelfen, die die einzelnen Strukturelemente miteinander vergleicht. Sie können natürlich auch das Alignment ausschalten, aber dadurch werden Ihre Programme unter Umständen bis zu 10-mal langsamer.

Viele Compiler besitzen einen speziellen Schalter (ein sogenanntes *Flag*), mit dem diese Lücke entfernt werden kann, wobei ich gleich anmerken muss, dass dies nicht ANSI-C-konform und vom Compiler abhängig ist. Natürlich leidet zusammen mit der Geschwindigkeit auch die Portabilität. Trotzdem möchte ich nun kurz erklären, wie Sie unter Visual Studio das Alignment beeinflussen können.

Mit dem Schalter

```
__attribut__
```

können Sie dem Compiler mehrere Informationen zu einer Funktion, zu Variablen oder zu Datentypen übergeben. Um damit eine lückenlose Speicherbelegung zu erreichen, könnten Sie das Attribut `packed` verwenden.

Sollte dieser Schalter bei Ihrem Compiler nicht funktionieren, können Sie auch das Pragma `pack` verwenden:

```
#pragma pack(n)
```

Für `n` kann der Wert 1, 2, 4, 8 oder 16 angegeben werden. Je nachdem, welche Angabe Sie dabei machen, wird jedes Strukturelement nach dem ersten kleineren Elementtyp oder auf `n` Byte abgespeichert.

Beim Testen auf verschiedenen Systemen und unterschiedlichen Compilern gab es keine Probleme mit dem `#pragma pack`. Die Option `__attribut__` hingegen wurde nicht von jedem Compiler erkannt. Wie Sie dabei vorgehen, müssen Sie letztendlich selbst herausfinden.

Hier folgt das Beispiel dazu:

```
/* alignment_2.c */
#include<stdio.h>
#include<stdlib.h>

/* Lässt sich dieses Listing nicht übersetzen,
 * entfernen Sie __attribute__((packed)) und
```

```
 * verwenden stattdessen #pragma pack(1).
 * Unter Linux funktioniert pragma nicht, sondern nur unter Windows. */

/* #pragma pack(1) */
struct speicher {
   char x;
   int z;
} __attribute__ ((packed)); // Läuft nicht auf dem Raspi

int main(void) {
   struct speicher test;

   printf("%u Bytes\n",sizeof(test));
   return EXIT_SUCCESS;
}
```

Listing 16.16 »alignment_2.c« zeigt Ihnen, wie Sie unter Windows das Alignment ausschalten können.

Damit benötigt die Struktur tatsächlich nur 5 Byte. Dies funktioniert bei manchen Compilern wie Visual C++ auch bei den enum-Aufzählungen:


```
/* alignment_3.c */
#include<stdio.h>
#include<stdlib.h>

/* #pragma pack(1); */
enum{TRUE,FALSE}__attribute__ ((packed));

int main(void) {
   printf("%u Bytes\n",sizeof(TRUE));
   return EXIT_SUCCESS;
}
```

Diese Beispiele funktionieren nur unter Windows und z. B. nicht mit dem GCC-Compiler, der kein pragma unterstützt und in den modernen Versionen (vor allem auf dem Raspberry Pi) vor struct und enum stets ein typedef erwartet. Natürlich kann man dem GCC zusätzliche Compiler-Flags übergeben, aber dies ist nicht trivial und kann hier einfach nicht besprochen werden. Für Programme, die auf mehrere Systeme portiert werden sollen, gibt es außerdem spezielle Dateien, die Makefiles, in denen genau steht, wie was gelinkt werden soll und mit welchen Einstellungen. Auch für dieses Thema benötigen Sie ein separates Linux-Buch.

[»]

Hinweis zum Byte-Alignment

Natürlich müssen Sie sich auch darüber im Klaren sein, dass hier zwischen Performance und Speicherplatz gewählt wird. Schließlich greifen Sie ja in die geschwindigkeitsoptimierte Speicherung des Betriebssystems ein bzw. zwingen den Prozessor dazu, seine Register nicht vollständig auszunutzen. Manchmal funktioniert ein Byte-Alignment auch schlicht nicht, z. B. auf ARM-Prozessoren, bei denen jeder OP-Code stets 32 Bit breit ist, egal was man in ein Register lädt.

Bei den Vorteilen, die mit `packed` oder dem Pragma `pack` erzielt werden, sollten Sie auch die Nachteile beachten. Wenn diese Daten (`struct speicher`) auf einem System mit 5 Byte pro Struktur in einer Datei gespeichert werden, kann es passieren, dass diese Daten auf einem anderen System falsch angezeigt werden, weil das andere System vielleicht dort die Option `packed` nicht kennt und einfach ignoriert. Außerdem könnten Low-Level-Funktionen fehlschlagen, da sich die Daten wegen des Alignments nicht dort befinden, wo die Funktion sie vermutet. Dies gilt vor allem wieder für ARM-Prozessoren und deshalb auch z. B. für den Raspberry Pi.

16.12 Bitfelder

Bitfelder sind Strukturelemente, die mit weniger als 1 Byte in eine Struktur gepackt werden können. Laut ANSI C müssen die einzelnen Elemente von Bitfeldern vom Datentyp `int` oder `unsigned int` sein.

Als Beispiel soll ein Roboter für eine Fließbandproduktion dienen. Der Roboter muss ein bestimmtes Produkt von Position A nach Position B transportieren. Dazu sind folgende Arbeitsabläufe erforderlich:

1. Produkt zum Befördern vorhanden (Sensor 1 = aktiv). Wenn ja, ...
2. Produkt erfassen und hochheben und auf das Fließband legen. Wenn Produkt auf Fließband liegt (Sensor 2 = aktiv), dann ...
3. Fließband bewegen (Schalter 1) und warten, bis Produkt beim Sensor 3 ankommt. Dann wieder prüfen, ob ein Produkt auf Sensor 1 vorhanden ist. Falls an Sensor 1 ein Produkt vorhanden ist, alles wieder von vorn.

Dieser Vorgang soll auch überprüft werden, und bei einem Fehler wird ein Fehlercode ausgegeben, für den es eine entsprechende Stringtabelle gibt. Außerdem wird dazu eine Anzeige benötigt. Es wird davon ausgegangen, dass der Roboter bereits mit dem PC verbunden ist, z. B. über die serielle Schnittstelle (bzw. über ein USB-Serial-Kabel). Hier sehen Sie die Struktur des Roboters:

```
typedef struct {
   unsigned char sensor1; // I/O-Pin 1, active high
```

```
    unsigned char sensor2; // I/O-Pin 2, active high
    unsigned char sensor3; // I/O-Pin 3, active high
    unsigned char schalter; // I/O-Pin 4, active high
    unsigned int Ausgabe; // Serial Output Pin (SERIO)
} roboter;
```

`active high` bedeutet, dass ein I/O-Pin genau dann aktiv ist, wenn der Pegel high ist (das heißt, an dem entsprechenden Sensor-Pin liegt Strom an). In diesem Fall ist auch das entsprechende Bit 1, wenn der Sensor aktiv ist. In der Elektrotechnik spricht man auch von einem *Pull-up-Widerstand*. Mit der hier vorgestellten Struktur benötigt der Roboter jedoch 48 Bit (also 6 Byte). Wenn jetzt noch mehrere Roboter hinzukommen, ist das einfach Speicherplatzverschwendung, und Speicherplatz ist bei solchen Systemen meistens kostbar. Häufig ist bei solchen Automatisierungsrobotern nicht unbegrenzt Speicherplatz vorhanden, denn es werden für Steuerungsaufgaben oft Mikrocontroller eingesetzt, die nur wenig Speicher haben. Bei den Sensoren und Schaltern benötigen Sie in der Regel auch nur zwei Schaltstellungen: `1` für »betätigt« und `0` für »unbetätigt«. Wenn also ein Schalter geschlossen ist, fließt Strom über die Masse ab und ein entsprechendes Bit wird auf `1` gesetzt. (Es gibt auch den umgekehrten Fall eines sogenannten *Pull-down-Widerstandes*.) In C ist es möglich, diese einzelnen Bits für die Schalter mit sogenannten *Bitfeldern* anzusprechen.

16

Die Deklaration eines solchen Bitfelds hat folgende Syntax:

```
Typ Elementname : Breite ;
```

Für den `Typ` können Sie einen beliebigen Ganzzahltyp wie `int`, `signed int`, `unsigned int` oder `_bool` verwenden. Sie können auch Typqualifizierer nutzen. Den `Elementnamen` benötigen Sie, um auf das Bitfeld zugreifen zu können. Sie können auch ein anonymes Bitfeld ohne `Elementnamen` definieren. Solche namenlosen Bitfelder dienen zum Auffüllen eines Bitfeldes, um die Bitzahl auf ein bestimmtes Rechnerwort einzustellen. Mit `Breite` geben Sie die Anzahl der Bits an, die für das Element verwendet werden sollen. Hierbei muss ein ganzzahliger positiver Ausdruck verwendet werden. Ein Bitfeld mit einer Breite von `n` kann außerdem `2n` verschiedene Werte speichern.

Solche Bitfelder haben außerdem den Vorteil, dass sie wie gewöhnliche Struktur- bzw. Union-Elemente mit dem Elementnamen angesprochen werden. Bezogen auf das Beispiel unseres Automatisierungsroboters sieht dies folgendermaßen aus:

```
typedef struct {
    unsigned int sensor1:1; // I/O-benötigt nur 1 Bit pro Pin
    unsigned int sensor2:1; // I/O-benötigt nur 1 Bit pro Pin
    unsigned int sensor3:1; // I/O-benötigt nur 1 Bit pro Pin
    unsigned int schalter:1; // I/O-benötigt nur 1 Bit pro Schalter
    unsigned int Ausgabe:4; // Nur die 4 höchsten Bits werden genutzt
} roboter;
```

Jetzt benötigt die Struktur im Grunde nur noch 8 Bit (1 Byte). Wenn Sie allerdings die Größe mit `sizeof` prüfen, werden Sie feststellen, dass dieses Bitfeld trotzdem oft mehr als 1 Byte belegt, je nach verwendetem Mikrocontroller. Dies liegt daran, dass das kleinstmögliche Rechnerwort, das der Compiler für ein Bitfeld reserviert, `sizeof(int)` groß ist. Die restlichen Bytes in diesem Beispiel sind praktisch leer. Das Gleiche gilt natürlich auch, wenn Sie beispielsweise ein Bitfeld mit 40 Bit (5 Byte) erstellen. Der Compiler muss ein weiteres Rechnerwort (`sizeof(int)`) reservieren, sodass zusätzliche Bits am Anfang des nächsten Rechnerworts liegen und somit insgesamt mehr Rechenworte der Größe `int` benötigt werden.

[»]

Hinweis: Adressoperator bei Bitfeldern

Da Bitfelder keine adressierbare Speicherstelle belegen, können Sie hierbei weder den Adressoperator & noch das Makro `offsetof` anwenden.

Das Roboter-Beispiel als Simulation in der Konsole (siehe auch Abbildung 16.11):

```
/* roboter_1.c */
#include<stdio.h>
#include<stdlib.h>

#define OFF 0
#define ON 1

typedef struct {
   unsigned int Sensor1:1;
   unsigned int Sensor2:1;
   unsigned int Sensor3:1;
   unsigned int Schalter:1;
   unsigned int Ausgabe:4;
} roboter;
roboter Roboter1; // globale Variable vom Typ roboter

char *msg[7] = {
   "Kein Signal an Sensor 1!\n",
   "Kein Signal an Sensor 2!\n",
   "Kein Signal an Sensor 3!\n",
   "Schalter 1 nicht betätigt!\n",
   "Notaus betätigt!\n",
   "Kein Strom!\n"
};

int main(void) {
   int anzahl;
```

```
do {
    printf("Wie viele Produkte von Pos.A nach Pos.B : ");
    do{ scanf("%d",&anzahl); } while(getchar() != '\n');

    while((anzahl>0) && (anzahl--)) {

       /* Sollte durch echte Schnittstelle ersetzt werden. */
       Roboter1.Sensor1=ON;
       printf("Sensor 1 ist aktiv\n");
       if(Roboter1.Sensor1 == ON)
          printf("Produkt wird aufgenommen und "
                 "zum Fließband transportiert\n");
       else {

          /* Fehler: Sensor 1 nicht aktiv
           * Fehlermeldung ausgeben */
          Roboter1.Ausgabe = 0;
          printf("%s\n", msg[Roboter1.Ausgabe]);
       }
         /* Sollte durch echte Schnittstelle ersetzt werden. */
          Roboter1.Sensor2=ON;
          printf("Sensor 2 ist aktiv\n");
          if(Roboter1.Sensor2 == ON) {
             printf("Produkt ist auf dem Fließband\n");
             printf("Bitte >>ENTER<< drücken"
                    " für den Schalter\n");
             getchar();
             printf("Schalter ist eingeschaltet!\n");
             /* Sollte durch echte Schnittstelle
              * ersetzt werden. */
             Roboter1.Schalter=ON;
          }
          else {
             Roboter1.Ausgabe=1;
             printf("%s\n",msg[Roboter1.Ausgabe]);
             Roboter1.Ausgabe=3;
             printf("%s\n", msg[Roboter1.Ausgabe]);
          }
          /* Sollte durch echte Schnittstelle
           * ersetzt werden. */
          Roboter1.Sensor3=ON;
          printf("Sensor 3 aktiv\n");
```

16

```
            if(Roboter1.Sensor3 == ON) {
               printf("Produkt am Ziel angekommen!\n");
               printf("Schalter für Fließband auf OFF\n");
               printf("Roboter wieder betriebsbereit\n");
               printf("Weiter mit >>ENTER<<\n");
               getchar();
               Roboter1.Schalter=OFF;
            }
            else {
               Roboter1.Ausgabe = 2;
               printf("%s\n", msg[Roboter1.Ausgabe]);
            }
      }
   } while(anzahl > 0);
   Roboter1.Sensor1=OFF;
   Roboter1.Sensor2=OFF;
   Roboter1.Sensor3=OFF;
   Roboter1.Ausgabe=0;
   printf("%s\n",msg[Roboter1.Ausgabe]);
   return EXIT_SUCCESS;
}
```

Listing 16.17 »roboter_1.c« simuliert einen Roboter-Greifarm und verwendet für die Zustände des Arms Bitfelder.

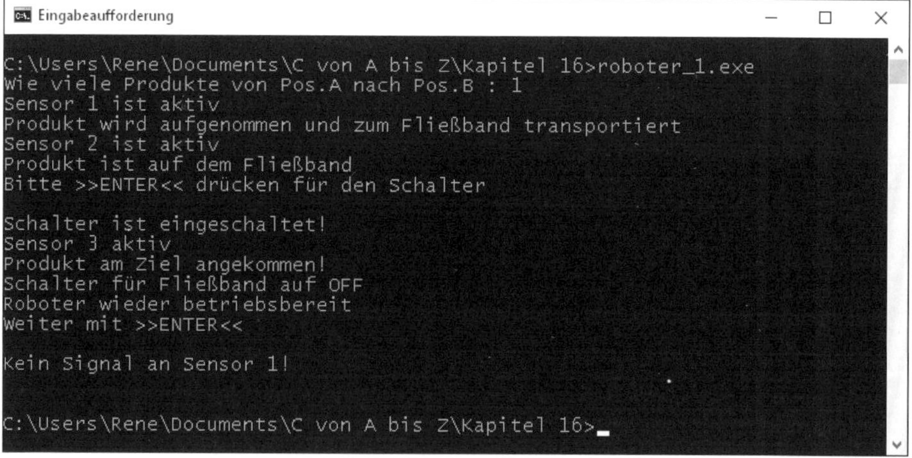

Abbildung 16.11 Die Roboter-Simulation im Einsatz

Dass die Struktur `robo` 4 Byte und nicht 1 Byte groß ist, liegt am Alignment des Betriebssystems. Der Speicherplatz kann mit dem Keyword `attribute` oder dem

Pragma pack auf 1 Byte zusammengepackt werden – vorausgesetzt, der Compiler unterstützt dies:

```
//#pragma pack(1)
struct robo {
   unsigned Sensor1:1;
   unsigned Sensor2:1;
   unsigned Sensor3:1;
   unsigned Schalter:1;
   unsigned Ausgabe:4;
} __attribute__ ((packed)) Roboter1;
```

Abbildung 16.12 zeigt diese Struktur nochmals schematisch.

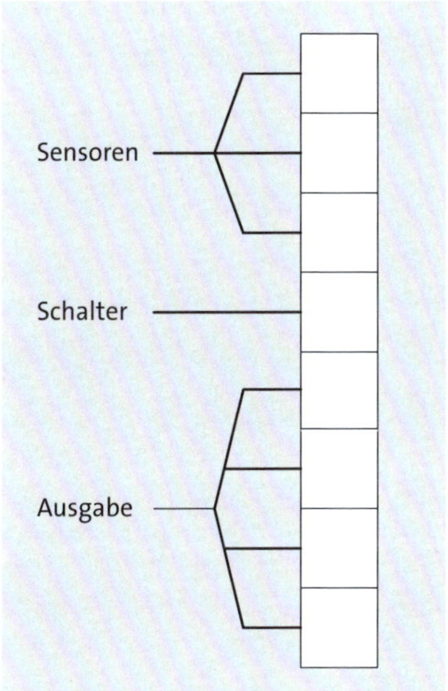

Abbildung 16.12 Bitbelegung der einzelnen Bitfelder der Struktur »robo«

Der Nachteil an dem obigen Beispiel ist leider, dass es nur eine Simulation ist und deshalb keine reale Verbindung mit einem Roboter besteht. Zeilen wie

```
Roboter1.Sensor1=ON;
Roboter1.Sensor2=ON;
```

ändern nur den Wert von Variablen. Um jedoch einen realen Roboter zu steuern, würde man einen entsprechenden Mikrocontroller, z. B. einen Arduino, oder aber einen speziellen Bausatz für den Raspberry Pi benötigen. Dies alles führt natürlich weit über dieses Buch hinaus. Was ich Ihnen jedoch erläutern kann, ist die Steuerung eines Druckers über die parallele Schnittstelle unter DOS.

Leider gibt es diese Schnittstelle mangels geeigneter Adapter nicht mehr auf dem Raspberry Pi (z. B. mittels */dev/lpr*). Vielleicht liegt das daran, dass besonders der Raspberry Pi 1 zu wenig GPIO-Pins besitzt und dadurch die 11 Pins des Parallel-Adapters nur schlecht integrieren kann, ohne andere Geräte dafür deaktivieren zu müssen.

Jetzt folgt also ein ausführbares Beispiel, das zeigt, was eine Schnittstelle bzw. eine Adresse zum PC genau ist. Es wird der Druckerstatus am Port LPT1 überprüft. Das Listing ist nur unter Windows ausführbar und nicht ANSI-C-konform:

```
/* check_printer.c */
#include <stdio.h>
#include <stdlib.h>
#include <dos.h>
/* 0x378 ist die Adresse der Schnittstelle von LPT1. */
#define LPT1_PORT 0x378

struct status {
   unsigned         :3;      /* Bit 0-2 nicht verwendet */
   unsigned fehler :1;      /* 0=Druckerfehler         */
   unsigned online :1;      /* 1=Drucker online        */
   unsigned papier :1;      /* 1=kein Papier           */
   unsigned empfang:1;      /* Empfangsbestätigung     */
   unsigned busy   :1;      /* Drucker bereit          */
} LPT1_status;

/* Status am LPT1-Port auslesen */
void druckerstatus(char *statuszeiger) {
   *statuszeiger = inp( LPT1_PORT+1 ) & 0xF8;
}

int main(void) {
   druckerstatus( (char *) &LPT1_status);
   if(LPT1_status.busy && LPT1_status.online) {
      printf("Drucker ist bereit!\n");
      return EXIT_SUCCESS;
   }
   else if(!LPT1_status.online)
      printf("Drucker nicht online!\n");
   else if(LPT1_status.papier)
      printf("Kein Papier vorhanden!\n");
   else
      printf("Drucker ist nicht bereit!\n");
   return EXIT_SUCCESS;
}
```

Listing 16.18 »check_printer.c« prüft den Status eines Druckers unter DOS.

Die Adresse 0x378 stellt die Adresse des Ports LPT1 dar. Das Statusregister, das hier überprüft wird, sieht intern so aus, wie in Abbildung 16.13 dargestellt.

Diese Struktur ähnelt der Struktur, die oben bei den Robotern verwendet wurde. Die Bits 0–2 werden nicht verwendet. Die Bits 3–7 geben anschließend den Status des Druckers zurück – je nachdem, welche Bits gesetzt sind und welche nicht. Die Funktion druckerstatus() liefert den Status zurück. Neu ist bei diesem Programm:

```
unsigned:3;
```

Es werden drei Bits ohne Namen definiert. Im Beispiel sind es die ersten drei Bits, die ungenutzt bleiben. Sie können im Programm nicht verwendet werden und werden als anonyme Bitfelder bezeichnet.

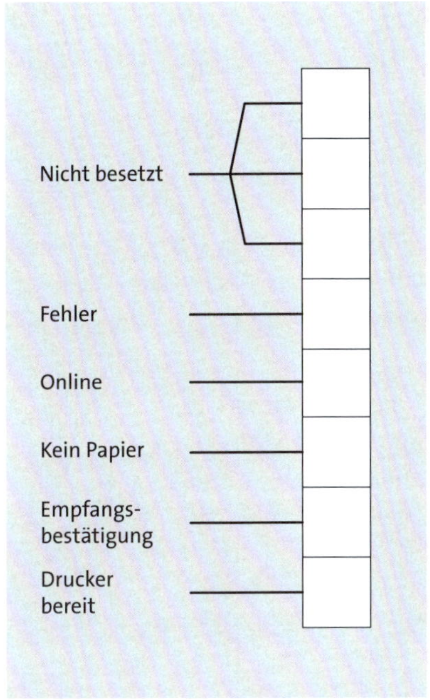

Abbildung 16.13 Bitbelegung eines Druckers am LPT1-Port unter MS-DOS

16.13 Das »offsetof«-Makro

Um den Abstand der einzelnen Strukturelemente in Bytes zu ermitteln, können Sie das Makro offsetof() verwenden, das in der Headerdatei *stddef.h* deklariert ist. Hier sehen Sie die Syntax dazu:

```
#include <stddef.h>
size_t offsetof(struktur, name_strukturelement);
```

Das Makro liefert, wie schon erwähnt, den Abstand vom Anfang der Struktur bis zu dem Strukturelement, das als zweites Argument angegeben ist. Ist das Makro auf Ihrem System nicht vorhanden, so können Sie es ohne großen Aufwand selbst implementieren:

```
#define offsetof(struct_type, member) \
          (size_t) &(((struct_type *)0)->member)
```

Ein einfaches Listing dazu:

```
/* offsetof.c */
#include<stdio.h>
#include<stdlib.h>
#include<stddef.h>
#define MAX 15

struct data{
   char datei[MAX];
   unsigned int flag;
   char eigentuemer[MAX];
   char passwort[MAX];
};

int main(void) {
   struct data newfile = { "testfile", 0, "its_me", "believe" };
   printf("Vom Anfang zur Strukturvariable flag    : %d Bytes\n",
      offsetof(struct data, flag));
   printf("Vom Anfang  zur Strukturvariable owner  : %d Bytes\n",
      offsetof(struct data, eigentuemer));
   printf("Vom Anfang zur Strukturvariable passwort: %d Bytes\n",
      offsetof(struct data, passwort));
 return EXIT_SUCCESS;
}
```

Sie erhalten jeweils den Abstand in Bytes vom Anfang der Struktur bis zum jeweiligen Strukturelement.

[»]

Hinweis

Beachten Sie, dass das Makro `offsetof` nicht richtig zusammen mit Bitfeldern funktioniert, da Bitfelder keine eindeutig adressierbare Speicherstelle belegen. Sie erinnern sich sicherlich daran, dass der Adressbus den Adressraum in Bytes einteilt. Wenn Sie also das fünfte Bit der Speicheradresse 1024 adressieren, bekommen Sie als Speicheradresse dasselbe heraus, wie wenn Sie das sechste Bit der Adresse 1024 adressieren – nämlich 1024.

Kapitel 17
Ein-/Ausgabe-Funktionen

Was wäre eine Programmiersprache, ohne dass Daten gespeichert werden können – zum Beispiel auf einen Datenträger? In diesem sehr umfangreichen Kapitel geht es ausschließlich um den Fluss der Daten. Gemeint sind damit die Eingabe und Ausgabe von Daten, sogenannte E/A-Funktionen.

Bisher haben Sie Ihre Daten nur flüchtig gespeichert. *Flüchtig* heißt, dass sämtliche Daten beim Beenden des Programms verloren gehen und auch nicht mehr wiederhergestellt werden können. Ihnen fehlt also noch eine wichtige Sache, nämlich die Möglichkeit, Ihre Daten permanent in einer Datei abzulegen und bei Bedarf wieder aus dieser auszulesen. In diesem Kapitel werde ich Ihnen zeigen, wie Sie Ihre Daten permanent speichern können, sodass diese eben nicht flüchtig sind.

17.1 Was ist eine Datei aus Sicht der Programmiersprache C?

Häufig wendet man elementare Datei-E/A-Funktionen (E/A steht für *Eingabe/Ausgabe*) an, ohne sich Gedanken darüber zu machen, was eine Datei aus Sicht der Programmiersprache C eigentlich ist. Im Prinzip können Sie sich eine Datei als ein riesengroßes `byte`-Array vorstellen. Das `byte`-Array besitzt hierbei nur eine Zeile und besteht also aus einer Folge von Zeichen – unabhängig davon, ob es sich um eine Textdatei oder eine ausführbare Datei handelt. Erinnern Sie sich noch daran, dass der Prozessor quasi nicht entscheiden kann, was im Speicher steht, ehe er nicht versucht, den Inhalt auszuführen? Sehen Sie sich mit einem Hex-Editor einmal eine ausführbare Datei aus der Sicht des Computers an. Was Sie sehen, sind der Startup-Code und die OP-Codes für den Prozessor, die Sie eigentlich nur mit einem sogenannten *Disassembler* entschlüsseln können. Wenn Sie dasselbe mit einer Textdatei machen, werden Sie feststellen, dass es keine gravierenden Unterschiede zwischen den beiden Dateien gibt. Es wird in diesem Zusammenhang von einem *Byte-Stream* oder einfach kurz von einem *Stream* (Datenstrom) gesprochen. Streams werden später noch ausführlicher behandelt. Zunächst reicht es, dass Sie sich vorstellen, dass eine Datei nur aus einer Kette von Bytes besteht.

17.2 Formatierte und unformatierte Ein-/Ausgabe

In C besteht die Möglichkeit, von zwei verschiedenen Ebenen aus auf eine Datei zuzugreifen: zum einen von der höheren Ebene (*High-Level*) aus und zum anderen von der niedrigeren Ebene (*Low-Level*) aus.

Mit der höheren Ebene kann wesentlich komfortabler und vor allem portabler programmiert werden. Die Funktionen der höheren Ebene entsprechen dem ANSI-C-Standard. Zu den Vorteilen der höheren Ebene gehören z. B. eine formatierte Ein- und Ausgabe und ein optimal eingestellter Puffer. Der *Puffer* ist ein Bereich im Arbeitsspeicher, der als Vermittler und Zwischenspeicher zwischen Daten und Zielort fungiert.

Der Unterschied zwischen der höheren und der niedrigeren Ebene besteht in der Form, wie die Daten von der Quelle zum Ziel übertragen werden. Bei der höheren Ebene werden die Daten formatiert (wie z. B. mit `fprintf()`). Hingegen handelt es sich bei der niedrigeren Ebene um einen unformatierten Datenstrom aus einzelnen Bytes, die auch genauso in die Datei geschrieben werden, wie sie eintreffen. Oft wird dafür nicht einmal ein Puffer verwendet.

Die Funktionen der höheren Ebene bezeichnen den gepufferten Datenstrom auch oft als Stream. *Stream* ist also der englische Ausdruck für das deutsche Wort *Datenstrom*. In einem Datenstrom werden die Daten von einer bestimmten Quelle zu einem bestimmten Ziel bewegt. Es gibt Standard-Streams in C, wie die Standardeingabe (`stdin`), die Standardausgabe (`stdout`) und die Standardfehlerausgabe (`stderr`). Streams sind in C sehr wichtig und benötigen auch deshalb einen separaten Abschnitt. Auf sie gehe ich daher in Abschnitt 17.4, »Streams (Ein-/Ausgabe-Datenströme)«, noch genauer ein.

17.3 Höhere Ein-/Ausgabe-Funktionen mit <stdio.h>

Beginnen wir mit einem kleinen Überblick über die Funktionen, die in der Headerdatei *<stdio.h>* deklariert sind und zur formatierten Ein-/Ausgabe verwendet werden (siehe Tabelle 17.1).

Funktion	Beschreibung
`fopen`	Datei öffnen
`fclose`	Datei schließen
`feof`	Dateiende feststellen (EOF = End Of File)
`ferror`	Testet, ob ein Fehler aufgetreten ist.
`fflush`	Leert den Datenpuffer.

Tabelle 17.1 Übersicht zu den Standard-Ein-/Ausgabe-Funktionen

Funktion	Beschreibung
fgetc	Daten zeichenweise lesen
fgets	Daten zeilenweise lesen
fgetpos	aktuelle Position des Dateizeigers ermitteln
fprintf	formatierte Ausgabe von Daten, analog zu printf
fputc	Daten zeichenweise schreiben
fputs	Schreibt einen String inklusive Nullzeichen.
freopen	Datei erneut öffnen
fscanf	formatierte Eingabe von Daten, analog zu scanf
fseek	Dateizeiger neu positionieren
fsetpos	Dateizeiger neu positionieren
ftell	aktuelle Position des Dateizeigers ermitteln
getc	Daten zeichenweise aus einer Datei lesen
getchar	zeichenweises Lesen von stdin
gets	Liest String von stdin (unsichere Funktion).
printf	formatierte Ausgabe an stdout
putc	Daten zeichenweise in eine Datei schreiben
putchar	zeichenweise an stdout schreiben
puts	Zeichenkette an stdout senden
rewind	Dateizeiger auf 0 zurücksetzen
scanf	formatierte Eingabe von stdin
setbuf	Datenpuffer einrichten
setvbuf	Datenpuffer-Optionen neu setzen
sprintf	formatierte Ausgabe in einen String analog zu printf
sscanf	formatierte Eingabe aus einem String analog zu scanf
ungetc	Zeichen zurück in eine Datei schreiben

Tabelle 17.1 Übersicht zu den Standard-Ein-/Ausgabe-Funktionen (Forts.)

[»]

Hinweis: Breitzeichen (Zeichen mit mehr als einem Byte)

Die Deklarationen für die Ein- und Ausgabe von Breitzeichen mit `wchar_t` befinden sich in der Headerdatei *<wchar.h>*.

Ich werde Ihnen nun einige Funktionen vorstellen, die essenziell für die Datei-Ein/Ausgabe sind und die Sie noch sehr oft benötigen werden.

17.3.1 Eine Datei mit »fopen« öffnen

Die Bearbeitung von Dateien erfolgt in C immer zeichenorientiert. Da Dateien zunächst nichts anderes sind als eine unstrukturierte Folge von Einzelzeichen, spielt es keine Rolle, mit welcher Art von Daten gearbeitet wird. Erst bei der Verarbeitung der Daten bekommen die Einzelzeichen eine Bedeutung und eine Struktur.

Zuerst soll eine einfache Textdatei zum Lesen geöffnet werden. Dabei gehen Sie folgendermaßen vor:

```
FILE *datei;
datei = fopen("textdatei.txt", "r");
```

Hier wurde eine Textdatei mit dem Namen *textdatei.txt* im Text-Lesemodus geöffnet, und zwar mithilfe des Zeigers `datei` vom Typ `FILE`. Der Typ `FILE` ist ein strukturierter Datentyp (also ein `struct`), der alle wichtigen Daten über den Zustand einer Datei zwischenspeichert, z. B. den Dateinamen, die Größe des Datenpuffers oder die Zugriffsrechte. `FILE` ist ein sogenannter *abstrakter Datentyp*, was bedeutet, dass er auf jedem Betriebssystem anders aussieht. Unter Windows enthält `FILE` also andere Daten als unter Linux. Dies kommt daher, dass es verschiedene Dateisysteme gibt, die die Daten auch in unterschiedlicher Weise auf dem Datenträger ablegen. `FILE` muss dieser Tatsache Rechnung tragen und genau die Daten enthalten, die man zur Verwaltung einer Datei benötigt. Aus diesem Grunde wird dann auch der Typ `FILE` zusammen mit einer Zeigerstruktur verwendet, damit er *by Reference* an den entsprechenden Betriebssystem-Treiber übergeben werden kann, der *Filehandler* genannt wird. Unter Windows ist dies eine DLL-Datei, unter Linux ist dies ein Kernel-Modul, das das Dateisystem in den Verzeichnisbaum einhängt (man spricht auch von *mounten*). Die Funktion `fopen` benutzt nun die Variable `datei` und öffnet *textdatei.txt* im Lese-Modus. Die Syntax der Funktion `fopen()` lautet:

```
FILE *fopen(const char * restrict pfadname,
            const char * restrict modus);
```

Als Pfadangabe ist unter `pfadname` jeder zulässige String erlaubt. Sollten Sie unter einem Microsoft-Betriebssystem programmieren, kann auch eine Laufwerksangabe erfolgen. Die maximale Stringlänge für `pfadname` ist in der Konstante `FILENAME_MAX` deklariert, die sich ebenso in der Headerdatei *<stdio.h>* befindet. Mit `modus` geben Sie an, wie auf die Daten zugegriffen wird. Im Beispiel oben wurde der Modus `"r"` (für *read*) zum Lesen von der Datei im Textmodus verwendet. Auf die einzelnen möglichen Modi gehe ich gleich ein. Wenn beim Öffnen einer Datei alles planmäßig verlief, wird der `FILE`-Zeiger zurückgegeben. Bei einem Fehler erhalten Sie hingegen den `NULL`-Zeiger zurück. (Sie erinnern sich daran, dass dieser Zeiger für undefinierte Inhalte benutzt werden kann?)

Die Struktur des `FILE`-Zeigers wird in der Headerdatei *<stdio.h>* deklariert. Machen Sie sich aber nicht die Mühe, den Inhalt zu verstehen, dies ist nur etwas für Profis. Diese Struktur enthält eben alle Informationen, die für die höheren Datei-E/A-Funktionen benötigt werden, beispielsweise:

- den Puffer – die Anfangsadresse, den aktuellen Zeiger, die Größe
- den File-Deskriptor gegebenenfalls inklusive Datei-Handle (Mehr dazu folgt in Abschnitt 17.6 bei den Funktionen der niedrigeren Ebene.)
- die Position des Schreib- oder Lesezeigers
- die Fehler- und EOF-Flags

Da `FILE*` ein Zeiger auf eine Struktur ist, können Sie auch mehrere Dateien auf einmal öffnen:

```
FILE *datei, *datei2;
...
// Datei textdatei.txt zum Lesen öffnen
datei = fopen("textdatei.txt", "r");

// Datei textdat2.txt zum Lesen öffnen
datei2 = fopen("textdat2.txt", "r");
```

Kommen wir jetzt zu einem ausführbaren Beispiel der Funktion `fopen()`:

```
/* fopen_1.c */
#include<stdio.h>
#include<stdlib.h>

int main(void) {
   FILE *datei;

   /* Bitte Pfad und Dateinamen anpassen */
   datei = fopen("test.txt", "r");
   if(NULL == datei) {
      printf("Konnte Datei \"test.txt\" nicht öffnen!\n");
      return EXIT_FAILURE;
   }
```

17

```
    printf("test.txt wurde erfolgreich geöffnet.\n");
    return EXIT_SUCCESS;
}
```

Listing 17.1 »fopen_1.c« zeigt, wie Sie mit »fopen()« eine Textdatei öffnen können.

Das Programm öffnet (falls vorhanden) die Datei *test.txt*. Konnte diese Datei nicht geöffnet werden bzw. ist sie nicht vorhanden, dann liefert die Funktion `fopen()` den `NULL`-Zeiger zurück. In diesem Beispiel muss sich die Datei *test.txt* im selben Verzeichnis befinden wie das ausführbare Programm. Liegt die Datei *test.txt* hingegen z. B. im Verzeichnis

C:\Dokumentationen\Texte\test.txt

dann muss das erste Argument in der Funktion `fopen()` folgendermaßen aussehen:

```
datei = fopen("c:\\Dokumentationen\\Texte\\test.txt", "r");
```

Bei Microsoft-Systemen müssen Sie darauf achten, dass statt nur einem Backslash zwei (\\) geschrieben werden, um das Zeichen `'\'` zu benutzen. Bei Linux ist das einfacher. Ist das Verzeichnis z. B.

/home/pi/Texte/test.txt

dann muss sich Folgendes im ersten Argument befinden:

```
datei = fopen("/home/pi/Texte/test.txt", "r");
```

Unter Linux gibt es außerdem keine Laufwerksbezeichnung, da dort jedes Gerät – egal ob Festplatte, CD/DVD oder USB-Stick – als normales Verzeichnis betrachtet wird. Die Informationen darüber, wo etwas eingehängt wird, befinden sich in der Textdatei */etc/fstab*.

[»]

Hinweis für Compiler unter Windows

Bei den meisten Compilern unter Windows kann mittlerweile die Pfadangabe ebenfalls mit einem einfachen Slash (*c:/pfad/pfad*) erfolgen – wie bei Linux üblich. Allerdings funktioniert dies perfekt erst ab Windows 7.

Es gibt noch weitere Unterschiede zwischen diesen beiden Betriebssystemen. Tabelle 17.2 zeigt eine Gegenüberstellung von Linux und Microsoft-Systemen.

Eigenschaft	Linux	Windows
Erlaubte Zeichen	alle Zeichen	Buchstaben, Zahlen und einige Sonderzeichen
Laufwerksbezeichnung	keine	A:, B:, C:, ... Z:

Tabelle 17.2 Systemabhängiges bei der Angabe der zu öffnenden Datei

Modi für »fopen()«

Außer dem Lesezugriff (`"r"`), den Sie bereits verwendet haben, gibt es eine Reihe weiterer Zugriffsmöglichkeiten auf eine Datei. Tabelle 17.3 enthält einen Überblick über die vorhandenen Modi und deren Bedeutung.

Modus	Bedeutung
`"r"`	Öffnen einer Datei zum Lesen. Wenn die Datei nicht existiert oder nicht geöffnet werden konnte, gibt `fopen()` `NULL` zurück.
`"w"`	Anlegen einer Datei zum Ändern. Wenn die Datei nicht geändert werden kann bzw. wenn keine Schreibberechtigung besteht, liefert `fopen()` `NULL` zurück. Wenn unter Windows die Datei ein Read-only-Attribut hat, kann sie nicht geöffnet werden.
`"a"`	Öffnet die Datei zum Schreiben oder zum Anhängen an das Ende der Datei. Wenn die Datei nicht vorhanden ist, liefert `fopen()` wieder `NULL` zurück. Auch `NULL` wird zurückgeliefert, wenn keine Zugriffsrechte bestehen.
`"r+"`	Öffnet die Datei zum Lesen und Schreiben, also zum Verändern. Bei Fehlern oder mangelnden Rechten liefert `fopen()` auch hier `NULL` zurück.
`"w+"`	Anlegen einer Datei zum Ändern. Existiert eine Datei mit gleichem Namen, wird sie zuvor gelöscht. Bei Fehlern oder mangelnden Rechten liefert `fopen()` hier `NULL` zurück.
`"a+"`	Öffnen einer Datei zum Lesen oder Schreiben am Ende der Datei. Falls noch keine Datei vorhanden ist, wird eine angelegt. Bei Fehlern oder mangelnden Rechten liefert `fopen()` `NULL` zurück.

Tabelle 17.3 Modus zum Öffnen einer Datei mit »fopen()«

Damit dieses Buch auch als Referenz zu gebrauchen ist, bietet Tabelle 17.4 eine schnellere Übersicht über die einzelnen Modi.

Bewirkt	r	w	a	r+	w+	a+
Datei ist lesbar.	x			x	x	x
Datei ist beschreibbar.		x	x	x	x	x
Datei ist nur am Dateiende beschreibbar.			x			x
Existierender Dateiinhalt geht verloren.		x			x	

Tabelle 17.4 Schnellübersicht über die Bearbeitungsmodi

[»]

Hinweis: Zugriffsrechte unter Linux

Wenn Sie unter Linux eine neue Datei mit dem Modus `w` oder `a` anlegen wollen, schreibt der POSIX-Standard vor, dass die Datei mit folgenden Rechten angelegt wird: `-rw-rw-rw`. Das bedeutet, dass die Datei für den aktuellen Benutzer, aber auch für andere Gruppen lesbar und schreibbar, aber nicht ausführbar ist. Wollen Sie die Zugriffsrechte im Nachhinein ändern, müssen Sie das Kommando `chmod` verwenden (Infos erhalten Sie mit `man chmod`).

An diese Modi können außerdem zwei weitere Zeichen angehängt werden, die zwischen Text- und Binärdateien unterscheiden (siehe Tabelle 17.5).

Zusätzlicher Modus	Bedeutung
`b`	Die Datei wird im Binärmodus geöffnet. Die Zeichen werden dabei nicht verändert bzw. konvertiert. Das heißt, jedes Zeichen wird so weitergegeben, wie es in der Datei steht, und es wird so in die Datei geschrieben, wie die Schreibfunktion eingestellt ist. Der Modus `b` wird bei Linux nicht verwendet und bei Angabe ignoriert. Er wird nur aus Kompatibilitätsgründen zu ANSI C beibehalten.
`t`	Die Datei wird im Textmodus geöffnet und sollte daher auch lesbare Textzeichen enthalten.

Tabelle 17.5 Text- und Binärmodus

Lassen Sie mich kurz den Unterschied zwischen Textdateien und Binärdateien erläutern: Textdateien sind für den Menschen mit einem Editor lesbar, wogegen Binärdateien bzw. binäre Zeichen (0,1) die Sprache bilden, die der Computer versteht. Für einen Menschen sind Binärdateien kaum lesbar. Daher bestehen Textdateien immer aus sichtbaren ASCII-Zeichen und ein paar Steuercodes, wie etwa Zeilenschaltungen oder Tabulatoren. Für die Bearbeitung reiner Textdateien ist der Modus `t` gedacht. Da bei Windows ein Zeilenende mit der Sequenz `\r\n` angezeigt wird und bei Linux nur durch ein einzelnes `\n`, führen Compiler für Windows im Textmodus `t` folgende Konvertierung durch:

- Beim Schreiben in eine Textdatei wird ein `\n` automatisch in ein `\r\n` konvertiert.
- Beim Lesen einer Textdatei wird ein `\r\n` in ein einzelnes `\n` konvertiert.
- Beim Lesen einer Textdatei werden die Tastenkombinationen [Strg]+[Z] (unter Windows) und [Strg]+[D] (unter Linux) als Dateiende interpretiert und liefern automatisch `EOF` (*End Of File*).

Im Binärmodus wird diese Konvertierung nicht vorgenommen. Bei Linux bedeutet das `b` nichts, wie in Tabelle 17.5 schon erwähnt wurde, und wird bei Verwendung ignoriert. Unter Linux wird außerdem jede Datei binär gespeichert.

Hinweis: Automatische Anpassung von Textdateien

Um die Anpassung müssen Sie sich als Programmierer allerdings nicht mehr direkt kümmern, weil sie von den Funktionen der Standard-Bibliothek vorgenommen wird.

Den Namen der zu öffnenden Datei können Sie natürlich auch mithilfe von Argumenten aus der Kommandozeile angeben. Ein Beispiel:

```
/* fopen_2.c */
#include<stdio.h>
#include<stdlib.h>

int main(int argc, char *argv[]) {
   FILE *datei;

   if(argc < 2) {
      printf("Verwendung : %s [Datei_zum_Oeffnen]\n", *argv);
      return EXIT_FAILURE;
   }
   datei = fopen(argv[1], "r");
   if(datei != NULL)
      printf("Datei erfolgreich geöffnet\n");
   else {
      printf("Fehler beim Öffnen der Datei");
      return EXIT_FAILURE;
   }
   return EXIT_SUCCESS;
}
```

Listing 17.2 »fopen_2.c« öffnet eine Datei und erhält den Dateinamen per Kommandozeile.

Zuerst wird überprüft, ob zwei Argumente in der Kommandozeile eingegeben wurden. Ist dies nicht der Fall, wird eine entsprechende Fehlermeldung ausgegeben. Ansonsten wird versucht, die Datei zu öffnen, die Sie in der Kommandozeile mit dem zweiten Argument angegeben haben. Tritt dabei ein Fehler auf, liegt dies meistens an einer falschen Pfadangabe oder an unzureichenden Rechten einer Datei.

Maximale Anzahl geöffneter Dateien – »FOPEN_MAX«

Bei einem Programm, von dem sehr viele Dateien gleichzeitig geöffnet werden, sollten Sie eine Überprüfung mit der Konstante `FOPEN_MAX` aus der Headerdatei *<stdio.h>* vornehmen. Diese Konstante legt fest, wie viele Dateien gleichzeitig pro Prozess geöffnet werden dürfen. Testen können Sie dies z. B. so:

```
/* fopen_3.c */
#include<stdio.h>
#include<stdlib.h>

int main(void) {
   printf("Max. offene Dateien : %d\n",FOPEN_MAX);
   return EXIT_SUCCESS;
}
```

[»]

Hinweis für Fortgeschrittene

Laut ANSI C sollten Sie per `fopen()` mindestens acht Dateien gleichzeitig öffnen können.

Meistens liegt dieser Wert aber weitaus höher. Außerdem sind mit acht Dateien reale Streams gemeint, also ohne die Standard-Streams `stdin`, `stdout` und `stderr`. Dies möchte ich für den Fall erwähnen, dass Sie die Struktur `FILE` tatsächlich auf die Anzahl offener Dateien überprüfen und sich wundern, warum dabei immer mehr Dateien offen sind, als Sie in Wirklichkeit geöffnet haben.

Damit alles reibungslos verläuft und Sie problemlos in Dateien schreiben bzw. aus diesen lesen können, müssen Sie bei der Anwendung der Funktion `fopen()` noch folgende Punkte berücksichtigen:

- Fehler-Flags und EOF-Flags werden beim Öffnen einer Datei zurückgesetzt.
- Wollen Sie, nachdem Sie aus einer Datei gelesen haben, in diese schreiben, so geht dies nur, wenn Sie vorher eine der folgenden Funktionen verwenden: `fflush()`, `fsetpos()`, `fseek()` oder `rewind()`.
- Wollen Sie aus einer Datei lesen, in die Sie zuvor geschrieben haben, dann müssen Sie eine der Funktionen `fsetpos()`, `fseek()` oder `rewind()` verwenden, außer es wurde das Dateiende (`EOF`) gelesen.

Machen Sie sich keine Sorgen, falls Sie diese Punkte noch nicht ganz verstanden haben – in Abschnitt 17.4 »Streams (Ein-/Ausgabe-Datenströme)«, erfahren Sie mehr.

17.3.2 Zeichenweise lesen und schreiben – »getchar()« und »putchar()«

Um zeichenweise aus `stdin` (Standardeingabe) zu lesen und zeichenweise auf `stdout` (Standardausgabe) zu schreiben, können Sie folgende Funktionen verwenden:

```
#include <stdio.h>

// Lesen (zeichenweise) von stdin
int getchar();
```

```
// Schreiben (zeichenweise) auf stdout
int putchar(int c);
```

`getchar()` dient zum Einlesen einzelner Zeichen von der Standardeingabe; normalerweise ist dies die Tastatur. Wenn Sie natürlich gerade einen Raspberry Pi über das Programm *PuTTY* mit einen PC verbunden haben, dann werden die Streams, die mit `stdin` und `stdout` verbunden sind, entsprechend umgeleitet. Ein wenig verwirrend dürfte der Rückgabewert der Funktion `getchar()` sein, da er vom Datentyp `int` ist. Das liegt daran, dass ein `char` vor der Verwendung eines Ausdrucks in ein `int` konvertiert wird.

Etwas genauer: Das Problem der Verwendung von `int` besteht in der Konstante `EOF` (End Of File), die das Ende einer Eingabe anzeigt. `EOF` ist eine `define`-Konstante, die in der Headerdatei *<stdio.h>* mit dem Wert `-1` deklariert ist, damit sie nicht mit den normalen ASCII-Zeichen kollidiert. Früher, als noch 127 Zeichen verwendet wurden, war das kein Problem. Heute sind die Werte der Zeichen größer als 127, um zum Beispiel Umlaute wie *ä, ö, ü* und *ß* ausgeben zu können. Ist `char` dabei mit `unsigned` deklariert, könnten Zeichen zwischen 0 und 255 Platz darin finden. Es ist dann aber kein Platz mehr für `EOF` (`-1` würde auf den Wert `0xff` = 255 abgebildet). Daher wurde einfach der Rückgabewert von `getchar()` als `int` deklariert, und damit können sowohl die 255 8-Bit-ASCII-Zeichen als auch das `EOF` übermittelt werden – das Problem wurde also gelöst.

Hierzu ein Listing:

```
/* echo_char.c */
#include <stdio.h>
#include <stdlib.h>

int main(void) {
   int c;

   while( (c = getchar()) !='.')
      putchar(c);
   return EXIT_SUCCESS;
}
```

Wenn mehrere Zeichen eingegeben werden und [↵] gedrückt wird, wird der Text Zeichen für Zeichen auf dem Bildschirm ausgegeben. Dies geschieht so lange, bis ein einzelnes Zeichen dem eines Punktes entspricht. Dann ist die `while`-Bedingung unwahr. Sie können als Abbruchbedingung auch `EOF` angeben:

```
while((c = getchar()) != EOF);
```

Hiermit werden so lange Zeichen eingelesen, bis die Tastenkombination [Strg]+[Z] (unter Windows) oder [Strg]+[D] (unter Linux) gedrückt wird, die `EOF` nachbildet.

Hinweis für Anfänger

Auch wenn es bei der Funktion getchar() den Anschein hat, als ob mit ganzen Strings gearbeitet wird, ist dem nicht so. Diese Funktion liest Zeichen für Zeichen aus einem Puffer.

Dies geschieht aber erst, wenn die Taste ↵ gedrückt wird. Wenn Sie nach einer Funktion suchen, die auf das Betätigen einer bestimmten Taste wartet, könnte die Funktion getch() für Sie interessant sein. Für Windows steht diese Funktion durch *<conio.h>* zur Verfügung, und Sie könnten (wenn Sie diese Headerdatei dann einfügen) z. B. auf folgende Weise auf eine bestimmte Taste warten:

```
while( (c=getch()) != 'q');
```

Damit wird das Programm so lange angehalten, bis die Taste Q gedrückt wird. Unter Linux müssen Sie dafür die Bibliothek *<ncurses.h>* oder *<termios.h>* verwenden. Der Nachteil von getch() ist, dass das Programm damit schlecht auf ein anderes System portiert werden kann.

Neben den Byte-orientierten Funktionen getchar() und putchar() gibt es natürlich auch dieselben Funktionen für breite Zeichen. Hier sehen Sie die Syntax dazu:

```
#include <wchar.h>
// breite Zeichen von stdin (zeichenweise) einlesen
wint_t getwchar();
// breite Zeichen auf stdout (zeichenweise) ausgeben
wint_t putwchar(wint_t wc);
```

Der primitive Datentyp wint_t ist ein ganzzahliger Typ, der mindestens den Wertebereich des Typs wchar_t speichern kann. Zusätzlich kann wint_t auch den Wert WEOF speichern. WEOF ist ein Makro (ebenfalls vom Typ wint_t) und ist ein Wert, der nicht mit einem erweiterten breiten Zeichensatz übereinstimmt. WEOF ist also das breite Gegenstück zu EOF, mit dem Unterschied, dass der Wert von WEOF nicht negativ sein muss.

Hinweis: Fehlerbehandlung bei der Zeichenkonvertierung

Tritt bei der Konvertierung eines Multibyte-Zeichens in ein Breitzeichen ein Fehler auf, wird die Fehlervariable errno (siehe Abschnitt 17.5.6, »Fehler bei der Ein-/Ausgabe abfangen und behandeln«) auf den Wert EILSEQ gesetzt.

Hier sehen Sie das breite Gegenbeispiel zum Listing *echo_char.c* mit wide-orientierten Streams:

```
/* echo_wchar.c */
#include<stdlib.h>
#include<wchar.h>
```

```
int main(void) {
   wint_t c;

   while( (c = getwchar()) != L'.')
      putwchar(c);
   return EXIT_SUCCESS;
}
```

Zur Funktion `getchar()` noch ein Listing:

```
/* count_char.c */
#include<stdio.h>
#include<stdlib.h>

int main (void) {
   int c,counter=0;

   printf("Bitte Eingabe machen:");
   /* Eingabe machen, bis mit Return beendet wird */
   while((c=getchar()) != '\n') {
      /* Leerzeichen und Tabulatorzeichen nicht mitzählen */
      if( (c != ' ') && (c != '\t') )
         counter++;      /* counter erhöhen */
   }
   /* Gibt die Anzahl eingegeb. Zeichen von 0 bis counter-1 aus.
    * Mit counter-1 wird das Zeichen '\0' nicht mitgezählt. */
   printf("Anzahl der Zeichen beträgt %d Zeichen\n", counter-1);
   return EXIT_SUCCESS;
}
```

Listing 17.3 »count_char.c« ermittelt die Anzahl an Zeichen in einem String ohne Leerzeichen und Tabulatoren.

Mit diesem Listing werden alle darstellbaren Zeichen gezählt, die Sie über die Tastatur eingeben. Leerzeichen und Tabulatoren werden jedoch nicht mitgezählt.

Ein etwas portableres »getch()«

Die folgende Frage wurde mir bereits unzählige Male gestellt: Wie kann man den Programmablauf anhalten, bis eine bestimmte Taste gedrückt wird? Dafür gibt es leider keinen standardisierten Weg. Um Sie aber jetzt nicht im Regen stehen zu lassen, folgt ein etwas portableres `getch()`, das sowohl unter Linux als auch unter Windows funktioniert. Ihnen diese Funktion speziell unter Linux näher zu erklären, würde ein wenig zu weit führen. Dazu nur so viel: In Listing 17.4 wurde die Struktur `termios` benutzt, die sämtliche Eigenschaften der gerade geöffneten Konsole enthält. Diese Eigenschaften können Sie im Internet unter dem Suchbegriff »Linux Terminal Funktionen« finden. Bei Windows gibt es dazu nicht viel zu sagen, nur dass die Headerdatei *<conio.h>* mit eingebunden werden muss, da sich diese Funktion in ihr befindet. Der Quellcode sieht wie folgt aus:

```
/* portables_getch.c */
#include<stdio.h>
#include<stdlib.h>
/* ... übersetzt unter Linux/UNIX? */
#ifdef __unix__
#include<termios.h>
#include<unistd.h>

static struct termios new_io;
static struct termios old_io;

/* Funktion schaltet das Terminal in den cbreak-Modus:        */
/* Kontroll-Flag ECHO und ICANON auf 0 setzen                  */
/* Steuerzeichen: Leseoperation liefert 1 Byte VMIN=1 VTIME=1 */
int cbreak(int fd) {
   /*Sichern unseres Terminals*/
   if((tcgetattr(fd, &old_io)) == -1)
      return -1;
   new_io = old_io;
   /* Wir verändern jetzt die Flags für den cbreak-Modus. */
   new_io.c_lflag = new_io.c_lflag & ~(ECHO|ICANON);
   new_io.c_cc[VMIN] = 1;
   new_io.c_cc[VTIME]= 0;

   /*Jetzt setzen wir den cbreak-Modus*/
   if((tcsetattr(fd, TCSAFLUSH, &new_io)) == -1)
      return -1;
   return 1;
}

int getch(void) {
   int c;

   if(cbreak(STDIN_FILENO) == -1) {
      printf("Fehler bei der Funktion cbreak ... \n");
      exit(EXIT_FAILURE);
   }
```

```
    c = getchar();
    /* alten Terminal-Modus wiederherstellen */
    tcsetattr(STDIN_FILENO, TCSANOW, &old_io);
    return c;
}

/* ... oder wird das Programm unter Windows übersetzt? */
#elif __WIN32__ || _MSC_VER || __MS_DOS__
  #include <conio.h>
#endif

int main(void) {
  int zeichen;

  printf("Bitte 'q' drücken, um das Programm zu beenden!\n");
   /* Wartet auf das Zeichen q. */
  while(( zeichen=getch() ) != 'q');
  return EXIT_SUCCESS;
}
```

Listing 17.4 »portables_getch.c« implementiert ein »getch()«, das sowohl auf Windows-PCs als auch auf Linux-Systemen läuft.

17.3.3 Zeichenweise lesen und schreiben – »putc()«/»fputc()« und »getc()«/»fgetc()«

Die Funktionen getc() und fgetc() sind das dateiorientierte Gegenstück zu getchar(). Sie werden verwendet, um einzelne Zeichen aus einer Datei zu lesen, die zuvor mit fopen() geöffnet wurde. Der Unterschied zwischen getc() und fgetc() besteht darin, dass fgetc() als eine Funktion implementiert ist und getc() ein Makro sein darf (aber nicht sein muss). Hier sehen Sie die Syntax dazu:

```
#include<stdio.h>

int getc(FILE *datei);
int fgetc(FILE *datei);
```

Die folgenden beiden Schreibweisen sind dabei identisch:

```
// Liest ein Zeichen aus der Standardeingabe.
getchar();

// Liest ebenfalls ein Zeichen aus der Standardeingabe.
fgetc(stdin);
```

Dazu folgt ein Listing, das eine Datei zum Lesen öffnet und anschließend den Inhalt der Datei Zeichen für Zeichen auf dem Bildschirm ausgibt. Eingelesen wird so lange, bis das Zeichen für Dateiende oder Fehler erreicht wird (EOF).

```
/* fgetc_1.c */
#include<stdio.h>
#include<stdlib.h>

int main(void) {
   int c;
   FILE *datei;

   datei=fopen("test2.txt", "r");
   if(datei != NULL) {
      while( (c=fgetc(datei)) != EOF)
         putchar(c);
   }
   else {
      printf("Konnte Datei nicht finden bzw. öffnen!\n");
      return EXIT_FAILURE;
   }
   return EXIT_SUCCESS;
}
```

Listing 17.5 »fgetc_1.c« gibt den Inhalt einer Datei Zeichen für Zeichen aus.

Bei diesem Programm wird zuerst versucht, eine Textdatei im Lesemodus zu öffnen. Standardmäßig ist dies *test2.txt*. Falls dies gelingt, wird der Text zeichenweise ausgelesen mit

```
while( (c=fgetc(datei)) != EOF)
```

und mit `putchar()` zeichenweise auf dem Bildschirm ausgegeben, bis ein Fehler oder `EOF` auftritt. Das Programm soll nun ein wenig erweitert werden:

```
/* fgetc_2.c */
#include<stdio.h>
#include<stdlib.h>

void read_char(FILE *stream) {
   int c;

   while( (c=fgetc(stream)) !=EOF)
      putchar(c);
}
```

```
int main(int argc, char **argv) {
   FILE *datei;
   char filename[255];

   /* Falls die Datei zum Öffnen nicht
    * als Argument übergeben wurde ... */
   if(argc < 2) {
      printf("Welche Datei wollen Sie öffnen : ");
      scanf("%s",filename);
      datei = fopen(filename ,"r");
      if(datei != NULL)
         read_char(datei);
      else {
         printf("Fehler beim Öffnen von %s\n",filename);
         return EXIT_FAILURE;
      }
   }
   else {
      datei=fopen(argv[1],"r");
      if(datei != NULL)
         read_char(datei);
      else {
         printf("Konnte %s nicht öffnen!\n",argv[1]);
         return EXIT_FAILURE;
      }
   }
   return EXIT_SUCCESS;
}
```

Listing 17.6 »fgetc_2.c« erweitert das Listing »fgetc_1.c« um die Möglichkeit, den Dateinamen über die Kommandozeile einzugeben.

In diesem Beispiel kann die Datei, die geöffnet werden soll, entweder über die Kommandozeile eingegeben werden oder erst nach dem Start des Programms. Es empfiehlt sich, diese Schreibweise allgemein für Konsolenprogramme zu verwenden. Damit ist zumindest sichergestellt, dass auch Anwender, die mit dem Programm nicht vertraut sind, es bedienen können.

Als Nächstes betrachten wir das Gegenstück der Funktionen `getc()` und `fgetc()`. Für die beiden Funktionen `putc()` und `fputc()` gilt hinsichtlich ihres Unterschieds dasselbe wie bei `getc()` und `fgetc()`. `fputc()` ist somit als Funktion implementiert, und `putc()` darf ein Makro sein. Mit `putc()`/`fputc()` kann zeichenweise in eine Datei geschrieben werden. Die Syntax dieser Funktionen lautet:

```
#include<stdio.h>

int putc(int quelle, FILE *ziel);
int fputc(int quelle, FILE *ziel) ;
```

Damit wird das Zeichen `quelle` in die Datei `ziel` geschrieben. Der Rückgabewert ist das Zeichen in `quelle` oder bei einem Fehler bzw. am Dateiende `EOF`.

Mit dem Programm aus Listing 17.7 können Sie eine Datei zeichenweise kopieren:

```
/* filecopy.c */
#include<stdio.h>
#include<stdlib.h>

int main(void) {
   FILE *quelle, *ziel;
   int c;
   char name_q[255], name_z[255];

   printf("Name der Quelldatei : ");
   scanf("%s",name_q);
   quelle=fopen(name_q,"rb");
   if(quelle == NULL) {
      printf("Konnte %s nicht finden bzw. öffnen!\n",name_q);
      return EXIT_FAILURE;
   }
   else {
      printf("Name der Zieldatei : ");
      scanf("%s",name_z);
      ziel=fopen(name_z,"w+b");
      if(ziel==NULL)  {
         printf("Konnte Zieldatei nicht erzeugen!\n");
         return EXIT_FAILURE;
      }
      else {
         /* Wir kopieren zeichenweise von quelle nach ziel. */
         while( (c=getc(quelle)) != EOF)
            putc(c,ziel);
      }
   }
   return EXIT_SUCCESS;
}
```

Listing 17.7 »filecopy.c« kopiert eine Datei Byte für Byte mit »getc()«.

In diesem Beispiel werden explizit unterschiedliche Streams (Ein/Ausgabe-Ströme) verwendet, nämlich zwei – einer, mit dem die Datei geöffnet wird, um daraus zu lesen, und ein zweiter, mit dem in eine weitere geöffnete Datei geschrieben wird:

```
FILE *quelle, *ziel;
```

Passend werden diese Streams `quelle` und `ziel` benannt. Zuerst wird eine Datei zum Lesen im `"rb"`-Modus geöffnet. Anschließend erfolgt eine Abfrage, wie die Zieldatei heißen soll. Falls die Zieldatei nicht existiert, wird diese erzeugt. Andernfalls wird diese Datei einfach überschrieben, da der Modus `"w+"` verwendet wurde. Hier wird außerdem der binäre Modus eingesetzt, da der Inhalt in diesem Fall beim Kopieren nicht von Interesse ist. Unter Linux hat das `b` für den Binärmodus keine Bedeutung und wird somit ignoriert:

```
ziel = fopen(name_z, "w+b");
```

Anschließend wird überprüft, ob die Datei zum Schreiben im Binärmodus geöffnet werden konnte. Danach kann zeichenweise von der Quelldatei gelesen und in die Zieldatei geschrieben werden:

```
while( (c=getc(quelle)) != EOF)
   putc(c,ziel);
```


Wenn alles problemlos verlaufen ist, wurde eine exakte Kopie der Quelldatei erstellt – mit dem Namen, der als Zieldatei angegeben wurde.

Dazu betrachten wir ein weiteres Beispiel dazu, wann eine zeichenweise Abarbeitung von Daten sinnvoller erscheint. Jeder, der an einer Webseite arbeitet, kennt das Problem: Viel Text muss ins HTML-Format konvertiert werden. Wird dabei einmal das Zeichen < vergessen, das ein HTML-Tag einleitet, wird der vollständige Text bis zum nächsten mit > schließenden Tag ignoriert.

Das folgende Programm soll alle Sonderzeichen in das HTML-Format konvertieren. Folgende Regeln gelten:

```
Ersetze das Zeichen ä durch die Zeichenfolge &auml;
Ersetze das Zeichen Ä durch die Zeichenfolge &Auml;
Ersetze das Zeichen ö durch die Zeichenfolge &ouml;
Ersetze das Zeichen Ö durch die Zeichenfolge &Ouml;
Ersetze das Zeichen ü durch die Zeichenfolge &uuml;
Ersetze das Zeichen Ü durch die Zeichenfolge &Uuml;
Ersetze das Zeichen ß durch die Zeichenfolge &szlig;
Ersetze das Zeichen < durch die Zeichenfolge &lt;
Ersetze das Zeichen > durch die Zeichenfolge &gt;
Ersetze das Zeichen & durch die Zeichenfolge &amp;
Ersetze das Zeichen " durch die Zeichenfolge &quot;
```

Der Quellcode dazu lautet:

```
/* txt2html.c */
#include<stdio.h>
#include<stdlib.h>

/* nchars = Anzahl der Zeichen */
/* tag    = Sonderzeichen in HTML */
/* ziel   = Datei, in die geschrieben wird */

void sonderzeichen(int nchars, char *tag, FILE *ziel) {
   int i;
   char zeichen;

   for(i = 0; i < nchars; i++) {
      zeichen = tag[i];
      putc(zeichen, ziel);
   }
}

int main(int argc, char **argv) {
   FILE *q, *z;
   int zeichen;

   if(argc < 3) {
      printf("Benutzung : %s quelle ziel\n", *argv);
      return EXIT_FAILURE;
   }

   q = fopen(argv[1], "r");
   z = fopen(argv[2], "w");
   if(q == NULL || z == NULL) {
      printf("Fehler beim Oeffnen einer Datei ...\n");
      return EXIT_FAILURE;
   }
   while((zeichen=getc(q)) != EOF) {
      if(zeichen=='<')
         sonderzeichen(4,"&lt;", z);
      else if(zeichen=='>')
         sonderzeichen(4,"&gt;", z);
      else if(zeichen=='\"')
         sonderzeichen(6,"&quot;",z);
      else if(zeichen=='&')
         sonderzeichen(5,"&",z);
```

```
      else if(zeichen=='ä')
         sonderzeichen(6 ,"&auml;",z);
      else if(zeichen=='Ä')
         sonderzeichen(6 ,"&Auml;",z);
      else if(zeichen=='ö')
         sonderzeichen(6 ,"&ouml;",z);
      else if(zeichen=='Ö')
         sonderzeichen(6 ,"&Ouml;",z);
      else if(zeichen=='ü')
         sonderzeichen(6 ,"&uuml;",z);
      else if(zeichen=='Ü')
         sonderzeichen(6 ,"&Uuml;",z);
      else if(zeichen=='ß')
         sonderzeichen(6 ,"&szlig;",z);
      else
         putc(zeichen, z);
   }
   return EXIT_SUCCESS;
}
```

Listing 17.8 »txt2html.c« ist ein einfacher HTML-Generator, der die Verwendung der Funktion »getc()« demonstriert.

Schon haben Sie mit ein paar Zeilen Code die Light-Version eines Text2HTML-Konverters geschrieben!

Natürlich gibt es auch zu den beiden byte-orientierten Funktionen fgetc/getc und fputc/putc die Gegenstücke für breite Zeichen. Die Syntax dazu lautet:

```
#include <wchar.h>
// Breite Zeichen lesen
wint_t fgetwc( FILE *fp );
wint_t getwc( FILE *fp );
// Breite Zeichen schreiben
wint_t fputwc( wchar_t wc, FILE *fp );
wint_t putwc( wchar_t wc, FILE *fp );
```

Ansonsten gilt für die breiten Gegenstücke dasselbe, was ich schon zuvor bei den Funktionen getwchar() und putwchar() gesagt habe.

17.3.4 Eine geöffnete Datei mit »fclose()« wieder schließen (Wichtig!)

Die Funktion fclose() schließt eine Datei, die zuvor mit fopen() geöffnet wurde. Sie werden sich vielleicht fragen, was das soll, aber es ist sehr wichtig, eine Datei nach dem Öffnen wieder zu schließen. Wenn Sie dies nicht tun, können eventuell Daten verloren gehen. Aber wenn sich ein Programm beendet, schließen sich doch automatisch alle noch offenen Dateien? Es gibt zwei gute Gründe, dennoch stets `fclose()` zu verwenden:

- Die Anzahl der geöffneten Dateien ist begrenzt. Sie ist in der Konstante `FOPEN_MAX` in der Headerdatei *<stdio.h>* deklariert. Wird versucht, `FOPEN_MAX+1` Dateien zu öffnen, dann schlägt dies fehl. Mit `fclose()` kann wieder ein `FILE`-Zeiger freigegeben werden. (Was ein solcher Zeiger ist, wird noch ausführlich beschrieben.)
- Wenn eine Datei im Schreibmodus geöffnet wurde, wird sie erst beschrieben, wenn der Datenpuffer voll ist. Ist der Puffer nur teilweise voll und beendet sich das Programm mit einem Fehler, dann sind die Daten im Puffer verloren und werden nicht mehr geschrieben. Außerdem muss das Betriebssystem periodisch die Verzeichnistabellen des Dateisystems aktualisieren, und `fclose()` erzwingt quasi genau diese Aktion.

Die Syntax von `fclose()` ist:

```
#include<stdio.h>

int fclose(FILE *f);
```

Hiermit wird eine Datei und auch der mit ihr verbundene Stream geschlossen, und `f` vom Typ `FILE` wird wieder für weitere Verwendungen freigegeben.

Betrachten wir hierzu ein kleines Listing:

```
/* fclose_beispiel.c */
#include<stdio.h>
#include<stdlib.h>

int main(void) {
   FILE *quell,*ziel;
   char quellname[20],zielname[20];
   int c, wahl;

   printf("Bitte geben Sie den Namen der Zieldatei an : ");
   scanf("%19s",zielname);
   if( (ziel=fopen(zielname,"a+")) == NULL) {
      printf("Konnte \"%s\" nicht erstellen bzw. finden!\n",
         zielname);
      printf("...oder Sie haben unzureichende Rechte \n");
      return EXIT_FAILURE;
   }
```

```
   do {
      printf("Welche Datei wollen Sie in "
             "die Zieldatei schreiben,\n");
      printf("bzw. anhängen (name.xxx)?");
      scanf("%19s",quellname);
      quell= fopen(quellname,"r");
      if(NULL == quell) {
         printf("Konnte %s nicht öffnen!\n",quellname);
         return EXIT_FAILURE;
      }
      else {
         while((c=getc(quell)) != EOF)
            putc(c,ziel);
         fclose(quell);
      }
      printf("Weitere Datei an %s anhängen (1=ja/2=nein): ",
         zielname);
      scanf("%1d",&wahl);
   } while(wahl == 1);
   return EXIT_SUCCESS;
}
```

Listing 17.9 »fclose_beispiel.c« demonstriert die Verwendung von »fopen()« zusammen mit »fclose()«.

Zuerst wird eine Datei geöffnet oder – falls noch nicht vorhanden – neu erstellt. Diese Datei wird im Modus "a+" geöffnet, womit die schreibenden Daten immer an das Ende der Datei angehängt werden. Anschließend werden in der do while-Schleife Dateien zum Lesen mit dem Modus "r" geöffnet, um den Inhalt immer an das Ende der Zieldatei zu hängen. Danach wird diese Datei wieder geschlossen:

```
fclose(quell);
```

Damit ist der Zeiger quell wieder frei zum Öffnen einer anderen Datei. Jetzt kann erneut eine Datei geöffnet werden, um diese wieder an das Ende der Zieldatei zu hängen. Der Modus "a+" eignet sich sehr gut zum Erstellen einer Logdatei oder etwa um zu kontrollieren, ob die Mitarbeiter mit ihrem PC illegale Dinge im Internet aufrufen. Natürlich ist ein solcher Content-Filter aber viel komplexer als das vorige Beispiel.

Das Programm soll nun ein wenig flexibler gemacht werden. Wird z. B.

```
programm alles.txt name1.txt name2.txt home/C1/adressen.txt
```

eingegeben, werden die Dateien mit den Namen *name1.txt*, *name2.txt* und die Datei im Verzeichnis */home/C1/adressen.txt* in einer neu erstellten Datei, hier *alles.txt*, angehängt. Das Schema das Aufrufs lautet also:

```
<Programmname><Ziel><Quellc1><Quelle2><Quelle_n>...
```

Die Verwendung von zwei Streams (`FILE *quelle,*ziel`) in Verbindung mit der Funktion `fclose()` wird im folgenden Beispiel dargestellt, das wieder Dateien aneinanderhängt. Sie werden sich vielleicht fragen, was `cat` heißt, und vielleicht denken Sie dabei an Ihren Stubentiger. Gut, füttern Sie diesen, und lesen Sie dann weiter. Das Aneinanderhängen von Dingen wird oft als *concat* bzw. als *concatination* (dt. *Verkettung*) bezeichnet. Das `cat` hat also nichts mit Katzen zu tun, sondern ist eine Abkürzung von *concat*. Programmierer tippen halt nicht gerne lange Zeichenketten ein und kürzen deshalb oft ab.

```
/* file_cat.c */
#include<stdio.h>
#include<stdlib.h>

int main(int argc, char **argv) {
   FILE *quell,*ziel;
   char c;
   int i;

   if(argc < 3) {
      printf("Fehler!!!!\n");
      printf("Mindestens 3 Argumente angeben :\n");
      printf("<Programmname><Ziel><Quelle1>"
             "(<Quelle2><Quelle_n>) \n");
      return EXIT_FAILURE;
   }
   ziel = fopen(argv[1], "a+");
   if(ziel == NULL) {
      printf("Konnte \"%s\" nicht erstellen bzw. nicht"
             " finden!\n", argv[1]);
      return EXIT_FAILURE;
   }

   for(i = 2; i < argc; i++) {
      if(argv[i] != NULL) {
         quell = fopen(argv[i], "r");
         if(NULL == quell) {
            printf("Konnte %s nicht öffnen\n", argv[i]);
            return EXIT_FAILURE;
         }
         else {
            while((c=getc(quell)) != EOF)
```

```
                putc(c,ziel);
            fclose(quell);
        }
    }
  }
  fclose(ziel);
  return EXIT_SUCCESS;
}
```

Listing 17.10 »file_cat.c« hängt zwei Dateien aneinander und verwendet hierfür »getc()« und »putc()«.

17.3.5 Formatierte Ein-/Ausgaben mit »fprintf()« und »fscanf()«

`fprintf()` und `fscanf()` sind die dateiorientierten Gegenstücke zu den Funktionen `printf()` und `scanf()`. Ihre Syntax sieht so aus:

```
#include<stdio.h>

int fprintf(FILE *f, const char * restrict format, ...);
int fscanf(FILE *f, const char * restrict format, ...);
```

Natürlich würde mit

```
fscanf(stdin, "%d", &x);
fprintf(stdout, "Hallo Welt\n");
```

dasselbe erreicht wie mit:

```
scanf("%d", &x);
printf("Hallo Welt\n");
```

Beide Schreibweisen lesen bzw. schreiben formatiert auf die Streams `stdin` bzw. `stdout`. `fprintf()` wird gern benutzt, um durch den Stream `stderr` eine Meldung auf die Standardfehlerausgabe (Bildschirm) ungepuffert auszugeben.

> **Hinweis**
> Das Argument `format` ist ein Formatstring, den Sie bereits in Abschnitt 6.2, »Formatierte Ausgabe mit ›printf()‹«, näher kennengelernt haben.

Ein klassischer Fall von `fprintf()` und `fscanf()` ist das formatierte Einlesen einer CSV-Datei, die Sie mit Tabellenkalkulationsprogrammen erzeugen und ansehen können. Das Thema wurde in Kapitel 12, »Arrays«, bereits einmal erwähnt.

Folgende CSV-Logdatei soll protokolliert werden. Darin steht, wer wann und wie lange am System eingeloggt war:

```
20:23,12.11.2001,20:50,12.11.2001,Pinguin
12:13,13.11.2001,15:29,13.11.2001,root
16:33,13.11.2001,20:23,13.11.2001,Mr.X
23:11,13.11.2001,01:12,14.11.2001,root
10:22,14.11.2001,12:14,14.11.2001,Spock
16:33,14.11.2001,20:21,14.11.2001,Scotty
```

Die Kommas stellen dabei Trennzeichen dar. Folgende Variablen werden benötigt:

```
Uhrzeit eingeloggt, Datum, Uhrzeit ausgeloggt, Datum, User
```

Der Name dieser Datei sei *log.csv*. Um diese Datei auszulesen, sollen die beiden Funktionen `fprintf()` und `fscanf()` eingesetzt werden. Hier sehen Sie den Quellcode zum Einlesen und Ausgeben der Logdatei:

```
/* csv_log.c */
#include<stdio.h>
#include<stdlib.h>

int main(int argc, char **argv) {
   FILE *CSV;
   int login_hour, login_min;
   int date_day, date_mon, date_year;
   char name[40];
   int logout_hour, logout_min;
   int date_dayx, date_monx, date_yearx;

   if(argc < 2) {
      fprintf(stderr, "Verwendung : %s datei.csv\n", *argv);
      return EXIT_FAILURE;
   }
   CSV = fopen(argv[1], "r");
   if(NULL == CSV) {
      fprintf(stderr, "Fehler beim Oeffnen ...\n");
      return EXIT_FAILURE;
   }

   /* Nun lesen Sie formatiert von der Datei ein ... */
   while((fscanf(CSV,"%d:%d,%d.%d.%d,%d:%d,%d.%d.%d,%s\n",
      &login_hour,&login_min,&date_day,&date_mon,&date_year,
      &logout_hour,&logout_min,&date_dayx,&date_monx,
      &date_yearx,name)) != EOF )
```

```
      fprintf(stdout,"User:%s\nLogin um:%d:%d Uhr am %d.%d.%d\n"
                     "Logout um : %d:%d Uhr am %d.%d.%d\n\n",
        name,login_hour,login_min,date_day,date_mon,date_year,
        logout_hour,logout_min,date_dayx,date_monx, date_yearx);
   return EXIT_SUCCESS;
}
```

Listing 17.11 »csv_log.c« demonstriert das formatierte Auslesen und Beschreiben einer Logdatei mit »fprintf()« und »fscanf()«.

Meistens lässt sich das Einlesen solcher Dateien allerdings nicht so leicht realisieren wie hier dargestellt. Folgendes Beispiel ist schon wesentlich komplexer:

```
20:23,12.11.2001,"pinguin",20:50,12.11.2001
```

Versuchen Sie zunächst ruhig selbst, diese Zeile mit `fscanf()` einzulesen. Das Problem liegt in diesem Beispiel beim String `pinguin` und den doppelten Anführungszeichen. Hier folgt die Möglichkeit, wie der User `pinguin` ohne diese Anführungszeichen ausgelesen wird:

```
char begrenzer;
...
while((fscanf(CSV,"%d:%d,%d.%d.%d,\"%[^'\"]%c,%d:%d,%d.%d.%d\n",
          &login_hour,&login_min,&date_day,&date_mon,&date_year,
          name,&begrenzer,&logout_hour,&logout_min,
          &date_dayx,&date_monx,&date_yearx)) != EOF )
```

17

Auf den ersten Blick mag dies zwar logisch sein, aber darauf muss man erst einmal kommen. Zwar ist dieser Ansatz, CSV-Dateien einzulesen, schon recht praktisch, doch er ist vollkommen unflexibel. Das Programm liest nur CSV-Dateien aus, deren Anordnung Sie kennen. Das würde heißen, für jede CSV-Datei müssten Sie den Code ändern, damit dieser wie eine Schablone in seine Form passt.

Gut eignet sich auch `fprintf()` zum Erstellen von dynamischen Textdateien. Das folgende Beispiel zeigt, wie Sie dynamisch Webseiten erstellen können. Dafür wird einfach der Text2HTML-Konverter aus Listing 17.8 erweitert:

```
/* txt2html_2.c */
#include<stdio.h>
#include<stdlib.h>

void html_head(FILE *ziel) {
   fprintf(ziel, "<!DOCTYPE HTML PUBLIC \"-//W3C//DTD"
                 " HTML 4.0 Transitional//EN\">\n");
   fprintf(ziel,"<html><head><title>Testwebseite"
                "</title></head><body>\n");
```

```
   fprintf(ziel,"<pre>\n");
   fprintf(ziel,"<p style=\"margin-right:0.8cm; "
                " margin-left:0.5cm\" align=\"justify\">\n");
}

void html_end(FILE *ziel) {
   fprintf(ziel,"</pre></p></body></html>\n");
}

void sonderzeichen(int nchars, char *tag, FILE *ziel) {
   int i;
   char zeichen;

   for(i = 0; i < nchars; i++) {
      zeichen = tag[i];

      putc(zeichen, ziel);
   }
}

int main(int argc, char **argv) {
   FILE *q, *z;
   int zeichen;

   if(argc < 3) {
      printf("Benutzung : %s quelle ziel\n",*argv);
      return EXIT_FAILURE;
   }

   q = fopen(argv[1], "r");
   z = fopen(argv[2], "w");

   if(q == NULL || z == NULL) {
      printf("Fehler bei fopen() ... ");
      return EXIT_SUCCESS;
   }
   /* Kopfzeile für HTML-Dokument */
   html_head(z);

   while( (zeichen=getc(q)) != EOF) {
      if(zeichen=='<')
         sonderzeichen(4,"&lt;", z);
```

```
      else if(zeichen=='>')
         sonderzeichen(4,"&gt;", z);
      else if(zeichen=='\"')
         sonderzeichen(6,"&quot;",z);
      else if(zeichen=='&')
         sonderzeichen(5,"&",z);
      else if(zeichen=='ä')
         sonderzeichen(6 ,"&auml;",z);
      else if(zeichen=='Ä')
         sonderzeichen(6 ,"&Auml;",z);
      else if(zeichen=='ö')
         sonderzeichen(6 ,"&ouml;",z);
      else if(zeichen=='Ö')
         sonderzeichen(6 ,"&Ouml;",z);
      else if(zeichen=='ü')
         sonderzeichen(6 ,"&uuml;",z);
      else if(zeichen=='Ü')
         sonderzeichen(6 ,"&Uuml;",z);
      else if(zeichen=='ß')
         sonderzeichen(6 ,"&szlig;",z);
      else if(zeichen=='\n') /* Zeilenumbruch */
         sonderzeichen(4, "<br>", z);
      else if(zeichen==' ')  /* Leerzeichen */
         sonderzeichen(6, " ", z);
      else
         putc(zeichen, z);
   }
   /* Ende von HTML-Datei */
   html_end(z);
   return EXIT_SUCCESS;
}
```

Listing 17.12 Der HTML-Generator in »txt2html_2.c« benutzt zur formatierten Ausgabe des entsprechenden Formats »fprintf()«.

Geben Sie nun in der Kommandozeile Folgendes ein (der Programmname sei *text2html*):

```
text2html myfile.txt myfile.html
```

Jetzt finden Sie im Verzeichnis eine HTML-Datei namens *myfile.html*, die aus der Datei *myfile.txt* mit dem Programm *t2html* erzeugt wurde. Diese HTML-Datei können Sie nun mit Ihrem Lieblingsbrowser öffnen und ansehen.

17.4 Streams (Ein-/Ausgabe-Datenströme)

Den Begriff Stream habe ich schon eingangs vorgestellt, jetzt möchte ich Ihnen diesen Begriff vollständig erklären. Ein *Stream* ist quasi nichts anderes als ein Ein-/Ausgabe-Kanal für Daten, und dieser Kanal wird mit einer Datei verbunden. Auf diesem Kanal sind keine Schiffe unterwegs, sondern Daten. Dabei muss eine Datei nicht unbedingt auf der Festplatte liegen, sondern kann auch z. B. der Grafik-Framebuffer sein (z. B. in Form von */dev/fb0*) oder die Tastatur. Über den Stream fließen also Daten, darum wird auch von *Datenströmen* gesprochen. Der *Datenstrom* besteht aus den einzelnen Zeichen, die zu einer Datei hin- oder von einer Datei wegfließen. Natürlich kann eine Datei auch mehrere Datenströme verwenden.

17.4.1 Was unterscheidet einen Stream von einer Datei?

Oft werden in Internetforen Dateien und Streams in einen Topf geworfen. Lassen Sie mich den Unterschied in diesem Abschnitt klären.

Ein Stream ist immer eine (oft gepufferte) Datenverbindung zwischen dem Programmierer und einer Datei. Mit dem neuen C23-Standard kann diese Datei durchaus auf einem Internetserver oder in einer Cloud liegen; dann führt der Datenstrom vom Server auf Ihren privaten PC. Deshalb werden mit C23 zusätzlich zu Pfadnamen auch URL-Links unterstützt, die dann auch `fopen()` unterstützen muss. Ab C23 ist beispielsweise folgende Anweisung erlaubt:

```
FILE *Home=fopen("http://www.heise.de/index.html","rt");
```

Mit dieser Anweisung wird z. B. die Startseite von *heise.de* im Textmodus geöffnet und kann dann etwa an die eigene Browser-App weitergeleitet werden. Der neue C23-Standard bietet also viele Vorteile für Internetanwendungen, weil man sich z. B. nicht mehr um Sockets, Netzwerk- oder IP-Adressen etc. kümmern muss. Das meiste lässt sich dann mit den Standardfunktionen erledigen. Allerdings ist dieser Punkt auch der schwierigste Punkt und wird deswegen zurzeit noch heiß diskutiert (auch, ob er überhaupt mit in den neuen Standard aufgenommen wird). Wenn man sich nämlich nicht mehr detailliert um die versendeten Netzwerkpakete kümmern muss, dann kann man sich auch nicht mehr detailliert um die Sicherheit kümmern – bzw. muss diese dem Betriebssystem überlassen. Wenn man dann beispielsweise ein Update vergessen hat oder dieses fehlschlägt, dann hat sogar die selbst programmierte Web-App ein ernstes Problem.

Kommen wir nun wieder zurück zu den Streams selbst. Wenn ein Stream neu angelegt wird, muss die damit verknüpfte Datei nicht einmal zwingend existieren, und im Zweifelsfall muss sie mit `fopen()` neu erzeugt werden (bei einem Internet-Stream benötigen Sie dafür eventuell noch eine zusätzliche Login-Funktion und ein Passwort). Die Datei ist dann das fertige Endprodukt der Kommunikation des Programmierers mit einem Stream, der zu dieser Datei gehört. Dieses Endprodukt ist erst dann wirklich fertig, wenn sämtliche zu dieser Datei gehörenden Streams mit `fclose()` geschlossen wurden. Nun gibt es vom Benutzer angelegte Streams und *Standard-Streams*, die Sie nicht extra anlegen müssen. Standard-Streams dienen beispielsweise zur Tastatur-Eingabe oder dazu, Ihren Raspberry Pi mit einem PC zu verbinden. Diese Standard-Streams werden im Folgenden behandelt.

17.4.2 Standard-Streams in C

Für jedes ausführbare Programm werden die folgenden Standard-Streams bereitgestellt:

- `stdin` – Standardeingabe
- `stdout` – Standardausgabe
- `stderr` – Standardfehlerausgabe

In der Regel ist der Stream `stdin` für die Eingabe über die Tastatur eingestellt oder aber für die Dateneingabe aus einem Netzwerk. Für die Ausgabe auf dem Bildschirm bzw. auf einem Netzwerk sind die Streams `stdout` und `stderr` eingerichtet (siehe Abbildung 17.1). Der Unterschied zwischen `stdout` und `stderr` besteht darin, dass `stderr` nicht gepuffert wird – im Gegensatz zu `stdout`. Daher liest jedes `scanf()` und `fscanf()` 17

```
scanf("%s", string);
fscanf(stdin,"%s", string);
```

von der Standardeingabe (Tastatur), und jedes `printf()` und `fprintf()`

```
printf("Hallo Welt\n");
fprintf(stdout, "Hallo Welt\n");
fprintf(stderr, "Fehler im Programm\n");
```

wird auf dem Bildschirm ausgegeben.

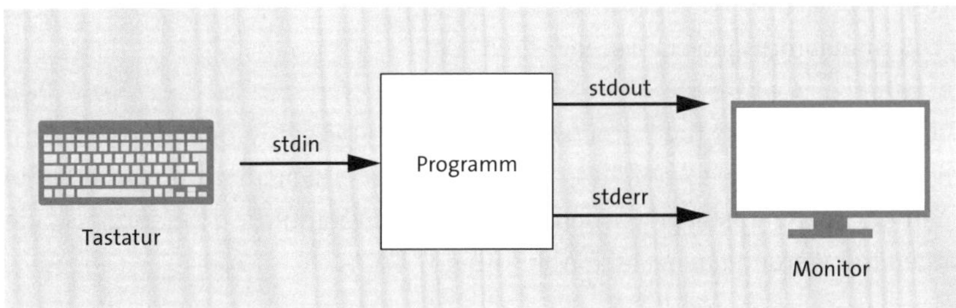

Abbildung 17.1 Standard-Streams in C

Standard-Streams umleiten

Mit dem folgenden Listing zeige ich Ihnen, wie Sie diese Streams umleiten können:

```
/* umleitung.c */
#include<stdio.h>
#include<stdlib.h>

int main(void) {
   int c;

   while((c=getc(stdin)) != EOF)
      putc(c,stdout);
   return EXIT_SUCCESS;
}
```

Es wird so lange von `stdin` (Tastatur) eingelesen, bis `EOF` (Strg+Z bei Windows und Strg+D bei Linux) erzeugt wird. Wenn Sie ↵ drücken, wird die Eingabe auf `stdout` (Bildschirm) ausgegeben. Diese Standard-Streams lassen sich aber auch umleiten, etwa mit folgender Eingabe in der Kommandozeile:

```
programmname < test.txt
```

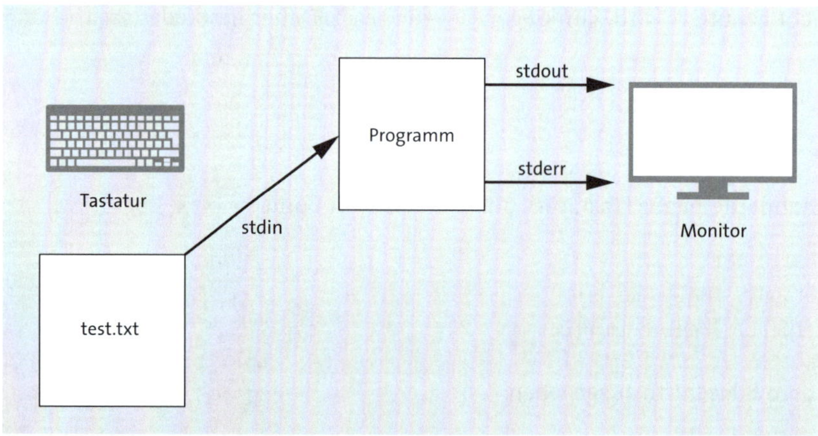

Abbildung 17.2 Standardeingabe umleiten (»stdin«)

Mit dieser Umleitung wurde die Datei *test.txt* über die Standardeingabe (`stdin`) zum Programm umgeleitet (siehe Abbildung 17.2). Damit lässt sich allerdings nun keine Eingabe mehr über die Tastatur vornehmen. Natürlich kann die Standardausgabe ebenso umgeleitet werden (siehe auch Abbildung 17.3):

```
programmname < test.txt > kopietext.txt
```

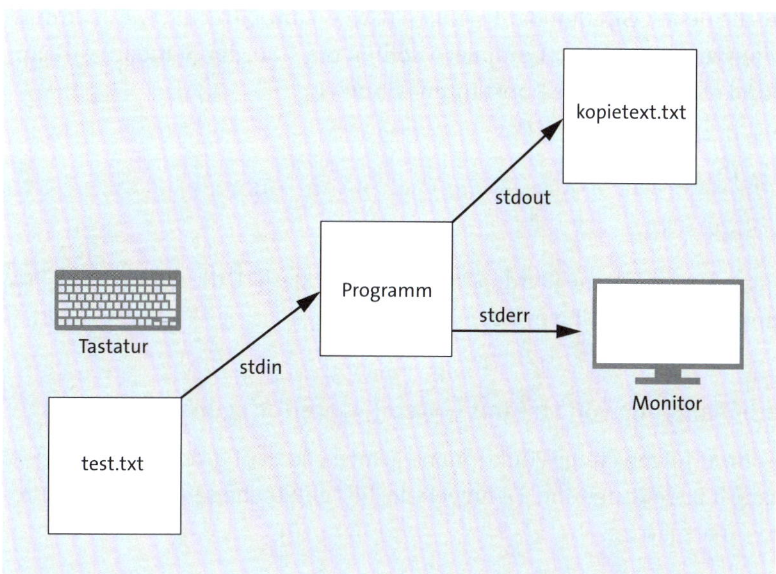

Abbildung 17.3 Standardeingabe und Standardausgabe umgeleitet

Die Datei *test.txt* wird damit auf die Standardeingabe (`stdin`) und die Datei *kopiertext.txt* auf die Standardausgabe (`stdout`) umgeleitet. In diesem Fall wird gar nichts mehr auf dem Bildschirm ausgegeben, da die Standardausgabe (`stdout`) zu *kopiertext.txt* umgeleitet wurde. Natürlich wäre auch eine solche Umleitung möglich:

```
programmname > text.txt
```

Hier wurde nur die Standardausgabe umgeleitet (siehe Abbildung 17.4). Damit würde alles, was mit der Tastatur eingegeben wird, in die Datei *test.txt* anstatt auf den Bildschirm geschrieben.

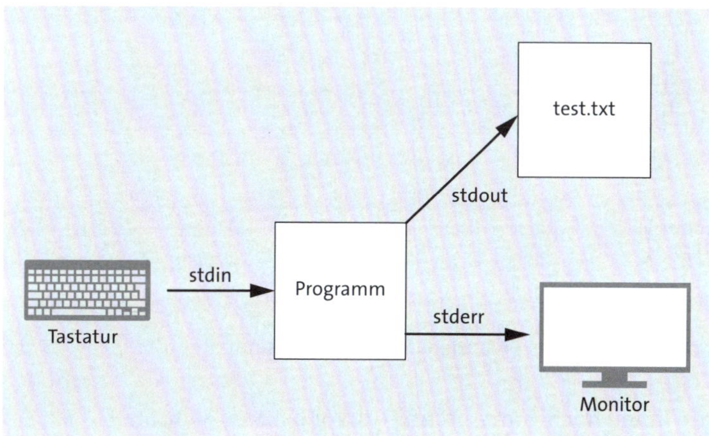

Abbildung 17.4 Standardausgabe umgeleitet

17

Auf Systemen, die den POSIX-Standard erfüllen (UNIX, Linux, FreeBSD ...), aber mittlerweile auch auf vielen anderen Compilern sollten Sie statt der Standard-Streams `stdin`, `stdout` und `stderr` folgende Konstanten benutzen:

- `STDIN_FILENO` für `stdin`
- `STDOUT_FILENO` für `stdout`
- `STDERR_FILENO` für `stderr`

Diese Konstanten sind in der Headerdatei *<unistd.h>* deklariert, die daher in das Programm mit eingebunden werden muss.

17.4.3 Fehlerbehandlung von Streams – »feof()«, »ferror()« und »clearerr()«

In diesem Abschnitt folgen einige Funktionen, die nicht so häufig verwendet werden, aber durchaus von Bedeutung sind. Denn gerade die Fehlerbehandlung wird bei Programmen oft vernachlässigt.

Zuerst die Syntax zu `feof()`:

```
#include<stdio.h>

int feof(FILE *datei);
```

Mit dieser Funktion können Sie einen Stream daraufhin testen, ob das `EOF`-Flag gesetzt ist oder nicht. Hierzu ein Beispiel:

```
/* feof.c */
#include<stdio.h>
#include<stdlib.h>

int main(void) {
   int c;

   while( (c = getc(stdin)) )
      if(feof(stdin) != 0)
         break;
      else
         putc(c,stdout);
   return EXIT_SUCCESS;
}
```

Listing 17.13 »feof.c« demonstriert das Erkennen des Dateiendes mit »feof()«.

Das Programm dürfte Ihnen noch vom Abschnitt zuvor bekannt sein. Statt

```
while( (c=getc(stdin)) != EOF)
```

wurde Folgendes geschrieben:

```
while(c = getc(stdin))
   if(feof(stdin) != 0)
```

Anstatt zu testen, ob der Wert der Variablen c demjenigen von EOF entspricht, wurde mit feof() geprüft, ob das EOF-Flag gesetzt ist. Falls nicht, gibt die Funktion 0 zurück; falls aber EOF gesetzt ist, gibt sie einen Wert ungleich 0 zurück. Wird die Funktion feof() bei längeren Programmen nochmals benötigt, muss vorher mit

```
clearerr(stdin);
```

das EOF-Flag des entsprechenden Streams wieder auf 0 gesetzt werden. Natürlich können Sie anstatt des Streams stdin auch jeden anderen offenen Stream verwenden. Allerdings kann dann der EOF-Marker bei Netzwerk-Streams auch bedeuten, dass keine neuen Daten mehr übertragen wurden, und in diesem Fall müssen Sie noch überprüfen, ob Sie wirklich das Ende der Datei (z. B. *index.htm*) erreicht haben oder ob beispielsweise ein Timeout oder Ähnliches aufgetreten ist. Wie C23 dies im Jahr 2023 umsetzen wird, ist leider noch nicht entschieden.

[«]

Hinweis zu EOF

Das EOF-Flag (bzw. WEOF bei den entsprechenden Funktionen von breiten Zeichen) wird von einer Lesefunktion gesetzt, wenn das Dateiende erreicht wird. Der Rückgabewert EOF (bzw. WEOF) kann aber auch bei einem aufgetretenen Fehler zurückgegeben werden. Um diese beiden Fälle zu unterscheiden, müssen Sie entweder die Funktion feof() oder ferror() aufrufen.

Die Syntax von ferror() lautet:

```
#include<stdio.h>

int ferror(FILE *datei);
```

Die Funktion ferror() ist ähnlich wie feof(), nur dass die Datei auf das Fehler-Flag überprüft wird. Auch hier ist im Prinzip der Aufruf

```
if((quelle=fopen(argv[1],"r")) == NULL)
```

gleichwertig zu:

```
quelle=fopen(argv[1], "r");
   if(ferror(quelle))
```

Auch bei ferror() muss bei nochmaliger Verwendung die Funktion clearerr() genutzt werden, um das Fehler-Flag zurückzusetzen. Die Syntax von clearerr() lautet:

```
#include <stdio.h>

void clearerr(FILE *datei);
```

clearerr() dient zum Zurücksetzen des EOF- und des Fehler-Flags bei Streams.

17.4.4 Gelesene Zeichen in die Eingabe zurückschieben – »ungetc()«

Mit der Funktion ungetc() können Sie das zuletzt gelesene Zeichen wieder zurück in den Stream schieben. Die Syntax lautet:

```
#include<stdio.h>

int ungetc(int ch, FILE *datei);
```

ungetc() schiebt das zuletzt mit der Funktion fgetc() oder fread() gelesene Zeichen ch in den Stream datei zurück. Im Fall eines Fehlers gibt diese Funktion EOF zurück. Damit ist das Zeichen ch das erste, das beim nächsten Lesen aus dem Stream datei wieder gelesen wird.

Dies gilt allerdings nicht mehr, wenn vor dem nächsten Lesevorgang eine der Funktionen fflush(), rewind(), fseek() oder fsetpos() aufgerufen wurde.

Ein Beispiel zu ungetc() wäre das Auslesen einer ständig wachsenden Textdatei. Das Programm liest zeichenweise aus einem Stream und gibt die Daten auch zeichenweise wieder auf die Standardausgabe aus, bis EOF erreicht wird. Anschließend wird das zuletzt gelesene Zeichen (nicht EOF) wieder zurück in den Stream geschoben. Das Ganze wird in einer Endlosschleife ausgeführt. Hier sehen Sie den Code dazu:

```
/* wachsende_datei.c */
#include<stdio.h>
#include<stdlib.h>

/* bitte anpassen */
#define DATEI "datei.txt"

int main(void) {
   FILE *fp;
   int c;

   fp = fopen(DATEI, "r");
   if(fp == NULL) {
      fprintf(stderr, "Konnte %s nicht öffnen\n", DATEI);
      return EXIT_SUCCESS;
   }
```

```
   while(1) {
      while( (c=fgetc(fp)) ) {      /* zeichenweise einlesen */
         if(c == EOF)           /* Ist es EOF? */
            ungetc(c,fp);       /* letztes Zeichen zurück */
         else
            fputc(c, stdout);   /* ausgeben */
      }
   }
   /* Wird nie erreicht. */
   fclose(fp);
   return EXIT_SUCCESS;
}
```

Listing 17.14 »wachsende_datei.c« zeigt Ihnen eine einfache Methode, neue Zeilen an eine Textdatei anzuhängen.

Bei diesem Listing wird davon ausgegangen, dass eine Datei mit dem Namen *datei.txt* im selben Verzeichnis wie das Listing existiert. Der Inhalt dieser Datei sei folgender:

```
Eine Zeile in der Textdatei
Die zweite Zeile ist diese hier
```

Übersetzen Sie das Listing, und starten Sie das Programm. Öffnen Sie jetzt die Textdatei *datei.txt*, und fügen Sie einen weiteren Text ein, zum Beispiel:

```
Eine Zeile in der Textdatei
Die zweite Zeile ist diese hier
Diese Zeile ist neu hinzugekommen
```

Speichern Sie diesen Text wieder, und beachten Sie die weitere Ausführung des Programms. Die neu hinzugekommene Zeile wird ebenfalls ausgegeben. Theoretisch ließen sich damit in einem Netzwerk einzelne Dateien überwachen. Anstelle der Ausgabe auf dem Bildschirm könnte hierfür eine Nachricht an den Administrator geschickt werden. Vermutlich stellen Sie sich die Frage, wie es möglich ist, dass trotz eines `EOF`-Flags das Programm tadellos arbeitet, ohne beispielsweise die Funktion `clearerr()` aufzurufen. Das liegt daran, dass die Funktion `ungetc()` das `EOF`-Flag löscht und somit immer wieder nach dem Erreichen des Dateiendes ein Zeichen zurückschieben kann. `ungetc()` kann aber keine `EOF`-Konstante zurückschieben.

Auch hierfür gibt es wieder eine Version für breite Zeichen mit folgender Syntax:

```
#include<wchar.h>

wint_t ungetwc( wint_t wc, FILE *fp );
```

Anstatt EOF wird im Fehlerfall natürlich WEOF zurückgeliefert. Ansonsten gilt dasselbe wie bei der byte-orientierten Version ungetc().

17.4.5 Den Tastaturpuffer leeren – »fflush()«

Diese Funktion dürfte Ihnen aus Abschnitt 6.1, »Formatierte Eingabe mit ›scanf()‹«, bekannt vorkommen. Dort ging es darum, ein im Tastaturpuffer befindliches Zeichen wie '\n' (Newline-Zeichen) zu entfernen. Die Syntax von fflush() ist:

```
#include<stdio.h>

int fflush(FILE *datei);
```

Mit fflush() werden alle Inhalte von einem noch nicht geleerten Puffer eines Streams übertragen, die dem FILE-Zeiger datei zugeordnet sind. Das heißt, die dem Stream zugeordneten Puffer werden geleert. Falls die Datei zum Schreiben geöffnet ist, werden die Zeichen, die sich noch im Puffer befinden, physikalisch in die Datei geschrieben. War eine Datei zum Lesen geöffnet, werden die noch nicht gelesenen Zeichen im Eingabepuffer gelöscht. fflush() gibt bei Erfolg 0 zurück, andernfalls EOF.

Auf Linux-Systemen funktioniert fflush() nicht, wie unter Windows. Nehmen Sie etwa folgendes Programm:

```
/* fflush.c */
#include<stdio.h>
#include<stdlib.h>

int main(void) {
   char x,y;

   printf("Bitte einen Buchstaben eingeben : ");
   scanf("%c",&x);
   fflush(stdin);
   printf("Bitte noch einen Buchstaben eingeben : ");
   scanf("%c",&y);
   printf("Sie gaben ein %c und %c \n",x,y);
   return EXIT_SUCCESS;
}
```

Listing 17.15 »fflush.c« demonstriert das Leeren des Eingabepuffers mit »fflush()«.

Unter Windows werden in der Eingabeaufforderung beide Buchstaben ausgegeben; unter Linux wird die zweite Ausgabe durch das '\n'-Zeichen überschrieben, das sich im Puffer befindet. Dieses Verhalten können Sie nur ändern, indem Sie sich eingehend mit den Attributen und Eigenschaften der Linux-Konsole befassen, die eben sehr viel mächtiger ist als die Eingabeaufforderung unter Windows. Eine einfache Lösung für das hier gezeigte Verhalten gibt es also leider nicht.

Das Argument von `fflush()` kann auch `NULL` sein. Ist dies der Fall, entleert `fflush()` die Ausgabepuffer aller Streams des Programms. Bei ungepuffertem Datenverkehr hat `fflush()` keine Wirkung.

Der ANSI-C-Standard schreibt auch nicht vor, wie die Funktion `fflush()` auf den Stream `stdin` zu reagieren hat. Das Verhalten ist somit nicht definiert und kann funktionieren oder auch nicht.

17.4.6 Einen Stream positionieren – »fseek()«, »rewind()« und »ftell()«

Wenn Sie eine Datei öffnen, verweist ein Indikator für die Dateiposition (genauer gesagt der Schreib-/Lesezeiger) auf den Anfang der Datei, genauer gesagt auf das erste Zeichen mit der Position 0. Jeder Stream hat einen separaten Schreib-/Lesezeiger, deshalb positioniert man eigentlich den Stream und nicht die Datei (das gilt übrigens auch für Netzwerk-Streams, über die z. B. ein Video übertragen wird). Sie können sich dies gern wie bei einem gewöhnlichen `char`-Array vorstellen, wo jedes Zeichen an einer bestimmten Position steht. Nur dann, wenn Sie eine Datei im Anhängemodus (a bzw. a+) öffnen, verweist der Schreib-/Lesezeiger auf das Ende der Datei. Mit jeder Lese- oder Schreiboperation erhöht sich auch der Schreib-/Lesezeiger um die Anzahl der übertragenen Zeichen. Wenn Sie diesen sequenziellen Arbeitsfluss von Dateien ändern wollen, müssen Sie Funktionen für einen wahlfreien Dateizugriff verwenden. Hierfür stehen die Funktionen `fseek()`, `rewind()` und `fsetpos()` zur Verfügung.

17

[«]

Hinweis: Verwendung des wahlfreien Zugriffs

Es ist nicht möglich, bei allen Arten von Dateien einen wahlfreien Zugriff durchzuführen. Gerade bei Gerätedateien wie Druckern oder Terminals ist ein wahlfreier Zugriff nicht möglich. Das sehen Sie dann daran, dass `fseek()` `-1` zurückgibt und Sie auch bei der Abfrage des gerade aufgetretenen Fehlers nicht 0 erhalten.

Zuerst die Syntax von `fseek()`:

```
#include<stdio.h>

int fseek(FILE *datei, long offset, int origin);
```

Mit `fseek()` kann der Schreib-/Lesezeiger des Dateizeigers verschoben werden. Die Positionierung wird mit `offset` und `origin` angegeben. `origin` gibt den Bezugspunkt an, von wo ab der Schreib-/Lesezeiger verschoben werden soll. `offset` gibt an, wie weit von diesem Bezugspunkt aus der Dateizeiger verschoben wird. Für `origin` sind drei symbolische Konstanten in der Headerdatei *<stdio.h>* deklariert (siehe Tabelle 17.6).

Symbol	Wert	Offset-Rechnung ab
SEEK_SET	0	Anfang der Datei
SEEK_CUR	1	aktueller Position
SEEK_END	2	Ende der Datei

Tabelle 17.6 Bezugspunkt für die Positionierung

Das folgende kleine Beispiel demonstriert die Funktionsweise von fseek():

```
/* fseek_beispiel.c */
#include<stdio.h>
#include<stdlib.h>

int main(void) {
   FILE *quelle, *fehler;
   int c;
   char datei[20];
   long pos = 0;

   printf("Welche Datei wollen Sie öffnen : ");
   scanf("%s",datei);
   fflush(stdin);

   if( (quelle=fopen(datei,"a+")) == NULL) {
      if((fehler=fopen("fehler.log","a+")) != NULL) {
         fprintf(fehler,"Konnte %s nicht öffnen\n",datei);
         fprintf(stderr,"Konnte %s nicht öffnen\n",datei);
         return EXIT_FAILURE;
      }
      fprintf(stderr,"Konnte %s nicht öffnen\n",datei);
      return EXIT_FAILURE;
   }

   /* Das Zeichen '*' soll das Ende unserer Eingabe markieren. */
   printf("Eingabe machen und mit '*' beenden\n");
   while( (c=getc(stdin)) != '*')
      putc(c,quelle);

   /* Sie setzen den Zeiger quelle an den Anfang der Datei. */
   fseek(quelle, 0L, SEEK_SET);
```

```
   /* Sie geben die ganze Datei auf dem Bildschirm aus. */
   printf("\nAusgabe der kompletten Datei : \n");
   while( (c=getc(quelle)) != EOF)
      putc(c,stdout);

   /* Zur Demonstration gehen Sie von der aktuellen Position
    * 10 Zeichen zurück und geben die letzten 10 Zeichen aus. */
   printf("\nDie letzten 10 Zeichen : ");
   fseek(quelle, -10L, SEEK_CUR);
   while( (c=getc(quelle)) != EOF)
      putc(c,stdout);

   /* Sie legen selbst fest, wie viele Zeichen wir vom Start aus
    * einrücken wollen. */
   printf("\nAnzahl der Stellen einrücken (vom Anfang): ");
   scanf("%ld",&pos);
   fflush(stdin);

   fseek(quelle, 0L, SEEK_SET);
   fseek(quelle, pos,SEEK_CUR);

   while( (c=getc(quelle)) != EOF)
      putc(c,stdout);
   return EXIT_SUCCESS;
}
```

Listing 17.16 »fseek_beispiel.c« zeigt Ihnen, wie Sie den Dateizeiger positionieren.

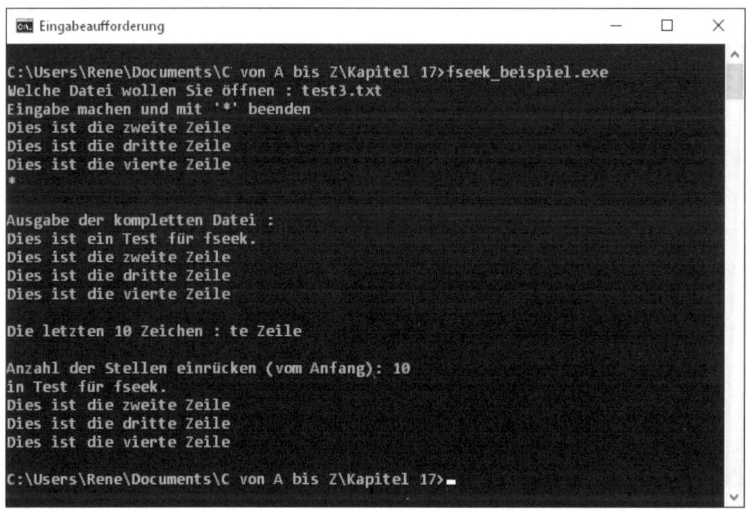

Abbildung 17.5 Verschieben des Schreib-/Lesezeigers mit der Funktion »fseek()«

17

Zuerst wird eine Datei geöffnet. Falls dies nicht gelingt, wird eine Datei mit dem Namen *fehler.log* beschrieben. Anschließend wird so lange eine Eingabe gemacht, bis das Zeichen '*' eingegeben wurde (siehe Abbildung 17.5). Die Eingabe wird an das Ende der Datei gehängt, oder es wird, falls keine Datei vorhanden ist, eine entsprechende Datei erzeugt ("a+"-Modus). Dann wird mit

```
fseek(quelle, 0L, SEEK_SET);
```

der Schreib-/Lesezeiger des Streams quelle an den Anfang der Datei gesetzt, da SEEK_SET als Anfang der Datei deklariert ist. Wenn stattdessen

```
fseek(quelle, 10L, SEEK_SET);
```

verwendet würde, wäre der Schreib-/Lesezeiger vom Anfang der Datei um 10 Byte nach hinten verschoben, also dann zehn Zeichen vom Dateianfang entfernt. Anschließend wird die vollständige Datei auf dem Bildschirm ausgegeben. Jetzt befindet sich der Schreib-/Lesezeiger am Ende der Datei. Als Nächstes wird mit

```
fseek(quelle, -10L, SEEK_CUR);
```

der Schreib-/Lesezeiger um zehn Stellen von der aktuellen Position (SEEK_CUR) zurückgeschoben. Es ist also auch möglich, negative Werte für offset anzugeben. Dabei werden die zehn letzten Zeichen auf dem Bildschirm ausgegeben. Dann erfolgt eine Abfrage, um wie viele Stellen der Schreib-/Lesezeiger des Streams quelle vom Anfang der Datei verschoben werden soll. Dies wird gleich programmtechnisch umgesetzt mit:

```
fseek(quelle, pos,SEEK_CUR);
```

Benötigen Sie die aktuelle Position des Schreib-/Lesezeigers im Stream datei, können Sie diesen mit der Funktion ftell() ermitteln. Die Syntax lautet:

```
long ftell(FILE *datei);
```

Falls dabei ein Fehler auftritt, liefert diese Funktion einen Wert kleiner als 0 zurück. Bei Erfolg gibt sie die aktuelle Position des Schreib-/Lesezeigers in Byte zurück.

Die Funktion ftell() können Sie ebenso einsetzen, um die Größe einer Datei in Byte zu ermitteln:

```
/* ftell_beispiel.c */
#include<stdio.h>
#include<stdlib.h>

int main(void) {
   FILE *quelle;
   char datei[20];
```

```
   printf("Welche Datei wollen Sie oeffnen : ");
   scanf("%s",datei);

   if( (quelle=fopen(datei, "r")) == NULL) {
      fprintf(stderr, "Konnte %s nicht oeffnen\n", datei);
      return EXIT_FAILURE;
   }
   /* Wir setzen den FILE-Zeiger ans Ende der Datei. */
   fseek(quelle, 0L, SEEK_END);
   printf("Die Datei ist %ld Byte gross!!\n", ftell(quelle));
   return EXIT_SUCCESS;
}
```

Listing 17.17 »ftell_beispiel.c« zeigt, wie Sie die Größe einer Datei ermitteln.

Nachdem mit `fseek()` der `FILE`-Zeiger an das Ende der Datei positioniert wurde, können mit `ftell()` die Position und auch die Größe in Bytes abgefragt werden. `ftell()` liefert als Rückgabewert den Datentyp `long`.

Es existiert auch eine andere Möglichkeit, den Schreib-/Lesezeiger wieder zurück an den Anfang der Datei zu setzen. Statt mit

```
fseek(quelle, 0L, SEEK_SET);
```

kann dies auch mit der folgenden Funktion realisiert werden:

```
rewind(quelle);
```

Beide Funktionen erfüllen denselben Zweck. Die Syntax von `rewind()` lautet:

```
#include<stdio.h>

void rewind(FILE *datei);
```

17.4.7 Einen Stream positionieren – »fsetpos()«, »fgetpos()«

Neben den Funktionen `fseek()` und `ftell()` gibt es noch eine weitere Möglichkeit, den Schreib-/Lesezeiger eines Streams zu positionieren. Diese beiden Funktionen werden häufig gar nicht mehr erwähnt, da sie nicht mehr bieten als `fseek()` und `ftell()`. Die Syntax der beiden Funktionen sieht so aus:

```
#include <stdio.h>

int fsetpos(FILE *datei, const fpos_t *pos);
int fgetpos(FILE *datei, fpos_t *pos);
```

Mit fsetpos() wird der Schreib-/Lesezeiger auf die Adresse von pos gesetzt. Die »Variable« fpos_t ist ein sogenannter primitiver Datentyp. Die Adresse, die für pos verwendet wird, sollte mit dem Aufruf der Funktion fgetpos() ermittelt werden. Listing 17.18 zeigt ein Beispiel:

```
/* fpos_beispiel.c */
#include<stdio.h>
#include<stdlib.h>

int main(void) {
   FILE *quelle;
   int c;
   char datei[20];
   fpos_t pos;

   printf("Welche Datei wollen Sie oeffnen : ");
   scanf("%s",datei);

   if( (quelle=fopen(datei,"r")) == NULL) {
      fprintf(stderr, "Konnte %s nicht oeffnen!!\n", datei);
      return EXIT_FAILURE;
   }
   /* Wir lesen die aktuelle Position unseres FILE-Zeigers. */
   fgetpos(quelle,&pos);
   printf("Der Positionszeiger zeigt auf Byte : %ld\n",pos);
   while( (c=getc(quelle)) != EOF)
      putc(c,stdout);
   printf("Groesse der Datei= Byte : %ld\n", ftell(quelle));

   /* Wir setzen den FILE-Zeiger wieder an den Anfang der Datei. */
   fsetpos(quelle,&pos);
   printf("Wir sind wieder an Position %ld\n",pos);
   return EXIT_SUCCESS;
}
```

Listing 17.18 Mit »fpos()« können Sie den Schreib-/Lesezeiger einer Datei auf eine absolute Position setzen.

Nachdem eine Datei zum Lesen geöffnet wurde, wird mit

```
fgetpos(quelle,&pos);
```

die aktuelle Position des Dateizeigers von quelle ermittelt. Die Position steht anschließend in dem Datentyp, der zu Beginn des Programms festgelegt wurde:

```
fpos_t pos;
```

Die Adresse wird mit dem Adressoperator (&) in der Funktion `fgetpos()` an `pos` übergeben. Danach wird die Datei ausgelesen, mitsamt der Größe in Byte. Mit

```
fsetpos(quelle,&pos);
```

wird der Dateizeiger wieder an den Dateianfang gesetzt. Dies hätten Sie auch mit folgender Funktion erreichen können:

```
rewind(quelle);
```

Richtig eingesetzt, sind diese beiden Funktionen recht nützlich, falls eine bestimmte Position in der Datei gespeichert wird, um später wieder zu ihr zurückzuspringen.

17.4.8 Zeilenweise Ein-/Ausgabe in Streams

Mit den im Folgenden behandelten Funktionen können Sie Daten zeilenweise aus Textdateien lesen und auch Daten zeilenweise in Textdateien einfügen. Dies erleichtert z. B. das Erstellen und Verwalten von Logdateien, aber auch das Programmieren einfacher Texteditoren.

Zeilenweise lesen mit »gets()«/»fgets()«

Nun folgen Funktionen zum zeilenweisen Lesen und Schreiben von einem oder in einen Stream. Da hier mit Streams gearbeitet wird, heißt dies natürlich wieder, dass das Verwenden mehrerer Streams für dieselbe Datei gleichzeitig möglich ist. Sie können also gleichzeitig von Position A lesen und in Position B schreiben und dadurch sogar Daten in einer geöffneten Datei überschreiben. Betrachten wir zuerst die Funktionen zum zeilenweisen Lesen:

```
#include<stdio.h>

char *gets(char *puffer);
char *fgets(char *puffer, int n, FILE *datei);
wchar_t *fgetws( wchar_t *puffer, int n, FILE *datei);
```

Mit `fgets()` (und der Version für breite Zeichen, `fgetws()`) werden zeilenweise `n-1` Zeichen vom Eingabe-Stream `datei` bis zum nächsten Newline-Zeichen gelesen. Die gelesene Zeile befindet sich in der Adresse von `puffer` mit dem Newline-Zeichen `'\n'` (bzw. `L'\n'`) und dem abschließenden `'\0'`-Zeichen (bzw. `L'\0'`). Mit `gets()` können Sie ebenso zeilenweise einlesen, allerdings nur von der Standardeingabe (`stdin`) und mit dem Unterschied, dass bei `gets()` das Newline-Zeichen durch das `'\0'`-Zeichen ersetzt wird. Alle drei Versionen liefern bei Erfolg das Argument `puffer` oder bei einem Fehler einen NULL-Zeiger zurück. Auch ein NULL-Zeiger wird zurückgeliefert, wenn das Dateiende erreicht wurde, ohne dass ein Zeichen gelesen wurde.

gets() ist eine unsichere Funktion, weshalb es von ihr keine Version für breite Zeichen gibt. Ein Beispiel für die Verwendung von gets() wäre:

```
/* gets_beispiel.c */
#include<stdio.h>
#include<stdlib.h>

int main(void) {
   char name[20];

   printf("Bitte geben Sie Ihren Namen ein : ");
   gets(name);  /* Gefährlich */
   printf("Hallo %s\n",name);
   return EXIT_SUCCESS;
}
```

Unter Linux wird der Compiler bei diesem Programm vernünftigerweise eine Warnung ausgeben. Die Warnung, diese Funktion nicht zu verwenden, ist in Ordnung, aber vielleicht sollte ich gerade für Anfänger auch noch den Grund für und die Alternativen bei der Fehlermeldung mit angeben.

Da die Funktion gets() nicht die Anzahl der einzugebenden Zeichen überprüft, kann dies zu einem Pufferüberlauf (Buffer Overflow) führen. Deshalb sollten Sie auf keinen Fall gets(), sondern die Funktion fgets() verwenden.

Wenn Sie die Syntax von fgets() betrachten, bemerken Sie, dass sich darin außer der Zieladresse, in der die Daten eingelesen werden, zusätzlich ein Stream (FILE Zeiger) und ein Integerwert befinden, der die Anzahl der einzulesenden Zeichen festlegt. Mit fgets() werden somit n Zeichen gelesen oder es wird bis zum nächsten Newline ('\n') aus dem Stream in die Adresse von puffer gelesen. Der Stream kann eine beliebige geöffnete Datei oder auch die Standardeingabe (stdin) sein. Nehmen wir erneut das vorige Beispiel, aber jetzt mit fgets():

```
/* fgets_1.c */
#include<stdio.h>
#include<stdlib.h>
#define MAX 20

int main(void) {
   char name[MAX];
   printf("Bitte geben Sie Ihren Namen ein : ");
   fgets(name, MAX, stdin);
```

```
   printf("Hallo %s",name);
   return EXIT_SUCCESS;
}
```

Sollten mehr als 20 Zeichen eingegeben werden, läuft das Programm trotzdem anstandslos. Es werden 20 Zeichen bzw. 18 darstellbare Zeichen + `'\n'` + `'\0'` an den String `name` übergeben. Der Vorteil von `fgets()` ist, dass mit dieser Funktion nicht nur von `stdin` gelesen werden kann, sondern auch von einem beliebigen anderen Stream. Hier folgt ein Beispiel, wie Sie mit `fgets()` zeilenweise aus einer Datei lesen können:

```
/* fgets_2.c */
#include<stdio.h>
#include<stdlib.h>
#define ZEILENLAENGE 80

int main(void) {
   FILE *quelle;
   char puffer[ZEILENLAENGE], name[20];

   printf("Welche Datei wollen Sie zum Lesen öffnen: ");
   scanf("%s",name);
   if( (quelle=fopen(name,"r")) == NULL) {
      fprintf(stderr, "Kann %s nicht oeffnen\n", name);
      return EXIT_FAILURE;
   }
   while(fgets(puffer, ZEILENLAENGE, quelle))
      fputs(puffer, stdout);
   return EXIT_SUCCESS;
}
```

Weil beim Einlesen vom Stream der Standardeingabe (`stdin`) mit `fgets()` auch das `'\n'`-Zeichen mit eingelesen wird, verwenden einige Programmierer die Funktion `gets()`, obwohl sie wissen, dass sie diese Funktion nicht verwenden sollten. Vielleicht haben Sie ja selbst schon mit den besprochenen Funktionen etwas »herumgespielt« und dieselben Probleme erlebt wie in folgendem Beispiel:

```
/* fgets_3.c */
#include<stdio.h>
#include<stdlib.h>
#include<string.h>
#define PASSWORT "Schiller"
#define MAX 10
```

17

```
int main(void) {
   char pswd[MAX];

   printf("Passwort: ");
   fgets(pswd, MAX, stdin);
   if(strcmp(PASSWORT, pswd) == 0)
      printf("Willkommen\n");
   else
      printf("Passwort falsch\n");
   return EXIT_SUCCESS;
}
```

Listing 17.19 »fgets_3.c« realisiert eine einfache Passwortabfrage mit »fgets()« und »strcmp()«.

Auch wenn Sie das richtige Passwort eingeben, schlägt der Vergleich der Strings fehl, weil `fgets()` das Newline-Zeichen mit einliest. Ich zeige Ihnen nun, wie Sie die Probleme von Listing 17.19 mit ein paar zusätzlichen Zeilen beheben können:

```
/* fgets_4.c */
#include<stdio.h>
#include<stdlib.h>
#include<string.h>
#define PASSWORT "Schiller"
#define MAX 10

void chomp(char *str) {
   size_t p=strlen(str);
   /* '\n' mit '\0' überschreiben */
   str[p-1]='\0';
}

int main(void) {
   char pswd[MAX];

   printf("Passwort: ");
   fgets(pswd, MAX, stdin);
   /* ... letztes Zeichen vor \0 entfernen */
   chomp(pswd);

   if(strcmp(PASSWORT, pswd) == 0)
      printf("Willkommen\n");
   else
```

```
      printf("Passwort falsch\n");
   return EXIT_SUCCESS;
}
```

Listing 17.20 »fgets_4.c« behebt durch die Funktion »chomp()« die Probleme des vorigen Listings, in dem das Zeilenende immer mit eingelesen wurde.

Die Funktion chomp(), die der Programmiersprache Perl entlehnt ist, tut nichts anderes, als das letzte Zeichen vor dem Terminierungszeichen '\0' zu entfernen. Dafür wird die Anzahl der Zeichen mit der Funktion strlen() ermittelt. Zieht man von diesem Wert 1 ab und verwendet ihn als Indexzähler mit dem Indizierungsoperator, befinden Sie sich ein Zeichen vor '\0' Sie erinnern sich sicherlich daran, dass Strings auch als Zeichen-Arrays behandelt werden können? Wenn nicht, dann schlagen Sie bitte jetzt noch mal in Kapitel 12, »Arrays«, nach.

Zeilenweise schreiben mit »puts()«/»fputs()«

Hier sehen Sie die Syntax der drei schreibenden Gegenstücke zu gets(), fgets() und fgetws():

```
#include <stdio.h>

int puts(const char *puffer);
int fputs(const char *puffer, FILE *datei);
int fputws(const wchar_t *puffer, FILE *datei);
```


Mit puts() wird der null-terminierte String puffer auf dem Bildschirm (stdout) ausgegeben. Außerdem gibt puts() am Ende der Zeichenkette noch ein Newline-Zeichen mit aus, was die Funktion fputs() (bzw. fputws()) hingegen nicht macht. Im Gegensatz zu puts(), mit dem Sie nur auf die Standardausgabe (stdout) schreiben können, verwendet fputs() (bzw. die Version für breite Zeichen, fputws()), den geöffneten Ausgabe-Stream datei, in den geschrieben wird. Als Ausgabe-Stream ist eine Datei zulässig, die im Schreibmodus geöffnet wurde, oder auch die Standardausgabe (stdout). Das abschließende Null-Zeichen wird von fputs() und fputws() nicht in den Ausgabe-Stream geschrieben. Der Rückgabewert von allen drei Funktionen ist im Falle eines Fehlers EOF (bzw. WEOF) oder bei Erfolg eine nicht negative Ganzzahl.

```
/* fputs_beispiel.c */
#include<stdio.h>
#include<stdlib.h>
#define ZEILENLAENGE 80

int main(void) {
   FILE *quelle, *kopie;
```

```
   char puffer[ZEILENLAENGE], name[20];

   printf("Welche Datei wollen Sie zum Lesen oeffnen: ");
   scanf("%s",name);

   if( (quelle=fopen(name,"r")) == NULL) {
      fprintf(stderr,"Kann %s nicht oeffnen\n",name);
      return EXIT_FAILURE;
   }
   if( (kopie=fopen("kopie.txt","w")) == NULL) {
      fprintf(stderr,"Kann kopie.txt nicht oeffnen\n");
      return EXIT_FAILURE;
   }
   while(fgets(puffer,ZEILENLAENGE,quelle)) {
      fputs(puffer, kopie);
      puts(puffer);
   }
   return EXIT_SUCCESS;
}
```

Listing 17.21 »fputs_beispiel.c« kopiert eine Textdatei mittels »fputs()«.

fputs() wird hier eingesetzt, um den Puffer, der mit fgets() ausgelesen wurde, in eine Datei namens *kopie.txt* zu schreiben. puts() hingegen gibt alles auf dem Bildschirm aus. Somit wird eine Zeile in die Datei *kopie.txt* geschrieben und dasselbe gleich nochmals auf dem Bildschirm ausgegeben.

Zeilenweise vom Stream einlesen mit »getline()« (nicht ANSI C)

Den Benutzern des GNU-GCC-Compilers sei noch die Funktion getline() ans Herz gelegt. Sie gehört zwar nicht zum Umfang von ANSI C, jedoch wird in *The GNU C Library Reference Manual* unter *www.gnu.org* explizit auf sie verwiesen. Warum diese Funktion so besonders ist, erläutere ich im Anschluss.

Die Funktion getline() kann als Ersatz für die E/A-Funktion fgets() verwendet werden oder noch allgemeiner – für das Einlesen einer Zeile von einem Stream. Zunächst aber sehen wir uns die Syntax der Funktion an, die in *<stdio.h>* deklariert ist:

```
ssize_t getline (char **lineptr, size_t *n, FILE *stream)
```

Die Funktion liest eine Zeile inklusive des Newline- ('\n') und des String-Ende-Zeichens ('\0') in einen Puffer ein und speichert die Adresse des Puffers in *lineptr.

Bevor Sie getline() aufrufen, sollten Sie in *lineptr die Adresse eines zuvor mit malloc() allozierten Puffers der Länge *n Byte bereitstellen.

Jetzt kommt der eigentliche Clou an der Sache: Ist der übergebene Puffer groß genug, erhalten Sie in etwa den Zustand, den Sie auch mit der Funktion fgets() erreichen können. Ist dies aber nicht der Fall, verhält sich getline() nicht wie fgets() und hört bei Überschreitung der angegebenen Puffergröße einfach auf, die Zeile einzulesen. Vielmehr wird der Puffer innerhalb der Funktion auf die erforderliche Größe mit realloc() angepasst. Wenn Sie sich dieses Szenario nun noch mit der Funktion gets() vorstellen, ist das eigenständige Kürzen der einzulesenden Zeile, wie es bei fgets() geschehen würde, noch das geringere Übel.

Das war aber noch nicht alles. Wird *lineptr vor dem Aufruf mit einem NULL-Zeiger initialisiert und *n auf 0 gesetzt, übernimmt getline() die Bereitstellung des Speichers für die Zeile vollkommen selbstständig, und Sie müssen sich um nichts weiter kümmern.

Die Funktion gibt die Anzahl der eingelesenen Zeichen inklusive des Zeilentrennzeichens ('\n'), aber ohne das abschließende Terminierungszeichen ('\0') zurück – bei einem Fehler oder bei EOF erhalten Sie von getline() -1.

Wenn Sie getline() verwenden wollen, müssen Sie die Konstante _GNU_SOURCE vor allen include-Anweisungen definieren. Laut der GNU-Dokumentation ist diese Funktion der empfohlene Weg, Zeilen vom Stream zu lesen. Sie gilt als die sicherste ihrer Art. In diesem Zusammenhang sei aber nochmals auf *The GNU C Library Reference Manual* verwiesen.

Hier sehen Sie ein einfaches Beispiel für den Fall, dass Sie die Bereitstellung des Puffers vollständig getline() überlassen wollen:

```
/* getline.c */
#define _GNU_SOURCE
#include<stdio.h>
#include<stdlib.h>
#include<stddef.h>

int main(void) {
   FILE *fd;
   /* bitte die Datei und eventuell den Pfad anpassen */
   char *datei = "/home/user/testdatei.txt";
   int nRet;
   size_t *t = malloc(0);

   char **gptr = malloc(sizeof(char*));
   *gptr = NULL;

   if ( (fd = fopen(datei,"r")) == NULL) {
      fprintf(stderr, "\nKonnte Datei %s nicht oeffnen!", datei);
```

```
      return EXIT_FAILURE;
   }
   while( (nRet=getline(gptr, t, fd)) > 0)
      fputs(*gptr,stdout);
  return EXIT_SUCCESS;
}
```

Listing 17.22 »getline.c« demonstriert die Verwendung von »getline()«.

Rezepte für zeilenweises Einlesen und Ausgeben

Es folgen jetzt einige nützliche Listings, die häufig zum zeilenweisen Einlesen und Ausgeben benötigt werden. Es sind Beispiele, die sich mit Problemen befassen, auf die Sie immer wieder stoßen können:

- Wie können Sie die `n`-te Zeile auslesen?
- Wie können Sie Daten von Zeile `n1` bis `n2` lesen?
- Wie können Sie alle Zeilen ausgeben, die eine bestimmte Stringfolge enthalten?
- Wie können Sie alle Zeilen ausgeben, die ein bestimmtes Wort enthalten?
- Wie können Sie das Suchen und Ersetzen in einer Textdatei realisieren (nur ganze Wörter, keine Teilstrings)?

Die n-te Zeile auslesen

```
/* read_nline.c */
#include<stdio.h>
#include<stdlib.h>
#define BUF 255

char temp[BUF];
char puffer[BUF];

/* Auslesen der n-ten Zeile */
char *getsline_number(int n, FILE *file) {
   int i;
   for(i = 0; i < n-1; i++)
      if(fgets(temp, BUF, file) == NULL)
         /* Bis zur n-ten Zeile lesen */
         return NULL; /* Zeile scheint nicht zu existieren. */
   /* Stream ist jetzt in der n-ten Zeile. */
   if(fgets(puffer,BUF,file) == NULL)
      return NULL; /* Zeile scheint nicht zu existieren. */
   return puffer; /* Zeile an Aufrufer zurückgeben */
}
```

```
int main(int argc, char *argv[]) {
   FILE *f;
   unsigned int line;
   char *linenr;
   if(argc < 2) {
      fprintf(stderr, "Verwendung : %s datei\n",*argv);
      return EXIT_FAILURE;
   }
   f = fopen(argv[1],"r");
   if(f == NULL) {
      printf("Fehler beim Öffnen");
      return EXIT_FAILURE;
   }
   printf("Welche Zeile wollen Sie lesen : ");
   scanf("%d",&line);

   linenr=getsline_number(line, f);
   if(linenr == NULL) {
      fprintf(stderr, "Fehler beim Lesen der"
                      " %d-ten Zeile??\n",line);
      return EXIT_FAILURE;
    }
   printf("Zeile %d : %s\n", line, linenr);
   return EXIT_SUCCESS;
}
```

Listing 17.23 »read_nline.c« zeigt Ihnen, wie Sie eine bestimmte Zeile aus einer Textdatei lesen.

Von Zeile n1 bis n2 lesen

```
/* read_line_n2n.c */
#include<stdio.h>
#include<stdlib.h>
#define BUF 255
char temp[BUF];
char puffer[BUF];
int i;  /* Zeilenzähler */

/* Lesen von Zeile n1 bis Zeile n2 */
char *getsline_number(int n1,int n2, FILE *file) {
   for(i = 0; i < n1-1; i++)
      /* Bis zur n1-ten Zeile lesen */
      if(fgets(temp, BUF, file) == NULL)
```

```
         return NULL; /* Zeile scheint nicht zu existieren. */
   /* Jetzt beginnt das eigentliche Lesen. */
   printf("\n\n");
   for(i = n1; i <= n2; i++) {
      if(fgets(puffer,BUF,file) == NULL)
         /* Stream ist jetzt in der n-ten Zeile. */
         return NULL;  /* Zeile scheint nicht zu existieren. */
      printf("Zeile %d : %s", i, puffer);
   }
}

int main(int argc, char *argv[]) {
   FILE *f;
   int line1, line2;
   char *linenr;

   if(argc < 2) {
      fprintf(stderr, "Verwendung : %s datei\n", *argv);
      return EXIT_FAILURE;
   }
   f = fopen(argv[1],"r");
   if(f == NULL) {
      printf("Fehler bei fopen()...\n");
      return EXIT_FAILURE;
   }
   printf("von Zeile wollen Sie lesen : ");
   scanf("%d", &line1);
   printf("bis Zeile wollen Sie lesen : ");
   scanf("%d", &line2);


   if(line2 < line1) {
      fprintf(stderr, "bis-Zeile kann nicht "
                      "groesser sein als von-Zeile!\n");
      return EXIT_FAILURE;
   }
   linenr=getsline_number(line1,line2, f);
   if(linenr == NULL) {
      fprintf(stderr, "Fehler beim Lesen "
                      "der %d-ten Zeile??\n",i);
      return EXIT_FAILURE;
   }
```

```
   printf("\n");
   return EXIT_SUCCESS;
}
```

Listing 17.24 »read_line_n2n.c« zeigt, wie Sie n Zeilen ab einer bestimmten Zeile aus einer Textdatei auslesen.

Alle Zeilen ausgeben, die eine bestimmte Stringfolge enthalten

```
/* search_string.c */
#include<stdio.h>
#include<string.h>
#include<stdlib.h>
#define BUF 255

int main(int argc, char *argv[]) {
   FILE *f;
   char searchstring[BUF], puffer[BUF];
   int counter = 1;

   if(argc < 2) {
      fprintf(stderr, "Verwendung : %s datei\n", *argv);
      return EXIT_FAILURE;
   }
   f = fopen(argv[1], "r");
   if(f == NULL) {
      printf("Fehler bei fopen()... \n");
      return EXIT_FAILURE;
   }
   printf("Wonach suchen Sie in %s : ", argv[1]);
   scanf("%s", searchstring);
   printf("\n");
   while( fgets(puffer, BUF, f) != NULL ) {
      if(strstr(puffer,searchstring) != 0)
         printf("Zeile %d : %s",counter,puffer);
      counter++;
   }
   printf("\n");
   return EXIT_SUCCESS;
}
```

Listing 17.25 »search_string.c« zeigt Ihnen, wie Sie Zeilen mit einem bestimmten String in einer Textdatei finden können.

Der Nachteil an diesem Beispiel ist, dass strstr() praktisch alle Stringfolgen ausgibt. Suchen Sie beispielsweise nach der Stringfolge »int«, dann gibt strstr() auch »wahr« aus, wenn die Folge »printf«, »fprintf«, »Lint«, »Mint« ... lautet. Wenn dies so gewollt ist, dann ist es in Ordnung. Falls nicht, müssen Sie mit strtok() einen Worttrenner einbauen.

Alle Zeilen ausgeben, die ein bestimmtes Wort enthalten

```
/* search_word.c */
#include<stdio.h>
#include<stdlib.h>
#include<string.h>
#define BUF 255

/* Anpassen nach Bedarf... */
const char trennzeichen[] = ".;,:\"\' ";

int main(int argc, char *argv[]) {
   FILE *f;
   char searchstring[BUF];
   char puffer[BUF], puffer_bak[BUF];
   int counter=1;
   char *wort;

   if(argc < 2) {
      fprintf(stderr, "Verwendung : %s datei\n",*argv);
      return EXIT_FAILURE;
      }
   f=fopen(argv[1],"r");
   if(f == NULL) {

      printf("Fehler bei fopen()...");
      return EXIT_FAILURE;
   }
   printf("Wonach suchen Sie in %s : ",argv[1]);
   scanf("%s", searchstring);
   printf("\n");

   while(fgets(puffer, BUF, f) != NULL) {
      strcpy(puffer_bak, puffer);
      wort = strtok(puffer, trennzeichen);
      while(wort != NULL) {
         if(strcmp(wort,searchstring) == 0)
```

```
            printf("Zeile %d : %s",counter,puffer_bak);
         wort = strtok(NULL,trennzeichen);
      }
      counter++;
   }
   printf("\n");
   return EXIT_SUCCESS;
}
```

Listing 17.26 »search_word.c« zeigt, wie Sie Zeilen in einer Textdatei finden können, die ein bestimmtes Wort enthalten.

Suchen und Ersetzen in einer Textdatei (nur ganze Wörter, keine Teilstrings)

```
/* search_and_replace.c */
#include<stdio.h>
#include<string.h>
#include<stdlib.h>
#include<ctype.h>
#define STRING_MAX 8192

int wort_begrenzer(char c) {
   return (c == ' ' || c == '\n' || c == '\t' || c == '\0' ||
        c == '.' || c == ',' || c == ';' || c == '!' ||c == '?');
}

/* Newline von fgets() entfernen */
void chomp(char *str) {
 size_t p=strlen(str);
 str[p-1] = '\0';
}
int main(int argc, char *argv[]) {
   FILE *file, *copy;
   char alt_string[STRING_MAX+1],neu_string[STRING_MAX+1],
        such_wort[STRING_MAX+1],replace_wort[STRING_MAX+1],
        *zgr;
   char puffer[STRING_MAX+1];
   int such_wortlen, i=0,w;
   size_t len=0;

   if(argc < 2) {
      fprintf(stderr, "Verwendung: %s datei\n", *argv);
      return EXIT_FAILURE;
   }
```

```
file = fopen(argv[1],"r");   /* Datei zum Lesen öffnen     */
copy = fopen(argv[1],"r+");  /* Datei zum Schreiben öffnen */
if(file == NULL || copy == NULL) {
   printf("Fehler bei fopen()...\n");
   return EXIT_FAILURE;
}
alt_string[0]='\0';
/* kompletten String in alt_string legen ... */
/* Bitte ggf. selbst durch dynamische Speicherverwaltung
  * genügend Platz schaffen! */
while( (fgets(puffer,STRING_MAX+1,file)) != NULL ) {
   len += strlen(puffer)+1;
   if(len < STRING_MAX)
      strcat(alt_string, puffer);
   else {
      printf("Puffergroesse ueberschritten!\n");
      break;
   }
}
neu_string[0]='\0';

printf("Welches Wort wollen Sie ersetzen : ");
fgets(such_wort, STRING_MAX, stdin );
chomp(such_wort);

such_wortlen = strlen(such_wort); /* Länge des Suchwortes */

for(w = 0; w < such_wortlen; w++)
/* nach Wortbegrenzern duchlaufen ... */
if(wort_begrenzer(such_wort[w])) {
   printf("Keine Wortbegrenzer im Suchwort!!!\n");
   return EXIT_FAILURE;
}
printf("Durch welches Wort wollen Sie ersetzen : ");
fgets(replace_wort, STRING_MAX, stdin);
chomp(replace_wort);
i = 0;
while(1){
   if( (zgr=strstr(&alt_string[i], such_wort)) == NULL) {
      /* Kein Wort zu ersetzen */
      strcat(neu_string, &alt_string[i]);
      break;
   }
```

```
        else { /*..ansonsten von Byte i bis zgr in neu_string*/
          strncat(neu_string, &alt_string[i], zgr-&alt_string[i]);
          /* jetzt überprüfen, ob wir ein Wort haben und
           * keinen Teilstring oder ob das Wort am Anfang steht */
          if( (zgr-&alt_string[0]==0 ||
              wort_begrenzer( *(zgr-1))) &&
              wort_begrenzer( *(zgr+such_wortlen))) {
            strcat(neu_string, replace_wort);
            /* Nach ersetztem Wort den Zeiger setzen ... */
            i += zgr + such_wortlen-&alt_string[i];
          }
          else {
            strncat(neu_string, zgr, 1);
            i += zgr + 1-&alt_string[i];
          }
        }
      } /* Ende while(1) */
      /* Für Testausgabe ... */
      /* printf("Neuer String : %s\n",neu_string); */
      strcpy(alt_string, neu_string);
      /* Achtung jetzt wirds ernst,
       * für Testausgabe in Kommentar setzen. */
      fputs(alt_string, copy);
      neu_string[0] = '\0';
      return EXIT_SUCCESS;
}
```

Listing 17.27 »search_and_replace.c« demonstriert das einfache Suchen und Ersetzen in einer Textdatei.

17.5 Spezielle Ein-/Ausgabe-Funktionen für Streams

Die folgenden speziellen Funktionen lassen sich eigentlich nicht so recht in einen bestimmten Bereich der Datei-E/A einordnen, weder in die höheren Standardfunktionen (*High Level*) noch in die niedrigeren Funktionen (*Low Level*). Es geht um die Blocklese- und Blockschreibfunktionen, die es auch in anderen Programmiersprachen wie Pascal gibt. Die Blocklese- und Blockschreibfunktionen sind sehr schnell und effizient, deshalb möchte ich sie trotzdem behandeln – auch wenn sie weder zur hohen noch zur niedrigen Zugriffsebene gehören. Mit den nun folgenden Funktionen können Sie beispielsweise sehr große Grafikblöcke in einem Rutsch in den Framebuffer schreiben, der sich z. B. unter Linux in der Gerätedatei */dev/fb0* befindet. Hierdurch erreichen Sie eine sehr hohe Refresh-Rate, z. B. beim Bildaufbau für

Spiele. Auch Audio-Rohdaten werden oft als Blöcke z. B. an */dev/audio* weitergereicht. Man kann also sagen, dass man ohne das blockweise Lesen und Schreiben nicht sehr weit kommt und dass viele Ihrer Programme ohne diese Funktionen im Schneckentempo laufen.

17.5.1 Blockweise lesen und schreiben – »fread()« und »fwrite()«

Im Endeffekt sind das blockweise Lesen und Schreiben Low-Level-Funktionen, denn auf USB-Sticks, Festplatten und SD-Karten wird grundsätzlich nur blockweise zugegriffen. Meistens beträgt die Blockgröße 512 Byte, weshalb sämtliche Daten, die physisch gespeichert werden, auch an Blockgrenzen ausgerichtet sind. Andererseits kann man auch Blöcke lesen und schreiben, die nicht genau 512 Byte groß sind, und an genau dieser Stelle muss es wieder eine sogenannte *Abstraktionsschicht* geben. In diesem Sinne sind das blockweise Lesen und Schreiben dann doch wieder High-Level-Funktionen.

Ich finde das blockweise Lesen und Schreiben trotz einiger Unzulänglichkeiten wichtig, weshalb ich diese Funktionen erklären möchte. Man kann mit diesen Befehlen nämlich sehr gut ein beliebiges Dateisystem emulieren, indem man einfach blockweise in eine Image-Datei schreibt. Sehr oft wird dieses Verfahren bei Emulatoren verwendet, aber z. B. auch bei Backup-Programmen, die von einer Partition ein blockweises Abbild erstellen. Dieses *Image* ist dann eine Datei, die später auf einen beliebigen Datenträger kopiert werden kann. Aber könnte man diese Dinge nicht einfach mit den bereits schon erklärten Funktionen machen? Die Antwort ist eindeutig: »Nein.« Mit `fread()` und `fwrite()` wird nämlich eine Datei nicht als strukturierte Textdatei und auch nicht als unformatierter Stream betrachtet. Die Dateien werden im Binärmodus bearbeitet und haben eine feste Satzstruktur. Es erklärt sich quasi von selbst, dass `fread()` und `fwrite()` nicht für Netzwerk-Streams benutzt werden können, auch nicht im neuen C23-Standard; dafür sind `fread()` und `fwrite()` dann doch zu hardwareabhängig.

Hinweis: Textmodus und Binärmodus

Die Bezeichnungen *Textmodus* und *Binärmodus* können recht verwirrend sein. ANSI C erlaubt beide Möglichkeiten, eine Datei zu öffnen. Informationen können somit im Binärmodus oder Textmodus geschrieben oder gelesen werden. Eine Textdatei beispielsweise können Sie also im Binärmodus öffnen. Ebenso lässt sich ein Text im Binärmodus abspeichern. Sie können auch die Funktion `fgetc()` oder `getc()` verwenden, um eine Datei mit binären Daten zu kopieren.

Der Vorteil von `fread()` und `fwrite()` ist außerdem ihre einfache Anwendung. Ihr Nachteil ist aber, dass die Daten der Datei, die `fwrite()` schreibt, nicht portabel, sondern plattformabhängig sind. Wollen Sie zum Beispiel mit diesen Funktionen Hauptspeicherinhalte direkt in eine Datei schreiben, könnten aufgrund eines anderen Alignments Probleme auftreten, vor allem bei einem anderen Betriebssystem. Und es kommt noch schlimmer: Auch die Prozessoren können die Daten unterschiedlich anordnen und z. B. entweder mit dem höchsten Bit oder mit dem niedrigsten Bit anfangen. All dies ist nicht sehr portabel, und Probleme können schon bei unterschiedlichen Compilern auftreten. Falls es also wichtig ist, dass die Daten auch auf anderen Systemen gelesen werden können, haben Sie folgende zwei Möglichkeiten:

- Eine Lösung wäre, eine einfache ASCII-Textdatei zu verwenden, die mit `fprintf()` geschrieben und mit `fscanf()` gelesen wird. Ähnlich wird übrigens auch bei Netzwerkprotokollen vorgegangen. Zwar sind Textdateien meistens größer und die Ein-/Ausgabe läuft ein wenig langsamer ab, aber der Vorteil, die einfachere Handhabung der Daten, macht diese Nachteile wieder wett.
- Sie überprüfen, ob es sich bei Ihrem Prozessor um eine Big-Endian- oder Little-Endian-Maschine handelt, und setzen spezielle Flags, z. B. in einem Datei-Header.

`fread()` und `fwrite()` ergänzen also das Sortiment der Lese- und Schreibfunktionen hervorragend. Denn mit `fgets()` und `fputs()` lassen sich wegen der besonderen Bedeutung der Zeichen `'\0'` und `'\n'` in ihnen schlecht ganze Blöcke von Daten lesen bzw. schreiben. Ebenso ist es nicht sinnvoll, Daten Zeichen für Zeichen zu verarbeiten, wie dies bei den Funktionen `fputc()` und `fgetc()` geschieht. Dies ist einfach langsam und ineffizient. Außerdem ist es naheliegend, dass sich `fread()` und `fwrite()` hervorragend zum Lesen und Schreiben von Strukturen eignen.

17

Hinweis: Blockweiser Zugriff und Strings

Da `fread()` und `fwrite()` nicht mit Zeichen bzw. Strings arbeiten, gibt es dort auch keine Unterstützung für breite Zeichen.

Blockweise lesen – »fread()«

Die Syntax der Funktion lautet wie folgt:

```
size_t fread(void *puffer, size_t blockgroesse,
             size_t blockzahl, FILE *datei);
```

`fread()` liest `blockzahl` Speicherobjekte in die Adresse von `puffer` ein (siehe Abbildung 17.6). Jedes Speicherobjekt hat eine Größe von `blockgroesse` Byte und wird aus dem Stream `datei` gelesen. In der Variablen `puffer` muss natürlich dementsprechend viel Platz zur Verfügung stehen. Der Rückgabewert ist die Anzahl der gelesenen Speicherobjekte. Ist die Anzahl kleiner als `blockzahl`, wurde entweder das Dateiende erreicht oder es trat ein Fehler auf.

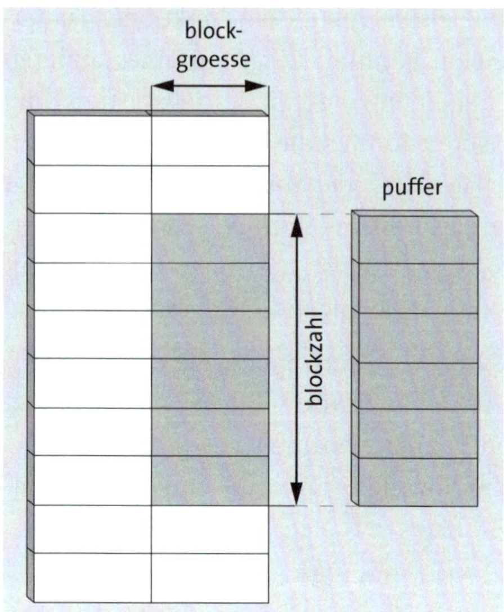

Abbildung 17.6 Blockweises Lesen mit »fread()«

[»]

Hinweis zu »size_t«

`size_t` ist ein primitiver Systemdatentyp, der in der Headerdatei *<stddef.h>* definiert ist. Der maximale Wert des Typ ist implementierungsabhängig. Meistens ist dieser Typ allerdings als `unsigned long long int` implementiert.

Nehmen wir an, wir haben eine Datei namens *wert.dat,* deren Inhalte aus Integerwerten bestehen. Werden z. B. die ersten zehn Werte benötigt, sieht der Quellcode folgendermaßen aus:

```
/* fread_beispiel.c */
#include<stdio.h>
#include<stdlib.h>

int main(void) {
   int puffer[10];
   FILE *quelle;
   int i;

   quelle = fopen("wert.dat", "r+b");
   if(quelle != NULL)
      fread(&puffer, sizeof(int), 10, quelle);

   for(i = 0; i < 10; i++)
      printf("Wert %d = %d\n", i, puffer[i]);
```

```
  return EXIT_SUCCESS;
}
```

Listing 17.28 »fread_beispiel.c« demonstriert die Verwendung der Blocklesefunktion »fread()«.

Folgende Zeile soll wie oben interpretiert werden:

```
fread(&puffer, sizeof(int), 10, quelle);
```

`fread()` liest 10 Datenobjekte mit der Größe von je `sizeof(int)` Byte aus dem Stream `quelle` in die Adresse von `puffer`.

Ein wenig undurchsichtig dürfte der Parameter `void *puffer` bei `fread()` und `fwrite()` erscheinen. Mit dem `void`-Zeiger haben Sie den Vorteil, dass diesem Parameter ein Zeiger beliebigen Datentyps übergeben werden kann. In Kapitel 13, »Zeiger (Pointer)«, haben wir dies bereits durchgenommen.

Blockweise schreiben – »fwrite()«

Kommen wir jetzt zur Funktion `fwrite()`:

```
size_t fwrite(const void *puffer,size_t blockgroesse,
              size_t blockzahl, FILE *datei);
```

Mit `fwrite()` werden `blockzahl`-Speicherobjekte, von denen jedes `blockgroesse` Byte groß ist, von der Adresse `puffer` in den Ausgabe-Stream `datei` geschrieben (siehe Abbildung 17.7). Der Rückgabewert ist auch hier die Anzahl der geschriebenen Speicherobjekte. Ist die Anzahl kleiner als `blockzahl`, dann ist ein Fehler aufgetreten. 17

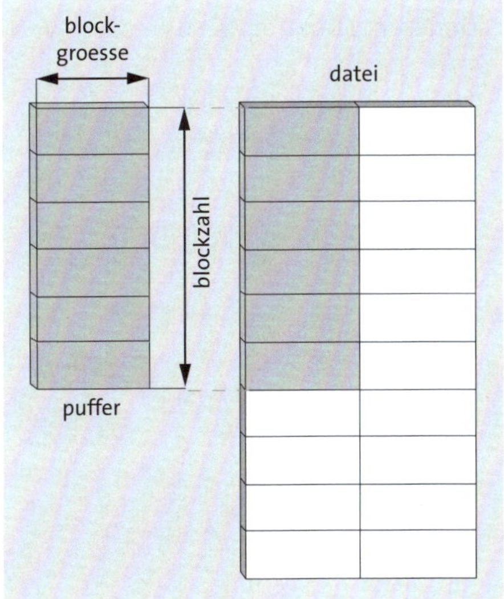

Abbildung 17.7 Blockweise schreiben mit »fwrite()«

Betrachten wir ein Beispiel:

```
typedef struct {
   char name[20];
   char vornam[20];
   char wohnort[30];
   int alter;
   int plz;
   char Strasse[30];
} adressen;

FILE *quelle;

strcpy(adressen.name, "Ijon");
strcpy(adressen.vornam, "Tichy");
strcpy(adressen.wohnort, "Planet Torkoff");
adressen.alter = 42;
adressen.plz = 12345;
...
if((quelle=fopen("adres.dat", "w+b")) == NULL)
...
fwrite(&adressen, sizeof(struct adressen), 1, quelle);
```

Mit `fwrite()` wird aus der Adresse `adressen` ein Speicherobjekt mit der Größe von `sizeof(struct adressen)` Byte in den Stream `quelle` geschrieben.

Als Beispiel zu den Funktionen `fread()` und `fwrite()` folgt ein kleines Adressenverwaltungsprogramm ohne irgendwelche besonderen Funktionen, um nicht vom eigentlichen Thema abzulenken:

```
/* fread_fwrite.c */
#include<stdio.h>
#include<stdlib.h>

typedef struct {
   char vorname[20];
   char nachname[30];
   char strasse[30];
   char hausnummer[5];
   char plz[7];
   char ort[30];
   char sternzeichen[30];
   char alter[3];
} adresse_t;
```

```
adresse_t adresse;

void speichern(void) {
   FILE *save = fopen("adressen.dat","r+b");
   if( NULL == save ) {
      save = fopen("adressen.dat","w+b");
      if( NULL == save ) {
         fprintf(stderr,"Kann \"adressen.dat\" nicht öffnen!\n");
         return;
      }
   }
   /* FILE-Zeiger save auf das Ende der Datei setzen */
   fseek(save, 0, SEEK_END);

   /* Wir schreiben eine Adresse ans Ende von "adressen.dat". */
   if(fwrite(&adresse, sizeof(adresse), 1, save) != 1) {
      fprintf(stderr, "Fehler bei fwrite...!!!\n");
      return;
   }
   /* Wir geben unseren FILE-Zeiger wieder frei. */
   fclose(save);
}

void ausgabe(void) {
   FILE *output = fopen("adressen.dat","r+b");
   if( NULL == output ) {
      fprintf(stderr,"Kann \"adressen.dat\" nicht öffnen!\n");
      return;
   }
   /* Wir lesen alle Adressen aus "adressen.dat". */
   while(fread(&adresse, sizeof(adresse), 1, output) == 1) {
      printf("Vorname..........: %s",adresse.vorname);
      printf("Nachname.........: %s",adresse.nachname);
      printf("Strasse..........: %s",adresse.strasse);
      printf("Hausnummer.......: %s",adresse.hausnummer);
      printf("Postleitzahl.....: %s",adresse.plz);
      printf("Ort..............: %s",adresse.ort);
      printf("Sternzeichen.....: %s",adresse.sternzeichen);
      printf("Alter............: %s",adresse.alter);
      printf("\n\n");
   }
   fclose(output);
}
void eingabe(void) {
```

17

```
   printf("Vorname..........:");
   fgets(adresse.vorname, sizeof(adresse.vorname), stdin);
   printf("Nachname.........:");
   fgets(adresse.nachname, sizeof(adresse.nachname),stdin);
   printf("Strasse..........:");
   fgets(adresse.strasse, sizeof(adresse.strasse), stdin);
   printf("Hausnummer.......:");
   fgets(adresse.hausnummer,sizeof(adresse.hausnummer),stdin);
   printf("Postleitzahl.....:");
   fgets(adresse.plz, sizeof(adresse.plz), stdin);
   printf("Ort..............:");
   fgets(adresse.ort, sizeof(adresse.ort), stdin);
   printf("Sternzeichen.....:");
   fgets(adresse.sternzeichen,sizeof(adresse.sternzeichen),
      stdin );
   printf("Alter............:");
   fgets(adresse.alter, sizeof(adresse.alter), stdin);
   speichern();
}

int main(void) {
   int wahl;

   do {
      printf("Was wollen Sie machen:\n\n");
      printf("-1- Neuen Datensatz hinzufuegen\n");
      printf("-2- Alle Datensaetze ausgeben\n");
      printf("-3- Programm beenden\n\n");
      printf("Ihre Auswahl : ");
      do {
         scanf("%d",&wahl);
      } while(getchar() != '\n');
      switch(wahl) {
         case 1 : eingabe();         break;
         case 2 : ausgabe();         break;
         case 3 : printf("...Programm wird beendet\n");
                  break;
         default: printf(">>%d<< ???\n",wahl);
      }
   } while(wahl != 3);
   EXIT_SUCCESS;
}
```

Listing 17.29 »fread_write.c« implementiert eine einfache Adressverwaltung und benutzt für das Lesen und Speichern der Adressdaten die Blockzugriffsfunktionen.

Zuerst wird eine Struktur mit dem Namen `adresse_t` deklariert und daraus eine globale Variable mit dem Namen `adresse` abgeleitet, die alle Funktionen verwenden. Dies ist kein sehr guter Programmierstil, aber es soll ja nur die Verwendung der Funktionen `fread()` und `fwrite()` gezeigt werden. In der Funktion `speichern()` wird, falls vorhanden, die Datei *adressen.dat* geöffnet. Ansonsten wird diese Datei erstellt:

```
FILE *save = fopen("adressen.dat","r+b");
if( NULL == save ) {
   save = fopen("adressen.dat","w+b");
   if( NULL == save ) {
```

Gleich darauf wird der Stream `save` an das Ende der Datei *adressen.dat* positioniert:

```
fseek(save, 0, SEEK_END);
```

Jetzt kann ein Adressdatensatz in die Datei geschrieben werden:

```
if(fwrite(&adresse, sizeof(adresse), 1, save) != 1)
```

Nochmals eine Erklärung zu `fwrite()`:

- `&adresse` – Dies ist die Anfangsadresse der Strukturvariablen `adresse`, die am Programmbeginn deklariert und in der Funktion `eingabe()` mit Werten initialisiert wurde.
- `sizeof(struct adresse)` – Größe (Blockgröße) in Bytes, die vorgibt, wie viel auf einmal in den Stream `save` geschrieben werden soll
- `1` – Anzahl der Blöcke von der Größe `sizeof(adresse)`, die in den Stream `save` geschrieben werden
- `save` – Stream, der zuvor geöffnet wurde, und in den geschrieben wird

Diese Anweisung wurde in eine `if`-Bedingung gepackt, die eine Fehlerausgabe vornimmt, falls weniger als ein Block geschrieben wird. Mit der Funktion `ausgabe()` wird diese Datei jetzt über `fread()` blockweise ausgelesen und der Inhalt auf dem Bildschirm ausgegeben:

```
while(fread(&adresse, sizeof(adresse), 1, output) == 1)
```

Es wird so lange ausgelesen, bis kein ganzer Block der Größe `sizeof(adresse)` mehr vorhanden ist. Auch hierzu bekommen Sie eine genauere Erläuterung von `fread()`:

- `&adresse` – hierhin wird der Block der Größe `sizeof(adresse)`, auf die der `FILE`-Zeiger `output` zeigt, »geschoben«. Natürlich handelt es sich auch hier um die Strukturvariable `adresse`, die durch den Aufruf von `fread()` mit dementsprechenden Werten initialisiert wird.
- `sizeof(adresse)` – Größe des Blocks, der gelesen werden soll

- `1` – Anzahl der Blöcke, die gelesen werden
- `output` – Stream, aus dem gelesen wird

Big Endian und Little Endian

Ich ja habe bereits schon erwähnt, dass die Funktionen `fread()` und `fwrite()` nicht portabel und somit plattformabhängig sind. Sollten Sie also Programme schreiben wollen, die auf den verschiedensten Systemen laufen sollen, bleibt Ihnen nur die Wahl, diese Funktionen nicht zu verwenden, oder Sie finden heraus, auf welchem System genau sie laufen sollen. Unterschieden werden die Systeme dabei nach *Little Endian* und *Big Endian*.

Little Endian und Big Endian sind zwei Methoden, wie die einzelnen Bits im Speicher angeordnet sind. Little Endian und Big Endian unterscheiden sich durch die Anordnung des *Most Significant Bit* und des *Least Significant Bit*. Bei einer Wortgröße der CPU von 4 Byte wird das rechte Ende als Least Significant Bit und das linke Ende als Most Significant Bit bezeichnet. Da der Speicher in Bytes eingeteilt wird, bedeutet dies: Das *Least Significant Byte* stellt dabei die niedrigeren Werte und das *Most Significant Byte* die größeren Werte in einem Wort dar. Als Beispiel dient jetzt folgende Hex-Zahl:

```
22CCDDEE
```

Auf den unterschiedlichen Systemen wird diese Hex-Zahl im Speicher so abgelegt wie in Tabelle 17.7 beschrieben.

Adresse	0x12345	0x12346	0x12347	0x12348
Big Endian	22	CC	DD	EE
Little Endian	EE	DD	CC	22

Tabelle 17.7 Little Endian und Big Endian im Vergleich

Um jetzt herauszufinden, auf was für einem System das Programm ausgeführt wird, müssen Sie eine bekannte Hex-Zahl in einen Speicherbereich schreiben, der Platz für eine Wortbreite bietet, und das erste Byte mithilfe von Bit-Operationen überprüfen. Hier sehen Sie das Listing dazu:

```
/* endian.c */
#include<stdio.h>
#include<stdlib.h>
typedef unsigned int  WORD;
typedef unsigned char BYTE;
```

```
int main(void) {
   /* Word in den Speicher schreiben */
   WORD Word = 0x22CCDDEE;
   /* Zeiger auf ein Byte */
   BYTE *Byte;

   /* Word-Zeiger auf Byte-Zeiger casten */
   Byte = (BYTE *) &Word;

/* Speicherinhalt nach Adressen von links nach rechts
 * ausgeben.
 * byte[0]byte[1]byte[2]byte[3]
 * 22      CC      DD      EE        Speicherinhalt bei Little Endian
 * EE      DD      CC      22        Speicherinhalt bei Big Endian
 */
   /* Ist Byte[0] == 11 */
   if(Byte[0] == ((Word >>  0) & 0xFF))
      printf("Little Endian Architecture\n");
   /* oder ist Byte[0] == CC */
   if(Byte[0] == ((Word >> 24) & 0xFF))
      printf("Big Endian Architecture\n");
   return EXIT_SUCCESS;
}
```

Listing 17.30 »endian.c« ermittelt, ob Ihr Prozessor ein Big-Endian-System oder ein Little-Endian-System ist.

Mit

```
if(Byte[0] == ((Word >>  0) & 0xFF))
```

werden die ersten acht Bit (ein Byte) mithilfe einer Maske (`FF` == 256 == 1 Byte) gezielt getestet. Werden bei dem Ausdruck ((`Word >> 0) & 0xFF`)) praktisch keine Bits auf 0 gesetzt und stimmt danach der ausgewertete Ausdruck mit `Byte[0]` überein, haben Sie ein Little-Endian-System. Bei der zweiten Bedingung ist es dasselbe, nur wird dabei das vierte Byte (d. h. das 24. bis 32. Bit) verwendet.

Zu den Little-Endian-Systemen gehören z. B.:

- Intel-CPUs (PCs und Notebooks, moderne Macs)
- DEC Alpha (Server)
- VAX (Server)
- ARM (Raspberry Pi oder andere Kleincomputer, Smartphones)

Big-Endian-Systeme sind z. B.:

- Motorola MC68000 (Amiga, einige Atari, wie z. B. der ST)
- SPARC CPUs (SUN)
- IBM PowerPC

Nun wissen Sie zwar, ob es sich um ein Little- oder Big-Endian-System handelt, aber anschließend müssen Sie sich dennoch selbst darum kümmern, dass die einzelnen Bytes richtig gelesen und geschrieben werden. Damit ist gemeint, dass Sie die Bits selbst verschieben müssen. Aber dies ist ein Thema, das den Rahmen dieses Buchs sprengen würde.

17.5.2 Eine Datei erneut öffnen – »freopen()«

Die Syntax von `freopen()` lautet:

```
#include<stdio.h>

FILE *freopen( const char * restrict pfad,
               const char * restrict modus,
               FILE * restrict datei );
```

Mit `freopen()` wird zuerst versucht, den Stream `datei` zu schließen. Fehler beim Schließen werden dabei ignoriert. Danach wird dem `FILE`-Zeiger die Datei zugeordnet, die in `pfad` angegeben wurde. Netzwerk-Streams werden geschlossen und neu geöffnet, vorher gepufferte Daten (z. B. von Videos) gehen verloren. Als `modus` können dieselben Modi verwendet werden wie bei der Funktion `fopen()`. Um es deutlicher auszudrücken: Sie erzeugen mit `freopen()` keinen neuen Stream, sondern verwenden einen vorhandenen Stream, der mit dem dritten Argument angegeben wird. Als Rückgabewert erhalten Sie bei Erfolg einen Zeiger auf den mit der Datei verbundenen Stream oder im Fehlerfall den Nullzeiger. Hierzu ein Beispiel:

```
/* freopen_1.c */
#include<stdio.h>
#include<stdlib.h>
#define MAX 80

int main(void) {
   FILE *quelle;
   char datei1[20], datei2[20];
   char puffer[MAX];

   printf("Welche Datei wollen Sie als erste lesen : ");
   scanf("%19s",datei1);
```

```
   printf("Welche Datei wollen Sie anschließend lesen : ");
   scanf("%19s",datei2);
   quelle=fopen(datei1,"r");

   if( NULL == quelle ) {
      fprintf(stderr, "Fehler beim Oeffnen von %s\n", datei1);
      return EXIT_FAILURE;
   }
   while(fgets(puffer,MAX,quelle) != NULL)
      fputs(puffer,stdout);
   printf("\n");
   freopen(datei2,"r",quelle);
   while(fgets(puffer,MAX,quelle) != NULL)
      fputs(puffer,stdout);
   return EXIT_SUCCESS;
}
```

Listing 17.31 Mit »freopen()« können Sie zwei Dateien mit dem selben Stream öffnen.

Mit der Zeile

```
freopen(datei2,"r",quelle);
```

wurde ein Schließen der Datei mit `fclose()` und ein Öffnen der Datei `datei2` gespart. Da über `freopen()` die Datei mit dem `FILE`-Zeiger (`datei1`) automatisch geschlossen wurde, wird dem `FILE`-Zeiger `quelle` gleich die Datei mit dem Pfad `datei2` übergeben.

So wird `freopen()` aber nicht unbedingt angewandt! Da `freopen()` nicht überprüft, ob der Stream ordnungsgemäß geschlossen wurde, rate ich auch davon ab, denn ein Fehler beim Schließen einer Datei wird hier schlicht ignoriert.

`freopen()` wird hauptsächlich dazu benutzt, die Standard-Streams `stdin`, `stdout` und `stderr` zu verbinden – vereinfacht gesagt: die Streams der Ein- oder Ausgabe umzuleiten. Hierzu sehen Sie ein einfaches Beispiel:

```
/* freopen_2.c */
#include<stdio.h>
#include<stdlib.h>

int main(void) {
   printf("Wir schreiben eine Datei \"log.txt\"\n");
   freopen("log.txt","a+",stdout);
   printf("Dieser Text steht in der Datei \"log.txt\"\n");
   return EXIT_SUCCESS;
}
```

Die Standardausgabe wird in die Datei *log.txt* umgeleitet. Das erste `printf()` wird noch auf dem Bildschirm ausgegeben. Das zweite wird dagegen in die Datei *log.txt* umgeleitet, die sich im selben Verzeichnis wie das Programm befinden sollte.

17.5.3 Eine Datei löschen oder umbenennen – »remove()« und »rename()«

Manchmal ist es erforderlich, eine Datei zu löschen bzw. diese umzubenennen. Dies kann mit `remove()` bzw. `rename()` erreicht werden.

remove()

Zum Löschen einer Datei können Sie die Funktion `remove()` verwenden. Die Syntax lautet:

```
#include<stdio.h>

int remove(const char *pfadname);
```

Bei Erfolg gibt diese Funktion `0` und bei Misserfolg `-1` zurück. Voraussetzungen für ein erfolgreiches Löschen sind der richtige Pfad und auch entsprechende Zugriffsrechte auf die Datei. Hier sehen Sie ein kurzes Beispiel zu `remove()`:

```
/* remove_1.c */
#include<stdio.h>
#include<stdlib.h>

int main(void) {
   char pfad[100];

   printf("Welche Datei wollen Sie löschen?\n");
   printf("Bitte wenn nötig gültigen Pfad angeben.\n");
   printf("Eingabe :> ");
   scanf("%99s",pfad);
   if((remove(pfad)) < 0) {
      fprintf(stderr, "Fehler beim Löschen von %s", pfad);
      return EXIT_FAILURE;
   }
   return EXIT_SUCCESS;
}
```

[»]

Hinweis: Eine Datei endgültig löschen

Eine kurze Anmerkung bezüglich des absoluten Löschens einer Datei: Wenn eine Datei mit `remove()` gelöscht wird, geben Sie nur den Speicherplatz auf dem Datenträger frei, also sämtliche Verzeichniseinträge, die zu einer Datei gehören. Aber in den einzelnen Blöcken befinden sich immer noch die Daten, und diese lassen sich mit speziellen Tools wiederherstellen.

Wollen Sie sichergehen, dass eine Datei nicht mehr wiederhergestellt werden kann, empfiehlt es sich, den Inhalt der Datei zuerst zu »zerstören«, ehe Sie mit `remove()` die Datei löschen. Der einfachste Weg, der Ihnen sicherlich einfällt, ist es, den ganzen Inhalt mit Nullen zu überschreiben. Leider speichern moderne Datenträger aus Geschwindigkeitsgründen sich oft wiederholende Bytes mit einer sogenannten *Lauflängenkodierung* (also z. B. als »jetzt kommt 10.000-mal die 0«), weshalb ausschließlich mit Nullen überschriebene Dateien mit Profiwerkzeugen wiederhergestellt werden können. Im folgenden Beispiel wird dies nicht gemacht, sondern es werden Zufalls-Bytes mit `rand()` erzeugt und mit `fwrite()` in die zu zerstörende Datei geschrieben:

```
/* filekiller.c */
#include<stdio.h>
#include<stdlib.h>

void my_remove(char *rm) {
   unsigned long size,i;
   char C;

   FILE *rem=fopen(rm, "w+b");
   if(rem != NULL)  {
      fseek(rem, 0L, SEEK_END);  /* Stream an das Dateiende   */
      size=ftell(rem);           /* Größe in Bytes ermitteln */
      fseek(rem, 0L, SEEK_SET);  /* Stream wieder an den Anfang (wichtig!) */
      /* kompletten Inhalt mit Zufallszahlen überschreiben */
      for (i=0; i<size; i++) {
         C=rand()%256; // Zufallszahlen zwischen 0 und 255
         fwrite(&C,1,1,rem); // Immer ein Byte schreiben
      }
      /* damit die Datei gelöscht werden kann, schließen */
      fclose(rem);
      remove(rm);    /* Jetzt weg damit */
   }
}

int main(void) {
   char datei[] = "test.txt";
   my_remove(datei);
   return EXIT_SUCCESS;
}
```

Listing 17.32 »filekiller.c« zerstört eine Datei unwiederbringlich, indem das Programm sämtliche Bytes mit Zufallszahlen überschreibt.

Jetzt ist es auch vielen Experten nicht mehr möglich, die Datei wiederherzustellen, es sei denn, sie lesen explizit die Reserveblöcke des Datenträgers (also quasi die Fehler-Notblöcke) aus. Dies ist aber nur etwas für Kriminalisten (oder aber für spezielle Tatort-Folgen).

[»]

Hinweis: Löschen geöffneter Dateien

Wollen Sie eine Datei löschen, die im Augenblick geöffnet ist, ist das Verhalten der Funktion `remove()` implementierungsabhängig. Meistens ist es nicht möglich, eine Datei zu löschen, auf die noch Zugriffe existieren, und `remove()` gibt in diesem Fall `-1` zurück.

rename()

Mit `rename()` kann eine Datei umbenannt werden. Die Syntax dafür lautet:

```
#include<stdio.h>

int rename(const char *altname, const char *neuname);
```

Wenn alles richtig verlief, gibt die Funktion `0`, ansonsten bei einem Fehler `-1` zurück. Ein kurzes Listing zeigt, wie `rename()` angewendet wird:

```
/* rename_beispiel.c */
#include<stdio.h>
#include<stdlib.h>

int main(void) {
   char alt[20],neu[20];

   printf("Welche Datei wollen Sie umbenennen : ");
   scanf("%19s",alt);
   printf("Wie soll die Datei heissen: ");
   scanf("%19s",neu);
   if( (rename(alt,neu)) < 0) {
      fprintf(stderr, "Fehler beim Umbenennen von %s", alt);
      return EXIT_FAILURE;
   }
   return EXIT_SUCCESS;
}
```

Listing 17.33 »rename_beispiel.c« zeigt, wie Sie Dateien mit der Funktion »rename()« umbenennen können.

Soll eine Datei umbenannt werden und einen Namen erhalten, der bereits vorhanden ist, ist das Verhalten systemabhängig. Die Funktionen `rename()` und `remove()` funktionieren unter Linux-Systemen aber nur, wenn Sie ausreichende Zugriffsrechte für diese Datei besitzen. Unter Windows ist dies (leider) teilweise noch zweitrangig, da viele Benutzer immer noch standardmäßig als Administrator arbeiten.

17.5.4 Pufferung einstellen – »setbuf()« und »setvbuf()«

Eine kurze Erklärung zur *Pufferung*: Die Standardeinstellung ist bei ANSI-C-Compilern die *Vollpufferung*. Dies ist auch sinnvoller und schneller als keine Pufferung, da weniger Lese- und Schreiboperationen etwa auf der Festplatte oder dem Arbeitsspeicher stattfinden. Die sogenannte *Puffergröße* ist abhängig vom Compiler, liegt aber meistens bei 512 und 4096 Byte. Die Größe ist in der Headerdatei *<stdio.h>* mit der Konstante `BUFSIZ` angegeben.

Bei einer Pufferung, die zeichenweise eingestellt ist, würde ein Kopiervorgang zum Beispiel so ablaufen:

```
-> Lies aus Datei ein Zeichen
<- Schreibe in eine Datei ein Zeichen
-> Lies aus Datei ein Zeichen
<- Schreibe in eine Datei ein Zeichen
-> Lies aus Datei ein Zeichen
<- Schreibe in eine Datei ein Zeichen
....
usw. Zeichen für Zeichen
```

17

Bei einer Datei mit 100 Byte wären das 100 Zugriffe zum Lesen im Wechsel mit 100 Zugriffen zum Schreiben.

Bei Vollpufferung läuft dies so: Es wird so lange gelesen, bis der Puffer voll ist (`BUFSIZ`), und dann wird der Puffer in die Datei geschrieben. Im obigen Beispiel würde bei Vollpufferung einmal gelesen und einmal geschrieben.

Um selbst in die Pufferung eingreifen zu können, stehen Ihnen die Funktionen `setbuf()` oder `setvbuf()` zur Verfügung.

Die Funktion »setbuf()«

Mit der Funktion `setbuf()` wird einer Datei ein Dateipuffer zugeordnet. Die Syntax lautet:

```
#include<stdio.h>

void setbuf(FILE * restrict datei, char * restrict puffer);
```

Der geöffnete Stream datei erhält durch setbuf() den Puffer puffer. Die Größe des Puffers wird durch den Wert von BUFSIZ vorgegeben. Die symbolische Konstante BUFSIZ befindet sich in der Headerdatei *<stdio.h>*.

Wie groß BUFSIZ auf Ihrem System ist, ermitteln Sie mit folgendem Listing:

```
/* bufsize.c */
#include<stdio.h>
#include<stdlib.h>

int main(void) {
   printf("Die max. Groesse des Puffers: %d\n",BUFSIZ);
   return EXIT_SUCCESS;
}
```

Der Wert für BUFSIZ dürfte in der Regel 256 KB, 512 KB oder auch 4096 KB betragen. Dies ist abhängig vom System und vom Compiler.

Geben Sie hingegen für puffer den NULL-Zeiger an, erfolgt die Datenübertragung ungepuffert. Das würde eine Übertragung Zeichen für Zeichen bedeuten und natürlich erheblich mehr Zeit beanspruchen, da jedes einzelne Zeichen gelesen und anschließend wieder geschrieben wird.

Sie müssen die Funktion setbuf() unmittelbar nach dem Öffnen einer Datei aufrufen – noch vor einer Lese- oder Schreiboperation.

Zur Demonstration folgt ein Listing, das gepuffertes und ungepuffertes Kopieren von Daten vergleicht (siehe Abbildung 17.8). Außerdem werden dabei die Funktionen getc() und putc() zum Lesen und Schreiben verwendet, die zwar zeichenweise arbeiten, aber dennoch vom Puffer abhängig sind.

```
/* setbuffer_test.c */
#include<stdio.h>
#include<stdlib.h>
#include<time.h>

#define DATEIGROESSE 10000000L
#define DATEI1 "test.1"
#define DATEI2 "test.2"

void copy1(char *quelle, char *ziel) {
   FILE *q,*z;
   int c;
   time_t t1 = time(NULL);

   printf("Kopiere zeichenweise mit getc() und putc()\n");
```

```
   q=fopen(quelle, "rb");
   if( q != NULL) {
      z = fopen(ziel, "wb");
      if(NULL == z) {
         fprintf(stderr,"Fehler beim Öffnen (%s)\n",ziel);
         exit(EXIT_FAILURE);
      }
   }
   else {
      fprintf(stderr, "Fehler beim Öffnen von %s\n", quelle);
      exit(EXIT_FAILURE);
   }
   while((c=getc(q)) != EOF)
      putc(c,z);
   fclose(q);
   fclose(z);

   printf("Zeit = %d sec.\n",time(NULL)-t1);
}

void copy2(char *quelle, char *ziel) {
   FILE *q,*z;
   static char puffer1[BUFSIZ];
   static char puffer2[BUFSIZ];
   int c;
   time_t t1 = time(NULL);

   printf("Gepuffertes Kopieren mit setbuf(stream,BUFSIZE)\n");
   q=fopen(quelle,"rb");
   if(q != NULL) {
      z = fopen(ziel, "wb");
      if(NULL == z) {
         fprintf(stderr,"Fehler beim Öffnen (%s)\n",ziel);
         exit(EXIT_FAILURE);
      }
   }
   else {
      fprintf(stderr, "Fehler beim Öffnen von %s\n", quelle);
      exit(EXIT_FAILURE);
   }
   setbuf(q,puffer1);
   setbuf(z,puffer2);
   while((c=getc(q)) != EOF)
```

```
      putc(c,z);
   fclose(q);
   fclose(z);
   printf("Zeit = %d sec.\n",time(NULL)-t1);
}

void copy3(char *quelle, char *ziel) {
   FILE *q,*z;
   int c;
   time_t t1 = time(NULL);

   printf("Ungepuffertes Kopieren mit setbuf(stream, NULL)\n");
   q = fopen(quelle, "rb");
   if(q != NULL) {
      z = fopen(ziel, "wb");
      if(NULL == z) {
         fprintf(stderr, "Fehler beim Öffnen (%s)\n", ziel);
         exit(EXIT_FAILURE);
      }
   }
   else {
      fprintf(stderr, "Fehler beim Öffnen von %s\n", quelle);
      exit(EXIT_FAILURE);
   }
   setbuf(q,NULL);
   setbuf(z,NULL);
   while((c=getc(q)) != EOF)
      putc(c,z);
   fclose(q);
   fclose(z);
   printf("Zeit = %d sec.\n",time(NULL)-t1);
}

void erzeuge_datei(void) {
   FILE *create = fopen(DATEI1, "wb");
   if(NULL == create) {
      fprintf(stderr, "Konnte keine Datei erzeugen\n");
      exit(EXIT_FAILURE);
   }
   fseek(create,DATEIGROESSE-1,SEEK_SET);
   putc('x',create);
   fclose(create);
}
```

```
int main(void) {
   printf("Datei %s wird erzeugt\n", DATEI1);
   erzeuge_datei();
   copy1(DATEI1,DATEI2);
   copy2(DATEI1,DATEI2);
   copy3(DATEI1,DATEI2);

   remove(DATEI1);
   remove(DATEI2);
   return EXIT_SUCCESS;
}
```

Listing 17.34 »setbuffer_test.c« vergleicht die Zeit für das Kopieren von Dateien bei verschiedenen Puffergrößen.

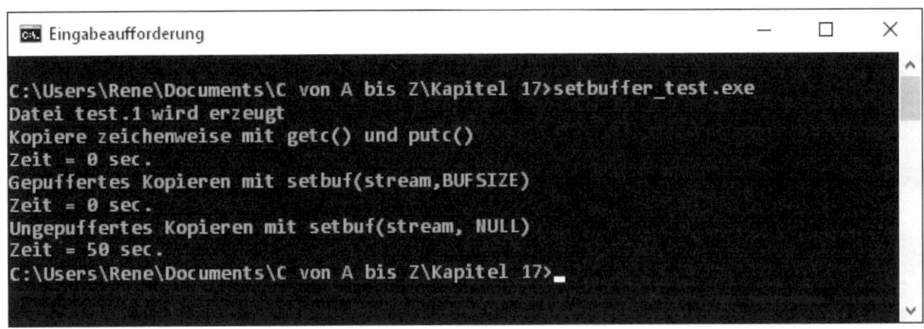

Abbildung 17.8 Zeitvergleiche mit gepufferter und ungepufferter Einstellung

Zuerst wird eine Datei von 10 MB Größe mit der Funktion `erzeuge_datei()` angelegt. Anschließend wird die erzeugte Datei *test.1* in die Datei *test.2* kopiert, ohne die Funktion `setbuf()` zu verwenden (Funktion `copy1()`).

Als Nächstes wird die Funktion `copy2()` verwendet, bei der zum ersten Mal `setbuf()` eingesetzt wird. Als Puffergröße wird die Konstante `BUFSIZ` verwendet. Der Zeitverbrauch ist wieder derselbe wie zuvor ohne `setbuf()`. Auf modernen Systemen mit SATA-6G-Festplatten, die eine Datenrate von bis zu 1 GB/s erreichen können, kann bei so geringen Dateigrößen wie 10 MB die gemessene Zeit in den ersten beiden Fällen sogar `0` betragen, da kleinere Zeiten als eine Sekunde hier einfach nicht gemessen werden.

Als Letztes wird die Funktion `copy3()` ausgeführt, bei der die Puffergröße auf `NULL` gesetzt wird. Somit wird ungepuffert kopiert. Dies kann schon ab Dateigrößen von 10 MB bis zu einer Minute dauern. Sie sehen also, dass sich auf modernen Systemen mit modernen Datenträgern die ungepufferte Datenübertragung kaum lohnt und dass Sie diese möglichst vermeiden sollten.

Am Ende werden diese beiden Dateien mittels remove() wieder gelöscht, da sie nach dem »Performance-Test« nicht mehr benötigt werden.

Hinweis zur Geschwindigkeit von Kopiervorgängen

Die Geschwindigkeit des Kopiervorgangs, wie im letzten Listing demonstriert, ist inzwischen kaum mehr von der Leistung des Prozessors abhängig. Vor etwa zehn Jahren hatte noch der Compiler einen sehr bedeutenden Anteil daran und man konnte z. B. unter Windows XP mit einem anderen Compiler (z. B. Visual Studio statt Borland C++) bis zu dreimal höhere Transferraten erreichen.

Mittlerweile hängt die Übertragungsgeschwindigkeit von Daten außer von der Puffergröße fast ausschließlich vom verwendeten Datenträger und von den verwendeten BIOS-Einstellungen ab. Wenn Sie z. B. noch Festplatten im IDE-Modus betreiben, kann die Leistung nur ein Zehntel von jenen Festplatten betragen, die im AHCI-Modul laufen. Auch der Geschwindigkeitsvorteil einer modernen *Solid State Disk* (SSD) gegenüber einer alten mechanischen Festplatte kann enorm sein, und Sie sollten sich, wenn Sie eine neue Festplatte erwerben, möglichst eine SSD besorgen. Inzwischen gibt es für moderne Mainboards auch SSDs, die als zusätzlicher Speicherriegel eingesteckt werden können. Diese Speicherriegel sind um das Zehnfache schneller als SSDs, die am SATA-Anschluss hängen.

Hinweis zur Verwendung von »setbuf()«

Die Funktion setbuf() ist mittlerweile veraltet und wird nur noch aus Kompatibilitätsgründen beibehalten. Es empfiehlt sich, die neuere Funktion setvbuf() zur Veränderung des Dateipuffers zu verwenden.

Die Funktion »setvbuf()«

Zur Puffereinstellung kann auch die Funktion setvbuf() eingesetzt werden, die ähnlich wie setbuf() funktioniert. Die Syntax lautet:

```
#include <stdio.h>

int setvbuf(FILE * restrict datei,char * restrict puffer,int modus,
            size_t puffergroesse);
```

Wenn alles korrekt verläuft, liefert diese Funktion 0 zurück, andernfalls einen Wert ungleich 0. Die ersten beiden Parameter (FILE *datei,char *puffer) haben dieselbe Bedeutung wie schon bei der Funktion setbuf(). Zusätzlich stehen für den Parameter modus drei symbolische Konstanten zur Verfügung (siehe Tabelle 17.8).

Puffertyp (Modus)	Bedeutung
_IOLBF	Die Datei wird zeilenweise gepuffert. Bei einer Lese- und Schreiboperation wird der Puffer gefüllt und erst übertragen, wenn ein Newline-Zeichen im Puffer vorkommt oder der Puffer voll ist.
_IONBF	Die Ein-/Ausgabe wird gar nicht gepuffert. Die Daten werden direkt aus der Datei übertragen. Die Parameter puffer und puffergroesse haben hier keinerlei Effekt.
_IOFBF	Die Ein-/Ausgabe wird voll gepuffert. Der Puffer wird komplett gefüllt, bis die Daten übertragen werden.

Tabelle 17.8 Konstanten für die Einstellung des Puffers mit »setvbuf()«

Falls für puffer NULL angegeben wird, alloziert die Funktion einen eigenen Speicher der Größe puffergroesse. Das hört sich komplexer an, als es ist. setbuf() ohne Pufferung verwenden Sie beispielsweise so:

```
setbuf(quelle,NULL);
```

Für den Stream quelle wurde die Pufferung abgeschaltet (ungepuffert). Mit setvbuf() würde dies so erreicht:

```
setvbuf(quelle, NULL, _IONBF, BUFSIZ);
```

Für den Stream quelle wurde der Puffer nun ebenso abgeschaltet.

Wenn Sie die Pufferung auf z. B. 50 KB einstellen wollen, um Daten vom Stream quelle zum Stream ziel zu kopieren, so ergeben sich bei setvbuf() folgende Argumente:

```
setvbuf(quelle, NULL, _IOFBF, 50000L);
setvbuf(ziel, NULL, _IOFBF, 50000L);
```

Für eine zeilenweise Pufferung könnten Sie folgende Angaben machen:

```
setvbuf(quelle, NULL, _IOLBF, 80);
setvbuf(ziel, NULL, _IOLBF, 80);
```

So werden von quelle nach ziel mindestens 80 Zeichen kopiert, oder es wird bis zum nächsten Newline-Zeichen (\n) kopiert.

Sie haben auf diese Weise mit der Funktion setvbuf() die Möglichkeit, einen Dateipuffer bestimmter Länge zuzuordnen.

17.5.5 Temporäre Dateien erzeugen – »tmpfile()« und »tmpnam()«

Wollen Sie Daten während der Laufzeit eines Programms temporär zwischenspeichern, müssen Sie nicht extra eine neue Datei erstellen. Dafür gibt es in C spezielle Funktionen.

Mit der Funktion `tmpnam()` kann ein eindeutiger Name für eine temporäre Datei erzeugt werden. Die Syntax sieht wie folgt aus:

```
#include<stdio.h>

char *tmpnam(char *zgr);
```

»Ein eindeutiger Name« heißt, dass es sich um keinen Namen einer bereits existierenden Datei handelt. Insgesamt können mit `TMP_MAX` eindeutige Namen erzeugt werden. `TMP_MAX` ist in der Headerdatei *<stdio.h>* deklariert. Mit folgendem Programm können Sie herausfinden, wie viele temporäre Dateien auf Ihrem System erzeugt werden können:

```
/* tmpmax.c */
#include<stdio.h>
#include<stdlib.h>

int main(void) {
   printf("TMP_MAX = %u\n", TMP_MAX);
   return EXIT_SUCCESS;
}
```

Wird die Funktion `tmpnam()` hingegen wie hier verwendet

```
tmpnam(NULL);
```

dann wird die Datei in einem `static`-Speicherbereich untergebracht, und die Adresse wird als Funktionswert wiedergegeben. Das bedeutet, dass nachfolgende Aufrufe der Funktion `tmpnam()` dieselbe Adresse einnehmen. Aus diesem Grund sollte zuerst umkopiert werden, um die alte Adresse nicht zu überschreiben.

Sollte `tmpnam()` ohne den `NULL`-Zeiger aufgerufen werden, wird für `zgr` ein Adressbereich adressiert, der `L_tmpnam` Zeichen aufnehmen kann. `L_tmpnam` ist ebenso in der Headerdatei *<stdio.h>* deklariert.

```
/* Ltmpnam.c */
#include <stdio.h>
#include <stdlib.h>

int main(void) {
```

```
   printf("L_tmpnam= %d Zeichen\n", L_tmpnam);
   return EXIT_SUCCESS;
}
```

Kommen wir jetzt zur Funktion tmpfile(). Die Syntax lautet:

```
#include<stdio.h>

FILE *tmpfile(void);
```

Mit tmpfile() wird eine temporäre Datei im Binärmodus ("wb+") zum Lesen und Schreiben geöffnet. Die Datei mit einem eindeutigen Namen wird entweder beim Schließen der Datei mit fclose() oder bei der ordnungsgemäßen Beendigung des Programms automatisch gelöscht. Wenn das Programm abnormal beendet wurde, hängt es von der Implementierung ab, ob die temporäre Datei gelöscht wird oder nicht. Kann tmpfile() keine temporäre Datei öffnen, gibt diese Funktion einen Nullzeiger zurück. Wie auch schon bei tmpnam() können bei einem Programm laut C99-Standard mindestens TMP_MAX temporäre Dateien erzeugt werden.

Ich möchte Ihnen nun die zuletzt beschriebenen Funktionen anhand eines Programmbeispiels demonstrieren:

```
/* tempfile_1.c */
#include<stdio.h>
#include<stdlib.h>

char string[] = {
   "Dies ist der String für die Testdatei\n"
   "Diese Zeile ist ein Lückenfüller !!!!\n"
   "Aber diese Zeile soll verändert werden\n"
   "Hier könnten noch viele Zeilen mehr stehen\n"
};

void create_text_file(void) {
   FILE *out = fopen("test.txt", "w");
   if(NULL == out) exit(EXIT_FAILURE);
   fputs(string, out);
   fclose(out);
}

int main(void) {
   FILE *in, *out;
   char line[80], *tmp;
   int line_nr = 1;
```

17

```
   /* Es wird eine Datei mit dem Inhalt string erzeugt. */
   create_text_file();
   /* Die Datei zum Ändern wird zum Lesen geöffnet. */
   in  = fopen("test.txt", "r");
   if(NULL == in) {
      fprintf(stderr, "Konnte Datei nicht erzeugen!\n");
      return EXIT_FAILURE;
   }
   tmp = tmpnam(NULL);      /* temporäre Datei erzeugen */
   /* temporäre Datei zum Schreiben öffnen */
   out = fopen(tmp, "w");
   if(NULL == out) {
      fprintf(stderr, "Konnte Datei nicht öffnen!\n");
      return EXIT_FAILURE;;
   }
   /* aus der Datei zeilenweise lesen und in
    * temporäre Datei schreiben */
   while( NULL != fgets(line, 80, in)) {
      /* Es soll die dritte Zeile geändert werden. */
      if(line_nr == 3)
         fputs("Ein veränderte Zeile!\n", out);
      else
         fputs(line, out);
      line_nr++;
   }
   fclose(in);
   fclose(out);
   remove("test.txt");         /* Original löschen           */
   rename(tmp, "test.txt");    /* temporäre Datei umbenennen */
   return EXIT_SUCCESS;
}
```

Listing 17.35 »tempfile_1.c« zeigt den Umgang mit temporären Dateien.

Das Programm demonstriert den Einsatz temporärer Dateien. Es wird zuerst eine Textdatei *test.txt* erzeugt, die mit dem Inhalt von `string` beschrieben wird. Diese Datei wird dann zum Lesen geöffnet. Anschließend wird mit `tmpnam()` eine temporäre Datei erzeugt. Durch das Argument `NULL` befindet sich diese Datei im `static`-Speicherbereich. Diese temporäre Datei öffnet das Programm nun zum Schreiben. In der `while()`-Schleife wird Zeile für Zeile aus der Originaldatei gelesen und in die temporäre Datei geschrieben. Ist die dritte Zeile der Originaldatei erreicht, wird diese durch das Programm abgeändert. Das Programm liest also so lange einzelne Zeilen aus der Originaldatei aus, bis das Dateiende erreicht ist, und ändert währenddessen die dritte Zeile ab. Am Ende des Programms wird die Originaldatei gelöscht und die temporäre Datei in diese umbenannt.

Das Listing stellt eine einfache Möglichkeit dar, eine (größere) Textdatei in einem Zwischenspeicher zu verändern und anschließend abzuspeichern. Dies kann z. B. recht sinnvoll sein, wenn Sie ein Textverarbeitungsprogramm entwickeln wollen und dabei eine Funktion benötigen, die alle 10 Minuten eine Sicherungskopie des Originaltexts erstellt. Die meisten guten Textverarbeitungsprogramme besitzen diese Funktion.

Jetzt will ich Ihnen noch ein zweites Beispiel der Funktion `tmpfile()` zeigen:

```
/* tempfile_2.c */
#include<stdio.h>
#include<stdlib.h>

int main(void) {
   FILE *tmp;
   int i;
   char tempdatei[L_tmpnam], zeile[1000];

   printf("Demo-Funktion tmpnam ...\n");
   for(i = 1; i <= 4; i++) {
      if(i%2==0) {
         printf("%20d. %s\n",i,tmpnam(NULL));
      }
      else {
         tmpnam(tempdatei);
         printf("%20d. %s\n",i,tempdatei);
      }
   }
   printf("Demo-Funktion tmpfile ...\n");
   tmp=tmpfile();
   if( NULL == tmp ) {
      fprintf(stderr,"Fehler bei tmpfile\n");
      return EXIT_FAILURE;
   }
   /* Wir schreiben mit fputs in die temporäre
    * Datei, auf die tmp zeigt. */
   fputs("Dieser Text wird in die temporäre"
         " Datei geschrieben\n", tmp);
   rewind(tmp);
   if(fgets(zeile,sizeof(zeile),tmp) == NULL) {
      fprintf(stderr, "Fehler bei fgets ...\n");
```

17

```
        return EXIT_FAILURE;
    }
    printf("%s\n",zeile);
    return EXIT_SUCCESS;
}
```

Listing 17.36 »tempfile_2.c« demonstriert das Lesen und Schreiben in temporäre Dateien.

Als Erstes wird in diesem Programm die Funktion `tmpnam()` demonstriert. Sie erzeugen zwei temporäre Dateien mit dem `NULL`-Zeiger und zwei ohne. Anschließend erstellen Sie eine temporäre Datei und schreiben mit `fputs()` einen Text in diese. Danach lesen Sie aus der angefertigten temporären Datei, auf die der `FILE`-Zeiger `tmp` zeigt. Bei fehlerfreiem Beenden des Programms wird diese temporäre Datei auch wieder gelöscht. Zum Beweis, dass auch tatsächlich eine temporäre Datei erzeugt wurde, können Sie vor der Zeile

```
if(fgets(zeile,sizeof(zeile),tmp) == NULL)
```

aus der temporären Datei lesen und das Programm mit `exit()` abbrechen, etwa so:

```
rewind(tmp);
exit (1);
if(fgets(zeile,sizeof(zeile),tmp) == NULL)
```

Nun sollte sich in dem Verzeichnis, in dem Sie das Programm ausführen, eine Datei mit folgendem Textinhalt befinden:

```
Dieser Text wird in die temporäre Datei geschrieben
```

»mkstemp()« – sichere Alternative für Linux (nicht ANSI C)

Beim Übersetzen mit Linux bekommen Sie bei `tmpnam()` eine Warnung angezeigt, diese Funktion nicht zu verwenden. Es wird Ihnen geraten, die Funktion `mkstemp()` einzusetzen. Diese Warnung wird deshalb ausgegeben, weil die Funktion `tmpnam()` einen eindeutigen Namen zurückgibt. In der Zeit zwischen der Erzeugung des Namens und dem Öffnen der Datei könnte Ihnen theoretisch eine Datei mit demselben Namen untergeschoben werden.

```
int mkstemp(char *template) ;
```

Die Funktion `mkstemp()` erzeugt einen temporären Dateinamen und öffnet diese Datei mit `open()` und dem Flag `O_EXCL`. Bei Erfolg gibt Ihnen diese Funktion einen File-Deskriptor zum Lesen und Schreiben auf diese temporäre Datei zurück. Dank des Flags `O_EXCL` ist sichergestellt, dass die so erzeugte temporäre Datei wirklich einzigartig ist und nicht neu erzeugt werden kann, solange sie noch nicht mit `fclose()`

geschlossen wurde. Die geöffnete Datei verwendet den Modus `0600` und ist standardmäßig nur dem Eigentümer vorbehalten. Wenn andere Benutzer darauf zugreifen sollen, müssen Sie das ändern (z. B. mit `fchmod()`, `fchown()`). `mkstemp()` liefert bei einem Fehler `-1` zurück, wenn die Datei nicht erzeugt oder geöffnet werden kann.

17.5.6 Fehler bei der Ein-/Ausgabe abfangen und behandeln

Wenn bei einem Systemaufruf ein Fehler auftritt, wird in der globalen Variable `errno` ein entsprechender Fehlerwert gesetzt. Mit den beiden Funktionen `strerror()` und `perror()` können Sie diese Systemfehlermeldung ausgeben lassen. Die Variable `errno` ist in der Headerdatei *<errno.h>* definiert. Dabei ist es nicht vorgeschrieben, ob `errno` eine globale Variable (vom Typ `int`) oder ein Makro ist, das einen modifizierbaren L-Wert vom Typ `int` hat.

Ebenfalls in der Headerdatei *<errno.h>* sind die Konstanten (Fehlernummern) deklariert, die die Variable `errno` annehmen kann. Jede dieser Konstanten beginnt mit dem Großbuchstaben `E`. Diese Fehlernummern hängen allerdings, abgesehen von drei Konstanten, vom System und vom Compiler ab. Tabelle 17.9 enthält die drei Konstanten, die auf allen Systemen gleich und vorhanden sind.

Konstante	Bedeutung
`EDOM`	(*domain error*) Das Argument ist für eine mathematische Funktion nicht zulässig.
`EILSEQ`	(*illegal sequence*) Bei einer Verarbeitung von Multibyte-Zeichen wurden Bytes entdeckt, die keine gültigen Zeichen darstellen.
`ERANGE`	(*range error*) Das Ergebnis liegt außerhalb des darstellbaren Bereichs.

Tabelle 17.9 Fehlerbehandlungskonstanten für mathematische Funktionen

Weitere – allerdings wie schon erwähnt, vom System und Compiler abhängige – Konstanten und ihre Bedeutungen sind in Tabelle 17.10 aufgeführt.

Fehlercode	Bedeutung
`EZERO`	Fehler 0
`EINVFNC`	ungültige Funktionsnummer
`ENOFILE`	Datei nicht gefunden
`ENOPATH`	Pfad nicht gefunden

Tabelle 17.10 Fehlerbehandlungskonstanten bei Systemaufrufen

Fehlercode	Bedeutung
ECONTR	Speicherblöcke zerstört
EINVMEM	ungültige Speicherblockadresse
EINVENV	ungültiges Environment
EINVFMT	ungültiges Format
EINVACC	ungültiger Zugriffscode
EINVDAT	ungültige Daten
EINVDRV	ungültige Laufwerksangabe
ECURDIR	Versuch, das aktuelle Verzeichnis zu löschen
ENOTSAM	nicht das gleiche Gerät
ENMFILE	keine weiteren Dateien mehr
ENOENT	Datei oder Verzeichnis existiert nicht.
EMFILE	zu viele geöffnete Dateien
EACCES	Zugriff verweigert
EBADF	ungültiger Datei-Deskriptor
ENOMEM	zu wenig Speicher
ENODEV	Gerät existiert nicht.
EINVAL	ungültiges Argument
E2BIG	Argumentliste ist zu lang.
ENOEXEC	Fehler beim Exec-Format
EXDEV	Kreuzverbindung von Geräten
EFAULT	unbekannter Fehler
EEXIST	Datei existiert bereits.

Tabelle 17.10 Fehlerbehandlungskonstanten bei Systemaufrufen (Forts.)

Dies dürften bei Weitem nicht alle Fehlernummern gewesen sein bzw. auf anderen Systemen wieder zu viele. Sie können zu dem Thema »Fehlernummern bei Datei-I/O-Funktionen« auch in der Headerdatei *<errno.h>* oder unter Linux auf der Manpage nachsehen. Diese rufen Sie mit dem Kommando `man intro` auf.

Die Variable errno wird beim Programmstart normalerweise auf 0 gesetzt, da es keine Fehlernummer mit dem Wert 0 gibt. Deshalb sollte errno jedes Mal, wenn eine Systemfunktion aufgerufen wurde, wieder auf 0 gesetzt werden.

Fehlerausgabe mit »perror()«

Im ersten Beispiel wird die Funktion perror() verwendet. Sehen Sie sich zuerst die Syntax zu dieser Funktion an:

```
#include<stdio.h>

void perror(const char *meldung);
```

Wenn für meldung kein NULL-Zeiger angegeben wurde, wird der String meldung mit anschließendem Doppelpunkt, gefolgt von einer zu errno gehörenden Fehlermeldung, ausgegeben (mit abschließendem '\n'). Rufen Sie hingegen diese Funktion mit dem NULL-Zeiger auf, wird nur eine zu errno gehörende Fehlermeldung ausgegeben. Fehlermeldungen werden normalerweise in dem Standardfehlerausgabe-Stream (stderr) ausgegeben, der meistens in der Konsole ausgegeben wird. Unter Windows können einige IDEs (z. B. Code::Blocks und Visual Studio) auch separate Fenster hierfür verwenden.

Im nächsten Beispiel möchte ich Ihnen den Umgang mit perror() noch näher zeigen:

```
/* perror_beispiel.c */
#include<stdio.h>
#include<stdlib.h>

int main(void) {
   FILE *fp;

   fp = fopen("keinedatei.dat", "r");
   if (NULL == fp) {
      perror("Kann nicht aus Datei lesen ");
      return EXIT_FAILURE;
   }
   return EXIT_SUCCESS;
}
```

Das Programm versucht, die Datei *keinedatei.dat* zu öffnen. Falls diese nicht existiert (und so sollte es sein), wird eine entsprechende Fehlermeldung ausgegeben:

```
Kann nicht aus Datei lesen : No such file or directory
```

Der Funktion perror() kann auch ein NULL-Zeiger übergeben werden:

```
perror(NULL);
```

In diesem Fall würde das englische Pendant zur letzten Fehlermeldung ausgegeben:

```
No such file or directory (ENOENT)
```

Fehlerausgabe mit »strerror()«

Das gleiche Verhalten wie im letzten Listing soll jetzt auch mit der Funktion `strerror()` realisiert werden. Die Syntax der Funktion lautet:

```
#include<string.h>

char *strerror(int error_nr);
```

Die Funktion liefert als Rückgabewert einen Zeiger auf einen String, der zur Systemfehlermeldung der Variablen `errno` passt. Der Parameter `error_nr` enthält in der Regel die Fehlervariable von `errno`.

```
/* strerror_beispiel.c */
#include<stdio.h>
#include<string.h>
#include<stdlib.h>
#include<errno.h>

int main(void) {
   FILE *fp;

   fp = fopen("keinedatei.dat", "r");
   if (NULL == fp) {
      fprintf(stderr, "%s\n", strerror(errno));
      return EXIT_FAILURE;
   }
   return EXIT_SUCCESS;
}
```

Das Programm läuft genauso ab wie das Programm zuvor mit `perror()`.

In dem nun folgenden Beispiel wird eine Datei mit dem Namen *testfile* erstellt. Zuerst soll die Datei zum Lesen geöffnet werden. Anschließend wird mit

```
if(errno == ENOENT)
```

überprüft, ob die Variable `errno` den Wert der Konstante `ENOENT` hat. Wenn ja, bedeutet dies, dass keine solche Datei existiert, und sie soll somit neu angelegt werden. Sollte es Probleme beim Anlegen dieser Datei geben, so wird dies mit dem nächsten `perror()`-Aufruf ausgegeben. Das folgende Beispiel emuliert also das von DOS bekannte Makro `if_exists()` auf Linux:

```
/* if_exists.c */
#include<stdio.h>
#include<stdlib.h>
#include<errno.h>
#define ESUCCESS 0

int main(void) {
   FILE *fp;

   fp = fopen("testfile", "r");
   if(errno == ENOENT) {
      /* errno wieder zurücksetzen */
      errno = ESUCCESS;
      fp = fopen ("testfile", "w");
      if(NULL == fp) {
         perror(NULL);
         return EXIT_FAILURE;
      }
      else
         printf("Datei \"testfile\" angelegt\n");
   }
   else
      printf("Datei \"testfile\" existiert bereits\n");
   fclose(fp);
   return EXIT_SUCCESS;
}
```

Listing 17.37 »if_exists.c« zeigt, wie Sie durch Auswerten der Fehlernnummer in »errno« feststellen können, ob eine Datei existiert.

17.5.7 Formatiert in einen String schreiben und formatiert aus einem String lesen – »sscanf()« und »sprintf()«

Die Funktionen `sscanf()` und `sprintf()` gehören eigentlich nicht in die Welt der Datei-I/O-Funktionen. Ich möchte sie aber trotzdem an dieser Stelle behandeln, weil sie sehr oft als »vorbereitende Schritte« für die Datei-Ein/Ausgabe verwendet werden. Die Funktion `sprintf()` ist in der Headerdatei *<stdio.h>* deklariert und nicht – wie häufig irrtümlicherweise angenommen wird – in *<string.h>*. Sie arbeitet genauso wie `printf()`, nur dass statt der Ausgabe auf dem Bildschirm formatiert in einen String geschrieben wird. So lassen sich verschiedene Formatelemente formatiert in einen String schreiben. Die Syntax dazu lautet:

```
int sprintf( char * restrict target_string,
             const char * restrict format, ...);
```

```
int snprintf( char * restrict target_string, size_t n
              const char * restrict format, ...);
```

Mit dem ersten Parameter `target_string` wird die Adresse des Zielstrings angegeben. Das zweite und die weiteren Argumente von `sprintf()` haben dieselbe Bedeutung wie schon bei der Funktion `printf()`. `snprintf()` funktioniert genauso wie `sprintf()`, nur werden nicht mehr als `n` Byte in den Zielstring `target_string` geschrieben.

Diese Funktion eignet sich besonders gut, wenn Sie Zahlen in einen String konvertieren wollen. Zudem schreibt sie am Ende das `'\0'`-Zeichen. Betrachten wir dazu ein kurzes Listing (siehe auch Abbildung 17.9):

```
/* sprintf_beispiel.c */
#include<stdio.h>
#include <stdlib.h>
#define BUF 255

int main(void) {
   char string1[BUF];
   char string2[BUF];
   int anzahl = 10;
   char gegenstand[] = "Kartoffel";
   float liter = 1.55f;
   char fluessigkeit[] = "Limo";

   sprintf(string1, "%d kg %s\n",anzahl,gegenstand);
   sprintf(string2, "%.2f Liter %s\n",liter,fluessigkeit);

   printf("%s",string1);
   printf("%s",string2);
   return EXIT_SUCCESS;
}
```

Listing 17.38 »sprintf_beispiel.c« demonstriert das formatierte Schreiben in einen String mithilfe von »sprintf()«.

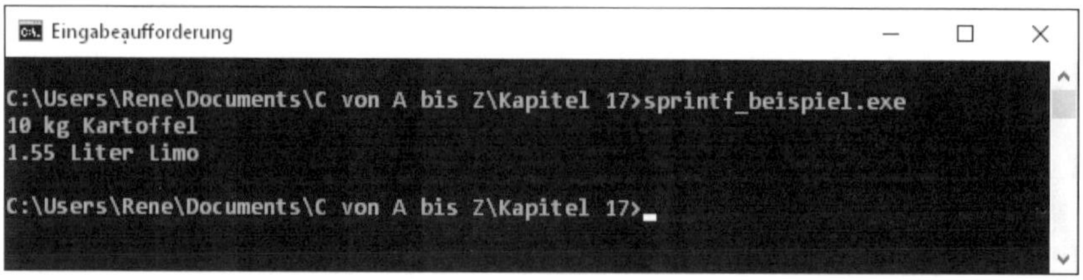

```
Eingabeaufforderung

C:\Users\Rene\Documents\C von A bis Z\Kapitel 17>sprintf_beispiel.exe
10 kg Kartoffel
1.55 Liter Limo

C:\Users\Rene\Documents\C von A bis Z\Kapitel 17>
```

Abbildung 17.9 Formatiert in einen String schreiben

Die Funktion sscanf() stellt das Gegenstück zur Funktion sprintf() dar. Sie funktioniert genauso wie scanf(), nur liest sscanf() die Formatelemente nicht von der Tastatur ein, sondern von einem String. Die Syntax sieht so aus:

```
int sscanf( const char * restrict quell_string,
            const char * restrict format, ...);
```

Im ersten Argument befindet sich der Quellstring, von dem anschließend die Eingabezeichen mit den Formatbezeichnern des zweiten Arguments in die Variablenliste eingelesen werden. Am Dateiende oder bei einem Fehler gibt diese Funktion EOF zurück. Damit können Strings wieder in Zahlen umgewandelt werden. Hier sehen Sie ein Beispiel zu sscanf():

```
/* sscanf_beispiel.c */
#include<stdio.h>
#include<string.h>
#include<stdlib.h>

int main(int argc, char **argv) {
   int count = 1, check, temp, summe = 0;

   if (argc < 2) {
      fprintf(stderr, "Verwendung: %s Integer"
                      " Integer [Integer_n]\n", *argv);
      return EXIT_FAILURE;
   }
   while(count < argc) {
      /* einzelne Argumente in Integerwerte konvertieren */
      check = sscanf(argv[count], "%d", &temp);
      /* ungültiges Argument wird ignoriert */
      if(check == EOF)
         count++;
      else {
         summe += temp;
         count++;
      }
   }
   printf("Summe aller Ganzzahlen der Argumente: %d\n", summe);
   return EXIT_SUCCESS;
}
```

Listing 17.39 »sscanf_beispiel.c« demonstriert das formatierte Lesen aus einem String mit »sscanf()«.

17

Mit diesem Listing werden die Ganzzahlen, die dem Programm beim Aufruf über die Kommandozeile als Argumente mitgegeben wurden, als Summe berechnet. Die einzelnen Argumente werden mit der folgenden Zeile in Integerwerte konvertiert:

```
check = sscanf(argv[count], "%d", &temp);
```

Zur Verdeutlichung folgt noch ein weiteres Beispiel mit den beiden Funktionen `sprintf()` und `sscanf()`:

```
/* formatierte_ausgabe.c */
#include<stdio.h>
#include<stdlib.h>
#define NUMITEMS 4

char *namen[4] = {
   "Jürgen", "Fatma", "Gismo", "Jonathan"
};

int main(void) {
   int schleife;
   char temp[4][80];
   char name[20];
   int alter;
   long lohn;

   /* Wir erstellen Namen, Alter und Gehalt. Alter und Gehalt
    * werden durch Zufallszahlen erzeugt. Mit sprintf schreiben
    * wir die Daten formatiert nach int temp. */
   for (schleife = 0; schleife < NUMITEMS; ++schleife)
      sprintf(temp[schleife], "%s %d %ld"
         ,namen[schleife], rand()%20+18, rand()+27500L);

   /* Wir erstellen eine Kopfzeile. */
   printf("%4s | %-20s | %5s | %9s\n",
       "#","Name","Alter","Gehalt");
   printf(" ----------------------------------------"
        "----------\n");

   /* Mit sscanf lesen wir die Daten formatiert aus temp aus,
    * und zwar dort, wo wir zuvor mit sprintf die Daten
    * formatiert geschrieben haben. */
   for (schleife=0; schleife < NUMITEMS; ++schleife) {
      sscanf(temp[schleife],"%s %d %ld",(char*)&name,&alter,&lohn);
      printf("%4d | %-20s | %5d | %9ld\n",
```

```
         schleife+1,name,alter,lohn);
   }
   return EXIT_SUCCESS;
}
```

Listing 17.40 »formatierte_ausgabe.c« zeigt »sprintf()« im Zusammenspiel mit »printf()«.

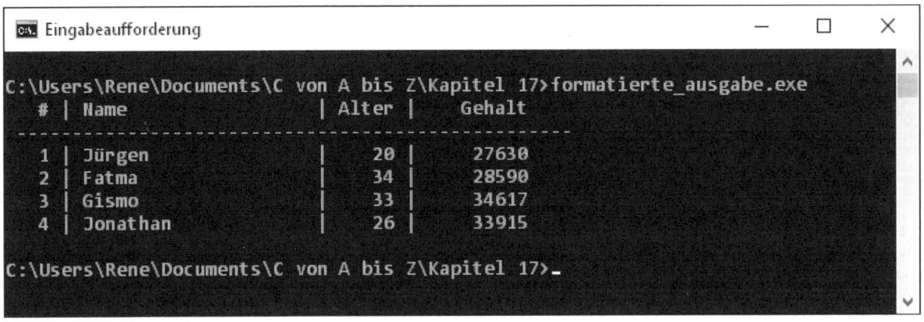

```
Eingabeaufforderung

C:\Users\Rene\Documents\C von A bis Z\Kapitel 17>formatierte_ausgabe.exe
   # | Name                   | Alter |    Gehalt
--------------------------------------------------
   1 | Jürgen                 |    20 |     27630
   2 | Fatma                  |    34 |     28590
   3 | Gismo                  |    33 |     34617
   4 | Jonathan               |    26 |     33915

C:\Users\Rene\Documents\C von A bis Z\Kapitel 17>_
```

Abbildung 17.10 Formatiertes Schreiben in einen String und Lesen aus einem String

Dies ist ein recht praktisches Beispiel, das Sie immer wieder verwenden können (siehe Abbildung 17.10). Zuerst können Sie mit `sprintf()` formatiert in ein zweidimensionales Array `temp` schreiben, und anschließend können Sie dies mit `sscanf()` wieder formatiert auslesen. So können sie z. B. sehr gut Tabellen von einem Format in ein anderes umwandeln, ohne dass dabei Informationen verloren gehen.

Vielleicht werden Sie sich noch wundern, wie oft Sie solche Dinge benötigen. Ich selbst musste z. B. einmal ein altes DOS-Programm nach Excel/Visual Basic portieren, aber natürlich gab es keinen Quellcode. Der Programmierer, der seinerzeit das Programm in QuickBASIC erstellt hatte, war längst verstorben, und deshalb konnte ich ihn nicht mehr fragen, wie er z. B. die Kundendaten strukturiert hatte. An dieser Stelle war ich froh, dass ich C und `sprintf()` benutzen konnte.

Byte- und wide-orientierter Stream

Neben einem `char` steht Ihnen auch der Typ `wchar_t` für Breitzeichen zur Verfügung, um abhängig von der Implementierung, erweiterte Zeichensätze darzustellen. Zwar werden in diesem Kapitel nur die Standard-Ein-/Ausgabe-Funktionen der Headerdatei *<stdio.h>* beschrieben, aber für breite Zeichen stehen in der Headerdatei *<wchar.h>* immer entsprechende Gegenstücke zur Verfügung. Um beispielsweise einen String zeilenweise in einen Stream zu schreiben, steht Ihnen in der Headerdatei *<stdio.h>* die Funktion `fgets()` zur Verfügung. Das entsprechende Gegenstück für breite Zeichen aus der Headerdatei *<wchar.h>* unterscheidet sich lediglich durch den Namen und lautet `fgetws()`.

Das Öffnen einer Datei erfolgt bei byte- und wide-orientierten Streams immer auf dieselbe Art und Weise. Erst der erste Zugriff auf eine Datei entscheidet, ob dieser byte- oder wide-orientiert erfolgt. Dies hängt natürlich davon ab, ob Sie die byte-orientierten Funktionen aus *<stdio.h>* oder die wide-orientierten aus *<wchar.h>* verwenden.

Wissen müssen Sie auf jeden Fall, falls Sie einen wide-orientierten Stream verwenden, dass die Zeichen als Multibyte-Zeichen (siehe Abschnitt 5.14.2) in der Datei gespeichert werden. Um die entsprechenden Konvertierungen von Breitzeichen in Multibyte-Zeichen und umgekehrt müssen Sie sich nicht kümmern, das machen die Funktionen für Sie.

Jeder wide-orientierte Stream hat außerdem ein Objekt vom Typ `mbstate_t`, in dem der Status der Konvertierung gespeichert wird. Diese Informationen werden benötigt, um korrekte Konvertierungen zwischen Breitzeichen und Multibyte-Zeichen und umgekehrt durchzuführen. Mit diesem Status wird die Funktionsweise der Konvertierung festgelegt. In diesem Konvertierungsstatus wird auch die Position innerhalb des Multibyte-Zeichens gespeichert, sodass Sie mithilfe von `mbstate_t` auch ohne Probleme die Dateiposition mit den Funktionen `fgetpos()` und `fsetpos()` abfragen bzw. setzen können.

Wollen Sie wissen, ob ein Stream byte- oder wide-orientiert ist, können Sie die Funktion `fwide()` aus der Headerdatei *<wchar.h>* verwenden. Mit dieser Funktion können Sie außerdem die Stream-Orientierung direkt setzen. Gewöhnlich macht man dies gleich nach dem Öffnen der Datei. Nach dem Setzen der Orientierung mit `fwide()` kann sie nicht mehr geändert werden. Die Orientierung lässt sich aber nach einem Aufruf von `freopen()` wieder löschen. Ohne einen Aufruf von `fwide()` wird, wie bereits erwähnt, die Orientierung implizit dadurch festlegt, ob die erste Schreib- oder Leseoperation byte- oder wide-orientiert ist. Ein einfaches Beispiel hierzu:

```
/* wide_fopen.c */
#include<stdio.h>
#include<stdlib.h>
#include<wchar.h>

int main() {
   FILE *fp;
   int ret;
   wchar_t wStr[] =
      L"Ein einfaches Beispiel für Breitzeichen";

   fp = fopen("testfile.txt", "w+");
   if( NULL == fp ) {
      printf("Konnte Datei nicht öffnen\n");
      exit(EXIT_FAILURE);
   }
```

```
   // wide-orientiert setzen = 1
   ret = fwide( fp, 1 );
   if( ret <= 0 ) {
      fprintf( stderr,
         "Konnte nicht auf Breitzeichen umstellen\n");
      exit(EXIT_FAILURE);
   }
   // Die Breitzeichen schreiben
   fputws( wStr, fp );
   return EXIT_SUCCESS;
}
```

Listing 17.41 »wide_fopen.c« zeigt, wie Sie mit »fwide()« einen Datenstrom auf Multibyte-Zeichen umstellen.

[«]

Hinweis zur Headerdatei »wchar.h«

Eine Übersicht zu den Funktionen der Headerdatei *<wchar.h>* finden Sie in den Materialien zum Buch in der Übersicht »Die C-Standard-Bibliothek« unter *https://www.rheinwerk-verlag.de/5701*.

17.5.8 Ein fortgeschrittenes Thema

Mittlerweile haben Sie in diesem Buch schon einiges gelernt. Aber irgendwie waren alle Themen doch sehr theoretisch. Ich habe vorwiegend gezeigt, wie Sie eine Funktion einsetzen können und was dabei beachtet werden muss. Daher soll in diesem Abschnitt einmal etwas Praktisches gemacht werden, mit dem einige C-typische Stärken aufgezeigt werden können. Es muss auch erwähnt werden, dass dieses Programmbeispiel Ihnen einiges an Wissen abverlangt. In dem folgenden Listing werden aber keine Konstrukte von C verwendet, mit denen Sie bisher noch nichts zu tun hatten.

Wenn Sie so wollen, stellt dieses Programm eine Art Zwischenprüfung Ihrer Kenntnisse in C dar, mit der Sie sozusagen selbst eine Art »Abschlussarbeit« schreiben können. Wenn Sie dieses »Klassenziel« erreicht haben, können Sie sich schon eingestehen, dass Sie gut C programmieren können. Alles, was nach Kapitel 17 kommt, ist Wissen für Fortgeschrittene. Wie natürlich bei einer Prüfung üblich, gibt es bei dieser Aufgabe keine Hilfsmittel und Erklärungen, Sie müssen also das nächste Listing ganz alleine anhand der Kommentare verstehen. Aber keine Angst! Ich gebe Ihnen keine Aufgaben, die Sie nicht mit dem Wissen meistern können, das Sie bisher erworben haben. Und es ist auch keine Aufgabe in der Art der mathematischen Knobelaufgaben, an der schon so mancher Schüler verzweifelt ist.

Nun soll gezeigt werden, wie Sie Text einer Datei dynamisch in den Speicher lesen können – so, wie dies bei Textverarbeitungsprogrammen geschieht. Eine einfache Textdatei ist dabei so strukturiert wie in Abbildung 17.11 gezeigt.

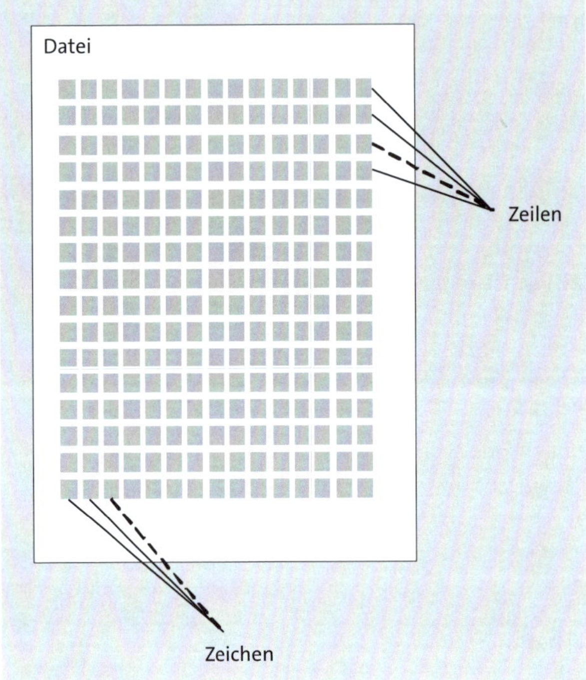

Abbildung 17.11 Einfache Strukturierung einer Textdatei

Sicher ist dies nur eine einfache Strukturierung einer Textdatei. In der Regel fehlen z. B. noch die Absätze oder die Seitenzahlen. Aber für unseren Fall genügt dies.

Folgende Funktionen benötigen Sie für diese Aufgabe:

- eine Funktion, die eine Datei zum zeilenweisen Lesen öffnet
- eine Funktion, die dynamischen Speicher für einen String anfordert
- eine Funktion, die den dynamischen Speicher erweitert (eine Zeile hinzufügt)
- eine Funktion, die die Größe einer Zeile anpasst und überflüssigen Speicher wieder freigibt
- eine Funktion, die den dynamischen Speicher verringert
- eine Funktion, die allozierten Speicher freigibt

Es folgt jetzt das vollständige Listing, das sehr ausführlich kommentiert ist:

```
/* dynamischer_text.c */
#include<stdio.h>
#include<stdlib.h>
```

```
#include<string.h>
/* symbolische Konstanten */
#define LINE 255
#define ALLOC_LINE 10

enum { SUCCESS, ERROR };

/* Funktionsprototypen */
int read_file(char ***, char *, int *);
char **alloc_string_array(int, int);
int zeilen_hinzu_fuegen(char ***, int, int, int);
int string_anpassen(char **, int);
int string_groesse_veraendern(char **, int, int);
void free_string_array(char **, int);

/*  ***array == ein Zeiger auf einen Zeiger einer Zeile mit
 *  einem Zeiger auf die Länge der Zeile (*array[zeile][länge])
 *  *fname == Name der zu öffnenden Datei
 *  *zeile_n == Zeiger auf Anzahl Zeilen
 *  Rückgabewert: SUCCESS wenn kein Fehler, ansonsten ERROR
 */
int read_file(char ***array, char *fname, int *zeile_n) {
 char puffer[LINE] = {0}; /* Puffer zum zeilenweisen Einlesen  */
 char *newline = NULL;    /* Zeiger für neue Zeile             */
 FILE *f;                 /* Datei, die geöffnet werden soll*/
 int error = SUCCESS;     /* Fehlerstatus                      */
 int zeile = 0;           /* aktuelle Zeile                    */
 int absatz_n;

 *zeile_n = 0;            /* erste Zeile mit 0 initialisieren  */
 /* Speicher anfordern für ALLOC_LINE Zeilen a LINE Zeichen    */
 *array = alloc_string_array(ALLOC_LINE, LINE);
 if(NULL != *array) {
    f = fopen(fname, "r"); /* Datei fname zum Lesen öffnen */
    if(NULL != f) {
       *zeile_n = ALLOC_LINE;
       absatz_n = 0;
       /* solange kein Fehler auftritt, zeilenweise einlesen */
       while(0 == error && NULL != fgets(puffer, LINE, f)) {
          newline = strchr(puffer, '\n');
          if(NULL != newline)
             /* Newline-Zeichen gegen
              * Terminierungszeichen austauschen */
               *newline = '\0';
```

```
            strcat( (*array)[zeile], puffer);
            if(NULL != newline) {
               absatz_n = 1;
               zeile++;
               /* Haben wir noch Platz im Speicher
                * für weitere Zeilen? */
               if(zeile >= *zeile_n) {
                  /* Nein, dann anfügen. */
                  if(0 == zeilen_hinzu_fuegen(
                   array, *zeile_n, ALLOC_LINE, LINE) )
                     error = ERROR;
                  else
                     /* Anzahl der Zeilen + 10 */
                     *zeile_n += ALLOC_LINE;
               }
            }
            /* kein Newline-Zeichen, dann Zeile länger als LINE
             * Zeichen, String der Länge anpassen  ->  Speicher
             * anfordern */
            else {
               absatz_n++;
               if(0 == string_groesse_veraendern(
                *array, zeile, absatz_n * LINE))
                  error = ERROR;
            }
      }/*while*/
      fclose(f);
      /* Wir sind am Ende vom Einlesen, oder ein Fehler trat auf.
       * Es muss/müssen allerdings noch die übrige(n) Zeile(n) in
       * den Speicher eingelesen werden. */
      if(0 == error && *zeile_n > zeile) {
         if(0 == zeilen_hinzu_fuegen(
          array, *zeile_n, zeile-*zeile_n, 0))
            error = ERROR;
         *zeile_n = zeile;
      }
   }
   else  /* Datei fname konnte nicht geöffnet werden. */
      error = ERROR;
}
else   /* Es konnte kein Speicher alloziert werden. */
    error = ERROR;

if(error != 0) {
```

```
    /* im Fall eines Fehlers Speicher wieder freigeben
     * und Anzahl Zeilen auf 0 setzen */
    free_string_array(*array, *zeile_n);
    *zeile_n = 0;
 }
 else
     string_anpassen(*array, *zeile_n);
 return error;
}
/*   zeilen_n == Anzahl Zeilen, wie viele reserviert werden sollen
 *   laenge   == Speicherplatz für die Länge jeder Zeile,
 *              die angefordert wird
 *   Rückgabewert: Anfangsadresse des reservierten Speichers vom
 *                String-Array  (array[zeile][laenge])
 */
char **alloc_string_array(int zeilen_n, int laenge) {
 char **array = NULL;
 int zeile;
 int ret = SUCCESS;

 if(zeilen_n > 0 && laenge > 0) {
    /* Speicher für zeilen_n Zeilen reservieren */
    array = malloc(zeilen_n * sizeof(*array));
    if(NULL != array) {
       for(zeile=0; zeile < zeilen_n; zeile++) {
          /* Für jede zeile_n Zeile laenge Byte
           * Speicher reservieren */
          array[zeile] =
             malloc( laenge * sizeof(*array[zeile]) );
          if(NULL == array[zeile])
             ret = ERROR;
          else
             /*in jeder Zeile erstes Zeichen mit \0 initialisieren*/
             array[zeile][0] = '\0';
       }
       if(ERROR == ret) {  /* Bei Fehler Speicher freigeben */
          free_string_array(array, zeilen_n);
          array = NULL;
       }
    }
 }
 return array;
}
```

```
/*  ***array        == Ein Zeiger auf einen Zeiger einer Zeile mit
 * einem Zeiger auf die Länge der Zeile ( *array[zeile][länge])
 * alt_n_zeilen     == Anzahl akt. Zeilen im Speicher
 * n_zeilen_hinzu == Anzahl Zeilen, für die neuer Speicherplatz
 * reserviert werden soll. Bei negativen Werten werden n Zeilen
 * entfernt
 * init_laenge     == Speicherplatz für die Länge jeder Zeile, die
 *                    angefordert wird
 * Rückgabewert: 1 wenn Ok, ansonsten 0
 */
int zeilen_hinzu_fuegen(char ***array_ptr, int alt_n_zeilen,
                        int n_zeilen_hinzu, int init_laenge) {
 char **ptr;
 int ret = 1;
 int zeile;
 int anzahl_alte_zeilen = alt_n_zeilen;

 /* ein negativer Wert bedeutet Zeilen entfernen */
 if(n_zeilen_hinzu < 0) {
    for(zeile=anzahl_alte_zeilen-1;
     zeile >= anzahl_alte_zeilen+n_zeilen_hinzu; zeile--)
       free( (*array_ptr)[zeile]);
 }
 /* Speicher für einzelne Zeilen reservieren */
 ptr=realloc( *array_ptr,
  (anzahl_alte_zeilen+n_zeilen_hinzu)*sizeof(**array_ptr));
 if(NULL != ptr) {
    *array_ptr = ptr;
    for(zeile=anzahl_alte_zeilen;
     ret && zeile < anzahl_alte_zeilen+n_zeilen_hinzu; zeile++) {
       /* Anzahl der Zeichen, die jede Zeile
        * aufnehmen kann, reservieren */
       (*array_ptr)[zeile] = malloc(init_laenge);
       if( NULL != (*array_ptr)[zeile])
          /* in jeder Zeile das erste Zeichen mit \
           * 0 initialisieren */
          (*array_ptr)[zeile][0] = '\0';
       else
          ret = 0;
    }
 }
 else
    ret = 0;
```

```
 return ret;
}

/*  **array_ptr == Ein Zeiger auf das String-Array
 *                 array[zeile][laenge]
 *      zeile_n == Anzahl Zeilen, die angepasst werden
 * Rückgabewert bei Erfolg 0, ansonsten größer als 0
 */
int string_anpassen(char **array_ptr, int zeile_n) {
 int zeile;
 int anzahl_zeichen;
 int fehlschlag = 0;

 for(zeile = 0; zeile < zeile_n; zeile++) {
    /* Funktion strlen liest das Terminierungszeichen
     * '\0' nicht mit -> daher +1 */
     anzahl_zeichen = strlen(array_ptr[zeile])+1;
     if(0 == string_groesse_veraendern(
      array_ptr, zeile, anzahl_zeichen))
        fehlschlag++;
 }
 return fehlschlag;
}

/*  **array_ptr == Ein Zeiger (Adresse) auf das String-Array
 *  array[zeile][laenge]
 *      zeile   == Zeile, die verändert werden soll
 * neu_laenge   == Anzahl Zeichen, die für die Zeile verändert
 *                 werden sollen
 * Rückgabewert bei Erfolg SUCCESS, ansonsten bei Fehler ERROR
 */
int string_groesse_veraendern(char **array, int zeile,
                              int neu_laenge) {
 char *ptr;
 int ret = SUCCESS;

 ptr = realloc(array[zeile], neu_laenge);
 if(ptr != NULL)
   array[zeile] = ptr;
 else
   ret = ERROR;
 return ret;
}
```

```
/*  **array_ptr == Ein Zeiger (Adresse) auf das String-Array
 *                  array[zeile][laenge]
 *    n_zeile   == Anzahl Zeilen, die freigegeben werden sollen*/
void free_string_array(char **array, int n_zeilen) {
 int zeile;

 if(array != NULL) {
    for(zeile= 0; zeile < n_zeilen; zeile++) {
       if(array[zeile] != NULL)
          free(array[zeile]);
    }
 }

 free(array);
}

int main(void) {
 char **array = NULL;
 char datei[255];
 int zeilen=0, i, auswahl, n, m;

 do {
    printf("Was wollen Sie tun?\n\n");
    printf("-1- Datei komplett in den Speicher einlesen\n");
    printf("-2- Inhalt der Datei im Speicher ausgeben\n");
    printf("-3- Datei im Speicher von Zeile n bis m ausgeben\n");
    printf("-4- Den Speicher wieder freigeben\n");
    printf("-5- Ende\n\n");
    printf("Ihre Wahl : < >\b\b");
    scanf("%d",&auswahl);fflush(stdin);
    switch(auswahl) {
       case 1 : printf("Datei angeben( mit Pfadangabe ): ");
                scanf("%254s",datei);
                fflush(stdin);
                if( (read_file(&array, datei, &zeilen))==ERROR)
                    printf("Fehler beim Lesen in Speicher!!!\n");
                break;
       case 2 : if(zeilen == 0)
                   printf("Keine Daten vorhanden!\n");
                else
                   for(i=0; i<=zeilen-1; i++)
                      printf("%s\n",array[i]);
                break;
```

```
      case 3 : printf("Zeilenbeginn: ");
               scanf("%d",&n);
               fflush(stdin);
               if(n > 0 && n <= zeilen-1) {
                  printf("bis zur Zeile: ");
                  scanf("%d",&m);
                  fflush(stdin);
                  if(m >= n && m <= zeilen-1) {
                     for(i=n; i<=m-1; i++)
                        printf("%s\n",array[i]);
                  }
                  else
                     printf("??>>%d<<??\n",m);
               }

               else
                  printf("??>>%d<<??\n",n);
               break;
      case 4 : free_string_array(array, zeilen);
               zeilen=0;
               break;
      default: break;
   }
 } while(auswahl != 5);
 return EXIT_SUCCESS;
}
```

Listing 17.42 Das umfangreiche Listing »dynamischer_text.c« implementiert einige wichtige Funktionen, die auch Textverarbeitungsprogramme oft in ähnlicher Form einsetzen.

17.6 Low-Level-Datei-I/O-Funktionen (nicht ANSI C)

Mit den Funktionen der höheren Ebene (*High-Level*) aus Abschnitt 17.3, wird auf die Daten mit einem hohen Abstraktionsniveau zugegriffen. Das bedeutet, die Daten eines Programms werden formatiert ausgegeben oder eingelesen. Bei der niedrigeren Ebene (*Low-Level*) wird auf einem tieferen Niveau gearbeitet: Der Zugriff auf die Daten findet als eine Folge von unstrukturierten Bytes statt und bietet somit die Möglichkeit, Byte-Sequenzen vorgegebener Länge einzulesen oder auszugeben.

Nicht nur die Namen der Funktionen der höheren und der niedrigeren Ebene sind ähnlich, auch ihre Abarbeitung ist es – nur mit einem sehr prinzipiellen Unterschied, der etwas verwirrend sein kann (deshalb muss ich ihn ja explizit erklären). Während beim High-Level-Dateizugriff mit einem `FILE`-Zeiger (Stream) auf die Datei zugegriffen wird, geschieht dies auf der niedrigeren Ebene mit einem sogenannten *Datei-*

Handle. Dieses *Handle* ist kein Zeiger wie bei der höheren Ebene, sondern ein normaler int-Wert, der beim Öffnen einer Datei zurückgegeben wird.

Die höheren Dateifunktionen bauen auf den Funktionen der niedrigeren Ebene auf. Die niedrigere Ebene ist also die Grundlage der höheren Funktionen in der Standard-Bibliothek (dies gilt ab C23 auch für Netzwerk-Streams).

Wenn zum Beispiel Bibliotheksfunktionen wie printf() oder scanf() zum Aus- bzw. Eingeben benutzt werden, verwenden Sie eigentlich die Systemfunktionen write() und read(). Dies sind Funktionen im Low-Level-Bereich, also Systemfunktionen, auf denen die höheren Funktionen aufbauen, wie z. B. fgets() und fputs(). Natürlich ist anzumerken, dass die Funktionen der niedrigeren Ebene systemabhängig sind und somit nicht dem ANSI-C-Standard entsprechen können. Das heißt konkret, dass es Probleme mit der Portabilität der Programme geben kann, die Sie mit den Low-Level-Funktionen programmiert haben.

Hinweis für Linux-Programmierer

Bei Linux-Betriebssystemen sind Low-Level-Funktionen direkte Schnittstellen zum System. Dateizugriffe mit diesen Funktionen realisieren direkt entsprechende Betriebssystemfunktionen (sogenannte *System Calls*).

17.6.1 Dateien öffnen mit »open()«

Öffnen Sie eine Datei mit der Funktion open(), so wird der Datei ein *Deskriptor* (auch *File-Deskriptor* genannt) zugeordnet. Unter DOS nennt man diesen Deskriptor auch *Handle*. Ein *File-Deskriptor* ist eine positive kleine Zahl, die vom Betriebssystem vergeben wird. Über diesen Deskriptor (bzw. das Handle) geben Sie an, ob gelesen oder geschrieben werden soll. Mit der Funktion open() kann zudem gleich eine Datei angelegt werden. Hier sehen Sie die Syntax mit den dazugehörenden Headerdateien, die mit eingebunden werden müssen, für Linux:

```
#include<fcntl.h>
#include<sys/types.h>
#include<sys/stat.h>

int open(const char *pfad, int modus);
int open(const char *pfadname, int flags, mode_t zugriffsrechte);
```

Die Syntax mit Headerdateien für Windows sieht so aus:

```
#include<fcntl.h>
#include<io.h>
#include<sys\stat.h>
```

```
int open(const char *pfad, int modus);
int open(const char *pfadname, int flags, mode_t zugriffsrechte);
```

Als Pfad müssen Sie den absoluten oder relativen Pfad der Datei angeben, die geöffnet werden soll. Da der Prototyp (unter Linux zumindest) in Wirklichkeit korrekt `open(const char *, int, ...)` lautet, kann das dritte Argument auch wegfallen.

Beim Modus gibt es mehrere Varianten, aber diese sind systemabhängig. Einer der drei Modi, die in Tabelle 17.11 aufgeführt sind, muss immer angegeben werden.

Modus	Bedeutung
O_WRONLY	nur zum Schreiben öffnen
O_RDWR	zum Lesen und Schreiben öffnen
O_RDONLY	nur zum Lesen öffnen

Tabelle 17.11 Bearbeitungsmodi für »open()«

Dies sieht dann unter Linux folgendermaßen aus:

```
int fh;
if((fh = open("/home/programmname", O_RDONLY)) != -1)
```


oder unter Windows:

```
if((fh = open("c:\\config.sys", O_RDONLY)) != -1)
```

In den beiden Beispielen wird eine Datei nur zum Lesen geöffnet. Bei einem dieser drei genannten Modi können Sie mit dem bitweisen ODER-Zeichen (`|`) weitere Aktionen verknüpfen. Dies sieht dann so aus:

```
if((fh = open("c:\\test.sys", O_WRONLY|O_CREAT)) != -1)
```

Eine Datei wird zum Schreiben geöffnet. Existiert diese Datei nicht, so wird sie erzeugt (`O_CREAT`). Existiert diese Datei, so wird der zusätzliche Modus `O_CREAT` ignoriert. Tabelle 17.12 zeigt die zusätzlichen Modi, die für Linux und Windows darüber hinaus zur Verfügung stehen.

Modus	Bedeutung
O_CREAT	Falls die Datei nicht existiert, wird sie neu angelegt. Falls die Datei existiert, ist O_CREAT ohne Wirkung.
O_APPEND	Datei öffnen zum Schreiben am Ende

Tabelle 17.12 Weitere Bearbeitungsmodi für »open()«

Modus	Bedeutung
O_EXCL	O_EXCL kombiniert mit O_CREAT bedeutet, dass die Datei nicht geöffnet werden kann, wenn sie bereits existiert und open() den Wert -1 zurückliefert (-1 == Fehler).
O_TRUNC	Eine Datei, die zum Schreiben geöffnet wird, wird geleert. Darauffolgendes Schreiben bewirkt erneutes Beschreiben der Datei von Anfang an. Die Attribute der Datei bleiben erhalten.

Tabelle 17.12 Weitere Bearbeitungsmodi für »open()« (Forts.)

Beispielsweise wird mit

```
if((fh = open("/home/Name.txt", O_WRONLY | O_TRUNC)) != -1)
```

erreicht, dass die Datei *Name.txt* zum Schreiben geöffnet wird. Der Inhalt dieser Datei wird gelöscht, und sie kann neu beschrieben werden. Tabelle 17.13 listet weitere Modi auf, die nur für Linux zur Verfügung stehen.

Modus	Bedeutung
O_NOCTTY	Falls der Pfadname der Name eines Terminals ist, so sollte dieses nicht das neue Kontrollterminal des Prozesses werden, sofern der aktuelle Prozess kein Kontrollterminal besitzt.
O_NONBLOCK	Falls der Pfadname der Name einer Gerätedatei ist, wird der Prozess beim Öffnen und bei nachfolgenden I/O-Operationen nicht blockiert. Dieser Modus ist bei Geräten wichtig, die nicht bei jeder Abfrage Daten zurückliefern, beispielsweise bei Mäusen.
O_SYNC	Jeder Schreibvorgang auf das Medium wird direkt ausgeführt, und es wird gewartet, bis der Schreibvorgang komplett beendet wurde. Dieses Flag setzt den Pufferungsmechanismus außer Kraft. O_SYNC wird nicht von POSIX.1 unterstützt, wohl aber von SVR4.

Tabelle 17.13 Bearbeitungsmodi nur für Linux

Für Windows gibt es die Extra-Modi, die in Tabelle 17.14 aufgelistet sind.

Modus	Bedeutung
O_BINARY	Legt den Binärmodus der Datei fest.
O_TEXT	Legt den Textmodus der Datei fest.

Tabelle 17.14 Bearbeitungsmodi nur für Windows

Jetzt folgen noch einige Modi, mit denen die Zugriffsrechte auf eine Datei erteilt werden können. Die Modi für Windows sehen Sie in Tabelle 17.15.

Modus für Zugriffe	Bedeutung
S_IWRITE	Schreiben erlaubt
S_IREAD	Lesen erlaubt
S_IREAD | S_IWRITE	Lesen und Schreiben erlaubt

Tabelle 17.15 Zugriffsrechte auf eine Datei erteilen (Windows)

Mit folgender Zeile wird z. B. eine Datei erzeugt, die nur gelesen werden darf:

```
if((fh=open("new.xxx", O_CREAT , S_IREAD)) == -1)
```

Wenn das Lesen und Schreiben erlaubt sein sollen, sieht dies so aus:

```
if((fh=open("new.xxx",O_CREAT, S_IREAD|S_IWRITE)) == -1)
```

Diese drei Zugriffsrechte für Windows stehen in der Headerdatei *<sys\stat.h>*.

Für Linux können Sie folgende Zugriffsrechte erteilen, die sich in der Headerdatei *<sys/stat.h>* befinden. Tabelle 17.16 enthält die Modi für Zugriffsrechte unter Linux.

Modus für Zugriffe	Bedeutung
S_ISUID	Set-User-ID-Bit
S_ISGID	Set-Group-ID-Bit
S_ISVTX	Sticky Bit (Saved-text Bit)
S_IRUSR	read (user; Leserecht für Eigentümer)
S_IWUSR	write (user; Schreibrecht für Eigentümer)
S_IXUSR	execute (user; Ausführungsrecht für Eigentümer)
S_IRWXU	read, write, execute (user; Lese-, Schreib-, Ausführungsrecht für Eigentümer)
S_IRGRP	read (group; Leserecht für Gruppe)
S_IWGRP	write (group; Schreibrecht für Gruppe)
S_IXGRP	execute (group; Ausführungsrecht für Gruppe)

Tabelle 17.16 Zugriffsrechte auf eine Datei erteilen (Linux)

Modus für Zugriffe	Bedeutung
S_IRWXG	read, write, execute (group; Lese-, Schreib-, Ausführungsrecht für Eigentümer)
S_IROTH	read (other; Leserecht für alle anderen Benutzer)
S_IWOTH	write (other; Schreibrecht für alle anderen Benutzer)
S_IXOTH	execute (other; Ausführungsrecht für alle anderen Benutzer)
S_IRWXO	read, write, execute (other; Lese-, Schreib-, Ausführungsrecht für alle anderen Benutzer)

Tabelle 17.16 Zugriffsrechte auf eine Datei erteilen (Linux) (Forts.)

Hinweis: Zugriffsrechte von Dateien in der oktalen Schreibweise

Sofern Sie mit der oktalen Schreibweise der Rechtevergabe vertraut sind, können Sie natürlich diese als Alternative verwenden, beispielsweise so:

```
fd = open( new_file, O_WRONLY | O_EXCL | O_CREAT, 0644);
```

Außerdem sollten Sie wissen, dass bei Verwendung des Flags O_CREAT die Zugriffsrechte unter Linux nicht unbedingt gewährt werden müssen, da die Einschränkungsmaske die Vergabe von Rechten verhindern kann (wird) – und somit die Rechte selbst. Aus diesem Grund wurde mithilfe der Funktion umask() die Maske zur Wegnahme von Rechtebits auf 0 gesetzt, womit alle Zugriffsrechte in dieser Maske erlaubt werden.

Tipp: Verwenden von umask

Standardmäßig wird meistens die Einschränkungsmaske 022 vergeben. Es ist aber auch möglich, mit dem Kommando umask die eigene Einschränkungsmaske zu ändern. Innerhalb eines Listings z. B. würde die neu gesetzte umask von 0 nur während der Ausführung des Programms (und der Unterprozesse) gültig. Mehr Informationen erhalten Sie mit dem Kommando man umask.

Im folgenden Listing soll eine Datei zum Lesen und Schreiben geöffnet werden. Existiert diese nicht, wird eine neue Datei erzeugt. Falls sie existiert, wird der Inhalt gelöscht und neu beschrieben. Hier sehen Sie den Quellcode, der mit bedingter Kompilierung portabel gehalten wurde:

```
/* open_1.c */
#include<stdio.h>
#include<stdlib.h>
```

```
#include<fcntl.h>
#ifdef __unix__
      #include <unistd.h>
#elif __MSDOS__ || __WIN32__ || _MSC_VER
      #include <io.h>
#endif

int main(void) {
   int fh;

   if((fh=open("adresse.txt", O_RDWR|O_CREAT|O_TRUNC))==-1) {
      perror("Fehler bei open()");
      return EXIT_FAILURE;
   }
   Printf("Alles klar, die Datei wurde geöffnet.\n");
   close(fh);
   return EXIT_SUCCESS;
}
```

Listing 17.43 »open_1.c« demonstriert das Öffnen von Dateien mit der Low-Level-Funktion »open()«.

17

Falls Sie jetzt noch die Zugriffsrechte auf diese Datei vergeben wollen, muss für Linux die Headerdatei *<sys/stat.h>* und für Windows *<sys\stat.h>* eingebunden werden (beachten Sie den Slash und Backslash). Soll beispielsweise der User unter Linux diese Datei nur lesen dürfen, so muss nur mithilfe des ODER-Operators der Modus `S_IRUSR` hinzugefügt werden:

```
// alle Zugriffsrechte der Einschränkungsmaske erlauben
umask(0);

open("adress.txt", O_RDWR|O_CREAT|O_TRUNC, S_IRUSR)) == -1)
```

Ein weiteres Beispiel mit `open()` ist z. B. das Aufrufen von Programmen aus der Kommandozeile:

```
/* open_2.c */
#include<stdio.h>
#include<stdlib.h>
#include<fcntl.h>
#ifdef __unix__
      #include <unistd.h>
      #include <sys/stat.h>
      #include <sys/types.h>
```

```
#elif __MSDOS__ || __WIN32__ || _MSC_VER
      #include <io.h>
      #include <sys\stat.h>
#endif

int main(int argc, char *argv[]) {
   int fh;

   if( (fh=open(*++argv,O_RDONLY)) == -1)
      perror(*argv);
   else
      close(fh);
   return EXIT_SUCCESS;
}
```

Listing 17.44 »open_2.c« zeigt, wie Sie Programme aus der Kommandozeile aufrufen, und verwendet hierfür »open()«.

In diesem Beispiel wird eine Datei zum Lesen geöffnet, deren Name als zweites Argument in der Kommandozeile angegeben wurde. Falls die Datei nicht existiert, wird eine entsprechende Fehlermeldung wie

```
Programmname : No such File in Directory
```

ausgegeben. Danach wird die Datei wieder geschlossen. Falls die Datei, die Sie öffnen wollen, nicht existiert, aber anschließend erzeugt werden soll, dann ist dies auch möglich. Dies sehen Sie im nächsten Beispiel:

```
/* open_3.c */
#include<stdio.h>
#include<stdlib.h>
#include<fcntl.h>
#ifdef __unix__
      #include <unistd.h>
      #include <sys/stat.h>
      #include <sys/types.h>
#elif __MSDOS__ || __WIN32__ || _MSC_VER
      #include <io.h>
      #include <sys\stat.h>
#endif

int main(int argc,char *argv[]) {
   int fh;
   if(*++argv == NULL)
      return EXIT_FAILURE;  /* keine Argumente vorhanden */
```

```
   if( (fh = open(*argv, O_RDONLY)) == -1)
      if( (fh = open(*argv,O_RDWR|O_CREAT)) == -1)
         perror(*argv);
   close(fh);
   return EXIT_SUCCESS;
}
```

Listing 17.45 »open_3.c« erweitert das vorige Beispiel durch das Erzeugen von neuen Dateien, falls diese beim Öffnen noch nicht existieren.

In Listing 17.45 wird zuerst versucht, die Datei zu öffnen. Falls die Datei nicht existiert, wird sie mit Lese- und Schreibrecht angelegt.

Bei der Erläuterung der Low-Level-Datei-E/A-Funktionen konnten Sie schon erkennen, warum viel öfter auf die höhere Ebene zurückgegriffen wird: Wer auf mehreren Systemen programmiert, kann schnell durcheinanderkommen. Was auf der einen Plattform funktioniert, ist auf der anderen nicht implementiert. Andererseits ist es durchaus hilfreich, beim Erzeugen einer Datei die Zugriffsrechte von Beginn an festzulegen (das gilt speziell unter Linux). Daraus ergibt sich, dass Low-Level-Datei-E/A-Funktionen vorwiegend zur Systemprogrammierung eingesetzt werden.

Vor allem für Linux-Programmierer ist diese Art, eine Datei zu öffnen, eine sehr wichtige Sache. Beispielsweise können Sie unter Linux mit folgendem einfachen Codekonstrukt Text auf dem Drucker ausgeben lassen:

```
int fd;
// Drucker auf /dev/lp0 ist der Standarddrucker
fd = open("/dev/lp0", O_WRONLY);
// Auf dem Raspberry Pi können USB-Drucker auch unter /dev/prnusbx erscheinen
// oder auch unter /dev/usb/lptusbx
// wobei x eine Zahl zwischen 0 und 9 ist
if(fd >= 0)
   // drucken ...
   write(fd, buf, buf_size);
close(fd);
```

17.6.2 Dateien schließen mit »close()«

close() dient dazu, eine Datei mit dem Deskriptor fh zu schließen, die zuvor mit open() oder create() geöffnet bzw. erzeugt wurde. Denn auch mit der Funktion open() kann nur eine bestimmte Anzahl von Dateien gleichzeitig geöffnet werden. Die Anzahl der maximal offenen Dateien ist in der Konstante OPEN_MAX deklariert. Hier sehen Sie die Syntax zu close():

```
int close(int fh);
```

Der Rückgabewert der Funktion ist bei einem Fehler -1, ansonsten 0. Hierzu noch ein kurzes Listing:

```
/* close_beispiel.c */
#include<stdio.h>
#include<stdlib.h>
#include<fcntl.h>
#ifdef __unix__
      #include <unistd.h>
#elif __MSDOS__ || __WIN32__ || _MSC_VER
      #include <io.h>
#endif

int main(void) {
   int fh;

   if((fh=open("adresse.txt", O_RDONLY | O_CREAT)) == -1) {
      perror("Fehler bei open");
      return EXIT_FAILURE;
   }
   if((close(fh)) == -1)
      printf("Fehler beim Schliessen der Datei\n");
   else
      printf("Datei wurde ordentlich geschlossen\n");
   return EXIT_SUCCESS;
}
```

Listing 17.46 »close_beispiel.c« demonstriert die Verwendung von »close()«.

Sie öffnen hier mit open() die Datei *adresse.txt* zum Lesen. Falls diese Datei nicht existiert, wird sie erzeugt. Danach wird der Deskriptor wieder geschlossen und anschließend wird geprüft, ob der Schließvorgang ordnungsgemäß verlief. Beim Programmende schließen sich normalerweise alle offenen Dateien selbst – Sie sollten sich jedoch nicht darauf verlassen. Vor allem auf Netzwerkgeräte können unter Linux mehrere Benutzer zugreifen, und daher sollten Sie die Ressourcen, die Sie benutzen, stets wieder freigeben.

17.6.3 Datei erzeugen – »creat()«

Außer mit open() kann auch mit der Funktion creat() eine neue Datei angelegt werden. Die Syntax von creat() sieht unter Linux so aus:

```
#include<fcntl.h>
#inlcude<sys/types.h>
#include<sys/stat.h>

int creat(const char *pfad, int modus);
```

und unter Windows so:

```
#include<fcntl.h>
#inlcude<io.h>
#include<sys\stat.h>

int creat(const char *pfad, int modus);
```

creat() arbeitet genauso wie die Funktion open(). pfad ist der Name der neu anzulegenden Datei inklusive Pfadangabe. Mit modus sind die Modi gemeint, die bereits im Abschnitt zu open() geschildert wurden. Existiert eine Datei bereits, wird diese geöffnet und geleert! Sie sollten aufpassen, denn wenn eine Datei geleert wird, sind die alten Daten verloren! Sie sollten an dieser Stelle also unbedingt eine Sicherheitsabfrage in Ihr Programm einbauen.

Mit der Funktion open() und den Modi O_CREAT und O_TRUNC erreichen Sie dasselbe wie mit creat(). Somit ist die Funktion creat() eigentlich völlig überflüssig und umständlich, da eine neu mit creat() angelegte Datei nur beschrieben werden kann. Um diese Datei lesen zu können, müssen Sie sie zuerst mit close() schließen und sie anschließend mit open() zum Lesen öffnen.

Ich bespreche creat() trotzdem, obwohl creat() zu einer Zeit entstand, als die Funktion open() noch nicht die Angabe von O_CREAT kannte. Auch an dieser Stelle verweise ich wieder auf den Umstand, dass Sie vielleicht einmal ältere Programme portieren müssen, was eigentlich öfter geschieht, als einem lieb ist.

17.6.4 Schreiben und lesen – »write()« und »read()«

Wir betrachten zuerst die Syntax der Funktion write ():

```
#include<unistd.h> /* für Linux */
#include<io.h>     /* für Windows     */

int write(int fh, const void *puffer, size_t bytezahl);
```

Mit der Funktion write() können Sie unformatiert in die Datei mit dem File-Deskriptor fh schreiben. Um den geeigneten File-Deskriptor zu erhalten, muss die Datei zuvor mit open() oder create() geöffnet werden. Danach beschreibt write() die Datei mit File-Deskriptor fh mit bytezahl Byte aus der Speicheradresse von puffer. Der Puffer ist ein typenloser void-Zeiger und kann somit jeden beliebigen Datentyp annehmen. Bei einem Fehler liefert diese Funktion den Wert -1 zurück, ansonsten die Anzahl der erfolgreich geschriebenen Bytes. Betrachten wir ein einfaches Beispiel mit write():

```
/* write_1.c */
#include<stdio.h>
#include<stdlib.h>
#include<fcntl.h>
#include<string.h>
#ifdef __unix__
      #include <unistd.h>
#elif __MSDOS__ || __WIN32__ || _MSC_VER
      #include <io.h>
#endif

int main(void) {
   int fh;
   char puffer[100];

   strcpy(puffer,"Dieser Text steht in \"test.txt\"\n");

   if((fh=open("test.txt",O_RDWR|O_CREAT|O_TRUNC)) == -1) {
      perror(NULL);
      return EXIT_FAILURE;
    }

   if((write(fh, &puffer, sizeof(puffer))) == -1) {
      perror("Fehler bei write");
      return EXIT_FAILURE;
   }
   printf("Erfolgreich in \"test.txt\" geschrieben\n");
   return EXIT_SUCCESS;
}
```

Listing 17.47 »write_1.c« zeigt, wie Sie mit der Low-Level-Funktion »write()« in eine Datei schreiben können.

Zuerst wird mit `strcpy()` ein String in das Array `puffer` kopiert. Danach wird mit `open()` die Datei *test.txt* geöffnet bzw. erzeugt. In die Datei mit dem von `open()` zurückgegebenen File-Deskriptor werden dann mit der Funktion `write()` aus dem Array `puffer` mehrere Bytes aus dem Puffer in die Datei geschrieben. Die Anzahl der Bytes wird zuvor mit `sizeof(puffer)` ermittelt.

Die Funktion `write()` eignet sich genauso wie `fwrite()` dazu, ganze Strukturen auf einmal zu schreiben, wie das folgende Listing demonstriert:

```
/* write_2.c */
#include<stdio.h>
#include<stdlib.h>
```

```
#include<string.h>
#include<fcntl.h>
#ifdef __linux__
      #include <unistd.h>
      #include <sys/stat.h>
      #include <sys/types.h>
#elif __MSDOS__ || __WIN32__ || _MSC_VER
      #include <io.h>
      #include <sys\stat.h>
#endif
#define MAXADRESSEN 10
#define MAX 30

typedef struct {
   char name[MAX];
   char vorname[MAX];
   int kundenummer;
   char ort[MAX];
   char strasse[MAX];
   int hausnummer;
   int vorwahl;
   int telefonnr;
} kunde_t;

kunde_t k[MAXADRESSEN];
static int counter=0;

void neukunde(void) {
   int fh;

   if(counter==MAXADRESSEN)
      printf("Kein Speicherplatz mehr frei!!!\n");
   else {
      printf("Name...................: ");
      fgets(k[counter].name, MAX, stdin);
      printf("Vorname................: ");
      fgets(k[counter].vorname, MAX, stdin);
      k[counter].kundenummer=counter;
      printf("Ort....................: ");
      fgets(k[counter].ort, MAX, stdin);
      printf("Strasse................: ");
      fgets(k[counter].strasse, MAX, stdin);
      printf("Hausnummer.............: ");
```

17

```
      do {
         scanf("%d",&k[counter].hausnummer);
      } while(getchar() != '\n');
      printf("Vorwahl................: ");
      do {
         scanf("%d",&k[counter].vorwahl);
      } while(getchar() != '\n');
      printf("Telefonnummer..........: ");
      do {
         scanf("%d",&k[counter].telefonnr);
      } while(getchar() != '\n');
      if((fh=creat("kunden.dat",S_IREAD|S_IWRITE)) == -1)
         printf("Konnte\"kunden.dat\" nicht öffnen\n");
      else if((write(fh,&k,sizeof(k))) == -1)
         printf("Konnte nicht in \"kunden.dat\" schreiben\n");
      else
         counter++;
   }
}

int main(void) {
   int wahl;

   do {
      printf("\t1: Neuen Kunden eingeben\n\n");
      /* printf("\t2: Kunden ausgeben\n\n"); */
      printf("\t3: Programmende\n\n");
      printf("\tEingabe :> ");
      do {
         scanf("%d",&wahl);
      } while(getchar() != '\n');
      switch(wahl) {
         case 1  : neukunde(); break;
         /* case 2 : lies(); break; */
         case 3  : printf("bye\n"); break;
         default : printf("Falsche Eingabe!!!\n");
      }
   } while(wahl != 3);
   return EXIT_SUCCESS;
}
```

Listing 17.48 »write_2.c« demonstriert anhand einer kleinen Kundenkartei, wie mit »write()« Strukturen in eine Datei geschrieben werden.

Zuerst werden in der Funktion neukunde() die Daten an die Struktur übergeben. Anschließend wird mit

```
if((fh=creat("kunden.dat",S_IREAD|S_IWRITE)) == -1)
```

eine Datei namens *kunden.dat* zum Lesen und Schreiben erzeugt. Jetzt kann mit

```
else if((write(fh,&k,sizeof(k))) == -1)
```

in diese Datei über den File-Deskriptor fh von der Adresse struct kunde k mit der Größe der Struktur (sizeof(k)) geschrieben werden. Anschließend wird counter inkrementiert. Ein wenig verwirrend können die if else-Bedingungen sein. Aber bei Korrektheit werden alle drei ausgeführt, solange keine der Bedingungen -1 zurückliefert. Jetzt befindet sich im Verzeichnis, in dem das Programm ausgeführt wird, eine Datei namens *kunden.dat*. Wird diese Datei mit einem Texteditor geöffnet, könnte man meinen, das Schreiben mit write() hätte nicht richtig funktioniert. Aber wie ich bereits erwähnt habe, schreibt write() die Daten unformatiert in die Datei, und diese Daten lassen sich eben nicht mit einem einfachen Texteditor lesen.

[!]

Achtung: Pufferung bei »write()«

Das Schreiben mit write() wird über einen Puffercache durchgeführt, bevor wirklich auf die Festplatte, SD-Karte usw. geschrieben wird. Dieses *Delayed Write* birgt bei einem Systemabsturz die Gefahr, dass im Cache befindliche Daten nicht mehr physikalisch auf Festplatte oder SD-Karte geschrieben werden. In diesem Fall können Sie die Datei zum Schreiben im O_SYNC-Modus öffnen. Dieser Modus wartet bei jedem physikalischen Schreibvorgang, bis dieser fertig ist, und liest dann erst wieder neue Daten ein. Der Modus hat leider den Nachteil, zumindest auf dem Raspberry Pi sehr langsam zu sein – fast so langsam wie ein ungepufferter Schreibvorgang. Für Linux gibt es zwei Funktionen, sync() und fsync(), die ich in diesem Buch allerdings nicht behandele. Linux-Benutzern empfehle ich die entsprechenden Manpages, falls Sie diese Funktionen benötigen.

Nun folgt das Gegenstück zur Funktion write():

```
int read(int fh, const void *puffer, site_t bytezahl);
```

Mit der Funktion read() werden bytezahl Byte aus der Datei mit dem File-Deskriptor fh gelesen. Die Daten werden an der Adresse von puffer abgelegt. Zuvor muss natürlich die Datei mit open() geöffnet werden. Auch hier liefert die Funktion bei einem Fehler -1 zurück. Ansonsten, wenn alles richtig verlief, liefert sie die Anzahl gelesener Bytes zurück. Der Code aus dem folgenden Listing kopiert eine Datei:

```
/* read_1.c */
#include<stdio.h>
#include<stdlib.h>
#include<fcntl.h>
#ifdef __unix__
      #include <unistd.h>
      #include <sys/stat.h>
      #include <sys/types.h>
#elif __MSDOS__ || __WIN32__ || _MSC_VER
      #include <io.h>
      #include <sys\stat.h>
#endif
#define MAXBYTES 1024

int main(int argc, char *argv[]) {
   int in,out,count;
   char buffer[MAXBYTES];

   if(argc < 3) {
      printf("Aufruf: programmname quelldatei zieldatei\n");
      return EXIT_FAILURE;
   }
   if( (in=open(*++argv ,O_RDONLY)) == -1)
      printf("Fehler open %s\n", (char *)argv);
   if( (out=open(*++argv, O_WRONLY | O_TRUNC | O_CREAT)) == -1)
      printf("Fehler open %s\n", (char *)argv);
   while( (count = read(in, buffer, MAXBYTES)) )
      write(out,buffer,count);
   close(in);
   close(out);
   return EXIT_SUCCESS;
}
```

Listing 17.49 »read_1.c« kopiert eine Datei mit den Low-Level-Funktionen »read()« und »write()«.

In Listing 17.49 wird die Datei, die als zweites Argument in der Kommandozeile angegeben wird, in die Datei kopiert, die als drittes Argument angegeben wird. (Im ersten Argument steht der Name des aufgerufenen Programms.)

Jetzt soll das Programm aus Listing 17.49 zu `write()` um die Funktion `read()` ergänzt werden:

```
/* read_2.c */
#include<stdio.h>
```

```
#include<stdlib.h>
#include<fcntl.h>
#include<string.h>
#ifdef __unix__
      #include <unistd.h>
#elif __MSDOS__ || __WIN32__ || _MSC_VER
      #include <io.h>
      #include <sys\stat.h>
#endif

int main(void) {
   int fh;

   char puffer[100];
   char pufferneu[100];

   strcpy(puffer,"Dieser Text steht in \"test.txt\"\n");

   if( (fh = open("test.txt",O_RDWR|O_CREAT|O_TRUNC)) == -1) {
      perror(NULL);
      return EXIT_FAILURE;
   }
   if((write(fh, &puffer, sizeof(puffer))) == -1) {
      perror("Fehler bei write");
      return EXIT_FAILURE;
   }
   close(fh);

   if( (fh = open("test.txt",O_RDONLY)) == -1) {
      perror(NULL);
      return EXIT_FAILURE;
   }
   if( (read(fh, &pufferneu, sizeof(pufferneu))) == -1) {
      perror("Fehler bei read");
      return EXIT_FAILURE;
   }
   printf("%s" ,pufferneu);
   close(fh);
   return EXIT_SUCCESS;
}
```

Listing 17.50 »read_2.c« erweitert »read_1.c« durch eine Lesepufferung.

Bis zur Funktion write() entspricht dieses Beispiel weitgehend dem vorigen. Mit read() werden nun sizeof(pufferneu) Byte aus der Datei mit dem File-Deskriptor fh in das Array pufferneu kopiert.

Nun soll auch Listing 17.48 um die Funktion read() erweitert werden. Am Ende sollen Sie die Daten, die Sie vorher geschrieben haben, auch wieder einlesen können:

```
/* read_3.c */
#include<stdio.h>
#include<stdlib.h>
#include<string.h>
#include<fcntl.h>
#ifdef __unix__
      #include <unistd.h>
      #include <sys/stat.h>
      #include <sys/types.h>
#elif __MSDOS__ || __WIN32__ || _MSC_VER
      #include <io.h>
      #include <sys\stat.h>
#endif
#define MAXADRESSEN 10
#define MAX 30

typedef struct {
   char name[MAX];
   char vorname[MAX];
   int kundenummer;
   char ort[MAX];
   char strasse[MAX];
   int hausnummer;
   int vorwahl;
   int telefonnr;
} kunde_t;

kunde_t k[MAXADRESSEN];
static int counter=0;

void neukunde(void) {
   int fh;

   if(counter==MAXADRESSEN)
      printf("Kein Speicherplatz mehr frei!!!\n");
   else {
      printf("Name...................: ");
```

```
      fgets(k[counter].name, MAX, stdin);
      printf("Vorname................: ");
      fgets(k[counter].vorname, MAX, stdin);
      k[counter].kundennummer=counter;
      printf("Ort....................: ");
      fgets(k[counter].ort, MAX, stdin);
      printf("Strasse................: ");
      fgets(k[counter].strasse, MAX, stdin);
      printf("Hausnummer.............: ");
      do {
         scanf("%d",&k[counter].hausnummer);
      } while(getchar() != '\n');
      printf("Vorwahl................: ");
      do {
         scanf("%d",&k[counter].vorwahl);
      } while(getchar() != '\n');
      printf("Telefonnummer..........: ");
      do {
         scanf("%d",&k[counter].telefonnr);
      } while(getchar() != '\n');

      if((fh=open("kunden.dat",O_CREAT|O_RDWR)) == -1)
         printf("Konnte\"kunden.dat\" nicht öffnen\n");
      else if((write(fh,&k,sizeof(k))) == -1)
            printf("Konnte nicht in \"kunden.dat\" schreiben\n");
      else
         counter++;
   }
}

void lese(void) {
   int fh;
   int num;

   printf("Bitte geben Sie die Kundennummer ein : ");
   scanf("%d",&num);

   if( (fh = open("kunden.dat",O_RDONLY)) == -1) {
      perror("Kann Kundendatei nicht öffnen");
      exit(EXIT_FAILURE);
   }
   read(fh,&k,sizeof(k));
   printf("\n\n");
```

```
   printf("Name.........%s",k[num].name);
   printf("Vorname......%s",k[num].vorname);
   printf("Kundennummer..%d\n",k[num].kundenummer);
   printf("Wohnort......%s",k[num].ort);
   printf("Strasse......%s",k[num].strasse);
   printf("Hausnummer....%d\n",k[num].hausnummer);
   printf("Vorwahl.......%d\n",k[num].vorwahl);
   printf("Telefonnum....%d\n",k[num].telefonnr);
}

int main(void) {
   int wahl;

   do {
      printf("\t1: Neuen Kunden eingeben\n\n");
      printf("\t2: Kunden ausgeben\n\n");
      printf("\t3: Programmende\n\n");
      printf("\tEingabe :> ");
      do {
         scanf("%d",&wahl);
      }while(getchar() != '\n');
      switch(wahl) {
         case 1 : neukunde(); break;
         case 2 : lese(); break;
         case 3 : printf("bye\n"); break;
         default: printf("Falsche Eingabe!!!\n");
      }
   } while(wahl != 3);
   return EXIT_SUCCESS;
}
```

Listing 17.51 »read_3.c« ergänzt die Kundenkartei durch eine Funktion zum Lesen der Daten.

Das Datenprogramm ist wieder um eine Funktion reicher geworden, nämlich um `lese()`. Sie öffnet mit

```
if((fh=open("kunden.dat", O_RDONLY)) == -1)
```

die Kundendatei zum Lesen, liest diese mit

```
read(fh,&k,sizeof(k));
```

aus und gibt sie anschließend auf dem Bildschirm aus.

Ich möchte noch ein paar Zeilen zum File-Deskriptor ergänzen. Die folgende Anwendung des File-Deskriptors ist bekannt:

```
write(fh, &puffer, sizeof(puffer));
read(fh, &puffer, sizeof(puffer));
```

Aber statt des File-Deskriptors `fh` können logischerweise auch Ganzzahlen verwendet werden. Die in Tabelle 17.17 genannten Ziffern sind allerdings fest belegt, da sie vordefinierte Deskriptoren sind.

Dezimalzahl	Bedeutung
0	Standardeingabe (`stdin`)
1	Standardausgabe (`stdout`)
2	Standardfehlerausgabe (`stderr`)

Tabelle 17.17 Besetzte Werte für Deskriptoren

Ein Listing dazu:

```
/* deskriptor_nr_1.c */
#include<stdio.h>
#include<stdlib.h>
#ifdef __unix__
     #include <unistd.h>
#elif __MSDOS__ || __WIN32__ || _MSC_VER
     #include <io.h>
#endif

int main(void) {
   char puffer[100];
   read(0, &puffer, sizeof(puffer));
   printf("%s",puffer);
   return EXIT_SUCCESS;
}
```

Mit `read(0, &puffer, sizeof(puffer))` werden Daten von der Standardeingabe (`stdin`) in die Adresse des Puffers gelesen, also von der Tastatur. Anhand der Ausgabe können Sie also die Eigenheiten der niedrigeren Ebene erkennen: Ein String-Ende-Zeichen wird nicht automatisch angehängt, darum müssen Sie sich selbst kümmern. Dasselbe erreichen Sie auch mit `write()` auf dem Bildschirm:

```
/* deskriptor_nr_2.c */
#include<stdio.h>
```

17

```
#include<stdlib.h>
#ifdef __unix__
    #include <unistd.h>
#elif __MSDOS__ || __WIN32__ || _MSC_VER
    #include <io.h>
#endif

int main(void) {
   char puffer[] = "Ich werde im Low-Level-I/O ausgegeben";
   write(1, &puffer, sizeof(puffer));
   return EXIT_SUCCESS;
}
```

Da der File-Deskriptor manchmal so verwendet wird, sollte dies nicht unerwähnt bleiben.

17.6.5 Den File-Deskriptor mit »lseek()« positionieren

lseek() ist dieselbe Funktion, die bei der höheren Ebene fseek() hieß. Mit ihr verschieben Sie den Dateizeiger des File-Deskriptors in der geöffneten Datei. Die Syntax von lseek() lautet:

```
#inlcude<unistd.h>        /* für Linux */
#include<sys/types.h>     /* für Linux */
#inlcude<io.h>            /* für Windows */

long lseek(int fh, long offset, int wie);
```

Die Datei, in der der Dateizeiger des File-Deskriptors verschoben werden soll, wird mit dem File-Deskriptor fh angegeben. Diesen müssen Sie natürlich zuvor mit open() öffnen bzw. erzeugen. Um wie viele Bytes der Dateizeiger ab der aktuellen Position wie verschoben werden soll, wird mit offset angegeben. Die Angaben von wie sind dieselben wie schon bei fseek(). Tabelle 17.18 zeigt, welche Möglichkeiten zur Verfügung stehen.

wie-Angabe	Beschreibung
SEEK_SET oder 0	Schreib/Lese-Deskriptor vom Dateianfang um offset Byte versetzen
SEEK_CUR oder 1	Schreib/Lese-Deskriptor von der aktuellen Position um offset Byte versetzen
SEEK_END oder 2	Schreib/Lese-Deskriptor vom Dateiende um offset Byte versetzen

Tabelle 17.18 Bezugspunkt für die Positionierung (so wie bei »fseek«)

Als Rückgabewert gibt diese Funktion den Wert der aktuellen Position des File-Deskriptors zurück:

```
long aktuelle_position;
aktuelle_position = lseek(fh, 0L, SEEK_CUR);
```

Bei einem Fehler gibt diese Funktion -1 zurück. lseek() sollte allerdings nicht auf Werte kleiner als 0 geprüft werden, sondern auf -1, da es durchaus sein kann, dass es Gerätedateien (wie z. B. den Framebuffer) gibt, die einen negativen Wert zurückliefern. Weitere Möglichkeiten von lseek() sind:

- Deskriptor auf den Dateianfang setzen:

  ```
  lseek(fh, 0L, SEEK_SET);
  ```

- Deskriptor um 100 Byte von der aktuellen Position nach vorn versetzen:

  ```
  lseek(fh, 100L, SEEK_CUR);
  ```

- Deskriptor um 10 Byte von der aktuellen Position zurücksetzen:

  ```
  lseek(fh, -10L, SEEK_CUR);
  ```

- Deskriptor auf das letzte Byte setzen (nicht EOF):

  ```
  lseek(fh, -1L, SEEK_END);
  ```

17

Ein Beispiel zu lseek() kann ich mir sparen, da diese Funktion genauso eingesetzt wird wie fseek() – nur dass bei lseek() anstatt eines Streams ein File-Deskriptor verwendet wird.

17.6.6 Einen File-Deskriptor von einem Stream mit »fileno()« ableiten

Manchmal benötigen Sie von einem offenen Stream den File-Deskriptor. Die Syntax dieser Funktion lautet:

```
int fileno(FILE *fz);
```

fileno() ist erforderlich, falls eine Datei mit fopen() geöffnet wurde und Sie den Stream für Funktionen einsetzen wollen, die einen File-Deskriptor benötigen (z. B. für Funktionen wie dup(), dup2() oder fcntl()). Hier sehen Sie ein Listing dazu:

```
/* fileno_beispiel.c */
#include<stdio.h>
#include<stdlib.h>
#ifdef __unix__
    #include <unistd.h>
```

```
#else
   #include<io.h>
#endif

int main(void) {
   FILE *fz;
   int fd,fd2;
   char datei[255];

   printf("File-Deskriptoren zu stdin, stdout und stderr : ");
   printf("%d, %d und %d\n",
      fileno(stdin),fileno(stdout),fileno(stderr));
   printf("Welche Datei wollen Sie öffnen : ");
   scanf("%s",datei);

   fz=fopen(datei, "r");
   if(!fz) {
      perror(NULL);
      return EXIT_FAILURE;
   }
   fd = fileno(fz);
   printf("Der File-Deskriptor zur Datei %s lautet %d\n",datei,fd);
   fd2=dup(fd);
   printf("Der File-Deskriptor, der kopiert wurde, lautet %d\n",fd2);
   return EXIT_SUCCESS;
}
```

Listing 17.52 »fileno_beispiel.c« demonstriert den Umgang mit der Funktion »fileno()«.

Zu Beginn des Programms werden erst die File-Deskriptoren zu `stdin`, `stdout` und `stderr` ausgegeben. Diese sollten immer `0`, `1` und `2` sein. Anschließend wird der File-Deskriptor in einer von Ihnen geöffneten Datei ausgegeben. Dieser File-Deskriptor wird jetzt mit der Funktion `dup()` dupliziert und ebenfalls auf dem Bildschirm ausgegeben.

17.6.7 Stream von File-Deskriptor mit »fdopen()« ableiten

Mit der Funktion `fdopen()` erhalten Sie aus einem File-Deskriptor einen `FILE`-Zeiger:

```
#include<stdio.h>

FILE *fdopen(int fd, const char *modus);
```

fdopen() ist das Gegenstück zu fileno(). Als modus können dieselben Modi genutzt werden wie bei der Funktion open().

fdopen() wird oft auf File-Deskriptoren angewandt, die von Funktionen zurückgegeben werden, die Pipes (also umgeleitete Ausgaben) oder Kommunikationskanäle in Netzwerken einrichten. Einige Funktionen in Netzwerken (z. B. open(), dup(), dup2(), fcntl(), pipe()) können nämlich keine Streams verwenden und benötigen deswegen Deskriptoren. Um also wieder aus Deskriptoren einen Stream (FILE-Zeiger) zu erzeugen, ist die Funktion fdopen() erforderlich. Hierzu ein kurzes Beispiel:

```
/* fdopen_beispiel.c */
#include<stdio.h>
#include<stdlib.h>
#ifdef __linux__
   #include <unistd.h>
#else
   #include<io.h>
#endif

int main(void) {
   FILE *fz, *fz2;
   int fd,fd2;
   char datei[255];

   printf("Welche Datei wollen Sie erzeugen: ");
   scanf("%s",datei);

   fz=fopen(datei, "w+");
   if(!fz)
      perror(NULL);
   fd = fileno(fz);
   printf("Der File-Deskriptor zur Datei %s lautet %d\n",datei,fd);

   fd2=dup(fd);


   printf("Der File-Deskriptor, der kopiert wurde %d\n\n",fd2);

   printf("Wir wollen einen STREAM oeffnen....\n");
   fz2 = fdopen(fd2, "w");
     if(!fz2)
        perror(NULL);
```

```
    fprintf(fz,"Dieser Text steht in %s\n",datei);
    fprintf(fz2,"Dieser Text steht auch in %s\n",datei);
    fprintf(stdout,"Es wurde etwas in die "
                   "Datei %s geschrieben",datei);
    return EXIT_SUCCESS;
}
```

Listing 17.53 »fdopen_beispiel.c« demonstriert die Funktion »fdopen()«.

Die beiden Funktionen `fileno()` und `fdopen()` werden vorwiegend in der Netzwerkprogrammierung eingesetzt.

17.6.8 Gerätedateien unter Linux – Zugriff auf Maus und Framebuffer

Windows verwaltet seine Geräte bekanntlich über Treiberdateien. Jeder, der einmal ein Treiberproblem gehabt hat, dürfte dies wissen: Es ist dann in den meisten Fällen ein Online-Update nötig, um das veraltete Treibermodul auszutauschen. Damit eine Anwendung die aktualisierten Treiber auch benutzen kann, muss sie die Hardware über bestimmte standardisierte Softwarebibliotheken ansprechen. Dies ist ein vernünftiges Konzept, denn damit muss z. B. eine 3D-Anwendung, um zu funktionieren, nicht wissen, welche Grafikkarte man besitzt, sondern sie muss nur die Grafik über die standardisierte Bibliothek DirectX ausgeben. Das Konzept des sogenannten *modularen Betriebssystems* Windows garantiert vor allem eine einfache Portabilität der Anwendungen auf andere PCs, was Windows auch so populär macht.

Leider hat das modulare Konzept auch einen Haken: Die Zugriffe auf die Geräte über die sogenannte *Windows-API* (Application Programming Interface) sind alles andere als trivial. Der Entwickler von Linux, Linus Torvalds, hat sich anders entschieden, deshalb ist Linux ein sogenanntes *monolithisches Betriebssystem*. Das bedeutet, dass die Gerätetreiber mit zum Betriebssystemkern gezählt werden und auch über spezielle Kommandos wie `insmod` in diesen eingebunden werden können.

Es gibt also für den Zugriff auf Geräte unter Linux meist keine speziellen Treiber, sondern die Geräte erscheinen als Dateien im normalen Verzeichnisbaum – meist im Unterordner *dev*. Der Vorteil ist, dass man, um z. B. eine USB-Maus abzufragen, nur die bekannten Funktionen `open()` und `close()` benötigt. Der Nachteil ist, dass sich der Betriebssystemkern sehr »aufbläht« und inzwischen (wenn sämtliche Module eingebunden werden) schon 50 MB groß ist.

Sie bemerken vielleicht: Die Diskussion um Windows und Linux und darum, was jetzt »besser« ist, ist meistens Geschmackssache. Wenn Sie also unter Windows 10 arbeiten, überspringen Sie einfach diesen Abschnitt, und bleiben Sie bei Ihrem Lieblingssystem. Sie werden ja Ihre Gründe haben, warum Sie kein Linux benutzen.

Wenn Sie hingegen Linux einsetzen, dann haben Sie weitergelesen und werden jetzt lernen, wie Sie Geräte direkt ansprechen. Die nächsten Beispiele wurden auf dem Raspberry Pi getestet, funktionieren aber in ähnlicher Weise auch auf Ihrem PC oder Notebook. Loggen Sie sich jetzt als *root* ein, und wechseln Sie in das Verzeichnis */dev*. Ziehen Sie die USB-Maus vom Rechner ab, und geben Sie das Kommando `ls` ein. Stecken Sie jetzt die Maus wieder ein, warten Sie ein paar Sekunden, und geben Sie wieder das Kommando `ls` ein. Es müsste jetzt ein zusätzliches Gerät erscheinen, z. B. `hidraw3`. Merken Sie sich diese Datei, wechseln Sie in den Nano oder in den Editor Ihrer Wahl, und tippen Sie das folgende kleine Listing ab:

```
/* maus_beispiel.c */
#include<stdio.h>
#include<stdlib.h>
#include<fcntl.h>
#include<unistd.h>

int MOUSE=0;
long int XMouse=0,YMouse=0,BMouse=0;

void InitMouse() {
    MOUSE=open("/dev/hidraw3",O_NONBLOCK);
}
void DeinitMouse() {
    close(MOUSE);
}

void ReadMouse() {
    long int LenRead=0,DX=0,DY=0;
    char MousePacket[4];
    LenRead=read(MOUSE,MousePacket,4);
    if (LenRead!=-1) {
        BMouse=MousePacket[0]; // Button Byte
        DX=MousePacket[1];
        if ((MousePacket[1]&0x80)==0x80) { DX-=256; } // rel. X-Koordinate
        DY=MousePacket[2];
        if ((MousePacket[2]&0x80)==0x80) { DY-=256; } // rel. Y-Koordinate
        XMouse=XMouse+DX; YMouse=YMouse+DY; // absolute Koordinaten
        // Der Bildschirm wurde hier auf 1024 x 768 Pixel eingestellt.
        if (XMouse<0) { XMouse=0; } if (XMouse>=1024) { XMouse=1024; }
        if (YMouse<0) { YMouse=0; } if (YMouse>=768) { YMouse=767; }
    }
}
```

```
int main(void) {
   InitMouse();
   while ((BMouse|0x02)!=0x02) {
      while (BMouse==0) { ReadMouse(); }
      printf("Mauskoordinaten:X=%ld,Y=%ld\n",XMouse,YMouse);
   }
   DeinitMouse();
   return EXIT_SUCCESS;
}
```

Listing 17.54 »maus_beispiel.c« fragt unter Linux die Maus ab und gibt die aktuellen Mauszeiger-Koordinaten in der Konsole aus.

Das hier vorgestellte Programm fragt die Maus ab und benutzt dafür das *USB-HID-Protokoll* des Linux-Kernels. Um die Maus im HID-Modus zu öffnen, wird `/dev/hidraw3` verwendet; Sie müssen natürlich bei der Funktion `InitMouse()` die Gerätedatei einsetzen, die Sie im Abschnitt vorher ermittelt haben. `InitMouse()` öffnet die Gerätedatei für die Maus mit `open` im nicht blockierenden Modus (`O_NONBLOCK`). Dies ist sehr wichtig, weil das Hauptprogramm nicht stecken bleiben darf, wenn die Maus mal keine Daten übermittelt. Die Funktion `DeinitMouse()` schließt die Gerätedatei für die Maus mit `close()`. Die Hauptarbeit leistet die Funktion `ReadMouse()`, die folgende globalen Variablen verwendet, um der Zustand der Maus permanent zu speichern:

```
int MOUSE: Datei-Handle für die Gerätedatei
long int XMouse: Aktuelle X-Position des Mauszeigers
long int YMouse: Aktuelle Y-Position des Mauszeigers
long int BMouse: Button Bits, Bit 0 = link Taste, Bit 1 = rechte Taste
```

Die Funktion zum Auslesen der Mauskoordinaten funktioniert so: Die Maus sendet immer 4 vorzeichenbehaftete Byte, wenn sie bewegt wird. Das erste Byte enthält die Bits für den Zustand der Tasten (*Button Bits*), das zweite Byte enthält die relativen X-Koordinaten und das dritte Byte enthält die relativen Y-Koordinaten. Das vierte Byte ist 0, weil in diesem Programm das Scrollrad nicht benutzt wird. Deshalb werden nur 4 Byte mit `read()` in das `char`-Array `MousePacket` eingelesen. Oder besser: Dies wird erst einmal versucht, denn wenn die Maus seit dem letzten Aufruf nicht bewegt wurde, sind auch keine Daten im Datenpuffer der Maus vorhanden. Im nichtblockierenden Modus liefert `read()` als Ausgabe `-1` zurück, wenn keine Daten der Maus bereitstehen. Der Rest des Codes in der Funktion `ReadMouse()` wird in diesem Fall einfach übersprungen. Liefert `read()` nicht `-1` zurück, dann enthält `MousePacket` 4 vorzeichenbehaftete Byte.

Das erste Byte kann direkt in die Variable `BMouse` übernommen werden. Jedem gesetzten Bit entspricht eine gedrückte Maustaste. Bit 0 entspricht der linken und Bit 1 der rechten Maustaste. Mit den Bytes für die X- und Y-Koordinate verhält es sich dagegen etwas schwieriger, weil die Maus nur relative Koordinaten zurückgibt, also nur die Information, wie weit die Maus seit dem letzten Mal bewegt wurde. Deshalb wurden zusätzlich die Variablen `DX` und `DY` definiert, die die Differenz zum »letzten Mal« speichern. Diese Differenz muss dann zu den globalen Variablen `XMouse` und `YMouse` addiert werden. Leider benutzt die Maus AD-Wandler, die nur 8 Bit breit sind, deshalb ist das Vorzeichenbit das 7. Bit. Immer, wenn dies gesetzt ist, muss die Zahl vom Format `8 bit signed char` in das Format `32 bit signed int` umgewandelt werden. Dies funktioniert allerdings nicht mit Typecasting, deshalb muss von dem »Rohwert« immer dann 255 abgezogen werden, wenn das Bit 7 gesetzt ist. Daher kommen dann auch folgende »abenteuerlichen« Abfragen:

```
if ((MousePacket[1]&0x80)==0x80) { DX-=256; }
if ((MousePacket[2]&0x80)==0x80) { DY-=256; }
```

Erst nach dieser »Umwandlung« können Sie die relativen Koordinaten zu den absoluten Koordinaten addieren und anschließend abfragen, ob sich der Mauszeiger noch auf dem Bildschirm befindet.

Das Hauptprogramm öffnet dann die entsprechende Gerätedatei für die Maus und führt eine Schleife aus, die so lange läuft, wie nicht die rechte Maustaste gedrückt wird. Wird eine andere Taste gedrückt (z. B. die linke Taste), werden die aktuellen Mauskoordinaten ausgegeben. Dieses kleine Demoprogramm eröffnet Ihnen ungeahnte Möglichkeiten – von der Programmierung eines einfachen Arkanoid-Klons bis zu Erstellung eines eigenen Desktops. Die Grundlage hierfür ist immer die Maus.

Am Ende können Sie vielleicht eine kleine Übung einschieben: Versuchen Sie, die globalen Variablen zu eliminieren und `XMouse`, `YMouse` und `BMouse` durch Call-by-Reference von der Funktion `ReadMouse()` zu erhalten.

Eine weitere wichtige Gerätedatei ist der Framebuffer, der unter */dev/fb0* erscheint. Der *Framebuffer* enthält, wenn Sie sich in einer Textkonsole eingeloggt haben, die Daten des Grafikbildschirms. Diese Daten können Sie überschreiben, sogar mit den Blockfunktionen `fread()` und `fwrite()`. Nehmen wir an, Sie haben die Grafikauflösung auf 1024 × 768 Pixel mit 32 Bit pro Pixel eingestellt. Eine gute Möglichkeit, die Auflösung einzustellen, ist z. B. das Kommando `fbset`. Auf dem Raspberry Pi sollten Sie für dieses Beispiel noch folgende Einträge in der Datei *config.txt* im Verzeichnis */boot* ergänzen bzw. anpassen:

```
framebuffer_width=1024
framebuffer_height=768
framebuffer_depth=32
```

Ein Datenblock für alle Bilddaten enthielte jetzt 1024 × 768 = 786.432 Byte (oder in hexadezimaler Schreibweise 0xC0000). Als Array geschrieben, wäre dies z. B.

```
unsigned long int Bildspeicher[0xC0000];
```

bzw.:

```
malloc(&Bildspeicher,0xC0000);
```

Nun ist es im Endeffekt gar nicht mehr so schwer, ein Pixel in einen Hintergrundbildspeicher zu setzen und diesen Block durch eine Update-Funktion in die Gerätedatei */dev/fb0* zu schreiben. Dazu genügen die Blockfunktionen `fread()` und `fwrite()`, wie das folgende Listing zeigt:

```
/* framebuffer_beispiel.c */
#include<stdlib.h>
#include<stdio.h>
FILE *FB;
unsigned long int BackBuff[0xC0000]; // 1024 x 768 Pixel Hintergrundpuffer

void InitGraph() {
    FB=fopen("/dev/fb0","r+b"); // Zugriff lesend UND schreibend
}

void CloseGraph() {
   fclose(FB);
}

void PSet(long int x, long int y, long int Color) {
   long int Address=(1024*y)+x; // Eine Zeile hat 1024 Pixel
   BackBuff[Address]=Color; // Pixel im Back Buffer ablegen
}

void Update() {
   fseek(FB,0,SEEK_SET); // Mit "fseek" an die Adresse 0 von FB gehen
   fwrite(&BackBuff,0x300000,1,FB); // Daten per Block-DMA schreiben
}

int main(void) {
    InitGraph(); // Hintergrund wird schwarz
    PSet(100,100,0xffffff); // RGB 255,255,255=Weiß
```

```
    Update();
    return EXIT_SUCCESS;
}
```

Listing 17.55 »framebuffer_beispiel.c« zeichnet unter Linux ein Pixel in die Konsole.

Die Farbbits im Framebuffer enthalten im 32-Bit-Modus in den oberen Bits (Bit 31–25) Nullen und in den unteren Bits jeweils ein Byte für jeden Farbkanal. In Bytes geschrieben, wäre dies {0,R,G,B}. Das heißt, in den untersten 8 Bit stehen die Bytes für den blauen Farbkanal, dann folgt Grün und dann Rot mit jeweils 8 Bit.

Das RGB-Farbmodell folgt leider nicht unbedingt der normalen Intuition, weil die Farbkanäle sich bei maximaler Intensität nicht zu Schwarz, sondern zu Weiß aufaddieren. Deshalb wird Schwarz durch (0,0,0) und Weiß durch (255,255,255) dargestellt. Gelb dagegen wird zu (255,255,0) und der blaue Farbkanal fehlt in diesem Falle ganz. An dieser Stelle rate ich Ihnen, ein bisschen mit den RGB-Farben zu experimentieren, denn so sieht man am meisten. Wenn Sie sich dann einigermaßen an die RGB-Farben gewöhnt haben, könnten Sie an dieser Stelle gleich mit Kapitel 28 weitermachen und anschließend zu Kapitel 18 zurückspringen. In Kapitel 28 zeige ich Ihnen noch ein bisschen mehr zur Grafikprogrammierung, auch unter Windows. Erwarten Sie jedoch keine Wunder. Wenn Sie z. B. Spiele oder Desktops programmieren wollen, benötigen Sie stets zusätzliche Literatur.

Im nächsten Kapitel geht es noch einmal um eine Sache, die in diesem Kapitel fehlte – nämlich um Attribute und Zugriffsrechte von Dateien und Verzeichnissen. Da die Sicherheit in der IT immer wichtiger wird, habe ich diesem Thema ein separates Kapitel gewidmet.

Kapitel 18
Attribute von Dateien und das Arbeiten mit Verzeichnissen (nicht ANSI C)

Das Ermitteln der Eigenschaften einer Datei oder das Öffnen und Auslesen eines Verzeichnisses sind systemabhängige Operationen. Jedes Betriebssystem verwaltet Dateien und Verzeichnisse auf andere Art. Daher wird in Büchern oft auf dieses Thema verzichtet. In diesem Kapitel versuche ich, es so universell wie möglich zu behandeln.

Nicht alle Funktionen in diesem Kapitel entsprechen dem ANSI-Standard. Die Listings wurden aber zumindest mit Linux getestet, das weitgehend dem POSIX-Standard entspricht. Ich habe lange überlegt, ob ich das veraltete DOS überhaupt noch erwähnen soll. Es gibt aber immer noch Programmierer, die alte Programme portieren müssen, vor allem im kaufmännischen Bereich. Wenn Sie in diesem Fall nicht wissen, wie Dateiattribute funktionieren und wie z. B. in den 1980er-Jahren der Zugriffsschutz realisiert wurde, haben Sie es beim Portieren älterer Anwendungen schwerer.

In den nächsten Abschnitten geht es erst einmal um die Attribute von Dateien und dann darum, wie sie von den verschiedenen Betriebssystemen realisiert werden.

18.1 Die Attribute einer Datei mit »stat()« ermitteln

Der Funktion `stat()` wird die Adresse der Struktur `struct stat` übergeben. Aus dieser Struktur können die Attribute der Datei ausgelesen werden. Die Syntax dazu lautet:

```
#include<sys/stat.h>     /* LINUX   */
#include<sys/types.h>    /* LINUX   */
#include<sys\stat.h>     /* WINDOWS */

int stat(const char *pfad, struct stat *puffer);
```

Mit `stat()` werden somit die Attribute der Datei, die Sie mit `pfad` angeben, in die Adresse der Strukturvariablen `puffer` geschrieben. Ein Beispiel:

```
struct stat attribut;
stat("testprogramm.txt", &attribut);
...
if(attribut.st_mode & S_IFCHR)
   printf("Datei ist eine Gerätedatei");
```

In diesem Beispiel wird getestet, ob die Datei *testprogramm.txt* eine Gerätedatei ist. Dies ist natürlich nicht der Fall.

In den folgenden Abschnitten beschreibe ich die einzelnen Variablen der Struktur `struct stat` genauer, in der sich die jeweiligen Attribute zu einer Datei befinden. Dabei ist wiederum anzumerken, dass es Unterschiede zwischen Linux und Windows gibt. Tabelle 18.1 enthält die einzelnen Elemente der Struktur `stat`.

Variable	Bedeutung
`st_dev`	Gerätenummer (Device-Nummer) des Dateisystems
`st_ino`	Inode-Nummer (nur Linux)
`st_mode`	Dateimodus (Dateityp und Zugriffsrechte)
`st_nlink`	Anzahl fester Links auf die Datei (bei MS-DOS/Windows immer 1)
`st_uid`	numerische UID des Dateieigentümers
`st_gid`	numerische GID des Dateieigentümers
`st_rdev`	Geräte-ID (nur für Spezialdateien; bei MS-DOS/Windows `st_dev`)
`st_size`	Größe der Datei in Byte
`st_atime`	Datum des letzten Zugriffs
`st_mtime`	Datum der letzten Veränderung (bei MS-DOS/Windows `st_atime`)
`st_ctime`	Datum der Inode-Änderung (bei MS-DOS/Windows `st_atime`)
`st_blksize`	eingestellte Blockgröße (nicht überall vorhanden)
`st_blocks`	Anzahl der verwendeten `st_blksize`-Blöcke (nicht überall vorhanden)

Tabelle 18.1 Bedeutung der einzelnen Strukturvariablen in »stat( )«

18.1.1 »stat()« – »st_mode«

Mit dem Strukturelement `short st_mode` in der Struktur `stat` können Sie die Dateiart erfragen. Dazu verknüpfen Sie den in `st_mode` gespeicherten Wert mit einer der Konstanten aus Tabelle 18.2 über den bitweisen UND-Operator (`&`).

Konstante	Bedeutung
S_IFREG	reguläre Datei
S_IFDIR	Verzeichnis
S_IFCHR	zeichenorientierte Gerätedatei
S_ISBLK	blockorientierte Gerätedatei
S_ISFIFO	FIFO (benannte Pipe)
S_ISLINK	symbolischer Link (nicht bei POSIX.1 oder SVR4)
S_ISSOCK	Socket (nicht bei POSIX.1 oder SVR4)

Tabelle 18.2 Dateimodus (Dateityp erfragen)

POSIX schreibt diese Konstanten, die eigentlich bestimmte Zugriffs-Flags darstellen, allerdings nicht vor. Bei Linux-Systemen könnten diese Konstanten auch als entsprechende Makros in der Headerdatei *<sys/stat.h>* implementiert sein. Der Makroname entspricht dabei dem Konstantennamen (S_IFREG(), S_IFDIR(), S_IFCHR(), S_ISBLK(), S_ISFIFO(), S_ISLINK() und S_ISSOCK()). Alle diese Makros geben 1 zurück, wenn das entsprechende Flag gesetzt ist, ansonsten 0. Ein *Flag* ist ein bestimmtes Bit, das den Zustand einer Datei anzeigt. So gibt es z. B. Bits, die immer dann gesetzt (= 1) sind, wenn die Datei schreibgeschützt ist. Andere Bits zeigen z. B. an, dass nur der Administrator eine Datei verändern darf. Diese Bits, die den Zustand von Dateien anzeigen, nennt man *Zugriffs-Flags*. Und genau diese Flags sind leider nicht von POSIX standardisiert.

Im folgenden Listing zeige ich Ihnen, wie Sie über Argumente aus der Kommandozeile beliebig viele Dateien dahingehend abfragen können, ob es sich um eine reguläre Datei (Flag S_IFREG), eine zeichenorientierte Gerätedatei (Flag S_IFCHR) oder ein Verzeichnis (Flag S_IFDIR) handelt (siehe auch Abbildung 18.1). Durch bedingte Kompilierung habe ich hier versucht, das Programm möglichst portabel zu halten. Denken Sie daran, dass manche (ältere) Compiler zwischen #include und den eckigen Klammern kein Leerzeichen dulden.

```
/* check_attributes.c */
#include<stdio.h>
#include<stdlib.h>
#ifdef __unix__
      #include<unistd.h>
      #include<sys/stat.h>
      #include<sys/types.h>
#else
```

```
    #include<sys\stat.h>
#endif

int main(int argc, char *argv[]) {
   struct stat attribut;

   if(argc == 1) {
      printf("%s = ",*argv);
      if(stat(*argv, &attribut) == -1) {
         fprintf(stderr,"Fehler bei stat ...\n");
         return EXIT_FAILURE;
      }
      if(attribut.st_mode & S_IFREG)
         printf("Reguläre Datei\n");
      else if(attribut.st_mode & S_IFDIR)
         printf("Directory\n");
      else if(attribut.st_mode & S_IFCHR)
         printf("Gerätedatei\n");
      else
         printf("Unbekannte Datei\n");
   }
   else {
      while(*++argv) {
         printf("%s = ",*argv);
         if(stat(*argv, &attribut) == -1) {
            fprintf(stderr,"Fehler bei stat (2)...\n");
            return EXIT_FAILURE;
         }
         if(attribut.st_mode & S_IFREG)
            printf("Reguläre Datei\n");
         else if(attribut.st_mode & S_IFDIR)
            printf("Directory\n");
         else if(attribut.st_mode & S_IFCHR)
            printf("Gerätedatei\n");
         else
            printf("Unbekannte Datei\n");
      }/* Ende while */
   }
   return EXIT_SUCCESS;
}
```

Listing 18.1 »check_attributes.c« verrät Ihnen, ob ein Verzeichniseintrag eine reguläre Datei, eine Gerätedatei oder ein Verzeichnis ist.

```
C:\Users\Rene\Documents\C von A bis Z\Kapitel 18>check_attributes check_attributes.c
check_attributes.c= Reguläre Datei

C:\Users\Rene\Documents\C von A bis Z\Kapitel 18>_
```

Abbildung 18.1 Erfragen der Dateiart mit »st_mode« unter Windows

Am Anfang des Programms werden in der Schleife mit

```
if(stat(*argv, &attribut) == -1)
```

die Attribute der Datei `*argv` in die Adresse der Strukturvariablen `attribut` geschrieben. Anschließend werden die wichtigsten Flags mit den folgenden Zeilen abgefragt, um zu ermitteln, um welche Dateiart es sich handelt:

```
if(attribut.st_mode & S_IFREG)
   printf("Reguläre Datei\n");
else if(attribut.st_mode & S_IFDIR)
   printf("Directory\n");
else if(attribut.st_mode & S_IFCHR)
   printf("Gerätedatei\n");
else
   printf("Unbekannte Datei\n");
```


Das Abfragen der Flags funktioniert hier so: In `st.mode` sind sämtliche Flags gespeichert, auch die, die abgefragt werden sollten. Durch die UND-Verknüpfung mit einer Konstanten (z. B. mit `S_IFREG`) werden alle Bits ausmaskiert, bis auf die Bits, die z. B. anzeigen, dass die Datei eine reguläre Datei ist. Sind diese Bits dann immer noch gesetzt, dann ist die entsprechende Datei wirklich eine reguläre Datei und kein Verzeichnis. Das Programm fragt nur drei Flags ab, nämlich `S_IFREG` (reguläre Datei), `S_IFDIR` (Verzeichnis) und `S_IFCHR` (Gerätedatei). Danach fährt die Programmausführung mit dem nächsten Argument in der Kommandozeile fort.

Wenn sich das Listing bei Ihnen nicht übersetzen lässt und Sie unter Linux arbeiten, sollten Sie es mit den entsprechenden Makros probieren:

```
if( S_IFREG(attribut.st_mode) )
   printf("Reguläre Datei\n");
else if( S_IFDIR(attribut.st_mode) )
   printf("Directory\n");
else if( S_IFCHR(attribut.st_mode) )
   printf("Gerätedatei\n");
else
   printf("Unbekannte Datei\n");
```

Mit dem Strukturelement `st_mode` in der Struktur `stat` lassen sich die Zugriffsrechte einer Datei ebenfalls abfragen. Dies funktioniert genauso wie bei der Abfrage der Dateiart. Zudem müssen Sie den bitweisen UND-Operator (&) mit einer der unter Linux vorgegebenen Konstanten verknüpfen (siehe Tabelle 18.3).

Konstante	Bedeutung	Benutzerklasse
S_IRUSR	read (Leserecht)	Dateieigentümer
S_IWUSR	write (Schreibrecht)	Dateieigentümer
S_IXUSR	execute (Ausführungsrecht)	Dateieigentümer
S_IRGRP	read (Leserecht)	Gruppe des Dateieigentümers
S_IWGRP	write (Schreibrecht)	Gruppe des Dateieigentümers
S_IXGRP	execute (Ausführungsrecht)	Gruppe des Dateieigentümers
S_IROTH	read (Leserecht)	alle anderen Benutzer
S_IWOTH	write (Schreibrecht)	alle anderen Benutzer
S_IXOTH	execute (Ausführungsrecht)	alle anderen Benutzer

Tabelle 18.3 Dateimodus (Rechte erfragen) unter Linux

Bei MS-DOS/Windows gibt es zum Erfragen der Zugriffsrechte die Möglichkeiten, die Tabelle 18.4 aufführt.

Konstante	Bedeutung
S_IWRITE	nur Schreibrecht
S_IREAD	nur Leserecht
S_IEXEC	Ausführen erlaubt bzw. Verzeichnis durchsuchen erlaubt

Tabelle 18.4 Dateimodus (Rechte erfragen) unter MS-DOS/Windows

Hierzu ein Beispiel für Linux:

```
/* check_access_rights.c */
#include<stdio.h>
#include<stdlib.h>
#include<sys/stat.h>
#include<sys/types.h>

int main(int argc, char *argv[]) {
```

```
   struct stat attribut;
   int i;
   char l_rwx[10];
   char rwx[] = "rwxrwxrwx";

   int bits[] = {
      S_IRUSR,S_IWUSR,S_IXUSR,   /* Zugriffsrechte User    */
      S_IRGRP,S_IWGRP,S_IXGRP,   /* Zugriffsrechte Gruppe  */
      S_IROTH,S_IWOTH,S_IXOTH    /* Zugriffsrechte für den Rest */
   };
   while(*++argv) { /* einzelne Argumente durchlaufen */
      l_rwx[0]='\0';
      printf("%18s = ",*argv);
      if(stat(*argv, &attribut) == -1) {
         fprintf(stderr,"Fehler bei stat?!?...\n");
         return EXIT_FAILURE;
      }
      for(i = 0; i < 9; i++) {
         /* wenn nicht 0, dann gesetzt */
         if(attribut.st_mode & bits[i])
            l_rwx[i]=rwx[i];  /*r,w oder x*/
         else
            l_rwx[i] = '-'; /*wenn nicht gesetzt, dann '-'*/
      }
      l_rwx[9]='\0';
      printf("%s\n",l_rwx);
   }/*Ende while*/
   return EXIT_SUCCESS;
}
```

Listing 18.2 »check_access_rights.c« gibt die Zugriffsrechte einer Datei unter Linux aus.

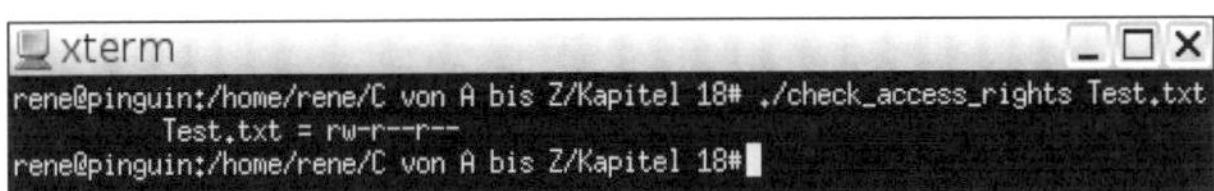

Abbildung 18.2 Ausgabe der Zugriffsrechte unter Linux

Dieses Listing stellt eine einfache Methode dar, wie die Zugriffsrechte einer Datei oder eines Verzeichnisses in gewohnter Linux-Manier ausgegeben werden können (siehe Abbildung 18.2). Bei Linux gibt es für die Zugriffsrechte 9 Flags (also 9 Bit), jeweils 3 für den User (den aktuellen Benutzer), für die Group (die Gruppe des aktuellen Benutzers) und für Others (d. h. für jeden anderen Benutzer). Die Zugriffsrechte können jeweils `r` (*read*; dt. *lesen*), `w` (*write*, dt. *schreiben*) und `x` (*execute*, dt. *ausführen*) sein. Mit den 3 × 3 Flags legen Sie also fest, ob der Benutzer, die Gruppe oder alle anderen Benutzer eine Datei lesen, schreiben oder ausführen können.

Unter Windows können Sie dagegen so vorgehen:

```
if(attribut.st_mode & S_IREAD)
 { /* Datei darf nur gelesen werden */ }
else if(attribut.st_mode & S_IWRITE)
 { /* Datei darf beschrieben werden */ }
else if(attribut.st_mode & S_IEXEC)
 { /* Datei ist eine ausführbare Datei (bsp. *.exe */ }
```

Wird bei Linux die oktale Darstellung der Zugriffsrechte benötigt, können Sie dies folgendermaßen erreichen:

```
/* access_rights_oct.c */
#include<stdio.h>
#include<stdlib.h>
#include<sys/stat.h>
#include<sys/types.h>

int main(int argc, char *argv[]) {
   struct stat attribut;

   while(*++argv) { /* einzelne Argumente durchlaufen */
      printf("%18s = ",*argv);
      if(stat(*argv, &attribut) == -1) {
         fprintf(stderr,"Fehler bei stat?!?...\n");
         return EXIT_FAILURE;
      }
      printf("%o\n", attribut.st_mode & 0777);
   }
   return EXIT_SUCCESS;
}
```

Listing 18.3 »access_rights_oct.c« verwendet für die Ausgabe der Zugriffsrechte die oktale Darstellung.

18.1.2 »stat()« – »st_size«

Kommen wir nun zu einem weiteren Parameter der Struktur stat. Um die Größe einer Datei in Byte zu ermitteln, kann die Strukturvariable st_size verwendet werden. Ein Wert wird aber nur für reguläre Dateien und Verzeichnisse (bei Windows 0 für Verzeichnisse) zurückgegeben.

```
/* size_beispiel.c */
#include<stdio.h>
#include<stdlib.h>
#ifdef __unix__
      #include<sys/stat.h>
      #include<sys/types.h>
#else
      #include<sys\stat.h>
#endif

int main(int argc, char *argv[]) {
   struct stat attribut;
   unsigned long sizeofall=0;

   if(argc == 1) {
      if(stat(*argv, &attribut) == -1) {
         fprintf(stderr,"Fehler bei stat....\n");
         return EXIT_FAILURE;
      }
      else {
         printf("Größe von %s = %ld Byte\n",
            *argv,attribut.st_size);
         return EXIT_SUCCESS;
      }
   }
   else {
      while(*++argv) {
         if(stat(*argv, &attribut) == -1) {
            fprintf(stderr,"Fehler bei stat....\n");
            return EXIT_FAILURE;
         }
         else {
            printf("Größe von %s = %ld Byte\n",
               *argv,attribut.st_size);
            sizeofall += attribut.st_size;
         }
      }
   }
   printf("Größe aller Dateien in der "
          " Kommandozeile = %ld Byte",sizeofall);
   printf("= %ld KB\n",sizeofall/=1024);
   return EXIT_SUCCESS;
}
```

Listing 18.4 »size_beispiel.c« ermittelt die Größe von Dateien und verwendet hierfür »st_size«.

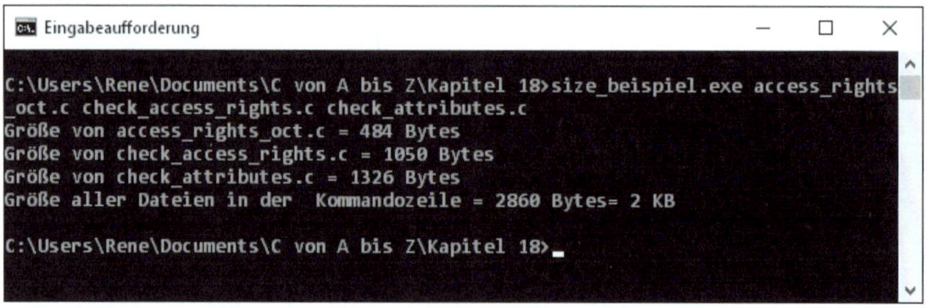

```
Eingabeaufforderung
C:\Users\Rene\Documents\C von A bis Z\Kapitel 18>size_beispiel.exe access_rights
_oct.c check_access_rights.c check_attributes.c
Größe von access_rights_oct.c = 484 Bytes
Größe von check_access_rights.c = 1050 Bytes
Größe von check_attributes.c = 1326 Bytes
Größe aller Dateien in der  Kommandozeile = 2860 Bytes= 2 KB

C:\Users\Rene\Documents\C von A bis Z\Kapitel 18>_
```

Abbildung 18.3 Größe von Dateien mit »st_size« ermitteln unter Windows

Wie ich bereits erwähnt habe, gelingt es unter Windows nicht, die Größe eines Verzeichnisses zu erhalten (siehe Abbildung 18.3). Bei Linux hingegen funktioniert das schon, da dort Verzeichnisse wie normale Dateien behandelt werden.

18.1.3 »stat()« – »st_atime«, »st_mtime« und »st_ctime«

Um spezielle Zeitdaten einer Datei abzufragen, befinden sich in der Struktur `stat` folgende Variablen:

- `st_atime` – Zeit des letzten Zugriffs
- `st_mtime` – Zeit der letzten Änderung des Dateiinhalts
- `st_ctime` – Zeit der letzten Inode-Änderung

Hinweis: Inodes unter Linux

In den *Inodes* werden unter Linux Verwaltungsinformationen von den eigentlichen Daten getrennt gespeichert. Diese Inode-Informationen sind dabei Merkmale wie Zugriffszeit, Rechte, Größe und weitere Angaben. Die einzige Information, die nicht zu einem Inode gehört, ist der Name der Datei.

Die Unterscheidung dieser drei Zeitattribute trifft nur für Linux zu. Bei Windows bedeuten alle drei Zeiten dasselbe: nämlich den Zeitpunkt, zu dem die Datei das letzte Mal geändert wurde.

Dazu ein Beispiel: Von allen Dateien, die Sie in der Kommandozeile eingeben, wird die Zeit des letzten Zugriffs und die Zeit der letzten Änderung ausgegeben:

```
/* check_time.c */
#include<stdio.h>
#include<stdlib.h>
#include<time.h>
#ifdef __unix__
      #include<sys/stat.h>
      #include<sys/types.h>
```

```
#else
      #include<sys\stat.h>
#endif

int main(int argc, char *argv[]) {
   struct stat attribut;
   unsigned long sizeofall=0;

   if(argc == 1) {
      if(stat(*argv, &attribut) == -1) {
         fprintf(stderr,"Fehler bei stat....\n");
         return EXIT_FAILURE;
      }
      else {
         printf("Groesse von %s = %ld Byte\n",
            *argv,attribut.st_size);
         printf("letzter Zugriff : %s",
            ctime(&attribut.st_atime));
         printf("letzte Aenderung: %s",
            ctime(&attribut.st_mtime));
         return EXIT_SUCCESS;
      }
   }
   else {
      while(*++argv) {
         if(stat(*argv, &attribut) == -1) {
            fprintf(stderr,"Fehler bei stat....\n");
            return EXIT_FAILURE;
         }
         else {
            printf("Groesse von %s = %ld Byte\n",
                *argv,attribut.st_size);
            printf("letzter Zugriff : %s",
               ctime(&attribut.st_atime));
            printf("letzte Aenderung: %s\n",
               ctime(&attribut.st_mtime));
            sizeofall += attribut.st_size;
         }
      }
   }
   printf("Groesse aller Dateien in der "
          "Kommandozeile = %ld Byte",sizeofall);
```

```
   printf("= %ld KB\n",sizeofall/=1024);
   return EXIT_SUCCESS;
}
```

Listing 18.5 »check_time.c« zeigt die letzte Zugriffszeit (Linux) bzw. die Zeit der letzten Änderung (Windows) an.

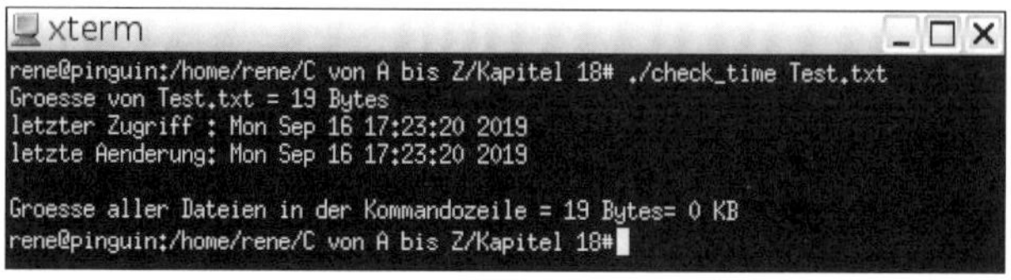

```
xterm
rene@pinguin:/home/rene/C von A bis Z/Kapitel 18# ./check_time Test.txt
Groesse von Test.txt = 19 Bytes
letzter Zugriff : Mon Sep 16 17:23:20 2019
letzte Aenderung: Mon Sep 16 17:23:20 2019

Groesse aller Dateien in der Kommandozeile = 19 Bytes= 0 KB
rene@pinguin:/home/rene/C von A bis Z/Kapitel 18#
```

Abbildung 18.4 Abfragen von Zeitdaten unter Linux

Das Programm wurde mit dem vorherigen Beispiel vermischt. Auf diese Weise wird gleichzeitig die Größe der Datei inklusive der letzten Änderung und des letzten Zugriffs auf die Datei ausgegeben (siehe Abbildung 18.4).

Unter Linux lässt sich außerdem mithilfe der Variablen `st_atime` und `st_mtime` beim Kopieren einer Datei verhindern, dass diese beiden Werte verändert werden. Gemeint ist damit Folgendes: Wenn Sie eine Datei beispielsweise mit `cp` kopieren, werden normalerweise alle drei Werte auf das aktuelle Datum gesetzt. Wollen Sie das Datum des Originals erhalten (letzter Zugriff und Änderung des Inhalts), können Sie folgendermaßen vorgehen:

```
/* time_beispiel.c */
#include<stdio.h>
#include<stdlib.h>
#include<sys/stat.h>
#include<sys/types.h>
#include<utime.h>
#include<fcntl.h>

int main(int argc, char *argv[]) {
   FILE *q,*z;
   struct stat attribut;
   char buf[1024];
   int i;
   struct utimbuf zeit;  /* siehe Funktion utimes() */

   if(stat(argv[1],&attribut) < 0) {
      fprintf(stderr, "Fehler bei stat ...\n");
      return EXIT_FAILURE;
   }
```

```
   zeit.actime = attribut.st_atime;
   zeit.modtime= attribut.st_mtime;

   q=fopen(argv[1],"r");
   z=fopen(argv[2],"w");
   if(q == NULL || z == NULL) {
      fprintf(stderr,"Fehler bei fopen ...\n");
      return EXIT_FAILURE;
   }
   while( (i=fread(buf, 1, 1024, q)) > 0 )
      fwrite(buf, 1, i, z);

   /* Wichtig!!! Ohne den Stream zu schließen, wird die
    * aktuelle Zeit verwendet, da die Datei erst nach
    * return 0 beendet wird. */
   fclose(q);
   fclose(z);
   /* Jetzt die Zeit von quelle in ziel eintragen */
   if(utime(argv[2], &zeit) < 0) {
      printf("Fehler bei utime() ...\n");
      return EXIT_FAILURE;
   }
   return EXIT_SUCCESS;
}
```


Listing 18.6 »time_beispiel.c« kopiert eine Datei und behält das Datum des letzten Zugriffs auf die Originaldatei bei

Kopieren Sie einmal eine Datei mit `cp`, und sehen Sie sich die Zeiten mit `ls l`, `ls -lu` und `ls -lc` an. Bei der Überprüfung der Zeitangabe werden Sie feststellen, dass alle drei Zeitdaten auf dieselbe Zeit gesetzt wurden.

Wiederholen Sie dies nun mit dem eben geschriebenen Programm. Bei einem erneuten Blick auf die Zeitdaten sind die Variablen `st_atime` und `st_mtime` jetzt identisch mit der Originaldatei. Hätten Sie in Listing 18.6 `fclose()` nicht oder erst nach der Funktion `utime()` verwendet, so würde wieder der aktuelle Zeitstempel gesetzt, da dies den letzten Zugriff darstellt.

Wollen Sie herausfinden, welche von zwei Dateien älter ist, können Sie dies mit der Strukturvariablen `st_mtime` ermitteln:

```
/* older_file.c */
#include<sys/stat.h>
#include<stdio.h>
```

```
#include<time.h>
#include<stdlib.h>

time_t st_mTime(char *name) {
   struct stat s;

   if (stat(name, &s)) {
      perror(name);
      exit(EXIT_FAILURE);
   }
   return s.st_mtime;
}

int main(int argc, char *argv[]) {
   time_t t1, t2;

   if (argc == 3) {
      t1 = st_mTime(argv[1]),
      t2 = st_mTime(argv[2]);
      if(t1 != t2)
         printf("%s ist %s wie %s\n"
          ,argv[1],(t1>t2?"neuer":"älter"),argv[2]);
      else
         printf("Beide Dateien sind gleich alt\n");
   }
   else {
      fprintf(stderr, "Verwendung %s datei1 datei2\n",argv[0]);
      return EXIT_FAILURE;
   }
   return EXIT_SUCCESS;
}
```

Listing 18.7 »older_file.c« ermittelt, welche von zwei Dateien die ältere ist.

In diesem Listing wurde die Headerdatei *<time.h>* verwendet, um den Rückgabetyp `time_t` zu verwenden. Zu dieser Headerdatei finden Sie noch einen eigenen Abschnitt, nämlich Abschnitt 20.1.

18.1.4 »stat()« – »st_gid« und »st_uid«

Um herauszufinden, wer der Eigentümer und der Gruppeneigentümer einer Datei ist, können Sie sich der Variablen `st_uid` (Eigentümer) und `st_gid` (Gruppeneigentümer) bedienen. Listing 18.8 zeigt ein Beispiel:

```
/* ugid_beispiel.c */
#include<stdio.h>
#include<stdlib.h>
#include<sys/stat.h>
#include<sys/types.h>

int main(int argc, char *argv[]){
   struct stat attribut;

   while(*++argv) {
      if(stat(*argv,&attribut) < 0) {
         fprintf(stderr, "Fehler bei stat ...\n");
         return EXIT_FAILURE;
      }
      printf("\n%18s\n", *argv);
      printf("USER-ID  : %d\n", attribut.st_uid);
      printf("GROUP-ID : %d\n\n", attribut.st_gid);
   }
   return EXIT_SUCCESS;
}
```

Listing 18.8 »ugid_beispiel.c« ermittelt den Eigentümer und die Besitzergruppe einer Datei.

18.1.5 »stat()« – »st_nlink«, »st_ino«

Auf weitere Informationen zu einer Datei unter Linux können Sie mit den Variablen st_nlink (Anzahl der Links) und st_ino (Inode-Nummer der Datei) zugreifen:

```
/* link_ino_beispiel.c */
#include<stdio.h>
#include<stdlib.h>
#include<sys/stat.h>
#include<sys/types.h>

int main(int argc, char *argv[]){
   struct stat attribut;

   while(*++argv) {
      if(stat(*argv,&attribut) < 0) {
         fprintf(stderr, "Fehler bei stat ...\n");
         return EXIT_FAILURE;
       }
       printf("\n%18s\n",*argv);
```

```
      printf("Anzahl Links   : %d\n",attribut.st_nlink);
      printf("Inode Nummer   : %d\n\n",attribut.st_ino);
   }
   return EXIT_SUCCESS;
}
```

Listing 18.9 »link_ino_beispiel.c« gibt unter Linux die Inode-Nummer und die Anzahl der Links aus.

18.1.6 »stat()« – »st_dev«, »st_rdev«

Die Strukturvariablen `st_dev` und `st_rdev` sind recht nützlich für Gerätedateien. Bei Windows haben beide Variablen dieselbe Bedeutung:

- `st_dev` – enthält für jeden Dateinamen die Gerätenummer des Dateisystems, in dem sich diese Dateien und ihr zugehöriger Verzeichniseintrag befinden. (Windows und Linux).
- `st_rdev` – hat nur für zeichen- und blockorientierte Gerätedateien einen definierten Wert, nämlich die Gerätenummer des zugeordneten Geräts. Unter Linux legt die `majornummer` den Gerätetyp fest, während die `minornummer` dem entsprechenden Kernel-Modul für das Gerät übergeben wird. So werden verschiedene Geräte des gleichen Typs unterschieden. Unter Windows dagegen gibt es keine Gerätedateien, und oft entscheidet das Betriebssystem automatisch über die Zuordnung der IDs und Laufwerksbuchstaben.

Listing 18.10 ist ein Beispielprogramm nur für Windows. Das Programm liefert zu angegebenen Dateinamen den Laufwerksnamen zurück (siehe auch Abbildung 18.5):

```
/* laufwerk.c */
#include<stdio.h>
#include<stdlib.h>
#include<sys\stat.h>

int main(int argc, char *argv[]) {
   struct stat laufwerknr;

   if(argc==1) {
      fprintf(stderr, "usage:%s Datei1 Datei2 Datei3\n", *argv);
      return EXIT_FAILURE;
   }
   while(*++argv) {
      printf("%s = Laufwerk : ",*argv);
      if(stat(*argv, &laufwerknr) == -1) {
```

```
         fprintf(stderr,"..Fehler bei stat...!\n");
         return EXIT_FAILURE;
      }
      else
         printf("%c (%d)\n",
            laufwerknr.st_dev + 'A',laufwerknr.st_dev);
   }
   return EXIT_SUCCESS;
}
```

Listing 18.10 »laufwerk.c« ermittelt unter Windows den Laufwerksbuchstaben für eine Datei.

```
Eingabeaufforderung
C:\Users\Rene\Documents\C von A bis Z\Kapitel 18>laufwerk.exe Laufwerktest.txt
Laufwerktest.txt = Laufwerk : C (2)

C:\Users\Rene\Documents\C von A bis Z\Kapitel 18>
```

Abbildung 18.5 Ermittlung des Laufwerks einer Datei unter Windows

Eine kurze Erklärung zu:

```
laufwerknr.st_dev + 'A'
```

Da der PC die Laufwerke nicht – wie Sie es gewohnt sind – mit

```
A:\ = 1. Diskettenlaufwerk
B:\ = 2. Diskettenlaufwerk
C:\ = 1.Festplatte
D:\ = 2.Festplatte oder CD-ROM-Laufwerk
................usw. bis Z:\ falls vorhanden
```

erkennt, sondern mit Nummern wie

```
0 = 1. Diskettenlaufwerk
1 = 2. Diskettenlaufwerk
2 = 1. Festplatte
3 = 2. Festplatte oder CD-ROM-Laufwerk
```

wurde einfach die dezimale Ziffer `0 + 'A'` addiert. Dies gelingt, weil das Zeichen `'A'` intern für den Wert 65 steht (siehe ASCII-Tabelle) und anschließend auch das Formatzeichen `char` für 65 (`%c = char`) ausgegeben wird. Somit wird z. B. für das Laufwerk 2 der Buchstabe `C` zurückgegeben (2 + `'A'` = 67; ASCII-kodiert = `'C'`).

Das Beispiel dazu für Linux sieht so aus:

```
/* linux_laufwerke.c */
#include <sys/sysmacros.h>
#include <sys/stat.h>
#include <stdlib.h>
#include <stdio.h>

int main(int argc, char *argv[]) {
   struct stat statpuffer;
   if(argc == 1) {
      fprintf(stderr, "usage: %s Datei1 Datei2 ....\n", *argv);
      return EXIT_FAILURE;
   }
   while(*++argv) {
      printf("%s: ",*argv);
      if(stat(*argv, &statpuffer) == -1)
         fprintf(stderr,"Fehler bei stat...\n");
      else {
         printf("dev = %2d/%2d",major(statpuffer.st_dev),
                                minor(statpuffer.st_dev));
         if(S_ISCHR(statpuffer.st_mode)||
            S_ISBLK(statpuffer.st_mode)) {
            printf("-> rdev = %2d/%2d (%s",
               major(statpuffer.st_rdev),
               minor(statpuffer.st_rdev),
               (S_ISCHR(statpuffer.st_mode))?"zeichen" :"block");
            printf("orientiert");
         }
      }
      printf("\n");
   }
   return EXIT_SUCCESS;
}
```

Listing 18.11 »linux_laufwerke.c« gibt die »Laufwerke« einer Datei unter Linux aus.

Vielleicht noch ein Wort zu dieser Zeile:

```
if(S_ISCHR(statpuffer.st_mode)||
   S_ISBLK(statpuffer.st_mode))
```

Hiermit wird überprüft, ob es sich um eine zeichenorientierte (`S_ISCHR`) oder eine blockorientierte (`S_ISBLK`) Gerätedatei handelt. Es erfolgt dann eine entsprechende Ausgabe.

18.2 Prüfen des Zugriffsrechts mit »access()«

Mit der Funktion access() können Sie feststellen, ob ein Prozess bestimmte Berechtigungen für den Zugriff auf eine Datei hat. Die Syntax zur Funktion access() lautet:

```
#include<unistd.h>  /* für LINUX */
#include<io.h>      /* für Windows     */

int access(const char *pfad, int modus);
```

So wird überprüft, ob der pfad der Datei existiert und die Zugriffsrechte laut modus besitzt. Folgende Zugriffsrechte (Modi) existieren (siehe Tabelle 18.5).

Modus	Bedeutung
00 oder F_OK	Die Datei existiert.
01 oder X_OK	Die Datei ist ausführbar (nur Linux).
02 oder W_OK	Die Datei ist beschreibbar.
04 oder R_OK	Die Datei ist lesbar.
06 oder W_OK|R_OK	Die Datei ist lesbar und beschreibbar.

Tabelle 18.5 Modi zum Prüfen des Zugriffsrechts

Bei Erfolg gibt diese Funktion den Wert 0 zurück, ansonsten, also bei einem Fehler, -1. Listing 18.12 überprüft mit der Funktion access() die Zugriffsrechte aller Programme, die in der Kommandozeile eingegeben werden:

```
/* access_beispiel.c */
#ifdef __unix__
    #include<unistd.h>
    #define EXIST F_OK
    #define EXEC  X_OK
    #define WRITE W_OK
    #define READ  R_OK
#else
    #include<io.h>
    #define EXIST 00
    #define EXEC  01
    #define WRITE 02
    #define READ  04
#endif
#include<stdio.h>
#include<stdlib.h>
```

```
int main(int argc, char *argv[]) {
   if(argc == 1) {
      fprintf(stderr, "Mindestens eine Datei angeben!\n");
      return EXIT_FAILURE;
   }
   while(*++argv) {
      printf("%s : \n", *argv);
      /* Existiert die Datei? */
      if(access(*argv, EXIST) != -1) {
         /* Lesen und Schreiben nicht erlaubt */
         if(access(*argv, WRITE|READ) == -1) {
            /* Nur lesen? */
            if(access(*argv, READ) != -1)
               printf("... ist lesbar\n");
            /* Nur schreiben? */
            else if(access(*argv, WRITE) != -1)
               printf("... ist schreibbar\n");
         }
         else
            printf("ist Lesen und Schreiben erlaubt\n");
         /* Datei ausführbar? */
         if(access(*argv, EXEC) != -1)
            printf("... ist ausführbar\n");
      }
      else {
         fprintf(stderr, "...existiert nicht\n");
         return EXIT_FAILURE;
      }
   }
   return EXIT_SUCCESS;
}
```

Listing 18.12 »access_beispiel.c« zeigt die Ermittlung von Zugriffsrechten mit »access()«.

Zuerst wird überprüft, ob die Datei überhaupt existiert:

```
if(access(*argv, EXIST) != -1)
```

Ob die Datei zum Lesen und Schreiben freigegeben ist, wird anschließend mit der folgenden Zeile überprüft:

```
if(access(*argv, WRITE|READ) != -1)
```

Trifft dies nicht zu, werden die einzelnen Zugriffsmöglichkeiten getestet:

```
if(access(*argv, READ) != -1)
   printf("... ist lesbar\n");
else if(access(*argv, WRITE) != -1)
   printf("... ist schreibbar\n");
```

Die Überprüfung, ob die Datei ausführbar ist, mit

```
if(access(*argv, EXEC) != -1)
```

kann bei Windows entfernt werden, da sie nur unter Linux einen Sinn ergibt. In diesem Listing wurden die Konstanten der einzelnen Zugriffsrechte hinter Makros versteckt, damit das Programm möglichst portabel bleibt.

Unter Linux werden übrigens nur die ersten drei User-Bits der UID überprüft (rwx), die Zugriffsrechte des Datei-Eigentümers stehen also in speziellen Bits der User-ID. Es ist auch möglich, access() mit mehreren Konstanten zu verknüpfen:

```
if( (access(*argv,F_OK|R_OK) ) != -1)
/* if( (access(*argv,00|04) ) != -1) */
```

Hier wird z. B. ermittelt, ob die Datei existiert und ob für sie Leserechte vorhanden sind.

18.3 Verzeichnisfunktionen

Bei den bisherigen ANSI-C-Funktionen konnte es Ihnen egal sein, wie ein Dateisystem aufgebaut ist. Es gibt zwar einige systemabhängige Faktoren, die zu beachten sind (beispielsweise das Trennzeichen von Verzeichnisnamen), aber meistens sind diese Funktionen so universell implementiert, dass es dennoch nicht zu Problemen kommt. Bei einem Zugriff auf Verzeichnisse ist es leider nicht mehr so einfach. Dabei werden meist POSIX-konforme Funktionen verwendet, die vorwiegend in der UNIX-Welt beheimatet sind. Keine Sorge, auch als Windows-Anwender können Sie diese Funktionen nutzen. In vielen Compilern unter diesem System sind diese Funktionen integriert.

18.3.1 Verzeichnis erstellen, löschen und wechseln mit »mkdir()«, »rmdir« und »chdir«

```
#include<sys/types.h>  /* Linux */
#include<sys/stat.h>   /* Linux */
#include<dir.h>        /* Windows */

int mkdir(const char *pfad, [int modus]);
```

Mit der Funktion mkdir() wird ein neues Verzeichnis mit dem Namen pfad angelegt. Zusätzlich werden in dem neuen Verzeichnis automatisch auch das Arbeitsverzeichnis (*Working Directory*) (.) und das Elternverzeichnis (*Parent Directory*) (..) mit angelegt. Die Zugriffsrechte können über modus vergeben werden. Dies gilt aber nur für Linux und nicht für Windows. Die Modi unter Linux entnehmen Sie bitte der Manpage von chmod() (Kommando man chmod).

Als Beispiel sehen Sie ein Listing, mit dem ein neues Verzeichnis erstellt wird:

```
/* create_dir.c */
#ifdef __unix__
   #include<sys/types.h>
   #include<sys/stat.h>
   #define MODUS ,0711)
#elif __WIN32__ || _MS_DOS_
    #include<dir.h>
    #define MODUS )
#else
    #include<direct.h>  /* Visual C++ */
    #define MODUS )
#endif
#include<stdio.h>
#include<stdlib.h>

int main(void) {
   char pfadname[200];

   printf("Wie soll der neue Ordner heissen?: ");
   scanf("%199s",pfadname);
   if(mkdir(pfadname MODUS == -1) /*Nicht schön, aber portabler*/
      printf("Konnte kein neues Verzeichnis erstellen\n");
   else
      printf("Neues Verzeichnis namens %s erstellt\n",pfadname);
   return EXIT_SUCCESS;
}
```

Listing 18.13 »create_dir.c« zeigt, wie Sie mit einem C-Programm ein Verzeichnis erstellen.

Wurde das Programm ordnungsgemäß ausgeführt, sollte sich in dem benannten Verzeichnis ein neuer Ordner mit dem eingegebenen Namen befinden. Unter Linux müssen Sie beachten, dass für den modus auch die Ausführrechte (Execute-Bits) gesetzt sind, um auch Zugriff auf das neue Verzeichnis zu haben.

Sofern Sie versuchen, ein Verzeichnis zu erstellen, das bereits existiert, wird dies fehlschlagen. errno wird dann auf einen entsprechenden Wert gesetzt (nämlich EEXIST).

Dieser Wert ist vom POSIX-Standard nicht vorgeschrieben, deshalb sollten Sie das Makro EEXIST und keine Zahl, wie z. B. 0x0100F0001 verwenden, wie es in Internetforen oft gemacht wird.

[«]

Hinweis für Linux-Benutzer

Es soll nicht unerwähnt bleiben, dass Sie unter Linux nicht einfach die Zugriffsrechte für ein neues Verzeichnis oder eine neue Datei vergeben können, wie es Ihnen gerade passt. Sie sind dabei von einer gewissen Bit-Einschränkungsmaske abhängig, die Sie allerdings mit der Funktion umask() verändern können. Dies ist jedoch sehr systemspezifisch. Daher möchte ich Sie an dieser Stelle auf das Buch »Linux-Unix-Programmierung« hinweisen (4. Auflage Rheinwerk 2016 oder – dann besser – die geplante 5. Auflage, »Systemnahe Programmierung mit C und Linux«, Rheinwerk 2023/24).

Als Nächstes soll in das eben erstellte Verzeichnis gewechselt werden. Dies gelingt mit der Funktion chdir(). Die Syntax von chdir() sieht so aus:

```
#include<unistd.h> /* Linux */
#include<dir.h>    /* Windows */

int chdir(const char *pfad);
```

Mit chdir() wird in das Arbeitsverzeichnis gewechselt, das jedes ablaufende Programm besitzt. Bei einem Fehler gibt diese Funktion -1 zurück, ansonsten 0. In dem folgenden Listing wird erst ein neues Verzeichnis erstellt, und danach wird mit chdir() in das erstellte Verzeichnis gewechselt und darin eine Textdatei erzeugt.

18

```
/* chdir_beispiel.c */
#ifdef __linux__
   #include<sys/types.h>
   #include<sys/stat.h>
   #include<unistd.h>
   #define MODUS ,0711)
#elif _WIN32__ || _MS_DOS_
    #include<dir.h>
    #define MODUS )
#else
    #include<direct.h>
    #define MODUS )
#endif
#include<stdio.h>
#include<stdlib.h>
#include<string.h>
#include<errno.h>
```

```
int main(void) {
   char pfadname[200];

   printf("Wie soll der neue Ordner heissen?: ");
   scanf("%199s",pfadname);
   if(mkdir(pfadname MODUS == -1)
      printf("Konnte kein neues Verzeichnis erstellen\n");
   else {
      printf("Neues Verzeichnis namens %s erstellt\n", pfadname);
      printf(" --> (%s)\n", strerror(errno));
   }

   /* Jetzt wollen wir in das neue Verzeichnis wechseln. */
   if(chdir(pfadname) == -1) {
      printf("Konnte nicht in das Verzeichnis wechseln\n");
      return EXIT_FAILURE;
   }
   else
      printf("Erfolgreich nach %s gewechselt!\n", pfadname);
   /* testfile im Verzeichnis erstellen*/
   fopen("testfile", "w");
   return EXIT_SUCCESS;
}
```

Listing 18.14 »chdir_beispiel.c« demonstriert das Wechseln in ein anderes Verzeichnis mit der Funktion »chdir()« und das Erstellen eines Verzeichnisses mit »mkdir()«.

Jetzt sollte sich in dem eben erzeugten Verzeichnis eine Datei namens *testfile* befinden. Es dürfte Ihnen aufgefallen sein, dass das Programm, wenn es sich beendet, automatisch wieder in das Verzeichnis des Elternprozesses zurückwechselt.

Wenn Sie mehrmals in einem Programm Verzeichnisse erstellen müssen und in diese wechseln, schreiben Sie besser eine Funktion wie z. B.:

```
int makedir(char *dir) {
   if(mkdir(dir, 0755) != -1) /* Windows/MS-DOS ohne 0755 */
      if(chdir(dir) != -1)
         return OK;
   return ERROR;
}
```

Wollen Sie ein Verzeichnis wieder löschen, können Sie die Funktion `rmdir()` verwenden. Die Syntax von `rmdir()` lautet:

```
#include<unistd.h>    /* Linux */
#include<dir.h>       /* Windows     */

int rmdir(const char *pfad);
```

Mit `rmdir()` kann ein Verzeichnis (`rmdir` steht für *remove directory*) gelöscht werden. Unter Linux setzt dies allerdings voraus, dass dieses Verzeichnis außer dem (.) und (..) keinen anderen Eintrag mehr enthält. Bei Erfolg gibt diese Funktion `0` zurück und bei einem Fehler `-1`.

Dazu soll das Programm, das eben verwendet wurde, erweitert werden. Das Verzeichnis, das erstellt wurde, in das gewechselt wurde und in dem eine Datei erzeugt wurde, soll am Ende des Programms wieder gelöscht werden. Hier sehen Sie das Listing dazu:

```
/* rmdir_1.c */
#ifdef __linux__
   #include<sys/types.h>
   #include<sys/stat.h>
   #include<unistd.h>
   #define MODUS ,0711)
#elif _WIN32__ || _MS_DOS_
    #include<dir.h>
    #define MODUS )
#else
    #include<direct.h>
    #define MODUS )
#endif
#include<stdio.h>
#include<stdlib.h>
#include<string.h>
#include<errno.h>

int makedir(char *dir) {
   if(mkdir(dir MODUS != -1)
      if(chdir(dir) != -1)
         return 0;
   return -1;
}

int main(void) {
   char pfadname[200];

   printf("Wie soll der neue Ordner heissen?: ");
```

18

```
   scanf("%199s",pfadname);

   if(makedir(pfadname) == -1) {
      printf("Konnte kein neues Verzeichnis erstellen.\n");
      printf(" --> (%s)\n", strerror(errno));
   }
   /* testfile im Verzeichnis erstellen */
   fopen("testfile","w");

   if(rmdir(pfadname) == -1) {
      printf("Konnte Verzeichnis %s nicht loeschen!!\n",pfadname);
      printf(" --> (%s)\n", strerror(errno));
   }
   return EXIT_SUCCESS;
}
```

Listing 18.15 »rmdir_1.c« zeigt, wie Sie mit der Funktion »rmdir()« ein Verzeichnis löschen können.

Unter Windows wird das Listing problemlos funktionieren. Mit Linux kann das Verzeichnis nicht gelöscht werden, da sich dort noch eine Datei befindet. Das Verzeichnis muss also zuvor leer sein. Das vollständige Verzeichnis lässt sich mit folgendem Shellaufruf leeren:

```
rmdir Verzeichnis | rm -rf Verzeichnis
```

Im Programm kann dieser Aufruf folgendermaßen eingesetzt werden, wenn der Befehl `system` verwendet wird, der beliebige Konsolenkommandos aufrufen kann:

```
/* rmdir_2.c */
#include<sys/types.h>
#include<sys/stat.h>
#include<stdio.h>
#include<stdlib.h>
#include<string.h>
#include<unistd.h>
#include<errno.h>

int main(void) {
   char pfadname[200];
   char deletefiles[200];

   printf("Welchen Ordner wollen Sie loeschen : ");
   scanf("%189s",pfadname);
```

```
   strcpy(deletefiles,"rm -rf ");
   strcat(deletefiles,pfadname);
   strcat(deletefiles,"/*");
   printf("%s\n",deletefiles);
   system(deletefiles);
   if(rmdir(pfadname) == -1) {
      printf("Konnte Verzeichnis %s nicht loeschen!!\n",pfadname);
      printf(" --> (%s)\n", strerror(errno));
   }
   return EXIT_SUCCESS;
}
```

Listing 18.16 »rmdir_2.c« löscht ein ganzes Verzeichnis und verwendet hierfür Systemaufrufe mit der »system()«-Funktion.

18.3.2 In das Arbeitsverzeichnis wechseln mit »getcwd()«

Mit der Funktion getcwd() lässt sich der Name des Arbeitsverzeichnisses (*Working Directory*) ermitteln. Die Syntax von getcwd() lautet:

```
#include<unistd.h>     /* Linux */
#include<dir.h>        /* Windows */

char *getcwd(char *puffer, int puffergroesse);
```


Die Funktion schreibt in die Speicheradresse puffer den Pfadnamen des Arbeitsverzeichnisses mit abschließendem '\0'. Mit puffergroesse wird die Größe des Puffers angegeben. Die Funktion gibt bei Erfolg den Pfadnamen des Arbeitsverzeichnisses an puffer zurück oder bei einem Fehler NULL. Hier sehen Sie ein Beispiel dafür, wie diese Funktion verwendet wird:

```
/* getcwd_beispiel.c */
#ifdef __unix__
    #include<unistd.h>
#elif __WIN32__ || _MS_DOS_
    #include<dir.h>
#else
    #include<direct.h> /* Visual C++ */
#endif
#include<stdio.h>
#include<stdlib.h>

int main(void) {
   char puffer[200];
```

```
   if(getcwd(puffer,sizeof(puffer)) == NULL) {
      fprintf(stderr, "Fehler bei getcwd ...\n");
      return EXIT_FAILURE;
   }
   printf("Working-Directory: %s\n", puffer);
   return EXIT_SUCCESS;
}
```

Listing 18.17 »getcwd_beispiel.c« demonstriert die Ausgabe des aktuellen Arbeitsverzeichnisses mit »getcwd()«.

Für Linux gilt außerdem: Wechseln Sie in ein Verzeichnis, das ein symbolischer Link auf ein anderes Verzeichnis ist, so wird in das Verzeichnis gewechselt, auf das der symbolische Link zeigt.

Ein praktisches Beispiel unter Linux: Der User hat den Namen seines Home-Verzeichnisses vergessen. Er muss aber jetzt wieder in dieses Verzeichnis wechseln. Welches das ist, kann er mit der Eingabe des Shellbefehls `env` (Environment) oder mit der C-Funktion `getenv()` herausfinden. Hier sehen Sie das Listing, das bei mir unter Linux z. B. `/home/pi/rene` ausgibt:

```
/* homedir.c */
#ifdef __unix__
    #include<unistd.h>
#elif __WIN32__ || _MS_DOS_
    #include<dir.h>
#else
    #include<direct.h> /* Visual C++ */
#endif
#include<stdio.h>
#include<stdlib.h>
#include<string.h>
#define MAX 200

int main(void) {
   char puffer[MAX];
   char home[MAX];
   if( getenv("HOME") == NULL ) {
      printf("getenv(\"HOME\") findet nichts\n");
      return EXIT_FAILURE;
   }
   /* das Heimatverzeichnis nach home */
   strncpy(home, getenv("HOME"), MAX-1);
   home[MAX-1] = '\0';
```

```
   /* Working Directory lesen */
   if(getcwd(puffer,sizeof(puffer)) == NULL) {
      fprintf(stderr, "Fehler bei getcwd ...\n");
      return EXIT_FAILURE;
   }
   /* Sind wir schon im Heimatverzeichnis? */
   if(strcmp(home,puffer) == 0)
      printf("Wir sind daheim : %s\n",puffer);
   else { /* Nicht, dann wechseln wir ins Heimatverzeichnis. */
      chdir(home);
      /* Der Beweis: */
      printf("back at home: %s \n",
         getcwd(puffer,sizeof(puffer)));
   }
   return EXIT_SUCCESS;
}
```

Listing 18.18 »homedir.c« sucht unter Linux das Home-Verzeichnis und gibt es aus.

18.3.3 Verzeichnisse öffnen, lesen und schließen – »opendir()«, »readdir()« und »closedir()«

Um Verzeichnisse zu lesen, ist in der Headerdatei mit `#include <dirent.h>` eine interne Struktur namens `DIR` deklariert. Der Inhalt dieser Struktur ist jetzt nicht von Interesse, sondern es geht im Folgenden um die Funktionen, die mit der Struktur arbeiten.

[«]

Hinweis für Benutzer von Visual C++

Die folgenden Funktionen sind leider nicht mit dem Microsoft Visual-C++-Compiler ausführbar. Dafür wird aber am Ende des Kapitels ein extra Listing angefertigt, das zeigt, wie auch mit dem Visual-C++-Compiler Programme erstellt werden können, die ein Verzeichnis auslesen.

Tipp für Benutzer von Bloodshed Dev-C++

Wollen Sie die folgenden Beispiele mit der kostenlosen Entwicklungsumgebung *Bloodshed Dev-C++* durchführen, dann müssen Sie im Menü über PROJEKT • PROJEKTOPTIONEN in der Liste LINKER die Bibliothek `-lmingwex` eintragen. Eventuell kann sie aber auch über das Menü WERKZEUGE • COMPILER • OPTIONEN in die Liste LINKER eingetragen werden. Dann genügt aber folgender Eintrag: `mingwex`.

»opendir()« – ein Verzeichnis öffnen

Wir beginnen mit der Funktion `opendir()`:

```
#include<sys/types.h>
#include<dirent.h>

DIR *opendir(const char *dirname);
```

Bei Erfolg wird mit dieser Funktion das Verzeichnis `dirname` geöffnet, auf dessen Adresse dann der `DIR`-Zeiger verweist. Ansonsten wird bei einem Fehler `NULL` zurückgegeben.

Der `DIR`-Zeiger wird jetzt verwendet, um den Inhalt eines Verzeichnisses auszulesen. Dies wird jetzt gleich mit der Funktion `readdir()` vorgenommen.

»readdir()« – aus einem Verzeichnis lesen

Die Syntax von `readdir()` lautet:

```
#include<sys/types.h>
#include<dirent.h>

struct dirent *readdir(DIR *dir);
```

Bei einem Fehler gibt diese Funktion ebenfalls `NULL` zurück. Ansonsten gibt sie eine Adresse der Struktur `dirent` (`dirent` ist die Kurzform für *directory entry*) zurück, die Folgendes enthält:

```
struct dirent {
   long d_ino;       /* i-node Nr. (bei Windows/MS-DOS immer 0) */
   unsigned short d_reclen;   /* (bei Windows/MS-DOS immer 0)  */
   unsigned short d_namlen;   /* Länge des Namens in d_name    */
   char *d_name;        /* Dateiname mit abschließendem '\0'    */
};
```

In der Praxis kann die Funktion `readdir()` so verwendet werden:

```
DIR *dir;
struct dirent *dirzeiger;
/* Verzeichnis öffnen */
if((dir=opendir(dirname)) != NULL)
/* komplettes Verzeichnis Eintrag für Eintrag auslesen */
while((dirzeiger=readdir(dir)) != NULL)
    printf("%s\n",(*dirzeiger).d_name);
```

Zuerst wird mit `opendir()` ein Verzeichnis geöffnet und danach mit `readdir()` der komplette Inhalt des Verzeichnisses ausgegeben.

»rewinddir()« – Verzeichnis-Zeiger auf den Anfang zurücksetzen

Mit der Funktion `rewinddir()` wird der Lesezeiger wieder an den Anfang der Namensliste des Verzeichnisses zurückgesetzt. Die Syntax von `rewinddir()` lautet:

```
#include<sys/types.h>
#include<dirent.h>

void rewinddir(DIR *dir);
```

»closedir()« – Verzeichnis schließen

Am Ende wird dann mit der Funktion `closedir()` das Verzeichnis geschlossen, das mit `opendir()` geöffnet wurde. Bei Erfolg gibt diese Funktion `0` und bei einem Fehler `-1` zurück. Die Syntax lautet:

```
#include <sys/types.h>
#inlcude <dirent.h>

int closedir(DIR *dir);
```

Es folgt ein ausführbares Beispiel, das alle Funktionen in Aktion demonstriert:

```
/* read_directory.c */
#include<sys/types.h>
#include<dirent.h>
#include<stdio.h>
#include<stdlib.h>

int main(int argc, char *argv[]) {
   DIR *dir;
   struct dirent *dirzeiger;

   if(argc != 2) {
      fprintf(stderr,"Benutzung : %s Directory\n", argv[0]);
      return EXIT_FAILURE;
   }
   /* das Verzeichnis öffnen */
   if((dir=opendir(argv[1])) == NULL) {
      fprintf(stderr,"Fehler bei opendir ...\n");
      return EXIT_FAILURE;
   }
   /* das komplette Verzeichnis auslesen */
   while((dirzeiger=readdir(dir)) != NULL)
      printf("%s\n",(*dirzeiger).d_name);
```

```
   /* Lesezeiger wieder schließen */
   if(closedir(dir) == -1)
      printf("Fehler beim Schließen von %s\n", argv[1]);
   return EXIT_SUCCESS;
}
```

Listing 18.19 »read_directory.c« zeigt, wie Sie mit »opendir()« und »readdir()« den kompletten Inhalt eines Verzeichnisses ausgeben.

Mit diesem Programm wird das vollständige Verzeichnis ausgegeben, das Sie über die Kommandozeile angeben. Um das aktuelle Verzeichnis vollständig anzuzeigen, genügt dieses Kommando:

```
read_directory .
```

»telldir()« und »seekdir()« – Positionierung im Verzeichnis

Auf einigen Systemen gibt es zusätzlich noch die Funktion `telldir()`:

```
#include<sys/types.h>
#include<sys/dirent.h>

off_t telldir(DIR *dirptr)
```

Diese Funktion liefert zu einem mit `readdir()` gelesenen Verzeichnis die Position des Lesezeigers zurück.

Mit der Funktion `seekdir()` lässt sich die Position des `DIR`-Zeigers verschieben:

```
#include<sys/types.h>
#include<sys/dirent.h>

void seekdir(DIR *dirptr, off_t pos)
```

Damit wird der mit `opendir()` geöffnete Lesezeiger (`dirptr`) auf die Position `pos` gesetzt, die Sie zuvor mit der Funktion `telldir()` ermittelt haben. Noch ein kurzer Ausschnitt dieser beiden Funktionen:

```
off_t pos;
/* aktuelle Position im Verzeichnis ermitteln */
pos = telldir(dir_ptr);
/* viele Funktionen */
...
/* zur aktuellen Position zurückspringen */
seekdir(dir_ptr, pos);
```

Kapitel 19
Arbeiten mit variabel langen Argumentlisten – <stdarg.h>

In diesem Kapitel lernen Sie Möglichkeiten kennen, Funktionen mit einer variablen Anzahl von Argumenten aufzurufen.

Bisher hatten alle Funktionen, die Sie selbst erstellt haben, eine sogenannte *feste Parameterliste*. Das bedeutete bis jetzt immer, dass die Anzahl an Parametern konstant war. Vielleicht haben Sie sich aber schon gefragt, wie es denn nun Funktionen wie `printf()` schaffen, sowohl zwei als auch zwanzig Parameter entgegenzunehmen. Die Antwort erhalten Sie in diesem Kapitel: durch variabel lange Argumentlisten mithilfe der Include-Datei *<stdarg.h>*.

19.1 Was ist eine Ellipse, und wie werden mit ihr Parameter übergeben?

Dass in C Funktionen mit variabel langen Argumentlisten aufgerufen werden können, dürfte Ihnen an Funktionen wie `printf()` oder `scanf()` bereits aufgefallen sein. Die Deklaration von `printf()` sieht wie folgt aus: 19

```
int printf(const char* format, ...);
```

Anhand dieser Deklaration erkennen Sie, dass `printf()` mindestens ein festes Argument (`const char *format`) sowie eine variable Anzahl optionaler Argumente erwartet. Die variable Anzahl optionaler Argumente erkennen Sie an den drei Punkten, dem zweiten Parameter von `printf()`. Diese drei Punkte werden *Ellipse* genannt. Die Verwendung von `printf()` ohne weitere Argumente kennen Sie ja:

```
printf("ohne weitere Argumente\n");
```

Jetzt folgt dasselbe mit zwei Argumenten:

```
printf("Ich habe %d %s\n", argument2, argument1);
```

Jetzt fehlt natürlich noch eine Erklärung, was denn nun eine Ellipse genau ist. Eine *Ellipse* ist eine Auslassung, nämlich die einer konkreten Typdefinition und Parameteranzahl. Das heißt, dass immer dann, wenn der Compiler eine Ellipse in einer Parameterliste sieht, die korrekte Parameterübergabe über den Stack nicht geprüft wird. Das heißt dann natürlich auch, dass sich die aufgerufene Funktion selbst darum kümmern muss (notfalls unter Verwendung von Assembler), den Inhalt des Stacks korrekt auszuwerten. In früheren Zeiten (z. B. unter DOS) passierte genau dies z. B. durch `printf()`. Anhand der Formatzeichen (z. B. `%d` oder `%s`) ermittelte `printf()`, dass dort zwei Argumente auf dem Stack liegen müssen, und dann folgte viel Intel-Assembler, um den Stack auszuwerten und vor dem Rücksprung korrekt zu bereinigen. Da dieses Vorgehen alles andere als portabel war, wurde die Include-Datei *<stdarg.h>* geschaffen. Und genau sie soll im Folgenden behandelt werden.

[»]

Hinweis: Ellipsen und variable Argumente in zukünftigen C-Standards

Wir wissen nicht, wie es mit den Ellipsen und *<stdarg.h>* in künftigen C-Standards aussieht und ob z. B. die Deklaration von nicht typisierten Parametern durch ... nach C23 noch unterstützt wird. Genauso gut kann es sein, dass *<stdarg.h>* irgendwann durch die Bibliothek *<va_list.h>* ersetzt wird, die viele Techniken von Java übernommen hat. Die Gründe liegen vor allem in der Vermeidung von Stackzugriffen, die für Exploits benutzt werden können. Durch solche Exploits ist es beispielsweise möglich, Schadcode auszuführen.

19.2 Wie kann man mit <stdarg.h> die Parameterliste abfragen?

Die Antwort auf diese wichtige Frage ist, dass man hierfür zurzeit noch (bis C18) spezielle *Makros* verwenden muss, die in *<stdarg.h>* definiert sind. Es sind deshalb Makros, weil auf jedem Betriebssystem und auf jedem Prozessor eine andere Art der Stackverwaltung verwendet wird. Der C-Compiler erzeugt hier gewissermaßen bestimmten Assembler-Code für bestimmte Plattformen. Anders als bei der bedingten Kompilierung sind Makros feste Stückchen Maschinencode, der immer dann in Ihren Code eingesetzt wird, wenn eine bestimmte, festverdrahtete Verhaltensweise benötigt wird. Sie müssen also, wenn Sie mit variabel langen Argumentlisten umgehen wollen, gewissermaßen die Makros in *<stdarg.h>* auswendig lernen. Aber keine Angst, so schwer ist dies nicht.

19.3 Makros in <stdarg.h> – »va_list«, »va_arg«, »va_start« und »va_end«

Damit Sie eigene Funktionen mit einer variablen Argumentliste schreiben können, sind in der Headerdatei *<stdarg.h>* folgende Makros deklariert (siehe Tabelle 19.1).

Makro	Syntax	Bedeutung
`va_list`	`va_list argPtr;`	abstrakter Datentyp (wird auch als *Argumentzeiger* bezeichnet), mit dem die Liste der Parameter definiert wird und mit dem der Zugriff auf die optionalen Argumente realisiert wird
`va_start`	`va_start( va_list argPtr, lastarg);`	Die Argumentliste initialisiert den Argumentzeiger `argPtr` mit der Position des ersten optionalen Arguments. An `lastarg` muss der letzte Parameter in der Liste übergeben werden.
`va_arg`	`type va_arg( va_list argPtr, typ );`	Gibt das optionale Argument zurück, auf das `argPtr` im Augenblick verweist, und setzt den Argumentzeiger auf das nächste Argument. Mit `typ` geben Sie den Typ des zu lesenden Arguments an.
`va_end`	`void va_end(va_list argPtr);`	Hiermit können Sie den Argumentzeiger `argPtr` beenden, wenn Sie ihn nicht mehr benötigen.
`va_copy`	`void va_copy( va_list dest, va_list src ) ;`	Hiermit initialisieren Sie den Argumentzeiger `dest` mit den aktuellen Argumenten von `src`. Dies ist beispielsweise dann sinnvoll, wenn Sie eine Argumentliste ein zweites Mal durchlaufen wollen.

Tabelle 19.1 Makros der Headerdatei »stdarg.h«

[«]

Hinweis zu »va_end()« und »va_copy()«

Die Makros `va_end()` und `va_copy()` können auch als Funktion implementiert sein.

19.4 Die Argumentliste am Anfang oder Ende kennzeichnen

Diese vier Makros werden Sie jetzt anwenden: Es soll eine Funktion geschrieben werden, die eine variable Anzahl von Argumenten erhält. Die Argumente (Ganzzahlen) werden dabei alle zu einer Summe addiert. Hier sehen Sie das Listing:

```
/* vargs_1.c */
#include<stdio.h>
#include<stdlib.h>
#include<stdarg.h>

int add(int zahlen, ...) {
   va_list zeiger;
   int zahl;

   va_start(zeiger,zahlen);
   do {
      zahl = va_arg(zeiger,int);
      zahlen += zahl;
   } while(zahl != 0);

   va_end(zeiger);
   return zahlen;
}

int main(void) {
   int erg;
   printf("%d\n",add(11,12,13,0));
   printf("%d\n",add(99,66,33,22,11,0));
   erg = add(10, 13, 11, 0) + add(9, 8, 11, 0);
   printf("%d\n",erg);
   return EXIT_SUCCESS;
}
```

Listing 19.1 »vargs_1.c« implementiert eine Additionsfunktion mit einer variablen Anzahl an Parametern.

Der Aufruf der Funktion erfolgt mit:

```
printf("%d\n",add(11,12,13,0));
```

Die Funktion `add()` wird mit den Argumenten 11, 12, 13 und 0 aufgerufen. Die Zahl 0 am Ende stellt die Abbruchbedingung dar. Zunächst wird der Argumentzeiger angelegt, mit dem die Liste der optionalen Argumente durchlaufen wird:

```
va_list zeiger;
```

Der Argumentzeiger erhält jetzt mithilfe des Makros `va_start()` die Position des ersten optionalen Arguments:

```
va_start(zeiger,zahlen);
```

Ohne diesen Aufruf wäre kein Zugriff auf die weiteren optionalen Argumente möglich. Man könnte auch sagen, der Datentyp zeiger verweist auf die Anfangsadresse der ersten Zahl in der Argumentliste. Anschließend wird in der do while-Schleife der Wert zurückgeliefert, auf den der Argumentzeiger gerade verweist.

```
zahl=va_arg(zeiger,int);
```

In diesem Beispiel ist dies die Zahl 12. Diese Zahl wird zu dem ersten Wert von zahlen (11) addiert. Außerdem wird nach dem Aufruf von va_arg() der Argumentzeiger auf das nachfolgende Argument gesetzt.

Ist die Bedingung der Schleife wahr (zahl != 0), fährt das Programm mit zahl=va_arg(zeiger,int), genauer gesagt mit dem nächsten Wert (13), fort und addiert diesen wieder mit zahlen. Beim nächsten Durchgang ist die while-Bedingung unwahr (zahl==0), und die Liste wird beendet mit:

```
va_end(zeiger);
```

Anhand des ersten Funktionsaufrufs können Sie sich dies grafisch so vorstellen wie in Abbildung 19.1.

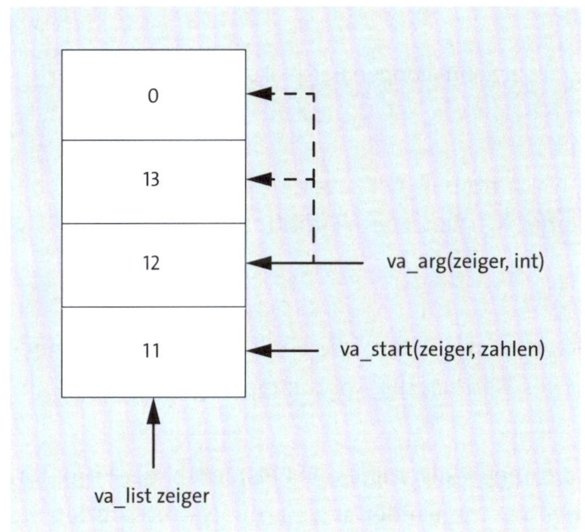

Abbildung 19.1 Zugriff einzelner Werte bei einer variablen Argumentliste

Jetzt soll das Programm so umgeschrieben werden, dass mit einer bestimmten Anzahl von Argumenten gearbeitet wird:

```
/* vargs_2.c */
#include<stdio.h>
#include<stdlib.h>
#include<stdarg.h>
```

19

```
void print_zahlen(int anzahl, ...) {
   va_list zeiger;
   int zahl;
   int i;

   printf("Es werden %d Zahlen ausgegeben\n",anzahl);
   va_start(zeiger,anzahl);
   for(i = 1; i <= anzahl; i++) {
      zahl=va_arg(zeiger,int);
      printf("%d\t",zahl);
   }
   printf("\n");
   va_end(zeiger);
}

int main(void) {
   print_zahlen(4,3,2,4,7);
   print_zahlen(6,11,22,33,44,55,66);
   return EXIT_SUCCESS;
}
```

Listing 19.2 »vargs_2.c« wertet im Gegensatz zum vorigen Beispiel auch die Anzahl der übergebenen Parameter mit aus.

Das Programm ist ähnlich aufgebaut wie im Beispiel zuvor, nur dass als Abbruchbedingung das erste Argument verwendet wurde. In dem Funktionsaufruf

```
print_zahlen(6, 11, 22, 33, 44, 55, 66);
```

wird durch das erste Argument gekennzeichnet, dass die Funktion mit 6 Argumenten vom Typ `int` aufgerufen wird. Dies ist auch die Abbruchbedingung für die `for`-Schleife in der Funktion `print_zahlen()`.

Diese Makros sind natürlich noch deutlich vielseitiger; als Beispiel sei die Funktion `strcat()` zum Anhängen eines Strings an einen anderen genannt. Häufig würden Sie sicherlich gern mehrere Strings auf einmal an einen anderen hängen. Dabei mussten Sie bislang immer mehrere `strcat()`-Aufrufe ausführen. Mit dem eben gezeigten Beispiel kann dies jetzt in einem Schritt realisiert werden:

```
strxcat(3, string, string1, string2);
```

Hiermit werden die beiden Strings `string1` und `string2` an den String `string` gehängt (siehe Abbildung 19.2). Die Anzahl der Strings wird am Anfang der Argumentliste gekennzeichnet. Das Listing dazu sieht wie folgt aus:

```
/* strxcat_beispiel.c */
#include<stdio.h>
#include<stdarg.h>
#include<string.h>
#include<stdlib.h>
#define MAX 50

void strxcat(int n_strings, ...) {
   va_list zeiger;
   char *quelle, *ziel, *p;

   va_start(zeiger,n_strings);
   /* nun auf den Zielstring */
   ziel = va_arg(zeiger,char *);
   p = ziel;
   /* am Ende vom Zielstring */
   ziel+=strlen(ziel);
   if( (ziel-p) > MAX) {
      printf("!!!Maximale Anzahl an Zeichen ueberschritten!!!\n");
      return;
   }
   while(--n_strings > 0) {
      /* Quelle einlesen */
      quelle = va_arg(zeiger, char *);
      /* jetzt Zeichen für Zeichen an ziel */
      while(*quelle) {
         *ziel++ = *quelle++;
         if( (ziel-p) > MAX) {
            printf("!Maximale Anzahl an Zeichen ueberschritten!\n");
            exit(EXIT_FAILURE);
         }
      }
   }
   *ziel = '\0';
}

int main(void) {
   char string[MAX] = "Test : ";
   char string2[] = " Und";

   strxcat(3, string, "hallo " , "welt");
   printf("%s\n",string);
```

19

```
    strxcat(5, string, string2, " noch", " ein", " Test");
    printf("%s\n",string);

    /*Und nun ein Fehler mit Absicht*/
    strxcat(4, string , " Ueberlauf", " von", " MAX");
    printf("%s\n",string);
    return EXIT_SUCCESS;
}
```

Listing 19.3 »strxcat_beispiel.c« zeigt, wie Sie eine variable Anzahl an Strings an einen vorhandenen String anhängen können.

```
C:\Users\Rene\Documents\C von A bis Z\Kapitel 19>strxcat_beispiel.exe
Test : hallo welt
Test : hallo welt Und noch ein Test
!Maximale Anzahl an Zeichen ueberschritten!

C:\Users\Rene\Documents\C von A bis Z\Kapitel 19>_
```

Abbildung 19.2 Mehrere Strings auf einmal aneinanderhängen

In Listing 19.3 wurde auch eine Sicherung eingebaut, die vor sogenannten Pufferüberläufen schützt.

19.5 »vprintf()«, »vsprintf()«, »vfsprintf()« und »vsnsprintf()«

Mit dem Makro va_arg werden die variablen Parameter einzeln verarbeitet. Mit den beiden Funktionen vprintf() und vfprintf() kann die ganze Liste in einem Stück übernommen werden. Dazu wird der Makroname va_arg nicht mehr benötigt. Hier sehen Sie die Syntax von vprintf():

```
#include<stdio.h>
#include<stdarg.h>

int vprintf(const char * restrict format, va_list artPtr);
```

Jetzt soll hiermit die Funktion printf() nachgebildet werden. Der Code sieht so aus:

```
/* my_printf.c */
#include<stdio.h>
#include<stdlib.h>
#include<stdarg.h>

static void myprintf(char *string, ...) {
```

```
   va_list argzeiger;
   va_start(argzeiger,string);
   vprintf(string,argzeiger);
   va_end(argzeiger);
}

int main(void) {
   char hallo[] = "Hallo vprintf\n";
   myprintf("Hier ein Beispiel von vprintf....");
   myprintf("\n");
   myprintf("%d * %d = %d\n",10,10,10*10);
   myprintf("%s",hallo);
   return EXIT_SUCCESS;
}
```

Listing 19.4 »my_printf.c« bildet »printf()« nach und zeigt damit die Arbeitsweise dieser oft verwendeten C-Funktion auf.

Der einzige Unterschied zu den vorigen Beispielen ist, dass anstatt `va_arg()` die Funktion `vprintf()` benutzt wird. Diese Funktion übernimmt den ganzen String in einem Stück. Natürlich macht dieses Programm wenig Sinn. `vprintf()` eignet sich aber sehr gut, um eigene Fehlermeldungsroutinen zu schreiben. Ein Beispiel:

```
/* fehlerbehandlung.c */
#include<stdio.h>
#include<stdarg.h>
#include<stdlib.h>
#define MAXWERT 8192

enum{ WARN, ERROR, EXIT, MISC };

/* Stringtabelle mit Fehlerausgaben */
const char *error[] = {
   "Fehlerhafte Eingabe\n",
   "Maximaler Wertebereich ueberschritten\n",
   "Nagativer Wert wurde eingegeben\n"
};

void fehler(int kennung, const char *format, ...) {
   va_list vargzeiger;
   va_start(vargzeiger,format);
   switch(kennung) {
      case 0  : printf("\nAchtung: ");
                vprintf(format,vargzeiger);
```

```
                break;
      case 1  : printf("\nFehler : ");
                vprintf(format,vargzeiger);
                break;
      case 2  : printf("\nProgrammabbruch : ");
                vprintf(format,vargzeiger);
                exit(EXIT_FAILURE);
      case 3  : vprintf(format,vargzeiger);
                break;
      default : printf("\nFalscher Funktionsaufruf\n");
   }
   va_end(vargzeiger);
}
int main(void) {
   int zahl, ret;
   printf("Eine Zahl zwischen 0-8192: ");
   ret=scanf("%d",&zahl);
   /* fehlerhafte Eingabe vorgenommen */
   if(ret == 0)
      fehler(EXIT, error[0]);
   /* Zahl größer als Maximalwert */
   else if(zahl > MAXWERT)
      fehler(WARN, error[1]);
   /* negative Zahl */
   else if(zahl < 0)
      fehler(ERROR, error[2]);
   /* alles in bester Ordnung */
   else
      fehler(MISC, "Eingabe ist in Ordnung\n");
   return EXIT_SUCCESS;
}
```

Listing 19.5 »fehlerbehandlung.c« demonstriert die Ausgabe von Fehlermeldungen mit »vprintf()«.

Damit kann jederzeit mit dem Funktionsaufruf

```
fehler(kennungsnummer,"Fehler - Unbekannter Fehler");
```

eine bestimmte Fehlermeldung auf dem Bildschirm ausgegeben werden – je nachdem, welche Kennungsnummer an die Funktion `fehler()` übergeben wurde. In diesem Beispiel wurden die Fehlernummern in `enum`-Variablen gekleidet und die entsprechende Fehlerausgabe in eine Stringtabelle.

Das dateiorientierte Gegenstück zu vprintf() ist die Funktion vfprintf() mit folgender Syntax:

```
#include<stdio.h>
#include<stdarg.h>

int vfprintf( FILE * restrict f,
              const char * restrict puffer,
              va_list argPtr);
```

Diese Funktion ist gleichbedeutend mit der Funktion vprintf(), nur dass Sie dabei noch formatiert in einen Stream oder aber auch auf die Standardausgabe schreiben können, und zwar mit:

```
vfprintf(stdout, format, vargzeiger);
// gleichwertig zu ...
vprintf(format, vargzeiger);
```

Zudem existiert noch die Funktion vsprintf(), die ähnlich wie sprintf() funktioniert. Ihre Syntax lautet:

```
#include<stdio.h>
#include<stdarg.h>

int vsprintf( const char * restrict puffer,
              const char * restrict format,
              va_list argPtr);
```


Damit kann eine variabel lange Argumentliste formatiert in einen String geschrieben werden. Hier sehen Sie ein kurzes Beispiel:

```
/* vsprintf_beispiel.c */
#include<stdio.h>
#include<stdlib.h>
#include<stdarg.h>
/*  Bei Linux die Bibliothek math.h extra hinzulinken (-lm)
 *  gcc -o programm programm.c -lm
 */
#include<math.h>

static void float2string(char *string, char *dezimal, ...) {
   va_list argzeiger;
   va_start(argzeiger,dezimal);
   vsprintf(string,dezimal,argzeiger);
   va_end(argzeiger);
}
```

```
int main(void) {
   char string[100];
   float zahl = 20.0;

   float2string(&string[0],"string-> %.6f <-string",sqrt(zahl));
   printf("%s\n",string);
   return EXIT_SUCCESS;
}
```

Listing 19.6 »vsprintf_beispiel.c« zeigt, wie Sie mit »vsprintf()« Argumentlisten in einen String übertragen und diesen ausgeben können.

Ab dem C99-Standard ist mit `vsnprintf()` auch die `snprintf()`-Alternative mit einer variablen Argumentliste neu hinzugekommen. Die Syntax dieser Funktion sieht so aus:

```
#include<stdio.h>
#include<stdarg.h>


int vsnprintf( const char * restrict puffer,
               size_t n
               const char * restrict format,
               va_list argPtr );
```

Zwar habe ich die Funktionen `vprintf()`, `vfprintf()`, `vsprintf()` und `vsnsprintf()` recht kurz abgehandelt, aber im Grunde arbeiten all diese Funktionen auf die gleiche Art und Weise wie ihre Gegenstücke `printf()`, `fprintf()`, `sprintf()` und `snprintf()`, nur dass der letzte Parameter immer ein Argumentzeiger vom Typ `va_list` ist, womit zusätzlich zur bereits vorhandenen Funktion der Gegenstücke auch noch optionale Argumente möglich sind. Um die Argumentliste verwenden zu können, muss diese immer zuerst mit `va_start()` initialisiert und am Ende mit `va_end()` beendet werden. `va_arg()` wird hier nicht benötigt, weil dieses Makro intern von den Funktionen verwendet wird.

[»]

Hinweis: Verwendung breiter Zeichen

Die genannten Funktionen gibt es auch wieder für breite Zeichen. In diesem Fall wären dies `vwprintf()`, `vfwprintf()` und `vswprintf()`.

19.6 Variadic Makros – __VA_ARGS__

Ab dem C99-Standard haben Sie die Möglichkeit, ein Makro mit variablen Argumenten zu definieren und aufzurufen. Zugegeben, dieser Abschnitt hätte auch gut zu

Kapitel 11, »Präprozessor-Direktiven«, gepasst, aber ich habe mich dann doch entschieden, dieses Thema hier aufzunehmen.

Das Prinzip ist denkbar einfach: Beim Aufruf eines Makros fasst der Präprozessor alle optionalen Argumente zu einem Argument zusammen. Hierzu wurde der Bezeichner `__VA_ARGS__` eingeführt, der im Ersatztext die zusammengefassten optionalen Argumente enthält. Allerdings darf der Bezeichner `__VA_ARGS__` nur im Ersatztext der Makrodefinition eingesetzt werden. `__VA_ARGS__` kann dort fast wie ein gewöhnlicher Parameter verwendet werden. Der Unterschied ist, dass der Parameter durch sämtliche Argumente ersetzt wird und nicht nur durch ein Argument.

Es folgt ein einfaches Beispiel dafür, wie Sie ein Makro erstellen können, das eine variable Anzahl von Argumenten verwendet:

```
/* va_args_1.c */
#include<stdio.h>
#include<stdlib.h>
#define errprintf(...) fprintf(stderr, __VA_ARGS__)
int main(void) {
   const char str[] = "ein Argument";
   int val = 10;

   errprintf("Hallo Welt %d %s\n", val, str);
   errprintf("Fehler!! Zeile: %d (%s)\n",
      __LINE__, __DATE__ );
  return EXIT_SUCCESS;
}
```

Das Prinzip ist recht einfach. Der Makroaufruf

```
errprintf("Hallo Welt %d %s\n", val, str);
```

sieht nach dem Ersetzen des Textes in `__VA_ARGS__` wie folgt aus:

```
fprintf(stderr, "Hallo Welt %d %s\n", val, str);
```

Anstatt die Ausgabe auf den Standard-Stream `stderr` auszugeben, können Sie selbstverständlich auch eine Datei dafür verwenden – vorausgesetzt natürlich, Sie haben eine entsprechende Datei mit `FILE`-Zeiger zum Schreiben geöffnet. Dies ist ein eleganter und einfacher Weg, ein Programm zu protokollieren, indem bestimmte Dinge in eine Logdatei geschrieben werden.

Listing 19.7 bietet ein weiteres Beispiel, das noch einige Möglichkeiten demonstrieren soll, ein Makro mit variablen Argumenten zu nutzen:

```
/* va_args_2.c */
#include<stdio.h>
#include<stdlib.h>

#define fprintf_log(...) fprintf(fp, __VA_ARGS__)
#define errprintf(...) fprintf(stderr, __VA_ARGS__)
#define checkerror(x, ...) if(!(x)) { \
                              fprintf(stderr, __VA_ARGS__); }
#define LOGFILE "logfile.txt"

static FILE *fp;

void openLog(void) {
   fp = fopen(LOGFILE, "w+");
   if( NULL == fp ) {
      errprintf("%s:%d: Konnte Logdatei nicht oeffnen\n",
         __func__, __LINE__);
      exit(EXIT_FAILURE);
   }
}
int main(void) {
   char name[80];
   int val, check;

   openLog();
   fprintf_log("(%s/%s): Programmstart\n",
      __DATE__, __TIME__);

   printf("Bitte Namen eingeben: ");
   fgets( name, 80, stdin);
   // Die Eingabe wird mitprotokolliert.
   fprintf_log("Eingabe \"name\": %s", name);

   printf("Bitte eine Ganzzahl eingeben: ");
   check = scanf("%d", &val);
   // Wird nur ausgeführt, wenn die
   // Eingabe bei scanf() falsch war.
   checkerror(check, "Die Eingabe war falsch\n");

   return EXIT_SUCCESS;
}
```

Listing 19.7 »va_args_2.c« verwendet Makros mit variablen Argumentlisten.

Mit dem ersten Makro

```
#define fprintf_log(...) fprintf(fp, __VA_ARGS__)
```

können Sie eine variable Anzahl von Argumenten in den Stream fp schreiben – vorausgesetzt natürlich, der Stream fp wurde vorher zum Schreiben geöffnet, was in diesem Beispiel in der Funktion openLog() realisiert wurde. Mit fprintf_log() können Sie somit alles im Programm mitprotokollieren, was Ihnen sinnvoll erscheint.

Ebenfalls recht praktisch ist das folgende Makro:

```
#define checkerror(x, ...) if(!(x)) { \
                      fprintf(stderr, __VA_ARGS__); }
```

Es wurde noch ein zusätzlicher Parameter verwendet, womit anschließend mit if überprüft wird, ob das Makro überhaupt ausgeführt werden soll. In diesem Fall wird das Makro nur dann ausgeführt, wenn der zusätzliche Parameter x gleich 0 ist. Im Listing wurde dies bei der scanf()-Eingabe verwendet:

```
   int check;
   check = scanf("%d", &val);
   checkerror(check, "Die Eingabe war falsch\n");
```

Wurde bei scanf() eine falsche Eingabe gemacht, beispielsweise ein Zeichen anstatt einer Ganzzahl eingegeben, ist der Wert von check gleich 0. Und beim Aufruf von checkerror() wird dieser scanf()-Rückgabewert als erster Parameter übergeben. Somit würde das Makro checkerror() im Falle eines Fehlers nach der Ersetzung wie folgt aussehen:

```
if(!(check)) {
   fprintf(stderr, "Die Eingabe war falsch\n");
}
```

Im selben Verzeichnis wie das Listing *variadic2.c* finden Sie außerdem die Logdatei *logfile.txt*, die Sie nach Beendigung des Programms in einem Editor Ihrer Wahl betrachten können.

Kapitel 20
Zeitroutinen

In der C-Standard-Bibliothek sind einige Funktionen enthalten, mit denen Sie die Zeit bestimmen können. Die Zeit umfasst dabei das Datum und die Uhrzeit.

Sie werden sich vielleicht an dieser Stelle fragen, warum man denn ein ganzes Kapitel über Zeitroutinen benötigt. Kann man die simple Abfrage der Uhrzeit und des Datums nicht in irgendeinem kurzen Beispiel unterbringen? Die Antwort ist, dass dies nicht möglich ist, deshalb möchte ich Ihnen die Zeitfunktionen auch detaillierter vorstellen als in einem kurzen Beispiel.

Stellen Sie sich dazu folgendes Szenario vor: Sie haben ein kleines Spiel programmiert, sagen wir einen Tetris-Klon auf Ihrem Core i3. Jedes Mal, wenn sich die Steine nach unten bewegen, haben Sie eine Warteschleife eingefügt, z. B.:

```
for (i=0; i<LevelTimer; i++) { }
```

Die Variable `LevelTimer` haben Sie natürlich fein per Hand justiert, und auf Ihrem System läuft das Spiel sauber. Nun installiert einer Ihrer Freunde das Spiel auf seinem Core i7, und es läuft viel zu schnell, weil Ihre CPU mit 2,8 GHz und die Ihres Freundes mit 3,8 GHz getaktet ist.

Spätestens an dieser Stelle werden Sie sich fragen, ob Sie nicht die PC-Uhr für Ihre Warteschleifen benutzen können und ob Sie die Zeit nicht vielleicht sogar in Millisekunden abfragen können. Die Antwort darauf ist die Headerdatei *<time.h>*, die ich Ihnen nun vorstellen möchte.

20.1 Die Headerdatei <time.h>

Es folgen nun einige Standardfunktionen der Headerdatei *<time.h>*, in denen Routinen für Zeit und Datum deklariert sind. Tabelle 20.1 gibt Ihnen einen kurzen Überblick über die speziellen (primitiven) Datentypen in dieser Headerdatei und ihre Bedeutungen.

Typ	Bedeutung
size_t	arithmetischer Datentyp für Größenangaben
clock_t	arithmetischer Datentyp für die CPU-Zeit
time_t	arithmetischer Datentyp für Datums- und Zeitangaben
struct tm	Enthält alle zu einer (gregorianischen) Kalenderzeit relevanten Komponenten.

Tabelle 20.1 (Primitive) Datentypen und Struktur für Datum und Zeit

Laut ANSI-C-Standard sollten in der Struktur `tm` die in Tabelle 20.2 aufgeführten Komponenten enthalten sein.

»struct tm«-Variable	Bedeutung
int tm_sec;	Sekunden (0–59)
int tm_min;	Minuten (0–59)
int tm_hour;	Stunden (0–23)
int tm_mday;	Monatstag (1–31)
int tm_mon;	Monate (0–11; Januar = 0)
int tm_year;	ab 1900
int tm_wday;	Tag seit Sonntag (0–6; Sonntag = 0)
int tm_yday;	Tag seit 1. Januar (0–365; 1. Januar = 0)
int tm_isdst;	Sommerzeit (tm_isdst > 0) Winterzeit (tm_isdst == 0) nicht verfügbar (tm_isdst < 0)

Tabelle 20.2 Bedeutung der Strukturvariablen in »struct tm«

Auf Linux-Systemen sind außerdem folgende Komponenten vorhanden:

```
long int tm_gmtoff;
```

`tm_gmtoff` gibt die Sekunden östlich von UTC bzw. den negativen Wert westlich von UTC für die Zeitzonen an. *UTC* steht für *Universal Time Coordinated* und dient als Bezeichnung für eine auf der gesamten Erde einheitliche Zeitskala. Die *Universal Time* ist identisch mit der *Greenwich Mean Time* (GMT). Diese Angabe kann aber auch unter

```
long int __tm_gmtoff;
```

vorliegen. Ebenfalls nur bei Linux ist folgende Komponente enthalten:

```
const char *tm_zone;
```

Diese Variable enthält den Namen der aktuellen Zeitzone. Diese kann auch in folgender Schreibweise angegeben sein:

```
const char *__tm_zone;
```

20.1.1 Konstanten in der Headerdatei <time.h>

Folgende zwei Konstanten sind in der Headerdatei *<time.h>* deklariert:

- `CLOCKS_PER_SEC`: Die Konstante enthält die Anzahl von `clock_t`-Einheiten pro Sekunde.
- `NULL`: Das ist derselbe `NULL`-Zeiger, den Sie schon in der Headerdatei *<stdio.h>* kennengelernt haben.

Die Zeitzone können Sie unter Linux in den Locales festlegen. Meistens gibt es hierfür ein eigenes Konfigurationstool. Auf dem Raspberry Pi ist die Schnittstelle das Tool `raspi-config` (siehe dazu auch Kapitel 2, »Eine günstige Programmierplattform – der Raspberry Pi«). Ausführliche Infos liefert das Kommando `man locales`.

20.1.2 Datums- und Zeitfunktionen in <time.h>

Die Zeit, mit der der Systemkern arbeitet, ist die Anzahl der Sekunden, die seit dem 1. Januar 1970, 00:00:00 Uhr, vergangen sind. Diese Zeit wird immer mit dem Datentyp `time_t` dargestellt und enthält das Datum und die Uhrzeit. Diese Zeit kann mit der Funktion

```
time_t time(time_t *zeitzeiger);
```

ermittelt werden. Wird für den Parameter `zeitzeiger` kein `NULL`-Zeiger verwendet, befindet sich an dieser Adresse die aktuelle Systemzeit. Listing 20.1 gibt die Zeit in Sekunden fortlaufend seit dem 1. Januar 1970 um 00:00:00 Uhr mithilfe der Funktion `time()` aus.

```
/* time_1.c */
#include<stdio.h>
#include<stdlib.h>
#include<time.h>

#ifdef __unix__
   #define clrscr() printf("\x1B[2J")
```

```
#else
   #include <stdlib.h>
   #define clrscr() system("cls")
#endif

int main(void) {
   time_t t;

   time(&t);
   while(1) {
      clrscr();
      printf("%ld\n",t);
      printf("Mit <STRG><C> bzw. <STRG><D> beenden!! ");
      time(&t);
   }
   return EXIT_SUCCESS;
}
```

Listing 20.1 »time_1.c« gibt die Sekunden an, die seit dem 01.01.1970 vergangen sind.

Ob es nach dem Jahr-2000-Problem beim Übergang zum Jahr 2038 zum nächsten Problem kommt oder nicht, bleibt noch offen. Bei vielen Rechnern ist `time_t` als `long` implementiert, womit Platz für etwa 2 Milliarden Sekunden wäre. Dies wäre im Jahr 2038 erreicht. Der Standard schreibt nicht vor, welchen Wert `time_t` haben soll, und somit ist der Wertebereich von der Implementierung abhängig.

»localtime()« und »gmtime()« – Umwandeln von »time_t« in »struct tm«

Die Ausgabe der Sekunden als Zeitformat ist nicht gerade originell. Sie könnten jetzt anfangen, Funktionen zu schreiben, mit denen der Rückgabewert der Funktion `time()` in ein entsprechendes Format umgerechnet wird. Oder Sie verwenden bereits geschriebene Standardfunktionen wie:

```
struct tm *localtime(const time_t *zeitzeiger);
struct tm *gmtime(const time_t *zeitzeiger);
```

Beide Funktionen liefern als Rückgabewert die Adresse einer Zeitangabe vom Typ `struct tm`. Diese Struktur wurde bereits zu Beginn dieses Kapitels behandelt. Die Funktion `localtime()` wandelt die Kalenderzeit der Adresse `time_t *zeitzeiger` in die lokale Ortszeit um – unter der Berücksichtigung von Sommer- und Winterzeit. `gmtime()` dagegen wandelt die Kalenderzeit in die UTC-Zeit um. Hierzu zeigt Listing 20.2 ein Beispiel, das die Eingabe eines Geburtsdatums erwartet und anschließend das Alter in Jahren, Monaten und Tagen ausgibt (siehe Abbildung 20.1).

```
/* time_2.c */
#include<stdio.h>
#include<stdlib.h>
#include<time.h>

struct tm *tmnow;

void today(void) {
   time_t tnow;

   time(&tnow);
   tmnow = localtime(&tnow);
   printf("Heute ist der ");
   printf("%d.%d.%d\n",
      tmnow->tm_mday, tmnow->tm_mon + 1, tmnow->tm_year + 1900);
}

int main(void) {
   int tag, monat, jahr;
   unsigned int i=0, tmp;

   printf("Bitte gib Deinen Geburtstag ein!\n");
   printf("Tag : ");
   scanf("%d", &tag);
   printf("Monat : ");
   scanf("%d", &monat);
   printf("Jahr (jjjj) : ");
   scanf("%d", &jahr);
   today();
   if(tmnow->tm_mon < monat) {
      i = 1;
      tmp=tmnow->tm_mon+1-monat;
      monat=tmp+12;
   }
   else {
      tmp=tmnow->tm_mon+1-monat;
      monat=tmp;
   }
   if(monat == 12) {
      monat = 0;
      i = 0;
   }
```

```
    printf("Sie sind %d Jahre %d Monat(e) %d Tag(e) alt\n",
       tmnow->tm_year+1900-jahr-i,monat, tmnow->tm_mday-tag);
    return EXIT_SUCCESS;
}
```

Listing 20.2 »time_2.c« gibt auf die Sekunde genau an, wie alt Sie sind.

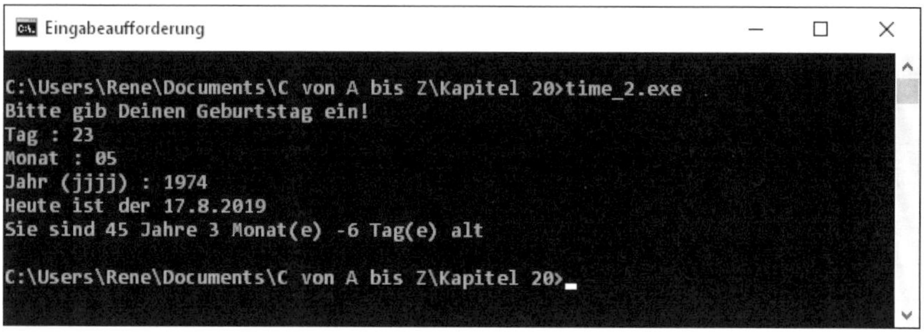

```
Eingabeaufforderung

C:\Users\Rene\Documents\C von A bis Z\Kapitel 20>time_2.exe
Bitte gib Deinen Geburtstag ein!
Tag : 23
Monat : 05
Jahr (jjjj) : 1974
Heute ist der 17.8.2019
Sie sind 45 Jahre 3 Monat(e) -6 Tag(e) alt

C:\Users\Rene\Documents\C von A bis Z\Kapitel 20>_
```

Abbildung 20.1 Verwendung der Funktion »localtime()« unter Windows

Erst einmal eine kleine Anmerkung zur `if else`-Bedingung im Programm: Diese ist erforderlich, damit im Monatsdatum kein negativer Wert zurückgegeben wird und Sie nicht auf einmal ein Jahr älter sind.

»mktime()« – Umwandeln von »struct tm« in »time_t«

Kommen wir jetzt zum Gegenstück der Funktionen `localtime()` und `gmtime()`:

```
time_t mktime(struct tm *zeitzeiger);
```

Auf diese Weise wird eine Zeit im `struct tm`-Format wieder in eine Zeit im `time_t`-Format umgewandelt. Ist die Kalenderzeit nicht darstellbar, gibt diese Funktion `-1` zurück. Die echten Werte der Komponenten `tm_yday` und `tm_wday` in `zeitzeiger` werden ignoriert. Die ursprünglichen Werte der Felder, `tm_sec`, `tm_min`, `tm_hour`, `tm_mday` und `tm_mon`, sind nicht auf den durch die `tm`-Struktur festgelegten Bereich beschränkt. Befinden sich die Felder nicht im korrekten Bereich, werden diese angepasst.

Das heißt konkret: Wird z. B. das fehlerhafte Datum »38.3.2019« eingegeben, muss die Funktion `mktime()` dieses Datum richtig setzen. Bei richtiger Rückgabe erhalten Sie entsprechende Werte für `tm_yday` und `tm_wday`. Der zulässige Bereich für die Kalenderzeit liegt zwischen dem 1. Januar 1970, 00:00:00 Uhr, und dem 19. Januar 2038, 03:14:07 Uhr. Das Beispiel in Listing 20.3 soll zeigen, wie Sie den genauen Wochentag durch diese Funktion ermitteln können.

```
/* time_3.c */
#include<stdio.h>
```

```
#include<stdlib.h>
#include<time.h>

char *wday[] = {
   "Sonntag", "Montag", "Dienstag", "Mittwoch",
   "Donnerstag", "Freitag", "Samstag", "??????"
};

int main(void) {
   struct tm time_check;
   int year, month, day;

   /* Jahr, Monat und Tag eingeben zum
    * Herausfinden des Wochentags */
   printf("Jahr : ");
   scanf("%d", &year);
   printf("Monat: ");
   scanf("%d", &month);
   printf("Tag  : ");
   scanf("%d", &day);

   /* Wir füllen unsere Struktur struct tm time_check
    * mit Werten. */
   time_check.tm_year = year - 1900;
   time_check.tm_mon = month - 1;
   time_check.tm_mday = day;

   /* 00:00:01 Uhr */
   time_check.tm_hour  = 0;
   time_check.tm_min   = 0;
   time_check.tm_sec   = 1;
   time_check.tm_isdst = -1;

   if(mktime(&time_check) == -1)
      time_check.tm_wday = 7;  /* = unbekannter Tag */


   /* Der Tag des Datums wird ausgegeben. */
   printf("Dieser Tag ist/war ein %s\n",
      wday[time_check.tm_wday]);
```

```
   return EXIT_SUCCESS;
}
```

Listing 20.3 »time_3.c« ermittelt für das aktuelle Datum den Wochentag.

»asctime()« und »ctime()« – Umwandeln von Zeitformaten in einen String

Mit diesen zwei Funktionen können die beiden Zeitformen `struct tm` und `time_t` in einen String konvertiert werden. Hier sehen Sie die Syntax der beiden:

```
char *asctime(struct tm *zeitzeiger);
char *ctime(const time_t *zeitzeiger);
```

Auch dazu ein kleines Beispiel in Listing 20.4.

```
/* time_4.c */
#include<stdio.h>
#include<time.h>
#include<string.h>
#include<stdlib.h>

int main(int argc, char **argv) {
   FILE *datei;
   time_t time1;
   struct tm *time2;
   char zeit[25];
   int c;

   if(argc<2) {
      printf("Bitte eingeben : %s textdatei.txt\n",*argv);
      return EXIT_FAILURE;
   }
   if((datei = fopen(*++argv,"w+")) == NULL) {
      printf("Konnte Datei : %s nicht öffnen!!!!\n",*argv);
      return EXIT_FAILURE;
   }
   printf("Eingabe machen (mit '#' beenden)\n>");
   /* Wir schreiben in unsere Datei und beenden diese
    * mit dem Zeichen '#'. */
   while((c=getchar()) != '#')
      putc(c, datei);
   putc('\n', datei);
```

```
   /* zuerst time_t-Format */
   time(&time1);
   printf("Heute ist %s und Sie haben eben die "
          "Datei %s geschlossen\n",ctime(&time1), *argv);

   /* jetzt struct tm-Format mit asctime() */
   time1=time(NULL);
   time2=localtime(&time1);
   strcpy(zeit,asctime(time2));

   /* Das Datum schreiben wir in die Datei ... */
   fprintf(datei,"%s\n",zeit);
   fclose(datei);
   return EXIT_SUCCESS;
}
```

Listing 20.4 »time_4.c« demonstriert die Umwandlung von lokalen Zeitformaten in Strings mit »asctime()« und »ctime()«.

Dieses Listing gibt erst das heutige Datum mit der Funktion `ctime()` aus und schreibt dann den Rückgabewert der Funktion `asctime()` in eine Textdatei.

»difftime()« – Differenz zweier Zeiten

Wird eine Differenz zwischen zwei Zeiten benötigt, lässt sich diese mit der folgenden Funktion ermitteln:

```
double difftime(time_t zeit1, time_t zeit0);
```


Diese Funktion liefert die Differenz von `zeit1` minus `zeit0` als `double`-Wert zurück. Hierzu ein einfaches und kurzes Beispiel:

```
/* time_5.c */
#include<stdio.h>
#include<stdlib.h>
#include<time.h>

int main(void) {
   time_t start, stop;
   double diff;

   printf("Einen Augenblick bitte ...\n");
   start=time(NULL);
   while((diff=difftime(stop=time(NULL),start)) != 5);
```

```
   printf("%.1f sek. vorbei!!\n",diff);
   return EXIT_SUCCESS;
}
```

Das Programm wartet 5 Sekunden, bis es einen entsprechenden Text ausgibt. Bei

```
while((diff=difftime(stop=time(NULL),start)) !=5);
```

wurde die Funktion `time()` gleich in der Funktion `difftime()` ausgeführt. Natürlich ist dies nicht so gut lesbar, aber es erfüllt denselben Zweck wie:

```
while((diff=difftime(stop,start)) != 5)
   stop=time(NULL);
```

»clock()« – verbrauchte CPU-Zeit für ein Programm

Eine weitere häufig gestellte Frage lautet: Wie kann ich herausfinden, wie lange das Programm schon läuft? Sie können dies mit folgender Funktion ermitteln:

```
clock_t clock(void);
```

Diese Funktion liefert die verbrauchte CPU-Zeit seit dem Programmstart zurück. Falls die CPU-Zeit nicht verfügbar ist, gibt die Funktion `-1` zurück. Wenn Sie die CPU-Zeit in Sekunden benötigen, muss der Rückgabewert dieser Funktion durch `CLOCKS_PER_SEC` dividiert werden; Listing 20.5 und Abbildung 20.2 zeigen ein Beispiel.

```
/* laufzeit.c */
#include<stdio.h>
#include<stdlib.h>
#include<time.h>

int main(void) {
   clock_t prgstart, prgende;
   int c;

   prgstart=clock();
   printf("Geben Sie etwas ein, und beenden Sie mit #\n");
   printf("\n > ");
   while((c=getchar())!= '#')
      putchar(c);
   prgende=clock();
   printf("Die Programmlaufzeit betrug %.2f Sekunden\n",
      (float)(prgende-prgstart) / CLOCKS_PER_SEC);
   return EXIT_SUCCESS;
}
```

Listing 20.5 Das letzte Beispiel ermittelt die Zeit, die ein Programm bereits läuft.

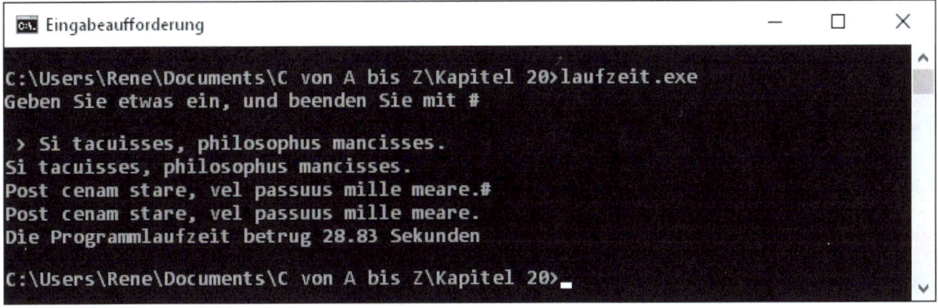

Abbildung 20.2 Verbrauchte Zeit eines Programms mit »clock()« ermitteln

Damit dürfte es Ihnen nicht schwerfallen, die Nutzungsdauer eines Programms herauszubekommen.

»strftime()« – »struct tm« in einen benutzerdefinierten String umwandeln

Als Nächstes folgt eine Funktion, die Sie als die `sprintf()`-Funktion für Zeit- und Datumswerte ansehen können. Die Syntax lautet:

```
size_t strftime(char * restrict puffer, int maxzeichen,
                const char * restrict format,
                struct tm * restrict zeitzeiger);
```

So kann die Kalenderzeit aus `struct tm *zeitzeiger` in einem entsprechenden Format in die Adresse `puffer` geschrieben werden. Tabelle 20.3 zeigt die Umwandlungsvorgaben, die Sie dabei verwenden können.

Format	... wird ersetzt durch ...	Beispiel
%a	Wochenname (gekürzt)	Sat
%A	Wochenname (ausgeschrieben)	Saturday
%b	Monatsname (gekürzt)	Jan
%B	Monatsname (ausgeschrieben)	January
%c	entsprechende lokale Zeit- und Datumsdarstellung	Thu Jun 11 22:22:22 MET 2009
%d	Monatstag (1–31)	22
%H	Stunde im 24-Stunden-Format (0–23)	23
%I	Stunde im 12-Stunden-Format (1–12)	5
%j	Tag des Jahres (1–366)	133

Tabelle 20.3 Formatierungszeichen für eine benutzerdefinierte Zeitangabe

Format	... wird ersetzt durch ...	Beispiel
`%m`	Monat (1–12)	5
`%M`	Minute (0–59)	40
`%p`	AM- oder PM-Zeitangabe; Indikator für das 12-Stunden-Format (USA)	PM
`%S`	Sekunden (0–69)	55
`%U`	Wochennummer (0–53; Sonntag als erster Tag der Woche)	33
`%w`	Wochentag (0–6, Sonntag = 0)	3
`%W`	Wochennummer (0–53; Montag als erster Tag der Woche)	4
`%x`	lokale Datumsdarstellung	02/20/09
`%X`	lokale Zeitdarstellung	20:15:00
`%y`	Jahreszahl (ohne Jahrhundertzahl 0–99)	09 (2009)
`%Y`	Jahreszahl (mit Jahrhundertzahl YYYY)	2009
`%Z`, `%z`	Zeitzone (gibt nichts aus, wenn Zeitzone unbekannt)	MET
`%%`	Prozentzeichen	%

Tabelle 20.3 Formatierungszeichen für eine benutzerdefinierte Zeitangabe (Forts.)

[»]

Hinweis für den GCC-Compiler unter Linux

Bei einigen Compilern, wie beispielsweise beim GNU-GCC finden Sie noch mehr von diesen Umwandlungszeichen. Hierzu will ich Sie allerdings auf die entsprechende Manual-Page von `strftime()` (*http://linux.die.net/man/3/strftime*) verweisen.

[»]

Hinweis: »strftime()« für Breitzeichen

Zu `strftime()` gibt es mit `wcsftime()` auch noch ein Gegenstück für breite Zeichen. Die Funktion entspricht im Grunde der von `strftime()`, nur dass der Formatstring ein String mit breiten Zeichen ist. Auch die maximale Länge (zweiter Parameter) ist die Anzahl der breiten Zeichen und nicht die Anzahl von Bytes.

Listing 20.6 zeigt, wie diese Angaben verwendet werden können.

```
/* time_6.c */
#include<stdio.h>
#include<stdlib.h>
#include<time.h>

int main(void) {
   struct tm *zeit;
   time_t sekunde;
   char string[80];
   time(&sekunde);
   zeit = localtime(&sekunde);
   strftime(string, 80,
   "Es ist %H Uhr und %M Minuten (%Z) %A, %B %Y",zeit);
   printf("%s\n",string);
   return EXIT_SUCCESS;
}
```

Listing 20.6 »time_6.c« gibt die lokale Systemzeit als Uhrzeit aus.

Es wird übrigens von Linux-Entwicklern empfohlen, bei der formatierten Zeitausgabe des Jahres %Y statt %y zu verwenden, um Probleme mit dem Datum ab dem Jahr 2000 zu vermeiden. Abbildung 20.3 fasst alle Funktionen, die Sie hier kennengelernt haben, anhand ihrer Beziehungen zueinander zusammen.

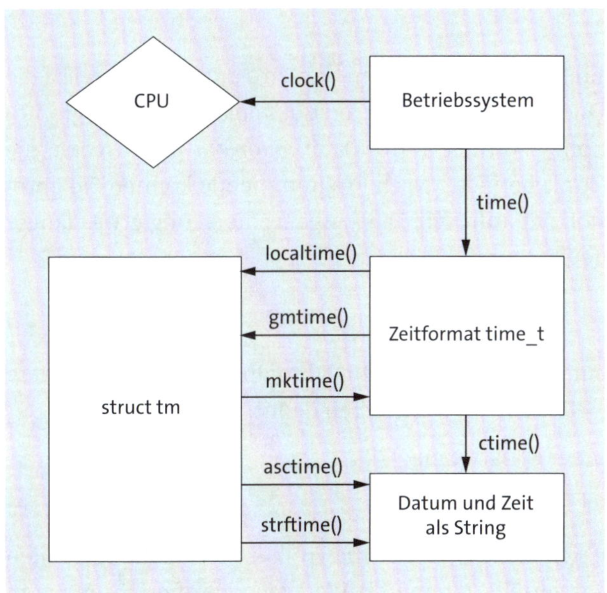

Abbildung 20.3 Datums- und Zeitfunktionen im Überblick

20.2 Laufzeitmessung (Profiling)

Für kleinere Programme oder auch Warteschleifen in Spielen können Sie eine Laufzeitmessung mit der Funktion `clock()` vornehmen. Für größere und umfangreiche Projekte ist diese Funktion aber weniger geeignet. Bei solchen speziellen Fällen sollten Sie eigene Programme einsetzen, die für diese geschrieben wurden, sogenannte *Profiler*.

Ein Profiler ist ein eigenständiges Programm, das Sie zur Laufzeitanalyse verwenden können. Der Vorteil dieses Werkzeugs ist, dass Sie mit ihm auch einzelne Funktionen analysieren können. So lässt sich schnell herausfinden, welcher Teil des Quellcodes mehr Zeit als gewöhnlich beansprucht. Ein Profiler ist ebenfalls ein Standardwerkzeug für »Codetuning-Freaks«, deren Hobby es ist, aus Ihren Programmen die optimale Leistung herauszukitzeln. Es versteht sich von selbst, dass diese Technik vor allem bei Spielen Verwendung findet.

Bei den kommerziellen Entwicklungsumgebungen ist der Profiler im Normalfall mit dabei. Es gibt aber auch einen kostenlosen Kommandozeilen-Profiler, den GNU-Profiler *gprof*, der für alle gängigen Systeme erhältlich ist.

Es ist nicht die Aufgabe dieses Buches, Ihnen die Profiling-Werkzeuge ausgiebig zu erläutern, dennoch möchte ich kurz auf die Verwendung des Profilers gprof unter Einsatz des GCC-Compilers eingehen.

Bevor Sie nun mit dem Profiling anfangen, benötigen Sie als Erstes einen fehlerfreien Quellcode, den Sie analysieren können. Danach müssen Sie den Quellcode mit dem Compiler-Flag `-pg` übersetzen:

```
gcc -pg programmname.c
```

Jetzt befindet sich im Verzeichnis eine Datei mit dem Namen *a.out*. Diese Datei ist die ausführbare Datei für Ihren Quellcode. Starten Sie jetzt das ausführbare Programm *a.out*. Die Profiling-Informationen werden in die Datei *gmon.out* geschrieben, die sich jetzt ebenfalls im Verzeichnis befindet. Nach Programmende können Sie gprof zur Auswertung der Datei *gmon.out* aufrufen. Die Ausgabe, die häufig etwas länger ist, leiten Sie am besten in eine Datei um:

```
gprof ./a.out > test_prof.txt
```

Die Textdatei *test_prof.txt* können Sie jetzt mit einem Editor Ihrer Wahl öffnen. Diese Datei beinhaltet wiederum zwei Dateien. Der erste Teil nennt:

- die verbrauchte Rechenzeit der Funktionen
- die Anzahl der Aufrufe von Funktionen

Im zweiten Teil sehen Sie, wie sich die Rechenzeit von Funktionen auf die von Ihnen aufgerufenen Unterfunktionen verteilt. Mehr zum Werkzeug gprof erfahren Sie in der entsprechenden Dokumentation.

[«]

Hinweis: Weiterführende Literatur zum Thema Profiling

Zum Thema Profiling gibt es inzwischen (anders als noch 2020) viel gute Literatur. Einige Informationen und ausführliche Erklärungen zu grundlegenden Dingen finden Sie in »Linux-Unix-Programmierung« (Jürgen Wolf, 4. Auflage Rheinwerk 2016, oder die geplante 5. Auflage, »Systemnahe Programmierung mit C und Linux«, Rheinwerk 2023/24). Noch ausführlicher ist das Standardwerk von Michael Kofler, das einfach »Linux« heißt und auch im Rheinwerk Verlag erschienen ist. Vor diesem Werk sei aber insofern gewarnt, als es wirklich alles enthält, was man über Linux wissen kann, und damit sehr umfangreich ist.

20.3 Besonderheiten beim Raspberry Pi

Der Raspberry Pi hat einige Besonderheiten in Bezug auf den Umgang mit Timern zu bieten. Auf dem Raspberry Pi ist `clock()`, wie bei vielen modernen Linux-Systemen, eine Variable mit einer Breite von 64 Bit. Auf modernen 64-Bit-Betriebssystemen wie Debian (dies ist das Linux, das meistens auf dem Raspberry Pi läuft) müsste also der Datentyp für `clock()` `unsigned long int` lauten, denn wir wissen ja, dass der Typ `long int` auf 64-Bit-Betriebssystemen normalerweise der Breite eines Prozessorregisters entspricht.

Leider ist dies nicht ganz korrekt, denn es gab vom Raspberry Pi anfangs nur 32-Bit-Varianten. Aus Kompatibilitätsgründen ist also der Datentyp `unsigned long int` auf dem Raspberry Pi nach wie vor 32 Bit breit. Die Lösung war, den Datentyp `unsigned long long int` zu definieren und die Zeit in Mikrosekunden zu messen. Unter Windows liefert `clock()` dagegen nach wie vor die Zeit in Millisekunden zurück und ist 32 Bit breit.

Das heißt leider auch, dass der ANSI-Standard nicht genau vorschreiben kann, welchen Datentyp die Funktion `clock()` zurückliefert, und dass diese Funktion leider systemabhängig ist. Wenn Sie also portable Programme schreiben wollen, die Zeitfunktionen sowohl auf dem Raspberry Pi als auch unter Windows verwenden, müssen Sie unter Umständen bedingte Kompilierung verwenden. Sehen Sie dazu am besten noch einmal in Abschnitt 11.4, »Bedingte Kompilierung mit ›#ifdef‹«, nach.

Kapitel 21

Weitere Headerdateien und ihre Funktionen (ANSI C)

In diesem Kapitel werden Funktionen aus den Standard-Headerdateien näher erläutert, die bisher noch nicht oder nur zu kurz zur Sprache gekommen sind. Alle Standard-Headerdateien sind vom ANSI-C-Komitee vorgeschrieben und somit auf allen Systemen vorhanden. Dies ist auch bei C23 so, weil im Endeffekt immer nur neue Include-Dateien hinzukommen, die alten aber erhalten bleiben.

Durch die Standard-Headerdateien werden Ihre C-Programme größtenteils portabel, und auch über Systemgrenzen hinweg gibt es immer die Funktionen, die im Folgenden erläutert werden. Dies ist auch bei dem kommenden C23-Standard der Fall, wenn es auch einige *Headerdateien* geben wird, die Sie eigentlich nicht mehr benutzen müssen. Wenn Sie also portierbare Programme schreiben wollen, sollten Sie – zusammen mit den Funktionen der schon erläuterten Headerdatei *<stdio.h>* – möglichst die Funktionen der Standard-Headerdateien benutzen. Natürlich gibt es auch Ausnahmen, z. B. bei Mikrocontrollern mit wenig Speicher. So unterstützt z. B. die `printf()`-Funktion der Arduino-IDE nicht alle Formatdeskriptoren, und nicht immer gibt `printf()` die einzelnen Zeichen direkt über die serielle Schnittstelle aus. Für PCs und den Raspberry Pi gelten diese Beschränkungen jedoch nicht.

Hinweis für GUI-Programmierer

Die zuletzt gemachten Aussagen gelten auch nicht für GUI-Anwendungen. Leider gibt es dafür noch immer keinen einheitlichen Standard, obwohl z. B. das Cross-Plattform-Entwicklungstool GTK versucht, in diese Richtung zu gehen. Anscheinend sind aber GUI-Anwendungen so komplex, dass es keine einheitliche Funktionssammlung geben kann. Deswegen fahren vor allem Linux-Entwickler zweigleisig: Die Programme, die die Funktionen enthalten, laufen über die Kommandozeile, und der grafische Teil (das sogenannte *Frontend*) schickt die entsprechenden Kommandos an die Shell. Das Frontend wird auch meistens nicht in C, sondern z. B. in Java programmiert. Aber auch Skriptsprachen können zum Einsatz kommen, etwa wenn Anwendungen für Smartphones entwickelt werden.

21.1 Testmöglichkeiten und Fehlersuche – <assert.h>

Mit der Funktion

```
#include<assert.h>

void assert(int ausdruck);
```

können Ausdrücke, die vom Typ `int ausdruck` sind, auf logische Fehler getestet werden. Ist `ausdruck` gleich `0`, wird das Programm mit einer Fehlermeldung beendet. Genauer gesagt wird zuerst eine Fehlermeldung auf `stderr` ausgegeben, etwa:

```
Assertion failed: ausdruck, file filename, line nnn
```

Der Dateiname und die Zeilennummern stammen von den Präprozessor-Makros `__FILE__` und `__LINE__`. Danach wird die Ausführung des laufenden Prozesses mit der Funktion `abort()` beendet. Leider ist es systemabhängig, wie `abort()` arbeitet, denn `abort()` ist im Endeffekt eine sehr alte Funktion, die es schon auf dem Amiga gab (dort löste sie dann schlicht ein GURU MEDITATION aus). Auf modernen PCs oder dem Raspberry Pi werden Sie jedoch keine Probleme bekommen, und `abort()` wird dort stets korrekt ausgeführt.

Ein einfaches Beispiel wäre z. B. folgendes: Es werden zwei Zahlen durcheinander dividiert. Dabei darf keine der Zahlen eine Null oder ein negativer Wert sein. Außerdem soll der Teiler nicht größer als der Nenner sein. Hier sehen Sie das Listing:

```
/* assertion_1.c */
#include<stdio.h>
#include<stdlib.h>
#include<assert.h>

int divide(int zahl1, int zahl2) {
   assert( (zahl1 >= 0 && zahl1 >= zahl2) && (zahl2 >= 0) );
   return zahl1 / zahl2;
}
int main(void) {
   printf("%d / %d = %d\n",5,2,divide(5,2));
   printf("%d / %d = %d\n",3,4,divide(3,4));
   printf("%d / %d = %d\n",4,4,divide(4,4));
   return EXIT_SUCCESS;
}
```

Das Programm wird durch den Funktionsaufruf `divide(3,4)` mit folgender Fehlermeldung abgebrochen:

```
Assertion failed: assert( (zahl1>=0 && zahl1>=zahl2) &&
(zahl2>=0) ), file:assertion_1.c, line 6
```

Die nicht erfüllte Bedingung ist: Es muss zahl1>=zahl2 sein.

Diese Art, Programme zu testen, eignet sich übrigens auch sehr gut für größere Projekte. Damit Sie nicht den ganzen Code durchsuchen müssen, um anschließend bei der Fertigstellung des Programms die assert()-Anweisungen zu entfernen, müssen Sie nur das Makro

```
NDEBUG
```

angeben, und der Compiler ignoriert alle assert()-Aufrufe. NDEBUG muss allerdings noch vor der Headerdatei

```
#include <assert.h>
```

angegeben werden. Bei dem folgenden Beispiel wird die assert()-Anweisung ignoriert:

```
/* assertion_2.c */
#include<stdio.h>
#include<stdlib.h>
#define NDEBUG
#include<assert.h>

int divide(int zahl1, int zahl2) {
   assert( (zahl1 >= 0 && zahl1 >= zahl2) && (zahl2 >= 0) );
   return zahl1 / zahl2;
}

int main(void) {
   printf("%d / %d = %d\n",5,2,divide(5,2));
   printf("%d / %d = %d\n",3,4,divide(3,4));
   printf("%d / %d = %d\n",4,4,divide(4,4));
   return EXIT_SUCCESS;
}
```

21.2 Zeichenklassifizierung und Umwandlung – <ctype.h>

In der Headerdatei *<ctype.h>* befinden sich Funktionen, mit denen einzelne Zeichen überprüft oder umgewandelt werden können. Die Headerdatei *<wchar.h>* hingegen enthält die Deklarationen der Gegenstücke für Breitzeichen. In Tabelle 21.1 finden Sie die Syntax der einzelnen Funktionen und die Beschreibungen.

Funktion in <ctype.h>	Funktion in <wctype.h>	Beschreibung
`int isalnum(int c);`	`int iswalnum(wint_t wc);`	Testet, ob ein Zeichen ein alphanumerisches Zeichen ist.
`int isalpha(int c);`	`int iswalpha(wint_t wc);`	Testet, ob ein Zeichen ein Buchstabe ist.
`int iscntrl(int c);`	`int iswcntrl(wint_t wc);`	Testet, ob ein Zeichen ein Steuerzeichen ist (z. B. `Strg`+`B`).
`int isdigit(int c);`	`int iswdigit(wint_t wc);`	Testet, ob ein Zeichen eine Dezimalziffer ist.
`int isgraph(int c);`	`int iswgraph(wint_t wc);`	Testet, ob ein Zeichen ein druckbares Zeichen ist.
`int islower(int c);`	`int iswlower(wint_t wc);`	Testet, ob ein Zeichen ein Kleinbuchstabe ist.
`int isprint(int c);`	`int iswprint(wint_t wc);`	Testet, ob ein Zeichen ein druckbares Zeichen ist, aber kein Leerzeichen.
`int ispunct(int c);`	`int iswpunct(wint_t wc);`	Testet, ob ein Zeichen ein Interpunktionszeichen ist.
`int isspace(int c);`	`int iswspace(wint_t wc);`	Testet, ob ein Zeichen ein Leerzeichen ist.
`int isupper(int c);`	`int iswupper(wint_t wc);`	Testet, ob ein Zeichen ein Großbuchstabe ist.
`int isxdigit(int c);`	`int iswxdigit( wint_t wc);`	Testet, ob ein Zeichen eine hexadezimale Ziffer ist.
`int isascii(int c);`		Das Makro `isascii` prüft, ob das Zeichen `c` ein normiertes Zeichen des ASCII-Zeichensatzes ist (0–127). Wenn nicht, kann es mit `toascii` gewandelt werden.
`int isblank(int c);`	`int iswblank(wint_t wc);`	Ist `c` ein Leerzeichen, wird `1` zurückgegeben, sonst `0` (nur bei ANSI-C99-Compilern vorhanden).

Tabelle 21.1 Funktionen zur Zeichenklassifizierung und Zeichenumwandlung

Funktion in <ctype.h>	Funktion in <wctype.h>	Beschreibung
`int tolower(int c);`	`int towlower(wint_t wc);`	Wandelt Groß- in Kleinbuchstaben um.
`int toupper(int c);`	`int towupper(wint_t wc);`	Wandelt Klein- in Großbuchstaben um.
`int toascii(int c);`		`toascii` ist ein Makro, das den übergebenen Wert `c` durch Löschen von Bit 7 auf den Bereich 0 bis 127 begrenzt. Dadurch werden aber nationale Zeichen wie etwa `'ä'`, `'ü'`, `'ö'` ... falsch dargestellt.

Tabelle 21.1 Funktionen zur Zeichenklassifizierung und Zeichenumwandlung (Forts.)

Alle Funktionen in der Tabelle erwarten ein `int`- bzw. `wint_t`-Argument, dessen Wert als `EOF` (bzw. `WEOF`) oder `unsigned char` bzw. `wchar_t` darstellbar sein muss. Bei Erfolg geben diese Funktionen einen Wert ungleich 0 zurück. Tritt ein Fehler auf, ist der Rückgabewert immer `0`.

> **Hinweis: Länderspezifische Anzeige von Zahlenformaten**
>
> Abgesehen von den Funktionen `isdigit()` und `iswdigit()` ist das Ergebnis abhängig von der Einstellung der lokalen Umgebung für die Kategorie `LC_CTYPE`. Diese Umgebung können Sie mit `setlocale()` abfragen und ändern (siehe Abschnitt 21.5, »Länderspezifische Eigenheiten – <locale.h>«). Auf dem Raspberry Pi ändern Sie die Locale am besten mit dem Tool `raspi-config`.

In der Headerdatei *<wctype.h>* sind außerdem zwei erweiterbare Funktionen vorhanden, um breite Zeichen zu überprüfen. Die Syntax dieser Funktionen lautet:

```
int iswctype(wint_t wc, wctype_t desc);
wctype_t wctype(const char *property);
```

Mit diesen Funktionen können Sie mindestens dieselben Tests wie in Tabelle 21.1 durchführen. Hierzu müssen Sie lediglich für `property` das Präfix `isw` weglassen. Somit ist eine Überprüfung für ein Breitzeichen `wc` gleichwertig mit den Tests im Kommentar dahinter:

```
iswctype(wc, wctype("alnum")) // iswalnum(wc)
iswctype(wc, wctype("alpha")) // iswalpha(wc)
iswctype(wc, wctype("blank")) // iswblank(wc)
```

```
iswctype(wc, wctype("cntrl")) // iswcntrl(wc)
iswctype(wc, wctype("digit")) // iswdigit(wc)
iswctype(wc, wctype("graph")) // iswgraph(wc)
iswctype(wc, wctype("lower")) // iswlower(wc)
iswctype(wc, wctype("print")) // iswprint(wc)
iswctype(wc, wctype("punct")) // iswpunct(wc)
iswctype(wc, wctype("space")) // iswspace(wc)
iswctype(wc, wctype("upper")) // iswupper(wc)
iswctype(wc, wctype("xdigit")) // iswxdigit(wc)
```

Der Vorteil dieser Implementierung liegt auf der Hand. Es ist ohne größeren Aufwand möglich, zusätzliche Zeichenketten für `property` zu definieren, die für bestimmte länderspezifische Zeichen nötig sind.

So, wie es Funktionen für die Klassifizierung von breiten Zeichen gibt, existieren auch Funktionen für die Umwandlung von Breitzeichen. Die Syntax dieser Funktionen lautet:

```
wint_t towctrans(wint_t wc, wctrans_t desc);
wctrans_t wctrans(const char *property);
```

Für `property` können Sie die Strings `tolower` und `toupper` verwenden. Somit ist eine Umwandlung für ein Breitzeichen `wc` gleichwertig mit der Umwandlung im Kommentar dahinter:

```
towctrans(wc, wctrans("tolower")) // towlower(wc)
towctrans(wc, wctrans("toupper")) // towupper(wc)
```

Zur Demonstration der einzelnen Funktionen folgt jetzt Listing 21.1, das normale byte-orientierte Zeichen verwendet.

```
/* ctype_beispiel.c */
#include<stdio.h>
#include<string.h>
#include<stdlib.h>
#include<ctype.h>

/* Prototypen */
void grosschrift(char *, char *);
void kleinschrift(char *, char *);
void international(char *,char *);
void oeffne_dateien(char *, char *, FILE **, FILE **);

void grosschrift(char *arg2, char *arg3) {
   FILE *in,*out;
```

```
   int c;

   oeffne_dateien(arg2,arg3,&in,&out);
   while((c=getc(in)) != EOF) {
      if(islower(c))
         putc(toupper(c),out);
      else
         putc(c,out);
   }
}

void kleinschrift(char *arg2, char *arg3) {
   FILE *in,*out;
   int c;

   oeffne_dateien(arg2,arg3,&in,&out);
   while((c=getc(in)) != EOF) {
      if(isupper(c))
         putc(tolower(c),out);
      else
         putc(c,out);
   }
}

void international(char *arg2, char *arg3) {
   FILE *in,*out;
   int c;

   oeffne_dateien(arg2,arg3,&in,&out);
   while((c=getc(in)) != EOF) {
      if(isascii(c)==0)
         putc(toascii(c),out);
      else
         putc(c,out);
   }
}

void oeffne_dateien(char *quelle, char *ziel,
                    FILE **input, FILE **output) {
   if((*input=fopen(quelle,"r+")) == NULL) {
      printf("Fehler beim Oeffnen (Lesen) von %s\n", quelle);
      exit(EXIT_FAILURE);
   }
   if((*output=fopen(ziel,"w+")) == NULL) {
```

```
      printf("Fehler beim Oeffnen (Schreiben) von %s\n", ziel);
      exit(EXIT_FAILURE);
   }
}

int main(int argc, char *argv[]) {
   if(argc<4) {
      printf("Verwendung: "
      "Programmname -[Schalter] datei.txt Zieldatei.txt\n"
      "für -[Schalter] : -b (komplette Textdatei in Grossschrift)\n"
      "                  -s (komplette Textdatei in Kleinschrift)\n"
      "                  -i (nationale Zeichen zu ASCII-Zeichen\n");
         return EXIT_FAILURE;
   }
   if(strcmp(argv[1],"-b")==0)
      grosschrift(argv[2],argv[3]);
   else if(strcmp(argv[1],"-s")==0)
      kleinschrift(argv[2],argv[3]);
   else if(strcmp(argv[1],"-i")==0)
      international(argv[2],argv[3]);
   else {

      printf("Verwendung: "
      "Programmname -[Schalter] datei.txtZieldatei.txt\n"
      "für -[Schalter] : -b (komplette Textdatei in Grossschrift)\n"
      "                  -s (komplette Textdatei in Kleinschrift)\n"
      "                  -i (nationale Zeichen zu ASCII-Zeichen\n");
         return EXIT_SUCCESS;
   }
   return EXIT_SUCCESS;
}
```

Listing 21.1 »ctype_beispiel.c« demonstriert einige Funktionen von <ctype.h>, indem es in einer Datei Buchstaben in Großschrift, Kleinschrift oder ASCII-Zeichen umwandelt.

Mit diesem Code können Sie bei einer Textdatei jeden Buchstaben in einen großen, einen kleinen oder ein ASCII-Zeichen umwandeln.

21.3 Mathematische Funktionen – <math.h>, <tgmath.h> und <complex.h>

Diese Standard-Bibliothek enthält mittlerweile eine gewaltige Sammlung mathematischer Funktionen. Die meisten dieser Funktionen sind in der Headerdatei *<math.h>*

deklariert. Die meisten dieser Funktionen sind für Gleitpunktzahlen und zum Teil auch für komplexe Gleitpunkttypen (aus der Headerdatei *<complex.h>*) geeignet. Zwar bietet die Standard-Bibliothek auch einige Funktionen für ganzzahlige Typen, diese sind aber vorwiegend in der Headerdatei *<stdlib.h>* bzw. für den Typ `intmax_t` in *<inttypes.h>* deklariert. Des Weiteren sind in der Headerdatei *<tgmath.h>* typengenerische Makros definiert, mit denen es möglich ist, mathematische Funktionen mit einem einheitlichen Namen unabhängig vom Typ der Argumente aufzurufen.

Um mit den anschließenden Tabellen nicht den Rahmen des Buches zu sprengen, werden zur besseren Übersicht nur die Funktionen für die Gleitpunkttypen `double` und `double _Complex` aufgelistet. Zu jeder dieser Funktionen gibt es auch eine Version mit `float` bzw. `float _Complex` und eine Version für `long double` bzw. `long double _Complex`. Die Versionen von `float` bzw. `float _Complex` haben das Suffix `f` am Ende des Funktionsnamens, und die Versionen für `long double` bzw. `long double _Complex` haben das Suffix `l` am Ende. Sofern Sie allerdings die Headerdatei *<tgmath.h>* verwenden, können Sie dies außer Acht lassen. Mehr dazu erfahren Sie in Abschnitt 21.3.4, »Typengenerische Makros – <tgmath.h>«.

Wenn Sie beispielsweise die Funktion zum Ziehen der Quadratwurzel für reelle Zahlen wie folgt auflisten,

```
double sqrt(double zahl);
```

dann existieren von dieser Funktion noch die Versionen:

```
float sqrtf(float zahl);
long double sqrtl(long double zahl);
```

Das Gleiche gilt auch für die aufgelistete komplexe Gleitpunkttyp-Version, nur dass diese zusätzlichen Funktionen zusätzlich mit dem Präfix `c` beginnen:

```
double complex csqrt(double complex z);
```

Auch von dieser Version gibt es noch zwei weitere Versionen:

```
float complex csqrtf(float complex z);
long double complex csqrtl(long double complex z);
```

Hinweis für <math.h> unter Linux

Damit ein Programm die *<math.h>*-Bibliothek verwenden kann, muss diese erst mit dem Compiler-Flag `-lm` hinzugelinkt werden. Beispiel:

```
gcc -o programm programm.c -lm
```

21.3.1 Funktionen für reelle und komplexe Gleitpunkttypen

In Tabelle 21.2 finden Sie Funktionen aus den Headerdateien *<complex.h>* und *<math.h>*, die Sie für reelle und komplexe Gleitpunkttypen verwenden können.

Hinweis: Benutzung von komplexen Zahlen auf alten Compilern

<complex.h> wurde erst mit dem C99-Standard eingeführt, was natürlich heißt, dass der Compiler dies wiederum nur unterstützt, wenn er C99-konform ist. Dies ist aber mittlerweile immer der Fall, es sei denn, Sie verwenden einen Compiler, der noch vor dem Jahr 2000 auf dem Markt erschienen ist.

Funktion in <math.h>	Funktion in <complex.h>	Beschreibung

`double cosh( double z );`[1)]
`double sinh( double z );`[1)]
`double tanh( double z);`[1)]
	`double complex ccosh( double complex z );`
	`double complex csinh( double complex z );`
	`double complex ctanh( double complex z);`
		hyperbolische Funktionen

`double acos( double z );`	`double complex cacos( double complex z );`	Arcuscosinus
`double asin( double z );`	`double complex casin( double complex z );`	Arcussinus
`double atan( double z );`	`double complex catan( double complex z );`	Arcustangens
`double cos( double z );`	`double complex ccos( double complex z );`	Cosinus
`double sin( double z );`	`double complex csin( double complex z );`	Sinus
`double tan( double z);`	`double complex ctan( double complex z);`	Tangens
`double cosh( double z);`	`double complex ccosh( double complex z);`	Cosinus hyperbolicus
`double sinh( double z);`	`double complex casinh( double complex z);`	Sinus hyperbolicus

Tabelle 21.2 Mathematische Funktionen für reelle und komplexe Gleitpunkttypen

Funktion in <math.h>	Funktion in <complex.h>	Beschreibung
`double tanh( double z);`	`double complex ctanh( double complex z);`	Tangens hyperbolicus
`double exp( double z);`	`double complex cexp( double complex z);`	Exponentialfunktion berechnen
`double log( double z);`	`double complex clog( double complex z);`	Logarithmus von z zur Basis e = 2,71828 ...
`double sqrt( double z);`	`double complex csqrt( double complex z);`	Quadratwurzel
`double fabs( double z);`	`double cabs( double complex z);`	Absolutwert
`double pow( double z1, double z2) ;`	`double complex cpow( double complex x, double complex y);`	Potenz z1z2
[1] Diese Funktionen wurden erst mit dem C99-Standard eingeführt.		

Tabelle 21.2 Mathematische Funktionen für reelle und komplexe Gleitpunkttypen (Forts.)

21.3.2 Funktionen nur für reelle Gleitpunkttypen

Die Funktionen in Tabelle 21.3 stehen nur für reelle Gleitpunkttypen zur Verfügung und sind in der Headerdatei *<math.h>* definiert.

Funktion	Beschreibung
`double atan2( double x1, double x2);`	Arcustangens von x1 und x2

`double exp(double x);`
`double exp2(double x);`[1]
`double frexp( double x, int x2);`
`double ldexp( double x, int exp);`
`double scalbn( double x, int n);`[1]
`double scalbln( double x, long int n);`[1]
	Exponentialfunktionen

Tabelle 21.3 Mathematische Funktionen für reelle Gleitpunkttypen

Funktion	Beschreibung

`double log(double x);`
`double log10(double x)`
`double log1p(double x);`[1)]
`double log2(double x);`[1)]
`double logb(double x);`[1)]
`int ilogb(double x);`[1)]
	Logarithmusfunktionen

`double fabs(double x);`	Absolutwert

`double nextafter(`
`  double x, double y);`[1)]
`double nexttoward(`
`  double x, long double y);`[1)]
	nächste darstellbare Zahl

`double fma(`
`   double x,`
`   double y,`
`   double z);`[1)]
	Multiplikation und Addition

`double fdim(` `  double x, double y);`[1)]	positive Differenz

`double trunc(double x);`[1)]
`long long int llround(`
`   double x);`[1)]
`long int lround(double x);`[1)]
`double round(double x);`[1)]
`long long int llrint(`
`   double x);`[1)]
`long int lrint(double x);`[1)]
`double rint(double x);`[1)]
`double nearbyint(double x);`[1)]
	Rundungsfunktionen

`double floor(double x);` `double ceil(double x);`	nächste Ganzzahl runden
`double modf(` `  double1 x1, double2 *x2);`	Zerlegt den Wert von `x1` in einen gebrochenen und einen ganzzahligen Wert. Der ganzzahlige Wert (Vorkommateil) befindet sich dann in der Adresse von `x2`.

Tabelle 21.3 Mathematische Funktionen für reelle Gleitpunkttypen (Forts.)

Funktion	Beschreibung

int fmod(
  double x1, double x2);
double remainder(
  double x, double y);1)
double remquo(
  double x,
  double y,
  int *quo);1)
	Rest einer Division

double hypot(double x, double y); double cbrt(double x);1)	Wurzelfunktionen
double erf(double x);1) double erfc(double x);1)	Fehlerfunktionen zur Normalverteilung

double fmin(
  double x, double y);
double fmax(
  double x, double y);
	Minimum und Maximum

double lgamma(double x);1) double tgamma(double x);1)	Gammafunktionen
double copysign(double x, double y);1)	Vorzeichen zuordnen
double nan(const char *tagp);1)	NaN erzeugen
1) Diese Funktionen wurden erst mit dem C99-Standard eingeführt.	

Tabelle 21.3 Mathematische Funktionen für reelle Gleitpunkttypen (Forts.)

21.3.3 Funktionen nur für komplexe Gleitpunkttypen

Zum Schluss fehlt nur noch Tabelle 21.4 mit den mathematischen Funktionen aus der Headerdatei *<complex.h>*, die nur für komplexe Gleitpunkttypen vorhanden sind.

Funktion	Beschreibung
double cimag(double complex z); double creal(double complex z);	der Imaginär- bzw. komplexe Teil der komplexen Zahl
double complex cproj(double complex z);	komplexe Projektion auf die riemannsche Sphäre

Tabelle 21.4 Mathematische Funktionen für komplexe Gleitpunkttypen

Funktion	Beschreibung
`double complex conj( double complex z);`	konjugierte komplexe Zahl
`double carg(double complex z);`	Winkel in den Polarkoordinaten (komplexes Argument)

Tabelle 21.4 Mathematische Funktionen für komplexe Gleitpunkttypen (Forts.)

Es folgt ein einfaches Beispiel, das diese Funktionen in der Praxis demonstrieren soll. Da es immer noch diverse alte Compiler gibt und diese somit komplexe Zahlen nicht verwenden können, habe ich in Listing 21.2 das Makro zur Überprüfung auf den neueren C99-Standard verwendet.

```
/* mathematik_1.c */
#include<stdio.h>
#include<stdlib.h>
/* bei Linux das Compiler-Flag -lm mit angeben */
#include<math.h>
#if __STDC_VERSION__ >= 19901L
   #include<complex.h>
#endif

int main(void) {
   double i=5.5, pi;
#if __STDC_VERSION__ >= 19901L
   double complex c;
#endif

   // Berechnungen mit reellen Zahlen
   printf("Quadratwurzel von %f = %f\n",i,sqrt(i));
   printf("Der Sinus von %f = %f\n",i,sin(i));
   printf("Der Tangens von %f = %f\n",i,tan(i));
   printf("Der Cosinus von %f = %f\n",i,cos(i));

#if __STDC_VERSION__ >= 19901L
   // Berechnung mit komplexen Zahlen
   pi = 4 * atan(1.0);
   c = cexp(I * pi);
   printf("%f + %f * i\n", creal(c), cimag(c));
#endif
   return EXIT_SUCCESS;
}
```

Listing 21.2 »mathematik_1.c« demonstriert wichtige Funktionen in <math.h>.

Sollte der double-Wert nicht mehr richtig darstellbar sein, geben all diese Funktionen die Konstante HUGE_VAL zurück, die ebenfalls in der Headerdatei *<math.h>* deklariert ist. Für die float- bzw. long double-Funktionen sind die Makros HUGE_VALF und HUGE_VALL definiert.

Beachten Sie auch, dass alle Winkelangaben standardmäßig im Bogenmaß angegeben werden und dass 2*pi 360 Grad entspricht. Wenn Sie also bei Winkelfunktionen wie sin() und cos() mit Grad rechnen wollen, dann müssen Sie die Werte entsprechend der folgenden Formel umwandeln:

```
Bogenmass=(Gradmass/360)*2*pi;
```

21.3.4 Typengenerische Makros – <tgmath.h>

<tgmath.h> wurde mit dem C99-Standard eingeführt. In *<tgmath.h>* sind die Headerdateien *<math.h>* und *<complex.h>* inkludiert und definieren typengenerische Makros. Der Vorteil dieser Makros liegt darin, dass Sie unabhängig vom Typ des Arguments die mathematischen Funktionen mit demselben Namen aufrufen können. Das bedeutet, Sie können außer Acht lassen, welche mathematischen Funktionen Sie für die Typen float, double, long double, float complex, double complex und long double complex aufrufen.

Wollen Sie beispielsweise eine Funktion zum Ziehen der Quadratwurzel verwenden, so müssten Sie, abhängig vom Datentyp, zwischen sechs verschiedenen Varianten mit sqrtf(), sqrt(), sqrtl(), csqrtf(), csqrt() und csqrtl() unterscheiden. Mit den typengenerischen Makros in *<tgmath.h>* brauchen Sie sich darüber keine Gedanken mehr zu machen. Sie müssen lediglich die Funktionen der double- bzw. double complex-Variante kennen, und ein Aufruf von sqrt() führt automatisch die korrekte Funktion aus. Rufen Sie beispielsweise sqrt() mit einem float complex-Argument aus, wird automatisch csqrtf() aufgerufen.

In Listing 21.3 folgt ein Beispiel, das diese typengenerischen Makros demonstrieren soll. In diesem Beispiel wird für alle reellen und komplexen Gleitpunkttypen die Funktion sqrt() zum Ziehen der Quadratwurzel aufgerufen, was ohne die typengenerischen Makros nicht möglich gewesen wäre (und bei Compilern, die den C99-Standard nicht vollständig unterstützen, auch nicht möglich ist).

```
/* mathematik_2.c */
#include<stdio.h>
#include<stdlib.h>
/* bei Linux das Compiler-Flag -lm mit angeben */
#include<tgmath.h>

int main(void) {
   float f = 1.1;
```

21

```
   double d=2.2;
   long double ld = 3.3;
   float complex fc = 1.0 + 2.0*I, fcval;
   double complex dc = 4.0 + 2.0*I, dcval;
   long double complex ldc = 8.0 + 9.0*I, ldcval;

   // Berechnungen mit reellen Zahlen
   printf("Quadratwurzel von %f = %f\n",f,sqrt(f));
   printf("Quadratwurzel von %f = %f\n",d,sqrt(d));
   printf("Quadradwurzel von %Lf = %Lf\n",ld,sqrt(ld));
   fcval = sqrt(fc);
   printf("Quadratwurzel von %f + %fi = Lf\n",
      creal(fcval), cimag(fcval));
   dcval = sqrt(dc);
   printf("Quadratwurzel von %f + %fi\n",
      creal(dcval), cimag(dcval));
   ldcval = sqrt(ldc);
   printf("Quadratwurzel von %Lf + %Lfi\n",
      creal(ldcval), cimag(ldcval));
   return EXIT_SUCCESS;
}
```

Listing 21.3 »mathematik_2.c« demonstriert einige typengenerische Makros aus <tgmath.h>, um z. B. bei negativen Wurzeln komplexe Zahlen zuzulassen.

21.3.5 Gleitpunktwerte klassifizieren

Ein weiterer interessanter Punkt ist die Anwendung von Makros zur Bestimmung der Kategorie von Gleitpunktzahlen. Seit dem C99-Standard werden die Gleitpunktzahlen in die in Tabelle 21.5 aufgeführten fünf Kategorien unterteilt (Konstanten aus der Headerdatei *<math.h>*).

Konstante	Kategorie
FP_NAN	NAN steht für *Not a Number* und bedeutet, dass es sich bei dem Wert um keine gültige Gleitpunktdarstellung handelt.
FP_NORMAL	eine Gleitpunktzahl in normaler Darstellung
FP_INFINITE	Die Gleitpunktzahl wird als unendlicher Wert dargestellt.
FP_ZERO	eine Gleitpunktzahl mit dem Wert 0

Tabelle 21.5 Bestimmung der Gleitpunktzahl-Kategorie

Konstante	Kategorie
FP_SUBNORMAL	eine Gleitpunktzahl, mit der besonders kleine Zahlen dargestellt werden können

Tabelle 21.5 Bestimmung der Gleitpunktzahl-Kategorie (Forts.)

Abfragen, in welche Kategorie eine bestimmte Gleitpunktzahl fällt, können Sie mit den in Tabelle 21.6 aufgelisteten Makros vornehmen.

Makro	Bedeutung
isnan(x)	Ist die Gleitpunktzahl gleich FP_NAN, wird 1 zurückgegeben, ansonsten 0.
isnormal(x)	Ist die Gleitpunktzahl gleich FP_NORMAL, wird 1 zurückgegeben, ansonsten 0.
isfinite(x)	Ist die Gleitpunktzahl eine unendliche Zahl, wird 1 zurückgegeben, ansonsten 0.
isinf(x)	Ist die Gleitpunktzahl gleich FP_INFINITE, wird 1 zurückgegeben, ansonsten 0.

Tabelle 21.6 Makros zur Bestimmung der Gleitpunktzahl-Kategorie

Intern werden alle diese Makros jedoch mithilfe des Makros `fpclassify()` ausgewertet. Selbstverständlich können Sie `fpclassify()` auch mithilfe der vordefinierten Konstanten wie folgt verwenden:

21

```
if ( fpclassify(x) == FP_NORMAL ) {
   /* … */
}
// ... gleichwertig zu ...
if( isnormal(x) ) {
   /* ... */
}
```

21.3.6 Makro zum Vergleichen von reellen Zahlen

Makros zum Vergleichen von Gleitpunktzahlen sind oft nicht unbedingt nötig. In Abschnitt 5.11.7, »Numerische Gleitpunktprobleme«, haben Sie bereits erfahren, dass abgesehen von Gleichheit (==) alle Vergleiche von Gleitpunktzahlen fehlerfrei möglich sind. Dennoch gibt es ein Problem, das ich noch nicht angesprochen habe: Ist einer der Werte keine gültige Gleitpunktzahl, lassen sich die Operanden nicht miteinander vergleichen und es wird eine Exception, nämlich FE_INVALID, ausgelöst. Eine *Exception* ist eine während der Laufzeit auftretende, schwere Ausnahmebedingung, die normalerweise zur Beendigung des laufenden Programms führt, wenn diese nicht abgefangen wird. Wollen Sie vermeiden, dass die Exception FE_INVALID ausgelöst wird, müssen Sie die entsprechenden Makros aus der Headerdatei *<math.h>* verwenden. Die Makros führen einen stillen Vergleich der Operanden durch, womit keine Exception ausgelöst wird. Tabelle 21.7 zeigt die entsprechenden Makros und deren Bedeutung.

Makro	Bedeutung
isgreater(x, y)	x größer als y
isgreaterequal(x, y)	x größer als oder gleich y
isless(x, y)	x kleiner als y
islessequal(x, y)	x kleiner als oder gleich y
islessgreater(x, y)	x kleiner als y ODER x größer als y
isunordered(x, y)	Sind x und y nicht miteinander vergleichbar, gibt dieses Makro 1 zurück, ansonsten 0.

Tabelle 21.7 Makros zum Vergleichen von Gleitpunktzahlen

21.3.7 Zugriff auf die Gleitpunktumgebung – <fenv.h>

In der Headerdatei *<fenv.h>* (für **F**loating **Env**ironment = Gleitpunktumgebung) wurden zwei neue Typen, mehrere Makros und einige Funktionen zum Testen auf Fehlersituationen beim Rechnen mit Gleitpunktzahlen implementiert. Diese Umgebung enthält die Systemvariable fexcept_t, die von Gleitpunkt-Exceptions-Funktionen gesetzt werden kann, und die Variable fenv_t, die für den Kontrollmodus (beispielsweise des Rundungsverhaltens) verwendet wird.

Um mit einem Programm auf diese Gleitpunktumgebung zuzugreifen, empfiehlt es sich, dies dem Compiler mit dem Pragma STDC FENV_ACCESS mitzuteilen:

```
// Compiler informieren, damit dieser
// Optimierungen verhindert
#pragma STDC FENV_ACCESS ON
```

Mit OFF können Sie das Pragma wieder abschalten. Ob dieses Pragma mit dem Status ON oder OFF implementiert ist, hängt vom Compiler ab und ist z. B. unter Linux nicht immer verfügbar. Das Pragma ist, wenn es existiert, in der Headerdatei *<fenv.h>* definiert. Beim Raspberry Pi müssen Sie auf jeden Fall die aktuellen Mathe-Libraries verwenden und unter Umständen ein Update durchführen, das bis zu 3 Stunden dauern kann:

```
sudo apt-get update
```

Zugriff auf die Exception-Status-Flags

Für den Zugriff auf die Exception-Status-Flags von Gleitpunktzahlen stehen Ihnen mehrere Funktionen zur Verfügung, die in Tabelle 21.8 aufgelistet sind.

Funktion	Beschreibung
`int feclearexcept(int excepts);`	Exception wieder löschen

`int fegetexceptflag(`
`fexcept_t *flagp,`
`int excepts);`
	Exception-Status-Flags speichern

`int feraiseexcept(int excepts);`	Exception manuell auslösen

`int fesetexceptflag(`
`const fexcept_t *flagp,`
`int excepts);`
	Exception-Status-Flags wiederherstellen

`int fetestexcept(int excepts);`	Exception-Status-Flags testen

Tabelle 21.8 Funktionen für den Zugriff auf die Exception-Status-Flags

Zur genauen Identifizierung der Exception-Status-Flags sind in der Headerdatei *<fenv.h>* folgende in Tabelle 21.9 aufgeführten Exceptions als ganzzahlige Makros implementiert.

Makro	Beschreibung
FE_DIVBYZERO	Division durch 0
FE_INEXACT	Ungenauigkeit bei der Gleitpunktberechnung
FE_INVALID	ungültige Gleitpunktberechnung
FE_OVERFLOW	Überlauf bei der Gleitpunktberechnung
FE_UNDERFLOW	Unterlauf bei der Gleitpunktberechnung
FE_ALL_EXCEPT	Zugriff auf alle unterstützten Exceptions

Tabelle 21.9 Verschiedene Typen von Exceptions in <fenv.h>

In einem einfachen Beispiel werden wir zunächst alle Exception-Status-Flags mit der Funktion fegetexceptflag() sichern. Anschließend lösen wir mit Absicht durch eine Division durch 0 die Exception FE_DIVBYZERO aus, was die Überprüfung mit fetestexcept() auch bestätigt. Anschließend stellen wir die zuvor gesicherte Gleitpunktumgebung mit fesetexceptflag() im Ursprungszustand wieder her. Listing 21.4 (das natürlich nur bei C99-konformen Compilern korrekt läuft) zeigt Ihnen, wie dies geht.

```
/* mathematik_3.c */
#include<stdio.h>
#include<stdlib.h>
/* bei Linux den Compiler-Flag -lm mit angeben */
#include<math.h>
#include<fenv.h>
#pragma STDC FENV_ACCESS ON

int main(void) {
   double d1=0, d2=1.0, dges;
   fexcept_t flagp;
   // Exception-Status-Flags sichern
   fegetexceptflag(&flagp, FE_ALL_EXCEPT );
   // mit Absicht eine Division durch 0 auslösen
   dges = d2 / d1;
   if( fetestexcept( FE_DIVBYZERO ) ) {
      printf("Exception ausgelöst: Divsion durch 0 !\n");
   }
   // Exception-Status-Flags wiederherstellen
   fesetexceptflag(&flagp, FE_ALL_EXCEPT);
   // Sollte jetzt nicht mehr ausgeführt werden.
   if( fetestexcept( FE_DIVBYZERO ) ) {
      printf("Exception ausgelöst: Divsion durch 0 !\n");
   }
   return EXIT_SUCCESS;
}
```

Listing 21.4 »mathematic_3.c« zeigt, wie Sie Exceptions der Mathematikbibliothek, beispielsweise eine Division durch 0, abfangen können.

Rundungsmodus

Neben den Exception-Status-Flags können Sie auch das Rundungsverhalten der Gleitpunktarithmetik mit Funktionen und Makros der Headerdatei *<fenv.h>* einrichten. Hier sind die beiden dazu nötigen Funktionen:

```
// Gibt den aktuellen Rundungsmodus zurück,
// gewöhnlich ist hier FE_TONEAREST eingestellt.
int fegetround(void);

// Setzt den Rundungsmodus auf round
int fesetround(int round);
```

In der Headerdatei *<fenv.h>* sind die in Tabelle 21.10 aufgelisteten Makros definiert, die von `fegetround()` zurückgegeben bzw. mit `fesetround()` gesetzt werden können.

Makro	Beschreibung
FE_DOWNWARD	Gleitpunktzahl zum nächsten Integer abrunden
FE_UPWARD	Gleitpunktzahl zum nächsten Integer aufrunden
FE_TONEAREST	Gleitpunktzahl auf nächstmöglichen Integer auf- oder abrunden (Standardeinstellung)
FE_TOWARDZERO	Gleitpunktzahl auf den nächstmöglichen Integer in der Nähe von 0 runden

Tabelle 21.10 Mögliche Makros für den Rundungsmodus der Gleitpunktarithmetik

Die Verwendung ist entsprechend einfach:

```
#include <fenv.h>
...
int save;
...
// Rundungsmodus sichern
save = fegetround();
// neuen Rundungsmodus festlegen
fesetround(FE_UPWARD);
...
...
// Rundungsmodus wiederherstellen (wichtig!)
fesetround(save);
```

Zugriff auf die komplette Gleitpunktumgebung

Es gibt auch noch einige Funktionen, mit denen Sie auf die komplette Gleitpunktumgebung zugreifen können, mit denen Sie aber vorsichtig umgehen sollten:

```
// Gleitpunktumgebung speichern
int fegetenv(fenv_t *envp);
// Gleitpunktumgebung in einen Non-Stop-Modus setzen.
```

```
// Hierbei unterbricht eine Exception nicht die
// Programmausführung.
int feholdexcept(fenv_t *envp);
// Gleitpunktumgebung wiederherstellen
int fesetenv(const fenv_t *envp);
// eine gespeicherte Gleitpunktumgebung wiederherstellen
// und alle zur Laufzeit gesetzten Exceptions erneut auslösen
int feupdateenv(const fenv_t *envp);
```

21.4 Einige nützliche Funktionen in <stdlib.h>

In der Headerdatei *<stdlib.h>* befinden sich außer den Funktionen zum Allozieren von Speicherplatz noch weitere nützliche Funktionen, die ich Ihnen jetzt beschreiben will.

21.4.1 Programmbeendigung – »exit()«, »_exit()«, »atexit()« und »abort()«

Zur normalen Beendigung eines Programms können Sie außer `return` folgende Funktion verwenden:

```
void exit(int status);
```

Laut ANSI-C-Standard ist es egal, ob ein Programm mit der Funktion `exit()` oder `return` beendet wird – mit dem Unterschied, dass über `exit()` das Programm von einer beliebigen Position im Code aus beendet werden kann. Bei `return` gelingt dies nur in der `main()`-Funktion. Der Ablauf von `exit()` lässt sich so erklären: Bei Programmbeendigung mit `exit()` werden zuvor alle gefüllten Puffer geleert, alle geöffneten Dateien geschlossen und alle temporären Dateien gelöscht, die mit der Funktion `tmpfile()` angelegt wurden. Anschließend wird die Routine `_exit()` aufgerufen, und das Programm beendet sich.

Bei `exit()` gelten die gleichen Rückgabewerte wie beim Beenden der `main()`-Funktion mithilfe von `return`. Ein Rückgabewert von `0` bedeutet, dass ein Programm ordentlich beendet wurde – ein Wert ungleich `0` hingegen sagt aus, dass etwas nicht ordnungsgemäß abgeschlossen wurde. Da dies, wie schon in Abschnitt 10.17, »Was bedeutet der Rückgabewert beim Beenden eines Programms?«, erwähnt wurde, nicht unbedingt so implementiert sein muss, sind Sie auch hier mit den Standard-C-Makros `EXIT_SUCCESS` (für eine erfolgreiche Beendigung) und `EXIT_FAILURE` (bei einem Fehler) als Parameter für `exit()` auf der sicheren Seite.

Theoretisch kann die Funktion `_exit()` auch gleich aufgerufen werden. Dies entspricht allerdings nicht dem ANSI-C-Standard. Die Syntax lautet:

```
#include<unistd.h>    /* unter Linux/UNIX */
#include<stdlib.h>    /* unter MS-DOS     */

void _exit(int status);
```

Damit werden die oben genannten »Aufräumarbeiten« nicht vorgenommen. Allerdings hängt es dann vom Betriebssystem ab, ob anschließend nicht mehr verwendete Speicherblöcke ordnungsgemäß wieder freigegeben werden. Bei alten Systemen, wie z. B. dem Amiga, ist dies wirklich nicht der Fall, und es bleibt immer weniger Speicher für die Workbench übrig, wenn Sie nicht die Programme stets mit EXIT_SUCCESS beenden (falls Sie dann kein GURU MEDITATION auslösen). Aber auch unter DOS können nicht immer alle Daten freigegeben werden, und irgendwann wird Ihr System »einfrieren«, wenn Sie Ihre Anwendungen nicht immer mit EXIT_SUCCESS beenden. An dieser Stelle werden Sie vielleicht denken: »Wer hat denn noch DOS oder sogar einen Amiga?« Sie werden sich, wenn Sie im Internet recherchieren, wundern, wie viele Programmierer noch ihre alten Schätzchen benutzen. Die Anzahl an sogenannten Retro-Communities wächst stetig.

Eine weitere Funktion für Beendigungsroutinen in der Headerdatei *<stdlib.h>* ist die Funktion atexit(). Die Syntax sieht so aus:

```
#include<stdlib.h>

int atexit(void (*funktion) (void));
```

Mit atexit() wird ein sogenannter *Funktionshandler* eingerichtet. Alle Funktionen, die in atexit() angegeben sind, werden in einer Funktionsliste eingetragen und bei Beendigung des Programms in umgekehrter Reihenfolge ausgeführt, also nach dem LIFO-Prinzip (*Last In, First Out*). Laut ANSI C können insgesamt 32 solcher Funktionen verwendet werden. Listing 21.5 zeigt ein Beispiel.

```
/* atexit_1.c */
#include<stdio.h>
#include<stdlib.h>

void funktion1(void) {
   printf("Die Funktion funktion1 wurde aufgerufen\n");
}

void funktion2(void) {
   printf("Die Funktion funktion2 wurde aufgerufen\n");
}

int main(void) {
```

```
   atexit(funktion1);
   atexit(funktion2);
   printf("Wir beenden unser Programm\n");
   exit(EXIT_FAILURE);
   printf("Dies wird nicht mehr ausgegeben\n");
   return EXIT_SUCCESS;
}
```

Listing 21.5 Mit »atexit()« können Sie vor der Beendigung eines Programms noch eigene Funktionen ausführen.

Solch ein Programm macht natürlich für sich allein genommen wenig Sinn. Sie können atexit() aber beispielsweise auch verwenden, um Logdateien zu schreiben, etwa wenn der Benutzer das Programm beendet oder wenn ein Programm mit einem Fehler beendet wurde. Sie können ferner noch diverse Aufräumarbeiten durchführen, wie es etwa im folgenden Beispiel in Listing 21.6 geschieht.

```
/* atexit_2.c */
#include<stdio.h>
#include<stdlib.h>

char *memPtr;

void free_malloc(void) {
   /* Wurde überhaupt Speicher reserviert? */
   if(memPtr == NULL)
      printf("Kein Speicher war reserviert!!!\n");
   else {
      free(memPtr);
      printf("Speicher wurde freigegeben!!\n");
   }
}

int main(void) {
   memPtr =(char *) malloc(10000);

   if(memPtr==NULL)
      printf("Konnte keinen Speicher reservieren\n");
   if(atexit (free_malloc) != 0)
      printf("Konnte Funktionshandler nicht einrichten\n");

   /* Nach vielen Zeilen Code beenden wir das Programm. */
   printf("Ein Fehler - Programm wird beendet - \n");
```

```
   exit(EXIT_FAILURE);
   printf("Wird nicht mehr ausgegeben\n");
   return EXIT_SUCCESS;
}
```

Listing 21.6 »atexit_2.c« zeigt, wie Sie vorher noch Aufräumarbeiten ausführen können, falls sich Ihr Programm mit einem Fehler beendet.

Die nächste Funktion zur Beendigung (oder in diesem Fall besser gesagt zur abnormalen Beendigung) eines Programms ist die Funktion `abort()`. Die Syntax lautet:

```
#include<stdlib.h>

void abort(void);
```

Diese Funktion bewirkt – wie der Name schon sagt – eine abnormale Programmbeendigung. Eventuell wird sogar eine Systemmeldung, wie etwa ABNORMAL PROGRAM TERMINATION, ausgegeben. `abort()` schickt dem aufrufenden Prozess das Signal `SIGABRT`. Hier ein kleines Beispiel dazu:

```
/* abort_beispiel.c */
#include<stdio.h>
#include<stdlib.h>

int main(void) {
   abort();
   return EXIT_SUCCESS;
}
```

Das Programm wird mit folgender Fehlermeldung beendet:

```
Abnormal Programm termination
```

Die Fehlerausgabe wurde über `stderr` realisiert, bei Windows kann jedoch auch ein Fenster mit der entsprechenden Systemmeldung geöffnet werden. Im Gegensatz zur Funktion `exit()` gibt es bei der Funktion `abort()` keine Vorgaben, ob der Ausgabepuffer geleert oder die temporären Dateien automatisch gelöscht werden. Somit ist diese Funktion nicht für Programme geeignet, die auf mehreren Systemen laufen müssen. Ebenso werden nach einem `abort()`-Aufruf die Funktionen, die mit `atexit()` eingerichtet wurden, nicht mehr ausgeführt.

Die UNIX-Spezifikation POSIX.1 hingegen schreibt vor, dass zumindest alle noch offenen Standard-E/A-Streams mit `fclose()` ordentlich geschlossen werden müssen. Dies ist aber leider nicht immer der Fall.

21.4.2 Strings in numerische Werte konvertieren

Müssen Sie einen String in einen numerischen Wert konvertieren, gibt es hierfür in der Headerdatei *<stdlib.h>* gleich mehrere Funktionen. Einen String in einen `int`-Wert umwandeln können Sie mit folgender Funktion:

```
int atoi(char *string);
```

Ein String kann in einen `long int`-Wert umgewandelt werden mithilfe der Funktion `atol()`:

```
long int atol(char *string);
```

Soll aus einem String ein `double`-Wert werden, dann ist die Funktion `atof()` verfügbar:

```
double atof(char *string);
```

Es soll nun ein Programm *string2val.c* geschrieben werden, das z. B. folgende Eingabe von der Kommandozeile verarbeiten kann:

```
string2val 5 5.55 A 255555 3E234
```

Die Ausgabe sollte dann unter Windows z. B. so aussehen wie in Abbildung 21.1.

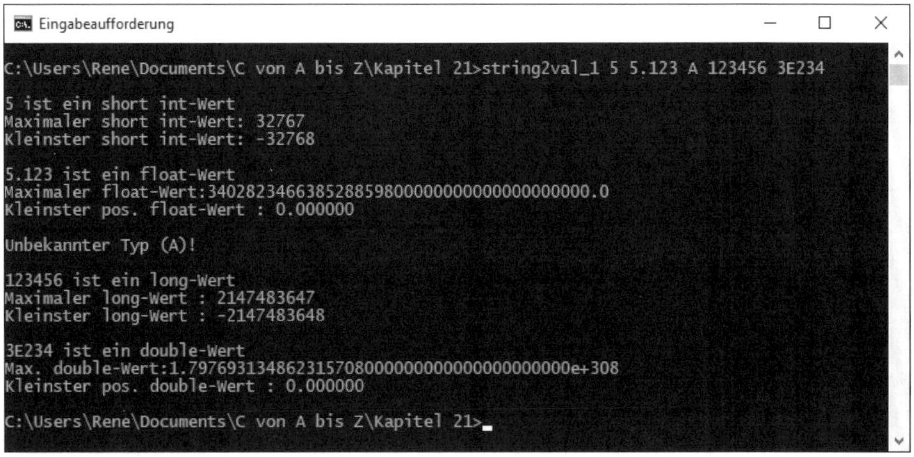

```
Eingabeaufforderung

C:\Users\Rene\Documents\C von A bis Z\Kapitel 21>string2val_1 5 5.123 A 123456 3E234

5 ist ein short int-Wert
Maximaler short int-Wert: 32767
Kleinster short int-Wert: -32768

5.123 ist ein float-Wert
Maximaler float-Wert:340282346638528859800000000000000000000.0
Kleinster pos. float-Wert : 0.000000

Unbekannter Typ (A)!

123456 ist ein long-Wert
Maximaler long-Wert : 2147483647
Kleinster long-Wert : -2147483648

3E234 ist ein double-Wert
Max. double-Wert:1.797693134862315708000000000000000000000e+308
Kleinster pos. double-Wert : 0.000000

C:\Users\Rene\Documents\C von A bis Z\Kapitel 21>_
```

Abbildung 21.1 Strings in numerische Werte konvertieren

Es folgt in Listing 21.7 der Quellcode, der die Funktionen `atof()` und `atol()` benutzt.

```
/* string2val_1.c */
#include<stdio.h>
#include<stdlib.h>
#include<string.h>
```

```
#include<float.h>
#include<limits.h>

int main(int argc, char *argv[]) {
   if(argc==1) {
      printf("Keine Zahlen zum Auswerten vorhanden!\n");
      return EXIT_FAILURE;
   }
   while(*++argv) {
      if(strchr(*argv,'.') || strchr(*argv,'e') ||
       strchr(*argv,'E')) {
         if(((atof(*argv)) <- FLT_MAX)&&
          ((atof(*argv)) >= FLT_MIN)) {
            printf("\n%s ist ein float-Wert\n", *argv);
            printf("Maximaler float-Wert:%f\n", FLT_MAX);
            printf("Kleinster pos. float-Wert: %f\n" , FLT_MIN);
         }
         else if(((atof(*argv)) <= DBL_MAX)&&
          ((atof(*argv)) >= DBL_MIN)) {
            printf("\n%s ist ein double-Wert\n", *argv);
            printf("Max. double-Wert:%f\n", DBL_MAX);
            printf("Kleinster pos. double-Wert: %f\n", DBL_MIN);
         }
      }
      else if(((atol(*argv)) < SHRT_MAX)&&
       ((atol(*argv))>SHRT_MIN) && (atol(*argv) != 0)) {
         printf("\n%s ist ein short int-Wert\n",*argv);
         printf("Maximaler short int-Wert: %d\n",SHRT_MAX);
         printf("Kleinster short int-Wert: %d\n",SHRT_MIN);
      }
      else if(((atol(*argv)) < LONG_MAX) &&
       ((atol(*argv)) > LONG_MIN) && (atol(*argv) != 0)) {
         printf("\n%s ist ein long-Wert\n",*argv);
         printf("Maximaler long-Wert: %ld\n",LONG_MAX);
         printf("Kleinster long-Wert: %ld\n",LONG_MIN);
      }
      else
         printf("\nUnbekannter Typ (%s)!\n",*argv);
      }
    return EXIT_SUCCESS;
}
```

Listing 21.7 »string2val_1.c« demonstriert die Funktionen »atof()« und »atol()«, die Strings in Fließkommazahlen und ganze Zahlen umwandeln.

Das Programm prüft die übergebenen Parameter nicht auf alle Datentypen, und auch anderweitig ist das Programm nicht wirklich »wasserdicht«. Aber dies zu beheben, würde den Rahmen dieses Kapitels sprengen. Hier wurden außerdem die ANSI-C-Konstanten aus den Headerdateien *<float.h>* und *<limits.h>* verwendet, damit das Programm auch auf jedem System läuft – egal, welche Grenzen gesetzt sind.

21.4.3 Bessere Alternative – Strings in numerische Werte konvertieren

Sicherlich ist Ihnen an `atof()` bzw. `atol()` in Listing 21.7 aufgefallen, dass diese Funktionen recht unflexibel sind und vor allem das Manko haben, keinen Fehler bei der Eingabe feststellen zu können. Sie könnten sich also an dieser Stelle die Frage stellen, wie Sie prüfen können, ob der richtige Datentyp eingegeben wurde. Und genau diese »bessere« Alternative stellt Ihnen die Standard-Bibliothek mit den Funktionen `strtod()` und `strtol()` zur Verfügung. Beide Funktionen sind ebenfalls in der Headerdatei *<stdlib.h>* enthalten. Zuerst folgt die Funktion `strtod()`:

```
double strtod(
   const char * restrict string,
   char ** restrict endptr );
```

`strtod()` konvertiert einen String in einen `double`-Wert. `strtod()` bricht die Analyse beim ersten Zeichen ab, das nicht mehr als Teil eines `double`-Wertes interpretiert werden kann. Solange der Parameter `endptr` nicht `NULL` ist, wird `*endptr` von `strtod()` auf das Zeichen innerhalb von `string` gesetzt, durch das die Analyse abgebrochen wurde (`*endptr=&abbruch_zeichen`):

```
long strtol(
   const char * restrict string,
   char ** restrict endptr, int basis );
```

`strtol()` konvertiert einen String in einen `long`-Wert. `basis` legt das Zahlensystem fest, in das die Zahl umgewandelt werden soll (Basis = 8 ist z. B. eine Oktalzahl, Basis = 16 [0–9, A–F] ist z. B. eine Hexadezimalzahl, Basis = 10 ist z. B. eine Dezimalzahl). Für `basis` sind Werte von 2 bis 36 möglich. Für `endptr` können Sie den `NULL`-Zeiger angeben. Falls kein `NULL`-Zeiger angegeben wird, zeigt `endptr` auf den Rest des `long`-Wertes (sollte einer übrig bleiben). Für diese Funktion gibt es auch das `unsigned`-Pendant mit derselben Bedeutung:

```
unsigned long strtol(const char *string,
                     char **end_ptr,int basis);
```

Im Falle eines Fehlers liefern all diese Funktionen `0` zurück. Wird der Wertebereich des zu konvertierenden Typs unter- bzw. überschritten (bei `long` sind dies `LONG_MIN` bzw. LONG_MAX), wird errno auf ERANGE gesetzt. Somit können Sie, wenn der Rückgabewert der Funktionen nicht 0, der end_ptr gleich NULL und die Fehlervariable errno nicht ERANGE ist, mit ziemlicher Sicherheit davon ausgehen, dass die von Ihnen eingegebene Zahl richtig ist (eine hundertprozentige Garantie gibt es aber leider nicht).

Es folgt mit Listing 21.8 ein kurzes Beispiel, das die Funktionen atol() und strtol() anhand einer verbesserten Version von *string2val.c* demonstrieren soll.

```
/* string2val_2.c */
#include<stdio.h>
#include<stdlib.h>

int main(void) {
   char string1[] =  "256Vorrat";
   char string2[]=   "128Benoetigt";
   long zahl1, zahl2;

   zahl1 = atol(string1);
   zahl2 = strtol(string2, NULL, 10);
   printf("zahl1: %ld; zahl2: %ld\n", zahl1, zahl2);
   return EXIT_SUCCESS;
}
```

Listing 21.8 »string2val_2.c« benutzt die Funktionen »atol()« und »strtol()« und konvertiert daher im Gegensatz zum vorigen Beispiel keine ungültigen Eingaben.

In dem letzten Beispiel wird »korrekterweise« einmal die Zahl 256 und einmal die Zahl 128 ausgegeben. Beide Funktionen konvertieren also bis zum ersten Zeichen, das nicht mehr zum Datentyp gehört. Was kann man aber tun, wenn eine derartige Eingabe überprüft werden soll? Denn eigentlich sind ja beide Strings keine »korrekten« Zahlen, sondern nur Strings, die eben Zahlen enthalten bzw. die mit Zahlen beginnen. Eben hier ist atol() am Ende seiner Fähigkeiten angelangt. Mit strtol() hingegen haben Sie noch den zweiten Parameter, der Ihnen dabei helfen könnte, die Schwächen von atol() zu umgehen.

Daher soll in Listing 21.9 ein Beispiel erstellt werden, das jeweils zweimal die Eingabe eines Strings erfordert und überprüft, ob es sich dabei um einen »echten« long-Wert handelt und darüber hinaus eine Funktion verwendet, die überprüft, ob sich der String korrekt in einen double-Wert konvertieren lässt.

```
/* check_input.c */
#include<stdio.h>
#include<stdlib.h>
#include<string.h>
#include<errno.h>
```

```
#define CHARS 20

void chomp(char *str) {
   size_t p=strlen(str);
   /* '\n' mit '\0' ueberschreiben */
   str[p-1]='\0';
}

void is_long(char *str) {
   static long val;
   char *stop_ptr = NULL;

   val = strtoul(str, &stop_ptr, 10);
   if(errno == ERANGE) {
      printf("Werteueber- bzw. unterlauf!!!\n");
      exit(EXIT_FAILURE);
   }
   if(!val) {
      printf("Wert konnte nicht umgewandelt werden\n");
      exit(EXIT_FAILURE);
   }
   if(*stop_ptr) {
      printf("Kein korrekter long-Wert: %s\n", str);
      printf("Fehler der Umwandlung ab Pos.: %s\n", stop_ptr);
      printf("Umgewandelt ---> %ld\n", val);
   }
   else
      printf("Yeah! Korrekter long-Wert: %ld\n", val);
}

void is_double(char *str) {
   static double val;
   char *stop_ptr = NULL;

   val = strtod(str, &stop_ptr);
   if(errno == ERANGE) {
      printf("Werteueber- bzw. unterlauf!!!\n");
      exit(EXIT_FAILURE);
   }
   if(!val) {
      printf("Wert konnte nicht umgewandelt werden\n");
      exit(EXIT_FAILURE);
   }
```

```
   if(*stop_ptr) {
      printf("Kein korrekter double-Wert: %s\n", str);
      printf("Fehler der Umwandlung ab Pos.: %s\n", stop_ptr);
      printf("Umgewandelt ---> %lf\n", val);
   }
   else
      printf("Yeah! Korrekter double-Wert : %lf\n", val);
}

int main(void) {
   char val[CHARS];
   /* Testen eines long-Wertes */
   printf("Bitte geben Sie einen long-Wert ein: ");
   fgets(val, CHARS, stdin);
   chomp(val);
   is_long(val);
   /* Das Gleiche nochmals mit einem double-Wert */
   printf("Bitte geben Sie einen double-Wert ein: ");
   fgets(val, CHARS, stdin);
   chomp(val);
   is_double(val);

   return EXIT_SUCCESS;
}
```

Listing 21.9 »check_input.c« prüft die Eingaben auf Korrektheit, bevor die Strings in Zahlen gewandelt werden.

Sofern Sie jetzt die Eingabe auf andere Typen, wie beispielsweise `int`, überprüfen wollen, müssen Sie dazu die Limit-Konstanten der Headerdatei *<limits.h>* (beispielsweise `INT_MIN` oder `INT_MAX`) verwenden und mit dem in den Typ `long` konvertierten Wert vergleichen.

[«]

Hinweis: Weitere nützliche Funktionen des ISO-C99-Standards

Sofern Ihr Compiler mindestens den ISO-C99-Standard versteht, finden Sie noch weitere solcher sehr nützlichen Funktionen mit `strtoll()` (String to `long long`), `strtoimax()` (String to `intmax_t`; Funktion in `<inttypes.h>`), `strtoumax()` (String to `uintmax_t`; Funktion in `<inttypes.h>`), `strtof()` (String to `float`) und `strtold()` (String to `long double`). Mehr dazu entnehmen Sie der Dokumentation Ihres Compilers (beispielsweise der Manual-Page). Ebenso stehen Ihnen die Funktionen zur Konvertierung von Zahlen und breiten Strings zur Verfügung. Die entsprechenden Gegenstücke haben alle das Präfix `w` und sind in der Headerdatei *<wchar.h>* definiert. Lediglich zu `atoi()` gibt es kein Gegenstück für breite Zeichen.

Eine häufige Frage, die auch Sie sich vielleicht an dieser Stelle stellen, lautet: Gibt es auch itoa()? Oder besser: Wie kann ich einen Integerwert in einen String konvertieren? itoa() ist leider keine ANSI-C-Standardfunktion, und daher hängt es vom Compiler ab, ob diese Funktion vorhanden ist oder nicht. Sollten Sie aber portabel bleiben müssen, ergibt diese Funktion ohnehin keinen Sinn. Also »basteln« Sie sich diese Funktion vielleicht selbst zusammen, z. B. auf die in Listing 21.10 dargestellte Weise.

```
/* my_itoa.c */
#include<stdio.h>
#include<stdlib.h>

char *my_itoa(int wert, int laenge) {
   char *ret =(char *) malloc(laenge+1 * sizeof(char));
   int i;

   for(i  =0; i < laenge; i++) {
      ret[laenge-i-1] = (wert % 10) + 48;
      wert = wert / 10;
   }
   ret[laenge]='\0';
   return ret;
}

int main(void) {
   printf("%s\n", my_itoa(1234,4));
   printf("%s\n", my_itoa(5432,6));
   return EXIT_SUCCESS;
}
```

Listing 21.10 »my_itoa.c« ist eine Eigenlösung, mit der Sie einen Integerwert in einen String konvertieren können. (»itoa()« ist keine Standard-C-Funktion.)

Falls für die Länge der Ausgabe-Zeichenkette zu viele Zeichen angegeben wurden, werden diese mit Nullen aufgefüllt.

Während meines Studiums haben wir manchmal scherzhaft den Satz »Warum einfach, wenn es auch kompliziert geht?« geäußert. Dieser Satz bezog sich auf so umständliche Wege wie z. B. den im durchaus lauffähigen Beispiel in Listing 21.10, das in der Tat einen Integerwert korrekt in einen String umwandelt. Nur können Sie solche Dinge meistens auch mit wenigen Zeilen erledigen, z. B. mit:

```
#include<string.h> // Manche Compiler benötigen hier string.h
char Out[50];
int wert=1234;
sprintf(Out,"%d",wert); // dezimal
sprintf(Out,"%x",wert); // hexadezimal
```

Der Trick: `sprintf()` funktioniert wie `printf()`, nur dass die formatierte Ausgabe in den String geschrieben wird, der hier als erster Parameter angegeben wird. Der Nachteil: `sprintf()` funktioniert nicht auf allen Compilern zusammen mit `wchar`, zumindest nicht, wenn Sie nicht explizit das C18-Flag setzen, z. B. mit folgender Kommandozeile:

```
cc programmname.c -o programmname std=c18
```

Da ich in diesem Kapitel nur auf die Funktionen zum Konvertieren zwischen Zahlen und Strings aus der Headerdatei *<stdlib.h>* eingegangen bin, es aber auch weitere Funktionen für breite Zeichen in *<wchar.h>* und ganzzahlige Typen maximaler Breite in *<inttypes.h>* gibt, folgt Tabelle 21.11 mit einem Überblick, mit welcher Funktion Sie am besten einen String in welchen Typ konvertieren.

String zu ...	<stdlib.h>	<inttypes.h>[1]	<wchar.h>[1]
int	atoi()		
long	strtol()		wcstol()
unsigned long	strtoul()		wcstoul()
long long	strtoll()		wcstoll()
unsigned long long	strtoull()		wcstoull()
float	strtof()		wcstof()
double	strtod()		wcstod()
long double	strtold()		wcstold()
intmax_t		strtoimax()	wcstoimax()
uintmax_t		strtoumax()	wcstoumax()
[1] Headerdatei und Funktionen erst seit dem C99-Standard verfügbar			

Tabelle 21.11 Übersicht zu Funktionen zum Konvertieren von Strings in Zahlen

21.4.4 Zufallszahlen

Die Funktion

```
int rand(void);
```

liefert eine Pseudo-Zufallszahl im Bereich 0 bis `RAND_MAX` zurück, beispielsweise wie in Listing 21.11.

```
/* zufallszahlen_1.c */
#include<stdio.h>
#include<stdlib.h>
```

```
int main(void) {
   int zufallszahl, i;

   for(i = 0; i < 5; i++)
      printf("Die Zufallszahl lautet %d\n", zufallszahl=rand());
   return EXIT_SUCCESS;
}
```

Listing 21.11 »zufallszahlen_1.c« zeigt, wie Sie mit der Funktion »rand()« ganze Pseudo-Zufallszahlen erzeugen.

Bei Ausführung des Listings werden fünf verschiedene Zufallszahlen zwischen 0 und `RAND_MAX` ausgegeben. Aber spätestens, wenn das Programm jetzt ein zweites Mal gestartet wird, merken Sie, dass sich diese Zufallszahlen immer wiederholen. So gibt das Programm beispielsweise stets folgenden Text aus:

```
Die Zufallszahl lautet 130
Die Zufallszahl lautet 10982
Die Zufallszahl lautet 1090
Die Zufallszahl lautet 11656
Die Zufallszahl lautet 7117
```

Das Problem an der Funktion `rand()` ist, dass sie immer denselben Startpunkt zur Berechnung der Zufallszahl benutzt, meist ist dies einfach `0`. Den Startpunkt können Sie mit folgender Funktion ändern:

```
void srand(unsigned int startwert);
```

Mit ihr kann der Startpunkt für die Zufallszahl selbst bestimmt werden. Ein Beispiel zeigt Listing 21.12.

```
/* zufallszahlen_2.c */
#include<stdio.h>
#include<stdlib.h>

int main(void) {
   int zufallszahl, i, startpunkt;

   printf("Geben Sie irgendeine Zahl ein : ");
   scanf("%d",&startpunkt);
   srand(startpunkt);
   for(i = 0; i < 5; i++)
      printf("Die Zufallszahl lautet  %d\n", zufallszahl=rand());
   return EXIT_SUCCESS;
}
```

Listing 21.12 »zufallszahlen_2.c« verwendet »srand()«, um nicht immer dieselben Werte auszugeben.

Jetzt wollen Sie aber sicher nicht andauernd einen Startwert für den Zufallsgenerator eingeben. Zum einen ist dies umständlich, und zum anderen generieren Sie wieder dieselbe Zahlenfolge, sollte zweimal der gleiche Wert eingegeben werden. Was eignet sich also besser als Startwert als die Funktion `time()`? Und wie gehen Sie vor, falls eine Zufallszahl im Bereich zwischen 1 und 10 benötigt wird? Dafür eignet sich der Modulo-Operator bestens. Ein entsprechendes Beispiel wäre das in Listing 21.13.

```
/* zufallszahlen_3.c */
#include<stdio.h>
#include<stdlib.h>
#include<time.h>

int main(void) {
   int zufallszahl, i;

   srand(time(NULL)); // auch möglich: srand(clock())
   for(i = 0; i < 5; i++)
      printf("Zufallszahl lautet %d\n", zufallszahl=rand()%10+1);
   return EXIT_SUCCESS;
}
```

Listing 21.13 »zufallszahlen_3.c« verwendet »time()« zusammen mit »srand()« und den Modulo, um einigermaßen gute Pseudo-Zufallszahlen zwischen 1 und 10 zu erzeugen.

Jetzt erhalten Sie schon etwas »bessere« Zufallszahlen im Bereich zwischen 1 und 10.

[«]

Hinweis: Sicherheit von »rand()«

Verwenden Sie `rand()` bitte keinesfalls für die Generierung von Zufallszahlen für kryptografische Algorithmen, z. B. für zufällig erzeugte Schlüssel! Die Funktion `rand()` erzeugt gut vorhersagbare Werte, und auf diese Weise generierte Schlüssel sind leicht zu brechen. Verwenden Sie stattdessen besser spezielle Bibliotheken, wie z. B. OpenSSL oder die GNU-GMP-Library.

21.4.5 Absolutwerte, der Quotient und der Rest von Divisionen

Um Absolutwerte von Ganzzahlen zu ermitteln, können zwei Funktionen verwendet werden:

```
long int labs(long int zahl);
int abs(int zahl);
```

So erhalten Sie den Absolutwert zum ganzzahligen Argument zahl:

```
/* abs_beispiel.c */
#include<stdio.h>
#include<stdlib.h>

int main(void) {
   int zahl = 5;

   printf("%d\n", abs(zahl-20));
   return EXIT_SUCCESS;
}
```

Werden der Quotient und der Rest einer Division benötigt, können folgende Funktionen verwendet werden:

```
div_t div(int zaehler, int nenner);
ldiv_t ldiv(long int zaehler, long int nenner);
```

div_t und ldiv_t sind Strukturtypen mit folgendem Inhalt:

```
typedef struct{
   int quot;   /* quotient */
   int rem;    /* remainder */
} div_t;
```

bzw.

```
typedef struct{
   long int quot;   /* quotient */
   long int rem;    /* remainder */
} ldiv_t;
```

Damit berechnen Sie zaehler / nenner. Der Rest des Wertes steht in rem, falls die Rechnung ungenau ist, und der Quotient befindet sich in quot. Ein Beispiel:

```
/* quot_beispiel.c */
#include<stdio.h>
#include<stdlib.h>

int main(void) {
   div_t x = div(10,3);

   printf("10 div 3 = %d Rest %d\n",  x.quot, x.rem);
   return EXIT_SUCCESS;
}
```

Diese Funktion macht im Prinzip nichts anderes, als Folgendes zu berechnen:

```
quot = zaehler / nenner;
rem  = zaehler % nenner;
```

Ab dem C99-Standard sind auch die entsprechenden Gegenstücke `imaxabs()` und `imaxdiv()` für den Typ `intmax_t` hinzugekommen. Beide Funktionen sind in der Headerdatei *<inttypes.h>* definiert und haben folgende Syntax:

```
#include<inttypes.h>

intmax_t imaxabs(intmax_t j);
imaxdiv_t imaxdiv(intmax_t numer, intmax_t denom);
```

21.4.6 Suchen und Sortieren – »qsort()« und »bsearch()«

Mit der Funktion `qsort()` in der Standard-Bibliothek *<stdlib.h>* können Sie ein Array Ihrer Wahl nach beliebigen Kriterien sortieren. Die `qsort()`-Funktion basiert auf dem Quicksort-Algorithmus von C.A.R. Hoare. Hier sehen Sie die Syntax von `qsort()` ausführlich dokumentiert:

```
void qsort(
   void *array,          // Anfangsadresse des Vektors
   size_t n,             // Anzahl der Elemente zum Sortieren
   size_t size,          // Größe des Datentyps, der sortiert wird
   // Jetzt folgt die Vergleichsfunktion
   int (*vergleich_func)(const void*, const void*)    );
```

Die Bedeutungen der einzelnen Parameter dürften Ihnen wahrscheinlich klar sein, bis auf die Vergleichsfunktion. Diese müssen Sie selbst implementieren. Listing 21.14 zeigt ein einfaches Beispiel mit der Funktion `qsort()`.

```
/* qsort_beispiel.c */
#include<stdio.h>
#include<stdlib.h>

/* Vergleichsfunktion */
int cmp(const void *ptr1, const void *ptr2) {
   if( *(int *)ptr1 < *(int *)ptr2 )
      return -1;
   else if( *(int *)ptr1 > *(int *)ptr2 )
      return 1;
   else
      return 0;  /* Beide Elemente sind gleich. */
}
```

```
int main(void) {
   int wert[] = { 2, 5, 2, 7, 6, 4, 2 };
   int i;

   printf("Daten vor dem Sortieren\n");
   for(i = 0; i < sizeof(wert)/sizeof(int); i++)
      printf("%d\t", wert[i]);
   printf("\n");

   /* jetzt sortieren mit qsort() */
   qsort(wert, sizeof(wert)/sizeof(int), sizeof(int), cmp);

   printf("Daten nach dem Sortieren mit qsort()\n");
   for(i = 0; i < sizeof(wert)/sizeof(int); i++)
      printf("%d\t", wert[i]);
   printf("\n");
   return EXIT_SUCCESS;
}
```

Listing 21.14 »qsort_beispiel.c« zeigt, wie Sie mit der Standardfunktion »qsort()« Zahlenfelder sortieren können, ohne einen eigenen Quicksort-Algorithmus zu implementieren.

Das Listing sortiert das unsortierte Integerfeld `wert` korrekt. Dies wird erreicht, indem `qsort()` Ihre selbst geschriebene Vergleichsfunktion, die Sie durch einen typenlosen `void`-Zeiger übergeben, so lange rekursiv aufruft, bis Ihr Array korrekt sortiert ist. Sie müssen also die entsprechenden Rückgabewerte `-1`, `0` und `1` wirklich in der korrekten Weise programmieren, sonst werden Sie irgendwann einen Stapelüberlauf bekommen.

Wollen Sie ein Element wieder in Ihrem sortierten Vektor finden, dann können Sie die Funktion `bsearch()` verwenden. `bsearch` steht für »binäre Suche« und sucht die Elemente, indem es mit der Suche im mittleren Bereich eines Arrays beginnt und je nach Resultat mit der Suche auf der linken oder rechten Hälfte fortfährt. Genaueres hierzu erfahren Sie in Kapitel 23, »Algorithmen«. Dort zeige ich Ihnen noch einmal detaillierter, wie spezielle Sortierverfahren arbeiten. Wird ein entsprechendes Element gefunden, liefert die Funktion `bsearch()` die Adresse des Elements zurück. Wird kein entsprechendes Element gefunden, dann wird der `NULL`-Zeiger zurückgegeben. Hier folgt die Syntax:

```
void *bsearch(
   const void *key,       // gesuchte Elemente
   const void *array,     // Anfangsadresse der Tabelle zum Suchen
   size_t n,              // Anzahl der Elemente
```

```
   size_t size,          // Elementgröße
   // Jetzt folgt die Vergleichsfunktion
   int (*vergleich_func)(const void*, const void*)    );
```

Die Syntax ist also der Funktion `qsort()` recht ähnlich. Zur Abwechslung soll aber nach einem String in einer Stringtabelle gesucht werden, die Sie zuvor noch mit `qsort()` sortieren (siehe Listing 21.15).

```
/* bsearch_beispiel.c */
#include<stdio.h>
#include<stdlib.h>

#include<string.h>
/* Anzahl der Strings */
#define MAX 5

/* Vergleichsfunktion für zwei Strings */
int cmp_str(const void *s1, const void *s2) {
   return (strcmp(*(char **)s1, *(char **)s2));
}

int main(void) {
   char *daten[MAX], puffer[80], *ptr, *key_ptr, **key_ptrptr;
   int count;

   /* Wörter eingeben */
   printf("Geben Sie %d Wörter ein\n", MAX);
   for (count = 0; count < MAX; count++) {
      printf("Wort %d: ", count+1);
      fgets(puffer, 80, stdin);
      /* Speicher für das Wort Nummer count reservieren */
      daten[count] = (char *) malloc(strlen(puffer)+1);
      strcpy(daten[count], strtok(puffer,"\n") );
   }
   /* die einzelnen Wörter sortieren */
   qsort(daten, MAX, sizeof(daten[0]), cmp_str);
   /* sortierte Daten ausgeben */
   for (count = 0; count < MAX; count++)
      printf("\nWort %d: %s", count+1, daten[count]);

   /* jetzt nach einem Wort suchen */
   printf("\n\nNach welchem Wort wollen Sie suchen: ");
   fgets(puffer, 80, stdin);
   /* Zur Suche übergeben Sie zuerst den puffer an key,
```

```
    * danach benötigen Sie einen weiteren Zeiger, der
    * auf diesen Such-Schlüssel zeigt
    */
   key_ptr = strtok(puffer, "\n");
   key_ptrptr = &key_ptr;
   /* Der Zeiger ptr bekommt die Adresse des Suchergebnisses. */
   ptr =(char *) bsearch(key_ptrptr, daten, MAX,
                         sizeof(daten[0]), cmp_str);

   if(NULL == ptr)
      printf("Kein Ergebnis stimmt mit %s überein\n", puffer);
   else
      printf("%s wurde gefunden\n", puffer);
   return EXIT_SUCCESS;
}
```

Listing 21.15 »bsearch_beispiel.c« demonstriert einen Suchalgorithmus, der in den C-Standard-Bibliotheken implementiert ist, nämlich die Funktion »bsearch()«.

21.4.7 »system()«

Um aus einem lauffähigen Programm heraus ein anderes Programm zu starten, steht Ihnen die Funktion `system()` zur Verfügung. Die Syntax lautet:

```
#include<stdlib.h>

int system(const char *kommandozeile);
```

Beim Ausführen der Funktion `system()` übergeben Sie den String `kommandozeile` an den Kommandozeilenprozessor. Konnte der Aufruf erfolgreich ausgeführt werden, gibt die Funktion einen Wert ungleich `0` zurück, ansonsten `-1`. Für den String `kommandozeile` können Sie alles angeben, was auch in der Kommandozeile erlaubt ist.

Um zu testen, ob auf Ihrem System der Kommandozeilenprozessor überhaupt zur Verfügung steht, müssen Sie die Funktion `system()` mit dem `NULL`-Zeiger aufrufen:

```
if(system(NULL) == 0) {
   // Kommandozeilenprozessor steht nicht zur Verfügung
}
else {
   // Kommandozeilenprozessor ist bereit
}
```

Wird dabei ein Wert ungleich `0` zurückgegeben, können Sie die Funktion `system()` ohne Bedenken verwenden.

[«]

Hinweis für Linux-Benutzer

Wenn Sie sich mit der Linux-Systemprogrammierung ein wenig auskennen, dürfte Ihnen das Verhalten der Funktion `system()` bekannt vorkommen. Mit der Funktion `system()` werden `fork()`, `exec()` und `waitpid()` praktisch auf einmal aufgerufen. Wenn Sie nicht auf die Beendigung des aufgerufenen Programms warten möchten, dann können Sie das `waitpid()` auch ignorieren, indem Sie das Zeichen `&` an das Ende des Kommandos anhängen. Ein gutes Beispiel ist z. B. das Abspielen eines Klanges mit dem Kommando `aplay`, ohne das laufende Programm zu unterbrechen:

```
system("aplay test.wav&");
```

Zum Abschluss folgt noch ein weiteres Beispiel zur Funktion `system()`. Auf jedem System gibt es einen Kommandozeilenbefehl, mit dem sich das vollständige Verzeichnis auflisten lässt. Unter Linux/UNIX ist dies `ls`, und unter Windows heißt das Kommando `dir`. In Listing 21.16 soll dieses Kommando auf dem jeweiligen System mithilfe der Funktion `system()` ausgeführt werden.

```
/* list_directory.c */
#include<stdio.h>
#include<stdlib.h>
#ifdef __unix__
   #define KOMMANDO system("ls -C")
#else
   #define KOMMANDO system("dir /w")
#endif

int main(void) {
  if( system(NULL) == 0) {
     fprintf(stderr,"Kein Kommandozeilenprozessor vorhanden \n");
     return EXIT_FAILURE;
  }
  else
     KOMMANDO;
  return EXIT_SUCCESS;
}
```

Listing 21.16 »list_directory.c« verwendet die Funktion »system()«, um alle Dateien im aktuellen Arbeitsverzeichnis auszugeben.

[!]

Vorsicht bei Systemkommandos

Vermeiden Sie `system()`-Funktionsaufrufe, mit denen sich der Anwender eigene Strings zusammenbasteln kann. Böse Anwender könnten dabei so manchen gefährlichen Konsolenbefehl ausführen lassen.

Nicht besprochen wurde in diesem Abschnitt die Funktion der Headerdatei *<stdlib.h>*, mit der Sie Multibyte-Zeichen bearbeiten können, da diese recht selten benötigt wird.

21.5 Länderspezifische Eigenheiten – <locale.h>

In ANSI C sind auch Funktionen vorhanden, die länderspezifische Eigenheiten, wie beispielsweise die Formatierung von Geldbeträgen, beachten. Dabei handelt es sich um zwei Funktionen und mehrere Makros, die recht selten Beachtung finden. Ich möchte diese Funktionen dennoch vorstellen, weil sie z. B. in Finanzverwaltungsprogrammen Anwendung finden.

Wenn Sie ein Programm starten, werden die lokalen Aspekte zunächst nicht berücksichtigt, und das Programm wird somit mit den Standardeinstellungen der Umgebung gestartet.

Die Funktion, mit der Sie ein Programm mit den lokalen Eigenheiten zur Laufzeit anpassen können, lautet:

```
#include<locale.h>

char *setlocale( int kategorie, const char *name );
```

Manchmal will man nicht die kompletten lokalen Aspekte berücksichtigen, daher wurde die Kategorie (erstes Argument) aufgeteilt, wie in Tabelle 21.12 zu sehen.

Kategorie	Betroffen davon im Programm
LC_ALL	Alle lokalen Aspekte (die gleich noch in der Kategorie folgen) werden berücksichtigt.
LC_COLLATE	Nur die Funktionen zum Vergleichen von Strings, `strcoll()` und `wcscoll()` werden berücksichtigt.
LC_CTYPE	Nur die Funktionen für die Zeichenklassifizierung und -umwandlung in *<ctype.h>* bzw. *<wctype.h>* werden berücksichtigt.
LC_MONETARY	Nur die Formatierungsinformationen für die Darstellung von Geldbeträgen (siehe auch `localeconv()`) werden berücksichtigt.
LC_NUMERIC	Nur das Zeichen für den Dezimalpunkt der Ein-/Ausgabe und Stringkonvertierungen wird berücksichtigt.
LC_TIME	Nur die Funktionen zur Formatierung des Datums `strftime()` und `wcsftime()` werden berücksichtigt.

Tabelle 21.12 Kategorien zur Lokalisierung der Umgebung

Für das Argument name in der Funktion setlocale() sind die in Tabelle 21.13 genannten Angaben möglich.

Angabe für »name«	Bedeutung
"C"	Keine lokalen Aspekte werden berücksichtigt.
""	Die Einstellung richtet sich nach der Umgebung des Compilers.
NULL	Die lokale Umgebung wird nicht verändert. Wird verwendet, um mithilfe des Rückgabewertes von setlocale() die alte Umgebung zu sichern und eventuell wiederherzustellen.

Tabelle 21.13 Zweites Argument für »setlocale()«

In Listing 21.17 folgt ein einfaches Beispiel, mit dem die lokale Umgebung ermittelt und anschließend entsprechend dem Einsatzgebiet des Compilers verändert und zum Schluss wiederhergestellt wird.

```
/* my_setlocale.c */
#include<stdio.h>
#include<locale.h>
#define KOMMA 3.3223

int main(void) {
   char *local_save = setlocale(LC_ALL, NULL);
   char *local;
   printf("Lokale Umgebung: %s (Standard)\n", local_save);
   printf("Gleitpunkt: %f\n",KOMMA);

   local = setlocale( LC_ALL, "");
   printf("Neue lokale Umgebung: %s\n", local);
   printf("Gleitpunkt: %f\n",KOMMA);

   printf("Standardumgebung wiederherstellen\n");
   local = setlocale( LC_ALL, local_save);
   printf("Lokale Umgebung: %s (wiederhergestellt)\n", local);
   return 0;
}
```

Listing 21.17 Dieses Listing zeigt, wie Sie mit einem C-Programm die lokalen Systemeinstellungen verändern können. (Bitte Vorsicht bei solchen Aktionen, sonst kann es vorkommen, dass Sie plötzlich chinesische Zeichen sehen!)

Benötigen Sie außerdem Informationen über die Formatierung von numerischen Werten, wie z. B. des Dezimalpunktes oder des Währungssymbols, steht Ihnen noch folgende Funktion zur Verfügung:

```
#include<locale.h>

struct lconv *localeconv( void );
```

Die Funktion füllt eine Struktur namens lconv mit der aktuell gesetzten länderspezifischen Umgebung. Diese Struktur umfasst die in Tabelle 21.14 genannten Mitglieder.

Elemente in »struct lconv«	Beschreibung
char* decimal_point;	Zeichen für einen Dezimalpunkt nicht monetärer Werte
char* thousands_sep;	Trennzeichen für Gruppen von Ziffern. Einige Umgebungen fassen Ziffern in Tausendergruppen zusammen. (Beispielsweise ist das Trennzeichen ein Komma: "66,666".)
char* grouping;	Größe einer Gruppe von Ziffern
char* int_curr_symbol;	internationales Symbol für lokale Währung
char* currency_symbol;	lokales Währungssymbol
char* mon_decimal_point;	Zeichen für den Dezimalpunkt bei Geldbeträgen
char* mon_thousands_sep;	Trennzeichen für (Tausender-)Gruppen von Ziffern bei Geldbeträgen
char* mon_grouping;	Größe einer Gruppe von Ziffern bei Geldbeträgen
char* positive_sign;	Symbol für positive Geldbeträge
char* negative_sign;	Symbol für negative Geldbeträge
char int_frac_digits;	Anzahl der Ziffern nach Dezimalpunkt von Geldbeträgen (international; meistens zwei)
char frac_digits;	Anzahl der Ziffern nach Dezimalpunkt von Geldbeträgen (national; meistens zwei)
char p_cs_precedes;	Für positive Geldbeträge: 0 = Währungssymbol nach dem Betrag 1 = Währungssymbol vor dem Betrag

Tabelle 21.14 Strukturelemente der Struktur »struct lconv«

Elemente in »struct lconv«	Beschreibung
char int_p_cs_precedes;	(C99) internationale Version von p_cs_precedes
char p_sep_by_space;	Für positive Geldbeträge (Leerzeichen zwischen Währungssymbol und dem Betrag): 1 = Leerzeichen 0 = kein Leerzeichen
char int_p_sep_by_space;	(C99) Internationale Version von p_sep_by_space
char n_cs_precedes;	Für negative Geldbeträge: 0 = Währungssymbol nach dem Betrag 1 = Währungssymbol vor dem Betrag
char int_n_cs_precedes;	(C99) internationale Version von n_cs_precedes
char n_sep_by_space;	Für negative Geldbeträge (Leerzeichen zwischen Währungssymbol und dem Betrag): 1 = Leerzeichen 0 = kein Leerzeichen
char int_n_sep_by_space;	(C99) internationale Version von n_sep_by_space
char p_sign_posn;	Position von positive_sign
char int_p_sign_posn;	(C99) internationale Version von p_sign_posn
char n_sign_posn;	Position von negative_sign
char int_n_sign_posn;	(C99) internationale Version von n_sign_posn

Tabelle 21.14 Strukturelemente der Struktur »struct lconv« (Forts.)

Wenn Sie setlocale() in Ihren Programmen verwenden, sind eventuell vorgenommene Änderungen, z. B. der Anzeige von Währungen, meistens temporär. Das heißt, die Änderungen sind nur bis zu einem Neustart des Systems gültig. Dies ist auch gewollt, denn eigentlich ist eine entsprechende Konfigurationsdatei, wie z. B. */etc/locales*, dafür verantwortlich, dass beim Booten die entsprechende Konfiguration ausgewählt wird. Deshalb sollten Sie ein Programm, das setlocale() verwendet, niemals als root starten, denn dann sind auf manchen Systemen, wie z. B. dem Raspberry Pi, die Änderungen dauerhaft. Ob dieses Verhalten auf dem Raspberry Pi gewollt oder ein Bug ist, konnte ich bis jetzt nicht in Erfahrung bringen. Ich vermute jedoch einen Bug im Tool raspi-config, der bei den nächsten Updates behoben werden könnte.

21.6 Nichtlokale Sprünge – <setjmp.h>

In C sind Sprünge über Funktionsgrenzen hinweg nicht erlaubt. Das heißt genau: Funktionen werden immer an den direkten Ausrufer zurückgegeben. Wenn z. B. Funktion 1 Funktion 2 aufruft, kehrt Funktion 2 immer zuerst zu Funktion 1 zurück – in der umgekehrten Reihenfolge, als die einzelnen Funktionen auf dem Stack abgelegt wurden. Erst dann kann Funktion 1 zu ihrem Aufrufer zurückkehren. Ein Beispiel zeigt Listing 21.18.

```
/* call_func.c */
#include<stdio.h>
#include<stdlib.h>

void func1(void);
void func2(void);
void func3(void);
void func4(void);
void func1(void) {
   printf("Funktion 1 ist aufgerufen!\n");
   func2();
}

void func2(void) {
   printf("Funktion 2 ist aufgerufen!\n");
   func3();
}

void func3(void) {
   printf("Funktion 3 ist aufgerufen!\n");
   func4();
}

void func4(void) {
   printf("Funktion 4 ist aufgerufen!\n");
}

int main(void) {
   func1();
   return EXIT_SUCCESS;
}
```

Listing 21.18 »call_func.c« demonstriert die normale Reihenfolge bei Funktionsaufrufen.

Das Programm ruft in der main()-Funktion zuerst func1() auf, func1() ruft anschließend func2() auf, func2() ruft danach func3() auf, und func3() ruft am Ende func4() auf. Anschließend kehren die einzelnen Funktionen wieder in der Reihenfolge func3(), func2() und func1() zur main()-Funktion zurück (siehe Abbildung 21.2). Was wäre jetzt, wenn in func2() eine Berechnung durchgeführt wird und der Wert dieser Berechnung nicht mehr dem entspricht, den der Nutzer sich versprochen hat? Trotzdem werden sinnloserweise noch func3() und func4() aufgerufen und ausgeführt. Die Frage lautet also: Wie kann man z. B. von func2() zur main()-Funktion zurückspringen, die Funktionen func3() und func4() auslassen und auch nicht mehr über func1() zur main()-Funktion zurückkehren?

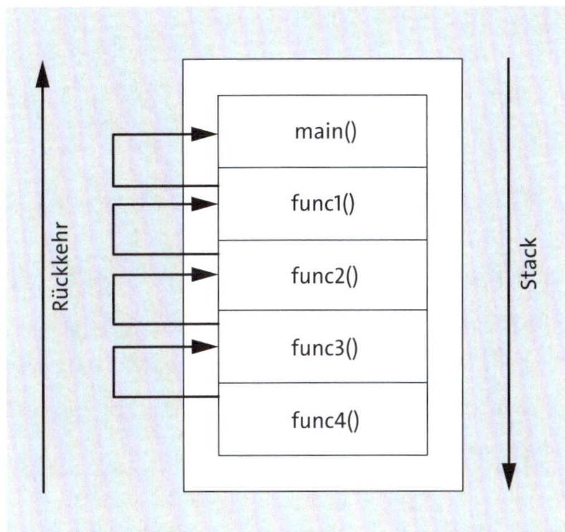

Abbildung 21.2 Rückkehr von Funktionen bei einem normalen Verlauf

Dafür können Sie die Funktionen der Headerdatei *<setjmp.h>* verwenden. Hier sehen Sie die Syntax:

```
#include<setjmp.h>

jmp_buf env;     // primitiver Datentyp jmp_buf

int setjmp(jmp_buf env);
void longjmp(jmp_buf env, int wert);
```

Der Datentyp jmp_buf env ist eine Art Puffer, der den mit setjmp(env) eingefrorenen Programmzustand enthält und den Sie mit der Funktion longjmp(env,1) wiederherstellen können. jmp_buf enthält z. B. die CPU-Registerinhalte (auf Intel-Maschinen beispielsweise EAX, EBX, ECX, EDX, CS, DS, SS und ES), den Stack Pointer (SP), den Instruktionspointer (IP) usw. – alle Informationen eben, die erforderlich sind, um den gleichen Zustand wiederherzustellen, der vor dem Aufruf von setjmp() vorlag.

Mit setjmp() werden, wie eben schon erwähnt, alle Informationen, die im Augenblick vorliegen, auf den Stack gelegt. Der Aufruf von setjmp() lautet:

```
if(setjmp(env) == 0)
```

Beim ersten Aufruf von setjmp() liefert die Funktion den Wert 0 zurück. Beim zweiten Aufruf durch longjmp(env) liefert die Funktion auf jeden Fall einen Wert ungleich 0 zurück.

Mit der Funktion longjmp() kehren Sie dann an diese Programmstelle zurück, die Sie mit setjmp(env) auf dem Stack abgelegt haben. Dies geschieht mit folgendem Aufruf:

```
longjmp(env,1);
```

Nochmals alles zusammengefasst:

```
...
jmp_buf programmzustand;
...
if(setjmp(programmzustand) == 0)
   printf("Programmzustand auf den Stack gelegt\n");
else
   printf("Rücksprung mit longjmp erfolgt\n");
...
// viele, viele Funktionen später
longjmp(programmzustand,1);
```

Als Erstes legen Sie mit setjmp() den Programmzustand auf dem Stack ab. Anschließend, viele Funktionen später, wird mit longjmp() dieser Zustand wiederhergestellt, und das Programm springt zurück zu setjmp(). Dieses Mal ist der Rückgabewert von setjmp() aber nicht mehr 0, und daher fährt das Programm hinter der else-Anweisung fort.

Jetzt soll alles in einem Programm verwendet werden, ohne komplizierte Berechnungen oder Ähnliches. Es wird einfach abgefragt, wie viele Funktionen ausgeführt werden sollen, und das Programm springt nach der gewünschten Anzahl der Funktionen mit einem Aufruf von longjmp() zur main()-Funktion zurück (siehe Listing 21.19).

```
/* setjmp_beispiel.c */
#include<stdio.h>
#include<stdlib.h>
#include<setjmp.h>

void func1(int);
void func2(int);
void func3(int);
void func4(void);
```

```
jmp_buf env;

static int zahl;
void func1(int zahl) {
   printf("Funktion 1 ist aufgerufen!\n");
   if(zahl == 1)
      longjmp(env, 1);
   func2(zahl);
}

void func2(int zahl) {
   printf("Funktion 2 ist aufgerufen!\n");
   if(zahl == 2)
      longjmp(env, 2);
   func3(zahl);
}

void func3(int zahl) {
   printf("Funktion 3 ist aufgerufen!\n");
   if(zahl == 3)
      longjmp(env, 3);
   func4();
}

void func4(void) {
   printf("Funktion 4 ist aufgerufen!\n");
}

int main(void) {
   printf("Wie viele Funktionen sollen ausgefuehrt werden : ");
   scanf("%d",&zahl);
   if(setjmp(env) == 0)
      func1(zahl);
   else
      printf("Ruecksprung durch longjmp von Funktion %d!\n",zahl);
   return EXIT_SUCCESS;
}
```

Listing 21.19 Mit »setjmp()« und »longjmp()« können Sie die normale Vorgehensweise bei Funktionsaufrufen durchbrechen.

Die Funktionen `setjmp()` und `longjmp()` haben übrigens nichts mit der Anweisung `goto` gemeinsam. Es hat sich als recht nützlich erwiesen, `setjmp()` und `longjmp()` bei Fehlerbehandlungen einzusetzen.

Sonst gilt aber dasselbe, was auch für goto gilt: Vermeiden Sie direkte Sprünge, außer eben zur Fehlerbehandlung. Wenn Sie unbeabsichtigt den Stack durcheinanderbringen, erleben Sie fast immer unangenehme Überraschungen.

21.7 Einige nützliche Funktionen in <signal.h>

Signale sind nicht vorhersehbare, äußere Ereignisse, die zu einem nicht vorhersagbaren Zeitpunkt auftreten können, sogenannte *asynchrone Ereignisse* (auch als *System Events* bezeichnet). An dieser Stelle kann es zu einigen Verwirrungen mit den Begriffen kommen, denn unter Windows ist der Begriff *Event* auf Benutzerereignisse beschränkt (z. B. einen Mausklick), während ein *Signal* dann meist einen ernsten Fehler bezeichnet. Nach dem ANSI-C-Standard gibt es die in Tabelle 21.15 aufgeführten Signale, die mindestens durch eine Konstante definiert sein müssen.

Name	Bedeutung
SIGABRT	Dieses Signal signalisiert, dass sich das Programm abnormal beendet hat (abort()).
SIGFPE	Dieses Signal wird z. B. angezeigt bei einer Division durch 0 oder dem Überlauf einer Zahl.
SIGILL	Dieses Signal wird angezeigt, wenn ein illegaler Hardwarebefehl ausgeführt wird.
SIGINT	Dieses Signal wird an alle Prozesse geschickt, wenn die Tastenkombination [Strg]+[C] gedrückt wurde.
SIGSEGV	Wird dieses Signal angezeigt, wurde versucht, auf eine unerlaubte Speicherstelle zu schreiben oder diese zu lesen.
SIGTERM	Beendigung eines Programms

Tabelle 21.15 Makros für Fehlersignale

Unter Linux gibt es deutlich mehr Signale (ca. 30). Mit dem Befehl

```
kill -l
```

wird eine Liste der Signale unter Linux/UNIX ausgegeben. Tritt ein Signal auf, haben Sie folgende Möglichkeiten, darauf zu reagieren:

- Eintragen einer selbst geschriebenen Funktion
- Ignorieren des Signals (geht aber nicht mit SIGKILL)
- Verwenden der voreingestellten Default-Funktion (bei den ANSI-C-Signalen ist dies immer eine Beendigung des Programms)

Um auf die Signale zu reagieren, existiert ein sogenanntes *Signalkonzept*. Dabei richtet ein Prozess einen sogenannten *Signalhandler* ein. Dieser Signalhandler teilt – wenn das Signal auftritt – dem Systemkern mit, was er zu tun hat. Ein solcher Handler kann mit der Funktion `signal()` eingerichtet werden. Es folgt die Syntax dieser Funktion:

```
#include<signal.h>

typedef void(*signal(int signr, void(*sighandler)(int)))(int);
```

Eine solche *Prototypendefinition* (dies ist quasi eine Vorabdefinition) ist aber sehr umständlich. Aus diesem Grund wurde die Funktion in der Headerdatei *<signal.h>* wie folgt vereinfacht:

```
typedef void (*__p_sig_fn_t)(int);
__p_sig_fn_t signal(int, __p_sig_fn_t);
```

Somit sieht der Prototyp folgendermaßen aus:

```
signalfunktion *signal(int signalnummer,
                       signalfunktion *sighandler);
```

Mit dem Parameter `signalnummer` legen Sie die Nummer des Signals fest, für die ein Signalhandler eingerichtet werden soll. Dies ist dann eines der Signale, die Sie soeben in Tabelle 21.15 kennengelernt haben (bzw. unter Linux diejenigen, die mit `kill -l` aufgelistet wurden).

Für den Parameter `sighandler` sind zwei Konstanten in der Headerdatei *<signal.h>* deklariert: `SIG_DFL` und `SIG_IGN`. Mit `SIG_DFL` wird die Default-Aktion ausgeführt, was meist die Beendigung des Prozesses bedeutet. Ein Beispiel:

21

```
signal(SIGINT, SIG_DFL);
```

Falls Sie die Tastenkombination [Strg]+[C] drücken, wird die Default-Einstellung des Signals `SIGINT` ausgeführt. Und die Default-Einstellung schreibt vor, dass das Programm beendet wird. Als zweite Möglichkeit können Sie Folgendes eingeben:

```
signal(SIGINT, SIG_IGN);
```

Drücken Sie jetzt die Tastenkombination [Strg]+[C], passiert gar nichts. Das Signal `SIGINT` wird mit der Angabe von `SIG_IGN` ignoriert. Als dritte Möglichkeit können Sie das Signal `SIGINT` abfangen und die Adresse einer eigenen Funktion übergeben, die ausgeführt werden soll, wenn die Tastenkombination [Strg]+[C] betätigt wurde:

```
signal(SIGINT,funktionsaufruf);
```

Im nächsten Beispiel in Listing 21.20 zeige ich Ihnen, wie die Funktion `signal()` in der Praxis unter Linux eingesetzt wird.

```
/* signalhandler_1.c */
#include<stdio.h>
#include<stdlib.h>
#include<signal.h>

void sigfunc(int sig) {
   int c;

   if(sig != SIGINT)
      return;
   else {
      printf("\nWollen Sie das Programm beenden (j/n) : ");
      c=getchar();
      if(c == 'j')
         exit (EXIT_FAILURE);
      else
         return;
   }
}

int main(void) {
   int i;

   signal(SIGINT, sigfunc);
   while(1) {
      printf("Mit STRG+C beenden");
      for(i = 0; i <= 48; i++)
         printf("\b");
   }
   return EXIT_SUCCESS;
}
```

Listing 21.20 »signalhandler_1.c« demonstriert die Funktion »signal()« unter Linux.

Mit der Anweisung

```
signal(SIGINT, sigfunc);
```

wird ein Signalhandler für das Signal `SIGINT` eingerichtet, der beim Auftreten dieses Signals die Funktion `sigfunc` aufrufen soll.

Ein einfaches Beispiel bietet auch das Erstellen einer eigenen kleinen Shell. Die einzelnen Shellbefehle werden in einer Endlosschleife abgearbeitet. Mit der Tastenkombination [Strg]+[C] lösen Sie dabei einen Neustart der Shell aus. Dieser Sprung (Neustart) wird mit den Funktionen der Headerdatei *<setjmp.h>* realisiert (eines der wenigen Beispiele übrigens, in denen direkte Sprünge sinnvoll sind). In Listing 21.21 sehen Sie das Beispiel einer eigenen Linux-Shell.

```
/* simple_shell.c */
#include<stdio.h>
#include<string.h>
#include<signal.h>
#include <setjmp.h>
#include <stdlib.h>
#define MAX 255
#define OK 0

jmp_buf restart;

void ctrlc(int sig) {
   signal(sig, ctrlc);
   /* zurück zur Kommandozeile */
   longjmp(restart, 1);
   return;
}

int main(void) {
   char *command;
   /* Installiere den Signalhandler. */
   signal(SIGINT, ctrlc);

   if(setjmp(restart) != 0)
      printf("\n\nShell neu gestartet ...\n\n");
   else
      printf("\n\nShell gestartet ...\n\n");

   for (;;) {   /* Hier können Sie machen, was Sie wollen. */
      char puffer[MAX];
      printf("$~> ");
      fgets(puffer, MAX, stdin);
      command = strtok(puffer, "\n");

      if( strcmp(command, "test") == OK )
         printf("Ihr Befehl lautete \"test\"\n");
      else if( strcmp(command, "help") == OK )
         printf("Brauchen Sie Hilfe?\n");
```

```
      /* usw. eine Menge mehr Shellbefehle ... */
      else if( strcmp(command, "exit") == OK )
         exit (EXIT_SUCCESS);
      else {
         printf("\nUnbekannter Shellbefehl\n");
         printf("Bekannte Befehle: test, help, exit\n\n");
      }
   }
   return EXIT_SUCCESS;
}
```

Listing 21.21 »simple_shell.c« implementiert eine einfache Linux-Shell und demonstriert noch einmal die Funktionen »signal()« und »longjmp()«.

Dies ist eine einfache Schnittstelle einer eigenen Shell. Logischerweise müssen Sie statt der Ausgabe von Texten Ihre selbst geschriebenen Funktionen implementieren.

Hier sehen Sie ein weiteres Beispiel zu `signal()` mit dem Signal `SIGABRT`:

```
/* sigabort_beispiel.c */
#include<stdio.h>
#include<stdlib.h>
#include<signal.h>

void sigfunc(int sig) {
   if(sig == SIGABRT)
      printf("Demonstration von SIGABRT\n");
}

int main(void) {
   signal(SIGABRT, sigfunc);
   abort();
   return EXIT_SUCCESS;
}
```

Um zu testen, ob der Aufruf der Funktion `signal()` überhaupt erfolgreich war, befindet sich in der Headerdatei *<signal.h>* der Fehlercode `SIG_ERR`, der mit dem Wert `-1` definiert ist. Wollen Sie also die Funktion `signal()` auf Fehler überprüfen, sollte dies so aussehen:

```
if( signal(SIGINT,sigfunc) == SIG_ERR)
   { /* Fehler beim Aufruf von signal */
```

Es ist auch möglich, mit der Funktion `raise()` ein Signal an ein ausführendes Programm zu senden. Die Syntax der Funktion lautet:

```
int raise(int signr);
```

Damit können Sie ein Signal mit der signr an das Programm senden. Ein kurzes Beispiel zeigt Listing 21.22.

```
/* raise_beispiel.c */
#include<stdio.h>
#include<stdlib.h>
#include<signal.h>

void sigfunc(int sig) {
   if(sig == SIGINT)
      printf("SIGINT wurde ausgeloest\n");
}

int main(void) {
   signal(SIGINT,sigfunc);
   printf("Mit ENTER SIGINT ausloesen\n");
   getchar();
   /* SIGINT auslösen */
   raise(SIGINT);
   return EXIT_SUCCESS;
}
```

Listing 21.22 Mit »raise()« können Sie unter Linux ein Signal auslösen und dieses auch an den laufenden Prozess weiterreichen.

Unter Linux/UNIX verwendet man allerdings in der Praxis ein etwas anderes Signalkonzept, da die signal()-Funktion von ANSI C hier einige Schwächen besitzt. Mehr dazu können Sie z. B. dem Buch »Linux-Unix-Programmierung« entnehmen (4. Auflage Rheinwerk 2016 bzw. 5. Auflage, »Systemnahe Programmierung mit C und Linux«, geplant Rheinwerk 2023/24). Wer noch mehr wissen will, der besorgt sich das Werk von Michael Kofler, das einfach »Linux« heißt und schon zahlreiche Neuauflagen hinter sich hat. Vor diesem Werk sei allerdings insofern gewarnt, als es wirklich alles enthält, was man zu Linux wissen muss, und Sie sich deshalb hierfür sehr viel Zeit nehmen müssen.

21.8 Die »mem...«-Funktionen zur Speichermanipulation – <string.h>

Die meisten Stringfunktionen wurden bereits an früherer Stelle behandelt, aber einige Funktionen habe ich Ihnen bislang noch vorenthalten, da sie eben einen eigenen Abschnitt benötigen. Mit den mem...-Funktionen in der Headerdatei *<string.h>* können Sie ganze Speicherblöcke, wie z. B. Arrays, kopieren, vergleichen, initialisieren und durchsuchen. Zusammen mit qsort() und bsearch() besitzen Sie jetzt sehr mächtige Werkzeuge.

21.8.1 »memchr()« – Suche nach einzelnen Zeichen

Die Syntax lautet:

```
void *memchr(const void *buffer, int c, size_t n);
```

Diese Funktion sucht in den ersten n Byte in buffer nach dem Zeichen c. Der zu durchsuchende Speicherbereich wird also als String betrachtet, von dem Sie die Anfangsadresse übergeben müssen. Sollten Sie den ganzen String durchsuchen wollen, können Sie die Funktion strchr() verwenden. Tritt dabei ein Fehler auf oder wird das Zeichen nicht gefunden, gibt diese NULL zurück. Listing 21.23 zeigt ein Beispiel.

```
/* memchr_beispiel.c */
#include<stdio.h>
#include<stdlib.h>
#include<string.h>

int main(void) {
   char str[] = "Have a lot of fun";
   char *p;
   char ch = 'l';

   p = (char *) memchr(str, ch, 10);
   if(NULL == p)
      printf("%c kommt nicht in den ersten 10 Byte vor\n", ch);
   else
      printf("%c gefunden an Pos. %d\n", ch, p-str);
   return EXIT_SUCCESS;
}
```

Listing 21.23 »memchr()« sucht in einem Puffer im Speicher nach einem bestimmten Zeichen.

21.8.2 »memcmp()« – bestimmte Anzahl von Bytes vergleichen

Mit memcmp() können Sie Speicherbereiche miteinander vergleichen. Die Syntax lautet:

```
int memcmp( const void *s1, const void *s2, size_t n);
```

Mit memcmp() werden die ersten n Byte im Puffer s1 mit dem Puffer s2 verglichen. Der Rückgabewert ist derselbe wie schon bei strcmp(). Ist s1 größer als s2, ist der Rückgabewert kleiner als 0. Ist s2 größer als s1, ist die Rückgabe größer als 0, und bei Gleichheit beider Speicherbereiche wird 0 zurückgegeben. Das nächste Beispiel in Listing 21.24 zeigt den Unterschied zu memchr().

```
/* memcmp_beispiel.c */
#include<stdio.h>
#include<stdlib.h>
#include<string.h>

int main(void) {
   char str1[] = "Have a lot of fun";
   char str2[] = "Have more than a lot of fun";
   int check, i;

   for(i = 4; i <= 10; i+=6) {
      check = memcmp( str1, str2, i);
      if(check == 0)
         printf("Vergleich %d Byte: "
                "Beide Strings sind gleich\n", i);
      else
         printf("Die ersten %d Byte sind "
                "unterschiedlich\n", i);
   }
   return EXIT_SUCCESS;
}
```

Listing 21.24 Mit »memcmp()« können Sie zwei Puffer im Speicher miteinander vergleichen.

21.8.3 »memcpy()« – bestimmte Anzahl von Bytes kopieren

Mit memcpy() können Sie Speicherbereiche in andere Speicherbereiche kopieren. Die Syntax lautet:

```
void *memcpy(void *dest, const void *src, size_t n);
```

memcpy() überträgt n Byte aus dem Puffer src in den Puffer dest. src und dest sind die englischen Abkürzungen für *source* (Quelle) und *destination* (Ziel). Die Funktion gibt die Anfangsadresse von dest als Zeiger zurück. Das folgende Beispiel in Listing 21.25 zeigt, wie Sie memcpy() verwenden.

```
/* memcpy_beispiel.c */
#include<stdio.h>
#include<stdlib.h>
#include<string.h>

int main(void) {
   char str[] = "Ein Wort, das hier nicht hingehört: Mist!";
   char replace[] = "M***";
   char *ptr;

   ptr = strstr(str, "Mist");
   memcpy(ptr, replace, strlen(replace));
   printf("%s\n",str);
   return EXIT_SUCCESS;
}
```

Listing 21.25 Mit »memcpy()« können Sie Speicherinhalte direkt an eine andere Stelle kopieren, z. B. von einem Puffer in den nächsten.

21.8.4 »memmove()« – bestimmte Anzahl von Bytes kopieren

Mit `memmove()` können Sie einen Speicherbereich in einen anderen verschieben. Die Syntax lautet:

```
void *memmove(void *dest, const void* src, size_t n);
```

Die Funktion `memmove()` erfüllt denselben Zweck wie die Funktion `memcpy()` – mit einem einzigen, aber sehr wichtigen Unterschied: `memmove()` stellt sicher, dass im Fall einer Überlappung der Speicherbereiche der Überlappungsbereich zuerst gelesen und erst danach überschrieben wird. Ein Standardbeispiel ist z. B. das Verschieben des Text-Bildschirmspeichers einer Konsole nach unten. Wenn Sie beim Kopieren der Daten nicht aufpassen, dann stehen in der zweiten Zeile die Daten der ersten Zeile, noch bevor Sie die zweite Zeile in die dritte Zeile übertragen. Dies führt dann dazu, dass alle Zeilen identisch sind. In diesem Fall wäre z. B. `memmove()` anstelle von `memcpy()` angebracht. Die Rückgabewerte sind bei `memmove()` dieselben wie bei `memcpy()`. Weil `memmove()` so wichtig ist, zeige ich Ihnen die Verwendung in einem weiteren Beispiel in Listing 21.26.

```
/* memmove_beispiel.c */
#include<stdio.h>
#include<stdlib.h>
#include<string.h>
```

```
int main(void) {
   char str[21] = "1234567890";

   /* Den kompletten String nehmen und
    * 10 Byte weiter als Kopie ablegen */
   memmove(str+10, str, sizeof(str)-1);
   printf("%s\n",str);
   return EXIT_SUCCESS;
}
```

Listing 21.26 Mit »memmove()« können Sie Speicherinhalte an eine andere Stelle verschieben, z. B. von einem Puffer in den nächsten.

21.8.5 »memset()« – Speicherbereich mit bestimmten Zeichen auffüllen

Mit `memset()` können Sie ein bestimmtes Byte mehrfach in den Speicher schreiben. Die Syntax lautet:

```
void *memset(void *dest, int ch, unsigned int n);
```

Mit dieser Funktion füllen Sie die ersten `n` Byte der Adresse `dest` mit den Zeichen `ch` auf. Listing 21.27 zeigt die Verwendung von `memset()`.

```
/* memset_beispiel.c */
#include<stdio.h>
#include<stdlib.h>
#include<string.h>

int main(void) {
   char credit_card[21] = "123456-aiex";
   char *ptr = strchr(credit_card, '-');

   *ptr++;
   /* die letzten vier Zeichen der Kreditkartennummer
    * nicht angeben */
   memset(ptr, '*', 4);
   printf("%s\n",credit_card);
   return EXIT_SUCCESS;
}
```

Listing 21.27 Mit »memset()« können Sie einen Puffer mit einer bestimmten Anzahl derselben Bytes füllen.

[»]

Hinweis: »mem...()«-Funktionen für Breitzeichen

Der Zugriff auf Speicherblöcke mit den `mem...()`-Funktionen in der Headerdatei *<string.h>* erfolgt byteweise und ist somit nicht für Breitzeichen geeignet. Für Breitzeichen sind in der Headerdatei *<wchar.h>* die Gegenstücke `wmemcpy()`, `wmemmove()`, `wmemcmp()`, `wmemchr()` und `wmemset()` definiert. Anders als bei der Größe eines Speicherblocks (immer der dritte Parameter), die als Anzahl von Bytes eingegeben wird, muss hier allerdings die Anzahl der Breitzeichen eingegeben werden.

Kapitel 22
Dynamische Datenstrukturen

In diesem Kapitel werden die Themen Strukturen, Zeiger und dynamische Speicherverwaltung vermischt. Was auf den ersten Blick ein wenig kompliziert aussieht – und es auch manches Mal ist –, erweist sich, sobald Sie es beherrschen, als eine enorme Erleichterung.

Dynamische Speicherstrukturen sind in C sehr wichtig. Diese Strukturen heißen *dynamisch*, weil man den benötigten Speicher erst zur Laufzeit reserviert. Meistens müssen Sie so vorgehen, wenn Sie nicht vorher wissen, wie viele Daten Sie speichern möchten. Wenn Sie z. B. ein Onlinespiel programmieren, dann wissen Sie meistens nicht, wie viele Spieler an Ihrem Spiel genau teilnehmen werden. Die bekannteste dynamische Datenstruktur ist die einfach verkettete Liste, mit der auch dieses Kapitel beginnt, gefolgt von der doppelt verketteten Liste, in der sich Daten schneller suchen lassen als in der einfach verketteten Liste. Sie erfahren hier aber noch viel mehr, z. B. wie man Warteschlangen (Queues) und Stapel (Stacks) erzeugt oder wie man Arrays mit einer dynamischen Anzahl von Elementen anlegt, die auch zur Laufzeit wachsen kann.

Vielleicht werden Sie sich an dieser Stelle wundern, dass hier der Begriff Stack auftaucht. Wird der Stack nicht durch den Prozessor verwaltet? Genauso ist es. Leider haben Sie in reinem C keinen direkten Zugriff auf die Prozessorregister, genauso wenig, wie Sie Zugriff auf den Prozessorstatus oder das Carry-Flag haben (wenn Sie etwas Assembler können, dann werden Sie mit diesen Begriffen wahrscheinlich etwas anfangen können). Und genau deswegen müssen Sie in reinem ANSI-C das Rad manchmal neu erfinden.

Fangen wir aber erst einmal einfach an, nämlich mit einfach verketteten Listen, auch oft *lineare Listen* genannt.

22.1 Lineare Listen (einfach verkettete Listen)

In Kapitel 15, »Dynamische Speicherverwaltung«, habe ich den Umgang mit dynamisch zugeordnetem Speicher näher erläutert. Dynamisch heißt, dass zur Laufzeit des Programms Speicher vom Heap alloziert wird. Alloziert kommt von dem englischen Wort *allocate* und bedeutet zuweisen.

Der Hauptsinn dynamischer Datenstrukturen besteht darin, dass eine Struktur mit einem Zeiger vom Typ der Struktur selbst definiert wird. Gehen wir einmal von folgender Struktur einer Angestelltenliste aus:

```
struct datum {
   int tag;
   int monat;
   int jahr;
};

struct angestellt{
   char name[20];
   char vorname[20];
   struct datum alter;
   struct datum eingest;
   long gehalt;
};
```

Eine solche Struktur wurde ja bereits behandelt und stellt somit nichts Neues mehr dar. Jetzt soll diese Struktur erweitert werden:

```
struct datum {
   int tag;
   int monat;
   int jahr;
};

struct angestellt {
   char name[20];
   char vorname[20];
   struct datum alter;
   struct datum eingest;
   long gehalt;
   struct angestellt *next;
};
```

Folgende Zeile dürfte Ihnen am Ende der Struktur `angestellt` aufgefallen sein:

```
struct angestellt *next;
```

Das Besondere an diesem Zeiger ist, dass er ein Zeiger auf eine Adresse ist, die denselben Typ wie die Struktur selbst (`struct angestellt`) enthält. Beachten Sie bei dieser Deklaration unbedingt die Tatsache, dass Sie hier nicht mit `typedef` arbeiten können und Sie deswegen in der Deklaration `struct angestellt *next` das Schlüsselwort struct mit angeben müssen. Wenn Sie dies nicht tun, sagt Ihnen der Compiler, dass er eine Typendefinition erwartet (also ein typedef). Aber was haben Sie jetzt von der Definition eines solchen Zeigers auf eine Struktur innerhalb einer Struktur? Mit diesem Zeiger können Sie einzelne Strukturen miteinander verketten. Der next-Zeiger verweist immer auf die Adresse des nächsten Elements, das wiederum eine Struktur mit denselben Elementen und ebenfalls einen weiteren Zeiger enthält. Sie können dabei eine gewisse Ähnlichkeit mit den Arrays von Strukturen erkennen – wobei hier das nächste Element mithilfe eines Zeigers statt mit dem Indizierungsoperator angesprochen wird und Sie zuvor noch für das nächste Element einen Speicherplatz reservieren müssen. Beachten Sie, dass nacheinander mit malloc() angeforderte Blöcke nicht unbedingt im Seicher zusammenhängend abgelegt werden und Sie deshalb auf diese Blöcke nur dann Zugriff haben, wenn Sie die verkettete Liste korrekt implementieren. Nun wird noch ein Ende für die Kette benötigt. Dazu verwenden Sie einfach den next-Zeiger und übergeben ihm einen NULL-Zeiger:

```
struct angestellt *next = NULL;
```

Somit würde die Struktur angestellt aussehen, wie in Abbildung 22.1 dargestellt.

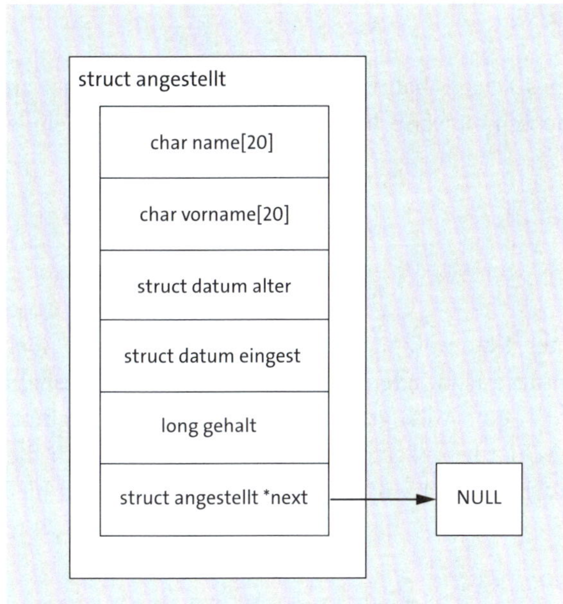

Abbildung 22.1 Eine Struktur für eine einfach verkettete Liste

Nochmals: Der Zeiger struct angestellt *next zeigt nicht auf sich selbst, sondern auf eine Adresse des nächsten Elements vom selben Typ. (Zur Erinnerung: Zeiger dereferenzieren eine Adresse und keinen Wert.) In diesem Beispiel wird zunächst auf NULL verwiesen, da noch keine Daten eingegeben wurden.

In Kapitel 16, »Strukturen«, habe ich bereits gezeigt, wie Sie auf die einzelnen Elemente einer Struktur zugreifen können, z. B.:

```
struct angestellt a;
```

Anschließend wird mit `a.name`, `a.vorname` oder `a.alter` usw. auf die einzelnen Strukturelemente zugegriffen. Ähnlich funktioniert dies, wenn nicht mit einer Strukturvariablen, sondern mit Zeigern auf eine Struktur gearbeitet wird:

```
struct angestellt *structzeiger;
```

Der Zugriff auf die einzelnen Elemente der Struktur sieht dann so aus:

```
(*structzeiger).name
(*structzeiger).vorname
(*structzeiger).alter
```

Diese Schreibweise ist allerdings nicht allzu lesefreundlich und birgt die Gefahr, Fehler zu machen. Zum Glück haben die Compiler-Bauer einen eigenen Operator geschaffen, der eine Kombination aus Dereferenzierung und Elementzugriff ist:

```
->
```

Da der `->`-Operator die Form eines Zeigers hat, ist dieser auch noch einfacher zu lesen. Somit ergibt sich folgende Schreibweise für den Zugriff auf die einzelnen Strukturelemente:

```
structzeiger->name
structzeiger->vorname
structzeiger->alter
```

Theoretisch könnten Sie jetzt einen Datensatz nach dem anderen anhängen. Aber irgendwann wollen Sie den Datensatz auch wieder ausgeben oder sortieren. Deshalb benötigt die Kette einen Anfang, d. h. eine Anfangsadresse, mit der die Liste beginnt. Also ist ein weiterer Zeiger der Struktur `angestellt` erforderlich, in dem sich die Anfangsadresse befindet, die manchmal auch *Anker* genannt wird und die ich hier einfach `anfang` nennen möchte:

```
struct angestellt *anfang;
```

Da zu Beginn des Programms noch kein Datensatz eingegeben wurde, verweist dieser Zeiger zunächst auch auf `NULL`. Bisher sieht die Struktur demnach so aus:

```
struct datum {
   int tag;
   int monat;
```

```
   int jahr;
};

struct angestellt {
    char name[20];
    char vorname[20];
    struct datum alter;
    struct datum eingest;
    long gehalt;
    struct angestellt *next;
};

struct angestellt *next   = NULL;
struct angestellt *anfang = NULL;
```

Als Nächstes zeige ich Ihnen in Listing 22.1, wie Sie eine Funktion erstellen, mit der Sie Adresssätze aneinanderhängen können und dadurch eine sogenannte *lineare vorwärts verkettete Liste* erzeugen können. Die Funktion anhaengen() ist sehr ausführlich kommentiert.

[«]

Hinweis: Eventuelle Probleme mit älteren Raspberry-Pi-Versionen

Mit älteren CGG-Versionen auf dem Raspberry Pi können Sie Probleme bekommen, wenn struct nicht zusammen mit typedef verwendet wird, was ja hier nicht möglich ist. Wenn Sie bei den folgenden Beispielen Probleme auf dem Raspberry Pi bekommen, speichern Sie die Beispiele mit der Dateiendung *.cpp*, und kompilieren Sie diese am besten mit dem bereits vorinstallierten C++-Compiler, z. B. so:

```
C++ lineare_liste_1.cpp -o lineare_liste_1
```

Sie können natürlich auch bewusst einen bestimmten C-Standard benutzen, um die nächsten Beispiele auszuführen, z. B. so:

```
C lineare_liste_1.c -o lineare_liste_1 -std=c18
```

Die nächsten Beispiele wurden so erstellt, dass sie sowohl mit C als auch mit C++ funktionieren.

```
/* lineare_liste_1.c */
#include <stdio.h>
#include <string.h>
#include <stdlib.h>
#define MAX 20

struct datum {
   int tag;
```

22

```
   int monat;
   int jahr;
};

struct angestellt {
   char name[MAX];
   char vorname[MAX];
   struct datum alter;
   struct datum eingest;
   long gehalt;
   struct angestellt *next;
};

struct angestellt *next = NULL;
struct angestellt *anfang=NULL;

/* Wir hängen einen Datensatz an oder geben einen neuen ein:
 * n=name,v=vornam,at=alter.tage,am=alter.monat,aj=alter.jahr
 * eint=eigestellt tag,einm=eingestellt monat,einj=eingest.
 * Jahr  g=gehalt */

void anhaengen(char *n, char *v, int at, int am, int aj,
                int eint, int einm, int einj, long g) {
   /* Zeiger zum Zugriff auf die einzelnen Elemente
    * der Struktur*/
   struct angestellt *zeiger;

  /* Wir fragen ab, ob es schon ein Element in der Liste
   * gibt. Wir suchen das Element, auf das unser Zeiger
   *  *anfang zeigt. Falls *anfang immer noch auf NULL zeigt,
   *  bekommt *anfang die Adresse unseres 1. Elements und ist
   *  somit der Kopf (Anfang) unserer Liste. */
   if(anfang == NULL) {
      /* Wir reservieren Speicherplatz für unsere Struktur
       * für das erste Element der Liste. */
      if((anfang =
       (angestellt*)malloc(sizeof(struct angestellt))) == NULL) {
         fprintf(stderr, "Kein Speicherplatz vorhanden "
                         "fuer anfang\n");
         return;
      }
      strcpy(anfang->name, n);
      strcpy(anfang->vorname, v);
```

```
      anfang->alter.tag = at;
      anfang->alter.monat = am;
      anfang->alter.jahr = aj;
      anfang->eingest.tag = eint;
      anfang->eingest.monat = einm;
      anfang->eingest.jahr = einj;
      anfang->gehalt = g;
      /* Somit haben wir unseren Anfang der Liste. Von nun an
       * zeigt der Zeiger anfang immer auf das Element vor ihm.
       * Da dies aber jetzt das 1. Element der Liste war, zeigt
       * der Zeiger anfang auf den Zeiger next. next zeigt am
       * Ende immer wieder  NULL. */
      anfang->next=NULL;
   }
   /* Es scheint schon mindestens ein Element in der Liste
    * vorhanden zu sein, da der Anfang nicht == NULL ist.
    * Jetzt suchen wir so lange nach dem nächsten Element,
    * bis der *next-Zeiger auf NULL zeigt. Somit haben wir
    * das Ende der Liste gefunden und können einen neuen
    * Datensatz anhängen. */
   else {
      zeiger=anfang; /* Wir zeigen auf das 1. Element. */
      while(zeiger->next != NULL)
         zeiger=zeiger->next;
      /* Wir reservieren einen Speicherplatz für das letzte
       * Element der Liste und hängen es an. */
      if((zeiger->next =
       (angestellt*)malloc(sizeof(struct angestellt))) == NULL) {
          fprintf(stderr,"Kein Speicherplatz fuer das "
                         "letzte Element\n");
          return;
      }
      zeiger=zeiger->next; /* zeiger auf neuen Speicherplatz */
      strcpy(zeiger->name,n);
      strcpy(zeiger->vorname,v);
      zeiger->alter.tag=at;
      zeiger->alter.monat=am;
      zeiger->alter.jahr=aj;
      zeiger->eingest.tag=eint;
      zeiger->eingest.monat=einm;
      zeiger->eingest.jahr=einj;
      /* Wir terminieren wieder unsere Datenstruktur. */
      zeiger->gehalt=g;
```

22

```
      zeiger->next=NULL;
   }
}

/* Funktion zur Eingabe der Daten */
void eingabe(void) {
   char nam[MAX],vorn[MAX];
   int atag,amon,ajahr,eintag,einmon,einjahr;
   long gehalt;
   printf("Name......................: ");
   fgets(nam, MAX, stdin);
   printf("Vorname...................: ");
   fgets(vorn, MAX, stdin);
   printf("Alter..........(tt.mm.jjjj): ");
   scanf("%2d.%2d.%4d",&atag,&amon,&ajahr);
   printf("Eingestellt am..(tt.mm.jjjj): ");
   scanf("%2d.%2d.%4d",&eintag,&einmon,&einjahr);
   printf("Monatsgehalt..............: ");
   scanf("%ld",&gehalt);
   getchar();
   /* eingegebenen Datensatz hinten anhängen */
   anhaengen(nam, vorn, atag, amon, ajahr, eintag,
    einmon, einjahr, gehalt);
}

int main(void) {
   while(1)
      eingabe();
   return EXIT_SUCCESS;
}
```

Listing 22.1 »lineare_liste_1.c« erstellt Datensätze mit Namen, Alter und Gehalt von Angestellten und verwendet hierfür eine lineare Liste.

Zuerst wird die Funktion `eingabe()` zur Eingabe der einzelnen Daten aufgerufen. Diese eingegebenen Variablen werden anschließend als Argument an die Parameter der Funktion `anhaengen()` übergeben. Bei der Funktion ist die Zeile

```
zeiger=zeiger->next;
```

sehr wichtig. Es wird davon ausgegangen, dass bereits ein Element eingegeben wurde und das nächste somit das zweite Element in der Liste ist. Wenn jetzt `zeiger` nicht auf die Adresse von `zeiger->next` verweisen würde, wäre dies zwar kein syntaktischer Fehler, aber es würde immer wieder die erste Struktur überschrieben werden.

Mit der folgenden Zeile wird es überhaupt erst möglich, dass die `while`-Schleife funktioniert, um wieder neue Daten einzugeben:

```
zeiger->next=NULL;
```

Sonst würde die `while`-Schleife mit der Abfrage, ob `zeiger` auf `next` zeigt, niemals korrekt abbrechen, da niemals auf `NULL` verwiesen würde:

```
while(zeiger->next != NULL)
   zeiger=zeiger->next;
```

Dies soll jetzt bildlich dargestellt werden. Es wurden bereits zwei Personen eingegeben. Somit sind folglich zwei Datensätze vorhanden (siehe Abbildung 22.2).

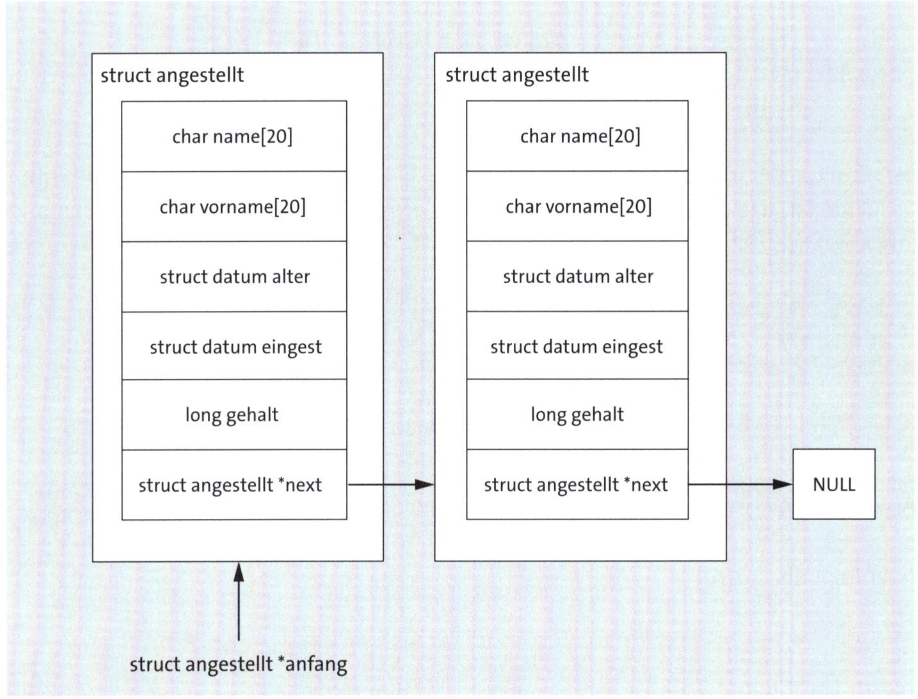

Abbildung 22.2 Eine verkettete Liste mit zwei Datensätzen

Sie erkennen auch, dass der Strukturzeiger `anfang` immer auf das erste Element der Liste zeigt. Der Strukturzeiger `next` im letzten Element zeigt immer auf `NULL` und zeigt somit immer das Ende der Kette an.

Als Nächstes soll eine Funktion erstellt werden, mit der Sie einzelne Elemente in der Liste löschen können. Der Speicherplatz wird dabei wie üblich mit der Funktion `free()` freigegeben.

22

22.1.1 Erstes Element der Liste löschen

Falls das erste Element in der Liste gelöscht werden soll, ist dies nicht allzu schwierig. Dabei muss nur ein Zeiger vom Typ `struct angestellt` auf die Adresse von `anfang->next` zeigen (zweites Element). Anschließend kann mit `free(anfang)` der Speicher freigegeben werden. Zum Schluss bekommt der Zeiger `anfang` die Adresse des Zeigers `anfang->next`. Auf die folgende Weise entfernen Sie also das erste Element der Liste aus dem Speicher:

```
/* Funktion zum Löschen */
void loesche(char *wen) {
   struct angestellt *zeiger;

   /* Ist überhaupt ein Element vorhanden? */
   if(anfang != NULL) {
      /* Ist unser 1. Element das von uns gesuchte (wen[])? */
      if(strcmp(anfang->name,wen) == 0) {
         zeiger=anfang->next;
```

Es sei jetzt der Fall gegeben, dass das erste Element in der Liste das momentan gesuchte ist, das gelöscht werden soll. Somit ergibt sich im Augenblick der Zustand aus Abbildung 22.3.

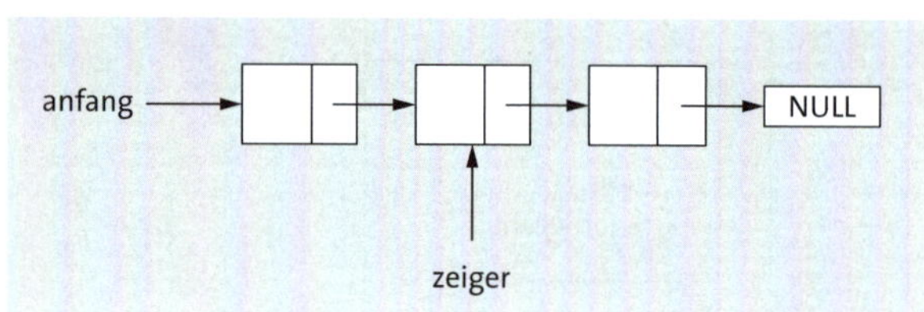

Abbildung 22.3 Ein Zeiger auf das nächste Element vom Anfang

Jetzt folgt der Aufruf:

```
free(anfang);
```

Damit wird der Speicherplatz freigegeben, auf den der Zeiger `anfang` verweist (siehe Abbildung 22.4).

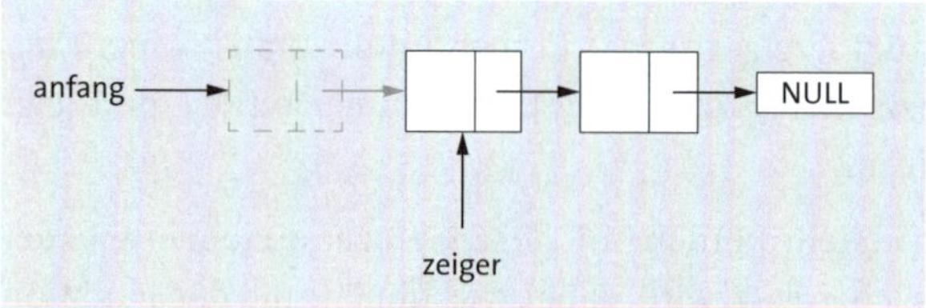

Abbildung 22.4 Speicherplatz des ersten Elements wird freigegeben.

Wenn Sie es jetzt hierbei belassen, sind die restlichen Daten der Kette wohl verloren, da es keinen Anfang mehr gibt. Es muss also noch die Adresse des Zeigers `zeiger` an den Zeiger `anfang` übergeben werden:

```
anfang=zeiger;
```

Damit ergibt sich das finale Bild aus Abbildung 22.5.

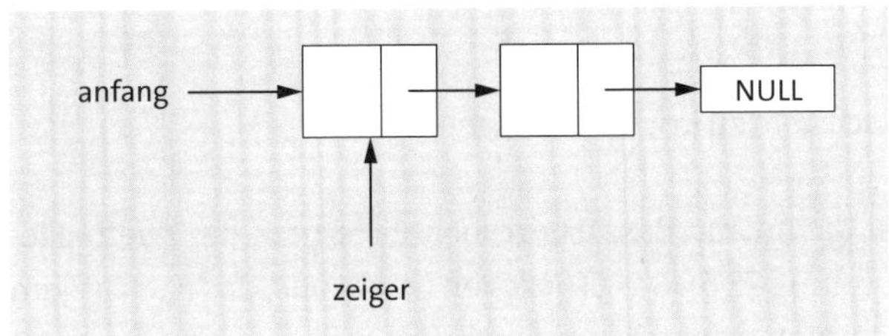

Abbildung 22.5 Der Zeiger des ersten Elements bekommt eine neue Adresse.

22.1.2 Ein beliebiges Element in der Liste löschen

Das erste Element in der Liste zu löschen ist also nicht so schwer. Anders sieht es aus, wenn ein Element irgendwo aus der Mitte der Liste entfernt werden muss. Dafür wird ein Zeiger mehr benötigt: einer, der auf die Adresse verweist, die sich vor dem zu löschenden Element befindet, und ein weiterer Zeiger, der auf das nächste Element nach dem zu löschenden Element zeigt. Es folgt eine kurze Zusammenfassung der bisherigen Funktion `loesche()`:

```
/* Funktion zum Löschen */
void loesche(char *wen) {
   struct angestellt *zeiger, *zeiger1;

   /* Ist überhaupt ein Element vorhanden? */
   if(anfang != NULL) {
      /* Ist unser 1. Element das von uns gesuchte (wen[])? */
      if(strcmp(anfang->name,wen) == 0) {
         zeiger=anfang->next;
         free(anfang);
         anfang=zeiger;
      }
      else {
         /* Es ist nicht das 1. Element zu löschen. Wir suchen in
          * der weiteren Kette, ob das zu löschende Element vor-
          * handen ist. */
         zeiger=anfang;
```

22

Daraus ergibt sich momentan die »Grundstellung« aus Abbildung 22.6.

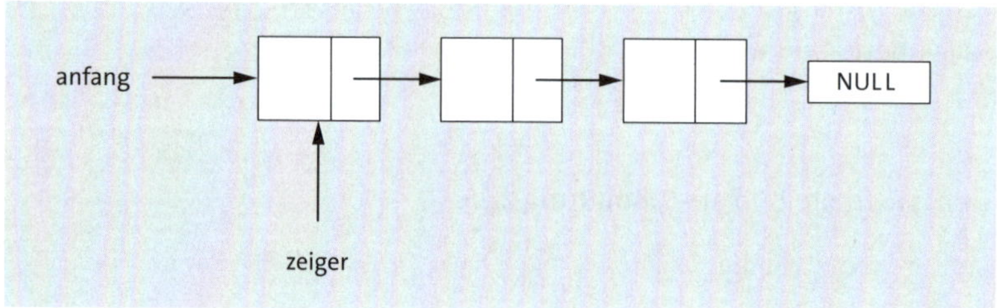

Abbildung 22.6 Auf der Suche nach dem zu löschenden Element

Ich gehe der Einfachheit halber davon aus, dass das gesuchte Element das zweite Element in der Liste ist (siehe Abbildung 22.6). Das Stückchen Quellcode, das nach einem bestimmten Namen in der Liste sucht, sieht folgendermaßen aus:

```
while(zeiger->next != NULL) {
   zeiger1=zeiger->next;

   /* Ist die Adresse von zeiger1 der gesuchte Name? */
   if(strcmp(zeiger1->name,wen) == 0) {
      /* Falls ja, dann ... */
```

Bildlich ergibt sich daraus der Stand aus Abbildung 22.7.

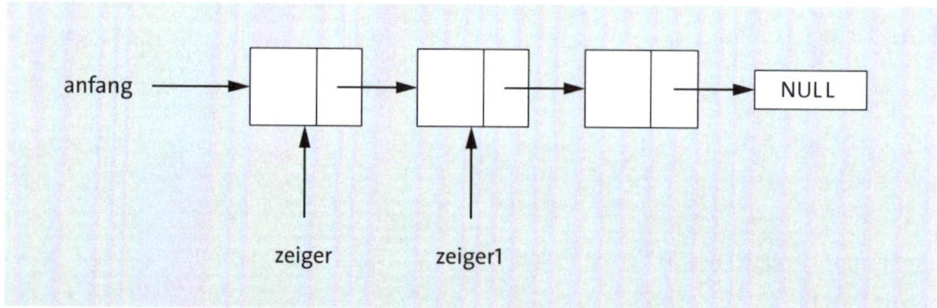

Abbildung 22.7 Element zum Löschen gefunden

Die Adresse, auf die `zeiger1` zeigt, ist das gesuchte Element in der Liste, das gelöscht werden soll. Bevor Sie aber den Speicherplatz wieder freigeben können, benötigt das Element in der Liste, auf das `zeiger` verweist, eine Adresse für den `next`-Zeiger, damit die Kette nicht abreißt:

```
      zeiger->next=zeiger1->next;
      free(zeiger1);
      break;
   }
   zeiger=zeiger1;
```

```
        } /* Ende while */
      }   /* Ende else */
   }      /* Ende if(anfang != NULL) */
   else
      printf("Es sind keine Daten zum Löschen vorhanden!!!\n");
}
```

Sehen wir uns dies etwas genauer an:

```
zeiger->next=zeiger1->next;
```

In Worten: Der Zeiger `zeiger`, der auf die Adresse der nächsten (`next`) Datenstruktur zeigt (zum jetzigen Zeitpunkt zeigt `zeiger->next` ja noch auf das zu löschende Element, auf das der Zeiger `zeiger1` zeigt), bekommt jetzt die Adresse, auf die der `next`-Zeiger des zu löschenden Elements (`zeiger1`) verweist. Anhand von Abbildung 22.8 ist das noch einfacher zu verstehen.

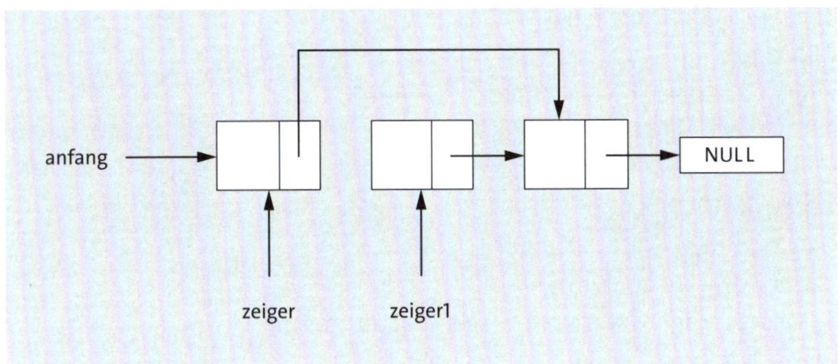

Abbildung 22.8 Das zu löschende Element wird ausgehängt.

So wird das zu löschende Element ausgehängt. Jetzt kann der Speicherplatz freigegeben werden:

```
free(zeiger1);
```

Somit ergibt sich das Bild aus Abbildung 22.9.

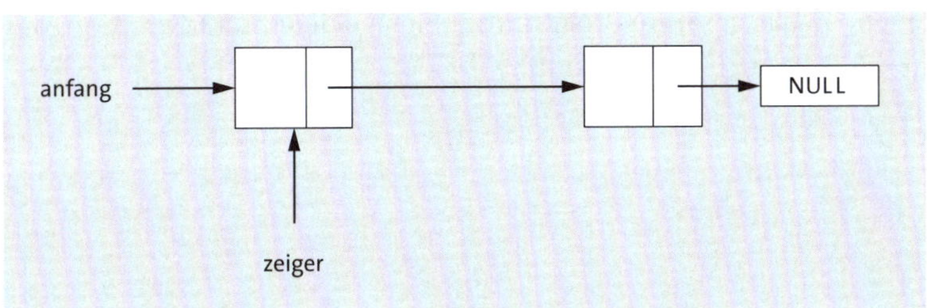

Abbildung 22.9 Der Speicherplatz des zu löschenden Elements wurde freigegeben.

22.1.3 Elemente der Liste ausgeben

Die Funktion zur Ausgabe der einzelnen Elemente in der Liste lässt sich recht einfach erstellen, wenn das letzte Element in der Liste wirklich auf `NULL` zeigt. Zuerst übergeben Sie einem Zeiger die Anfangsadresse der Liste. Dann durchlaufen Sie die Liste mit der Anweisung

```
while(zeiger != NULL)
```

so lange, bis der Zeiger `zeiger` auf `NULL` verweist – was das Ende der Liste darstellt. Hier sehen Sie die komplette Funktion zur Ausgabe der verketteten Liste:

```
void ausgabe(void) {
   struct angestellt *zeiger = anfang;

   printf("||====================================="
          "=================||\n");
   printf("|%10cName%10c |Geburtsdatum|"
   "Eingestellt|Gehalt|\n",' ',' ');
   printf("||====================================="
   "=================||\n");

   while(zeiger != NULL) {
      printf("|%12s,%-12s| %02d.%02d.%04d|"
             "%02d.%02d.%04d|%06ld|\n",
         zeiger->name,zeiger->vorname,zeiger->alter.tag,
         zeiger->alter.monat,zeiger->alter.jahr,
         zeiger->eingest.tag,zeiger->eingest.monat,
         zeiger->eingest.jahr,zeiger->gehalt);
         printf("|-----------------------------------"
                "---------------------|\n");
         zeiger=zeiger->next;
   }
}
```

In Listing 22.2 sehen Sie das gesamte Programm inklusive der `main()`-Funktion, das auch hier sowohl mit C als auch mit C++ läuft.

```
/* lineare_liste_2.c */
#include<stdio.h>
#include<string.h>
#include<stdlib.h>
#define MAX 20
```

```
struct datum{
   int tag;
   int monat;
   int jahr;
};

struct angestellt{
   char name[MAX];
   char vorname[MAX];
   struct datum alter;
   struct datum eingest;
   long gehalt;
   struct angestellt *next;
};

struct angestellt *next   = NULL;
struct angestellt *anfang = NULL;

/* Wir hängen einen Datensatz an oder geben einen neuen ein:
 * n=name,v=vornam,at=alter.tage,am=alter.monat,aj=alter.jahr
 * eint=eigestellt tag,einm=eingestellt monat,
 * einj=eingest. Jahr g=gehalt */

void anhaengen(char *n, char *v, int at, int am, int aj,
               int eint, int einm, int einj, long g) {
   /* Zeiger zum Zugriff auf die einzelnen Elemente
    * der Struktur */
   struct angestellt *zeiger;

  /* Wir fragen ab, ob es schon ein Element in der Liste
   * gibt. Wir suchen das Element, auf das unser Zeiger
   *  *anfang zeigt. Falls *anfang immer noch auf NULL zeigt,
   *  bekommt *anfang die Adresse unseres 1. Elements und ist
   *  somit der Kopf (Anfang) unserer Liste. */
   if(anfang == NULL) {
      /* Wir reservieren Speicherplatz für unsere Struktur
       * für das erste Element der Liste. */
      if((anfang =
       (angestellt*)malloc(sizeof(struct angestellt))) == NULL) {
         fprintf(stderr, "Kein Speicherplatz vorhanden "
                         "für anfang\n");
         return;
      }
```

22

```
      strcpy(anfang->name, n);
      strcpy(anfang->vorname, v);
      anfang->alter.tag = at;
      anfang->alter.monat = am;
      anfang->alter.jahr = aj;
      anfang->eingest.tag = eint;
      anfang->eingest.monat = einm;
      anfang->eingest.jahr = einj;
      anfang->gehalt = g;
      /* Somit haben wir unseren Anfang der Liste. Von nun an
       * zeigt der Zeiger anfang immer auf das Element vor ihm.
       * Da dies aber jetzt das 1. Element der Liste war, zeigt
       * der Zeiger anfang auf den Zeiger next. next zeigt am
       * Ende immer wieder auf NULL. */
      anfang->next=NULL;
   }
   /* Es scheint schon mindestens ein Element in der Liste
    * vorhanden zu sein, da der Anfang nicht == NULL ist.
    * Jetzt suchen wir so lange nach dem nächsten Element,
    * bis der *next-Zeiger auf NULL zeigt. Somit haben wir
    * das Ende der Liste gefunden und können einen neuen
    * Datensatz anhängen. */
   else {
      zeiger=anfang; /* Wir zeigen auf das 1. Element. */
      while(zeiger->next != NULL)
         zeiger=zeiger->next;
      /* Wir reservieren einen Speicherplatz für das letzte
       * Element der Liste und hängen es an. */
      if((zeiger->next =
       (angestellt*)malloc(sizeof(struct angestellt))) == NULL) {
          fprintf(stderr,"Kein Speicherplatz für das "
                         "letzte Element\n");
          return;
      }
      zeiger=zeiger->next; /* zeiger auf neuen Speicherplatz */
      strcpy(zeiger->name,n);
      strcpy(zeiger->vorname,v);
      zeiger->alter.tag=at;
      zeiger->alter.monat=am;
      zeiger->alter.jahr=aj;
      zeiger->eingest.tag=eint;
      zeiger->eingest.monat=einm;
```

```
      zeiger->eingest.jahr=einj;
      /* Wir terminieren wieder unsere Datenstruktur. */
      zeiger->gehalt=g;
      zeiger->next=NULL;
   }
}

/* Funktion zum Löschen einer Datei */
void loesche(char *wen) {
   struct angestellt *zeiger, *zeiger1;

   /* Ist überhaupt ein Element vorhanden? */
   if(anfang != NULL) {
      /* Ist unser 1. Element das von uns gesuchte (wen[])? */
      if(strcmp(anfang->name,wen) == 0) {
         zeiger=anfang->next;
         free(anfang);
         anfang=zeiger;
      }
      else {
         /* Es ist nicht das 1. Element zu löschen.
          * Wir suchen in der weiteren Kette, ob das zu
          * löschende Element vorhanden ist. */
         zeiger=anfang;
         while(zeiger->next != NULL) {
            zeiger1=zeiger->next;
            /* Ist die Adresse von zeiger1
             * der gesuchte Name? */
            if(strcmp(zeiger1->name,wen) == 0) {
               /* Falls ja, dann ... */
               zeiger->next=zeiger1->next;
               free(zeiger1);
               break;
            }
            zeiger=zeiger1;
         } /* Ende while */
      }    /* Ende else */
   }       /* Ende if(anfang != NULL) */
   else
      printf("Es sind keine Daten zum Loeschen vorhanden!!!\n");
}
```

```
/* Funktion zum Ausgeben der Dateien */
void ausgabe(void) {
   struct angestellt *zeiger = anfang;

   printf("||====================================="
          "==================||\n");
   printf("|%10cName%10c |Geburtsdatum|"
   "Eingestellt|Gehalt|\n",' ',' ');
   printf("||====================================="
   "==================||\n");

   while(zeiger != NULL) {
      printf("|%12s,%-12s| %02d.%02d.%04d|"
             "%02d.%02d.%04d|%06ld|\n",
         zeiger->name,zeiger->vorname,zeiger->alter.tag,
         zeiger->alter.monat,zeiger->alter.jahr,
         zeiger->eingest.tag,zeiger->eingest.monat,
         zeiger->eingest.jahr,zeiger->gehalt);
         printf("|-----------------------------------"
                "----------------------|\n");
         zeiger=zeiger->next;
   }
}

/* Funktion zur Eingabe der Daten */
void eingabe(void) {
   char nam[MAX],vorn[MAX];
   int atag,amon,ajahr,eintag,einmon,einjahr;
   long gehalt;
   char *ptr;
   printf("Name........................: ");
   fgets(nam, MAX, stdin);
   ptr = strrchr(nam, '\n');
   *ptr = '\0';
   printf("Vorname.....................: ");
   fgets(vorn, MAX, stdin);
   ptr = strrchr(vorn, '\n');
   *ptr = '\0';
   printf("Alter..........(tt.mm.jjjj): ");
   scanf("%2d.%2d.%4d",&atag,&amon,&ajahr);
   printf("Eingestellt am..(tt.mm.jjjj): ");
   scanf("%2d.%2d.%4d",&eintag,&einmon,&einjahr);
```

```
   printf("Monatsgehalt...............: ");
   scanf("%ld",&gehalt);
   getchar();
   anhaengen(nam, vorn, atag, amon, ajahr, eintag,
      einmon, einjahr, gehalt);
}

int main(void) {
   int wahl;
   char dname[MAX];

   do {
      printf("\n1 : Eingabe\n");
      printf("2 : Ausgabe\n");
      printf("3 : Namen loeschen\n");
      printf("9 : Ende\n");
      printf("Ihre Wahl : ");
      scanf("%d",&wahl);
      getchar();
      switch(wahl) {
         case 1 : eingabe();
                  break;
         case 2 : ausgabe();
                  break;
         case 3 : printf("Der Name zum Loeschen: ");
                  fgets(dname, MAX, stdin);
                  loesche(strtok(dname, "\n"));
                  break;
         case 9 : break;
         default: printf("Falsche Eingabe!!!\n");
      }
   } while(wahl != 9);
   return EXIT_SUCCESS;
}
```

Listing 22.2 »lineare_liste_2.c« erweitert das vorige Beispiel »lineare_liste_1.c« um eine Funktion zum Löschen von Datensätzen und eine Menüauswahl.

Dem Programm fehlen natürlich noch einige Optionen, und die Optik lässt auch sehr zu wünschen übrig. Auf den nächsten Seiten werden wir dieses Programm deshalb noch stark erweitern.

22.1.4 Eine vollständige Liste auf einmal löschen

Auch die Funktion, mit der alle Elemente einer Liste auf einmal gelöscht werden können, ist nicht schwierig zu implementieren. Hier der Quellcode:

```
void loesche_alles(void) {
   struct angestellt *zeiger, *zeiger1;

   /* Ist überhaupt eine Liste zum Löschen vorhanden? */
   if(anfang != NULL) {
      /* Es ist eine vorhanden. */
      zeiger=anfang->next;
      while(zeiger != NULL) {
         zeiger1=anfang->next->next;
         anfang->next=zeiger1;
         free(zeiger);
         zeiger=zeiger1;
      }
      /* Jetzt löschen wir erst den Anfang der Liste. */
      free(anfang->next);
      free(anfang);
      anfang=NULL;
      printf("Liste erfolgreich geloescht!!\n");
   }
   else
      fprintf(stderr,"Keine Liste zum Loeschen vorhanden!!\n");
}
```

Zuerst wird überprüft, ob überhaupt eine Liste zum Löschen vorhanden ist. Dann bekommt der Zeiger `zeiger` die Adresse des zweiten Elements (siehe Abbildung 22.10).

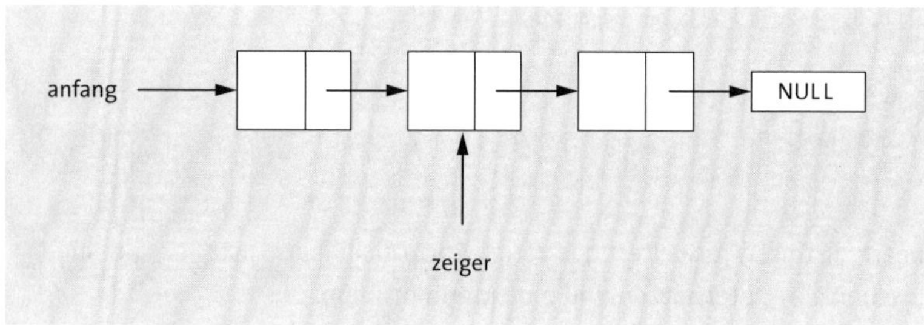

Abbildung 22.10 Zeiger auf das nächste Element vom Anfang

Jetzt wird mit `anfang->next=zeiger1;` dem `next`-Zeiger des ersten Elements die Adresse übergeben, auf die `zeiger1` verweist (siehe Abbildung 22.11).

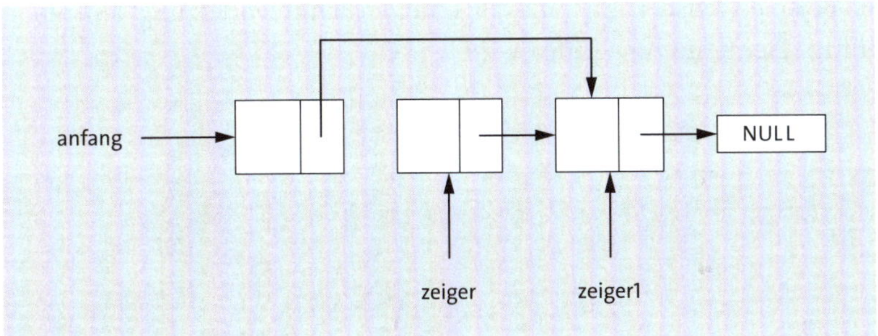

Abbildung 22.11 Zu löschendes Element aushängen

Das Element mit der Adresse, auf die der Zeiger `zeiger` zeigt, wurde ausgehängt. Jetzt kann der Speicher freigegeben werden:

```
free(zeiger);
```

Mit `free(zeiger)` geben Sie den Speicher für das Element in der Liste endgültig frei. Jetzt bekommt noch der Zeiger `zeiger` die Adresse von `zeiger1` übergeben, damit die Liste ordentlich verkettet bleibt. Somit sieht es nun aus wie in Abbildung 22.12.

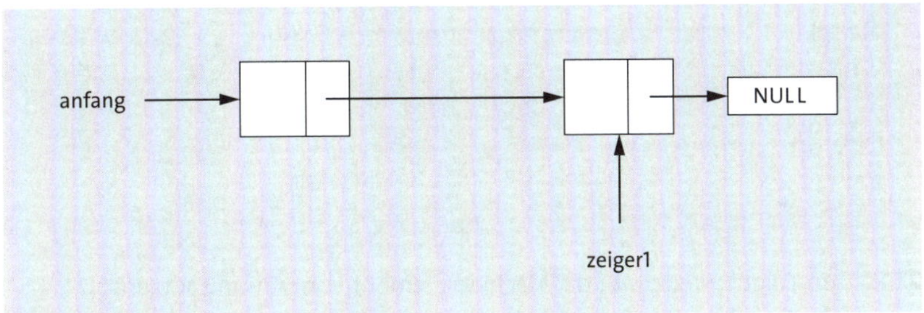

Abbildung 22.12 Speicherplatz wurde freigegeben.

22

Es geht wieder von Neuem in der `while`-Schleife los, wie in Abbildung 22.13 bildlich ohne weitere Kommentare dargestellt ist.

Die Abbruchbedingung für die `while`-Schleife wäre nun erreicht. Der Zeiger `zeiger` verweist jetzt auf `NULL`. Am Ende muss nur noch der Anfang gelöscht werden:

```
free(anfang->next);
free(anfang);
anfang=NULL;
```

Zur Sicherheit wird dem Zeiger auf das erste Element noch der `NULL`-Zeiger übergeben, da selbst dann, wenn der Speicher freigegeben ist, der Zeiger `anfang` immer noch auf die ursprüngliche Speicherstelle zeigt. Dabei kann es leicht zu Programmierfehlern kommen. Beispielsweise kann eine allgemeine Schutzverletzung auftreten, wenn auf ungültige Elemente zugegriffen wird.

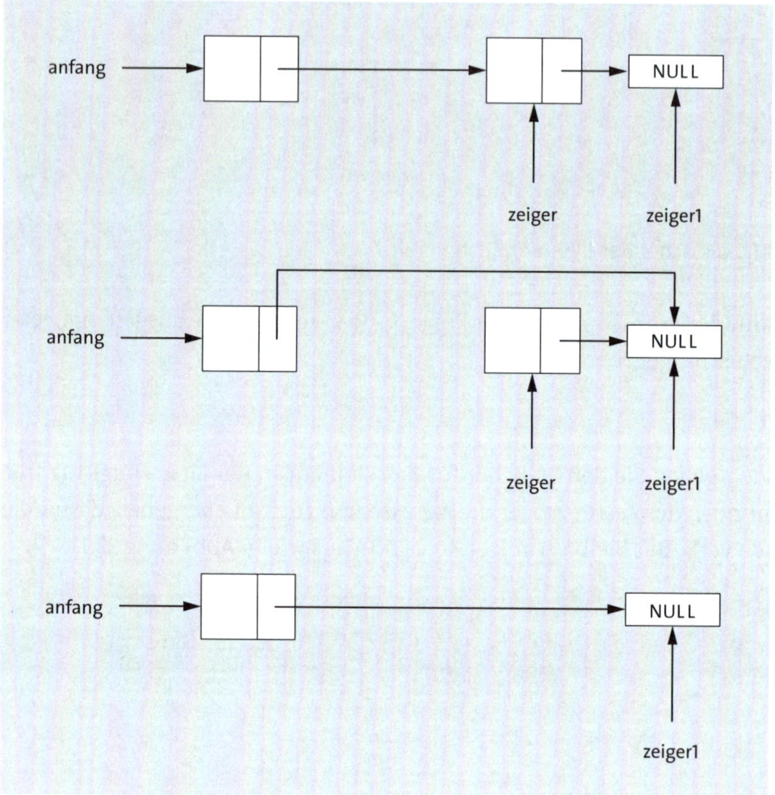

Abbildung 22.13 Den Zeiger wieder auf das nächste Element vom Anfang setzen, dann aushängen und Speicherplatz freigeben

22.1.5 Element in die Liste einfügen

Nun zeige ich Ihnen eine weitere wichtige Funktion, nämlich zum sortierten Einfügen eines neuen Elements in die Liste. Die Elemente sollen in diesem Fall alphabetisch nach Nachname sortiert eingefügt werden. Dazu gibt es folgende vier Möglichkeiten, die beim Einfügen eines neuen Elements auftreten können:

1. Es ist noch kein Element in der Liste vorhanden, und das eingegebene ist das erste Element.
2. Das eingegebene Element ist das *größte* und wird somit hinten angehängt.
3. Das eingegebene Element ist das *kleinste* und wird ganz am Anfang eingefügt.
4. Die letzte Möglichkeit ist gleichzeitig auch die schwierigste. Das Element muss irgendwo in der Mitte eingefügt werden.

Die folgende Funktion überprüft, welche der Möglichkeiten zutrifft, und führt dann entsprechende Arbeiten aus. Zuerst der Funktionskopf:

```
void sortiert_einfuegen(char *n, char *v, int at, int am,
                        int aj, int et, int em, int ej, long geh) {
   struct angestellt *zeiger, *zeiger1;
```

Jetzt muss überprüft werden, ob überhaupt ein Element in der Liste vorhanden ist:

```
   if(anfang == NULL)
      anhaengen(n,v,at,am,aj,et,em,ej,geh);
```

Falls nicht, wird die Funktion anhaengen() mit entsprechenden Argumenten aufgerufen. Es befindet sich bereits mindestens ein Element in der Liste. Somit beginnt die Suche danach mit:

```
   zeiger=anfang;
   while(zeiger != NULL && (strcmp(zeiger->name,n) < 0))
      zeiger=zeiger->next;
```

Die einzelnen Elemente in der Liste werden so lange durchlaufen, bis entweder das Ende erreicht ist (zeiger == NULL) oder bis das neue Element größer oder gleich dem Namen ist, auf den der zeiger verweist. Auf jeden Fall wird die Schleife unterbrochen. Jetzt muss überprüft werden, warum die Schleife abgebrochen wurde. Zuerst wird nachgesehen, ob keine Übereinstimmung stattgefunden hat, und das neue Element somit ganz hinten angehängt wird:

```
   if(zeiger == NULL)
      anhaengen(n,v,at,am,aj,et,em,ej,geh);
```

In diesem Fall ist das neue Element das größte und wird mit der Funktion anhaengen() am Ende angefügt.

Die nächste Möglichkeit: Das neue Element ist das kleinste und muss ganz am Anfang der Liste platziert werden:

```
   else if(zeiger == anfang) {
      anfang=(angestellt*)malloc(sizeof(struct angestellt)); // Typecasting
        für C++-Compiler, die hier unterstützt werden sollen
      strcpy(anfang->name,n);
      strcpy(anfang->vorname,v);
      anfang->alter.tag=at;
      anfang->alter.monat=am;
      anfang->alter.jahr=aj;
      anfang->eingest.tag=et;
      anfang->eingest.monat=em;
```

```
        anfang->eingest.jahr=ej;
        anfang->gehalt=geh;
        anfang->next=zeiger;
    }
```

Dies sieht bildlich aus wie in Abbildung 22.14 bis Abbildung 22.16.

```
else if(zeiger == anfang)
```

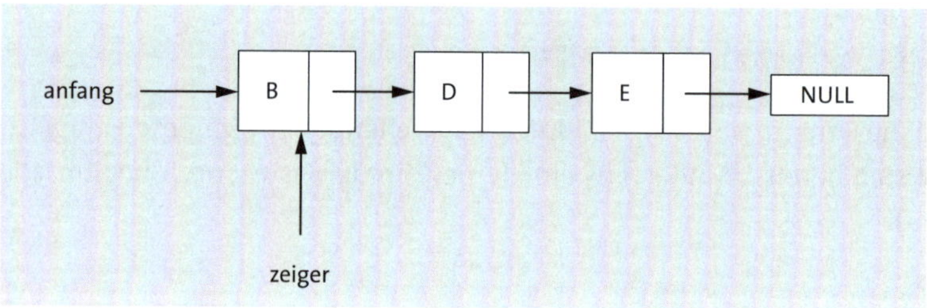

Abbildung 22.14 Ein neues Element wird am Anfang eingefügt.

```
anfang=(angestellt*)malloc(sizeof(struct angestellt)); // Typecasting für C++
```

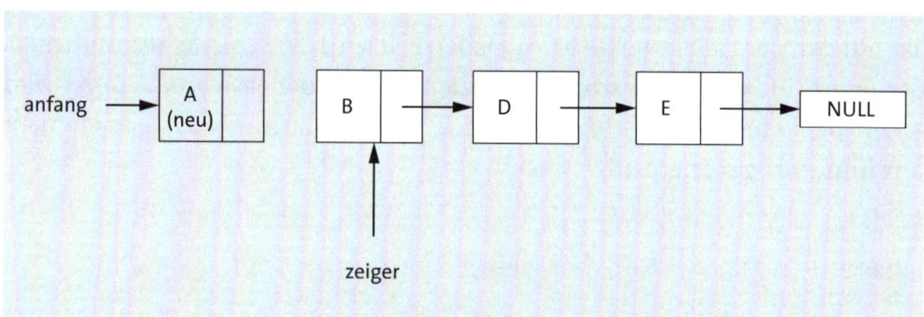

Abbildung 22.15 Für das neue Element wird Speicherplatz reserviert.

```
anfang->next=zeiger;
```

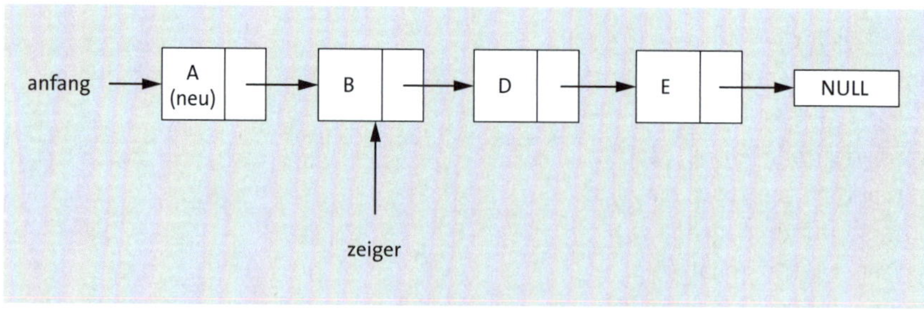

Abbildung 22.16 Das neue Element wird am Anfang eingefügt.

Jetzt fehlt noch die schwierigste Möglichkeit: Das Element muss irgendwo in der Mitte eingefügt werden:

```
else {
   zeiger1=anfang;

   /* Wir suchen das Element, das vor dem Zeiger
    * zeiger steht. */
   while(zeiger1->next != zeiger)
      zeiger1=zeiger1->next;

   zeiger=(angestellt*)malloc(sizeof(struct angestellt)); // Typecasting
      für C++
   strcpy(zeiger->name,n);
   strcpy(zeiger->vorname,v);
   zeiger->alter.tag=at;
   zeiger->alter.monat=am;
   zeiger->alter.jahr=aj;
   zeiger->eingest.tag=et;
   zeiger->eingest.monat=em;
   zeiger->eingest.jahr=ej;
   zeiger->gehalt=geh;

   /* Wir fügen das neue Element ein. */
   zeiger->next=zeiger1->next;
   zeiger1->next=zeiger;
}
```

Als Beispiel wird ein neues Element zwischen dem zweiten und dem dritten Element eingefügt. Bildlich ergibt sich dadurch der Stand aus Abbildung 22.17.

22

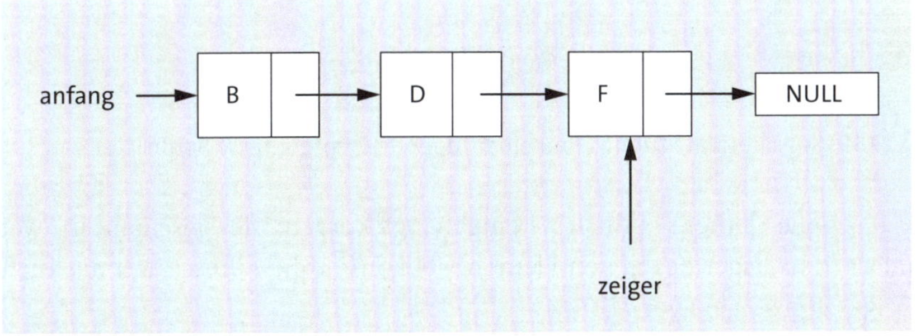

Abbildung 22.17 Ein Zeiger befindet sich eine Position hinter dem neuen Element, das eingefügt werden soll.

Der Zeiger zeiger verweist somit auf das dritte Element. Jetzt wird mit

```
while(zeiger1->next != zeiger)
   zeiger1=zeiger1->next;
```

die Adresse des Elements vor dem Zeiger zeiger ermittelt (siehe Abbildung 22.18).

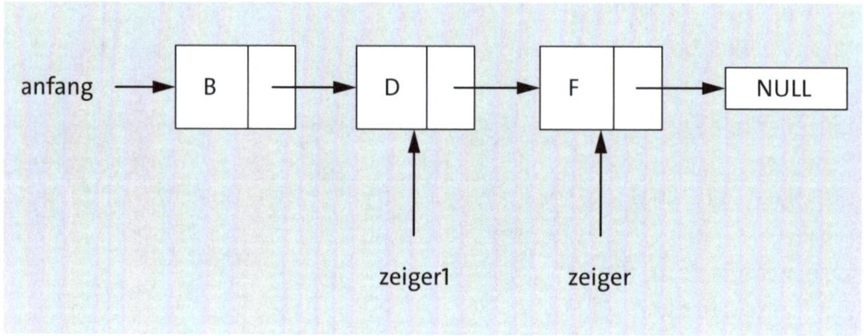

Abbildung 22.18 Ein Zeiger befindet sich jetzt vor dem einzufügenden Element.

Für das neue Element wird zunächst Speicherplatz benötigt (siehe Abbildung 22.19):

```
zeiger=(angestellt*)malloc(sizeof(struct angestellt)); // Typecasing für C++
```

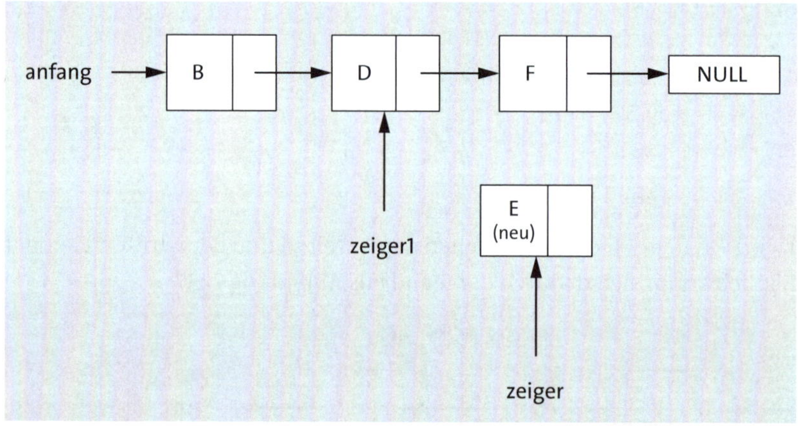

Abbildung 22.19 Speicherplatz für das neu einzufügende Element reservieren

Nun muss das neue Element in die Liste eingehängt werden. Dies geschieht in zwei Schritten: Der next-Zeiger des neuen Elements bekommt die Adresse, auf die auch der next-Zeiger von zeiger1 verweist:

```
zeiger->next=zeiger1->next;
```

Es ergibt sich das Bild aus Abbildung 22.20.

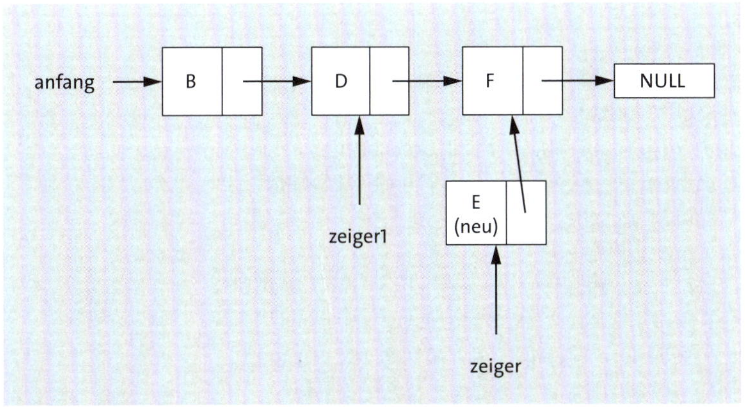

Abbildung 22.20 So lassen Sie den »next«-Zeiger des neuen Elements auf die Adresse des »next«-Zeigers seines Vorgängers verweisen.

Jetzt muss noch der `next`-Zeiger von `zeiger1` auf die Adresse des neuen Elements zeigen (siehe Abbildung 22.21):

```
zeiger1->next=zeiger
```

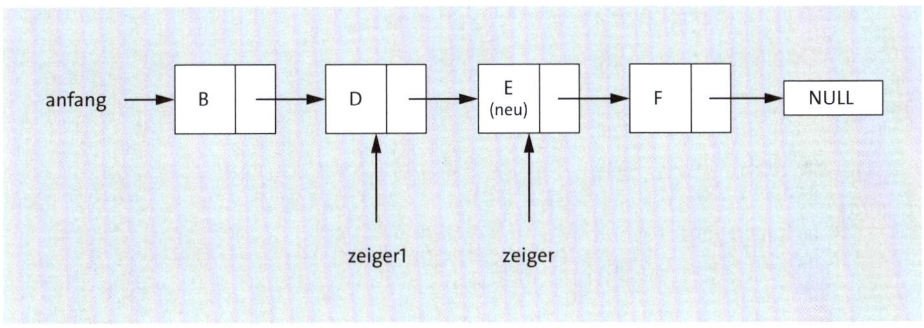

Abbildung 22.21 So lassen Sie den »next«-Zeiger des Vorgängers auf das neue Element verweisen.

Hier sehen Sie die vollständige Funktion `sortiert_einfuegen()`:

```
void sortiert_einfuegen(char *n, char *v, int at, int am, int aj,
                        int et, int em, int ej, long geh) {
   struct angestellt *zeiger, *zeiger1;

   /* Ist es das 1. Element der Liste? */
   if(anfang==NULL)
      anhaengen(n,v,at,am,aj,et,em,ej,geh);
   /* Es ist nicht das 1. Element. Wir suchen so lange, bis das
    * gesuchte Element gefunden wird oder wir auf NULL stoßen */
```

```
else {
   zeiger=anfang;
   while(zeiger != NULL && (strcmp(zeiger->name,n) < 0))
      zeiger=zeiger->next;
   /* Falls der Zeiger auf NULL zeigt, können wir unser
    * Element hinten anhängen, da unser neues Element das
    * "größte" zu sein scheint. */
   if(zeiger==NULL)
      anhaengen(n,v,at,am,aj,et,em,ej,geh);
   /* Ist unser neues Element das kleinste und somit
    * kleiner als das 1. Element, so müssen wir es an
    * den Anfang setzen. */
   else if(zeiger==anfang) {
      anfang=(angestellt*)malloc(sizeof(struct angestellt));
      if(NULL == anfang) {
         fprintf(stderr, "Kein Speicher\n");
         return;
      }
      strcpy(anfang->name,strtok(n, "\n"));
      strcpy(anfang->vorname,strtok(v, "\n"));
      anfang->alter.tag=at;
      anfang->alter.monat=am;
      anfang->alter.jahr=aj;
      anfang->eingest.tag=et;
      anfang->eingest.monat=em;
      anfang->eingest.jahr=ej;
      anfang->gehalt=geh;
      anfang->next=zeiger;
         }
      /* Die letzte Möglichkeit ist, dass wir das Element
       * irgendwo in der Mitte einfügen müssen. */
      else {
         zeiger1=anfang;
         /* Wir suchen das Element, das vor dem
          * Zeiger zeiger steht. */
         while(zeiger1->next != zeiger)
            zeiger1=zeiger1->next;
         zeiger=(angestellt*)malloc(sizeof(struct angestellt));
         if(NULL == zeiger) {
            fprintf(stderr, "Kein Speicher");
            return;
         }
```

```
            strcpy(zeiger->name,strtok(n, "\n"));
            strcpy(zeiger->vorname,strtok(v, "\n"));
            zeiger->alter.tag=at;
            zeiger->alter.monat=am;
            zeiger->alter.jahr=aj;
            zeiger->eingest.tag=et;
            zeiger->eingest.monat=em;
            zeiger->eingest.jahr=ej;
            zeiger->gehalt=geh;
            /* Wir fügen das neue Element ein. */
            zeiger->next=zeiger1->next;
            zeiger1->next=zeiger;
         } //Ende else
      } //Ende else
}
```

In Listing 22.3 sehen Sie das vollständige Programm zum sortierten Einfügen von Einträgen.

```
/* lineare_liste_3.c */
#include<stdio.h>
#include<string.h>
#include<stdlib.h>
#define MAX 20

struct datum{
   int tag;
   int monat;
   int jahr;
};

struct angestellt{
   char name[MAX];
   char vorname[MAX];
   struct datum alter;
   struct datum eingest;
   long gehalt;
   struct angestellt *next;
};

struct angestellt *next   = NULL;
struct angestellt *anfang = NULL;
```

22

```
/* Wir hängen einen Datensatz an oder geben einen neuen ein:
 * n=name,v=vornam,at=alter.tage,am=alter.monat,aj=alter.jahr
 * eint=eigestellt tag,einm=eingestellt monat,
 * einj=eingest. Jahr g=gehalt */

void anhaengen(char *n, char *v, int at, int am, int aj,
                int eint, int einm, int einj, long g) {
   /* Zeiger zum Zugriff auf die einzelnen Elemente
    * der Struktur */
   struct angestellt *zeiger;

  /* Wir fragen ab, ob es schon ein Element in der Liste
   * gibt. Wir suchen das Element, auf das unser Zeiger
   *  *anfang zeigt. Falls *anfang immer noch auf NULL zeigt,
   *  bekommt *anfang die Adresse unseres 1. Elements und ist
   *  somit der Kopf (Anfang) unserer Liste. */
   if(anfang == NULL) {
      /* Wir reservieren Speicherplatz für unsere Struktur
       * für das erste Element der Liste. */
      if((anfang =
       (angestellt*)malloc(sizeof(struct angestellt))) == NULL) {
         fprintf(stderr, "Kein Speicherplatz vorhanden "
                         "für anfang\n");
         return;
      }
      strcpy(anfang->name, n);
      strcpy(anfang->vorname, v);
      anfang->alter.tag = at;
      anfang->alter.monat = am;
      anfang->alter.jahr = aj;
      anfang->eingest.tag = eint;
      anfang->eingest.monat = einm;
      anfang->eingest.jahr = einj;
      anfang->gehalt = g;
      /* Somit haben wir unseren Anfang der Liste. Von nun an
       * zeigt der Zeiger anfang immer auf das Element vor ihm.
       * Da dies aber jetzt das 1. Element der Liste war, zeigt
       * der Zeiger anfang auf den Zeiger next. next zeigt am
       * Ende immer wieder auf NULL. */
      anfang->next=NULL;
   }
   /* Es scheint schon mindestens ein Element in der Liste
    * vorhanden zu sein, da der Anfang nicht == NULL ist.
```

```
   * Jetzt suchen wir so lange nach dem nächsten Element,
   * bis der *next-Zeiger auf NULL zeigt. Somit haben wir
   * das Ende der Liste gefunden und können einen neuen
   * Datensatz anhängen. */
  else {
     zeiger=anfang; /* Wir zeigen auf das 1. Element. */
     while(zeiger->next != NULL)
        zeiger=zeiger->next;
     /* Wir reservieren einen Speicherplatz für das letzte
      * Element der Liste und hängen es an. */
     if((zeiger->next =
      (angestellt*)malloc(sizeof(struct angestellt))) == NULL) {
        fprintf(stderr,"Kein Speicherplatz für das "
                       "letzte Element\n");
        return;
     }
     zeiger=zeiger->next; /* zeiger auf neuen Speicherplatz */
     strcpy(zeiger->name,n);
     strcpy(zeiger->vorname,v);
     zeiger->alter.tag=at;
     zeiger->alter.monat=am;
     zeiger->alter.jahr=aj;
     zeiger->eingest.tag=eint;
     zeiger->eingest.monat=einm;
     zeiger->eingest.jahr=einj;
     /* Wir terminieren wieder unsere Datenstruktur. */
     zeiger->gehalt=g;
     zeiger->next=NULL;
  }
}

/* Funktion zum Löschen einer Datei */
void loesche(char *wen) {
  struct angestellt *zeiger, *zeiger1;

  /* Ist überhaupt ein Element vorhanden? */
  if(anfang != NULL) {
     /* Ist unser 1. Element das von uns gesuchte (wen[])? */
     if(strcmp(anfang->name,wen) == 0) {
        zeiger=anfang->next;
        free(anfang);
        anfang=zeiger;
     }
```

```
      else {
         /* Es ist nicht das 1. Element zu löschen.
          * Wir suchen in der weiteren Kette, ob das zu
          * löschende Element vorhanden ist. */
         zeiger=anfang;
         while(zeiger->next != NULL) {
            zeiger1=zeiger->next;
            /* Ist die Adresse von zeiger1
             * der gesuchte Name? */
            if(strcmp(zeiger1->name,wen) == 0) {
               /* Falls ja, dann ... */
               zeiger->next=zeiger1->next;
               free(zeiger1);
               break;
            }
            zeiger=zeiger1;
         } /* Ende while */
      }    /* Ende else */
   }       /* Ende if(anfang != NULL) */
   else
      printf("Es sind keine Daten zum Loeschen vorhanden!!!\n");
}

/* Funktion zum Ausgeben der Dateien */
void ausgabe(void) {
   struct angestellt *zeiger = anfang;

   printf("||====================================="
          "==================||\n");
   printf("|%10cName%10c |Geburtsdatum|"
   "Eingestellt|Gehalt|\n",' ',' ');
   printf("||====================================="
   "==================||\n");

   while(zeiger != NULL) {
      printf("|%12s,%-12s| %02d.%02d.%04d|"
             "%02d.%02d.%04d|%06ld|\n",
         zeiger->name,zeiger->vorname,zeiger->alter.tag,
         zeiger->alter.monat,zeiger->alter.jahr,
         zeiger->eingest.tag,zeiger->eingest.monat,
         zeiger->eingest.jahr,zeiger->gehalt);
         printf("|-----------------------------------"
                "----------------------|\n");
```

```
         zeiger=zeiger->next;
   }
}

void sortiert_einfuegen(char *n, char *v, int at, int am, int aj,
                        int et, int em, int ej, long geh) {
   struct angestellt *zeiger, *zeiger1;

   /* Ist es das 1. Element der Liste? */
   if(anfang==NULL)
      anhaengen(n,v,at,am,aj,et,em,ej,geh);
   /* Es ist nicht das 1. Element. Wir suchen so lange, bis das
    * gesuchte Element gefunden wird oder wir auf NULL stoßen */
   else {
      zeiger=anfang;
      while(zeiger != NULL && (strcmp(zeiger->name,n) < 0))
         zeiger=zeiger->next;
      /* Falls der Zeiger auf NULL zeigt, können wir unser
       * Element hinten anhängen, da unser neues Element das
       * "größte" zu sein scheint. */
      if(zeiger==NULL)
         anhaengen(n,v,at,am,aj,et,em,ej,geh);
      /* Ist unser neues Element das kleinste und somit
       * kleiner als das 1. Element, so müssen wir es an
       * den Anfang setzen. */
      else if(zeiger==anfang) {
         anfang=(angestellt*)malloc(sizeof(struct angestellt));
         if(NULL == anfang) {
            fprintf(stderr, "Kein Speicher\n");
            return;
         }
         strcpy(anfang->name,strtok(n, "\n"));
         strcpy(anfang->vorname,strtok(v, "\n"));
         anfang->alter.tag=at;
         anfang->alter.monat=am;
         anfang->alter.jahr=aj;
         anfang->eingest.tag=et;
         anfang->eingest.monat=em;
         anfang->eingest.jahr=ej;
         anfang->gehalt=geh;
         anfang->next=zeiger;
            }
```

```
         /* Die letzte Möglichkeit ist, dass wir das Element
          * irgendwo in der Mitte einfügen müssen. */
         else {
            zeiger1=anfang;
            /* Wir suchen das Element, das vor dem
             * Zeiger zeiger steht. */
            while(zeiger1->next != zeiger)
               zeiger1=zeiger1->next;
            zeiger=(angestellt*)malloc(sizeof(struct angestellt));
            if(NULL == zeiger) {
               fprintf(stderr, "Kein Speicher");
               return;
            }
            strcpy(zeiger->name,strtok(n, "\n"));
            strcpy(zeiger->vorname,strtok(v, "\n"));
            zeiger->alter.tag=at;
            zeiger->alter.monat=am;
            zeiger->alter.jahr=aj;
            zeiger->eingest.tag=et;
            zeiger->eingest.monat=em;
            zeiger->eingest.jahr=ej;
            zeiger->gehalt=geh;
            /* Wir fügen das neue Element ein. */
            zeiger->next=zeiger1->next;
            zeiger1->next=zeiger;
         } //Ende else
      } //Ende else
}

/* Funktion zur Eingabe der Daten */
void eingabe(void) {
   char nam[MAX],vorn[MAX];
   int atag,amon,ajahr,eintag,einmon,einjahr;
   long gehalt;
   char *ptr;
   printf("Name.......................: ");
   fgets(nam, MAX, stdin);
   ptr = strrchr(nam, '\n');
   *ptr = '\0';
   printf("Vorname....................: ");
   fgets(vorn, MAX, stdin);
   ptr = strrchr(vorn, '\n');
```

```
   *ptr = '\0';
   printf("Alter...........(tt.mm.jjjj): ");
   scanf("%2d.%2d.%4d",&atag,&amon,&ajahr);
   printf("Eingestellt am..(tt.mm.jjjj): ");
   scanf("%2d.%2d.%4d",&eintag,&einmon,&einjahr);
   printf("Monatsgehalt................: ");
   scanf("%ld",&gehalt);
   getchar();
   sortiert_einfuegen(nam, vorn, atag, amon, ajahr, eintag,
      einmon, einjahr, gehalt);
}

int main(void) {
   int wahl;
   char dname[MAX];

   do {
      printf("\n1 : Eingabe\n");
      printf("2 : Ausgabe\n");
      printf("3 : Namen loeschen\n");
      printf("9 : Ende\n");
      printf("Ihre Wahl : ");
      scanf("%d",&wahl);
      getchar();
      switch(wahl) {
         case 1 : eingabe();
                  break;
         case 2 : ausgabe();
                  break;
         case 3 : printf("Der Name zum Loeschen: ");
                  fgets(dname, MAX, stdin);
                  loesche(strtok(dname, "\n"));
                  break;
         case 9 : break;
         default: printf("Falsche Eingabe!!!\n");
      }
   } while(wahl != 9);
   return EXIT_SUCCESS;
}
```

Listing 22.3 »lineare_liste_3.c« ist eine vollständige Anwendung mit sämtlichen Funktionen zur Eingabe, Ausgabe, zum Löschen und sortierten Einfügen von Datensätzen.

Nun eine kleine Übung: Das Programm enthält einige Ungereimtheiten. Einmal beachtet die Bildschirmausgabe keine unterschiedlich langen Zahlen (z. B. verdient Donald Duck im Monat nur 50 Taler, Dagobert Duck aber 50.000.000.000 Taler), und zweitens können Sie beim Löschen von Einträgen nicht explizit z. B. nach »Donald Duck«, sondern nur nach »Duck« suchen, wodurch immer der erste Duck in der Liste gelöscht wird. Versuchen Sie einmal, diese Ungereimtheiten zu beheben.

22.2 Doppelt verkettete Listen

Im Gegensatz zu den einfach verketteten Listen haben doppelt verkettete Listen zusätzlich einen Zeiger auf den Vorgänger. Soll z. B. erst ein Element in der Liste gelöscht werden und wird gleich darauf auf den Vorgänger des gelöschten Elements zugegriffen, müsste bei der einfach verketteten Liste der vollständige Satz von Neuem durchlaufen werden. Mit der doppelt verketteten Liste kann hingegen sofort auf den Vorgänger zugegriffen werden.

Zur Realisierung doppelt verketteter Listen muss nur der Struktur bei der Deklaration ein weiterer Zeiger hinzugefügt werden:

```
struct angestellt{
   char name[20];
   char vorname[20];
   struct datum alter;
   struct datum eingest;
   long gehalt;
   struct angestellt *next;        /* Nachfolger */
   struct angestellt *previous;    /* Vorgänger */
};
```

Außerdem sollten Sie einen Zeiger auf das letzte Element definieren. Wird z. B. nach einem Namen mit dem Anfangsbuchstaben Z gesucht, wäre es reine Zeitverschwendung, die Liste von vorn zu durchlaufen – in dem Fall, dass Sie die Elemente sortiert in die Liste eingefügt haben. Also ist es besser, noch folgende Angaben hinzuzufügen:

```
struct angestellt *anfang;
struct angestellt *ende;
```

Die Initialisierung mit `NULL` soll gleich in eine Funktion verpackt werden:

```
void start(void) {
   anfang = ende = NULL;
}
```

Wie in Abbildung 22.22 sieht die Struktur jetzt mit dem Extra-Zeiger auf seinen Vorgänger aus.

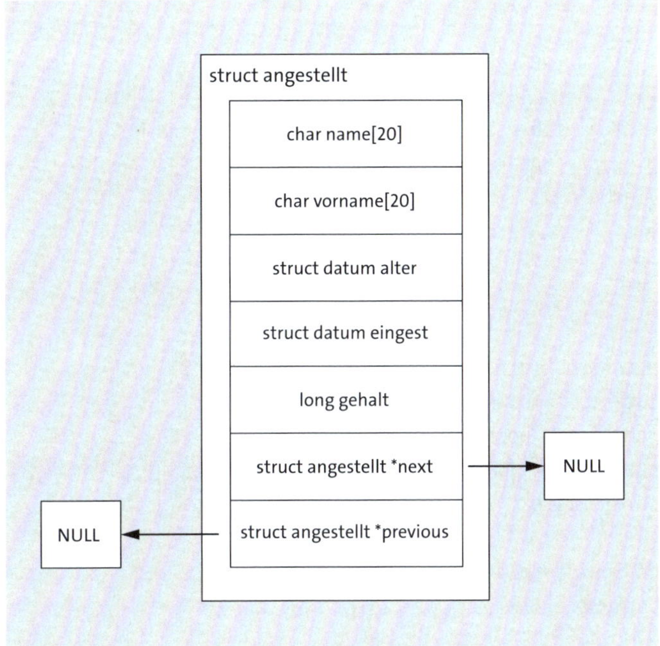

Abbildung 22.22 Struktur einer doppelt verketteten Liste

Bevor all dies in die Praxis umgesetzt wird, noch schnell ein Bild dazu, wie Sie sich eine doppelt verkettete Liste vorstellen können (siehe Abbildung 22.23).

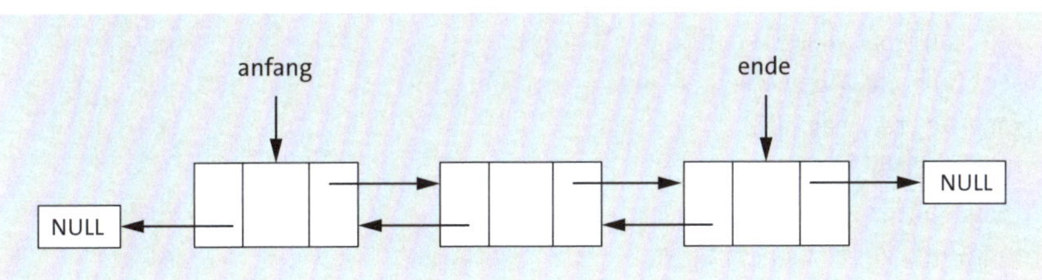

Abbildung 22.23 Doppelt verkettete Liste

Auf den kommenden Seiten werden die Funktionen, die in Abschnitt 22.1 über die einfach verketteten Listen verwendet wurden, umgeschrieben, damit diese mit doppelt verketteten Listen eingesetzt werden können. Sie müssen dabei immer darauf achten, dass jetzt jedes Element in der Liste auch einen Vorgänger besitzt.

Wir beginnen nun wieder mit der Funktion anhaengen():

```
void anhaengen(char *n, char *v, int at, int am, int aj,
               int eint, int einm, int einj, long g) {
```

```
/* Zeiger zum Zugriff auf die einzelnen Elemente
 * der Struktur */
struct angestellt *zeiger, *zeiger1;

/* Wurde schon Speicher für den ende-Zeiger bereitgestellt? */
if(ende == NULL) {
   if((ende=(angestellt*)malloc(sizeof(struct angestellt))) == NULL) {
      printf("Konnte keinen Speicherplatz für ende "
             "reservieren\n");
             return;
   }
}

/* Wir fragen ab, ob es schon ein Element in der Liste gibt.
 * Wir suchen das Element, auf das unser Zeiger *anfang
 * zeigt. Falls *anfang immer noch auf NULL zeigt, bekommt
 * *anfang die Adresse unseres 1. Elements und ist somit der
 * Kopf (Anfang) unserer Liste. */
if(anfang == NULL) {
   /* Wir reservieren Speicherplatz für unsere
    * Struktur für das erste Element der Liste. */

   if((anfang =(angestellt*)malloc(sizeof(struct angestellt))) == NULL) {
      fprintf(stderr,"Kein Speicherplatz vorhanden "
                     "fuer anfang\n");
      return;
   }
   strcpy(anfang->name,strtok(n, "\n"));
   strcpy(anfang->vorname,strtok(v, "\n"));
   anfang->alter.tag=at;
   anfang->alter.monat=am;
   anfang->alter.jahr=aj;
   anfang->eingest.tag=eint;
   anfang->eingest.monat=einm;
   anfang->eingest.jahr=einj;
   anfang->gehalt=g;
```

Bis hierhin stellt diese Funktion nichts Neues dar. Es wird davon ausgegangen, dass sich noch kein Element in der Liste befindet, und Sie fügen nun das erste Element ein:

```
   anfang->next=NULL;
   ende=anfang;
```

```
      ende->previous=NULL;
   }
```

Bei verketteten Listen werden oft die englischen Begriffe für Vorgänger und Nachfolger verwendet, nämlich *next* und *previous*. Der next-Zeiger vom ersten Element zeigt zunächst auf gar nichts (NULL). Der ende-Zeiger, der auf das letzte Element verweist, zeigt am Anfang zunächst auf das erste Element, das gleichzeitig ja auch das letzte der Liste ist. Der previous-Zeiger, der auf den Vorgänger zeigen soll, verweist ebenso auf NULL. Genauso gut hätten Sie statt ende->previous=NULL auch anfang->previous=NULL schreiben können. Beides hätte denselben Effekt gehabt.

Kommen wir jetzt zur zweiten Möglichkeit – das neue Element wird hinten angehängt:

```
   else {
      zeiger=anfang;     /* Wir zeigen auf das 1. Element. */
      while(zeiger->next != NULL)
         zeiger=zeiger->next;
      /* Wir reservieren einen Speicherplatz für das letzte
       * Element der Liste und hängen es an. */
      if((zeiger->next =
        (angestellt*)malloc(sizeof(struct angestellt))) == NULL) {

         fprintf(stderr, "Kein Speicherplatz fuer "
                         "letztes Element\n");
         return;
      }
      zeiger1=zeiger;

      zeiger=zeiger->next; /* zeiger auf neuen Speicherplatz */
      strcpy(zeiger->name,strtok(n, "\n"));
      strcpy(zeiger->vorname,strtok(v, "\n"));
      zeiger->alter.tag=at;
      zeiger->alter.monat=am;
      zeiger->alter.jahr=aj;
      zeiger->eingest.tag=eint;
      zeiger->eingest.monat=einm;
      zeiger->eingest.jahr=einj;
      zeiger->gehalt=g;
```

Auch am Anfang bleibt beim Hintenanhängen alles beim Alten – bis auf den zeiger1, der wie zeiger auf das momentan (noch) letzte Element zeigt. Anschließend verweist man den Zeiger zeiger auf den neuen Speicherplatz, der zuvor mit malloc() reserviert wurde (siehe Abbildung 22.24).

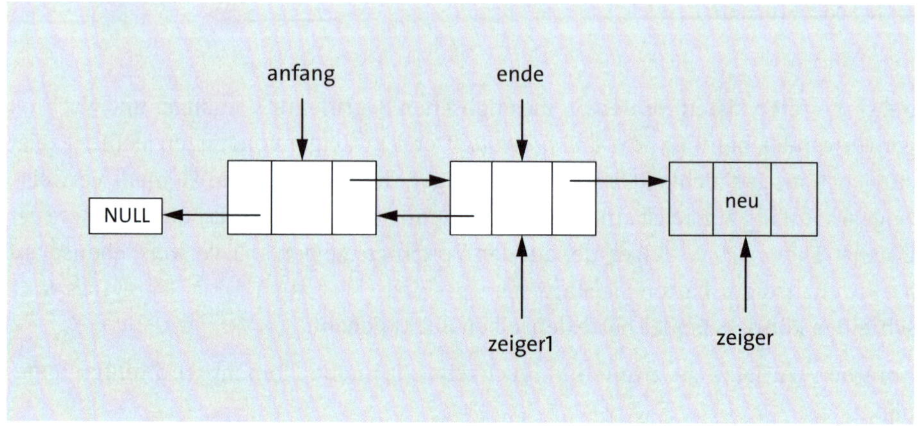

Abbildung 22.24 Ein neues Element wurde hinten mit einfacher Verkettung angefügt.

Die weiteren Schritte zum Einfügen des neuen Elements sind:

```
    zeiger->next=NULL;
    ende=zeiger;
    zeiger->previous=zeiger1;
    zeiger1->next=zeiger;
}
```

Der `next`-Zeiger des neuen Elements bekommt den `NULL`-Zeiger. Der `ende`-Zeiger verweist auf das neue Element, da es das letzte Element in der Liste ist. Zusätzlich bekommt das neue Element die Adresse des Vorgängers, auf die `zeiger1` verweist. Und `zeiger1->next` bekommt noch die Adresse des neuen Elements `zeiger` übergeben. Somit ergibt sich das Bild aus Abbildung 22.25.

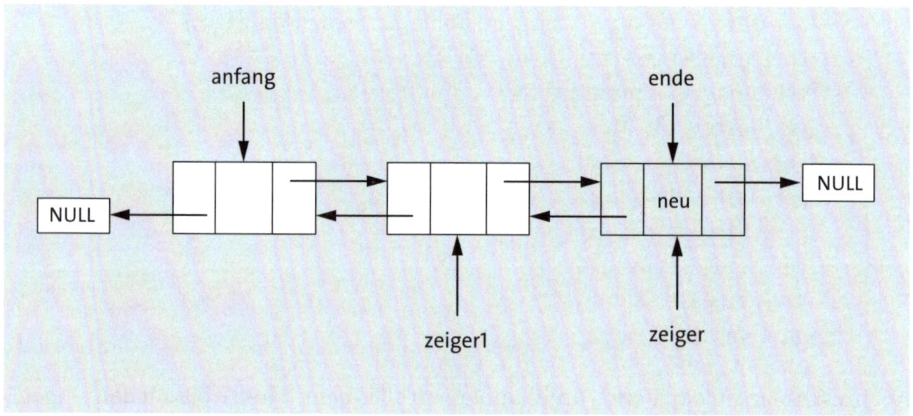

Abbildung 22.25 Ein neues Element wurde hinten mit doppelter Verkettung angefügt.

Schwieriger wird die nächste Funktion, nämlich das Löschen eines Elements in der Liste:

```
void loesche(char *wen) {
   struct angestellt *zeiger, *zeiger1, *zeiger2;

   /* Ist überhaupt ein Element vorhanden? */
   if(anfang != NULL) {
      /* Ist unser 1. Element das von uns gesuchte (wen[])? */
      if(strcmp(anfang->name,wen) == 0) {
         zeiger=anfang->next;
         if(zeiger == NULL) {
            free(anfang);
            anfang=NULL;
            ende=NULL;
            return;
         }
         zeiger->previous=NULL;
         free(anfang);
         anfang=zeiger;
      }
```

Die erste Möglichkeit: Das erste Element ist das gesuchte und soll gelöscht werden. Als Erstes lassen Sie einen Zeiger auf das zukünftige Anfangselement zeigen – natürlich vorausgesetzt, es ist mehr als ein Element vorhanden. Falls nicht (`if(zeiger == NULL)`), wird die Anweisung der `if`-Bedingung aktiv. Abbildung 22.26 zeigt den Stand vor dem Löschvorgang.

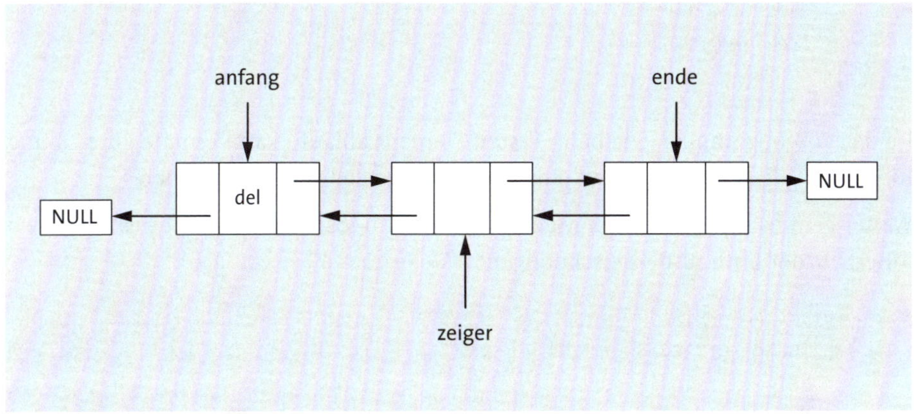

Abbildung 22.26 Das erste Element in der Liste (»anfang«) soll gelöscht werden.

Es wird davon ausgegangen, dass bereits mehrere Elemente in der Liste vorhanden sind. Also folgt nur noch

```
zeiger->previous=NULL;
free(anfang);
anfang=zeiger;
```

... und schon ist das erste Element in der Liste gelöscht (siehe Abbildung 22.27).

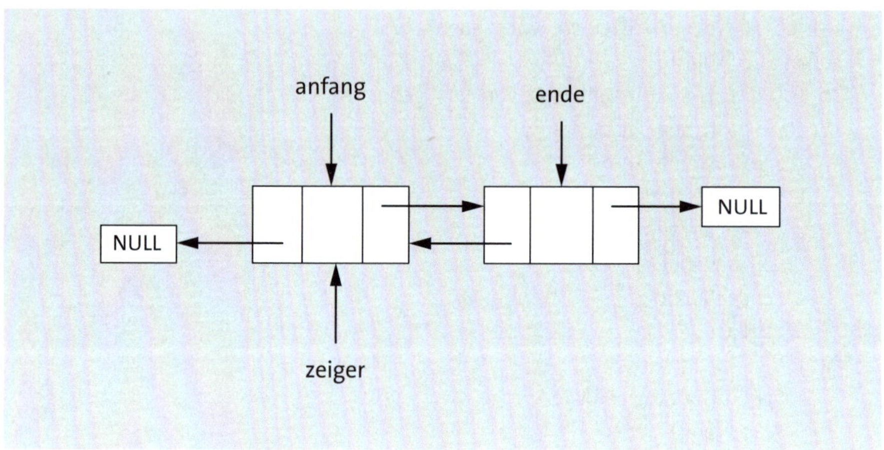

Abbildung 22.27 Das erste Element in der Liste wurde gelöscht.

Die zweite Möglichkeit ist, dass das zu löschende Element das letzte in der Liste ist:

```
else if(strcmp(ende->name,wen) == 0) {
   zeiger=ende->previous;
   zeiger->next=NULL;
   zeiger1=ende;
   ende=zeiger;
   free(zeiger1);
}
```

Da der Vorgang ähnlich wie beim ersten Element abläuft, kann es eine gute Übung für Sie sein, diesen Vorgang auf einem Blatt Papier selbst aufzuzeichnen.

Weiter geht es mit der dritten Möglichkeit: Das zu löschende Element ist irgendwo innerhalb der Liste, also »zwischendrin«:

```
zeiger=anfang;
while(zeiger->next != NULL) {
   zeiger1=zeiger->next;
/* Ist die Adresse von zeiger1 der gesuchte Name? */
if(strcmp(zeiger1->name,wen) == 0) {
   /* Falls ja, dann ... */
   zeiger->next=zeiger1->next;
   zeiger2=zeiger1->next;
```

```
         zeiger2->previous=zeiger;
         free(zeiger1);
         break;
      }
      zeiger=zeiger1;
   }
```

Wir nehmen hier wieder an, dass das zu löschende Element gefunden wurde und dass es das zweite Element ist (in Abbildung 22.28 mit `del` gekennzeichnet).

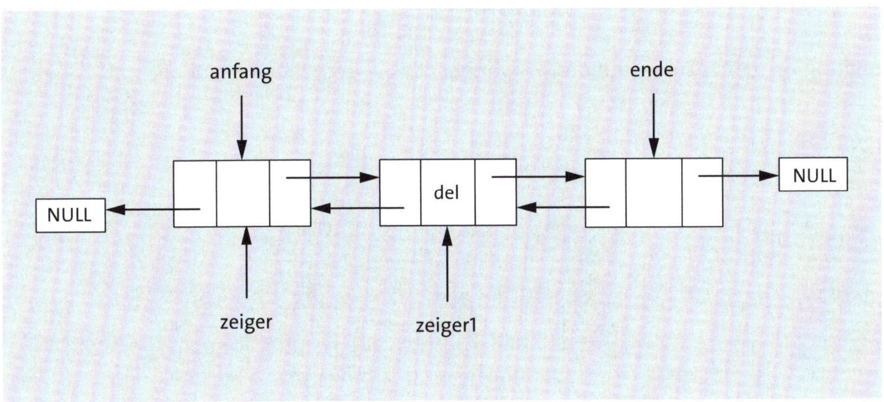

Abbildung 22.28 Das Element, auf das »zeiger1« verweist, soll gelöscht werden.

`zeiger1` verweist auf das zu löschende Element. Dieses Element muss jetzt ausgehängt werden. Die weiteren Schritte sind somit die in Abbildung 22.29 bis Abbildung 22.32 dargestellten.

```
zeiger->next=zeiger1->next;
```


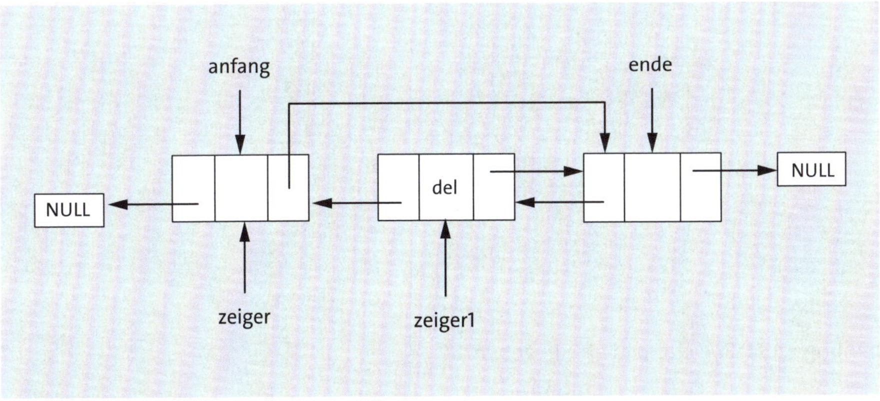

Abbildung 22.29 Zu löschendes Element zum Teil aushängen

```
zeiger2=zeiger1->next;
```

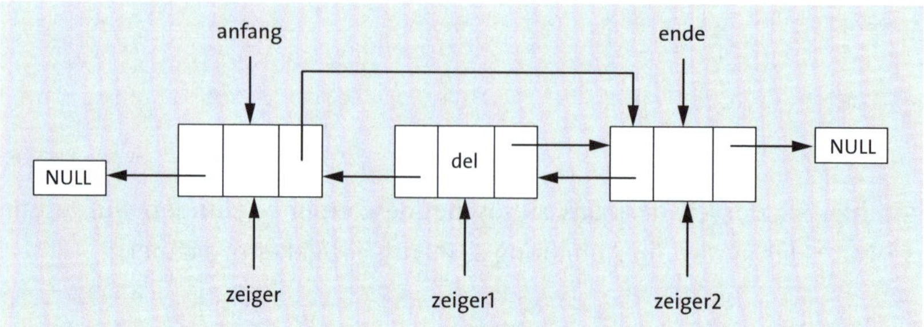

Abbildung 22.30 Ein Zeiger auf den Vorgänger des zu löschenden Elements

```
zeiger2->previous=zeiger;
```

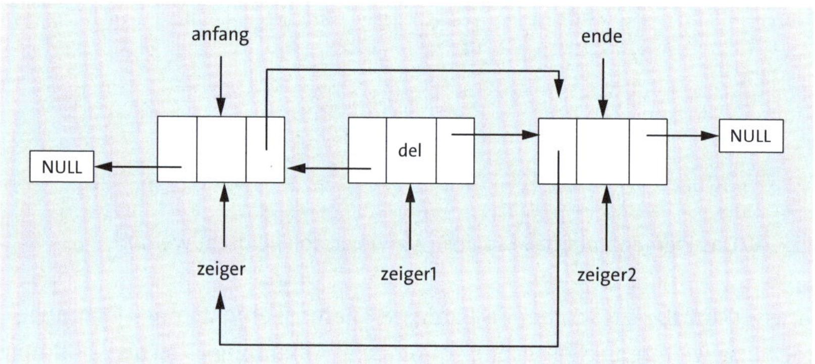

Abbildung 22.31 Das zu löschende Element wurde komplett ausgehängt.

```
free(zeiger1);
```

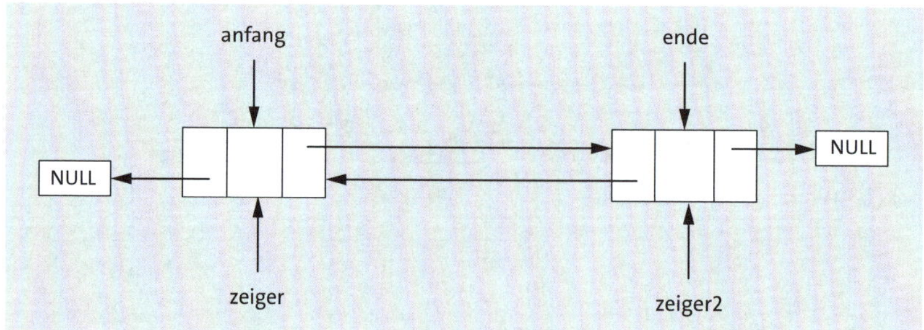

Abbildung 22.32 Speicherplatz freigegeben

Der Vorgang lässt sich anhand von Abbildung 22.29 bis Abbildung 22.32 recht einfach nachvollziehen. In Listing 22.4 folgt nun die vollständige Funktion zur Übersicht.

```
/* Funktion zum Löschen eines Listenelements */
void loesche(char *wen) {
   struct angestellt *zeiger, *zeiger1, *zeiger2;

   /* Ist überhaupt ein Element vorhanden? */
   if(anfang != NULL) {
      /* Ist unser 1. Element das von uns gesuchte (wen[])? */
      if(strcmp(anfang->name,wen) == 0) {
         zeiger=anfang->next;
         if(zeiger == NULL) {
            free(anfang);
            anfang=NULL;
            ende=NULL;
            return;
         }
         zeiger->previous=NULL;
         free(anfang);
         anfang=zeiger;
      }
      /* Ist das letzte Element das von uns gesuchte? */
      else if(strcmp(ende->name,wen) == 0) {
         zeiger=ende->previous;
         zeiger->next=NULL;
         zeiger1=ende;
         ende=zeiger;
         free(zeiger1);
      }
      else {
         /* Es ist nicht das 1. Element zu löschen.
          * Wir suchen in der weiteren Kette, ob das zu
          * löschende Element vorhanden ist. */
         zeiger=anfang;
         while(zeiger->next != NULL) {
            zeiger1=zeiger->next;
            /* Ist die Adresse von zeiger1
             * der gesuchte Name? */
            if(strcmp(zeiger1->name,wen) == 0) {
               /* Falls ja, dann ... */
               zeiger->next=zeiger1->next;
               zeiger2=zeiger1->next;
               zeiger2->previous=zeiger;
               free(zeiger1);
               break;
            }
```

```
            zeiger=zeiger1;
         }
      }
   }
   else
      printf("Es sind keine Daten zum Loeschen vorhanden!!!\n");
}
```

Listing 22.4 Die Funktion zum Löschen eines Elements aus einer doppelt verketteten Liste unterscheidet sich etwas von der Funktion zum Löschen eines Elements aus einer einfach verketteten Liste.

Die Funktionen `eingabe()` und `ausgabe()` müssen nicht verändert werden.

Die Funktion `loesche_alles()` ist ebenfalls relativ einfach umzuschreiben. Es muss lediglich die ganze Liste durchlaufen werden, und dabei müssen alle bis auf das erste und letzte Element gelöscht werden (siehe Abbildung 22.33):

```
void loesche_alles(void) {
   struct angestellt *zeiger, *zeiger1;

   /* Ist überhaupt eine Liste zum Löschen vorhanden? */
   if(anfang != NULL) {
      /* Es ist eine vorhanden ... */
      zeiger=anfang->next;
      while(zeiger != NULL) {
         zeiger1=anfang->next->next;
         if(zeiger1 == NULL)
            break;
         anfang->next=zeiger1;
         zeiger1->previous=anfang;
         free(zeiger);
         zeiger=zeiger1;
      }
```

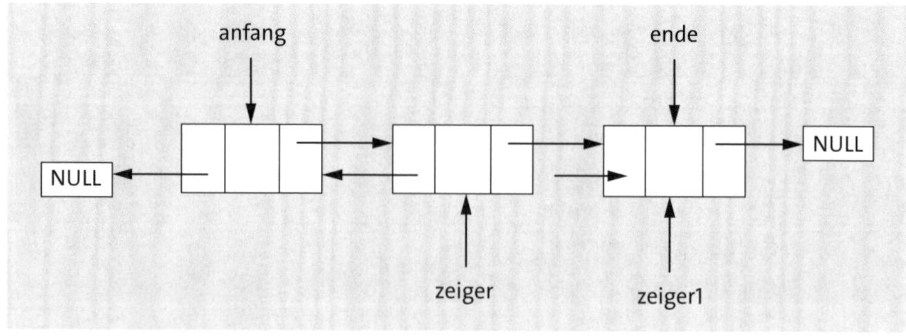

Abbildung 22.33 Momentane Zeigerstellung der Funktion »loesche_alles()«

Die if-Abfrage, ob der Zeiger zeiger1 auf NULL zeigt, wird als Abbruchbedingung benutzt, da – falls diese Bedingung (zeiger1==NULL) wahr sein sollte – nur noch zwei Elemente in der Liste vorhanden sind. Genauso gut hätten Sie dies mit folgender Schleife erreichen können: while(zeiger->next != NULL). Zu dieser Funktion sehen wir uns den Ablauf an. Zuerst wird das Element, auf das zeiger verweist, ausgehängt (siehe Abbildung 22.34).

```
anfang->next=zeiger1;
zeiger1->previous=anfang;
```

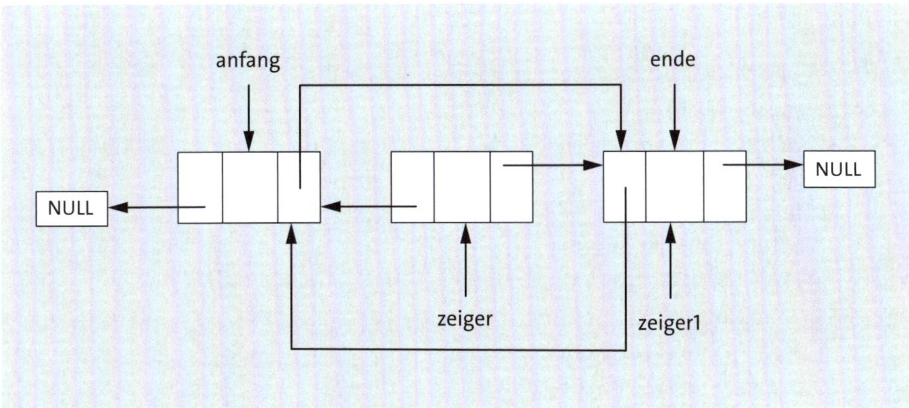

Abbildung 22.34 Zu löschendes Element aushängen

Danach kann der Speicherplatz, auf den zeiger zeigt, mit free() freigegeben werden. Es ergibt sich das Bild aus Abbildung 22.35.

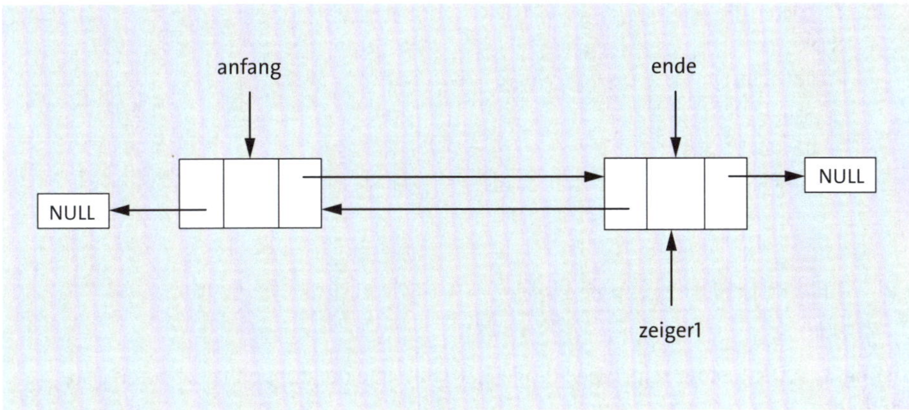

Abbildung 22.35 Speicherplatz wurde freigegeben.

Hier endet die while-Schleife, da zeiger1=anfang->next->next jetzt auf NULL zeigt. Jetzt müssen nur noch die letzten beiden Elemente in der Liste gelöscht werden:

```
      free(anfang);
      free(ende);
      anfang=NULL;
      ende=NULL;
```

Dazu müssen Sie den Speicherplatz freigeben, auf den `anfang` und `ende` zeigen. Anschließend bekommen die Zeiger `anfang` und `ende` den `NULL`-Zeiger zugewiesen. Die Funktion `loesche_alles()` sieht komplett so aus:

```
void loesche_alles(void) {
   struct angestellt *zeiger, *zeiger1;

   /* Ist überhaupt eine Liste zum Löschen vorhanden? */
   if(anfang != NULL) {
      /* Es ist eine vorhanden ... */
      zeiger=anfang->next;
      while(zeiger != NULL) {
         zeiger1=anfang->next->next;
         if(zeiger1 == NULL)
            break;
         anfang->next=zeiger1;
         zeiger1->previous=anfang;
         free(zeiger);
         zeiger=zeiger1;
      }

      /* Jetzt löschen wir erst den Anfang der Liste und
       * dann das Ende der Liste. */
      free(anfang);
      free(ende);
      anfang=NULL;
      ende=NULL;
      printf("Liste erfolgreich geloescht!!\n");
   }
   else
      fprintf(stderr, "Keine Liste zum Loeschen vorhanden!!\n");
}
```

Listing 22.5 Das Listing zeigt, wie Sie alle Elemente in einer doppelt verketteten Liste löschen.

Als Nächstes soll die Funktion `sortiert_eingeben()` umgeschrieben werden, damit diese für doppelt verkettete Listen verwendet werden kann (siehe Listing 22.6).

```
void sortiert_eingeben(char *n, char *v, int at, int am,
                       int aj, int et, int em, int ej,
                       long geh) {
   struct angestellt *zeiger, *zeiger1;

   /* Ist es das 1. Element der Liste? */
   if(anfang==NULL)
      anhaengen(n,v,at,am,aj,et,em,ej,geh);
   /* Es ist nicht das 1. Element. Wir suchen nun so lange, bis
    * das gesuchte Element gefunden wird oder wir auf NULL
    * stoßen. */
   else {
      zeiger=anfang;
      while(zeiger != NULL && (strcmp(zeiger->name,n) < 0 ) )
         zeiger=zeiger->next;
      /* Falls der Zeiger auf NULL zeigt, können wir
       * unser Element hinten anhängen, da unser neues Element
       * das "größte" zu sein scheint. */
      if(zeiger==NULL)
         anhaengen(n,v,at,am,aj,et,em,ej,geh);
      /* Ist unser neues Element das kleinste und somit
       * kleiner als das 1. Element, so müssen wir es an den
       * Anfang hängen. */
      else if(zeiger == anfang) {
         anfang=(angestellt*)malloc(sizeof(struct angestellt));
         if(NULL == anfang) {
            fprintf(stderr, "Kein Speicherplatz vorhanden!!!\n");
            return;
         }
         strcpy(anfang->name,strtok(n, "\n") );
         strcpy(anfang->vorname,strtok(v, "\n") );
         anfang->alter.tag=at;
         anfang->alter.monat=am;
         anfang->alter.jahr=aj;
         anfang->eingest.tag=et;
         anfang->eingest.monat=em;
         anfang->eingest.jahr=ej;
         anfang->gehalt=geh;
         anfang->next=zeiger;
         anfang->previous=NULL;
```

22

```
        }
    }
}
```

Listing 22.6 Auch das sortierte Einfügen in eine doppelt verkettete Liste unterscheidet sich von dem sortierten Einfügen in eine einfach verkettete Liste.

Die Erklärung dafür, ob es sich um das einzige, das erste oder das letzte Element der Liste handelt, können Sie bei der Funktion `anhaengen()` in Abschnitt 22.1, »Lineare Listen (einfach verkettete Listen)«, nachlesen. Viel interessanter ist es, wie ein Element irgendwo dazwischen eingefügt wird. Sehen Sie zunächst den weiteren Codeverlauf:

```
      else {
         zeiger1=anfang;
         /* Wir suchen das Element, das vor dem
          * Zeiger zeiger steht. */
         while(zeiger1->next != zeiger)
            zeiger1=zeiger1->next;
         zeiger=(angestellt*)malloc(sizeof(struct angestellt));
         if(NULL == zeiger) {
            fprintf(stderr, "Kein Speicherplatz vorhanden!!!\n");
            return;
         }
         strcpy(zeiger->name, strtok(n, "\n") );
         strcpy(zeiger->vorname, strtok(v, "\n") );
         zeiger->alter.tag=at;
         zeiger->alter.monat=am;
         zeiger->alter.jahr=aj;
         zeiger->eingest.tag=et;
         zeiger->eingest.monat=em;
         zeiger->eingest.jahr=ej;
         zeiger->gehalt=geh;
         /* Wir fügen das neue Element ein */
         zeiger->next=zeiger1->next;
         zeiger->previous=zeiger1;
         zeiger1->next=zeiger;
         zeiger1->next->previous=zeiger;
      } /* Ende else */
```

Wir gehen davon aus, dass die Position für das neue Element bereits ermittelt wurde und dass sich `zeiger1` vor diesem Element befindet. Somit ergibt sich der Zustand aus Abbildung 22.36.

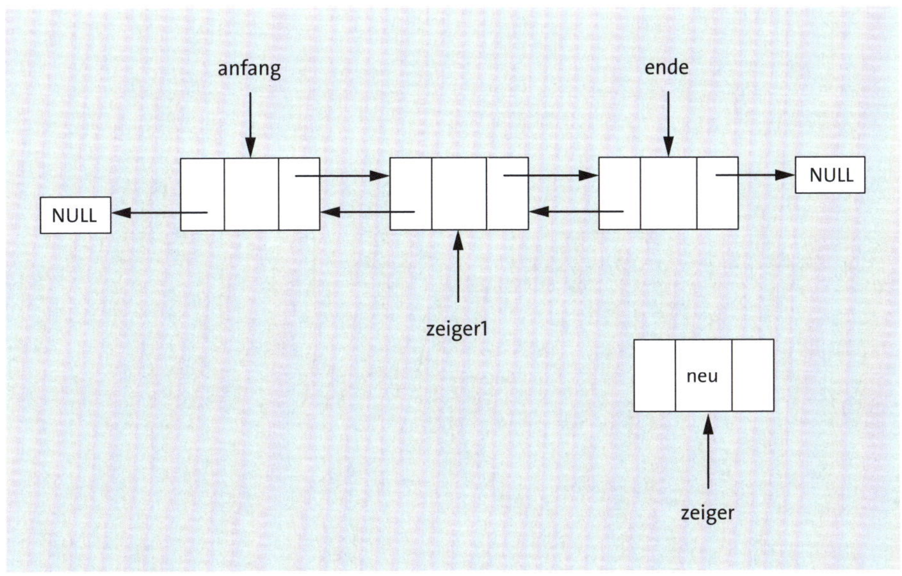

Abbildung 22.36 Neues Element einfügen

Jetzt soll das neue Element, auf das `zeiger` verweist, zwischen dem zweiten und dem dritten Element eingefügt werden. Die weiteren Schritte sehen Sie in Abbildung 22.37 bis Abbildung 22.39.

```
zeiger->next=zeiger1->next;
```

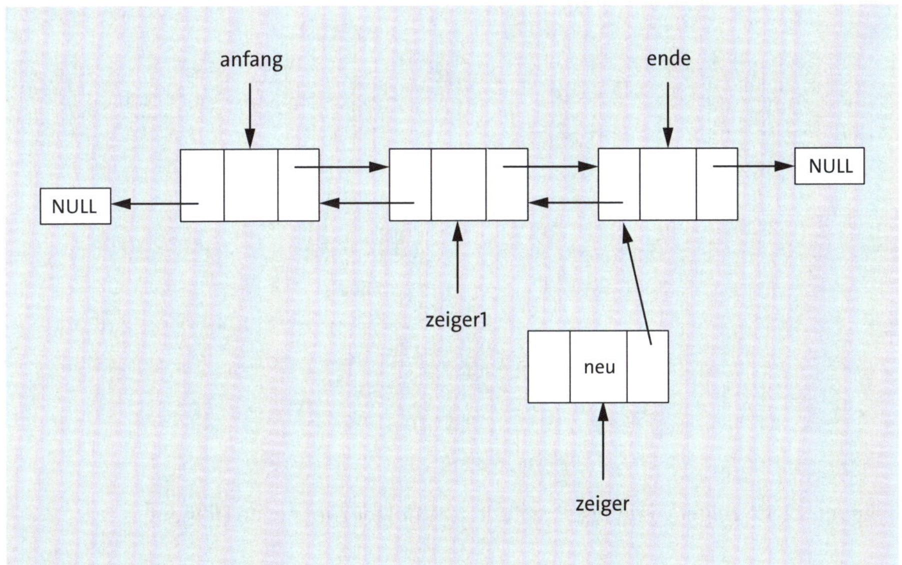

Abbildung 22.37 Zeiger auf den Nachfolger des neuen Elements

```
zeiger->previous=zeiger1;
```

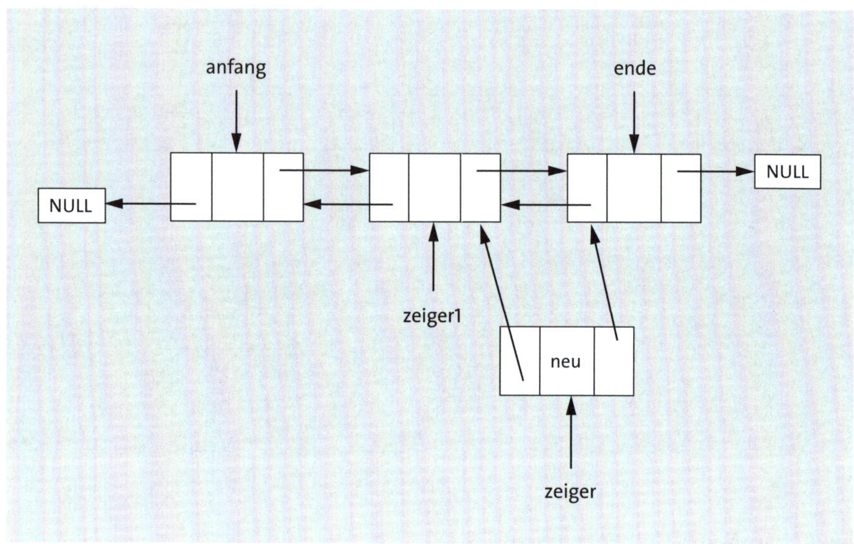

Abbildung 22.38 Zeiger auf den Vorgänger des neuen Elements

```
zeiger1->next=zeiger;
zeiger1->next->previous=zeiger;
```

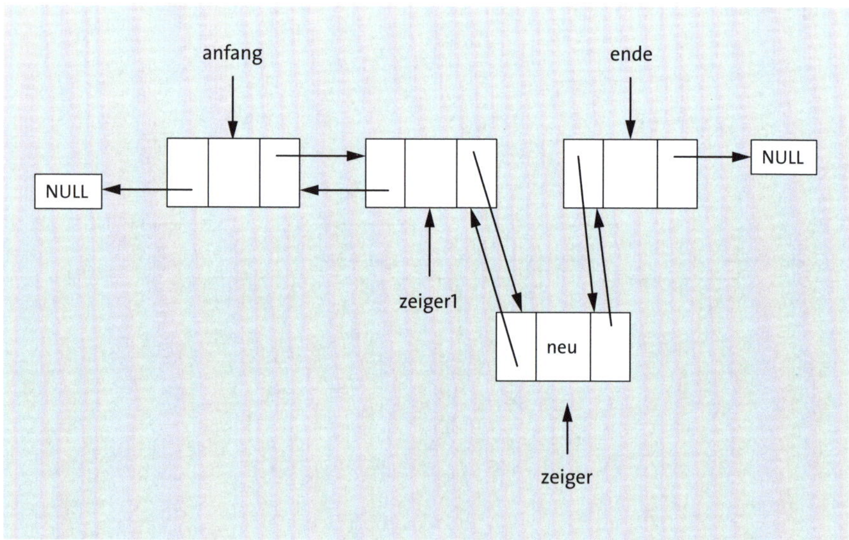

Abbildung 22.39 Zeiger vom Vorgänger und Nachfolger zum neuen Element

Das soll es vorerst zum Thema »Doppelt verkettete Listen« gewesen sein. Wenn Sie folgende Ratschläge beherzigen, dürften keine Probleme zu erwarten sein:

- Wenn Sie Zeiger benutzen, müssen Sie immer darauf achten, dass sie auf einen gültigen Speicherbereich (Adresse) zeigen. Ein häufiges Missverständnis bei Zeigern ist es, dass z. B. mit `zeiger1=zeiger` kein Wert an `zeiger1` übergeben wird, sondern die Adresse, auf die `zeiger` verweist. Daher empfiehlt es sich, so oft wie möglich Fehlerüberprüfungen einzubauen.
- Sie sollten aussagekräftige Namen für einen Zeiger verwenden. Beispiele: `next`, `previous`, `anfang` oder `ende`. Dies ist eine enorme Erleichterung, wenn das Programm Fehler hat und nach ihnen gesucht werden muss. Denn wenn Sie z. B. `anfang->next=ende` lesen, können Sie sich mehr darunter vorstellen als unter `a>n=e`.
- Einer der häufigsten Fehler ist ein Zeiger, der auf einen unerlaubten Speicherplatz zeigt. Daher lohnt es, sich die Zeit zu nehmen, den Ablauf des Programms auf einem Stück Papier zu zeichnen, um ihn besser nachvollziehen zu können. Gerade bei doppelt verketteten Listen passiert es ziemlich schnell, dass Sie ein Glied der Kette vergessen. Meist wird dieser Fehler am Anfang gar nicht bemerkt, denn der Compiler kann bei Übersetzung des Programms ja noch nicht wissen, ob ein Zeiger ins Nirwana verweist.
- Sie sollten immer den Rückgabewert überprüfen, wenn Speicherplatz reserviert wird. Denn alles, was schiefgehen kann, wird irgendwann einmal schiefgehen.
- Unter C++ gibt es Alternativen zu `malloc()` und `free()`, nämlich `new()` und `delete()`, die hier aber nicht verwendet wurden. Der Code ist nur kompatibel mit C++, weil es auf älteren Raspberry Pis Probleme mit Structs gibt, die ohne `typedef` definiert wurden.

Das vollständige Listing mit doppelt verketteten Listen finden Sie selbstverständlich im Download-Bereich des Rheinwerk Verlags unter *https://www.rheinwerk-verlag.de/5701*. Klicken Sie auf MATERIALIEN ZUM BUCH und laden Sie die Datei *zusatzmaterial_c_von_a_bis_z.zip* herunter. In dem Ordner */Listings/Kapitel 22* finden Sie dann die entsprechenden Beispiel-Listings. Dem Download-Listing wurden noch einige Funktionen hinzugefügt, unter anderem das Laden oder Speichern von Daten auf der Festplatte.

22.3 Stacks nach dem LIFO-(Last-in-first-out-)Prinzip

Der Stack soll hier ebenfalls eine Datenstruktur ähnlich der verketteten Liste sein, nur dass die Anordnung der einzelnen Elemente ein wenig anders ist. Der Stack funktioniert nach dem LIFO-Prinzip (*Last In, First Out*), was bedeutet, dass die Datensätze, die als letzte eingefügt wurden, als erste wieder vom Stack genommen werden – etwa wie bei einem Stapel schmutziger Teller, die Sie abwaschen.

Sie haben bei einem Stack also immer nur Zugriff auf das oberste Element. Verwenden könnten Sie das Prinzip beispielsweise zum Rückgängigmachen einer Operation. Im Prinzip besteht ein Stack aus diesen zwei Funktionen (siehe Abbildung 22.40):

- `push()`legt ein neues Element auf dem Stack ab.
- `pop()` (manchmal auch `pull()`) holt das oberste Element wieder vom Stack herunter.

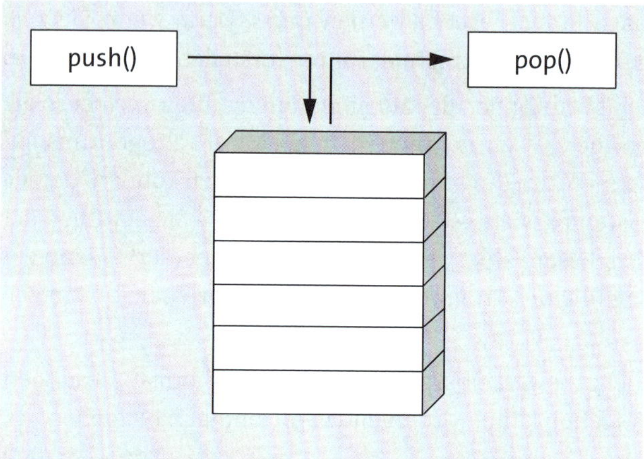

Abbildung 22.40 Der Stack und seine grundlegende Funktion

[»]

Hinweis: Datentyp von Stacks

Die Datenstruktur des Stacks wird als *abstrakte Datenstruktur* bezeichnet. Es wird immer dann von einer abstrakten Datenstruktur gesprochen, wenn die konkrete Umsetzung der Datenstrukturen verborgen bleibt und der Anwender des Stacks nur die Stackoperationen selbst zur Verfügung hat.

Sie werden sich vielleicht fragen, warum man überhaupt einen abstrakten Datentyp vom Typ Stack benötigt, wo doch der Prozessor den Stack automatisch verwaltet. Hier geht es aber um das Speichern von ganzen Objekten auf einem Stapel, den kein Prozessor der Welt automatisch verwalten kann. Und genau dafür benötigen Sie eben eine separate Implementierung, die ich Ihnen anhand von Beispielen vorstellen möchte. Natürlich gibt es auch beim Stack unterschiedliche Lösungen, wie beispielsweise das Verwenden einer virtuellen Maschine (Java geht z. B. so vor) oder die Programmierung eines eigenen Stack Pointers (etwa bei Emulatoren für ältere BASIC-Varianten). Dies soll uns aber an dieser Stelle nicht interessieren.

Als nächstes Beispiel dient wieder das Programm, das Sie schon im Abschnitt zuvor entwickelt haben. Es soll eine Funktion erstellt werden, die gelöschte Datensätze auf einem Stack ablegt und bei Bedarf diese Aktion wieder rückgängig machen kann. An der Struktur selbst ändert sich nichts. Hier sehen Sie nochmals die Struktur zur Erinnerung:

```
struct angestellt  {
   char name[20];
   char vorname[20];
   struct datum alter;
   struct datum eingest;
   long gehalt;
   struct angestellt *next;       // Nachfolger
   struct angestellt *previous;  // Vorgänger
};
```

Hinzu kommen zwei neue globale Strukturzeiger vom Typ angestellt:

```
struct angestellt *stack_ptr, *stack_help;
```

Für den Stack soll eine Unterlage erstellt werden, auf der alle anderen Elemente abgeladen werden. Dafür wird eine Funktion erstellt, die eine Auflage erstellt und den Stack initialisiert:

```
int stackinit(void) {
   if((stack_ptr=
     (angestellt*)malloc(sizeof(struct angestellt))) != NULL) {
      stack_ptr->next = NULL;
      strcpy(stack_ptr->name,"dummy");
      strcpy(stack_ptr->vorname,"dummy");
      stack_ptr->alter.tag=0;
      stack_ptr->alter.monat=0;
      stack_ptr->alter.jahr=0;
      stack_ptr->eingest.tag=0;
      stack_ptr->eingest.monat=0;
      stack_ptr->eingest.jahr=0;
      stack_ptr->gehalt=0;
      return 1;
   }
   else
      return 0;
}
```

Zuerst wird Speicherplatz für die »Auflagefläche« der weiteren Elemente reserviert, die noch folgen werden. Als Inhalt für die Auflagefläche werden einfach irgendwelche Werte verwendet, die hier relativ egal sind und nur dafür sorgen, dass stack_ptr immer auf eine gültige Speicheradresse zeigt. Direkt nach der Initialisierung zeigt

22

dann dummy auf NULL, dies bedeutet quasi, dass der Stack leer ist. Der Zeiger stack_ptr verweist jetzt auf diese Auflagefläche (siehe Abbildung 22.41).

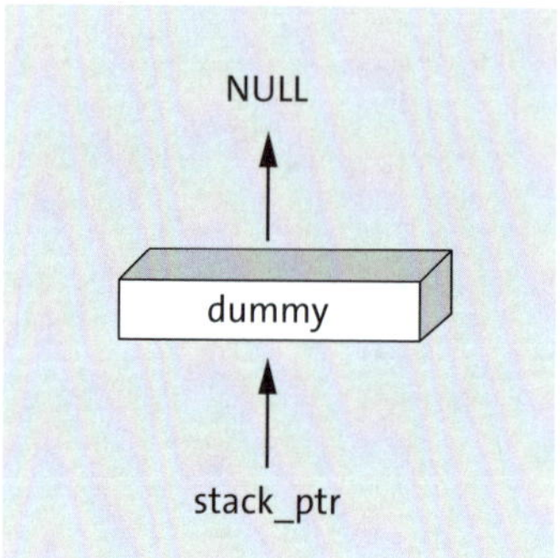

Abbildung 22.41 Ein »leerer« Stack

Danach folgt die Funktion push(), mit der ein Element auf den Stack geschoben werden kann. Die Funktion push() soll im Programm dann aufgerufen werden, wenn der Benutzer einen Datensatz auf den Stack schiebt.

```
int push(struct angestellt *neu) {
   neu->next = stack_ptr->next;
   stack_ptr->next=neu;
   return 1;
}
```

Der Speicherplatz für die Elemente, die auf dem Stack abgelegt werden, muss nicht mehr reserviert werden, da dies ja schon beim Einfügen des Elements in der verketteten Liste vorgenommen wurde. Natürlich müssen Sie dabei auch die Funktion loesche() abändern, damit diese wirklich den Speicherplatz nicht mehr mittels free() freigibt. Der Funktion push() wird einfach diese Adresse als Argument (struct angestellt *neu) übergeben. Falls Sie vorhaben, den Stack in ein anderes Programm zu übernehmen, beachten Sie, dass Sie für die Speicherverwaltung der Daten selbst verantwortlich sind. Die erste Zeile in der Funktion push() sieht nun so aus:

```
neu->next = stack_ptr->next;
```

Damit verweist der next-Zeiger des neuen Elements auf die Adresse von stack_ptr->next, was zunächst der NULL-Zeiger ist, wie Sie in Abbildung 22.42 erkennen können.

Anschließend bekommt die »Auflagefläche« die Adresse des neuen Elements (siehe Abbildung 22.43):

```
stack_ptr->next=neu;
```

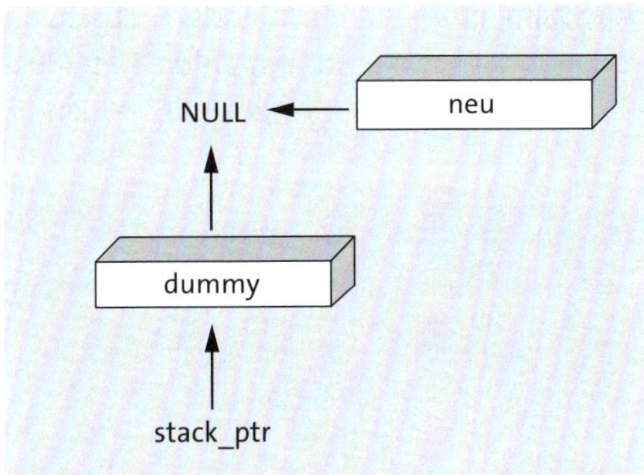

Abbildung 22.42 Ein neues Element auf den Stack legen

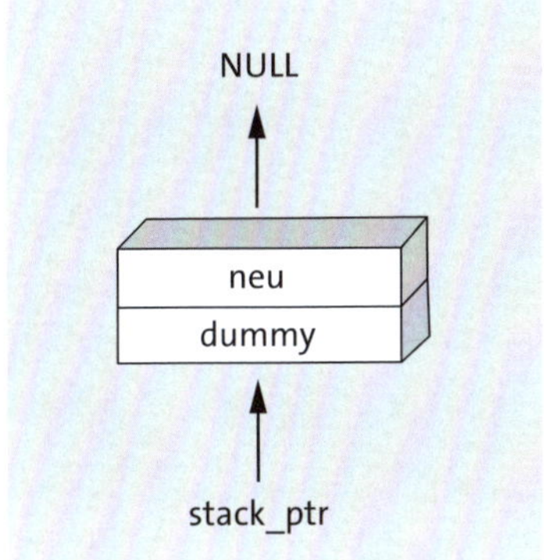

Abbildung 22.43 Der Stack nach dem Funktionsaufruf »push()«

Bei einem erneuten Aufruf der Funktion `push()` würde der Stack aussehen wie in Abbildung 22.44.

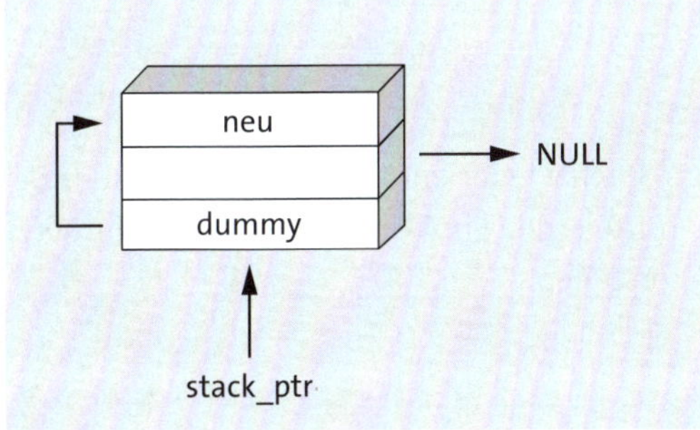

Abbildung 22.44 Der Stack nach einem weiteren »push«

Das erste Element im Stapel, vom `DUMMY`-Element abgesehen, zeigt immer auf `NULL`, da es auch das letzte ist, das wieder vom Stapel entfernt wird.

Als Nächstes folgt die Funktion zum Rückgängigmachen eines vorigen Löschvorgangs. Diese Funktion verwendet den Zeiger stack_ptr->next, um an die Daten heranzukommen, die oben auf dem Stack liegen. Sind die Daten ausgelesen, werden sie wieder in die verkettete Liste eingefügt.

```
void rueckgaengig_loeschen(void) {
   char n[20],vn[20];
   int at,am,aj,et,em,ej;
   long geh;

   if(stack_ptr->next != NULL) {
      strcpy(n,stack_ptr->next->name);
      strcpy(vn,stack_ptr->next->vorname);
      at=stack_ptr->next->alter.tag;
      am=stack_ptr->next->alter.monat;
      aj=stack_ptr->next->alter.jahr;
      et=stack_ptr->next->eingest.tag;
      em=stack_ptr->next->eingest.monat;
      ej=stack_ptr->next->eingest.jahr;
      geh=stack_ptr->next->gehalt;
      sortiert_eingeben(n,vn,at,am,aj,et,em,ej,geh);

      /* jetzt die Daten vom Stack ziehen */
      pop();
   }
   else {
      printf("Kein Element mehr vorhanden zu \"Rückgängig"
             " Löschen\"\n");
      printf("<ENTER>");
      getchar();
   }
}
```

Am Ende kann das oberste Element vom Stack wieder entfernt werden, wie dies bei der Funktion rueckgaengig_loeschen() mittels der Funktion pop() geschieht. Jetzt müssen Sie nur noch die Funktion pop() erstellen:

```
void pop(void) {
   stack_help = stack_ptr->next;
   stack_ptr->next=stack_help->next;
   printf("%s\n",stack_help->vorname);
   free(stack_help);
}
```

Zuerst bekommt der Zeiger `stack_help` die Adresse des obersten Elements (`stack_ptr->next`) auf dem Stapel (siehe Abbildung 22.45).

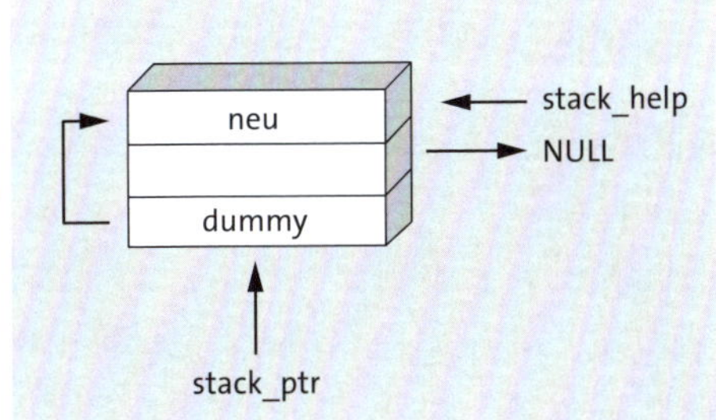

Abbildung 22.45 Das oberste Element soll vom Stack entfernt werden.

Danach folgt eine kleine Stolperstelle, die häufig für Verwirrung sorgt:

```
stack_ptr->next=stack_help->next;
```

Wird das oberste Element entfernt, welches ist dann das nächste Element, das oben liegt? Richtig, eines darunter. Und so wie in Abbildung 22.46 sieht dann der Stack nach dieser Programmzeile aus.

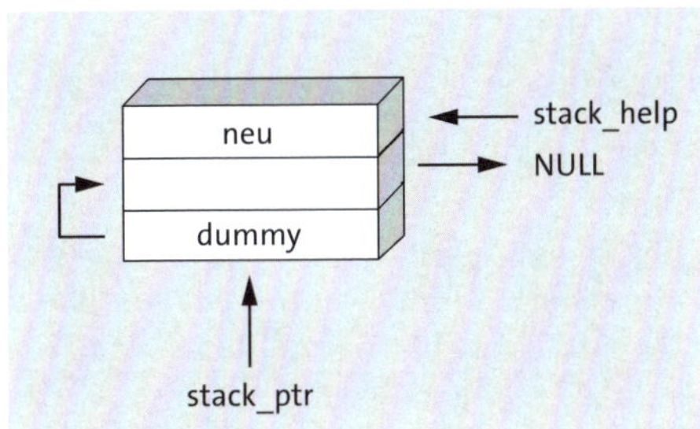

Abbildung 22.46 Das oberste Element vom Stack »aushängen«

Jetzt kann der Speicherplatz, auf den der Zeiger `stack_help` verweist, freigegeben werden (siehe Abbildung 22.47):

```
free(stack_help);
```

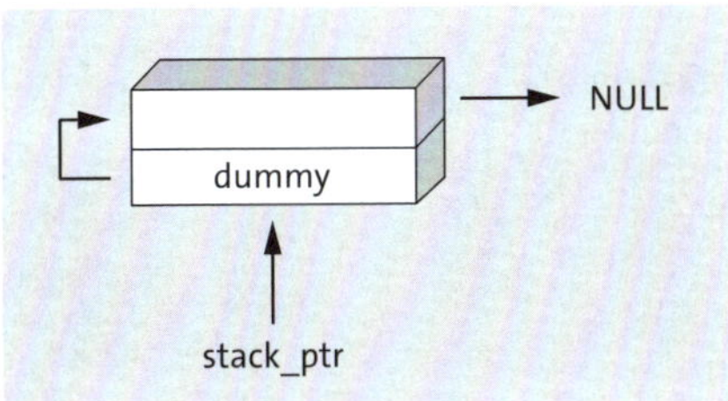

Abbildung 22.47 Den Speicherplatz des obersten Elements freigeben

Es folgt jetzt in Listing 22.7 der vollständige finale Code mit allen Funktionen, die in diesem Kapitel geschrieben wurden.

```
/* datenstrukturen_finale.c */
#include<stdio.h>
#include<string.h>
#include<stdlib.h>
#define MAX 20

struct datum{
   int tag;
   int monat;
   int jahr;
};

struct angestellt{
   char name[MAX];
   char vorname[MAX];
   struct datum alter;
   struct datum eingest;
   long gehalt;
   struct angestellt *next;
   struct angestellt *previous;
};

/* globale Variablen */
struct angestellt *next, *anfang, *ende, *stack_ptr, *stack_help;
static int counter=0;
static char datname[] = "personal.dat";
/* Prototypen der Funktionen */
void start(void);
void anhaengen(char *,char *,int,int,int,int,int,int,long);
void loesche(char *);
void ausgabe(void);
void eingabe(void);
void loesche_alles(void);
void sortiert_eingeben(char *,char *,
                       int,int,int,int,int,int,long);
int vergleiche(struct angestellt *, struct angestellt *);
int laden(FILE *);
void speichern(FILE *);
int datei_oeffnen_lesen(FILE **);
int datei_oeffnen_erstellen(FILE **);
int datei_oeffnen_lesen_schreiben(FILE **);
```

```
int stackinit(void);
int push(struct angestellt *);
void pop(void);

/* Startadressen für die Zeiger next, anfang und ende */
void start(void) {
   next=anfang=ende=NULL;
   if((ende=
     (angestellt*)malloc(sizeof(struct angestellt))) == NULL) {
      printf("Konnte keinen Speicherplatz für ende "
             "reservieren\n");
      exit(EXIT_FAILURE);
   }
}

/* "Auflagefläche" für stack_ptr. Wir benutzen
 * einen Stack, um loeschen() rückgängig zu machen. */
int stackinit(void) {
    if((stack_ptr=
      (angestellt*)malloc(sizeof(struct angestellt))) != NULL) {
       stack_ptr->next = NULL;
       strcpy(stack_ptr->name,"dummy");
       strcpy(stack_ptr->vorname,"dummy");
       stack_ptr->alter.tag=0;
       stack_ptr->alter.monat=0;
       stack_ptr->alter.jahr=0;
       stack_ptr->eingest.tag=0;
       stack_ptr->eingest.monat=0;
       stack_ptr->eingest.jahr=0;
       stack_ptr->gehalt=0;
       return 1;
    }
    else
       return 0;
}

/* Funktion zum Ablegen von gelöschten Dateien, um sie bei Bedarf
 * rückgängig zu machen */
int push(struct angestellt *neu) {
   neu->next = stack_ptr->next;
   stack_ptr->next=neu;
   return 1;
}
```

22

```
/* Funktion zum Freigeben eines Elements vom Stack */
void pop(void) {
   stack_help = stack_ptr->next;
   stack_ptr->next=stack_help->next;
   free(stack_help);
}

/* Wir hängen einen Datensatz an oder geben einen neuen ein:
 * n=name,v=vornam,at=alter.tage,am=alter.monat,aj=alter.jahr
 * eint=eigestellt tag,einm=eingestellt monat,einj=eingest. jahr
 * g=gehalt */
void anhaengen(char *n, char *v, int at, int am, int aj,
               int eint, int einm, int einj, long g) {
   /* Zeiger für den Zugriff auf die einzelnen
    * Elemente der Struktur */
   struct angestellt *zeiger, *zeiger1;

   /* Wurde schon Speicher für den ende-Zeiger bereitgestellt? */
   if(ende == NULL) {
      if((ende=
        (angestellt*)malloc(sizeof(struct angestellt))) == NULL) {
          printf("Konnte keinen Speicherplatz für ende "
                 "reservieren\n");
          exit(EXIT_FAILURE);
      }
   }

   /* Wir fragen ab, ob es schon ein Element in der Liste gibt.
    * Wir suchen das Element, auf das unser Zeiger *anfang zeigt.
    * Falls *anfang immer noch auf NULL zeigt, bekommt *anfang
    * die Adresse unseres 1. Elements und ist somit der Kopf
    * (Anfang) unserer Liste. */
   if(anfang == NULL) {
      /* Wir reservieren Speicherplatz für unsere Struktur
       * für das erste Element der Liste. */
      if((anfang =
        (angestellt*)malloc(sizeof(struct angestellt))) == NULL) {
         fprintf(stderr,"Kein Speicherplatz vorhanden "
                        "fuer anfang\n");
         return;
      }
      counter++;
      strcpy(anfang->name,strtok(n, "\n") );
      strcpy(anfang->vorname,strtok(v, "\n") );
```

```
      anfang->alter.tag=at;
      anfang->alter.monat=am;
      anfang->alter.jahr=aj;
      anfang->eingest.tag=eint;
      anfang->eingest.monat=einm;
      anfang->eingest.jahr=einj;
      anfang->gehalt=g;

      /* Somit haben wir unseren Anfang der Liste. Von nun
       * an zeigt der Zeiger anfang immer auf das Element
       * vor ihm. Da dies aber jetzt das 1. Element der Liste
       * war, zeigt der Zeiger anfang auf den Zeiger next.
       * next zeigt am Ende immer wieder NULL. Da es das erste
       * Element der Liste ist, zeigt somit ende auf
       * dasselbe Element wie anfang. Und das Element vor dem
       * 1. Element ist somit NULL. */
      anfang->next=NULL;
      ende=anfang;
      ende->previous=NULL;
   }
   /* Es scheint schon mindestens ein Element in der Liste
    * vorhanden zu sein, da der Anfang nicht == NULL ist.
    * Jetzt suchen wir so lange nach dem nächsten Element,
    * bis der *next-Zeiger auf NULL zeigt. Somit haben
    * wir das Ende der Liste gefunden und können einen
    * neuen Datensatz anhängen. */
   else {
      zeiger=anfang;    /* Wir zeigen auf das 1. Element. */
      while(zeiger->next != NULL)
         zeiger=zeiger->next;

      /* Wir reservieren einen Speicherplatz für das
       * letzte Element der Liste und hängen es an. */
      if((zeiger->next =
       (angestellt*)malloc(sizeof(struct angestellt))) == NULL) {
         fprintf(stderr, "Kein Speicherplatz fuer "
                         "letztes Element\n");
         return;
      }
      zeiger1=zeiger;
      zeiger=zeiger->next; /* zeiger auf neuen Speicherplatz */
```

```
      counter++;
      strcpy(zeiger->name, strtok(n, "\n") );
      strcpy(zeiger->vorname,strtok(v, "\n") );
      zeiger->alter.tag=at;
      zeiger->alter.monat=am;
      zeiger->alter.jahr=aj;
      zeiger->eingest.tag=eint;
      zeiger->eingest.monat=einm;
      zeiger->eingest.jahr=einj;
      zeiger->gehalt=g;
      zeiger->next=NULL;
      ende=zeiger;
      zeiger->previous=zeiger1;
      zeiger1->next=zeiger;
   }
}

/* Funktion zum Löschen einer Datei */
void loesche(char *wen) {
   struct angestellt *zeiger ,*zeiger1, *zeiger2;

   /* Ist überhaupt ein Element vorhanden? */
   if(anfang != NULL) {
      /* Ist unser 1. Element das von uns gesuchte (wen[])? */
      if(strcmp(anfang->name,wen) == 0) {
         zeiger=anfang->next;
         if(zeiger == NULL) {
            push(anfang);
            anfang=NULL;
            ende=NULL;
            counter--;
            return;
         }
         push(anfang);
         zeiger->previous=NULL;
         /* free(anfang); */
         counter--;
         anfang=zeiger;
      }
      /* Ist das letzte Element das von uns gesuchte? */
      else if(strcmp(ende->name, wen) == 0) {
         zeiger=ende->previous;
         zeiger->next=NULL;
         zeiger1=ende;
```

```
         ende=zeiger;
         push(zeiger1);
         /* free(zeiger1); */
         counter--;
      }
      else {
         /* Es ist nicht das 1. Element zu löschen.
          * Wir suchen in der weiteren Kette, ob das zu
          * löschende Element vorhanden ist. */
         zeiger=anfang;
         while(zeiger->next != NULL) {
            zeiger1=zeiger->next;
            /* Ist die Adresse von zeiger1 der
               gesuchte Name? */
            if(strcmp(zeiger1->name,wen) == 0) {
               /* Falls ja, dann ... */
               zeiger->next=zeiger1->next;
               zeiger2=zeiger1->next;
               zeiger2->previous=zeiger;
               push(zeiger1);
               counter--;
               break;
            }
            zeiger=zeiger1;
         }
      }
   }
   else
      printf("Es sind keine Daten zum Loeschen vorhanden\n");
}

/* Funktion zum Ausgeben der Dateien */
void ausgabe(void) {
   struct angestellt *zeiger = anfang;


   printf("||====================================================="
          "====||\n");
   printf("|%10cName%10c |Geburtsdatum|Eingestellt|Gehalt|\n"
                                                         ,' ',' ');
   printf("||====================================================="
          "====||\n");

   while(zeiger != NULL) {
```

```
      printf("|%12s,%-12s| %02d.%02d.%04d| %02d.%02d.%04d|"
             "%06ld|\n", zeiger->name,zeiger->vorname,
         zeiger->alter.tag, zeiger->alter.monat,
         zeiger->alter.jahr,zeiger->eingest.tag,
         zeiger->eingest.monat,zeiger->eingest.jahr,
         zeiger->gehalt);
         printf("|-----------------------------------------"
                "-----------|\n");
         zeiger=zeiger->next;
   }
   printf("\n\nWeiter mit <ENTER>\n");
   getchar();
}

/* Funktion zur Eingabe der Daten */
void eingabe(void) {
   char nam[MAX],vorn[MAX];
   int atag,amon,ajahr,eintag,einmon,einjahr;
   long gehalt;
   char *ptr;
   printf("Name........................: ");
   fgets(nam, MAX, stdin);
   ptr = strrchr(nam, '\n');
   *ptr = '\0';
   printf("Vorname.....................: ");
   fgets(vorn, MAX, stdin);
   ptr = strrchr(vorn, '\n');
   *ptr = '\0';
   printf("Alter...........(tt.mm.jjjj): ");
   scanf("%2d.%2d.%4d",&atag,&amon,&ajahr);
   printf("Eingestellt am..(tt.mm.jjjj): ");
   scanf("%2d.%2d.%4d",&eintag,&einmon,&einjahr);
   printf("Monatsgehalt................: ");
   scanf("%ld",&gehalt);
   getchar();


   sortiert_eingeben(nam, vorn, atag, amon, ajahr, eintag,
      einmon, einjahr, gehalt);
}

/* Funktion zum Löschen der gesamten Liste */
void loesche_alles(void) {
   struct angestellt *zeiger, *zeiger1;
```

```
   /* Ist überhaupt eine Liste zum Löschen vorhanden? */
   if(anfang != NULL) {
      /* Es ist eine vorhanden ... */
      zeiger=anfang->next;
      while(zeiger != NULL) {
         zeiger1=anfang->next->next;
         if(zeiger1 == NULL)
            break;
         anfang->next=zeiger1;
         zeiger1->previous=anfang;
         push(zeiger);
         zeiger=zeiger1;
      }
      /* Jetzt löschen wir erst den Anfang der Liste
       * und das Ende der Liste. */
      push(anfang);
      push(ende);
      anfang=NULL;
      ende=NULL;
      counter=0;
      printf("Liste erfolgreich geloescht!!\n");
   }
   else
      fprintf(stderr,"Keine Liste zum Loeschen vorhanden!!\n");
}

void sortiert_eingeben(char *n, char *v, int at, int am, int aj,
                       int et, int em, int ej, long geh ) {
   struct angestellt *zeiger, *zeiger1, *zeiger2;

   zeiger2=(angestellt*)malloc(sizeof(struct angestellt));
   if(NULL == zeiger2) {
      fprintf(stderr, "Speicherplatzmangel\n");
      return;
   }
   strcpy(zeiger2->name,strtok(n, "\n") );
   strcpy(zeiger2->vorname,strtok(v, "\n") );
   zeiger2->alter.tag=at;
   zeiger2->alter.monat=am;
   zeiger2->alter.jahr=aj;
   zeiger2->eingest.tag=et;
   zeiger2->eingest.monat=em;
   zeiger2->eingest.jahr=ej;
   zeiger2->gehalt=geh;
```

```
/* Ist es das 1. Element der Liste? */
if(anfang==NULL)
   anhaengen(n,v,at,am,aj,et,em,ej,geh);
/* Es ist nicht das 1. Element. Wir suchen nun so lange,
 * bis das gesuchte Element gefunden wird oder wir auf
 * NULL stoßen. */
else {
   zeiger=anfang;
   while(zeiger != NULL && (vergleiche(zeiger,zeiger2)<0))
      zeiger=zeiger->next;

   /* Falls der Zeiger auf NULL zeigt, können wir unser
    * Element hinten anhängen, da unser neues Element das
    * "größte" zu sein scheint. */
   if(zeiger==NULL)
      anhaengen(n,v,at,am,aj,et,em,ej,geh);
   /* Ist unser neues Element das kleinste und somit
    * kleiner als das 1. Element, so müssen wir es an
    * den Anfang hängen. */
   else if(zeiger==anfang && (vergleiche(zeiger,zeiger2))) {
      anfang=(angestellt*)malloc(sizeof(struct angestellt));
      if(NULL == anfang) {
         fprintf(stderr, "Speicherplatzmangel\n");
         return;
      }
      counter++;
      strcpy(anfang->name, strtok(n, "\n") );
      strcpy(anfang->vorname, strtok(v, "\n") );
      anfang->alter.tag=at;
      anfang->alter.monat=am;
      anfang->alter.jahr=aj;
      anfang->eingest.tag=et;
      anfang->eingest.monat=em;
      anfang->eingest.jahr=ej;
      anfang->gehalt=geh;
      anfang->next=zeiger;
      anfang->previous=NULL;
   }
   /* Die letzte Möglichkeit ist, dass wir das Element
    * irgendwo in der Mitte einfügen müssen. */
   else if(vergleiche(zeiger,zeiger2)) {
      zeiger1=anfang;
      /* Wir suchen das Element, das vor dem Zeiger
       * zeiger steht. */
```

```
        while(zeiger1->next != zeiger)
          zeiger1=zeiger1->next;
        zeiger=(angestellt*)malloc(sizeof(struct angestellt));
        if(NULL == zeiger) {
          fprintf(stderr, "Speicherplatzmangel\n");
          return;
        }
        counter++;
        strcpy(zeiger->name, strtok(n, "\n") );
        strcpy(zeiger->vorname, strtok(v, "\n") );
        zeiger->alter.tag=at;
        zeiger->alter.monat=am;
        zeiger->alter.jahr=aj;
        zeiger->eingest.tag=et;
        zeiger->eingest.monat=em;
        zeiger->eingest.jahr=ej;
        zeiger->gehalt=geh;

        /* Wir fügen das neue Element ein. */
        zeiger->next=zeiger1->next;
        zeiger->previous=zeiger1;
        zeiger1->next=zeiger;
        zeiger1->next->previous=zeiger;
      }
      else {
        printf("Name wurde nicht eingefuegt!!! "
               "(Weiter mit <ENTER>");
        getchar();
      }
    }
}

/* Funktion zum Vergleichen von Nachname und bei Gleichheit
 * Vorname. Somit wird bei gleichem Nachnamen nach dem Anfangs-
 * buchstaben des Vornamens sortiert. */
int vergleiche(struct angestellt *n1, struct angestellt *n2) {
  int z = strcmp(n1->name,n2->name);

  /* Falls z einen Wert ungleich 0 hat, gibt es den Namen noch
   * nicht. Somit können wir den Wert an die Funktion
   * zurückgeben, den wir durch strcmp erhalten haben. */
  if(z)
    return z;
```

22

```
   /* Wenn diese Funktion ausgeführt wird, so existiert dieser
    * Name schon. Somit vergleichen wir die Vornamen. */
   return(strcmp(n1->vorname,n2->vorname));
}

/* die gesamte Liste in der Datei "personal.dat" speichern */
void speichern(FILE *datei) {
   struct angestellt *zeiger;

   /* im "w+" - Modus öffnen */
   if(datei_oeffnen_lesen_schreiben(&datei)) {
      zeiger=anfang;
      while(zeiger != NULL) {
         fwrite(zeiger,sizeof(struct angestellt),1,datei);
         zeiger=zeiger->next;
      }
   }
   fclose(datei);
}

/* Beim Start des Programms alle Elemente aus der Datei
 * "personal.dat" laden. "Laden" ist nicht ganz richtig.
 * Wir lesen zuerst die einzelnen Elemente aus der Datei
 * "personal.dat" und übergeben jedes einzelne Element
 * an die Funktion sortiert_eingeben. */
int laden(FILE *datei) {
   struct angestellt zeiger;

   if(datei_oeffnen_lesen(&datei)) {
      while(fread(&zeiger,sizeof(struct angestellt),1,datei)) {
         sortiert_eingeben(zeiger.name,zeiger.vorname,
            zeiger.alter.tag,zeiger.alter.monat,
            zeiger.alter.jahr,zeiger.eingest.tag,
            zeiger.eingest.monat,zeiger.eingest.jahr,
            zeiger.gehalt );
      }
      return 1;
   }
   return 0;
}
/* Funktion zum Öffnen einer Datei im Nur-Lesen-Modus "r" */
int datei_oeffnen_lesen(FILE **datei) {
   if((*datei = fopen(datname,"r")) == NULL) {
```

```
      fprintf(stderr,"Konnte \"personal.dat\" "
                     "nicht oeffnen!\n");
      printf("<ENTER>"); getchar();
      return 0;
   }
   return 1;
}

/* Falls die Datei "personal.dat" noch nicht existiert, wird sie
 * erzeugt. */
int datei_oeffnen_erstellen(FILE **datei) {
   if((*datei = fopen(datname,"w+")) == NULL) {
      printf("Konnte \"personal.dat\" nicht erstellen\n");
      return 0;
   }
   return 1;
}

/* Datei zum Lesen und Schreiben öffnen. Der Inhalt der Datei
 * wird dabei überschrieben. */
int datei_oeffnen_lesen_schreiben(FILE **datei) {
   if((*datei = fopen(datname,"w+")) == NULL) {
      printf("Kann \"personal.dat\" nicht zum"
             " beschreiben oeffnen!\n");
      printf("<ENTER>"); getchar();
      return 0;
   }
   return 1;
}

/* Funktion, um einen Löschvorgang rückgängig zu machen */
void rueckgaengig_loeschen(void) {
   char n[MAX],vn[MAX];
   int at,am,aj,et,em,ej;
   long geh;

   if(stack_ptr->next != NULL) {
      strcpy(n, stack_ptr->next->name);
      strcpy(vn,stack_ptr->next->vorname);
      at=stack_ptr->next->alter.tag;
      am=stack_ptr->next->alter.monat;
      aj=stack_ptr->next->alter.jahr;
      et=stack_ptr->next->eingest.tag;
      em=stack_ptr->next->eingest.monat;
```

```
      ej=stack_ptr->next->eingest.jahr;
      geh=stack_ptr->next->gehalt;
      sortiert_eingeben(n,vn,at,am,aj,et,em,ej,geh);
      pop();
   }
   else {
      printf("Kein Element mehr vorhanden zum"
             " \"Rueckgängig Loeschen\"\n");
      printf("<ENTER>");
      getchar();
   }
}

int main(void) {
   int wahl;
   char dname[MAX];
   FILE *datei;
   struct angestellt *emptystack;
   /* Stack mit dummy initialisieren */
   stackinit();

   if(laden(datei))
      ;
   else if(datei_oeffnen_erstellen(&datei)) {
      start();
      printf("\"personal.dat\" neu erstellt\n");
      printf("<ENTER>"); getchar();
      fclose(datei);
   }
   else {
      fprintf(stderr,"Konnte \"personal.dat\" weder"
                     " erstellen noch finden\n");
      return EXIT_FAILURE;
   }
   do {
      printf("Personaldaten - Verwaltung\n");
      printf("==========================\n");
      printf("1 : Eingabe\n");
      printf("2 : Ausgabe\n");
      printf("3 : Namen loeschen\n");
      printf("4 : Alles loeschen\n");
      printf("5 : Speichern\n");
      printf("6 : Rueckgängig Loeschen\n");
      printf("0 : Ende\n");
```

```
      printf("Sie haben %d Leute an Personal\n",counter);
      printf("Ihre Wahl : ");
      scanf("%d",&wahl);
      getchar();
      switch(wahl) {
         case 1  : eingabe();
                   break;
         case 2  : ausgabe();
                   break;
         case 3  : printf("Welchen Namen : ");
                   fgets(dname, MAX, stdin);
                   loesche( strtok(dname, "\n") );
                   break;
         case 4  : loesche_alles();
                   break;
         case 5  : speichern(datei);
                   break;
         case 6  : rueckgaengig_loeschen();
                   break;
         case 0  : break;
         default : printf("Falsche Eingabe!!!\n");
      }
   } while(wahl != 0);
   /* Wir entleeren unseren stack_ptr. */
   while((emptystack=stack_ptr->next) != NULL)
      pop();
   free(stack_ptr);
   return EXIT_SUCCESS;
}
```


Listing 22.7 »datenstrukturen_finale.c« ist eine vollständige Anwendung zur Verwaltung von Angestellten inklusive Speicherung der Daten auf den Datenträger. Dieses Programm verwendet sämtliche in diesem Kapitel behandelte Datenstrukturen.

In Listing 22.7 ist der Einsatz der Funktionen push() und pop() noch einigermaßen überschaubar. Bei umfangreichen Projekten passiert es aber schnell, dass man vor lauter push() und pop() den Überblick verliert. Damit Sie dann im Fall der Fälle beim Debuggen Ihres Quellcodes wenigstens beim Stack den Überblick behalten, sollten Sie die Anzahl der Pushs und Pops mitzählen und entsprechend reagieren. Ein mögliches Beispiel könnte dabei so aussehen:

```
/* count_push_pop.c */
#include<stdio.h>
#include<stdlib.h>
```

```
#define DEBUG 1

#ifdef DEBUG
   int push_cnt=0, pop_cnt=0;
#endif

void push(void) {
   #ifdef DEBUG
      push_cnt++;
      printf("Anzahl push : %d\n", push_cnt);
   #endif
   /* Ausführung von push */
}

void pop(void) {
   #ifdef DEBUG
      pop_cnt++;
      printf("\t\tAnzahl pop : %d\n", pop_cnt);
      if(pop_cnt > push_cnt)
         printf("Schwerer Fehler: pop_cnt darf nie groesser"
                " als push_cnt sein\n");
   #endif
  /* Ausführung von pop */
}

int main(void) {
   push();
   push();
   pop();
   push();
   pop();
   pop();
   pop();    /* Fehler */
   return EXIT_SUCCESS;
}
```

22.4 Queues nach dem FIFO-Prinzip

Eine weitere Art von abstrakten Datenstrukturen sind *Queues* (dt. *Warteschlangen*). Queues können Sie sich vorstellen wie eine Warteschlange an der Einkaufskasse. Der Kunde, der sich als Erster angestellt hat, kommt auch als Erster dran. Alle anderen Kunden müssen sich immer hinten anstellen, und warten, bis sie an der Reihe sind.

Die Operationen einer Queue (Element hineinschieben und Element herausholen) werden Put und Get genannt. Im Gegensatz zum Stack werden die Elemente in der gleichen Reihenfolge aus der Schlange herausgeholt, in der sie vorher hineingesteckt wurden. Eine Queue wird deshalb auch First-in-first-out-Datenstruktur (FIFO-Datenstruktur) genannt. Viele Geräte, wie z. B. für die serielle Schnittstelle oder auch Grafik- und Soundkarten, betreiben intern FIFO-Warteschlangen für Kommandos und Daten. Dies ist deshalb nötig, damit die internen Puffer, die die Daten in einer konstanten Geschwindigkeit liefern müssen, nicht leerlaufen. Manchmal ist dies dennoch der Fall. Bei Soundkarten hört man dann solche *Buffer Underruns* unter anderem an Knacksern und Tonaussetzern. Wie Sie sehen, ist die FIFO-Queue ein wichtiges Thema, das ich Ihnen nun nahebringen möchte.

Als Modell einer Queue können Sie sich auch ein Rohr vorstellen, das an beiden Enden offen ist. An einem Ende werden neue Elemente hineingeschoben, am anderen Ende werden sie wieder entnommen. Wie auch schon der Stack setzt sich die Queue aus zwei grundlegenden Funktionen zusammen:

- `get()`: Ein neues Element wird am Ende der Queue angefügt.
- `put()`: Ein Element wird am anderen Ende entnommen.

Abbildung 22.48 verdeutlicht das Prinzip einer Queue.

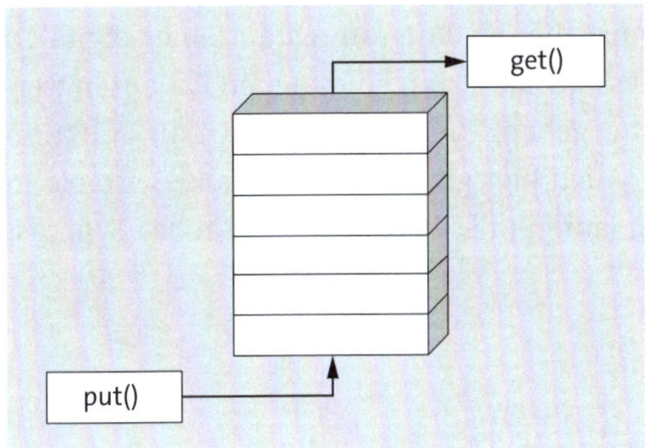

Abbildung 22.48 Eine Warteschlange und ihre Funktionen »get()« und »put()«

In der Praxis können Sie Queues recht vielseitig einsetzen. Eine interessante Lösung für das umfangreiche Listing, das Sie in Abschnitt 22.3, »Stacks nach dem LIFO-(Last-in-first-out-)Prinzip«, erstellt haben, wäre es, das Speichern von Daten mithilfe einer Queue zu realisieren. Sinn macht dies vor allem bei einem System, bei dem mehrere Benutzer gleichzeitig auf Daten zugreifen müssen – insbesondere dann, wenn mehrere Anwender versuchen, gleichzeitig in dieselbe Datei zu schreiben. Mit den Queues können Sie dabei sogenannte *Deadlocks* vermeiden. Deadlocks sind Totpunkte im Programmfluss, an denen es nicht mehr weitergeht, egal, was die Anwender tun. Ein klassisches Beispiel ist z. B. das Einfrieren des Windows-Desktops bei schweren Systemfehlern oder bei Überlastung des Prozessors.

[»]

Hinweis zu Deadlocks

Deadlocks sind klassische Synchronisationsprobleme, bei denen eine Situation eintritt, in der sich mehrere Prozesse um dieselben Ressourcen streiten und dabei nicht mehr weiterkommen. Ein Beispiel ist z. B. das folgende Szenario: Zwei Personen, die sich zum ersten Mal treffen, stehen sich gegenüber und sagen: Sag mir deinen Namen, dann sage ich dir meinen. Wenn beide auf ihrem Standpunkt beharren, wie es der PC tun würde, gibt es einen Deadlock. Es gibt ganze Bücher zu diesem Thema, beispielsweise das schon erwähnte Standardwerk »Moderne Betriebssysteme« von Andrew S. Tanenbaum. Diese Werke sind aber nur für Programmierer zu empfehlen, die wirklich Experten auf dem Gebiet Betriebssysteme werden wollen.

Keine Sorge, ich werde das Thema nicht wieder auf das mittlerweile schon recht umfangreiche Listing ausweiten. Wenn Sie wollen, können Sie den Suchbegriff »Queues C« einmal in eine Suchmaschine eingeben. Sie werden dabei eine Menge Anwendungsbeispiele – auch betriebssystemspezifische – finden.

Ein Szenario möchte ich Ihnen aber doch noch vorstellen. Es ist ein Standardbeispiel aus meinem Studium der Medizinischen Informatik. Damit ein Arzt sich einen Überblick darüber verschaffen kann, ob noch Patienten im Wartezimmer sind und vor allem welcher Patient als Nächstes an der Reihe ist, soll ein Programm geschrieben werden. Der Mikrocontroller, der die Ausgabe des Programms auf einer digitalen Anzeigetafel ausgibt, wird hier vernachlässigt. Die Daten eines neuen Patienten werden von der Assistentin am Empfang eingegeben. Zuerst schreiben wir die Funktion zum Initialisieren einer Warteschlange. Auch hier gilt wieder, dass alle Beispiele in diesem Kapitel auch mit C++-Compilern laufen (dies betrifft vor allem das Typecasting bei den `malloc()`-Aufrufen).

```
int schlange_init(void) {
   if((dummy=
     (reservierung*)malloc(sizeof(struct reservierung))) != NULL) {
      strcpy(dummy->name,"dummy");
      strcpy(dummy->vorname,"dummy");
      dummy->nummer=0;
      dummy->previous=NULL;
      return 1;
   }
   else {
      fprintf(stderr, "Konnte keinen Speicher "
                      "reservieren!!\n");
      return 0;
   }
}
```

Auch hierzu wird als Kopf eine Art dummy verwendet. Dieser zeigt immer den Anfang der Warteschlange an. Zuerst wird ein Speicherplatz für dummy reserviert und anschließend mit sinnlosen Werten initialisiert. Der previous-Zeiger zeigt somit am Anfang wieder auf NULL (siehe Abbildung 22.49).

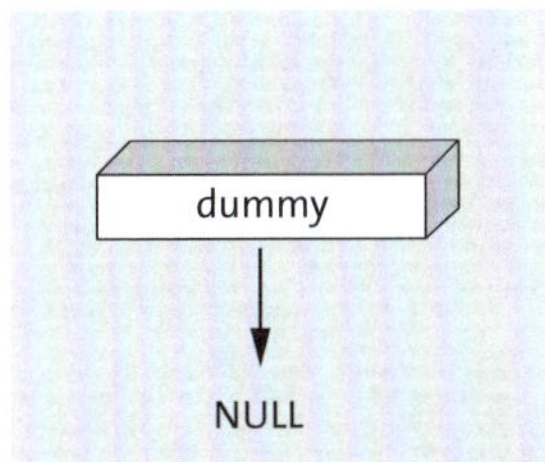

Abbildung 22.49 Eine »leere« Warteschlange

Als Nächstes wird eine Funktion benötigt, die ein neues Element immer an das Ende der Warteschlange hängt:

```
int put(struct reservierung *neu) {
   struct reservierung *zeiger;

  /* Ist es das 1. Element in der Schlange? */
   if(dummy->previous == NULL) { /* Es ist das 1. Element. */
      dummy->previous=neu;
      neu->previous=NULL;
      return 1;
   }
   /* Es ist nicht das 1. Element. */
   else {
      zeiger=dummy;
      /* Wir suchen das Ende der Schlange */
      while(zeiger->previous != NULL)
         zeiger=zeiger->previous;
      zeiger->previous=neu;
      neu->previous=NULL;
      return 1;
   }
}
```


Zuerst wird überprüft, ob sich hinter dem Anfang der Warteschlange ein Element befindet. Das ist am Anfang nicht der Fall, und somit wird ein neues Element hinten angefügt:

```
dummy->previous=neu;
```

Das neue Element zeigt hinter sich momentan noch auf gar nichts. In Abbildung 22.50 sehen Sie den aktuellen Stand.

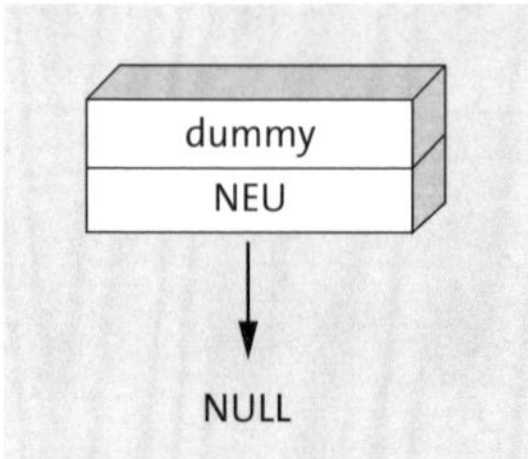

Abbildung 22.50 Ein neues Element wird hinten angefügt.

Falls dummy schon hinter sich auf ein Element zeigt, wird mit

```
zeiger=dummy;
while(zeiger->previous != NULL)
    zeiger=zeiger->previous;
```

die Warteschlange von vorn bis zum Ende durchlaufen, bis zeiger -> previous auf das Ende der Warteschlange (NULL) verweist. Anschließend wird, wie schon das erste Element der Warteschlange, das neue Element hinten angehängt.

Als Nächstes wird noch eine Funktion benötigt, um das eingefügte Element in der Warteschlange wieder zu entfernen und das zweite Element in der Warteschlange zum ersten zu machen. Hier sehen Sie die Funktion dazu:

```
void get(void) {
   struct reservierung *zeiger;
   /* Ist überhaupt etwas in der Schlange? */
   if(dummy->previous != NULL) { /*Es ist...!*/
      zeiger=dummy->previous;
      dummy->previous=zeiger->previous;
      free(zeiger);
   }
   else
      fprintf(stderr,"Es sind keine Patienten "
                     "im Wartezimmer.....\n");
}
```

Zuerst wird überprüft, ob überhaupt ein Nachfolger von dummy vorhanden ist. Falls nicht, ist die Liste leer. Ist die Liste nicht leer, dann bekommt ein Zeiger die Adresse des ersten Elements in der Warteschlange (siehe Abbildung 22.51):

```
zeiger=dummy->previous;
```

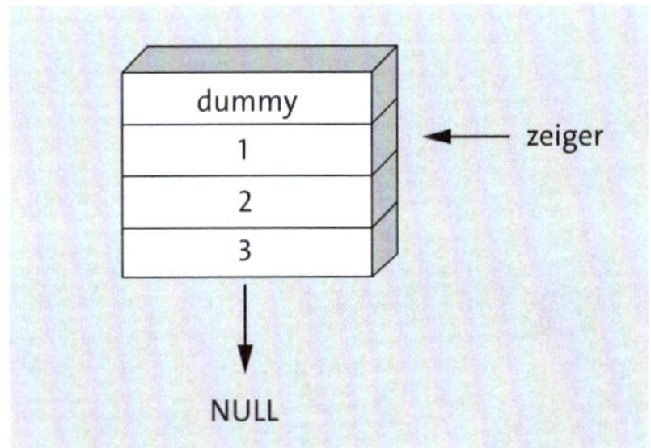

Abbildung 22.51 Das zuerst eingefügte Element entfernen

Bevor Sie das erste Element, auf das der Zeiger `zeiger` verweist, mit `free(zeiger)` freigeben können, muss noch eine Zeile Code eingefügt werden, damit das (noch) zweite Element zum ersten Element in der Warteschlange wird (siehe Abbildung 22.52):

```
dummy->previous=zeiger->previous;
```

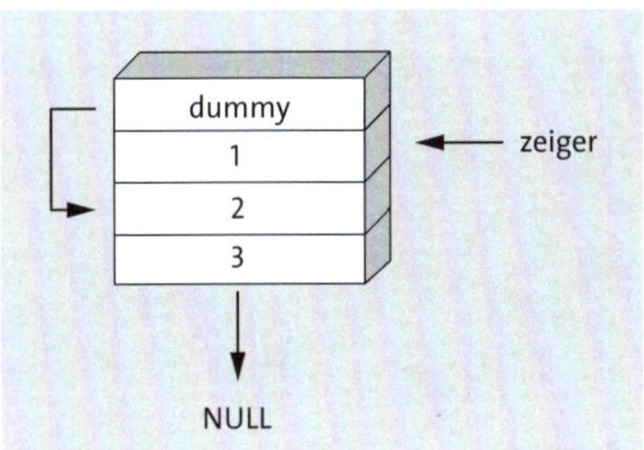

Abbildung 22.52 Das zuerst eingefügte Element »aushängen«

```
free(zeiger);
```

Abbildung 22.53 zeigt schließlich die Situation nach der Freigabe des ersten Elements.

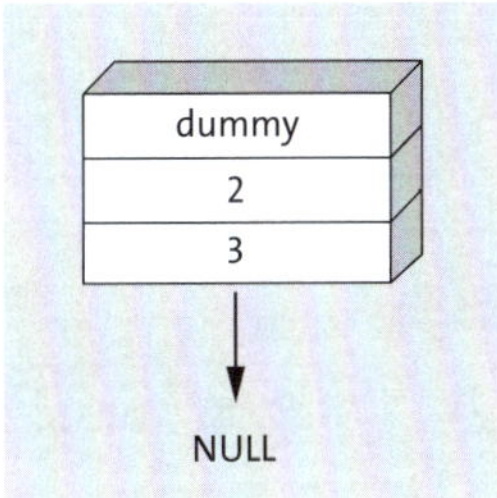

Abbildung 22.53 Speicherplatz des ersten Elements wurde freigegeben.

Dies sind alle Funktionen einer Warteschlange. In Listing 22.8 folgt das Demonstrationsprogramm, das diese Funktionen einsetzt und das natürlich enorm erweiterbar ist.

```
/* queue_beispiel.c */
#include<stdio.h>
#include<stdlib.h>
#include<string.h>
#define MAX 20

struct reservierung {
   char name[MAX];
   char vorname[MAX];
   int rnummer;
   struct reservierung *previous;
};

struct reservierung *dummy;
static int nummer = 1;

int schlange_init(void) {
   if((dummy=(reservierung*)malloc(sizeof(struct reservierung))) != NULL)  {
      strcpy(dummy->name,"dummy");
      strcpy(dummy->vorname,"dummy");
      dummy->rnummer=0;
      dummy->previous=NULL;
      return 1;
   }
   else {
      fprintf(stderr,"Konnte keinen Speicher reservieren!!\n");
      return 0;
   }
}

/* Wir hängen ein neues Element an das Ende der Schlange. */
int put(struct reservierung *neu) {
   struct reservierung *zeiger;

   /* Ist es das 1. Element in der Schlange? */
   if(dummy->previous == NULL) { /* Es ist das 1. Element. */
      dummy->previous=neu;
      neu->previous=NULL;
      return 1;
   }
   /* Es ist nicht das 1. Element. */
   else {
      zeiger=dummy;
```

```
      /* Wir suchen das Ende der Schlange. */
      while(zeiger->previous != NULL)
         zeiger=zeiger->previous;
      zeiger->previous=neu;
      neu->previous=NULL;
      return 1;
   }
}

/* Wir benötigen das 1. Element der Liste, das wir auch als 1.
 * eingegeben haben. */
void get(void) {
   struct reservierung *zeiger;

   /* Ist überhaupt etwas in der Schlange? */
   if(dummy->previous != NULL) { /* Es ist...! */
      zeiger=dummy->previous;
      dummy->previous=zeiger->previous;
      free(zeiger);
   }
   else
      fprintf(stderr,"Es sind keine Patienten "
                     "im Wartezimmer.....\n");
}

void eingabe(void) {
   struct reservierung *neu;
   char n[MAX],vn[MAX];

   if((neu=(reservierung*)
     malloc(sizeof(struct reservierung))) != NULL) {
      printf("Name.....: ");
      fgets(n, MAX, stdin);
      strcpy(neu->name, strtok(n,"\n"));
      printf("Vorname..: ");
      fgets(vn, MAX, stdin);
      strcpy(neu->vorname,strtok(vn,"\n"));
      printf("Nummer...: ");
      printf("%d\n",neu->rnummer = nummer++);
      neu->previous=NULL;
      put(neu);
   }
}
```

22

```
void ausgabe(void) {
   if(dummy->previous != NULL) {
      printf("\n%s, %s Nummer.: %d \n\n",
      dummy->previous->name,dummy->previous->vorname,
      dummy->previous->rnummer);
      get();
   }
   else
      printf("Keine Patienten im Wartezimmer vorhanden!!!\n");
}

int main(void) {
   int wahl;

   schlange_init();
   do {
      printf("-1- Reservierung eingeben\n");
      printf("-2- Naechster Patient\n");
      printf("-3- Programmende\n\n");
      printf("Ihre Wahl : ");
      scanf("%d",&wahl);
      getchar();
      switch(wahl) {
         case 1  : eingabe();
                   break;
         case 2  : ausgabe();
                   break;
         case 3  : if(dummy->previous != NULL) {
                      printf("Es sind noch Patienten"
                             " im Wartezimmer!!!\n");
                      wahl = 4; /* Abhauen gilt nicht */
                   }
                   break;
         case 4  : break;
         default : printf("Falsche Eingabe!!\n\n");
      }
   } while(wahl != 3);
   printf("\n\nFeierabend\n");
   return EXIT_SUCCESS;
}
```

Listing 22.8 »queue_beispiel.c« simuliert ein Wartezimmer beim Arzt und verwendet hierfür die Queue-Datenstruktur.

Hiermit ist das Thema der linearen Listen erst einmal beendet. In Kapitel 23, »Algorithmen«, wird dieses Wissen um den Bereich der binären Bäume erweitert.

22.5 Dynamisches Array mit flexiblen Elementen

Ab dem C99-Standard ist auch die Möglichkeit vorhanden, das letzte Element in einer Struktur als unvollständiges Array ohne Längenangabe zu deklarieren. Dieses Feature kann man sich zunutze machen, um beispielsweise ein dynamisches Array zu erstellen. Hier sehen Sie ein Beispiel für ein solch flexibles Element:

```
typedef struct { int len; int iarray[]; } Vint_t;
```

Sie müssen allerdings berücksichtigen, dass flexible Elemente nicht bei der Größe der Struktur beachtet werden. Das Alignment (Füll-Byte) wird trotzdem eingehalten. Um also beispielsweise für die Struktur `Vint_t` Speicher zu reservieren, müssen Sie beachten, dass Sie extra für das flexible Element ebenfalls Speicherplatz reservieren. Folgendes reicht also nicht aus:

```
Vint_t *Viptr = malloc ( sizeof( Vint_t) );
```

Sie haben zwar Speicher für die Struktur reserviert, aber nicht für die flexiblen Elemente. Somit muss die Allokation von Speicher wie folgt aussehen:

```
#define LEN 10  // Anzahl flexibler Elemente
...
Vint_t *Viptr = malloc ( sizeof(Vint_t) + LEN*sizeof(int) );
Viptr->len = LEN;
```

In Listing 22.9 folgt ein komplettes Beispiel dazu. Es wird Platz für eine Struktur vom Typ `Vint_t` mit zehn flexiblen Elementen reserviert. Die Elemente werden in der Schleife mit einem sinnlosen Wert versehen und anschließend innerhalb einer anderen Schleife wieder ausgegeben.

```
/* flexibles_array.c */
#include<stdio.h>
#include<stdlib.h>
#define LEN 10

typedef struct { int len; int iarray[]; } Vint_t;

int main(void) {
   Vint_t *Viptr = (Vint_t*)malloc(sizeof(Vint_t) + LEN*sizeof(int));
   Viptr->len = LEN;
   for( int i = 0; i < Viptr->len; i++ )
```

22

```
      Viptr->iarray[i] = i*i;

   for( int i = 0; i < Viptr->len; i++ )
      printf("Viptr->iarray[%d]: %3d\n",
         i, Viptr->iarray[i]);

   return EXIT_SUCCESS;
}
```

Listing 22.9 »flexibles_array.c« zeigt, wie Sie nach dem C99-Standard ein Array mit einer flexiblen Anzahl an Elementen verwenden.

Eine Initialisierung von flexiblen Elementen ist laut C99-Standard nicht erlaubt. Ein Beispiel dafür wäre:

```
// Gemäß C99-Standard nicht zulässig
Vint_t Viarr1 = { 4, { 1, 2, 4, 8 }};
```

[»]

Hinweis: Verkettete Listen statt dynamischer Arrays

Arrays mit flexiblen Elementen werden meines Erachtens nur in sehr wenigen Situationen benötigt, und wirklich gute Beispiele habe ich dafür nicht. Beinah hätte ich sie aus dieser Auflage herausgenommen, aber der Vollständigkeit halber war es mir doch lieber, sie Ihnen zu zeigen. Bis jetzt, also im Standard C23, werden dynamische Arrays auch weiterhin unterstützt, es wird aber empfohlen, statt dynamischer Arrays verkettete Listen zu verwenden.

Im nächsten Kapitel geht es nun um Algorithmen, was Algorithmen sind und verschiedene Beispiele für Algorithmen, die in der Informatik oft verwendet werden. Kapitel 23 ist damit meines Erachtens das schwierigste Kapitel im ganzen Buch, und selbst mich als Profi hat die Erstellung viel Zeit gekostet. Die Lernkurve wird also in Kapitel 23 stark ansteigen, vor allem, wenn es um kryptographische Algorithmen geht (die aber in keinem guten Programmierbuch mehr fehlen dürfen). Als C-Einsteiger können Sie die Abhandlung über Algorithmen getrost überspringen. Wenn Sie später wieder etwas Luft haben, können Sie sich immer noch in Ruhe mit diesem Thema beschäftigen. Wenn Sie es »wirklich wissen« wollen, dann besorgen Sie sich am besten ein separates Buch zum Thema »Algorithmen und Datenstrukturen«. Wenn Sie Student sind, dann haben Sie sowieso Vorlesungen zu diesem Thema und sollten sich natürlich auch Kapitel 23 gut ansehen.

Kapitel 23
Algorithmen

Das Ziel dieses Kapitels ist es, Sie mit dem Begriff »Algorithmus« vertraut zu machen, ein Begriff, der in der Informatik immer wieder auftaucht. Ferner werden wir wichtige Algorithmen behandeln, die für die C-Programmierung wichtig sind. Hier geht es allerdings nur um einen Überblick und nicht um eine vollständige Bearbeitung des Themas »Algorithmen und Datenstrukturen«, das wahrscheinlich das komplexeste Thema in der gesamten Informatik ist.

Um es mit diesem Thema aufzunehmen, brauchen Sie schon einige Erfahrung in der Programmierung mit C. Sie sollten alle Grundlagen von C bereits kennen. Vor allem sollten Sie wissen, was Arrays und verkettete Listen sind und wie Sie sie in der Praxis verwenden können. Sofern Sie also einige dieser Themen noch nicht ganz verstehen oder übersprungen haben, empfehle ich Ihnen, sich ihnen nochmals zu widmen, bevor Sie mit diesem Kapitel beginnen. Außerdem ist ein wenig Eigeninitiative gefordert, die Themen zu verstehen – und vor allem Praxis. Wenn Sie dieses Kapitel durchgelesen und einige der Algorithmen eingesetzt haben, dann besitzen Sie ein gutes Fundament für eigene Projekte.

23.1 Was sind Algorithmen?

Ein Algorithmus hat erst einmal nichts mit C zu tun (obwohl Sie das bisher behandelte Wissen über C benötigen, um die folgenden Beispiele zu verstehen). Ein *Algorithmus* ist laut Definition »eine konkrete mathematische Rechenvorschrift, durch die ein bestimmtes Problem in einer endlichen Anzahl von Schritten gelöst werden kann«. Man spricht auch von »überschaubaren« Problemen. Diese Definition, die ich dem Standardwerk »Algorithmen und Datenstrukturen« von T. Ottmann und P. Widmayer entnommen habe, finden Sie auch in vielen Informatik-Lehrbüchern. Natürlich ist die Frage, ob eine Rechenvorschrift irgendwann einmal abbricht, nicht so leicht zu beantworten. Denken Sie nur an die schriftliche Division 1 ÷ 3, die niemals abbricht, weil sie eine Periode erzeugt. Natürlich kann sich ein C-Programm in diesem Fall beenden, wenn es erkennt, dass die Zahlen aus dem vorigen Schritt mit dem aktuellen Schritt identisch sind. Auf diese Weise wird aus dem unlösbaren Problem ein überschaubares Problem, also ein »echter« Algorithmus.

An dieser Stelle eine kleine Quizfrage: Ist ein Kochrezept ein Algorithmus? Die Antwort lautet eindeutig nein! Ein Kochrezept enthält unklare Anweisungen, wie z. B. die, eine Prise Salz hinzuzugeben oder bei schwacher Hitze umzurühren. Aber selbst, wenn man die Kochzeit und die Temperatur ganz exakt angäbe und die Menge aller Zutaten in Milligramm, würden nicht alle Gerichte immer gleich schmecken. Beispielsweise ist in Berlin das Wasser härter als in Dortmund, und schon verändert sich der Geschmack. Aber genau diese Gleichheit der Ergebnisse unter gleichen Ausgangsvoraussetzungen soll ein Algorithmus unter anderem leisten. Und dies geht nur in der Mathematik, in der »echte« Algorithmen auch angesiedelt sind.

Natürlich wurde durch das Beispiel mit den Kochrezepten nicht wirklich beantwortet, ob man von vornherein erkennen kann, ob ein Problem »überschaubar« ist, und ferner, ob es für sämtliche mathematischen Probleme Lösungen geben muss, die auch in einer realistischen Zeit berechenbar sind.

Die Antwort ist, dass man dies bis jetzt nicht weiß. Es gibt mathematische Probleme, wie z. B. die Faktorisierung großer Primzahlen, die bislang nicht in einer realistischen Zeit berechenbar sind. Deshalb beruhen viele Kryptografieverfahren auf solchen nur sehr schwer berechenbaren mathematischen Problemen. Wenn es nun einem Mathematiker gelänge, die Faktorisierung von großen Primzahlen in einer »überschaubaren« Zeit zu berechnen, dann wären plötzlich viele Verfahren für den sicheren Schlüsselaustausch knackbar, und man hätte in riesiges Problem! Sie sehen also, dass Algorithmen keinerlei Bezug zum Betriebssystem haben und auch nicht von irgendeiner Bibliothek abhängig sind. Ein Algorithmus ist eben nichts anderes als ein Verfahren, das verwendet wird, um ein Problem unter bestimmten Voraussetzungen durch eine endliche Anzahl von Schritten zu lösen. Mit »Verfahren« ist hier natürlich C-Quellcode gemeint.

Da es viele verschiedene mathematische Rechenvorschriften gibt, ist es nicht immer einfach, den richtigen Algorithmus zur rechten Zeit zu verwenden. Ferner gibt es einige Algorithmen, die versuchen, Annäherungen an Probleme zu finden, die eigentlich nicht in einer überschaubaren Zeit lösbar sind. Wenn Sie z. B. die Zahl Pi in Ihren Berechnungen verwenden, müssen Sie überlegen, wie genau Sie diese unendlich lange Zahl darstellen wollen. Müssen Sie wirklich 10.000 Stellen durch einen Algorithmus annähern, oder genügt die Verwendung einer Konstanten vom Typ `double`? Die Verwendung eines bestimmten Algorithmus ist also immer abhängig vom Problemfall und von der Erfahrung des Programmierers. Meistens ist es dann auch sinnvoll, verschiedene Algorithmen zu testen und eine Laufzeitanalyse (Profiling) zu erstellen – insbesondere dann, wenn Ihnen der Algorithmus unbekannt ist und Sie nicht wissen, welche Anforderungen dieser stellt.

23.2 Einige einfache Beispiele für Algorithmen

Auch bei Algorithmen gilt, dass man am besten aus Beispielen lernt. Deshalb möchte ich Ihnen nun einige populäre Algorithmen vorstellen, die immer wieder eingesetzt werden. Ich beginne mit Sortierverfahren und werde später einiges zur Suche von Mustern und Ausdrücken in Strings behandeln. Am Ende werde ich noch einige wichtige Dinge über Algorithmen erläutern, die in der Kryptografie eine große Rolle spielen. Ich habe diese Verfahren deshalb neu aufgenommen, weil sie für die Programmierung immer wichtiger werden. So kann man beispielsweise mit Hashing-Algorithmen Passwörter so als lange Zahl abspeichern (z. B. auf einer Server-Festplatte), dass die Passwörter selbst nicht rekonstruierbar sind. Man spricht von einer mathematischen *Einwegfunktion*. Dies ist eine Funktion, die nur in eine Richtung einfach zu berechnen ist (z. B. von Passwort zum Hash-Wert), der umgekehrte Weg (also vom Hash zum Passwort) ist aber quasi unmöglich.

23.2.1 Sortieralgorithmen

Viele Programme und auch Server erledigen oft den lieben langen Tag nichts anderes, als Daten zu sortieren. Dies ist auch sehr wichtig, denn Sie wollen ja Ihre E-Mails nach aufsteigendem Datum und nicht in irgendeiner chaotischen Zufallsordnung anzeigen lassen. Wenn Sie also das Sortieren verstanden haben, wird es Ihnen nicht mehr schwerfallen, andere Algorithmen zu verstehen. Das Sortieren könnte man durchaus als »Basisgrundlage für Algorithmen« bezeichnen, wie dies viele Lehrbücher tun. Es folgen nun einige Standardtypen von Sortieralgorithmen:

- *Internes Sortieren* findet innerhalb des RAMs (Arbeitsspeicher) statt. Dabei werden meist Daten an das Programm geschickt und sortiert wieder ausgegeben.
- Beim *externen Sortieren* werden externe Speicherquellen (Festplatte, Streamer, Tape, SD-Karte, ...) verwendet. Während des externen Sortierens werden zahlreiche Lese- und Schreibzugriffe auf externe Quellen ausgeführt. Externes Sortieren wird genutzt, wenn die Daten zum Sortieren nicht auf einmal im RAM verarbeitet werden können.
- Beim *vergleichenden Sortieren* wird häufig ein Schlüssel zum Sortieren verwendet. Dieser Schlüssel besteht meist nur aus einem kleinen Teil der Daten, der das Sortieren steuert, bzw. aus einem Hash-Wert (Hash-Werte werden noch gesondert behandelt).
- *Stabiles Sortieren* findet z. B. statt, wenn eine Arbeitnehmerliste, die nach Alphabet sortiert ist, nach Gehalt sortiert wird, ohne dass dabei die alphabetische Liste durcheinandergerät.

Im Folgenden werden häufig Arrays zum Sortieren verwendet. Die Funktionen sind so aufgebaut, dass Sie sie jederzeit mit ein wenig Tipparbeit Ihren eigenen Bedürfnissen anpassen können. Primär geht es darum, Ihnen die einzelnen Sortierverfahren näherzubringen, speziell deren Funktionen. Die Implementierung ist zumeist problemabhängig und richtet sich nach der Art der Daten, die Sie sortieren möchten.

Das Sortierverfahren Selection Sort – sortieren durch Auswählen

Der erste Sortieralgorithmus ist *Selection Sort*. Dieser Algorithmus sucht sich als Erstes das kleinste Element in der Liste, merkt es sich und tauscht es gegen das Element am Anfang aus, sodass sich dann das kleinste Element ganz am Anfang befindet. Als Nächstes wird das zweitkleinste Element in der Liste gesucht und gegen das an zweiter Stelle platzierte Element der Liste ausgetauscht usw.

Auf diese Weise haben immer die Elemente auf der linken Seite der aktuellen Position einen festen Platz und werden nicht mehr geändert. Abbildung 23.1 verdeutlicht den Vorgang.

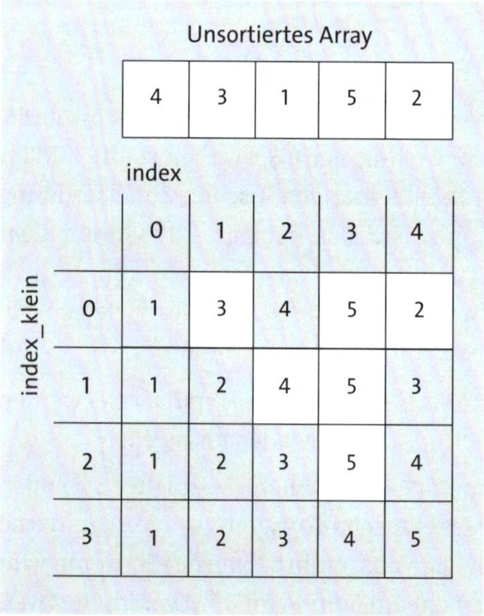

Unsortiertes Array

4	3	1	5	2

index

index_klein	0	1	2	3	4
0	1	3	4	5	2
1	1	2	4	5	3
2	1	2	3	5	4
3	1	2	3	4	5

Abbildung 23.1 Sortieren durch Auswählen

Der Quellcode dazu sieht so aus wie in Listing 23.1.

```
/* selection_sort.c */
#include <stdio.h>
#include <stdlib.h>

void selection(int *array, int elemente) {
   int index,index_klein,
       wert, wert_klein;
```

```
   /* Schleife wird von links nach rechts durchlaufen. */
   for(index = 0; index < elemente; index++) {
      /* aktuelle Position */
      wert=index;
      /* Schleife läuft durch, bis ein kleineres Element als
       * die aktuelle Position gefunden wurde oder bis zum Ende,
       * was bedeutet, die aktuelle Position ist schon
       * das kleinste Element. */
      for(index_klein = index+1; index_klein <= elemente;
        index_klein++) { /* Ein kleineres Element gefunden? */
         if(array[index_klein] < array[wert])
            /* Neues kleinstes Element */
            wert=index_klein;
      }
      /* kleinstes Element an die aktuelle
       * Position, falls nötig */
      if(wert != index) {
         wert_klein=array[wert];
         array[wert]=array[index];
         array[index]=wert_klein;
      }
   }
}

int main(void) {
   int i;
   /* das Array zum Sortieren */
   int test_array[] = { 5, 2, 7, 9, 1, 4, 3, 8, 6 };
   int N = sizeof(test_array)/sizeof(int);

   selection(test_array, N-1);

   for(i = 0; i < N; i++)
      printf("%d ", test_array[i]);
   printf("\n");
   return EXIT_SUCCESS;
}
```

Listing 23.1 »selection_sort.c« implementiert den oft verwendeten Sortieralgorithmus Selection Sort.

Natürlich können Sie mit Selection Sort auch andersherum sortieren, also vom größten Element aus abwärts. In diesem Fall muss nur die `if`-Abfrage geändert werden:

```
if(array[index_klein] > array[wert])
```

Der Vorteil von Selection Sort liegt darin, dass jedes Element höchstens einmal bewegt wird. Selection Sort ist deswegen auch sehr einfach umzusetzen – praktisch, wenn Sie »auf die Schnelle« ein Sortierverfahren benötigen.

Das Sortierverfahren Bubble Sort

Bubble Sort ist ein recht einfaches Sortierverfahren. Der Vorteil von Bubble Sort ist ebenfalls, dass Sie hiermit ein Sortierverfahren kennen, das Sie »mal eben schnell« programmieren können. Der Nachteil ist seine Langsamkeit; deshalb sollten Sie mit Bubble Sort keine größeren Arrays sortieren. Bei Bubble Sort wird das vollständige Array durchlaufen, und jedes Mal, wenn notwendig (also wenn z. B. der linke Nachbar größer ist als der rechte Nachbar), werden die benachbarten Elemente miteinander vertauscht. Bubble Sort verwendet an dieser Stelle einen sogenannten *Ringtausch*: Dies bedeutet, dass das rechte Element zunächst in einer temporären Variablen gesichert wird. Anschließend wird das rechte Element gleich dem linken gesetzt, wodurch nun linkes und rechtes Element gleich sind. Am Ende wird der Inhalt der temporären Variablen in das linke Element geschrieben.

Bei Bubble Sort wird das Durchsuchen des gesamten Arrays als *Durchlauf* bezeichnet. Nach jedem Durchlauf bekommt immer das letzte Element einen festen Platz. Daher ist es auch sinnvoll, eine rückwärts zählende Schleife von dieser Position an einzusetzen. Abbildung 23.2 zeigt die Arbeitsweise von Bubble Sort.

Es folgt nun in Listing 23.2 der Quellcode zu Bubble Sort.

```
/* bubble_sort.c */
#include<stdio.h>
#include<stdlib.h>

void bubble(int *array, int elemente) {
   int i,temp;

   while(elemente--)
      for(i = 1; i <= elemente; i++)
         if(array[i-1] > array[i]) {
            temp=array[i];
            array[i]=array[i-1];
            array[i-1]=temp;
         }
}

int main(void) {
   int i;
   /* das Array zum Sortieren */
```

```
   int test_array[] = { 5, 2, 7, 9, 1, 4, 3, 8, 6 };
   int N = sizeof(test_array)/sizeof(int);

   bubble(test_array, N);

   for(i = 0; i < N; i++)
      printf("%d ", test_array[i]);
   printf("\n");
   return EXIT_SUCCESS;
}
```

Listing 23.2 »bubble_sort.c« verwendet den sehr einfach zu implementierenden Algorithmus Bubble Sort, dieser ist aber der langsamste von allen.

Unsortiertes Array

4	3	1	5	2

	0	**1**	**2**	**3**	**4**
0	**3**	**4**	1	5	2
1	3	**1**	**4**	5	2
2	3	1	4	5	2
3	3	1	4	**2**	**5**
4	**1**	**3**	4	2	5
5	1	3	**2**	**4**	5
6	1	3	2	4	5
7	1	**2**	**3**	4	5
8	1	2	3	4	5

Abbildung 23.2 Bubble Sort in Aktion

Da in dem letzten Beispiel nach jedem Durchlauf stets das größte Element ganz rechts steht und dieses Element nicht mehrmals verglichen werden soll, wurde von dieser Position aus eine rückwärts zählende Schleife eingesetzt:

```
while(elemente--)
```

Auf die letzten Durchläufe wurde in der Darstellung verzichtet, da hier keine Daten mehr verschoben werden. An dieser Stelle sehen Sie auch, was der größte Nachteil von Bubble Sort ist: Es werden zahlreiche Schritte ausgeführt, die nichts tun, außer Elemente miteinander zu vergleichen.

Das Sortierverfahren Insertion Sort

Das Prinzip von *Insertion Sort* (Sortieren durch direktes Einfügen) ist relativ einfach. Die einzelnen Elemente werden wieder von vorn nach hinten durchlaufen. Von der aktuellen Position aus wird jedes Element von rechts nach links weitergereicht – und das so lange, bis das bewegte Element größer oder gleich dem Element ist, das an der im Augenblick abgefragten Position liegt.

Der Platz für das Element, das verschoben wird, ist frei. Diese Lücke wird mit dem entsprechenden Wert an der richtigen Stelle gefüllt. Bildlich können Sie sich Insertion Sort vorstellen wie in Abbildung 23.3.

Unsortiertes Array

4	3	1	5	2

index

index_klein	**0**	**1**	**2**	**3**	**4**
0	**3**	**4**	1	5	2
1	**1**	**3**	**4**	5	2
2	1	3	4	5	2
3	1	**2**	**3**	**4**	**5**

Abbildung 23.3 Insertion Sort

Der Quellcode in Listing 23.3 soll diesen Algorithmus noch verständlicher machen.

```
/* insertion_sort.c */
#include<stdio.h>
#include<stdlib.h>

void insertion(int *array, int elemente) {
   int index,index_klein,wert_klein;

   /* Schleife von links-1 nach rechts */
   for(index=1; index<=elemente; index++) {
      /* aktuelle Position zwischenspeichern */
      wert_klein=array[index];
      /* Kleineren Wert als wert_klein suchen. Schleife  läuft
       * von aktueller Position von rechts nach links durch. */
      for( index_klein=index;
           array[index_klein-1] > wert_klein&&index_klein > 0;
           index_klein-- )
         /* wenn Vorgänger größer als aktuelles
          * Element in wert_klein */
         array[index_klein] = array[index_klein-1];
      /* gespeichertes Element an neue Position ->
       * Lücke auffüllen */
      array[index_klein]=wert_klein;
   }
}

int main(void) {
   int i;
   /* das Array zum Sortieren */
   int test_array[] = { 5, 2, 7, 9, 1, 4, 3, 8, 6 };
   int N = sizeof(test_array)/sizeof(int);

   insertion(test_array, N-1);

   for(i = 0; i < N; i++)
      printf("%d ", test_array[i]);
   printf("\n");
   return EXIT_SUCCESS;
}
```

Listing 23.3 Der in »insertion_sort.c« verwendete Algorithmus Insertion Sort ist einfacher als Selection Sort, aber oft schneller.

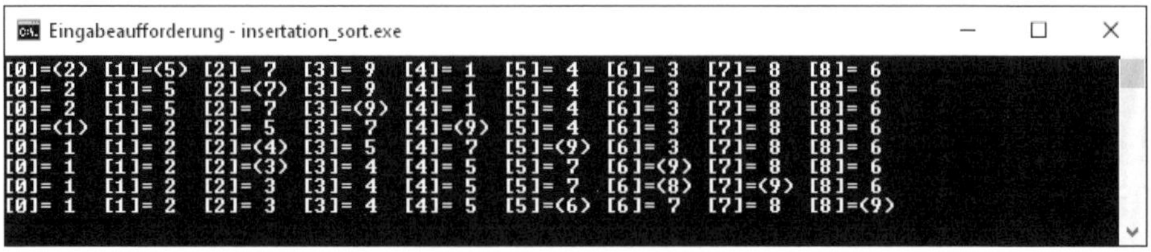

Eingabeaufforderung - insertation_sort.exe

```
[0]=(2) [1]=(5) [2]= 7 [3]= 9 [4]= 1 [5]= 4 [6]= 3 [7]= 8 [8]= 6
[0]= 2 [1]= 5 [2]=(7) [3]= 9 [4]= 1 [5]= 4 [6]= 3 [7]= 8 [8]= 6
[0]= 2 [1]= 5 [2]= 7 [3]=(9) [4]= 1 [5]= 4 [6]= 3 [7]= 8 [8]= 6
[0]=(1) [1]= 2 [2]= 5 [3]= 7 [4]=(9) [5]= 4 [6]= 3 [7]= 8 [8]= 6
[0]= 1 [1]= 2 [2]=(4) [3]= 5 [4]= 7 [5]=(9) [6]= 3 [7]= 8 [8]= 6
[0]= 1 [1]= 2 [2]=(3) [3]= 4 [4]= 5 [5]= 7 [6]=(9) [7]= 8 [8]= 6
[0]= 1 [1]= 2 [2]= 3 [3]= 4 [4]= 5 [5]= 7 [6]=(8) [7]=(9) [8]= 6
[0]= 1 [1]= 2 [2]= 3 [3]= 4 [4]= 5 [5]=(6) [6]= 7 [7]= 8 [8]=(9)
```

Abbildung 23.4 Geklammerte Werte symbolisieren den Tausch der Elemente.

In Listing 23.3 wurde die Ausgabe so formatiert, dass in eckigen Klammern die aktuelle Array-Position des Elements im aktuellen Sortierschritt steht und danach ein Gleichheitszeichen, gefolgt vom aktuellen Wert. Steht der Wert in runden Klammern, wurde das entsprechende Element vertauscht (siehe Abbildung 23.4). Das aktuelle Element wird am Anfang erst einmal in `wert_klein` gespeichert. Danach wird so lange umdisponiert, bis entweder ein Element kleiner als `wert_klein` ist oder bis Sie am Anfang des Arrays (Index 0) angekommen sind (was bedeuten würde, dass `wert_klein` das kleinste Element im Array ist).

Wie auch schon bei Selection Sort sind die Elemente bei Insertion Sort auf der linken Seite bereits mindestens einmal sortiert worden – nur mit dem Unterschied, dass dies noch keine endgültige Stellung wie bei Selection Sort bedeutet.

Das Sortierverfahren Shellsort

Shellsort ist eine Erweiterung von Insertion Sort. Anstatt jedes benachbarte Element wie bei Insertion Sort zu vergleichen und zu sortieren, vergleicht Shellsort jedes `n`-te Element (bei einem beliebigen Anfangselement, das oft per Zufall ausgewählt wird oder einfach nur das mittlere Element ist). Damit ist es möglich, Elemente zu sortieren, die in größeren Entfernungen voneinander liegen. Ist der Abstand für `n` beispielsweise 4, dann setzen sich folgende Gruppen von Elementen mit dem Index 0, 4, 8, 12 ... und 1, 5, 9, 13 ... und 2, 6, 10, 14 ... und 3, 7, 11, 15 ... usw. zusammen. Diese Gruppen werden einzeln sortiert. Danach wird `n` verringert, und dann werden die Gruppen `n-1` sortiert. Dies geschieht so lange, bis `n==1` ist und somit im letzten Durchlauf keine Unterteilung mehr stattfindet. Ist `n` gleich von Anfang an 1, könnten Sie sich den Aufwand sparen, da dies dem Insertion-Sort-Algorithmus entspräche. Die letzten Aussagen hören sich jetzt wahrscheinlich für Sie schwieriger an, als sie tatsächlich sind, aber genau deshalb gibt es ja für jedes Sortierverfahren Beispiel-Listings. Und Sie werden es vielleicht an dieser Stelle nicht glauben, aber gerade der Bereich Sortierverfahren ist einer der umfangreichsten und manchmal schwierigsten Bereiche in der Informatik.

Fahren wir aber mit unserem letzten Beispiel fort und der Frage, wie man die optimale Wahl für `n` findet (man spricht dabei in der Mathematik auch von Distanzfolgen). Je besser diese Folge ist, desto schneller werden die Daten sortiert. Die Suche nach der optimalen Folge ist Aufgabe des Programmierers. In Listing 23.4 sehen Sie den Quellcode zu Shellsort.

```
/* shell_sort.c */
#include <stdio.h>
#include <stdlib.h>

void shellsort (int *array, int elemente) {
  int i, j, temp, n;

   /* Anfangswert für die Distanz errechnen */
  for ( n = 1; n <= elemente/9; n = 3*n+1);
  for (; n > 0; n /= 3) {
     for (i = n; i <= elemente; i++) {
        temp = array[i];
        /* Größer als temp und nicht elemente
         * sowie >= und nicht > */
        for(j = i;
            j >= n && array[j-n] > temp;
            j -= n) {
           array[j] = array[j-n];
        }
        array[j] = temp;
     }
  }
}

int main(void) {
   int i;
   /* das Array zum Sortieren */
   int test_array[] = { 5, 0, 2, 7, 9, 1, 4, 3, 8, 6 };
   int N = sizeof(test_array)/sizeof(int);

   shellsort(test_array, N-1);

   for(i = 0; i < N; i++)
      printf("%d ", test_array[i]);
   printf("\n");
   return EXIT_SUCCESS;
}
```

Listing 23.4 Shellsort ist relativ schnell, wenn Sie die optimale Distanzfolge ermitteln, was aber einigen Aufwand erfordert.

Ich will Ihnen nun zeigen, wie Sie die optimale Distanzfolge von Daten für Shellsort ermitteln. Es soll nun ein sehr großes Array mit 10 Millionen Elementen erstellt werden, das Zahlen in absteigender Reihenfolge enthält. In diesem Fall müssten alle Elemente bei der Sortierung ausgetauscht werden. Getestet wird das Programm mithilfe einer Schleife und den Distanzfolgen von 2 bis 10.

Für das Profiling wird die Funktion `clock()` verwendet, die für diesen Zweck vollkommen ausreichen dürfte (mehr zum Profiling entnehmen Sie bitte Abschnitt 20.2, »Laufzeitmessung (Profiling)«).

In Listing 23.5 sehen Sie das Beispiel mit den verschiedenen Distanzfolgen.

```
/* profiling_shellsort.c */
#include<stdio.h>
#include<stdlib.h>
#include<time.h>
#define MAX 10000000
#define MAX_TEST 10

/* das Array zum Sortieren */
int test_array[MAX];

void init_test_array(void) {
   int i,j;
   for(i = MAX, j = 0; i >= 0; i--,j++)
      test_array[j] = i;
}

void shellsort(int *array, int elemente, int distanz) {
   int i, j, temp, n = elemente;

   for(; n > 0; n /= distanz)
      for (i = n; i <= elemente; i++) {
         temp = array[i];
         /* Größer als temp und nicht elemente
          * sowie >= und nicht > */
         for(j = i;
             j >= n && array[j-n] > temp;
             j -= n) {
            array[j] = array[j-n];
         }
         array[j] = temp;
      }
}
```

```
int main(void) {
   int distanz_folge;
   float zeit;
   clock_t start, ende;

   for(distanz_folge =2;
     distanz_folge <= MAX_TEST; distanz_folge++) {
      init_test_array();

      start = clock();
      shellsort(test_array, MAX-1, distanz_folge);
      ende = clock();

      /* Ergebnis der Laufzeitmessung in Sekunden */
      zeit = (float)(ende-start) / (float)CLOCKS_PER_SEC;
      printf("Die Laufzeitmessung der Distanzfolge "
         " %d ergab %2.2f  Sekunden\n", distanz_folge, zeit);
   }
   return EXIT_SUCCESS;
}
```

Listing 23.5 »profiling_shellsort.c« misst die Laufzeit von Shellsort mithilfe von »clock()«-Funktionen und lässt Sie die optimale Distanzfolge ermitteln.

Je nach CPU-Leistung erhalten Sie unterschiedliche Werte. Die Ausgaben in Abbildung 23.5 beziehen sich auf einen Office-PC mit vier Kernen (AMD FX-4300).

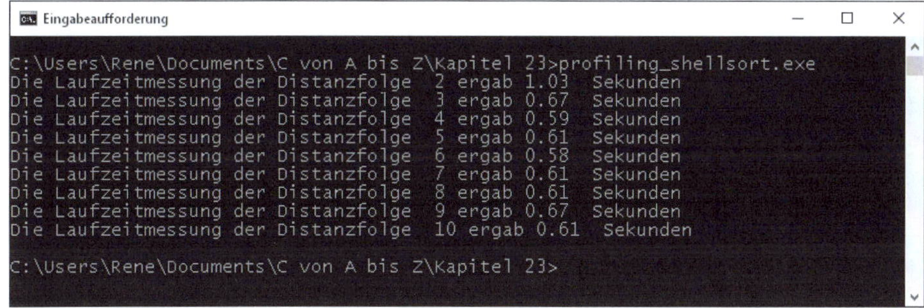

Abbildung 23.5 Ermitteln der optimalen Distanzfolge von Shellsort

In diesem Fall scheint eine Distanzfolge zwischen 4 und 6 das optimale Ergebnis zu liefern, aber Sie sehen auch, dass auf modernen PCs das Profiling von Sortierverfahren schwierig ist. Schon bei mehr als zwei CPU-Kernen liegen die Messwerte so dicht zusammen, dass man eigentlich rein statistisch gesehen keine genaue Aussage machen kann.

Ferner werden Sie die Tests der Laufzeitmessungen von Shellsort wohl immer wieder durchführen müssen, da bisher noch niemand in der Lage war, Shellsort genau zu analysieren. Aber verglichen mit Insertion Sort läuft Shellsort sehr viel schneller. Zum Vergleich kann Insertion Sort (Distanzfolge = 1) mit eingebaut werden. Dabei sollte aber die Anzahl der Elemente reduziert werden, weil Insertion Sort eine Weile mit ihnen beschäftigt sein wird.

Das Sortierverfahren Quicksort

Ein oft eingesetzter Algorithmus ist *Quicksort*, da er sehr schnell sortiert und eine Implementierung nicht allzu schwer ist. Aufgrund ihrer häufigen Verwendung wurde diese Funktion in die ANSI-C-Bibliothek mit aufgenommen (`qsort`). Quicksort funktioniert rekursiv nach dem Prinzip *Teile und herrsche*. Dies bedeutet, dass eine schwierige Aufgabe so lange in Teilschritte zerlegt wird, bis ein Teilschritt in einer einfachen Weise ausgeführt werden kann. Die Daten werden bei Quicksort immer wieder in zwei Teile zerlegt, und diese Teile werden dann wieder separat sortiert. Hierzu muss sich Quicksort in einer Rekursion wiederholt selbst aufrufen. Die Rekursion endet, wenn ein Teilstück aus nur noch einem Element besteht. In Listing 23.6 sehen Sie den Quellcode von Quicksort.

```
/* quicksort.c */
#include<stdio.h>
#include<stdlib.h>
#include<time.h>
#define MAX 50000

/* das Array zum Sortieren */
int test_array[MAX];

void my_qsort(int*, int*);

void init_test_array(void) {
   int i, j;
   for(i = MAX,j=0; i >= 0; i--,j++)
      test_array[j] = i;
}

void print_test_array(void) {
   int i;
   for(i=0;i<MAX; i++)

      printf("%d ",test_array[i]);
}
```

```
/* Die Funktion erhält einen Zeiger auf das erste
 * und einen zweiten Zeiger auf das letzte Element.
 * Hier werden dazu die Namen »links« und »rechts« verwendet.
 */
void my_qsort(int *links, int *rechts) {
   int *ptr1 = links;
   int *ptr2 = rechts;
   int w, x;
   /* x bekommt die Anfangsadresse der
    * Mitte von links und rechts.
    * Statt der Bitverschiebung hätten Sie
    * auch einfach »geteilt durch 2« rechnen können.
    */
   x = *(links + (rechts - links >> 1));
   do {
      while(*ptr1 < x) ptr1++;
      while(*ptr2 > x) ptr2--;
      if(ptr1 > ptr2)
         break;
      w = *ptr1;
      *ptr1 = *ptr2;
      *ptr2 = w;
   } while(++ptr1 <= --ptr2);
   if(links < ptr2)  my_qsort(links, ptr2);
   if(ptr1 < rechts) my_qsort(ptr1, rechts);
}

int main(void) {
   init_test_array();
   my_qsort(test_array, test_array+MAX);
   print_test_array();
   return EXIT_SUCCESS;
}
```

Listing 23.6 »quicksort.c« verwendet den rekursiven Sortieralgorithmus Quicksort, der zurzeit eines der schnellsten Sortierverfahren ist.

Im Gegensatz zu den anderen bisher verwendeten Algorithmen sieht Quicksort schon ein wenig schwieriger aus. Daher soll er auch etwas genauer analysiert werden. Wir gehen von folgenden unsortierten Werten aus Abbildung 23.6 aus.

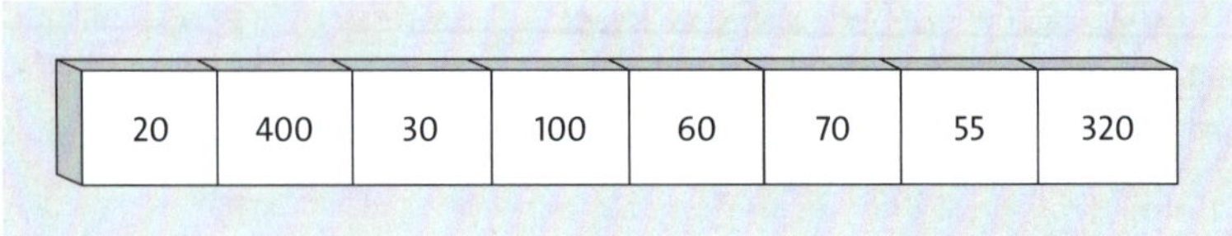

Abbildung 23.6 Folgende Werte sollen mit Quicksort sortiert werden.

Aufgerufen wird die Funktion mit:

```
my_qsort(test_array, test_array+MAX);
```

Somit zeigt in der Funktion `my_qsort()` der Zeiger `links` auf die Anfangsadresse von `test_array`, nämlich den Wert 20. Der rechte Zeiger verweist auf das Ende des Arrays, also den Wert 320. In der Funktion übernehmen zwei Zeiger diese Adressen:

```
int *ptr1 = links;
int *ptr2 = rechts;
```

Durch die darauffolgende Berechnung

```
x = *(links + (rechts - links >> 1));
```

bekommt die Variable `x` zunächst den Wert 100 zugewiesen. Denn im Klartext ergibt diese Rechnung auf Zahlen bezogen:

```
x = *(0 + (7 - 0 / 2));
```

Im Endeffekt wird hierdurch die Mitte des zu sortierenden Arrays ausgewählt (genauer: die Mitte des Zahlenfeldes, das der aktuelle Aufruf der Hauptfunktion benutzt). Da jedoch die Bitverschiebe-Funktion `links>>1` viel schneller ist als eine Division, wird eben statt einer Division durch 2 eine Verschiebung um 1 Bit nach links benutzt (natürlich gilt diese Aussage nur für Intel- und ARM-Prozessoren).

Das Ergebnis der oben angegebenen Berechnung beträgt 3, und die Zahl mit dem Index 3 (also das Element `testarray[3]`) wird nun als Referenz-Element ausgewählt.

Als Nächstes wird die folgende Schleife ausgeführt:

```
while(*ptr1 < x) ptr1++;
```

Der Zeiger `ptr1` wird so lange inkrementiert, bis er auf ein Element zeigt, das größer als oder gleich dem Element von `x` ist. Im aktuellen Beispiel ist dies der Wert 400 (siehe Abbildung 23.7).

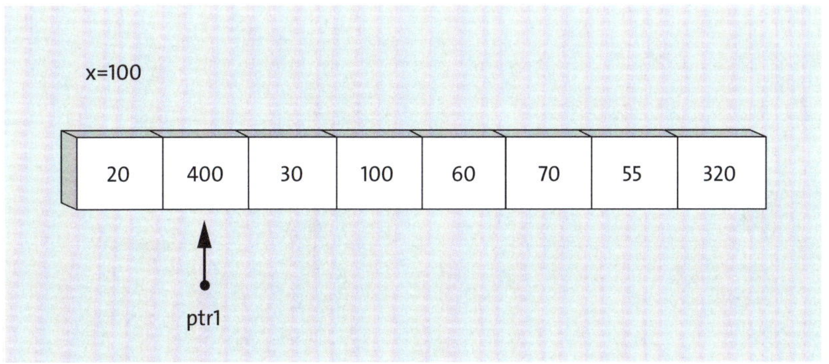

Abbildung 23.7 »ptr1« ist auf einen Wert gestoßen, der größer als »x« ist.

Genauso verläuft dies mit dem Zeiger ptr2:

```
while(*ptr2 > x) ptr2--;
```

Dieser wird so lange dekrementiert, bis er auf ein Element zeigt, das kleiner als oder gleich dem von x ist (siehe Abbildung 23.8).

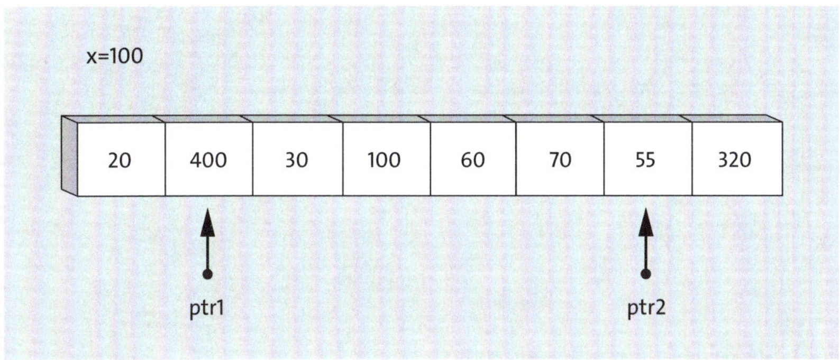

Abbildung 23.8 »ptr2« ist auf einen Wert gestoßen, der kleiner als »x« ist.

Als Nächstes wird überprüft, ob ptr1 schon weiter und so größer als ptr2 ist. Trifft dies zu, wird die do while-Schleife abgebrochen. Hier ist dies aber zunächst nicht der Fall, und somit werden die beiden Elemente, auf die ptr1 und ptr2 zeigen, vertauscht (siehe Abbildung 23.9):

```
w = *ptr1;
*ptr1 = *ptr2;
*ptr2 = w;
```

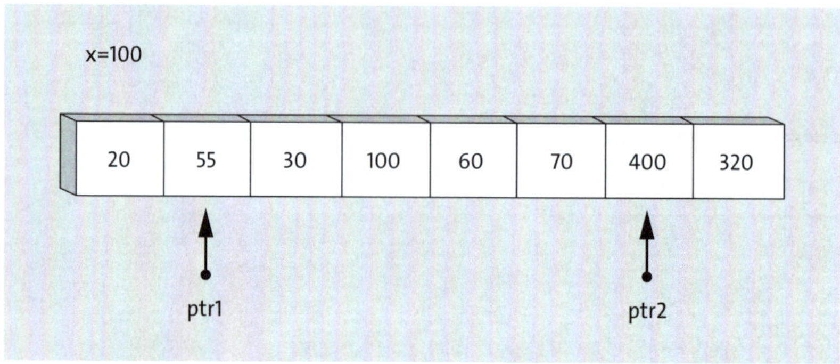

Abbildung 23.9 Werte von »ptr1« und »ptr2« tauschen

Jetzt bewegen sich die beiden Zeiger mit

```
++ptr1 <= --ptr2
```

erneut aufeinander zu (siehe Abbildung 23.10).

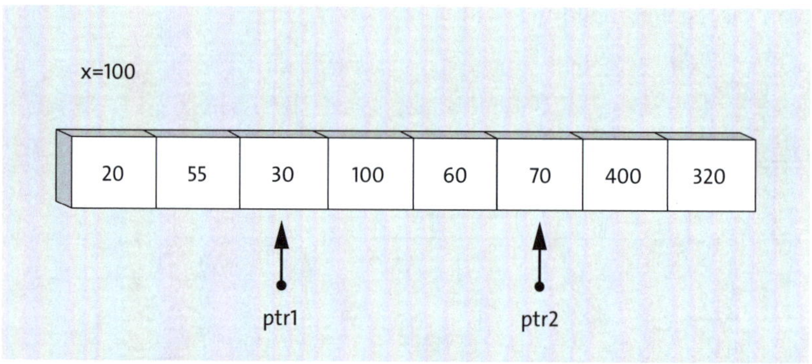

Abbildung 23.10 Die Zeiger nähern sich einander.

Danach folgen wieder diese Schritte:

```
while(*ptr1 < x) ptr1++;
while(*ptr2 > x) ptr2--;
```

Die Bedingung für den Zeiger `ptr1` trifft bereits nach der ersten Inkrementierung nicht mehr zu (hier müsste `100<=100` sein), und der zweite Zeiger wird gar nicht dekrementiert (hier müsste `100>70` sein). Somit ergibt sich nun der Zustand aus Abbildung 23.11.

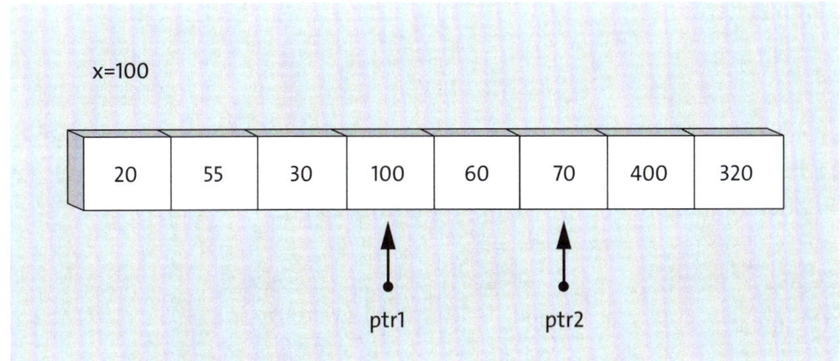

Abbildung 23.11 Wieder wurden zwei Werte ausgemacht, bei denen »ptr1« nicht kleiner und »ptr2« nicht größer als »x« ist.

Jetzt werden wieder beide Elemente ausgetauscht (siehe Abbildung 23.12).

Danach werden beide Zeiger wieder aufeinander zu bewegt, sodass sich jetzt das Bild aus Abbildung 23.13 ergibt.

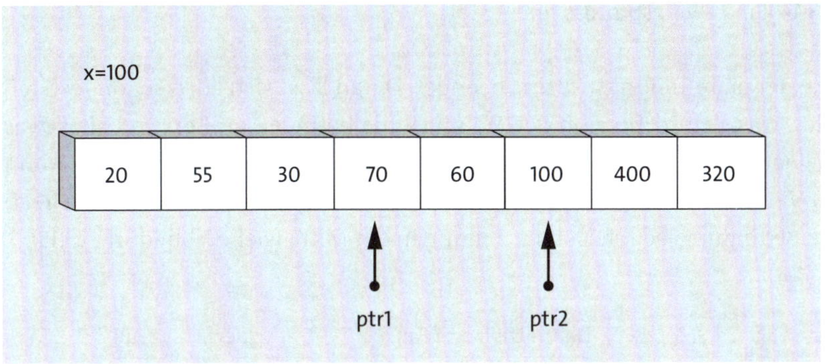

Abbildung 23.12 »ptr1« und »ptr2« nach dem Wertetausch

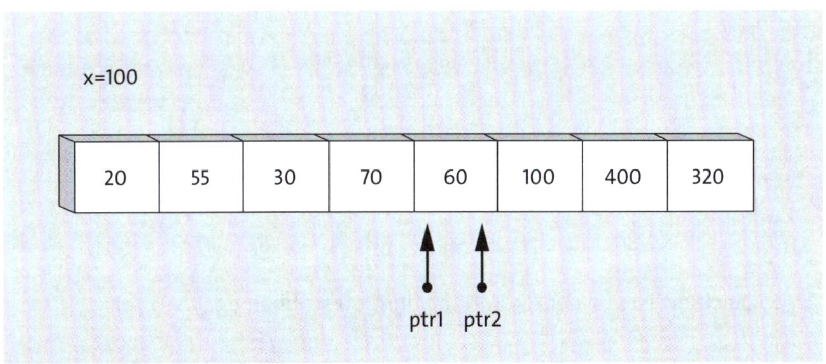

Abbildung 23.13 »ptr1« und »ptr2« treffen aufeinander.

Nach den beiden Zeilen

```
while(*ptr1 < x) ptr1++;
while(*ptr2 > x) ptr2--;
```

ist jetzt die `if`-Bedingung (`ptr1` > `ptr2`) wahr und bricht mit `break` die `do while`-Schleife ab. Folgender Zustand liegt dabei vor (siehe Abbildung 23.14).

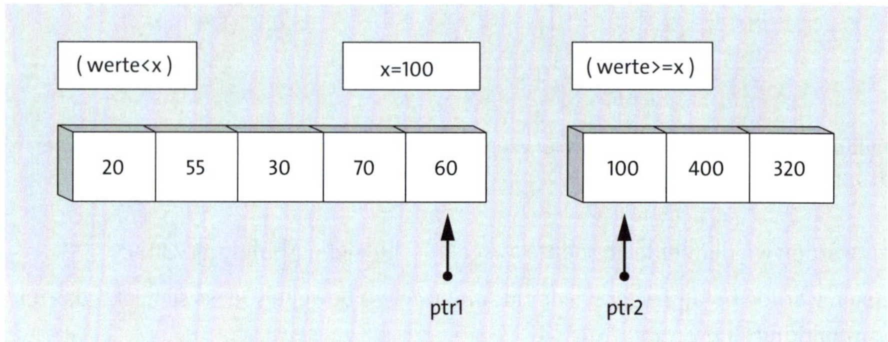

Abbildung 23.14 Ein Teilungsprozess findet statt.

Damit wurde der erste Teilungsprozess beendet. Daran lässt sich auch schon feststellen, dass alles, was sich rechts von der Teilungslinie befindet, größer, und alles, was links davon liegt, kleiner ist. Der Algorithmus funktioniert übrigens auch dann, wenn der Wert der Variablen `x` beispielsweise einem Wert entspricht, der weiter außen liegt; die optimale Bedingung jedoch ist eine Teilung in der Mitte (siehe Abbildung 23.15).

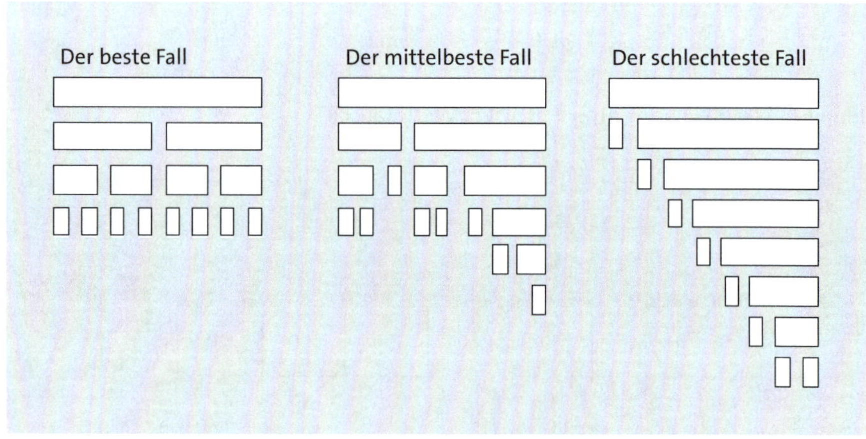

Abbildung 23.15 Quicksort ist von der Anordnung der Daten abhängig.

Nach der ersten Teilung, die die Werte in einer gewissen Weise schon vorsortiert, sind nun weitere Schritte notwendig. Oder einfacher ausgedrückt: Im Prinzip sind nur noch zwei Schritte zu beachten, es muss derselbe Vorgang für die linke und rechte Seite noch einmal vorgenommen werden. In diesem Beispiel sind das die Zeilen:

```
if(links < ptr2) my_qsort(links, ptr2);
if(ptr1 < rechts) my_qsort(ptr1, rechts);
```

Damit wird der weitere Vorgang rekursiv für beide Seiten ausgeführt – und zwar so lange, bis die Adresse `links` kleiner als `ptr2` und die Adresse `rechts` größer als `ptr1` ist. Einfach ausgedrückt ist dies der Fall, wenn kein Teilungsprozess mehr möglich ist.

Die Standardfunktion »qsort()«

Sollten Sie in der Praxis vorhaben, einen bereits vorgefertigten Quicksort-Algorithmus einzusetzen, können Sie auch den Standard-Quicksort-Algorithmus `qsort()` verwenden, der in der Standard-Headerdatei *<stdlib.h>* implementiert ist und auch bei C23 noch existiert. Dieser läuft zumeist stabiler und sicherer ab als eine Eigenkreation, da Fehler bei der Implementierung seltener sind. Die Syntax von `qsort()` lautet:

```
void qsort(void *base, size_t num, size_t size,
           int (*cmp)(void *elem1, void *elem2));
```

`base` ist ein Zeiger auf die Adresse des ersten Elements in der Liste oder in einem Array, das sortiert werden soll. Die Anzahl der Elemente geben Sie mit `num` und die Größe der einzelnen Elemente mit `size` an. `cmp` ist eine Adresse auf eine Vergleichsfunktion, die Sie selbst implementieren müssen. Diese Funktion bekommt zwei typenlose Zeiger auf zwei Werte aus Ihrem Array übergeben, die Sie in Ihrer eigenen Funktion miteinander vergleichen müssen. Der Rückgabewert ist vom Typ `int` und <0, wenn `elem1` im sortierten Array vor `elem2` stünde, und >0, wenn im sortierten Array `elem1` nach `elem2` stünde. Ist der Rückgabewert `0`, wären die Positionen von `elem1` und `elem2` gleich. `qsort()` kann also nicht von vornherein wissen, welche Art von Daten (Strukturen, Arrays, Strings, ...) Sie sortieren wollen, und ruft deshalb Ihre eigene Vergleichsfunktion so lange wiederholt auf, bis Ihre Ausgangsdaten sortiert sind. Es folgt nun Listing 23.7, das die Funktion `qsort()` der Standardbibliothek im Zeitvergleich mit unserer Eigenkreation testet.

23

```
/* profiling_quicksort.c */
#include<stdio.h>
#include<stdlib.h>
#include<time.h>
#define MAX 5000000

/* das Array zum Sortieren */
int test_array[MAX];
```

```
void my_qsort(int*, int*);

void init_test_array(void) {
   int i, j;
   for(i = MAX,j=0; i >= 0; i--,j++)
      test_array[j] = i;
}


/* Vergleichsfunktion für qsort() */
int cmp_integer(const void *wert1, const void *wert2) {
   return (*(int*)wert1 - *(int*)wert2);
}

/* Die Funktion erhält einen Zeiger auf das erste
 * und einen zweiten Zeiger auf das letzte Element.
 * Hier werden die Namen »links« und »rechts« verwendet.
 */
void my_qsort(int *links, int *rechts) {
   int *ptr1 = links;
   int *ptr2 = rechts;
   int w, x;
   /* x bekommt die Anfangsadresse der
    * Mitte von »links« und »rechts«
    * Statt der Bitverschiebung hätten Sie
    * auch einfach »geteilt durch 2« rechnen können.
    */
   x = *(links + (rechts - links >> 1));
   do {
      while(*ptr1 < x) ptr1++;
      while(*ptr2 > x) ptr2--;
      if(ptr1 > ptr2)
         break;
      w = *ptr1;
      *ptr1 = *ptr2;
      *ptr2 = w;
   }while(++ptr1 <= --ptr2);
   if(links < ptr2)  my_qsort(links, ptr2);
   if(ptr1 < rechts) my_qsort(ptr1, rechts);
}

int main(void) {
```

```
    clock_t start,ende;

    init_test_array();
    start = clock();
    qsort(test_array, MAX, sizeof(int), cmp_integer);
    ende = clock();
    printf("qsort() der Standard-Library: %.2f\n",
       (float)(ende-start) / (float)CLOCKS_PER_SEC);

    init_test_array();
    start = clock();
    my_qsort(test_array, test_array+MAX);
    ende = clock();
    printf("Selbst geschriebene Quicksort-Funktion %.2f\n",
       (float)(ende-start) / (float)CLOCKS_PER_SEC);
    return EXIT_SUCCESS;
}
```

Listing 23.7 »profiling_quicksort.c« vergleicht die Laufzeit der Funktion »qsort()« der Standard-Bibliothek mit der Eigenkreation in »quicksort.c«.

Zusammenfassung der Sortieralgorithmen

Nun sollen die Sortieralgorithmen ein wenig analysiert werden. Es soll ein Beispiel erstellt werden, in dem drei verschiedene Arten von Daten sortiert werden:

- Zuerst sollen Daten sortiert werden, bei denen das größte Element ganz am Anfang steht und das kleinste Element ganz am Ende. Die Daten sollen in absteigender Reihenfolge vorsortiert sein.
- Anschließend sollen Daten sortiert werden, die bereits in sortierter Form vorliegen. Denn es kann ja immer mal vorkommen, dass Herr Meier die Daten sortiert hat und Herr Müller nichts davon weiß und diese nochmals sortiert.
- Im letzten Beispiel werden Daten sortiert, die mit Zufallsdaten belegt werden.

Die Anzahl der Elemente ist in einem solchen Fall natürlich auch entscheidend. Es werden dafür 1000, 10.000 und am Schluss 100.000 Elemente verwendet, die nach den vorhandenen Zuständen sortiert werden sollen.

Das Programm wurde der Übersicht halber etwas komprimiert. Es ist nur die Ausgabe des Programms von Interesse. Leiten Sie die Standardausgabe am besten in eine Textdatei um, indem Sie im Programm noch vor der `for`-Schleife in der `main()`-Funktion Folgendes eingeben:

```
freopen("benchmark.txt", "a+", stdout);
```

Dies kann jetzt – abhängig vom Rechner – etwas dauern. In Listing 23.8 sehen Sie das kleine Benchmark dazu mit einigen Sortieralgorithmen.

```
/* sortier_benchmark.c */
#include<stdio.h>
#include<time.h>
#include<stdlib.h>
#define MAX 100000

/* ein Array von großen zu kleinen Werten sortieren */
int test_array[MAX];

void init_test_array(int elements) {
   int i, j;
   for(i = elements,j=0; i >= 0; i--,j++)
      test_array[j] = i;
}

/* ein bereits sortiertes Array */
void init_test_array2(int elements) {
   int i;
   for(i = 0; i <= elements; i++)
      test_array[i] = i;
}

/* ein Array mit (Pseudo)-Zufallszahlen */
void init_test_array3(int elements) {
   int i;
   for(i = 0; i <= elements; i++)
      test_array[i] = rand();
}

/* Vergleichsfunktion für qsort() */
int cmp_integer(const void *wert1, const void *wert2) {
   return (*(int*)wert1 - *(int*)wert2);
}

/* Die Funktion erhält einen Zeiger auf das erste
 * und einen zweiten Zeiger auf das letzte Element.
 * Hier werden die Namen »links« und »rechts« verwendet.
 */
void my_qsort(int *links, int *rechts) {
   int *ptr1 = links;
   int *ptr2 = rechts;
   int w, x;
```

```
   /* x bekommt die Anfangsadresse der
    * Mitte von »links« und »rechts«.
    * Statt der Bitverschiebung hätten Sie
    * auch einfach »geteilt durch 2« rechnen können.
    */
   x = *(links + (rechts - links >> 1));
   do {
      while(*ptr1 < x) ptr1++;
      while(*ptr2 > x) ptr2--;
      if(ptr1 > ptr2)
         break;
      w = *ptr1;
      *ptr1 = *ptr2;
      *ptr2 = w;
   } while(++ptr1 <= --ptr2);
   if(links < ptr2) my_qsort(links, ptr2);
   if(ptr1 < rechts) my_qsort(ptr1, rechts);
}

void shellsort (int *array, int elemente) {
  int i, j, temp, n;

   /* Anfangswert für die Distanz errechnen */
  for ( n = 1; n <= elemente/9; n = 3*n+1);
  for (; n > 0; n /= 3) {
     for (i = n; i <= elemente; i++) {
        temp = array[i];
        /* Größer als temp und nicht elemente
         * sowie >= und nicht > */
        for(j = i;
            j >= n && array[j-n] > temp;
            j -= n) {
           array[j] = array[j-n];
        }
        array[j] = temp;
     }
  }
}

void selection(int *array, int elemente) {
   int i, j, mini, temp;

   for(i = 0; i < elemente; i++) {
      mini=i;
```

```
      for(j=i+1; j <= elemente; j++) {
         if(array[j] < array[mini])
            mini=j;
      }
      temp=array[mini];
      array[mini]=array[i];
      array[i]=temp;
   }
}

void insertion(int *array, int elemente) {
   int i, j, temp;

   for(i = 1; i <= elemente; i++) {
      temp=array[i];  /* aktuelles Element zwischenspeichern */
      for(j=i; array[j-1] > temp && j > 0; j--)
         /* solange der Vorgänger größer ist als das
          * aktuelle Element in temp ... */
         array[j] = array[j-1];
      /* gespeichertes Element an neue Position */
      array[j]=temp;
   }
}

void bubble(int *array, int elemente) {
   int i, temp;

   while(elemente--)
      for(i = 1; i <= elemente; i++)
         if(array[i-1] > array[i]) {
            temp=array[i];
            array[i]=array[i-1];
            array[i-1]=temp;
         }
}

int main(void) {
   int i;
   int elemente=1000;
   float zeit;
   clock_t start, ende;

   /* freopen("log.txt","a+",stdout); */
```

```
for(i=1; i<=3; i++, elemente*=10){
   printf("\n\nSortieren von %d Elementen\n\n",elemente);
   printf("\n%d. Versuch : alle %d Elemente muessen "
          "sortiert werden\n\n",i,elemente);

/* Selectionsort */
   init_test_array(elemente); start = clock();
   selection(test_array, elemente-1); ende = clock();
   zeit = (float)(ende-start) / (float)CLOCKS_PER_SEC;
   printf("Selectionsort: %.2f Sekunden\n",zeit);

/* Insertionsort */
   init_test_array(elemente); start = clock();
   insertion(test_array, elemente-1); ende = clock();
   zeit = (float)(ende-start) / (float)CLOCKS_PER_SEC;
   printf("Insertionsort: %.2f Sekunden\n",zeit);

/* Bubblesort */
   init_test_array(elemente); start = clock();
   bubble(test_array, elemente); ende = clock();
   zeit = (float)(ende-start) / (float)CLOCKS_PER_SEC;
   printf("Bubblesort    : %.2f Sekunden\n",zeit);

/* Shellsort */
   init_test_array(elemente); start = clock();
   shellsort(test_array, elemente-1); ende = clock();
   zeit = (float)(ende-start) / (float)CLOCKS_PER_SEC;
   printf("Shellsort     : %.2f Sekunden\n",zeit);

/* Quicksort */
   if(elemente < 50000){
      init_test_array(elemente); start = clock();
      my_qsort(test_array, test_array+elemente);
      ende = clock();
      zeit = (float)(ende-start) / (float)CLOCKS_PER_SEC;
      printf("Quicksort     : %.2f Sekunden\n",zeit);
   }

/* qsort aus der Standard-Bibliothek <stdlib.h> */
   init_test_array(elemente); start = clock();
   qsort(test_array, elemente, sizeof(int), cmp_integer);
   zeit = (float)(ende-start) / (float)CLOCKS_PER_SEC;
   printf("qsort         : %.2f Sekunden\n",zeit);
```

```
   /* 2. Versuch, eine bereits sortierte Liste */
      printf("\n%d. Versuch : keins der %d Elemente muss "
             "sortiert werden\n\n",i,elemente);

/* Selectionsort */
      init_test_array2(elemente); start = clock();
      selection(test_array, elemente-1); ende = clock();
      zeit = (float)(ende-start) / (float)CLOCKS_PER_SEC;
      printf("Selectionsort: %.2f Sekunden\n",zeit);

   /* Insertionsort */
      init_test_array2(elemente); start = clock();
      insertion(test_array, elemente-1); ende = clock();
      zeit = (float)(ende-start) / (float)CLOCKS_PER_SEC;
      printf("Insertionsort: %.2f Sekunden\n",zeit);

   /* Bubblesort */
      init_test_array2(elemente); start = clock();
      bubble(test_array, elemente); ende = clock();
      zeit = (float)(ende-start) / (float)CLOCKS_PER_SEC;
      printf("Bubblesort   : %.2f Sekunden\n",zeit);

   /* Shellsort */
      init_test_array2(elemente); start = clock();
      shellsort(test_array, elemente-1); ende = clock();
      zeit = (float)(ende-start) / (float)CLOCKS_PER_SEC;
      printf("Shellsort    : %.2f Sekunden\n",zeit);

   /* Quicksort */
      init_test_array2(elemente); start = clock();
      my_qsort(test_array, test_array+elemente); ende = clock();
      zeit = (float)(ende-start) / (float)CLOCKS_PER_SEC;
      printf("Quicksort    : %.2f Sekunden\n",zeit);

   /* qsort aus der Standard-Bibliothek <stdlib.h> */
      init_test_array2(elemente); start = clock();
      qsort(test_array, elemente, sizeof(int), cmp_integer);
      zeit = (float)(ende-start) / (float)CLOCKS_PER_SEC;
      printf("qsort        : %.2f Sekunden\n",zeit);

   /* 3. Versuch Zufallsdaten */
      printf("\n%d. Versuch : %d Zufallszahlen muessen"
             "sortiert werden\n\n",i,elemente);
```

```
  /* Selectionsort */
    init_test_array3(elemente); start = clock();
    selection(test_array, elemente-1); ende = clock();
    zeit = (float)(ende-start) / (float)CLOCKS_PER_SEC;
    printf("Selectionsort: %.2f Sekunden\n",zeit);

  /* Insertionsort */
    init_test_array3(elemente); start = clock();
    insertion(test_array, elemente-1); ende = clock();
    zeit = (float)(ende-start) / (float)CLOCKS_PER_SEC;
    printf("Insertionsort: %.2f Sekunden\n",zeit);

  /* Bubblesort */
    init_test_array3(elemente); start = clock();
    bubble(test_array, elemente); ende = clock();
    zeit = (float)(ende-start) / (float)CLOCKS_PER_SEC;
    printf("Bubblesort   : %.2f Sekunden\n",zeit);

/* Shellsort */
    init_test_array3(elemente); start = clock();
    shellsort(test_array, elemente-1); ende = clock();
    zeit = (float)(ende-start) / (float)CLOCKS_PER_SEC;
    printf("Shellsort    : %.2f Sekunden\n",zeit);

  /* Quicksort */
    init_test_array3(elemente); start = clock();
    my_qsort(test_array,test_array+elemente); ende = clock();
    zeit = (float)(ende-start) / (float)CLOCKS_PER_SEC;
    printf("Quicksort    : %.2f Sekunden\n",zeit);

  /* qsort aus der Standard-Bibliothek <stdlib.h> */
    init_test_array3(elemente); start = clock();
    qsort(test_array, elemente, sizeof(int), cmp_integer);
    zeit = (float)(ende-start) / (float)CLOCKS_PER_SEC;
    printf("qsort        : %.2f Sekunden\n",zeit);
  }/* Ende for */
  return EXIT_SUCCESS;
}
```

Listing 23.8 Das Sortierbenchmark aus diesem Listing vergleicht die Laufzeit der bisher behandelten Sortierverfahren. »qsort()« und »my_qsort()« sind dabei die schnellsten Verfahren und liegen dicht beieinander.

In Tabelle 23.1 finden Sie eine Analyse der einzelnen Sortierfunktionen. Die Laufzeit ist in Sekunden [s] angegeben. Bei einigen Algorithmen wurde die Anzahl der Elemente nochmals erhöht, da diese bei den Anforderungen eine kaum nennenswerte Zeit benötigen.

Anzahl	**Datenart**	**Selek-tion [s]**	**Inser-tion [s]**	**Bubble [s]**	**Shell [s]**	**»my_qsort« [s]**	**»qsort()« [s]**
1000	alle sortieren	0,03	0,04	0,02	0,06	0,11	0,12
1000	sortiert	0,04	0,04	0,03	0,05	0,10	0,11
1000	Zufall	0,03	0,04	0,04	0,06	0,11	0,11
10.000	alle sortieren	0,34	0,53	1,04	0,15	0,13	0,14
10.000	sortiert	0,36	0,07	0,45	0,04	0,15	0,13
10.000	Zufall	0,36	0,27	1,09	0,11	0,15	0,14
25.000	alle sortieren	2,32	3,79	7,74	0,13	0,16	0,15
25.000	sortiert	3,03	0,09	2,77	0,16	0,13	0,14
25.000	Zufall	2,84	1,71	7,10	0,15	0,16	0,15
50.000	alle sortieren	9,79	14,84	27,79	0,17	0,17	0,16
50.000	sortiert	10,15	0,10	10,01	0,18	0,18	0,17
50.000	Zufall	9,82	6,60	28,74	0,17	0,19	0,17
100.000	alle sortieren	33,55	52,39	97,87	0,19	0,19	0,18
100.000	sortiert	32,51	0,04	32,81	0,18	0,19	0,18
100.000	Zufall	32,60	27,40	119,58	0,19	0,18	0,19
100.0000	alle sortieren	–	–	–	0,40	0,25	0,20
1.000.000	sortiert	–	–	–	0,31	0,19	0,19
1.000.000	Zufall	–	–	–	1,17	0,45	0,18
5.000.000	alle sortieren	–	–	–	2,10	0,60	0,32

Tabelle 23.1 Grober Zeitvergleich einiger Sortieralgorithmen

Anzahl	Datenart	Selektion [s]	Insertion [s]	Bubble [s]	Shell [s]	»my_qsort« [s]	»qsort()« [s]
5.000.000	sortiert	–	–	–	1,26	0,55	0,30
5.000.000	Zufall	–	–	–	9,75	2,10	0,40

Tabelle 23.1 Grober Zeitvergleich einiger Sortieralgorithmen (Forts.)

Mithilfe dieser Analyse können Sie sich nun ein etwas detaillierteres Bild von der Effizienz der einzelnen Algorithmen machen. Natürlich sollten Sie diese Laufzeitmessung nicht allzu genau nehmen. Für eine exaktere und genauere Messung sollten Sie auf jeden Fall einen Profiler einsetzen. Denn das Programm zur Laufzeitmessung ist während der Ausführung sicherlich nicht das einzige Programm, das gerade auf Ihrem System läuft.

Die Frage nach dem besten Algorithmus lässt sich allerdings auch mit solch einer Analyse nicht exakt klären. Diese ist auch sehr abhängig von der Verteilung und Art der Daten, die es zu sortieren gilt. Außerdem ist es auch möglich, die einzelnen Algorithmen weiter zu optimieren. Beim Thema Algorithmen kommen Sie nicht umhin, weitere Literatur zurate zu ziehen.

23.2.2 Suchalgorithmen

Eine wichtige grundlegende Arbeit, die ein Computer zu verrichten hat, ist die Suche nach Daten. Oft müssen bestimmte Informationen aus einer großen Menge zuvor gespeicherter Informationen gefunden werden. Ein gutes Beispiel für die Suche in großen Datenmengen ist eine Suchmaschine, wie beispielsweise *google.de*, aber auch eine beliebige Datenbank.

Es gibt zwar sehr viel Literatur über Suchalgorithmen, sodass ich darüber nachgedacht hatte, diesen Abschnitt hier nicht aufzunehmen. Ich möchte aber doch, dass Sie an dieser Stelle die grundlegenden Funktionsweisen von Suchalgorithmen kennenlernen. Dann können Sie auch weiterführende Literatur, wie z. B. das schon angesprochene Standardwerk »Algorithmen und Datenstrukturen« von T. Ottmann und P. Widmayer, besser verstehen, das sehr oft im Studium benutzt wird. Die Einleitung in diesem Abschnitt sollte also helfen, sich schnell in weiterführende Themen einarbeiten.

Zuerst soll es kurz um einige Voraussetzungen gehen. Was sind die Voraussetzungen, die ein Datensatz erfüllen muss, damit man ihn gut finden kann? Idealerweise verfügt jeder Datensatz unter anderem über einen eindeutigen Schlüssel. Dieser wird dann bei der Suche verwendet, beispielsweise so:

```
struct data {
   char ort[MAX];
   unsigned int postleitzahlen;
};
```

Dieses Beispiel stellt ein Verzeichnis für Postleitzahlen dar. Der Schlüssel ist in diesem Fall die Postleitzahl. Wird die Postleitzahl gefunden, gibt die Suche den zugehörigen Ort aus. Eine weitere Voraussetzung für eine schnelle Suche kann natürlich auch ein vorangegangenes Sortieren sein. Schließlich werden Daten ja sortiert, um die Suche zu beschleunigen.

Mithilfe der Suche lassen sich folgende Operationen durchführen:

- Daten initialisieren
- Daten einfügen
- Daten löschen
- Daten sortieren

Anhand dieser Operationen können Sie erkennen, dass ohne Suche kaum eine richtige Datenorganisation möglich ist.

Lineare Suche

Die einfachste und bequemste Form der Suche von Daten ist die lineare Suche. Bei der linearen Suche werden die Daten vom Anfang bis zum Ende durchlaufen, bis ein Datensatz mit dem Suchergebnis übereinstimmt. Die lineare Suche hat folgende Vorteile:

- einfache Implementierung und Erstellung mit verketteten Listen oder Arrays
- Es kann auch in nicht sortierten Daten gesucht werden.
- Eine bereits sortierte Liste bleibt auch dann sortiert, wenn ein neues Element eingefügt wird.

Der Nachteil der linearen Suche ist Ihnen wahrscheinlich klar. Bei einem großen Datensatz dauert die Suche relativ lang, speziell dann, wenn sich das gesuchte Element am Ende der Liste befindet. In Listing 23.9 sehen Sie ein einfaches Beispiel für eine lineare Suche.

```
/* lineare_suche.c */
#include<stdio.h>
#include<string.h>
#include<stdlib.h>
#define MAX 255

struct plz{
```

```
   char ort[MAX];
   unsigned int postleit;
};

struct plz postleitzahlen[100];
static int N;

/* initialisieren */
void init(void) {
   N = 0;
   postleitzahlen[N].postleit = 0;
   strcpy(postleitzahlen[N].ort, "init");
}

void einfuegen(unsigned int p, char *o) {
   postleitzahlen[++N].postleit = p;
   strcpy(postleitzahlen[N].ort, o);
}

void suche(unsigned int key) {
   int i;
   for(i=0; i<=N; i++)
   if(postleitzahlen[i].postleit == key) {
      printf("Der Ort zur Postleitzahl %d : %s\n",
         key,postleitzahlen[i].ort);
      return;
   }
   printf("Für den Wert %d konnte keine Postleitzahl "
          "gefunden werden!\n",key);
}

int main(void) {
   int wahl;
   unsigned int search, post;
   char new_ort[MAX];
   init();

   do {
      printf("-1- Postleitzahl suchen\n");
      printf("-2- Postleitzahl hinzufuegen\n");
      printf("-3- Ende\n\n");
      printf("Ihre Wahl : ");
      scanf("%d",&wahl);
      getchar();
```

```
      if(wahl == 1) {
         printf("Welche Postleitzahl suchen Sie?: ");
         scanf("%5u",&search);
         suche(search);
      }
      else if(wahl == 2) {
         printf("Neue Postleitzahl : ");
         scanf("%5u",&post);
         getchar();
         printf("Ort für PLZ %d : ",post);
         fgets(new_ort, MAX, stdin);
         einfuegen(post, strtok(new_ort, "\n") );
      }
   } while(wahl!=3);
   return EXIT_SUCCESS;
}
```

Listing 23.9 »lineare_suche.c« durchsucht ein Array mit Postleitzahlen linear – dies ist die einfachste Art der Suche mit der längsten möglichen Laufzeit.

Natürlich kann die Suche auch so verändert werden, dass zu einem Ort die Postleitzahl gesucht wird. Dazu muss nur die Suchfunktion ein wenig umgeschrieben werden:

```
void suche(char *o) {
   int n=N;
   int i;
   for(i=0; i<=N; i++)
      if(strcmp(postleitzahlen[i].ort,o) == 0) {
         printf("Der Ort zur Postleitzahl %d : %s\n",
            key,postleitzahlen[i].ort);
         return;
      }
   printf("Für den Wert %s konnte keine Postleitzahl "
          "gefunden werden!\n",o);
}
```

In den einfachsten Fällen – bei wenigen Daten – dürfte die lineare Suche völlig ausreichend sein.

Binäre Suche

Die binäre Suche eignet sich sehr gut bei etwas größeren Datensätzen. Sie arbeitet nach dem Prinzip »Teile und herrsche«. Der vollständige Datensatz wird sortiert und anschließend in zwei Teile zerlegt. Ist das aktuelle Element größer als das gesuchte, wird mit dem Element, das links vom aktuellen Element (oft auch als *Pivot-Element* bezeichnet) liegt, verglichen. Ist das aktuelle kleiner, wird mit dem Element rechts verglichen. Ist die Suche erfolglos, wird die Liste wieder in zwei Teile aufgeteilt – natürlich unter der Bedingung, dass das Element in der Mitte größer oder kleiner als das gesuchte ist. Im schlechtesten Fall wird nach dem ersten oder dem letzten Element gesucht.

Diese Art der Suche scheint für reine Suchergebnisse optimal zu sein. Sollten Sie aber vorhaben, Elemente in den Datensatz einzufügen, wird die schnelle Suche durch ein langsames Einfügen erkauft. Beim Einfügen eines neuen Elements muss also dafür gesorgt werden, dass die Daten sortiert bleiben. Das heißt, dass z. B. in einer verketteten Liste zuerst nach der korrekten Einfügeposition gesucht werden muss.

Das Beispiel in Listing 23.10 setzt voraus, dass die Liste bereits sortiert ist. Eine Sortierfunktion können Sie zur Übung selbst einfügen, z. B. `qsort()`.

```
/* binaere_suche.c */
#include<stdio.h>
#include<string.h>
#include<stdlib.h>
#define MAX 255

struct plzn{
   char ort[MAX];
   unsigned int plz;
};

struct plzn postleitzahlen[100];
static int N;

/* initialisieren */
void init(void) {
   N = 0;
   postleitzahlen[N].plz = 0;
   strcpy(postleitzahlen[N].ort, "dummy");
}

void einfuegen(unsigned int p, char *o) {
   postleitzahlen[++N].plz = p;
   strcpy(postleitzahlen[N].ort, o);
}
```

23

```
int binaere_suche(unsigned int key) {
   int l=1;
   int r=N;
   int x;

   while(r >= l) {
      x=(l+r)/2;
      if(key < postleitzahlen[x].plz) /* kleiner? */
         r=x-1;  /* Rechte Seite ist nicht mehr so interessant. */
       else      /* dann halt größer */
         l=x+1;  /* Linke Seite ist nicht mehr so interessant. */
       if(key == postleitzahlen[x].plz)
          return x;      /* gefunden; x = Position */
   }
   return -1; /* nicht gefunden */
}

int main(void) {
   int wahl, ret;
   unsigned int search, post;
   char new_ort[MAX];

   init();
   do {
      printf("-1- Postleitzahl suchen\n");
      printf("-2- Postleitzahl hinzufuegen\n");
      printf("-3- Ende\n\n");
      printf("Ihre Wahl : ");
      scanf("%d",&wahl);
      getchar();
      if(wahl == 1) {
         printf("Welche Postleitzahl suchen Sie?: ");
         scanf("%5u",&search);
         ret=binaere_suche(search);
         if(ret == -1)
            printf("Kein Ergebnis auf Ihre Anfrage!\n");
         else
            printf("Die Antwort auf %d : "
                   "%s\n",search,postleitzahlen[ret].ort);
      }
      else if(wahl == 2) {
```

```
        printf("Neue Postleitzahl : ");
        scanf("%5u",&post);
        getchar();
        printf("Ort für PLZ %d : ",post);
        fgets(new_ort, MAX, stdin);
        einfuegen(post, strtok(new_ort, "\n") );
      }
   } while(wahl!=3);
   return EXIT_SUCCESS;
}
```

Listing 23.10 »binaere_suche.c« durchsucht ein Array mit binärer Suche, was sehr schnell geht – vorausgesetzt, dass das Array schon vorsortiert wurde.

Die binäre Suche eignet sich also für eine kleinere bereits sortierte Datenmenge hervorragend.

Suche in binären Bäumen

Verkettete Listen kennen Sie schon aus Kapitel 22, »Dynamische Datenstrukturen«. Jedoch dürften binäre Suchbäume wohl als *die* Methode der Informatik schlechthin angesehen werden. Binäre Bäume (auch kurz *Binärbäume*) sind speziell aufgebaute Bäume, bei denen ein Knoten maximal zwei Unterknoten haben kann. *Bäume* bestehen also aus *Knoten* und Unterknoten, die an den betreffenden Knoten hängen. Dabei verbinden die *Kanten* immer einen Knoten mit den entsprechenden Knoten der unteren Ebene. Den Hauptknoten eines Baues nennt man *Wurzel*, weil er keine übergeordneten Knoten besitzt.

Da die oben angeführte Definition von Bäumen sehr abstrakt und theoretisch ist, nehme ich als Ausgangspunkt eine lineare Liste, die doppelt verkettet ist (siehe dazu auch Abbildung 23.16).

23

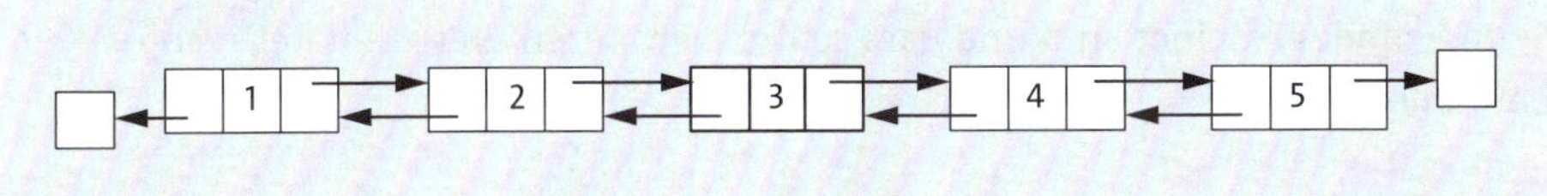

Abbildung 23.16 Doppelt verkettete Liste mit 5 Einträgen

Diese verkettete Liste soll in einen Binärbaum konvertiert werden. Das einfachste Verfahren ist, das mittlere Element der Liste (also die Zahl 3) als Wurzel zu betrachten und erst einmal die Zahlen 2 und 4 an die Wurzel anzuhängen. Anschließend wird das erste Element in der Liste (die Zahl 1) links und das letzte Element in der Liste (die Zahl 5) rechts in den Baum eingehängt. Abbildung 23.17 zeigt das Ergebnis.

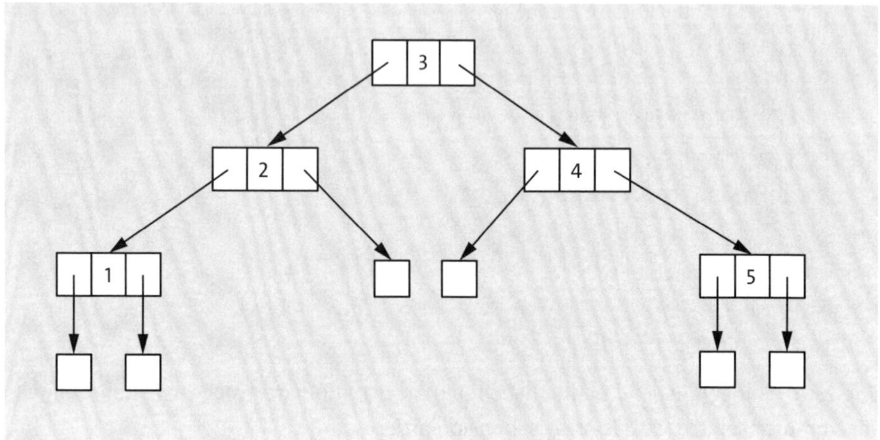

Abbildung 23.17 Die doppelt verkettete Liste, dargestellt als Binärbaum

Welchen Vorteil bietet nun der Binärbaum? Erstens geht das Einfügen von neuen Elementen sehr schnell, und zweitens bleibt der Baum beim Einfügen neuer Elemente stets sortiert, wenn Sie den richtigen Einfüge-Algorithmus benutzen. Sie haben also quasi den Nachteil einer reinen linearen Liste (langsames Einfügen neuer Elemente) behoben. Natürlich erkaufen Sie sich diese Zeitersparnis durch ein etwas komplexeres Programm. Um sich die Zeitersparnis durch einen Baum bewusst zu machen, zählen Sie am besten die Schritte, die benötigt werden, um von der Wurzel des Baumes zum Wert 5 zu gelangen (also bis zu einem Wert der untersten Ebene). Dasselbe machen Sie jetzt mit der verketteten Liste. Wie Sie sehen, benötigen Sie mit dem Baum 3 Schritte (3, 4, 5), mit der verketteten Liste 5 Schritte (1, 2, 3, 4, 5). Mit binären Suchbäumen lassen sich die Suchwege also erheblich verkürzen. Bei »primitiven« Beispielen gibt es natürlich kaum Unterschiede bei der Laufzeit beider Verfahren (also verketteter Listen bzw. Bäumen), aber je größer der Datenbestand wird, desto schneller sind Bäume gegenüber verketteten Listen. Zudem ist (bei der grafischen Darstellung des binären Baumes) auffällig, dass alle Werte, die sich auf der linken Seite befinden, kleiner sind und dass sich die größeren Werte auf der rechten Seite befinden.

Die Grundbegriffe bei Bäumen im Detail

Der Begriff *Baum* (engl. *tree*) wird verwendet, da die eben besprochene Datenstruktur in der Tat die Form eines Baumes hat, der allerdings auf den Kopf gestellt ist (die Wurzel liegt also oben). Auch die einzelnen Elemente heißen ähnlich wie die eines Baumes. Bäume werden auch als *hierarchische Datenstrukturen* bezeichnet, weil sie so aufgeteilt werden, dass ein Knoten immer nur mit Knoten einer unteren Ebene verbunden werden kann (siehe auch Abbildung 23.18).

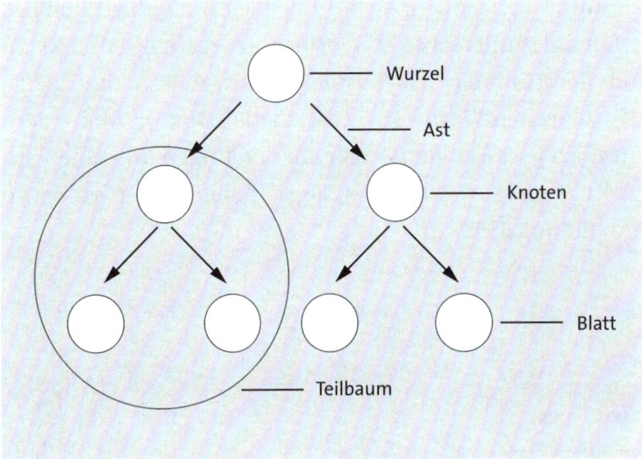

Abbildung 23.18 Gliederung eines binären Baumes

Ein Baum besteht stets aus folgenden Elementen:

- *Wurzel* (engl. *root*): Dieser Knoten ist der einzige, der keinen Vorgänger besitzt. Wie bei einem echten Baum können Sie sich das als Wurzel vorstellen – nur dass in der Informatik die Wurzel oben ist.
- *Ast, Kante* (engl. *edges*): Jeder Baum besteht aus einzelnen Knoten, die mit einem Ast verbunden sind.
- *Knoten* (engl. *node*): Knoten sind die eigentlichen Elemente, die über alle Informationen wie Daten und Zeiger zum rechten und linken Knoten verfügen. Ein Knoten ist die Struktur selbst. Beim binären Baum hat jeder Knoten nicht mehr als zwei Nachfolger (daher auch »bi« = zwei). Es gibt zwar auch Bäume mit mehreren Nachfolgern, allerdings handelt es sich dann nicht mehr um binäre Bäume.
- *Blatt* (engl. *leaf*): Blätter sind Knoten, die keinen Nachfolger besitzen.
- *Teilbaum*: Ein Knoten mit einem linken und einem rechten Nachfolger wird als Teilbaum bezeichnet.
- *Tiefe* (engl. *level*): Als Tiefe wird die Anzahl der Nachfolgeroperationen bezeichnet, die erforderlich sind, um von der Wurzel des Baumes zu einem bestimmten Knoten zu gelangen. Die Tiefe n kann dann 2n – 1 einzelne Knoten enthalten.

Mit diesem Grundwissen können Sie beginnen, einen binären Baum zu programmieren. Zuerst wird die Struktur eines Knotens benötigt:

```
struct knoten {
   int wert;
   struct knoten *links;
   struct knoten *rechts;
};
```

Wenn Sie genau hinschauen, entdecken Sie sehr viel Ähnlichkeit mit verketteten Listen, bei denen jedoch nicht von links und rechts, sondern von Vorgängern und Nachfolgern die Rede ist. Damit der Umfang des Beispiels nicht zu sehr anwächst, begnügen wir uns mit der Eingabe eines Wertes (`int wert`) in die Struktur. Außer dem `int`-Wert besitzt die Struktur noch jeweils einen Zeiger auf den linken und einen auf den rechten Nachfolger des Knotens. Somit können Sie sich die Struktur vom Typ `knoten` so vorstellen wie in Abbildung 23.19.

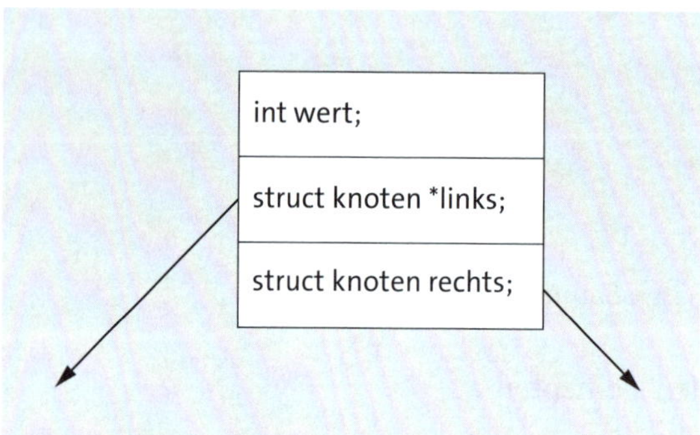

Abbildung 23.19 Die Datenstruktur eines binären Baumes

Elemente im binären Baum einordnen

Als Erstes wird eine Funktion benötigt, mit der Werte in den binären Baum eingeordnet werden. Die kleineren Werte sollen dabei immer auf der linken Seite und die größeren Werte auf der rechten Seite eingeordnet werden. Hier folgt nochmals die Struktur. Es wurde außerdem mit `typedef` ein neuer Datentyp namens `KNOTEN` definiert:

```
struct knoten {
   int wert;
   struct knoten *links;
   struct knoten *rechts;
};

typedef struct knoten KNOTEN; // Das typedef muss genau hier stehen!

KNOTEN *einordnen(KNOTEN *zeiger) {
   //---->Funktionen ...
```

Folgende drei Möglichkeiten können beim Einordnen in den binären Baum auftreten:

1. Es befindet sich noch kein Element im Baum (genauer: es fehlt noch die Wurzel – *root*), und das eingefügte ist das erste Element und somit die Wurzel des Baumes:

```
if(zeiger==NULL) {
   zeiger=(KNOTEN*)malloc(sizeof(KNOTEN));
   zeiger->wert=zahl;
   zeiger->links=zeiger->rechts=NULL;
}
```

2. Der neue Wert ist kleiner als die Wurzel bzw. bei weiterem Verlauf kleiner als der Knoten, und somit wird der neue Wert links von der Wurzel bzw. dem Knoten eingeordnet:

   ```
   else if(zeiger->wert >= zahl)
      zeiger->links=einordnen(zeiger->links);
   ```

   Hier erfolgt der erste rekursive Aufruf. Der Zeiger `zeiger`, der nach `links` verweist, erhält die Adresse `links` vom aktuellen Knoten durch einen erneuten Funktionsaufruf mit `einordnen(zeiger->links)`. Dieser erneute Funktionsaufruf muss natürlich noch nicht die Adresse zurückliefern. Der Baum wird so lange weiter nach unten abgesucht, bis ein passender Platz gefunden wurde.

3. Die dritte und letzte Möglichkeit: Der Wert des neuen Elements ist größer als die Wurzel bzw. der Knoten. Somit kommt dieser Wert auf die rechte Seite der Wurzel bzw. des Knotens:

   ```
   else if(zeiger->wert < zahl)
      zeiger->rechts=einordnen(zeiger->rechts);
   ```

   Trifft die zweite oder dritte Möglichkeit zu, wird der Baum so lange nach rechts oder links durchlaufen (durch weitere rekursive Aufrufe), bis keine der beiden Möglichkeiten mehr zutrifft. Dann wurde der Platz für das neue Element gefunden.

In Listing 23.11 sehen Sie die vollständige Funktion zum Einordnen eines neuen Elements in den binären Baum mitsamt der `main()`-Funktion.


```
/* btree_1.c */
#include<stdio.h>
#include<stdlib.h>

struct knoten{
   int wert;
   struct knoten *links;
   struct knoten *rechts;
};
typedef struct knoten KNOTEN;

/* globale Variable */
int zahl;
```

```
KNOTEN *einordnen(KNOTEN *zeiger)  {
   if(zeiger == NULL) {
      zeiger = malloc(sizeof(KNOTEN));
      if(zeiger==NULL) {
         printf("Konnte keinen Speicherplatz reservieren!\n");
         exit (EXIT_FAILURE);
      }
      zeiger->wert=zahl;
      zeiger->links=zeiger->rechts=NULL;
   }
   else if(zeiger->wert >= zahl)
      zeiger->links=einordnen(zeiger->links);
   else if(zeiger->wert < zahl)
      zeiger->rechts=einordnen(zeiger->rechts);
   return (zeiger);
}

int main(void) {
   KNOTEN *wurzel=NULL;

   do {
      printf("Bitte Zahl eingeben : ");
      scanf("%d",&zahl);
      wurzel=einordnen(wurzel);
   } while(zahl != 0);
   return EXIT_SUCCESS;
}
```

Listing 23.11 »btree_1.c« verwendet eine binäre Baumstruktur, um neue Elemente schnell und sortiert einzufügen.

Nun betrachten wir den theoretischen Ablauf des Programms: Das Programm wurde gestartet, und der erste Wert sei die 10. Jetzt wird mit `wurzel=einordnen(wurzel)` die Funktion zum Einfügen des Wertes aufgerufen. Bei der ersten Eingabe trifft gleich die erste `if`-Bedingung zu:

```
if(zeiger == NULL)
```

Somit ist die Zahl 10 das erste Element und gleichzeitig die Wurzel des Baumes. Die beiden Zeiger `links` und `rechts` bekommen den `NULL`-Zeiger zugewiesen (siehe Abbildung 23.20).

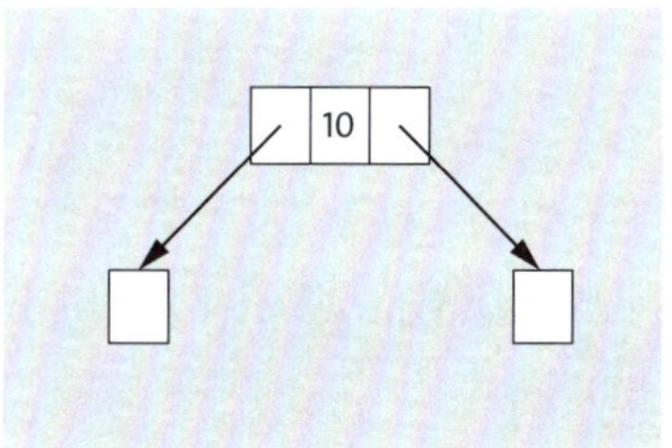

Abbildung 23.20 Die Wurzel des Baumes

Als Nächstes sei die Zahl 8 gegeben. Wieder wird über die `main()`-Funktion die Funktion `einordnen()` aufgerufen. Dieses Mal ist es aber (`zeiger==NULL`) falsch, denn das erste Element bzw. die Wurzel des Baumes ist die Zahl 10. Die nächste `else if`-Bedingung ist:

```
else if(zeiger->wert >= zahl)
```

Das trifft zu, denn `zeiger->wert` (10) ist größer als die eingegebene Zahl. Es folgt der erste Funktionsselbstaufruf:

```
zeiger->links=einordnen(zeiger->links);
```

Jetzt soll der Zeiger `zeiger`, der auf `links` verweist, die Adresse vom erneuten Funktionsaufruf `einordnen(zeiger->links)` zugewiesen bekommen. Alles beginnt wieder von vorn:

```
if(zeiger==NULL)
```

Und tatsächlich zeigt der Zeiger `zeiger` jetzt auf `NULL`, da er ja zuvor durch den erneuten Aufruf die Adresse von der linken Seite des ersten Elements (10) erhalten hat. Also wird erst Speicher alloziert und dann das neue Element eingefügt. Der linke und der rechte Zeiger des neuen Elements bekommen wieder jeweils den `NULL`-Zeiger zugewiesen (siehe Abbildung 23.21).

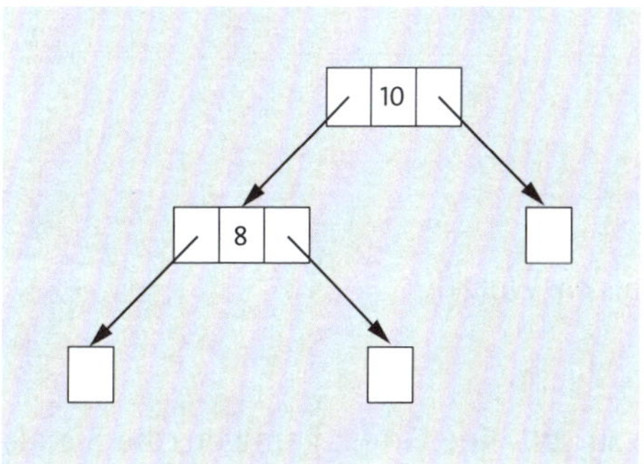

Abbildung 23.21 Kleinere Elemente wie die Wurzel kommen auf die linke Seite.

Als Nächstes sei die Zahl 9 gegeben. Im ersten Durchlauf wird

```
else if(zeiger->wert >= zahl)
   zeiger->links=einordnen(zeiger->links);
```

wie schon zuvor ausgeführt. Jetzt verweist der Zeiger `zeiger` auf die Adresse mit dem Wert 8. Also ist `zeiger==NULL` nicht wahr, und die Bedingung

```
else if(zeiger->wert >= zahl)
```

ist auch nicht wahr, denn `zeiger->wert` (8) ist dieses Mal nicht größer oder gleich der aktuellen Zahl (9). Die nächste `else if`-Anweisung

```
else if(zeiger->wert < zahl)
```

ist jetzt wahr, denn (8 < 9) trifft zu. Dies ist der zweite rekursive Funktionsaufruf (einer liegt ja schon auf dem Stack):

```
zeiger->rechts=einordnen(zeiger->rechts);
```

Jetzt bekommt der Zeiger `zeiger`, der auf `rechts` verweist, die Adresse von `einordnen(zeiger->rechts)`. Das ist übrigens auch der Grund, weshalb die Funktion einen Rückgabewert vom Typ `KNOTEN *` hat. Auf zum erneuten Durchlauf der Funktion: `zeiger==NULL` trifft jetzt zu, also wurde der Platz für das neue Element gefunden (siehe Abbildung 23.22).

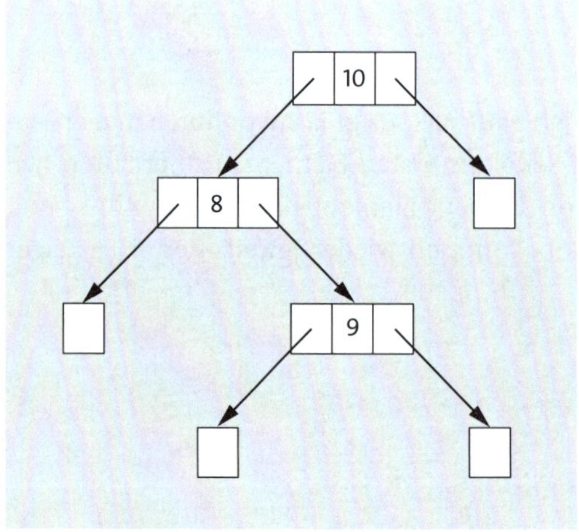

Abbildung 23.22 Das neue Element ist kleiner als die Wurzel, aber größer als der Nachfolgerknoten.

Als Nächstes sei die Zahl 20 gegeben. Hierzu soll eine Grafik genügen, die Sie als Übung selbst durchgehen können (siehe Abbildung 23.23).

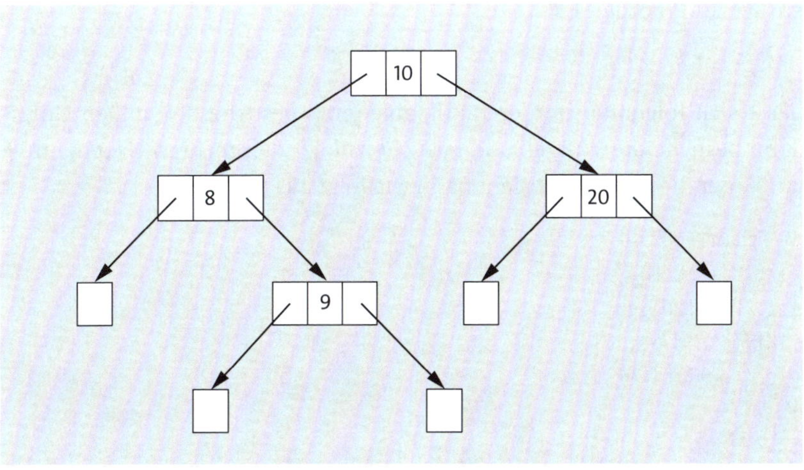

Abbildung 23.23 Elemente, die größer als die Wurzel sind, kommen auf die rechte Seite.

Binäre Bäume durchlaufen

Die einzelnen Knoten, die zuvor erzeugt wurden, werden nun besucht bzw. in diesem Fall ausgegeben. Dieser Vorgang wird auch als *Traversieren von Bäumen* bezeichnet. Es gibt zwei gängige Möglichkeiten, die Bäume zu traversieren. Zur Demonstration wird der eben erstellte binäre Baum verwendet:

1. Die erste Variante ist die *Preorder-Traversierung*. Gemäß der Preorder-Traversierung wird zuerst die Wurzel mit dem Wert 10 besucht, anschließend der Knoten mit dem Wert 8. Es folgt der Knoten mit dem Wert 9. Als Letztes wird der Knoten mit dem Wert 20 besucht. Diese Preorder-Taktik läuft wie folgt ab: »Besuche die Wurzel, dann besuche den linken Unterbaum, als Nächstes besuche den rechten Unterbaum.« Die Funktion, die das Verfahren realisiert, sieht so aus wie in Listing 23.12.

```
void zeige_baum(KNOTEN *zeiger) {
   if(zeiger != NULL) {
      printf("\n%d->",zeiger->wert);
      zeige_baum(zeiger->links);
      zeige_baum(zeiger->rechts);
   }
}
```

Listing 23.12 Die rekursive Funktion zur Ausgabe aller Elemente in einem binären Baum ist relativ einfach.

2. Die zweite Möglichkeit ist die sogenannte *Inorder-Traversierung*. Bei dieser Möglichkeit werden die Knoten in folgender Reihenfolge besucht:

```
8->9->10->20
```

23

im Gegensatz zur Preorder:

```
10->8->9->20
```

Daraus lässt sich folgende Inorder-Taktik ableiten: »Besuche den linken Unterbaum, dann besuche die Wurzel, und besuche zuletzt den rechten Unterbaum.« Die Funktion der Inorder-Taktik sieht dann wie folgt aus:

```
void zeige_baum(KNOTEN *zeiger) {
   if(zeiger != NULL) {
      zeige_baum(zeiger->links);
      printf("\n%d->",zeiger->wert);
      zeige_baum(zeiger->rechts);
   }
}
```

Es ist kaum eine Änderung zur Preorder-Traversierung festzustellen, nur dass bei der Inorder-Traversierung zuerst mit dem am weitesten links unten liegenden Knoten oder Blatt angefangen wird und bei der Preorder mit der Wurzel.

Es gibt noch eine dritte Möglichkeit: »Besuche den linken Unterbaum, besuche den rechten Unterbaum und dann besuche die Wurzel.« Diese Methode benötigen Sie eigentlich nur bei Postfix-Notationen.

Löschen eines Elements im binären Baum

Jetzt folgt ein etwas komplizierteres Problem: das Löschen eines Elements im Baum. Sie haben folgende Möglichkeiten:

1. Die einfachste Form ist die Entfernung eines Blattes, da dieses keinen Nachfolger mehr hat.
2. Die zweite Möglichkeit ist die Entfernung eines Knotens mit nur einem Nachfolger.
3. Die letzte Möglichkeit ist gleichzeitig auch die schwierigste. Es muss ein Knoten gelöscht werden, der zwei Nachfolger hat.

Zuerst benötigen Sie eine Funktion, um den zu löschenden Knoten zu suchen (siehe Listing 23.13).

```
void loesche(KNOTEN **zeiger, int such) {
   if((*zeiger) == NULL)
      printf("Baum ist leer\n");
   else if((*zeiger)->wert == such) /* Gefunden! */
      loesche_knoten(zeiger);
   else if((*zeiger)->wert >= such)
      loesche(&((*zeiger)->links),such);
```

```
   else
      loesche(&((*zeiger)->rechts),such);
}
```

Listing 23.13 Auch die rekursive Funktion zum Löschen eines Elements in einem binären Baum ist relativ einfach.

Der Funktion `loesche()` werden als Argumente die Wurzel (`zeiger`) und der zu suchende Wert (`such`) übergeben. Als Erstes wird überprüft, ob überhaupt eine Wurzel vorhanden ist (`if((*zeiger) == NULL)`). Danach wird getestet, ob der Wert schon gefunden wurde (`else if((*zeiger)->wert == such)`). Wurde der Wert gefunden, wird die Funktion `loesche_knoten()` mit dem `zeiger` auf den gefundenen Wert aufgerufen. Als Nächstes (falls der Knoten noch nicht gefunden wurde) wird überprüft, ob der Wert, auf den der Zeiger `zeiger` verweist, größer oder gleich dem gesuchten Wert `such` ist (`else if((*zeiger)->wert >= such)`). Ist dies der Fall, ist der gesuchte Wert kleiner als der, auf den der Zeiger `zeiger` verweist, und muss sich somit auf der linken Seite der aktuellen Adresse `zeiger` befinden (`loesche(&((*zeiger)> links),such)`). Hier erfolgt der erste rekursive Aufruf mit dem Adressoperator. Die letzte `else`-Anweisung ergibt sich dadurch, dass der gesuchte Wert größer als der ist, auf den der Zeiger `zeiger` gerade verweist. In diesem Fall wird auf der rechten Seite mit dem rekursiven Aufruf (`loesche(&((*zeiger)-> rechts),such)`) weitergesucht.

Es wird jetzt davon ausgegangen, dass der Knoten gefunden wurde, und nun wird die Funktion `loesche_knoten(zeiger)` aufgerufen (siehe Listing 23.14).

```
void loesche_knoten(KNOTEN **zeiger) {
   KNOTEN *temp;
   int tempwert;

   if(globale_wurzel == *zeiger) {
      printf("Kann die Wurzel nicht loeschen!!\n");
      return;
   }
   if((*zeiger)!=NULL) { /* Blatt! */
      if((*zeiger)->links==NULL && (*zeiger)->rechts==NULL) {
         free(*zeiger);
         *zeiger=NULL;
      }
      else if((*zeiger)->links==NULL) {
         /* Nur rechter Nachfolger */
         temp = *zeiger;
         *zeiger=(*zeiger)->rechts;
         free(temp);
      }
```

23

```
        else if((*zeiger)->rechts==NULL) {
           /* Nur linker Nachfolger */
           temp = *zeiger;
           *zeiger=(*zeiger)->links;
           free(temp);
        }
        else { /* 2 Nachfolger, wir suchen Ersatzelement */
          suche_ersatz(&tempwert, &((*zeiger)->rechts));
          (*zeiger)->wert=tempwert;
        }
     }
  }
```

Listing 23.14 »loesche_knoten()« muss etwas mehr beachten als die Funktion zum Löschen eines einzelnen Elements, ist aber dennoch relativ überschaubar.

Zunächst wird überprüft, ob der gefundene Wert die Wurzel ist. In diesem Fall wird kein Element gelöscht und die Funktion beendet (dazu unten mehr). Als Nächstes wird getestet, ob das zu löschende Element ein Blatt ist (also ein Element ohne Nachfolger):

```
if((*zeiger)->links==NULL && (*zeiger)->rechts==NULL)
```

Falls der gefundene Knoten ein Blatt ist, wird es entfernt. Ansonsten wird mit den nächsten beiden `else if`-Bedingungen ermittelt, ob das zu löschende Element einen rechten oder linken Nachfolger hat. Die letzte und die schwierigste Möglichkeit ist, dass der zu löschende Knoten zwei Nachfolger besitzt. Dafür schreiben Sie am besten eine spezielle Funktion, die für den zu löschenden Knoten ein Ersatzelement sucht:

```
else { /* 2 Nachfolger, wir suchen Ersatzelement */
    suche_ersatz(&tempwert, &((*zeiger)->rechts));
    (*zeiger)->wert=tempwert;
}
```

Auf der rechten Seite wird ein Ersatzelement gesucht. Die Funktion `suche_ersatz()` sieht so aus:

```
void suche_ersatz(int *neuwert, KNOTEN **zeiger) {
   KNOTEN *temp;

   if(*zeiger != NULL) {
      if((*zeiger)->links==NULL) {
         neuwert=(*zeiger)->wert;
         temp=*zeiger;
         *zeiger=(*zeiger)->rechts;
```

```
        free(temp);
      }
      else
        suche_ersatz(neuwert, &((*zeiger)->links));
  }
}
```

Die Funktion `suche_ersatz()` läuft jetzt durch einen rekursiven Aufruf (`suche_ersatz(neuwert, &((*zeiger)->links));`) so lange die linke Seite des Baumes hinab, bis die Bedingung (`if((*zeiger)->links==NULL)`) wahr ist. Dann wurde ein Ersatzelement gefunden, auf das gleich der Zeiger `*neuwert` verweist.

[+]

Tipp

Zum besseren Verständnis hilft es oft, sich den Vorgang mit einer Zeichnung auf einem Blatt Papier zu vergegenwärtigen.

Das vollständige Listing (*btree2.c*) – mit einigen zusätzlichen Funktionen – finden Sie natürlich wieder im Download-Bereich zu diesem Buch auf der Verlagsseite des Rheinwerk Verlag unter *https://www.rheinwerk-verlag.de/5701.*

Ein binärer Suchbaum in der Praxis

Jetzt soll der binäre Suchbaum mit dem Postleitzahlen-Programm verwendet werden. Zuerst wird die grundlegende Knotenstruktur für den binären Baum festgelegt:

```
struct binaer_knoten{
  char ort[255];
  unsigned int plz;
  struct binaer_knoten *links;
  struct binaer_knoten *rechts;
};
```

Jetzt schreiben wir eine spezielle Struktur für den Baum:

```
struct binaer_baum{
  struct binear_knoten *root;
  unsigned int counter;
};
```

Dank dieser Struktur werden die rekursiven Aufrufe des vorigen Beispiels aufgehoben. Dies ist möglich, weil beim ersten Aufruf der Funktion als Argument immer die Adresse der Wurzel des Baumes mit übergeben wird.

Als Nächstes benötigen wir eine Funktion, um den binären Baum zu initialisieren (siehe Listing 23.15).

```
struct binaer_baum *init(void) {
   struct binaer_baum *baum =malloc(sizeof *baum);
   if(baum == NULL) {
      fprintf(stderr, "Speicherplatzmangel!!!\n");
      return NULL;
   }
   else { /* initialisieren */
      baum->root = NULL;
      baum->counter=0;
      return baum;
   }
}
```

Listing 23.15 Die »init«-Funktion initialisiert einen Baum mit 0 Elementen.

Es folgt in Listing 23.16 eine Funktion zum Einfügen einzelner Knoten in den binären Baum ohne einen rekursiven Funktionsaufruf.

```
int einfuegen(struct binaer_baum *baum, unsigned int p, char *o){
   struct binaer_knoten *knoten, **neu;

   neu =(struct binaer_knoten **) &baum->root;
   knoten= (struct binaer_knoten *) baum->root;
   for(;;) {
      if(knoten == NULL) {
         /* Haben wir einen freien Platz gefunden? */
         knoten = *neu = malloc(sizeof *knoten);
         if(knoten != NULL) {
            /* Daten einfügen */
            knoten->plz = p;
            strcpy(knoten->ort, o);
            knoten->links=knoten->rechts=NULL;
            baum->counter++;
            /* Beendet die Funktion erfolgreich. */
            return 1;
         }
         else {
            fprintf(stderr, "Speicherplatzmangel\n");
            return 0;
         }
      }
      /* Ist die aktuelle Postleitzahl größer? */
      else if(p > knoten->plz) {
         /* Dann gehts rechts weiter im Baum. */
```

```
            neu = &knoten->rechts;
            knoten = knoten->rechts;
         }
         else { /* Der letzte Fall, die aktuelle PLZ ist kleiner, */
            /* dann eben nach links weiter im Baum. */
            neu = &knoten->links;
            knoten = knoten->links;
         }
      }
   }
```

Listing 23.16 Die rekursive Funktion »einfuegen()« fügt eine neue Postleitzahl in den binären Baum ein.

Das Thema binäre Bäume ist erheblich einfacher, wenn die Rekursion beseitigt wird. Wichtig ist bei dieser Funktion, dass sich die Endlosschleife auch irgendwann einmal beendet. In diesem Beispiel beendet sich die Funktion bei Erfolg mit dem Rückgabewert 1 (`return 1`), wenn das neue Element eingefügt wurde. Bei Mangel an Speicherplatz gibt diese Funktion 0 zurück. Das Einfügen eines neuen Elements berücksichtigt übrigens keine doppelten Einträge. Dies können Sie zur Übung gern selbst nachtragen.

Jetzt soll die Suchfunktion erstellt werden (um die es ja eigentlich in diesem Kapitel geht). Begonnen wird an der Wurzel (`root`) des Baumes. Ist das gesuchte Element größer, geht die Suche auf der rechten Seite des Baumes weiter. Ist das gesuchte Element kleiner, wird auf der linken Seite weitergesucht. Bei einem perfekt ausgeglichenen Baum führt dies zu optimalen Ergebnissen. In Listing 23.17 sehen Sie die Suchfunktion, die sich relativ einfach erstellen lässt.

```
void binaere_suche_plz(const struct binaer_baum *baum,
                       unsigned int p) {
   const struct binaer_knoten *knoten;

   /* zuerst an die Wurzel */
   knoten = (struct binaer_knoten *) baum->root;
   for(;;) {
      if(knoten == NULL) {
         printf("Keine erfolgreiche Suche!\n");
         return;
      }
      if(p == knoten->plz) {  /* Gefunden */

         printf("Ort zu Postleitzahl %d : %s\n",
            p,knoten->ort);
```

```
         return;
      }
      else if(p > knoten->plz)    /* Gesuchtes Element größer:  */
         knoten=knoten->rechts;   /* rechts am Baum weiter.     */
      else                        /* Gesuchtes Element kleiner: */
         knoten=knoten->links;    /* links am Baum weiter.      */
   }
}
```

Listing 23.17 Die Funktion »binaere_suche_plz()« sucht eine Postleitzahl in dem binären Baum.

Mit dieser Funktion haben Sie auch schon die Grundlage für das Löschen eines Elements im Baum geschaffen. Nur müssen Sie statt

```
      if(p == knoten->plz) {  /* Gefunden */
         printf("Ort zu Postleitzahl %d : %s\n",
            p,knoten->ort);
         return;
      }
```

break verwenden, um nach der for-Schleife weitere Operationen durchzuführen:

```
   if(p == knoten->plz) /* Gefunden */
      break;
```

Das Löschen eines Elements im binären Baum wurde ja schon einmal präsentiert. Da aber schon beim Einfügen eines Knotens auf weitere Funktionsaufrufe, insbesondere Rekursionen, verzichtet wurde, soll auch die Funktion zum Löschen eines Knotens entsprechend umgeschrieben werden, und zwar so, dass alle Operationen in dieser Funktion ausgeführt werden. In Listing 23.18 sehen Sie die Funktion.

```
int bin_delete(struct binaer_baum *baum, unsigned int p) {
   /* pointer_z ist das zu löschende Element */
   struct binaer_knoten **pointer_q, *pointer_z,
                        *pointer_y, *pointer_x;

   pointer_q = (struct binaer_knoten **)&baum->root;
   pointer_z =  (struct binaer_knoten *)baum->root;
   for(;;) {
      if(pointer_z == NULL)
         return 0;
      else if(p == pointer_z->plz)
         /* zu löschendes Element gefunden */
         break;
```

```
   else if(p > pointer_z->plz) {
      /* Das zu löschende Element ist größer. */
      pointer_q = &pointer_z->rechts;
      /* rechts weitersuchen */
      pointer_z = pointer_z->rechts;
   }
   else { /* Das zu löschende Element ist kleiner. */
      pointer_q = &pointer_z->links;
      /* links weitersuchen */
      pointer_z = pointer_z->links;
   }
} /* Hierher kommen wir nur durch ein break. */

/* Jetzt müssen wir das zu löschende Element untersuchen.
 * pointer_z hat rechts keinen Nachfolger, somit können wir
 * es austauschen gegen den linken Nachfolger ... */
if(pointer_z->rechts == NULL)
   *pointer_q = pointer_z->links;
else {
   /* pointer_z hat einen rechten Nachfolger, aber
    * keinen linken. */
   pointer_y = pointer_z->rechts;
   if(pointer_y->links == NULL) {
      /* pointer_z->rechts hat keinen linken Nachfolger ... */
      pointer_y->links = pointer_z->links;
      *pointer_q = pointer_y;
   }
   else {  /* Es gibt einen linken Nachfolger. */
      pointer_x = pointer_y->links;
      /* Jetzt suchen wir so lange, bis es keinen linken
       * Nachfolger mehr gibt */
      while(pointer_x->links != NULL) {
         pointer_y = pointer_x;
         pointer_x = pointer_y->links;
      }
      /* Jetzt haben wir alle Punkte zusammen und
       * können diese verknüpfen. */
      pointer_y->links = pointer_x->rechts;
      pointer_x->links = pointer_z->links;
      pointer_x->rechts = pointer_z->rechts;
      *pointer_q = pointer_x;
   }
}
```

```
    /* Zu guter Letzt können wir pointer_z freigeben. */
   baum->counter--;
   free(pointer_z);
   return 1;
}
```

Listing 23.18 Die Funktion »bin_delete()« sucht eine bestimmte Postleitzahl und entfernt sie anschließend aus dem binären Baum.

Zugegeben, auf den ersten Blick dürfte diese Funktion etwas abschreckend wirken. Aber zeichnen Sie sich einen binären Baum auf ein Blatt Papier, und gehen Sie dabei diese Funktion Schritt für Schritt durch. Sie werden sich wundern, wie einfach diese Funktion im Gegensatz zur rekursiven Variante ist.

Zum Schluss folgt in Listing 23.19 noch der vollständige Quellcode zu diesem Abschnitt.

```
/* btree_2.c */
#include <stdio.h>
#include <string.h>
#include <stdlib.h>
#define MAX 255

struct binaer_knoten{
   char ort[MAX];
   unsigned int plz;
   struct binaer_knoten *links;
   struct binaer_knoten *rechts;
};

struct binaer_baum{
   struct binear_knoten *root;
   unsigned int counter;
};

struct binaer_baum *init(void) {
   struct binaer_baum *baum =malloc(sizeof *baum);
   if(baum == NULL) {
      fprintf(stderr, "Speicherplatzmangel!!!\n");

      return NULL;
   }
   else { /*Initialisieren*/
      baum->root = NULL;
      baum->counter=0;
```

```
      return baum;
   }
}

int einfuegen(struct binaer_baum *baum, unsigned int p, char *o){
   struct binaer_knoten *knoten, **neu;

   neu =(struct binaer_knoten **) &baum->root;
   knoten= (struct binaer_knoten *) baum->root;
   for(;;) {
      if(knoten == NULL) {
         /* Haben wir einen freien Platz gefunden? */
         knoten = *neu =malloc(sizeof *knoten);
         if(knoten != NULL) {
            /* Daten einfuegen */
            knoten->plz = p;
            strcpy(knoten->ort, o);
            knoten->links=knoten->rechts=NULL;
            baum->counter++;
            /* Beendet die Funktion erfolgreich. */
            return 1;
         }
         else {
            fprintf(stderr, "Speicherplatzmangel\n");
            return 0;
         }
      }
      /* Ist die aktuelle Postleitzahl größer? */
      else if(p > knoten->plz)  {
         /* Dann gehts rechts weiter im Baum. */
         neu = &knoten->rechts;
         knoten = knoten->rechts;
      }
      else { /* Der letzte Fall, die aktuelle PLZ ist kleiner, */
         /* dann eben nach links weiter im Baum. */
         neu = &knoten->links;
         knoten = knoten->links;
      }
   }
}

void binaere_suche_plz(const struct binaer_baum *baum,
                       unsigned int p) {
   const struct binaer_knoten *knoten;
```

```
    /* zuerst an die Wurzel */
    knoten = (struct binaer_knoten *) baum->root;
    for(;;) {
       if(knoten == NULL) {
          printf("Keine erfolgreiche Suche!\n");
          return;
       }
       if(p == knoten->plz) {  /* Gefunden */
          printf("Ort zu Postleitzahl %d : %s\n",
             p,knoten->ort);
          return;
       }
       else if(p > knoten->plz)    /* Gesuchtes Element größer:  */
          knoten=knoten->rechts;   /* rechts am Baum weiter.     */
       else                        /* Gesuchtes Element kleiner: */
          knoten=knoten->links;    /* links am Baum weiter.      */
    }
}

int bin_delete(struct binaer_baum *baum, unsigned int p) {
   /* pointer_z ist das zu löschende Element. */
   struct binaer_knoten **pointer_q, *pointer_z,
                        *pointer_y, *pointer_x;

   pointer_q = (struct binaer_knoten **)&baum->root;
   pointer_z =  (struct binaer_knoten *)baum->root;
   for(;;) {
      if(pointer_z == NULL)
         return 0;
      else if(p == pointer_z->plz)
         /* zu löschendes Element gefunden */
         break;
      else if(p > pointer_z->plz) {
         /* Das zu löschende Element ist größer. */
         pointer_q = &pointer_z->rechts;
         /* rechts weitersuchen */
         pointer_z = pointer_z->rechts;
      }
      else { /* Das zu löschende Element ist kleiner. */
         pointer_q = &pointer_z->links;
         /* links weitersuchen */
         pointer_z = pointer_z->links;
      }
   } /* Hierher kommen wir nur durch ein break. */
```

```
   /* Jetzt müssen wir das zu löschende Element untersuchen.
    * pointer_z hat rechts keinen Nachfolger, somit können wir
    * es austauschen gegen den linken Nachfolger ... */
   if(pointer_z->rechts == NULL)
      *pointer_q = pointer_z->links;
   else {
      /* pointer_z hat einen rechten Nachfolger, aber
       * keinen linken. */
      pointer_y = pointer_z->rechts;
      if(pointer_y->links == NULL) {
         /* pointer_z->rechts hat keinen linken Nachfolger ... */
         pointer_y->links = pointer_z->links;
         *pointer_q = pointer_y;
      }
      else {  /* Es gibt einen linken Nachfolger. */
         pointer_x = pointer_y->links;
         /* Jetzt suchen wir so lange, bis es keinen linken
          * Nachfolger mehr gibt. */
         while(pointer_x->links != NULL) {
            pointer_y = pointer_x;
            pointer_x = pointer_y->links;
         }
         /* Jetzt haben wir alle Punkte zusammen und
          * können diese verknüpfen. */
         pointer_y->links = pointer_x->rechts;
         pointer_x->links = pointer_z->links;
         pointer_x->rechts = pointer_z->rechts;
         *pointer_q = pointer_x;
      }
   }
    /* Zu guter Letzt können wir pointer_z freigeben. */
   baum->counter--;
   free(pointer_z);
   return 1;
}

int main(void) {
   struct binaer_baum *re;
   char o[MAX];
   unsigned int p;
   int wahl, r;

   re = init();
   if(re == NULL) {
```

23

```
      printf("Konnte keinen neuen binaeren Baum erzeugen!\n");
      return EXIT_FAILURE;
   }
   else
      printf("Binaerbaum wurde erfolgreich initialisiert\n");

   do {
      printf("\n-1- Neue PLZ hinzufuegen\n");
      printf("-2- PLZ suchen\n");
      printf("-3- PLZ loeschen\n");
      printf("-4- Ende\n\n");
      printf("Ihre Wahl : ");
      scanf("%d",&wahl);

      if(wahl == 1) {
         printf("Bitte geben Sie eine neue PLZ ein : ");
         do{ scanf("%5u",&p); }while( (getchar()) != '\n' );
         printf("Der Ort dazu : ");
         fgets(o, MAX, stdin);
         r=einfuegen(re, p, strtok(o, "\n") );
         if(r == 0)
            return EXIT_FAILURE;
       }
       else if(wahl == 2) {
          printf("Für welche PLZ suchen Sie einen Ort : ");
          scanf("%5u",&p);
          binaere_suche_plz(re, p);
       }
       else if(wahl == 3) {
          printf("Welche PLZ wollen Sie loeschen : ");
          scanf("%5d",&p);
          bin_delete(re, p);
       }
    } while(wahl != 4);
   return EXIT_SUCCESS;
}
```

Listing 23.19 »btree_2.c« verwaltet Postleitzahlen mit binären Bäumen und implementiert das Einfügen, Suchen und Löschen von Elementen.

Binäre Suchbäume mit Eltern-Zeiger und Threads

Es gibt noch mehrere andere Wege, binäre Bäume zu implementieren, um sich z. B. das Traversieren des Baumes zu erleichtern. Bereits gesehen haben Sie das Durchlaufen der Bäume mithilfe der Preorder- und Inorder-Traversierung. Wenn Sie aber das Durchlaufen (Traversieren) eines Baumes iterativ und nicht mehr rekursiv vornehmen wollen, können Sie die Struktur um einen Zeiger zum Elternknoten erweitern:

```
struct binaer_knoten{
   char ort[255];
   unsigned int plz;
   struct binaer_knoten *links;
   struct binaer_knoten *rechts;
   struct binaer_knoten *eltern;
};
```

Jetzt kann jeder Knoten sein direktes Umfeld kontrollieren. Dies ist auch bei der doppelt verketteten Liste der Fall; dort kann aber ein Listenelement nur seinen Vorgänger und seinen Nachfolger direkt feststellen. Dieser Elternzeiger vereinfacht das Traversieren des Baumes, doch der Schreibaufwand für das Programm steigt. Außerdem wird auch das Einfügen und Löschen eines Elements verlangsamt, da ein Zeiger mehr verwaltet werden muss. Dem Elternzeiger der Wurzel übergeben Sie hingegen den NULL-Zeiger.

Mit Threads (*Threading*) haben Sie die Möglichkeit, einen Baum noch schneller zu traversieren. Denn anstatt zu überprüfen, ob der linke oder rechte Teil eines Knotens leer (NULL) ist, was zu einer schlechteren Laufzeit führen könnte, müssen Sie nur zwei Extrabits (Bitfelder) in die Struktur einfügen:

```
struct binaer_knoten{
   char ort[255];
   unsigned int plz;
   struct binaer_knoten *links;
   struct binaer_knoten *rechts;
   unsigned linker_thread:1;
   unsigned rechter_thread:1;
};
```

Wenn sich z. B. auf der linken Seite eines Knotens ein weiterer Knoten befindet, steht das Bit linker_thread auf 1. Falls sich dort noch kein Knoten befindet, steht es auf 0. Natürlich lässt sich auf diese Weise nicht generell eine bessere Laufzeit garantieren, da diese davon abhängt, wie der Compiler Bitfelder optimiert. Aber eine Erleichterung dürfte es auf jeden Fall darstellen.

Ausgeglichene Binärbäume

Es gibt leider einen negativen Aspekt bei den binären Bäumen, die Sie eben kennengelernt haben. Betrachten Sie bitte den Binärbaum aus Abbildung 23.24.

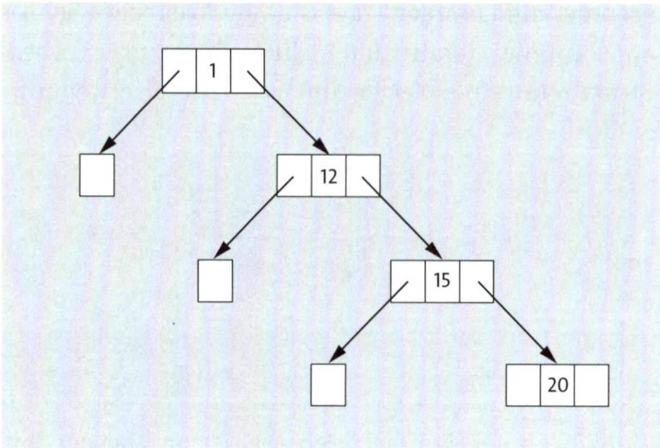

Abbildung 23.24 Entarteter Binärbaum

Bei diesem Beispiel handelt es sich tatsächlich um einen binären Baum und nicht, wie Sie vielleicht vermuten würden, um eine verkettete Liste. Der Baum hat die Tiefe 4 und könnte normalerweise 15 Elemente aufnehmen. Es handelt sich dabei um einen entarteten Baum. So etwas kann passieren, wenn ein relativ kleiner oder großer Wert als Wurzel des Baumes verwendet wird. Zugegeben, dieses Beispiel ist ein ungünstiger Fall, aber es könnte dazu kommen.

Es gibt, um entartete Binärbäume auszugleichen, Algorithmen, die allerdings nicht einfach zu verstehen sind. Aber was heißt perfekt ausbalanciert (ausgeglichen) im Sinne von Binärbäumen? Ein Binärbaum ist perfekt ausgeglichen, wenn sich die Höhen (oder auch Tiefen) der linken und rechten Teilbäume höchstens um den Wert 1 unterscheiden. Solche Bäume werden *AVL-Bäume* genannt.

Um also Probleme zu vermeiden, müssen Sie den Baum immer ausgeglichen halten. Dies ist allerdings auch mit einem erhöhten Speicheraufwand verbunden. Denn wenn ein neues Element eingefügt oder ein Element gelöscht wird, kann es sein, dass der komplette Baum wieder neu organisiert werden muss. Diesen Aufwand sollten Sie jedoch nur betreiben, wenn es denn tatsächlich auf ein schnelleres Suchergebnis ankommt. Ein solches schnelleres Suchergebnis wird durch die Verkürzung der Pfadlänge erreicht.

Algorithmen für ausgeglichene Bäume – eine Übersicht

Zu diesem Thema könnte man ganze Bücher schreiben. Einige weiterführende Hinweise sollen zu den binären Bäumen dennoch gegeben werden.

AVL-Bäume

Ein AVL-Baum (AVL nach seinen Erfindern Adelson-Velsky und Landis) ist ein Suchbaum, dessen Knoten sich in der Höhe (Tiefe) von derjenigen der Teilbäume um höchstens 1 unterscheidet, also ein perfekt ausbalancierter Baum. Wird diese Bedingung verletzt, muss eine Ausgleichsfunktion ausgeführt werden. Folgende drei Bedingungen können dabei auftreten (auch Balancegrad genannt):

- `balance > 0` – Der rechte Teilbaum besitzt eine größere Höhe als der linke.
- `balance < 0` – Der linke Teilbaum besitzt eine größere Höhe als der rechte.
- `balance = 0` – Die Teilbäume haben die gleiche Höhe und sind optimal ausbalanciert. Dieser Zustand wird angestrebt.

Um gegen diese Verletzung vorzugehen, werden sogenannte *Rotationen* vorgenommen. Dabei müssen Sie zwischen rechtsseitiger Rotation (betrifft die rechte Seite des Teilbaumes eines Knotens) und linksseitiger Rotation (betrifft die linke Seite des Teilbaumes eines Knotens) unterscheiden. Außerdem gibt es noch einfache und doppelte Rotationen. Dass all diese Operationen sehr rechenintensiv sind, lässt sich wohl leicht erschließen.

B-Bäume (Bayerbäume)

Wenn Sie sich für die Programmierung einer eigenen Datenbank interessieren, dann sollten Sie sich mit dem B-Baum befassen. Der B-Baum wird durch eine variable Anzahl von Elementen (Blättern) pro Knoten der Blockgröße des Dateisystems angepasst. Dadurch ist eine effektive und optimale Geschwindigkeitsausnutzung auf verschiedenen Systemen möglich. Die einzelnen Knoten eines B-Baumes sind nicht immer belegt und variieren zwischen dem Kleinst- und dem Höchstwert. Somit ist immer Platz für Änderungen von Strukturen bei Manipulationen (Einfügen, Löschen, Ändern ...) an der Datenbank vorhanden.

Dies waren lange noch nicht alle Algorithmen, mit denen Sie ausgeglichene Bäume erstellen können. Zu erwähnen sind noch die *Top-down-2-3-4-* und die *Rot-Schwarz-Bäume*. All diese Algorithmen kann ich aber nicht mehr behandeln, deshalb will ich es an dieser Stelle mit den Bäumen bewenden lassen und mich der Suche von Mustern in Zeichenketten zuwenden.

23.2.3 Pattern Matching

Textverarbeitungsprogramme verwenden für die Bearbeitung von Texten Zeichenkettenfolgen in Form von einzelnen Buchstaben, Nummern oder Sonderzeichen. Wenn Sie schon einmal darüber nachgedacht haben, einen Texteditor oder Ähnliches zu entwickeln, werden Sie wahrscheinlich auch an Funktionen wie das Suchen von Strings oder Teilstrings gedacht haben oder etwa die Syntaxhervorhebung einer bestimmten Programmiersprache. Eine weitere Möglichkeit ist das *Pattern Matching* (also die Suche nach bestimmten Mustern), das Sie vielleicht aus Perl oder von den Linux-Shells her kennen.

Für solche und weitere Anwendungsmöglichkeiten werden Stringmatching-Algorithmen genutzt. Sie funktionieren nach folgendem Prinzip: In einer Textzeichenfolge, wie etwa dem Text in diesem Buch, soll mit einem Suchmuster die Häufigkeit der enthaltenen N-Zeichen und M-Zeichen verglichen werden.

Das Ziel dieses Abschnitts ist es nicht, die Algorithmen anhand mathematischer Formeln zu erklären, sondern eher, die Algorithmen so zu erklären, dass Sie das Prinzip verstehen, nach dem sie funktionieren.

Als Schnittstelle zu diesen Beispielen soll eine Struktur verwendet werden, die die Daten von der Kommandozeile entgegennimmt und für eventuelle Auswertungen speichert.

```
typedef struct {
   char name[LEN];   /* Name der Datei   */
   int gefunden;     /* Anzahl gefunden */
} datei_t;

datei_t DATEI;
```

Sie können diese Struktur gern um weitere Informationen wie die Position der Fundstelle erweitern. In den folgenden Beispielen wird jeweils ein Array von Strukturen verwendet. In der Praxis können Sie auch verkettete Listen einsetzen, wenn Sie wollen.

Der Aufruf der Programme lautet in den folgenden Beispielen immer:

programmname suchstring datei_1 datei_2 ... datei_n

Bei all den Zusätzen sollten Sie dennoch das Hauptaugenmerk auf die einzelnen Algorithmen richten. Alle Matching-Algorithmen suchen nach einer bestimmten Textfolge. Sofern Sie an ganzen Wörtern interessiert sind, können Sie den Algorithmus entsprechend anpassen. Dabei sollten Sie darauf achten, dass vor und nach dem Suchstring alle Whitespace-Zeichen beachtet werden (Newline, Tabulator und Space).

Brute-Force-Algorithmus

Der einfachste Algorithmus liegt auf der Hand. Es werden alle infrage kommenden Positionen des Musters in einem Text überprüft, bis das Muster mit dem Text übereinstimmt oder das Ende des Textes erreicht ist. Das komplette Muster wird also beim Vergleich des Textes immer um eine Position nach vorn geschoben. Dies ist ein Brute-Force-Algorithmus (oder auch *grober Algorithmus* oder *naiver Algorithmus*). Abbildung 23.25 zeigt das simple Beispiel.

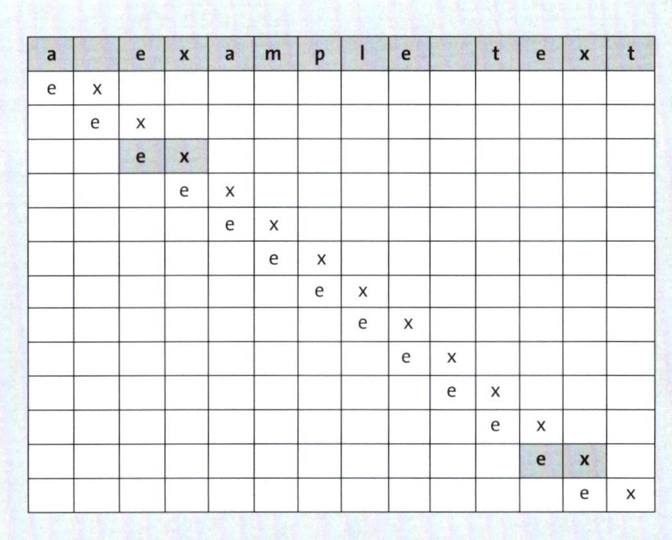

Abbildung 23.25 Ablauf des Brute-Force-Algorithmus

In Listing 23.20 sehen Sie den Quellcode zu diesem einfachen Stringmatching-Algorithmus.

```
/* bruteforce_textsuche.c */
#include<stdio.h>
#include<string.h>
#include<stdlib.h>
#define LEN 255
#define MAX_DAT 10
#define MAX_LINE 4096
#define LINE "---------------------------------------\n"

typedef struct {
   char name[LEN];  /* Name der Datei   */
   int gefunden;    /* Anzahl gefunden */
} datei_t;

/* int i = der Textzählerstand
 * int j = der Musterzählerstand */
int BruteForce(char *muster, char *text) {
   int i = 0, j, cnt = 0;
   int m=strlen(muster); /* Länge Muster */
   int n=strlen(text);   /* Länge Text   */
   while (i<=n-m) {      /* solange i kleiner als n-m  */
```

```
      /* solange Muster und Text gleich j++ */
      for(j=0; j<m && muster[j]==text[i+j]; j++);
      if(j==m) { /* Ist die Länge von j gleich der des Musters? */
         printf("Pos. %3d, ",i);
         cnt++;
      }
      i++; /* im Text eine Position weiter */
   }
   return cnt;
}

int main(int argc, char *argv[]) {
   datei_t suche[MAX_DAT];
   char suchstring[LEN];
   char read_line[MAX_LINE];
   FILE *f;
   int i, j , ret, zeile;

   if(argc < 3) {
      fprintf(stderr, "Verwendung: %s suchstring datei1"
         " <datei2>  - <datei%d>\n",argv[0],MAX_DAT);
      return EXIT_FAILURE;
   }

   strncpy(suchstring, argv[1], LEN);
   /* Kommandozeilen-Argumente auswerten */
   for(i=2,j=0; j < MAX_DAT && i < argc; i++,j++) {
      strncpy(suche[j].name, argv[i], LEN);
      suche[j].gefunden = 0;
   }
   for(i = 0; i < argc-2; i++) {
      f = fopen(suche[i].name, "r");
      if(f == NULL) {
         perror(NULL);
         continue;
      }
      zeile = 0;
      printf("\nDatei \"%s\": \n",suche[i].name);
      while( fgets(read_line, MAX_LINE, f) != NULL) {
         zeile++;
         ret = BruteForce(suchstring, read_line);
         if(ret != 0) {
            suche[i].gefunden+=ret;
```

```
            printf(" in Zeile %d\n",zeile);
            ret = 0;
         }
      }
      printf("Suchergebnisse in \"%s\": %d\n",
         suche[i].name, suche[i].gefunden);
      printf(LINE);
      fclose(f);
   }
   return EXIT_SUCCESS;
}
```

Listing 23.20 Die Brute-Force-Textsuche ist die einfachste Art, Muster in einem Text zu finden, gleichzeitig aber die langsamste Methode.

Wenn Sie als Beispiel den Suchstring `"ex"` und als Muster `"an example text"` verwenden, wird die innere `for`-Schleife dabei nur dreimal durchlaufen, und zwar bei jedem Vorkommen des Buchstabens `'e'`. Zweimal wird ein Ergebnis gefunden. Die Laufzeit des Algorithmus hängt natürlich vom Suchmuster ab, aber bei längeren Texten ist die Brute-Force-Methode eher behäbig, weil sie Teile des Textes immer wieder neu durchsuchen muss. Die Laufzeit wächst zwar hier linear (und nicht etwa exponentiell), aber ich möchte Ihnen trotzdem schnellere Varianten zeigen.

Der Algorithmus von Knuth/Morris/Pratt (KMP)

Der Nachteil des Brute-Force-Algorithmus ist der, dass dieser stur Zeichen für Zeichen und Position um Position vergleicht. Die Programmierer Knuth, Morris und Pratt, nach denen dieser Algorithmus auch benannt ist, haben die Brute-Force-Methode verbessert. Sie hatten die Idee, Fehlvergleiche (sogenannte *Missmatches*) in den Brute-Force-Algorithmus mit einzubeziehen. Als Beispiel sei diese Textfolge gegeben (in der Variablen `text`):

```
lu lalalala lule lulalalas
```

Der Suchstring (`suchmuster`) lautet `alalas`. Der Vorgang beginnt wie beim Brute-Force-Algorithmus (siehe Abbildung 23.26).

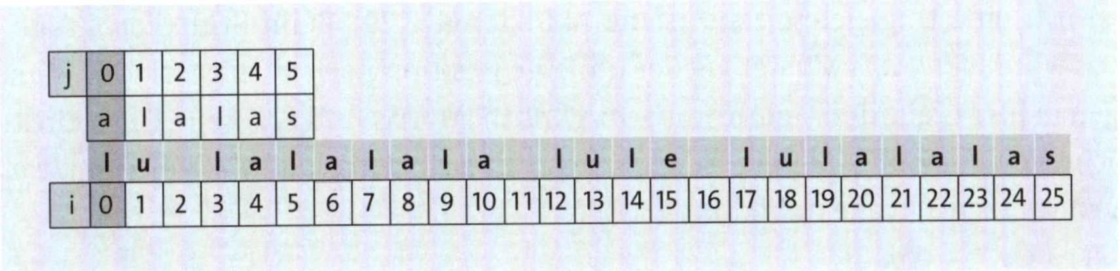

Abbildung 23.26 Auf der Suche nach dem Suchstring »alalas« – Start

Hier haben Sie zwischen `text[i]` und `suchmuster[j]` keine Übereinstimmung gefunden. Daher kann `suchmuster` um eine Position weitergeschoben werden (siehe Abbildung 23.27).

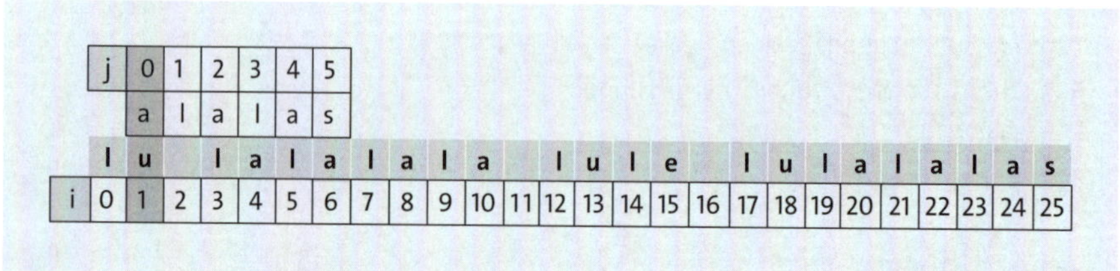

Abbildung 23.27 Keine Übereinstimmung – der Suchstring wandert eine Position weiter.

Dies wird so lange wiederholt, bis zwei gleiche Zeichen aufeinandertreffen (siehe Abbildung 23.28).

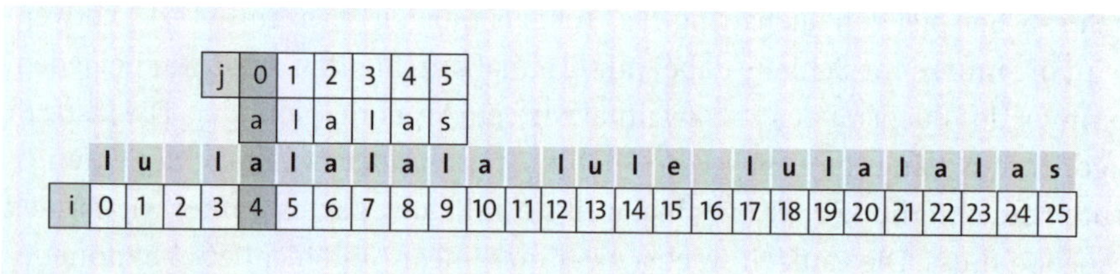

Abbildung 23.28 Das erste Zeichen stimmt überein.

Solange `text[i]` jetzt gleich mit `suchmuster[j]` ist, werden `i` und `j` inkrementiert.

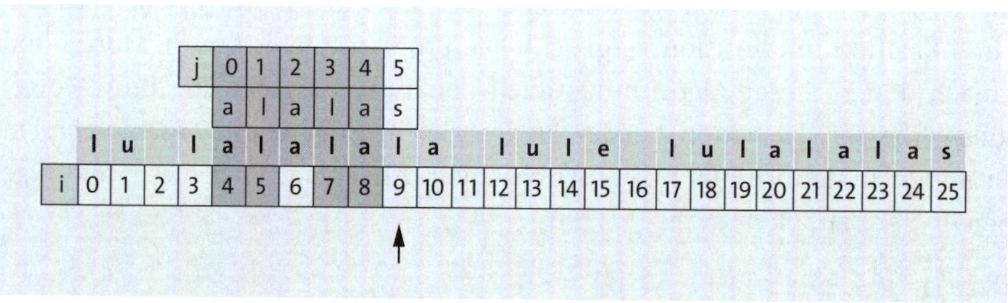

Abbildung 23.29 Nach fünf Zeichen tritt ein Fehlvergleich auf.

An der 10. Position im Text (`text[9]`) und an der 6. Position im Suchmuster (`suchmuster[5]`) tritt eine Ungleichheit auf (siehe Abbildung 23.29). Beim Brute-Force-Algorithmus würde jetzt das Muster wieder um eine Position nach vorn gesetzt werden. Und genau hier greift der Algorithmus von Knuth, Morris und Pratt ein. Die kleinstmögliche Verschiebung, bei der »alalas« sich mit sich selbst deckt, ist die um zwei Stellen nach rechts (siehe Abbildung 23.30).

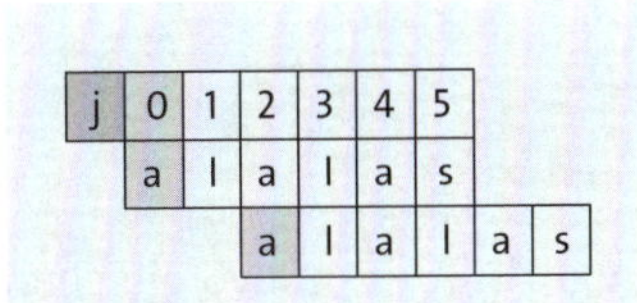

Abbildung 23.30 Kleinstmögliche Verschiebung des Suchstrings selbst

Im nächsten Schritt wird auch das Suchmuster um zwei Stellen weitergeschoben (siehe Abbildung 23.31), da sich der Anfang nicht überlappt. Nun muss diese Feststellung natürlich das Programm treffen und nicht Sie. Der Trick ist eine Vorlaufphase, eine sogenannte Initialisierung.

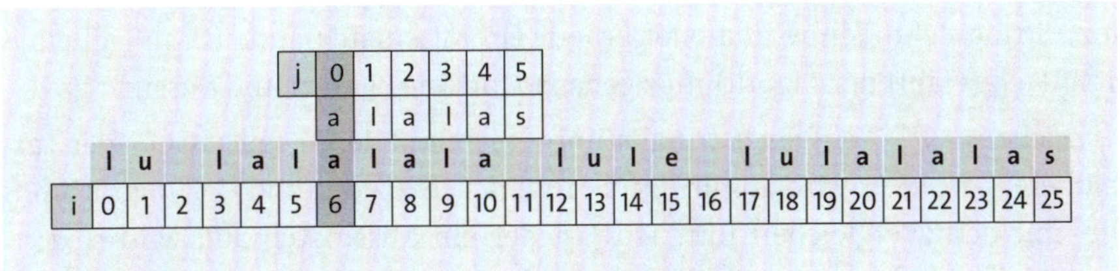

Abbildung 23.31 Verschiebung um zwei Stellen statt um eine

Wie realisieren Sie nun programmtechnisch eine kleinstmögliche Verschiebung um den Suchstring (`suchmuster`)? Da die Berechnung einer solchen Verschiebung nicht von dem Text abhängt, in dem die Suche stattfindet, sondern nur vom Suchtext (`suchmuster`), kann sie schon vor der eigentlichen Suche realisiert werden. Es wird dabei von einer *Initialisierung* oder bei Suchverfahren auch oft von einer *Vorlaufphase (Preprocessing)* gesprochen. In dieser Vorlaufphase wird eine Art »Sprungtabelle« aus dem Suchstring selbst für den eigentlichen Suchalgorithmus erstellt:

```
void init_next(char *suchmuster, int m) {
   int i, j;

   i = 0;
   j = next[0] = -1;
   /* solange i kleiner als der Suchstring ist */
   while (i < m) {
      while (j > -1 && suchmuster[i] != suchmuster[j])
         j = next[j];
      i++;
      j++;
      if (suchmuster[i] == suchmuster[j])
         next[i] = next[j];
      else
```

```
        next[i] = j;
    }
}
```

Sie verwenden also zunächst einen reinen Brute-Force-Algorithmus und vergleichen dort einzelne Zeichen miteinander. Findet jetzt ein Missmatch statt, wird in den bisher übereinstimmenden Zeichen von hinten ein String mit maximaler (`L`) Länge gesucht, der zugleich Anfang eines weiteren Strings ist. Danach wird das Zeichen mit `L+1` (=`next[j]`) und dem `i`-ten Zeichen im Text verglichen. Dafür gibt es zwei Möglichkeiten:

- Das Zeichen `next[j]` des Suchstrings stimmt mit dem `i`-ten Zeichen des Textes überein. Somit fährt der Algorithmus fort wie beim Brute-Force-Verfahren, bis der ganze String gefunden wurde oder erneut ein Missmatch auftritt. Im Fall eines Missmatches fährt der Algorithmus genauso fort wie beim ersten Missmatch.
- Das Zeichen `next[j]` des Suchstrings stimmt nicht mit dem `i`-ten Zeichen des Textes überein. `next[j]` wird somit um den Wert 1 reduziert, und der Algorithmus fährt mit dem Vergleichen fort. Tritt wieder ein Missmatch auf, wird `next[j]` dekrementiert, bis das erste Zeichen des Suchstrings erreicht wurde. In diesem Fall wird `i` inkrementiert, und der Algorithmus geht in die nächste Runde, indem er wiederum mit dem Vergleichen von einzelnen Zeichen fortfährt.

Mit `next[i] = j` stellen Sie sicher, dass `j-1` die Länge des größten Endstücks, aber auch das Anfangsstück des Suchstrings ist. Ist `suchmuster[i]` gleich `suchmuster[j]`, muss noch mit `next[i]=next[j]` dafür gesorgt werden, dass auch wirklich an beiden Positionen, also unter `next[i]` und `next[j]`, identische Werte stehen. Ist hingegen nicht `next[i]=next[j]` (`else`-Zweig), werden der Anfangsteil und der längste Endteil mit dem Muster verglichen, bis es zu einem positiven Vergleich zwischen `muster[i]` und `muster[j]` kommt.

Nun folgt noch der eigentliche Algorithmus mit dem Suchstring und dem Textbeispiel, das eben verwendet wurde (`alalas`):

```
/* kmp_suchalgorithmus.c */
#include<stdio.h>
#include<stdlib.h>
#include<string.h>
#define MAX 4096

void init_next(char *, int);
void kmpSearch(char *, char *);
int next[MAX];

/* i = Position im Text */
```

```
/* j = Position im Muster */
void kmpSearch(char *muster, char *text) {
   int i=0, j=0;
   int m=strlen(muster);  /* Länge Muster */
   int n=strlen(text);    /* Länge Text   */

   init_next(muster, m);  /* Tabelle für next berechnen */
   while (i<n) {  /* solange wir nicht am Ende vom Text sind */
      while (j>=0 && text[i]!=muster[j])j=next[j];
      i++; j++;
      if (j==m) {
         printf("Gefunden an Pos. %d\n", i-j);
         j = next[j];
      }
   }
}

void init_next(char *muster, int m) {
   int i, j;

   i = 0;
   j = next[0] = -1;
   /* solange i kleiner als der Suchstring ist */
   while (i < m) {
      while (j > -1 && muster[i] != muster[j])
         j = next[j];
      i++;
      j++;
      (muster[i] == muster[j]) ? (next[i]=next[j]) : (next[i]=j);
   }
}

int main(void)  {
   kmpSearch("alalas", "lu lalalala lule lulalalas");
   return EXIT_SUCCESS;
}
```

Das vollständige Listing des Brute-Force-Algorithmus, umgeschrieben auf das Programmbeispiel, finden Sie in Listing 23.21.

```
/* kmp_suche.c */
#include<stdio.h>
#include<stdlib.h>
```

```
#include<string.h>
#define LEN 255
#define MAX_DAT 10
#define MAX_LINE 4096
#define MAX 255
#define LINE "____________________________________\n"

struct datei{
   char name[LEN];  /* Name der Datei   */
   int gefunden;    /* Anzahl gefunden */
};

typedef struct datei DATEI;

int next[MAX];

int kmp_Search(char *, char *);
void init_next(char *, int);

int kmp_Search(char *muster, char *text) {
   int i=0, j=0, cnt=0;
   int m=strlen(muster);  /* Länge Muster */
   int n=strlen(text);    /* Länge Text */

   init_next(muster, m);  /* Tabelle für next berechnen */
   while (i<n) {   /* solange wir nicht am Ende vom Text sind */
      while (j>=0 && text[i]!=muster[j])j=next[j];
      i++; j++;
      if (j==m) {
         printf("Gefunden an Pos. %d\n", i-j);
         cnt++;
         j=next[j];
      }
   }
   return cnt;
}

void init_next(char *muster, int m) {
   int i, j;

   i = 0;
   j = next[0] = -1;
   /* solange i kleiner als der Suchstring ist */
```

```
   while (i < m) {
      while (j > -1 && muster[i] != muster[j])
         j = next[j];
      i++;
      j++;
      (muster[i]==muster[j]) ? (next[i]=next[j]) : (next[i]=j);
   }
}

int main(int argc, char **argv) {
   DATEI suche[MAX_DAT];
   char suchstring[LEN];
   char read_line[MAX_LINE];
   FILE *f;
   int i, j , ret, zeile;

   if(argc < 3) {
      fprintf(stderr, "Verwendung: %s suchstring datei1 "
         "<datei2> ... <datei%d>\n",argv[0],MAX_DAT);

      return EXIT_FAILURE;
   }

   strncpy(suchstring, argv[1], LEN);
   /* Kommandozeilen-Argumente auswerten */
   for(i=2,j=0; j < MAX_DAT && i < argc; i++,j++) {
      strncpy(suche[j].name, argv[i], LEN);
      suche[j].gefunden = 0;
   }
   for(i = 0; i < argc-2; i++) {
      f = fopen(suche[i].name, "r");
      if(f == NULL) {
         perror(NULL);
         continue;
      }
      zeile = 0;
      printf("\nDatei \"%s\": \n",suche[i].name);
      while( fgets(read_line, MAX_LINE, f) != NULL) {
         zeile++;
         ret = kmp_Search(suchstring, read_line);
         if(ret != 0) {
            suche[i].gefunden+=ret;
            printf(" in Zeile %d\n",zeile);
```

```
            ret=0;
         }
      }
      printf("Suchergebnisse in \"%s\": %d\n",
         suche[i].name, suche[i].gefunden);
      printf(LINE);
      fclose(f);
   }
   return EXIT_SUCCESS;
}
```

Listing 23.21 »kmp_suche.c« implementiert den recht komplexen Suchalgorithmus nach Knuth/Morris/Pratt (KMP).

Der eine oder die andere von Ihnen wird jetzt vielleicht denken, dieses Kapitel sei schon jetzt viel zu schwer für ein Einsteigerbuch. Und wenn dann noch die kryptografischen Verfahren hinzukommen, dann ... ich habe mich bei der Überarbeitung um Einfachheit bemüht und habe die Hoffnung, dass es mir gelungen ist, Ihnen das Leben nicht unnötig schwer zu machen.

23.2.4 Pattern Matching durch reguläre Ausdrücke

Jeder, der mit einer UNIX/Linux-Maschine zu tun hat, kennt wohl die regulären Ausdrücke. Reguläre Ausdrücke sind auch eine Form der Suche nach Zeichenketten, nur erheblich komfortabler und komplexer.

Der Begriff *regulärer Ausdruck* stammt von dem Sprachwissenschaftler Noam Chomsky und wird in der Informatik verwendet. Es gibt zwar mehrere Varianten von regulären Ausdrücken, doch haben alle dasselbe Ziel. Bei einem regulären Ausdruck geht es darum, Muster aus Buchstaben zu beschreiben, dies auch sehr oft zusammen mit Wiederholungen, Alternativen und Abkürzungen für Zeichenklassifizierungen wie Ziffern oder Buchstaben. Das bekannteste Beispiel, mit dem sogar MS-DOS klarkommt und das jeder kennen dürfte, ist die *Wildcard* (*):

```
dir t*.txt
```

Oder unter UNIX:

```
ls -l t*.txt
```

So werden alle Textdateien ausgegeben, die mit »t« beginnen und mit ».txt« enden:

```
text.txt
test.txt
total.txt
```

Reguläre Ausdrücke sind keine Funktionen, sondern es handelt sich um eine echte Sprache mit formaler Grammatik, bei der jeder Ausdruck eine präzise Bedeutung hat. Es folgen jetzt einige Funktionen aus der Praxis, wobei diejenigen, die mit den regulären Ausdrücken überhaupt nicht vertraut sind, einen kleinen Einblick erhalten, und Anwender, die reguläre Ausdrücke schon häufiger verwendet haben, sehen werden, wie reguläre Ausdrücke in C geschrieben werden können.

Es sei darauf hingewiesen, dass es sich dabei nicht um eine umfassende Anleitung zu regulären Ausdrücken handelt, sondern vielmehr um einen kurzen Überblick. Trotzdem kann es sich für Sie vielleicht lohnen, sich noch ausführlicher mit regulären Ausdrücken zu befassen, vor allem, wenn Sie z. B. eine Skriptsprache entwickeln wollen. Aber dies sei nur am Rande erwähnt.

Das Programm, das nun erstellt werden soll, liest Zeile für Zeile aus einer Datei aus. Die erste Funktion, die das Pattern Matching (Mustersuche) einleitet, sieht so aus:

```
int pmatch(char *ausdruck, char *text) {
#ifdef __unix__
   if(ausdruck[0] == '^')
#elif __WIN32__
   if(ausdruck[0] == '#')
#endif
      return match(ausdruck+1, text);
   else {
      for( ; *text != '\0'; *text++)
         if(match(ausdruck, text))
            return 1;
   }
   return 0;
}
```

Im Zusammenhang mit regulären Ausdrücken wird oft der Ausdruck *matchen* verwendet. Matchen bedeutet, dass ein bestimmter Suchstring gefunden worden ist, die Suche also »passt«. Matchen ist also das englische Wort für »passen« und wird deshalb für die Mustersuche verwendet. In dem folgenden Beispiel wird zuerst überprüft, ob der zu matchende Ausdruck am Anfang einer Zeile vorkommt. Dies ist gegeben, wenn der Ausdruck mit dem Zeichen `'^'` beginnt. Beispielsweise geben Sie als Suchstring folgenden Ausdruck an:

```
^hallo
```

Somit müssen die ersten fünf Zeichen einer Zeile in `text` mit der Zeichenfolge `"hallo"` übereinstimmen. Beispiele hierfür wären:

`hallo welt wie gehts` (gefunden, da am Anfang der Zeile)
`hallo welt wie gehts` (Missmatch -> nicht gefunden)

Im Fall des Zeichens '^' am Anfang eines Strings muss der Pointer des zu matchenden Ausdrucks inkrementiert werden, damit dieses Zeichen nicht mit verglichen wird. Bei Nichtverwendung des Zeichens '^' wird die Matching-Funktion ganz normal, Zeichen für Zeichen, aufgerufen.

[»]

Hinweis zu DOS und Windows

Damit sich dieses Beispiel auch unter MS-DOS/Win32 realisieren lässt, verwenden Sie bitte statt des Zeichens '^' das Zeichen '#' – daher auch die bedingte Kompilierung in der Funktion.

Jetzt folgt die Matching-Funktion `match()`:

```
int match(char *ausdruck, char *text) {
   if(ausdruck[0] == '\0')
      return 1;
   if(ausdruck[1] == '*')
      return wildcard(ausdruck[0], ausdruck+2, text);
   if(ausdruck[0] == '$' && ausdruck[1] == '\0')
      return *text == '\0';
   if(*text != '\0' && (ausdruck[0]== '.'||
     ausdruck[0] == *text) )
      return match(ausdruck+1, text+1);
   return 0;
}
```

Zuerst wird getestet, ob das Ende des Suchmusters, das auch oft als *Pattern* bezeichnet wird, schon erreicht ist ('\0'). Danach wird überprüft, ob eine Wildcard (*) angegeben ist. Falls ja, wird die entsprechende Funktion aufgerufen, worauf in Kürze eingegangen wird. Das Zeichen '$' bedeutet bei diesem Matching das Zeilenende. Als Beispiel dient uns folgende Zeile:

```
match und$ *.txt
```

Damit werden alle Ausdrücke gefunden, bei denen die Zeile mit »und« endet. Beispiele wären folgende:

```
Ein Text, der mit und endet und /* Gefunden */
Der Text endet nicht mit und und. /* Missmatch */
qwert asdf qwert asdf qwert und /* Gefunden */
und was jetzt? Ende! /* Missmatch */
```

Um zu gewährleisten, dass nicht nach dem Zeichen '$' gesucht wird, sondern dass es auch wirklich das gewünschte »und« am Ende der Zeile ist, wird gleich darauf getestet, ob das nächste Zeichen des Ausdrucks das Endzeichen '\0' ist. Die nächste Überprüfung

```
if(*text != '\0' &&(ausdruck[0] == '.' ||  ausdruck[0] == *text))
```

testet, ob nicht vorher schon das Ende gekommen ist, und das nächste Zeichen ein beliebiges sein darf (.) oder das Zeichen im Ausdruck mit demjenigen im Text übereinstimmt. Der Punkt steht somit für ein beliebiges Zeichen, abgesehen vom Zeichenende. Falls diese Bedingung zutrifft, wird die Funktion rekursiv erneut mit den nächsten Zeichen aufgerufen. Der rekursive Aufruf erfolgt so lange, bis eine der Bedingungen in dieser Funktion einen gültigen return-Wert (0 == keine Übereinstimmung oder 1 == Übereinstimmung gefunden) zurückliefert.

Es folgt die Wildcard-Funktion, die eventuelle Sternchen im Text auswertet:

```
int wildcard(int c, char *ausdruck, char *text) {
   for( ;*text != '\0' && (*text == c || c == '.'); *text++)
      if(match(ausdruck, text))
         return 1;
   return 0;
}
```

Dies ist die einfachste Wildcard-Funktion, die eine eher *schwache Funktion* ist. Schwach nennt man allgemein Funktionen, denen wichtige Sicherheitsmechanismen gegen fehlerhafte Eingaben fehlen. Es geht an dieser Stelle aber nur um das grundlegende Verständnis, und deshalb habe ich eine möglichst einfache Funktion verwendet.

Was bedeutet aber nun das Sternchen für das Pattern Matching? Der Stern zeigt an, dass das letzte Zeichen vor dem Sternchen einmal oder mehrmals vorkommen kann, aber nicht vorkommen muss. Zum Abschluss sehen Sie in Listing 23.22 das vollständige Listing zum Pattern Matching durch reguläre Ausdrücke.

```
/* regular_expression.c */
#include<stdio.h>
#include<stdlib.h>
#include<string.h>
#define BUF 4096

int pmatch(char *, char *);
int match(char *, char *);
int wildcard(int, char *, char *);
int my_grep(char *, FILE *, char *);

int pmatch(char *ausdruck, char *text) {
```

```
   if(ausdruck[0] == '^')
      return match(ausdruck+1, text);
   for( ; *text != '\0'; *text++)
      if(match(ausdruck, text))
         return 1;
   return 0;
}

int match(char *ausdruck, char *text) {
   if(ausdruck[0] == '\0')
      return 1;
#ifdef __unix__
   if(ausdruck[1] == '*')
#elif __WIN32__
   if(ausdruck[1] == '~')
#endif
      return wildcard(ausdruck[0], ausdruck+2, text);
   if(ausdruck[0] == '$' && ausdruck[1] == '\0')
      return *text == '\0';
   if(*text != '\0' && ( ausdruck[0] == '.' ||
     ausdruck[0] == *text))
      return match(ausdruck+1, text+1);
   return 0;
}
int wildcard(int c, char *ausdruck, char *text) {
   for( ;*text != '\0' && (*text == c || c == '.'); *text++)
      if(match(ausdruck, text))
         return 1;
   return 0;
}

int my_grep(char *ausdruck, FILE *f, char *name) {
   int n, nmatch=0;
   int line=0;
   char buffer[BUF];

   while(fgets(buffer, sizeof(buffer), f) != NULL) {
      line++;
      n = strlen(buffer);
      if(n > 0 && buffer[n-1] == '\n')
         buffer[n-1] = '\0';
      if(pmatch(ausdruck, buffer)) {
         nmatch++;
```

```
         if(name != NULL)
            printf("%d. ",line);
      }
   }
   if(nmatch!=0)
      printf("Zeile in der Datei %s (insg.%d)\n\n",name,nmatch);
   return nmatch;
}

int main(int argc, char *argv[]) {
   int i, nmatch=0;
   FILE *f;

   if(argc <= 2) {
      fprintf(stderr, "Verwendung des Programms : "
         "%s pattern quelle\n\n",*argv);
      return EXIT_FAILURE;
   }
   else {
      for(i = 2; i < argc; i++) {
         f = fopen(argv[i], "r");
         if(NULL == f) {
            fprintf(stderr, "Konnte %s nicht "
               "oeffnen\n",argv[i]);
            continue;
         }
         if(my_grep(argv[1],f, argv[i]) > 0)
            nmatch++;
         fclose(f);
      }
   }
   printf("%d Dateien mit passenden Pattern %s gefunden\n",
      nmatch, argv[1] );
   return EXIT_SUCCESS;
}
```

Listing 23.22 »regular_expressions.c« demonstriert Pattern Matching mit regulären Ausdrücken.

In Tabelle 23.2 folgen noch ein paar Matching-Beispiele zum Programm (der Programmname sei `match` und der Name der Datei *test.txt*). Folgende Textdatei soll gematcht werden:

```
ist
 ist
 ist.
```

Matching	Gefunden in Zeile
`match ^ist test.txt`	1
`match ^ist$ test.txt`	1
`match ist$ test.txt`	1, 2
`match ist test.txt`	1, 2, 3
`match .ist test.txt`	2, 3
`match ist. test.txt`	3
`match .s. test.txt`	1, 2, 3
`match .s.$ test.txt`	1, 2
`match ^...$ test.txt`	1
`match i*. test.txt`	1, 2, 3
`match ^i*. test.txt`	1

Tabelle 23.2 Einige Matching-Beispiele

Sie sehen schon, was für einen gewaltigen Funktionsumfang Sie mit wenigen Zeilen Code erreichen können, wenn Sie reguläre Ausdrücke verwenden. Dabei stellt das Programm und das bisher vorgestellte Pattern Matching nur einen Bruchteil dessen dar, wozu Pattern Matching wirklich in der Lage ist.

Sollten Sie also für Ihr Programm reguläre Ausdrücke benötigen, können Sie eigene Funktionen schreiben oder aber auf entsprechende Funktionen der Headerdatei *<regex.h>* zugreifen. Allerdings entsprechen diese Funktionen dem POSIX-Standard und sind vorwiegend in der UNIX-Welt zu Hause. Windows-Anwender können diese Bibliothek aber z. B. mit dem GCC-Compiler unter der Cygwin-Umgebung auch verwenden.

Oder Sie verwenden Perl. Perl ist eine Programmiersprache, die explizit für reguläre Ausdrücke erfunden wurde. Ein weiterer Vorteil an Perl ist, dass es sogar direkt mit C zusammenarbeitet.

Das folgende Verfahren hat nicht direkt mit dem Suchen, Finden und Sortieren von Daten zu tun. Ich erkläre es hier aber gern, weil es oft in Spielen eingesetzt wird, z. B. für »intelligente« Monster, die sich selbstständig in einem Labyrinth bewegen können.

23.2.5 Backtracking

Backtracking ist ein Verfahren, das nach dem Trial-and-Error-Prinzip (Versuch und Irrtum) funktioniert. Es wird also versucht, von Teillösungen systematisch zu einer Komplettlösung zu kommen. Steckt man beispielsweise bei einer Teillösung in einer Sackgasse, werden einzelne bzw. mehrere Schritte wieder rückgängig gemacht. Gerät man wiederum in eine Sackgasse, werden wiederum entsprechend viele Schritte rückgängig gemacht. Dieser Vorgang wird so lange wiederholt, bis man zu einer Lösung des Problems kommt oder feststellen muss, dass es zu diesem Problem keine Lösung gibt.

23.2.6 Der Weg durch den Irrgarten

Ein klassischer Anwendungsfall von Backtracking ist ein Labyrinth. Im nächsten Beispiel erstellen wir ein Spielfeld mit Hindernissen (*). An der einen Ecke des Spielfeldes befindet sich »Mister C«, der Hunger hat. Auf der anderen Seite befindet sich etwas zu essen (»o«). Sie sollen nun mittels Backtracking Mister C über die Hindernisse * zum Essen o führen:

```
##################################################
#C * #
# * * #
# #
# * * * * #
# * * #
# * * * * #
# #
# * * * * * #
# * #
# * * * #
# * * * #
# * * * o#
##################################################
```

Nun könnten Sie natürlich einfach eine Steuerung programmieren, mit der ein Spieler Mister C per Tastatur durch das Labyrinth manövrieren kann. Wenn der Spieler an ein Hindernis stößt, wird er vergiftet, wenn er zu viele Züge macht, ohne zum Essen zu gelangen, verhungert er. Diese Art Spiele gibt es wirklich wie Sand am Meer unter verschiedenen Namen, wie z. B. »Snake«, »Maze« oder »Wurmi«. Ein solches Spiel könnten Sie jetzt mittlerweile in einer Stunde programmieren.

In diesem Beispiel soll aber der Computer die Lösung finden. Dazu muss natürlich erst einmal das Spielfeld aufgebaut werden. Der Einfachheit halber erstelle ich hierzu ein zweidimensionales `char`-Array mit 15 Zeilen und 50 Spalten:

```
char spielfeld[15][50];
```

Mister C selbst soll sich zunächst in vier verschiedene Richtungen bewegen können (siehe Abbildung 23.32).

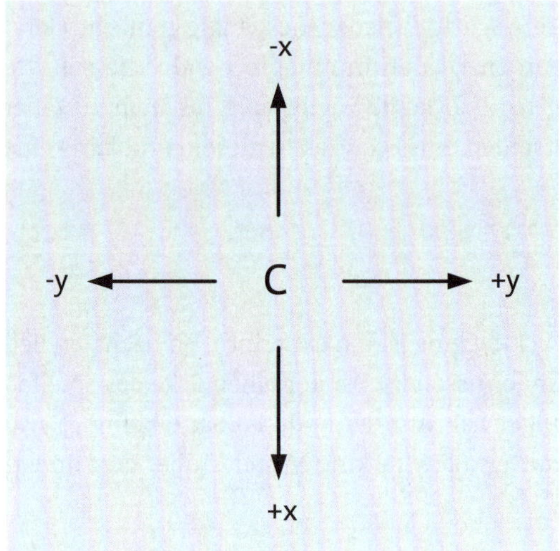

Abbildung 23.32 Koordinatensystem für Mister C

Somit benötigen Sie vier verschiedene Funktionsaufrufe, nämlich jeweils einen für die Richtung +y (eine Zeile nach unten), -y (eine Zeile nach oben), +x (eine Spalte nach rechts) und -x (eine Spalte nach links). In der Praxis sehen diese Aufrufe folgendermaßen aus:

```
step(x,y+1);
step(x,y-1);
step(x+1,y);
step(x-1,y);
```

Natürlich handelt es sich hierbei um Funktionsaufrufe, die auch rekursiv ausgeführt werden können. Für die optische Darstellung sollten Sie aber zusätzlich die alten Positionen von x und y als Argumente bzw. Parameter speichern, damit Sie ungültige Schritte rückgängig machen können:

```
step(x,y+1,xalt,yalt);
step(x,y-1,xalt,yalt);
step(x+1,y,xalt,yalt);
step(x-1,y1,xalt,yalt);
```

Als Nächstes müssen Sie bestimmen, in welche Richtung Mister C zuerst gehen soll. Vom zweidimensionalen Array aus gesehen befindet sich Mister C an Position [1][1] und das Essen an Position [13][48]. Somit können Sie selbst entscheiden, ob Sie zuerst nach rechts (x+1) oder nach unten (y+1) gehen wollen. Im Beispiel wurde die Verstärkt-nach-rechts-gehen-Strategie verwendet.

Hinweis zu Bildschirmkoordinaten

Bildschirmkoordinaten entsprechen nicht den mathematischen Koordinaten. Auf dem Bildschirm ist nämlich der Punkt 0,0 die linke obere Ecke, und die x-Koordinaten wachsen ganz normal nach rechts. Die y-Koordinaten dagegen wachsen nach unten, und es gibt keine negativen Koordinaten. Deshalb muss man mathematische Koordinaten immer in Bildschirmkoordinaten umwandeln und umgekehrt.

Bevor Sie Mister C also nach rechts schicken (x+1), müssen Sie zuerst überprüfen, ob sich in dieser Richtung ein Hindernis (*) befindet und ob Sie diese Spalte nicht schon einen Funktionsaufruf zuvor besucht haben (`xalt!=x+1`). Sind diese beiden Bedingungen erfüllt, können Sie den ersten rekursiven Funktionsaufruf starten (`step(x+1,y,x,y)`).

Entscheidend für das Backtracking ist nun der Rückgabewert des rekursiven Funktionsaufrufes. Wird `1` zurückgegeben, wird der eben aufgerufene Zug ausgeführt.

An dieser Stelle werden Sie vielleicht schon gemerkt haben, dass wir ein Problem haben. Die mathematischen Koordinaten lassen sich ja noch sehr gut in Bildschirmkoordinaten umwandeln, aber bei Arrays sieht die Sache anders aus. Bei Arrays werden die Elemente in der Reihenfolge Zeile, Spalte angegeben. Dies entspricht jedoch z. B. einem `spielfeld[y][x]`. Dieses Problem können Sie auf verschiedene Weise lösen. Die einfachste Variante ist, das Spielfeld-Array als `spielfeld[48][13]` zu definieren und den Zugriff wirklich in der Reihenfolge x, y vorzunehmen – Sie müssen sich ja nur merken, dass Sie genau bei diesem Projekt so vorgehen. Damit wäre die Position des Spielers (1,1) und die Position des Essens (48,13). Leider entspräche auf diese Weise Ihr Programm nicht dem ANSI-C-Standard, der Ihnen empfiehlt, dass die Zugriffsreihenfolge auf zweidimensionale Arrays immer (Zeile, Spalte) sein sollte. Da wir in diesem Buch möglichst portable Programme schreiben wollen, müssen wir eine andere Lösung finden. Diese Lösung ist aber ganz einfach: Wir müssen nur die Achsen des Koordinatensystems vertauschen.

Wenn Sie jetzt denken, dass wir hier den Teufel durch den Beelzebub ausgetrieben haben, mögen Sie Recht haben, aber nun entspricht unser Beispiel dem ANSI-C-Standard. Sie können jetzt natürlich denken: »Pustekuchen, ich verwende das, was ich gewohnt bin!«, und ich werde Sie nicht daran hindern, das nächste Programmbeispiel auf das Standardkoordinatensystem umzuschreiben. Vielleicht ist dies sogar eine sehr gute Idee, da es eine gute Übung ist. Ich werde jedoch mit dem transformierten Koordinatensystem fortfahren und Ihnen erst einmal die eigentlich relativ einfache Hauptschleife vorstellen:

```
if( y+1<49 && spielfeld[x][y+1] !='*' &&
    yalt!=y+1 && step(x,y+1,x,y) )
   return 1;
```

Im Endeffekt führe ich hier einen mathematischen Trick aus: Ich wende eine *eigenschaftserhaltende Transformation* an. Das bedeutet nichts anderes, als dass das ursprüngliche Koordinatensystem durch »Umbeschriften« der Achsen nicht seine Eigenschaften verliert und ich sämtliche Algorithmen (auch den soeben beschriebenen) auch auf das transformierte System anwenden kann.

Fahren wir mit der Beschreibung des Programms fort. Die nächsten drei Funktionsaufrufe mitsamt den Überprüfungen sehen recht ähnlich aus, nur dass sie eben für eine andere Richtung bestimmt sind:

```
else if( x+1<14 && spielfeld[x+1][y] !='*' &&
         xalt!=x+1 && step(x+1,y,x,y))
   return 1;

else if( x-1>0 && spielfeld[x-1][y] !='*' &&
         xalt!=x-1 && step(x-1,y,x,y) )
   return 1;

else if( y-1>0 && spielfeld[x][y-1] !='*' &&
         yalt!=y-1 && step(x,y-1,x,y) )
   return 1;
```

Falls keiner dieser vier Aufrufe erfolgreich war, wird an den vorangegangenen Funktionsaufruf der Wert `0` (`return 0`) zurückgegeben, womit ebendieser Zug nicht ausgeführt wird.

Die Abbruchbedingung ist erreicht, wenn sich Mister C an der Position des Essens (»o«) befindet. Abgebrochen wird aber auch, wenn das Labyrinth zu komplex ist und unser Mister C partout nicht ans Ziel finden will oder er in einer Sackgasse feststeckt, aus der es kein Zurück mehr gibt. Leider bedeutet dieser Abbruch auch einen Stacküberlauf. In Listing 23.23 finden Sie die komplette Funktion `step()`, bei der wie von Zauberhand plötzlich die Koordinaten in der richtigen Reihenfolge stehen (der Mathematik sei Dank).

```
int step(int x, int y, int xalt, int yalt) {
   printf("<ENTER>");  getchar();
   if(spielfeld[x][y] == 'O') { /* Sind wir am Ziel? */
      spielfeld[x][y] = 'C';
      spielfeld[xalt][yalt] = ' ';
      showspielfeld();
      printf("Mister C ist zu Hause!\n");
```

```
      exit (EXIT_SUCCESS);
   }
   else if(spielfeld[x][y] == ' ') {
      spielfeld[x][y] = 'C';
      spielfeld[xalt][yalt] = ' ';
      showspielfeld();
      // ... nach rechts
      if( y+1<49 && spielfeld[x][y+1] !='*' &&
          yalt!=y+1 && step(x,y+1,x,y) )
         return 1;
      // ... nach unten
      else if( x+1<14 && spielfeld[x+1][y] !='*' &&
               xalt!=x+1 && step(x+1,y,x,y) )
         return 1;
      // ... nach oben
      else if( x-1>0 && spielfeld[x-1][y] !='*' &&
               xalt!=x-1 && step(x-1,y,x,y) )
         return 1;
      // ... nach links
      else if( y-1>0 && spielfeld[x][y-1] !='*' &&
               yalt!=y-1 && step(x,y-1,x,y) )
         return 1;
   }
  return 0;
}
```

Listing 23.23 Die Funktion »step()« macht genau einen Schritt auf dem Spielfeld und merkt sich gleichzeitig die alten Koordinaten.

Zum besseren Verständnis sollen ein paar Durchläufe gemacht werden. Aufgerufen wird die Funktion in `main()` mit:

23

```
step(1,1,1,1);
```

Somit sieht es auf dem Spielfeld beispielsweise wie folgt aus:

```
#####################
#C *
# * *
# * * *
#* * *
```

Mister C befindet sich an Position `[1][1]` im Spielfeld. Zuerst wird in der Funktion `step()` überprüft, ob er bereits sein Ziel erreicht hat (was im Moment nicht der Fall ist):

```
if(spielfeld[x][y] == 'O')
```

Als Nächstes müssen Sie überprüfen, ob die Position [1][1] überhaupt frei ist:

```
else if(spielfeld[x][y] == ' ' )
```

Ist diese Position frei, dann kann Mister C dorthin gesetzt werden, und es sieht wie in der eben gezeigten Position aus. Jetzt wird überprüft, in welche Richtung Mister C gehen kann:

```
// ... nach rechts (bitte beachten, dass x und y hier vertauscht sind!)
if( y+1<49 && spielfeld[x][y+1] !='*' &&
    yalt!=y+1 && step(x,y+1,x,y) )
```

Im Beispiel ist die Richtung y+1 frei und wurde zuvor auch nicht besucht. Somit befindet sich auf dem Stack nun folgender Funktionsaufruf:

```
step(1, 1+1, 1, 1)
```

Um ausgeführt zu werden, benötigt dieser Funktionsaufruf ja den Rückgabewert 1. Gehen wir mal ein paar Schritte, bis Mister C zum ersten Mal auf ein Hindernis prallt. Folgende Funktionsaufrufe wurden bis dahin getätigt (auf dem Stack von oben nach unten):

```
step(1,3+1,1,1)
step(1,2+1,1,1)
step(1,1+1,1,1)
```

Nun sieht das Ganze bildlich folgendermaßen aus:

```
######################
# C*
# * *
# * * *
#* * *
```

Hier kommt zum ersten Mal nicht mehr die erste if-Anweisung zum Zug, da spielfeld[x+1][y] != '*' nicht mehr zutrifft. Die nächste Überprüfung sieht so aus:

```
// ... nach unten // auch hier sind x und y vertauscht
else if( x+1<14 && spielfeld[x+1][y] != '*' &&
         xalt != x+1 && step(x+1,y,x,y) )
```

Hier scheint es wieder weiterzugehen. Somit geht Mister C nach unten, womit sich Mister C an Position [2][3] befindet:

```
#####################
# *
# C * *
# * * *
#* * *
```

Sie können das Beispiel gern noch ein paar Schritte weiter durchgehen. Mit Listing 23.24 können Sie den Weg von Mister C im echten Leben betrachten.

```
/* misterc_1.c */
#include<stdio.h>
#include<stdlib.h>
#include<time.h>
#ifdef __unix__
   #define clrscr() printf("\x1B[2J")
#elif __BORLANDC__ && __MSDOS__
   #include <conio.h>
#elif __WIN32__ || _MSC_VER
#define clrscr() system("cls")
#else
   #define clrscr() printf("clrscr() - Fehler!!\n")
#endif

#define HINDERNISSE 100

char spielfeld[15][50];

void createspielfeld(void) {
   int i, j, x, y;
   for(i=0, j=0; j < 50; j++)
      spielfeld[i][j] = '#';

   for(i=1 ;i < 15; i++)
      for(j=0;j<50;j++) {
         if(j==0 || j==49)
            spielfeld[i][j] = '#';
         else
            spielfeld[i][j] = ' ';
         if(i==13 && j==48)
            spielfeld[i][j] = 'O';
      }
      for(i=14,j=0;j<50;j++)
         spielfeld[i][j] = '#';
```

```
      for(i=0;i<=HINDERNISSE;i++) {
         x=rand()%14;
         y=rand()%48;
         if(x<15&&y<50 && x>0&&y>0)
            spielfeld[x][y] = '*';

      }
   spielfeld[1][1]=' ';
}

void showspielfeld(void) {
   int i, j;
   clrscr();
   for(i=0; i < 15; i++)
      for(j=0;j<50;j++) {
         printf("%c",spielfeld[i][j]);
         if(j==49)
            printf("\n");
      }
}

int step(int x, int y, int xalt, int yalt) {
   printf("<ENTER>");  getchar();
   if(spielfeld[x][y] == 'O') { /* Sind wir am Ziel? */
      spielfeld[x][y] = 'C';
      spielfeld[xalt][yalt] = ' ';
      showspielfeld();
      printf("Mister C ist zu Hause!\n");
      exit (EXIT_SUCCESS);
   }
   else if(spielfeld[x][y] == ' ') {
      spielfeld[x][y] = 'C';
      spielfeld[xalt][yalt] = ' ';
      showspielfeld();
      /* ... nach rechts */
      if( y+1<49 && spielfeld[x][y+1] !='*' &&
          yalt!=y+1 && step(x,y+1,x,y) )
         return 1;
      /* ... nach unten */
      else if( x+1<14 && spielfeld[x+1][y] !='*' &&
               xalt!=x+1 && step(x+1,y,x,y) )
         return 1;
      /* ... nach oben */
```

```
      else if( x-1>0 && spielfeld[x-1][y] !='*' &&
               xalt!=x-1 && step(x-1,y,x,y) )
         return 1;
      /* ... nach links */
      else if( y-1>0 && spielfeld[x][y-1] !='*' &&
               yalt!=y-1 && step(x,y-1,x,y) )
         return 1;
   }
 return 0;
}

int main(void) {
   createspielfeld();
   step(1,1,1,1);
   return EXIT_SUCCESS;
}
```

Listing 23.24 Das Programm »Mister C« versucht, einen Ausweg aus einem Irrgarten per Backtracking zu finden.

Das Programm bei der Ausführung sehen Sie in Abbildung 23.33.

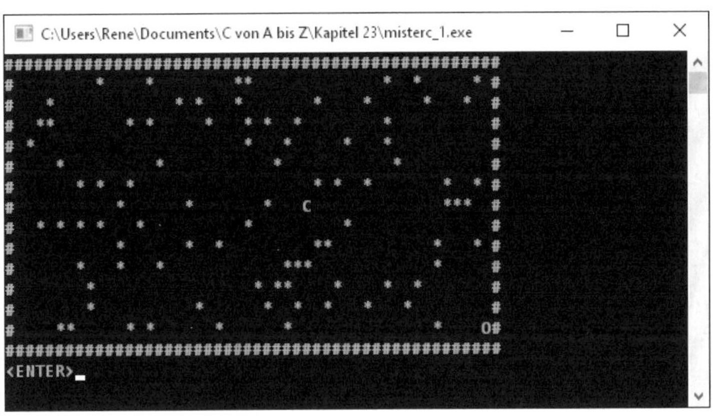

Abbildung 23.33 Mister C auf der Suche nach dem Essen

Das letzte einfache Beispiel ist sehr stark auf die rechte Seite ausgerichtet. Befindet sich Mister C an einer anderen Position, müssen Sie unter Umständen das Backtracking anpassen. Wenn Sie z. B. die Anzahl der Hindernisse erhöhen, werden Sie merken, dass Mister C irgendwann keinen Ausweg mehr findet, obwohl es theoretisch möglich ist. Mister C dreht sich nun im Kreis. Um dieses Problem zu umgehen, können Sie entweder den Quellcode noch etwas verkomplizieren oder Sie statten Mister C mit weiteren Fähigkeiten aus. Es würde sich beispielsweise anbieten, das Programm so zu erweitern, dass sich Mister C auch in diagonaler Richtung bewegen kann (siehe Abbildung 23.34).

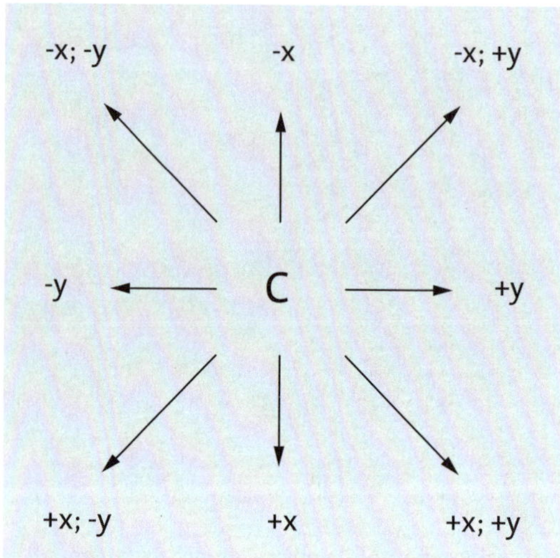

Abbildung 23.34 Mehr Bewegungsfreiheit für Mister C (transformiertes Koordinatensystem)

Somit hätten Sie jetzt folgende vier neue Bewegungen, die Sie in den Code einbauen müssten:

```
rechtshoch(x-1,y+1)
rechtsrunter(x+1,y+1)
linksrunter(x+1,y-1)
linkshoch(x-1,y-1)
```

Als Nächstes gilt es auch hier wieder festzulegen, in welcher Reihenfolge diese (jetzt acht) Bewegungen überprüft und ausgeführt werden sollen, um ans Ziel zu kommen. Da sich das Ziel rechts unten befindet, sollten Sie auch wieder diese Richtung als erste Priorität benutzen. Ich schlage folgenden Weg vor:

```
if(rechts=frei)
else if(rechtsrunter=frei)
else if(rechtsoben=frei)
else if(nachunten=frei)
else if(linksrunter=frei)
else if(oben=frei)
else if(links=frei)
else if(linksoben=frei)
else return 0
```

Ich habe das Beispielprogramm mit den 8 Richtungen, in die Mr. C nun gehen kann, in dieser Auflage ausgespart – es enthält nichts Neues, das Listing wird nur länger und komplexer. (Interessierte können bei den Materialien zum Buch unter *https://www.rheinwerk-verlag.de/5701* den Link HIER FINDEN SIE DIE MATERIALIEN ZU FRÜHEREN AUFLAGEN DES BUCHES verwenden.)

Mit Backtracking lassen sich noch viele weitere Probleme lösen. Vor allem Spiele mit »intelligenten« Monstern, die sogar von selbst ihr Labyrinth verlassen können, sind ein beliebtes Anwendungsfeld für Backtracking. Das erste Spiel, das ausgiebig Backtracking verwendete, war das D&D-artige, rein zeichenorientierte Adventure »Sword of Fargoal«. Leider stürzte SOF (so damals die liebevolle Abkürzung, weil sie auch »survival of the fittest« entspricht) nach einiger Zeit ab, weil der Monster-Backtracking-Algorithmus den gesamten Speicher des C64 auffraß. Intelligenter verhielt sich später das D&D-Adventure »Pool of Radiance«, das aber leider mehrere Disketten einnahm und oft lange nachladen musste. Mehrere Nächte vergingen, bevor man völlig übermüdet, aber glücklich den Endgegner besiegt hatte. Manche Backtracking-Algorithmen sind auch geheim, wie z. B. die des »Munchkin«-Spiels auf dem alten Phillips Videopac. Dieser Pacman-Klon besitzt »intelligente« Monster und ist auch für sehr geübte Spieler eine Herausforderung. Wie dieser intelligente Monster-Algorithmus es schafft, mit 2048 Byte Speicher auszukommen, weiß nur Phillipps – oder der Teufel, der dieses Spiel vielleicht persönlich gemacht hat.

23.3 Kryptografische Algorithmen

Nun wird es wirklich kompliziert und auch teilweise sehr mathematiklastig. Wenn Sie wollen, dann können Sie an dieser Stelle direkt mit Kapitel 24, »MySQL und C«, weitermachen und den Rest von Kapitel 23 auch peu à peu durcharbeiten, wenn Sie Zeit haben. Sie benötigen den Rest dieses Kapitels nicht mehr, um diesem Buch weiter zu folgen. Wenn Sie sich aber für Kryptografie interessieren, dann sollten Sie auch diesen Abschnitt aufmerksam durcharbeiten. Zunächst muss ich aber noch erklären, warum ich die Kryptografie mit aufgenommen und andere Dinge dafür gekürzt habe. Dies hat den einfachen Grund, dass ich viele E-Mails erhalten habe mit der Bitte, mehr über Kryptografie zu erzählen. Aber auch ich denke, dass dieses Thema inzwischen so wichtig ist, dass es in keinem guten Buch über Programmierung mehr fehlen sollte.

Kryptografische Algorithmen gliedern sich in folgende Bereiche:

- Hashing-Verfahren, die zum Ziel haben, einen Ausgangstext (oft auch als *Klartext* bezeichnet) möglichst so unleserlich zu machen, dass man ihn nicht wiederherstellen kann. Jedoch müssen eindeutige Ausgangsbedingungen immer ein eindeutiges Ergebnis liefern.

- lineare Verschlüsselungsverfahren oder *Blockchiffren*, die zum Ziel haben, einen Klartext (blockweise) so zu verschlüsseln, dass er nur mit einem bestimmten Schlüssel wiederhergestellt werden kann
- *Public-Key-Verfahren*, die zum sicheren Schlüsselaustausch auch über Verbindungen möglich sind, die abgehört werden können

Ich möchte Ihnen nun aus allen diesen Bereichen die wichtigsten Algorithmen vorstellen, die in C entwickelt wurden.

23.3.1 Kryptografisches Hashing

Das *Hashing* (das ist der englische Ausdruck für »zerhacken«) ist ursprünglich eine Methode zum Suchen und Speichern von Datensätzen mithilfe einer Tabelle, bei der ein bestimmter Datenblock in eine lange Zahl umgewandelt wird. Diese Zahl gibt die Position des Datensatzes in einer Tabelle an. Diese Zahl ist nicht immer eindeutig, aber eindeutig genug, um die meisten Datensätze korrekt mit einem Hash zu verknüpfen. Dies kann die Suche z. B. in Datenbanken (neben anderen Verfahren wie Suchbäumen) enorm beschleunigen. Daneben gibt es die kryptografischen Hashing-Verfahren, die nicht nicht zum Ziel haben können, überschneidungsfreie Ergebnisse zu liefern. Genau um diese Algorithmen soll es im Folgenden gehen.

Wozu benötigt man Hashing in der Kryptografie?

Wenn Sie an dieser Stelle wiederholt das Wort *Kryptografie* lesen, dann denken Sie vielleicht stets an die Verschlüsselung von Daten mit (am besten langen) Passwörtern. Zugegeben, dies ist das, was die Kryptografie meistens leistet. Die Frage ist nur, wie man denn Passwörter speichert, wenn man diese schlecht als Klartexte auf einem Server ablegen kann. Hier kommen die kryptografischen Hashing-Verfahren ins Spiel. Der Trick bei den kryptografischen Hashing-Verfahren ist nämlich, dass man einen Text (z. B. mit einem Benutzernamen und einem Passwort) nicht anhand des Hash-Wertes in einer überschaubaren Zeitspanne rekonstruieren kann. Das heißt, man speichert auf einem Login-Server nur Hash-Werte, und der Browser generiert dann anhand einer Login-App nur die Hash-Werte aus den vorher eingegebenen Klartextdaten. Es werden also über das Netzwerk nur zufällig aussehende Zahlen übertragen, und nur der Server weiß, welcher Benutzer zu welchem Hash-Wert gehört.

Die wichtigsten kryptografischen Hashing-Verfahren sind zurzeit:

- SHA1 – ein Algorithmus zum Erstellen von Passwort-Hashes
- SHA2 – die erweiterte, sichere Variante von SHA1
- MD5 – ein Algorithmus zum Überprüfen der Korrektheit von Daten anhand der Hash-Werte (z. B. bei Image-Dateien oder in Tauschbörsen)
- RIPEMD160 – ein alternativer Algorithmus zu SHA2 und SHA3, der z. B. bei Bitcoin verwendet wird

Die folgenden Dinge sind für das Hashing erforderlich

- Eine *Hash-Funktion* – mit der Hash-Funktion wird eine lange Zahl erzeugt, die die Position des Datensatzes in einer Hash-Tabelle bestimmt bzw. den Inhalt des Datenblocks möglichst eindeutig in eine lange Zahl umwandelt. Meistens ist das Ergebnis der Hash-Funktion nicht mehr in die Ausgangsdaten transformierbar (man spricht auch von einer *Einwegfunktion*).
- Eine *Hash-Tabelle* – in der Hash-Tabelle befinden sich die Hash-Werte, eventuell zusammen mit dem Datensatz. Eine Suchanfrage wird also zunächst mit der Hash-Funktion in eine Tabellenadresse bzw. eine Zahl umgewandelt, die in der Hash-Tabelle abgelegt ist. Mit dieser möglichst eindeutigen Adresse bzw. Zahl wird im Anschluss der Datensatz in der Hash-Tabelle gesucht. Der Trick bei kryptografischen Hashes ist auch hier, dass z. B. keine Login-Informationen direkt übertragen werden, sondern nur deren Hash-Werte.

[«]

Hinweis: Eindeutigkeit der Rückgabewerte von Hash-Funktionen

Eine Hash-Funktion kann niemals wirklich eindeutige Werte erzeugen, weil einfach die große Menge an möglichen Zeichen, die z. B. ein String haben kann, in einer sehr viel kleineren Menge (z. B. einer Zahl mit 256 Bit) abgebildet wird. Es ist also rein mathematisch unmöglich, eindeutige Hash-Werte zu generieren. Es kann also immer zu Kollisionen kommen, die eventuell separat behandelt werden müssen.

Wichtige Bestandteile kryptografischer Hash-Funktionen

Moderne kryptografische Hash-Funktionen enthalten stets folgende Elemente:

- die XOR-Verknüpfung bestimmter Bits der Ursprungsdaten miteinander
- Bitverschiebungen der Ursprungsdaten, eventuell zusammen mit den XOR-Verknüpfungen
- »Verwürfelung« der Ursprungsdaten in einer fest definierten Art und Weise (man spricht auch von *Vermischungsfunktionen*)
- Anwendung mehrerer Runden, um die Komplexität des Verfahrens zu erhöhen
- Anwendung von Transformationstabellen (sogenannten *S-Boxen*), bei der z. B. ein Zeichen in ein anderes Zeichen überführt wird. Dies soll die ursprünglichen Häufigkeitsverteilungen »glätten« und z. B. verhindern, dass der Buchstabe e häufiger im verschlüsselten Text vorkommt als ein y, was Hacker zu sogenannten *statistischen Angriffen* nutzen könnten. Statistische Angriffe untersuchen z. B. in einem verschlüsselten Text die Häufigkeitsverteilung bestimmter Buchstaben. Ohne Glättung kann anhand der Häufigkeitsverteilung der verschlüsselten Zeichen auf den Ursprungsbuchstaben rückgeschlossen werden.

Sie können sich in Bezug auf moderne Hashing-Verfahren sehr komplexe Varianten des bekannten Hütchenspiels vorstellen. Unter einem von drei Hütchen liegt eine

Murmel, die am Anfang kurz gezeigt wird. Nun werden die Hütchen sehr schnell verwirbelt, und der Spieler muss anschließend erraten, unter welchem Hütchen die Murmel liegt. Bei drei Hütchen ist die Sache noch einfach, aber stellen Sie sich vor, das Spiel würde mit 256 Hütchen gespielt, und die Geschwindigkeit würde um das Millionenfache gesteigert. Wenn Sie das genaue Verfahren und die Ausgangssituation nicht kennen, werden Sie wahrscheinlich fast immer verlieren. Jetzt stellen Sie sich am besten noch vor, dass Sie 64 Runden spielen müssen, und in jeder einzelnen Runde müssen Sie die Position der Murmel stets richtig raten – denn die einzelnen Runden hängen überdies voneinander ab. Nun wird es für Sie fast unmöglich sein, noch ein einziges Spiel zu gewinnen.

Beispiel für ein modernes Hashing-Verfahren: Der SHA2-Algorithmus

Ich möchte nun detailliert am Beispiel von SHA2 vorstellen, wie genau ein moderner Hashing-Algorithmus arbeitet. Dafür wollen wir einen String mit Login-Informationen Schritt für Schritt in einen SHA2-Hash umwandeln. Der SHA2-Hash umfasst in diesem Beispiel 256 Bit. Man spricht auch von *SHA-256* (es gibt auch Varianten mit 128 Bit, aber diese wurden bereits gebrochen). Der ASCII-String soll folgende Kombination aus Benutzername und Passwort enthalten:

```
char *Login="rene@pinguin:Skipper";
```

Auf diese oder eine ähnliche Weise werden unter Linux Kombinationen von Benutzer-Logins und Passwörtern erzeugt. `rene@pinguin` wäre der Text, der beim Login in der Shell ausgegeben würde, gefolgt von dem Zeichen :. Das Passwort wäre `Skipper`, und die User-ID sei eine beliebige Zahl, z. B. `123456`. Die User-ID legt die Zugriffsrechte des Benutzers fest (die Zugriffsrechte werden also nicht direkt gespeichert). Das Problem an dieser einfachen Darstellung ist natürlich, dass sie im Klartext vorliegt und so nicht auf einem physikalischen Datenträger gespeichert werden sollte. Dies wird auch nicht gemacht, sondern in der Passwort-Datenbank (die auf Servern meistens durch zusätzliche Maßnahmen, wie z. B. Public-Key-Algorithmen, abgesichert wird) werden nur Hashes abgelegt. Gibt also ein Benutzer seinen Benutzernamen und sein Passwort ein, wird daraus zuerst ein Hash erzeugt, und anschließend wird nachgesehen, ob es diesen Hash in der Datenbank gibt. Erst, wenn es den Hash wirklich gibt, wird die entsprechende User-ID generiert, und der Benutzer wird eingeloggt. Da es wie gesagt sehr viele komplizierte Verfahren zur Erzeugung von User-IDs gibt, werde ich sie nicht im Einzelnen beschreiben. Es wird also davon ausgegangen, dass die User-ID von beispielsweise `123456` irgendwie der Passwort-Tabelle oder einer anderen Datei entnommen werden kann.

Der SHA2-Algorithmus besitzt eine Initialisierungsphase und mehrere Runden, die sich in mehrere Schritte aufteilen. Diese Initialisierungsphase und die Schritte der einzelnen Runden werde ich nun detailliert beschreiben.

Initialisierungsphase

SHA2 verarbeitet den Quellstring in 512 Bit großen Stückchen, auch *Blöcke* genannt. Das heißt, dass ein Alignment des Quellstrings stattfinden muss, damit dessen Bitlänge durch 512 teilbar ist. In unserem Beispiel muss also die Länge des Quellstrings durch 64 (Byte) teilbar sein (64 * 8 Bit = 512 Bit). Deshalb wird die Variable `Login` wie folgt modifiziert:

```
char Login[64]="rene@pinguin:Skipper";
```

Da der Quellstring nur 20 Byte lang ist, muss er also auf 64 Byte aufgefüllt werden. In unserem Beispiel wird dazu die einfachste Variante benutzt, die der SHA2-Standard vorschlägt: An das Ende der Nachricht wird ein 1-Bit angehängt, und anschließend werden die restlichen Bits mit 0 aufgefüllt. Im letzten Byte der Nachricht (also in `Login[63]`) steht die Länge der gesamten Nachricht in Byte (also der Wert 64). Dieses und andere zusätzlich zur Auswahl stehenden Padding-Verfahren werden durch den SHA2-Standard festgeschrieben, den das NIST (National Institute for Standards and Technology) festgelegt hat. In unserem Beispiel sieht das Padding wie folgt aus:

```
#include <string.h> // Für strlen
int i=0, L=strlen(Login);
Login[L]=0x80; // angehängtes Bit ist im MSB
for (i=L+1; i<63; i++) { Login[L]=0; } // Padding mit 0-Bits
Login[63]=64; // Im letzten Byte steht die Länge der Nachricht
```

1. Runde

Die allererste Runde dient dazu, SHA2 zu initialisieren. Ansonsten ist Runde 1 mit den folgenden Runden identisch. SHA verwendet eine Kombination aus verschiedenen Funktionen, wie Bitverschiebungen und logischen Verknüpfungen (AND/XOR). Ferner muss ein Initialisierungs-Array (oft auch als *Initialisierungsvektor* bezeichnet) definiert werden, das vom NIST vorgeschrieben ist. Die Elemente des Initialisierungs-Arrays werden mit `I[0]` bis `I[7]` bezeichnet und sind am Anfang mit folgenden Hex-Werten zu versehen (das NIST setzt voraus, dass sämtliche Werte 32 Bit breit sind):


```
uint_32 I[8]= {
   0x6a09e667,
   0xbb67ae85,
   0x3c6ef372,
   0xa54ff53a,
   0x510e527f,
   0x9b05688c,
   0x1f83d9ab,
   0x5be0cd19,
};
```

Den Initialisierungsvektor werde ich im weiteren Verlauf noch genauer beschreiben, wenn es um die Verarbeitung mehrerer Nachrichtenblöcke geht. Erst einmal nehmen wir uns die Behandlung der Quellnachricht vor, des sogenannten *Klartextes*.

Der SHA2-Standard teilt die Ursprungsblöcke der Quellnachricht (dies ist in diesem Fall der Ausgangsstring mit Benutzername und Passwort) in acht 32-Bit-Unterblöcke ein, die hier A, B, C, D, E, F, G und H genannt werden. Es werden den jeweiligen Rundenfunktionen also 4 Byte große Variablen übergeben, zusammen sind dies 256 Bit. Genau deshalb spricht man auch von SHA-256. Die vier Rundenfunktionen werden als Ch, Ma, S0 und S1 bezeichnet und sehen wie folgt aus (das Zeichen ^ entspricht in C dem bitweisen XOR, das Zeichen ~ dem bitweisen NOT und >>> der bitweisen Rotation nach rechts):

```
Ch(E,F,G)=(E&F)^(~E&G)
Ma(A,B,C)=(A&B)^(A&C)^(B&C)
S0(A)=(A>>>2)^(A>>>13)^(A>>>22)
S1(E)=(E>>>6)^(E>>>11)^(E>>>25)
```

[»]

Hinweis zur Bitrotation

Eine Bitrotation ist keine reine Verschiebung, und >>> bedeutet hier, dass die Bits einer Variablen, die auf der rechten Seite hinausgeschoben wurden, auf der linken Seite der Variablen wieder hineingeschoben werden. Ich habe deswegen die Funktion ROR (*rotate right*) entwickelt, bei der x die Zahl ist und w die Verschiebeweite in Bits angibt. Der C23-Standard wird die Operatoren >>> und <<< zu Standardoperatoren machen, bis dahin benötigen Sie aber eine zusätzliche Funktion.

```
uint_32 ROR(long int x, int w) {
    int N=32; // 32 Bit breite Zahlen
    uint_32 lsbs=x&((1<<w)-1);
    return (((x>>w)&0x7fffffff)|(lsbs<<(N-w))); // Rechts-Schift und OR=ROR
}
```

Die Funktion ROR() leistet Folgendes: Sie stellt erst einmal die LSBs (das sind die niederwertigsten Bits einer Zahl, die sogenannten »least significant bits«) der Zahl N fest. Diese LSBs werden in der Variablen lsbs zwischengespeichert und enthalten zuerst 1-Bits an den Stellen, an denen auf der rechten Seite Bits herausgeschoben werden sollen. Für w=5 wäre dies z. B. die Binärzahl 11111. Durch die zusätzliche UND-Verknüpfung mit der Ursprungszahl x werden dann alle Bits von lsbs gelöscht, an denen auch x keine gesetzten Bits besitzt.

Anschließend wird die Rotation ausgeführt, die eine Kombination aus Rechtsverschiebung und der ODER-Verknüpfung mit den vorher in lsbs zwischengespeicherten niedrigsten Bits ist. Bei einer Rechtsrotation von 5 Bit würde hier z. B. (w>>5) mit `(lsb<<27)` verknüpft. Dadurch werden die 5 Bit, die rechts herausgeschoben wurden, links wieder hineinkopiert.

Vielleicht wundern Sie sich jetzt darüber, dass in der letzten `return`-Zeile `(x>>w)` noch mit `0x7fffffff` verknüpft wird. Dieses Vorgehen hat mit der Kompatibilität dieses Beispiels mit 32-Bit-Compilern zu tun. Sie wissen ja, dass Sie in reinem C keinen Zugriff auf die Prozessorregister haben. Auf 32-Bit-Architekturen wird z. B. der Hex-Wert `0x80000000` als vorzeichenbehaftete Zahl interpretiert, was auf manchen Systemen zur Folge hat, dass noch vor der Bitverschiebung nach links das sogenannte *Carry-Flag* gesetzt ist. Das Carry-Flag enthält Überträge aus vorangegangenen Operationen, z. B. wenn eine Addition einer positiven Zahl und einer negativen Zahl negativ wird. Aber auch, wenn das oberste Bit 1 ist, dann wird das Carry-Flag gesetzt. Dummerweise wird dann bei einer Bitverschiebung nach rechts auch das Carry-Flag links wieder hineingeschoben. Wenn dieses Flag dann gesetzt ist, würde z. B. aus `(0x80000000>>1)` der Wert `0xc0000000`. Durch die UND-Verknüpfung mit `0x7fffffff` wird dann das Carry-Flag wieder gelöscht (falls es gesetzt ist), und die Bitverschiebung funktioniert wieder so, wie Sie es erwarten würden. Dieses merkwürdige Verhalten wird unter Umständen durch den neuen C23-Standard korrigiert; wenn es »gut läuft«, werden ab C23 sogar die Operatoren `<<<` und `>>>` zu den Standardoperatoren zählen. Solange dies aber nicht entschieden ist, müssen Sie die oben genannte Hilfsfunktion verwenden und gegebenenfalls sogar an Ihr eigenes System anpassen.

Kommen wir zur Bearbeitung der Datenblöcke des Ursprungstextes. Es gibt nun zwei Möglichkeiten, die Datenblöcke A bis H zu füllen. Die erste, »stupide« Möglichkeit ist die Definition globaler Variablen, die eben A, B, C, D, E, F, G und H heißen, z. B. mit

```
uint_32 A,B,C,D,E,F,G,H; // uint_32=unsigned long int 32 Bit
```

Anschließend schreibt man eine Funktion, mit der man die Daten in der richtigen Weise in die Variablen A–H schreibt, damit man anschließend die Rundenfunktionen ausführen kann (diese braucht man im Endeffekt nur abzutippen).

Die zweite Möglichkeit ist die Verwendung eines Arrays, das mit `P` bezeichnet werden soll:

```
uint_32 P[8];
```

`P` steht hier für *plaintext*, das ist das englische Wort für »Klartext«. Die zweite Möglichkeit hat den Nachteil, dass man die Rundenfunktionen auf die Benutzung eines Arrays umstellen muss. Der große Vorteil ist jedoch, dass die gleich noch erläuterten zusätzlichen Verknüpfungen mit einem sogenannten *Initialisierungsvektor* in `I[0]`–`I[7]` mit einem Array einfacher sind. Ferner ist das Umschreiben der Rundenfunktionen so wild auch wieder nicht, wenn man Konstanten verwendet und das Array als Zeiger an die Rundenfunktionen übergibt:

```
// Es sei A=0,B=1,C=2,D=3,E=4,H=5,I=6,G=7
Ch(*P)=(P[E]&P[F])^(~P[E]&P[G])
Ma(*P)=(P[A]&P[B])^(P[A]&P[C])^(P[B]&P[C])
S0(*P)=(P[A]>>>2)^(P[A]>>>13)^(P[A]>>>22)
S1(*P)=(P[E]>>>6)^(P[E]>>>11)^(P[E]>>>25)
```

Die Rundenfunktionen sind also wirklich nicht so wild, und in C sehen sie so aus wie in Listing 23.25.

```
typedef unsigned long int uint_32;

uint_32 ROR(long int x, int w) {
    int N=32; // 32 Bit breite Zahlen
    uint_32 lsbs = x & ((1 << w) - 1);
    return (x >> w) | (lsbs << (N-));
}

uint_32 Ch(uint_32 *P) {
   int A=0,B=1,C=2,D=3,E=4,F=5,G=6,H=7;
   uint_32 Out=(P[E]&P[F])^(~P[E]&P[G]);
   return Out;
}

uint_32 Ma(uint_32 *P) {
   int A=0,B=1,C=2,D=3,E=4,F=5,G=6,H=7;
   uint_32 Out=(P[A]&P[B])^(P[A]&P[C])^(P[B]&P[C]);
   return Out;
}

uint_32 S0(uint_32 *P) {
   int A=0,B=1,C=2,D=3,E=4,F=5,G=6,H=7;
   uint_32 Out=(ROR(P[A],2))^(ROR(P[A],13))^(ROR(P[A],22));
   return Out;
}

uint_32 S1(uint_32 *P) {
   int A=0,B=1,C=2,D=3,E=4,F=5,G=6,H=7;
   uint_32 Out=(ROR(P[E],6))^(ROR(P[E],11))^(ROR(P[E],25));
   return Out;
}
```

Listing 23.25 Das Listing implementiert die vier Rundenfunktionen von SHA2.

Wenn Sie an dieser Stelle vermuten, dass Sie jetzt einfach die Rundenfunktionen in einer großen Schleife 64-mal nacheinander für jeden Klartextblock durchlaufen lassen können, haben Sie im Grunde genommen Recht. SHA2 hat 64 Runden, in denen Ihre Quelldaten gewissermaßen 64-mal wild durcheinandergewürfelt werden. Wer in diesem wilden »Hütchenspiel« die Ausgangsdaten wiederherstellen will, der hat gewissermaßen keine Chance. Sie können an dieser Stelle auch sagen, dass durch die Verteilung des Algorithmus auf sehr viele Runden die Komplexität des Ur-Hütchenspiels noch einmal sehr stark erhöht wird und es dadurch ein Angreifer noch einmal viel schwerer hat, den Klartext durch einfaches Raten zu rekonstruieren. Man spricht auch von einer *Distribution* der Ausgangsbits. Das Knacken eines Schlüssels oder Hash-Wertes durch schlichtes Ausprobieren nennt man auch *Brute-Force-Methode*. Dieser Begriff des »hirnlosen Ausprobierens« ist vorher schon einmal bei den Suchalgorithmen gefallen, wird aber oft auch in der Kryptografie verwendet.

Neben der Distribution von Bits enthält SHA2 eine weitere Maßnahme, die verhindern soll, dass Nachrichtenblöcke, die immer wieder denselben Buchstaben enthalten (z. B. Nachrichten mit 1000 Blöcken aus lauter As), auch immer wieder gleich verschlüsselt werden. Dies würde Angriffe mit langen, bekannten Nachrichten, die sogenannten *Known-Plaintext-Attacks*, enorm erleichtern. Wenn ein Angreifer genug Daten sammelt (sie können sogar verschlüsselt sein), kann er mit solchen Angriffen eventuell Teile der Originalnachrichten rekonstruieren. Eine Methode, solche Angriffe abzuwehren, ist das *Cipher Block Chaining* (CBC). Beim Cipher Block Chaining werden die zu verschlüsselnden Blöcke mit Daten aus zuvor verschlüsselten Blöcken verknüpft. Bei SHA2 wird dies dadurch gewährleistet, dass der jeweils zu verschlüsselnde Block erst einmal mit den Werten in `I[0]` bis `I[7]` verknüpft wird, also mit dem Initialisierungsvektor, der eben genau jetzt benötigt wird. Diese Verknüpfung besteht aus der 32-Bit-Modulo-Addition der 32-Bit-Werte aus `P[0]` bis `P[7]` zu den 32-Bit-Datenwerten aus dem Klartextblock in `I[0]` bis `I[7]`. Diese Verknüpfung geschieht noch vor der Ausführung der Rundenfunktionen. Nach den 64 Runden werden dann die Daten des verschlüsselten Blocks `P[0]` bis `P[7]` nach `I[0]` bis `I[7]` kopiert. Dieses Vorgehen gewährleistet zusätzlich, dass der später ausgegebene Hash-Wert stets 256 Bit enthält. In unserem Beispiel haben wir auch mehrere (nämlich zwei) Nachrichtenblöcke, die iterativ (nacheinander) verarbeitet werden. Also greift auch in diesem Fall das CBC.

Die Erklärung der CBC-Methode hört sich für Sie vielleicht erst einmal verwirrend an. Wenn ich Ihnen aber nun den dazugehörigen C-Quellcode zeige, löst sich die Unklarheit wahrscheinlich sofort in nichts auf. Nehmen wir als Ausgangspunkt den Initialisierungsvektor `I[0]` bis `P[7]`, der in der ersten Runde noch mit Standardwerten belegt ist, und in `P[0]` bis `P[7]` stehen die Klartextdaten des ersten Blocks. Dann lautet das C-Programm für die CBC-Methode wie folgt:

```
for (int i=0; i<8; i++) {
   P[i]=P[i]+I[i];
}
```

Am Ende der 64 Runden wird folgende Schleife ausgeführt, um den neuen Initialisierungsvektor zu erhalten:

```
for (int i=0; i<8; i++) {
   I[i]=P[i];
}
```

Sie sehen also, dass CBC relativ einfach ist, wenn man das Prinzip einmal verstanden hat. Aber wo versteckt sich jetzt die sogenannte 32-Bit-Modulo-Addition, von der vorher die Rede war? Die Antwort ist, dass sämtliche Variablen als vorzeichenlose Langzahlen mit 32 Bit definiert wurden. Wenn bei der Addition also mehr als 32 Bit entstehen, dann fallen alle Überlaufbits automatisch weg. Und genau dies ist quasi der 32-Bit-Rest (der Modulo), der bei einer 64-Bit-Addition entstünde. Wenn Sie also Zahlen vom Typ »vorzeichenlos 64 Bit« verwenden, weil Sie z. B. auf einem 64-Bit-System programmieren, müsste Ihre CBC-Schleife so aussehen:

```
for (int i=0; i<8; i++) {
   P[i]=P[i]+I[i];
   P[i]&=0xffffffff;
}
```

SHA2 ist natürlich kein Verschlüsselungsalgorithmus, sondern ein Hashing-Verfahren, das keine zusätzlichen Schlüssel benötigt. Es enthält jedoch einige Elemente, die auch Verschlüsselungsverfahren verwenden. In der Tat überschneiden sich Verschlüsselung und Hashing sehr oft, weshalb es auch zu Begriffsüberschneidungen kommt. Das macht die Kryptografie zu einem nicht gerade einfachen Themenbereich. Ich will dieses Problem jedoch nicht weiter vertiefen, sondern Ihnen nun ein vollständiges Listing vorstellen, das einen Eingabestring mit Benutzername und Passwort in einen SHA2-Hash mit 256 Bit umwandelt und anschließend in einer einfachen Passwortdatei ablegt. Die Tatsache, dass Sie einen Benutzer mehrmals anlegen können, lasse ich an dieser Stelle unbeachtet. Die User-ID ist dann einfach die Position des Datensatzes in der Hash-Tabelle, also eine vereinfachte Version einer sicheren Passwort-Datenbank mit Public-Key-Kryptografie. Der offene Quellcode zum SHA-Verfahren, den ich in C portiert habe, stammt aus folgender Quelle:

https://nvlpubs.nist.gov/nistpubs/FIPS/NIST.FIPS.180-4.pdf

[»]

Hinweis: Die kerckhoffsche Regel

Die sehr bekannte Regel des niederländischen Kryptografen Kerckhoff besagt: Ein kryptografisches Verfahren muss auch dann sicher sein, wenn sämtliche Details zu dessen Arbeitsweise offenliegen. Deshalb ist auch der SHA-Algorithmus offen, und die Quellcodes aus der Dokumentation dürfen frei verwendet werden. Im Umkehrschluss bedeutet das für sichere Algorithmen, dass z. B. die Geheimhaltung eines Passwort-Hashing-Verfahrens für die Sicherheit von Nachteil ist. Dies ist auch der häufigste Vorwurf, der Microsoft immer wieder gemacht wird, nämlich dass das Verfahren geheim ist, mit dem Login-Daten gehasht werden.

Jetzt will ich Sie aber nicht mehr länger auf die Folter spannen und Ihnen das versprochene Listing 23.26 präsentieren, mit dem Sie Passwörter so in einer Datei speichern können, dass sie sich ohne vorherige Berechnung des entsprechenden Hash-Wertes nicht mehr rekonstruieren lassen. Die Ausgabe sehen Sie in Abbildung 23.35.

```
/* SHA2.c */
#include<stdio.h>
#include<string.h>
#include<conio.h>

typedef unsigned long int uint_32;

uint_32 I[8]= {
    0x6a09e667,
    0xbb67ae85,
    0x3c6ef372,
    0xa54ff53a,
    0x510e527f,
    0x9b05688c,
    0x1f83d9ab,
    0x5be0cd19,
};

void Padding(char *S) {
    int i=0, L=strlen(S);
    S[L]=0x80; // angehängtes Bit ist im MSB, SHA verwendet also die
               // ARM/Intel-Schreibweise (LSB first)
    for (i=L+1; i<63; i++) { S[L]=0; } // Padding mit 0-Bits
    S[63]=64; // Im letzten Byte steht die Länge der Nachricht, dies ist 64
}

long int ReadLongInt(void *S, long int Pos) {
// Diese Funktion liest 4 Zeichen eines Strings als long int ein
    char *BOS=(char *)S+Pos; // BOS=BeginOfString
    long int *NumArray=(long int *)BOS; // String als Array aus long ints
                                        // betrachten (Typecasting nötig)
```

23

```
    return NumArray[0];
}

void WriteLongInt(void *S, long int Pos, long int Val) {
// Diese Funktion schreibt ein long int als 4 Byte in einen String
    char *BOS=(char *)S+Pos; // BOS=BeginOfString
    long int *NumArray=(long int *)BOS; // String als Array aus long ints
                                        // betrachten (Typecasting nötig)
    NumArray[0]=Val;
}

uint_32 ROR(long int x, int w) {
    int N=32; // 32 Bit breite Zahlen
    uint_32 lsbs=x&((1<<w)-1);
    return (((x>>w)&0x7fffffff)|(lsbs<<(N-w))); // Rechts-Shift und OR=ROR
}

uint_32 Ch(uint_32 *P) {
   int A=0,B=1,C=2,D=3,E=4,F=5,G=6,H=7;
   uint_32 Out=(P[E]&P[F])^(~P[E]&P[G]);
   return Out;
}

uint_32 Ma(uint_32 *P) {
   int A=0,B=1,C=2,D=3,E=4,F=5,G=6,H=7;
   uint_32 Out=(P[A]&P[B])^(P[A]&P[C])^(P[B]&P[C]);
   return Out;
}

uint_32 S0(uint_32 *P) {
   int A=0,B=1,C=2,D=3,E=4,F=5,G=6,H=7;
   uint_32 Out=(ROR(P[A],2))^(ROR(P[A],13))^(ROR(P[A],22));
   return Out;
}

uint_32 S1(uint_32 *P) {
   int A=0,B=1,C=2,D=3,E=4,F=5,G=6,H=7;
   uint_32 Out=(ROR(P[E],6))^(ROR(P[E],11))^(ROR(P[E],25));
   return Out;
}

void SHA2(char *HV, char *S) // HV=erzeugter Hash-Wert (hash value),
                             // S=Klartext-String (source)
{
```

```
    int A=0,B=1,C=2,D=3,E=4,F=5,G=6,H=7;
    int i=0, j=0, Pos=0;
    uint_32 P[8]; // Plaintext-Puffer
    Padding(S); // Padding
    for (j=0; j<2; j++) // 2 Blöcke=64 Byte verarbeiten
    {
        // Daten kopieren
        for (i=0; i<8; i++) {
            P[i]=ReadLongInt(S,Pos);
            Pos+=4;
        }
        // Daten mit IV verknüpfen
        for (i=0; i<8; i++) {
            P[i]=P[i]+I[i];
        }
        // 64 Runden durchführen
        for (i=0; i<64; i++) {
            // Ch(E,F,G)=(E&F)^(~E&G)
            P[E]=Ch((unsigned long int *)P);
            P[F]=Ch((unsigned long int *)P);
            P[G]=Ch((unsigned long int *)P);
            // Ma(A,B,C)=(A&B)^(A&C)^(B&C)
            P[A]=Ma((unsigned long int *)P);
            P[B]=Ma((unsigned long int *)P);
            P[C]=Ma((unsigned long int *)P);
            // S0(A)=(A>>>2)^(A>>>13)^(A>>>22)
            P[A]=S0((unsigned long int *)P);
            // S1(E)=(E>>>6)^(E>>>11)^(E>>>25)
            P[E]=S1((unsigned long int *)P);
        }
        // Neuen IV aus den verschlüsselten Daten erzeugen
        for (int i=0; i<8; i++) {
            I[i]=P[i];
        }
    }
    // Hash-Wert in den String HashString kopieren
    for (int i=0; i<8; i++) {
        WriteLongInt(HV,4*i,P[i]);
    }
}

int main(void) {
    FILE *PasswortDatei;
    char PWDHash[32]; // In der Datei gespeicherter Hash
```

```
    char Login[64]; // Zusammengesetzte Login-Infos
                    // (z. B. rene@pinguin:Skipper)
    char DName[64]; // Domain/Rechnername (z. B. pinguin)
    char UName[64]; // Benutzername (z. B. rene)
    char PWD[64]; // Passwort (z. B. Skipper)
    printf("Benutzername:"); scanf("%s",UName);
    printf("Domain/Rechnername:"); scanf("%s",DName);
    printf("Passwort:"); scanf("%s",PWD);
    strcpy(Login,UName); // Benutzername nach Login kopieren
    strcat(Login,"@"); strcat(Login,DName); // @[Domainname] anhängen
    strcat(Login,":"); strcat(Login,PWD); // :[Passwort] anhängen
    printf("Login-Daten:%s\n",Login); // Login-Daten ausgeben
    SHA2(PWDHash,Login); // SHA2 ausführen und Hash erzeugen
    printf("Passwort-Hash:");
    // Hash-String ausgeben (kann Null-Bytes enthalten)
    for (int i=0; i<32; i++) { printf("%02x",PWDHash[i]&0xff); }
    printf("\n");
    PasswortDatei=fopen("logins.bin","wb"); // Passwort-Datei öffnen
                                            // (binär schreiben)
    fseek(PasswortDatei,0,SEEK_END); // Hash an das Ende der Datei anhängen
    fwrite(&PWDHash,256,1,PasswortDatei); // Hash im Block schreiben (fwrite)
    fclose(PasswortDatei); // Passwort-Datei wieder schließen
    EXIT_SUCCESS;
}
```

Listing 23.26 »SHA2.c« demonstriert das SHA2-Hashing-Verfahren, indem es ein Klartext-Login verschlüsselt und den Hash-Wert in einer Passwortdatei ablegt.

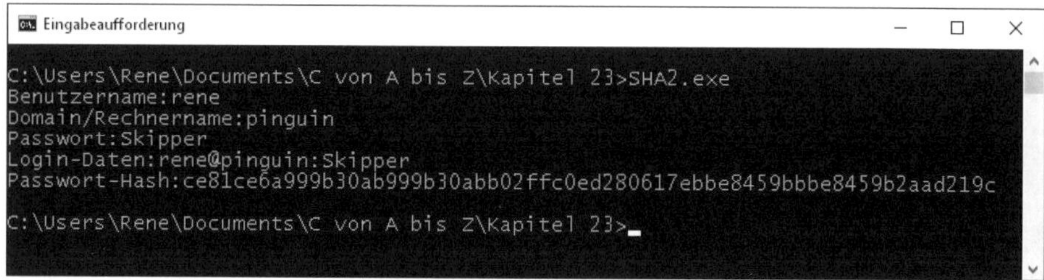

Abbildung 23.35 Ausgabe des SHA-Hashes im letzten Beispiel

23.3.2 Lineare Verschlüsselungsalgorithmen

Lineare Verschlüsselungsalgorithmen verarbeiten einen Text entweder Zeichen für Zeichen oder blockweise (sogenannte *Blockchiffren*). Anders als bei den Hashing-Verfahren wird versucht, einen Schlüssel zu finden, mit dem man den Klartext vollständig wiederherstellen kann. Im Gegensatz zu den Public-Key-Verfahren, bei denen es einen öffentlichen und einen privaten Schlüssel gibt, gibt es bei den linearen Methoden nur einen einzigen Schlüssel – wer diesen kennt, errät oder auf eine andere Weise erfährt, kann also den Klartext wiederherstellen.

Ich möchte sehr einfach beginnen und einige historische Verfahren anreißen, um zu zeigen, dass sich auch die Kryptografie stetig weiterentwickelt. Stellen Sie sich vor, Sie (Bob) vereinbaren mit Ihrer neuen Freundin (Alice) geheime Treffpunkte, die kein anderer Mann der Welt kennen sollte. Diese Treffpunkte schreiben Sie auf Zettel, die Sie Alice vorher geben, wenn Sie sich treffen wollen. Sie können z. B. sagen, dass Sie sich bei Alice im Garten treffen. Der *Klartext* P (engl. *plaintext*) lautet also:

```
WIR TREFFEN UNS UM DREI UHR IN DEINEM GARTEN
```

Natürlich kann so einen Zettel jeder lesen, der zufällig daraufschaut, und so beispielsweise vor Ihnen in Alices Garten sein, um das Date zu verhindern. So ein Angriff, bei dem ein Dritter einen Schlüssel oder einen Klartext mitliest, wird auch als *Man-in-the-Middle-Angriff* bezeichnet. Was kann Bob tun? Die einfachste Möglichkeit ist, eine sogenannte *Caesar-Chiffre* zu verwenden.

Die Caesar-Chiffre

Schon Julius Cäsar verwendete diese einfache Methode, um Nachrichten unleserlich zu machen, weswegen sie auch nach ihm benannt ist. Bei der Caesar-Chiffre wird der Text erst einmal in Großbuchstaben umgewandelt, Umlaute werden durch die Zeichen »AE«, »OE«, »UE« und »SS« ersetzt. Anschließend denkt man sich eine Zahl (z. B. 5), die man zu dem Wert des jeweiligen Buchstabens addiert. Der Wert eines Buchstabens ist die entsprechende Position im Alphabet – A hat also den Wert 1 und Z den Wert 26. Leerzeichen werden durch sich selbst ersetzt und so nicht verändert. Wenn Sie beispielsweise 5 und den Buchstaben X addieren und dadurch den Wert 24 + 5 = 29 erhalten, läuft dieser Wert über, und Sie erhalten den Wert 29 – 26 = 3. Die Caesar-Chiffre ist also eine einfache Addition modulo 26 und produziert deswegen keine ungültigen Werte, die <1 oder >26 sind.

Sehen wir uns die Caesar-Chiffre anhand eines Beispiels in C an. Der ASCII-Klartext

```
WIR TREFFEN UNS UM DREI UHR IN DEINEM GARTEN
```

soll zu

```
BNW YWJKKJS ZSX ZR IWJN ZMW NS IJNSJR LFWYJS
```

werden. Der letzte Text ist offenbar Unsinn, den niemand auf Anhieb lesen kann. Angenommen, der dumme Agathokles, der auch ein Auge auf Alice geworfen hat, sieht diesen Text. Dann kann er in der Tat nichts damit anfangen, und Bob kann sich ungestört mit Alice treffen – zumindest, wenn Bob mit Alice vorher ausgemacht hat, dass sie immer 5 von dem Wert der Buchstaben im Geheimtext C (C = *ciphertext*) abzieht, um den Klartext zu erhalten.

Angenommen, der kluge Klaus, der sich ebenfalls für Alice interessiert, sieht nun den Geheimtext. Wenn er schlauer ist als Agathokles und etwas nachdenkt, kann er in der Tat die Caesar-Chiffre knacken. Dies ist wirklich ganz einfach: Klaus muss nur alle möglichen der 26 Varianten durchprobieren, um nach einiger Zeit auf die richtige Zahl 5 zu kommen. Das Durchprobieren aller Möglichkeiten, die es gibt, wird auch in der Kryptografie als *Brute Force* bezeichnet und geht bei der Caesar-Chiffre sehr schnell. Deshalb ist auch das nächste C-Programm, das eine Caesar-Chiffre erzeugt, sehr einfach.

```
// caesar-chiffre.c
#include<stdio.h>
#include<string.h> // für strlen()

int main(void) {
    char *P="WIR TREFFEN UNS UM DREI UHR IN DEINEM GARTEN";
    char C;
    int i=0, L=strlen(P); // Länge von P ermitteln
    for (i=0; i<L; i++) {
        if (P[i]!=' ') { // Leerzeichen auf sich selbst abbilden
            C=P[i]-'A'; // den Buchstaben A auf den Wert 1 abbilden
            C=(C+5)%26; // Caesar-Chiffre mit dem Schlüssel 5 anwenden
            P[i]=C+'A'; // Wert 1 wieder auf das ASCII-A abbilden
        }
    }
    printf("%s\n",P); // P wird direkt verschlüsselt.
    return 0;
}
```

Listing 23.27 Verschlüsselung eines Textes mit der Caesar-Chiffre

Wie Sie sehen, ist der Algorithmus, der die Caesar-Chiffre ausführt, sehr einfach in C zu programmieren. Die einzige Stelle, an der Sie aufpassen müssen, ist die Wandlung von ASCII-Zeichen in Zahlen und zurück in ASCII-Zeichen. Der Modulo-Operator % sorgt dafür, dass Sie den gültigen Wertebereich von 1 bis 26 nicht verlassen und auch keine ungültigen ASCII-Zeichen als Ausgabe erhalten. Genau so einfach, wie die Caesar-Chiffre zu programmieren, ist, sie zu brechen, was auch schon die Mathematiker im alten Griechenland geschafft haben. Die Caesar-Chiffre musste also im Laufe der Zeit verbessert werden, um auch modernen mathematischen Methoden, wie z. B. einer Häufigkeitsanalyse der einzelnen Buchstaben, standzuhalten (bekannterweise kommt der Buchstabe e in deutschen Texten am häufigsten vor, und diese Tatsache kann sich ein Angreifer zunutze machen). Die einfachste Art und Weise, die Caesar-Chiffre zu verbessern, ist die Verwendung der Vigenère-Chiffre.

Die Vigenère-Chiffre

Die *Vigenère-Chiffre* verbessert die Caesar-Chiffre dahingehend, dass sie einen Schlüsseltext anstatt eines einzigen Buchstabens über den Klartext legt. Es wird dadurch nicht immer nur ein einziger Wert (wie z. B. 5) zu den Zeichenwerten des Textes addiert, sondern ein Wert, der einem bestimmten Zeichen in einem Schlüsselwort entspricht. Wenn beispielsweise der Schlüsseltext das Wort »ALICE« ist, dann wird zum ersten Zeichenwert des Klartextes der Wert 1 addiert, zum zweiten Zeichenwert der Wert 12 und zum dritten Zeichenwert 9. Mit dem Schlüssel »ALICE« können also 5 Werte zu den Zeichenwerten im Klartext addiert werden, ab dem 6. Wert wird der Schlüssel erneut verwendet (das heißt, er wiederholt sich dauernd). Mit dieser Methode wird unser Ausgangsbeispiel zu folgendem Text:

```
WTZ VVEQNGR UYA WQ DCMK YHC QP HETVGQ GLZVIN
```

Wenn dann noch die Leerzeichen weggelassen werden, sieht das Ergebnis in der Tat nur noch wie reiner Unsinn aus:

```
WTZVVEQNGRUYAWQDCMKYHCQPHETVGQGLZVIN
```

Nun kann nicht einmal der schlaue Klaus den Treffpunkt von Bob und Alice herausbekommen. Obwohl die Vigenère-Chiffre relativ sicher ist, ist sie trotzdem nicht unbrechbar. Die erste sehr einfache Methode ist, einfach das Schlüsselwort zu erraten. Wenn es z. B. einfach »ALICE« ist, dann kann ein Angreifer, der weiß, dass Bob Alice liebt, sehr einfach das Schlüsselwort erraten. Aber auch bei zufällig aussehenden Zeichenmustern wie »BRLKFXZY« kann die Tatsache ausgenutzt werden, dass ein sich wiederholendes Schlüsselwort nicht dazu führt, dass alle statistischen Schwankungen in der Häufigkeitsverteilung der Buchstaben vollständig »glattgebügelt« werden. Vor allem bei längeren Liebesbriefen von Bob an Alice ist dies nicht der Fall. Texte wie Briefe beginnen fast immer gleich, etwa mit einer Adresse und einer Anrede. Außerdem enthalten Briefe bestimmte Grußformeln wie »liebe Grüße«, die auch immer wieder an ähnlichen Stellen vorkommen. Da der Angreifer also zumindest einen Teil des Klartextes kennt, spricht man auch von einem *Known-Plaintext-Angriff*. Trotzdem ist die Vigenère-Chiffre viel sicherer als die Caesar-Chiffre und wurde deshalb auch lange Zeit verwendet. Als C-Programm ist die Vigenère-Chiffre dagegen nur eine abgewandelte Form des Listings *caesar-chiffre.c*:

```
// vigenere-chiffre.c
#include<stdio.h>
#include<string.h> // für strlen()
```

```
int main() {
    char *P="WIR TREFFEN UNS UM DREI UHR IN DEINEM GARTEN";
    char *K="ALICE"; // K = Schlüssel (engl. key)
    char C,D;
    int i=0, j=0;
    int L=strlen(P), M=strlen(K);
    for (i=0; i<L; i++) {
        if (P[i]!=' ') {
            C=P[i]-'A'; D=K[j]-'A'; // Klartext und Schlüsselzeichen holen
            P[i]=((C+D)%26)+'A'; // Vigenere-Chiffre-Algorithmus
            j++;
            if (j==M) { j=0; } // Schlüssel immer von vorn beginnen
        }
    }
    printf("%s\n",P);
    return 0;
}
```

Listing 23.28 Verschlüsselung eines Textes mit der Vigenère-Chiffre

Der einzige Unterschied zum Listing *caesar-chiffre.c* sind ein paar zusätzliche Variablen: `C` enthält nun den aktuell verwendeten Zeichenwert des Klartextes `P` und `D` den aktuell verwendeten Zeichenwert des Schlüssels `K` (bitte verwechseln Sie an dieser Stelle das Wort »Zeichenwert« nicht mit dem ASCII-Wert eines einzelnen Buchstabens). Zusätzlich zum Zähler `i`, der die aktuelle Position eines Buchstabens im Klartext angibt, wird ein Positionszähler `j` verwendet, der die aktuelle Position im Schlüssel `K` (abgeleitet vom englischen Wort *key*) enthält. Der Zähler `j` wird nach der Verschlüsselung jedes Zeichens stets um eine Position weitergerückt, und wenn `j` außerhalb des Schlüssels `K` liegt, dann wird `j` auf `0` zurückgesetzt (alternative Beispiele im Internet verwenden unter Umständen als Positionszeiger den Ausdruck `j%M`). Die Verschlüsselung selbst befindet sich in nur einer einzigen Zeile:

```
P[i]=((C+D)%26)+'A';
```

`P[i]` enthält also am Ende stets wieder gültige ASCII-Zeichen, da direkt nach der Verschlüsselung immer der ASCII-Wert für das Zeichen A addiert wird. Das Zeichen A steht hier natürlich explizit in Hochkommata, was an dieser Stelle erlaubt ist und zur Addition des Wertes 65 führt.

Im alten Griechenland, und auch später in Frankreich, England und Deutschland, gab es immer wieder geniale Mathematiker. Einige von ihnen (z. B. der bekannte deutsche Mathematiker Carl Friedrich Gauß) entwickelten irgendwann auch Algorithmen, mit denen längere Vigenère-verschlüsselte Texte gebrochen werden konnten. Als der Erste Weltkrieg ausbrach, gab es auch schon eine Menge technischer Entwicklungen, beispielsweise Kriegsschiffe, die einen sehr viel größeren Operationsradius hatten als die alte Kavallerie. Deshalb wurden militärische Nachrichten nun per Funk übertragen, zunächst noch als schwach verschlüsselte Morsecodes. Im Zweiten Weltkrieg wurden aber auch Techniken entwickelt, um den Feind bewusst abzuhören und seine Nachrichten zu dechiffrieren (im Endeffekt eine rudimentäre Form des Man-in-the-Middle-Angriffs). Nun hatte man ein Problem, denn jetzt konnte jeder Gegner die eigenen Funksprüche abhören, die z. B. die Position der Kriegsschiffe enthielten. Diese missliche Lage führte in Deutschland zur Entwicklung von Chiffriermaschinen. *Chiffriermaschinen* sind Schreibmaschinen, die versuchen, durch komplexe Technik den eingetippten Text so zu verfälschen, dass der Text später nur noch mit einem Schlüssel lesbar gemacht werden kann. Meistens entspricht dieser Schlüssel bestimmten Einstellungen, die vorher an der Maschine vorgenommen werden müssen. Die bekannteste Chiffriermaschine ist wahrscheinlich die *Enigma*. Wie genau die Enigma arbeitet, werde ich nun erklären.

Die Enigma-Chiffre

Die *Enigma-Chiffre* ist eine Rotationschiffre; Maschinen, die diese Art Chiffre benutzen, werden auch als *Rotations-Chiffriermaschinen* bezeichnet. Bei der Enigma werden für die Verschlüsselung Walzen verwendet. Eine *Walze* ist eine drehbar gelagerte Trommel, die nach jedem Verschlüsselungsschritt um genau eine Position weitergedreht wird. Ein Verschlüsselungsschritt wird bei der Enigma genau dann ausgelöst, wenn auf der Schreibmaschinentastatur, die in die Enigma fest eingebaut ist, eine Taste gedrückt wird. Jede Taste ist über einen elektrischen Kontakt mit der Walze verbunden. Der Trick daran ist, dass Strom z. B. von der Taste A in die Walze fließt und die Walze den Strom von dieser Taste an eine Lampe weiterleitet, die z. B. dem Buchstaben E entspricht. Die Walze führt also für jeden Buchstaben eine Ersetzung durch. Selbstverständlich hat eine Walze 26 Eingänge, nämlich für jeden Buchstaben einen. Dies entspricht 26 verschiedenen Ersetzungen pro Taste für eine bestimmte Walze.

Eine einzelne Walze führt also im Endeffekt eine modifizierte Vigenère-Chiffre aus, die aber durch eine zusätzliche Rotation der Walze bei jedem Tastendruck noch etwas verkompliziert wird. Es stellte sich jedoch heraus, dass eine Walze allein nicht ausreicht, um eine hinreichend sichere Verschlüsselung durchzuführen; deshalb können drei Walzen aus einem Walzensatz von 7 Walzen ausgewählt und in die Enigma eingesetzt werden. Außerdem läuft der Strom zweimal durch die Maschine: Von einer bestimmten Taste aus läuft der Strom erst durch drei Walzen, die miteinander verbunden sind, anschließend trifft er auf eine vierte, nicht drehbar gelagerte Walze (den *Reflektor*), und der Reflektor leitet den Strom noch einmal zurück durch die Maschine. Durch diese Maßnahmen wird die Chiffre erstens sehr komplex und zweitens symmetrisch. *Symmetrisch* bedeutet hier, dass ein Buchstabe bei gleicher Grundeinstellung auch gleich verschlüsselt wird und dass diese Verschlüsselung auch stets auf demselben Weg rückgängig gemacht werden kann. Wenn sich z. B. alle Walzen in der Ausgangsstellung befinden, dann wird ein A immer durch ein E ersetzt, ein E aber auch immer durch ein A.

Wie verschlüsseln Sie nun einen Text mit der Enigma, und wie entschlüsseln Sie ihn anschließend wieder? Dies ist in der Tat sehr einfach: Sie müssen nämlich nur den Text auf der Tastatur eintippen. Wenn Sie eine Taste drücken, dann leuchtet auf einer Art Leuchtbrett für jeden Buchstabe eine Lampe auf, die dem Ergebnis der Verschlüsselung entspricht – bei der Taste A beispielsweise das E. Dieses E notieren Sie sich und fahren mit dem zweiten Buchstaben fort. Wenn Sie nun die Walzen wieder in die Stellung zurückdrehen, die Sie vor dem Verschlüsseln notiert haben, und den verschlüsselten Text abtippen, erhalten Sie wieder den Klartext. Die Ausgangsstellung der Walzen ist also der Schlüssel, den Sie geheim halten müssen.

Es kann zu einer gewissen Verwirrung kommen, was die Art und Weise betrifft, wie die Walzendrehung funktioniert. Das war sogar bei mir am Anfang so. Stellen Sie sich einfach einen alten, mechanischen Fahrradtacho vor, der die gefahrenen Kilometer zählt. Immer, wenn Sie einen Kilometer gefahren sind, dreht sich die Walze für die Einer-Stelle um eine Position weiter. Wenn Sie aber 10 Kilometer gefahren sind, dann zeigt die Einer-Stelle wieder die Zahl 0 an, und die Walze für die Zehner-Stelle wird um eine Position weitergedreht. Genauso funktioniert auch die Zehner-Stelle: Wenn Sie 100 Kilometer gefahren sind, dann zeigt die Walze für die Hunderter-Stelle eine 1 an und alle anderen Walzen wieder die Zahl 0. An dieser Stelle erkennen Sie dann wahrscheinlich auch die Komplexität der Enigma-Chiffre: Es gibt 26 * 26 * 26 = 17.576 Möglichkeiten für die Verschlüsselung eines Buchstabens, und diese Möglichkeiten wiederholen sich erst, wenn sämtliche Walzen wieder in der Ausgangsstellung ankommen. Wenn Sie also z. B. in der Grundstellung 30-mal die Taste A drücken, dann erhalten Sie auch nach 26 Tastaturanschlägen noch keine Wiederholungen. Das ist erst der Fall, wenn Sie 17.576-mal die Taste A drücken. Sie können aber die Verschlüsselung noch komplizierter machen, indem Sie Ihre Tasten zusätzlich mit einem Steckbrett verbinden. Das Steckbrett befindet sich direkt hinter der Tastatur und kann eine zusätzliche Ersetzung ausführen. Sie können etwa durch einen Stecker die Taste A mit der Taste E verbinden. In diesem Fall wird zunächst das A durch ein E ersetzt, erst dann läuft der Strom durch die gesamte Maschine, und erst jetzt wird das Ergebnis angezeigt. Aber auch diese Verschlüsselung reichte mit der Zeit nicht mehr aus, weil die Briten irgendwann unter anderem mit der Hilfe von Alan Turing die Enigma-Chiffre brechen konnten. Deshalb gab es im Laufe der Zeit die folgenden Enigma-Varianten:

- Die Ur-Enigma mit 3 von 7 einsetzbaren Walzen und einer initialen (einmaligen) Ersetzung von Buchstaben durch ein der Tastatur nachgeschaltetes Steckbrett. Die Verdrahtung der Walzen ist bekannt und ist auch im Internet zu finden.

- Die Enigma 2 mit 3 von 11 einsetzbaren Walzen und einer doppelten Ersetzung von Buchstaben durch ein den Walzen direkt vorgelagertes Steckbrett (der Strom fließt also zweimal durch das Steckbrett). Die Verdrahtung der Walzen ist leider nicht mehr bekannt.
- Eine Militär-Enigma (Version der Enigma 2) mit 5 von 11 einsetzbaren Walzen, die sich von den Ur-Walzen in der Verdrahtung unterscheiden. Die Verdrahtung der Walzen war damals geheim und ist nur für die Ur-Enigma erhalten geblieben.

Da dies ein C-Buch ist, möchte ich Ihnen nun auch ein C-Programm vorstellen, das eine Ur-Enigma simuliert. Sie können also einen Text eintippen (nur Großbuchstaben und keine Umlaute), und anschließend erscheint entsprechend der verschlüsselte Text in der Konsole. Natürlich können Sie beim Start des Programms die Ausgangsstellung der Walzen und das Steckbrett konfigurieren. Bei der Entschlüsselung gehen Sie genauso vor: Stellen Sie erst die Walzen und das Steckbrett ein, und tippen Sie anschließend den verschlüsselten Text ab.

Angenommen, Bob verschlüsselt den Ausgangstext mit der Enigma und Alice hat genau das gleiche Modell wie Bob. Alice kann sich nun ungestört mit Bob treffen, und Klaus sieht auf den Zetteln, die Bob Alice gibt, nur noch Unsinn. Selbst der schlaue Klaus kann daran nichts machen, oder? Die letzte Aussage ist jedoch nicht ganz richtig, denn auch bei der Enigma gibt es stets die Möglichkeit, dass die Nachrichten, die Bob an Alice schickt, immer dieselben Wörter an derselben Stelle enthalten. So fangen z. B. die meisten Botschaften auf den Zetteln, die Bob Alice schickt, wahrscheinlich mit »WIR TREFFEN UNS« an und enden mit »ICH LIEBE DICH«. Dies war auch bei der deutschen Marine im Zweiten Weltkrieg so: Die meisten Positionsmeldungen der deutschen Kriegsschiffe enthielten am Anfang Datum und Uhrzeit, und das ließ sich auch nicht so einfach ändern. Auch hier ist also wieder eine Known-Plaintext-Attacke möglich, die Alan Turing auch erfolgreich ausführen konnte.

Obwohl die Enigma-Chiffre nicht absolut sicher ist, möchte ich Ihnen dennoch ein kleines C-Programm vorstellen, das diese Maschine auf der Konsole emuliert. Sie können mit diesem Programm genauso arbeiten wie mit einer Enigma: Legen Sie zunächst die Grundeinstellungen fest, und setzen Sie drei von sieben Walzentypen in die Maschine ein (z. B. die Walzen 0, 1 und 2). Anschließend stellen Sie die Walzenringe auf die entsprechende Position ein (z. B. auf die Position 5, 10 und 15) und konfigurieren zum Schluss das Steckbrett. Ich habe die Steckbrett-Konfiguration so angelegt, dass die Zeichenfolge

```
abcdefghijklmnopqrstuvwxyz
```

keine Taste durch eine andere Buchstabentaste ersetzt, weil diese Zeichenfolge jedes Zeichen auf sich selbst abbildet. Wenn Sie nun beispielsweise a mit e und t mit z »stecken« wollen, dann müssen Sie die entsprechenden Zeichen in der Standard-Zeichenkette vertauschen, womit Sie

```
ebcdafghijklmnopqrszuvwxyt
```

für die Steckbrett-Konfiguration erhalten. Angenommen, Bob wählt die oben angegebene Enigma-Konfiguration und gibt den Text

`wir treffen uns in deinem garten alice`

ein (in Kleinbuchstaben und ohne Kommata geschrieben).

Dann erhält Alice den folgenden verschlüsselten Text:

`iwm cmfaafb obe or mv oqm wb kfwbet yadmew`

Schauen wir uns nun das entsprechende C-Programm an, das eine »Ur-Enigma« in der Windows-Konsole nachbildet:

```
// enigma.c
#include<conio.h> // für getch() unter Windows
#include<stdio.h>

char Reflektor[27]="yruhqsldpxngokmiebfzcwvjat ";
char Walze[10][27]={
"                           ",
"                           ",
"                           ",
"abcdefghijklmnopqrstuvwxyz ",
"bdfhjlcprtxvznyeiwgakmusqo ",
"ajdksiruxblhwtmcqgznpyfvoe ",
"ekmflgdqvzntowyhxuspaibrcj ",
"bdfhjlcprtxvznyeiwgakmusqo ",
"ajdksiruxblhwtmcqgznpyfvoe ",
"ekmflgdqvzntowyhxuspaibrcj "};

char Stecker[26];

int Suche(int W, char Buchstabe) {
    int Pos=-1, i=0;
    while ((i<26)&&(Pos==-1)) {
        if (Walze[W][i]==Buchstabe) { Pos=i; }
        i++;
    }
    return Pos;
}

char Lookup(int W, char Buchstabe) {
    char C=Walze[W][Buchstabe-'a'];
    return C;
}
```

```
char InvLookup(int W, char Buchstabe) {
    char C=0;
    int Pos=Suche(W,Buchstabe);
    if (Pos>=0) { C='a'+Pos; }
    return C;
}

void Rotiere(int W) {
    int C=0;
    char Temp=0;
    Temp=Walze[W][0];
    for (int i=1; i<26; i++) {
        Walze[W][i-1]=Walze[W][i]-1;
        if (Walze[W][i-1]<'a') { Walze[W][i-1]='z'; }
    }
    Temp--;
    if (Temp<'a') { Temp='z'; }
    Walze[W][25]=Temp;
}

int GetWalzenZaehler(int W) {
    return Walze[W][26];
}

void IncWalzenZaehler(int W) {
    Walze[W][26]++;
}

void SetWalzenZaehler(int W, int V) {
    Walze[W][26]=V;
}

char Reflekt(char In) {
    return Reflektor[In-'a'];
}

char EnigmaZeichen(char In) {
    char Out=In;
    int i=0;
    Out=Stecker[Out-'a']; // erste Ersetzung
    // Standard: abcdefghijklmnopqrstuvwxyz
    // Dies bedeutet, dass alle Zeichen auf sich selbst abgebildet werden.
    // Um bestimmte Zeichen zu "steckern", müssen sie miteinander
```

```
      vertauscht werden.
    // Beispiel: a und e sowie t und z sollen durch einen Stecker
      verbunden werden.
    // Neues Stecker-Array: ebcdafghijklmnopqrszuvwxyt
    for (i=0; i<3; i++) {
      Out=Lookup(i,Out); // die ersten drei Walzen durchlaufen
    }
    Out=Reflekt(Out); // Umkehrung durch den Reflektor
    for (i=2; i>0; i--) {
      Out=InvLookup(i,Out); // die ersten drei Walzen umgekehrt durchlaufen
    }
    return Out;
}

char Enigma(char In) {
    char Out;
    if (In==' ') { Out=In; }
    else {
        Out=EnigmaZeichen(In);
        Rotiere(0); IncWalzenZaehler(0);
        if (GetWalzenZaehler(0)==26) { SetWalzenZaehler(0,0);
            Rotiere(1); IncWalzenZaehler(1); }
        if (GetWalzenZaehler(1)==26) { SetWalzenZaehler(1,0);
            Rotiere(2); IncWalzenZaehler(2); }
        if (GetWalzenZaehler(2)==26) { SetWalzenZaehler(2,0); }
    }
    return Out;
}

void main() {
    char C;
    int a,b,c,i;
    printf("Walzen einsetzen:\n");
    printf("Walze an Position 0:"); scanf("%d",&a);
    printf("Walze an Position 1:"); scanf("%d",&b);
    printf("Walze an Position 2:"); scanf("%d",&c);
    for (i=0; i<26; i++) {
        Walze[0][i]=Walze[a+3][i];
        Walze[1][i]=Walze[b+3][i];
        Walze[2][i]=Walze[c+3][i];
    }
    printf("Enigma Grundeinstellungen (Ringe):\n");
    a=-1; b=-1; c=-1;
```

```
    while ((a<0)||(a>25)) { printf("Ring a:"); scanf("%d",&a); }
    while ((b<0)||(b>25)) { printf("Ring b:"); scanf("%d",&b); }
    while ((c<0)||(c>25)) { printf("Ring c:"); scanf("%d",&c); }
    SetWalzenZaehler(0,0); for (i=0; i<a; i++) { Rotiere(0); }
    SetWalzenZaehler(1,0); for (i=0; i<b; i++) { Rotiere(1); }
    SetWalzenZaehler(2,0); for (i=0; i<c; i++) { Rotiere(2); }
    printf("Steckbrett (Standard:abcdefghijklmnopqrstuvwxyz):\n");
    scanf("%s",Stecker);
    while (C!=13) {
        C=getch();
        printf("%c",Enigma(C));
    }
}
```

Listing 23.29 Simulation einer Enigma in der Windows-Konsole

Obwohl es nicht so einfach ist, die Enigma durch ein C-Programm nachzubilden, ist es doch nicht so schwer, die Arbeitsweise nachzuvollziehen, wenn man ein paar Tricks kennt.

Der erste Trick ist, die Ersetzungsfunktion der Buchstaben an den Walzeneingängen durch ein zweidimensionales Array nachzubilden (Array `Walze`). Jede Walze bekommt hierfür eine Zeile mit 26 Spalten zugeordnet sowie eine zusätzliche Spalte, die den aktuellen Rotationszähler (0–26) enthält. In jeder Spalte steht, durch welchen Buchstaben der entsprechende Buchstabe ersetzt wird. Das a steht in der ersten Spalte, das z in der letzten. Der »Hinweg« zum Reflektor ist also ganz einfach zu realisieren, denn hierzu müssen Sie einfach die folgende Lookup-Funktion eines Buchstabens in Ihrer »Walzentabelle« programmieren:

```
char C=Walze[W][Buchstabe-'a'];
```

`W` ist die zu benutzende Walze (Nr. 0–2), und `Buchstabe` enthält den Ausgangsbuchstaben (a–z). Am Ende steht in `C` der Buchstabe, durch den der Ausgangsbuchstabe ersetzt wird. Diesen Lookup-Vorgang können Sie durch eine gekapselte Funktion, die hier `Lookup()` heißen soll, dreimal wiederholen und anschließend den Strom auch gleich noch durch den Reflektor schicken (die Ersetzungen durch den Reflektor befinden sich in einem separaten Array).

Allerdings muss der Strom nun die Enigma wieder in umgekehrter Richtung passieren; die Ausgänge werden also zu Eingängen und die Eingänge zu Ausgängen. Wenn Sie etwas nachdenken, dann werden Sie erkennen, dass Sie für den »Rückfluss« eine inverse Funktion benötigen und nicht einfach die Ersetzungsfunktion des Hinwegs benutzen können. Zu diesem Zweck gibt es zwei Funktionen, nämlich `Lookup()` und `InvLookup()`. `Lookup()` führt die einfache Ersetzung der Buchstaben für den Hinweg aus, `InvLookup()` hingegen ruft die Suchfunktion `Suche()` auf, um die Position eines bestimmten Buchstabens im Walzen-Array zu finden. Anschließend gibt `InvLookup()` die gefundene Position auf die folgende Weise zurück: Das Zeichen a entspricht der ersten Spalte, das Zeichen z der letzten Spalte der Ersetzungszeile für die entsprechende Walze. Halten Sie an dieser Stelle ruhig etwas inne. Sie werden merken, dass das Rückgängigmachen einer Ersetzung in der Tat nur durch eine Suchfunktion geleistet werden kann. Auch das Einsetzen der drei von den sieben Walzen kann nur eine Kopierfunktion leisten. Deshalb sind auch im Array `Walzen` die ersten drei Zeilen leer gelassen, damit das Hauptprogramm die Zeilen entsprechend auffüllen kann.

Der Rest ist nicht mehr sehr schwer zu verstehen. Die Hauptarbeit leistet in diesem Programm die Funktion `EnigmaZeichen()`, die ein bestimmtes Zeichen von der Tastatur entgegennimmt und erst einmal mittels des Arrays `Stecker` durch ein anderes Zeichen ersetzt (auch in dieser Ersetzungstabelle wird wieder eine separate Zeile für jeden Buchstaben benutzt). Anschließend wird mit den Walzen, die vorher in die Zeilen 0–2 des Arrays `Walze` kopiert wurden, die Funktion `Lookup()` ausgeführt, und zwar so, dass jedes Zeichen auf dem Hinweg dreimal ersetzt wird. Sie erkennen gut, dass der Reflektor eine ganz normale Walze ist, für die ebenfalls `Lookup()` benutzt werden kann. Allerdings wird für den Rückweg `InvLookup()` verwendet.

Das Hauptprogramm ruft nun die Funktion `Enigma()` bei jedem Tastenanschlag auf, und `Enigma()` ruft jeweils die Funktion `EnigmaZeichen()` auf, um die entsprechende Ersetzung einer Buchstabentaste durchzuführen. Dieses umständliche Vorgehen ist nötig, weil wir bis jetzt die Rotation der Walzen noch nicht simuliert haben. Leider ist die Simulation der Rotation der Walzen nicht so trivial, denn wir müssen ja erreichen, dass die Ersetzung, die vor einer Drehung für den Buchstaben a gemacht wurde, nun für den Buchstaben b gilt. Genau hierfür benötigen Sie die Funktion `Rotiere()`, die Folgendes leistet: Sämtliche Einträge in sämtlichen Ersetzungsspalten, die für eine bestimmte Walze gelten, werden um genau eine Position nach vorn kopiert. Ferner landet der Eintrag aus Spalte 0 in Spalte 25. Auf diese Weise wird aus der Ersetzungsspalte für den Buchstaben a die Ersetzungsspalte für den Buchstaben b. Die Funktion `Enigma()` sorgt dafür, dass die Walzen richtig rotieren, eben wie ein »Fahrradtacho«. Hierfür sind in der Tat mehrere `if`-Abfragen nötig, die auch die Zähler immer wieder in der richtigen Weise zurücksetzen, wenn diese einmal überlaufen.

Bob kann nun das Enigma-Programm benutzen, um den Text

```
wir treffen uns um 15 uhr in deinem garten
```

zu verschlüsseln. Dazu vereinbart er mit Alice die folgende Konfiguration für das Programm:

Walzen in die Enigma einsetzen:

`Walze an Position 0:0 (0 = erste Walze)`

`Walze an Position 1:1 (1 = zweite Walze)`

`Walze an Position 2:2 (2 = dritte Walze)`

Enigma Grundeinstellungen (Ringe):

`Ring a:5 (1. Ring 5 Positionen nach vorn drehen)`

`Ring b:10 (2. Ring 10 Positionen nach vorn drehen)`

`Ring c:15 (3. Ring 15 Positionen nach vorn drehen)`

Steckbrett (Standard: abcdefghijklmnopqrstuvwxyz):

`ebcdafghijklmnopqrstuvwxyz (a mit e »steckern«)`

Der Text, der nun in der Konsole erscheint, wenn Bob den Klartext eingibt, ist:

`iwm cmfaafb obe or mv oqm wb kfwbet yadmew`

```
C:\Users\Rene\Documents\C++\Enigma.exe
Walzen einsetzen:
Walze an Position 0:0
Walze an Position 1:1
Walze an Position 2:2
Enigma Grundeinstellungen (Ringe):
Ring a:5
Ring b:10
Ring c:15
Steckbrett (Standard:abcdefghijklmnopqrstuvwxyz):
ebcdafghijklmnopqrstuvwxyz
iwm cmfaafb obe or mv oqm wb kfwbet yadmew
```

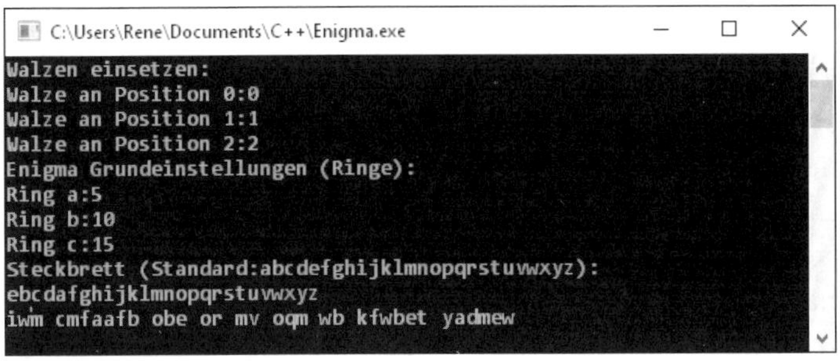

Abbildung 23.36 Das Enigma-Programm bei der Verschlüsselung eines Textes

Die AES-Blockchiffre

Die Enigma ist natürlich nicht mehr aktuell, wenn man sie mit modernen Blockchiffren wie AES vergleicht. Die *AES-Blockchiffre* (AES ist die Abkürzung für Advanced Encryption Standard) habe ich auch schon in meinem bei Hanser erschienenen Lehrbuch »Algorithmen und Datenstrukturen« behandelt, und auf einen Leserwunsch hin habe ich AES dann auch in »C von A bis Z« übernommen. Auch an dieser Stelle gilt, dass Sie AES getrost überspringen können, denn für Kapitel 24 bis Kapitel 28 wird auch AES nicht mehr benötigt.

Kommen wir zurück zu Alice und Bob. Ich will nun annehmen, dass Alice und Bob so alte Enigmas haben, dass diese irgendwann den Geist aufgeben, und sie sich stattdessen Notebooks kaufen müssen. Auf den Notebooks können sie dann natürlich auch C-Compiler installieren und ihre Treffpunkt-Vereinbarungen mit einer modernen Blockchiffre wie AES verschlüsseln. AES funktioniert im Grunde genommen wie die Enigma-Chiffre, nur komplizierter. Das heißt, Alice und Bob benötigen nach wie vor ein gemeinsames Geheimnis. Dieses Geheimnis sollten sie sehr sorgfältig wählen, denn jeder, der dieses Geheimnis erfährt, kann nach wie vor die Treffpunkt-Vereinbarungen mitlesen. Für AES in der 128-Bit-Standardversion (die als Beispiel erläutert werden soll) benötigt man einen beliebigen 16 Byte langen Schlüssel. Dieser Schlüssel kann sämtliche ASCII-Zeichen enthalten; damit man sich diesen Schlüssel aber auch merken kann, wird oft ein Wort gewählt, das nur Sender und Empfänger kennen. Angenommen, Alice und Bob lieben beide Harry Potter. Sie könnten nun z. B. einfach »Harry Potter« als Schlüssel nehmen. Dies ist aber ein eher unsicherer Schlüssel, weil viele andere Leser ebenfalls Harry Potter lieben, was dazu führt, dass es eine Million gleiche Schlüssel gibt. Das heißt, es muss schon etwas Originelleres her, beispielsweise ein bestimmter Zauberspruch, den sowohl Bob als auch Alice kennen. Nehmen wir z. B. den Spruch, der Dementoren vertreibt: »EXPECTO PATRONUM« (AES-Schlüssel werden fast immer in Großbuchstaben geschrieben). Dies soll nun das gemeinsame Geheimnis von Alice und Bob sein.

Jetzt benötigen wir den Treffpunkt:

```
IN ALICES GARTEN
```

AES wendet auf dem Klartext `P` verschiedene mathematische Operationen an, unter Verwendung des Schlüssels `K`. Der Trick bei diesen mathematischen Operationen ist, dass einige davon den Text als Folge von 32-Bit-Zahlen betrachten. Zusätzlich dazu werden aber auch anhand von S-Boxen Substitutionen von Zeichen durch andere vorgenommen, die genau wie die Ersetzungen bei der Enigma nur mit dem Schlüssel `K` wieder rückgängig gemacht werden können. AES ist also quasi eine Mischung aus der klassischen Enigma-Chiffre und einigen modernen mathematischen Methoden, die z. B. auch bei SHA2 vorkommen. So gibt es etwa auch bei AES mehrere Runden, die aber so angelegt sind, dass es immer inverse Operationen gibt. AES führt bei der Verschlüsselung die folgenden Runden aus:

- ExpandKey (Erzeugung mehrerer Rundenschlüssel)
- AddRoundKey (Verknüpfung des Klartextes mit dem initialen Schlüssel)
- Verschlüsselungsrunden (bei AES-128 10 Runden) mit den folgenden Subrunden:
  - SubBytes (Ersetzung einzelner Bytes mittels S-Box)
  - ShiftRows (Vertauschen einzelner Reihen)
  - MixColumns (Vertauschen einzelner Spalten)
  - AddRoundKey (Verknüpfung mit einem Rundenschlüssel)
- SubBytes (finales SubBytes mittels S-Box)
- ShiftRows (finales ShiftRows)
- AddRoundKey (Verknüpfung mit dem finalen Rundenschlüssel)

Der Text wird von AES-128 blockweise verschlüsselt, ein Block enthält 4 × 4 Byte (also 128 Bit), die von einigen AES-Operationen als vier 32-Bit-Zahlen betrachtet werden.

Die anspruchsvollste, aber auch wichtigste Operation ist bei AES die Schlüsselexpansion. *Schlüsselexpansion* bedeutet, dass aus dem ursprünglichen Schlüssel mehrere Rundenschlüssel erzeugt werden. Dies geschieht, indem erst einmal jeweils 4 Byte des Schlüssels zu Wörtern zusammengefasst werden:

```
W[0]={EXPE}
W[1]={CTO }
W[2]={PATR}
W[3]={ONUM}
```

Beachten Sie an dieser Stelle unbedingt, dass die Wörter `W[0]`–`W[3]` als Byte-Tupel betrachtet werden und deshalb 32-Bit-Werte darstellen. Wenn `r` die Anzahl Runden ist, die AES später bei der Verschlüsselung ausführen soll (bei AES-128 sind dies 10), dann wird für den Zähler `i=4` bis `i=10` jeweils die folgende Funktion ausgeführt:

```
W[i]=W[i-N]^W[i-1];
```

Es werden also aus den ursprünglichen Wörtern (4) neue Wörter (10) abgeleitet und später als Rundenschlüssel benutzt. `L` soll die Schlüssellänge in Bytes enthalten und `N` die Schlüssellänge in 32-Bit-Wörtern (`L` ist also 16, und `N` ist 4). Nun sind XOR-Verknüpfungen allein nicht sicher, dies haben auch die Entwickler des AES-Standards erkannt. Deswegen werden für `i=4` und `i=8` (die Zählerstände, die durch 4 teilbar sind) die folgenden zusätzlichen Schritte eingefügt:

```
W[i]=W[i-N]^SubWord(RotWordLeft(W[i-1],8)); // Rotation
W[i]=W[i]^RCON[i]; // Verknüpfung mit RCON
```

`SubWord()` bewirkt eine byteweise Substitution eines bestimmten Wortes per S-Box, `RotWordLeft()` führt eine Rotation um ein Byte nach links aus, allerdings eines vollständigen 32-Bit-Wortes. Der erste Schritt für `i=4` und `i=8` ist also eine ineinander verschachtelte Kombination aus XOR-Verknüpfung, Substitution und Rotation, der zweite Schritt ist noch einmal die Anwendung einer zweiten S-Box, die `RCON` heißt und folgende Bytes enthält:

```
unsiged char RCON[10]={0x01,0x02,0x04,0x08,0x10,0x20,0x40,0x80,0x1b,0x36};
```

Wie Sie sehen, ist das, was AES so schwierig macht, das Abwechseln von Byte- und 32-Bit-Funktionen. Und die Sache wird weiter verkompliziert, indem für alle Zählerstände von `i`, die durch 4 teilbar sind, aber den Wert 6 überschreiten, folgende Funktion vorgelagert wird:

```
W[i]=W[i-N]^SubWord(W[i-1]);
```

Welche S-Box verwendet aber nun `SubWord()`, um die einzelnen Bytes zu ersetzen? Die Antwort ist, dass auch diese S-Box wieder vom Standard vorgegeben ist. Entsprechend zur S-Box gibt es natürlich auch eine inverse S-Box, um zu einem substituierten Byte wieder das ursprüngliche Byte zu finden. Auch die inverse S-Box ist vom Standard fest vorgegeben.

Nach Ausführung von `ExpandKey()` wird erst einmal `AddRoundKey()` ausgeführt. Am Anfang nimmt `AddRoundKey()` von dem Wort-Array `W`, das `ExpandKey()` erzeugt hat, `W[0]` bis `W[3]` und verknüpft diese durch XOR mit dem aktuellen Klartextblock. Anschließend führt `ShiftRows()` noch einmal die folgenden Funktionen aus:

- Rotation der 2. Zeile des Klartext-Arrays um 1 Position nach links
- Rotation der 3. Zeile des Klartext-Arrays um 2 Positionen nach links
- Rotation der 3. Zeile des Klartext-Arrays um 2 Positionen nach links

Auch `ShiftRows()` betrachtet danach den Klartextblock wieder als Array (`P[0]–P[3]`) aus vier 32-Bit-Wörtern und ein einzelnes Wort als Zeile in dem Array. Nach `ShiftRows()` folgen die einzelnen AES-Runden (in diesem Fall sind es 9). Die Funktionen `SubBytes()`, `ShiftRows()` und `AddRoundKey()` dürften Ihnen inzwischen klar sein. Das, was aber vielen Lesern (und auch Studenten) immer wieder Probleme bereitet, ist `MixColumns()`. `MixColumns()` vertauscht nämlich nicht einzelne Bytes in den 32-Bit-Wörtern `P[0]–P[4]` des Klartextblocks, sondern führt mit den einzelnen Bytes eine Matrizen-Multiplikation mit folgendem Byte-Array aus (Werte in Hex):

```
2 3 1 1
1 2 3 1
1 1 2 3
3 1 1 2
```

Der Trick ist, dass eine Matrizenmultiplikation keine triviale Operation ist und deshalb auch keine Häufigkeitsanalysen des verschlüsselten Textes mehr ausgeführt werden können. Ferner wird hier im Zahlenraum 0–255 gerechnet (man spricht auch von einem *GF8-Galois-Feld*). Deshalb muss für das Rückgängigmachen von `MixColumns()` folgendes inverses Array benutzt werden (Werte in Hex):

```
E B D 9
9 E B D
D 9 E B
B D 9 E
```

Auch die inverse Operation ist nicht trivial; deshalb habe ich auch im finalen AES-Beispiel sämtliche Funktionen, Matrizen und S-Boxen als fertige Codeblöcke angegeben. Schauen Sie sich nun das AES-Programm (das übrigens auch vom NIST in ähnlicher Weise auf der Website bereitgestellt wird) in Ruhe an. Dabei sollten Sie sich wirklich Zeit lassen. AES ist nicht einfach zu verstehen, deshalb ist es aber auch relativ sicher (leider nicht unbrechbar, vor allem nicht bei einfachen Schlüsseln).

```
// AES.c
#include<stdio.h>
#include<conio.h>

unsigned char RCON[10]={0x01,0x02,0x04,0x08,0x10,0x20,0x40,0x80,0x1b,0x36};

unsigned char SBox[256]={
0x63,0x7c,0x77,0x7b,0xf2,0x6b,0x6f,0xc5,
0x30,0x01,0x67,0x2b,0xfe,0xd7,0xab,0x76,
0xca,0x82,0xc9,0x7d,0xfa,0x59,0x47,0xf0,
0xad,0xd4,0xa2,0xaf,0x9c,0xa4,0x72,0xc0,
0xb7,0xfd,0x93,0x26,0x36,0x3f,0xf7,0xcc,
0x34,0xa5,0xe5,0xf1,0x71,0xd8,0x31,0x15,
0x04,0xc7,0x23,0xc3,0x18,0x96,0x05,0x9a,
0x07,0x12,0x80,0xe2,0xeb,0x27,0xb2,0x75,
0x09,0x83,0x2c,0x1a,0x1b,0x6e,0x5a,0xa0,
0x52,0x3b,0xd6,0xb3,0x29,0xe3,0x2f,0x84,
0x53,0xd1,0x00,0xed,0x20,0xfc,0xb1,0x5b,
0x6a,0xcb,0xbe,0x39,0x4a,0x4c,0x58,0xcf,
0xd0,0xef,0xaa,0xfb,0x43,0x4d,0x33,0x85,
0x45,0xf9,0x02,0x7f,0x50,0x3c,0x9f,0xa8,
0x51,0xa3,0x40,0x8f,0x92,0x9d,0x38,0xf5,
0xbc,0xb6,0xda,0x21,0x10,0xff,0xf3,0xd2,
0xcd,0x0c,0x13,0xec,0x5f,0x97,0x44,0x17,
0xc4,0xa7,0x7e,0x3d,0x64,0x5d,0x19,0x73,
0x60,0x81,0x4f,0xdc,0x22,0x2a,0x90,0x88,
0x46,0xee,0xb8,0x14,0xde,0x5e,0x0b,0xdb,
0xe0,0x32,0x3a,0x0a,0x49,0x06,0x24,0x5c,
0xc2,0xd3,0xac,0x62,0x91,0x95,0xe4,0x79,
0xe7,0xc8,0x37,0x6d,0x8d,0xd5,0x4e,0xa9,
0x6c,0x56,0xf4,0xea,0x65,0x7a,0xae,0x08,
0xba,0x78,0x25,0x2e,0x1c,0xa6,0xb4,0xc6,
0xe8,0xdd,0x74,0x1f,0x4b,0xbd,0x8b,0x8a,
0x70,0x3e,0xb5,0x66,0x48,0x03,0xf6,0x0e,
0x61,0x35,0x57,0xb9,0x86,0xc1,0x1d,0x9e,
0xe1,0xf8,0x98,0x11,0x69,0xd9,0x8e,0x94,
0x9b,0x1e,0x87,0xe9,0xce,0x55,0x28,0xdf,
0x8c,0xa1,0x89,0x0d,0xbf,0xe6,0x42,0x68,
0x41,0x99,0x2d,0x0f,0xb0,0x54,0xbb,0x16
};

unsigned char InvSBox[256]={
0x52,0x09,0x6a,0xd5,0x30,0x36,0xa5,0x38,
```

```
0xbf,0x40,0xa3,0x9e,0x81,0xf3,0xd7,0xfb,
0x7c,0xe3,0x39,0x82,0x9b,0x2f,0xff,0x87,
0x34,0x8e,0x43,0x44,0xc4,0xde,0xe9,0xcb,
0x54,0x7b,0x94,0x32,0xa6,0xc2,0x23,0x3d,
0xee,0x4c,0x95,0x0b,0x42,0xfa,0xc3,0x4e,
0x08,0x2e,0xa1,0x66,0x28,0xd9,0x24,0xb2,
0x76,0x5b,0xa2,0x49,0x6d,0x8b,0xd1,0x25,
0x72,0xf8,0xf6,0x64,0x86,0x68,0x98,0x16,
0xd4,0xa4,0x5c,0xcc,0x5d,0x65,0xb6,0x92,
0x6c,0x70,0x48,0x50,0xfd,0xed,0xb9,0xda,
0x5e,0x15,0x46,0x57,0xa7,0x8d,0x9d,0x84,
0x90,0xd8,0xab,0x00,0x8c,0xbc,0xd3,0x0a,
0xf7,0xe4,0x58,0x05,0xb8,0xb3,0x45,0x06,
0xd0,0x2c,0x1e,0x8f,0xca,0x3f,0x0f,0x02,
0xc1,0xaf,0xbd,0x03,0x01,0x13,0x8a,0x6b,
0x3a,0x91,0x11,0x41,0x4f,0x67,0xdc,0xea,
0x97,0xf2,0xcf,0xce,0xf0,0xb4,0xe6,0x73,
0x96,0xac,0x74,0x22,0xe7,0xad,0x35,0x85,
0xe2,0xf9,0x37,0xe8,0x1c,0x75,0xdf,0x6e,
0x47,0xf1,0x1a,0x71,0x1d,0x29,0xc5,0x89,
0x6f,0xb7,0x62,0x0e,0xaa,0x18,0xbe,0x1b,
0xfc,0x56,0x3e,0x4b,0xc6,0xd2,0x79,0x20,
0x9a,0xdb,0xc0,0xfe,0x78,0xcd,0x5a,0xf4,
0x1f,0xdd,0xa8,0x33,0x88,0x07,0xc7,0x31,
0xb1,0x12,0x10,0x59,0x27,0x80,0xec,0x5f,
0x60,0x51,0x7f,0xa9,0x19,0xb5,0x4a,0x0d,
0x2d,0xe5,0x7a,0x9f,0x93,0xc9,0x9c,0xef,
0xa0,0xe0,0x3b,0x4d,0xae,0x2a,0xf5,0xb0,
0xc8,0xeb,0xbb,0x3c,0x83,0x53,0x99,0x61,
0x17,0x2b,0x04,0x7e,0xba,0x77,0xd6,0x26,
0xe1,0x69,0x14,0x63,0x55,0x21,0x0c,0x7d
};

unsigned char Exp[256]= {
0x01,0x03,0x05,0x0f,0x11,0x33,0x55,0xff,
0x1a,0x2e,0x72,0x96,0xa1,0xf8,0x13,0x35,
0x5f,0xe1,0x38,0x48,0xd8,0x73,0x95,0xa4,
0xf7,0x02,0x06,0x0a,0x1e,0x22,0x66,0xaa,
0xe5,0x34,0x5c,0xe4,0x37,0x59,0xeb,0x26,
0x6a,0xbe,0xd9,0x70,0x90,0xab,0xe6,0x31,
0x53,0xf5,0x04,0x0c,0x14,0x3c,0x44,0xcc,
0x4f,0xd1,0x68,0xb8,0xd3,0x6e,0xb2,0xcd,
0x4c,0xd4,0x67,0xa9,0xe0,0x3b,0x4d,0xd7,
```

```
0x62,0xa6,0xf1,0x08,0x18,0x28,0x78,0x88,
0x83,0x9e,0xb9,0xd0,0x6b,0xbd,0xdc,0x7f,
0x81,0x98,0xb3,0xce,0x49,0xdb,0x76,0x9a,
0xb5,0xc4,0x57,0xf9,0x10,0x30,0x50,0xf0,
0x0b,0x1d,0x27,0x69,0xbb,0xd6,0x61,0xa3,
0xfe,0x19,0x2b,0x7d,0x87,0x92,0xad,0xec,
0x2f,0x71,0x93,0xae,0xe9,0x20,0x60,0xa0,
0xfb,0x16,0x3a,0x4e,0xd2,0x6d,0xb7,0xc2,
0x5d,0xe7,0x32,0x56,0xfa,0x15,0x3f,0x41,
0xc3,0x5e,0xe2,0x3d,0x47,0xc9,0x40,0xc0,
0x5b,0xed,0x2c,0x74,0x9c,0xbf,0xda,0x75,
0x9f,0xba,0xd5,0x64,0xac,0xef,0x2a,0x7e,
0x82,0x9d,0xbc,0xdf,0x7a,0x8e,0x89,0x80,
0x9b,0xb6,0xc1,0x58,0xe8,0x23,0x65,0xaf,
0xea,0x25,0x6f,0xb1,0xc8,0x43,0xc5,0x54,
0xfc,0x1f,0x21,0x63,0xa5,0xf4,0x07,0x09,
0x1b,0x2d,0x77,0x99,0xb0,0xcb,0x46,0xca,
0x45,0xcf,0x4a,0xde,0x79,0x8b,0x86,0x91,
0xa8,0xe3,0x3e,0x42,0xc6,0x51,0xf3,0x0e,
0x12,0x36,0x5a,0xee,0x29,0x7b,0x8d,0x8c,
0x8f,0x8a,0x85,0x94,0xa7,0xf2,0x0d,0x17,
0x39,0x4b,0xdd,0x7c,0x84,0x97,0xa2,0xfd,
0x1c,0x24,0x6c,0xb4,0xc7,0x52,0xf6,0x01
};

unsigned char Log[256]={
0x00,0x00,0x19,0x01,0x32,0x02,0x1a,0xc6,
0x4b,0xc7,0x1b,0x68,0x33,0xee,0xdf,0x03,
0x64,0x04,0xe0,0x0e,0x34,0x8d,0x81,0xef,
0x4c,0x71,0x08,0xc8,0xf8,0x69,0x1c,0xc1,
0x7d,0xc2,0x1d,0xb5,0xf9,0xb9,0x27,0x6a,
0x4d,0xe4,0xa6,0x72,0x9a,0xc9,0x09,0x78,
0x65,0x2f,0x8a,0x05,0x21,0x0f,0xe1,0x24,
0x12,0xf0,0x82,0x45,0x35,0x93,0xda,0x8e,
0x96,0x8f,0xdb,0xbd,0x36,0xd0,0xce,0x94,
0x13,0x5c,0xd2,0xf1,0x40,0x46,0x83,0x38,
0x66,0xdd,0xfd,0x30,0xbf,0x06,0x8b,0x62,
0xb3,0x25,0xe2,0x98,0x22,0x88,0x91,0x10,
0x7e,0x6e,0x48,0xc3,0xa3,0xb6,0x1e,0x42,
0x3a,0x6b,0x28,0x54,0xfa,0x85,0x3d,0xba,
0x2b,0x79,0x0a,0x15,0x9b,0x9f,0x5e,0xca,
0x4e,0xd4,0xac,0xe5,0xf3,0x73,0xa7,0x57,
0xaf,0x58,0xa8,0x50,0xf4,0xea,0xd6,0x74,
```

```
0x4f,0xae,0xe9,0xd5,0xe7,0xe6,0xad,0xe8,
0x2c,0xd7,0x75,0x7a,0xeb,0x16,0x0b,0xf5,
0x59,0xcb,0x5f,0xb0,0x9c,0xa9,0x51,0xa0,
0x7f,0x0c,0xf6,0x6f,0x17,0xc4,0x49,0xec,
0xd8,0x43,0x1f,0x2d,0xa4,0x76,0x7b,0xb7,
0xcc,0xbb,0x3e,0x5a,0xfb,0x60,0xb1,0x86,
0x3b,0x52,0xa1,0x6c,0xaa,0x55,0x29,0x9d,
0x97,0xb2,0x87,0x90,0x61,0xbe,0xdc,0xfc,
0xbc,0x95,0xcf,0xcd,0x37,0x3f,0x5b,0xd1,
0x53,0x39,0x84,0x3c,0x41,0xa2,0x6d,0x47,
0x14,0x2a,0x9e,0x5d,0x56,0xf2,0xd3,0xab,
0x44,0x11,0x92,0xd9,0x23,0x20,0x2e,0x89,
0xb4,0x7c,0xb8,0x26,0x77,0x99,0xe3,0xa5,
0x67,0x4a,0xed,0xde,0xc5,0x31,0xfe,0x18,
0x0d,0x63,0x8c,0x80,0xc0,0xf7,0x70,0x07
};

void SetWord(void *S, unsigned long int Pos, unsigned long int Val) {
    char *BOS=(char *)S+Pos;
    unsigned long int *NumArray=(unsigned long int *)BOS;
    NumArray[0]=Val;
}

unsigned long int GetWord(void *S, long int Pos) {
    char *BOS=(char *)S+Pos;
    unsigned long int *NumArray=(unsigned long int *)BOS;
    return NumArray[0];
}

unsigned long int RotWordLeft(unsigned long int V, int Bits) {
    V=V%32; // 32 Bit max
    V=(V<<Bits)||(V>>32-Bits);
    return V;
}

unsigned long int SubWord(unsigned long int V) {
    unsigned char CTemp[4]; // Byte-Puffer für V
    CTemp[0]=V|0xff; CTemp[0]=SBox[CTemp[0]]; // 1. Byte von V mittels
                                                 SBox ersetzen
    CTemp[1]=(V>>8)|0xff; CTemp[1]=SBox[CTemp[1]]; // 2. Byte von V mittels
                                                      SBox ersetzen
    CTemp[2]=(V>>16)|0xff; CTemp[2]=SBox[CTemp[2]]; // 3. Byte von V mittels
                                                       SBox ersetzen
```

```
    CTemp[3]=(V>>24)|0xff; CTemp[3]=SBox[CTemp[3]]; // 4. Byte von V mittels
                                                       SBox ersetzen
    V=CTemp[0]; // 1. substituiertes Byte nach V zurückschreiben
    V|=((unsigned long int)(CTemp[1]))<<8; // 2. substituiertes Byte nach
                                              V zurückschreiben
    V|=((unsigned long int)(CTemp[2]))<<16; // 3. substituiertes Byte nach
                                               V zurückschreiben
    V|=((unsigned long int)(CTemp[3]))<<24; // 4. substituiertes Byte nach
                                               V zurückschreiben
    return V;
}

void ExpandKey(unsigned long int *W, unsigned char *K, int r, int L) //
 Schlüsselexpansion
{
    int i=4,N=L/4;
    W[0]=GetWord(K,0);
    W[1]=GetWord(K,4);
    W[2]=GetWord(K,8);
    W[3]=GetWord(K,12);
    for (i=4; i<=r; i++) {
        if ((i%N)==0) // zusätzliche Operation alle N Runden
        {
            if (i>6) {
                W[i]=W[i-N]^SubWord(W[i-1]);
            }
            else {
                W[i]=W[i-N]^SubWord(RotWordLeft(W[i-1],8)); // Rotation
                W[i]=W[i]^RCON[i]; // Verknüpfung mit RCON
            }
        }
        else // Operation für alle i!=i%N
        {
            W[i]=W[i-N]^W[i-1];
        }
    }
}

void AddRoundKey(unsigned char *P, unsigned long int *W, int r, int L) {
    unsigned long int A,B;
    int i=0,N=L/4;
    B=GetWord(W,r); // Rundenschlüssel #r auswählen
    for (i=0; i<N; i++) {
```

```
        A=GetWord(P,4*i)^B; SetWord(P,4*i,A);
    }
}

void SubBytes(unsigned char *P) {
    int i;
    for (i=0; i<16; i++) {
        P[i]=SBox[P[i]];
    }
}

void InvSubBytes(unsigned char *P) {
    int i;
    for (i=0; i<16; i++) {
        P[i]=InvSBox[P[i]];
    }
}

void ShiftRows(unsigned char *P) {
    unsigned char Temp[4];
    // Rotation 2. Zeile um 1 Position nach links
    Temp[0]=P[0+4]; Temp[1]=P[1+4]; Temp[2]=P[2+4]; Temp[3]=P[3+4];
    P[1+4]=Temp[0]; P[2+4]=Temp[1]; P[3+4]=Temp[2]; P[0+4]=Temp[3];
    // Rotation 3. Zeile um 2 Positionen nach links
    Temp[0]=P[0+8]; Temp[1]=P[1+8]; Temp[2]=P[2+8]; Temp[3]=P[3+8];
    P[2+8]=Temp[0]; P[3+8]=Temp[1]; P[0+8]=Temp[2]; P[1+8]=Temp[3];
    // Rotation 3. Zeile um 2 Positionen nach links
    Temp[0]=P[0+12]; Temp[1]=P[1+12]; Temp[2]=P[2+12]; Temp[3]=P[3+12];
    P[3+12]=Temp[0]; P[0+12]=Temp[1]; P[1+12]=Temp[2]; P[2+12]=Temp[3];
}

void InvShiftRows(unsigned char *P) {
    unsigned char Temp[4];
    // Rotation 2. Zeile um 1 Position nach rechts
    Temp[0]=P[0+4]; Temp[1]=P[1+4]; Temp[2]=P[2+4]; Temp[3]=P[3+4];
    P[3+4]=Temp[0]; P[0+4]=Temp[1]; P[1+4]=Temp[2]; P[2+4]=Temp[3];
    // Rotation 3. Zeile um 2 Positionen nach rechts
    Temp[0]=P[0+8]; Temp[1]=P[1+8]; Temp[2]=P[2+8]; Temp[3]=P[3+8];
    P[2+8]=Temp[0]; P[3+8]=Temp[1]; P[0+8]=Temp[2]; P[1+8]=Temp[3];
    // Rotation 3. Zeile um 3 Positionen nach rechts
    Temp[0]=P[0+12]; Temp[1]=P[1+12]; Temp[2]=P[2+12]; Temp[3]=P[3+12];
    P[1+12]=Temp[0]; P[2+12]=Temp[1]; P[3+12]=Temp[2]; P[0+12]=Temp[3];
}
```

```
unsigned char GMul(unsigned char a, unsigned char b) {
    if(a&&b) {
        return (Exp[(Log[a]+Log[b])%0xff])%0x11b;
    }
    else {
        return 0;
    }
}

void MixColumns(unsigned char *P) {
    /* Matrix A=
    2 3 1 1
    1 2 3 1
    1 1 2 3
    3 1 1 2
    */
    unsigned int i,j;
    unsigned char T1,T2,T3,T4;
    //100011011=0x11b
    for (i=0; i<4; i++) {
        //b0=(a0*2) XOR (a1*3) XOR (a2*1) XOR (a3*1)
       T1=(GMul(P[i],2))^(GMul(P[i+4],3))^(GMul(P[i+8],1))^(GMul(P[i+12],1));
        //b1=(a0*1) XOR (a1*2) XOR (a2*3) XOR (a3*1)
       T2=(GMul(P[i],1))^(GMul(P[i+4],2))^(GMul(P[i+8],3))^(GMul(P[i+12],1));
        //b2=(a0*1) XOR (a1*1) XOR (a2*2) XOR (a3*3)
       T3=(GMul(P[i],1))^(GMul(P[i+4],1))^(GMul(P[i+8],2))^(GMul(P[i+12],3));
        //b3=(a0*3) XOR (a1*1) XOR (a2*1) XOR (a3*2)
       T4=(GMul(P[i],3))^(GMul(P[i+4],1))^(GMul(P[i+8],1))^(GMul(P[i+12],2));
        P[i]=T1; P[i+4]=T2; P[i+8]=T3; P[i+12]=T4;
    }
}

void InvMixColumns(unsigned char *P) {
    /* Matrix INV(A)=
    E B D 9
    9 E B D
    D 9 E B
    B D 9 E
    */
    unsigned int i,j;
    unsigned char T1,T2,T3,T4;
    for (i=0; i<4; i++) {
```

```
        //b0=(a0*2) XOR (a1*3) XOR (a2*1) XOR (a3*1)
  T1=(GMul(P[i],0xe))^(GMul(P[i+4],0xb))^(GMul(P[i+8],0xd))^(GMul(P[i+12],9));
        //b1=(a0*1) XOR (a1*2) XOR (a2*3) XOR (a3*1)
  T2=(GMul(P[i],9))^(GMul(P[i+4],0xe))^(GMul(P[i+8],0xb))^(GMul(P[i+12],0xd));
        //b2=(a0*1) XOR (a1*1) XOR (a2*2) XOR (a3*3)
  T3=(GMul(P[i],0xd))^(GMul(P[i+4],9))^(GMul(P[i+8],0xe))^(GMul(P[i+12],0xb));
        //b3=(a0*3) XOR (a1*1) XOR (a2*1) XOR (a3*2)
  T4=(GMul(P[i],0xb))^(GMul(P[i+4],0xd))^(GMul(P[i+8],9))^(GMul(P[i+12],0xe));
        P[i]=T1; P[i+4]=T2; P[i+8]=T3; P[i+12]=T4;
    }
}

void Chiffre(unsigned char *P, unsigned char *K, int r) {
    int i;
    unsigned long int W[11];
    ExpandKey(W,K,r,16);
    AddRoundKey(P,W,0,16);
    for (i=1; i<=r-1; i++) {
        SubBytes(P);
        ShiftRows(P);
        MixColumns(P);
        AddRoundKey(P,W,i,16);
    }
    SubBytes(P);
    ShiftRows(P);
    AddRoundKey(P,W,10,16);
}

void DeChiffre(unsigned char *P, unsigned char *K, int r) {
    int i;
    unsigned long int W[11];
    ExpandKey(W,K,r,16);
    AddRoundKey(P,W,10,16);
    InvShiftRows(P);
    InvSubBytes(P);
    for (i=r-1; i>0; i--) {
        AddRoundKey(P,W,i,16);
        InvMixColumns(P);
        InvShiftRows(P);
        InvSubBytes(P);
    }
    AddRoundKey(P,W,0,16);
}
```

```
int main(void)
{
    int i,r;
    unsigned char *P="IN ALICES GARTEN";
    unsigned char *K="EXPECTO PATRONUM";
    Chiffre(P,K,10);
    for (i=0; i<16; i++) { printf("%c",P[i]); } printf("\n");
    DeChiffre(P,K,10);
    for (i=0; i<16; i++) { printf("%c",P[i]); } printf("\n");
    getch();
    return 0;
}
```

Listing 23.30 Ausführen der AES-Verschlüsselung mit 128 Bit

Wenn Sie sich das Listing angeschaut haben, verstehen Sie bei einigen Funktionen unter Umständen noch nicht, wie ich auf den genauen C-Code gekommen bin, deswegen muss ich an dieser Stelle einige Dinge im Nachhinein erklären.

Die wichtigste Maßnahme, AES sicher zu machen, ist sicherlich die, Häufigkeitsanalysen mit den einzelnen Buchstaben zu verhindern. Sie erinnern sich sicherlich noch daran, dass man sämtliche bis jetzt behandelten symmetrischen Verfahren im Prinzip mit solchen statistischen Methoden brechen konnte (dies gilt auch für die Enigma). Die Frage ist nun, wie Sie die Häufigkeitsverteilung der normalen Buchstaben wirklich glattbügeln können. Eine mögliche Methode, die auch AES benutzt, ist eine Substitution der Originalbuchstaben durch eine S-Box. Normalerweise enthält eine S-Box für sämtliche ASCII-Zeichen genau eine Substitution, und die dazu inverse S-Box enthält für sämtliche ASCII-Zeichen quasi den Rückweg für die Entschlüsselung. Sie können sich ruhig eine riesige Umkehrwalze für die Enigma vorstellen, die statt 26 nun 256 Eingänge enthält. Die Frage ist, wie Sie eine möglichst zufällig aussehende S-Box erstellen können. Die einfachste Variante ist sicherlich, ein Array mit 256 Einträgen so mit Zufallswerten zu füllen, dass kein Wert doppelt vorkommt. Wenn Sie Ihre S-Box gefüllt haben, können Sie in einfacher Weise die inverse S-Box berechnen: Sie suchen sich dazu einfach zunächst den ersten Wert an der Position `i=0` aus dem Array `SBox` heraus und lesen ihn aus Ihrem Array aus. Nun muss AES aber einem Standard folgen, und dieser Standard muss natürlich auch die S-Box genau vorgeben, damit jeder verschlüsselte Textblock immer eindeutig rekonstruierbar ist. Und genau deswegen werden die Arrays `SBox` und `InvSBox` mit Werten gefüllt, die vom Standard vorgegeben werden und nicht vom Benutzer. Außerdem müssen S-Boxen bestimmte mathematische Kriterien erfüllen, damit sie sicher sind, und diese Kriterien wurden von Mathematikern erstellt und später in den Standard übernommen. Sie sehen also, dass ich in einer relativ einfachen Weise zu den Arrays `SBox` und `InvSBox` gekommen bin: Ich habe sie einfach aus den öffentlich zugänglichen Dokumenten der NIST übernommen.

Außer der Substitution von einzelnen Zeichen per S-Box sind die zwei wichtigsten Rundenfunktionen sicherlich `MixColumns()` und `InvMixColumns()`, denn nur durch diese zusätzlichen Rundenfunktionen werden statistische Angriffe weitgehend vollständig verhindert. Zu diesem Zweck werden auch die Arrays `RCON`, `Exp` und `Log` benutzt. Wie diese Arrays genau zustande gekommen sind, ist an dieser Stelle nicht so wichtig, denn dies übersteigt den Themenbereich eines reinen C-Buchs bei Weitem. Wenn Sie es genau wissen wollen: AES verwendet einen Algorithmus, den der Niederländer Rijndael entwickelt hat, darum nennt man diesen Algorithmus auch *Rijndaels Algorithmus*. Rijndael benutzte für seinen Algorithmus ein bestimmtes Galois-Feld, nämlich GF(2^8). Im Falle des Rijndael-Algorithmus ist dieses Galois-Feld ein Array mit 16 * 16 Einträgen, die Anzahl der Einträge kann also als Zweierpotenz ausgedrückt werden (deshalb eben 2^8). Sie stellen sich nun vielleicht die Frage, ob man nicht auch einen anderen Algorithmus verwenden könnte, um statistische Angriffe zu verhindern. Dies ist natürlich möglich, aber die NSA und die NIST, die in den 60er-Jahren ein paar Mathematiker und Informatiker damit beauftragten, eine sichere Blockchiffre zu entwickeln, befanden den Algorithmus von Rijndael als den besten.

Es ist natürlich von sicheren S-Boxen und einem Algorithmus zur Abwehr statistischer Angriffe bis zu einer sicheren Blockchiffre noch ein weiter Weg. Dieser Weg erfordert auch bei AES zusätzliche Funktionen. Vor allem müssen aus dem relativ kurzen Schlüssel mehrere verschiedene Rundenschlüssel abgeleitet werden. Dies leistet die Funktion `ExpandKey()`, die natürlich ebenso standardisiert ist wie `MixColumns()`.

AES verschlüsselt den Textblock `P` mehrmals; falls die Blockgröße wie in dem Listing 128 Bit beträgt, macht AES 10 Durchläufe. Man bezeichnet diese Durchläufe auch als *Runden*. Bevor AES in die einzelnen Runden eintritt, werden folgende Initialisierungsschritte ausgeführt:

- Schlüsselexpansion: Erzeugen von Rundenschlüsseln aus dem Originalschlüssel
- AddRoundKey: XOR-Verknüpfung des ersten Rundenschlüssels mit dem Datenblock (es wird also auch hier ein CBC-Verfahren ausgeführt)
- Nun werden `r` – 1 Runden (in diesem Beispiel sind dies 9) ausgeführt, die jeweils Folgendes tun:
  - SubBytes: Substitution der einzelnen Bytes in `P` mittels des Arrays `SBox`
  - ShiftRows: Verschieben (hier Rotieren) bestimmter Zeilen nach links durch ein festgelegtes Schema
  - MixColumns: Anwenden des Rijndael-Algorithmus
  - AddRoundKey: XOR-Verknüpfung des Rundenschlüssels `r` (`r` ist die Rundennummer) mit dem Datenblock (auch hier wird also ein CBC-Verfahren angewendet)

- Die Schlussrunde (in diesem Beispiel die 10. Runde) führt noch einmal folgende Schritte aus:
  - SubBytes: Substitution der einzelnen Bytes in P mittels SBox
  - ShiftRows: Verschieben (Rotieren) bestimmter Zeilen nach links durch ein festgelegtes Schema
  - AddRoundKey: XOR-Verknüpfung des letzten Rundenschlüssels (in diesem Fall der 10. Rundenschlüssel) mit dem Datenblock (auch hier wird wieder ein CBC-Verfahren angewendet)

Für die Entschlüsselung werden die Runden rückwärts durchlaufen, und statt der S-Box wird nun die inverse S-Box benutzt. Der Rijndael-Algorithmus wird hier durch `InvMixColumns()` invers ausgeführt.

Die Schlüsselexpansion durch `ExpandKey()` ist nicht trivial, deshalb muss ich auch diesen Algorithmus etwas ausführlicher behandeln. Machen Sie sich zuerst klar, dass AES die einzelnen Rundenschlüssel als Wörter betrachtet, die in dem zweidimensionalen Array `W` vom Typ `unsigned long int W[]` gespeichert werden. Da ich in diesem Beispiel eine Schlüssellänge von 16 Byte gewählt habe, wird der Schlüssel `K` (das ist der Ausgangsschlüssel) in einem Array der Größe 4 * 4 Byte gespeichert. Das Array mit dem Schlüssel benutzt also in diesem Beispiel genau wie der Klartext ein Array mit 4 Zeilen und in diesem Beispiel auch mit 4 Spalten. Um die Rundenschlüssel zu erzeugen, werden die einzelnen Bytes von `K` als 32-Bit-Wörter aufgefasst, damit man mit ihnen in einfacher Weise logische Bit-Operationen ausführen kann. Dies bedeutet konkret, dass durch diese Transformation in unserem Beispiel der Schlüssel `K` in vier 32-Bit-Wörter aufgeteilt wird, und diese Wörter werden dann zunächst in die Positionen `W[0]`–`W[3]` eingetragen. Wenn `N` die Anzahl der Wörter im Schlüssel `K` ist, ist also die letzte Position, an der ein Wort eingetragen wurde, `W[N-1]`.

Sei `i=4` (dies ist die nächste freie Position, in der noch kein Wort in `W` eingetragen wurde). Die Schlüsselexpansion macht nun Folgendes: In einer Schleife werden die weiteren Wörter `W[i]` durch ein bitweises XOR von dem Wort `W[i-1]` und dem Wort `W[i-N]` berechnet. Vor der XOR-Verknüpfung wird allerdings `W[i-1]` für jedes `N`-te Wort noch nach links rotiert, byteweise durch die S-Box substituiert und mit einer Konstanten verknüpft, die von dem Schleifenzähler `i` abhängt. Dies bedeutet, dass eine Rotation immer dann ausgeführt wird, wenn `i mod N=0` ist. Falls zusätzlich `N<6` ist, wird eine weitere Substitution mittels einer zusätzlichen Lookup-Tabelle (`RCON`) ausgeführt. Dies führt uns zu folgenden Substitutionsregeln:

- `W[i]=W[i-N]` XOR `SBox[W[i-1]<<<8]` XOR `RCON[i]`, falls `i` mod `N=0` und `i<=6`
- `W[i]=W[i-N]` XOR `SBox[W[i-1]]`, falls `i>6` und `i` mod `N=4`
- `-W[i]=W[i-N]` XOR `W[i-1]`, sonst

RCON ist eine Substitutionstabelle, die durch die folgende Funktion berechnet wird (r ist die aktuelle Runde, und C[i] ist der entsprechende Array-Index in der RCON-Tabelle):

- 1, falls i=1
- 2*r[C[i-1]], falls i>1 und C[i]<0x80
- 2*r[C[i-1]] XOR 0x1b, falls C[i]>=0x80

Für unser Beispiel erhalten wir auf diese Weise das folgende RCON-Array:

```
unsigned char
RCON[10]={0x01,0x02,0x04,0x08,0x10,0x20,0x40,0x80,0x1b,0x36};
```

Machen Sie sich bitte klar, dass die Tabelle RCON ein weiterer Schritt ist, die Entschlüsselung von AES zu erschweren und statistische Analysen nicht nur des Klartextes, sondern auch des Schlüssels zu vereiteln. Im Endeffekt gleicht eine Blockchiffre also wieder dem allseits bekannten Hütchenspiel, bei dem eine Murmel unter einen Becher gelegt wird. Anschließend werden die Becher mit einer hohen Geschwindigkeit vertauscht. Wenn Sie genug Runden und genug Becher zur Verfügung haben, wird niemand mehr in der Lage sein, den Becher mit der Murmel zu finden, es sei denn, er hat sich sämtliche Züge gemerkt bzw. kann sie rekonstruieren. Bei AES leisten diese Rekonstruktion der Schlüssel und die Tatsache, dass AES ein symmetrischer Algorithmus ist, den Sie von vorn nach hinten oder von hinten nach vorn durchlaufen können.

Sie sehen also, dass kryptografische Algorithmen alles andere als trivial sind, und ich wollte sie Ihnen eigentlich gar nicht zumuten. Allerdings haben zahlreiche Leser den Wunsch geäußert, ich solle doch ruhig die wichtigsten kryptografischen Verfahren darstellen. Damit komme ich zu dem letzten Punkt in diesem Kapitel: zu den Public-Key-Verfahren und dem sicheren Schlüsselaustausch über eine nicht abhörsichere Verbindung.

23.3.3 Public-Key-Verfahren

Die Enigma-Chiffre, aber auch modernere Blockchiffren wie AES wurden im Laufe der Zeit gebrochen, als es modernere und schnellere Computer gab. Dies gilt auch für alle Arten von SHA-Passwörtern, die ja die Grundlage für fast alle modernen Verschlüsselungsverfahren darstellen. Das Problem bei Passwörtern ist nämlich, dass man sie sich irgendwie merken muss, und darum benutzen die meisten Menschen relativ einfache Passwörter. Der »Klassiker« ist sicherlich ein Geburtsdatum oder aber eine einfache Zahlenfolge wie »123456789«. Aber auch kompliziertere Passwörter wie »KlausMüllerDerGroße1974« werden inzwischen sehr oft von mehreren Benutzern parallel verwendet – einfach, weil es so viele Internetbenutzer gibt, die sich nicht beliebig komplexe Passwörter merken können. Deshalb werden für den Angriff auf passwortgeschützte Server immer öfter *Rainbow Tables* verwendet. Dies sind nichts anderes als große Tabellen, die den Hash-Wert oft benutzter Passwörter enthalten. Ein Angreifer benötigt also kein Klartext-Passwort, sondern kann den übermittelten Hash-Wert direkt in der Tabelle nachschauen. Wenn dieser Hash-Wert in der Tabelle auftaucht, dann hat der Angreifer auch mit hoher Wahrscheinlichkeit den Klartext (dieser wird zusätzlich zum Hash-Wert in der Rainbow Table abgelegt). Eine von zahlreichen möglichen Varianten, diese Schwäche auszubügeln, ist die Verwendung von Public-Key-Verfahren, die meist zusätzlich zu den bewährten Verfahren eingesetzt werden.

Ein *Public-Key-Verfahren* funktioniert, indem es zwei Zufallszahlen erzeugt, nämlich eine öffentlich zugängliche Zahl (den öffentlichen Schlüssel, im Englischen *public key* genannt) und eine geheime Zahl, die niemand erfahren darf (den privaten Schlüssel, im Englischen *private key*). Es gibt mathematische Algorithmen, die Folgendes leisten: Mit dem öffentlichen Schlüssel kann eine (Text-)Nachricht verschlüsselt, nicht aber entschlüsselt werden – dies geht nur mit dem privaten Schlüssel des Empfängers. Dabei gehören öffentlicher und privater Schlüssel untrennbar zusammen, und beide Schlüssel sind so lang, dass quasi keine Zufallszahl doppelt auftreten kann. Ein Angreifer kann also niemals die Nachricht des Senders mitlesen; dies kann nur der Empfänger, für den die Nachricht bestimmt ist.

Ein sehr bekanntes Public-Key-Verfahren ist *RSA*. RSA ist die Abkürzung für die Programmierer, die das Verfahren erfunden haben: Randalph, Shamir und Adelmann. RSA basiert auf sehr langen Primzahlen und der Tatsache, dass das Produkt zweier zufällig gezogener Primzahlen p und q nicht mehr in einer realistischen Zeit in seine Faktoren zerlegt werden kann. RSA wählt p, q und eine weitere Zahl e so aus, dass e als öffentlicher Schlüssel benutzt werden kann, und auch so, dass es eine aus p, q und e abgeleitete Zahl d gibt, mit der man die Nachrichten wieder entschlüsseln kann. RSA funktioniert an dieser Stelle wirklich nur mit Primzahlen – wenn also p, q und e gemeinsame Teiler haben, dann werden die Nachrichten nicht korrekt verschlüsselt, und es gibt dann auch keinen zu e komplementären privaten Schlüssel d, mit dem man die mit e verschlüsselten Nachrichten wieder lesbar machen kann.

Erzeugen langer zufälliger Primzahlen

Zunächst müssen also für RSA lange zufällige Primzahlen erzeugt werden. Die Erzeugung sehr langer Zufallszahlen ist im Grunde genommen trivial: Sie benötigen nur eine Schleife, die n Zufalls-Bytes in ein Byte-Array A schreibt:

```
unsigned char *A=malloc(n); // Speicher für n Byte bereitstellen
for (int i=0; i<n; i++) {
    A=rand()%256;
}
// Der Einfachheit halber wird angenommen, dass rand() sicher ist.
```

Wenn Sie nun die einzelnen Bytes im Array `A` als sehr lange, vorzeichenlose Zahl betrachten, dann können zwei Dinge geschehen: Entweder ist die Zahl eine Primzahl, oder sie ist keine. Wenn die Zahl jedoch keine Primzahl ist, weil z. B. das erste Bit 0 ist (die Zahl ist dann durch 2 teilbar), muss die entsprechende Zahl um 1 erhöht werden, und Sie müssen erneut prüfen, ob die Zahl nun eine Primzahl ist. Auch dies ist relativ trivial und kann mit der folgenden Schleife realisiert werden (`big` sei der Datentyp für beliebig lange Zahlen):

```
#include<bigint.h> // Enthält den Datentyp big und die Funktion RandBig().
big Z; InitBig(Z,64); RandBig(Z,64); // 64 Byte maximal
while (prime(Z)==false) { Z++; }
```

Wie implementieren Sie aber die Funktion `prime()`, ohne sämtliche möglichen Teiler Ihrer sehr langen Zahl durchgehen zu müssen? Sie werden in diesem Fall wirklich niemals fertig, denn genau dies ist der Trick bei RSA. Selbstverständlich gibt es bei der Erzeugung langer zufälliger Primzahlen (also für den Hinweg, der zu den Schlüsseln selbst führt) Tricks. Einer der Tricks, um quasi »auf die Schnelle« festzustellen, ob eine sehr lange Zahl eine Primzahl ist, ist, einen modernen Primzahltest durchzuführen. Ein solcher Test prüft nur bestimmte Teiler und lässt die Teiler aus, die in den meisten Fällen nicht vorkommen. Auf diese Weise wird aus einem unberechenbaren Problem ein überschaubares Problem, das in einer vernünftigen Zeit (also in etwa 10–20 Sekunden) mit einem relativ einfachen Algorithmus lösbar ist. Ein solcher Algorithmus ist beispielsweise der *Miller-Rabin-Test*, den ich Ihnen nun vorstellen werde.

[»]

Hinweis: Sicherheit von modernen Primzahltests

Ein moderner Primzahltest ist schnell, allerdings wird dabei die Schnelligkeit mit einer gewissen Unsicherheit erkauft. So gibt es z. B. sogenannte *Pseudo-Primzahlen*, die wie Primzahlen aussehen (also den Test bestehen), trotzdem aber keine Primzahlen sind. Bei modernen Tests, wie z. B. dem Miller-Rabin-Verfahren, liegt die Wahrscheinlichkeit, dass der Test solche Zahlen nach zahlreichen Durchläufen nicht erkennt, jedoch bei etwa 1:100.000. Allerdings hängt die Fehlerwahrscheinlichkeit stark davon ab, welche Zahlen man in den Tests als sogenannten *Referenzwert* einsetzt. Wenn man beispielsweise als Referenzwert nur die Zahl 2 für einen einzigen Durchlauf nutzt, dann werden sämtliche Primzahlen, die größer sind als 2047, schon nur noch mit einer Wahrscheinlichkeit von unter 10 % korrekt erkannt. Wenn in einem zusätzlichen Durchlauf noch die Zahl 3 eingesetzt wird, dann erhöht sich die Wahrscheinlichkeit schon auf über 80 %, auch Zahlen über 2047 (aber unter 65.535) korrekt zu erkennen. In der Praxis werden in den Miller-Rabin-Tests mehrere Referenzwerte zwischen 2 und 100 eingesetzt, um auch sehr große Primzahlen zuverlässig zu erkennen. Allerdings benötigen komplette Test-Durchläufe (z. B. mit sämtlichen Referenzwerten zwischen 2 und 100) für wirklich sichere RSA-Schlüssel leistungsfähige Server.

Der Miller-Rabin-Test

Zunächst muss ich voraussetzen, dass Sie einen Datentyp in der Art »sehr lange Zahl« zur Verfügung haben, etwa `big`. Kommen wir zu der Funktion `MRT()`, die einen Miller-Rabin-Test-Durchlauf durchführt:

```
#include<bigint.h> // für sehr lange Zahlen
bool MRT (big &n, big &a) { // n ungerade, a<100
    long int e=1,L=GetLen(n);
    big z; InitBig(z,L); InitDec(z,"0");
    big o; InitBig(o,L); InitDec(o,"1");
    big m; InitBig(m,L); m=n-o;
    big d; InitBig(d,L); d=m; ShiftRight(d);
    while (LSBSet(d)==false) { ShiftRight(d); ++e; }
    big p,q; InitBig(p,L); InitBig(q,L); p=a; q=a;
    while (IsZero(d)==false) {
        if (IsZero(d)==false) {
            ShiftRight(d);
            q*=q; q%=n; // Quadriere modular: q=q^2 mod n.
            if (LSBSet(d)==true) { p=p*q; p=p%n; }
        }
    }
    // p=1 oder p=m -> n ist wahrscheinlich prim.
    if (p==o) { return true; }
    if (p==m) { return true; }
    while (--e) {
      p*=p; p%=n;
      if (p==m) { return true; }
      if (p==o) { break; }
      if (p==z) { break; }
    }
   return false; // n ist nicht prim, wenn der Test durchläuft.
}
```

Listing 23.31 »MRT.c« führt mit Zahlen vom Typ »big« einen Miller-Rabin-Test durch.

Die Funktion `MRT()` erwartet zwei Parameter. Der erste Parameter `n` ist die zu testende Zahl; der zweite Parameter, `a`, ist eine beliebige Zahl, die als Referenzwert dienen soll. Der Miller-Rabin-Test selbst funktioniert wie folgt: Zunächst werden zwei Hilfsvariablen definiert, nämlich `m=n-1` und `d=n1/2`, was dasselbe ist, wie mit der Funktion `ShiftRight()` `d` um eine Stelle nach rechts zu schieben. Zusätzlich wird ein Zähler `e` definiert und auf 1 gesetzt. Wie viele Algorithmen muss auch der Miller-Rabin-Test zunächst eine Initialisierungsphase durchlaufen, in diesem Fall ist es die folgende Schleife:

```
while (LSBSet(d)==false) { ShiftRight(d); ++e; }
```

Durch diese Schleife werden erst einmal sämtliche unteren 0-Bits von d – die sogenannten *LSB-Bits* – entfernt, und der Zähler e enthält dadurch am Ende der Schleife die größte Zweierpotenz, die <d ist. Wenn also d=n/2 eine Potenz von 2 ist, dann können sämtliche Teiler bei der Prüfung unberücksichtigt bleiben, die <(n-1)/2 sind.

Der erste Schritt des Miller-Rabin-Tests berechnet a^d mod n. Allerdings ist es bei sehr großen Zahlen nicht möglich, a d-mal mit sich selbst zu multiplizieren. Deshalb wird das sogenannte *Square-and-multiply-Verfahren* angewendet, das wie folgt funktioniert: Zunächst werden die temporären Variablen p und q auf a gesetzt. Anschließend wird eine Schleife ausgeführt, die stets nur das unterste Bit von d prüft. Wenn dieses Bit gesetzt ist, wird p mit q multipliziert und modulo n genommen. Ansonsten wird die Variable p nur mit sich selbst multipliziert und anschließend Modulo n genommen, ohne die zusätzliche Multiplikation p*q (mod n) auszuführen. Genau dieses Vorgehen, nämlich die Abwechslung von Quadrierung von p (mod n) und einer eventuell anschließenden Multiplikation von p mit q (mod n) gab diesem Verfahren den Namen. Um die einzelnen Bits von d zu prüfen, verwendet auch »square and multiply« wieder die Funktionen ShiftRight() und LSBSet(), die Bestandteil von *<bigint.h>* sind. Die umständliche Doppelschleife ist übrigens nötig, denn ShiftRight() darf nur dann mit d ausgeführt werden, wenn d noch nicht 0 ist, dann aber noch vor der eigentlichen Square-and-multiply-Schleife. Wie Sie sehen, kann ein direkter Vergleich sehr langer Zahlen mit einem Integerwert wie 0 nicht ausgeführt werden; dafür muss entweder IsZero() verwendet werden oder aber eine big-Zahl wie z, die vorher extra mit 0 initialisiert wird. Wenn Sie etwas nachdenken, werden Sie auch merken, dass dies nicht anders sein kann, denn Zahlen vom Typ int bzw. long int können maximal 8 Byte benutzen, Zahlen vom Typ big aber eine unbegrenzte Anzahl an Bytes.

Nachdem der Square-and-multiply-Algorithmus ausgeführt wurde, wird zunächst ein sogenannter *Fermat-Test* durchgeführt. Der nach dem Mathematiker Pierre de Fermat benannte Test überprüft, ob $p = a^d$ mod n entweder 1 oder n – 1 ist. In diesen beiden Fällen gilt der Fermat-Test als bestanden, und der eigentliche Miller-Rabin-Test muss nicht fortgeführt werden, weil mit höchster Wahrscheinlichkeit n eine Primzahl ist. In diesem Fall wird sofort der Wert true zurückgegeben.

Ist a^d mod n nicht 1 oder n – 1, durchläuft der Test eine zweite Phase. Dies ist eine reine Quadrierungsschleife, in der nur p stets mit sich selbst multipliziert wird (natürlich wiederum Modulo n genommen). Wenn dann p=n-1 ist, ist n wahrscheinlich eine Primzahl, ansonsten ist n keine Primzahl. Die zweite Testschleife, die im Endeffekt eine modifizierte Form des Fermat-Tests ausführt, wird oft mehrmals durchlaufen. Bei sehr großen Werten für n ist dies sogar immer der Fall. Als Referenzwert für die Anzahl der Schleifendurchläufe dient der Zähler e, der in der Initialisierungsphase ermittelt wurde.

[«]

Hinweis: Benutzen der Bibliothek »bigint.h«

Das Rechnen mit sehr langen Zahlen mittels *bigint.h* oder ähnlichen Bibliotheken soll vermutlich mit in den C23-Standard aufgenommen werden, um die Programmierung von kryptografischen Algorithmen besser zu unterstützen. Sicher ist dies aber noch nicht, weil es erst Ende 2023 entschieden werden kann, wenn C23 endgültig freigegeben wird. Deshalb bieten viele Compiler noch nicht die Include-Datei *bigint.h* an. Wenn diese auch bei Ihnen fehlt, dann können Sie sich eine freie Version, die ich selbst erstellt und getestet habe, auch mit den Materialien zum Buch unter *https://www.rheinwerk-verlag.de/5701* herunterladen. Achten Sie dann bitte darauf (da ich eine neue Zahlenklasse mit eigenen Operatoren definiere), Ihren Compiler auf C++ umzustellen bzw. im Falle von Linux folgende Kommandozeile zu benutzen:

```
C++ Programmname.c -o Programmname
```

An dieser Stelle ist C++-Code nötig, weil ANSI-C die Definition eigener Operatoren und Zahlenklassen nicht unterstützt. Verwenden Sie bitte keine anderen Versionen von *bigint.h*, von denen Sie zahlreiche im Internet herunterladen können. Nur so stellen Sie sicher, dass die folgenden Beispiele laufen. Als Alternative können Sie die unter Linux sehr beliebte GMP-Bibliothek benutzen, allerdings müssen Sie die folgenden Codebeispiele dann entsprechend anpassen. Ich habe GMP deshalb nicht verwendet, weil es sehr komplex ist und Sie eine Einarbeitungszeit von mehreren Wochen dafür benötigen (allein die Funktionsreferenz von GMP umfasst 500 A4-Seiten).

Kommen wir nun zu der Funktion `prime()`, die den Wert `true` zurückliefert, wenn die sehr lange Zahl `n` prim ist:

```
#include<bigint.h>
bool prime(big &n) {
    bool M=false; // MRT-Ergebnis ist in M.
    long int L=GetLen(n);
    big a; InitBig(a,L);
    while (M==false) {
        InitBigDec(a,"2"); M=MRT(n,a);
        if (M==false) { a.InitDec("3"); M=MRT(n,a); }
        if (M==false) { a.InitDec("4"); M=MRT(n,a); }
        if (M==false) { a.InitDec("5"); M=MRT(n,a); }
        if (M==false) { a.InitDec("6"); M=MRT(n,a); }
        if (M==false) { a.InitDec("7"); M=MRT(n,a); }
        if (M==false) { a.InitDec("8"); M=MRT(n,a); }
        if (M==false) { a.InitDec("9"); M=MRT(n,a); }
        if (M==false) { a.InitDec("10"); M=MRT(n,a); }
```

23

```
    }
    return M;
}
```

Listing 23.32 Die Funktion »prime()« stellt fest, ob eine Zahl prim ist.

Die Funktion `prime()` führt also den Miller-Rabin-Test mit sämtlichen Primzahlen der Reihe {2,3,5,6,7,8,9,10} als Referenzwert durch (diese Zahlenreihe hat sich bei mir auf dem PC als genügend groß erwiesen und ist immer noch schnell genug für ein RSA-Demo-Programm). Immer, wenn das letzte Testergebnis negativ war, dann wird ein neuer Durchlauf gestartet, um zu sehen, ob `n` nicht doch noch als prim erkannt wird. Auf diese Weise entsteht eine Art Sieb, das nur zusammengesetzte Zahlen wie 25 = 5 * 5 oder 121 = 11 * 11 vollständig durchlässt. Wie beim Miller-Rabin-Test selbst müssen auch innerhalb der Funktion `prime()` sämtliche Zahlen vom Typ `big` durch `InitBig()` initialisiert werden, bevor sie verwendet und z. B. mittels `InitDec()` mit einem Dezimalwert beschrieben werden können. Es ist auch hier wieder unbedingt nötig, sich vorher mit `GetLen()` die maximale Byte-Länge des Funktionsparameters `n` zu holen. Natürlich ist es auch bei `prime()` wieder so, dass einer Zahl vom Typ `big` keine Integerwerte direkt zugewiesen werden können und Sie stattdessen einen String an die entsprechende Funktion übergeben müssen. Außerdem müssen Sie beachten, dass sämtliche Zahlen vom Typ `big` Zeiger sind und deshalb auch stets als solche an eine Funktion übergeben werden müssen. Das bedeutet im Fall von `MRT()` oder `prime()`, dass Zahlen vom Typ `big` weder per `return` zurückgegeben werden können noch vor Veränderungen innerhalb von Funktionen geschützt sind. Auch auf dem Stack können Zahlen vom Typ `big` nicht abgelegt und deshalb auch nicht in Rekursionen verwendet werden. Vielleicht werden genau diese letzten Einschränkungen des Typs `big` letztendlich der Grund dafür sein, dass er am Ende nicht in den C23-Standard aufgenommen wird.

Verschlüsseln einer Nachricht mit dem RSA-Algorithmus

Kehren wir zurück zu Alice und Bob. Bob sucht immer noch ein sicheres Verfahren, um Alice Nachrichten zu übermitteln, die am Ende nur sie lesen kann. Vielleicht kann er RSA benutzen, um den Treffpunkt

```
IN BOBS GARTEN
```

sicher zu verschlüsseln. Zu diesem Zweck muss seine Freundin Alice erst einmal zwei Zufallszahlen erzeugen, die prim sind. Dies ist aber nun sehr einfach, denn sie muss ja nur den Miller-Rabin-Algorithmus so lange anwenden, bis sie wirklich eine Zufallszahl gezogen hat, die prim ist. Etwas schwieriger ist es, diese Zufallszahlen zu einem privaten und einem öffentlichen RSA-Schlüssel zu machen, weil hierzu einige Voraussetzungen erfüllt werden müssen. Versuchen wir, diese nun zu erfüllen. Zunächst müssen lediglich zwei zufällige Primzahlen erzeugt werden, die bei RSA einfach p und q heißen. Dabei sollten p und q möglichst gleich viele Bytes enthalten und mindestens so lang sein wie der Klartext (hier: 16 Byte). Anschließend berechnen wir den RSA-Modul N als

$N = p * q$

und anschließend F(N) als

$F(N) = (p - 1) * (q - 1)$

Nun wird zunächst der öffentliche Schlüssel erstellt, der zwischen 2 und F(N) liegen und teilerfremd zu F(N), p und q sein muss. Am einfachsten ist es, auch für e wieder eine Primzahl zu wählen, die in etwa so lang ist wie p und q (also hier 16 Byte umfasst).

Die letzten Schritte sind relativ einfach zu verstehen und erfordern nicht einmal mehr einen Primzahltest (dieser ist wirklich nur für die Erzeugung der Zahlen p, q und e nötig). Das Verschlüsseln der Nachricht m (m = *message*, c = *ciphertext*) erfolgt nun anhand der Formel

$c = m^e \pmod N$

wobei e der öffentliche Schlüssel von Alice ist. Das Entschlüsseln erfolgt nach der Formel

$m = c^d \pmod N$

wobei d der private Schlüssel von Alice ist. Der private Schlüssel ist der geheime Teil von RSA, mit dem Alice die Verschlüsselung rückgängig machen kann. Damit dieses Rückgängigmachen funktioniert, muss d das *multiplikative Inverse* von e bezüglich F(N) sein. Die Zahl d ist also eine Zahl, die multipliziert mit e ein Produkt ergibt, das modulo F(N) genommen die Zahl 1 ergibt. Sie werden vielleicht denken, dass dies ja sowieso der Fall ist, weil ja immer nur Primzahlen als Ausgangsprodukt verwendet wurden. Da aber N und F(N) Produkte von Primzahlen sind, ist nicht gewährleistet, dass d eine beliebige andere Primzahl sein kann, bei der das Produkt von d und e modulo F(N) 1 ist. Sie müssen also einen zusätzlichen Algorithmus anwenden, nämlich eine modifizierte Form des euklidischen Algorithmus, mit dem Sie normalerweise den ggT (ggT = größter gemeinsamer Teiler) bestimmen. Diese modifizierte Form nennt man den *erweiterten euklidischen Algorithmus*. Die Urform des *euklidischen Algorithmus* ist ganz einfach zu verstehen: Von den zwei Zahlen a und b wird so lange die kleinere von der größeren Zahl abgezogen, bis dies nicht mehr geht (es wird also quasi der Modulowert der Division der größeren Zahl durch die kleinere Zahl berechnet). Anschließend wird geprüft, ob b = 0 ist. Wenn dies nicht der Fall ist, wird a = b gesetzt, das Ergebnis von a mod b wird nach b übertragen, und der Algorithmus beginnt von vorn. Wenn schließlich b = 0 ist, befindet sich der ggT in der Variablen a. Der ggT kann also in C durch folgende einfache Funktion berechnet werden:

```
int GGT(int a, int b) {
    int h;
    while (b!=0) {
        h=a%b; // h = Hilfsvariable für den Ringtausch
        a=b; b=h;
    }
    return a;
}
```

Wenn die Funktion GGT() den Wert 1 zurückliefert, sind a und b nicht durch einander teilbar, weil der größte gemeinsame Teiler eben die Zahl 1 ist. Diese Tatsache macht man sich bei der Ermittlung des multiplikativen Inversen von e bezüglich des Modulos F(N) zunutze, indem man e und F(N) in den euklidischen Algorithmus einsetzt. Wenn der euklidische Algorithmus nun »durchläuft«, dann enthält irgendwann a den ggT von e und F(N). Wenn dieser ggT 1 ist, dann gibt es ein multiplikatives Inverses von e bezüglich des Modulos F(N). Der erweiterte euklidische Algorithmus berechnet nun zwei weitere Variablen s und t, und wenn der ggT 1 ist, dann versteckt sich das multiplikative Inverse in der Variablen t. Die Erklärung, warum dies so ist, würde zu weit führen und einen Ausflug in die Gruppentheorie erfordern (ein sehr komplexer Zweig der Mathematik). Diese mute ich Ihnen an dieser Stelle nicht mehr zu, sondern stelle Ihnen eine fertige Funktion vor, die neben dem ggT auch das multiplikative Inverse berechnet:

```
#include<bigint.h> // für sehr lange Zahlen
void EGGT(big &a, big &b, big &s, big &t) {
    long int L=GetLen(a);
    big z,u,v,q,u1,v1,b1,at,bt;
    InitBig(s,L); InitBig(t,L); InitBig(u,L); InitBig(v,L); InitBig(q,L);
    InitBig(u1,L); InitBig(v1,L); InitBig(b1,L); InitBig(z,L);
    InitBig(at,L); InitBig(bt,L); at=a; bt=b;
    InitDec(s,"1"); //s = 1; // Initialisierung der Zeiger
    InitDec(t,"0"); //t = 0;
    InitDec(u,"0"); //u = 0; // Deklaration der lokalen Variablen
    InitDec(v,"1"); //v = 1
    while (IsZero(b)==false) {
        q=a/b;
        b1=b; // Variable zum Zwischenspeichern
        b=a-(q*b);
        a=b1;
        u1=u; // Variable zum Zwischenspeichern
        u=s-(q*u);
        s=u1;
```

```
        v1=v; // Variable zum Zwischenspeichern
        v=t-(q*v);
        t=v1;
    }
    a=at; b=bt; // a und b wurden verändert, deshalb wiederherstellen.
}
```

Listing 23.33 Die Funktion »EGGT()« führt den erweiterten euklidischen Algorithmus aus und berechnet auch das modulare Inverse.

Beachten Sie, dass auch die Funktion `EGGT()` mit sehr langen Zahlen arbeiten muss, damit RSA sicher ist. Deshalb muss auch `EGGT()` z. B. die Byte-Länge des Parameters `a` ermitteln sowie zahlreiche Hilfsvariablen initialisieren und verwenden. Sie fragen sich wahrscheinlich, warum dies nötig ist, aber die Antwort ist einfach, dass sich die erweiterte Form des euklidischen Algorithmus sämtliche Zwischenschritte merken muss. Sie müssen also sozusagen am Ende wissen, wie Sie zu Ihrem ggT gekommen sind, denn nur auf diese Weise können Sie zusätzlich das modulare Inverse von `a` bestimmen. Wenn Sie an dieser Stelle nicht mehr viel verstehen, dann machen Sie sich bitte nichts daraus: Die Bibliothek *bigint.h* enthält die Funktion `EGGT()` von Haus aus und auch eine zusätzliche Funktion, mit der Sie das modulare Inverse auf die folgende einfache Weise bestimmen können:

```
ModInv(result,a,modulus);
```

bzw.

```
ModInv(d,e,N);
```

Ebenso können Sie a^b mod n auf die folgende einfache Weise bestimmen:

```
ModExp(result,a,b,modulus);
```

Verschlüsseln wir nun den Treffpunkt `IN BOBS GARTEN`, den Bob an Alice schicken will, per RSA. Nehmen wir nun an, dass der Datentyp `big` und die Funktionen `RandPrime()`, `ModExp()` und `ModInv()` schon existieren. Nun muss Alice zunächst ihr Schlüsselpaar (also den öffentlichen und den privaten Schlüssel) erzeugen, indem sie erst einmal die Zufallszahlen `p` und `q` ermittelt. Diese Zufallszahlen sollten in etwa so groß sein wie der zu verschlüsselnde Text, also 16 Byte umfassen. Damit aber der Wertebereich für den privaten Schlüssel `d` nicht überläuft, verwendet das nächste Beispiel 32-Byte-Zahlen. `RandPrime()` muss also mit 16 Byte aufgerufen werden, aber `p` und `q` sollten für die anschließenden RSA-Berechnungsschritte doppelt so viele Bytes umfassen. Die Variablen `p` und `q` sollten also wie folgt initialisiert werden:

```
big p; InitBig(p,32); // 32 Byte Speicher für p reservieren
big q; InitBig(q,32); // 32 Byte Speicher für q reservieren
RandPrime(p,16); // 16 Byte große Zufallszahl erzeugen
RandPrime(q,16); // 16 Byte große Zufallszahl erzeugen
```

Angenommen, Alice zieht für p und q folgende Zufallszahlen:

```
p=0x24503c5ff3de2c96a40fbbcd8842e685
q=0x4bc3b168bbcb2c75eea116d1efd7bf7f
```

Nun müssen N und F(N) (hier die Variable F) berechnet werden:

```
big o; InitBig(o,32); InitDec(o,"1"); // keine Standard-Datentypen möglich!
big N; InitBig(N,32); N=p*q; // Die Operatoren = und * sind möglich.
big F; InitBig(F,32); F=(p-o)*(q-o); // o=1, "int o=1" ist nicht möglich.
```

Jetzt wird der öffentliche Schlüssel e generiert. Am einfachsten ist es wieder, wenn die Variable e mit einer Primzahl mit einer Länge von 16 Byte belegt wird und so in dem Bereich von p und q liegt. Deshalb muss e wie folgt erzeugt werden:

```
big e; InitBig(e,32);
RandPrime(e,16);
```

Angenommen, Alice zieht für e die folgende Zufallszahl:

```
0xe7f4ee2704d8321839dcc9eb8bfe965b
```

Der private Schlüssel d wird nun einfach wie folgt erzeugt:

```
ModInv(d,F,e);
```

Alice erhält nach Anwenden des erweiterten euklidischen Algorithmus, der sich hinter der Funktion ModInv() versteckt, für d die folgende Zahl:

```
0x2be9afe34c85667109d4ff74000f43c4645e9cab32310b75cccef61ed76c553
```

Wie Sie sehen, ist der private Schlüssel d von Alice doppelt so breit wie der öffentliche Schlüssel e, den sie an Bob weitergeben muss. Nun teilt also Alice ihren öffentlichen Schlüssel Bob mit, und dieser verschlüsselt den Treffpunkt m mit der folgenden C-Zeile:

```
ModExp(c,m,e,N);
```

Wenn also Bob den ASCII-Text mit dem Treffpunkt IN BOBS GARTEN Byte für Byte in eine lange 16-Byte-Zahl wandelt, mit dem öffentlichen Schlüssel e verschlüsselt und anschließend an Alice sendet, kommt bei Alice folgende Nachricht an:

```
0x1917ab4eada8a19529b8c62fe738d1a190395367b372b615a4f89d34abfe198
```

Alice entschlüsselt `c` mit der folgenden C-Zeile:

```
ModExp(m,c,d,N);
```

Wie von Zauberhand enthält nun die Zahl `m` wieder den Treffpunkt `IN BOBS GARTEN`, kodiert als einzelne ASCII-Bytes. Beachten Sie unbedingt, dass ich den 16 Byte langen ASCII-Text auf 32 Byte auffüllen musste und dass ich dazu Null-Bytes verwendet habe. Wenn Sie diese Konvention nicht beachten, dann gibt Ihnen die Bignum-Funktion `OutputText()` teilweise »Müllzeichen« aus, falls Ihr Originaltext überhaupt wieder korrekt entschlüsselt wird.

Da wir nun alles zusammenhaben, möchte ich Ihnen zum Schluss noch ein lauffähiges Programm vorstellen, mit dem Bob Alice den nächsten Treffpunkt per RSA schicken kann. Da auch das Abschlussbeispiel wieder *<bignum.h>* benutzt, kann es mit Standard-ANSI-C-Compilern, die keine C++-Klassen unterstützen, nicht kompiliert werden.

```
// RSA.C
#include<stdio.h>
#include<conio.h>
#include<bigint.h> // nötig für sehr lange Zahlen
int main(void) {
    printf("Bitte eine Taste drücken, um den Zufallsgenerator zu starten\n");
    getch(); srand(clock());
    big o,p,q,s,t,N,F,e,d,m,mm,c;
    InitBig(o,64); InitBig(p,64); InitBig(q,64); InitBig(s,64);
    InitBig(t,64); InitBig(N,64); InitBig(F,64); InitBig(e,64);
    InitBig(d,64); InitBig(m,64); InitBig(mm,64); InitBig(c,64);
    InitDec(o,"1"); InitHex(mm,"0123456789");
    while (m!=mm) {
        printf("Bitte warten, Alice generiert ihre Schlüssel... n");
        RandPrime(p,16); printf("p="); OutputHex(p,32);
        RandPrime(q,16); printf("q="); OutputHex(q,32);
        RandPrime(e,16); printf("Alices öffentlicher Schlüssel:\n");
        OutputHex(e,32);
        N=p*q; F=(p-o)*(q-o);
        EGGT(e,F,s,t); d=s;
        printf("Alices privater Schlüssel:\n"); d.OutputHex(32);
        InitHex(m,"0123456789");
        ModExp(c,m,e,N); ModExp(m,c,d,N);
        if (m!=mm) {
            printf("p,q oder e ungültig, generiere neue Schlüssel...\n");
        }
    }
```

```
    InitASCII(m,"IN BOBS GARTEN");
    printf("RSA-Nachricht von Bob an Alice:\n"); ModExp(c,m,e,N);
    OutputHex(c,32);
    printf("Alice trifft sich mit Bob:\n"); ModExp(m,c,d,N);
    OutputText(m);
    getch();
    return 0;
}
```

Listing 23.34 »RSA.c« zeigt, wie Sie eine Nachricht per RSA verschlüsseln können.

Wie Sie sehen, ist es nicht so schwer, mit der Bibliothek *bigint.h* das RSA-Verfahren umzusetzen, wenn Sie ein paar Tricks kennen. Der erste Trick ist, erst einmal den Zufallsgenerator zu initialisieren. Dies geschieht einfach dadurch, dass das Programm am Anfang auf eine Taste wartet und erst danach den Zufallsgenerator mittels `clock()` initialisiert (natürlich ist `srand()` an dieser Stelle wieder unsicher, aber für ein einfaches Beispiel ist diese Funktion dann doch geeignet). Nachdem der Zufallsgenerator initialisiert wurde, müssen natürlich wieder die Variablen `p`, `q`, `F` und `N` als `bigint`-Variablen angelegt werden sowie alle temporären Variablen, die die Funktion `EGGT()` für den erweiterten euklidischen Algorithmus benutzt. Auch in diesem Beispiel ist für die Berechnung von F(N) wieder eine zusätzliche Variable `o` nötig, die explizit den Wert `1` enthält.

Der weitere Ablauf ist eigentlich trivial: Es werden zunächst durch die Funktion `RandPrime()` zwei zufällige Primzahlen `p` und `q` generiert. Hierzu führt `RandPrime()` intern einen Miller-Rabin-Test aus. Um anschließend zu überprüfen, ob mit `p` und `q` wirklich eine RSA-Verschlüsselung gelingt, wird zunächst mit dem erweiterten euklidischen Algorithmus der private Schlüssel `d` ermittelt:

```
EGGT(e,F,s,t); d=s; // s enthält am Ende das modulare Inverse.
```

Zusätzlich zu `d` wird der öffentliche Schlüssel `e` berechnet, und anschließend wird die Textnachricht `"0123456789"` probeweise ver- und entschlüsselt. Wenn die Verschlüsselung gelingt, hat das Miller-Rabin-Verfahren korrekte Zahlen generiert, und die Schlüsselerzeugung wird korrekt beendet. Wenn die Verschlüsselung allerdings schiefläuft, dann werden `d` und `e` neu bestimmt – und zwar so lange, bis die Verschlüsselung gelingt. Es kann also in der Tat vorkommen, dass Sie die Schlüsselerzeugung mehrmals ausführen müssen, denn auf PCs kann der Miller-Rabin-Test auch falsche Zahlen liefern (sonst müssten Sie viel mehr Referenzwerte einsetzen, aber dann dauert das Finden der Primzahlen wesentlich länger).

Wenn `e` und `d` korrekt sind, wird anschließend der Treffpunkt `"IN BOBS GARTEN"` per RSA verschlüsselt, und `c` wird anschließend als lange Hex-Zahl in der Konsole angezeigt.

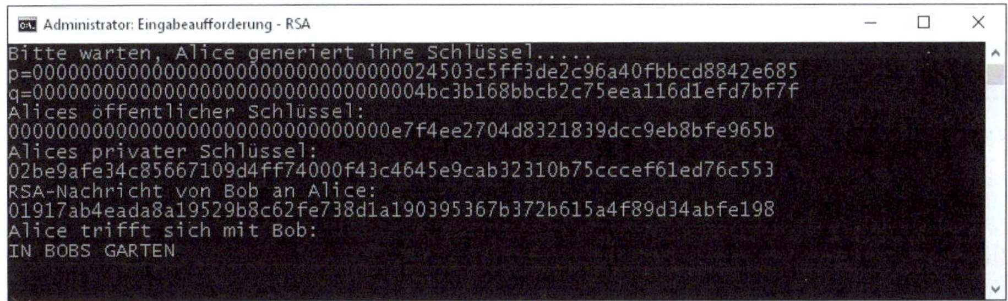

Abbildung 23.37 Ver- und Entschlüsselung einer Nachricht per RSA

Der sichere Schlüsselaustausch mit dem Diffie-Hellmann-Verfahren

Können mit RSA vielleicht sogar geheime Schlüssel über eine nicht abhörsichere Verbindung ausgetauscht werden? Es gibt ja bei RSA in der Tat einen Teil (nämlich den privaten Schlüssel), den nur der Empfänger kennt. Das heißt, wenn ein Server einem Benutzer einen Sitzungsschlüssel per RSA schickt (mit dem öffentlichen Schlüssel), dann kann doch nur der Empfänger diesen Schlüssel lesen und mit diesem z. B. per AES seine Sitzungsdaten verschlüsseln. Im Endeffekt muss ein Server also nur die öffentlichen Schlüssel seiner Benutzer speichern, und da diese sowieso öffentlich sind, ist es doch auch nicht so schlimm, wenn sie einem Hacker in die Finger fallen (er kann diese Schlüssel ja per definitionem nicht zum Lesen der geheimen Sitzungsschlüssel benutzen). Die letzte Annahme hat sich leider im Laufe der Zeit als falsch herausgestellt, denn ein Hacker kann sich als Server ausgeben oder auch Anfragen an den Server über sich selbst umleiten. Und da der Hacker zumindest die öffentlichen Schlüssel besitzt (diese kann er ja bei einem Man-in-the-Middle-Angriff in Ruhe mitlesen), kann er auch falsche Sitzungsschlüssel an die Benutzer schicken. Nun kommunizieren die unbedarften Benutzer mit dem Hacker und nicht mehr mit dem Server. RSA ist also kein Verfahren für den sicheren Schlüsselaustausch, auch wenn dies immer wieder fälschlicherweise behauptet wird. Allerdings gibt es mit dem *Diffie-Hellmann-Verfahren* ein RSA-ähnliches Verfahren, mit der ein sicherer Schlüsselaustausch möglich ist.

Kommen wir zur Funktionsweise des Diffie-Hellmann-Verfahrens. Diese ist im Endeffekt sehr einfach zu verstehen, auch wenn viele Studenten genau hier Probleme bekommen – vielleicht, weil sie den Trick nicht verstehen, der hier benutzt wird? Aber was ist genau der Trick bei Diffie-Hellmann? Der Trick ist ganz einfach: Alice verknüpft ihren privaten Schlüssel mit dem öffentlichen Schlüssel von Bob so, dass daraus ein dritter geheimer Schlüssel K1 abgeleitet wird. Die gleichen Schritte unternimmt Bob: Er verknüpft seinen privaten Schlüssel mit dem öffentlichen Schlüssel von Alice und leitet einen vierten Schlüssel K2 daraus ab. Das Diffie-Hellmann-Verfahren ist so konzipiert, dass am Ende K1 = K2 ist und deshalb Alice und Bob nun ein gemeinsames Geheimnis haben, das keiner von den beiden je über ein Netzwerk schicken muss.

Natürlich hat das Diffie-Hellmann-Verfahren einen Haken: Für die Generierung der öffentlichen und privaten Schlüssel müssen (wie auch schon bei RSA) spezielle mathematische Funktionen und spezielle Zahlengruppen verwendet werden. Eine *Zahlengruppe* ist einfach eine Menge von Zahlen mit bestimmten Eigenschaften. So sind z. B. die Primzahlen eine Zahlengruppe, die alle die Eigenschaft haben, nur durch 1 und sich selbst teilbar zu sein. Eine andere Zahlengruppe sind die geraden Zahlen, die alle die Eigenschaft haben, durch 2 teilbar zu sein. Für kryptografische Verfahren können jedoch keine Zahlengruppen benutzt werden, bei denen der Nachfolger eines Elements in einfacher Weise bestimmt werden kann, wie dies z. B. bei den geraden Zahlen der Fall ist. Deshalb wurden für das Diffie-Hellmann-Verfahren lange Zeit zufällige Primzahlen verwendet. Inzwischen werden als alternative Zahlengruppe oft *elliptische Kurven* verwendet. Dies sind mathematische Funktionen, die die Form

$$y^2 = x^3 + ax + b$$

haben. Wenn man die rechte Seite der Gleichung zusätzlich modulo einer Zahl n nimmt und nur ganzzahlige Werte für a, b, x und y zulässt, dann erhält man als Ergebnis keine Funktion mehr, sondern eine chaotisch springende Zahlenfolge für die Werte, die man erhält, wenn man die Gleichung nach y auflöst. Zusätzlich zu dieser »primitiven« Variante gibt es Varianten, die z. B. mit Koordinaten der Form P = (x,y) oder mit Tangenten von P durch einen zusätzlichen Punkt Q arbeiten. Es würde an dieser Stelle jedoch zu weit führen, diese Verfahren detailliert darzustellen (dies ist ja ein C-Buch und kein Buch für das Mathematikstudium). Ich werde also nur das Standardverfahren beschreiben, das Primzahlen als Zahlengruppe verwendet.

Um das Diffie-Hellmann-Verfahren mit Primzahlen durchzuführen, muss sich Bob erst einmal mit Alice auf eine lange Primzahl p einigen und eine weitere lange Primzahl g, die als *Generator* bezeichnet wird (das Zahlenpaar {p,g} ist also der öffentliche Schlüssel, der auch über eine unsichere Verbindung übertragen werden kann). Anschließend wählt Bob eine zufällige Primzahl a und Alice eine zufällige Primzahl b (a und b sind die privaten Schlüssel und dementsprechend geheim zu halten). Alice und Bob führen nun die folgenden Schritte aus:

- Alice berechnet $A = g^a \bmod p$ und sendet das Ergebnis A an Bob.
- Bob berechnet $B = g^b \bmod p$ und sendet das Ergebnis B an Alice.
- Alice berechnet $K1 = B^a \bmod p$.
- Bob berechnet $K2 = A^b \bmod p$.

Wenn a, b, g und p wirklich Primzahlen sind, dann stimmen am Ende auch K1 und K2 überein. Mit *bigint.h* ist es nun sehr einfach, das Diffie-Hellmann-Protokoll auszuführen. Zunächst müssen dafür die Variablen `p` und `g` festgelegt werden. Dies kann z. B. einfach erfolgen, indem die vorigen Primzahlen aus dem RSA-Beispiel verwendet werden:

```
p=0x24503c5ff3de2c96a40fbbcd8842e685
g=0x4bc3b168bbcb2c75eea116d1efd7bf7f
```

(Statt q wird hier also einfach g geschrieben.)

Die Variablen a und b müssen natürlich neu angelegt und berechnet werden:

```
big a; InitBig(a,32); RandPrime(a,16); // 16-Byte-Zufallszahl
big b; InitBig(b,32); RandPrime(b,16); // 16-Byte-Zufallszahl
```

a und b dürfen den Wert p-1 nicht überschreiten, deshalb müssen die folgenden zusätzlichen if-Bedingungen eingefügt werden:

```
big o; InitBig(o,32); InitDec(o,"1"); // o=1
if (a>=(p-o)) { a=p-o; } // Hier muss statt 1 o benutzt werden.
if (b>=(p-o)) { b=p-o; } // Hier muss statt 1 o benutzt werden.
```

Seien nun a und b die folgenden Zahlen;

```
a=0xb3ed4f134990442a9f0b72e779ef90ad
b=0x43420ae1f164b41cfe11968048e918bd
```

Nun führt Alice die folgende Zeile aus:

```
big A; InitBig(A,32); ModExp(A,g,a,p); → Sende A an Bob.
```

Dann führt Bob die folgende Zeile aus und sendet B an Alice:

```
big B; InitBig(B,32); ModExp(B,g,b,p); → Sende B an Alice.
```

Es folgt die Berechnung des gemeinsamen Geheimnisses:

```
big KA; InitBig(KA,32); ModExp(KA,B,a,p); (KA = Schlüssel Alice)
big KB; InitBig(KB,32); ModExp(KB,A,b,p); (KB = Schlüssel Bob)
```


Listing 23.35 zeigt Ihnen, wie der Diffie-Hellmann-Algorithmus mit den hier angegebenen Zahlen p, g, a und b arbeitet:

```
// Diffie-Hellmann.c
#include<stdio.h>
#include<bigint.h>
int main(void) {
    big p,g,a,b,o,A,B,KA,KB;
    InitBig(p,32); InitBig(g,32);
    InitBig(a,32); InitBig(b,32);
    InitBig(A,32); InitBig(B,32);
    InitBig(KA,32); InitBig(KB,32);
    InitBig(o,32); InitDec(o,"1"); // o = 1
```

```
    InitHex(p,"24503c5ff3de2c96a40fbbcd8842e685");
    InitHex(g,"4bc3b168bbcb2c75eea116d1efd7bf7f");
    InitHex(a,"b3ed4f134990442a9f0b72e779ef90ad");
    InitHex(b,"43420ae1f164b41cfe11968048e918bd");
    ModExp(A,g,a,p); // Alice sendet A an Bob.
    printf("Alice sendet an Bob: "); OutputHex(A,16);
    ModExp(B,g,b,p); // Bob sendet B an Alice.
    printf("Bob sendet an Alice: "); OutputHex(B,16);
    ModExp(KA,B,a,p); // Alice
    printf("Alices Geheimnis ist:"); OutputHex(KA,16);
    ModExp(KB,A,b,p); // Bob
    printf("Bobs Geheimnis ist:  "); OutputHex(KB,16);
    return 0;
}
```

Listing 23.35 »Diffie-Hellmann.c« demonstriert den sicheren Schlüsselaustausch mit dem Diffie-Hellmann Verfahren.

Abbildung 23.38 Sicherer Schlüsselaustausch per Diffie-Hellmann

Ich möchte nun das komplexe Thema Algorithmen beenden und wieder zu einfacheren Themen übergehen. Im nächsten Kapitel geht es um die Datenbank MySQL, die sich inzwischen von einem einfachen Hobbyprojekt zu einem erfolgreichen Datenmanagement-Tool gemausert hat, das auch in einer einfachen Weise zusammen mit C benutzbar ist. Vielleicht werden Sie an dieser Stelle erleichtert aufatmen, denn Sie verlassen nun mit dem Thema »kryptographische Algorithmen« eines der schwierigsten Themengebiete der Informatik. Aber wie gesagt: Ohne Kryptographie wäre ein Buch über Programmierung in meinen Augen unvollständig.

Kapitel 24
MySQL und C

Die Kombination von MySQL und der MySQL-C-API ist ein sehr reizvolles, aber in reinen C-Büchern selten behandeltes Thema. Meistens benötigt man zu Datenbanken separate Literatur. Dieses Kapitel bietet Ihnen eine Einführung in MySQL und die C-API, damit Sie für weiterführende Literatur eine Basis haben.

Datenbanksysteme werden vor allem bei größeren Projekten immer wichtiger. Dort kann man die sehr komplexen Datenstrukturen nicht ohne ein solches, durchaus komplexes Datenverwaltungssystem handhaben. Die Schnittstelle zwischen C/C++ und einem solchen Datenbanksystem ist in 80 % der Fälle die Skriptsprache SQL. Mit *MySQL* gibt es ein freies Datenbanksystem, das sich in seinem Funktionsumfang nicht hinter Profiwerkzeugen wie Oracle verstecken muss. Vielmehr investiert Oracle sogar in MySQL.

Hinweis zum Thema MySQL

Dieses Kapitel kann ein vollwertiges MySQL-Buch nicht ersetzen. Das Thema MySQL ist zwar nicht unbedingt kompliziert, aber der Umfang ist gewaltig. Einige Funktionen der C-API oder MySQL-Sprachelemente werden deshalb hier nicht erwähnt. Stattdessen empfehle ich Ihnen die offizielle Dokumentation von MySQL (Webseite: *http://dev.mysql.com/doc/*).

24.1 Aufbau eines Datenbanksystems

Dieser Abschnitt ist wichtig, sofern Sie noch keinerlei Erfahrungen mit Datenbanksystemen gemacht haben. Hier werde ich die grundlegenden Prinzipien von Datenbanken erklären.

24.1.1 Warum wurden Datenbanksysteme (DBS) entwickelt?

Vor der Zeit der Datenbanken wurden Daten mit selbst entwickelten Programmen in sogenannten *sequenziellen Dateien* gespeichert. Dies sind im Endeffekt riesige Dateien, die sämtliche Datenstrukturen in einer langen Liste eintragen und blockweise abspeichern. Diese alten Programme, die sequenzielle Dateien benutzten, waren zumeist den Bedürfnissen einer Firma bzw. eines Anwenders angepasst. Teilweise wurden die Programme sogar für die einzelnen Abteilungen bis hin zum einzelnen Mitarbeiter entsprechend per Hand konfiguriert. Probleme waren dabei vorprogrammiert: Herr Meier konnte nicht auf die Datei x zugreifen, die Frau Müller erstellt hatte, da Herr Meier im Gegensatz zu Frau Müller ein modifiziertes Programm besaß. In diesem Fall hatte Herr Meier zwei Möglichkeiten: Entweder er ließ das Programm von einem Programmierer wieder anpassen, oder er ging zu Frau Müller, um sich die Daten zu besorgen. Doch als Frau Müller dann den Datensatz abrufen wollte, fand sie ihn nicht mehr. Nach einigen Recherchen stellte sich heraus, dass Frau Schneider diesen Datensatz gelöscht hatte, da sie dachte, er würde nicht mehr benötigt.

Da beim Zugriff auf gemeinsame Daten (auch *File Sharing* genannt) ein enormer Wartungsaufwand entstand, was häufig zu hohen Kosten führte, wurden Datenbanksysteme entwickelt. Ein Datenbanksystem hat gegenüber dem Dateisystem die folgenden Vorteile:

- Benutzer können auf die Daten zugreifen, ohne dass sie wissen müssen, wie die einzelnen Daten organisiert sind.
- Die Benutzer können fast ohne zusätzliche Kenntnisse Daten löschen, hinzufügen, ändern oder erweitern. Sie müssen nicht einmal wissen, um welche Datenbank es sich handelt.
- Das Datenbanksystem sorgt dafür, dass ein unbedachter Benutzer Daten nicht einfach löschen kann oder dass doppelte Daten zweimal gespeichert werden.
- Ein gutes Datenbanksystem ist portabel. Das bedeutet, das System organisiert den Datenbestand so, dass andere Programme und Systeme mithilfe von Schnittstellen auf diese Daten zurückgreifen können.
- Datensätze werden so optimiert, dass sie geringeren Speicherplatz erfordern und eine schnellere Zugriffszeit haben.

24.1.2 Das Datenbank-Management-System (DBMS)

Das *Datenbank-Management-System* (kurz DBMS) ist die Schnittstelle, mit der der Benutzer und Programmierer Mittel zu Verfügung gestellt bekommt, um mit der Datenbank zu kommunizieren. Durch das DBMS wird beim Ändern, Hinzufügen, Löschen oder Erweitern immer die Korrektheit der Datenbestände überprüft. Greift der Benutzer beispielsweise auf einen Datensatz in der Datenbank zu, wird zuerst nach einem gewissen Schema des DBMS auf den Datenbestand zugegriffen. Anschließend werden dem Benutzer diese Daten so serviert, wie er sie sich von der Anforderung wünscht. Dadurch entsteht eine Art Datenunabhängigkeit, die in einem DBMS deshalb so wichtig ist, weil dadurch die physische Speicherung einer Datenbank beliebig geändert werden kann, ohne die logische Struktur der Daten zu verändern.

In Abbildung 24.1 erkennen Sie das *Drei-Schichten-Modell* einer Datenbank. Um es kurz zu halten: Es handelt sich dabei schlicht um die Trennung von Benutzer, DBMS und Datenspeicherung. Die *externe Schicht* beschreibt alle Möglichkeiten, die der Benutzer hat, um auf die Datenbank zuzugreifen (Programme, Funktionen und Schnittstellen). Die *konzeptionelle Schicht* beschreibt das Datenmodell (hier das relationale Modell). Mit diesem Modell wird beschrieben, wie auf die Daten zugegriffen wird und in welcher Beziehung sie zueinander stehen. Es gibt sogar grafische Hilfsprogramme, mit denen Sie ein Datenmodell erstellen können, und einen separaten Standard (den *UML-Standard*), der genau festlagt, welche grafischen Symbole für die Beziehungen und Datenbankobjekte benutzt werden müssen. Die *interne Schicht* ist die tiefste Schicht und stellt die Ebene der Datenrepräsentation dar, also wie und wo die Daten gespeichert werden. Diese Schicht ist sehr kompliziert aufgebaut und wird deshalb fast immer ausgeblendet.

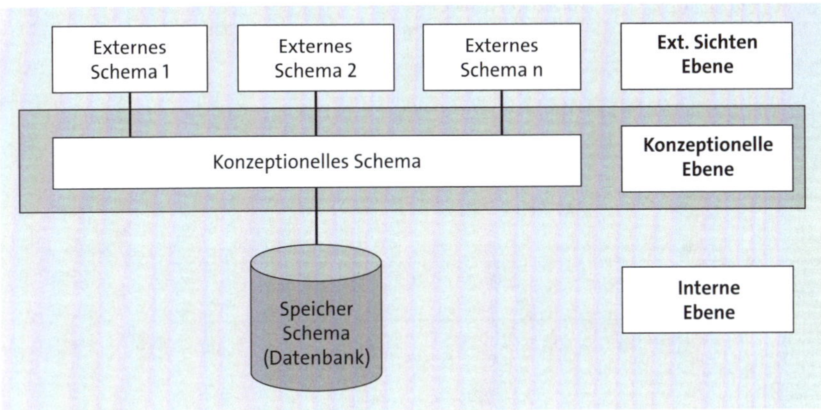

Abbildung 24.1 Die drei Ebenen eines Datenbanksystems

Nun möchte ich Ihnen noch ein paar Dinge zur logischen Struktur von Datenbanken mitteilen. Als C-Programmierer kennen Sie ja Strukturen. Folgende Struktur dient nun als Beispiel:

```
typedef struct {
   char name[MAX];
   char vame[MAX];
   int  old;
   struct file *l;
   struct file *r;
} file;
```

Angenommen, das Programm, das diese Struktur intern benutzt, läuft jahrelang bei Ihrem Kunden mit unzähligen Adressen. Jetzt wünscht Ihr Kunde, dass Sie den Datenbestand für `int old` entfernen und zwei andere Strukturvariablen dafür einsetzen. Sie müssen in diesem Fall das Programm umschreiben, den Datenbestand neu anpassen (also die alte Datei laden und in der neuen Version speichern) und noch einiges mehr dabei beachten – eine Menge Arbeit also. Mit einem DBMS lässt sich dies ohne Mühe mit ein oder zwei Befehlen erledigen.

Der Benutzer kommuniziert hier allerdings nicht direkt mit dem DBMS, sondern mit einer Schnittstelle, die sich noch vor dem DBMS befindet, dem DBCI (*Data Base Communication Interface*).

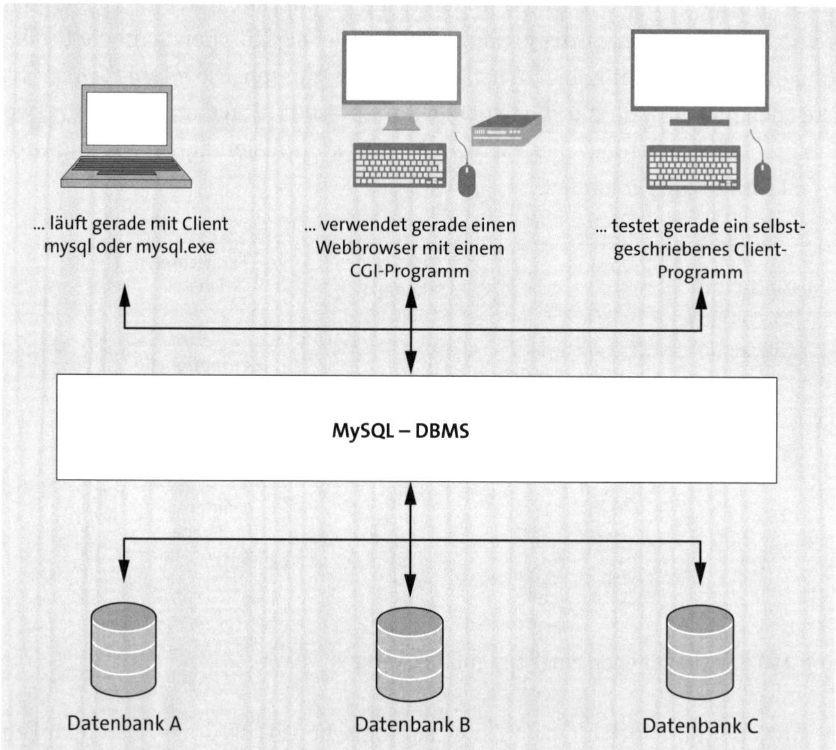

Abbildung 24.2 Das MySQL-Datenbanksystem

Sie können hier eindeutig das Client-Server-Prinzip wiedererkennen, wobei der Server-Teil sich um die Verwaltung und Verarbeitung der Daten kümmert und der Client-Teil mit dem Benutzer bzw. Programmierer kommuniziert. Der Client-Teil gewährleistet die komfortable Eingabe, das einfache Auslesen und noch viel mehr. Abbildung 24.2 stellt dieses Prinzip grafisch für MySQL dar.

Der Client kann jetzt alles Mögliche sein, z. B. ein Webbrowser, der ein CGI-Programm startet, mit dem auf die Datenbank zugegriffen wird, eine Java-Applikation mit der

Schnittstelle *JDBC* (*Java Database Connectivity*), ein C-Programm mit der *ODBC*-Schnittstelle (*Open DataBase Connectivity*), ein Perl-Skript mit dem DBI-Modul oder auch der Datenbank-Client `mysql`. Wie auch immer Sie auf das DBMS zugreifen, der Server verarbeitet die Anfrage des Clients und schickt gesammelte Daten an ihn zurück. Die Sprache, mit der hier kommuniziert wird, heißt *SQL* (*Structured Query Language*). SQL ist eine genormte, textorientierte Datenbanksprache, die in der Regel jede Datenbank versteht. Es gibt natürlich auch Client-Programme, die Sie verwenden können, ohne ein Wort SQL zu verstehen. Das Client-Programm sorgt in diesem Fall für die Kommunikation zwischen Server und Benutzer. Als C-Programmierer könnte es z. B. Ihr Ziel sein, ein solches Client-Programm zu entwickeln.

24.1.3 Relationale Datenbanken

MySQL ist eine Datenbank, die auf dem *relationalen Konzept* aufbaut. Das bedeutet, dass die Daten in Tabellen gespeichert werden, und dass zwischen den Tabellen (korrekter: den Spalten der Datensätze) bestimmte Beziehungen bestehen. Sie können also die Daten mit Zusammenhängen zu anderen Daten speichern. Man spricht auch von einem *Verweis* oder einfach einer Beziehung bzw. *Relation*. Durch spezielle *Schlüssel* können Sie sogar Lösch- oder Aktualisierungsweitergaben an untergeordnete Tabellen weiterreichen. Eine Sparkasse kann also zusammen mit einem Kunden auch alle mit ihm verknüpften Konten löschen oder aber auch 1:1 an eine andere Filiale in einer anderen Stadt weiterreichen. *Relationen* sind also ganz bestimmte Beziehungen zwischen den Tabellenspalten, die ich im Folgenden erläutern möchte.

Hinweis zum Datenformat in relationalen Datenbanken

Die Daten einer Datenbank stehen, ähnlich wie z. B. bei Excel, in einer Tabelle mit Zeilen und Spalten. Eine Datenzeile wird dabei als *Datensatz* bezeichnet. Die Daten stehen also in den einzelnen Spalten, die auch meistens Überschriften haben (wie z. B. Kunde_ID, Vorname, Nachname). Meistens gibt es bei größeren Projekten auch einen *Primärschlüssel* für jeden Kunden. Dies kann z. B. eine Zahl sein, die eine eindeutige ID (eine meist automatisch generierte Zahl vom Typ `unsigned long int`) enthält und die für jeden Datensatz automatisch neu erstellt wird. Über die Primärschlüssel wird meistens auch die Beziehung realisiert.

Ein Beispiel wäre z. B. die Verknüpfung der Primärschlüssel von Person_ID mit Kunde_ID bzw. Mitarbeiter_ID. Diese Beziehung sagt aus, dass eine bestimmte Person ein Kunde bzw. ein Mitarbeiter einer Sparkasse, aber eben immer eine Person ist. Jede Person besitzt auch immer einen Personalausweis, deshalb enthält dann auch die Tabelle, die die Ausweis-Daten enthält, den Eintrag Person_ID. Wenn ich dagegen z. B. Mitarbeiter_ID mit einer Firmen_ID verknüpfe, dann ist der Mitarbeiter beispielsweise ein Geschäftpartner in Form einer juristischen Person (also einer Firma).

Tabelle 24.1 zeigt die Beziehungen, die zwischen verschiedenen Datensätzen möglich sind.

Beziehung	Bedeutung
1:1-Beziehung	Bei der 1:1-Beziehung zwischen Datensätzen wird nur genau ein Datensatz mit einem anderen verbunden.
1:n- und n:1-Beziehung	Die 1:n-Beziehung ist die gängigste Beziehung. Ein Datensatz kann so mit vielen anderen Datensätzen zusammengehängt werden.
n:m-Beziehung	Mehrere Datensätze stehen mit mehreren Datensätzen in Beziehung.

Tabelle 24.1 Relationale Beziehungen

Falls Sie das relationale Konzept an dieser Stelle noch nicht so richtig verstanden haben, macht dies für den weiteren Verlauf des Kapitels nichts aus. Es wird noch einiges zu Beziehungen und Schlüsseln erklärt. Nur müssen erst einmal die Grundlagen besprochen werden, damit Sie am Ende auch wirklich mit SQL arbeiten können. Vor allem sollte ich beschreiben, welche Clients und Tools es für MySQL gibt und wie Sie diese unter Windows oder Linux einrichten können. Ohne Client hängen Sie quasi in der Luft, und dann nützt es Ihnen auch nichts, wenn Sie perfekt SQL können.

24.1.4 Mit C eigene Clients für SQL entwickeln mithilfe der ODBC-API

In diesem Buch wird nur beschrieben, wie Sie eigene Clients für die MySQL-Datenbank mit der MySQL-C-API (Application Programming Interface) schreiben können. Sie können zwar für jede Datenbank mit C eigene Client-Programme erstellen, nur liefert jede Datenbank dafür spezielle und leider unterschiedliche Funktionen. Wollen Sie Client-Programme schreiben, die mit jedem Datenbanksystem zusammenarbeiten, so benötigen Sie die ODBC-API, die eine reine C-Schnittstelle ist. Der ODBC-Treiber muss aber zuvor besorgt und installiert werden. Der Treiber klinkt sich dann quasi zwischen die Client-Anwendung und die Datenbank ein. Die Datenbank läuft dann auch meistens auf einem separaten Server. Sendet dann der Client eine Anforderung an den Server, verarbeitet der ODBC-Treiber zuerst die Anfrage und gibt sie in entsprechender Form an den Server weiter, damit dieser die Anfrage versteht. Auf dem Server läuft also auch das DBMS. Der Server antwortet anschließend dem Client, wiederum durch den ODBC-Treiber. Wenn Sie so wollen, dient ODBC also als Dolmetscher zwischen verschiedenen Datenbanken und dem Client-Programm. In diesem Buch wird nur das freie MySQL-System besprochen, das aber den Vorteil hat, dass die

Server-Anwendung auf dem gleichen Rechner laufen kann, wie die Client-Anwendung. Auch die Stabilität von MySQL ist mittlerweile sehr gut, und die API selbst ändert sich zwischen den einzelnen Versionen nur noch selten.

24.2 MySQL installieren

Wenn Sie mit dem Programmieren von Datenbankanwendungen beginnen wollen, müssen Sie erst einmal bestimmte Voraussetzungen schaffen. Zum Beispiel müssen Sie erst einmal MySQL installieren, ehe Sie fortfahren können, denn ohne das entsprechende Datenbanksystem (und entsprechende Beispielprogramme) nützt Ihnen das aktuelle Kapitel recht wenig. Ich werde die Installation von MySQL unter Linux und Windows kurz vorstellen.

24.2.1 Linux

Die Installation unter Linux gestaltet sich meist relativ einfach. Ein Download sollte in der Regel nicht erforderlich sein, da MySQL den meisten Linux-Distributionen beiliegt. Bei der Suche nach MySQL in Ihrer Linux-Distribution wird Ihnen auffallen, dass abhängig von der Distribution meistens noch eine Reihe weiterer Pakete vorhanden ist. Neben dem MySQL-Server (meistens *mysqlserver*) sollten Sie auch *mysql-client* und *libmysql* installiert haben (dies ist dann die Schnittstelle zu Ihren C-Programmen). Wie die Pakete genau heißen, hängt teilweise auch von der Distribution ab, deshalb verwende ich als Beispiel nur Debian. Dort installieren Sie MySQL mit den folgenden Kommandos (dies gilt auch für den Raspberry Pi, auf dem MySQL inzwischen ebenfalls stabil läuft):

```
sudo apt-get install mysql-server
sudo apt-get install mysql-client
sudo apt-get install libmysql
```


Unter der neben Debian ebenfalls sehr beliebten Linux-Distribution openSUSE müssen Sie für die Installation von MySQL stattdessen die grafische Oberfläche YaST2 verwenden und die entsprechenden Tools per Hand aus dem Bereich DATENBANKANWENDUNGEN auswählen.

Wenn alle Pakete installiert wurden, können Sie den Datenbankserver starten. Unter Ubuntu und Debian genügt hierzu der folgende Befehl (bei vielen anderen Distributionen funktioniert das auch als `root` und ohne `sudo`):

```
$ sudo /etc/init.d/mysql start
[sudo] password for user: ******
* Starting MySQL database server mysqld [ OK ]
```

Stoppen können Sie den Server wiederum mit:

```
$ sudo /etc/init.d/mysql stop
* Stopping MySQL database server mysqld [ OK ]
```

Bei anderen Distributionen (beispielsweise Red Hat, Fedora, Mandrake, SuSE) kann das Verzeichnis zum Skript auch */etc/rc.d/init.d/* sein.

Bei der FreeBSD kann der MySQL-Server auch mit folgendem Befehl vom Superuser gestartet bzw. gestoppt werden:

```
$ /usr/local/etc/rc.d/mysql-server start
Starting service MySQL done

$ /usr/local/etc/rc.d/mysql-server stop
Shutting down service mysql done
```

Mit dem Befehl `restart` am Ende (statt mit `start` oder `stop`) können Sie den MySQL-Server neu starten lassen.

24.2.2 Windows

Die Installation unter Windows verläuft ähnlich einfach, nur dass Sie das Binary (also das ausführbare Installationsprogramm) zunächst von *http://www.mysql.de* herunterladen müssen. Anschließend finden Sie einen anwenderfreundlichen Installer, mit dem Sie MySQL Klick für Klick installieren können. Sie müssen lediglich den Anweisungen auf dem Bildschirm folgen.

Damit Sie anschließend auch MySQL-Anwendungen erstellen können, müssen Sie auch die Bibliothek und die Headerdateien mit installieren. Mit dem typischen Klick für Klick auf NEXT geschieht dies leider nicht automatisch, sodass Sie bei der Option, was Sie alles installieren wollen, anstelle von TYPICAL bzw. STANDARD hier CUSTOM bzw. BENUTZERDEFINIERT auswählen und bei den DEVELOPER-COMPONENTS die Option C INCLUDE FILES / LIB FILES aktivieren müssen. Ich habe bewusst keine Screenshots eingefügt, weil sich das Aussehen der Installationsoberfläche häufig ändert. Screenshots könnten Sie dann mehr verwirren, als sie Ihnen nützen würden.

Hinweis zu XAMPP und MySQL

XAMPP selbst liegen nicht die Bibliotheken und Headerdateien bei, die für MySQL-Anwendungen unter Windows benötigt werden. Besorgen Sie sich deshalb das Binary von der Website *http://www.mysql.de/*, um mit MySQL arbeiten zu können.

Zunächst sollten Sie sich den MySQL-Server von *http://www.mysql.de/* herunterladen, um die Bibliothek und Headerdateien (im *lib*- und *include*-Verzeichnis) für unsere MySQL-Anwendungen zu verwenden. Sie können jetzt natürlich jederzeit wieder das XAMPP Control Panel verwenden, um MySQL zu starten bzw. stoppen.

Alternativ können Sie, wenn Sie beispielsweise kein XAMPP verwenden wollen oder können, den MySQL-Server mit dem *MySQL Server Instance Configuration Wizard* einrichten und konfigurieren. Folgen Sie einfach den Anweisungen auf dem Bildschirm. Dabei können Sie den MySQL-Server auch gleich als Dienst einrichten.

[«]

Hinweis: Starten des Datenbankservers

Da es viele unterschiedliche Möglichkeiten gibt, ist diese Anleitung für die Installation und das Starten des Datenbankservers MySQL sehr oberflächlich gehalten. Für genauere Angaben und Details empfiehlt es sich immer, zuerst das Manual zur aktuellen MySQL-Version zu lesen. Dies befindet sich meistens im *docs*-Verzeichnis von MySQL oder online unter *http://www.mysql.de.*

24.2.3 Den Client »mysql« starten

Der Client (oder besser die SQL-Shell) `mysql` ist im Standardumfang von MySQL enthalten und vielleicht das wichtigste Werkzeug, um mit MySQL in der Kommandozeile zu arbeiten. Starten Sie zunächst, falls noch nicht geschehen, den MySQL-Server und dann den Client. Da `mysql` eine gewaltige Anzahl von Optionen besitzt, möchten Sie sich vielleicht mit dem Flag `-help` einen Überblick verschaffen. So starten Sie den Client unter Linux:

```
$ mysql -uroot -p -hlocalhost
 Enter password: *****
 ...
 mysql >
```

Sie starten hiermit die MySQL-Shell mit dem User `root` und dem Host `localhost`. Sie können sich von Haus aus als Benutzer `root` mit dem MySQL-Server verbinden. Das sollte eigentlich auch logisch sein, denn sonst hätten Sie keinen Zugriff auf den MySQL-Server. Mit der Option `-p` werden Sie interaktiv nach dem Passwort gefragt.

24

Alternativ funktioniert dies natürlich auch bei Windows mit folgendem Kommando (wenn sich beispielsweise *mysql.exe* im Pfad *C:\xampp\mysql\bin* befindet):

```
C:\xampp\mysql\bin\mysql.exe -uroot -p -hlocalhost
```

Für den Fall, dass Sie noch kein Passwort vergeben haben, können Sie die Option `-p` auch weglassen.

Jetzt sehen Sie den Eingabecursor:

```
mysql>
```

Wenn Sie nun `quit` eingeben, können Sie den Client wieder verlassen. Das Client-Programm `mysql`, das Sie gerade gestartet haben, wird verwendet, um SQL-Anweisungen an den Datenbankserver zu übermitteln. In der Praxis kann dafür auch das Tool `phpMyAdmin` verwendet werden, mit dem eine vollständige Administration der MySQL-Datenbank mithilfe des Webbrowsers möglich ist. Das Tool wird über PHP-Dokumente und das HTTP-Protokoll aufgerufen und lässt sich somit auf allen Betriebssystemen mit dem Webbrowser verwenden.

[»]

Hinweis zum MySQL-Client

Wenn Sie den `mysql`-Client starten, sollte der Server natürlich ebenso seine Arbeit verrichten und aktiv sein. Das ist plausibel, doch dass dem nicht so ist, ist ein häufiger Grund, warum der Client keine Verbindung zum Server aufbauen kann.

mysqladmin

Wollen Sie ein Passwort ändern oder vergeben, können Sie dies recht komfortabel mit dem Client `mysqladmin` (beispielsweise *mysqladmin.exe*) realisieren. Beispielsweise können Sie folgendermaßen ein Passwort für den User `root` vergeben:

```
$ mysqladmin -uroot password k4p6m3o3
```

Hier haben Sie dem User `root` das Passwort `k4p6m3o3` gegeben. Natürlich können Sie das Passwort so auch jederzeit wieder mit `mysqladmin` ändern:

```
$ mysqladmin -uroot -pk4p6m3o3 password juergen
$ mysql -uroot -pk4p6m3o3 -hlocalhost
ERROR 1045 (28000): Access denied for user
 'root'@'localhost' (using password: YES)
$ mysql -uroot -pjuergen -hlocalhost
Welcome to the MySQL monitor. Commands end with ; or \g.
...
```

Hiermit haben Sie das Passwort `k4p6m3o3` in das Passwort `juergen` geändert. Sie sollten sich natürlich ein anderes Passwort einfallen lassen. Es empfiehlt sich allerdings, auf Produktivsystemen nicht diesen Befehl abzusetzen. Falls es jemand schafft, Root-Rechte auf dem Server zu erlangen, kann er somit das Hauptpasswort für die DB aus der */root/.bash_history* auslesen (dies ist auch oft die erste Anlaufstelle für Hacker). Es ist sinnvoller, das Passwort im `mysql`-Monitor mit den Grant-Funktionen zu ändern oder mit einem

```
mysql > USE mysql;
mysql > UPDATE user SET Password=PASSWORD('neues_password')
      > WHERE User='root';
```

und danach mit

```
mysql > FLUSH PRIVILEGES;
```

die User-Datenbank neu einzulesen.

[«]

Hinweis zu my.cnf

Natürlich gibt es auch bei MySQL mit *my.cnf* eine Konfigurationsdatei, in der alles mit einem Texteditor eingestellt werden kann.

24.3 Crashkurs SQL

Um nun mit MySQL richtig arbeiten zu können, werden Sie einige grundlegende Sprachelemente kennenlernen. Vieles wird Ihnen als C-Programmierer ohnehin nicht schwerfallen, da Datenbanktabellen im Endeffekt zweidimensionale Arrays sind. Am besten ist es vielleicht, wenn Sie sich die Datenbanktabellen als sehr große Excel-Tabellen vorstellen, die miteinander verknüpft sind. Natürlich soll hier nicht die ganze Palette von SQL-Kommandos verwendet werden, sondern nur eine ausgewählte Anzahl, die Sie in die Lage versetzt, eine Datenbankstruktur aufzubauen und die zugehörigen Abfragen zu formulieren.

24.3.1 Was ist SQL?

Um es gleich vorwegzunehmen: SQL ist keine Programmiersprache, sondern eine Art Skriptsprache. SQL steht für *Structured Query Language* und gliedert sich in zwei Teile:

- *DDL-Anweisungen* (*Data Definition Language*) – diese Anweisungen dienen zum Aufsetzen der Datenbankstruktur.
- *DML-Anweisungen* (*Data Manipulation Language*) – diese Anweisungen beziehen sich auf die Manipulation von Daten, sprich Erweitern, Ändern, Löschen, Verschieben und Verknüpfen der vorhandenen Daten.

24.3.2 Die Datentypen von (My)SQL

Genauso wie in C gibt es bei MySQL Datentypen. Aufgeteilt werden sie in numerische Datentypen, Datentypen für Strings und Datentypen für Datum und Zeit. Manche Datenbanken (vor allem die im medizinischen Bereich) benutzen auch mehr als die Standardtypen, um z. B. Bilder oder Videos zu speichern. Ich beginne in Tabelle 24.2 mit einer kurzen Übersicht zu den Datentypen für Ganzzahlen (Integer-Datentypen) mit den jeweiligen Bereichsangabe.

Datentyp	Speicherbedarf	Erklärung
TINYINT	1 Byte (8 Bit)	–128 bis 127 mit UNSIGNED von 0 bis 255
SMALLINT	2 Byte (16 Bit)	–32768 bis 32767 mit UNSIGNED von 0 bis 65535
MEDIUMINT	3 Byte (24 Bit)	–83.886.008 bis 83.886.007 mit UNSIGNED von 0 bis 16.777.215
INT, INTEGER	4 Byte (32 Bit)	–2.147.483.648 bis 2.147.483.647 mit UNSIGNED von 0 bis 4.294.967.296
BIGINT	8 Byte (64 Bit)	–9.223.372.036.854.775.808 bis 9.223.372.036.854.775.807 mit UNSIGNED von 0 bis 18.446.744.073.709.551.616

Tabelle 24.2 Übersicht zu den ganzzahligen Datentypen von MySQL

Wie schon in C können Sie auch in MySQL mit dem Schlüsselwort UNSIGNED das Vorzeichenbit setzen. Für Gleitpunktzahlen stehen Ihnen die Datentypen aus Tabelle 24.3 zur Verfügung.

Datentyp	Speicherbedarf	Erklärung
FLOAT	4 Byte (32 Bit)	–3.402823466E+38 bis 1.175494351E–38 und 1.175494351E–38 bis 3.402823466E+38
DOUBLE	8 Byte (64 Bit)	–1.7976931348623157E+308 bis –2.2250738585072014E–308 und 2.2250738585072014E–308 bis 1.7976931348623157E+308
DECIMAL(M,D)	M Byte (M * 8 Bit)	abhängig von M und D

Tabelle 24.3 Übersicht zu Datentypen für Gleitpunktzahlen in MySQL

Für Strings (Zeichenketten) können Sie gleich mehrere Datentypen einsetzen, die sich – abgesehen vom Namen – hauptsächlich durch die Anzahl der Zeichen unterscheiden, die sie aufnehmen können (siehe Tabelle 24.4).

Datentyp	Speicherbedarf	Erkärung
CHAR(x)	x Byte	Zeichenkette fester Länge mit x Byte bis maximal 255 Zeichen
VCHAR(x)	x + 1 Byte	Zeichenkette mit variabler Länge mit x Byte bis maximal 255 Zeichen
TINYTEXT, TINYBLOB	Zeichenzahl + 1 Byte	Zeichenkette mit variabler Länge bis maximal 255 Zeichen
TEXT, BLOB	Zeichenzahl + 2 Byte	Zeichenkette mit variabler Länge bis maximal 65.535 Zeichen
MEDIUMTEXT, MEDIUMBLOB	Zeichenzahl + 3 Byte	Zeichenkette mit variabler Länge bis maximal 224 Zeichen
LONGTEXT, LONGBLOB	Zeichenzahl + 4 Byte	Zeichenkette mit variabler Länge bis maximal 232 Zeichen

Tabelle 24.4 Übersicht zu den Datentypen für Zeichen und Strings in MySQL

Die BLOP-Datentypen sind für Binärdaten gedacht. Zu guter Letzt folgen noch einige MySQL-Datentypen für Datum und Zeit in Tabelle 24.5.

Datentyp	Speicherbedarf	Erklärung
DATE	3 Byte (24 Bit)	Datum von 1000-01-01 bis 9999-12-31; Format YYYY-MM-DD
DATETIME	8 Byte (64 Bit)	Datum und Zeit von 1000-01-01 00:00:00 bis 9999-12-31 23:59:59; Format YYYY-MM-DD HH:MM:SS
TIMESTAMP(M)	4 Byte (32 Bit)	UNIX-Zeitstempel von Datum und Zeit von 1970-01-01 00:00:00 bis 2036-12-31 23:59:59; Format YYYY-MM-DD HH:MM:SS. Format M = 6 YYMMDD; M = 8 YYYYMMDD; M = 12 YYMMDDHHMMSS; M = 14 YYYYMMDDHHMMSS
TIME	3 Byte (24 Bit)	Zeit von –838:59:89 bis 838:59:59; Format HH:MM:SS
YEAR	1 Byte (8 Bit)	Jahr (vierstellig) von 1901 bis 2155; Format YYYY

Tabelle 24.5 Übersicht zu den Datentypen für Zeit und Datum in MySQL

Anhand eines Beispiels sollen Sie in die SQL-Sprache eingeführt werden. Starten Sie zuerst wieder den Client `mysql` mit:

```
mysql -u root -h localhost
```

24.3.3 Eine Datenbank erzeugen

Bevor Sie mit einer Datenbank arbeiten, müssen Sie zunächst eine neue erzeugen. Dies können Sie mit folgendem SQL-Befehl erreichen (tippen Sie diesen jetzt direkt in den MySQL-Client ein):

```
CREATE DATABASE dvd_archiv;
```

Wie sich das in der Konsole darstellt, sehen Sie in Abbildung 24.3.

```
Eingabeaufforderung
C:\xampp\mysql\bin>mysql.exe -uroot -p -hlocalhost
Enter password: ********
Welcome to the MySQL monitor.  Commands end with ; or \g.
Your MySQL connection id is 6
Server version: 5.1.30-community MySQL Community Server (GPL)

Type 'help;' or '\h' for help. Type '\c' to clear the buffer.

mysql> CREATE DATABASE dvd_archiv;
Query OK, 1 row affected (0.00 sec)

mysql> _
```

Abbildung 24.3 Eine neue Datenbank wurde erstellt.

Mit diesem SQL-Kommando erzeugen Sie eine neue Datenbank mit dem Namen `dvd_archiv`. Wie Sie es bereits von C her kennen, wird der Befehl mit einem Semikolon abgeschlossen.

Hinweis: Groß/Kleinschreibung bei SQL-Befehlen

Es spielt keine Rolle, ob Sie SQL-Anweisungen in Groß-, Klein- oder einer Mischung aus Groß- und Kleinbuchstaben schreiben. Sie können beispielsweise auch folgende Schreibweisen verwenden: `Create Database` oder `create database`.

Existiert eine Datenbank bereits, wird eine Fehlermeldung ausgegeben. Wollen Sie eine zusätzliche Bedingung beim Anlegen einer neuen Datenbank mit angeben, können Sie z. B. so vorgehen:

```
CREATE DATABASE IF NOT EXISTS dvd_archiv;
```

Mit `IF NOT EXISTS` wird erst überprüft, ob eine Datenbank mit dem Namen `dvd_archiv` bereits vorhanden ist. Ist dies nicht der Fall, wird der Befehl `CREATE DATABASE` ausgeführt.

Hinweis: Beschränkungen für Namen von Datenbanken

Der Name der Datenbank darf nicht mehr als 64 Zeichen lang sein. Für Zeichen gelten dieselben Regeln wie schon bei der Namensvergabe für Variablen in C, außer dass der Name mit einem x-beliebigen Zeichen beginnen darf. Im Gegensatz zu Windows unterscheidet Linux, zumindest was den Namen der Datenbank betrifft, zwischen Groß- und Kleinschreibung.

24.3.4 Eine Datenbank löschen

Als Nächstes soll die neu erstellte Datenbank wieder gelöscht werden. Falls Sie den Namen der neu erstellten Datenbank vergessen haben, lassen Sie sich am besten einen Überblick aller Datenbanken geben. Hierfür verwenden Sie den SQL-Befehl:

```
SHOW DATABASES;
```

Das Ergebnis zeigt Abbildung 24.4.

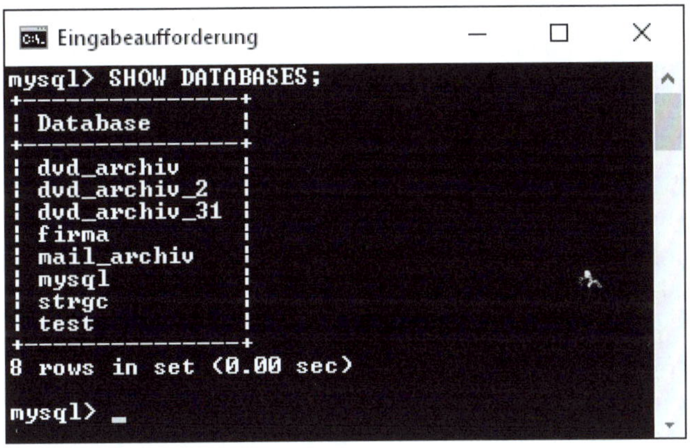

```
Eingabeaufforderung
mysql> SHOW DATABASES;
+----------------+
| Database       |
+----------------+
| dvd_archiv     |
| dvd_archiv_2   |
| dvd_archiv_31  |
| firma          |
| mail_archiv    |
| mysql          |
| strgc          |
| test           |
+----------------+
8 rows in set (0.00 sec)

mysql> _
```

Abbildung 24.4 Anzeigen aller vorhandenen Datenbanken

Jetzt ist es also an der Zeit, die Datenbank `dvd_archiv` zu löschen:

```
DROP DATABASE dvd_archiv;
```

Wollen Sie auch hier eine Fehlermeldung mit einer Bedingung abfangen, können Sie das Löschen auch so schreiben:

```
DROP DATABASE IF EXISTS dvd_archiv;
```

Hiermit wird nur dann versucht, die Datenbank zu löschen, wenn sie auch existiert. Erstellen Sie nun wieder eine leere Datenbank `dvd_archiv`, damit Sie mit den folgenden Beispielen weitermachen können.

24.3.5 Die Datenbank wechseln

Wenn Sie zwischen verschiedenen Datenbanken wechseln wollen, können Sie den Befehl USE verwenden. Beispiel:

```
USE dvd_archiv;
```

24.3.6 Eine Tabelle erstellen

Nachdem Sie eine Datenbank erstellt haben, wollen Sie sicherlich auch Daten darin speichern. Zuerst müssen Sie dafür zumindest eine neue Tabelle anlegen. Die erste Tabelle für unser Beispiel erzeugen Sie mit folgender SQL-Anweisung:

```
CREATE TABLE filmdaten (
titel CHAR(255),
hauptrolle CHAR(255),
gedreht YEAR
);
```

Den SQL-Befehl bitte in einer einzigen Zeile eingeben. Die Zeilenumbrüche wurden hier nur aufgrund der besseren Lesbarkeit gesetzt.)

Mit diesem SQL-Kommando erstellen Sie in der Tabelle filmdaten die Spalten titel mit dem Datentyp CHAR(255), hauptrolle mit dem Datentyp CHAR(255) und gedreht mit dem Datentyp YEAR. Die Tabelle (Datensatz) mit dem Namen filmdaten (maximal sind 64 Zeichen erlaubt) wird in der Datenbank dvd_archiv erzeugt – vorausgesetzt, Sie sind mit USE zur entsprechenden Datenbank gewechselt. Als Inhalt der Tabelle wurden drei Variablen deklariert: zwei Datentypen für Strings mit jeweils 255 Zeichen, die den Titel (titel) und den Hauptdarsteller (hauptrolle) eines bestimmten Films enthalten, sowie ein Datentyp, der das Jahresdatum des Films speichern kann.

Die Schreibweise, die hier verwendet wurde, ist nicht unbedingt so vorgeschrieben, ich verwende aber für Namen Kleinbuchstaben und für Variablentypen große Buchstaben. Die Tabelle kann aber auch durchaus mit einer Zeile auf einmal erzeugt werden:

```
CREATE TABLE filmdaten (titel CHAR(255),hauptrolle CHAR(255), gedreht YEAR);
```

Die Syntax setzt sich aber immer folgendermaßen zusammen:

```
CREATE TABLE [Name] (Spaltenname Datentyp_der_Spalte,
                     Spaltenname Datentyp_der_Spalte,
                     Spaltenname Datentyp_der_Spalte);
```

Im Gegensatz zu C wird also der Bezeichner vor dem Datentyp geschrieben.

24.3.7 Eine Tabelle anzeigen

Einen Überblick zu der Tabelle, die Sie mit `CREATE` erstellt haben, können Sie sich wieder mit dem SQL-Kommando `SHOW` anzeigen lassen:

```
SHOW TABLES;
```

24.3.8 Tabellendefinition überprüfen

Wissen Sie nicht mehr genau, was Sie alles in der Tabelle angegeben haben, können Sie sich mit dem Befehl `EXPLAIN` einen Überblick verschaffen:

```
EXPLAIN filmdaten;
```

Hinweis: Verwendung von NULL

In Abbildung 24.5 sehen Sie in der *Default*-Spalte den Wert `NULL`. Dieser ist nicht mit dem Wert `NULL` gleichzusetzen, den Sie von C her kennen. `NULL` bedeutet in MySQL einfach: Es ist kein Wert dafür vorhanden. Verwenden Sie hingegen die doppelten Anführungszeichen (""), bedeutet dies in MySQL, dass der Wert unbekannt ist. Das mag zwar auf dem ersten Blick dasselbe sein, ist es aber nicht. Dies ist ein häufig gemachter Fehler in MySQL.

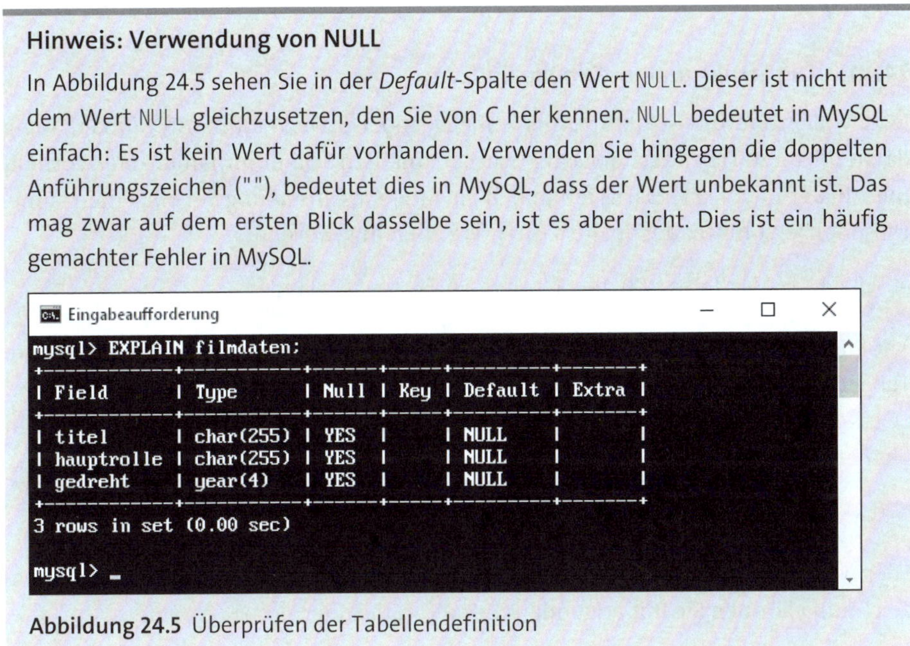

Abbildung 24.5 Überprüfen der Tabellendefinition

24.3.9 Tabellen löschen

Benötigen Sie eine Tabelle nicht mehr, können Sie diese mit demselben SQL-Befehl wie zum Löschen einer Datenbank entfernen:

```
DROP TABLE IF EXISTS filmdaten;
```

Wobei `IF EXISTS` hier wieder optional ist. Sie sehen, wie einfach es ist, mit MySQL etwas zu löschen. Daher ist es oft sinnvoll, regelmäßig ein Backup einer Datenbank durchzuführen.

24.3.10 Ein Backup erstellen

Wenn Sie ein Backup erstellen wollen, können Sie sich den Client `mysqldump` ansehen, der ebenfalls bei einer normalen MySQL-Installation dabei ist. Wollen Sie beispielsweise die vollständige MySQL-Datenbank sichern, dann geben Sie Folgendes im Prompt ein:

```
mysqldump -u root -p -opt -all -databases > my_backup.sql
```

Nach dieser Eingabe müssen Sie noch schnell Ihr Passwort eingeben, und die Daten sind gesichert. Wollen Sie das Backup wiederherstellen, können Sie dies mit dem Client `mysql` so erreichen:

```
mysql -u root -p < my_backup.sql
```

24.3.11 Die Struktur einer Tabelle ändern

Jetzt wollen Sie die Struktur einer Tabelle ändern. Dies können Sie unabhängig davon, ob diese Tabelle schon Daten enthält, mit dem SQL-Kommando `ALTER` vornehmen. In der Tabelle `filmdaten` fehlt noch die Altersbeschränkung der einzelnen Filme. Diese soll jetzt hinter der Spalte `hauptrolle` eingefügt werden:

```
ALTER TABLE filmdaten ADD fsk TINYINT AFTER hauptrolle;
```

Mit Englischkenntnissen lässt sich diese Zeile schon fast wie ein Satz lesen: »Ändere Tabelle `filmdaten` und füge `fsk` vom Typ `TINYINT` hinter `hauptrolle` hinzu.« Mit dem SQL-Kommando `ALTER` lässt sich noch so manches mehr machen. Wollen Sie etwa ein Element in der Tabelle entfernen, schreiben Sie:

```
ALTER TABLE filmdaten DROP fsk;
```

Hier würde z. B. die Spalte `fsk` aus der Tabelle `filmdaten` entfernt. Eine Spaltenbezeichnung können Sie mit folgendem Kommando ändern:

```
ALTER TABLE filmdaten CHANGE fsk alter INT;
```

Hiermit würden Sie die Spalte `fsk` in `alter` umbenennen. Außerdem ist das neue Element jetzt vom Datentyp `INT`. Falls Sie beim Titel der Tabelle `filmdaten` mehr als 255 Zeichen eingeben wollen, schreiben Sie:

```
ALTER TABLE filmdaten MODIFY titel CHAR(300);
```

Das `ALTER`-Kommando ist sehr vielfältig einsetzbar, aber es kann auch zu Problemen führen. Wenn Sie beispielsweise den Datentyp von `long int` nach `int` ändern, können Informationen des alten Datensatzes verloren gehen.

24.3.12 Einzelne Datensätze hinzufügen

Mit dem Kommando INSERT können Sie Daten in eine Tabelle einfügen. Es gibt drei Möglichkeiten, wie INSERT verwendet werden kann. In diesem Abschnitt folgt zunächst die einfachste Variante. Jetzt wollen Sie neue Daten in die Tabelle filmdaten einfügen. Dazu dient das folgende Kommando:

```
INSERT INTO filmdaten (titel, hauptrolle, fsk, gedreht) VALUES
('Der Patriot', 'Mel Gibson', 16, 2001);
```

Wichtig ist, dass der Inhalt in der zweiten Klammerung mit der Reihenfolge der ersten Klammerung der Tabelle übereinstimmen muss. Sie könnten diese Daten auch in einer anderen Reihenfolge in die Tabelle einlesen:

```
INSERT INTO filmdaten (hauptrolle, titel, gedreht, fsk) VALUES
('Mel Gibson', 'Der Patriot', 2001, 16);
```

Sie müssen also immer darauf achten, dass die in VALUES angegebenen Werte mit denen der ersten Klammerung übereinstimmen. Sie können natürlich auch mehrere Daten auf einmal in eine Tabelle einfügen:

```
INSERT INTO filmdaten (titel, hauptrolle, fsk, gedreht) VALUES
('Braveheart', 'Mel Gibson', 16, 1998),
('Hello Mr. President', 'Michael Douglas', 6, 1995);
```

Die einzelnen Datensätze der Tabelle werden dabei jeweils durch Kommata getrennt. Die Strings wurden hier zwar zwischen einzelne Hochkommata gestellt, können bei MySQL aber auch – wie Sie es aus C kennen – zwischen doppelte Hochkommata gestellt werden.

24.3.13 Bestimmte Datensätze auswählen

Jetzt kommen wir zum wohl wichtigsten und am meisten angewandten Befehl in SQL: SELECT. Mit SELECT können Sie aus einer oder mehreren Tabellen Informationen zusammentragen. Zuerst sollen mittels SELECT alle Daten der Tabelle filmdaten angezeigt werden (siehe Abbildung 24.6):

```
SELECT * FROM filmdaten;
```

Das Sternchen steht hier als ein Platzhalter für alle in der Tabelle vorhandenen Spalten. Dieser Platzhalter hat dieselbe Bedeutung, wie wenn Sie Folgendes schreiben würden:

```
SELECT titel, hauptrolle, fsk, gedreht FROM filmdaten;
```

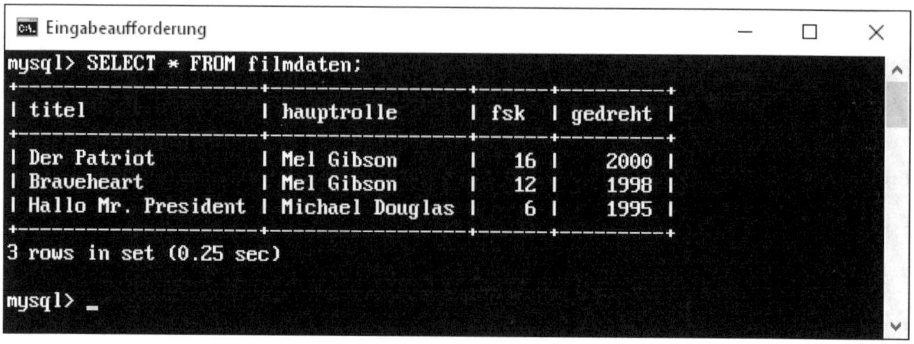

```
Eingabeaufforderung
mysql> SELECT * FROM filmdaten;
+---------------------+------------------+------+---------+
| titel               | hauptrolle       | fsk  | gedreht |
+---------------------+------------------+------+---------+
| Der Patriot         | Mel Gibson       |   16 |    2000 |
| Braveheart          | Mel Gibson       |   12 |    1998 |
| Hallo Mr. President | Michael Douglas  |    6 |    1995 |
+---------------------+------------------+------+---------+
3 rows in set (0.25 sec)

mysql> _
```

Abbildung 24.6 Bestimmte Datensätze mit SELECT auswählen

Auch hiermit werden alle Daten einer Tabelle ausgegeben. Mit FROM geben Sie die Tabelle an, die selektiert werden soll. Interessieren Sie sich nur für die Titel der Filme, können Sie SELECT folgendermaßen verwenden:

```
SELECT titel FROM filmdaten;
```

Wollen Sie hingegen nur die Daten der Filme ausgeben, bei denen Mel Gibson der Hauptdarsteller ist, verwenden Sie zusätzlich das SQL-Kommando WHERE:

```
SELECT * FROM filmdaten WHERE hauptrolle='Mel Gibson';
```

Falls Sie nicht mehr genau wissen, wie der Hauptdarsteller geschrieben wird, verwenden Sie Folgendes:

```
SELECT * FROM filmdaten WHERE hauptrolle LIKE 'Mel%';
```

Hier wurde der Unschärfe-Operator LIKE eingesetzt.

Wollen Sie alle Filme sortiert nach Datum ausgeben lassen, erreichen Sie dies mit:

```
SELECT * FROM filmdaten ORDER BY gedreht ASC;
```

Mit dem SQL-Befehl ORDER BY sagen Sie dem Server, dass er die Daten geordnet ausgeben soll; in welcher Reihenfolge das geschieht, geben Sie mit ASC (aufsteigend) oder DESC (absteigend) an. Sie können natürlich auch die Vergleichsoperatoren verwenden, die Sie bereits von C her kennen.

24.3.14 Ein fortgeschrittenes Szenario

Ein Blick auf Ihre Datenbank dvd_archiv zeigt Ihnen, dass Sie einige Filme verliehen haben. Leider wissen Sie nicht mehr an wen. Da Sie sich ein wenig mit MySQL auskennennen, lösen Sie das Problem mit der Datenbank. Zuerst erstellen Sie eine neue Tabelle `kontakt` in der Datenbank `dvd_archiv`:

```
CREATE TABLE kontakt(nname CHAR(30), vname CHAR(30),
telefon BIGINT);
```

Als Nächstes geben Sie die Daten für die Tabelle `kontakt` ein:

```
INSERT INTO kontakt(nname, vname, telefon) VALUES
('Meier', 'Hans', 12345676),
('Müller', 'Franz', 3691215),
('Schiller', 'Johann', 48121620);
```

Jetzt benötigen Sie noch eine Tabelle, in der sich die Filme befinden, die Sie verliehen haben, zusammen mit der Information, an wen sie verliehen wurden:

```
CREATE TABLE verliehen(name CHAR(30), titel CHAR(255));
```

Sie lernen jetzt eine weitere Methode kennen, wie Sie Datensätze mit `INSERT` einlesen können:

```
INSERT INTO verliehen (name, titel) SELECT
kontakt.nname, filmdaten.titel FROM
kontakt, filmdaten WHERE
filmdaten.titel = 'Der Patriot' AND
kontakt.nname = 'Meier';
```

Hier fügen Sie mittels `SELECT` Daten in die Tabelle `verliehen` ein. Mit den Zeilen `kontakt.nname` und `filmdaten.titel` haben Sie eine Verknüpfung zweier Tabellen realisiert und zum ersten Mal Kontakt mit dem relationalen Modell gehabt. Denn obwohl beide Tabellen physisch voneinander getrennt sind, können diese mit `SELECT` verknüpft werden. Neu ist auch die logische `AND`-Verknüpfung, die Sie als C-Programmierer als `&&` kennen. Wenn Sie nun einen Blick auf die Tabelle `verliehen` werfen, befinden sich darin jetzt tatsächlich der Titel des Films und der Name desjenigen, an den Sie den Film verliehen haben:

```
SELECT * FROM verliehen;
```

Nun wollen Sie die Telefonnummer der Person ermitteln, damit Sie sich mit ihr in Verbindung setzen können. Versuchen Sie es einmal, selbst in Worte zu fassen. Beispiel: »Suche die Telefonnummer von einer Person, der ich einen Film geliehen habe.« So setzen Sie dies in MySQL um:

```
SELECT telefon FROM kontakt, verliehen
WHERE verliehen.name = kontakt.nname;
```

Ein echter SQL-Profi geht dabei noch eleganter zu Werke. Sie können z. B. auch die Tabelle `filmdaten` und `verliehen` direkt miteinander verknüpfen, indem Sie einen Primärschlüssel erstellen:

```
ALTER TABLE filmdaten ADD film_
ID INT AUTOVALUE BEFORE titel PRIMARY KEY NOT NULL;
```

Nun bekommt jeder Film eine sich nicht wiederholende Nummer zwischen 0 und 4.294.967.295 automatisch zugewiesen. Dies leistet das Schlüsselwort `AUTOVALUE`. Der Eintrag `film_ID` wird bei jedem neuen Film stets neu vergeben, dies leistet die Anweisung `NOT NULL`. Die Beziehung zwischen der Tabelle `filmdaten` und der Tabelle `kontakt` wird jetzt dadurch realisiert, dass Sie den Primärschlüssel `film_ID` mit in die Tabelle `kontakt` aufnehmen:

```
ALTER TABLE verliehen ADD film_ID INT NOT NULL
```

Sie können also jetzt in der Tabelle `verliehen` über den Eintrag `film_ID` sehen, an wen Sie welchen Film verliehen haben. Das Gleiche können Sie jetzt natürlich auch mit der Tabelle `kontakt` machen: Sie erstellen dort den Primärschlüssel `kontakt_ID` und nehmen diesen mit in die Tabelle `verliehen` auf. Die Konsequenz wäre, dass `verliehen` nur noch ID-Nummern und Datumsangaben, aber keine weiteren Inhalte mehr enthalten müsste. Hierdurch sparen Sie sehr viel Speicherplatz, weil Sie eben nichts mehr doppelt speichern müssen. In größeren Projekten kann dieser Vorteil entscheidend sein.

In den weiteren Beispielen arbeite ich aber nicht mit Primärschlüsseln, weil dieses Thema so umfangreich ist, dass es ein separates Kapitel benötigen würde. Außerdem benötigt man viel Erfahrung, um mit Primärschlüsseln und den richtigen Verknüpfungen ein optimales Datenmodell zu erstellen, das keinen Platz verschenkt.

24.3.15 Datensätze löschen

Hat Ihnen der Bekannte den Film wieder zurückgebracht, ist es an der Zeit, ihn aus der Tabelle `verliehen` zu löschen. Dies können Sie mit dem SQL-Befehl `DELETE` erledigen:

```
DELETE FROM verliehen WHERE titel = 'Der Patriot';
```

24.3.16 Datensatz ändern

Mit dem SQL-Kommando `UPDATE` können Sie die einzelnen oder auch mehrere Datensätze in einer Tabelle ändern. Zusätzlich wird der Befehl `SET` dazu verwendet. Wollen

Sie beispielsweise die Altersbeschränkung für einen Film verändern, können Sie dabei so vorgehen:

```
UPDATE filmdaten SET fsk=12 WHERE fsk=6;
```

Damit werden alle Daten `fsk`, bei denen der Wert 6 beträgt, in den Wert 12 umgeändert.

Hinweis

Löschen Sie die Datenbank `dvd_Archiv` bitte nicht. Sie wird später bei der C-API wieder benötigt.

24.3.17 Zusätzliche Zugriffsrechte in MySQL

Ich möchte auch kurz auf die Zugriffsrechte von MySQL eingehen. Die Zugriffsrechte von MySQL werden ebenfalls in Tabellen verwaltet. Wechseln Sie in die Datenbank, und sehen Sie sich die Tabellen darin an:

```
USE mysql;
SHOW TABLES;
```

Sechs Tabellen werden aufgelistet. Die haben die in Tabelle 24.6 genannten Bedeutungen.

Tabelle	Bedeutung
`user`	Darin befinden sich die Zugriffsrechte der Anwender, die auf alle Datenbanken und Tabellen zugreifen können.
`db`	Darin befinden sich die Zugriffsrechte der Anwender, die auf eine bestimmte Datenbank zugreifen können.
`tables_priv`	Darin befinden sich die Zugriffsrechte der Anwender, die auf eine bestimmte Tabelle zugreifen können.
`columns_priv`	Darin befinden sich die Zugriffsrechte der Anwender, die auf eine bestimmte Spalte zugreifen können.
`host`	Darin befinden sich die Zugriffsrechte für bestimmte Rechner, von denen aus auf die Datenbank zugegriffen werden kann.
`func`	Diese Tabelle ist bisher noch undokumentiert. Darin sollen in Zukunft die Zugriffsrechte einzelner *User-defined Functions* eingetragen werden.

Tabelle 24.6 Tabellen für die Erteilung der Zugriffsrechte von MySQL

Anhand von Tabelle 24.6 lassen sich folgende *Zugriffslevel* zur Vergabe von Benutzerrechten vergeben:

- *globale Rechte* bezieht sich auf alle Datenbanken.
- *Datenbank* bezieht sich auf eine bestimmte Datenbank.
- *Tabelle* bezieht sich auf eine bestimmte Tabelle in einer Datenbank.
- *Spalte* bezieht sich auf eine bestimmte Spalte in einer Tabelle.

Benutzerrechte vergeben können Sie mit dem SQL-Kommando `GRANT`, und die Benutzerrechte entziehen Sie mit `REVOKE`. Da das Thema recht umfangreich ist, sei auf die MySQL-Dokumentation verwiesen.

Hinweis zum Root-Passwort

Bei einer Neuinstallation von MySQL ist das Root-Passwort nicht gesetzt. Das ist logisch, sonst könnten Sie den Client nicht starten. In der Praxis empfiehlt es sich, ein Passwort zu verwenden. Die Listings, die Sie in den folgenden Abschnitten erstellen, gehen davon aus, dass noch kein Passwort für `root` vergeben wurde. Falls Sie bereits das Passwort für `root` verändert haben, ändern Sie dies auch in den Listings ab.

24.3.18 Übersicht über einige SQL-Kommandos

Damit Sie im weiteren Verlauf nicht immer wieder zu den einzelnen Abschnitten zurückblättern müssen, folgt in Tabelle 24.7 ein kurzer Überblick über die SQL-Kommandos, die Sie bisher kennengelernt haben, und ihre jeweilige Bedeutung.

SQL-Kommando	Bewirkt
`CREATE DATABASE datenbank;`	eine Datenbank erzeugen
`SHOW DATABASES;`	eine Datenbank anzeigen
`DROP DATABASE datenbank;`	eine Datenbank löschen
`USE datenbank;`	Datenbank wechseln
`CREATE TABLE tabelle (Spaltenname Datentyp, Spaltenname Datentyp, Spaltenname Datentyp);`	eine Tabelle erstellen
`SHOW TABLES;`	Tabelle anzeigen
`EXPLAIN tabelle;`	Tabellendefinition überprüfen

Tabelle 24.7 Übersicht zu einigen gängigen MySQL-Kommandos

SQL-Kommando	Bewirkt
DROP TABLE IF EXISTS tabelle;	Tabelle löschen
ALTER TABLE tabelle ADD bezeichner_neu datentype AFTER bezeichner;	Daten in die Tabelle einfügen
ALTER TABLE tabelle ->DROP spaltennamen;	Daten aus der Tabelle entfernen
ALTER TABLE tabelle CHANGE alter_bezeichner neuer_bezeichner Datentyp;	den Bezeichner ändern
ALTER TABLE tabelle MODIFY bezeichner datentype_neu;	den Datentyp des Bezeichners ändern
INSERT INTO tabelle (bezeichner1, bezeichner2, bezeichner3, bezeichner4) VALUES ('foo', 'baa', 99, 66);	Datensätze in Tabelle eingeben
SELECT * FROM tabelle;	alle Datensätze einer Tabelle ausgeben
SELECT bezeichner FROM tabelle;	einzelne Datensätze einer Tabelle ausgeben
SELECT * FROM filmdaten WHERE hauptrolle='foo';	Datensätze einer Tabelle mit bestimmtem Inhalt ausgeben
SELECT * FROM tabelle ORDER BY bezeichner ASC;	Datensätze sortiert ausgeben (aufsteigend)
SELECT * FROM tabelle ORDER BY bezeichner DESC;	Datensätze sortiert ausgeben (absteigend)
DELETE FROM tabelle WHERE bezeichner = 'foo';	Datensatz aus Tabelle mit bestimmtem Inhalt löschen
UPDATE tabelle SET bezeichner=12 WHERE bezeichner=6;	Datensatz aus Tabelle mit bestimmtem Inhalt ändern
GRANT ALL ON tabelle TO benutzername	Benutzerrechte vergeben
REVOKE ALL ON tabelle TO benutzername	Benutzerrechte entziehen

Tabelle 24.7 Übersicht zu einigen gängigen MySQL-Kommandos (Forts.)

24.4 Die MySQL-C-API

Die MySQL-C-API ist eine Bibliothek, die in C geschrieben wurde und die es Ihnen erlaubt, Client-Programme mit Zugriff auf die MySQL-Datenbank zu erstellen. Die MySQL-API ist inzwischen eine eingeführte Programmierbibliothek und deshalb fast in identischer Weise auf verschiedenen Systemen verfügbar. Deshalb sind die Anwendungen, die mit der SQL-API entwickelt werden, sehr gut portabel und werden es auch in ein paar Jahren noch sein.

Tipp: Quellcodes von MySQL

Die meisten Client-Programme bei MySQL wurden in C geschrieben und liegen in freier Form zum Studieren der Quellcodes vor. Wollen Sie den Quellcode von Client-Programmen wie `mysql` oder `mysqladmin` genauer unter die Lupe nehmen, müssen Sie sich die Quellcode-Distribution herunterladen. Im Verzeichnis *client* finden Sie dann außer den erwähnten Client-Programmen weitere Beispiele dazu.

Abgesehen von der MySQL-C-API gibt es noch MySQL-APIs zu Perl, PHP, C++, Python, Tcl und einen Eiffel-Wrapper, die aber alle – wie auch die C-API – die *mysqlclient*-Bibliothek verwenden. Eine Ausnahme stellt nur Java dar. Um mit Java auf den MySQL-Server zuzugreifen, wird der JDBC-Treiber benötigt, der oft zusätzlich zum JDK heruntergeladen und installiert werden muss.

24.4.1 Grundlagen zur Programmierung eines MySQL-Clients

Bevor Sie beginnen, eigene Client-Programme zu schreiben, sollten Sie zunächst in Erfahrung bringen, wie Sie ein solches Programm erstellen können. Das Kompilieren und Linken eines Client-Programms ist gerade unter Windows recht umständlich. Umständlich deshalb, weil die Bibliothek *libmysql* mit dem Visual-C++-Compiler erzeugt wurde. Für diejenigen Leser, die diesen Compiler unter Windows verwenden, kann das egal sein. Aber viele Benutzer mit anderen Compilern werden recht schnell frustriert aufgeben, eigene MySQL-Client-Programme zu schreiben, wenn sich die Bibliothek nicht mit dem Compiler verträgt. Oft hilft ein MySQL-Forum weiter.

Linux-Anwender haben es da einfacher, weil MySQL für Linux-Systeme entwickelt wurde und meistens schon vorinstalliert ist. Die Auswahl des Compilers fällt dort auch leichter, weil auch für MySQL der GCC verwendet wird. Damit Sie einen MySQL-Client programmieren können, benötigen Sie Folgendes:

- die MySQL-Bibliothek (*lib*)
- die MySQL-Headerdateien (*include*)

Unter Windows ist bei einer Standardinstallation von MySQL in der Regel beides vorhanden. Die Bibliothek sollten Sie dabei im Verzeichnis *C:\mysql\lib\opt* (*C:* sei das

Installationslaufwerk) vorfinden und die Headerdateien im Verzeichnis *c:\mysql\include*.

Bei Linux sollten Sie die Bibliothek im Verzeichnis */usr/lib* oder */usr/lib/mysql* oder auch */usr/local/lib/mysql* finden. Die Headerdatei ist in der Regel unter */usr/include/mysql* oder auch unter */usr/local/include/mysql* abgelegt. Bei einer RPM-Installation unter SuSE-Linux oder Red Hat kann es auch sein, dass Sie zur Entwicklung eigener Clients noch ein gesondertes RPM-Paket installieren müssen (*Developer RPM*).

Wollen Sie jetzt den Client-Quellcode, den Sie erstellt haben, kompilieren und linken, müssen Sie angeben, wo sich die Headerdateien und die Bibliothek von MySQL befinden.

Bei Windows müssen Sie außerdem die DLL *libmysql.dll* in ein Systemverzeichnis kopieren. Zumeist sollte dies das Verzeichnis *c:\Windows\system32* sein.

24.4.2 Client-Programm mit dem GCC unter Linux und dem Cygwin-GCC-Compiler unter Windows

Zuerst kompilieren Sie das geschriebene Client-Programm, in dem Sie mit dem Compiler-Flag `-I` (Include) angeben, an welcher Stelle sich die Headerdateien von MySQL befinden. Bei Linux mit GCC sieht das so aus:

```
gcc -c -I/usr/include/mysql myclient.c
```

Bei Windows unter der Cygwin-Umgebung mit GCC sieht das so aus:

```
gcc -c -I"c:\mysql\include" myclient.c
```

Jetzt verfügen Sie über eine Objektdatei in dem Verzeichnis, in dem Sie den Quellcode kompiliert haben. Als Nächstes müssen Sie diese Objektdatei zu einer ausführbaren Datei linken. Damit dies auch funktioniert, müssen Sie dem Linker mitteilen, wo sich die Client-Bibliothek von MySQL befindet. Dies erledigen Sie mit dem Compiler-Flag `-L`, mit dem der Pfad zur Bibliothek angegeben wird, und dem Flag `-l`, mit dem Sie die Bibliothek angeben, die hinzugelinkt werden soll. Die Eingabe für Linux lautet:

```
gcc -o myclient myclient.o -L/usr/lib/mysql -lmysqlclient
```

Und mit Windows unter der Cygwin-Umgebung:

```
gcc -o myclient.exe myclient.o -L"c:\mysql\lib\opt" -llibmysql
```

Bei Windows sollten Sie die dynamische Bibliothek *libmySQL* hinzulinken, die ein *Wrapper* zum Laden von *libmySQL.dll* ist. Ein Wrapper ist ein Programm, das Treiber, die eigentlich für andere Betriebssysteme geschrieben wurden (hier Linux), so verpackt, dass sie auch auf dem Hostsystem (hier Windows) laufen. Es ist aber auch möglich, die statische Bibliothek *mysqlclient.lib* hinzuzulinken.

Wenn alles bis hierher glatt verlaufen ist, können Sie den Client beim Namen aufrufen.

24.4.3 MySQL Client-Programme mit dem VC++ Compiler und dem Borland Freeware Compiler

Bei beiden Compilern gehe ich davon aus, dass sie bereits auf Ihrem System installiert sind. Installationsanleitungen für diverse Compiler finden Sie im Internet, und meist ist es Geschmackssache, welches Forum Sie verwenden oder ob Sie einfach mit Google oder einer anderen Suchmaschine nach Installationsanleitungen suchen.

MS Visual C++

Erstellen Sie zuerst ein leeres Win32-Konsolen-Projekt. Fügen Sie dem Projekt eine C++-Datei hinzu. In diese Datei können Sie jetzt wie gewohnt Ihren Quellcode eingeben. Binden Sie die Headerdateien *mysql.h* und *my_global.h* mit ein:

```
#include "my_global.h"
#include "mysql.h"
```

Bei den Projekteigenschaften (die Sie bei *Visual C++ Express Edition* beispielsweise über `Alt`+`F7` erreichen) müssen Sie jetzt noch die Pfade zu den Headerdateien und der Bibliothek angeben, damit der Compiler die Headerdatei und der Linker die Bibliothek findet. Den Pfad zum *include*-Verzeichnis der MySQL-C-API können Sie über PROJEKT • PROJEKTNAME-EIGENSCHAFTEN und im sich daraufhin öffnenden Fenster über KONFIGURATIONSEIGENSCHAFTEN • C/C++ • ALLGEMEIN bei ZUSÄTZLICHE INCLUDEVERZEICHNISSE auswählen (bei mir lautet das Verzeichnis beispielsweise *C:\Program Files\MySQL\MySQL Server 5.1\include*). Auch den Pfad zur Bibliothek *libmysql.lib* können Sie über PROJEKT • PROJEKTNAME-EIGENSCHAFTEN bei KONFIGURATIONSEIGENSCHAFTEN • LINKER • BEFEHLSZEILE im Textfeld ZUSÄTZLICHE OPTIONEN eingeben (bei mir lautet das Verzeichnis beispielsweise *C:\Program Files\MySQL\MySQL Server 5.1\lib\opt\libmysql.lib*, siehe Abbildung 24.7).

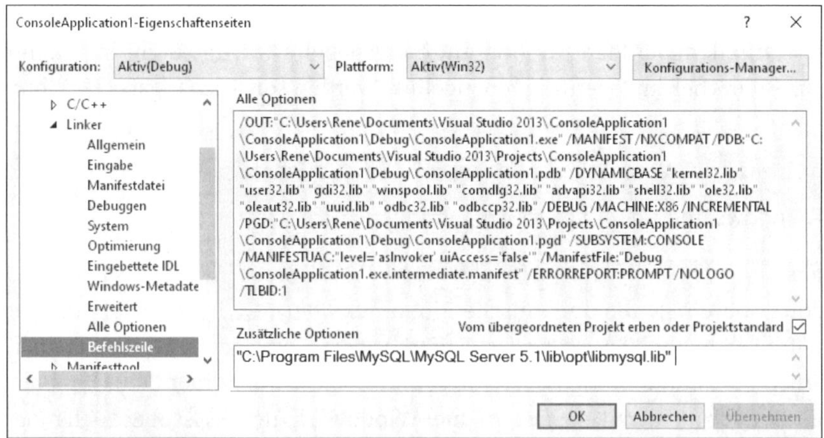

Abbildung 24.7 Projekteigenschaften wie den Pfad zur Bibliothek und Headerdateien von MySQL einstellen

Jetzt können Sie das Programm linken und ausführen. Voraussetzung ist natürlich auch, dass Sie die DLL *libmySQL.dll* in ein Systemverzeichnis kopiert haben (beispielsweise *system32*).

Borland Freeware Compiler

Im *bin*-Verzeichnis des Borland-Compilers befindet sich das Tool `coff2omf`, mit dem Sie die im Microsoft-Croff-Format vorliegende *libmysql* in ein für Borland übliches Format, OMF, konvertieren können:

```
coff2omf c:\mysql\lib\opt\libmysql.lib c:\borland\bcc55\lib\
 libmysql.lib
```

Damit kopieren Sie auch gleich die im OMF-Format erzeugte Bibliothek *libmysql* in das Bibliothekenverzeichnis des Borland-Compilers. Das war es auch schon. Jetzt können Sie das Client-Programm kompilieren:

```
bcc32 -c -I"c:\mysql\include" myclient.c
```

Nun befindet sich eine Objektdatei im entsprechenden Verzeichnis, die Sie mit den Dateien *c0x32.obj*, *import32.lib* sowie *cw32.lib* und der Bibliothek *libmysql* zusammenlinken. Die Objektdatei *c0x32* und die beiden Bibliotheken *import32* und *cw32* sind notwendig für eine Konsolenanwendung. Hier sehen Sie die vollständige Linkeranweisung zu einer ausführbaren Datei:

```
ilink32 c0x32.obj myclient.obj , myclient.exe , ,
 import32.lib cw32.lib libmysql.lib
```

Bei dieser umständlichen Schreibweise empfiehlt es sich, eventuell eine Batchdatei zu erstellen. Nun können Sie den Client mit dem Namen starten.

24.4.4 Pelles C

Mit Pelles C können Sie mittlerweile ebenfalls MySQL-Client-Programme erstellen. Dies ist ganz einfach, weshalb ich auch in der Einführung Pelles C vorgestellt habe. Sie brauchen dafür nur *libmySQL.dll* in das Verzeichnis *c:\Windows\system32* zu kopieren und den Pfad *C:\Program Files\MySQL\MySQL Server [aktuelle Versionsnummer]\ include* in den Suchpfad für Include-Dateien aufzunehmen. Wählen Sie einfach den Unterpunkt EINSTELLUNGEN im Menü DATEI aus, und wechseln Sie anschließend auf den Reiter PROJEKTEINSTELLUNGEN. In diesem Reiter befindet sich auch der Suchpfad für die Include-Dateien (eventuell müssen Sie etwas scrollen). Achten Sie unbedingt darauf, dass sämtliche Suchpfade in einer einzigen Zeile stehen und Sie die einzelnen Pfadangaben durch Semikolons trennen müssen.

24.4.5 Troubleshooting

Die MySQL-C-API verwendet auch Funktionen aus der Headerdatei *<math.h>* (`floor()`). Bei manchen Linux-Distributionen müssen Sie *<math.h>* mit dem Compiler-Flag `-lm` hinzulinken:

```
gcc -o myclient myclient.o -L/usr/lib/mysql -lmysqlclient -lm
```

Bei Solaris müssen außerdem folgende zwei Bibliotheken hinzugelinkt werden:

```
gcc -o myclient myclient.o -L/usr/lib/mysql -lmysqlclient -lm
 -lsocket -lnsl
```

Erhalten Sie den Fehler *Undefined Reference* bei den Funktionen `compress` und `uncompress`, müssen Sie die Bibliothek *zlib* mit `-lz` hinzulinken:

```
gcc -o myclient myclient.o -L/usr/lib/mysql -lmysqlclient -lm
 -lsocket -lnsl -lz
```

Erhalten Sie vom Compiler diesen Fehler hingegen auf verschiedene Funktionen, dann verträgt sich die *mysqlclient*-Bibliothek nicht mit dem Compiler. Dann müssen Sie sich entweder einen Compiler besorgen, mit dem sich diese Bibliothek verträgt, oder Sie laden sich die Quellcode-Distribution herunter und übersetzen die Bibliothek für Ihren Compiler selbst. Wie Sie dabei vorgehen, können Sie dem MySQL-Manual entnehmen.

Sie werden sich vielleicht wundern, warum ich noch einige ältere Compiler erwähne, wie z. B. Borland C++ 5. Dies hat den einfachen Grund, dass vor allem Datenbankprogramme oft schon sehr lange laufen und deshalb immer peu à peu gepflegt und aktualisiert werden müssen. Deshalb müssen Sie sich als C-Programmierer auch immer mit älteren Compilern auskennen, denn es ist nicht immer einfach, den Compiler im laufenden Betrieb zu wechseln.

24.4.6 Das erste Client-Programm – Verbindung mit dem MySQL-Server herstellen

Ihr erstes MySQL-Client-Programm wird erst einmal das einfachste mögliche sein. Das Programm stellt ein Grundgerüst für die weiteren Client-Programme dar, die Sie noch schreiben werden. Bevor Sie nämlich umfangreiche Datenbankoperationen vornehmen, müssen Sie sich erst mit dem MySQL-Server verbinden.

Zuerst müssen Sie für ein MySQL-Objekt Speicherplatz reservieren und es initialisieren. Ein `MYSQL`-Handle erstellen Sie wie folgt:

```
#include<mysql.h> // Diese Headerdatei müssen Sie am Anfang einfügen.
MYSQL *my;
```

Die Struktur `MYSQL` repräsentiert ein Handle für eine Datenbankverbindung, das Sie für fast alle MySQL-Funktionen benötigen. Die Struktur `MYSQL` können Sie sich in der Headerdatei *<mysql.h>* gern genauer ansehen.

Um für dieses Handle Speicherplatz zu reservieren und es zu initialisieren, wird die Funktion `mysql_init()` verwendet. Die Syntax zu dieser Funktion lautet:

```
MYSQL *mysql_init(MYSQL *mysql);
```

Wird diese Funktion mit einem `NULL`-Zeiger aufgerufen, wird zuerst Speicherplatz für ein `MYSQL`-Speicherobjekt reserviert und gleich darauf initialisiert. Der Rückgabeparameter ist ein neues, initialisiertes `MYSQL`-Speicherobjekt. Rufen Sie diese Funktion hingegen mit einem `MYSQL`-Speicherobjekt auf, wird nur das Objekt initialisiert und die Adresse des Objekts zurückgegeben. In beiden Fällen gibt diese Funktion entweder ein initialisiertes `MYSQL`-Handle zurück oder im Fehlerfall einen `NULL`-Zeiger.

```
MYSQL *my;
my = mysql_init(NULL);
if(my == NULL) {
   fprintf(stderr, "Fehler beim Initialisieren \n");
   exit (EXIT_FAILURE);
}
```

Die erfolgreiche Ausführung der Funktion `mysql_init()` ist Voraussetzung für die nächste Funktion, nämlich `mysql_real_connect()`, mit der versucht wird, eine Verbindung mit dem MySQL-Server aufzubauen. Die Syntax dieser Funktion ist ein wenig lang, aber trotzdem recht verständlich:

```
MYSQL *mysql_real_connect( MYSQL *mysql,
       const char *host,
       const char *user,
       const char *passwort,
       const char *db,
       unsigned int port,
       const char *unix_socket,
       unsigned int client_flag );
```

Ohne eine erfolgreiche Ausführung dieser Funktion ist es nicht möglich, irgendeine weitere Funktion aus der C-API zu verwenden (mit Ausnahme von `mysql_get_client_info()`). In Tabelle 24.8 finden Sie die Bedeutungen der einzelnen Parameter der Funktion `mysql_real_connect()`.

Parameter	Bedeutung
MYSQL *mysql	die Adresse einer existierenden MYSQL-Struktur, die zuvor mit der Funktion mysql_init() initialisiert wurde
const char *host	Ein Hostname oder eine IP-Adresse. Wird NULL oder "localhost" angegeben, wird versucht, eine Verbindung zum lokalen Host aufzubauen. Bei Betriebssystemen mit Sockets und Named Pipes werden diese Verbindungen statt TCP/IP verwendet, um eine Verbindung mit dem Server aufzubauen.
const char *user	Der Username, der beim MySQL-Login verwendet wird. Bei Angabe von NULL wird der aktuell eingeloggte User verwendet.
const char *passwort	Das Passwort für den user. Wird NULL angegeben, kann nur auf die user-Tabellen zugegriffen werden, die ein leeres Passwort-Feld besitzen.
const char *db	Der Name der Datenbank (Datenbank muss existieren). Bei NULL wird eine vorgegebene Datenbank verwendet.
unsigned int port	Es wird die Portnummer der TCP/IP-Verbindung verwendet, die der host-Parameter festlegt. Ansonsten wird dabei Port 0 verwendet.
const char *unix_socket	Entweder NULL oder ein String, der ein Socket oder Named Pipe festlegt. Der Verbindungstyp wird dabei vom host-Parameter festgelegt.
unsigned int client_flag	In der Regel wird der Wert 0 angegeben. Es sind aber auch spezielle Optionen, einzeln oder kombiniert, möglich: CLIENT_COMPRESS, CLIENT_FOUND_ROWS, CLIENT_IGNORE_SPACE, CLIENT_INTER_ACTIVE, CLIENT_NO_SCHEMA, CLIENT_ODBC, CLIENT_SSL

Tabelle 24.8 Bedeutung der Parameter der Funktion »mysql_real_connect()«

Die Funktion mysql_real_connect() gibt als Rückgabewert bei Erfolg das MYSQL-Handle des ersten Parameters zurück. Bei einem Fehler wird NULL zurückgeliefert. Somit sieht der vorzeitige Code folgendermaßen aus:

```
MYSQL *my;
my = mysql_init(NULL);
if(my == NULL) {
```

```
    fprintf(stderr, "Initialisierung fehlgeschlagen\n");
    exit (EXIT_FAILURE);
}
if( mysql_real_connect (
    my,              /* Zeiger auf den MYSQL-Handler */
    def_host_name,   /* Host-Name */
    def_user_name,   /* User-Name */
    def_passwort,    /* Passwort für user_name */
    def_db_name,     /* Name der Datenbank */
    0,               /* Port (default=0) */
    NULL,            /* Socket (default=NULL) */
    0                /* keine Flags */  )  == NULL)
```

Da beim Aufruf der Funktion `mysql_real_connect()` fast ein gutes Dutzend Fehler auftreten kann, wäre es sehr aufschlussreich zu erfahren, was denn nicht funktioniert hat.

Zum Glück müssen Sie hierfür keine spezielle Routine schreiben, die die einzelnen Fehler abfragt. Sie können die Funktionen `mysql_errno()` und `mysql_error()` verwenden. Die Syntax der Funktion `mysql_errno()` lautet:

```
unsigned int mysql_errno(MYSQL *mysql);
```

Schlägt die Verbindung mit dem Handler `mysql` fehl, gibt diese Funktion einen Fehlerstatuscode zurück. Wird kein Fehler festgestellt, gibt `mysql_errno()` `0` zurück.

Hinweis zur Fehlerbehandlung

Fehler, die bei einem Client-Programm auftreten können, finden Sie in der Headerdatei *<errmsg.h>*, die sich im selben Verzeichnis wie *<mysql.h>* befindet. Fehler des Server-Programms befinden sich in der Headerdatei *<mysqld_error.h>*.

Ein Fehlerstatuscode allein nützt dem Anwender des Client-Programms allerdings recht wenig. Sie können aber jetzt die einzelnen symbolischen Konstanten der Headerdatei *<errmsg.h>* auswerten, etwa so:

```
unsigned int error;
...
if( mysql_real_connect (
        my,              /* Zeiger auf MYSQL-Handler */
        def_host_name,   /* Host-Name */
        def_user_name,   /* User-Name */
        def_passwort,    /* Passwort für user_name */
        def_db_name,     /* Name der Datenbank */
        0,               /* Port (default=0) */
```

```
      NULL,          /* Socket (default=NULL) */
      0              /* keine Flags */  )  == NULL)
   error = mysql_errno(my);
if( error == CR_CONN_HOST_ERROR )
   fprintf(stderr, "Keine Verbindung zu Host\n");
```

Die C-API für MySQL hat aber auch hierfür eine Funktion parat. Die Syntax lautet:

```
char *mysql_error(MYSQL *mysql);
```

Diese Funktion gibt eine entsprechende Fehlermeldung auf dem Bildschirm aus, die von der zuletzt aufgerufenen API-Funktion zurückgegeben wurde. Trat kein Fehler auf, gibt die Funktion einen leeren String (`Index[0] == '\0'`) zurück. Somit können Sie, falls die Funktion `mysql_real_connect()` `NULL` zurückgibt, folgendermaßen eine Fehlermeldung auf dem Bildschirm ausgeben (`my` sei wieder das `MYSQL`-Handle):

```
fprintf (stderr, "Fehler mysql_real_connect(): %u (%s)\n",
  mysql_errno (my), mysql_error (my));
```

Im Fall eines Fehlers werden der Statuscode und ein String mit entsprechender Fehlermeldung ausgegeben. Haben Sie jetzt erfolgreich eine Verbindung mit dem MySQL-Server hergestellt, können Sie mit diesem arbeiten. Mehr dazu folgt im nächsten Abschnitt.

[»]

Hinweis: Fehlermeldungen in deutscher Sprache

Wollen Sie sich die Fehlermeldungen in deutscher Sprache ausgeben lassen, geben Sie Folgendes in der Kommandozeile ein:

```
mysqld --language=german
```

Wenn eine Verbindung zum Server aufgebaut wurde, sollte diese auch irgendwann wieder freigegeben werden. Eine saubere Beendigung des Clients, also des `MYSQL`-Handles, erreichen Sie mit der Funktion `mysql_close()`:

```
void mysql_close(MYSQL *mysql);
```

Dies sind die grundlegenden Aufgaben, um eine Verbindung mit dem MySQL-Server herzustellen und am Ende auch wieder zu beenden. Dazu sehen Sie in Listing 24.1 jetzt alle Funktionen als ausführbares Programm.

```
/* mysql_1.c */
#include<stdio.h>
#include<stdlib.h>
#if defined __WIN32__ || _MSC_VER
   #include "my_global.h"
   #include "mysql.h"
```

```
#else
   #include <mysql.h>
#endif

int main (int argc, char *argv[]) {
   MYSQL  *my;
   /* Handle initialisieren */
   my = mysql_init(NULL);
   if(my == NULL) {
      fprintf(stderr, " Initialisierung fehlgeschlagen\n");
      return EXIT_SUCCESS;
   }

   /* mit dem Server verbinden */
   if( mysql_real_connect (
       my,   /* Zeiger auf MYSQL-Handler */
       NULL, /* Host-Name */
       NULL, /* User-Name */
       NULL, /* Passwort für user_name */
       NULL,  /* Name der Datenbank */
       0,     /* Port (default=0) */
       NULL,  /* Socket (default=NULL) */
       0      /* keine Flags */  ) == NULL) {
      fprintf (stderr, "Fehler mysql_real_connect():"
        "%u (%s)\n",mysql_errno (my), mysql_error (my));
   }
   else
      printf("Erfolgreich mit dem MySQL-Server verbunden\n");

   /* Hier befindet sich der Code für die Arbeit mit MySQL. */

   /* Verbindung trennen */
   mysql_close (my);
   return EXIT_SUCCESS;
}
```

Listing 24.1 »mysql_1.c« zeigt, wie Sie sich per C-Anwendung mit einem MySQL-Server verbinden und sich an der Datenbank anmelden.

24.4.7 MySQL-Kommandozeilen-Optionen

In Listing 24.1 wurde die Verbindung zum MySQL-Server über die Funktion `mysql_real_connect()` mit Default-Werten bzw. `NULL`-Zeigern aufgebaut. Dass dies in der Praxis häufig nicht so ist, dürfte klar sein. Dieses Thema ist im Prinzip nicht Teil dieses

Buches, doch einige Worte sollen hierzu trotzdem gesagt werden. Vielleicht erinnern Sie sich noch, wie der mysql-Client aufgerufen wurde:

```
mysql -u root -h localhost
```

Die Bedeutung dieser einzelnen Flags und aller weiteren finden Sie in Tabelle 24.9.

Parameter	Kurze Form	Lange Form
Hostname	-h host_name	--host=host_name
Username	-u user_name	--user=user_name
Passwort	-p oder -p your_password	--password oder -password=your_password
Portnummer	-P port_num	--port=port_num
Socket Name	-S socket_name	--socket=socket_name

Tabelle 24.9 MySQL-Kommandozeilen-Optionen (Flags)

Damit Ihr Client, den Sie programmieren, ebenso Flags auswerten kann wie der mysql-Client, müssen Sie entweder die Argumente aus der Kommandozeile selbst auswerten oder die einzelnen Argumente im Programm abfragen. Sollten Sie auf einem System arbeiten, das die Bibliothek getopt() enthält, rate ich Ihnen, diese dafür zu verwenden.

Wollen Sie wissen, wie die Default-Optionen für die aktuelle Verbindung mit MySQL lauten, können Sie die Funktion load_defaults() einsetzen. Die Syntax lautet:

```
void load_defaults(const char *conf_file, const char **groups,
                   int *argc, char ***argv);
```

Mit dieser Funktion laden Sie aus conf_file – unter Linux ist das die Datei *my.cnf* und unter Windows häufig auch *my.ini* – die Optionen der Gruppen groups. Zusätzlich werden noch die Kommandozeilenargumente zur Auswertung verwendet.

Für die Variable groups können Sie einen oder mehrere Strings angeben. Dies sind die Zeilen, die in den eben genannten Konfigurations-Files zwischen eckigen Klammen stehen, beispielsweise unter Windows:

```
[WinMySQLadmin]
user=Jonathan
password=sql
host=localhost
...
```

Das letzte Element in der Gruppe muss ein NULL-Zeiger sein:

```
char *groups[] = {
   "client", "WinMySQLadmin", NULL
};
```

Für den String conf_file wird in der Regel immer "my" verwendet. Bevor Sie aber die Funktion load_default() verwenden können, müssen Sie noch my_init() aufrufen. In Listing 24.2 sehen Sie die Anmeldung an der Datenbank mit load_default().

```
/* mysql_2.c */
#include<stdio.h>
#include<stdlib.h>
#if defined __WIN32__ || _MSC_VER
   #include "my_global.h"
   #include "mysql.h"
#else
   #include <mysql.h>
#endif

int main (int argc, char *argv[]) {
   int i;
   char *groups[] = {
      "client", "WinMySQLadmin", NULL
   };

   my_init ();
   printf ("Ursprüngliche Argumente:\n");
   for (i = 0; i < argc; i++)
      printf ("argv[%d] : %s\n", i, argv[i]);

   load_defaults ("my", (const char **)groups, &argc, &argv);

   printf ("Angepasste Argumente nach load_default():\n");
   for (i = 0; i < argc; i++)
      printf ("argv[%d] : %s\n", i, argv[i]);
   return EXIT_SUCCESS;
}
```

Listing 24.2 »mysql_2.c« verwendet die Funktion »load_default()« und eine entsprechende Profildatei, um die Anmeldung an eine Datenbank komfortabler zu gestalten.

Die Ausgabe sehen Sie in Abbildung 24.8.

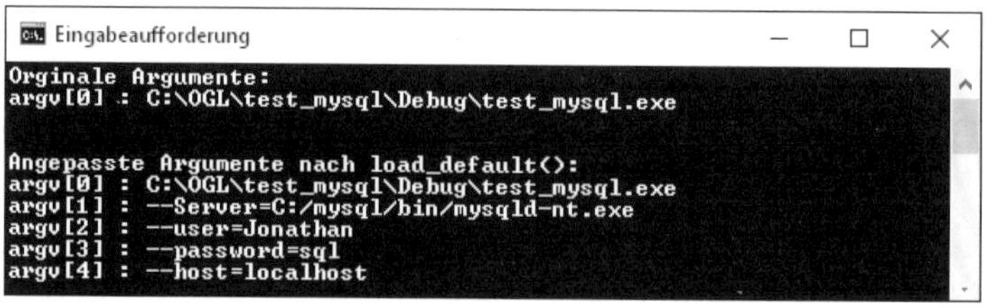

```
Eingabeaufforderung
Orginale Argumente:
argv[0] : C:\OGL\test_mysql\Debug\test_mysql.exe

Angepasste Argumente nach load_default():
argv[0] : C:\OGL\test_mysql\Debug\test_mysql.exe
argv[1] : --Server=C:/mysql/bin/mysqld-nt.exe
argv[2] : --user=Jonathan
argv[3] : --password=sql
argv[4] : --host=localhost
```

Abbildung 24.8 Angepasste Argumente mit »load_default()«

Wollen Sie die MySQL-Umgebungsvariablen MYSQL_TCP_PORT für die Portnummer und MSQL_UNIX_SOCKET für den Socket-Namen verwenden, können Sie dafür die Funktion getenv() aus der Headerdatei *<stdlib.h>* nutzen:

```
char *p;
int port_num = 0;
char *socket_name = NULL;
if ((p = getenv ("MYSQL_TCP_PORT")) != NULL)
port_num = atoi (p);
if ((p = getenv ("MYSQL_UNIX_PORT")) != NULL)
socket_name = p;
...
if( mysql_real_connect (
        my,    /* Zeiger auf MYSQL-Handler */
        NULL, /* Host-Name */
        NULL, /* User-Name */
        NULL, /* Passwort für user_name */
        NULL, /* Name der Datenbank */
        port_num,      /* Port */
        socket_name,  /* Socket */
        0      /* keine Flags */  )  == NULL)
```

24.4.8 Anfrage an den Server

Ich empfehle Ihnen an dieser Stelle, sich die Tabelle mit den SQL-Anweisungen noch einmal anzusehen, da Sie einige davon im weiteren Verlauf immer wieder verwenden werden. Als nächstes Beispiel werde ich Ihnen zeigen, wie Sie auf eine bereits vorhandene Datenbank zugreifen können. Dabei dient die Datenbank dvd_archiv als Grundlage, die Sie im MySQL-Crashkurs erstellt haben. Falls Sie diese bereits gelöscht haben, erstellen Sie diese bitte nochmals. Hier sind die einzelnen Schritte dazu:

```
mysql> CREATE DATABASE dvd_archiv;
mysql> USE dvd_archiv;
mysql> CREATE TABLE filmdaten (
    -> titel CHAR(255), hauptrolle CHAR(255),
    -> fsk TINYINT, gedreht YEAR);
```

Zum Schluss dieses Kapitels werden Sie dazu ein etwas umfangreicheres Beispiel erstellen.

Wie schon beim mysql-Client-Programm gibt es auch bei der C-API zwei Arten von Anfragen an den Server:

- Das Client-Programm sendet eine Anfrage an den Server, wobei der Server nicht antwortet.
- Das Client-Programm sendet eine Anfrage an den Server, und dieser gibt dem Client einen Rückgabewert.

Wenn Sie wollen, können Sie sich dies wie bei den Funktionen vorstellen. Es gibt Funktionen mit einem Rückgabewert und Funktionen ohne einen Rückgabewert. Eine Anfrage an den Server können Sie mit der Funktion mysql_real_query() (bzw. auch mysql_query()) stellen. Jede Anfrage an den Server läuft folgendermaßen ab:

1. Sie erstellen eine SQL-Anfrage an den Server.
2. Der Server erhält die Anfrage und überprüft sie auf syntaktische Fehler.
3. Der Server führt die Anfrage aus und gibt das Resultat zurück. Ob ein Wert zurückgegeben wird, hängt von der Art der Anfrage ab. So gibt beispielsweise die Anfrage INSERT keinen Rückgabewert zurück, im Gegensatz zu einer Anfrage mit dem Kommando SELECT.

Beginnen wir mit der Syntax der Funktion für das Stellen einer Anfrage:

```
int mysql_query(MYSQL *mysql, const char *anfrage);
int mysql_real_query( MYSQL *mysql, const char *anfrage,
                      unsigned long laenge );
```

Damit wird die SQL-Anweisung anfrage ausgeführt. Sie darf allerdings im Gegensatz zu der Anfrage, die Sie beim MySQL-Crashkurs kennengelernt haben, kein Semikolon oder \g am Ende haben. Bei dem String anfrage handelt es sich außerdem um einen nullterminierten String. Der Rückgabewert dieser Funktion lautet 0, wenn alles glatt verlief, ansonsten ist er ungleich 0.

24

[«]

Hinweis: Anfrage mit Binärdaten

Für den Fall, dass Sie eine Anfrage mit Binärdaten stellen wollen, müssen Sie auf jeden Fall die Funktion mysql_real_query() verwenden.

Dies ist erforderlich, da Binärdaten das String-Ende-Zeichen '\0' enthalten können, was bei mysql_query() das Ende der Anfrage bedeutet.

Da mit mysql_query() keinerlei Angaben zur Länge des Strings gemacht werden, ist diese Funktion ein Kandidat für einen Buffer Overflow – deshalb sollten Sie immer die Funktion mysql_real_query() bevorzugen.

Wenn Sie mit der Funktion `mysql_real_query()` eine Anfrage an den Server stellen und Sie keine Antwort bekommen, könnte es an einem der folgenden Fehler liegen:

- Der MySQL-Server ist gar nicht in Betrieb. Das klingt banal, kommt aber häufig vor.
- Sie haben keine entsprechenden Zugriffsrechte, was unter Linux öfter der Fall ist.
- Die Syntax der Anfrage ist falsch.
- Die Anfrage ist ungültig. Beispielsweise wollen Sie den Inhalt einer Tabelle ausgeben, die gar nicht existiert.

Jetzt folgt auf den nächsten Seiten in Listing 24.3 das versprochene Programm, mit dem Sie auf die im Crashkurs erstellte Datenbank `dvd_archiv` zugreifen können.

Sofern Sie die Datenbank `dvd_archiv` bereits wieder gelöscht haben, finden Sie hier nochmals die MySQL-Befehle (für den `mysql`-Client), um die entsprechende Datenbank mitsamt der Struktur anzulegen, die Sie für das folgende Listing benötigen:

```
CREATE DATABASE IF NOT EXISTS dvd_archiv;

CREATE TABLE filmdaten (
titel CHAR(255),
hauptrolle CHAR(255),
fsk tinyint,
gedreht YEAR
);
```

Einen ersten Überblick, welche Funktionen auf den folgenden Seiten erstellt werden, können Sie den Angaben der Funktionsprototypen und der `main()`-Funktion des Programms entnehmen.

```
/* mysql_3.c */
#include<stdio.h>
#include<stdlib.h>
#include<string.h>
#if defined __WIN32__ || _MSC_VER
   #include "my_global.h"
   #include "mysql.h"
#else
   #include <mysql.h>
#endif

/* Wegen sehr vielen malloc()-Aufrufen im Listing
 * wurde hier zur Verkürzung des Listings ein Makro
 * geschrieben, das aber keine Schule machen soll!!
```

```
 */
#define malloc(size) \
        malloc(size);\
        if( (size) == NULL)\
           {\
              printf("Kein Speicher mehr ...\n");\
              return;\
           }

/* Funktionsprototypen */
void check_error(void);
void verbinden(void);
void verbindung_schliessen(void);
void db_waehlen(char *);
void filmdaten_anfuegen(void);
void filmdaten_loeschen(void);
void filmdaten_aendern(void);
void alle_daten_ausgeben(void);
void schauspieler_suchen(char *);
void print_line(MYSQL_RES *);

MYSQL *mysql;

/* Ab hier können Sie die einzelnen Funktionen der
 * kommenden Seiten einfügen.
 */

int main (int argc, char *argv[]) {
  int auswahl;
  char darsteller[255];
  char *ptr;

  printf("Baue Verbindung zur Datenbank auf ...\n\n");
  verbinden();
  db_waehlen("dvd_archiv");

  do {
     printf("\n-1- Filmdaten hinzufuegen\n");
     printf("-2- Filmdaten loeschen\n");
     printf("-3- Filmdaten aendern\n");
     printf("-4- Alle Filmdaten ausgeben\n");
     printf("-5- Film suchen\n");
     printf("-6- Programm beenden\n\n");
```

24

```
      printf("Ihre Auswahl : ");
      scanf("%d",&auswahl);
      getchar();

      switch(auswahl) {
         case 1: filmdaten_anfuegen();
                 break;
         case 2: filmdaten_loeschen();
                 break;
         case 3: filmdaten_aendern();
                 break;
         case 4: alle_daten_ausgeben();
                 break;
         case 5: printf("Suchkriterium Schauspieler "
                    "(Name eingeben): ");
                 fgets(darsteller, 254, stdin);
                 if((ptr=(char *)strchr(darsteller, '\n'))!= NULL)
                    /* newline durch \0 ersetzen */
                    *ptr = '\0';
                 schauspieler_suchen(darsteller);
                 break;

         case 6: printf("...beende Verbindung zur Datenbank\n");
                 break;
         default:printf("Falsche Eingabe\n\n");
      }
   } while(auswahl != 6);
   verbindung_schliessen();
   return EXIT_SUCCESS;
}
```

Listing 24.3 »mysql_3.c« implementiert eine einfache Verwaltung Ihrer Videofilme per MySQL-Datenbank.

Auf den ersten Blick sieht das Programm noch nicht wie ein MySQL-Client-Programm aus. Die API-Funktionen zum Verbinden mit dem Server, die Fehlerüberpüfung und das Schließen einer Verbindung wurden aus der `main()`-Funktion entfernt und sind somit modular verfügbar. Hier sehen Sie die Funktionen `verbinden()`, `check_error()`, `verbindung_schliessen()` und `db_waehlen()`:

```
/* Bricht bei Fehler (mysql_error != 0) das Programm ab. */
void check_error(void)  {
   if (mysql_errno(mysql) != 0) {
      fprintf(stderr, "Fehler: %s\n", mysql_error(mysql));
```

```
      exit(EXIT_FAILURE);
   }
}

/* Baut eine Verbindung zum Datenbankserver auf.
 * Passen Sie ggf. Usernamen und Passwort und, sofern
 * andere Parameter benötigt werden, diese an Ihre
 * Bedürfnisse selbst an.
 */
void verbinden(void)  {
   mysql=mysql_init(mysql);
   check_error();
   mysql_real_connect(mysql, "localhost", "root",
                      NULL, NULL, 0, NULL, 0);
   check_error();
}

/* Serververbindung wieder schließen und den Speicher für die
 * Struktur MYSQL wieder freigeben */
void verbindung_schliessen(void)  {
   mysql_close(mysql);
}
/* Falls die Datenbank bei der Funktion verbinden() nicht
 * angegeben wurde oder Sie die Datenbank wechseln wollen, dann
 * verwenden Sie diese Funktion. */
void db_waehlen(char *db) {
   mysql_select_db(mysql, db);
   check_error();
}
```

Die einzelnen Funktionen stellen bis auf die Funktion `db_waehlen()` nichts Neues mehr für Sie dar. In der Funktion `db_waehlen()` finden Sie die API-Funktion `mysql_select_db()`, die die folgende Syntax hat:


```
int mysql_select_db(MYSQL *mysql, const char *db);
```

Mit dieser Funktion wechseln Sie in die Datenbank mit dem Namen `db`. Mit dem MySQL-Handle `mysql` können Sie jetzt auf diese Datenbank mit weiteren Operationen zugreifen. Haben Sie keine Zugriffsrechte oder existiert diese Datenbank nicht, liefert sie einen Wert ungleich 0 zurück. Bei Erfolg hingegen ist der Rückgabewert `0`. Diese Funktion entspricht also der SQL-Anweisung `USE`.

Jetzt werden Sie eine einfache Anfrage an den Server stellen. Es sollen dabei mit der SQL-Anweisung `INSERT` neue Daten in die Datenbank eingefügt werden. Damit Sie jetzt nicht mehr so weit zurückblättern müssen, hier noch einmal das erforderliche SQL-Kommando:

```
INSERT INTO filmdaten (titel, hauptrolle, fsk, gedreht) VALUES
                      ('Der Patriot', 'Mel Gibson', 16, 2001);
```

Die vollständige Funktion `filmdaten_anfuegen()` sehen Sie in Listing 24.4.

```
/* Daten mit mysql_real_query() in die Datenbank schreiben */
void filmdaten_anfuegen(void) {
   char titel[255], hauptrolle[255], temp[6];
   unsigned int fsk, gedreht;
   int i,  size=0;
   char *str[9], *query;
   char *ptr;

   printf("\n\nFilmtitel  : ");
   fgets(titel, 254, stdin);
   if( (ptr = strchr(titel, '\n')) != NULL)
      *ptr = '\0';  /* newline durch \0 ersetzen */

   printf("Hauptrolle : ");
   fgets(hauptrolle, 254, stdin);
   if( (ptr = strchr(hauptrolle, '\n')) != NULL)
      *ptr = '\0';  /* newline durch \0 ersetzen */

   printf("FSK        : ");
   fgets(temp, 4, stdin);
   if( (ptr = strchr(temp, '\n')) != NULL)
      *ptr = '\0';  /* newline durch \0 ersetzen */
   sscanf(temp, "%u", &fsk);

   printf("Gedreht    : ");
   fgets(temp, 5, stdin);
   if( (ptr = strchr(temp, '\n')) != NULL)
      *ptr = '\0';  /* newline durch \0 ersetzen */
   sscanf(temp, "%u", &gedreht);

   /* jetzt wird der Anfragestring erstellt */
   str[0]= "INSERT INTO filmdaten (titel, hauptrolle, fsk, "
           "gedreht) VALUES ('";
   str[1] = malloc(strlen(titel)+1);
   strcpy(str[1], titel);
   str[2] = "','";
```

```
   str[3] = malloc(strlen(hauptrolle)+1);
   strcpy(str[3], hauptrolle);
   str[4] = "',";
   str[5] = malloc(3);
   sprintf(str[5], "%2u", fsk);
   str[6] = ",";
   str[7] = malloc(5);
   sprintf(str[7], "%4u", gedreht);
   str[8] = ")";

   for (i=0; i < 9; i++)
      size+=strlen(str[i]);
   /* Speicherplatz für den Anfragestring reservieren */
   query = malloc(size + 1);
   strcpy(query, str[0]);
   for(i = 1; i < 9; i++)
      strcat(query, str[i]);
   /* zum Testen für die Konsole  */
   /* printf("%s",query);         */

   /* jetzt die Anfrage an den Datenbankserver */
   mysql_real_query(mysql, query, strlen(query));
   check_error();
   free(query);
}
```

Listing 24.4 Die Funktion »filmdaten_anfuegen()« liest die wichtigsten Daten für einen Film von der Konsole ein und überträgt diese Daten anschließend in die SQL-Datenbank.

Der Großteil dieser Funktion vollführt nichts anderes, als den Anfragestring für die Funktion `mysql_real_query()` dynamisch zu erstellen. Die Arbeit mit MySQL und C setzt solide C-Kenntnisse voraus. Wenn alles glatt verläuft, befindet sich in der Datenbank `dvd_archiv` ein neuer Eintrag in der Tabelle `filmdaten`. Diese Funktion beachtet auch Einträge, bei denen Sie z. B. keine Daten eingeben und einfach mit [↵] quittieren, damit dieses Feld leer bleibt.

[«]

Hinweis: Verwenden von Primärschlüsseln

Auch in diesem Beispiel können Sie vermeiden, dass `NULL`-Werte oder doppelte Einträge in der MySQL-Datenbank vorkommen. Sie können also auch hier jeden Datensatz in einer Tabelle mit einem Primärschlüssel belegen. Dieser Schlüssel wird aber nun direkt bei Erstellung der Tabelle mit dem `CREATE TABLE`-Kommando angelegt. Mit der Option `NOT NULL` sorgen Sie erneut dafür, dass keine leeren Werte gespeichert werden, und mit `PRIMARY KEY` und `AUTOVALUE` legen Sie wieder fest, dass keine doppelten Einträge für ein bestimmtes Feld gespeichert werden dürfen. Genaueres dazu entnehmen Sie bitte der MySQL-Dokumentation oder entsprechender Literatur.

Als Nächstes soll die Funktion zum Löschen eines Datensatzes in der Tabelle `filmdaten` geschrieben werden (siehe Listing 24.5).

```
void filmdaten_loeschen(void) {
   char del[255], temp[4];
   char *item[]= {"titel", "hauptrolle", "fsk", "gedreht" };
   char *ptr;
   char *str[5], *query='\0';
   int auswahl, i, size=0;
   unsigned long affected;

   printf("Nach welchem Kriterium wollen Sie Daten loeschen\n");
   printf("[1]=Titel  [2]=Hauptrolle  [3]=FSK  "
          "[4]=Datum  : [ ]\b\b");

   fgets(temp, 3, stdin);
   if( (ptr = strchr(temp, '\n')) != NULL)
      *ptr = '\0';  /* newline durch \0 ersetzen */
   sscanf(temp, "%d", &auswahl);

   str[0] = "DELETE FROM filmdaten WHERE ";
   if(auswahl > 0 && auswahl < 5) {
      str[1] = malloc(strlen(item[auswahl-1])+1);
      strcpy(str[1], item[auswahl-1]);
   }
   else {
      printf("Kein solches Kriterium vorhanden!!!\n\n");
      return;
   }
   str[2] = " = '";

   printf("Bitte angaben fuer \'%s\' machen: ",
      item[auswahl-1]);
   fgets(del, 254, stdin);
   if( (ptr = strchr(del, '\n')) != NULL)
      *ptr = '\0';  /* newline durch \0 ersetzen */
   str[3] = malloc(strlen(del)+1);
   strcpy(str[3], del);
   str[4] = "'";
```

```
    for (i=0; i < 5; i++)
       size+=strlen(str[i]);
    /* Speicherplatz für den Anfragestring reservieren */
    query = malloc(size + 1);
    strcpy(query, str[0]);
    for(i = 1; i < 5; i++)
       strcat(query, str[i]);
    /* als Test für die Konsole */
    /* printf("%s",query);       */

    /* jetzt die Anfrage an den Datenbankserver */
    mysql_real_query(mysql, query, strlen(query));
    check_error();
    if((affected=(unsigned long)mysql_affected_rows(mysql))<= 0 ){
       printf("Kein Datensatz von dieser Anfrage betroffen\n");
       check_error();
    }
    else
        printf("%ld %s von dieser Anfrage betroffen\n\n",
         affected, (affected == 1) ? "Datensatz war" :
         "Datensaetze waren" );
    free(query);
}
```

Listing 24.5 Die Funktion »filmdaten_loeschen()« sucht einen Film anhand von Suchkriterien und löscht anschließend den gefundenen Eintrag aus der SQL-Datenbank.

Auch hier dient der Löwenanteil der Funktion dazu, den Anfragestring für die Funktion `mysql_real_query()` dynamisch zu erstellen. Neu in `filmdaten_loeschen()` ist die API-Funktion `mysql_affected_rows()`, die nach der Funktion `mysql_real_query()` aufgerufen wird. Die Syntax dieser Funktion lautet:

```
my_ulonglong mysql_affected_rows(MYSQL *mysql);
```

Diese Funktion gibt die Anzahl der Zeilen zurück, die von SQL-Anweisungen wie `DELETE`, `INSERT` oder `UPDATE` betroffen sind. Meistens wird diese Funktion unmittelbar nach einem Aufruf von `mysql_real_query()` verwendet. War kein Datensatz von der letzten Anfrage betroffen, liefert diese Funktion `0` zurück. Trat ein Fehler bei der Ausführung der Funktion auf, ist der Rückgabewert `-1`.

Hinweis für verschiedene Betriebssysteme

Weil es auf manchen Systemen zu Problemen mit `mysql_affected_rows()` und dem Rückgabewert des primitiven Datentyps `my_longlong` kommen kann, empfiehlt es sich, ein Casting mit `unsigned long` durchzuführen, um Probleme zu vermeiden.

Als Nächstes folgt die vollständige Funktion `filmdaten_aendern()` in Listing 24.6.

```
void filmdaten_aendern(void) {
   char change[255],replace[255], temp[4];
   char *item[]= {"titel", "hauptrolle", "fsk", "gedreht" };
   char *ptr;
   char *str[8], *query;
   int auswahl1, auswahl2, i, size=0;
   unsigned int integer;
   unsigned long affected;

   printf("Welche Daten wollen Sie aendern (Suchkriterium)\n");
   printf("[1]=Titel  [2]=Hauptrolle  "
          "[3]=FSK  [4]=Datum  : [ ]\b\b");

   fgets(temp, 3, stdin);
   if( (ptr = strchr(temp, '\n')) != NULL)
      *ptr = '\0';  /* newline durch \0 ersetzen */
   sscanf(temp, "%1d", &auswahl1);

   printf("Welchen Inhalt suchen Sie fuer %s:",
      item[auswahl1-1]);
   fgets(change, 254, stdin);
   if( (ptr = strchr(change, '\n')) != NULL)
      *ptr = '\0';  /* newline durch \0 ersetzen */

   printf("Welche Daten sollen ersetzt werden"
          " (Ersetzungskriterium)\n");
   printf("[1]=Titel  [2]=Hauptrolle  "
          "[3]=FSK  [4]=Datum  : [ ]\b\b");

   fgets(temp, 3, stdin);
   if( (ptr = strchr(temp, '\n')) != NULL)
      *ptr = '\0';  /* newline durch \0 ersetzen */
   sscanf(temp, "%1d", &auswahl2);

   printf("Welchen Inhalt soll %s haben: ",item[auswahl2-1]);
   fgets(replace, 254, stdin);
   if( (ptr = strchr(replace, '\n')) != NULL)
      *ptr = '\0';  /* newline durch \0 ersetzen */

   /* alle Daten vorhanden, um Querystr zu erzeugen */

   str[0] = "UPDATE filmdaten SET ";
   if(auswahl2 > 0 && auswahl2 < 5) {
```

```
      str[1] = malloc(strlen(item[auswahl2-1])+1);
      strcpy(str[1], item[auswahl2-1]);
   }
   else {
      printf("Kein solches Kriterium vorhanden!!!\n\n");
      return;
   }
   str[2] = "=";

   /* Integerwerte? */
   if(auswahl2==3 || auswahl2==4) {
      sscanf(replace, "%u", &integer);
      str[3] = malloc(5);
      sprintf(str[3], "%4d", integer);
   }
   else { /* ... dann ist es ein str */
      str[3] = malloc(strlen(replace)+3);
      strcpy(str[3], "'");
      strcat(str[3], replace);
      strcat(str[3], "'");
   }
   str[4] = " WHERE ";
   if(auswahl1 > 0 && auswahl1 < 5) {
      str[5] = malloc(strlen(item[auswahl1-1])+1);
      strcpy(str[5], item[auswahl1-1]);
   }
   else {
      printf("Kein solches Kriterium vorhanden!!!\n\n");
      return;
   }
   str[6] = "=";

   /* Integerwerte? */
   if(auswahl1==3 || auswahl1==4) {
      sscanf(change, "%u", &integer);
      str[7] = malloc(5);
      sprintf(str[7], "%4d", integer);
   }
   else { /* ... dann ist es ein str */
      str[7] = malloc(strlen(change)+3);
      strcpy(str[7], "'");
      strcat(str[7], change);
      strcat(str[7], "'");
   }
```

```
   for (i=0; i < 8; i++)
      size+=strlen(str[i]);
   /* Speicherplatz für den Anfragestr reservieren */
   query = malloc(size + 1);
   strcpy(query, str[0]);
   for(i = 1; i < 8; i++)
      strcat(query, str[i]);
   /* printf("%s",query); */
   /* jetzt die Anfrage an den Datenbankserver */
   mysql_real_query(mysql, query, strlen(query));
   check_error();
   if((affected=(unsigned long)mysql_affected_rows(mysql))<=0) {
      printf("Kein Datensatz von dieser Anfrage betroffen\n");
      check_error();
   }
   else
      printf("%ld %s von dieser Anfrage betroffen\n\n",
        affected, (affected == 1) ?"Datensatz war" :
        "Datensaetze waren");
   free(query);
}
```

Listing 24.6 Die Funktion »filmdaten_aendern()« sucht einen Film anhand von Suchkriterien und lässt den Benutzer die Daten in der Datenbank ändern.

Der Ablauf der Funktion `filmdaten_aendern()` ähnelt dem der Funktion `fimdaten_loeschen()` zuvor, nur dass ein anderer Anfragestring (`UPDATE`) erstellt wird.

Die Funktionen, mit denen Sie bisher eine Anfrage an den Server gestellt haben, haben noch keine Daten zurückgegeben. Aus dem MySQL-Crashkurs wissen Sie aber noch, dass Funktionen wie `SELECT`, `EXPLAIN` oder `SHOW` bewirken sollen, dass etwas auf dem Bildschirm ausgegeben wird.

Der Vorgang, Daten vom Server zu empfangen, wird ebenfalls mit der Funktion `mysql_real_query()` ausgelöst (bzw. angestoßen). Danach folgt ein Aufruf der API-Funktion `mysql_store_result()`, die alle angeforderten Daten vom Server in den Speicher des Client-Programms lädt. Hier sehen Sie die Syntax der Funktion:

```
MYSQL_RES *mysql_store_result(MYSQL *mysql);
```

Alle angeforderten Daten befinden sich jetzt in der Struktur `MYSQL_RES`. Tritt beim Einlesen der Daten ein Fehler auf, wird `NULL` zurückgegeben. `NULL` wird allerdings auch bei SQL-Anweisungen wie `INSERT`, also Anweisungen ohne Rückgabewert, zurückgegeben. Ob also tatsächlich ein Fehler aufgetreten ist, müssen Sie mit `mysql_errno()` oder `mysql_error()` überprüfen.

Nach dem Aufruf der Funktion mysql_store_results() befinden sich die Daten jetzt in der Struktur MYSQL_RES. Wollen Sie jetzt wissen, wie viele Zeilen sich in der Struktur MYSQL_RES befinden, können Sie folgende Funktion aufrufen:

```
my_ulonglong mysql_num_rows(MYSQL_RES *result);
```

Die Funktion ist ähnlich aufgebaut wie mysql_affected_rows(). Auch hier empfiehlt sich aus Portabilitätsgründen ein unsigned long-Typecasting des Rückgabewertes. Diese Funktion ist natürlich optional und muss nicht unbedingt nach der Funktion mysql_store_result() aufgerufen werden. Dennoch erweist sich diese häufig als recht nützlich.

Um die Daten aus der Struktur MYSQL_RES zu lesen, benötigen Sie eine zusätzliche Funktion, die dies leisten kann. Dies ist die Funktion mysql_fetch_row():

```
MYSQL_ROW mysql_fetch_row(MYSQL_RES *result);
```

Diese Funktion liest Zeile für Zeile aus der Struktur MYSQL_RES ein, bis ein NULL-Zeiger zurückgegeben wird – also ähnlich wie die Standardfunktion fgets(), nur nicht bis zum nächsten Newline-Zeichen, sondern bis zum nächsten Datensatz. NULL wird auch hier zurückgegeben, wenn ein Fehler aufgetreten ist. MYSQL_ROW enthält hier am Ende eine Zeile von Daten, die als Array-gezählte Byte-Zeichenkette implementiert ist, also als Stringtabelle.

Um zu erfahren, wie viele Spalten der aktuelle Datensatz in der Struktur MYSQL_RES hat, müssen Sie die Funktion mysql_num_fields() verwenden:

```
unsigned int mysql_num_fields(MYSQL_RES *results);
```

Wenn Sie mit der Auswertung der Daten in der Struktur MYSQL_RES fertig sind, dann sollten Sie den Speicher wieder freigeben, um Memory Leaks zu vermeiden. Die Syntax dazu lautet:

```
void mysql_free_result(MYSQL_RES *result);
```

Zugegeben, das waren jetzt sehr viele Informationen auf einmal. Daher folgt eine kurze Zusammenfassung, wie Sie die Anfrage vom My-SQL-Server abholen und bearbeiten können:

1. Anfrage an den Server (mysql_real_query)
2. Daten der Anfrage abholen (mysql_store_result)
3. Anzahl der Zeilen ermitteln, die abgeholt wurden (mysql_num_rows)
4. zeilenweises Einlesen der Daten (mysql_fetch_row)
5. Anzahl der Spalten der aktuellen Zeile ermitteln (mysql_num_fields)
6. Speicherplatz wieder freigeben (mysql_free_result)

Als Beispiel folgt in Listing 24.7 die Funktion schauspieler_suchen(), die alle diese Funktionen demonstriert.

```
void schauspieler_suchen(char *name) {
   unsigned long  anzahl_reihen;
   unsigned int i;
   MYSQL_ROW  row;
   MYSQL_RES  *mysql_res;

   char *query, *string;
   char *select = "SELECT * FROM filmdaten WHERE hauptrolle='";
   string = malloc(strlen(name)+2);
   strcpy(string,name);
   strcat(string, "'");
   query = malloc(strlen(select)+strlen(string)+1);
   strcpy(query, select);
   strcat(query, string);

   /* jetzt die Anfrage an den Datenbankserver */
   mysql_real_query(mysql, query, strlen(query));
   check_error();
   /* Daten der Anfrage abholen */
   mysql_res = mysql_store_result(mysql);
   check_error();
   /* Anzahl der gefundenen Datensätze ermitteln */
   anzahl_reihen = (unsigned long) mysql_num_rows (mysql_res);
   printf ("Anzahl gefunden: %lu\n\n", anzahl_reihen);
   /* gefundenen Datensatz bzw. Datensätze ausgeben */
   while ((row = mysql_fetch_row (mysql_res)) != NULL) {
      /* Einzelne Spalten der Zeile ausgeben */
      for (i = 0;  i < mysql_num_fields(mysql_res);  i ++)
         printf ("%s ",row[i]);
      printf("\n");
   }
   /* Speicherplatz wieder freigeben */
   mysql_free_result(mysql_res);
   free(string);
   free(query);
}
```

Listing 24.7 Die Funktion »schauspieler_suchen()« sucht alle Filme, in denen ein bestimmter Schauspieler mitgewirkt hat.

In dieser Funktion wird in der Datenbank nach Filmen eines bestimmten Schauspielers gesucht, und diese werden danach auf dem Bildschirm ausgegeben. Am Anfang wird wieder der Anfragestring erstellt. Um jetzt die Feldwerte eines einzelnen Feldes zu ermitteln, verwenden Sie die Funktion `mysql_fetch_field()`, die die folgende Syntax besitzt:

```
MYSQL_FIELD *mysql_fetch_field(MYSQL_RES *results);
```

Die Informationen des Feldes werden in der Struktur `MYSQL_FIELD` gespeichert. Tabelle 24.10 bietet einen kurzen Überblick darüber, welche Daten Sie aus dieser Struktur entnehmen können.

Variable	Bedeutung
`char *name;`	Der Name des Feldes als String, nicht zu verwechseln mit dem Inhalt des Feldes. Im Programmbeispiel sind dies `titel`, `hauptrolle`, `fsk` und `gedreht`.
`char *table;`	Der Name der Tabelle, die dieses Feld enthält, als String. Im Programmbeispiel ist der Name `filmdaten`.
`char *def;`	Der Vorgabewert des Feldes als String. Wird nur gesetzt, wenn die Funktion `mysql_list_fields()` verwendet wird.
`enum enum_field_types;`	Der Datentyp des Feldes. Folgende Werte kommen dafür infrage: `FIELD_TYPE_DECIMAL`, `FIELD_TYPE_TINY`, `FIELD_TYPE_SHORT`, `FIELD_TYPE_LONG`, `FIELD_TYPE_FLOAT`, `FIELD_TYPE_DOUBLE`, `FIELD_TYPE_NULL`, `FIELD_TYPE_TIMESTAMP`, `FIELD_TYPE_LONGLONG`, `FIELD_TYPE_INT24`, `FIELD_TYPE_DATE`, `FIELD_TYPE_TIME`, `FIELD_TYPE_DATETIME`, `FIELD_TYPE_YEAR`, `FIELD_TYPE_NEWDATE`, `FIELD_TYPE_ENUM`, `FIELD_TYPE_SET`, `FIELD_TYPE_TINY_BLOB`, `FIELD_TYPE_MEDIUM_BLOB`, `FIELD_TYPE_LONG_BLOB`, `FIELD_TYPE_BLOB`, `FIELD_TYPE_VAR_STRING`, `FIELD_TYPE_STRING`, `FIELD_TYPE_GEOMETRY` Die Bedeutung der einzelnen Flags spricht teilweise für sich. Für eine genauere Erläuterung sei die Dokumentation der C-API empfohlen. Um zu testen, ob das Feld ein numerisches ist oder nicht, können Sie das Makro `IS_NUM()` verwenden.

Tabelle 24.10 Variablen der Struktur »MYSQL_FIELD«

Variable	Bedeutung
unsigned int length;	Die Breite des Feldes, die Sie in der Tabellendefinition festgelegt haben. Im Programmbeispiel ist dies für titel 255, für hauptrolle 255 und für fsk und gedreht jeweils 4.
unsigned int max_length;	Maximale Breite des Feldes. Diese Funktion ist ideal zur Ausgabe einer Tabelle auf dem Bildschirm.
unsigned int flags;	Einige Bit-Flags für das Feld. Folgende Flags kommen dafür infrage: NOT_NULL_FLAG, PRI_KEY_FLAG, UNIQUE_KEY_FLAG, MULTIPLE_KEY_FLAG, BLOB_FLAG, UNSIGNED_FLAG, ZEROFILL_FLAG, BINARY_FLAG, ENUM_FLAG, AUTO_INCREMENT_FLAG, TIMESTAMP_FLAG, SET_FLAG, NUM_FLAG, PART_KEY_FLAG, GROUP_FLAG, UNIQUE_FLAG Die Bedeutung der einzelnen Flags spricht teilweise für sich. Für genauere Informationen sei die C-API-Dokumentation empfohlen. Um die einzelnen Flags zu testen, können die IS_-Makros verwendet werden. Hier wird z. B. geprüft, ob der Inhalt eines Feldes nicht NULL ist: IS_NOT_NULL(flag);
unsigned int decimals;	Anzahl von Dezimalstellen für numerische Felder

Tabelle 24.10 Variablen der Struktur »MYSQL_FIELD« (Forts.)

Die folgenden zwei Funktionen (alle_daten_ausgeben() und print_line()) sollen jetzt noch die Funktion mysql_fetch_field() veranschaulichen (siehe Listing 24.8).

```
void alle_daten_ausgeben(void) {
   unsigned int  i, col_len;
   MYSQL_ROW  row;
   MYSQL_RES  *res;
   MYSQL_FIELD  *field;

   /* jetzt die Anfrage an den Datenbankserver */
   mysql_real_query(mysql, "SELECT * FROM filmdaten",
      strlen("SELECT * FROM filmdaten"));
   check_error();
   /* Anfrage vom Server in die Struktur MYSQL_RES laden */
   res = mysql_store_result(mysql);
   check_error();
```

```
/* offset = 0 bedeutet: auf den Anfang der Zeile setzen */
mysql_field_seek (res, 0);

/* Damit bei der Ausgabe ein einheitliches Bild entsteht,
 * sollen die Daten für die maximale Länge einer Spalte
 * bei jeder einzelnen (MYSQL_FIELD)-Spalte verändert werden. */
for (i = 0; i < mysql_num_fields(res); i++) {
   field = mysql_fetch_field (res);
   /* Länge des Namens in der Spalte ermitteln */
   col_len = strlen (field->name);
   /* Ist die Länge des Elements in der Spalte kleiner als
      die maximale Länge ... */
   if (col_len < field->max_length)
   /* ... dann bekommt col_len den Wert der maximal
         erlaubten Länge der Spalte. */
      col_len = field->max_length;
   /* Für den Fall, dass eine Spalte keine Daten
      beinhaltet ... */
   if (col_len < 4 && !IS_NOT_NULL (field->flags))
   /* ... bekommt col_len den Wert 4 für den String
      "NULL" ->keine Daten. */
      col_len = 4;
   /* maximale Länge von Spalten-Info verändern */
   field->max_length = col_len;
}
/* Namen der Tabelle ausgeben */
printf("Daten der Tabelle: [ %s ]\n", field->table);
print_line(res);
printf("|");
/* alles wieder auf den Anfang stellen */
mysql_field_seek (res, 0);
/* jetzt den Tabellenkopf ausgeben (titel, hauptrolle, fsk,
 * gedreht) */
for (i = 0; i < mysql_num_fields (res); i++)  {
   field = mysql_fetch_field (res);
   printf (" %-*s |", field->max_length, field->name);
}
printf("\n");
print_line(res);

/* jetzt die Daten aus der Struktur MYSQL_RES zeilenweise
 * einlesen */
while ((row = mysql_fetch_row (res)) != NULL) {
   mysql_field_seek (res, 0);
   printf("|");
```

24

```
      for (i = 0; i < mysql_num_fields (res); i++) {
         /* Spalte für Spalte abarbeiten */
         field = mysql_fetch_field (res);
         /* keine Daten in dieser Spalte */
         if (row[i] == NULL)
            printf (" %-*s |", field->max_length, "NULL");
         /* Handelt es sich um ein numerisches Feld? */
         else if (IS_NUM (field->type))
            /* Dann wird der Inhalt rechtsbündig formatiert
             * ausgegeben. */
            printf (" %*s |", field->max_length, row[i]);
         else
            /* Der Wert der Spalte ist ein String, also
             * linksbündige Ausgabe. */
            printf (" %-*s |", field->max_length, row[i]);
      }
      printf("\n");
   }
   print_line(res);
   mysql_free_result(res);
}

void print_line(MYSQL_RES *res) {
   MYSQL_FIELD   *field;
   unsigned int  i, j;

   mysql_field_seek (res, 0);
   /* erstes Zeichen der Linie */
   printf("+");
   for (i = 0; i < mysql_num_fields(res); i++) {
      field = mysql_fetch_field(res);
      /* max_length '-' Zeichen jeder Spalte ausgeben */
      for (j = 0; j < field->max_length + 2; j++)
         printf("-");
      /* am Ende der Spalte '+' ausgeben */
      printf("+");
   }
   printf("\n");
}
```

Listing 24.8 Das Listing gibt sämtliche Daten in der Tabelle »filmdaten« sauber untereinander aus.

Mit diesen beiden Funktionen werden alle Daten der Tabelle `filmdaten` sauber in Tabellenform auf dem Bildschirm ausgegeben. Zusätzlich wurde die Funktion `mysql_` field_seek() verwendet, womit der Feldindex auf den angegebenen Offset gesetzt wird. Da als Offset 0 angegeben wurde, wird immer bis zum Anfang einer neuen Tabellenzeile gesucht, und die einzelnen Datenbankfelder stehen in den entsprechenden Tabellenspalten. Die Funktion mysql_fetch_field(), die danach aufgerufen wird, ruft dann die Felddefinition der entsprechenden Spalte ab, die mit dem Offset MYSQL_FIELD_OFFSET verknüpft ist. Wollen Sie beispielsweise an eine Position des letzten mysql_fetch_field() zurückspringen, können Sie sich eine Position mit der Funktion mysql_field_tell() merken und den Rückgabewert dieser Funktion als Offset an die Funktion mysql_field_seek() übergeben.

Auch hier stellen Sie sich am besten wieder eine Excel-Tabelle vor, in der die Daten für die einzelnen Filme in den Zeilen und die Daten selbst in den Spalten stehen.

24.5 MySQL und C mit CGI

Zum Abschluss soll nun ein kleines Beispiel erstellt werden, bei dem Sie mithilfe eines CGI-Webformulars eine Datenbank mit E-Mail-Adressen füttern. Obwohl *CGI* (*Common Gateway Interface*) inzwischen nicht mehr oft verwendet wird, gibt es immer noch einige Anwendungen, die auf dieser Technologie basieren. Es lohnt sich also, das Thema CGI kurz anzureißen. Dabei liegt die Betonung auf »kurz«; für eine ausführliche Beschäftigung mit MySQL und Internetentwicklung werden Sie in anderen Büchern bei Rheinwerk und anderswo fündig.

In dem nächsten Beispiel erstellen Sie eine grafische Oberfläche zum Bedienen einer Datenbank mithilfe des Webbrowsers. Dafür müssen Sie aber zunächst eine neue Datenbank mit dem Namen mail_archiv anlegen. Geben Sie dazu im mysql-Client Folgendes ein:

```
CREATE DATABASE mail_archiv;
```

Wechseln Sie mit USE in diese Datenbank, und erstellen Sie eine Tabelle mit folgendem SQL-Kommando:

```
CREATE TABLE daten (adresse CHAR(255), name CHAR(255));
```


24.5.1 HTML-Eingabeformular

Als Nächstes sollten Sie die HTML-Datei erstellen, mit der Sie die Daten eingeben können. Die Datei sieht aus wie in Listing 24.9.

```
<html>
<head>
<title>Datenbank</title>
</head>
<body text="#000000" bgcolor="#FFFFFF" link="#FF0000"
```

```
alink="#FF0000" vlink="#FF0000">
<h3>Datenbank (E-Mail-Adressen)</h3>

<hr><br>
<form action="http://localhost/cgi-bin/add_db.cgi" method=post>
Neuen Datensatz hinzufügen:
<pre>Name   : <input value="IhrName" name="Name" size="20">
E-Mail : <input value="adr@mail" name="E-Mail" size="20"></pre>
<input type=submit value="Hinzufügen">
</form>
<hr><br>
<form action="http://localhost/cgi-bin/search_db.cgi"
      method=post>
In der Datenbank suchen:
<pre>Name    : <input value="IhrName" name="Name" size="20"></pre>
<input type=submit value="Suchen">
</form>
<hr>
</body>
</html>
```

Listing 24.9 Das Listing zeigt den Code des HTML-Eingabeformulars, das Sie für das nächste Beispiel benötigen.

Bei diesem HTML-Formular in Abbildung 24.9 können zwei CGI-Anwendungen gestartet werden: zum einen das Einfügen neuer Daten in die Datenbank (*add_db.cgi*) und zum anderen das Suchen darin (*search_db.cgi*).

Datenbank (E-Mailadressen)

Neuen Datensatz hinzufügen:

Name : IhrName
E-Mail : Mailadresse@mail

Hinzufügen

In der Datenbank suchen:

Name : IhrName

Suchen

Abbildung 24.9 HTML-Formular zur Eingabe oder Suche von Datensätzen

24.5.2 Die CGI-Anwendung »add_db.cgi«

Zuerst wird die CGI-Anwendung zum Hinzufügen neuer Datensätze in die Datenbank geschrieben. Dabei finden Sie wieder altbekannte Funktionen aus den Abschnitten zu CGI und C. Ich gebe Listing 24.10 hier vollständig wieder, damit Sie nicht hin und her blättern müssen.

```
/* add_db.c */
#include <stdio.h>
#include <stdlib.h>
#include <string.h>
#if defined __WIN32__ || _MSC_VER
   #include "my_global.h"
   #include "mysql.h"
#else
   #include <mysql.h>
#endif

#define MAX_PAARE 255
#define BUF 255

struct CGI_DATEN {
   char *variable;
   char *wert;
   struct CGI_DATEN *next;
};

struct CGI_DATEN *ende = NULL;

MYSQL *mysql;

void print_html(void);
char *getdata(void);
char *Strdup(const char *);
void hex2ascii(char *);
char convert(char *);
void loeschen(struct CGI_DATEN *);
struct CGI_DATEN *erstellen(char *);
void check_error(void);
void verbinden(void);
void verbindung_schliessen(void);

/* Weiterleitung zu einer URL;
 * url ist die URL, an die Sie den User weiterleiten. */
```

24

```
void print_html(void) {
   printf("<html><head>\n");
   printf("<title>Eintragsbestätigung</title>\n");
   printf("</head><body>\n");
   printf("Eintragung erfolgreich. Zurück geht es"
          " <a href=\"javascript:history.back()\">hier</a>");
   printf("</body></html>\n");
}

/* Die Funktion liest Daten mit der POST- oder GET-Methode ein.
 * Rückgabewert: Stringpuffer mit den Daten
 * bei Fehler  : NULL
 */
char *getdata(void) {
   unsigned long size;
   char *puffer = NULL;
   char *request = getenv("REQUEST_METHOD");
   char *cont_len;
   char *cgi_string;

   /* zuerst die Request-Methode überprüfen */
   if(  NULL == request )
      return NULL;
   else if( strcmp(request, "GET") == 0 ) {
      /* die Methode GET -> Query-String abholen */
      cgi_string = getenv("QUERY_STRING");
      if( NULL == cgi_string )
         return NULL;
      else {
         puffer = Strdup(cgi_string);
         return puffer; /* Rückgabewert an den Aufrufer */
      }
   }
   else if( strcmp(request, "POST") == 0 ) {
      /* die Methode POST -> Länge des Strings
       * ermitteln (CONTENT_LENGTH) */
      cont_len = getenv("CONTENT_LENGTH");
      if( NULL == cont_len)
         return NULL;
      else {  /* String CONTENT_LENGTH in
               * unsigned long umwandeln */
         size = (unsigned long) atoi(cont_len);
         if(size <= 0)
```

```
            return NULL; /* Keine Eingabe?! */
        }
        /* Jetzt lesen wir die Daten von stdin ein. */
        puffer = malloc(size+1);
        if( NULL == puffer )
          return NULL;
        else {
          if( NULL == fgets(puffer, size+1, stdin) ) {
            free(puffer);
            return NULL;
          }
          else   /* Rückgabewerte an den Aufrufer */
            return puffer;
        }
    }
    /* Weder die GET-Methode noch die POST-Methode wurden verwendet. */
    else
      return NULL;
}

/*  Da die Funktion strdup() in der Headerdatei <string.h> keine
 *  ANSI-C-Funktion ist, schreiben wir eine eigene.
 */
char *Strdup(const char *str) {
  char *p;
  if(NULL == str)
     return NULL;
  else {
    p = malloc(strlen(str)+1);
    if(NULL == p)
      return NULL;
    else
      strcpy(p, str);
  }
  return p;
}

/* Wandelt einzelne Hexzeichen (%xx) in ASCII-Zeichen
 * und kodierte Leerzeichen (+) in echte Leerzeichen um. */
void hex2ascii(char *str) {
  int x, y;

  for(x=0,y=0; str[y] != '\0'; ++x,++y) {
```

```
      str[x] = str[y];
      /* Ein hexadezimales Zeichen ? */
      if(str[x] == '%') {
         str[x] = convert(&str[y+1]);
         y += 2;
      }
      /* Ein Leerzeichen ? */
      else if( str[x] == '+')
         str[x]=' ';
   }
   /* geparsten String sauber terminieren */
   str[x] = '\0';
}

/* Funktion konvertiert einen String von zwei hexadezimalen
 * Zeichen und gibt das einzelne dafür stehende Zeichen zurück.
 */
char convert(char *hex) {
   char ascii;

   /* erster Hexawert */
   ascii =
   (hex[0] >= 'A' ? ((hex[0] & 0xdf) - 'A')+10 : (hex[0] - '0'));
   ascii <<= 4; /* Bitverschiebung schneller als ascii*=16 */
   /* zweiter Hexawert */
   ascii +=
   (hex[1] >= 'A' ? ((hex[1] & 0xdf) - 'A')+10 : (hex[1] - '0'));
   return ascii;
}

/* Liste aus Variable/Werte-Paaren erstellen
 * Rückgabewert: Anfangsadresse der Liste
 * Bei Fehler: NULL
 */
struct CGI_DATEN *erstellen(char *str) {
   char* s;
   char* res;
   /* Irgendwo gibt es auch eine Grenze, hier sind
      MAX_PAARE erlaubt. */
   char *paare[MAX_PAARE];
   struct CGI_DATEN *ptr_daten = NULL;
   struct CGI_DATEN *ptr_anfang = NULL;
   int i=0, j=0;
```

```
/* Zuerst werden die Variablen/Werte-Paare anhand des Zeichens
 * '&' getrennt, sofern es mehrere sind. */
s=str;
res=strtok(s,"&");
while( res != NULL && i < MAX_PAARE) {
   /* Wert von res dynamisch in char **pair speichern */
   paare[i] = (char *)malloc(strlen(res)+1);
   if(paare[i] == NULL)
      return NULL;
   paare[i] = res;
   res=strtok(NULL,"&");
   i++;
}
/* Jetzt werden die Variablen von den Werten getrennt und
 * an die Struktur CGI_DATEN übergeben. */
while ( i > j ) {  /* Das erste Element ? */
   if(ptr_anfang == NULL) {
      ptr_anfang =malloc(sizeof (struct CGI_DATEN));
      if( ptr_anfang == NULL )
         return NULL;
      res = strtok( paare[j], "=");
      if(res == NULL)
         return NULL;
      ptr_anfang->variable = malloc(strlen(res)+1);
      if( ptr_anfang->variable == NULL )
         return NULL;
      ptr_anfang->variable = res;
      res = strtok(NULL, "\0");
      if(res == NULL)
         return NULL;
      ptr_anfang->wert = malloc(strlen(res)+1);
      if( ptr_anfang->wert == NULL )
         return NULL;
      ptr_anfang->wert = res;
      /* printf("%s %s<br>",
       * ptr_anfang->variable, ptr_anfang->wert); */
      ptr_anfang->next =
         malloc(sizeof (struct CGI_DATEN));
      if(ptr_anfang->next == NULL)
         return NULL;
      ptr_daten = ptr_anfang->next;
      j++;
   }
```

24

```
      else { /* die restlichen Elemente */
         res = strtok( paare[j], "=");
         if(res == NULL)
            return NULL;
         ptr_daten->variable = malloc(strlen(res)+1);
         if(ptr_daten->variable == NULL)
            return NULL;
         ptr_daten->variable = res;
         res = strtok(NULL, "\0");
         if(res == NULL)
            return NULL;
         ptr_daten->wert = malloc(strlen(res)+1);
         if(ptr_daten->wert == NULL)
            return NULL;
         ptr_daten->wert = res;
         /* printf("%s %s<br>",
          * ptr_daten->variable, ptr_daten->wert); */
         ptr_daten->next =
            malloc(sizeof (struct CGI_DATEN));
         if( ptr_daten->next == NULL )
            return NULL;
         ptr_daten = ptr_daten->next;
         j++;
      }
   }
   ende = ptr_daten;
   /* Anfangsadresse der Liste struct CGI_DATEN zurückgeben */
   return ptr_anfang;
}

/* Bricht bei Fehler (mysql_error != 0) das Programm ab. */
void check_error(void)  {
   if (mysql_errno(mysql) != 0) {
      fprintf(stderr, "Fehler: %s\n", mysql_error(mysql));
      exit(EXIT_FAILURE);
   }
}

/* Baut eine Verbindung zum Datenbankserver auf.
 * Passen Sie ggf. Usernamen und Passwort und, sofern
 * andere Parameter benötigt werden, diese selbst an Ihre
 * Bedürfnisse an.
 */
```

```
void verbinden(void) {
   mysql= mysql_init(mysql);
   check_error();
   mysql_real_connect(mysql, "localhost", "root",
      NULL, NULL, 0, NULL, 0);
   check_error();
}

/* Serververbindung wieder schließen und den Speicher für die
 * Struktur MYSQL wieder freigeben */
void verbindung_schliessen(void) {
   mysql_close(mysql);
}

/* Falls die Datenbank bei der Funktion verbinden() nicht angegeben
 * wurde oder Sie die Datenbank wechseln wollen, dann verwenden
 * Sie diese Funktion. */
void db_waehlen(char *db) {
   mysql_select_db(mysql, db);
   check_error();
}

/* Daten mit mysql_real_query() in die Datenbank schreiben */
void daten_anfuegen(struct CGI_DATEN *daten) {
   char buf[BUF] = "INSERT INTO daten (name, adresse) VALUES ('";

   strcat(buf, daten->wert);
   strcat(buf, "', '");
   daten = daten->next;
   strcat(buf, daten->wert);
   strcat(buf, "');");

   /* Jetzt die Anfrage an den Datenbankserver */
   mysql_real_query(mysql, buf, strlen(buf));
   check_error();
}

int main(void) {
   char *str;
   struct CGI_DATEN *cgi;
   struct CGI_DATEN *free_cgi;
```

```
   /* für Fehlermeldungen */
   printf("Content-Type: text/html\n\n");
   /* Eingabe einlesen */
   str = getdata();
   if(str == NULL) {
      printf("Fehler beim Einlesen von der Formulareingabe");
      return EXIT_FAILURE;
   }
   /* Hexzeichen in ASCII-Zeichen konvertieren und aus '+'
    * Leerzeichen machen */
   hex2ascii(str);
   /* Liste der Formulardaten erstellen */
   cgi = erstellen(str);
   free_cgi = cgi;
   if (cgi == NULL) {
      printf("Fehler beim Erstellen der "
             "Variablen/Werte-Liste!!\n");
      return EXIT_FAILURE;
   }
   verbinden();
   db_waehlen("mail_archiv");
   daten_anfuegen(cgi);

   verbindung_schliessen();
   print_html();
   return EXIT_SUCCESS;
}
```

Listing 24.10 Die CGI-Anwendung »add_db.c« liest die Daten aus dem im vorigen Beispiel erstellten HTML-Formular aus und überträgt die Daten an die MySQL-Datenbank »mail_achiv«.

Übersetzen Sie den Quellcode wieder wie gewohnt, ändern Sie die Extension (**.cgi*), und speichern Sie die ausführbare Datei im *cgi-bin*-Verzeichnis des (Apache-)Webservers. Unter Linux werden dafür teilweise Root-Rechte benötigt. Ändern Sie außerdem unter Linux die Zugriffsrechte für diese Datei (`chmod go+rx add_db.cgi`).

24.5.3 Die CGI-Anwendung »search_db.cgi«

Als Nächstes folgt die CGI-Anwendung zur Suche in der Datenbank `mail_archiv`, die im Großen und Ganzen ebenfalls nichts mehr enthält, was nicht bereits besprochen wurde (siehe Listing 24.11).

```
/* search_db.c */
#include <stdio.h>
#include <stdlib.h>
#if defined __WIN32__ || _MSC_VER
   #include "my_global.h"
   #include "mysql.h"
#else
   #include <mysql.h>
#endif

#define MAX_PAARE 255
#define BUF 255

struct CGI_DATEN {
   char *variable;
   char *wert;
   struct CGI_DATEN *next;
};

struct CGI_DATEN *ende = NULL;

MYSQL *mysql;

void print_html(void);
char *getdata(void);
char *Strdup(const char *);
void hex2ascii(char *);
char convert(char *);
void loeschen(struct CGI_DATEN *);
struct CGI_DATEN *erstellen(char *);
void check_error(void);
void verbinden(void);
void verbindung_schliessen(void);

/* Weiterleitung zu einer URL;
 * url ist die URL, an die Sie den User weiterleiten.
 */
void print_html(void) {
   printf("<html><head>\n");
   printf("<title>Suchergebniss</title>\n");
   printf("</head><body>\n");
   printf("<br><br>Zurück geht es "
          "<a href=\"javascript:history.back()\">hier</a>");
```

```
   printf("</body></html>\n");
}

/*  Die Funktion liest Daten mit der POST- oder GET-Methode ein.
 *  Rückgabewert: Stringpuffer mit den Daten
 *  bei Fehler  : NULL
 */
char *getdata(void) {
   unsigned long size;
   char *puffer = NULL;
   char *request = getenv("REQUEST_METHOD");
   char *cont_len;
   char *cgi_string;

   /* zuerst die Request-Methode überprüfen */
   if(  NULL == request )
      return NULL;
   else if( strcmp(request, "GET") == 0 ) {
      /* die Methode GET -> Query-String abholen */
      cgi_string = getenv("QUERY_STRING");
      if( NULL == cgi_string )
         return NULL;
      else {
         puffer = Strdup(cgi_string);
         return puffer; /* Rückgabewert an den Aufrufer */
      }
   }
   else if( strcmp(request, "POST") == 0 ) {
      /* Die Methode POST -> Länge des Strings
       * ermitteln (CONTENT_LENGTH) */
      cont_len = getenv("CONTENT_LENGTH");
      if( NULL == cont_len)
         return NULL;
      /* String CONTENT_LENGTH in unsigned long umwandeln */
      else {
         size = (unsigned long) atoi(cont_len);
         if(size <= 0)
            return NULL; /* Keine Eingabe!?!? */
      }
      /* jetzt lesen wir die Daten von stdin ein */
      puffer = malloc(size+1);
      if( NULL == puffer )
         return NULL;
```

```
      else {
         if( NULL == fgets(puffer, size+1, stdin) ) {
            free(puffer);
            return NULL;
         }
         else   /* Rückgabewerte an den Aufrufer */
            return puffer;
      }
   }
   /* Weder die GET-Methode noch die POST-Methode wurden verwendet. */
   else
      return NULL;
}

/*  Da die Funktion strdup() in der Headerdatei <string.h> keine
 *  ANSI-C-Funktion ist, schreiben wir eine eigene.
 */
char *Strdup(const char *str) {
   char *p;

   if(NULL == str)
      return NULL;
   else {
      p = malloc(strlen(str)+1);
      if(NULL == p)
         return NULL;
      else
         strcpy(p, str);
   }
   return p;
}

/* Wandelt einzelne Hexzeichen (%xx) in ASCII-Zeichen
   und kodierte Leerzeichen (+) in echte Leerzeichen um. */
void hex2ascii(char *str) {
   int x, y;

   for(x=0,y=0; str[y] != '\0'; ++x,++y) {
      str[x] = str[y];
      /* Ein hexadezimales Zeichen? */
      if(str[x] == '%') {
         str[x] = convert(&str[y+1]);
         y += 2;
```

```
      }
      /* Ein Leerzeichen ? */
      else if( str[x] == '+')
         str[x]=' ';
   }
   /* geparsten String sauber terminieren */
   str[x] = '\0';
}

/* Die Funktion konvertiert einen String von zwei hexadezimalen
 * Zeichen und gibt das einzelne dafür stehende Zeichen zurück.
 */
char convert(char *hex) {
   char ascii;

   /* erster Hexawert */
   ascii =
   (hex[0] >= 'A' ? ((hex[0] & 0xdf) - 'A')+10 : (hex[0] - '0'));
   ascii <<= 4; /* Bitverschiebung schneller als ascii*=16 */
   /* zweiter Hexawert */
   ascii +=
   (hex[1] >= 'A' ? ((hex[1] & 0xdf) - 'A')+10 : (hex[1] - '0'));
   return ascii;
}


/* Liste aus Variable/Werte-Paaren erstellen
 * Rückgabewert: Anfangsadresse der Liste
 * Bei Fehler: NULL */
struct CGI_DATEN *erstellen(char *str) {
   char* s;
   char* res;
   /* Irgendwo gibt es auch eine Grenze, hier
      sind MAX_PAARE erlaubt. */
   char *paare[MAX_PAARE];
   struct CGI_DATEN *ptr_daten = NULL;
   struct CGI_DATEN *ptr_anfang = NULL;
   int i=0, j=0;

   /* Zuerst werden die Variablen/Werte-Paare anhand des Zeichens
    * '&' getrennt, sofern es mehrere sind. */
   s=str;
   res=strtok(s,"&");
```

```
while( res != NULL && i < MAX_PAARE) {
   /* Wert von res dynamisch in char **pair speichern */
   paare[i] = malloc(strlen(res)+1);
   if(paare[i] == NULL)
      return NULL;
   paare[i] = res;
   res=strtok(NULL,"&");
   i++;
}
/* Jetzt werden die Variablen von den Werten getrennt und
 * an die Struktur CGI_DATEN übergeben. */
while ( i > j )  { /* Das erste Element? */
   if(ptr_anfang == NULL) {
      ptr_anfang = malloc (sizeof (struct CGI_DATEN));
      if( ptr_anfang == NULL )
         return NULL;
      res = strtok( paare[j], "=");
      if(res == NULL)
         return NULL;
      ptr_anfang->variable = malloc(strlen(res)+1);
      if( ptr_anfang->variable == NULL )
         return NULL;
      ptr_anfang->variable = res;
      res = strtok(NULL, "\0");
      if(res == NULL)
         return NULL;
      ptr_anfang->wert = malloc(strlen(res)+1);
      if( ptr_anfang->wert == NULL )
         return NULL;
      ptr_anfang->wert = res;
      /* printf("%s %s<br>",
       * ptr_anfang->variable, ptr_anfang->wert); */
      ptr_anfang->next =
         malloc(sizeof (struct CGI_DATEN));
      if(ptr_anfang->next == NULL)
         return NULL;
      ptr_daten = ptr_anfang->next;
      j++;
   }
   else { /* die restlichen Elemente */
      res = strtok( paare[j], "=");
      if(res == NULL)
         return NULL;
```

```
         ptr_daten->variable = malloc(strlen(res)+1);
         if(ptr_daten->variable == NULL)
            return NULL;
         ptr_daten->variable = res;
         res = strtok(NULL, "\0");
         if(res == NULL)
            return NULL;
         ptr_daten->wert = malloc(strlen(res)+1);
         if(ptr_daten->wert == NULL)
            return NULL;
         ptr_daten->wert = res;
         /* printf("%s %s<br>",
          * ptr_daten->variable, ptr_daten->wert); */
         ptr_daten->next =
            malloc(sizeof (struct CGI_DATEN));
         if( ptr_daten->next == NULL )
            return NULL;
         ptr_daten = ptr_daten->next;
         j++;
      }
   }
   ende = ptr_daten;
   /* Anfangsadresse der Liste struct CGI_DATEN zurückgeben */
   return ptr_anfang;
}

/* Bricht bei Fehler (mysql_error != 0) das Programm ab. */
void check_error(void) {
   if (mysql_errno(mysql) != 0) {
      fprintf(stderr, "Fehler: %s\n", mysql_error(mysql));
      exit(EXIT_FAILURE);
   }
}

##x##/* Baut eine Verbindung zum Datenbankserver auf.
 * Passen Sie ggf. Usernamen und Passwort und, sofern
 * andere Parameter benötigt werden, diese selbst an
 * Ihre Bedürfnisse an.
 */
void verbinden(void)  {
   mysql= mysql_init(mysql);
   check_error();
   mysql_real_connect(mysql, "localhost", "root",
```

```
                    NULL, NULL, 0, NULL, 0);
   check_error();
}

/* Serververbindung wieder schließen und den Speicher für die
 * Struktur MYSQL wieder freigeben */
void verbindung_schliessen(void)  {
   mysql_close(mysql);
}

/* Falls die Datenbank bei der Funktion verbinden() nicht
 * angegeben wurde oder Sie die Datenbank wechseln wollen,
 * dann verwenden Sie diese Funktion. */
void db_waehlen(char *db) {
   mysql_select_db(mysql, db);
   check_error();
}

/* Daten mit mysql_real_query() in die Datenbank schreiben */
void daten_suchen(struct CGI_DATEN *daten) {
   MYSQL_ROW  row;
   MYSQL_RES  *mysql_res;
   unsigned long  anzahl_reihen;
   unsigned int i;
   char buf[BUF] = "SELECT adresse FROM daten WHERE name='";

   strcat(buf, daten->wert);
   strcat(buf, "';");
   mysql_real_query(mysql, buf, strlen(buf));
   check_error();
   /* Daten der Anfrage abholen */
   mysql_res = mysql_store_result(mysql);
   check_error();
   /* Anzahl der gefundenen Datensätze ermitteln */
   anzahl_reihen = (unsigned long) mysql_num_rows (mysql_res);
   printf ("Anzahl gefunden: %lu\n\n<br><br>", anzahl_reihen);
   /* gefundenen Datensatz bzw. Datensätze ausgeben */
   while ((row = mysql_fetch_row (mysql_res)) != NULL) {
      /* einzelne Spalten der Zeile ausgeben */
      for (i = 0;  i < mysql_num_fields(mysql_res);  i ++)
         printf ("Adresse zu %s lautet %s<br> ",
           daten->wert,row[i]);
         printf("\n");
```

```
   }
   /* Speicherplatz wieder freigeben */
   mysql_free_result(mysql_res);
}

int main(void) {
   char *str;
   struct CGI_DATEN *cgi;
   struct CGI_DATEN *free_cgi;

   /* für Fehlermeldungen */
   printf("Content-Type: text/html\n\n");
   /* Eingabe einlesen */
   str = getdata();
   if(str == NULL) {
      printf("Fehler beim Einlesen von der Formulareingabe");
      return EXIT_FAILURE;
   }
   /* Hexzeichen in ASCII-Zeichen konvertieren und aus '+'
    * Leerzeichen machen */
   hex2ascii(str);
   /* Liste der Formulardaten erstellen */
   cgi = erstellen(str);
   free_cgi = cgi;
   if (cgi == NULL) {
      printf("Fehler beim Erstellen der "
             "Variablen/Werte-Liste!!\n");
      return EXIT_FAILURE;
   }
   verbinden();
   db_waehlen("mail_archiv");
   daten_suchen(cgi);

   verbindung_schliessen();
   print_html();
   return EXIT_FAILURE;
}
```

Listing 24.11 »search_db.c« implementiert eine Suche nach Datensätzen in der Datenbank »mail_archiv« unter Nutzung des am Anfang erstellten HTML-Formulars.

Natürlich gilt auch hier: Übersetzen Sie den Quellcode wie gewohnt, ändern Sie die Extension *(*.cgi)*, und speichern Sie die ausführbare Datei im *cgi-bin*-Verzeichnis des

(Apache-)Webservers. Unter Linux werden dafür teilweise Root-Rechte benötigt. Ändern Sie außerdem unter Linux die Zugriffsrechte für diese Datei mit der Kommandozeile

```
chmod go+rx search_db.cgi
```

Wenn Sie wollen, können Sie die CGI-Anwendungen mit MySQL in der Praxis testen. Öffnen Sie dazu mit Ihrem Webrowser das erstellte HTML-Formular. Jetzt können Sie mit dem Webbrowser Datensätze in die Datenbank einfügen oder Datensätze suchen. Die Voraussetzung dafür, dass dies auch funktioniert, ist, dass der (Apache-)Webserver und der Datenbankserver MySQL gestartet wurden.

Mit diesem Beispiel haben Sie jetzt die Grundlagen für komplexere Aufgaben mit der MySQL-Datenbank geschaffen.

[«]

Hinweis: Mehr Informationen zu MySQL und CGI

Noch mehr zur MySQL-C-API (und auch zur PostgreSQL-C-API) finden Sie in dem Buch »Linux-Unix-Programmierung« von Jürgen Wolf (4. Auflage Rheinwerk 2016) oder – dann zu bevorzugen – in der geplanten 5. Auflage, »Systemnahe Programmierung mit C und Linux« (Rheinwerk 2023/24). Allerdings sei darauf hingewiesen, dass CGI nicht mehr oft verwendet wird und man Datenbanken inzwischen mit PHP, JavaScript oder Java (über JDBC) anspricht.

24.6 Funktionsübersicht

Zum Abschluss dieses Kapitels fasst Tabelle 24.11 die wichtigsten Funktionen der MySQL-C-API für Referenzzwecke zusammen.

Funktion	Bedeutung
`mysql_affected_rows()`	Gibt die Anzahl von Zeilen zurück, die durch die letzte `UPDATE`-, `DELETE`- oder `INSERT`-Anfrage geändert, gelöscht bzw. hinzugefügt wurden.
`mysql_close()`	Schließt eine Server-Verbindung.
`mysql_connect()`	Stellt die Verbindung mit einem MySQL-Server her. Diese Funktion ist veraltet; benutzen Sie stattdessen `mysql_real_connect()`.
`mysql_change_user()`	Ändert Benutzer und Datenbank bei einer geöffneten Verbindung.

Tabelle 24.11 Funktionsübersicht der MySQL-C-API

Funktion	Bedeutung
mysql_character_set_name()	Gibt den Namen des vorgabemäßigen Zeichensatzes für die Verbindung zurück.
mysql_create_db()	Erzeugt eine Datenbank. Diese Funktion ist veraltet; benutzen Sie stattdessen den SQL-Befehl CREATE DATABASE.
mysql_data_seek()	Sucht bis zu einer beliebigen Zeile in einer Anfrage-Ergebnismenge.
mysql_debug()	Macht ein DBUG_PUSH mit der angegebenen Zeichenkette.
mysql_drop_db()	Löscht eine Datenbank. Diese Funktion ist veraltet; benutzen Sie stattdessen den SQL-Befehl DROP DATABASE.
mysql_dump_debug_info()	Veranlasst den Server, Debug-Informationen in die Log-Datei zu schreiben.
mysql_eof()	Stellt fest, ob die letzte Zeile der Ergebnismenge gelesen wurde oder nicht. Diese Funktion ist veraltet; benutzen Sie stattdessen mysql_errno() oder mysql_error().
mysql_errno()	Gibt die Fehlernummer der zuletzt aufgerufenen MySQL-Funktion zurück.
mysql_error()	Gibt die Fehlermeldung der zuletzt aufgerufenen MySQL-Funktion zurück.
mysql_real_escape_string()	Escape-Sonderzeichen in einer Zeichenkette, die für eine SQL-Anfrage benutzt wird, wobei der aktuelle Zeichensatz der Verbindung berücksichtigt wird
mysql_escape_string()	Escape-Sonderzeichen in einer Zeichenkette, die für eine SQL-Anfrage benutzt wird
mysql_fetch_field()	Gibt den Typ des nächsten Tabellenfeldes zurück.
mysql_fetch_field_direct()	Gibt den Typ eines Tabellenfeldes zurück, angegeben durch eine Feldnummer.
mysql_fetch_fields()	Gibt ein Array aller Feldstrukturen zurück.

Tabelle 24.11 Funktionsübersicht der MySQL-C-API (Forts.)

Funktion	Bedeutung
`mysql_fetch_lengths()`	Gibt die Länge aller Spalten in der aktuellen Zeile zurück.
`mysql_fetch_row()`	Holt die nächste Zeile aus der Ergebnismenge.
`mysql_field_seek()`	Setzt den Spaltencursor auf eine bestimmte Spalte.
`mysql_field_count()`	Gibt die Anzahl der Ergebnisspalten für die letzte Anfrage zurück.
`mysql_field_tell()`	Gibt die Position des Feldcursors zurück, der für das letzte `mysql_fetch_field()` benutzt wurde.
`mysql_free_result()`	Gibt Speicher frei, der von einer Ergebnismenge benutzt wird.
`mysql_get_client_info()`	Gibt Client-Versionsinformationen zurück.
`mysql_get_host_info()`	Gibt eine Zeichenkette zurück, die die Verbindung beschreibt.
`mysql_get_proto_info()`	Gibt die Protokollversion zurück, die von der Verbindung benutzt wird.
`mysql_get_server_info()`	Gibt die Server-Versionsnummer zurück.
`mysql_info()`	Gibt Informationen über die zuletzt ausgeführte Anfrage zurück.
`mysql_init()`	Holt oder initialisiert eine `MYSQL`-Struktur.
`mysql_insert_id()`	Gibt die Kennung zurück, die für eine `AUTO_INCREMENT`-Spalte durch die letzte Anfrage erzeugt wurde.
`mysql_kill()`	Beendet einen angegebenen Thread.
`mysql_list_dbs()`	Gibt die Datenbanknamen zurück, die mit einem einfachen regulären Ausdruck übereinstimmen.
`mysql_list_fields()`	Gibt die Feldnamen zurück, die mit einem einfachen regulären Ausdruck übereinstimmen.
`mysql_list_processes()`	Gibt eine Liste der aktuellen Server-Threads zurück.
`mysql_list_tables()`	Gibt Tabellennamen zurück, die mit einem einfachen regulären Ausdruck übereinstimmen.

Tabelle 24.11 Funktionsübersicht der MySQL-C-API (Forts.)

Funktion	Bedeutung
mysql_num_fields()	Gibt die Anzahl von Spalten in einer Ergebnismenge zurück.
mysql_num_rows()	Gibt die Anzahl von Zeilen in einer Ergebnismenge zurück.
mysql_options()	Setzt Verbindungsoptionen für mysql_connect().
mysql_ping()	Prüft, ob die Verbindung zum Server funktioniert oder nicht, und verbindet sich erneut, falls notwendig.
mysql_query()	Führt eine SQL-Anfrage aus, die als NULL-begrenzte Zeichenkette angegeben wird.
mysql_real_connect()	Verbindet sich mit einem MySQL-Server.
mysql_real_query()	Führt eine SQL-Anfrage aus, die als gezählte Zeichenkette angegeben wird.
mysql_reload()	Weist den Server an, die Berechtigungstabellen erneut zu laden.
mysql_row_seek()	Sucht bis zu einer Zeile in einer Ergebnismenge, indem sie den Wert benutzt, der von mysql_row_tell() zurückgegeben wird.
mysql_row_tell()	Gibt die Zeilencursorposition zurück.
mysql_select_db()	Wählt eine Datenbank aus.
mysql_shutdown()	Fährt den Datenbankserver herunter.
mysql_stat()	Gibt den Server-Status als Zeichenkette zurück.
mysql_store_result()	Ruft eine vollständige Ergebnismenge zum Client ab.
mysql_thread_id()	Gibt die aktuelle Thread-Kennung zurück.
mysql_thread_safe()	Gibt 1 zurück, wenn die Clients Thread-sicher kompiliert sind.
mysql_use_result()	Initialisiert den zeilenweisen Abruf einer Ergebnismenge.

Tabelle 24.11 Funktionsübersicht der MySQL-C-API (Forts.)

24.7 Datentypenübersicht der C-API

Auch zu den eigenen Datentypen von MySQL und der C-API folgt in Tabelle 24.12 ein kurzer Überblick.

Datentyp	Bedeutung
`MYSQL`	Handle einer Datenbankverbindung. Wird für fast alle MySQL-Funktionen verwendet.
`MYSQL_RES`	Ergebnis einer Anfrage, die Zeilen zurückgibt (`SELECT`, `SHOW`, `DESCRIBE`, `EXPLAIN`)
`MYSQL_ROW`	Eine typensichere Darstellung eines Datensatzes (Zeile). Zeilen werden gewöhnlich mit der Funktion `mysql_fetch_row()` eingelesen.
`MYSQL_FIELD`	Eine Struktur mit Informationen über ein Feld, über Feldnamen, Feldtyp und Feldgröße. Die einzelnen Werte dieser Struktur erhalten Sie mithilfe der Funktion `mysql_fetch_field()`.
`MYSQL_FIELD_OFFSET`	Eine typensichere Darstellung eines Offsets in einer MySQL-Feldliste. Offsets sind Feldnummern innerhalb einer Zeile.
`my_ulonglong`	Der Typ, der für die Anzahl von Zeilen und für `mysql_affected_rows()`, `mysql_num_rows()` und `mysql_insert_id()` benutzt wird

Tabelle 24.12 Datentypenübersicht der MySQL-C-API

24.8 Weiterführende Literatur zu Datenbanken

Sie kennen nun die Grundlagen von SQL und können mit der MySQL-C-API eigene einfache Datenbankanwendungen erstellen. Ich möchte Ihnen am Schluss des Kapitels weiterführende Literatur zum Thema SQL und Datenbanken empfehlen, mit der Sie tiefer in dieses Thema einsteigen können.

- Laube: »Einstieg in SQL«. 3. Auflage 2022, Rheinwerk Computing
- Pröll et al.: »MySQL. Das umfassende Handbuch«. 3. Auflage 2015, Rheinwerk Computing
- Beaulieu: »Einführung in SQL«. 3. Auflage 2021, O'Reilly
- Steiner: »Grundkurs relationale Datenbanken. Einführung in die Praxis der Datenbankentwicklung für Ausbildung, Studium und IT-Beruf«. 10. Auflage 2021, Springer Vieweg

Kapitel 25
Netzwerkprogrammierung und Cross-Plattform-Entwicklung

Heute gibt es kaum noch eine Anwendung ohne eine gewisse Netzwerkfunktionalität. Wie Sie ein einfaches Client-Server-Beispiel erstellen können – und das auch noch auf den verschiedensten Plattformen –, zeigt Ihnen dieses Kapitel.

Die Netzwerkprogrammierung gehört nicht unbedingt zu den einfacheren Themen in der Programmierung. Auch wenn Ihnen dieses Kapitel den Eindruck verschafft, es sei alles nicht so schwer, sollten Sie sich nicht täuschen lassen: Sie erhalten hier lediglich einen Einblick in die Welt der Netzwerkprogrammierung. Allerdings erscheint es mir sehr wichtig, Ihnen diese Basis mitzugeben, da heutzutage kaum noch eine Anwendung ohne Netzwerkfunktionalität angeboten wird.

Sicherlich stellt sich zunächst die Frage, wie man die Netzwerkprogrammierung in einem Buch behandelt, das sich primär mit der Erstellung von portablen Programmen befasst. Prallen hier mit der Netzwerkprogrammierung unter Windows und Linux nicht zwei verschiedene Welten aufeinander? Im Verlauf des Kapitels werden Sie merken, dass die grundlegenden Prinzipien dieselben sind – und die Funktionsnamen sind zum Teil sogar die gleichen. Und darum geht es auch im zweiten Teil dieses Kapitels, bei der Cross-Plattform-Entwicklung. Dabei werden Sie erfahren, wie Sie sinnvoll portable Headerdateien bzw. Bibliotheken erstellen können, die auf den verschiedensten Plattformen ausführbar sind (hier Windows und Linux) – natürlich wiederum anhand von Beispielen zur Netzwerkprogrammierung.

Hinweis
Um im Rahmen dieses Buches zu bleiben, gebe ich hier nur eine Einführung in die Netzwerkprogrammierung. Falls Sie sich eigene Literatur dazu anzuschaffen möchten, schauen Sie am Ende des Kapitels in die Literaturempfehlungen.

25.1 Begriffe zur Netzwerktechnik

Bevor ich Sie in die Netzwerkprogrammierung einführe, möchte ich Ihnen noch einige Begriffe der Netzwerktechnik etwas näherbringen, damit Sie anschließend bei der Programmierung nicht ins Straucheln geraten. Sollten Sie mit den Begriffen der Netzwerktechnik bereits vertraut sein, können Sie diesen Abschnitt selbstverständlich überfliegen.

25.1.1 Ethernet-Frames

Grundlage aller modernen Netzwerke ist das Ethernet und die mit diesem verbundenen standardisierten Ethernet-Kabel. Über diese Kabel werden die Daten paketweise durch sogenannte *Ethernet-Controller* übertragen. Im modernen Sprachgebrauch hat sich hierfür auch der Begriff Netzwerkkarte eingebürgert. Inzwischen ist eine Netzwerkkarte oft keine separate Hardware mehr, sondern befindet sich auf dem Mainboard bzw. direkt im Chipsatz. Jedoch hat sich das Übertragungsverfahren nicht geändert.

Beim Ethernet werden die Daten *seriell* an den Empfänger übertragen, d. h. Bit für Bit, beginnend mit Bit 0 (*LSB first*). Das bedeutet, es gibt eine Sendeleitung (*TX*) und eine Empfangsleitung (*RX*), und ein Ethernet-Kabel verbindet jeweils die TX-Leitung des Senders mit der RX-Leitung des Empfängers (genauer besitzen TX und RX jeweils zwei Adern, nämlich eine Plusleitung D+ und eine Minusleitung D–, aber dieser Sachverhalt ist hier nicht so wichtig). Damit der Empfänger den Sender versteht und ferner gewährleistet ist, dass der Empfänger registriert, dass er gemeint ist, gibt es ein standardisiertes Datenformat, nämlich den *Ethernet-Frame*. Ein Ethernet-Frame ist sozusagen die kleinstmögliche Übermittlungseinheit von Daten im Ethernet. In Abbildung 25.1 sehen Sie den Aufbau eines solchen Datenpakets.

Präambel	**Ethernet-Frame: min. 64 Byte / max. 1518 Byte**				
10101010..	**Zieladresse**	**Quelladresse**	**Typ**	**Daten**	**FCS**
8 Byte	6 Byte	6 Byte	2 Byte	46 - 1500 Byte	4 Byte

Abbildung 25.1 Aufbau eines Ethernet-Frames

Die ersten 8 Byte eines jeden Netzwerkpakets enthalten wichtige Informationen, z. B. über den Netzwerktyp. Da die Datenrate stark variieren kann und die Sende- und Empfangsleitungen keine eigene Taktleitung besitzen, ist das erste Byte immer eine alternierende (abwechselnde) Folge von Bits, also 10101010. Auf diese Weise kann der Empfänger den zeitlichen Abstand der Bits messen und seine interne Uhr mit der Uhr des Senders synchronisieren. Die ersten 8 Bytes eines Netzwerkpakets werden auch als *Preambel* bzw. *Header* bezeichnet. Hierauf folgt der eigentliche Ethernet-Frame.

Alle Netzwerkkarten besitzen eine weltweit eindeutige Hardwareadresse, die sogenannte *MAC-Adresse*. Eine MAC-Adresse besteht aus 6 Byte, und genau diese eindeutige Zahl wird getrennt für Empfänger (Zieladresse) und Sender (Quelladresse) in den ersten 12 Byte des Ethernet-Frames angegeben. Anschließend folgen 2 Byte für den zu verwendenden Protokolltyp, der im weiteren Verlauf noch ausführlich erläutert wird, wenn es um TCP/IP und UDP geht. Auf das Typfeld folgen die eigentlichen Daten, deren Struktur und Länge vom verwendeten Protokolltyp abhängig sind. Alle Datenpakete enden mit einer Prüfsumme (FCS-Feld), anhand der der Empfänger feststellen kann, ob alle Daten korrekt übermittelt wurden. Eine eventuelle Fehlerbehandlung hängt vom verwendeten Protokoll ab; meistens werden aber CRC-Prüfsummen verwendet, oder FCS wird zu 0 gesetzt.

Ethernet-Frames enthalten also immer nur die Ziel- und Quelladressen von zwei Teilnehmern. Um also mehr als zwei Teilnehmer durch das Ethernet zu verbinden, benötigt man immer zumindest einen Switch. Ein *Switch* ist quasi ein Verteiler (inklusive Signalverstärker), der denselben Ethernet-Frame auf mehrere Ausgänge legt. Auf diese Weise kann z. B. ein dritter Teilnehmer, der auch am Switch hängt, feststellen, dass ein Paket nicht für den zweiten Teilnehmer, sondern für ihn selbst bestimmt ist. Das bedeutet natürlich auch, dass sämtliche Teilnehmer, die am selben Switch hängen, den gesamten Datenverkehr sehen können. Da dies eine Sicherheitslücke ist, gibt es die *Router*. Router sind quasi Switches, die zusätzliche Funktionen enthalten, wie etwa die Möglichkeit zur Verbindung des einen lokalen Netzwerks mit einem anderen lokalen Netzwerk oder aber Funktionen zur Gewährleistung einer gewissen Sicherheit. Router enthalten beispielsweise oft eine Firewall zur Filterung unerwünschter Netzwerkpakete. Diesen Begriff werde ich später noch ausführlicher erläutern.

25.1.2 IP-Adressen

Im Internet werden aus Sicherheitsgründen keine direkten Hardwareadressen verwendet, sondern spezielle virtuelle Adressen, die im Datenbereich des Ethernet-Frames abgelegt werden. Diese sogenannten *IP-Adressen* werden durch das *ARP-Protokoll* (ARP = Address Resolution Protocol) mittels spezieller Tabellen aus den MAC-Adressen der Netzwerkteilnehmer abgeleitet. Oft werden diese Tabellen durch die Router automatisch angelegt und verwaltet. Die *IP-Adresse* (IP = Internet Protocol) ist mit einer Telefonnummer vergleichbar. Unter dieser Nummer sind Sie in externen Netzwerken (z. B. im Internet) für alle anderen Teilnehmer erreichbar. Daher ist es auch verständlich, dass diese Nummer eindeutig sein muss, sodass keine Adresskonflikte auftreten können. Wenn Sie z. B. an Ihrem Router einen PC und ein iPad mit den gleichen IP-Adressen (z. B. 192.168.2.1) anmelden, werden Sie auf beiden Geräten eine Fehlermeldung erhalten, dass ein Adressenkonflikt besteht.

Statische und dynamische IP-Adressen

Bei den IP-Adressen unterscheidet man (sofern man von einem Unterschied sprechen kann) zwischen einer *statischen IP-Adresse* und einer *dynamischen IP-Adresse*. Rechner, die ständig im Internet sind, um etwa einen bestimmten Dienst anzubieten (man spricht auch von *Service*), benötigen meistens eine statische IP-Adresse. Man spricht von einer statischen IP-Adresse, wenn einem Rechner einmal eine Adresse zugeteilt wird und sich diese anschließend nicht mehr ändert. Natürlich können Sie sich auch eine eigene IP-Adresse geben lassen (beispielsweise um einen eigenen Webserver zu betreiben). Dazu müssen Sie sich über einen Internetprovider oder besser gleich über das *Network Information Center* (NIC) eine statische Adresse zuteilen lassen. Für Privatpersonen bzw. mittelständische Firmen lohnt sich dies allerdings recht selten, da eine feste IP-Adresse auch ihren Preis hat.

Gewöhnlich wird Ihnen, wenn Sie sich ins Internet einwählen, jedes Mal eine neue dynamische IP-Adresse erteilt. Diese Adresse kann sich periodisch ändern, z. B. alle 24 Stunden. Sie wählen sich praktisch ins Internet ein, und Ihr Internetserviceprovider teilt Ihnen so eine dynamische IP-Adresse zu. Neben dem geringeren Verbrauch von IP-Adressen wird auch der administrative Aufwand erheblich verringert. Dies trifft besonders bei größeren lokalen Netzwerken zu. Ein Administrator muss nicht jede einzelne statische IP-Adresse ins Netzwerk integrieren, sondern meistens übernimmt eine Software die automatische Vergabe der IP-Adressen im lokalen Netzwerk. Sämtliche modernen Router unterstützen inzwischen die automatische Vergabe von IP-Adressen mittels des sogenannten *DHCP-Protokolls* von Haus aus.

IPv4- und IPv6-Adressen

Beim *Internet Protocol der Version 4* (*IPv4*) setzen sich die IP-Adressen aus vier Zahlen (32 Bit) zwischen 0 und 255 zusammen. Dadurch sind mit IPv4 Adressierungen zwischen `0.0.0.0` und `255.255.255.255` möglich – was etwa 4 Milliarden Adressen wären. Allerdings nur theoretisch, da diverse Nummern, beispielsweise mit der Endung 0 und 255, für andere Zwecke vergeben sind. 4 Milliarden IP-Adressen sind in der Tat nicht mehr so viele, wenn man diese Zahl mit der Weltbevölkerung von 7 Milliarden vergleicht. Wenn bis 2025 voraussichtlich jeder Mensch mindestens ein internetfähiges Smartphone besitzt, dann sind die alten IP-Adressen erschöpft. Somit muss eine andere Lösung gefunden werden, die es auch mit IPv6 schon längst gibt. Bei IPv6 sind die Adressen 128 Bit lang, wobei ein Teil der Bits direkt aus der MAC-Adresse abgeleitet wird. Mit IPv6 lassen sich also erheblich mehr IP-Adressen darstellen, es ist aber zurzeit noch nicht klar, ob die direkte Speicherung von MAC-Adressen-Daten eine Sicherheitslücke darstellt.

IPv6 ist allerdings immer noch nicht flächendeckend eingeführt, weil es viele alte Router gibt, die noch voraussichtlich 10 Jahre laufen werden. Wenn IPv6 flächendeckend eingeführt ist, werden Sie sich an eine andere Schreibweise gewöhnen müssen, die auf den ersten Blick ein wenig komplexer erscheint. Schreibt man beispielsweise eine IPv6-Adresse vollständig aus, ergeben sich sieben Doppelpunkte, die Hexadezimalzahlen voneinander trennen:

```
2ffd:345:34b:33:432:e23:a:2
```

Diese Schreibweise kann durch die Zusammenfassung von Nullen noch vereinfacht werden. So kann beispielsweise eine Gruppe von aufeinanderfolgenden Nullen durch zwei Doppelpunkte (::) angegeben werden. Dies ist beispielsweise auch nötig bzw. der Fall, wenn die Kompatibilität mit IPv4-Adressen gewahrt werden muss. Da beispielsweise bei einer IPv4-Adresse, die in IPv6 konvertiert wird, die ersten sechs Gruppen mit Nullen beziffert sind (IPv4: `xxx.xxx.xxx.xxx` konvertiert zu IPv6: `0:0:0:0:0:0:xxxx:xxxx`), kann man es sich auch hier mit der Doppelpunktregelung einfacher machen (`0:0:0:0:0:0:xxxx:xxxx`; Gruppe von Nullen durch `::` ersetzen `::xxxx:xxxx`). Und damit man bei der Konvertierung nicht dauernd auch noch den hexadezimalen Wert der IPv4-Adresse zur IPv6-Adresse umrechnen muss, ist es auch erlaubt, dass die letzten beiden Ziffern dezimal (also aus den vier Zahlen wie in IPv4) angegeben werden können (also als `0:0:0:0:0:0:xxx.xxx.xxx.xxx` oder auch als `::xxx.xxx.xxx.xxx`).

25.1.3 Portnummern

Auch die *Portnummer* wird im Datenbereich des Ethernet-Frames abgelegt. Die hauptsächlich für die Datenübertragung benutzten Protokolle sind *TCP/IP* (Internet Protocol) und *UDP* (User Datagram Protocol). Bei den Internetprotokollen TCP/IP und UDP/IP sind neben den IP-Adressen, mit denen ein Rechner spezifiziert wird, auch noch sogenannte *Portnummern* (16 Bit `unsigned int`, 0 bis 65535) vorhanden. Mit den Portnummern wird ein bestimmter *Service* (Dienst) auf dem Rechner spezifiziert. Jeder Service hat dabei gewöhnlich eine eigene Portnummer, die auch teilweise standardisiert ist. Die bekannteste Portnummer dürfte 80 (HTTP-Dienst) sein. Über diesen Port unterhält sich gewöhnlich der Webserver mit dem Webbrowser. Entsprechend der Portnummer reagiert also auch der Benutzerrechner mit einem entsprechenden Dienst und dem damit verknüpften Protokoll. Meistens ist für jeden Dienst eine bestimmte Software oder App installiert, die über einen bestimmten Port kommuniziert. Leider werden inzwischen auch die Ports knapp, denn zusätzlich zum Browser gibt es inzwischen z. B. E-Mail-Clients, soziale Netzwerke wie Facebook oder Spieleplattformen wie Steam, die sehr viele unterschiedliche Ports benutzen. Wie man dieses Problem in Zukunft lösen will, ist noch nicht entschieden.

Ich habe ja schon erwähnt, dass jeder Teilnehmer zumindest in seinem lokalen Netz alle Datenpakete sehen kann. Wollen Sie die Sicherheit in diesem lokalen Netzwerk erhöhen, Sie können sogenannte *Firewalls* verwenden, die in modernen Routern oft schon mit eingebaut sind. Firewalls sind spezielle Programme, die den Datentransfer für ausgewählte Ports blockieren. Das heißt, es lassen sich mit einer Firewall bestimmte Dienste auf dem Rechner sperren, indem einfach entschieden wird, welche Ports durchgelassen werden und welche nicht. Sie können sich die Ports als Türen vorstellen – lässt man andauernd die Tür offen stehen, braucht man sich nicht über ungebetene Gäste, wie Hacker und Spione, zu wundern.

Wie oben schon angedeutet, sind die Ports teilweise standardisiert. Besonders die ersten 1023 Portnummern werden beispielsweise von der IANA (*Internet Assigned Numbers Authority*) kontrolliert und zugewiesen. Unter Linux können diese ersten 1023 Portnummern in der Regel meistens nur durch den Superuser `root` verwendet werden. Hier finden sich die Portnummern vieler Standardanwendungen wieder. Beispielsweise wird FTP über Port 21 abgewickelt, TELNET über Port 23 oder der Internetverkehr (HTTP) über Port 80. Natürlich sind die Portnummern unter 1024 auch ein beliebtes Ziel für Hacker.

25.1.4 Host- und Domainnamen

Zwar wissen Sie jetzt, dass im Internet alles über IP-Adressen erreichbar ist, aber wenn Sie mit diesen langen Nummern operieren müssten, wäre das Internet wohl heute nicht so erfolgreich. Es geht ja gerade noch an, dass man sich etwa 50 Telefonnummern seiner häufigsten Kontaktpartner merkt. Aber sich die IP-Adressen von Tausenden von Webseiten zu merken, die man in einem Jahr besucht, das kann man wirklich nur Freaks zumuten. Deshalb wird für die wichtigsten IP-Adressen zusätzlich ein Name vergeben, der aus dem Host- und dem Domainnamen (und eventuell einer Top-Level-Domain – TLD) besteht (*hostname.domainname.tld*, beispielsweise *www.pronix.de*).

Der *Domainname* ist der Name, mit dem Sie eine Website (beispielsweise *pronix.de*) im Internet ansprechen. Ein Domainname wird von hinten nach vorne aufgelöst. Somit steht das *de* für die Top-Level-Domain. Die Top-Level-Domain bezeichnet die Herkunft und/oder die Zugehörigkeit (z. B. *.com*, *.gov*, *.net* etc.), in unserem Beispiel ist dies *de* für Deutschland. Nach der Top-Level-Domain folgt weiter links der eigentliche Domainname, der im Beispiel *pronix* lautet.

Der *Hostname* ist die niedrigste Instanz eines Domainnamens, da dieser von hinten nach vorne aufgelöst wird. Der Hostname ist somit der erste Teil. Gewöhnlich lautet im Internet der Hostname *www* (*www.pronix.de*) – allerdings spricht nichts dagegen, wenn Sie den Host anders benennen. *www* wird nämlich nur empfohlen, weil sich viele Anwender an das *www* gewöhnt haben. Genauso gut könnten Sie auch *abc.pronix.de* verwenden. Leider finden dann Suchmaschinenroboter, wie z. B. die Indexroboter von Google, Ihre Website nicht unbedingt.

25.1.5 Nameserver

Einfach ausgedrückt ist ein Nameserver ein Rechner, der für die Umsetzung von Domainnamen in IP-Adressen verantwortlich ist. Im Internet beispielsweise ist dies mit einem Telefonbuch vergleichbar, mit dem der Name des Teilnehmers in die Telefonnummer umgewandelt wird. Der Dienst, der Ihnen diese Arbeit abnimmt, wird als *Domain Name System* (DNS) bezeichnet. Bei kleineren Netzwerken, wie z. B. einem

Intranet, werden die lokalen IP-Adressen meistens in Form einer Tabelle in einer Datei hinterlegt. Im Internet ist allerdings Ihr Provider dafür zuständig, einen eigenen *DNS-Server* mit einer bestimmten statischen IP-Adresse zu betreiben. Manchmal müssen Sie diese Adresse auch in der zugehörigen Konfigurationsoberfläche Ihres Routers eingeben.

25.1.6 Das IP-Protokoll

Das IP-Protokoll ist dafür verantwortlich, dass die Datenpakete von einem Sender über mehrere Switches und Router hinweg zum Empfänger transportiert werden. Die Übertragung des IP-Protokolls findet paketorientiert und verbindungslos statt. *Verbindungslos* heißt, dass nicht garantiert wird, dass die Pakete in der richtigen Reihenfolge oder überhaupt beim Empfänger ankommen. Ebenfalls liefert das IP-Protokoll keine Empfangsbestätigung vom Empfänger an den Sender zurück. Die maximale Länge eines IP-Pakets ist theoretisch auf 65.535 Byte beschränkt, meist beträgt die Größe aber nur 1–2 kB (Standard ist 1492 bzw. 1500 Byte). Da das IP-Protokoll auch für das IP-Routing durch ein Netzwerk verantwortlich ist, kann dieses Protokoll die einzelnen Stationen anhand der IP-Adresse identifizieren.

Da es aber keine Garantie gibt, dass die Daten ans Ziel gelangen, gibt es im IP-Header des IP-Pakets ein *Time-to-live*-Feld (TTL), in dem die Lebensdauer eines Pakets in *Hops* festgelegt wird. Die Hops geben quasi an, wie oft ein Paket einen Router passiert, und TTL wird für jeden Hop automatisch um 1 erhöht. Das TTL-Feld sorgt also dafür, dass die Datenpakete nicht für immer durch das Netz irren und den Datenverkehr unnötig belasten. Ist die im TTL-Feld angegebene Lebensdauer abgelaufen, wird das Datenpaket verworfen.

25.1.7 TCP und UDP

Aufbauend auf dem IP-Protokoll gibt es zwei wichtige Transportprotokolle: TCP/IP (TCP – Transmission Control Protocol) und UDP (UDP – User Datagram Protocol). Beide Protokolle sind auf der Transportebene angesiedelt. Wenn Sie mehr über die einzelnen Netzwerkschichten/Ebenen wissen wollen, dann können Sie z. B. im Internet nach dem Begriff »OSI Referenzmodell« suchen.

Der Vorteil von TCP ist, dass es zusätzlich eine zuverlässige Datenübertragung garantiert. Dabei wird beispielsweise sichergestellt, dass ein Paket, das nach einer gewissen Zeit nicht beim Empfänger angekommen ist, erneut gesendet wird. Ebenso garantiert TCP, dass die Datenpakete auch in der Reihenfolge geliefert werden, in der sie losgeschickt wurden. Zusammengefasst erhalten Sie beim TCP-Protokoll eine Ende-zu-Ende-Kontrolle (Peer-to-Peer), ein Verbindungsmanagement (nach dem sogenannten Handshake-Prinzip), eine Zeitkontrolle, eine Flusskontrolle sowie eine Fehlerbehandlung der Verbindung. Man spricht bei TCP von einem *verbindungsorientierten* Transportprotokoll.

Das UPD-Protokoll hingegen verwendet einen *verbindungslosen* Datenaustausch zwischen den einzelnen Rechnern. Mit UDP haben Sie in Ihren Anwendungen die Möglichkeit, sogenannte *Datagramme* zu senden. Ein Datagramm ist ein einfach gestrickter Datenblock, der sehr gut zu handhaben ist. Allerdings gibt es bei UDP keine Garantie, dass ein Datagramm beim Empfänger abgeliefert wird. Ebenso wenig ist sichergestellt, dass die Datagramme in der richtigen Reihenfolge ankommen (es ist sogar möglich, dass Datagramme mehrfach ankommen). Der Vorteil, dass bei UDP weniger Verwaltungsaufwand betrieben werden muss, führt so zu einem höheren Datendurchsatz, der mit TCP nicht möglich ist. UDP ist so beispielsweise recht interessant für Videoübertragungen oder für Netzwerkspiele. In diesen Anwendungsbereichen ist es nicht so schlimm, wenn das eine oder andere Datenpaket mal nicht ankommt. Die UDP-Strategie kann man gern mit dem Motto »Erst schießen, dann fragen« vergleichen.

Jedoch relativieren sich die letzten Aussagen mit immer schnelleren Internetanbindungen, weswegen UDP immer seltener benutzt wird. Eine Ausnahme stellen alte Smart-Home-Lösungen wie KNX dar, die die *Telegramme* (das sind kurze Byte-Folgen) zum Schalten von Aktoren nach wie vor in UDP-Pakete verpacken. Die Fehlerbehandlung wird vom KNX-Protokoll übernommen.

Hinweis: In diesem Buch benutzte Protokolle

Vorwiegend wird in diesem Buch das gängigere TCP-Protokoll beschrieben, aber dennoch wird gegebenenfalls auf die Unterschiede zum UDP-Protokoll eingegangen. Allerdings sei gesagt, dass die Unterschiede beider Protokolle bei ihrer Verwendung auf der High-Level-Ebene nicht allzu groß sind.

25.2 Was sind Sockets und wie legt man sie in C an?

Ein *Socket* ist eine bidirektionale Softwarestruktur, die zur Netzwerk- oder Interprozesskommunikation verwendet wird. Somit ist ein Socket eine Schnittstelle zwischen einem Prozess (Ihrer Anwendung) und einem Transportprotokoll, was meistens das TCP/IP- oder UDP-Protokoll ist. Sockets abstrahieren in gewisser Weise die Netzwerkkommunikation und verpacken sie in eine gut handhabbare Funktionsbibliothek. So müssen Sie z. B. MAC- und IP-Adressen nicht per Hand in eine komplizierte Form, wie z. B. einen Ethernet-Frame eintragen, sondern können mit den Sockets einfachere Strukturen benutzen.

In den *RFCs* ist ein Socket als ein 5-Tupel aus Ziel- und Quell-IP-Adresse, Ziel- und Quellport und dem Netzwerkprotokoll beschrieben. Bei TCP/IP und UDP werden stets Sockets verwendet.

[«]

Hinweis: RFCs

RFCs (Requests for Comments) sind eine Reihe von technischen und organisatorischen Dokumenten zum Internet (ursprünglich ARPANET), die 1969 begonnen wurde. Mehr dazu finden Sie unter der offiziellen Website *http://www.rfc-editor.org/*.

Seit 1983 verwendet BSD-UNIX die Netzwerk-Sockets in seiner *Berkeley Sockets API*. Linux, Solaris und viele andere UNIX-Varianten verwenden ebenfalls die BSD-Sockets. Der Zugriff auf ein Socket erfolgt ähnlich wie auf Dateien mit einem File-Deskriptor – mit dem Unterschied, dass es bei Sockets nicht um Dateien geht, sondern um Kommunikationskanäle.

Windows verwendet eine ähnliche API wie die Berkeley Sockets, die *Windows Sockets* (kurz *Winsock*).

25.3 Headerdateien für die Netzwerkprogrammierung

Zur Erstellung von Netzwerkanwendungen mit Sockets sind auf den Systemen verschiedene Headerdateien und unter Windows auch eine bestimmte Bibliothek nötig.

25.3.1 Linux

Die Headerdateien für Linux und auch für die BSD-Varianten lauten:

```
#include<sys/types.h>
#include<sys/socket.h>
#include<netinet/in.h>
#include<netdb.h>
#include<arpa/inet.h>
```

[«]

Hinweis für BSD-Systeme

Beachten Sie, dass bei BSD-Systemen beim Kompilieren immer die Headerdatei *<sys/types.h>* noch vor *<sys/socket.h>* inkludiert werden muss, sonst gibt es einen Fehler beim Kompilieren. Dies nur für den Fall, dass Sie unter einem BSD-System eine seltsame Fehlermeldung erhalten.

25.3.2 Windows

Unter Windows sollte es ausreichen, die folgende Headerdatei zu inkludieren:

```
#include<winsock.h>
```

Eventuell kann es auch nötig sein, die Headerdatei *<windows.h>* einzubinden. Die ist z. B. bei Microsoft Visual Studio der Fall. Alternativ zu *<winsock.h>* können Sie auch die neuere *<winsock2.h>* inkludieren, was allerdings für die Beispiele im Buch nicht unbedingt nötig ist. Sämtliche Beispiele benutzen also noch IPv4. Da inzwischen in Deutschland jedoch schon 50% IPv6 benutzen, wird es in der nächsten Auflage sicherlich ein Update der Beispiele auf die neue Version geben.

Hinweis: Benutzung von Winsock2

Bei den meisten Windows-Anwendungen macht es keinen Unterschied, ob Sie Winsock oder Winsock2 verwenden. Winsock2 enthält neue Funktionen für einige neue Netzwerkprotokolle (wie z. B. Bluetooth und IPv6). Winsock2 ist auf jeden Fall komplett abwärtskompatibel mit dem Original-Winsock, und Sie sollten es bei neuen Projekten dem alten Winsock1 vorziehen.

Bibliotheken

Unter Windows wird wie gesagt noch die Winsock- bzw. Winsock2-Bibliothek benötigt. Leider sind bei den verschiedensten Compilern unterschiedliche Bibliotheksnamen angegeben. Mir bekannte Namen unter Microsoft Visual C++ sind beispielsweise *WSOCK32.LIB* (für Winsock) und *WS2_32.LIB* (für Winsock2). Bei einigen anderen Compilern heißen sie aber *WINSOCK32.LIB* und *WINSOCK2_32.LIB*.

Bei der kostenlosen Entwicklungsumgebung *Code::Blocks*, die den MinGW-Compiler verwendet, lautet der Bibliotheksname *LIBWSOCK32.a* (Winsock) oder *LIBWS2_32.a* (Winsock2). Dabei müssen Sie bei Ihrem neuen Projekt lediglich eine der beiden Bibliotheken dem Linker mitteilen, indem Sie im *lib*-Verzeichnis des entsprechenden Compilers die entsprechende Bibliothek wählen. Wie dies mit den Entwicklungsumgebungen *Visual C++* und *Code::Blocks* genau funktioniert, erfahren Sie unter dem Download-Link zu diesem Buch unter *https://www.rheinwerk-verlag.de/5701* auf dem Reiter MATERIALIEN.

Hinweis: Nicht aufgeführte Compiler

Sofern ich Ihren Compiler nicht erwähnt habe, sollten Sie die Dokumentation lesen, die mit Ihrem Compiler mitgeliefert wurde. Meistens allerdings reicht es aus, einen Blick in das Verzeichnis mit den Bibliotheken zu werfen (meistens *lib*) und nach einem entsprechenden Namen zu suchen.

Hinweis: Einstellung von Linker-Optionen

Wenn Sie beim Übersetzen einen Linker-Fehler wie `undefined reference to...` erhalten, dann bedeutet dies, dass Ihr Linker-Pfad zur entsprechenden Winsock-Bibliothek falsch ist oder dass Sie (was häufig vorkommt) gar keine Pfadangaben gemacht haben.

Die Windows-Programmierung und die (C-)Syntax

Bevor es mit dem Thema weitergeht, will ich noch ein paar Worte zur Syntax der Windows-Programmierung sagen. Sofern Sie noch nichts damit zu tun hatten, wird es wohl eine Weile dauern, bis Sie sich an die Windows-typische C-Schreibweise gewöhnt haben. Auf den ersten Blick erscheint Ihnen vielleicht alles ein wenig fremd. Beispielsweise wird anstelle von `unsigned char` der Name `BYTE` oder anstelle von `unsigned long` der Name `DWORD` für die Datentypen verwendet. Aber ein Blick in die Win32-Bibliothek zeigt, dass sich dies durch eine einfache Typdefinition ergibt:

```
typedef unsigned char        BYTE;
typedef unsigned long        DWORD;
```

Ebenso wird dies mit Strukturen und anderen Datentypen gemacht. Außerdem wird bei den Variablennamen von vielen Programmierern eine besondere Schreibweise, die sogenannte *ungarische Notation*, verwendet. Hierbei fängt jeder Variablenname mit einer Vorsilbe (Präfix) an, die etwas über den Variablentyp aussagt, gefolgt vom eigentlichen Namen, der mit einem Großbuchstaben beginnt. Ein Beispiel ist der Name `szPauseName`. Das Präfix `sz` steht für »string-zero terminated«, d. h. eine Zeichenkette mit dem String-Ende-Zeichen. Dies ist also quasi ein C-String.

Zwar verzichte ich in diesem Buch weitgehend auf die Verwendung einer solchen Syntax bzw. auf die Verwendung von Win32-Datentypen, aber sie sollte dennoch erwähnt werden. Wenn Sie beispielsweise Quellcodes oder Dokumentationen zu diesem Thema aus dem Internet herunterladen, werden Sie vielleicht auf die ungarische Notation treffen. Ich selbst mag sie zwar nicht, aber sie wird nun einmal verwendet und sollte einem guten Programmierer bekannt sein.

Winsock initialisieren (Windows)

Damit ein Prozess (ein Prozess ist hier quasi eine Anwendung, die durchaus auch im Hintergrund laufen kann) unter Windows überhaupt Sockets verwenden kann, muss er durch `WASStartup()` initialisiert werden. Durch diese Initialisierung kann ein Prozess die *WS2_32.DLL* bzw. *WINSOCK.DLL* erst verwenden. Sie initialisieren einen Prozess durch den Systemaufruf `WSAStartup()`:


```
int WSAStartup (
  WORD wVersionRequested,
  LPWSADATA lpWSAData
);
```

Diese Funktion muss unter Windows für jede weitere Socket-Funktion aufgerufen werden! Der erste Parameter ist vom Datentyp `WORD` (also `unsigned short`) mit 2 Byte Länge. Mit diesem Parameter geben Sie die Versionsnummer von Winsock an, die Sie verwenden wollen. Dabei legen Sie im Low-Order-Byte die Major-Nummer und im

High-Order-Byte die Minor-Nummer (Revisionsnummer) fest. Damit Sie sich hier nicht mit Bitverschiebungen und den Byte-Orders Ihres Systems auseinandersetzen müssen, verwenden Sie am besten das Win32-Makro `MAKEWORD()`:

```
WORD MAKEWORD (
   BYTE bLow,  // low-order byte of short value
   BYTE bHigh  // high-order byte of short value
);
```

Mit diesem »Trick« umgehen Sie einige ernste Schwierigkeiten, die bei dem (falschen) Zusammensetzen eines `long int`-Wertes aus einzelnen Bytes entstehen können (natürlich können Sie ebenso die Variante `bLow|(bHigh<<8)` benutzen, aber mit `MAKEWORD()` sind Sie auf der sicheren Seite). Wollen Sie z. B. die Version 1.2 von Winsock verwenden, dann müssen Sie nur `MAKEWORD(1, 2)` verwenden. Für die Version 2.0 schreiben Sie einfach `MAKEWORD(2 ,0)`.

Mit dem zweiten Parameter von `WSAStartup()` geben Sie einen Zeiger auf die Struktur `(LP)WSADATA` (`LP` = Long Pointer) an. In dieser Struktur finden Sie Informationen zur Winsock-Version. Allerdings werden Sie diese Struktur im Buch nicht mehr benötigen.

Wenn Sie mit der Anwendung fertig sind und Ihr Programm z. B. mit `EXIT_SUCCESS` beenden, sollten Sie direkt vorher mit der Funktion `WSACleanup()` die Verbindung mit *WS2_32.DLL* oder *WINSOCK.DLL* wieder beenden bzw. diese freigeben:

```
int  WSACleanup (void);
```

Damit werden diverse Aufräumarbeiten durchgeführt, und ein interner Referenzzähler, der auf *WS2_32.DLL* oder *WINSOCK.DLL* verweist, wird dekrementiert. Im Gegensatz zu mit `malloc()` angeforderten Speicherblöcken werden nämlich Sockets vom Betriebssystem nicht automatisch entfernt, weil ja auch mehrere Anwendungen über das gleiche Socket Daten austauschen können. Sockets werden also erst geschlossen, wenn das Betriebssystem heruntergefahren wird. Auch bei Linux ist dies so. Das bedeutet natürlich auch, dass Sockets Speicherplatz belegen, der bei einem lange laufenden System auch nicht wieder freigegeben wird.

25.4 Das Client-Server-Prinzip

Sowohl der Begriff Server als auch der Begriff Client werden oft missverstanden bzw. in Internetforen unpräzise verwendet. Häufig stellt sich der Laie unter einem Server eine Hardware (z. B. einen kompletten PC oder Großrechner) vor. Bei dem Begriff »Client« ist dies recht ähnlich, denn ein Client wird oft mit einem Host-Rechner gleichgesetzt, der sich mit dem Internet verbindet. Beide Sichtweisen bilden aber nur einen

Teil der Wahrheit ab, denn sowohl der Server als auch der Client sind zwei Stückchen Software, die miteinander kommunizieren. Diese Kommunikation muss dabei nicht zwangsläufig auf verschiedenen PCs stattfinden, auch wenn dies (vor allem in der Netzwerkprogrammierung) meistens der Fall ist. Es ist auch möglich, dass sich beides auf demselben Rechner befindet. Das Client-Server-Prinzip wird beispielsweise gern zur Kommunikation oder zum Austausch von Daten zwischen verschiedenen, nicht verwandten Prozessen verwendet (Stichwort *Interprozesskommunikation*). Natürlich ist dies auch mit den Sockets (UNIX-Domain-Sockets) möglich. Beispielsweise verwendet das X-Windows-System für Linux das Client-Server-Prinzip, um z. B. Desktop-Daten auch über das lokale LAN austauschen zu können. Unter Windows heißt ein solches Szenario *Remote Desktop*.

Der Server ist also eine Software, die einen bestimmten Dienst (auch Service genannt) anbietet. Der Client ist ebenfalls ein Stückchen Software, die diesen Dienst bzw. Service verwendet. Das einfachste Beispiel ist der Webserver (wie beispielsweise der Apache einer ist). Der Webserver bietet häufig viele Dienste wie FTP oder SSH an, aber der am meisten verwendete Dienst dürfte wohl das Anbieten von Webseiten (HTTP) sein. Der Webbrowser ist dabei der Client, der diesen angebotenen Service vom Webserver verwendet. Nur auf diese Weise können Sie die Webseiten auf Ihrem PC anzeigen. Dabei ist es im Grunde egal, ob der Server auf einem Linux-System ausgeführt wird (was größtenteils der Fall ist) und der Client auf einem Windows-System läuft (was bei Webbrowsern auch wieder größtenteils der Fall ist). Wichtig ist, dass beide dieselbe Sprache sprechen (beispielsweise HTTP, also das Hypertext Transfer Protocol).

Für das Client-Server-Prinzip in der Netzwerkprogrammierung ist es wichtig, dass eine Netzwerkverbindung zwischen mindestens zwei Endpunkten bestehen muss. Besteht diese Verbindung, kann die Kommunikation über das Netzwerk mit den verschiedenen Protokollen (z. B. TCP/IP oder UDP/IP) beginnen.

Das Loopback-Interface

Da die meisten Leser die Client-Server-Beispiele in diesem Buch auf dem lokalen Rechner testen werden, muss ich auch ein paar Worte zum *Loopback-Interface* sagen. Mit dem Loopback-Interface (`127.0.0.1` oder auch `localhost`) können Sie die Netzwerkprotokolle auf dem lokalen Rechner zur Kommunikation verwenden, auch wenn kein externes Netzwerk vorhanden ist. Der Sinn des Loopback-Interface besteht einfach darin, dass manche Kommandos ihre Kommunikation auf dem Netzwerkprotokoll aufbauen. Somit würden ohne das Loopback-Interface die einen oder anderen Kommandos auf dem lokalen Rechner gar nicht funktionieren, wozu unter anderem auch Ihre eigenen Anwendungen zählen, sofern Sie diese lokal testen und verwenden wollen.

25.5 Erstellen einer Client-Anwendung

In diesem Abschnitt geht es darum, was für Funktionen grundlegend verwendet werden, um eine Client-Anwendung zu erstellen (die Server-Seite wird direkt im Anschluss behandelt).

25.5.1 »socket()« – Erzeugen eines Kommunikationsendpunktes

Der erste Schritt einer Kommunikationsverbindung – egal, ob dies auf dem Server oder auf dem Client geschieht – besteht immer erst einmal darin, ein Socket vom Betriebssystem anzufordern. Dabei ist zunächst egal, wer mit wem kommunizieren will. Das Erzeugen eines Sockets (Kommunikationsendpunkt) können Sie sich wie das Installieren einer Stromsteckdose vorstellen. Ähnlich wie bei den Stromsteckdosen weltweit, bei denen es ja auch unterschiedliche Formen und Spannungen gibt, muss auch beim Anlegen eines Sockets angegeben werden, was hier alles »eingesteckt« werden kann. Zuerst zeige ich Ihnen die Syntax der Funktion `socket()` für Linux:

```
#include<sys/types.h>
#include<sys/socket.h>

int socket(int domain, int type, int protocol);
```

Und hier ist die Syntax für Windows:

```
#include<winsock.h>

SOCKET socket(int af, int type, int protocol);
```

Auf beiden Systemen haben diese Funktionen eine fast identische Syntax – abgesehen vom Rückgabewert, der unter Windows `SOCKET` lautet. Allerdings ist `SOCKET` letztendlich nichts anderes als eine Typdefinition von `int`, und somit könnten Sie in der Praxis hierfür auch `int` verwenden. Als Rückgabewert erhalten Sie bei beiden Versionen einen *Socket-Deskriptor*. Ein Socket-Deskriptor ist eine Zahl, die einem speziellen Socket eine eindeutige ID zuordnet.

Bei einem Fehler gibt die Linux-Version `-1` zurück. Den Fehler können Sie mit dem Fehlercode von `errno` auswerten (beispielsweise mit `perror()` oder `strerror()`).

Unter Windows wird bei einem Fehler die Konstante `SOCKET_ERROR` (ebenfalls mit `-1` definiert) zurückgegeben. Den Fehlercode können Sie mit der Funktion `WSAGetLastError()` ermitteln.

Mit dem ersten Parameter `domain` bzw. `af` geben Sie die Adressfamilie (d. h. die Protokollfamilie) an, die Sie verwenden wollen. Eine komplette Liste aller auf Ihrem System unterstützten Protokolle finden Sie in der Headerdatei *<sys/socket.h>*. Tabelle 25.1 enthält einen Überblick zu den gängigeren und häufiger verwendeten Protokollen.

Adressfamilie	Bedeutung
AF_UNIX	UNIX Domain Sockets; wird gewöhnlich für lokale Interprozesskommunikation verwendet.
AF_INET	Internet Protocol Version 4 (IPv4)
AF_INET6	Internet Protocol Version 6 (IPv6)
AF_IRDA	IRDA-Sockets, beispielsweise via Infrarot
AF_BLUETOOTH	Bluetooth-Sockets

Tabelle 25.1 Einige gängige Adressfamilien

Mit dem zweiten Parameter der Funktion `socket()` geben Sie den Socket-Typ an. Damit legen Sie die Übertragungsart der Daten fest. Für Sie sind in den nächsten Beispielen erst einmal nur die symbolischen Konstanten `SOCK_STREAM` für TCP und `SOCK_DGRAM` für UDP interessant.

Mit dem dritten Parameter können Sie ein Protokoll angeben, das Sie zur Übertragung verwenden wollen. Wenn Sie hierfür `0` eintragen, was meistens der Fall ist, wird das Standardprotokoll verwendet, das dem gewählten Socket-Typ (zweiter Parameter) entspricht. Im Fall von `SOCK_STREAM` wird TCP und bei `SOCK_DGRAM` wird UDP verwendet. Weitere mögliche Werte, ohne genauer darauf einzugehen, wären `IPPROTO_TCP` (TCP-Protokoll), `IPPROTO_UDP` (UDP-Protokoll), `IPPROTO_ICMP` (ICMP-Protokoll) und `IPPROTO_RAW` (wird bei Raw-Sockets verwendet). Wenn Sie allerdings beispielsweise für den Socket-Typ `SOCK_STREAM` angegeben haben und das TCP-Protokoll verwenden wollen, müssen Sie nicht extra noch beim dritten Parameter `IPPROTO_TCP` angeben. Mit der Angabe von `0` wird dieses Protokoll standardmäßig verwendet.

Somit sieht das Anfordern eines Sockets folgendermaßen aus:

```
// Erzeuge das Socket - Verbindung über TCP/IP
sock = socket( AF_INET, SOCK_STREAM, 0 );
if (sock < 0) {
    // Fehler beim Erzeugen des Sockets
}
```

Hinweis: Erzeugen von Sockets

Damit keine Missverständnisse entstehen: Ein Sockets muss auch auf der Server-Seite erzeugt werden. Womit sonst, wenn nicht über Sockets, will sich ein Client mit dem Server unterhalten?

25.5.2 »connect()« – ein Client stellt eine Verbindung zum Server her

Nachdem mit den Sockets die Kommunikationsendpunkte erzeugt wurden, kann der Client nun versuchen, eine Verbindung zum Server-Socket herzustellen. Dies wird mit der Funktion `connect()` versucht, die unter Linux folgende Syntax hat:

```
#include<sys/types.h>
#include<sys/socket.h>

int connect (
   int socket,
   const struct sockaddr *addr,
   int addrlen
);
```

Unter Windows lautet die Syntax so:

```
#include<winsock.h>

int connect (
   SOCKET s,
   const struct sockaddr FAR* addr,
   int addrlen
);
```

Auch hier unterscheidet sich die Syntax nicht erheblich voneinander, und auch die Bedeutungen der einzelnen Parameter sind wieder dieselben. Bei einer erfolgreichen Ausführung geben beide Funktionen `0`, ansonsten bei einem Fehler `-1` (gleichwertig unter Windows mit `SOCKET_ERROR`) zurück. Den Fehler können Sie auch hier wieder mit der Fehlervariablen `errno` (unter Linux) oder mit der Funktion `WSAGetLastError()` (unter Windows) ermitteln.

Als erster Parameter wird der Socket-Deskriptor erwartet, über den Sie die Verbindung herstellen wollen. Dies ist der Rückgabewert, den Sie von der Funktion `socket()` erhalten haben.

Um eine Verbindung zu einem anderen Rechner aufzubauen, werden logischerweise auch Informationen über die Adresse benötigt, mit der sich der Client verbinden will. Die Adressinformationen über den gewünschten Verbindungspartner tragen Sie im zweiten Parameter der Funktion `connect()` ein. Um sich mit dem Server zu verbinden, benötigen Sie Informationen über die Adressfamilie (Protokollfamilie), die Portnummer und logischerweise die IP-Adresse. Eingetragen werden diese Informationen mit dem zweiten Parameter der Struktur `sockaddr`, die folgendermaßen definiert ist:

```
struct sockaddr {
   sa_family_t sa_family; // Adressfamilie AF_XXX
   char sa_data[14];      // Protokolladresse (IP-Nr. und Portnr.)
};
```

Da diese Struktur allerdings recht umständlich auszufüllen ist, wurde für IP-Anwendungen eine spezielle Struktur eingeführt, mit der es möglich ist, die IP-Adresse und die Portnummer getrennt einzutragen:

```
struct sockaddr_in {
   sa_family sin_family;          // Adressfamilie AF_XXX
   unsigned short int sin_port;   // Portnummer
   struct in_addr sin_addr;       // IP-Adresse
   unsigned char pad[8];          // Auffüll-Bytes für sockaddr
};
```

Da beide Strukturen im Speicher gleichwertig sind, reicht es aus, eine einfache Typumwandlung bei `connect()` vorzunehmen. Mit dem letzten Parameter (`addrlen`) von `connect()` geben Sie die Länge in Byte von `sockaddr` mit dem `sizeof`-Operator an.

Ausfüllen von »sockaddr_in«

In der Strukturvariablen `sin_family` geben Sie die Adressfamilie (Protokollfamilie) an, mit der Sie kommunizieren wollen. Gewöhnlich gibt man hierfür dieselbe Familie an wie schon beim ersten Parameter der Funktion `socket()`.

In `sin_port` geben Sie die Portnummer an, über die Sie mit dem Server in Kontakt treten wollen. Wichtig ist, dass Sie den Wert in der *Network Byte Order* angeben. Es genügt also nicht, wenn Sie sich beispielsweise mit einem Webserver verbinden wollen, als Portnummer einfach 80 hinzuschreiben. Sie müssen auch auf die verschiedenen Architekturen Rücksicht nehmen, die es in heterogenen Netzwerken gibt. Denn auf den verschiedenen Architekturen gibt es unterschiedliche Anordnungen der Bytes zum Speichern von Zahlen. So wird bei der Anordnung gewöhnlich zwischen *Big Endian* und *Little Endian* unterschieden. Man spricht dabei gern von »Zahlendrehern«. Beim Format Big Endian wird das höchstwertige Byte an der niedrigsten Adresse (also zuerst) gespeichert, das zweithöchste an der nächsten Adresse usw. Bei der Anordnung von Little Endian ist dies genau umgekehrt. Dabei wird das Byte mit dem niedrigsten Wert an der niedrigsten Stelle (also zuerst) gespeichert, das zweitniedrigste an der nächsten Stelle usw.

Um jetzt aus einer lokal verwendeten Byte-Reihenfolge (*Host Byte Order*) eine *Network-Byte-Order* oder umgekehrt zu konvertieren, stehen Ihnen die folgenden vier Funktionen zur Verfügung:

```
#include<netinet/in.h>

// Rückgabe : network-byte-order
// Parameter: host-byte-order
unsigned short int htons(unsigned short int hostshort);

// Rückgabe : network-byte-order
// Parameter: host-byte-order
unsigned long int htonl(unsigned long int hostlong);

// Rückgabe  :  host-byte-order
// Parameter : network-byte-order
unsigned short int ntohs(unsigned short int netshort);

// Rückgabe :  host-byte-order
// Parameter : network-byte-order
unsigned long int ntohl(unsigned long int netlong);
```

Nicht jeder kennt allerdings die entsprechenden Portnummern zum entsprechenden Dienst. Helfen kann die Funktion `getservbyname()`. Ihr übergeben Sie den Namen eines Dienstes und das Transportprotokoll als Parameter. Anschließend sucht `getservbyname()` in einer speziellen Datei nach einem Eintrag, der dazu passt, und gibt die Portnummer zurück. In der Headerdatei *<netdb.h>* gibt es eine spezielle Struktur, mit der Sie an die Informationen zu den entsprechenden Diensten kommen:

```
struct servent {
   char *s_name;      // offizieller Name vom Service
   char **s_aliases;  // Alias-Liste
   int  s_port;       // Portnummer zum Servicenamen
   char *s_proto;     // verwendetes Protokoll
};
```

Eine kurze Beschreibung der einzelnen Strukturvariablen:

1. `s_name` – offizieller Servicename
2. `s_aliases` – ein Stringarray mit eventuellen Aliasnamen zum Service, falls vorhanden; das letzte Element in der Liste ist `NULL`.
3. `s_port` – die Portnummer zum Servicenamen
4. `s_proto` – der Name des zu verwendenden Protokolls

Die Syntax von `getservbyname()` lautet:

```
#include<netdb.h>

struct servent *getservbyname ( const char *name,
                                const char *proto );
```

Wenn Sie den Dienst name und das Protokoll proto angeben, liefert Ihnen diese Funktion bei Erfolg eine Adresse auf die Information in struct servent zurück. Bei einem Fehler wird NULL zurückgegeben.

Die IP-Adresse geben Sie in der Strukturvariablen sin_addr an. Allerdings wird auch hier die *Network-Byte-Order* erwartet. Die Funktion inet_addr() (oder die etwas sicherere Alternative inet_aton()) kann Ihnen behilflich sein. Hier können Sie die IP-Adresse als String angeben und bekommen einen für sin_addr benötigten 32-Bit-Wert in *Network Byte Order* zurück.

Wenn der Client den Dienst eines Servers verwenden will, muss jenem natürlich dessen IP-Adresse bekannt sein. Meistens gibt ein Endanwender aber als Adresse den Rechnernamen statt der IP-Adresse an, da dieser einfacher zu merken ist. Damit also ein Client aus dem Rechnernamen (beispielsweise *www.google.de*) eine IP-Adresse (216.239.59.99) erhält, wird die Funktion gethostbyname() verwendet.

```
#include<netdb.h>
struct hostent *gethostbyname(const char *rechnername);
```

Wenn Sie sich auf der Kommandozeile befinden, können Sie auch folgendes Kommando verwenden, um z. B. die IP-Adresse von Google zu ermitteln:

```
whoi google.de
```

Um aus einem Rechnernamen eine IP-Adresse und weitere Informationen zu ermitteln, steht ein sogenannter *Nameserver* zur Verfügung – dieser Rechner ist für die Umsetzung zwischen Rechnernamen und IP-Adressen zuständig. Auf Ihrem Linux-Rechner finden Sie z. B. solche Einträge der lokalen IP-Adressen in der Datei */etc/hosts* hinterlegt. Im Internet hingegen werden diese Daten in einer eigenen Datenbank gehalten. Um solche Informationen zu den einzelnen Rechnern zu erhalten, ist in der Headerdatei *<netdb.h>* folgende Struktur definiert:

```
struct hostent {
   char *  h_name;
   char ** h_aliases;
   short   h_addrtype;
   short   h_length;
   char ** h_addr_list;
 };
```

Eine kurze Beschreibung der einzelnen Strukturvariablen:

1. h_name: offizieller Name des Rechners
2. h_aliases: Ein Stringarray, in dem sich eventuell vorhandene Aliasnamen befinden; das letzte Element ist immer NULL.

3. h_addrtyp: Hier steht der Adresstyp, was gewöhnlich AF_INET für IPv4 ist.
4. h_length: Hier findet sich die Länge der numerischen Adresse.
5. h_addr_list ist ein Array von Zeigern auf die Adressen für den entsprechenden Rechner.

Die Funktion gethostbyname() gibt bei Erfolg einen Zeiger auf struct hostent des gefundenen Rechners zurück, ansonsten bei einem Fehler NULL. Die letzte Strukturvariable pad in der Struktur sockaddr_in wird lediglich als Lückenfüller verwendet, um sockaddr_in auf die Größe von sockaddr aufzufüllen. In den meisten Netzwerken müssen alle Pakete immer eine fest definierte Größe haben.

Wenn Sie jetzt alle Strukturvariablen der Struktur sockaddr_in mit Werten belegt haben, können Sie die Funktion connect() aufrufen und bei stehender (erfolgreicher) Verbindung Daten austauschen (senden und empfangen).

Es folgt ein Codeausschnitt, der zeigt, wie ein »Auffüllen« der Struktur sockaddr_in und der anschließende Aufruf der Funktion connect() vonstattengeht. Im Beispiel wird versucht, sich mit einem Webserver (Port 80, HTTP) zu verbinden, dessen IP-Adresse Sie als Argument in der Kommandozeile übergeben haben.

```
struct sockaddr_in server;
unsigned long addr;
...
// Alternative zu memset() -> bzero()
memset( &server, 0, sizeof (server));

addr = inet_addr( argv[1] );
memcpy( (char *)&server.sin_addr, &addr, sizeof(addr));
server.sin_family = AF_INET;
server.sin_port = htons(80);
...
// Baue die Verbindung zum Server auf.
if (connect(sock,(struct sockaddr*)&server, sizeof(server)) < 0){
        // Fehler beim Verbindungsaufbau ...
    }
```

[»]

Hinweis zu UDP

Wenn Sie UDP anstelle von TCP verwenden, können Sie auf einen Aufruf von connect() verzichten. Dann allerdings müssen Sie die entsprechende Adressinformation bei den Funktionen sendto() zum Senden und recvfrom() zum Empfangen von Daten ergänzen.

25.5.3 Senden und Empfangen von Daten

Nachdem Sie sich erfolgreich mit einem Server verbunden haben, können Sie anfangen, Daten an diesen zu senden bzw. Daten von diesem zu empfangen. Hierzu gibt es jeweils für TCP und UDP ein Funktionspaar. Es war ja schon einmal die Rede davon, dass man mit Sockets ähnlich wie bei Dateien mit File-Deskriptoren arbeiten kann. Und in der Tat kann der Austausch von Daten über Sockets unter Linux auch mit den Systemaufrufen `read()` und `write()` stattfinden. Allerdings ist dies unter Windows erst ab den Versionen NT/2000/XP mit den Funktionen `ReadFile()` und `WriteFile()` möglich.

[«]

Hinweis

Natürlich gilt auch hier, dass die Funktionen zum Senden und Empfangen nicht nur für die Clients, sondern auch für die Server-Anwendung gelten.

»send()« und »recv()« – TCP

Zum Senden von Daten von einem Socket an den Stream wird gewöhnlich die Funktion `send()` verwendet, die unter Linux folgende Syntax besitzt:

```
#include<sys/types.h>
#include<sys/socket.h>

ssize_t send ( int socketfd, const void *data,
               size_t data_len, unsigned int flags );
```

Unter Windows mit Winsock sieht die Syntax wieder ähnlich aus:

```
#include<winsock.h>

int send ( SOCKET s, const char FAR* data,
           int data_len, int flags );
```

Wenn Sie diese Funktion mit `write()` vergleichen, können Sie einige Parallelen feststellen. Mit dem ersten Parameter geben Sie den Socket-Deskriptor an, über den Sie die Daten senden wollen. Im zweiten Parameter wird ein Zeiger auf den Speicherbereich erwartet, in dem sich die Daten befinden. Die Größe des Speicherbereichs geben Sie mit dem dritten Parameter an. Mit dem letzten Parameter können Sie das Verhalten von `send()` beeinflussen. Wird `0` angegeben, verhält sich `send()` wie die Systemfunktion `write()` zum Schreiben von Daten in Dateien. Ansonsten wäre beispielsweise die symbolische Konstante `MSG_OOP` ein häufig verwendeter Wert, mit dem Out-of-Band-Daten gesendet werden können. Weitere `flags` entnehmen Sie bitte wieder der entsprechenden Dokumentation (beispielsweise der Manual Page), da ich hierauf nicht näher eingehen kann.

Im Fall eines Fehlers liefert `send()` `-1` (was unter Windows gleichwertig mit der Konstante `SOCKET_ERROR` ist) zurück. Welcher Fehler auftrat, lässt sich wieder mit den üblichen betriebssystembedingten Routinen überprüfen (`errno` unter Linux und `WSAGetLastError()` unter Windows).

Auch wenn kein Fehler auftritt, ist es dennoch sehr wichtig, den Rückgabewert zu überprüfen, denn bei der Netzwerkprogrammierung sind auch gewisse Grenzen (z. B. eine begrenzte Bandbreite) vorhanden – sprich, Sie können nicht unendlich viele Daten auf einmal versenden. Mit der Auswertung des Rückgabewertes können bzw. müssen Sie sich selbst darum kümmern, dass der eventuelle Rest, der nicht gesendet werden konnte, ebenfalls noch verschickt wird. Dies erledigen Sie, indem Sie `data_len` mit dem Rückgabewert von `send()` vergleichen. Durch diese Differenz (`data_len` – *Rückgabewert*) erhalten Sie die Anzahl der noch nicht gesendeten Bytes.

Um Daten von einem Stream-Socket zu empfangen (zu lesen), wird die Funktion `recv()` verwendet. Die Syntax unter Linux lautet:

```
#include<sys/types.h>
#include<sys/socket.h>

ssize_t recv ( int socketfd, void *data ,
               size_t data_len, unsigned int flags );
```

Und die Syntax unter Windows ist:

```
#include<winsock.h>

int recv (SOCKET s, char FAR* data,  int data_len,  int flags);
```

Auch hier lassen sich mit Ausnahme des letzten Parameters wieder Parallelen zur Systemfunktion `read()` ziehen. Der erste Parameter ist wieder der Socket-Deskriptor der Verbindung, gefolgt von einem Zeiger auf einen Puffer, in den die Daten gelegt werden sollen. Die Länge des Puffers geben Sie mit dem dritten Parameter an, und mit den Flags können Sie das Verhalten von `recv()` beeinflussen. Eine Angabe von `0` bedeutet wieder, dass sich `recv()` wie die Funktion `read()` verhält. Ansonsten wird auch hierbei gern die Konstante `MSG_OOP` (für Out-of-Band-Daten, die gelesen werden können) und `MSG_PEEK` verwendet. Mit `MSG_PEEK` können Daten erneut gelesen werden. Zu weiteren möglichen `flags` sollten Sie bei Bedarf die entsprechende Dokumentation lesen (beispielsweise die Manual Page).

Im Fall eines Fehlers gilt dasselbe wie schon bei der Funktion `send()`. Außerdem kann die Funktion `recv()` `0` zurückgeben. Dies bedeutet, dass der Verbindungspartner seine

Verbindung beendet hat. Ansonsten wird auch mit recv() die Anzahl der erfolgreich gelesenen Bytes zurückgeliefert.

»sendto()« und »recvfrom()« – UDP

Für die Funktionen zum Senden und Empfangen von Datagrammen (UDP-Sockets) werden vorzugsweise sendto() und recvfrom() verwendet. Die Syntax unter Linux lautet:

```
#include<sys/types.h>
#include<sys/socket.h>

ssize_t  recvfrom( int  s,  void  *buf,  size_t  len,
                   int flags, struct sockaddr *from,
                   socklen_t   *fromlen );

ssize_t  sendto( int  s,  const  void  *msg,  size_t  len,
                 int  flags, const struct sockaddr *to,
                 socklen_t tolen );
```

Und es gibt eine entsprechende ähnliche Syntax unter Windows:

```
#include<winsock.h>

int sendto( SOCKET s, const char FAR * buf,  int len,
            int flags, const struct sockaddr FAR * to,
            int tolen );

int recvfrom( SOCKET s, char FAR* buf, int len,
              int flags,  struct sockaddr FAR* from,
              int FAR* fromlen );
```

Die Bedeutung der einzelnen Parameter sowie des Rückgabewertes entspricht exakt der der TCP-Gegenstücke send() und recv(). Hinzugekommen sind hingegen am Ende zwei weitere Parameter. Mit dem fünften Parameter übergeben Sie einen Zeiger auf die Adresse des Zielrechners (bei sendto()) bzw. einen Zeiger auf die Adresse des Absenders (bei recvfrom()). Die Angaben entsprechen dabei dem Parameter sockaddr der Funktion connect(). Mit dem letzten Parameter beider Funktionen geben Sie wieder die Größe der Struktur sockaddr an. 25

Sollten Sie bei einer UDP-Verbindung die connect()-Funktion verwenden, können Sie auch die Funktionen send() und recv() verwenden. In diesem Fall werden die fehlenden Informationen zur Adresse automatisch ergänzt.

25.5.4 »close()« und »closesocket()«

Sobald Sie mit der Datenübertragung fertig sind, sollten Sie den Socket-Deskriptor wieder freigeben bzw. schließen. Unter Linux können Sie, wie beim Lesen und/oder Schreiben einer Datei, ein simples `close()` verwenden:

```
#include<unistd.h>

int close(int s);
```

Unter Windows hingegen wird die Funktion `closesocket()` verwendet, die letztendlich, abgesehen von ihrem anderen Namen, dieselbe Wirkung erzielt wie ein `close()` unter Linux:

```
#include<winsock.h>

int closesocket( SOCKET s);
```

Beide Funktionen erwarten als Parameter den zu schließenden Socket-Deskriptor und geben bei Erfolg `0`, ansonsten bei einem Fehler `-1` (gleichwertig zu `SOCKET_ERROR` unter Windows) zurück. Auch hierbei können Sie den Fehler anhand von `errno` (Linux) oder der Funktion `WSAGetLastError()` (Windows) ermitteln. Ein Aufruf von `close()` bzw. `closesocket()` beendet außerdem eine TCP-Verbindung sofort.

25.6 Erstellen einer Server-Anwendung

Eine Server-Anwendung zu erstellen ist nicht viel schwieriger als das Programmieren der Client-Anwendung. Der Datenaustausch erfolgt genau wie bei der Client-Anwendung via `send()`/`recv()` (TCP) bzw. `sendto()`/`recvfrom()` (UDP). Der Server muss allerdings keine Verbindung herstellen, dies ist die Aufgabe des Clients. Allerdings ist es die Aufgabe des Servers, Verbindungswünsche anzunehmen. Um dies zu realisieren, müssen Sie den Server in einen Wartezustand versetzen.

25.6.1 »bind()« – Festlegen einer Adresse aus dem Namensraum

Nachdem Sie auch auf der Server-Seite mit der Funktion `socket()` eine »Steckdose« bereitgestellt haben, müssen Sie zunächst die Portnummer der Server-Anwendung festlegen. Sie wissen ja bereits von der Client-Anwendung, dass mittels `connect()` auf eine bestimmte IP-Adresse und eine Portnummer des Servers zugegriffen wird. Unter welcher IP-Adresse und Portnummer der Server nun auf Anfragen der Clients wartet, müssen Sie mit der Funktion `bind()` festlegen. Somit weisen Sie praktisch einem Socket eine Adresse zu – schließlich ist es durchaus gängig, dass eine Server-Anwendung mehrere Sockets verwendet. Dass hierbei meistens die IP-Adresse die gleiche ist, dürfte klar sein, aber es ist durchaus möglich, die Datenübertragung über mehrere Ports zuzulassen. Die Funktion `bind()` wiederum teilt dem Betriebssystem mit, welches Socket es mit einem bestimmten Port verknüpfen soll. Sobald dann ein Datenpaket eingeht, erkennt das Betriebssystem anhand der Portnummer, für welches Socket das Paket bestimmt ist.

Die Syntax zur Funktion `bind()` lautet bei Linux:

```
#include<sys/types.h>
#include<sys/socket.h>

int bind( int s, const struct sockaddr name, int namelen );
```

Bei Windows lautet die Syntax ähnlich:

```
#include<winsock.h>

int bind(SOCKET s, const struct sockaddr FAR* name, int namelen);
```

Als ersten Parameter übergeben Sie wie immer den Socket-Deskriptor, den Sie mit `socket()` angelegt haben. Mit dem zweiten Parameter geben Sie einen Zeiger auf eine Adresse und Portnummer an. Damit teilen Sie dem System mit, welche Datenpakete für welches Socket gedacht sind. Die Struktur `sockaddr` bzw. (einfacher) `sockaddr_in` und deren Elemente wurde bereits ausführlich in Abschnitt 25.5.2 zur Funktion `connect()` beschrieben. Allerdings sollte noch erwähnt werden, dass ein Rechner häufig über verschiedene andere Rechner (unter mehreren Adressen) und auch über verschiedenste Netze (Internet, Intranet, lokales Netzwerk etc.) erreichbar ist bzw. sein muss. Damit ein Server über alle Netze und IP-Adressen eine Verbindung annimmt, setzt man die IP-Adresse auf `INADDR_ANY` (natürlich in *Network Byte Order*). Ansonsten geben Sie die IP-Adresse wie gewöhnlich mit der Funktion `inet_addr()` an.

Es ist außerdem möglich, neben der IP-Adresse eine beliebige Portnummer zuzulassen. Hierfür müssen Sie lediglich `0` als Portnummer (in *Network Byte Order*) verwenden. Welchen Port Sie dann erhalten haben, können Sie mit der Funktion `getsockname()` im Nachhinein abfragen. Mehr zu dieser Funktion können Sie aus der entsprechenden Dokumentation entnehmen (beispielsweise der Manual Page).

Mit dem letzten Parameter geben Sie wiederum die Länge der Struktur (zweiter Parameter) in Byte mit `sizeof()` an. `bind()` liefert im Fall eines Fehlers `-1` (gleichwertig mit dem Fehlercode `SOCKET_ERROR` unter Windows). Welcher Fehler aufgetreten ist, können Sie wiederum mit `errno` (Linux) bzw. `WSAGetLastError()` (Windows) in Erfahrung bringen.

Der folgende kurze Codeausschnitt zeigt, wie die Zuweisung einer Adresse auf der Server-Seite in der Praxis realisiert wird:

```
struct sockaddr_in server;

memset( &server, 0, sizeof (server));
// IPv4-Adresse
server.sin_family = AF_INET;
// Jede IP-Adresse ist gültig
server.sin_addr.s_addr = htonl( INADDR_ANY );

// Portnummer 1234
server.sin_port = htons( 1234 );

if(bind( sock, (struct sockaddr*)&server, sizeof( server)) < 0) {
   //Fehler bei bind()
 }
```

25.6.2 »listen()« – Warteschlange für eingehende Verbindungen einrichten

Im nächsten Schritt müssen Sie eine Warteschlange einrichten, die auf eingehende Verbindungswünsche eines Clients wartet – man spricht auch gerne vom »Horchen« auf Verbindungen, die am Socket eingehen. Eine solche Warteschlange wird mit der Funktion `listen()` eingerichtet. Dabei wird die Programmausführung des Servers so lange unterbrochen, bis ein Verbindungswunsch eintrifft. Mit `listen()` lassen sich durchaus mehrere Verbindungswünsche gleichzeitig einrichten. Die Syntax dieser Funktion sieht unter Linux wie folgt aus:

```
#include<sys/types.h>
#include<sys/socket.h>

int listen( int s, int backlog );
```

Unter Windows hingegen sieht die Syntax wie folgt aus:

```
#include<winsock.h>

int listen( SOCKET s, int backlog );
```

Mit dem ersten Parameter geben Sie wie gehabt den Socket-Deskriptor an und mit dem zweiten Parameter die Länge der Warteschlange. Die Länge der Warteschlange ist die maximale Anzahl von Verbindungsanfragen, die in eine Warteschlange gestellt werden, wenn keine Verbindungen mehr angenommen werden können.

Der Rückgabewert ist bei Erfolg `0` und auch hier bei einem Fehler `-1` (gleichbedeutend unter Windows mit `SOCKET_ERROR`). Den Fehlercode selbst können Sie wieder wie gehabt mit `errno` (Linux) bzw. `WSAGetLastError()` (Windows) auswerten.

In der Praxis sieht die Verwendung von listen() wie folgt aus:

```
if( listen( sock, 5 ) == -1 ) {
   // Fehler bei listen()
}
```

25.6.3 »accept()« und die Server-Hauptschleife

Sobald nun ein oder mehrere Clients Verbindung mit dem Server aufnehmen wollen, können Sie sich darauf verlassen, dass die Funktion accept() immer die nächste Verbindung aus der Warteschlange holt (die Sie mit listen() eingerichtet haben). Hier sehen Sie die Syntax dazu unter Linux:

```
#include<sys/types.h>
#include<sys/socket.h>

int accept( int s, struct sockaddr *addr, socklen_t addrlen );
```

Die Syntax unter Windows ist ähnlich:

```
#include<winsock.h>

SOCKET accept( SOCKET s,
               struct sockaddr FAR* addr,
               int FAR* addrlen );
```

An der Syntax unter Windows lässt sich gleich erkennen, dass die Funktion accept() als Rückgabewert ein neues Socket zurückgibt. Es handelt sich um das gleiche Socket mit denselben Eigenschaften wie vom ersten Parameter s. Über dieses neue Socket wird anschließend die Datenübertragung der Verbindung abgewickelt. Ein so akzeptiertes Socket kann allerdings nicht mehr für weitere Verbindungen verwendet werden. Das Original-Socket s hingegen bleibt weiterhin für weitere Verbindungswünsche offen.

Hinweis: Korrekte Verwendung von »accept()«

accept() ist eine blockierende Funktion. Das heißt, accept() blockiert den aufrufenden (Server-)Prozess so lange, bis eine Verbindung vorhanden ist. Sofern Sie die Eigenschaften des Socket-Deskriptors auf nicht blockierend ändern, gibt accept() einen Fehler zurück, wenn beim Aufruf keine Verbindungen vorhanden sind.

Mit dem zweiten Parameter schreibt accept() die Verbindungsinformationen (IP-Adresse und Port) über den Verbindungspartner in die Struktur sockaddr bzw. sockaddr_in. Dies ist logischerweise nötig, damit Sie wissen, mit wem Sie es zu tun haben. addrlen wiederum ist die Größe der Struktur sockaddr bzw. sockaddr_in – allerdings wird diesmal ein Zeiger auf die Größe der Adresse erwartet!

Bei einem Fehler wird -1 (gleichbedeutend mit SOCKET_ERROR unter Windows) zurückgegeben. Die genaue Ursache des Fehlers können Sie wieder mit errno (Linux) bzw. WSAGetLastError() (Windows) ermitteln. Bei erfolgreicher Ausführung von accept() wird, wie bereits beschrieben, ein neuer Socket-Deskriptor zurückgegeben.

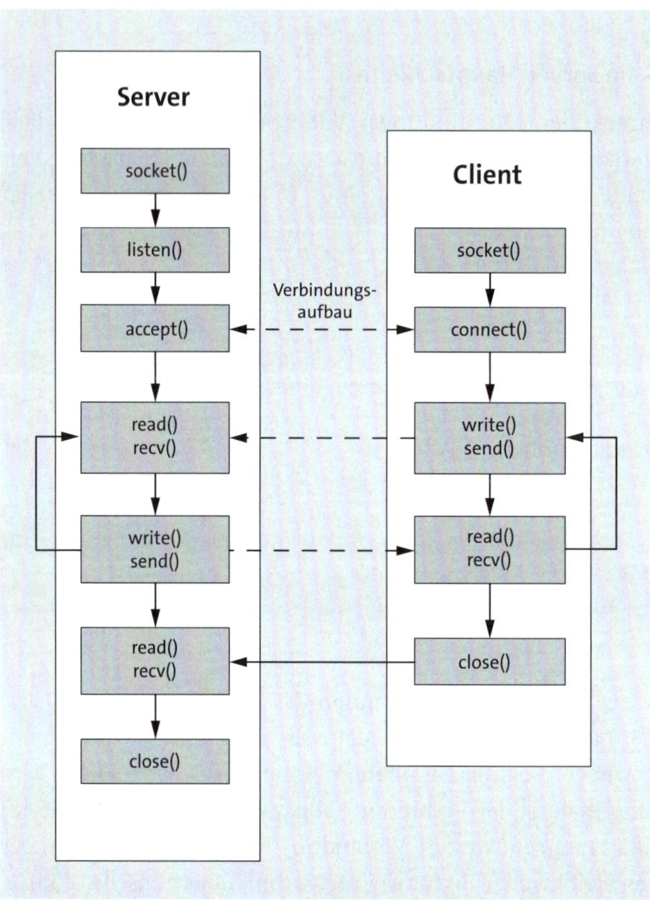

Abbildung 25.2 Kompletter Vorgang einer TCP-Client-Server-Verbindung

Ein wichtiger Teil der Server-Programmierung ist außerdem die Server-Hauptschleife. In dieser Schleife wird gewöhnlich die Funktion accept() aufgerufen, und darin findet auch gewöhnlich der Datentransfer zwischen Client und Server statt. Hier sehen Sie ein Beispiel für eine solche Server-Hauptschleife:

```
struct sockaddr_in client;
int sock, sock2;
socklen_t len;
...
for (;;) {
```

```
        len = sizeof( client );
        sock2 = accept( sock, (struct sockaddr*)&client, &len);
        if (sock2 < 0) {
            //Fehler bei accept()
        }
        // Hier beginnt der Datenaustausch.
    }
```

Abbildung 25.2 verdeutlicht alle Socket-Funktionen für eine TCP-Verbindung zwischen dem Server und dem Client anhand einer Grafik.

Für eine UDP-Verbindung zwischen Server und Client sieht der Vorgang hingegen so aus wie in Abbildung 25.3.

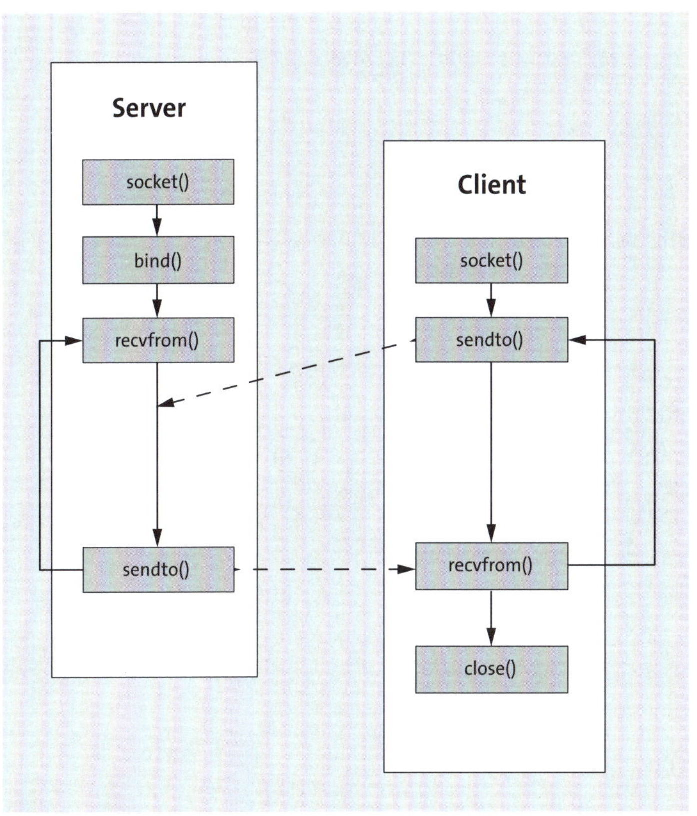

Abbildung 25.3 Kompletter Vorgang einer UDP-Client-Server-Verbindung

25.7 Ein einfacher TCP-Echo-Server

In diesem Abschnitt schreiben wir als Beispiel einen einfachen portablen TCP-Echo-Server mit fast allen Funktionen, die gerade beschrieben wurden. Das TCP-Echo-Server-Beispiel hat den Vorteil, dass es später leicht um weitere Funktionen ergänzt und auf andere Rechner übertragen werden kann. Befindet sich beispielsweise die Serversoftware auf einem Rechner mit der IP-Adresse 196.12.32.6, so können Sie mit der Client-Anwendung unter Angabe der entsprechenden IP-Adresse einen einfachen String via Kommandozeile senden. Der Server gibt diesen String zusammen mit der Herkunft des Clients (IP-Adresse) und des Datums mit Uhrzeit auf die Standardausgabe aus.

25.7.1 Der Client

In Listing 25.1 sehen Sie den Quellcode der Client-Anwendung.

```
/* echo_client.c */
#include<stdio.h>
#include<stdlib.h>
#include<string.h>
#include<errno.h>

#ifdef _WIN32
/* Headerfiles für Windows */
#include<winsock.h>
#include<io.h>

#else
/* Headerfiles für UNIX/Linux */
#include<sys/types.h>
#include<sys/socket.h>
#include<netinet/in.h>
#include<netdb.h>
#include<arpa/inet.h>
#include<unistd.h>
#endif

#define PORT 1234
#define RCVBUFSIZE 8192

/* Funktion gibt aufgetretenen Fehler aus und
 * beendet die Anwendung. */
static void error_exit(char *errorMessage) {

#ifdef _WIN32

    fprintf(stderr,"%s: %d\n", errorMessage, WSAGetLastError());
```

```
#else
    fprintf(stderr, "%s: %s\n", errorMessage, strerror(errno));
#endif
    exit(EXIT_FAILURE);
}

int main( int argc, char *argv[]) {
    struct sockaddr_in server;
    struct hostent *host_info;
    unsigned long addr;

#ifdef _WIN32
    SOCKET sock;
#else
    int sock;
#endif

    char *echo_string;
    int echo_len;

#ifdef _WIN32
    /* Initialisiere TCP für Windows ("winsock"). */
    WORD wVersionRequested;
    WSADATA wsaData;
    wVersionRequested = MAKEWORD (1, 1);
    if (WSAStartup (wVersionRequested, &wsaData) != 0)
        error_exit( "Fehler beim Initialisieren von Winsock");
    else
        printf("Winsock initialisiert\n");

#endif

  /* Sind die erforderlichen Kommandozeilenargumente vorhanden? */
    if (argc < 3)
        error_exit("usage: echo_client server-ip echo_word\n");

    /* Erzeuge das Socket. */
    sock = socket( AF_INET, SOCK_STREAM, 0 );

    if (sock < 0)
        error_exit( "Fehler beim Anlegen eines Sockets");

    /* Erzeuge die Socket-Adresse des Servers.
```

25

```
     * Sie besteht aus Typ, IP-Adresse und Portnummer. */
    memset( &server, 0, sizeof (server));
    if ((addr = inet_addr( argv[1])) != INADDR_NONE) {
        /* argv[1] ist eine numerische IP-Adresse. */
        memcpy( (char *)&server.sin_addr, &addr, sizeof(addr));
    }
    else {
        /* Für den Fall der Fälle: Wandle den
         * Servernamen bspw. "localhost" in eine IP-Adresse um. */
        host_info = gethostbyname(argv[1]);
        if (NULL == host_info)
            error_exit("Unbekannter Server");
        /* Server-IP-Adresse */
        memcpy( (char *)&server.sin_addr,
                host_info->h_addr, host_info->h_length );
    }
    /* IPv4-Verbindung */
    server.sin_family = AF_INET;
    /* Portnummer */
    server.sin_port = htons( PORT );

    /* Baue die Verbindung zum Server auf. */
    if(connect(sock,(struct sockaddr*)&server,sizeof(server)) <0)
        error_exit("Kann keine Verbindung zum "
                   "Server herstellen");

    /* Zweites Argument wird als "echo" beim Server verwendet. */
    echo_string = argv[2];
    /* Länge der Eingabe */
    echo_len = strlen(echo_string);

    /* den String inkl. Nullterminator an den Server senden */
    if (send(sock, echo_string, echo_len, 0) != echo_len)
        error_exit("send() hat eine andere Anzahl"
                   " von Bytes versendet als erwartet !!!!");

    /* Schließe Verbindung und Socket. */
#ifdef _WIN32
    closesocket(sock);
    /* Cleanup Winsock */
    WSACleanup();
#else
   close(sock);
```

```
#endif

   return EXIT_SUCCESS;
}
```

Listing 25.1 »echo_client.c« implementiert einen einfachen Echo-Client, der einen einfachen Text zu einem Server schickt, der den gleichen Text als Echo zurücksendet.

25.7.2 Der Server

In Listing 25.2 sehen Sie den Quellcode zur Server-Anwendung.

```
/* echo_server.c */
#include<stdio.h>
#include<stdlib.h>
#include<string.h>
#include<fcntl.h>
#include<errno.h>
#include<time.h>

#ifdef _WIN32
/* Headerfiles für Windows */
#include<winsock.h>
#include<io.h>

#else
/* Headerfiles für UNIX/Linux */
#include<sys/types.h>
#include<sys/socket.h>
#include<netinet/in.h>
#include<netdb.h>
#include<arpa/inet.h>
#include<unistd.h>
#endif

/* Portnummer */
#define PORT 1234

/* Puffer für eingehende Nachrichten */
#define RCVBUFSIZE 1024

#ifdef _WIN32
   static void echo(SOCKET);
#else
```

```
   static void echo( int );
#endif

static void error_exit(char *errorMessage);

/* Die Funktion gibt Daten vom Client auf stdout aus,
 * die dieser mit der Kommandozeile übergibt. */
#ifdef _WIN32
static void echo(SOCKET client_socket)
#else
static void echo(int client_socket)
#endif
{
    char echo_buffer[RCVBUFSIZE];
    int recv_size;
    time_t zeit;

    if((recv_size =
            recv(client_socket, echo_buffer, RCVBUFSIZE,0)) < 0)
        error_exit("Fehler bei recv()");
    echo_buffer[recv_size] = '\0';
    time(&zeit);
    printf("Nachrichten vom Client : %s \t%s",
            echo_buffer, ctime(&zeit));
}

/* Die Funktion gibt den aufgetretenen Fehler aus und
 * beendet die Anwendung. */
static void error_exit(char *error_message) {

#ifdef _WIN32
    fprintf(stderr,"%s: %d\n", error_message, WSAGetLastError());
#else
    fprintf(stderr, "%s: %s\n", error_message, strerror(errno));
#endif

    exit(EXIT_FAILURE);
}

int main( int argc, char *argv[]) {
    struct sockaddr_in server, client;

#ifdef _WIN32
```

```
    SOCKET sock, fd;
#else
    int sock, fd;
#endif

    int len;

#ifdef _WIN32
    /* Initialisiere TCP für Windows ("winsock"). */
    WORD wVersionRequested;
    WSADATA wsaData;
    wVersionRequested = MAKEWORD (1, 1);
    if (WSAStartup (wVersionRequested, &wsaData) != 0)
        error_exit( "Fehler beim Initialisieren von Winsock");
    else
        printf("Winsock initialisiert\n");
#endif

    /* Erzeuge das Socket. */
    sock = socket(PF_INET, SOCK_STREAM, IPPROTO_TCP);
    if (sock < 0)
        error_exit("Fehler beim Anlegen eines Sockets");

    /* Erzeuge die Socketadresse des Servers. */
    memset( &server, 0, sizeof (server));
    /* IPv4-Verbindung */
    server.sin_family = AF_INET;
    /* INADDR_ANY: jede IP-Adresse annehmen */
    server.sin_addr.s_addr = htonl(INADDR_ANY);
    /* Portnummer */
    server.sin_port = htons(PORT);

    /* Erzeuge die Bindung an die Serveradresse
     * (genauer: an einen bestimmten Port). */
    if(bind(sock,(struct sockaddr*)&server, sizeof( server)) < 0)
        error_exit("Kann das Socket nicht \"binden\"");

    /* Teile dem Socket mit, dass Verbindungswünsche
     * von Clients entgegengenommen werden. */
    if(listen(sock, 5) == -1 )
         error_exit("Fehler bei listen");

    printf("Server bereit - wartet auf Anfragen ...\n");
```

```
    /* Bearbeite die Verbindungswünsche von Clients
     * in einer Endlosschleife.
     * Der Aufruf von accept() blockiert so lange,
     * bis ein Client Verbindung aufnimmt. */
    for (;;) {
        len = sizeof(client);
        fd = accept(sock, (struct sockaddr*)&client, &len);
        if (fd < 0)
            error_exit("Fehler bei accept");
        printf("Bearbeite den Client mit der Adresse: %s\n",
           inet_ntoa(client.sin_addr));
        /* Daten vom Client auf dem Bildschirm ausgeben */
        echo( fd );

        /* Schließe die Verbindung. */
#ifdef _WIN32
        closesocket(fd);
#else
        close(fd);
#endif
    }
    return EXIT_SUCCESS;
}
```

Listing 25.2 »echo_server.c« ist die Gegenseite zu »echo_client.c«: Der Server nimmt einen einfachen Textstring entgegen und sendet diesen zurück zum Client.

Generell werden die meisten Leser dieses Beispiel am lokalen Rechner testen. Das heißt, sowohl die Server- als auch die Client-Anwendung befindet sich dabei auf einem Rechner. Wie schon erwähnt wurde, ist dies dank des Loopback-Interface kein Problem. Die lokale IP-Adresse, die Sie auf Ihrem Rechner verwenden können, lautet 127.0.0.1 bzw. `localhost`. Wenn Sie allerdings die Möglichkeit haben, die Server-Anwendung auf einem anderen System zu kompilieren und zu testen, so sollten Sie sich nicht scheuen, dies zu tun. Abbildung 25.4 und Abbildung 25.5 zeigen die Programme bei der Ausführung.

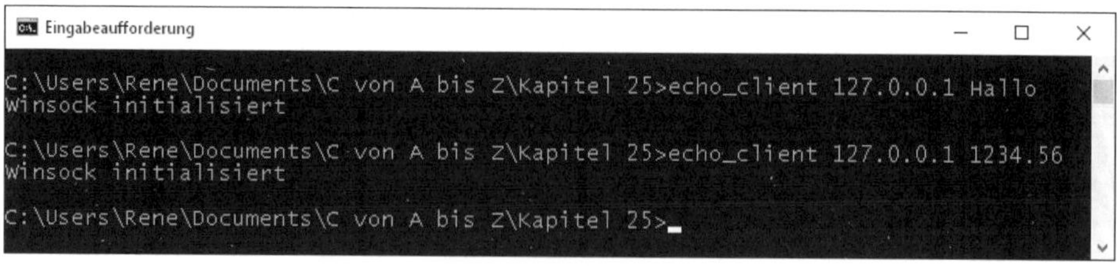

```
Eingabeaufforderung
C:\Users\Rene\Documents\C von A bis Z\Kapitel 25>echo_client 127.0.0.1 Hallo
Winsock initialisiert

C:\Users\Rene\Documents\C von A bis Z\Kapitel 25>echo_client 127.0.0.1 1234.56
Winsock initialisiert

C:\Users\Rene\Documents\C von A bis Z\Kapitel 25>
```

Abbildung 25.4 Ein Client schickt einen String an den Echo-Server.

```
Eingabeaufforderung - echo_server
C:\Users\Rene\Documents\C von A bis Z\Kapitel 25>echo_server
Winsock initialisiert
Server bereit - wartet auf Anfragen ...
Bearbeite den Client mit der Adresse: 127.0.0.1
Nachrichten vom Client : Hallo  Wed Sep 18 14:32:05 2019
Bearbeite den Client mit der Adresse: 127.0.0.1
Nachrichten vom Client : 1234.56        Wed Sep 18 14:32:25 2019
```

Abbildung 25.5 Der Server bearbeitet die Anfragen des bzw. der Clients.

Natürlich stellt das letzte Beispiel die primitivste Form der Netzwerkprogrammierung dar. Dennoch werden in dem letzten Beispiel eigentlich alle wichtigen Funktionen der Netzwerkprogrammierung verwendet, und im Endeffekt stammen sämtliche komplexeren Projekte von dem letzten Beispiel ab.

Wenn Sie nun tiefer in die Netzwerkprogrammierung einsteigen und auch größere Projekte realisieren wollen oder müssen, benötigen Sie zusätzliche Bücher – die Auswahl ist riesig.

25.8 Cross-Plattform-Development

Das kleine Beispiel des TCP-Echo-Servers zeigte Ihnen einen einfachen Weg, wie Sie mit einfachen `#ifdef`-Präprozessor-Direktiven eine Cross-Plattform-Anwendung schreiben können. Das Problem dabei war allerdings, dass alles für jede Plattform in eine Datei geschrieben wurde. Für ein kleines Programm ist das zwar nicht der Rede wert, aber bei umfangreicheren und komplizierten Projekten ist es sinnvoller, eine sogenannte Abstraktionsschicht (*Abstraction Layer*) zu schreiben. Nicht anders wird dies übrigens bei solchen Mammutprojekten wie MySQL und Apache realisiert – auch hier finden Sie für alle gängigen Plattformen eine eigene Version. Wenn Sie z. B. den Apache unter Linux mit `make` aus den Quellcodes (den sogenannten *Sources*) erstellen, werden automatisch die richtigen Quellcodedateien ausgewählt und kompiliert. Ohne hier detailliert erläutern zu wollen, wie man komplizierte Makefiles erstellt, möchte ich Ihnen die Grundlagen zeigen, die es Ihnen ermöglichen, weiterführende Literatur zur Cross-Plattform-Entwicklung zu verstehen.

25.8.1 Abstraction Layer

Hinter dem Begriff *Abstraction Layer* verbirgt sich nichts Kompliziertes. Der Abstraction Layer isoliert plattformspezifische Funktionen und Datentypen in separaten Modulen für portablen Code. Die plattformspezifischen Module werden dann speziell für jede Plattform geschrieben. Wenn Sie wollen, können Sie den Begriff Plattform mit dem Begriff Betriebssystem gleichsetzen (auch, wenn es nicht in absolut jedem Fall das Gleiche bedeutet). Des Weiteren erstellen Sie eine neue Headerdatei, in der sich eventuell die plattformspezifischen typedef- und #define-Anweisungen mitsamt den Funktionsprototypen der Module für sämtliche Systeme befinden, die Sie unterstützen möchten. Bei der Anwendung selbst binden Sie dann nur noch diese Headerdatei ein. Auf den folgenden Seiten finden Sie nun die einzelnen Quellcodes für einen abstrakten Socket-Layer. Ich werde diesen einfach SOCKETPRX nennen.

25.8.2 Headerdatei für Linux

```
/* socketprx.h für Linux/UNIX */
#ifndef SOCKETPRX_H_
#define SOCKETPRX_H_

#include<stdio.h>
#include<stdlib.h>
#include<string.h>
#include<errno.h>
#include<sys/types.h>
#include<sys/socket.h>
#include<netinet/in.h>
#include<netdb.h>
#include<arpa/inet.h>
#include<unistd.h>

/* ein eigener primitver Datentyp für den Socket-Deskriptor */
#define socket_t int
/* Funktionsprototypen */
void error_exit(char *error_message);
int create_socket( int af, int type, int protocol );
void bind_socket(socket_t
  *sock, unsigned long adress, unsigned short port);
void listen_socket( socket_t *sock );
void accept_socket( socket_t *new_socket, socket_t *socket );
void connect_socket(socket_t *sock, char *serv_addr,
 unsigned short port);
void TCP_send( socket_t *sock, char *data, size_t size);
void TCP_recv( socket_t *sock, char *data, size_t size);
void UDP_send ( socket_t *sock, char *data, size_t size,
  char *addr, unsigned short port);
void UDP_recv( socket_t *sock, char *data, size_t size);
void close_socket( socket_t *sock );
void cleanup(void);

#endif
```

Listing 25.3 »socketprx.h« implementiert eine einfache Socket-Headerdatei für Linux.

25.8.3 Linux-Quellcodedatei

```
/* socketlayer.c - für Linux/UNIX */
#include"socketprx.h"

/* Die Funktion gibt aufgetretene Fehler aus und
 * beendet die Anwendung. */
void error_exit(char *error_message) {
    fprintf(stderr, "%s: %s\n", error_message, strerror(errno));
    exit(EXIT_FAILURE);
}

 int create_socket( int af, int type, int protocol ) {
    socket_t sock;
    const int y = 1;
    /* Erzeuge das Socket. */
    sock = socket(af, type, protocol);
    if (sock < 0)
        error_exit("Fehler beim Anlegen eines Sockets");

    /* Mehr dazu siehe Anmerkung am Ende des Listings ... */
    setsockopt( sock, SOL_SOCKET,
                SO_REUSEADDR, &y, sizeof(int));
    return sock;
}

/* Erzeugt die Bindung an die Serveradresse,
 * (genauer gesagt an einen bestimmten Port). */
void bind_socket(socket_t *sock, unsigned long adress,
                 unsigned short port) {
   struct sockaddr_in server;
   memset( &server, 0, sizeof (server));
   server.sin_family = AF_INET;
   server.sin_addr.s_addr = htonl(adress);
   server.sin_port = htons(port);
   if (bind(*sock, (struct sockaddr*)&server,sizeof(server)) < 0)
       error_exit("Kann das Socket nicht \"binden\"");
}

/* Teile dem Socket mit, dass Verbindungswünsche
 * von Clients entgegengenommen werden. */
void listen_socket( socket_t *sock ) {
  if(listen(*sock, 5) == -1 )
      error_exit("Fehler bei listen");
}
```

```
/* Bearbeite die Verbindungswünsche von Clients.
 * Der Aufruf von accept() blockiert so lange,
 * bis ein Client Verbindung aufnimmt. */
void accept_socket( socket_t *socket, socket_t *new_socket ){
   struct sockaddr_in client;
   unsigned int len;

   len = sizeof(client);
   *new_socket=accept(*socket,(struct sockaddr *)&client, &len);
   if (*new_socket  == -1)
      error_exit("Fehler bei accept");
}

/* Baut die Verbindung zum Server auf. */
void connect_socket(socket_t *sock, char *serv_addr,
                    unsigned short port) {
   struct sockaddr_in server;
   struct hostent *host_info;
   unsigned long addr;

   memset( &server, 0, sizeof (server));
   if ((addr = inet_addr( serv_addr )) != INADDR_NONE) {
       /* argv[1] ist eine numerische IP-Adresse */
       memcpy( (char *)&server.sin_addr, &addr, sizeof(addr));
   }
   else {
       /* Für den Fall der Fälle: Wandle den
        * Servernamen bspw. "localhost" in eine IP-Adresse um. */
       host_info = gethostbyname( serv_addr );
       if (NULL == host_info)
           error_exit("Unbekannter Server");
       memcpy( (char *)&server.sin_addr, host_info->h_addr,
               host_info->h_length);
   }
   server.sin_family = AF_INET;
   server.sin_port = htons( port );
   /* Baue die Verbindung zum Server auf. */
   if (connect(
         *sock, (struct sockaddr *)&server, sizeof( server)) < 0)
      error_exit( "Kann keine Verbindung zum Server herstellen");
}

/* Daten versenden via TCP */
void TCP_send( socket_t *sock, char *data, size_t size) {
```

```
   if(send( *sock, data, size, 0) == -1 )
      error_exit("Fehler bei send()");
}

/* Daten empfangen via TCP */
void TCP_recv( socket_t *sock, char *data, size_t size) {
    unsigned int len;
    len = recv (*sock, data, size, 0);
    if( len > 0 || len != -1 )
       data[len] = '\0';
    else
       error_exit("Fehler bei recv()");
}

/* Daten senden via UDP */
void UDP_send ( socket_t *sock, char *data, size_t size,
                char *addr, unsigned short port){
  struct sockaddr_in addr_sento;
  struct hostent *h;
  int rc;

  /* IP-Adresse des Servers überprüfen */
  h = gethostbyname(addr);
  if (h == NULL)
     error_exit("Unbekannter Host?");

  addr_sento.sin_family = h->h_addrtype;
  memcpy ( (char *) &addr_sento.sin_addr.s_addr,
           h->h_addr_list[0], h->h_length);
  addr_sento.sin_port = htons (port);

  rc = sendto(*sock, data, size, 0,
                 (struct sockaddr *) &addr_sento,
                 sizeof (addr_sento));
  if (rc < 0)
     error_exit("Konnte Daten nicht senden - sendto()");
}

/* Daten empfangen via UDP */
void UDP_recv( socket_t *sock, char *data, size_t size){
   struct sockaddr_in addr_recvfrom;
   unsigned int len;
   int n;
```

```
   len = sizeof (addr_recvfrom);
   n = recvfrom ( *sock, data, size, 0,
                  (struct sockaddr *) &addr_recvfrom, &len );
   if (n < 0) {
      printf ("Keine Daten empfangen ...\n");
      return;
    }
}

/* Socket schließen */
void close_socket( socket_t *sock ){
    close(*sock);
}

/* Unter Linux/UNIX ist nichts zu tun ... */
void cleanup(void){
   printf("Aufraeumarbeiten erledigt ...\n");
   return;
}
```

Listing 25.4 »socketlayer.c« nutzt »socketprx.h«, um eine einfach benutzbare Socket-Bibliothek unter Linux zu implementieren.

[»]

Hinweis: Teilen (Sharing) von Ports

In diesem Beispiel zu Linux wurde die Funktion `setsockopt()` verwendet. Durch die Verwendung der symbolischen Konstante `SO_REUSEADDR` stellen Sie das Socket so ein, dass es erlaubt ist, dass mehrere Prozesse (Clients) denselben Port teilen – sprich, mehrere Clients können innerhalb kürzester Zeit mit dem Server in Verbindung treten. Man spricht auch von *Port Sharing*. Außerdem lösen Sie damit das Problem, dass der Server beim Neustart seinen lokalen Port erst nach 2 Minuten Wartezeit wieder benutzen kann.

25.8.4 Headerdatei für Windows

```
/* socketprx.h für Windows */
#ifndef SOCKETPRX_H_
#define SOCKETPRX_H_

#include<stdio.h>
#include<stdlib.h>
#include<winsock.h>
#include<io.h>
```

```
#define socket_t SOCKET

void error_exit(char *error_message);
int create_socket( int af, int type, int protocol );
void bind_socket(socket_t *sock, unsigned long adress,
  unsigned short port);
void listen_socket( socket_t *sock );
void accept_socket( socket_t *new_socket, socket_t *socket );
void connect_socket(socket_t *sock, char *serv_addr,
  unsigned short port);
void TCP_send( socket_t *sock, char *data, size_t size);
void TCP_recv( socket_t *sock, char *data, size_t size);
void UDP_send (socket_t *sock, char *data, size_t size);
void UDP_recv( socket_t *sock, char *data, size_t size,
  char *addr, unsigned short port);
void close_socket( socket_t *sock );
void cleanup(void);

#endif
```

Listing 25.5 Das Listing zeigt, wie Sie »socketprx.h« unter Windows implementieren.

25.8.5 Windows-Quellcodedatei

```
/* socketlayer.c - für Windows */
#include<stdio.h>
#include<stdlib.h>
#include<winsock.h>
#include<io.h>
#define socket_t SOCKET

/* Die Funktion gibt aufgetretene Fehler aus und
 * beendet die Anwendung. */
void error_exit(char *error_message) {
    fprintf(stderr,"%s: %d\n", error_message, WSAGetLastError());

    exit(EXIT_FAILURE);
}

/* Initialisiere TCP für Windows ("winsock"),
 * legt ein Socket an
 * und gibt das Socket als Rückgabewert zurück. */
int create_socket( int af, int type, int protocol ) {
```

25

```
    socket_t sock;
    WORD wVersionRequested;
    WSADATA wsaData;
    wVersionRequested = MAKEWORD (1, 1);
    if (WSAStartup (wVersionRequested, &wsaData) != 0)
        error_exit( "Fehler beim Initialisieren von Winsock");
    else
        printf("Winsock initialisiert\n");

    /* Erzeuge das Socket. */
    sock = socket(af, type, protocol);
    if (sock < 0)
        error_exit("Fehler beim Anlegen eines Sockets");
    return sock;
}

/* Erzeugt die Bindung an die Serveradresse
 * (genauer gesagt an einen bestimmten Port). */
void bind_socket(socket_t *sock, unsigned long adress,
                 unsigned short port) {
   struct sockaddr_in server;

   memset( &server, 0, sizeof (server));
   server.sin_family = AF_INET;
   server.sin_addr.s_addr = htonl(adress);
   server.sin_port = htons(port);
   if (bind(*sock, (struct sockaddr*) &server,
          sizeof( server)) == SOCKET_ERROR)
      error_exit("Kann das Socket nicht \"binden\"");
}

/* Teile dem Socket mit, dass Verbindungswünsche
 * von Clients entgegengenommen werden. */
void listen_socket( socket_t *sock ) {
  if(listen(*sock, 5) == -1 )
      error_exit("Fehler bei listen");
}

/* Bearbeite die Verbindungswünsche von Clients.
 * Der Aufruf von accept() blockiert so lange,
 * bis ein Client Verbindung aufnimmt. */
void accept_socket( socket_t *socket, socket_t *new_socket ){
   struct sockaddr_in client;
```

```
   unsigned int len;

   len = sizeof(client);
   *new_socket=accept(*socket, (struct sockaddr *)&client, &len);
   if (*new_socket == INVALID_SOCKET)
      error_exit("Fehler bei accept");
}

/* Baut die Verbindung zum Server auf. */
void connect_socket( socket_t *sock, char *serv_addr,
                     unsigned short port) {
   struct sockaddr_in server;
   struct hostent *host_info;
   unsigned long addr;

   memset( &server, 0, sizeof (server));
   if ((addr = inet_addr( serv_addr )) != INADDR_NONE) {
       /* argv[1] ist eine numerische IP-Adresse. */
       memcpy( (char *)&server.sin_addr, &addr, sizeof(addr));
   }
   else {
       /* Für den Fall der Fälle: Wandle den
        * Servernamen bspw. "localhost" in eine IP-Adresse um. */
       host_info = gethostbyname( serv_addr );
       if (NULL == host_info)
           error_exit("Unbekannter Server");
       memcpy( (char *)&server.sin_addr, host_info->h_addr,
                host_info->h_length);
   }
   server.sin_family = AF_INET;
   server.sin_port = htons( port );

   /* Baue die Verbindung zum Server auf. */
   if (connect(
         *sock, (struct sockaddr*)&server, sizeof( server)) < 0)
      error_exit( "Kann keine Verbindung zum Server herstellen");
}

/* Daten versenden via TCP */
void TCP_send( socket_t *sock, char *data, size_t size ) {
   if( send (*sock, data, size, 0) == SOCKET_ERROR )
      error_exit("Fehler bei send()");
}
```

25

```
/* Daten empfangen via TCP */
void TCP_recv( socket_t *sock, char *data, size_t size) {
    int len;
    len = recv (*sock, data, size, 0);
    if( len > 0 || len != SOCKET_ERROR )
       data[len] = '\0';
    else
       error_exit("Fehler bei recv()");
}

/* Daten senden via UDP */
void UDP_send ( socket_t *sock, char *data, size_t size,
                char *addr, unsigned short port){
  struct sockaddr_in addr_sento;
  struct hostent *h;
  int rc;

  /* IP-Adresse vom Server überprüfen */
  h = gethostbyname(addr);
  if (h == NULL)
     error_exit("Unbekannter Host?");

  addr_sento.sin_family = h->h_addrtype;
  memcpy ( (char *) &addr_sento.sin_addr.s_addr,
           h->h_addr_list[0], h->h_length);
  addr_sento.sin_port = htons (port);

  rc = sendto(*sock, data, size, 0,
                (struct sockaddr *) &addr_sento,
                sizeof (addr_sento));
  if (rc == SOCKET_ERROR)
     error_exit("Konnte Daten nicht senden - sendto()");
}

/* Daten empfangen via UDP */
void UDP_recv( socket_t *sock, char *data, size_t size){
   struct sockaddr_in addr_recvfrom;
   unsigned int len;
   int n;


   len = sizeof (addr_recvfrom);
   n = recvfrom ( *sock, data, size, 0,
```

```
                (struct sockaddr *) &addr_recvfrom, &len );
   if (n == SOCKET_ERROR)
      error_exit("Fehler bei recvfrom()");
}

/* Socket schließen und Winsock freigeben */
void close_socket( socket_t *sock ){
    closesocket(*sock);
}

void cleanup(void){
   /* Cleanup Winsock */
   WSACleanup();
   printf("Aufraeuumarbeiten erledigt ...\n");
}
```

Listing 25.6 »socketlayer.c« soll unter Windows genauso funktionieren wie unter Linux.

25.8.6 All together – die »main()«-Funktionen

Nachdem Ihnen nun zwei Versionen von SOCKETPRX zur Verfügung stehen, können Sie die Module jetzt auf dem System Ihrer Wahl übersetzen und ausführen. Der Vorteil ist, dass Sie nur noch eine Hauptfunktion benötigen – alle plattformspezifischen Eigenheiten verstecken sich ja nun hinter dem Layer. Und es gibt noch einen weiteren Vorteil: Bei einer guten Planung des Layers gestaltet sich die Erstellung der main()-Funktion erheblich leichter und kürzer, da Sie die Fehlerüberprüfungen nun auch dem Layer überlassen können. Besonders bezahlt macht sich ein solcher Layer, wenn Sie einzelne Routinen immer wieder benötigen. Somit können Sie eine portable und simple Cross-Plattform-Bibliothek anbieten.

Der Server

Das Beispiel des TCP-Echo-Servers wurde erweitert. Daraus ist nun eine Art 1:1-Chat zwischen dem Server und dem Client geworden (wie Sie mehr als einen Client bearbeiten können, erfahren Sie noch). Der Server »lauscht« am Port 15000 und wartet, bis ein Client mit diesem in Verbindung tritt. Sobald ein Client eine Verbindung zum Server hergestellt hat, können Sie (der Server) dem Client eine Zeichenkette als Nachricht senden. Anschließend wartet der Server auf eine Antwort vom Client. Sendet der Client dem Server die Textfolge quit, so bedeutet dies für den Server, dass der Client »aufgelegt« hat, und der Server wartet wieder (mittels accept()) auf eine Verbindungsanfrage eines Clients. Der Quellcode des Servers sieht aus wie in Listing 25.7.

```
/* echo_server_2.c */
#include<string.h>
#include"socketprx.h"
#define BUF 1024

int main (void) {
  socket_t sock1, sock2;
  int addrlen;
  char *buffer = (char*) malloc (BUF);

  sock1 = create_socket(AF_INET, SOCK_STREAM, 0);
  atexit(cleanup);
  bind_socket( &sock1, INADDR_ANY, 15000 );
  listen_socket (&sock1);
  addrlen = sizeof (struct sockaddr_in);

  while (1) {
     accept_socket( &sock1, &sock2 );
     do {
        printf ("Nachricht zum Versenden: ");
        fgets (buffer, BUF, stdin);
        TCP_send (&sock2, buffer, strlen (buffer));
        TCP_recv (&sock2, buffer, BUF-1);
        printf ("Nachricht empfangen: %s\n", buffer);
     } while (strcmp (buffer, "quit\n") != 0);
     close_socket (&sock2);
  }
  close_socket (&sock1);
  return EXIT_SUCCESS;
}
```

Listing 25.7 »echo_server_2.c« verwendet jetzt die plattformunabhängige Headerdatei »socketprx.h«.

Der Client

Der Quellcode des Clients ist ähnlich simpel aufgebaut. Dieser versucht zunächst, eine Verbindung zum Server aufzubauen. Ist dies geglückt, wartet er auf eine Antwort vom Server. Schickt der Server dem Client eine Antwort, so wird diese auf die Standardausgabe ausgegeben. Jetzt ist der Client an der Reihe, dem Server eine Zeichenkette zu senden. Geben Sie hierfür `quit` an, beendet sich die Client-Anwendung und nimmt alle Aufräumarbeiten vor. Dass die Aufräumarbeiten (die Funktion `cleanup()`) durchgeführt werden, haben Sie mit der Standardfunktion `atexit()` sichergestellt, die beim

Beenden des Prozesses die Funktion `cleanup()` aufruft (was unter Linux unbedeutend ist). Solch ein Cleanup wird generell gern in dieser Form verwendet. Dasselbe Cleanup wird übrigens auch beim Server eingerichtet und durchgeführt, sofern sich dieser beendet.

Ansonsten findet ein reger Kommunikationsaustausch zwischen Server und Client statt. In Listing 25.8 sehen Sie den Quellcode für den Client.

```
/* echo_client_2.c */
#include<string.h>
#include"socketprx.h"
#define BUF 1024

int main (int argc, char *argv[]) {
  socket_t sock;
  char *buffer = (char *)malloc (BUF);

  if( argc < 2 ){
     printf("Usage: %s ServerAdresse\n", *argv);
     exit(EXIT_FAILURE);
  }

  sock = create_socket(AF_INET, SOCK_STREAM, 0);
  atexit(cleanup);
  connect_socket(&sock, argv[1], 15000);

  do {
      buffer[0] = '\0';
      TCP_recv (&sock, buffer, BUF-1);
      printf ("Nachricht erhalten: %s\n", buffer);
      printf ("Nachricht zum Versenden: ");
      fgets (buffer, BUF, stdin);
      TCP_send (&sock, buffer, strlen (buffer));
  } while (strcmp (buffer, "quit\n") != 0);
  close_socket (&sock);
  return EXIT_SUCCESS;
}
```

Listing 25.8 Auch »echo_client_2.c« verwendet jetzt die plattformunabhängige Headerdatei »socketprx.h«.

Hinweis

Vergessen Sie beim Übersetzen nicht, die Datei *socketlayer.c* hinzuzulinken.

Abbildung 25.6 und Abbildung 25.7 zeigen die Programme bei der Ausführung.

```
Eingabeaufforderung
C:\Users\Rene\Documents\C von A bis Z\Kapitel 25>echo_client_2 127.0.0.1
Winsock initialisiert
Nachricht erhalten: Hallo Client!

Nachricht zum Versenden: Hallo Server!
Nachricht erhalten: Wie geht es Dir?

Nachricht zum Versenden: Gut, und Dir?
Nachricht erhalten: Klasse!

Nachricht zum Versenden: Also dann machs mal gut.
Nachricht erhalten: Okay, bye...

Nachricht zum Versenden: quit
Aufraeuumarbeiten erledigt ...

C:\Users\Rene\Documents\C von A bis Z\Kapitel 25>_
```

Abbildung 25.6 Die Client-Anwendung bei der Ausführung

```
Eingabeaufforderung
C:\Users\Rene\Documents\C von A bis Z\Kapitel 25>echo_server_2 127.0.0.1
Winsock initialisiert
Nachricht zum Versenden: Hallo Client!
Nachricht empfangen: Hallo Server!

Nachricht zum Versenden: Wie geht es Dir?
Nachricht empfangen: Gut, und Dir?

Nachricht zum Versenden: Klasse!
Nachricht empfangen: Also dann machs mal gut.

Nachricht zum Versenden: Okay, bye...
Nachricht empfangen: quit
Aufraeuumarbeiten erledigt ...

C:\Users\Rene\Documents\C von A bis Z\Kapitel 25>
```

Abbildung 25.7 Die Server-Anwendung bei der Ausführung

25.8.7 Ein UDP-Beispiel

Bei unserem Layer wurden auch Funktionen zum Datenaustausch via UDP geschrieben. Außerdem wurde einiges zu UDP erwähnt, sodass ich Ihnen ein kleines Client-Server-Beispiel nicht vorenthalten will.

Der Server

Der Server wartet auf die Verbindung irgendeines Clients, der einen einfachen String als zweites Argument in der Kommandozeile versendet. Der Server gibt diese Zeichen mitsamt der lokalen Server-Uhrzeit auf die Standardausgabe aus und wartet anschließend erneut wieder auf Daten am Port 1234 von irgendeinem Client (siehe Listing 25.9).

```
/* udp_server.c */
#include<string.h>
#include<time.h>
#include"socketprx.h"

#define LOCAL_SERVER_PORT 1234
#define BUF 255

int main (int argc, char *argv[]) {
  socket_t sock;
  char puffer[BUF];
  time_t time1;
  char loctime[BUF];
  char *ptr;

  /* Socket erzeugen */
  sock = create_socket( AF_INET, SOCK_DGRAM, 0);
  atexit(cleanup);
  bind_socket(&sock, INADDR_ANY, LOCAL_SERVER_PORT);
  printf ("Warte auf Daten am Port (UDP) %u\n",
     LOCAL_SERVER_PORT);
  /* Server-Schleife */
  while (1) {
    memset (puffer, 0, BUF);
    UDP_recv( &sock, puffer, BUF );
    /* Zeitangaben präparieren */
    time(&time1);
    strncpy(loctime, ctime(&time1), BUF);
    ptr = strchr(loctime, '\n' );
    *ptr = '\0';

    /* erhaltene Nachricht ausgeben */
    printf ("%s: Daten erhalten: %s\n",
            loctime, puffer);
  }
  return EXIT_SUCCESS;
}
```

Listing 25.9 »udp_server.c« verwendet nun UDP zusammen mit »socketprx.h«, um die lokale Uhrzeit an einen Client zurückzugeben.

Der Client

```
/* udp_client.c */
#include<stdlib.h>
#include<stdio.h>
#include<string.h>
#include"socketprx.h"
#define BUF 1024
#define SERVER_PORT 1234

int main (int argc, char *argv[]) {
  socket_t sock;
  /* Kommandozeile auswerten */
  if (argc < 3) {
    printf ("Usage: %s <server> <string>\n",argv[0]);
    exit (EXIT_FAILURE);
  }

  /* Socket erzeugen */
  sock = create_socket( AF_INET, SOCK_DGRAM, 0);
  atexit(cleanup);
  bind_socket(&sock, INADDR_ANY, 0);
  UDP_send(&sock,argv[2],strlen(argv[2]),argv[1], SERVER_PORT);

  return EXIT_SUCCESS;
}
```

Listing 25.10 Auch der Client verwendet nun UDP.

Abbildung 25.8 und Abbildung 25.9 zeigen die Programme bei der Ausführung.

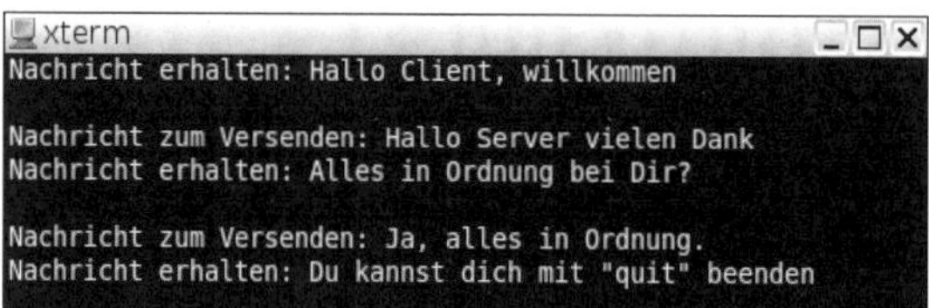

Abbildung 25.8 Die UDP-Client-Anwendung unter Linux

```
xterm
Nachricht zum Versenden: Hallo Client, willkommen
Nachricht empfangen: Hallo Server vielen Dank

Nachricht zum Versenden: Alles in Ordnung bei Dir?
Nachricht empfangen: Ja, alles in Ordnung.

Nachricht zum Versenden: Du kannst dich mit "quit" beenden
Nachricht empfangen: quit
```

Abbildung 25.9 Der UDP-Server im Einsatz unter Linux

25.8.8 Mehrere Clients gleichzeitig behandeln

Einen gravierenden Nachteil allerdings hatten alle Server-Beispiele, die Sie bisher geschrieben haben. Alle Server waren nur auf eine Client-Anfrage ausgelegt – sprich, sie konnten nur einen Client gleichzeitig bearbeiten. Alle anderen Clients wurden in die Warteschlange gesteckt und mussten warten, bis der Server wieder für weitere Verbindungswünsche frei ist. Für Anwendungen wie Webserver, Chat-Programme, Spieleserver etc. ist dieses Verhalten unbrauchbar (Stichwort: Latenzzeiten).

Um diesen Zustand zu verbessern, gibt es mehrere Möglichkeiten, wobei sich die Varianten auf den verschiedenen Plattformen erheblich unterscheiden. Sinnvolle und mögliche Varianten wären folgende:

1. Bei der *Verwendung von Threads* wird für jeden Client ein neuer Thread gestartet. Ein *Thread* ist quasi ein Programm, das unabhängig von den anderen laufenden Programmen ausgeführt wird. Der Nachteil von Threads ist, dass es auf den verschiedenen Plattformen die verschiedensten Thread-Bibliotheken gibt und Threads somit nur bedingt portabel sind.
2. Bei der *Verwendung von Prozessen* wird für jeden Client ein neuer (Server-)Prozess gestartet – jeder Client bekommt praktisch seinen eigenen Server. Voraussetzung ist allerdings, dass Sie sich mit der Systemprogrammierung der entsprechenden Plattform auskennen. Schließlich müssen die einzelnen Prozesse kontrolliert werden.

[«]

Hinweis zur Thread-Programmierung unter Linux

Sofern Sie mehr zu Linux tendieren, kann ich Ihnen das Buch »Linux-Unix-Programmierung« von Jürgen Wolf empfehlen (4. Auflage Rheinwerk 2016 oder – dann besser – die geplante 5. Auflage, »Systemnahe Programmierung mit C und Linux«, Rheinwerk 2023/24). In diesem Buch wird das Thema Netzwerkprogrammierung weit umfassender behandelt, auch mit Threads und Prozessen.

Neben diesen Möglichkeiten gibt es selbstverständlich eine Reihe weiterer Verfahren, um mehrere Clients zu behandeln. Unter Windows beispielsweise könnten Sie die `WSA`-Routinen `WSAAsyncSelect()` oder `WSAEventSelect()` verwenden. Bei Linux hingegen würden sich auch asynchrone E/A-Routinen nach POSIX-Erweiterungen eignen.

»select()« – eine portablere Alternative

Neben den eben beschriebenen Möglichkeiten, die Sie verwenden können, um mehrere Clients zu bedienen, möchte ich auf die Möglichkeit mit der Funktion `select()` etwas genauer eingehen. Diese Funktion ist sowohl auf MS- als auch auf Linux-Systemen vorhanden – und somit ein geeigneter Kandidat für eine portablere Lösung.

Das Problem bei einem Server, wie Sie ihn bisher verwendet haben, ist, dass dieser immer nur auf einen Socket-Deskriptor gewartet hat und auch immer nur über einen Socket-Deskriptor Daten empfangen bzw. versendet hat. Wurde beim Server beispielsweise `revc()` aufgerufen, blockierte dieser Aufruf den Socket-Deskriptor so lange, bis der Client wirklich Daten an diesen gesendet hat. Natürlich kann man das Blockieren auch dadurch umgehen, dass man den Socket-Deskriptor als nicht blockierend einrichtet (beispielsweise mit `fcntl()`). Allerdings sollten Sie bedenken, dass hierbei ständig überprüft wird, ob an einem Socket auch wirklich Daten vorliegen. Dieses als *Polling* bezeichnete Verfahren belastet die CPU unnötig. Mit der Funktion `select()` können Sie den Socket-Deskriptor so einrichten, dass nur dann CPU-Zeit benötigt wird, wenn auch wirklich Daten an einem Socket-Deskriptor vorliegen.

[»]

Hinweis zu »select()«

Dieser Abschnitt sollte nicht den Eindruck erwecken, die Funktion `select()` sei eine Routine, die sich nur zur Netzwerkprogrammierung eignet. `select()` kann überall dort eingesetzt werden, wo auch Deskriptoren verwendet werden bzw. synchrones Multiplexing verwendet werden soll. Des Weiteren lassen sich mit `select()` auch hervorragend sogenannte Timeouts einrichten.

Hier sehen Sie die Syntax zur Funktion `select()` unter Linux:

```
// entsprechend nach POSIX 1003.1-2001
#include <sys/select.h>

// entsprechend nach früheren Standards
#include <sys/time.h>
#include <sys/types.h>
#include <unistd.h>

int select( int n, fd_set *readfds, fd_set *writefds,
            fd_set *exceptfds, struct timeval *timeout );
```

Und hier ist die ähnliche Syntax unter Windows:

```
int select( int n, fd_set FAR * readfds, fd_set FAR * writefds,
            fd_set FAR * exceptfds,
            const struct timeval FAR * timeout );
```

Mit dem ersten Parameter `n` geben Sie die Größe der folgenden Menge an. Hierfür wird gewöhnlich der Wert des höchsten (Socket-)Deskriptors plus eins angegeben. Sie sollten sich allerdings nicht darauf verlassen, dass automatisch eine aufsteigende und lückenlose Reihenfolge für die (Socket-)Deskriptoren vergeben wird. Welche Nummer der nächste (Socket-)Deskriptor verwendet, entscheidet immer noch das

System. Daher empfiehlt es sich, jeden gesetzten (Socket-)Deskriptor mit dem zu vergleichen, der rein theoretisch der höchste ist.

Die nächsten drei Parameter sind Zeiger auf die Sets `fd_set`, die zum Lesen, Schreiben oder auf Ausnahmen getestet werden. Sofern Sie einen der Parameter nicht verwenden wollen, können Sie `NULL` angeben. Drei getrennte Sets sind nötig, da man ja nicht alle (Socket-)Deskriptoren auf Lesen oder Schreiben testen möchte.

Der am häufigsten verwendete Parameter (wie es auch im anschließenden Beispiel der Fall ist) ist `readfds`. Mit diesem Parameter wird überprüft, ob auf den (Socket-)Deskriptoren Daten zum Lesen vorhanden sind. Das Gegenstück dazu ist der Parameter `writefds`. Hiermit können Sie die Beschreibbarkeit von (Socket-)Deskriptoren überprüfen – sprich, ob ein Deskriptor bereit ist, eine Ausgabe anzunehmen (diese Überprüfung wird beispielsweise gerne bei Pipes verwendet). Der dritte `fd_set`-Parameter, `exceptfds`, wird weitaus seltener verwendet. Mit ihm überprüfen Sie, ob bei einem (Socket-)Deskriptor irgendwelche besonderen Zustände (Ausnahmen) vorliegen. Dies wird beispielsweise bei Out-of-Band-Daten (`MSG_OOB`) verwendet (siehe Manual-Page zu `send()` und/oder `recv()`).

Nach dem Aufruf von `select()` wird diese Menge in Teilmengen der File-Deskriptoren verteilt, die die Bedingungen erfüllen.

Mit dem letzten Parameter können Sie ein Timeout, eine Zeit im Format von Sekunden (`tv_sec`) und Mikrosekunden (`tv_usec`), einrichten. Diese Zeit wird dann abgewartet, bis eine bestimmte Bedingung eintritt. Sind Sie daran nicht interessiert, können Sie auch hier `NULL` angeben. Es gibt aber auch einen Nachteil, wenn sich `select()` vorzeitig verabschiedet (vor dem Ablauf der festgelegten Zeit). `select()` gibt keine Auskunft darüber, wie lange denn tatsächlich gewartet wurde. Dazu muss extra eine Funktion, wie beispielsweise `gettimeofday()`, aufgerufen werden.

Die Funktion gibt die Anzahl der File-Deskriptoren zurück, die Ihre Bedingung erfüllt haben (einfach die Anzahl der [Socket-]Deskriptoren, die bereit sind). Wenn die Zeit abgelaufen ist (Timeout), wird `0` und bei einem Fehler des Funktionsaufrufes `select()` `-1` zurückgegeben.

Ein Problem bei `select()` ist, dass es mit Bitfeldern arbeitet, was somit abhängig vom Betriebssystem ist. Die Bitfeldgröße bei BSD beispielsweise beträgt 256 und unter Linux 1024. Somit können auf BSD nur die ersten 256 und unter Linux 1024 Deskriptoren angesprochen werden. Unter Windows kann dieser Wert sogar nur bis zu 64 Deskriptoren betragen. Wie viele Deskriptoren Sie nun tatsächlich pro Prozess verwenden können, ist mit der symbolischen Konstante `FD_SETSIZE` definiert. Natürlich macht es jetzt wenig Sinn, alle (Socket-)Deskriptoren zu überwachen. Zum Glück müssen Sie sich eigentlich recht wenig um diese Menge kümmern, da Ihnen der Datentyp `fd_set` die Arbeit zum Speichern der (Socket-)Deskriptoren abnimmt und einige Makros den Zugriff darauf erleichtern. Hier sehen Sie die Makros für die Bearbeitung der Mengen:

```
FD_ZERO(fd_set *set);
FD_SET(int element, fd_set *set);
FD_CLR(int element, fd_set *set);
FD_ISSET(int element, fd_set *set);
```

Die Makros lassen sich recht schnell erklären. `FD_ZERO()` macht aus der Menge `set` eine leere Menge, `FD_SET()` fügt `element` der Menge `set` hinzu, und `FD_CLR()` entfernt `element` aus der Menge `set`. Mit `FD_ISSET()` können Sie überprüfen, ob `element` in der Menge `set` vorkommt (genauer gesagt gesetzt ist).

Das folgende Beispiel, ein einfacher TCP-Echo-Server, soll Ihnen die Funktion `select()` demonstrieren. Das Beispiel ist dem 1:1-Chat zwischen dem Server und dem Client recht ähnlich, den Sie in diesem Kapitel bereits geschrieben haben. Nur begnügen wir uns beim Server jetzt damit, dass er nur die Zeichenketten auf dem Bildschirm ausgibt und dem Client nicht antwortet. Allerdings gibt es den gravierenden Unterschied, dass der Server nun mehrere Clients »gleichzeitig« behandeln kann – genauer gesagt bis zu `FD_SETSIZE` Clients. Sobald auch hier ein Client die Zeichenfolge `quit` sendet, entfernt der Server den Client (genauer den [Socket-]Deskriptor) aus der Menge.

Im Beispiel wurde aus Übersichtlichkeitsgründen darauf verzichtet, die `select()`-Abhandlung in unseren Layer `SOCKETPRX` zu implementieren. In der Praxis wäre dies allerdings sehr sinnvoll, da die Verwendung von `select()` doch recht komplex ist. Dank des Layers `SOCKETPRX` kann ich `select()` erheblich leichter abhandeln als ohne. In Listing 25.11 folgt der gut dokumentierte Quellcode zum Server, der nun die Abfragen mehrerer Clients auf einmal abarbeiten kann.

```
/* multi_server.c */
#include<stdlib.h>
#include<stdio.h>
#include<string.h>
#include"socketprx.h"
#define BUF 1024

int main (void) {
  socket_t sock1, sock2, sock3;
  int i, ready, sock_max, max=-1;
  int client_sock[FD_SETSIZE];
  fd_set gesamt_sock, lese_sock;
  char *buffer = (char*) malloc (BUF);

  sock_max = sock1 = create_socket(AF_INET, SOCK_STREAM, 0);
  atexit(cleanup);
  bind_socket( &sock1, INADDR_ANY, 15000 );
  listen_socket (&sock1);
```

```
for( i=0; i<FD_SETSIZE; i++)
   client_sock[i] = -1;
FD_ZERO(&gesamt_sock);
FD_SET(sock1, &gesamt_sock);

for (;;) {
  /* immer aktualisieren */
  lese_sock = gesamt_sock;
  /* Hier wird auf die Ankunft von Daten oder
   * neuer Verbindungen von Clients gewartet. */
  ready = select( sock_max+1, &lese_sock, NULL, NULL, NULL );
  /* Eine neue Client-Verbindung ...? */
  if( FD_ISSET(sock1, &lese_sock)) {
     accept_socket( &sock1, &sock2 );
     /* freien Platz für (Socket-)Deskriptor
      * in client_sock suchen und vergeben */
     for( i=0; i< FD_SETSIZE; i++)
        if(client_sock[i] < 0) {
           client_sock[i] = sock2;
           break;
        }
     /* mehr als FD_SETSIZE Clients sind nicht möglich */
     if( i == FD_SETSIZE )
        error_exit("Server überlastet - zu viele Clients");
     /* den neuen (Socket-)Deskriptor zur
      * (Gesamt)Menge hinzufügen */
     FD_SET(sock2, &gesamt_sock);
     /* select() benötigt die höchste
      * (Socket-)Deskriptor-Nummer. */
     if( sock2 > sock_max )
        sock_max = sock2;
     /* höchster Index für client_sock
      * für die anschließende Schleife benötigt */
     if( i > max )
        max = i;
     /* ... weitere (Lese-)Deskriptoren bereit? */
     if( --ready <= 0 )
        continue; //Nein ...
  } //if(FD_ISSET ...

  /* Ab hier werden alle Verbindungen von Clients auf
   * die Ankunft von neuen Daten überprüft. */
```

25

```
    for(i=0; i<=max; i++) {
      if((sock3 = client_sock[i]) < 0)
        continue;
      /* (Socket-)Deskriptor gesetzt ... */
      if(FD_ISSET(sock3, &lese_sock)){
        /* ... dann die Daten lesen */
        TCP_recv (&sock3, buffer, BUF-1);
        printf ("Nachricht empfangen: %s\n", buffer);
        /* Wenn quit erhalten wurde ... */
        if (strcmp (buffer, "quit\n") == 0) {
          /* ... hat sich der Client beendet. */
          close_socket (&sock3);        //Socket schließen
          FD_CLR(sock3, &gesamt_sock);  //aus Menge löschen
          client_sock[i] = -1;          //auf -1 setzen
          printf("Ein Client hat sich beendet\n");
        }
        /* Sind noch lesbare Deskriptoren vorhanden ...? */
        if( --ready <= 0 )
          break; //Nein ...
      }
    }
  } // for(;;)
  return EXIT_SUCCESS;
}
```

Listing 25.11 »multi_server.c« verwendet Threads, um mehrere Clients gleichzeitig zu behandeln.

Und jetzt folgt noch in Listing 25.12 der Quellcode zur entsprechenden Client-Anwendung.

```
/* multi_client.c */
#include<stdlib.h>
#include<stdio.h>
#include<string.h>
#include"socketprx.h"
#define BUF 1024

int main (int argc, char *argv[]) {
  socket_t sock;
  char *buffer = (char *)malloc (BUF);

  if( argc < 2 ){
    printf("Usage: %s ServerAdresse\n", *argv);
```

```
        exit(EXIT_FAILURE);
    }

    sock = create_socket(AF_INET, SOCK_STREAM, 0);
    atexit(cleanup);
    connect_socket(&sock, argv[1], 15000);

    do {
        buffer[0] = '\0';
        printf ("Nachricht zum Versenden: ");
        fgets (buffer, BUF, stdin);
        TCP_send (&sock, buffer, strlen (buffer));
    } while (strcmp (buffer, "quit\n") != 0);
    close_socket (&sock);
    return EXIT_SUCCESS;
}
```

Listing 25.12 »multi_client.c« erlaubt nun auch das parallele Ausführen mehrerer Clients.

Abbildung 25.10 bis Abbildung 25.12 zeigen das Programm bei der Ausführung.

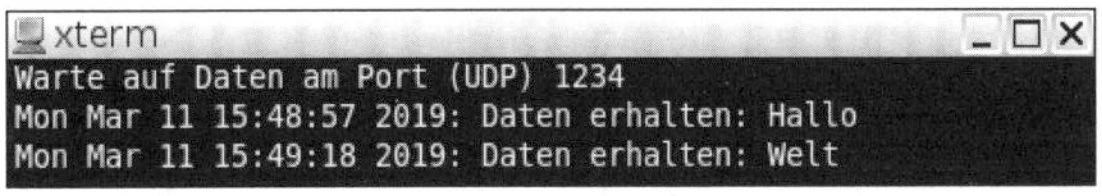

```
xterm
Warte auf Daten am Port (UDP) 1234
Mon Mar 11 15:48:57 2019: Daten erhalten: Hallo
Mon Mar 11 15:49:18 2019: Daten erhalten: Welt
```

Abbildung 25.10 Der Server kann jetzt mehrere Anfragen (Clients) bearbeiten.

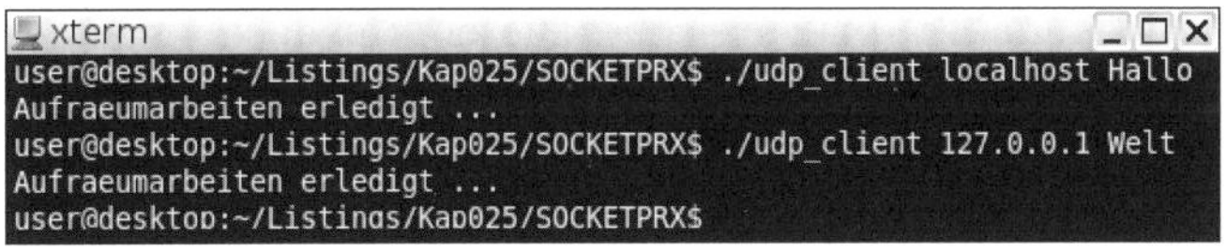

```
xterm
user@desktop:~/Listings/Kap025/SOCKETPRX$ ./udp_client localhost Hallo
Aufraeumarbeiten erledigt ...
user@desktop:~/Listings/Kap025/SOCKETPRX$ ./udp_client 127.0.0.1 Welt
Aufraeumarbeiten erledigt ...
user@desktop:~/Listings/Kap025/SOCKETPRX$
```

Abbildung 25.11 Einer von zwei gerade aktiven Clients

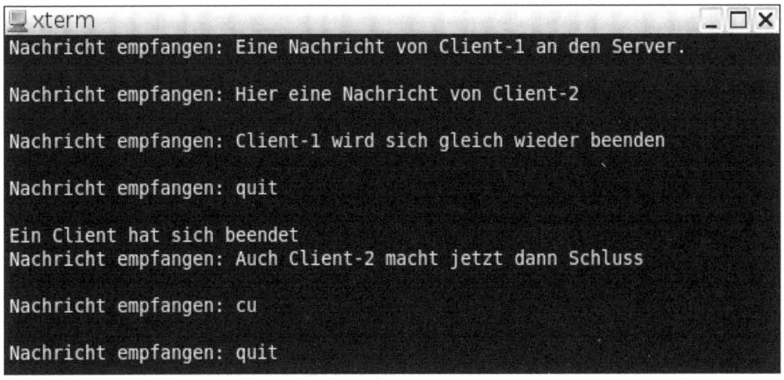

```
xterm
Nachricht empfangen: Eine Nachricht von Client-1 an den Server.

Nachricht empfangen: Hier eine Nachricht von Client-2

Nachricht empfangen: Client-1 wird sich gleich wieder beenden

Nachricht empfangen: quit

Ein Client hat sich beendet
Nachricht empfangen: Auch Client-2 macht jetzt dann Schluss

Nachricht empfangen: cu

Nachricht empfangen: quit
```

Abbildung 25.12 Der andere der beiden aktiven Clients zur selben Zeit

25.9 Weitere Anmerkungen zur Netzwerkprogrammierung und Literaturempfehlungen

Mit diesem kleinen Kapitel haben Sie jetzt den Grundstein zur Netzwerkprogrammierung gelegt. Bedenken Sie aber, dass dieses Thema ein noch viel größeres Spektrum umfasst, als ich hier beschrieben habe. Dazu gibt es, wie schon gesagt, sehr viel zusätzliche Literatur.

Bevor Sie sich jetzt in das »Abenteuer« stürzen, eigene kleine Programme mit Netzwerkfunktionalität zu schreiben, möchte ich Sie noch in ein paar Abschnitten auf einige Dinge hinweisen, auf die Sie besonders achten sollten (bzw. mit denen Sie sich noch intensiver auseinandersetzen sollten) – insbesondere, wenn Ihre Anwendung nicht so funktioniert, wie Sie es gerne hätten.

25.9.1 Das Datenformat

In den Beispielen, die Sie hier erstellt haben, wurden lediglich Zeichenketten verschickt. Meistens liegen die Daten aber nicht in einem solch bequemen Format vor. Wenn Sie beispielsweise Ganzzahlen oder Gleitpunktzahlen versenden wollen, verwenden Sie am besten `sscanf()` und `sprintf()` (bzw. die sicheren Alternativen). Natürlich gibt es auch Programme bzw. Standards, die ausschließlich binäre Strukturen verwenden. Ein Beispiel aus dem Smart-Home-Bereich ist z. B. das KNX-Protokoll. KNX wurde eigentlich ursprünglich als kabelgebundener Feld-Bus entwickelt, Sie können aber inzwischen auch Geräte erwerben, die die sogenannten *KNX-Steuertelegramme* über Ethernet (als UDP-Pakete) entgegennehmen und anschließend an eine separate Feld-Bus-Struktur weiterleiten (man spricht in diesem Fall auch von einer Linie). Ein Beispiel für ein KNX-Steuertelegramm (ohne Prüfsummen) wären z. B. die folgenden 11 Byte:

```
0x11, 0x00, 0xBC, 0xE0, 0x11, 0x01, 0x00, 0x01, 0x01, 0x00, 0x81
```

Mit diesem Telegramm würde man z. B. eine Lampe, die die KNX-Adresse 0.0.1 besitzt, über den Befehl `0x81` einschalten. Sie sehen also, dass es möglich sein muss, auch einzelne Bytes an eine bestimmte IP-Adresse zu schicken, an der z. B. ein KNX-Router hängt. Hier gibt es verschiedene Möglichkeiten. Sie können z. B. die komplette Struktur in eine Zeichenkette konvertieren, bevor Sie diese versenden. Auf der anderen Seite müssen selbstverständlich ebenfalls bestimmte Vorkehrungen getroffen werden, um die Bytes korrekt zu lesen. Leider hat die Sache einen Haken: Bei KNX mit 11 Byte pro Telegramm ist die Sache noch relativ übersichtlich. Was tun Sie aber, wenn Sie größere Strukturen verschicken wollen, die z. B. komplexe Spielerdaten enthalten? In diesem Fall könnte es z. B. sinnvoll sein, sämtliche Zahlen von vornherein in der Network Byte Order anzulegen, unabhängig davon, wie Ihr Prozessor dies sieht (natürlich muss diese Tatsache auch der Empfänger beachten).

Sicherlich entscheiden letztendlich Sie, wie die Daten zwischen Client und Server hin- und hergeschickt werden. Allerdings sollten Sie bedenken, dass Sie nicht immer wissen, auf was für einen Rechner die Daten übertragen werden. Schicken Sie von einem Little-Endian-Rechner ein Integer an ein Big-Endian-System, sind Probleme vorprogrammiert. Sie wissen also nie genau, welche Größe die Datentypen `int`, `long` und `short` auf der Gegenseite haben. Zwar gibt es seit der Einführung des C99-Standards die unabhängigen Typen, wie beispielsweise `int8_t`, `int16_t` und `uint8_t` etc. in der Headerdatei *<stdint.h>*, was aber in Bezug auf Netzwerke recht wenig nützt, weil dieser Standard von einigen Compiler-Herstellern (insbesondere auf Windows-Systemen) unzureichend bis überhaupt nicht beachtet wird.

Daher die Empfehlung: Senden Sie numerische Daten, wenn es denn möglich ist, im Textformat an die Gegenseite, zumindest, wenn Sie den Kommunikationsstandard selbst festlegen können. Natürlich setzt dies voraus, dass die Gegenseite zumindest den ASCII-Zeichensatz verwendet. Wenn Sie also einen String an einen Rechner schicken, auf dem sich nur japanische Schriftarten befinden, kommt nichts Sinnvolles dabei heraus. Ebenso müssen Sie unsere landestypischen Umlaute berücksichtigen, die meist auf einem Rechner, der beispielsweise in den USA steht, nicht richtig dargestellt werden können. Eine oft verwendete Möglichkeit, Zahlen und einfache Texte korrekt zu übertragen, ist die Base64-Kodierung. Diese enthält nur die 64 ASCII-Zeichen, die auf nahezu jedem System vorhanden sind, und Sie stellen dann z. B. Umlaute durch spezielle Zeichensequenzen dar.

25.9.2 Der Puffer

Bisher mussten Sie sich nie so richtig um die Pufferung der Daten kümmern. Beispielsweise hat Ihnen bei Funktionen wie `fgets()` oder `fputs()` das Betriebssystem die Pufferung abgenommen. Sie mussten nur angeben, wie groß dieser Puffer sein sollte. In der Netzwerkprogrammierung müssen Sie sich nun selbst darum kümmern. Mit den Funktionen `send()`/`sendto()` und `recv()`/`recvfrom()` können bei den Sockets sehr viel weniger Bytes ein- bzw. ausgegeben werden als oft angenommen. Das Problem ist also, dass das System (der Kernel) für das Socket eine bestimmte Puffergröße fest vorgibt. Das bedeutet: Wenn der Puffer voll ist, liest `recv()`/`recvfrom()` bzw. schreibt `send()`/`sendto()` aus diesem bzw. in diesen Puffer – selbst dann, wenn noch nicht alle gewünschten Daten ausgelesen bzw. geschrieben wurden. Die einfachste Art, alle Daten richtig zu übertragen, ist dann das Padding (also ein Auffüllen des Puffers mit Null-Bytes), wenn die Größe der zu übertragenden Bytes nicht exakt durch die Puffergröße teilbar ist.

Wenn Sie die Daten in Form eines `char`-Arrays mit einfachem Text übertragen, dürften Sie keine Probleme mit der Pufferung bekommen, sofern Sie einen String ordentlich mit \0 abschließen. Sobald allerdings binäre Daten übertragen werden sollen, gibt es Probleme damit. Bei binären Daten können Sie sich nicht darauf verlassen, dass sie mit einem \0 abgeschlossen werden – weshalb Sie sich selbst um das letzte Zeichen kümmern müssen.

Welche Puffergröße Sie verwenden, bleibt Ihnen überlassen und hängt vom Anwendungsfall ab. Allerdings macht ein byteweiser Puffer genauso wenig Sinn wie ein überdimensional großer Puffer. Es hat sich bewährt, entweder eine Puffergröße von 512 oder 1024 kB zu verwenden, oder aber die Puffergröße so einzustellen, dass sie genau einem Netzwerkpaket entspricht. Dies sind bei DSL1 1492 und bei DSL2 1500 Byte.

[»]

Hinweis zum korrekten Umgang mit Puffern

Der Puffer ist Ihr wichtigstes Kommunikationswerkzeug, mit dem Sie Daten austauschen können. Wenn Sie etwas in einen Puffer schreiben wollen, sollten Sie immer bedenken, wie es auf der anderen Seite wieder herauskommt, und eventuell auch überprüfen, was herauskommt. Denn wenn etwas häufig nicht klappt, dann ist es die Art und Weise, wie die Daten beim Empfänger ankommen. Nicht selten ist es ein nicht terminierter (also nicht durch /0 abgeschlossener) String, der für Probleme sorgt.

25.9.3 Portabilität

Sie haben in diesem Kapitel gesehen, wie man mit einem abstrakten Layer eine portable Anwendung (nicht nur) für die Netzwerkprogrammierung erstellen kann. Mit Linux und Windows haben Sie in den Beispielen eine recht große Zielgruppe eingeschlossen. Bedenken Sie allerdings, dass es auch noch andere Systeme gibt, zum Beispiel QNX oder SGI IRIX. Zwar sind die Unterschiede der allgemeinen Socket-Programmierung nicht allzu gravierend, dennoch müssen Sie sich auch diesbezüglich gegebenenfalls schlau machen, welche Differenzen es dabei gibt.

25.9.4 Von IPv4 nach IPv6

Da IPv6 noch nicht flächendeckend eingeführt wurde (zurzeit nutzen etwa 50 % in Deutschland IPv6), wurden seine Eigenheiten in den vorangegangenen Abschnitten nicht näher behandelt. Allerdings wird sich die Nutzung von IPv6 in nächster Zeit stark erhöhen, deshalb gehe ich auch noch einmal kurz auf IPv6 ein. So können Sie im Fall der Fälle Ihre Anwendungen auf IPv6 umstellen.

Konstanten

Die IPv4-Konstanten `AF_INET` bzw. `PF_INET` wurden durch `AF_INET6` bzw. `PF_INET6` ersetzt. Eigentlich muss nur die Konstante um eine `6` erweitert werden. Es ist auch kein Fehler, wenn Sie auch bei einer IPv4-Software gleich die neuen Konstanten verwenden, da ein Programm, das auf IPv6 portiert wurde, auch weiterhin auf IPv4-Rechnern läuft (vorausgesetzt, der Rechner ist dual-stacked, was in Zukunft bei IPv6-fähigen Rechnern immer der Fall sein sollte).

Was sich auch verändert hat, ist die Konstante `INADDR_ANY`, die beim Binden von Sockets an einen Port angegeben wird. Sie bedeutet, dass Pakete von jedem Interface angenommen werden. Ein wenig ungewöhnlich ist, dass die neue Konstante kleingeschrieben wird – `in6addr_any`. Der Grund: Die alte Struktur `in_addr` bestand nur aus einem `unsigned long int s_addr`, und somit war die Konstante `INADDR_ANY` auch nur eine Zahl. Da die Adresse bei IPv6 128 Bit breit ist, ist dies nicht mehr möglich (da kein portabler Datentyp mit dieser Breite existiert), weshalb es sich nun um ein Array handelt:

```
struct in6_addr {
   union{
      uint8_t  u6_addr8[16];
      uint16_t u6_addr16[8];
      uint32_t u6_addr32[4];
   } in6_u;

#define s6_addr     in6_u.u6_addr8
#define s6_addr16   in6_u.u6_addr16
#define s6_addr32   in6_u.u6_addr32
};
```

Strukturen

Nachdem `in_addr` durch `in6_addr` ersetzt wurde (siehe oben), ist es auch nötig, die Struktur `sockaddr_in` anzupassen:

```
struct sockaddr_in6 {
   sa_family_t sin6_family      /* Adress-Familie - AF_INET6 */
   in_port_t sin6_port;         /* Port Transportschicht # */
   uint32_t sin6_flowinfo;      /* IPv6 Datenfluss-Informationen */
   struct in6_addr sin6_addr;   /* IPv6 Adresse */
   uint32_t sin6_scope_id;      /* IPv6 Scope-Kennung */
};
```

Es wurde nicht nur die Adressstruktur verändert, auch die zusätzlichen Strukturvariablen `sin6_flowinfo` und `sin6_scope_id` wurden hinzugefügt.

Funktionen

Der Großteil der Socket-API-Funktionen ist gleich geblieben. Verändert bzw. hinzugefügt wurden lediglich die meisten Adressauflösungs- und Konvertierungsfunktionen. So werden die Funktionen `inet_aton()` bzw. `inet_ntoa()` durch die Funktionen `inet_pton()` bzw. `inet_ntop()` ersetzt. Da diese neuen Funktionen jetzt nicht mehr auf Zahlen operieren, sondern auf den konkreten Adressstrukturen (z. B. `in6_addr`), unterstützen sie auch beliebige Adressfamilien.

Noch wichtiger sind die neu hinzugekommenen Funktionen `getaddrinfo()` und `getnameinfo()`. Diese wurden als Ersatz für die Funktionen `gethostbyname()`/`gethostbyaddr()` und `getipnodebyname()`/`getipnodebyaddr()` eingeführt und haben den Vorteil, dass sie direkt `sockaddr`-Strukturen bearbeiten. Des Weiteren wurde noch die Funktion `gethostbyname2()` hinzugefügt, bei der es sich allerdings nur um eine reine GNU-Extension handelt!

Hinweis zu IPv4

All diese Funktionen stehen Ihnen übrigens auch schon für IPv4 zur Verfügung, weshalb es nicht falsch sein kann, diese jetzt schon zu verwenden, um eine eventuell spätere Portierung zu erleichtern.

25.9.5 RFC-Dokumente (Request for Comments)

Sie wollen einen HTTP-, einen FTP- oder einen SMTP-Server bzw. einen Client erstellen, der damit kommuniziert, und wissen nicht, wo Sie anfangen sollen. Dies ist eine beliebte Frage in den Foren. Wie Sie bereits erfahren haben, findet die Kommunikation zwischen dem Server und Client über Protokolle statt (vergleichbar mit den verschiedenen Sprachen dieser Welt). Ein Webclient und ein Webserver beispielsweise unterhalten sich anders als ein Mailclient und ein Mailserver. All diese Standardprotokolle werden in den RFCs (Requests for Comments) gesammelt. RFCs sind eine Reihe von technischen Dokumentationen zum Internet, die ihren Ursprung zu ARPANET-Zeiten 1969 hatten. Einen gewaltigen Fundus zur RFC-Sammlung finden Sie im Internet unter *http://www.ietf.org/* (The Internet Engineering Task Force).

25.9.6 Sicherheit

Das Wichtigste kommt oft zum Schluss. Mit der Netzwerkprogrammierung in C haben Sie auch das »gefährlichste« Kapitel kennengelernt. Die meisten Programme, die angegriffen werden, sind nicht Ihr Editor oder Ihre Entwicklungsumgebung, sondern die Programme, die mit dem Netz verbunden und somit meistens auch für *alle* erreichbar sind. Beispielsweise kann ein Buffer Overflow bei einer Netzwerkanwendung sehr böse Folgen haben. So wurden z. B. immer wieder Fälle bekannt, bei denen durch einen Buffer Overflow Schadcode in JPEG-Bilder eingeschleust wurde. Verantwortlich dafür war ein »schlampig« programmierter Open-Source-Decoder, den sowohl der Internet Explorer (inzwischen heißt dieser Microsoft Edge) als auch der sehr verbreitete Firefox verwendete.

Sie sollten also stets beachten, dass die Daten, die Sie über ein Netzwerk versenden, jederzeit gelesen werden können. Daher empfiehlt es sich, bei sicherheitsrelevanten Daten (beispielsweise Kundendaten) diese verschlüsselt zu versenden. Die Daten können dann zwar weiterhin abgefangen werden, aber bei einer guten Verschlüsselung, wie z. B. AES, sind diese Daten für den »Sniffer« nicht mehr lesbar. Leider müssen Sie im letzten Beispiel den Schlüssel separat generieren, am besten als einen sicheren Hash-Wert, der aus einem nur Ihnen bekannten Passwort generiert wird. Natürlich dürfen Sie den sogenannten temporären Hash nicht auf einem Datenträger ablegen. Noch sicherer, aber leider nicht trivial, ist ein sicherer Schlüsselaustausch mit dem Diffie-Hellmann-Verfahren. Dieses Verfahren beruht auf sogenannten elliptischen Kurven und einigen anderen, leider komplizierten mathematischen Algorithmen.

25.9.7 Literaturempfehlungen

Es versteht sich von selbst, dass es zum Thema Netzwerkprogrammierung, genauso wie zum Thema Kryptografie, eine Menge zusätzlicher Literatur gibt. Einige Empfehlungen möchte ich Ihnen an dieser Stelle doch geben, von denen einige Bücher auch im Rheinwerk Verlag erschienen sind:

1. Wolf/Wolf: »Linux-Unix-Programmierung. Das umfassende Handbuch«. 4. Auflage 2016, Rheinwerk Computing bzw. 5. Auflage 2023/24, »Systemnahe Programmierung mit C und Linux« (zahlreiche Linux-Themen in C, darunter auch viel zur Netzwerkprogrammierung. Empfohlen wird aber, auf die Neuauflage zu warten.)
2. Schemberg et al.: »PC-Netzwerke«. 8. Auflage 2019, Rheinwerk Computing (sehr umfassendes Buch über alles, was man zur Netzwerktechnik wissen muss; leider sehr umfangreich und nur bedingt für Einsteiger geeignet)
3. Kofler et al.: »Raspberry Pi. Das umfassende Handbuch«. 6. Auflage 2020, Rheinwerk Computing (sehr umfassendes Linux-Buch, das extra auf den Raspberry Pi zugeschnitten ist und sehr viele Informationen über die Konfiguration von Netzwerken für den Raspberry Pi enthält)
4. Bruce Schneier: »Angewandte Kryptographie. Protokolle, Algorithmen und Sourcecode in C, 2. Erweiterte Auflage 2015«.

Im letzten Server-Beispiel wurde es ja schon kurz angeschnitten, im nächsten Kapitel wird es noch einmal ausführlicher erklärt: Multitasking. Ohne Parallelisierung gewisser Abläufe kommt man besonders in modernen Netzwerken kaum noch aus.

Kapitel 26
Paralleles Rechnen

Die Taktfrequenz eines Mainstream-Prozessors ist aus physikalischen Gründen auf einige Gigahertz begrenzt. Bei etwa 4 GHz reicht eine normale Kühlung nicht mehr aus. Was liegt also näher, als mehrere Prozessoren bzw. Prozessorkerne in ein Gehäuse einzubauen? Allerdings nützen solche Multiprozessor-Systeme nur dann etwas, wenn auch die Programme dafür erstellt werden. Wie das geht, erfahren Sie in diesem Kapitel.

In diesem Kapitel möchte ich Sie kurz in die Thread-Programmierung einführen, wobei ich das Thema nur anschneide. Einen umfassenderen Einstieg bieten wir in »Linux-Unix-Programmierung« (4. Auflage Rheinwerk 2016 bzw. die geplante 5. Auflage, »Systemnahe Programmierung mit C und Linux«, Rheinwerk 2023/24) im gut 60 Seiten umfassenden Kapitel »Threads«. Wer wirklich in die Tiefe gehen will, dem sei das Buch »Moderne Betriebssysteme« von Andrew Tanenbaum (4. Auflage 2016, Pearson Studium) ans Herz gelegt. Aber Vorsicht: Das Buch von Tanenbaum ist nur für wirkliche Profis gedacht – oder für Programmiererinnen und Programmierer, die es werden wollen.

26.1 Was ist Multitasking und wie wird es realisiert?

Multitasking gibt es schon sehr lange, denn es ist schlicht die Ausführung mehrerer Aufgaben gleichzeitig. In den 1980ern, z. B. beim C64, wurde Multitasking schlicht durch einen Interrupt realisiert, der den Prozessor 60-mal in der Sekunde an die Adresse EA31 springen ließ. Diese Adresse konnte man umbiegen und auf eigene Programme zeigen lassen, vorausgesetzt man beendete seine Task-Programme mit `JMP $EA31`. Zurzeit versucht die Werbung wieder vermehrt, den Anwendern Multitasking schmackhaft zu machen, indem sie sogenannte Multicore-PCs an den Mann oder die Frau bringt. Mittlerweile ist in jedem Discounter-PC ein solcher Prozessor eingebaut, und 8 oder auch 16 Kerne sind keine Seltenheit mehr. Dabei wird einem versprochen, dass man mit zwei Prozessorkernen die doppelte Rechenleistung erhält, weil ja die Rechenaufgaben auf zwei »Zugpferde« aufgeteilt werden. Leider sind dies leere Versprechungen der Werbebranche.

Es ist in der Tat so, dass zwei vollständige Prozessoren, die sich die Aufgaben teilen, die doppelte Leistung haben können, aber bei *Multicore* geht es um mehrere Prozessorkerne. Diese Kerne sind keine vollständigen Prozessoren, sondern können die arithmetischen Funktionen (also mathematische Aufgaben) unabhängig voneinander ausführen. Die einzelnen Kerne müssen sich aber den Bus-Zugriff teilen. Die einzelnen Kerne müssen also z. B. den Speicherzugriff untereinander synchronisieren, was sehr viele sogenannte Wartezyklen zur Folge hat. Ferner sind sehr viele Prozesse nicht parallelisierbar, z. B. der Zugriff auf den rein seriell arbeitenden USB-Hub, auf den immer nur ein Host gleichzeitig zugreifen kann. Zwei Prozessorkerne bringen also nicht die doppelte Leistung, sondern man sagt: Ein zusätzlicher Prozessorkern erhöht (laut c't) die Leistung um 10 bis 20%. Zunächst machen also solche Multicore-Systeme (Multicore ist die moderne Bezeichnung für mehrere Prozessorkerne) so viel Sinn, wie wenn man zwei Autos in der Garage stehen hat – man kann auch nur eines gleichzeitig fahren.

26.2 Braucht man spezielle Prozessoren für Multitasking?

Die Antwort auf diese Frage wurde quasi bereits gegeben: Für moderne Betriebssysteme benötigt man auf jeden Fall spezielle Prozessoren für Multitasking-Anwendungen, meistens werden zumindest bei Windows 11 bereits PC-Prozessoren mit vier Kernen empfohlen. Diese gibt es sowohl von AMD (AMD FX, Ryzen) als auch Intel (Core i3, Core i5 oder Core i7), wobei sogar einige dieser modernen Prozessoren nicht zusammen mit Windows 11 funktionieren.

Um beide oder gegebenenfalls mehrere Prozessorkerne zu verwenden, muss aber auch die entsprechende Software dafür geschrieben werden. Dies ist nicht trivial, denn man muss versuchen, die Synchronisationszyklen zwischen den einzelnen Kernen minimal zu halten. Oft werden hierfür neue Entwicklungsumgebungen benötigt, die sehr viel Geld kosten, weil sie z. B. die Unterstützung für neue OP-Codes bereitstellen müssen. Auch wenn aber die Software für Multicore-Systeme angepasst wurde, kann man noch lange nicht sagen, um welchen Faktor (auch *Speedup* genannt) die Software schneller läuft. Es gibt mehrere Faktoren, von denen es abhängt, um wie viel Prozent das Programm letztendlich schneller läuft: Kann beispielsweise der Prozessor die Daten aus seinem eigenen schnellen Cache holen, oder müssen diese immer wieder aus dem langsamen Arbeitsspeicher geholt werden? Dies hängt von der Cache-Größe des Prozessors ab. Hinzu kommen auch Größe, Topologie und Bandbreite des Speichers. Es gibt auch Situationen, in denen man mit der seriellen Programmierung genauso gute Ergebnisse erzielen kann wie mit der parallelen. Zusammengefasst lässt sich sagen, dass man den gewonnenen Geschwindigkeitsfaktor der Software erst im laufenden Betrieb ermitteln kann. Tests sind also auf jeden Fall angesagt.

Fakt ist auf jeden Fall, dass sich die Multicore-Systeme auch künftig noch weiter verbreiten werden. Auch der Raspberry Pi hat inzwischen vier Prozessorkerne, sechs oder sogar acht sind in Arbeit. Ein guter Grund also, sich mit der Entwicklung paralleler Software zu befassen.

Hinweis

Im C-Standard C1x (also in allen Standards von C11 bis C18) sind zum ersten Mal standardisierte Funktionen zur Thread-Programmierung enthalten. Da die Entwicklung in diesem Bereich jedoch rasant fortschreitet, sind ständige Aktualisierungen an der Tagesordnung. Allerdings wird C23 im Vergleich zu C18 keine grundlegenden Änderungen an der Thread-Programmierung vornehmen, da sich inzwischen hauptsächlich das Betriebssystem darum kümmert, die Aufgaben optimal auf die einzelnen Kerne zu verteilen. Es kann also auch sein, dass es neue separate Standards für Systementwickler geben wird, die dann auch von diesen eingehalten werden müssen. Ein beliebter Standard, den es jetzt schon gibt, ist der POSIX-Standard – vielleicht werden genau hier in Zukunft einige Änderungen vorgenommen werden.

26.2.1 Single-Prozessor-Systeme

Damit Programme tatsächlich parallel laufen können, müssen mehrere Prozessoren bzw. Prozessorkerne vorhanden sein. Trotzdem ist es auch möglich, dass Single-Prozessor-Systeme von der parallelen Programmierung profitieren. So teilen sich bei einer parallelen Anwendung beispielsweise alle einzelnen Threads das Codesegment, das Datensegment, den Heap und alle anderen Zustandsdaten, die ein gewöhnlicher Prozess besitzt. Somit sind mehrere Threads leichtgewichtiger als mehrere Prozesse. Ein *Prozess* ist eine Instanz eines Programms, das gerade ausgeführt wird. Ein Prozess kann dabei mehrere Unterprozesse erzeugen, die sogenannten *Threads*, die ebenfalls zum Programm gehören und unabhängig vom Hauptprogramm ihre eigenen Aufgaben erfüllen. Threads werden auch manchmal als Leichtgewichtsprozesse bezeichnet.

Hinweis: Code für Multicore-Prozessoren auf Single-Core-Maschinen

Wenn jemand Ihr Programm verwendet, das Sie eigentlich für Multicore- oder Multiprozessorsysteme erstellt haben, lässt es sich nicht immer problemlos auf einem Single-Prozessor-System ausführen. Vor allem Multicore-Prozessoren (also wenn mehrere Kerne in einem Prozessor stecken) besitzen zusätzliche OP-Codes, die ein Single-Core-Prozessor nicht kennt. Die Konsequenz ist dann schlicht, dass Ihr Programm nicht läuft und sich mit der entsprechenden Meldung beendet. Populäre Beispiele sind Videoschnittprogramme und 3D-Grafiktools, wie z. B. Magix Video Deluxe oder 3DS Max. Diese laufen schlicht nicht mehr auf Single-Core-Systemen und benötigen mindestens Windows 7.

26.2.2 Hyperthreading

Hyperthreading wird häufig mit *Multithreading* in einen Topf geworfen. Nun hat Hyperthreading aber zunächst nichts mit zwei oder mehr Prozessoren zu tun und wird trotzdem bei der Entwicklung von Multithreading-Anwendungen verwendet. Die Technologie *Hyperthreading* wurde von Intel mit den Prozessoren Pentium III, Pentium 4 und Xeon eingeführt, aber auch AMD hat entsprechende Prozessoren auf dem Markt. Mit dieser Technologie wird der Durchsatz von Multithreading-Anwendungen im Multitasking-Betrieb erhöht, indem sie die Auslastung der *On-Chip*-Ressourcen (das sind Cache, Speicher-Bus und die Registerzugriffe) erhöht, die in der sogenannten Intel-NetBurst-Mikroarchitektur verfügbar sind. Ein typischer Thread belastet auf diese Weise nur etwa 35 % der Ausführungsressourcen. Natürlich müssen für NetBurst zusätzliche OP-Codes (also spezielle Prozessorbefehle) und spezielle BIOS-Funktionen vorhanden sein. Hyperthreading erhöht also die Auslastung durch eine spezielle Logik und ein spezielles Ressourcenmanagement. Diese Funktionen werden der CPU hinzugefügt, also muss auch Ihre Entwicklungsumgebung Hyperthreading unterstützen. Für die Aufteilung der anfallenden Daten auf freie Ressourcen sorgen somit zwei logische Prozessoren, die vom Betriebssystem mittels klassischer Multiprocessing-Verfahren verwaltet werden.

[»]

Hinweis zur NetBurst-Architektur

Die NetBurst-Architektur ist eine von Intel für den Pentium 4 neu entwickelte Mikroarchitektur, die bei mehreren CPU-Familien zum Einsatz kommt. Die Architektur setzt auf eine sehr lange Pipeline, durch die sehr hohe Taktraten erreicht werden sollen. Eine Pipeline teilt einen Prozessorbefehl in mehrere Teile auf und versucht, diese Teile parallel auszuführen. Leider werden auch Befehle oder Teile davon intern umsortiert, und damit wird der normale sequenzielle Programmablauf unterbrochen. Sie benötigen für NetBurst also immer spezielle Compiler oder Assembler-Tools, die gewährleisten, dass das Programm noch so läuft, wie Sie sich das normalerweise vorstellen.

Ich will nicht zu sehr auf die Details von NetBurst oder anderer Technologien eingehen, denn im Grunde sind viele moderne Begriffe einfach Marketing und versprechen bei Weitem mehr, als sie halten. Denn wer auf einen neuen Prozessor (aus welchen Gründen auch immer) die doppelte Taktrate schreiben kann, bleibt besser im Geschäft als jemand, der dies nicht kann. Das Rennen zwischen Intel und AMD um den schnellsten Prozessor besteht schon seit 40 Jahren und wird auch die nächsten 40 Jahre bestehen bleiben, falls keine der beiden Firmen Konkurs anmeldet. Denn im Endeffekt ist Hyperthreading ein Trick von Intel, um im Rennen gegen AMD vorne zu bleiben. Mit Hyperthreading wird dem Betriebssystem nämlich im Endeffekt nur ein zweiter logischer Prozessor vorgegaukelt. Dazu werden einfach intern die Register der CPU verdoppelt. Allerdings teilen sich die beiden virtuellen Prozessoren die

Funktionseinheiten, sodass es rein logisch nicht möglich ist, dass die Befehle zweier Threads gleichzeitig ausgeführt werden. In der Praxis stellte sich heraus, dass diese Technik in einigen Situationen genauso effektiv ist, als befänden sich zwei physikalische Prozessoren im System, daher werden in der Praxis Prozessoren, die Hyperthreading implementiert haben, als parallele Systeme anerkannt. Dies ist aber ein zweischneidiges Schwert, denn in manchen Situationen ist Hyperthreading sogar langsamer als ein »Einkerner«.

26.3 Braucht man spezielle Multitasking-Betriebssysteme?

Die Antwort auf die Frage, ob man spezielle Multitasking-Betriebssysteme braucht, lautet schlicht ja. Man benötigt für Multitasking spezielle Betriebssysteme, die unterschiedliche Prozesse verwalten können. Ein solches Betriebssystem ist z. B. Windows, aber auch Linux. Diese beiden Betriebssysteme bieten eine API an, mit der man die sogenannten Threads behandeln kann, die im nächsten Abschnitt besprochen werden. Ein *Thread* ist ein Programm oder Programmteil, das quasi parallel zu den anderen Programmen laufen kann. Auch ein *Task* ist im Endeffekt ein parallel laufendes Programm, aber meistens ist ein Task die Hauptanwendung, die dann mehrere Threads ausführt. Ein *Prozess* ist eigentlich alles, was ein Betriebssystem verwalten kann (also quasi der Ober-Ober-Begriff), also z. B. auch ein Netzwerktreiber. Manchmal werden aber Prozess und Task auch synonym verwendet, z. B. in der POSIX-Thread-Programmierung.

26.4 Programmiertechniken der Parallelisierung

Als Programmierer können Sie im Grunde mehrere Wege gehen, um Ihre Anwendung zu parallelisieren.

26.4.1 Automatische Parallelisierung

Zunächst gibt es die Möglichkeit, das Parallelisieren dem Compiler zu überlassen. Eine solche automatische Parallelisierung wird derzeit nur vom Hersteller Intel angeboten. Hierzu setzt man bei der Kompilierung die Option `/Qparallel` für Windows und `/parallel` für Linux. Bei der Übersetzung sucht der Compiler jetzt nach einfachen Schleifen (beispielsweise Grafikroutinen), die er in mehreren Threads parallel ausführen kann. Wer hierin jetzt eine Compiler-Optimierung wie mit den Optionen `-O1` etc. sieht, hat recht. Im Grunde ist diese Option des Compilers nichts anderes als das. Bei Tests ist es mir außerdem nicht gelungen, mehr als zwei parallele Threads zu erzeugen.

26.4.2 Halbautomatische Parallelisierung

Neben der Möglichkeit, parallele Anwendungen mithilfe des Intel-Compilers automatisch zu erstellen, gibt es noch eine halbautomatische Möglichkeit (wenn man das so sagen darf). Halbautomatisch deswegen, weil hierbei der Code nicht verändert, sondern nur ergänzt werden muss. Hierzu verwendet man *OpenMP*, eine Programmierschnittstelle, die seit 1997 von verschiedenen Hardware- und Compiler-Herstellern zur Shared-Memory-Programmierung auf Multiprozessor-Systemen verwendet wird. Ein Vorteil von OpenMP ist, dass die Synchronisation der Threads implizit erfolgt. Allerdings schränkt dieser Vorteil den Grad der Parallelisierung erheblich ein. Des Weiteren lässt sich OpenMP nur für Shared-Memory-Systeme verwenden (wie dies beispielsweise bei den Dual-Core-CPUs der Fall ist).

Für die Parallelisierung werden `pragma`-Direktiven verwendet, weshalb in dem Fall, in dem ein Compiler OpenMP nicht unterstützt, keine Fehlermeldungen ausgegeben werden. OpenMP ist auf vielen gängigen Compilern vorhanden, auch unter Visual Studio. Unter Linux unterstützt der GCC ab Version 4.2 OpenMP. Auch der Intel-Compiler (erhältlich für Linux und Windows) unterstützt OpenMP. OpenMP ist somit eine interessante und einfache Möglichkeit der halbautomatischen Parallelisierung, die sich allerdings wegen der Vereinfachungen recht schlecht skalieren lässt. Mehr Informationen dazu finden Sie auf der Website von OpenMP unter *http://www.openmp.org/*.

26.4.3 Echte Parallelisierung

Moderne Spiele und andere Multicore-Anwendungen verwenden fast immer die echte Parallelisierung und nur selten OpenMP, gehen also den Weg der echten Thread-Programmierung. Allerdings ist die Multithread-Programmierung nicht unbedingt eine einfache Sache. Mehrere Threads bedeuten häufig auch mehr Aufwand bei der Programmerstellung. Gewöhnlich müssen Threads synchronisiert werden, schließlich stellt jeder Thread so etwas wie eine eigene Anwendung dar. Ferner gibt es viele Thread-Bibliotheken, und den Windows-Entwicklern werden sogar einige hausgemachte Lösungen für Win32, MFC oder das .NET-Framework mitgeliefert. Wer reine Windows-Anwendungen schreibt, der dürfte damit sehr weit kommen. Sollen aber plattformübergreifende Anwendungen erstellt werden, greift man gewöhnlich zur POSIX-Thread-Bibliothek. Diese Spezifikation beschreibt den POSIX-Standard 1003.1c oder kurz und einfach *Pthreads*. Auch in diesem Buch greife ich auf die POSIX-Threads zurück, denn das Erstellen plattformunabhängiger Programme war ja eines der Hauptziele dieses Buches.

26.5 Vom Prozess zum Thread

Ein *Prozess* ist das, was Sie bei den bisherigen Beispielen des Buches immer erstellt haben – also ein einzelnes Programm bei seiner Ausführung. Diesem Programm steht zum Zeitpunkt seiner Ausführung die komplette Verwaltungseinheit des Betriebssystems zur Verfügung, als wäre es das einzige Programm, das ausgeführt wird.

Zum Zeitpunkt der Ausführung erhält ein Prozess somit die volle Aufmerksamkeit der CPU. Eine solche alleinige Verfügbarkeit ist natürlich bei einem Multitasking-Betriebssystem zeitlich begrenzt. Üblicherweise laufen auf einem Betriebssystem mehrere Prozesse gleichzeitig ab. Auch wenn Sie selbst noch kein Programm gestartet haben, laufen bereits viele Dienste im Hintergrund (unter Linux/UNIX werden diese auch als *Daemonprozesse* bezeichnet). Egal, welches Programm Sie nun ausführen, jede Anwendung bekommt eine gewisse Rechenzeit der CPU zur Verfügung gestellt, bevor die CPU die Rechenzeit einem anderen Prozess widmet (siehe Abbildung 26.1).

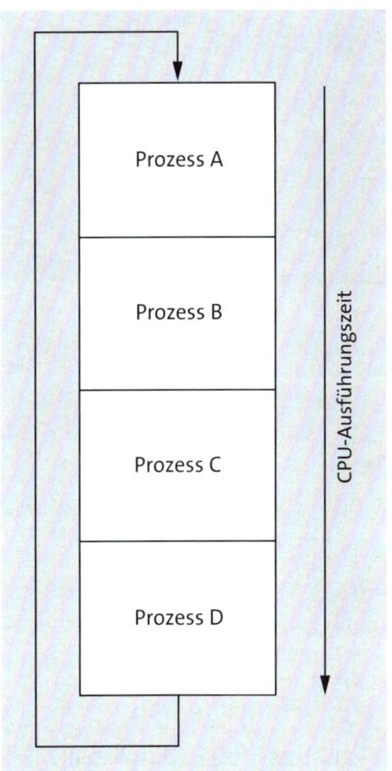

Abbildung 26.1 Prozesse werden Task für Task abgearbeitet.

Mit dieser Technik, dem Multitasking, hat es den Anschein, als ob alle Prozesse gleichzeitig ablaufen – was natürlich nicht möglich ist, da pro CPU(-Kern) immer nur ein Prozess ausgeführt werden kann.

Im ersten Moment besteht also vorerst gar kein Unterschied zwischen einem Prozess und einem Thread, denn letztendlich besteht ein Prozess mindestens aus einem Thread. Ferner endet ein Prozess, wenn sich alle Threads beenden. Somit ist der *eine* Prozess (dieser eine Prozess ist der erste Thread, auch Main Thread bzw. Haupt-Thread genannt) verantwortlich für die gleichzeitige Ausführung mehrerer Threads – da Threads auch nur innerhalb eines Prozesses ausgeführt werden. Der gravierende Unterschied zwischen den Threads und den Prozessen besteht darin, dass Threads unabhängige Befehlsfolgen innerhalb eines Prozesses sind. Man könnte auch sagen, Threads sind in einem Prozess gefangen oder verkapselt, im goldenen Käfig eingeschlossen (siehe Abbildung 26.2).

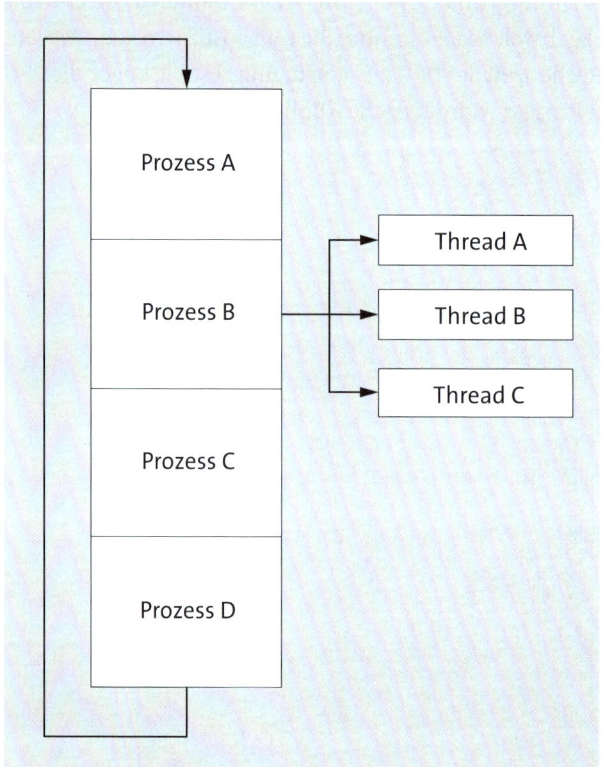

Abbildung 26.2 Ein Prozess (Main Thread) startet mehrere (Unter-)Threads.

Prozesse werden gegenüber Threads immer als schwergewichtig dargestellt. Das kommt daher, dass bei der Erstellung eines Prozesses der komplette Namensraum dupliziert werden muss. Diesen Aufwand spart man bei der Verwendung von Threads, da diese in einem gemeinsamen Adressraum ablaufen. Somit stehen den einzelnen Threads dasselbe Codesegment, Datensegment, der Heap und alle anderen Zustandsdaten, die ein gewöhnlicher Prozess besitzt, zur Verfügung – was somit auch die Arbeit beim Austausch von Daten und bei der Kommunikation untereinander erheblich erleichtert. Weil aber kein Speicherschutzmechanismus unter den Threads vorhanden ist, bedeutet dies auch, dass ein Thread, wenn er abstürzt, alle anderen Threads mit abstürzen lässt. Einen Vergleich des Verwaltungsaufwands zwischen den Threads und Prozessen finden Sie in Abbildung 26.3 und Abbildung 26.4.

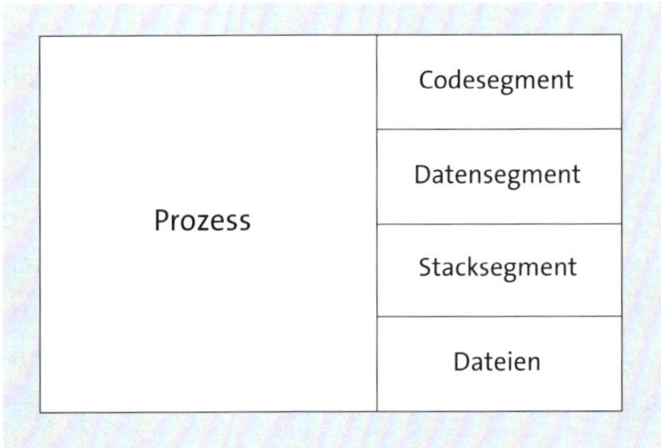

Abbildung 26.3 Das umfasst jeder einzelne Prozess.

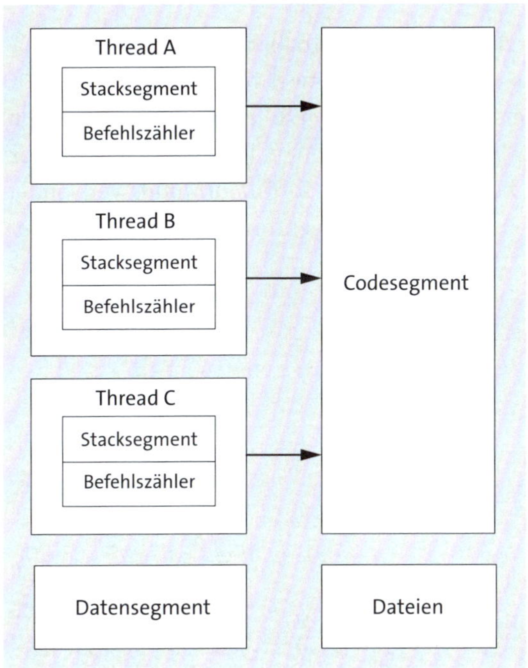

Abbildung 26.4 Threads hingegen teilen sich (abgesehen vom Stacksegment und vom Befehlszähler) die Ressourcen.

In Abbildung 26.4 lässt sich schön erkennen, dass sich Threads den Adressraum teilen. Allerdings macht gerade dies Threads etwas aufwendiger zu programmieren, denn alle Threads eines Prozesses teilen sich hierbei auch die globalen Variablen und geöffneten Dateien, weshalb gewisse Synchronisationsmechanismen nötig sind.

26.6 Mit POSIX-Threads programmieren

Um POSIX-Threads verwenden zu können, müssen Sie die *Pthread*-Bibliothek installieren. Unter Linux lässt sich dies bequem mit dem jeweiligen Paketmanager erledigen. Auch für Windows lässt sich die *Pthread*-Bibliothek oft ohne großen Aufwand nachinstallieren, ab Visual Studio 2010 ist diese von vornherein verfügbar. Erste Anlaufstelle sollte die Webseite *http://sourceware.org/pthreads-win32/* sein. Auch auf der Verlagswebsite unter *https://www.rheinwerk-verlag.de/5701* finden Sie Informationen und natürlich die Listings. Dabei wird neben Linux auch auf die Verwendung von Pthreads mit Entwicklungsumgebungen wie *Code::Blocks* und *Visual C++* von Microsoft eingegangen.

26.6.1 Ein serielles Beispiel

Um Ihnen den Umgang mit Threads zu demonstrieren, habe ich erst einmal ein sehr einfaches Beispiel erstellt. In diesem Beispiel werden zwei `int`-Arrays mit 100.000 Elementen mit absteigendem Wert erstellt. Diese Arrays sollen nun sortiert werden. Es geht mir darum, zwei CPU-rechenintensive Aufgaben zu beschleunigen. Als Sortieralgorithmus habe ich den recht behäbigen *Bubble-Sort-Algorithmus* verwendet. Folgendes Beispiel aus Listing 26.1 soll nun parallel ausgeführt werden.

```
/* bubblesort_seriell.c */
#include <stdio.h>
#include <stdlib.h>
/* 100.000 Elemente */
#define MAX 100000

/* ein Array von großen zu kleinen Werten */
int test_array1[MAX];
int test_array2[MAX];

/* in umgekehrter Reihenfolge erstellen */
void init_test_array(int *array) {
   int i, j;
   for(i = MAX,j=0; i >= 0; i--,j++)
      array[j] = i;
}

static void *bubble1(void* val) {
```

```
   int i, temp, elemente=MAX;
   while(elemente--)
      for(i = 1; i <= elemente; i++)
         if(test_array1[i-1] > test_array1[i]) {
            temp=test_array1[i];
            test_array1[i]=test_array1[i-1];
            test_array1[i-1]=temp;
         }
}

static void *bubble2(void* val) {
   int i, temp, elemente=MAX;
   while(elemente--)
      for(i = 1; i <= elemente; i++)
         if(test_array2[i-1] > test_array2[i]) {
            temp=test_array2[i];
            test_array2[i]=test_array2[i-1];
            test_array2[i-1]=temp;
         }
}

int main (void) {
   int i, j;
   init_test_array(test_array1);
   init_test_array(test_array2);

   bubble1(NULL);
   bubble2(NULL);

   /* Ausgabe in eine Textdatei */
   freopen("myoutput.txt", "w+", stdout);

   for(i = 0; i < MAX; i++)
      printf("[%d-%d]", test_array1[i], test_array2[i]);
   return EXIT_SUCCESS;
}
```

Listing 26.1 »bubblesort_seriell.c« implementiert das beliebte Sortierverfahren Bubble Sort in der klassischen Weise ohne Threads.

Die sortierten Elemente finden Sie nach Programmende in der Datei *myoutput.txt*, im selben Verzeichnis, in dem das Programm ausgeführt wird. Bei der Ausführung des Programms wird eine Dual-Core-CPU (Intel Celeron) zu ca. 50 % ausgelastet (siehe Abbildung 26.5). Neben der Anzeige der CPU-Auslastung wird auch noch der Verlauf der Auslastung beider Kerne angezeigt. Hieran können Sie gut erkennen, dass nur ein CPU-Kern damit beschäftigt ist, das Array zu sortieren. Natürlich habe ich auch dafür gesorgt, dass keine anderen Hintergrundprozesse laufen und mir nicht ein anderer Prozess die Messergebnisse verfälscht.

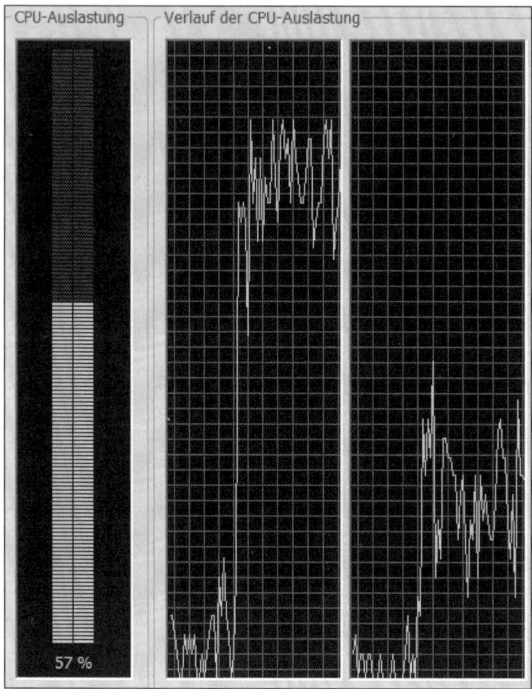

Abbildung 26.5 »bubblesort.c« bei der Ausführung ohne Threads

Bei mehrfacher Ausführung des Programms lag die durchschnittliche Ausführzeit zwischen 20 und 25 Sekunden auf dem Celeron-Prozessor, auf einem 8-Kern-Prozessor (AMD Ryzen) betrug die Ausführungszeit etwa 5 Sekunden.

Das Ziel dieses Beispiels soll es nun sein, mithilfe der POSIX-Thread-Bibliothek die Sortierung der beiden Arrays parallel auszuführen. Sprich: Jede CPU soll die Sortierung eines Arrays durchführen. Hierdurch versprechen wir uns eine erheblich schnellere Ausführzeit des Programms.

26.6.2 Das Grundgerüst für ein Programm mit mehreren Threads

Bevor Sie das Programm zum Sortieren der Arrays parallel ausführen, werde ich die grundlegenden Funktionen von Pthreads etwas näher beschreiben, die dazu nötig sind.

Hinweis: Rückgabewert im Fehlerfall

Alle Funktionen der *Pthread*-Bibliothek geben bei Erfolg 0 und bei einem Fehler -1 zurück.

»pthread_create« – einen neuen Thread erzeugen

Einen neuen Thread können Sie mit der Funktion pthread_create() erzeugen:

```
#include<pthread. h.>
int pthread_create( pthread_t *thread,
                    const pthread_attr_t *attribute,
                    void *(*funktion)(void *),
                    void *argumente );
```

Jeder Thread hat eine eigene Identifikationsnummer vom Datentyp pthread_t, die in der Adresse des ersten Parameters von pthread_create() abgelegt wird. Attribute für den Thread können Sie mit dem zweiten Parameter vergeben. Wird NULL angegeben, werden die Standardattribute verwendet. Auf die Attribute eines Threads gehe ich gleich noch gesondert ein. Mit dem dritten Parameter geben Sie eine beliebige Funktion an. Dabei handelt es sich um den eigentlichen Thread, der natürlich die Anfangsadresse der Funktion kennen muss, die parallel zum Hauptprogramm ausgeführt werden soll. Einer Thread-Funktion können Sie mit dem vierten Parameter auch Argumente übergeben. Gewöhnlich wird der vierte Parameter verwendet, um Daten an bestimmte Threads zu übergeben, meistens durch eine Strukturvariable. Sie können aber durchaus auch Zeiger auf primitive Datentypen wie int oder char verwenden.

Einen Thread beenden

Um einen Thread zu beenden, gibt es im Grunde zwei Möglichkeiten: Entweder man verwendet funktionstypisch return oder die Funktion pthread_exit(). In beiden Fällen muss der Rückgabewert vom Typ void* sein. Die Syntax zu pthread_exit() sieht so aus:

```
#include<pthread. h.>
void pthread_exit( void * wert );
```


Mit den beiden Möglichkeiten wird nur der jeweilige Thread beendet. Den Rückgabewert können Sie anschließend mit der Funktion pthread_join() abfragen.

Hinweis zu Rückgabewerten von Threads

C-typisch darf der Rückgabewert eines Threads, wie schon bei den gewöhnlichen Funktionen, kein lokales Speicherobjekt sein, da auch hier der Speicher nach dem Beenden des Threads nicht mehr gültig ist.

Sollte allerdings irgendwo im Programm ein beliebiger Thread die Standardfunktion exit() aufrufen, so bedeutet dies das Ende aller Threads einschließlich des Haupt-Threads.

Damit Sie sich nach der Beendigung eines Threads nicht auch noch um Aufräumarbeiten wie das Freigeben von Ressourcen kümmern müssen, können Sie mit den Funktionen pthread_cleanup_push() und pthread_cleanup_pop() ein *Exit-Handle* einrichten. Ein solches Handle wird immer dann ausgeführt, wenn ein Thread mit pthread_exit oder return beendet wird. Im Grunde kann man diese Funktionen mit der Standard-Bibliotheks-Funktion atexit() vergleichen. Anhand der Endungen _push und _pop können Sie wahrscheinlich schon erahnen, dass das Prinzip des Stacks verwendet wird. Es folgt die Syntax der beiden Funktionen:

```
#include<pthread. h.>
void pthread_cleanup_push( void (*function)(void *),
                           void *arg );
void pthread_cleanup_pop( int exec );
```

Mit pthread_cleanup_push() richten Sie ein Exit-Handle ein. Als ersten Parameter geben Sie die Funktion an, die beim Beenden des Threads ausgeführt werden soll. Für die Argumente, die Sie der Funktion übergeben wollen, wird der zweite Parameter verwendet. Das zuletzt eingerichtete Exit-Handle können Sie wieder mit der Funktion pthread_cleanup_pop() vom Stack entfernen. Geben Sie allerdings einen Wert ungleich 0 als Parameter exec an, so wird diese Funktion noch vor dem Beenden des Threads ausgeführt, was bei einer Angabe von 0 nicht der Fall ist.

[»]

Hinweis zu »pthread_cleanup_push()« und »pthread_cleanup_pop()«

Die Funktionen pthread_cleanup_push() und pthread_cleanup_pop() sind als Makros implementiert. Dabei ist pthread_cleanup_push() mit einer sich öffnenden und pthread_cleanup_pop() mit einer sich schließenden geschweiften Klammer implementiert. Das bedeutet: Sie müssen beide Funktionen im selben Anweisungsblock ausführen. Daher müssen Sie immer ein _push und ein _pop verwenden, auch wenn Sie wissen, dass die _pop-Stelle nie erreicht wird.

»pthread_join« – Warten auf das Thread-Ende

Um im Haupt-Thread auf das Ende und den Rückgabewert einzelner Threads zu warten, wird die Funktion pthread_join() verwendet:

```
#include<pthread. h.>
int pthread_join( pthread_t thread, void **thread_return );
```

pthread_join() hält den aufrufenden Thread (meistens den Haupt-Thread), der einen Thread mit pthread_create erzeugt hat, so lange an, bis der Thread thread vom Typ pthread_t beendet wurde. Der Exit-Status (bzw. Rückgabewert) des Threads wird an die Adresse von thread_return geschrieben. Sind Sie nicht am Rückgabewert interessiert, können Sie auch NULL verwenden.

Ein Thread, der sich beendet, wird so lange nicht freigegeben bzw. als beendeter Thread anerkannt, bis ein anderer Thread pthread_join aufruft. Daher sollten Sie für jeden erzeugten Thread einmal pthread_join aufrufen, es sei denn, Sie haben einen Thread mit pthread_detach aus der Thread-Liste »ausgehängt«.

Ein paralleler Bubble Sort

Mit diesen wenigen Funktionen ist es nun möglich, eine echte parallele Anwendung zu erstellen (siehe Listing 26.2). Hierzu wurde das Einführungsbeispiel zum Sortieren der Arrays mit Bubble Sort mit Threads implementiert. Nun bekommt vielleicht jeder CPU-Kern ein Array zum Sortieren.

[«]

Hinweis: Automatische Verteilung der Arbeitslast durch den Scheduler

Das »vielleicht« im letzten Abschnitt ist schon durchaus ernst gemeint. Sie haben nämlich im Endeffekt keinen Einfluss darauf, wie Ihr Betriebssystem die Arbeitslast an die einzelnen Prozessoren und Prozessorkerne verteilt. Diese Arbeit leistet ein spezielles Programm, der sogenannte *Scheduler*. Der Scheduler ist dafür verantwortlich, die Arbeitslast optimal zu verteilen. So kann es durchaus sein, dass ein Kern, der nicht viel zu tun hat, beide Arrays zu sortieren bekommt und diese Strategie (z. B. dank Hyperthreading) sogar schneller ist, als wenn jeder Kern ein Array sortieren müsste (Stichwort Zeitverluste durch Synchronisationszyklen). Der Scheduler kann normalerweise nicht in trivialer Weise konfiguriert werden.

```
/* bubblesort_threads.c */
#include<stdio.h>
#include<stdlib.h>
#include<pthread.h>
/* 100.000 Elemente */
#define MAX 100000

/* ein Array von großen zu kleinen Werten */
int test_array1[MAX];
int test_array2[MAX];

/* in umgekehrter Reihenfolge erstellen */
void init_test_array(int *array) {
   int i, j;
   for(i = MAX,j=0; i >= 0; i--,j++)
      array[j] = i;
}
```

```
// Thread 1
static void *bubble1(void* val) {
   static int i, temp, elemente=MAX;
   printf("Thread bubble1() wurde gestartet\n");
   while(elemente--)
      for(i = 1; i <= elemente; i++)
         if(test_array1[i-1] > test_array1[i]) {
            temp=test_array1[i];
            test_array1[i]=test_array1[i-1];
            test_array1[i-1]=temp;
         }
   printf("Thread bubble1() wurde beendet\n");
   // Der Rückgabewert interessiert uns nicht.
   return NULL;
}

// Thread 2
static void *bubble2(void* val) {
   static int i, temp, elemente=MAX;
   printf("Thread bubble2() wurde gestartet\n");
   while(elemente--)
      for(i = 1; i <= elemente; i++)
         if(test_array2[i-1] > test_array2[i]) {
            temp=test_array2[i];
            test_array2[i]=test_array2[i-1];
            test_array2[i-1]=temp;
         }
   printf("Thread bubble2() wurde beendet\n");
   // Der Rückgabewert interessiert uns nicht.
   return NULL;
}


int main (void) {
    pthread_t thread1, thread2;
    int i, rc;

    // Ausgabe in eine Textdatei
    freopen("myoutput.txt", "w+", stdout);

    printf("Haupt-Thread main() wurde gestartet\n");
    // beide Arrays mit Werten initialisieren
    init_test_array(test_array1);
```

```
    init_test_array(test_array2);
    // Thread 1 erzeugen
    rc = pthread_create( &thread1, NULL, &bubble1, NULL );
    if( rc != 0 ) {
        printf("Konnte Thread 1 nicht erzeugen\n");
        return EXIT_FAILURE;
    }
    // Thread 2 erzeugen
    rc = pthread_create( &thread2, NULL, &bubble2, NULL );
    if( rc != 0 ) {
        printf("Konnte Thread 2 nicht erzeugen\n");
        return EXIT_FAILURE;
    }
    // Main-Thread wartet auf beide Threads.
    pthread_join( thread1, NULL );
    pthread_join( thread2, NULL );

    // das Ergebnis der Sortierung in die Datei
    // myoutput.txt schreiben
    for(i = 0; i < MAX; i++) {
       printf("[%d-%d]", test_array1[i], test_array2[i]);
    }
    printf("\nHaupt-Thread main() wurde beendet\n");
    return EXIT_SUCCESS;
}
```

Listing 26.2 »bubblesort_threads.c« implementiert das beliebte Sortierverfahren Bubble Sort durch Verwendung von zwei Threads, die ihre jeweilige Hälfte der Daten quasi gleichzeitig sortieren.

Die Ausführung des Programms an sich entspricht dem seriellen Beispiel. Die Arrays werden hier ebenfalls sortiert, und das Ergebnis wird in die Datei *myoutput.txt* geschrieben. Uns interessiert allerdings eher die Auslastung der CPUs und natürlich die Zeit, die diese Sortierung mit der parallelen Version benötigt. Ein Blick auf die Auslastung der CPU in Abbildung 26.6 zeigt jetzt das gewünschte Ergebnis. Die beiden CPU-Kerne sind beide parallel zu 100 % ausgelastet und verrichten auch gleichzeitig ihre Arbeit.

Sie sehen also, dass die Arbeitslast wirklich gerecht verteilt wird, wenn keine anderen Anwendungen mehr laufen. Natürlich hat sich in diesem Fall die Ausführzeit gewaltig verändert. Statt der bisher 20–25 Sekunden verrichtet unser Programm jetzt seine Arbeit in 10–15 Sekunden auf dem Dual-Core-Celeron und in nur 5 Sekunden auf dem Achtkerner. Wir haben damit die Ausführzeit quasi halbiert.

Abbildung 26.6 Bubble Sort bei der parallelen Ausführung

[»]

Hinweis

Das Beispiel ließe sich sicherlich noch mehr optimieren. Es wurde nämlich noch nicht die Cacheline-Größe des Prozessors beachtet, die üblicherweise bei Dual-Core-Prozessoren 128 Byte beträgt. Es kann beispielsweise passieren, dass Variablen von zwei verschiedenen Threads in derselben Cacheline liegen. Verändert dann ein Thread den Wert seiner Variablen, wird das Invalid-Bit für den anderen Prozessorkern gesetzt. Dadurch muss der andere Kern den Wert erneut in den Cache laden. Dies kann die Performance der Anwendung erheblich bremsen. Eine mögliche Lösung ist z. B. das Verwenden von Dual-Channel-Speichermodulen.

26.6.3 Zusammenfassung

Anhand dieser kurzen Einführung zu den POSIX-Threads lässt sich schon erkennen, wie brisant und aktuell das Thema ist. Dennoch soll gesagt werden, dass Threads wirklich nur da eingesetzt werden sollten, wo sie unbedingt benötigt werden. Lassen

Sie sich von diesem Kapitel nicht täuschen: Threads sind nicht immer so einfach zu handhaben, und viele Probleme sind auch schlicht nicht parallelisierbar. Häufig sind auch komplexe Synchronisationsmechanismen nötig, wenn sich mehrere Threads die Daten teilen. Weiß man an dieser Stelle nicht genau, was man tut, kann es passieren, dass einzelne Threads abstürzen oder die Daten schlicht nicht am Ziel ankommen. Es gibt also Probleme, die lassen sich sehr gut und einfach parallelisieren, und andere (meist mathematische) Probleme, bei denen dies einfach nicht möglich ist.

Kapitel 27
Sicheres Programmieren

In diesem Kapitel werden zwei Themen angesprochen, die vielleicht auf den ersten Blick nicht allzu interessant erscheinen: Buffer Overflows und Memory Leaks. Da diese beiden Probleme jedoch häufiger in Erscheinung treten, als man denkt, sollte sich jeder Programmierer zumindest einmal mit ihnen auseinandersetzen.

Ein Aspekt, der manchmal leider übersehen wird, ist die sichere Programmierung. Programmierer setzen manchmal Funktionen ein, von denen sie zwar wissen, dass diese nicht ganz sicher sind, aber sie wissen nicht, welche Alternativen es gibt. Dies liegt natürlich auch teilweise daran, dass das Thema Sicherheit inzwischen sehr komplex ist und viele Programmierer bei dem Begriff »Sicherheit« sofort an Kryptografie denken. Da Kryptografie in der Tat ein sehr kompliziertes Thema ist, ist es verständlich, dass mancher Programmierer dann lieber »nicht ganz sichere Funktionen« verwendet. Manchmal muss es dann auch schnell gehen (vor allem vor Abschluss eines Projekts), und in diesem Fall siegt dann die gewohnte Routine. Dies öffnet natürlich wieder Tür und Tor für Angriffe, z. B. durch die gefürchteten Buffer Overflows, die ich im weiteren Verlauf noch näher beschreibe.

Sie sehen also, dass es im Bereich Sicherheit einige Begriffsverwirrungen gibt, die ich an dieser Stelle erst auflösen möchte. Sie werden danach feststellen, dass dieses Kapitel einiges von seinem Schrecken verliert. In der IT gibt es nämlich zwei wichtige Bereiche:

Die *IT-Sicherheit* beschäftigt sich in der Tat mit der Absicherung von Anwendungen und Netzwerken durch kryptografische Verfahren. Ein Anwendungsfall der IT-Sicherheit ist z. B. der sichere Datenaustausch zwischen dem Elster-Programm des Finanzamtes und Ihrem Steuerberater. Das hierfür verwendete Verfahren ist der RSA-Algorithmus. Der zweite Bereich sind die Techniken des *sicheren Programmierens*. Dieser Bereich beschäftigt sich mit dem Schutz von Programmen vor ernsten Fehlern und unvorhergesehenem Verhalten. Durch solche Fehler können Sicherheitslücken entstehen, und genau darin besteht die Überschneidung mit dem Bereich der IT-Sicherheit. Das heißt, dass es in diesem Kapitel nicht noch einmal um Kryptografie geht, sondern um Techniken, wie Sie ernste Programmierfehler vermeiden können.

Sie sehen also, dass es sich durchaus lohnt, das Thema sichere Programmierung aufzugreifen und eventuell schon bei der Entwicklung von Programmen zu berücksichtigen. Denn mit sicherem Programmieren und einem modernen Projektmanagement, das die Qualitätssicherung schon mit in die Planung einer Anwendung integriert, werden bereits 50 % aller möglichen ernsten Fehler von vornherein vermieden. Zumindest kann man durch ein gutes Controlling (dies ist Teil des Projektmanagements) die Folgen solcher ernsten Fehler sehr abmildern. Im Folgenden werden einige sicherheitskritische Dinge besprochen, die beim Programmieren auftreten können.

27.1 Buffer Overflow (Speicherüberlauf)

Eines der bekanntesten und am häufigsten auftretenden Sicherheitsprobleme ist der *Buffer Overflow* (dt. *Speicherüberlauf, Pufferüberlauf*), häufig auch als Buffer Overrun bezeichnet. Geben Sie einmal in einer Internetsuchmaschine den Begriff »Buffer Overflow« ein, und Sie werden angesichts der enormen Anzahl von Ergebnissen überrascht sein. Es gibt unzählige Programme, die für einen Buffer Overflow anfällig sind und auch angegriffen werden können. Das Ziel des Angreifers ist es dabei, den Buffer Overflow auszunutzen, um in das System Schadcode einzuschleusen.

Die Aufgabe dieses Abschnitts ist es nicht, Ihnen beizubringen, wie Sie Programme hacken können, sondern zu erklären, was ein Buffer Overflow ist, wie dieser ausgelöst wird und was Sie als Programmierer beachten müssen, damit Ihr Programm nicht anfällig dafür ist. Ich habe allerdings in dieser Auflage den Assembler-Code, der hinter den C-Programmen steckt, ausgespart. Ich programmiere zwar selbst sehr gern in Assembler, habe die Beispiele aber aus der 5. Auflage herausgenommen und damit auf das Feedback regiert, dass ich Lesern, die reines C lernen wollen, die Assembler-Beispiele ersparen sollte.

27.1.1 Was verursacht Buffer Overflows?

Für den Buffer Overflow ist immer der Programmierer selbst verantwortlich. Der Overflow kann überall dort auftreten, wo Daten von der Tastatur, dem Netzwerk oder einer anderen Quelle aus in einen Speicherbereich mit statischer Größe ohne eine Längenüberprüfung geschrieben werden. In Listing 27.1 sehen Sie ein solches Negativbeispiel.

```
/* bufferoverflow_1.c */
#include<stdio.h>
#include<stdlib.h>
#include<string.h>
```

```
int main(void) {
   char *str = "0123456789012";
   char buf[10];

   strcpy(buf, str);
   printf("%s",buf);
   return EXIT_SUCCESS;
}
```

Listing 27.1 Das Listing verursacht einen Pufferüberlauf durch Beschreiben eines Arrays mit zu vielen Werten.

Mit der Funktion `strcpy()` wurde ein Buffer Overflow erzeugt. Es wird dabei versucht, in das `char`-Array, das Platz für zehn Zeichen reserviert hat, mehr als diese zehn Zeichen zu kopieren (siehe Abbildung 27.1).

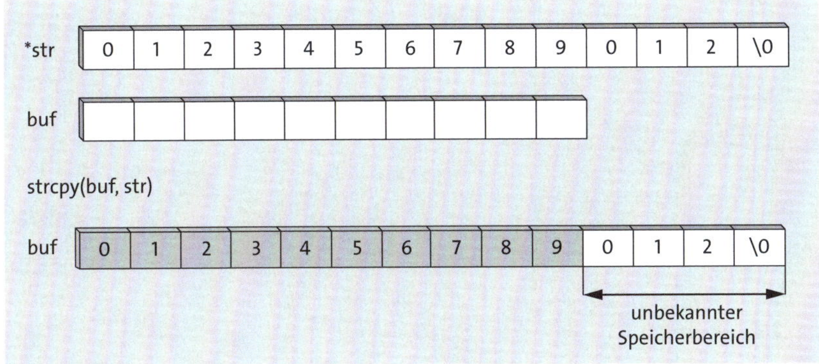

Abbildung 27.1 Pufferüberlauf mit der Funktion »strcpy()«

27.2 Warum sind Buffer Overflows kritisch für die Sicherheit?

Die Auswirkungen eines Buffer Overflows sind stark vom Betriebssystem abhängig, aber oft wirken sich diese eben direkt auf die Sicherheit aus – genau hier gibt es dann auch oft Überschneidungen mit der IT-Sicherheit. Häufig stürzt dabei das Programm ab, weil Variablen mit irgendwelchen Werten überschrieben wurden. Manches Mal bekommen Sie aber auch nach Beendigung des Programms eine Fehlermeldung zurück, etwa Speicherzugriffsfehler (Segmentation Fault). Diese Meldung wird unter Linux ausgegeben, wenn z. B. die Rücksprungadresse des Programms überschrieben wurde und das Programm irgendwo in eine unerlaubte Speicheradresse springt.

Wenn Sie aber bewusst diese Rücksprungadresse manipulieren und auf einen speziell von Ihnen erstellten Speicherbereich verweisen, der echten Code enthält, haben Sie einen sogenannten Exploit erstellt. Ein *Exploit* ist ein bewusstes Ausnutzen von

Sicherheitslücken, um eigenen Code (z. B. ein Virus) einzuschleusen. Um aber vollständig zu verstehen, wie Sicherheitslücken durch Buffer Overflows zustande kommen, müssen Sie ein wenig mehr über die Speicherverwaltung erfahren.

27.2.1 Speicherverwaltung von Programmen

Ein Programm besteht aus drei Speichersegmenten, die im Arbeitsspeicher liegen. Der Prozessor (CPU) holt sich die Daten und Anweisungen aus diesem Arbeitsspeicher, genauer gesagt aus dem Codesegment. Der Speicherbereich, den eine Anwendung nutzen kann, wird dabei noch in zusätzliche andere Segmente aufgeteilt. In Abbildung 27.2 sind die einzelnen Segmente schematisch dargestellt.

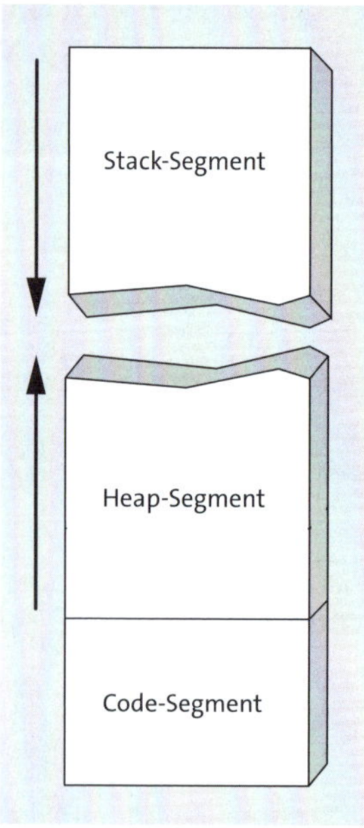

Abbildung 27.2 Die einzelnen Segmente der Speicherverwaltung

- Im Codesegment (Textsegment) befinden sich die Maschinenbefehle, die vom Prozessor eingelesen werden, oder einfacher gesagt der Programmcode selbst. Das Codesegment lässt sich nicht manipulieren, hat eine feste Größe und ist gegen Überschreiben geschützt.
- Im Heap-Segment (Datensegment) liegen die Variablen (`extern`, `static`), Felder (Arrays) und Tabellen des Programms. Maschinenbefehle, die diese Daten einlesen können, greifen auf dieses Segment zu.
- Im Stacksegment befinden sich dynamische Variablen und Rücksprungadressen von Funktionen. Dieser Bereich dient auch dem schnellen Zwischenspeichern von Daten und Parameterübergaben.

Es sei noch erwähnt, dass der Stackbereich nach unten und der Heap nach oben anwächst (es gibt aber auch Betriebssysteme, bei denen sich die Sache umgekehrt verhält). Der Stack ist auch das Angriffsziel für einen Buffer Overflow.

27.2.2 Der Stack Frame

Für jede Funktion steht ein sogenannter *Stack Frame* zur Verfügung, in dem die lokalen Variablen gespeichert werden. Wichtiger noch: Im Stack befinden sich Registerinhalte des Prozessors, die vor dem Funktionsaufruf gesichert wurden. Diese Sicherung ist nötig, um bei Beendigung der Funktion zur aufrufenden Funktion zurückspringen zu können, ohne dass diese plötzlich andere Registerinhalte sieht als vor dem Aufruf. Im nächsten Beispiel, das diesen Sachverhalt demonstriert, wird in der `main()`-Funktion die Funktion `my_func(wert1, wert2)` aufgerufen:

```
/* stackframe.c */
#include<stdio.h>
#include<stdlib.h>

void my_func(int wert1, int wert2) {
   int summe;

   summe = wert1+wert2;
   printf("Summe: %d \n",summe);
}

int main(void) {
   my_func(10,29);
   return 0;
}
```

Dies geschieht – ohne zu sehr ins Detail zu gehen – in folgenden Schritten auf dem Stack:

- Mit einem bestimmten Assembler-Befehl, z. B. `PUSH`, werden die Parameter `wert1` und `wert2` auf den Stack geschoben.
- Mit einem bestimmten Assembler-Befehl, z. B. `CALL`, wird die aktuelle Position des Programmzeigers auf dem Stack gesichert, damit bei Beendigung der Funktion `my_func()` wieder in die `main()`-Funktion zurückgesprungen werden kann. Bei Intel-Prozessoren wird diese Adresse mithilfe des Befehlszeigers (IP), des Codesegments (CS) und des Base Pointers (BP) erzeugt. Dies ist die Rücksprungadresse, die in den folgenden Beispielen mit CS:IP und BP dargestellt wird. Bei anderen Prozessoren, z. B. bei ARM-Systemen, ist dies nicht so. Dort werden die Segmente vom Betriebssystem emuliert, weil ARM-Prozessoren den Speicher linear adressieren.

- Jetzt werden die lokalen Variablen der Funktion `my_func()` eingerichtet (genauer gesagt auf dem Stack zwischengespeichert), und die Funktion arbeitet die einzelnen Befehle ab.
- Am Schluss, wenn die Funktion beendet ist, springt sie wieder zur `main()`-Funktion zurück. Dies geschieht z. B. mit dem Assembler-Befehl `RET`, der an die vorher auf dem Stack abgelegte Adresse zurückspringt.

27.2.3 Manipulation der Rücksprungadresse

In diesem Abschnitt folgt ein Beispiel, das zeigt, wie die Rücksprungadresse manipuliert werden kann. Es ist nicht Ziel und Zweck, Ihnen eine Schritt-für-Schritt-Anleitung zur Programmierung eines Exploits an die Hand zu geben und bewusst einen Buffer Overflow zu erzeugen, sondern ich will Ihnen vor Augen führen, wie schnell und unbewusst kleine Unstimmigkeiten im Quellcode Hackern Tür und Tor öffnen können – einige Kenntnisse der Funktionsweise von Assemblern vorausgesetzt.

Zur Demonstration des folgenden Beispiels werden der Compiler GCC und der Disassembler objdump verwendet. Das Funktionieren dieses Beispiels ist nicht auf allen Systemen garantiert, da bei den verschiedenen Betriebssystemen zum Teil unterschiedlich auf den Stack zugegriffen wird.

Es sei gegeben:

```
/* bufferoverflow_2.c */
#include<stdio.h>
#include<stdlib.h>
#include<string.h>

void overflow(void) {
   char zeichen[5];
   strcpy(zeichen, "1234567"); /*Überlauf*/
}

int main(void) {
   printf("Mein 1.Buffer Overflow\n");
   overflow();
   return EXIT_SUCCESS;
}
```

Listing 27.2 »bufferoverflow_2.c« erzeugt bewusst einen Stapelüberlauf.

Da Sie jetzt wissen, wie Sie an die Rücksprungadresse eines Programms herankommen, können Sie nun ein Programm schreiben, bei dem der Buffer Overflow, der ja durch die Funktion `strcpy()` ausgelöst wird, zum Ändern der Rücksprungadresse genutzt wird. Es wird dabei im Fachjargon von *Buffer Overflow Exploit* gesprochen. Bei dem folgenden Beispiel soll nun die Rücksprungadresse manipuliert werden:

```
/* bufferoverflow_3.c */
#include<stdio.h>
#include<stdlib.h>
#include<string.h>

void funktion(int temp,char *array) {
   char puffer[5];

   strcpy(puffer, array);
   printf("%s\n",puffer);
}

int main(void) {
   int wert;

   wert=0;
   funktion(7,"hallo");
   wert=1;
   printf("%d\n",wert);
}
```

Das Ziel soll es nun sein, die Funktion `funktion()` aufzurufen und die Rücksprungadresse zu `wert=1;` zu überspringen, sodass `printf()` als Wert `0` statt `1` ausgibt. Nach dem Funktionsaufruf sieht der Stack so aus wie in Abbildung 27.3.

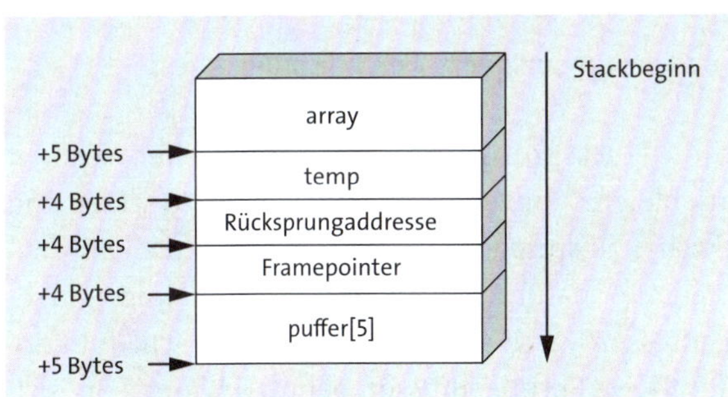

Abbildung 27.3 Der aktuelle Zustand des Stacks in diesem Beispiel

Wie kommen Sie nun am einfachsten zur Rücksprungadresse? Mit einem Zeiger. Also benötigen Sie zuerst einen Zeiger, der auf diese Rücksprungadresse verweist. Anschließend manipulieren Sie die Adresse der Rücksprungadresse, auf die der Zeiger zeigt, und zwar so, dass die Wertzuweisung `wert=1` übersprungen wird (siehe Listing 27.3).

```
/* bufferoverflow_4.c */
#include<stdio.h>
#include<stdlib.h>
#include<string.h>

void funktion(int tmp,char *array) {
   char puffer[5];
   int *pointer;

   strcpy(puffer, array);
   printf("%s\n",puffer);
   /* Pointer auf dem Stack um 4 Byte zurücksetzen.
      Sollte jetzt auf die Rücksprungadresse zeigen. */
   pointer=&tmp-1;
   /*Rücksprungadresse, auf die Pointer zeigt, 10 Byte weiter*/
   *pointer=*pointer+10;
}

int main(void) {
   int a;

   a=0;
   funktion(7,"hallo");
   a=1;
   printf("wert = %d\n",a);
   return EXIT_SUCCESS;
}
```

Listing 27.3 »bufferoverflow_4.c« manipuliert nun direkt die Rücksprungadresse.

Die einfachste Möglichkeit, auf die Rücksprungadresse zurückzugreifen, besteht darin, die Speicheradresse der Variablen `temp` auf einen negativen Wert zu setzen und damit in der Funktion quasi rückwärts zu springen. Meistens sind nämlich Sprungadressen relative Adressen. Das bedeutet natürlich auch, dass z. B. auf einigen RISC-Maschinen, die absolute Sprungadressen verwenden, dieser Angriff nicht funktioniert. Wenn Ihr Prozessor jedoch relative Sprungadressen benutzt, können Sie sich erst einmal die Adresse der Variablen `tmp` holen und von dieser 1 abziehen:

```
pointer=&tmp-1;
```

Jetzt können Sie die Rücksprungadresse manipulieren, auf die die Variable `pointer` zeigt (siehe Abbildung 27.4):

```
*pointer=*pointer+10;
```

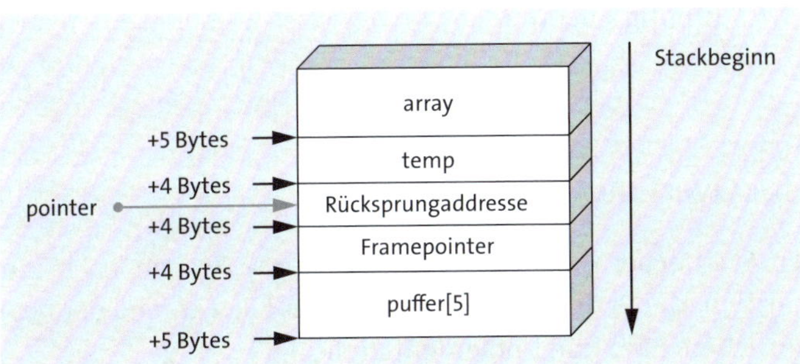

Abbildung 27.4 Der Zeiger verweist auf die Rücksprungadresse.

Ich habe die Rücksprungadresse also um 10 Byte erhöhen müssen, aber dies funktioniert wieder nur auf Intel-Maschinen unter Windows. Bei ARM-Prozessoren verhält sich die Sache anders, weil dort die OP-Codes an Adressen ausgerichtet werden müssen, die durch 4 teilbar sind. Auch auf dem Pi ist dies so, was dazu führt, dass das letzte Beispiel nicht auf dem Pi läuft. Auch die Tatsache, dass der Maschinencode in einer Variablen auf dem Stack abgelegt und die Rücksprungadresse auf die Startadresse eines fremden Programmcodes gesetzt wird, führt dazu, dass das letzte Beispiel nur unter Windows funktioniert. Exploits müssen also oft für bestimmte Betriebssysteme und Prozessoren programmiert werden.

Wenn der Exploit korrekt funktioniert, beendet sich die vorher aufgerufene Funktion durch `RET`; der Prozessor springt zu der Rücksprungadresse, die Sie vorher manipuliert haben, und Sie können nun Ihr untergeschobenes Programm ausführen. Ihnen dies detailliert zu demonstrieren, würde natürlich den Umfang des Kapitels bei Weitem sprengen und vor allem am Thema vorbeigehen. Zum anderen würde dies neben der gründlichen Kenntnis von C auch gute Kenntnisse im Assembler-Bereich (und unter Linux unter anderem auch der Shellprogrammierung) erfordern. Ich möchte Sie nur etwas sensibilisieren und Ihnen einige Gefahren aufzeigen, die bei unbedachtem Programmieren entstehen können. Zusammengefasst lassen sich Buffer Overflows für folgende Manipulationen ausnutzen:

Inhalte von Variablen, die auf dem Stack liegen, können verändert werden. Stellen Sie sich das einmal bei einer Funktion vor, die ein Passwort vom Anwender abfragt.

- Die Rücksprungadresse wird manipuliert, sodass das Programm an einer beliebigen Stelle im Speicher mit der Maschinencodeausführung fortfährt. Meistens ist dies die Ausführung des vom Angreifer präparierten Codes. Für die Ausführung von fremdem Code werden wiederum die Variablen auf dem Stack, eventuell auch auf dem Heap verwendet.
- Dasselbe Schema lässt sich auch mit Zeigern auf Funktionen anwenden. Dabei ist theoretisch nicht einmal ein Buffer Overflow erforderlich, sondern es reicht die Speicheradresse, an der sich diese Funktion befindet. Die Daten, die für die Aus-

führung von fremdem Code nötig sind, werden vorzugsweise wieder in einer Variablen gespeichert.

27.3 Wie man Buffer Overflows vermeidet

Steht Ihr Projekt in den Startlöchern, haben Sie Glück. Wenn Sie den nächsten Abschnitt durchgelesen haben, ist die Gefahr recht gering, dass Sie während der Programmerstellung eine unsichere Funktion implementieren.

Die meisten Buffer Overflows können mit den Funktionen der Standard-Bibliothek erzeugt werden. Das Hauptproblem dieser Funktionen ist, dass sie teilweise schon sehr alt sind und z. B. keine Längenüberprüfung der Ein- bzw. Ausgabe vornehmen. Daher wird empfohlen, sofern diese auf Ihrem System vorhanden sind, alternative Funktionen zu verwenden, die diese Längenüberprüfung durchführen. Falls es in Ihrem Programm auf Performance ankommt, muss jedoch erwähnt werden, dass die Funktionen mit der n-Alternative (etwa `strcpy -> strncpy`) langsamer sind als die Standardfunktionen. Auf Mikrocontrollern existieren deshalb oft nur die Standardvarianten.

Es folgt in Tabelle 27.1 bis Tabelle 27.7 ein Überblick zu einigen anfälligen Funktionen und geeigneten Gegenmaßnahmen, die getroffen werden können.

27.3.1 Unsicheres Einlesen von Eingabe-Streams

Unsichere Funktion	Gegenmaßnahme
`gets(puffer);`	`fgets(puffer, MAX_PUFFER, stdin);`
Bemerkung: Auf Linux-Systemen gibt der Compiler bereits eine Warnmeldung aus, wenn die Funktion `gets()` verwendet wird. Mit `gets()` lesen Sie von der Standardeingabe bis zum nächsten Enter einen String in einen statischen Puffer ein. Als Gegenmaßnahme wird die Funktion `fgets()` empfohlen, da diese nicht mehr als den im zweiten Argument angegebenen Wert bzw. das angegebene Zeichen einliest.	

Tabelle 27.1 Unsichere Funktion »gets()«

Unsichere Funktion	Gegenmaßnahme
`scanf("%s",str);`	`scanf("%10s",str);`
Bemerkung: Auch `scanf()` nimmt bei der Eingabe keine Längenprüfung vor. Die Gegenmaßnahme dazu ist recht simpel. Sie verwenden einfach eine Größenbegrenzung bei der Formatangabe (%|**SIZE**|s). Das Gleiche gilt natürlich auch für `fscanf()`.	

Tabelle 27.2 Unsichere Funktion »scanf()«

27.3.2 Unsichere Funktionen zur Stringbearbeitung

<table>
<tr><th>Unsichere Funktion</th><th>Gegenmaßnahme</th></tr>
<tr><td><code>strcpy(buf1, buf2);</code></td><td><code>strncpy(buf1, buf2, SIZE);</code></td></tr>
<tr><td colspan="2">Bemerkung: Bei der Funktion <code>strcpy()</code> wird nicht auf die Größe des Zielpuffers geachtet, mit <code>strncpy()</code> hingegen schon. Trotzdem kann mit <code>strncpy()</code> bei falscher Verwendung ebenfalls ein Buffer Overflow ausgelöst werden:
<code>char buf1[100]='\0';</code>
<code>char buf2[50];</code>
<code>fgets(buf1, 100, stdin);</code>
<code>/* buf2 hat nur Platz für 50 Zeichen */</code>
<code>strncpy(buf2, buf1, sizeof(buf1));</code></td></tr>
</table>

Tabelle 27.3 Unsichere Funktion »strcpy()«

<table>
<tr><th>Unsichere Funktion</th><th>Gegenmaßnahme</th></tr>
<tr><td><code>strcat(buf1 , buf2);</code></td><td><code>strncat(buf1, buf2, SIZE);</code></td></tr>
<tr><td colspan="2">Bemerkung: Bei der Funktion <code>strcat()</code> wird nicht auf die Größe des Zielpuffers geachtet, mit <code>strncat()</code> hingegen schon. Trotzdem kann mit <code>strncat()</code> bei falscher Verwendung wie schon bei <code>strncpy()</code> ein Buffer Overflow ausgelöst werden.</td></tr>
</table>

Tabelle 27.4 Unsichere Funktion »strcat()«

<table>
<tr><th>Unsichere Funktion</th><th>Gegenmaßnahme</th></tr>
<tr><td><code>sprintf(buf, "%s", temp);</code></td><td><code>snprintf(buf, 100, "%s", temp);</code></td></tr>
<tr><td colspan="2">Bemerkung: Mit <code>sprintf()</code> ist es nicht möglich, die Größe des Zielpuffers anzugeben, daher empfiehlt sich auch hier die n-Variante <code>snprintf()</code>. Das Gleiche gilt übrigens für die Funktion <code>vsprintf()</code>, wo Sie sich ebenfalls zwischen der Größenbegrenzung und <code>vsnprintf()</code> entscheiden können.</td></tr>
</table>

Tabelle 27.5 Unsichere Funktion »sprintf()«

27.3.3 Unsichere Funktionen zur Bildschirmausgabe

<table>
<tr><th>Unsichere Funktion</th><th>Gegenmaßnahme</th></tr>
<tr><td><code>printf("%s", argv[1]);</code></td><td><code>printf("%100s",argv[1]);</code></td></tr>
<tr><td colspan="2">Bemerkung: Die Länge der Ausgabe von <code>printf()</code> ist nicht unbegrenzt. Auch hier würde sich eine Größenbegrenzung gut eignen. Das Gleiche gilt für <code>fprintf()</code>.</td></tr>
</table>

Tabelle 27.6 Unsichere Funktion »printf()«

27.3.4 Weitere unsichere Funktionen im Überblick

Unsichere Funktion	Bemerkung
getenv()	Diese Funktion lässt sich ebenfalls für einen Buffer Overflow verwenden.
system()	Diese Funktion sollte möglichst vermieden werden, insbesondere dann, wenn der Anwender den String selbst festlegen darf.

Tabelle 27.7 Unsichere Funktionen »getenv()« und »system()«

Abhängig vom Betriebssystem und vom Compiler gibt es noch eine Menge mehr solcher unsicheren Funktionen. Die wichtigsten habe ich aber erwähnt. Generell sollten Sie immer alle `printf()`- und `scanf()`-Funktionen mit Vorsicht und Bedacht verwenden. Häufig lässt sich beispielsweise wesentlich sicherer mit `fwrite()` oder `fread()` arbeiten. Wenigstens sollten Sie aber einen Frame (also einen sicheren Bezugsrahmen) um die unsichereren Funktionen herum bauen, die entsprechende Längenüberprüfungen durchführen. Listing 27.4 soll die Vorgehensweise bei der Erstellung eines solchen Frames verdeutlichen.

```
/* check_sprintf.c */
#include<stdio.h>
#include<string.h>
#include<stdlib.h>
#define MAX 10

void check_bevore_sprintf(char *quelle, int max) {
   if(strlen(quelle) < MAX)
      return;
   else
      abort(); /* abort zum Debugger */
}

int main(void) {
   char *ptr1 = "123456789";
   char *ptr2 = "1234567890";
   char string[MAX];

   check_bevore_sprintf(ptr1, MAX);
   sprintf(string, "%s", ptr1);
   printf("string: %s\n", string);
```

```
   /* Hier wurde eine Unsicherheit festgestellt */
   check_bevore_sprintf(ptr2, MAX);
   sprintf(string, "%s", ptr2);
   printf("string: %s\n", string);

   return EXIT_SUCCESS;
}
```

Listing 27.4 »check_sprintf.c« sichert die Funktion »sprintf()« durch einen sicheren Bezugsrahmen ab (Funktion »check_before_sprintf()«).

Einige Programmierer gehen an dieser Stelle sogar so weit, dass sie alle `printf()`- und `scanf()`-Funktionen aus ihren fertigen Programmen verbannen, und scheuen auch nicht die Arbeit, hierzu eigene Funktionen (bzw. eigene Bibliotheken) zu schreiben, die die Benutzereingaben scannen. Leider birgt die Taktik, das Rad an einigen Stellen bewusst neu zu erfinden, wieder das Risiko, dass die eigenen, von keinem Komitee geprüften Funktionen wieder neue Sicherheitslücken enthalten.

27.4 Gegenmaßnahmen zum Buffer Overflow, wenn das Programm fertig ist

Wenn das Programm bereits fertig ist und Sie es noch nicht der Öffentlichkeit zugänglich gemacht haben, können Sie sich die Suchen-Funktion des Compilers zunutze machen oder eine eigene Funktion schreiben. Im Folgenden sehen Sie einen solchen Ansatz. Listing 27.5 gibt alle gefährlichen Funktionen, die in der Stringtabelle *danger* eingetragen sind, auf dem Bildschirm aus.

```
/* danger.c */
#include<stdio.h>
#include<string.h>
#include<stdlib.h>
#define MAX 255

char *danger[] = {
   "scanf", "sscanf", "fscanf",
   "gets", "strcat", "strcpy",
   "printf", "fprintf", "sprintf",
   "vsprintf", "system", NULL
   /* usw. */
};

int main(int argc, char **argv) {
```

27

```
    FILE *fp;
    char puffer[MAX];
    int i, line=1;

    if(argc < 2) {
       printf("Anwendung: %s <datei.c>\n\n", argv[0]);
       return EXIT_FAILURE;
    }
    if ( (fp=fopen(argv[1], "r+")) == NULL) {
       printf("Konnte Datei nicht zum Lesen oeffnen\n");
       return EXIT_FAILURE;
    }
    while( (fgets(puffer, MAX, fp)) != NULL) {
       i=0;
       while(danger[i] != NULL) {
          if( (strstr(puffer,danger[i])) !=0 )
             printf("%s gefunden in Zeile %d\n",
                danger[i],line);
          i++;
       }
       line++;
    }
    fclose(fp);
    return EXIT_SUCCESS;
}
```

Listing 27.5 »danger.c« verwendet eine Stringtabelle, um alle unsicheren Funktionen, die in einem C-Quellcode auftreten, auszugeben.

Eine weitere Möglichkeit ist es, eine sogenannte *Wrapper-Funktion* zu schreiben. Eine Wrapper-Funktion können Sie sich als Strumpf vorstellen, den Sie einer anfälligen Funktion überziehen. Als Beispiel dient in Listing 27.6 die Funktion gets().

```
/* wrap_gets.c */
#include<stdio.h>
#include<stdlib.h>
#define MAX  10
/* Damit es keine Kollision mit gets aus stdio.h gibt. */
#define gets(c) Gets(c)

void Gets(char *z) {
   int ch;
   int counter=0;
```

```
   while((ch=getchar()) != '\n') {
      z[counter++]=ch;
      if(counter >= MAX)
         break;
   }
   z[counter] = '\0';      /* Terminieren */
}

int main(int argc, char **argv) {
   char puffer[MAX];

   printf("Eingabe : ");
   gets(puffer);
   printf("puffer = %s\n",puffer);
   return EXIT_SUCCESS;
}
```

Listing 27.6 Das Listing zeigt, wie Sie eine Hülle (Wrapper) um eine unsichere Funktion legen können, wenn Ihr Projekt schon fast fertiggestellt ist.

Zuerst musste vor dem Compiler-Lauf die Funktion gets() mit

```
#define gets(c) Gets(c)
```

ausgeschaltet werden. Jetzt kann statt der echten gets()-Version die Wrapper-Funktion Gets() verwendet werden. Genauso kann dies bei den anderen gefährlichen Funktionen gemacht werden – beispielsweise mit der Funktion strcpy() (siehe Listing 27.7).

```
/* wrap_strcpy.c */
#include<stdio.h>
#include<stdlib.h>
#include<string.h>
#define MAX  10
 /* Damit es keine Kollision mit strcpy in string.h gibt */
#define strcpy Strcpy
#define DEBUG
/* #undef DEBUG */

void Strcpy(char *ziel, char *quelle) {
   int counter;
#ifdef DEBUG
   /* DEBUG-INFO */
   size_t size = strlen(quelle)+1;
```

```
   if( size > MAX )
      printf("DEBUG-INFO: Pufferueberlaufversuch\n");
   /* DEBUG-INFO Ende */
#endif

   for(counter=0; quelle[counter] != '\0' && counter < MAX-1;
     counter++)
      ziel[counter]=quelle[counter];
   /* terminieren */
   ziel[counter] = '\0';
}

int main(int argc, char **argv) {
   char puffer[MAX];

   strcpy(puffer, "0123456789012345678");
   printf("puffer = %s\n",puffer);
   return EXIT_SUCCESS;
}
```

Listing 27.7 »wrap_strcpy.c« legt einen Wrapper um die unsichere Funktion »strcpy()«.

Hier wird z. B. noch eine Debug-Info mit ausgegeben, falls dies erwünscht ist. Ansonsten muss einfach die Direktive undef auskommentiert werden.

[»]

Hinweis zu Microsoft Visual Studio

Unter Microsoft Visual Studio ab der Version 2014 sind schon einige Wrapper für unsichere Funktionen vorinstalliert. Wenn der Compiler richtig eingestellt ist, weigert sich Visual Studio sogar, Ihr Programm zu übersetzen, wenn Sie unsichere Funktionen benutzen. In diesem Fall müssen Sie an den Funktionsnamen _s anhängen. So wird beispielsweise aus `scanf()` `scanf_s()` und aus `printf()` `printf_s()`. Wenn Sie die Meldungen für unsichere Funktionen abschalten wollen, müssen Sie am Anfangs Ihres Programms folgende Zeile einfügen:

```
#define crt_secure_no_warnings
```

Benutzen Sie diese Zeile aber nur in Ausnahmefällen, z. B. wenn Sie alte Programme erst einmal übersetzen wollen, um eventuelle Fehler auszubügeln.

27.4.1 Programme und Tools zum Buffer Overflow

Es gibt z. B. auf dem Linux-Sektor zwei gute Bibliotheken, StackShield und StackGuard. Beide Bibliotheken arbeiten etwa nach demselben Prinzip. Beim Aufruf einer Funktion greifen diese Bibliotheken ein und sichern die Rücksprungadresse. Dafür wird natürlich extra Code am Anfang und Ende des Funktionsaufrufes eingefügt. Wird hierbei versucht, die Rücksprungadresse zu manipulieren, schreibt das Programm eine Warnung in das Syslog (also in die Datei */etc/systemd/syslogd/system.log*) und beendet sich.

Die Voraussetzung dafür, dass Sie eine der beiden Bibliotheken verwenden können, ist, dass Sie im Besitz des Quellcodes des Programms sind, das Sie vor einem Buffer Overflow schützen wollen. Das Programm muss also mit den Bibliotheken StackShield und StackGuard neu übersetzt werden.

Einen anderen Weg geht die Bibliothek *libsafe*. Sie entfernt gefährliche Funktionsaufrufe und ersetzt sie durch sichere Versionen. Diese besitzen zusätzlich einen Schutz vor dem Überschreiben des Stack Frames.

[«]

Hinweis für den Raspberry Pi

Unter Raspbian und einigen anderen Debian-Varianten funktioniert libsafe korrekt, ist aber nicht vorinstalliert. Genauso verhält es sich mit StackShield und StackGuard. Um diese drei Bibliotheken auf dem Raspberry Pi benutzen zu können, geben Sie im Terminal folgende Kommandos ein:

```
sudo apt-get install libsafe
sudo apt-get install libstackshield
sudo apt-get install libstackguard
```

Firmen mit einem etwas größeren Geldbeutel benutzen z. B. das Programm Insure++ von Parasoft. Ich erwähne dieses Tool deshalb, weil noch einige Firmen damit arbeiten. Das Programm lässt sich auch als Testversion einige Zeit kostenlos ausprobieren. Das Programm ist für alle gängigen Systeme erhältlich und kann außer dem Buffer Overflow noch eine Menge weiterer Fehler aufdecken.

Einige davon sind:

- Speicherfehler
- Speicherlecks
- Speicherreservierungsfehler
- Verwendung uninitialisierter Variablen
- falsche Variablendefinitionen
- Zeigerfehler
- Bibliothekenfehler
- logische Fehler

Leider habe ich festgestellt, dass Insure++ nicht mehr oft aktualisiert wird, deshalb rate ich vom Einsatz ab. Denn ich denke, dass besonders bei sicherheitskritischen Programmen regelmäßige Updates Pflicht sind.

27.4.2 Ausblick

Buffer Overflows werden wohl auch in Zukunft noch vielen Programmierern Probleme bereiten und eines der häufigsten Angriffsziele von Hackern darstellen. Daher lohnt es, sich mit diesem Thema zu befassen und immer auf dem neuesten Stand zu sein. Auch wenn moderne Betriebssysteme, wie z. B. Windows 10, einige solcher Probleme von selbst erkennen und ausgrenzen, finden clevere Programmierer immer wieder Wege, die Schutzmechanismen auszuhebeln.

[»]

Hinweis: Unterschied zwischen Hacker und Cracker

Um es richtigzustellen: Der Hacker findet Fehler in einem System heraus und meldet diese auch oft dem Hersteller des Programms. Entgegen der in den Medien verbreiteten Meinung ist ein Hacker kein »Bösewicht«. Die »Bösewichte« werden oft Cracker genannt, weil sie z. B. Lizenzschlüssel brechen und damit Raubkopien Tür und Tor öffnen. Genau dies ist für Unternehmen wie Microsoft viel schlimmer als Sicherheitslücken und deren Behebung durch regelmäßige Updates.

27.5 Stack Overflow (Stapelüberlauf)

Im letzten Punkt sind Sie ja schon mit dem Stack in Berührung gekommen. Oft überschneiden sich die Begriffe Buffer Overflow und Stack Overflow auch, nämlich, wenn einer Funktion Strukturelemente oder auch Puffer über den Stack übergeben werden müssen. Aber auch, wenn überhaupt keine Puffer im Spiel sind, die überlaufen können, kann es trotzdem bei Rekursionen zu Problemen kommen.

27.6 Was verursacht Stack Overflows?

Hier geht es also um die Gefahr rekursiver Funktionen. Beispielsweise kann eine rekursive Funktion, die sich nicht rechtzeitig beendet, versehentlich Variablen überschreiben, die in einem zum Stack benachbarten Speicherbereich liegen. Man spricht auch von einer *tiefen Rekursion* (*Deep Recursion*). Dort stehen dann nicht mehr die Variablen, die dort eigentlich stehen sollten, sondern Rücksprungadressen zu der rekursiven Funktion. Selbstverständlich kommt es hier zu Fehlern. Meistens wird dann die Anwendung beendet, aber natürlich können auch Sicherheitslücken auftreten, wenn bestimmte Speicherbereiche nicht richtig geschützt sind.

27.7 Warum ist ein Stapelüberlauf kritisch für die Sicherheit?

Sie haben es wahrscheinlich an dieser Stelle schon geahnt: Auch bei einem Stapelüberlauf kann man selbstverständlich wieder die Rücksprungadressen manipulieren. Beliebte Angriffsziele sind oft Grafikroutinen, die nicht selten rekursiv sind. Das bekannteste Beispiel ist wahrscheinlich das Ausfüllen einer Fläche mit `FloodFill()`. Wenn man nicht aufpasst, läuft nach einiger Zeit gerne mal der Stack über, und genau hier kann ein Angreifer ansetzen und die Rücksprungadressen des übergelaufenen Stapels manipulieren. Ein weiterer bekannt gewordener Kandidat für Angriffe ist die Laderoutine für JPEG-Bilder im Firefox-Browser. Auch hier war ein Stapelüberlauf einer rekursiven Funktion schuld, der unter anderem dazu führte, dass Angreifer Viren harmlosen Fotos anhängen konnten. Auch die zuletzt entdeckten Sicherheitslücken in der Open-SSL-Bibliothek hatten ihre Ursachen unter anderem in einem nicht abgesicherten Stackbereich.

Ich will an dieser Stelle aber nicht so weit ausholen und die letzten Angriffe auf die JPEG-Bibliothek ausführlich schildern. Hierfür gibt es geeignetere Literatur. Ziel dieses Abschnitts ist wieder, Ihnen Hinweise zu geben, worauf Sie beim Programmieren achten sollten.

27.8 Wie man Stack Overflows verhindert

Wenn doch ein voll- oder leergelaufener Puffer das Problem ist, verfahren Sie, wie im letzten Abschnitt über Buffer Overflows. Schauen Sie z. B. mit libstackshield, libstackguard oder einem Tool ihrer Wahl nach Pufferüberläufen. Führen Sie Ihr Programm eventuell auch schrittweise mit einem Debugger aus, vor allem die rekursiven Funktionen. Meistens haben Sie in einer IDE wie Visual Studio auch die Möglichkeit, sich einen Trace anzeigen zu lassen. Ein Trace ist eine Auflistung aller lokalen Variablen samt Typ und Wert, inklusive der letzten 100 Stackpositionen. Hier können Sie meistens schon erkennen, ob sich auf dem Stack unerwünschte Dinge befinden, die dort nicht hingehören. Einige Angriffe lassen sich schon auf diese Weise abblocken oder zumindest erkennen.

Wenn Sie ein Projekt gerade beginnen, haben Sie die besten Chancen, die meisten ernsten Schwierigkeiten mit Stacküberläufen zu vermeiden, wenn Sie folgende grundlegende Dinge beachten:

- Wenn Sie eine Alternative zu einer Rekursion haben, die genauso schnell oder effizient ist, verwenden Sie am besten diese.
- Wenn Sie keine Alternative zu einer Rekursion haben, verwenden Sie eine sinnvolle Abbruchbedingung, falls mal etwas schiefgeht. Im Fall von `FloodFill()` kann die Rekursion z. B. stoppen, wenn bereits mehr als 1 Million Pixel gesetzt worden sind. In diesem Fall ist die Farbe garantiert aus dem Füllbereich »ausgelaufen«. Eine solche Variante habe ich auch in Kapitel 28, »Wie geht's jetzt weiter?«, verwendet.
- Gehen Sie bei größeren Projekten sämtliche Ihrer eigenen Funktionen zuerst mit einem Debugger durch, bevor Sie diese freigeben. Natürlich sollten so auch sämtliche Mitarbeiter verfahren.
- Testen Sie Ihre Funktionen am besten auch mit »unmöglichen« Eingabeparametern, die Sie so niemals machen würden. Auf diese Weise können Sie z. B. tiefe Rekursionen und problematische Abbruchbedingungen am besten aufspüren.

Im nächsten Abschnitt möchte ich noch einmal auf Speicherlecks eingehen. Auch diese Art Bugs können sehr unangenehme Folgen für die Sicherheit haben.

27.9 Memory Leaks (Speicherlecks)

Wie im Fall von Buffer Overflows oder Stack Overflows sind auch Memory Leaks in den meisten Fällen durch Programmierfehler zu erklären. Der erste Verdacht, es könnte sich bei Memory Leaks um Hardwareprobleme handeln, täuscht.

Ein Memory Leak entsteht, wenn ein Programm dynamisch Speicher alloziert (`malloc()`, `realloc()`, ...) und diese Speicherressourcen nicht mehr an das System zurückgibt (mittels `free()`). Es steht natürlich nicht unendlich viel Speicher vom Heap dafür zur Verfügung, und genau daraus können sich Probleme ergeben.

Programme wie das in Listing 27.8 folgende erzeugen keine Probleme, wenn der Speicher nicht mehr an den Heap zurückgegeben wird.

```
/* memory_leak_1.c */
#include<stdio.h>
#include<stdlib.h>
#include<string.h>

int main(void) {
   char *p;

   p = malloc(sizeof("Hallo Welt\n"));
   if(NULL == p) {
      fprintf(stderr, "Abbruch: Speichermangel !!\n");
      return EXIT_FAILURE;
   }
   strcpy(p, "Hallo Welt\n");
   printf("%s",p);
   return EXIT_SUCCESS;
}
```

Listing 27.8 »memory_leak_1.c« verursacht meist keine Probleme.

Hier bekommt der Heap seinen Speicher bei Beendigung des Programms sofort wieder zurück.

Was ist aber mit Programmen, die dauerhaft im Einsatz sein müssen? Ein gutes Beispiel sind Telefongesellschaften, die jedes laufende, eingehende und ausgehende Gespräch nach dem FIFO-Prinzip (*First In, First Out*) auf dem Heap ablegen und ständig für diese Datensätze Speicher auf dem Heap allozieren bzw. für ältere Datensätze wieder freigeben müssen. Es folgt in Listing 27.9 das Beispiel einer Variante, die keinen Schutz gegen ein Memory Leak bietet.

```
/* memory_leak_2.c */
#include<stdio.h>
#include<stdlib.h>

int main(void) {
   char *p;

   while(p = malloc(64000)) {
      if(NULL == p) {
         fprintf(stderr, "Speicherplatzmangel!!\n");
         return EXIT_FAILURE;
      }
      /* Tu was mit dem reservierten Speicher. */
   }
   return EXIT_SUCCESS;
}
```

Listing 27.9 »memory_leak_2.c« ist unsicher, weil es viel Speicher reserviert, ohne ihn irgendwann wieder freizugeben.

Dieses Programm wird wohl eine Weile ohne Probleme laufen. Doch je länger das Programm läuft, desto mehr Speicher wird vom Heap angefordert. Dies wird sich auf Dauer schlecht auf die Performance des Systems auswirken. Denn der Heap ist ja nicht nur für ein Programm allein da. Die anderen Programme, die ebenfalls Ressourcen benötigen, werden immer langsamer. Am Ende bleibt einem nichts anderes mehr übrig, als das System neu zu starten (abhängig vom Betriebssystem und der Art der Anwendung). Leider ist das Programm aber meistens längst fertiggestellt, wenn ein Speicherleck gefunden wird. Dann kann guter Rat teuer werden, wenn Sie sich nicht auskennen.

Eine primitive Möglichkeit, sofern Sie im Besitz des Quellcodes sind, ist es, sogenannte *Wrapper-Makros* für speicherallozierte und speicherfreigebende Funktionen zu schreiben, beispielsweise für die `malloc()`-Funktion:

```
#define malloc(size) \
        malloc(size);\
        printf("malloc in Zeile %ld der Datei %s (%ld Byte) \n"\
        ,__LINE__,__FILE__, size);\
        count_malloc++;
```

Diese Wrapper-Funktionen stehen in einer separaten Headerdatei. Bei Verwendung der `malloc()`-Funktion im Programm wird jetzt jeweils eine Ausgabe auf dem Bildschirm erzeugt, die anzeigt, in welcher Zeile und in welchem Programm die Funktion malloc() vorkommt und wie viel Speicher sie verwendet. Außerdem wird die Verwendung von malloc() mitgezählt.

Dasselbe wird anschließend auch mit der Funktion free() gemacht. Die Anzahl der gezählten malloc()- und free()-Aufrufe wird am Ende in eine Datei namens *DEBUG_FILE* geschrieben. Die Headerdatei, die die Wrapper-Funktionen enthält, sieht dann so aus wie in Listing 27.10.

```
/* memory_check.h */
#ifndef MEM_CHECK_H
#define MEM_CHECK_H
#define DEBUG_FILE "Debug"

static int count_malloc=0;
static int count_free  =0;
FILE *f;

#define malloc(size) \
        malloc(size);\
        printf("malloc in Zeile %d der Datei %s (%d Byte) \n"\
        ,__LINE__,__FILE__, size);\
        count_malloc++;

#define free(x)\
        free(x); \
        x=NULL;\
        printf("free in Zeile %d der Datei %s\n",\
               __LINE__,__FILE__);\
        count_free++;

#define return EXIT_SUCCESS; \
        f=fopen(DEBUG_FILE, "w");\
        fprintf(f, "Anzahl malloc : %d\n",count_malloc);\
        fprintf(f, "Anzahl free   : %d\n",count_free);\
        fclose(f);\
        printf("Datei : %s erstellt\n", DEBUG_FILE);\
        return EXIT_SUCCESS;

#endif
```

Listing 27.10 »memory_check.h« ist eine Headerdatei, die zum Überprüfen eventuell sicherheitskritischer »malloc()«-Aufrufe verwendet werden kann.

Es wurde also eine Headerdatei namens *memory_check.h* erstellt, mit der alle Aufrufe von `malloc()` und `free()` auf dem Bildschirm ausgegeben werden. Sie erfahren dadurch, in welcher Datei und in welcher Zeile sich ein Aufruf dieser Funktion befindet. Außerdem wird auch die Anzahl der `malloc()`- und `free()`-Aufrufe mitgezählt. Sind mehr `malloc()`-Aufrufe als `free()`-Aufrufe vorhanden, wurde auf jeden Fall ein Speicherleck im Programm gefunden. Hier sehen Sie ein einfaches Listing zum Testen eines Programms auf Speicherlecks:

```
/* memory_check_beispiel.c */
#include<stdio.h>
#include<stdlib.h>
#include<string.h>
#include "memory_check.h"

int main(void) {
   char *p;

   p = malloc(sizeof("Hallo Welt\n"));
   if(NULL == p) {
      fprintf(stderr, "Speichermangel!!!\n");
      return EXIT_FAILURE;
   }
   strcpy(p, "Hallo Welt\n");
   printf("%s",p);
   malloc(1024);
   free(p);
   return EXIT_SUCCESS;
}
```

In der Praxis und bei größeren Projekten ist diese Version, Memory Leaks aufzuspüren, nur bedingt geeignet. Mit dem Makro `return 0` habe ich es mir allzu leicht gemacht. Dies setzt nämlich voraus, dass ein Programm auch damit beendet wird. Oft haben Sie es aber mit dauerhaft laufenden Programmen zu tun.

Genauso sieht es mit der Zuordnung des allozierten und freigegebenen Speichers aus. Welches `malloc()` gehört zu welchem `free()`? Aber das Prinzip dürfte Ihnen klar geworden sein. Wenn Sie Fehler wie Memory Leaks finden wollen, haben Sie notfalls mit Wrapper-Makros eine gute Möglichkeit.

Meistens werden Sie schon eher auf eines der mittlerweile vielen Tools oder auf eine der Bibliotheken zurückgreifen, die zur Erkennung von Memory Leaks programmiert wurden.

[»]

Hinweis zum letzten Beispiel

Das letzte Beispiel läuft nur mit Compilern, die dem C99-Standard entsprechen, wie z. B. dem GCC-Compiler unter Linux. Unter Borland C++ beispielsweise ist das letzte Programm nicht zur Mitarbeit zu bewegen, unter Visual Studio jedoch schon.

27.10 Bibliotheken und Tools zu Memory Leaks

Es gibt mittlerweile eine unüberschaubare Menge an solchen Debugging-Tools. Daher folgt ein kleiner Überblick mit Angabe der Bezugsquellen. Meistens finden Sie auf diesen Webseiten auch gleich die Dokumentation für die Anwendung.

27.10.1 ccmalloc

Bezugsquelle: *https://github.com/librsync/librsync/blob/master/.ccmalloc*

ccmalloc wird mit dem C/C++-Programm verlinkt und gibt nach Beendigung des Programms einen Bericht über Memory Leaks aus. ccmalloc ist nicht geeignet, um festzustellen, ob versucht wurde, aus illegalen Speicherbereichen zu lesen.

27.10.2 dbmalloc

dbmalloc ist in C23 integriert. Besondere Merkmale von dbmalloc sind folgende:

- Funktionsfluss, Datei und Zeileninformationen werden mit angegeben.
- Gibt Adressen zurück (hilfreich zusammen mit Debuggern).
- Grenzbereichsüberprüfung
- Ausgabe auf die Standard-Fehlerausgabe
- Findet Memory Leaks.

Generell wird dbmalloc wie die meisten anderen Memory-Leak-Tools zu einem Programm hinzugelinkt. Sie müssen also im Besitz des Quellcodes sein, um diesen neu zu übersetzen.

27.10.3 mpatrol

Bezugsquelle: *https://sourceforge.net/projects/mpatrol/*

mpatrol ist ein leistungsfähiges Tool zum Auffinden von Memory Leaks, das sich leider auf die Performance des Programms negativ auswirkt. Folgende Funktionsmerkmale stehen Ihnen dabei zur Verfügung:

- Ein Abbild des Stacks wird bei einem Fehler angezeigt.
- Datei- und Zeileninformationen werden mit ausgegeben.

- Es ist kompatibel mit dmalloc, dbmalloc, insure und purify.
- Es ist nicht unbedingt erforderlich, neu zu übersetzen, um seine Programme mit mpatrol zu testen.
- mpatrol findet alle denkbaren Fehler auf dem Heap. Fehler auf dem Stack werden nicht gefunden.

Um ein Programm mit mpatrol zu testen, ist genau wie bei den meisten anderen Tools ein Überschreiben der speicheranfordernden und freigebenden Funktionsaufrufe notwendig. Bei mpatrol können Sie dies auf zwei Arten machen: Entweder Sie linken das Programm zu der statischen oder dynamischen Bibliothek oder Sie binden diese später durch einen Aufruf von

```
mpatrol --dynamc ./testprog -i file
```

dynamisch mit in das Programm ein. Die letzte Möglichkeit funktioniert allerdings nur, wenn das Programm schon dynamisch zur Standard-C-Bibliothek übersetzt wurde, und selbst dann nur auf einigen wenigen Systemen, die diesen Befehl unterstützen.

27.11 Tipps zu Sicherheitsproblemen

Es gibt noch eine Menge weiterer Sicherheitsprobleme, die Sie auf den ersten Blick gar nicht als solche erkennen können. Schließlich haben Sie keine Garantie, dass Ihr Programm vor allen Problemen geschützt ist, wenn Sie auf sichere Funktionen zurückgreifen.

Zum Abschluss des Kapitels folgt noch ein kleiner Leitfaden zum Thema Sicherheit. Wenn Sie diese Punkte beherzigen, sollten sich Sicherheitsprobleme auf ein Minimum reduzieren lassen:

- Vermeiden Sie Funktionen, die keine Längenprüfung der Ein- bzw. Ausgabe vornehmen (`strcpy()`, `sprintf()`, `vsprintf()`, `scanf()`, `gets()`, ...). Unter Visual Studio stehen mittlerweile sichere Varianten zur Verfügung, bei denen an den Funktionsnamen einfach `_s` angehängt wird (`strcpy_s()`, `printf_s()`, `sprintf_s()`, `scanf_s()`, ...). Visual Studio warnt auch mittlerweile, wenn Sie eine unsichere Funktion verwenden, bzw. verweigert die Kompilierung.
- Verwenden Sie bei Funktionen, die eine formatierte Eingabe erwarten (etwa `scanf()`), eine Größenangabe (etwa `%10s`, `%4d`).
- Ersetzen Sie gegebenenfalls unsichere Funktionen durch selbst geschriebene (z. B. `gets()` durch `mygets()`, ...). Dies hat natürlich den Nachteil, dass Sie das Rad an einigen Stellen neu erfinden müssen, was wiederum Sicherheitslücken verursachen kann.

27

- Überprüfen Sie Eingaben von der Tastatur auf eine zulässige Größe. Verlassen Sie sich nicht darauf, dass der Anwender schon das Richtige eingeben wird.
- Verwenden Sie die `exec`-Funktionen und `system()` nur mit konstanten Strings. Lassen Sie niemals den Anwender selbst einen String zusammenbasteln.
- Vergessen Sie bei der Funktion `strlen()` nicht, dass diese Funktion alle Zeichen ohne das Terminierungszeichen zählt. Beim Reservieren von Speicher müssen Sie dies berücksichtigen.
- Und der Klassiker: Die Anzahl der Elemente in einem Array und die Adressierung über den Index beginnt bei 0.

An dieser Stelle haben Sie es fast geschafft und »C von A bis Z« komplett durchgelesen. Es folgt nur noch ein kleines Kapitel mit Tipps, wie Sie jetzt weitermachen können, um ein echter Programmierprofi zu werden. Natürlich werde ich Ihnen im letzten Kapitel auch Literaturhinweise und Tipps geben, wie Sie sich weiter spezialisieren können, denn im Endeffekt müssen Sie dies tun, wenn Sie im Bereich Programmierung weitermachen wollen. Niemand weiß und kann alles, und die einzig vernünftige Antwort auf diese Tatsache ist Spezialisierung. Dies ist auch vor allem in der Berufswelt so, denn letztendlich sind heutzutage alle Spezialisten in irgendeinem Teilgebiet der IT. Natürlich kann ich Ihnen mit den Bereichen Grafikprogrammierung, Linux-Programmierung und GUI-Entwicklung nur einige Vorschläge machen, und Sie müssen später selbst entscheiden, worauf Sie sich spezialisieren wollen. Ich kann Ihnen aber trotzdem Mut machen, denn es gibt inzwischen so viele Bereiche in der IT, dass wahrscheinlich für jeden Leser etwas dabei ist.

Kapitel 28

Wie geht's jetzt weiter?

Nun haben Sie das Buch gelesen und überlegen sich, wie Sie jetzt wohl weitermachen können. Ein paar Tipps dazu kann ich Ihnen auf den folgenden Seiten geben. Außerdem führe ich Sie in die Grafikprogrammierung ein.

Wenn Sie das Buch ganz gelesen und durchgearbeitet haben, können Sie sich jetzt als fortgeschrittenen Programmierer in C bezeichnen. Der Weg zum Guru ist also nicht mehr weit. Natürlich gibt es Gurus in vielen Bereichen, und alle diese Bereiche zu beherrschen ist schlicht unmöglich. Auch Sie müssen sich also letztendlich spezialisieren, dies ist einfach so. In der modernen Welt gibt es keine »Allrounder« mehr, die in jedem beliebigen Beruf Fuß fassen könnten. Spezialisierung ist also das A und O.

Mit der Sprache C haben Sie sich jedoch die allgemeinen Grundlagen der Programmierung angeeignet, die Basis zu einer Karriere als Programmierer ist also gelegt. Im Anschluss an die C-Grundlagen können Sie nun folgende Wege einschlagen:

- Sie steigen in die Systemprogrammierung von Linux oder Windows ein. Dabei wird vorausgesetzt, dass Sie die Sprache C beherrschen und dass Sie sich mit dem entsprechenden Betriebssystem auskennen. Sofern Sie ein Linux-Fetischist sind, gibt es eine Menge Literatur und Online-Manuals – Sie haben also eine riesige Auswahl, und oft ist das verwendete Buch Geschmackssache. Auch hier gilt das, was ich schon zu den Compilern oder IDEs gesagt habe: Wenn Ihnen jemand einreden will, dies oder jenes Werk sei das Nonplusultra, sollten Sie diese Aussage kritisch sehen und zumindest im Internet nach Rezensionen suchen.
- Sie lernen C++. Um mit der Programmiersprache C++ anzufangen, kann es von Vorteil sein, dass Sie die Sprache C bereits beherrschen. Dies ist aber kein Muss, denn C++ ist eine C-Variante, und ich selbst habe im Studium mit C++ angefangen und später mit Java weitergemacht. Da Sie aber an dieser Stelle ja schon C können, wird Ihnen C++ nicht schwerfallen. Als Einstieg könnte ich Ihnen das Buch »C++. Das umfassende Handbuch« von Torsten T. Will empfehlen, das ebenfalls im Rheinwerk Verlag erschienen ist.
- Sie lesen dieses letzte Kapitel aufmerksam und steigen anschließend mit zusätzlicher Literatur in die Grafikprogrammierung ein. Natürlich kann ich Ihnen nur die Grundlagen für Windows und Linux mitgeben, denn schon die Sache mit den

Gerätetext-Handles (HDCs) unter Windows ist nicht trivial. In dieser Auflage habe ich die Grafikausgabe unter Windows übrigens stark vereinfacht und beschleunigt und außerdem in die Eingabeaufforderung verlagert. Dadurch können Sie das Konsolenfenster wie einen Framebuffer behandeln und brauchen auch kein GUI-Projekt mehr mit Visual Studio anzulegen (dies gilt übrigens auch für Pelles C oder Code::Blocks).

[»]

Hinweis: Programmierung von Betriebssystemen

Systemprogrammierung ist übrigens nicht gleichzusetzen mit der Programmierung eines Betriebssystems. Wenn Sie sich auf die Spuren von Herrn Gates oder Herrn Torvalds begeben wollen, müssen Sie sich auch mit der Hardwareprogrammierung und mit Assembler auseinandersetzen (Stichwort: Kernel-Programmierung). Dies ist sehr schwer und vor allem nicht allein zu schaffen. Schließen Sie sich hierzu unbedingt einer Community an – dies gilt übrigens auch für sämtliche »Retro«-Systeme wie den C64 oder Amiga. Schon hier ist die Hardwareprogrammierung nicht trivial, und wenn Sie in die Programmierung von Betriebssystemen für Retro-Systeme einsteigen wollen, benötigen Sie genau so eine Community.

28.1 GUI-Programmierung – grafische Oberflächen

Da Ihnen nach diesem Buch (und einigen durchaus »harten Prüfungen«) nun Tür und Tor offenstehen, werden sich einige Leser auch gern einmal an die Programmierung grafischer Oberflächen heranwagen wollen, was ohne Weiteres zu empfehlen ist. Allerdings ist aller Anfang auch hier schwer. »Schwer« in diesem Sinne ist nicht die Verwendung einer entsprechenden Bibliothek, sondern eher, den Überblick zu wahren bzw. den Einstieg zu finden. Ferner sind die meisten GUI-Bibliotheken objektorientiert. Sie müssen sich an dieser Stelle also mindestens mit den grundlegenden Techniken der objektorientierten Programmierung vertraut machen. Bevor Sie sich an die GUI-Programmierung heranwagen, sollten Sie erst einmal überdenken, welche Art von grafischer Oberfläche Sie einsetzen wollen – also eher Windows (dort gibt es nur einen Fenstermanager, nämlich die Windows-API) oder doch Linux (dort gibt es Desktops und Fenstermanager wie Sand am Meer). Generell unterscheidet man drei verschiedene Arten der grafischen Programmierung, die ich im Folgenden darstellen möchte.

28.1.1 Low-Level-Grafikprogrammierung

Low-Level-Programmierung bezeichnet die tiefste Ebene der grafischen Programmierung. Sie müssen sich um alle Details selbst kümmern. Sie müssen praktisch jeden Punkt, jede Linie und jedes kleine Detail (genauer die Grafikprimitiven) selbst zeichnen. Die unterste Ebene ist der *Framebuffer*. Hier legt eine Grafikkarte ihre Bilddaten ab und liest sie z. B. 100-mal in der Sekunde aus, um sie auf dem Monitor darzustellen. Sie können den Framebuffer entweder über Assembler-Befehle ansprechen oder bei Linux über die Gerätedatei */dev/fb0*. Unter Windows haben Sie keine Chance, in einfacher Weise auf den Framebuffer zuzugreifen, denn dort müssen Sie sogenannte *Device Contexts* (DCs) erzeugen und diese an ein Fenster binden. Ich werde Ihnen jedoch im Verlauf dieses Kapitels noch ein Beispiel liefern, wie Sie trotzdem (mit einem kleinen Trick) Grafik in dem Fenster der Eingabeaufforderung ausgeben können, und auch, wie Sie auf dem Raspberry Pi in der Konsole Pixel setzen können (und zwar in einem recht hohen Tempo). Gewöhnlich greifen Sie aber zumindest in komplexeren Projekten nicht direkt auf den Framebuffer, sondern auf die systemnächste Grafikschnittstelle des Betriebssystems zu. Unter Windows wäre dies die *Win32/64-API*, und unter Linux/UNIX ist es die *Xlib*- oder die *SDL*-Bibliothek, mit der Sie auch Spiele programmieren können.

Fast alle höheren Grafikbibliotheken bauen also auf einer Ebene auf, die schon mindestens eine Ebene über dem Framebuffer liegt. Für die Win32/64-API oder die Xlib wird als Programmiersprache C verwendet, deshalb können Sie auch mit C auf diese Schnittstellen zugreifen. Sehr gut geeignet sind diese systemnahen Grafikschnittstellen zum Entwickeln einer eigenen Spielebibliothek oder eines Windowmanagers, mit dem Sie Ihrer Oberfläche ein eigenes Look-and-feel verpassen können.

Moderne Fenstermanager verwenden dagegen kaum noch den direkten Zugriff auf den Framebuffer, sondern die sogenannte *Grafikbeschleunigung*. Dies sind spezielle Funktionen für den *Grafikprozessor* (*GPU*), die Linien, Rechtecke oder sogar komplexe Objekte direkt in den Framebuffer schreiben können. Hierzu benötigen Sie spezielle Assembler, die GPU-OP-Codes erzeugen können, oder aber spezielle Compiler, die Sie meistens nur direkt von den entsprechenden Grafikkartenherstellern erhalten. Leider können diese Compiler sehr teuer sein, und auch die freie Grafik-Bibliothek *OpenGL* unterstützt bei Weitem nicht alle Grafikkarten. Auch *3D-Rendering-Programme*, wie z. B. 3DS Max, kosten vierstellige Beträge, und die Einarbeitungszeit beträgt oft Jahre (bei mir waren es genau 5 Jahre). Eine freie Alternative ist Blender, aber auch hier ist die Einarbeitungszeit nicht kürzer.

28.1.2 High-Level-Grafikprogrammierung

Alle Grafikbibliotheken der höheren Ebene basieren meistens auf der niedrigeren Ebene (*Win32* bzw. *X11* oder *SDL*). Im Fall von Windows muss für die Win32-API inzwischen immer ein aktueller Grafiktreiber installiert werden. Ohne Grafikbeschleunigung fühlt sich Windows schlicht nicht flüssig an. Mit High-Level-Bibliotheken können Sie vieles mit lediglich einem Funktionsaufruf erledigen. Alle unangenehmen Arbeiten werden Ihnen abgenommen. Häufig wird dabei auch Systemabhängiges versteckt bzw. eine Cross-Plattform-Bibliothek dafür angeboten. Damit lassen sich viele Bibliotheken der höheren Ebene auch auf mehreren Systemen verwenden. Dies muss aber nicht sein. So ist z. B. die 3D-Grafikbibliothek *DirectX* nur auf Windows beschränkt, *OpenGL* jedoch läuft auch auf Linux (leider hat der Raspberry Pi hiermit noch Probleme).

Vorwiegend werden High-Level-Grafikbibliotheken verwendet, um entweder Spiele oder die auf dem System basierenden typischen Look-and-feel-Anwendungen wie Outlook bzw. Kmail zu entwickeln, also typische fensterbasierende Anwendungen. Hierbei ist die Programmiersprache nicht mehr von primärer Bedeutung, da es häufig Schnittstellen für mehrere Sprachen gibt (für C bzw. C++ gibt es generell immer eine Schnittstelle). Meistens wird einer solchen Bibliothek auch eine Dokumentation mitgegeben, womit die Einarbeitung wesentlich leichter fällt.

Bekannte Beispiele für eine solche Bibliothek wären unter Windows *MFC (Microsoft Foundation Classes)*, eine objektorientierte Version der Win32/64-API, und *OWL*, die Borland-Alternative zu MFC. Unter Windows gibt es eine Menge freier Bibliotheken zur High-Level-Grafikprogrammierung (beispielsweise *GTK+*, *Qt* usw.). Unter Linux werden vorwiegend die Bibliotheken GTK+ und die *GNOME-Lib* (für den GNOME-Desktop) oder Qt (für den KDE-Desktop) verwendet. Allerdings gibt es auch eine Menge Alternativen. Der Nachteil solcher höheren Bibliotheken ist, dass die Anwendungen manchmal etwas »aufgebläht« werden und eine Menge unnötigen Ballast mit sich herumtragen. Allerdings überwiegt der Vorteil, dass das Erstellen einer Anwendung wesentlich schneller und komfortabler von der Hand geht (ein wenig Einarbeitungszeit vorausgesetzt). Trotzdem ist die Entwicklung von GUIs nicht trivial, und es bedarf immer zusätzlicher Literatur, um dies z. B. mit Visual Studio hinzubekommen.

28.1.3 RAD-Tools

Noch einfacher wird es dem Programmierer mit sogenannten *RAD-Tools (Rapid Application Development)* oder auch *GUI-Designern* gemacht. Hierbei ist es möglich, ohne Programmierkenntnisse eine grafische Oberfläche zusammenzuklicken. Die GTK+-Bibliothek bietet beispielsweise mit *GLADE* ein solches Tool an. In den meisten C#-Compilern ist ebenfalls ein solches Tool vorhanden, der C#-Compiler in Visual Studio ist zurzeit am ausgereiftesten. Zwar werden die RAD-Tools immer besser und nehmen dem Programmierer eine Menge Arbeit ab, aber wenn es um Details geht, sind weiterhin Programmierkenntnisse notwendig. Ein Mix aus beidem (RAD-Tool und das Programmieren von Hand) führt wohl zum besten Ergebnis. Eine solche Mischung versucht z. B. Microsoft mit Visual Studio zu erreichen, leider beschränkt sich hier die Anwendungsentwicklung auf Windows, und der Programmierer muss noch viel Code per Hand einfügen.

28.1.4 Multimedia-Grafikprogrammierung

Multimedia-Bibliotheken werden vorwiegend zur Programmierung von Spielen, Demos, aber auch in der Filmindustrie zum Erstellen von Spezialeffekten verwendet. Multimedia-Bibliotheken setzen fast immer voraus, dass die Grafikbeschleunigung perfekt funktioniert und die neuesten Audiotreiber installiert sind. Multimedia-Bibliotheken setzen also auf einer sehr hohen Ebene auf. Durch Multimedia-Bibliotheken wird Programmierern eine Menge Arbeit abgenommen, und vieles lässt sich mit nur einem einzigen Funktionsaufruf realisieren. Auch bei diesen Bibliotheken gibt es systemabhängige Vertreter, wie z. B. *DirectX* unter Windows, aber auch beispielsweise *OpenGL*, *Allegro* oder *SDL*, die auf vielen Plattformen vorhanden sind. Leider gilt diese Aussage nur beschränkt für den Raspberry Pi, auf dem nur SDL flüssig läuft (Stand Frühjahr 2023).

Die Programmiersprache ist also bei der High-Level-Grafikprogrammierung nicht unbedingt von Bedeutung, da es häufig die eine oder andere Schnittstelle zu anderen Sprachen gibt. In der Praxis werden die meisten Spiele, Demos bzw. Multimedia-Anwendungen in C++ erstellt. Viele Multimedia-Bibliotheken sind sehr gut dokumentiert, und es sind häufig auch eine Menge Quellcodes und Demos vorhanden. Zu *DirectX* (dem »Platzhirsch«, mit dem sehr viele Spiele programmiert werden) gibt es mittlerweile eine Menge deutschsprachiger Literatur, weshalb der Einstieg besonders leichtfällt. Allerdings ist DirectX eine Microsoft-Bibliothek und eben nur unter Windows ausführbar. Voraussetzungen für die Multimedia-Programmierung mit DirectX sind einige Mathematikkenntnisse (lineare Algebra), räumliches Denken und sehr viel Zeit, sich mit Anwendungen wie *3DS Max* oder *Blender* auseinanderzusetzen. Ich selbst habe wie gesagt 5 Jahre gebraucht, um diese Tools zu beherrschen.

Nun möchte ich Ihnen zum Abschluss noch einige Beispiele für Visual Studio unter Windows zeigen und für den Raspberry Pi. In diesen Beispielen geht es vor allem darum, Grafikprimitiven auszugeben.

28.2 Grafikprogrammierung unter Windows

Unter Windows (hier Windows 11) haben Sie keinen direkten Zugriff auf den Framebuffer. Das hat zur Konsequenz, dass Microsoft Ihnen empfiehlt, mit Visual Studio eine Fensteranwendung zu erstellen, wenn Sie Grafiken ausgeben wollen. Die Ausgabe dieser Grafiken (auch der Primitiven) übernimmt die *Windows-API*. Windows-API ist die Abkürzung für Windows Application Programming Interface, was so viel bedeutet wie Anwendungs-Programmierschnittstelle für Windows. Die einfachste Variante ist das Erstellen einer Win32-Fensteranwendung mit Visual Studio. Mittlerweile können Sie auch mit Pelles C oder Code::Blocks Fensteranwendungen erstellen.

In der letzten Auflage habe ich den Lesern an dieser Stelle in der Tat gezeigt, wie sie eine Fensteranwendung erstellen können, die ein paar Grafik-Primitiven ausgibt. Leider ist dies so umständlich, dass einige Leser aufgegeben und auch nicht mehr bis zum Schluss des Buches durchgehalten haben.

Ich habe lange überlegt, wie ich trotzdem erreichen kann, dass zumindest einige Pixel in der Eingabeaufforderung ausgegeben werden, und festgestellt, dass die Sache ganz einfach ist: Die inzwischen kaum noch benutzte Funktion `CreateDIBSection()` (die ich übrigens in dem Quellcode für den Amiga-Emulator WinUAE gefunden habe) erlaubt es, beliebige Speicherbereiche als Puffer für Bitmap-Daten zu verwenden und an einen beliebigen Gerätekontext zu binden. Dieser Gerätekontext kann anschließend z. B. mit den Funktionen `BitBlt()` oder `StretchBlt()` im Fenster der Eingabeaufforderung angezeigt werden. Im Endeffekt benutze ich also nun eine Art Framebuffer-Emulation anstatt einer GUI-Anwendung.

28.2.1 In die Windows-Konsole zeichnen

Es gibt zahlreiche kostenlose Compiler, die inzwischen die Windows-API unterstützen, darunter ist auch mittlerweile Pelles C. Das nächste Beispiel können Sie aber auch mit dem kostenlos als Download verfügbaren Borland C++-Compiler der Version 5.5 ausführen. Die Firma Borland gibt es nicht mehr, aber ihre alten Compiler sind inzwischen kostenlos verfügbar, laufen sogar noch unter Windows 10 und 11, und man kann mit ihnen sämtliche Win32-API-Funktionen benutzen. Hierzu genügt es, die folgende Headerdatei einzubinden:

```
#include <Windows.h>
```

Wenn Sie statt Borland C++ 5.5 Pelles C verwenden, dann müssen Sie eine 32-Bit-Konsolenanwendung erstellen, um die Windows-API zu benutzen. Aber wie zeichnet man direkt in ein Konsolenfenster, z. B. das der Eingabeaufforderung? Die Antwort ist, dass sämtliche Fenster von Windows als strukturierter Datentyp im Speicher abgelegt werden. In dieser Struktur stehen verschiedene Attribute, z. B. die Position eines Fensters auf dem Bildschirm, die Breite und die Höhe. Das wichtigste Attribut für die Grafikfunktionen ist das Gerätekontext-Handle `HDC`, zusammen mit dem Fenster-Handle `HWND`. Auch die Eingabeaufforderung besitzt ein HDC und ein Fenster-Handle, weil eben alles unter Windows ein Fenster ist. Um das Fenster der Eingabeaufforderung anzusprechen, müssen Sie zunächst den Zeiger auf die entsprechende Struktur finden. Dies können Sie mit der Win32-API-Funktion `FindWindow()` erledigen:

```
HWND hwnd=FindWindow("ConsoleWindowClass",NULL);
```

Die Funktion `FindWindow()` erwartet als ersten Parameter einen String. Dieser String gibt an, um welchen Fenstertyp es sich handelt. Dieser String ist bei der Eingabeaufforderung immer der Text `"ConsoleWindowsClass"`. Der zweite Parameter gibt zusätzliche optionale Parameter an, kann aber auch `NULL` sein; in diesem Fall übergeben Sie keine zusätzlichen Parameter. Der Rückgabeparameter der Funktion `FindWindow()` ist vom Typ `HWND`, also ein Handle für das Fenster, das Sie gerade gesucht haben. Ein *Handle* ist jedoch kein Zeiger, sondern so etwas wie eine ID für Ihr gefundenes Fenster. Diese ID ist immer positiv oder 0 (für das Desktop-Fenster), das heißt, wenn `FindWindow()` `-1` zurückgibt, existiert das gesuchte Fenster nicht.

Nun müssen Sie sich nur noch den HDC des Eingabeaufforderungsfensters »ausleihen«. Dies erledigen Sie am besten über eine globale Variable, die den HDC für die Laufzeit Ihres Programms speichert. In diesem Beispiel heißt diese Variable `CONSOLE_DC` und wird mit `HDC CONSOLE_DC` am Programmanfang definiert. Mit der Funktion `FindWindow()`, zusammen mit `GetDC()`, können Sie sich nun den HDC der Eingabeaufforderung besorgen. Hierzu soll folgende Funktion dienen:

```
HDC CONSOLE_DC; // globale Variable
void InitGraph() { // Immer am Anfang von main() aufrufen
   HWND hwnd = FindWindow("ConsoleWindowClass", NULL);
   CONSOLE_DC = GetDC(hwnd);
}
```

Nun können Sie den ausgeliehenen Gerätekontext benutzen, um z. B. ein Pixel in der Eingabeaufforderung auszugeben. Sie werden sich vielleicht darüber wundern, wie einfach dies ist:

```
// ConsoleGrafik.c
#include<Windows.h> // Windows-API
#include<stdio.h> // Standard-C-Lib
#include<conio.h> // Für getch() unter Windows

HDC CONSOLE_DC;

void InitGraph() {
   HWND hwnd = FindWindow("ConsoleWindowClass", NULL);
   CONSOLE_DC = GetDC(hwnd);
}

int main(void) {
   InitGraph(); // Grafik initialisieren
   SetPixel(CONSOLE_DC,100,100,0xffffff); // Weißes Pixel
   getch(); // Auf Taste warten
   EXIT_SUCCESS;
}
```

Listing 28.1 Ausgabe eines Pixels in der Windows-Konsole

Dass unser kleiner Trick funktioniert hat, zeigt Ihnen Abbildung 28.1.

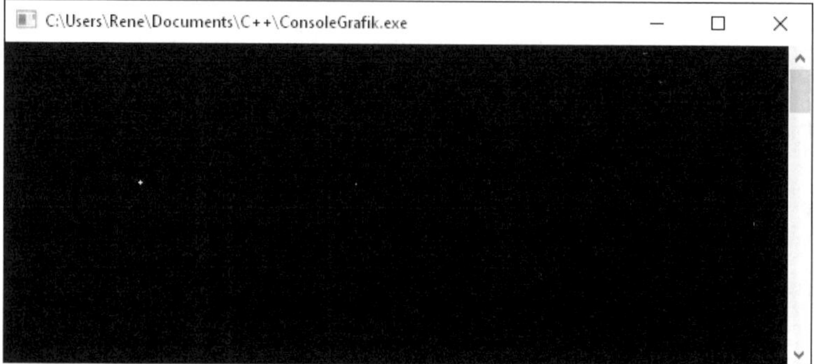

Abbildung 28.1 Ausgabe eines weißen Pixels in der Windows-Konsole

Sieht doch schon alles schon ganz gut aus, oder? Leider aber arbeitet die Methode `SetPixel()` nur sehr langsam, weil sie sich durch verschiedene Schichten der Windows-API durcharbeiten muss, um an den Speicher zu kommen, in dem die eigentlichen Pixel abgelegt werden. Das geschieht auch bei allen anderen Funktionen, die HDCs für die Grafikausgabe verwenden.

Sie können aber auch Ihre Pixel-Farbinformationen direkt in den Speicherbereich schreiben, in dem Ihre Bilddaten abgelegt werden. Dazu müssen Sie jedoch zunächst ein eigenes Bitmap definieren, das Sie anschließend an einen Gerätekontext binden können. Die Struktur, die Windows dazu verwendet, ist die Struktur `BITMAPINFO`. Angenommen, Sie wollen ein Bitmap im Speicher anlegen, das die Breite `Width` und die Höhe `Height` besitzt und 32-Bit-Farben verwendet. Dann benutzen Sie die folgenden Codezeilen:

```
BITMAPINFO bmi;
bmi.bmiHeader.biSize=sizeof(BITMAPINFO); // Größe der Struktur
bmi.bmiHeader.biWidth=Width; // Breite
bmi.bmiHeader.biHeight=-Height; // Höhe
bmi.bmiHeader.biPlanes=1; // lineares Bitmap (eine einzige Ebene)
bmi.bmiHeader.biBitCount=32; // 32 Bit pro Pixel=4 Byte
bmi.bmiHeader.biCompression=BI_RGB;
bmi.bmiHeader.biSizeImage=Width*Height*4; // 32 Bit pro Pixel=4 Byte
```

Sie wundern sich vielleicht darüber, dass Sie die Höhe des neuen Bitmaps mit einem negativen Vorzeichen angeben müssen. Dies liegt daran, dass Windows die Bilder eigentlich von unten nach oben auf dem Bildschirm ausgibt (ein Relikt aus alten Tagen), Sie aber die Pixel von oben nach unten im Speicher ablegen wollen. Deshalb erzeugen Sie quasi ein Bild, das auf dem Kopf steht und das deshalb anschließend wieder richtig herum ausgegeben wird.

Jetzt benötigen Sie noch einen Zeiger, mit dem Sie auf die Daten Ihres neuen Bitmaps zugreifen können. Dies erledigen Sie mit den folgenden Zeilen:

```
HDC HDCBackBuff=CreateCompatibleDC(Console_DC);
HBITMAP BitmapBackBuff=CreateDIBSection(0,&bmi,0,(void**)&_PBits,NULL,0);
SelectObject(HDCBackBuff,BitmapBackBuff);
```

Mit CreateCompatibleDC() legen Sie zunächst einen neuen Gerätekontext (also einen Offscreen-Bildbereich) an, bei dem die Parameter kompatibel mit den Parametern des Konsolen-Bildschirms sind. Auf diese Weise haben Sie also die Grafikattribute des Konsolenfensters (32-Bit-Farben im RGB-Format) nach HDCBackBuff kopiert. Nun erzeugen Sie mit CreateDIBSection() ein Bitmap-Handle, das Sie anschließend mit SelectObject() an den Gerätekontext HDCBackBuff binden. Sie müssen in diesem Fall unbedingt als zweiten Parameter die Adresse Ihrer Struktur bmi übergeben, in die Sie zuvor die Eigenschaften Ihres Bitmap-Bildes eingetragen haben. Alle weiteren Parameter sind in diesem Beispiel 0 bzw. NULL. Allerdings gibt es eine Ausnahme: Der vierte Parameter muss einen Zeiger vom Typ void** auf ein Array (hier _PBits) enthalten, in dem Ihre Bitmap-Daten abgelegt werden sollen. Dieses Array müssen Sie entweder vorher als globale Variable definieren oder dynamisch mit malloc() anlegen. Für welche Variante Sie sich entscheiden, ist Geschmackssache. Es gibt aber dennoch Richtlinien: Viele Emulatoren (z. B. des C64 oder Amiga) verwenden globale Arrays, professionelle Grafikanwendungen nutzen malloc() oder erstellen sogar komplexe GUI-Anwendungen, die ganz andere Funktionen benutzen als in diesem Beispiel.

28.2.2 Die Methode BitBlt

Wenn Sie nun in dem Array _PBits Werte ablegen, dann entspricht ein Byte jeweils der Farbinformation für einen Farbkanal aus den drei möglichen Farbkanälen Rot (R), Grün (G) und Blau (B). Der vierte Farbkanal, der auch Transparenzinformationen enthalten kann (A), wird in diesem Beispiel nicht benutzt. Ich setze voraus, dass das Array _PBits Zahlen enthält, die vorzeichenlos und 32 Bit breit sind, und dass Sie dieses Array so angelegt haben, dass es alle Pixel aufnehmen kann, die auf dem Bildschirm erscheinen sollen. Diese können nun für die Funktion PSet() in der folgenden Weise direkt für die Farbinformationen benutzt werden:

```
void PSet(long int x, long int y, long int Color) {
    _PBits[_XSize*y+x]=Color;
}
```

_XSize ist die maximale Breite des Bildes in Pixeln, und das Tupel {x,y} repräsentiert die Bildschirmkoordinaten des zu setzenden Pixels. Der Farbwert selbst besteht aus vier Byte der Form {R,G,B,0}, wobei der Farbwert für den roten Kanal in dem untersten

Byte steht. Sie müssen also den 32-Bit-Wert für die Pixelfarbe so zusammensetzen, dass die richtige Farbe dabei herauskommt. Für die Farbe Weiß beispielsweise ist dies der Wert `0xffffff`; für Gelb benutzen Sie den Wert `0x00ffff` und für Blau `0xff0000`. Sie erkennen vielleicht, dass sich die Farben hier nicht mischen wie bei einem Malkasten, sondern zusammen Weiß ergeben. In der Tat ist dieses Verhalten der sogenannten *additiven Farbmischung* etwas, was die meisten Grafikprogrammierer am Anfang verwirrt.

Natürlich können Sie nicht nur Pixel in einer bestimmten Farbe sehr schnell in das Array `_PBits` schreiben, sondern auch sehr schnell feststellen, welche Farbe ein bestimmtes Pixel hat. Dazu müssen Sie nur eine modifizierte Variante von `PSet()` benutzen:

```
long int Point(long int x, long int y, long int Color) {
    return _PBits[_XSize*y+x];
}
```

Die Funktion `Point()` gibt die Farbe zurück, die ein Pixel an der Position (x,y) hat, und muss dazu nur die Pixelfarbe im Array `_PBits` feststellen und entsprechend als Wert vom Typ `long int` zurückgeben.

Nun fehlt nur noch eines, nämlich die Aktualisierung des Bildschirms, nachdem Sie Ihre Pixel im Array `_PBits` abgelegt haben. Sicherlich wollen Sie später so vorgehen, dass Sie eine Update-Funktion benutzen, mit der Sie den Bildschirm nur bei Bedarf aktualisieren. Diese Lösung ist die Methode `BitBlt()`, deren Name die Kurzform von Bit Block Transfer ist. Mit `BitBlt()` können Sie quasi große Bitmaps, die natürlich mit einem HDC verknüpft sind, in einen anderen Bereich verschieben, der ebenfalls mit einem HDC verknüpft ist. Da `BitBlt()` die Grafikbeschleunigung benutzt, können Sie mit dieser Funktion sozusagen in Windeseile den Inhalt eines eigenen Grafikpuffers in das Konsolenfenster kopieren, wenn sich der Inhalt von `_PBits` geändert hat.

`BitBlt()` wird wie folgt aufgerufen:

```
void BitBlt(HDC HDCDst, long int XDst, long int YDst, long int Width, long int
 Height, HDC HDCSrc, long int XSrc, long int YSrc, long int ROP);
```

`HDCDst` ist dabei das Handle des Zielgerätekontextes, in den die Grafikdaten kopiert werden sollen (also das Konsolenfenster). `XDst` und `YDst` geben die Zielposition in Pixeln an. Wenn Sie also z. B. (100,100) einsetzen, dann wird die Quellgrafik an die Position (100,100) kopiert. `Width` und `Height` geben die Breite und Höhe des Ausschnitts an, der kopiert werden soll. Auch diese Angabe erfolgt in Pixeln. `HDCSrc` enthält dann das Handle des Quellgerätekontextes (hier `HDCBackBuff`), und `XSrc` und `YSrc` bezeichnen die Anfangsposition der Quellgrafik in Pixeln. Der Parameter `ROP` gibt an, welches Verfahren beim Kopieren verwendet werden soll, normalerweise ist dies die

Konstante SRCCOPY. Dies bedeutet, dass das Quellbild 1:1 kopiert wird, ohne z. B. logische Verknüpfungen zwischen Quell- und Zielpixeln vorzunehmen. Die Update-Funktion ist also ganz einfach zu programmieren:

```
void Update() {
    BitBlt(Console_DC,0,0,_XSize,_YSize,HDCBackBuff,0,0,SRCCOPY);
}
```

Für die Funktion Update() muss natürlich auch die Funktion InitGraph() entsprechend angepasst werden, denn InitGraph() muss ja nun die Variablen _XSize und _YSize entsprechend mit Leben füllen – außerdem muss InitGraph()ein Bitmap so anlegen, dass Sie anschließend durch das Array _PBits auf die Pixeldaten zugreifen können. InitGraph() sieht nach der Anpassung so aus:

```
void InitGraph(unsigned long int Width, unsigned long int Height) {
    HWND hwnd=FindWindow("ConsoleWindowClass",NULL);
    Console_DC=GetDC(hwnd);
    BITMAPINFO bmi;
    bmi.bmiHeader.biSize=sizeof(BITMAPINFO);
    bmi.bmiHeader.biWidth=_XSize;
    bmi.bmiHeader.biHeight=-_YSize;
    bmi.bmiHeader.biPlanes=1;
    bmi.bmiHeader.biBitCount=32;
    bmi.bmiHeader.biCompression=BI_RGB;
    bmi.bmiHeader.biSizeImage=_XSize*_YSize*4;
    HDCBackBuff=CreateCompatibleDC(Console_DC);
    HBITMAP BitmapBackBuff=CreateDIBSection(0,&bmi,0,(void**)&_PBits,NULL,0);
    SelectObject(HDCBackBuff,BitmapBackBuff);
}
```

Listing 28.2 Korrigierte Version von »InitGraph()« für die schnelle Pixelausgabe

InitGraph() muss also nach Entgegennahme der Parameter Width und Height einen neuen Bitmap-Bereich einrichten und diesen anschließend korrekt an den HDC HDCBackBuff binden, damit die Funktion Update()richtig funktioniert. Dies ist leider weniger trivial als in dem Beispiel-Listing. Allerdings können Sie nun Pixel in einem fast atemberaubendem Tempo an der Windows-API vorbei in eine Art Framebuffer knallen. Viele Emulatoren für ältere Systeme tun genau dies; deshalb will ich Ihnen die zweite Version des Konsolen-Grafikprogramms auch nicht vorenthalten:


```
// ConsoleGrafik2.c
#include<Windows.h>
#include<stdio.h>
#include<conio.h>
```

```
unsigned long int *_PBits; // globales Pixel-Array
unsigned long int _XSize,_YSize; // Screen-Infos
HDC Console_DC; // HDC der Konsole
HDC HDCBackBuff; // HDC des Backbuffers

void PSet(long int x, long int y, long int Color) {
    _PBits[_XSize*y+x]=Color;
}

long int Point(long int x, long int y, long int Color) {
    return _PBits[_XSize*y+x];
}

void InitGraph(unsigned long int Width, unsigned long int Height) {
    HWND hwnd=FindWindow("ConsoleWindowClass",NULL);
    Console_DC=GetDC(hwnd);
    BITMAPINFO bmi;
    bmi.bmiHeader.biSize=sizeof(BITMAPINFO);
    bmi.bmiHeader.biWidth=_XSize;
    bmi.bmiHeader.biHeight=-_YSize;
    bmi.bmiHeader.biPlanes=1;
    bmi.bmiHeader.biBitCount=32;
    bmi.bmiHeader.biCompression=BI_RGB;
    bmi.bmiHeader.biSizeImage=_XSize*_YSize*4;
    HDCBackBuff=CreateCompatibleDC(Console_DC);
    HBITMAP BitmapBackBuff=CreateDIBSection(0,&bmi,0,(void**)&_PBits,NULL,0);
    SelectObject(HDCBackBuff,BitmapBackBuff);
}

void Update() {
    BitBlt(Console_DC,0,0,_XSize,_YSize,HDCBackBuff,0,0,SRCCOPY);
}

int main(void) {
    InitGraph(1024,768);
    PSet(100,100,0xffffff);
    Update();
    getch();
    return 0;
}
```

Listing 28.3 Sehr schnelle PSet()- und Point()-Funktionen

28.2.3 Grafikprogrammierung unter Linux (Beispiel Raspberry Pi)

Grundlage der nächsten Beispiele ist Abschnitt 17.6.8, »Gerätedateien unter Linux – Zugriff auf Maus und Framebuffer«. Als Beispielplattform dient der Raspberry Pi, auf dem Sie Grafikdaten direkt in den Framebuffer schreiben können. Sie werden sich jetzt denken, wozu das denn gut sein soll. Auf die Art können Sie später, wenn Sie die Grafikausgabe auf dem Raspberry Pi beherrschen, durchaus eigene Menüs und Fenster programmieren, deren Aussehen Sie nach Ihrem Geschmack festlegen können. Und die Geschwindigkeit ist gar nicht mal so schlecht.

Nun aber zurück zum nächsten Beispiel. Da die Auflösung variieren kann, wurden zwei `define`-Anweisungen verwendet, um dem Programm die entsprechende Bildschirmauflösung mitzuteilen. Diese Defines können Sie bei Bedarf Ihren eigenen Bedürfnissen anpassen:

```
#define XRES 1024 // Auflösung in X-Richtung (X-Resolution)
#define YRES 768 // Auflösung in Y-Richtung (Y-Resolution)
```

In den nächsten Beispielen werden immer 1024 × 768 Pixel mit 32-Bit-Farben verwendet. Für andere Auflösungen müssen Sie Ihre Programme entsprechend anpassen. Die Auflösung des Framebuffers können Sie ändern, indem Sie die Datei *config.txt* im Verzeichnis */boot* editieren. Mit

```
cd /boot
sudo config.txt
```

öffnen Sie das Konfigurationsskript für den Bootvorgang des Raspberry Pi. Tragen Sie nun folgende Zeilen in die *config.txt* ein, falls dies nicht schon geschehen ist:

```
framebuffer_width=1024
framebuffer_height=768
framebuffer_width=32
```

Für andere Auflösungen müssen Sie entsprechend andere Werte eintragen. Leider ist die Änderung der Auflösung des Raspberry Pi etwas umständlich. Eine Alternative wäre das auch auf anderen Plattformen funktionierende Kommandozeilentool `fbset`, das ich aber nur kurz anreiße, weil es einfach zu viele Parameter besitzt, um diese detailliert darzustellen. Wenn Sie dieses Tool dennoch ausprobieren wollen, bekommen Sie mit dem Kommando `man fbset` eine ausführliche Hilfe angezeigt.

28.2.4 Die Framebuffer-Gerätedatei

Der Speicherbereich für den Framebuffer wird unter Linux durch Mapping in die Gerätedatei */dev/fb0* abgebildet. *Mapping* bedeutet, dass ein Speicherbereich (z. B. für einen Datei-Stream) auf einen anderen (z. B. auf den Framebuffer) abgebildet wird. Wenn Sie also für */dev/fb0* einen Stream anlegen, und Sie Daten in diesen Stream schreiben, werden diese Daten als Pixel auf dem Bildschirm erscheinen. Es wird natürlich vorausgesetzt, dass alle Benutzer die nötigen Zugriffsrechte auf */dev/fb0* haben. Wenn dies nicht der Fall sein sollte, geben Sie in der Konsole die folgenden Kommandos ein:

```
sudo chmod a+r /dev/fb0
sudo chmod a+w /dev/fb0
```

Im nächsten Beispiel geht es darum, ein Pixel in der Konsole auszugeben.

28.2.5 In den Framebuffer zeichnen

In dem nächsten Beispiel geht es erst einmal darum, ein weißes Pixel in der Konsole auszugeben. Schauen wir uns nun das entsprechende Programm in Listing 28.4 an.

```
/* set_pixel_1.c */
#include<stdio.h>
#define XRES 1024 // Bei Bedarf anpassen
#define YRES 768 // Bei Bedarf anpassen
FILE *FB; // Framebuffer-Gerätedatei, ist /dev/fb0

void InitGraph() {
    FB=fopen("/dev/fb0","r+b"); // Zugriff auf FB0 lesend UND schreibend
    BufferSize=XRES*YRES*4;
}

void CloseGraph() {
   fclose(FB);
}

void PSet(long int x, long int y, long int Color) {
   long int Pos=(XRES*4*y)+4*x; // Eine Zeile hat XRES Pixel.
   fseek(FB,Pos,SEEK_SET); // mit "fseek" an die Adresse Pos von FB gehen
   fwrite(&Color,4,1,FB); // Color hat 4 Byte
}

int main(void) {
   InitGraph(); // Hintergrund wird schwarz
   PSet(100,100,0xffffff); // RGB 255,255,255=Weiß
   return EXIT_SUCCESS;
}
```

Listing 28.4 »set_pixel_1.c« setzt in der Linux-Konsole ein weißes Pixel unter Verwendung der Framebuffer-Gerätedatei.

Hinweis: Unterschiedliche Farbsysteme bei Windows und Linux

Unter Linux werden die Pixel direkt in der Form {0,R,G,B} in den Framebuffer geschrieben, deshalb stehen auch beim Pi im untersten Byte die Informationen für den blauen Farbkanal. Windows dagegen legt stets die Informationen für den roten Farbkanal ab (*LSB first*). Wenn Sie also Programme von Windows auf Linux portieren wollen, müssen Sie diese Besonderheit beachten und zur Not eine bedingte Kompilierung benutzen, die das verwendete Betriebssystem erkennt und anschließend die korrekte Version von `PSet()` einbindet.

Wie Sie sehen, ist es eigentlich ganz einfach, durch `PSet()` ein Pixel in der Konsole auszugeben. Als Erstes müssen Sie mit `fseek()` an die korrekte Position im Stream `*FB` springen. Da eine Zeile `XRES` Pixel enthält und ein Pixel 4 Byte besitzt, ist diese `XRES*4` Byte lang. Um zur y-Position zu gelangen, müssen Sie also zur Position `XRES*4*y` springen. Fehlt nur noch die x-Position, aber dazu müssen Sie einfach `4*x` addieren. Sie übergeben dann diese Position in `Pos` an `fseek()` und schreiben den entsprechenden Wert `Color` in den Stream `*FB`. Die Funktion `InitGraph()` funktioniert genauso, wie die entsprechende Funktion im Windows-Beispiel in Abschnitt 28.2.1, »In die Windows-Konsole zeichnen«, sie initialisiert die Grafikausgabe und sollte am Anfang von `main()` stets einmal aufgerufen werden. Vergessen Sie aber unter Linux nicht, am Ende Ihres Programms `CloseGraph()` aufzurufen. Zugriffe auf Gerätedateien sollten stets am Programmende per Hand freigegeben werden, sonst könnte Ihr Linux-System irgendwann einfrieren.

28.2.6 Den Bildschirminhalt schnell auffrischen

Das letzte Beispiel ist sehr langsam. Wenn Sie nämlich mit einer Doppelschleife beispielsweise ein großes Rechteck in den Framebuffer schreiben wollen, das dazu noch weiß ausgefüllt ist, können Sie dem Raspberry Pi quasi beim Zeichnen zusehen. Dies liegt an `fseek()`, das stets den Dateizeiger des Streams `*FB` neu positioniert, wenn Sie ein Pixel ausgeben. Spätestens für Spiele, z. B. für einen Pacman-Klon, brauchen Sie eine andere Lösung, etwa nach Art der `BitBlt()`-Funktion unter Windows. Sie brauchen also quasi Double Buffering auch für den Raspberry Pi. Zum Glück ist dies nicht so schwer, wie Sie denken. Ich werde nun das letzte Beispiel mit Double Buffering implementieren. *Double Buffering* bedeutet nichts anderes, als dass Sie zwei Puffer benutzen, nämlich einmal das *Offscreen-Image* (also das Bild, das man nicht sieht und das als Pixeldaten im Speicher steht) und einmal den sichtbaren Framebuffer der Grafikkarte, in den an das Offscreen-Image bei Bedarf kopieren kann, wenn man etwas (Neues) sehen will.

Im nächsten Beispiel wird dazu ein Puffer verwendet, der erst einmal sämtliche Pixeldaten speichert und nur bei Bedarf in den sichtbaren Bereich zurückgeschrieben wird. Dieser Puffer befindet sich in einer Array-Variablen, die ich BackBuff genannt habe. Um den Bildschirm aufzufrischen, benötigen Sie nun zusätzlich die Funktion Update(). Diese positioniert erst einmal den Positionszeiger des Streams *FB, der in der Funktion InitGraph() angelegt wurde, an den Anfang des Streams:

```
fseek(FB,0,SEEK_SET); // mit "fseek" an die Adresse 0 von *FB gehen
```

Nun wird der Hintergrundpuffer am Stück in den Framebuffer zurückgeschrieben, und der sichtbare Bereich wird sehr schnell aufgefrischt:

```
fwrite(&BackBuff,BufferSize,1,FB); // sizeof funktioniert hier nicht!
```

Dieser Vorgang dauert nur 1/50 Sekunde, weil er quasi am Prozessor vorbei erfolgt. Der Betriebsmodus, den der Raspberry Pi hierfür automatisch benutzt, heißt *DMA-Blocktransfer* (siehe Abschnitt 17.6.8, »Gerätedateien unter Linux – Zugriff auf Maus und Framebuffer«). Es werden quasi ganze Speicherblöcke ohne Beteiligung des Prozessors in den Framebuffer geschrieben. Nur mit diesem Trick sind Desktops auf dem Raspberry Pi überhaupt möglich. In Listing 28.5 wird nun ein Pixel mit Double Buffering gesetzt.

```
/* set_pixel_2.c */
#include<stdio.h>
#define XRES 1024 // bei Bedarf anpassen
#define YRES 768 // bei Bedarf anpassen
FILE *FB; // Framebuffer-Gerätedatei, ist /dev/fb0
unsigned long int BackBuff[XRES+YRES*4];
long int BufferSize; // Größe des Framebuffers in Bytes

void InitGraph() {
    FB=fopen("/dev/fb0","r+b"); // Zugriff auf FB0 lesend UND schreibend
    BufferSize=XRES*YRES*4;
}

void CloseGraph() {
   fclose(FB);
}

void PSet(long int x, long int y, long int Color) {
   long int Pos=(XRES*y)+x; // Eine Zeile hat XRES Pixel.
   BackBuff[Pos]=Color; // Pixel im Back Buffer ablegen
}

void Update() {
   fseek(FB,0,SEEK_SET); // mit "fseek" an die Adresse 0 von FB gehen
```

```
    fwrite(&BackBuff,BufferSize,1,FB); // sizeof funktioniert hier nicht!
}

int main(void) {
    InitGraph(); // Hintergrund wird schwarz.
    PSet(100,100,0xffffff); // RGB 255,255,255=Weiß
    Update();
    return EXIT_SUCCESS;
}
```

Listing 28.5 »set_pixel_2.c« zeichnet ein weißes Pixel in der Linux-Konsole und frischt den Bildschirm mit Double Buffering auf.

Um den Grafikbildschirm zu initialisieren, wird zuerst die Gerätedatei */dev/fb0* für den Blockzugriff im Lese- und Schreibmodus geöffnet:

```
FB=fopen("/dev/fb0","r+b"); // Zugriff auf FB0 lesend UND schreibend
```

Die Initialisierung des Hintergrundpuffers `BackBuff` können Sie auch alternativ mit der Funktion `malloc()` erledigen und abhängig von der von Ihren vorher definierten Auflösung den nötigen Speicher zuweisen. Sie müssten in diesem Fall die folgenden zwei Zeilen verwenden, nachdem Sie `BackBuff` vorher als `unsigned long int *BackBuff` deklariert haben:

```
BackBuff=malloc(XRES*YRES*4); // BackBuff den nötigen Speicher zuweisen
BufferSize=XRES*YRES*4; // 4 Byte pro Pixel
```

Hier ist etwas zu beachten: Bei den Block-DMA-Zugriffen des Raspberry Pi funktioniert der `sizeof`-Operator nicht richtig und liefert manchmal falsche Werte für `sizeof(BackBuff)` zurück. Ich habe schon Spiele programmiert, die stundenlang problemlos liefen, und plötzlich ging nichts mehr. Später identifizierte ich den `sizeof`-Operator als den Schuldigen. Warum dies so ist, konnte mir bis jetzt niemand mitteilen. Deswegen vermutete ich einen Bug im Framebuffer-Modul und speicherte `BuffSize` in einer globalen Variablen.

Die Funktion `CloseGraph()` schließt die Gerätedatei */dev/fb0* wieder. Wenn Sie vorher `malloc()` verwendet haben, müssen Sie den Speicher für `BackBuff` noch mit `free()` wieder freigeben:

```
fclose(FB);
free(BackBuff); // BackBuff-Speicher wieder freigeben
```

Nun müssen Sie nur noch die Pixeldaten korrekt in den Hintergrundpuffer schreiben. Dies erledigt die Funktion `PSet()`. Diese macht nichts anderes, als den Array-

Index im Hintergrundpuffer zu berechnen, an dem der in Color übergebene 32-Bit-Farbwert abgelegt werden soll:

```
long int Pos=(XRES*y)+x; // Eine Zeile hat XRES Pixel.
BackBuff[Pos]=Color; // Pixel im Back Buffer ablegen
```

Die Position ist hier der Array-Index in einem Array aus 32-Bit-Zahlen. Da XRES die Anzahl der Pixel in einer Zeile angibt, ist die Position

```
(XRES*y)
```

der Beginn der Zeile, die in y steht. x ist dann der Anteil, der noch hinzugezählt werden muss, um die angegebene x-Position zu erreichen. Man spricht auch von einem *Offset* (Versatz). Der in Color angegebene Farbwert wird anschließend an der Position Pos in das Array BackBuff geschrieben.

28.2.7 Ein paar Grafikprimitive

Wenn Sie die Funktion PSet() verstanden haben, können Sie auch die nächsten Beispiele leicht verstehen und die Funktionen eventuell später in eigene Programme einbauen. Zuerst soll ein Kreis gezeichnet werden. Dazu müssen Sie die Headerdatei *<math.h>* einbinden, damit Sie den Sinus und den Cosinus benutzen können:

```
#include<math.h>
```

Sehen Sie sich nun Listing 28.6 an.

```
/* circle.c */
void Circle(long int x1, long int y1, long int r, long int BorderColor) {
   double rd=0,x1d=0,y1d=0,phi=0,s=0,L=0,U=0;
   unsigned long int k=0;
   L=(x1-y1)/(x1+y1);
   U=(x1+y1)*_PI*(1+(3*L*L)/(10+sqrt(4-3*L*L)));
   s=(2*_PI)/U;
   x1d=(double)(x1); y1d=(double)(y1); rd=(double)(r);
   for (phi=-_PI; phi<_PI; phi+=s) {
          PSet(x1d+rd*sin(phi),y1d+rd*cos(phi),BorderColor);
   }
}
```

Listing 28.6 »circle.c« zeichnet auf dem Raspberry Pi einen Kreis in der Linux-Konsole.

Die Hauptarbeit leistet eigentlich nur folgende kleine Formel, die allgemein als die Umrechnung von kartesischen in absolute Koordinaten bekannt ist. Seien x1 und y1 der Mittelpunkt des Kreises, r der Radius in Pixeln und x und y die Bildschirmkoordinaten eines beliebigen Punktes, der auf dem Kreis liegt, dann ist

```
x=x1+r*sin(phi)
y=y1+r*cos(phi)
```

Der Trick ist nun, den Winkel phi, der im Bogenmaß angegeben ist, einmal um den Kreis herumlaufen zu lassen und dabei möglichst alle Bildschirmpunkte zu treffen (nur so bekommt man einen geschlossenen Kreis). Sie wählen also eine möglichst kleine Schrittweite s und erstellen dazu eine Schleife:

```
for (phi=-_PI; phi<_PI; phi+=s) {
    X=x1+r*sin(phi);
    Y=y1+r*cos(phi);
    PSet(X,Y,BorderColor);
}
```

Nun gibt es zwei Probleme: Erstens ist die Schrittweite viel kleiner als 1 (Sie müssen also zumindest für die Berechnung von s Variablen vom Typ double verwenden), und zweitens müssen Sie wissen, wie viele Bildschirmpunkte auf dem Kreis liegen. Das erste Problem lässt sich durch Typecasting lösen, für das zweite Problem benötigt man leider eine komplexe mathematische Formel, die in C so aussieht:

```
double L=(x1-y1)/(x1+y1);
double U=(x1+y1)*_PI*(1+(3*L*L)/(10+sqrt(4-3*L*L)));
double s=(2*_PI)/U;
```

Die Schrittweite für die Schleife ist dann die Variable double s, was leider dazu führt, dass Sie Typecasting verwenden müssen (die Bildschirmkoordinaten sind ja vom Typ long int).

Falls die Variable _PI auf Ihrem Linux-System in *<math.h>* nicht definiert ist, müssen Sie sie per Hand definieren, z. B. mit

```
#define _PI 3.1415265lf
```

Vergessen Sie auch nicht, die Beispiele in diesem Abschnitt mit dem lm-Flag gegen die Mathe-Lib zu linken:

```
cc kreis_beispiel.c -lm -o kreis_beispiel
```

Im nächsten Beispiel soll ein gefülltes Rechteck ausgegeben werden. Dies ist nicht so schwer, wie das Zeichnen eines Kreises, denn hierzu benötigen Sie nur eine Doppelschleife und die Koordinaten der oberen linken Ecke (x1,y1) und der linken unteren Ecke (x2,y2). Sehen Sie sich dazu ein weiteres Beispiel in Listing 28.7 an.

```
/* rectangle.c */
void Rectangle(long int x1, long int y1, long int x2, long int y2,
long int Color) {
    long int Temp=0,x=0,y=0;
    if (x1>x2) { Temp=x1; x1=x2; x2=Temp; }
    if (y1>y2) { Temp=y1; y1=y2; y2=Temp; }
    for (y=y1; y<=y2; y++) {
        for (x=x1; x<=x2; x++) {
            PSet(x,y,Color);
        }
    }
}
```

Listing 28.7 »rectangle.c« zeichnet ein auf dem Raspberry Pi ausgefülltes Rechteck in die Konsole.

In diesem Beispiel wird das Rechteck in einer Doppelschleife von links oben nach rechts unten gezeichnet, z. B. von (100,100) nach (500,500). Was ist aber, wenn Sie die Koordinaten andersherum angeben? In diesem Fall wird ein Ringtausch ausgeführt, der bewirkt, dass die übergebenen Koordinaten wieder in der richtigen Reihenfolge stehen, die die Doppelschleife auch verarbeiten kann:

```
long int Temp=0,x=0,y=0;
if (x1>x2) { Temp=x1; x1=x2; x2=Temp; }
if (y1>y2) { Temp=y1; y1=y2; y2=Temp; }
```

Das letzte Beispiel soll nun demonstrieren, wie Sie mit der rekursiven Funktion `FloodFill()` und der zusätzlichen Funktion `Point()`, die die Farbe eines Pixels an der Position (x,y) ausliest, eine beliebige Fläche füllen können, deren Randfarbe vorher bekannt ist. Da bei fehlerhafter Benutzung schnell der Stapel überlaufen kann, führt die Funktion `_FloodFill()` das tatsächliche Füllen aus, während die Funktion `FloodFill()` mit der globalen Variablen `FloodCnt` gewährleistet, dass nicht mehr als 1 Million Pixel am Stück gefüllt werden können. In Listing 28.8 folgt das Beispiel, das Sie sicherlich noch sehr oft benutzen werden.

```
/* floodfill.c */
long int FloodCnt=0;

void PSet(long int x, long int y, long int Color) {
   long int Pos=(XRES*y)+x; // Eine Zeile hat XRES Pixel.
   BackBuff[Pos]=Color; // Pixel im Back Buffer ablegen
}
```

```
long int Point(long int x, long int y) {
   long int Pos=(XRES*y)+x; // Eine Zeile hat XRES Pixel.
   return BackBuff[Pos]; // Pixel im Back Buffer zurückgeben
}

void _
FloodFill(long int x, long int y, long int OldColor, long int NewColor) {
   FloodCnt++;
   if ((Point(x,y)!=OldColor)&&(Point(x,y)!=NewColor)&&(x>=0)&&
      (x<XRES)&&(y>=0)&&(y<YRES)&&(FloodCnt<1000000))
   {
   PSet(x,y,NewColor);
   _FloodFill(x,y+1,OldColor,NewColor);
   _FloodFill(x,y-1,OldColor,NewColor);
   _FloodFill(x-1,y,OldColor,NewColor);
   _FloodFill(x+1,y,OldColor,NewColor);
   }
}

void FloodFill(long int x, long int y, long int BorderColor,
long int FillColor) {
       FloodCnt=0; _FloodFill(x,y,BorderColor,FillColor);
       if (FloodCnt>=1000000) { Rectangle(0,0,XRES-
1,YRES 1,FillColor,FillColor);
   }
}
```

Listing 28.8 »floodfill.c« füllt Flächen mit dem rekursiven Floodfill-Algorithmus aus.

Es folgen keine weiteren Beispiele mehr. Sie haben nun die Tür zur Programmierung ein Stück weit geöffnet und können sich mit weiterer Literatur spezialisieren. Der Worte sind also genug gewechselt, lasst uns Taten sehen. Oder um es im Retrostil auszudrücken:

READY.

28.2.8 Weiterführende Literatur zum Thema Grafikprogrammierung

Einige Empfehlungen von meiner Seite zum Thema GUI- und Grafikprogrammierung finden Sie hier:

- Pappas/Murray: »The Visual C++ Handbook«. Osbourne Publishing 1994 (altes, aber gutes Buch von 1994, um die auch in diesem Buch behandelten Dinge über HDCs und Fenster-Handles noch ausführlicher zu studieren; leider nur auf Englisch)

- Budszuhn: »Visual C++-Windows-Programmierung mit den MFC«. Addison-Wesley 2007 (Gutes Buch über Windows-Programmierung und Fenstermanagement. Leider werden hier keine reinen Win32-Anwendungen, sondern nur MFC-Anwendungen erstellt.)

Anhang A
Operatoren

Wie es sich für ein anständiges Buch gehört, finden Sie hier im Anhang einige Tabellen und Auflistungen wie die Rangfolge der Operatoren, eine ASCII-Code-Tabelle, reservierte Schlüsselwörter in C und die Standard-Headerdateien.

A.1 Rangfolge der Operatoren

In der folgenden Tabelle werden die Operatoren von C und ihre Assoziativität (die Bindung der Operanden) in absteigender Reihenfolge aufgelistet. Operatoren derselben Prioritätsklasse haben dieselbe Rangstufe.

Operator	Bedeutung/Name	Assoziativität
1. Priorität		
++	Erhöhung nach Auswertung	von links nach rechts
--	Heruntersetzen nach Auswertung	
()	Funktionsaufruf	
[]	Array-Element	
->	Zeiger auf Strukturelement	
.	Element einer Struktur oder Union	
2. Priorität		
++	Erhöhung vor Auswertung	von rechts nach links
--	Heruntersetzen vor Auswertung	
!	logische Negation	
~	Einerkomplement	
-	unäres Minus	
+	unäres Plus	

Operator	Bedeutung/Name	Assoziativität
&	Adresse	
*	Indirektion	
sizeof	Größe in Bytes	
(type)	Typumwandlung (Cast)	
3. Priorität		
*	Multiplikation	von links nach rechts
/	Division	
%	Rest einer Division	
4. Priorität		
+	Addition	von links nach rechts
-	Subtraktion	
5. Priorität		
<<	bitweises Linksschieben	von links nach rechts
>>	bitweises Rechtsschieben	
6. Priorität		
<	kleiner als	von links nach rechts
<=	kleiner gleich	
>	größer als	
>=	größer gleich	
7. Priorität		
==	gleich	von links nach rechts
!=	ungleich	
8. Priorität		
&	bitweises UND	von links nach rechts

<table>
<tr><th>Operator</th><th>Bedeutung/Name</th><th>Assoziativität</th></tr>
<tr><td colspan="3">9. Priorität</td></tr>
<tr><td>^</td><td>bitweises EXKLUSIV-ODER</td><td>von links nach rechts</td></tr>
<tr><td colspan="3">10. Priorität</td></tr>
<tr><td>|</td><td>bitweises ODER</td><td>von links nach rechts</td></tr>
<tr><td colspan="3">11. Priorität</td></tr>
<tr><td>&&</td><td>logisches UND</td><td>von links nach rechts</td></tr>
<tr><td colspan="3">12. Priorität</td></tr>
<tr><td>||</td><td>logisches ODER</td><td>von links nach rechts</td></tr>
<tr><td colspan="3">13. Priorität</td></tr>
<tr><td>?:</td><td>Bedingung</td><td>von rechts nach links</td></tr>
<tr><td colspan="3">14. Priorität</td></tr>
<tr><td>=</td><td>Zuweisung</td><td>von rechts nach links</td></tr>
<tr><td>*=, /=, %=, +=, -=</td><td>zusammengesetzte Zuweisungen (arithmetisch)</td><td></td></tr>
<tr><td><<=, >>=, &=, ^=, |=</td><td>zusammengesetzte Zuweisungen (bitweise)</td><td></td></tr>
<tr><td colspan="3">15. Priorität</td></tr>
<tr><td>,</td><td>Komma-Operator</td><td>von links nach rechts</td></tr>
</table>

A.2 ASCII-Code-Tabelle

Dez		0	16	32	48	64	80	96	112
	Hex	0	10	20	30	40	50	60	70
0	0	NUL	DLE	(Blank)	0	@	P	'	p
1	1	SOH	DC1	!	1	A	Q	a	q
2	2	STX	DC2	"	2	B	R	b	r

3	3	ETX	DC3	#	3	C	S	c	s
4	4	EOT	DC4	$	4	D	T	d	t
5	5	ENQ	NAK	%	5	E	U	e	u
6	6	ACK	SYN	&	6	F	V	f	v
7	7	BEL	ETB	'	7	G	W	g	w
8	8	BS	CAN	(	8	H	X	h	x
9	9	HT	EM	)	9	I	Y	i	y
10	A	NL	SUB	*	:	J	Z	j	z
11	B	VT	ESC	+	;	K	[	k	{
12	C	NP	FS	,	<	L	\	l	|
13	D	CR	GS	-	=	M	]	m	}
14	E	SO	RS	.	>	N	^	n	~
15	F	SI	US	/	?	O	_	o	(DEL)

A.3 Reservierte Schlüsselwörter in C

auto	break	case	char	const
continue	default	do	double	else
enum	extern	float	for	goto
if	**inline**	int	long	register
restrict	return	short	signed	sizeof
static	struct	switch	typedef	union
unsigned	void	volatile	while	**_Bool**
_Complex	**_Imaginary**			

(Schlüsselwörter in **fetter Schrift** wurden erst mit dem ANSI-C99-Standard eingeführt.)

A.4 Standard-Headerdateien der ANSI-C-Bibliothek

assert.h	limits.h	**stdint.h**
complex.h	locale.h	stdio.h
ctype.h	math.h	stdlib.h
errno.h	setjmp.h	string.h
fenv.h	signal.h	**tgmath.h**
float.h	stdarg.h	time.h
inttypes.h	**stdbool.h**	**wchar.h**
iso646.h	stddef.h	**wctype.h**

(Headerdateien in **fetter Schrift** wurden erst mit dem ANSI-C99-Standard eingeführt.)

Index

A

B

C

D

G

H

I

J

K

L

M

P

Q

R

S

T

U

V

W

X

Z